KB241045

제국의 저항자들

청대 중국의 비밀결사
천지회의 세계,
탄생에서 성장까지

제국의
저항자들
청대 중국의 비밀결사
천지회의 세계,
탄생에서 성장까지
이평수 지음
성균관대학교
출판부

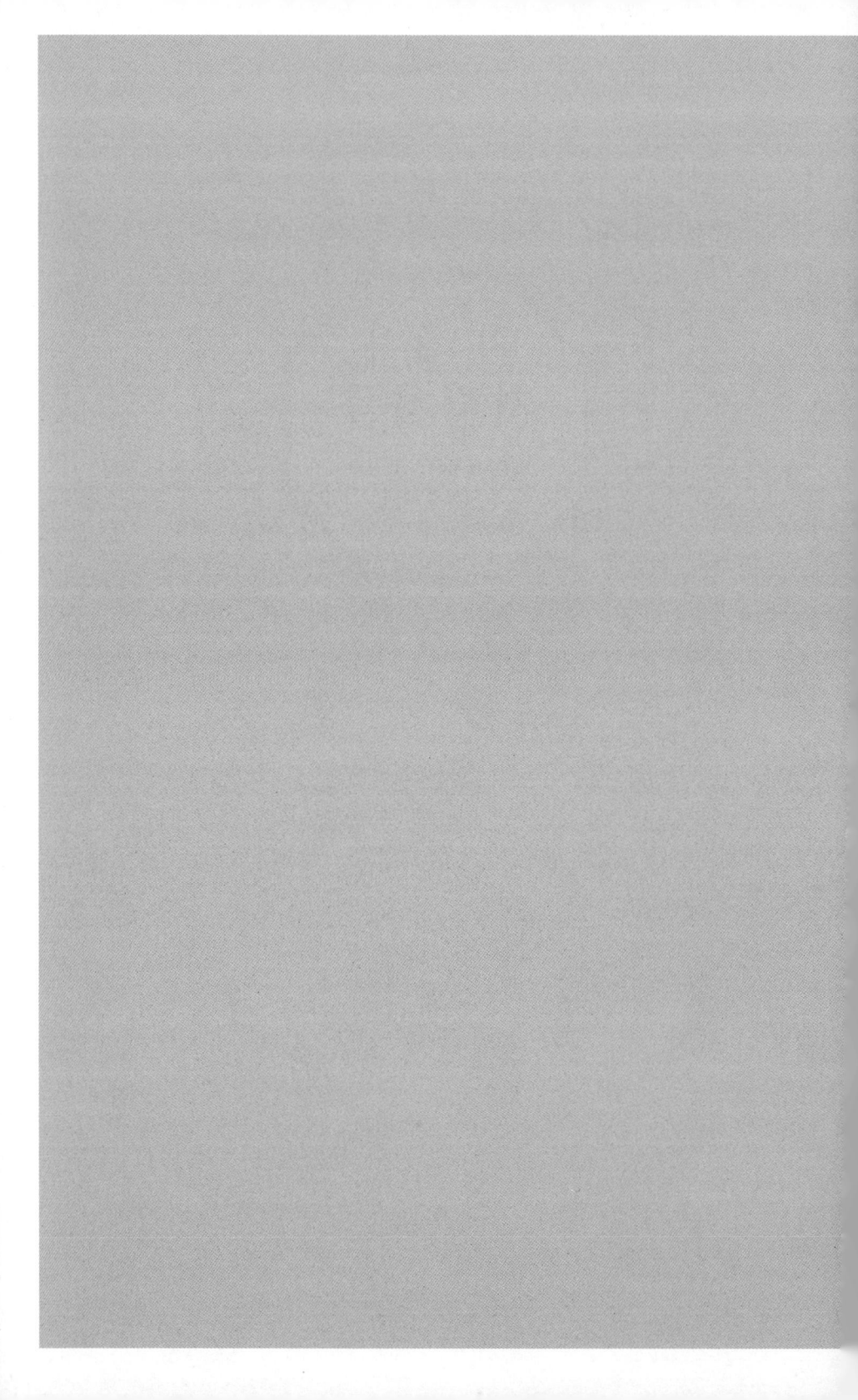

너무나도 고마우신 평택의 부모님과

든든한 세 명의 동생들과 그 가족들, 그리고 나의 사랑하는

아내와 두 명의 예쁜 딸들에게 이 책을 바칩니다.

책머리에

2025년 현행 고등학교의 동아시아사와 세계사 교과서에는 중국의 비밀결사를 대표하는 천지회(天地會)와 관련된 서술을 찾아 볼 수 없다. 그 결과 내가 대학에서 중국의 명청시대사와 근대사를 가르치고 있는 지금, 사학과를 전공하는 학생들조차 천지회라는 용어 자체를 거의 들어 본 적이 없다고 한다. 그러나 내가 천지회를 주제로 3시간 정도의 강의를 마치고 난 이후에 학생들 대부분의 반응은 저렇게 중요한 주제를 왜 한 번도 들어 보지 못했을까라는 자책, 중국사에서 새로운 사실을 알려주셔서 감사하다는 인사, 심지어 간혹 대학원에 진학하여 앞으로 천지회를 전공하겠다고 하는 학생들에 이르기까지 매우 다양하다. 이러한 반응은 종종 일반 대중들을 대상으로 한 특강에서도 거의 유사하게 나타났다.

그렇다면 이러한 반응은 무엇을 의미하는가? 그것은 바로 천지회라는 비밀결사가 청나라와 근대 중국을 새롭게 이해하는 데 하나의 매우 중요한 키워드를 제공하고 있기 때문일 것이다. 청나라 건륭(乾隆) 26년(1761) 역사의 무대에 본격적으로 등장하여 활동을 개시한 천지회는 정치·경제적으로 청나라와 근대 중국에서 발생한 중요한 역사적 사건들과 매우 밀접한 관계를 맺고 있었다. 그리고 사회·문화적으로 『삼국지연의(三國志演義)』 등에 보이는 의형제(義兄弟) 문화의 천지회식 정착이라는 독특한 '따꺼〔대가(大哥)〕' 문화의 특징들도 창출해 내었다. 그리고 이러한 천지회의 유산들은 이후 전개된 역사 과정에서 다양한 굴절과 변형을 거쳐 오늘날의 당대 중국에 이르기까지 계속해서 이어져 내려오고 있다. 이는 천지회가 적어도 청나라 이후의 중국을 이해하는 데 새로운 시각을 제공해 줄 수 있을 뿐만 아니라 중국사에서 장기 지속적으로 중요한 역할을 담당해 왔던 주제였음을 보여준다.

본서는 연구의 시기를 청대로 한정하여 '청대 천지회는 어떠한 비밀결사였는가?'라는 의문을 해결하기 위해서 그것의 전설·의식·활동을 종합적으로 분석한 학술 저서이다. 통상 천지회를 따라다니는 수식어인 비밀결사라는 용어 때문에 천지회 역시 불법적이고 반사회적이며 반체제적이라는 꼬리표가 붙기 마련이다. 그러나 본서에서는 비밀결사라는 기존의 저 꼬리표가 가진 습관적인 의미를 해체하여 오히려 이것을 천지회의 정체성을 파악하는 중요한 기준으로 삼았다는 점에서 기존의 연구 방법론과 큰 차별성을 갖는다. 즉 천지회의 활동을 비밀성과 공개성을 기준으로 구분해 보면, 조직 설립의 단계에서부터 회원확보·입회의식의 단계까지는 그야말로 비밀성이 보장되는 비밀결사의 모습을 발견할 수 있다. 이러한 비밀결사의 모습을 본서에서는 천지회 '내부형성의 세계'로 설정했고, 그 결과 자연스럽게 그 이전의 결사 창립과 관련된 부분은 천지회 '기원전설의 세계'로, 그 이후의 구체적인 활동 부분은 천지회 '외부활동의 세계'

로 설정하였다. 그리고 그 분석의 결과는 성공적이었다고 말할 수 있다.

본서의 큰 틀을 구성하고 있는 세 가지의 세계, 또 이들 세계를 구체적으로 구성하고 있는 세부 주제들 역시 모두 의미 있는 학술적인 가치를 갖고 있다. 우선 본서의 천지회 '기원전설의 세계'에서는 기원과 기원전설의 문제는 분리해서 접근해야 한다는 시각에서 기원전설의 문제에 천착하여 새로운 시각을 제시하고자 노력하였다. 이 과정에서 복건(福建)의 남소림사(南少林寺)를 비롯해서 고계묘(高溪廟)·관음정(觀音亭) 등의 현장을 직접 방문했을 때의 벅찬 감격은 아직도 잊을 수가 없다. 다음으로 본서의 천지회 '내부형성의 세계'는 회원모집과 입회의식으로 구성되어 있다. 전자의 경우 천지회 회원들의 성명을 확인하고 그 숫자를 세었던 기억, 그 과정에서 문득 아~ 이 사람들이 체포되어 처벌받았기에 내가 지금 이들의 명단을 볼 수 있는 거구나라는 혼잣말을 중얼거렸던 모습은 아직도 생생히 기억한다. 후자의 경우 입회의식 장면의 복원으로부터 암호의 이해까지, 그리고 그것이 실제로 사료에 남아 있는지 확인하기 위해서 당안 자료와 영문 자료 등을 몇 번씩 뒤적거리기도 하였다. 본서의 마지막 부분인 천지회 '외부활동의 세계'는 18세기 중엽에서 19세기 말엽에 이르는 기간에 활동한 천지회의 활동 모습을 복원해 내야만 했기 때문에 상당히 긴 시간이 소요되었다. 중국 대륙에는 없고 대만의 고궁박물원(故宮博物院)에 소장되어 있는 당안, 북경대학 도서관 서고에 있는 미간행 청대 지방지와 개인문집, 서울대학교 중앙도서관에 보존 중인 한 중국 지방관의 일기, 기존에 사료로써 전혀 사용하지 않았던 천지회와 관련된 문인들의 시(詩), 영문 자료에 글로 쓰여 있거나 펜으로 섬세하게 그려진 그림 등 새로운 자료를 발견했을 때의 희열감은 모든 연구자들이 겪었던 감정일 것이다.

본서를 집필하기 위해서 개별 주제에 대한 부단한 수정과 새로운 주제의 발굴·보충 등을 시도한 지 너무나도 긴 시간이 흘러갔다. 본서의 화두인 '청대 천지회는 어떠한 비밀결사였는가?'에 대한 최종적인 답변도 작년에서야 비로소 완성할 수 있었다. '제국의 저항자들'이라는 본서의 큰 제목 역시 '반란자들'과 '저항자들' 사이에서 고민 끝에 최근에서야 비로소 확정하였다. 이처럼 시간적으로 매우 늦어진 이유는 아마도 책으로 출판해야 한다는 것에 대한 부담감, 취업·승진과 학교·학회 업무 등의 다망한 개인적인 일들, 그리고 나 자신의 게으름 탓으로 변명할 수밖에 없겠다. 독자 여러분의 많은 관심과 질정을 바란다.

2025년 봄

퇴계인문관 연구실에서, 이평수

목 차

제2부 천지회 내부형성의 세계

| 표 · 도식 · 사례 · 모형 목록 |

| 사진 · 그림 · 지도 · 자료 목록 |

| 서 론 |

청대 비밀결사 천지회 연구 서설

중국의 비밀결사는 '회당(會黨) 비밀결사'와 '종교(宗敎) 비밀결사'로 구분되는데, 전자를 대표하는 것이 천지회(天地會)이고, 후자를 대표하는 것이 백련교(白蓮敎)이다. 이들은 모두 하층 인민들을 주요 구성원으로 하여 정치적 압제·사회경제적 모순·문화적 충돌 등을 배경으로 민간사회에서 자발적으로 일어난 비밀결사라는 공통점을 갖지만, 다음과 같은 차이점을 보인다.

천지회는 『삼국지연의(三國志演義)』와 『수호전(水滸傳)』에 보이는 피로써 의형제의 관계를 맺는 전통사회의 유산을 계승하여 건륭(乾隆) 26년(1761) 역사의 무대에 본격적으로 등장했고, 이후 복건(福建)·광동(廣東)·광서(廣西) 등의 화남(華南) 지역을 중심 무대로 결사의 내부문서인 회부(會簿)를 토대로 자신들만의 독특한 문화를 창조해 가면서 청(淸) 중기 이래로 근현대 시기에 이르기까지 정치적·경제적·사회적·문화적 방면에서 큰 영향력을 발휘하였다. 이에 반해서 백련교는 일찍이 남송대(南宋代) 불교의 이단 종파인 백련종(白蓮宗)을 모태로 하여 출현했고, 이후 원(元)·명(明)·청대(淸代)에 이르러 하북(河北)·산동(山東)·산서(山西) 등의 화북(華北) 지역을 중심 무대로 자신들의 종교적인 교의와 경권을 전수해가며 심지어 왕조의 운명에 큰 타격을 입힐 정도로 각 방면에서 크게 활약하였다.[1]

여기에서 이들 비밀결사가 공존한 청대라는 시기로 말하자면, 각 결사가 사용한 명칭은 중국제일역사당안관(中國第一歷史檔案館)에 소장된 당안의 기록에서만 무려 200여 종 이상이 검출되고 있다.[2] 이 중에서 대표적으로 천지회(天地會)·삼합회(三合會)·삼점회(三點會) 등의 회명을 사용하는 결사는 '천지회계 회당 비밀결사'로 분류되고, 백련교(白蓮教)·팔괘교(八卦教)·나교(羅教) 등의 교명을 사용하는 결사는 '백련교계 종교 비밀결사'에 속한다.

이하 본문에서는 이러한 비밀결사 중에서도 청대 화남 지역을 중심 무대로 활약한 '천지회계 회당 비밀결사'(이하 특별한 언급이 없는 한 '천지회'로 통칭함)에 대한 근년의 연구현황을 소개하고, 이 결사를 바라보는 학계의 주요 시각과 사료 운용의 문제를 살펴본 이후에, 그 결과로써 탐색되는 새로운 시각과 방법을 모색해 보고, 본서의 전반적인 구성과 방향에 대하여 서술해 보고자 한다. 이는 천지회를 통해서 청대 회당 비밀결사사의 한 단면을 새롭게 이해하려는 출발점이기도 하다.

1. 연구사의 근황

민국시대 이래로 중국의 일부 연구자들에 의해서 진행되어 온 천지회에

1 중국의 비밀결사에 대한 개괄적인 소개와 평가에 대해서는 유장근, 『근대 중국의 비밀결사』, 서울: 고려원, 1996; 박상수, 「중국 근현대의 국가, 사회 그리고 비밀결사」, 『아세아연구』 46, 2003; 박상수, 『중국혁명과 비밀결사』, 서울: 심산, 2006; 이은자, 「中國秘密結社의 歷史와 現在」, 『中國學報』 53, 2006; 이은자, 『중국 민간종교결사, 전통과 현대의 만남』, 서울: 책세상, 2005; Lloyd E. Eastman, *Family, Fields and Ancestors: Constancy in China's Social and Economic History,* 1550~1949, Oxford University Press, 1988(이승휘 역, 『중국사회의 지속과 변화』, 서울: 돌베개, 1999) 등을 참조.

2 秦寶琦, 「清代秘密社會研究中的檔案使用和田野考查」, 『歷史檔案』 2005-3, 35-36쪽.

관한 연구는 1984년 10월 위건유(魏建猷)의 발기에 의해 상해사범대학(上海師範大學)에서 '회당(會黨)의 성질과 기능에 관한 학술토론회'가 처음으로 개최되고, 동시에 중국회당사연구회(中國會黨史研究會)가 설립되면서 그 전기를 맞이하였다.[3] 이 중국회당사연구회의 본격적인 활동은 1993년 6월 남경(南京)에서 개최된 '제1회 중국근대 비밀결사사 국제학술토론회'와 2004년 12월 상해(上海)에서 개최된 '중국 근대사회와 비밀결사사 국제학술토론회'로 이어지면서 천지회를 비롯한 중국 비밀결사에 대한 연구가 광범위하게 진행되었다.[4] 근년에 이르러, 2009년 8월 제남(濟南)에서 청대 비밀결사와 농민전쟁이란 주제로 '제2회 중국 비밀결사사 국제학술토론회'가 개최되었다. 그리고 2018년 12월 남경에서 '근대중국의 사(社)와 회(會)'라는 주제의 국제학술토론회에서 중국의 비밀결사와 관련된 연구가 일부 소개되었다.[5]

---

3 周育民, 「風雨八十載: 魏建猷先生傳略」, 魏建猷, 『秘密結社與社會經濟』, 上海: 上海書店, 2007, 26쪽. 중국회당사연구회 성립 이전 시기에 중국에서 발표된 천지회 등 회당 비밀결사에 대한 연구의 현황과 간략한 소개는 魏建猷 主編, 『中國會黨史論著匯要』, 天津: 南開大學出版社, 1985에 잘 정리되어 있다. 한편 '회당의 성질과 기능에 관한 학술토론회'에서 발표된 논문 중에서 23편은 中國會黨史研究會 編, 『會黨史研究』, 上海: 學林出版社, 1987에 수록되어 있는데, 그 주요 내용은 회당이 근대 중국의 정치활동에서 이루어낸 사회적 역할에 관한 것이었다(孫江, 「最近の中國における近代社會史研究」, 『中國: 社會と文化』 9, 1994, 301-303쪽).

4 1993년 국제학술토론회의 주요 논문 40편에 대한 연구 경향이 유장근, 「中國 近現代 秘密結社 研究의 現況과 課題」, 『史學論叢』, 공주: 滄海朴秉國教授停年紀念委員會, 1994, 190-201쪽에 정리되어 있는데, 그 주요 내용은 비밀결사의 존재와 활동에 대한 사회적 의미와 효능이었다(並木頼壽, 「秘密結社國際シンポジウムに參加して」, 『中國研究月報』 544, 1993-6, 44쪽). 2004년 국제학술토론회의 개괄적인 연구 상황에 대해서는 魯衛東, 「"中國近代社會與秘密結社史國際學術研討會"綜述」, 『學術月刊』 2005-4를 참조.

5 2018년 국제학술토론회는 중국회당사연구회와 남경대학 학형연구원(南京大學 學衡研究院)의 공동 주관으로 개최되었는데, 발표된 논문의 상황은 中國會黨史研究會 · 南京大學學衡研究院 主編, 『"近代中國的社與會"學術研討會論文集』, 南京, 2018.12.7.~12.8. 참조.

1980년대 이후로 이처럼 천지회를 비롯한 중국 비밀결사 전반에 대한 연구가 활성화되고 심화된 배경에는 무엇보다도 청대를 비롯한 중국근현대사에서 비밀결사의 역사적 위치를 올바르게 규정하려는 연구자의 학문적 욕구와 반성이 있었거니와, 이를 정치적·사회적으로 더욱 자극한 것은 바로 급변하고 있는 현대 중국사회에서 전통시대 회당 비밀결사와 종교 비밀결사의 유풍을 각각 물려받았다고 하는 흑사회(黑社會)와 법륜공(法輪功)의 움직임이 살아나는 것은 아닌가 하는 현실적인 경각심이 자리 잡고 있다.[6] 다만 회당 비밀결사와 종교 비밀결사가 중국의 전통시대에서 생성·발전하여 그 사회에서 나름대로의 기능과 역할을 담당했다고 볼 때, 현대 중국사회에서 흑사회와 법륜공의 기능과 역할은 전통시대의 그것과 다르다는 점에 유념해야 할 것이다.

특히 천지회 연구의 경우, 사료 활용의 측면에서 1960·70년대 중국의 일부 학자들만이 접근할 수 있었던 중국제일역사당안관에 소장된 천지회 관련 당안이 1980년대의 적지 않은 시간동안 발굴·정리되어 출판된 사정이 연구의 활성화와 심화에 큰 영향력을 발휘하였다.[7] 천지회의 내부문서인 회부를 근거로 그것의 출발과 활동을 반청복명(反清復明)을 목적으로 한 정치적 결사로 인식하는 혁치청(赫治清)[8]·호주생(胡珠生)[9] 등 소

6 유장근, 「中國 近現代 秘密結社 硏究의 現況과 課題」, 190쪽; 이은자, 「中國 秘密結社의 歷史와 現在」, 176-179쪽; 蔡少卿·彭邦富, 「當代中國黑社會問題初探」, 蔡少卿 主編, 『中國秘密社會概觀』, 南京: 江蘇人民出版社, 1998, 3-4쪽. 특히 현대 중국사회에서 흑사회와 법륜공에 대한 문제는 이은자, 『중국 민간종교결사, 전통과 현대의 만남』, 서울: 책세상, 2005; 劉傳海, 『追剿黑社會』, 廣州: 南方日報出版社, 2004 등을 참조.

7 中國人民大學清史研究所·中國第一歷史檔案館 合編, 『天地會』 1~7, 北京: 中國人民大學出版社, 1980~1988; 庾裕良·陳仁華 等編, 『廣西會黨資料彙編』, 南寧: 廣西人民出版社, 1989. 이후 천지회 등 중국 비밀결사의 당안은 좀 더 폭넓게 확충되어 黎青 主編, 『清代秘密結社檔案輯印』 1~10, 河北: 中國言實出版社, 1999와 劉子揚·張莉 編著, 『清廷查辦秘密社會案』 1~40, 北京: 線裝書局, 2006으로 집대성되어 출판되었다.

8 胡珠生, 『清代洪門史』, 沈陽: 遼寧人民出版社, 1996.

위 '강희파(康熙派)'와는 연구경향을 달리하여, 이를 상호부조(相互扶助)를 목적으로 한 사회경제적 결사로 인식하는 채소경(蔡少卿)[10] · 진보기(秦寶琦)[11] 등 이른바 '건륭파(乾隆派)'의 저작들은 기본적으로 이러한 당안의 토대 위에서 완성되었고, 대만 장길발(莊吉發)[12]의 저작도 대만의 고궁박물원(故宮博物院)에 소장된 당안에 기초하고 있다. 그러나 1980년대의 연구상황은 전반적으로 천지회의 기원 문제를 제외하면 회당 비밀결사의 연구에서 중요한 위치를 차지하고 있는 천지회가 독립적·전문적으로 연구되었기보다는 종속적·부차적으로 다루어진 감이 없지 않았다고 평가되어 왔다.[13]

이러한 상황은 1990년대 이후로 어느 정도 극복되어 갔다. 우선 중국의 경우, 중국회당사연구회 초대 회장을 역임한 위건유의 제자들과 이 연구회를 주도해 간 채소경·진보기의 제자들에 의해서 천지회의 독립적·전문적 연구가 크게 진척되고 다양화되었다. 예를 들어 천지회를 방회사(幫會史)의 범주로 편입시켜 이를 통시대적으로 검토한 주육민(周育

9 赫治清, 『天地會起源硏究』, 北京: 中國社會科學院出版社, 1996; 赫治清·吳兆淸, 『中國幫會史』, 臺北: 文津出版社, 1996; 赫治清, 『幽暗的力量: 古代秘密結社』, 臺北: 萬卷樓, 1999.

10 蔡少卿, 『中國近代會黨史硏究』, 北京: 中華書局, 1987; 蔡少卿, 『中國秘密社會』, 杭州: 浙江人民出版社, 1989.

11 秦寶琦, 『淸前期天地會硏究』, 北京: 中國人民大學出版社, 1988; 秦寶琦, 『洪門眞史』, 福州: 福建人民出版社, 2000; 秦寶琦, 『淸末民初秘密社會的蛻變』, 北京: 中國人民大學出版社, 2004; 秦寶琦, 『中國地下社會』(淸前期秘密社會卷), 北京: 學苑出版社, 2004; 秦寶琦, 『中國地下社會』(晩淸秘密社會卷), 北京: 學苑出版社, 2005; 秦寶琦, 『中國秘密社會新論』(秦寶琦自選集), 福州: 福建人民出版社, 2006; 秦寶琦·孟超, 『秘密結社與淸代社會』, 天津: 天津古籍出版社, 2008.

12 莊吉發, 『淸代天地會源流考』, 臺北: 國立故宮博物院, 1981; 莊吉發, 『淸代秘密會黨史硏究』, 臺北: 文史哲出版社, 1994; 莊吉發, 『淸代臺灣會黨史硏究』, 臺北: 南天書局, 1999.

13 박기수, 「書評: 『近代中國의 秘密結社』(兪長根, 1996)」, 『中國現代史硏究』 2, 1996, 121쪽.

民)·소옹(邵雍)의 연구,[14] 문화와 반란의 상호관계를 검토하여 천지회 등의 비밀결사를 이해하고자 한 유평(劉平)의 연구,[15] 천지회를 지역사적 연구로 심화시킨 작업으로서 광서천지회에 대한 주준강(朱俊强)의 연구[16]·광동천지회에 대한 뇌동문(雷冬文)의 연구[17]·동남아천지회에 대한 구격병(邱格屏)의 연구,[18] 회당 비밀결사와 종교 비밀결사의 공통점과 차이점을 비교·분석한 구양은량(歐陽恩良)의 연구[19] 등은 그 대표적인 성과물이다. 이밖에도 해마다 천지회 등 회당 비밀결사와 관련된 개별 논문들이 쏟아져 나오고 있는 실정이다.[20]

게다가 1980년대 당안의 공간이 가져온 영향은 구미 학계에도 큰 영향을 미쳤다. 구미에서는 1960·70년대 전근대사회에서 근대사회로 이행하는 과정에서 '사회적 반란'의 원초적(primitive) 혹은 원형적(archaic) 형태로 존재한 비밀결사의 역할을 매우 중시하는 '홉스봄(Hobsbawm)식'의 연구[21]를 토대로 세노(Chesneaux)[22]·쿤(Kuhn)[23]·웨이크만(Wakeman)[24]·

14 周育民·邵雍,『中國幫會史』, 上海: 上海人民出版社, 1993.
15 劉平,『文化與叛亂: 以淸代秘密社會爲視角』, 北京: 商務印書館, 2002.
16 朱俊强,『秘密結社與社會統制: 廣西天地會硏究』, 桂林: 廣西師範大學出版社, 2000.
17 雷冬文,『近代廣東會黨: 關於其在近代廣東社會變遷中的作用』, 廣州: 暨南大學出版社, 2004.
18 邱格屏,『世外無桃源: 東南亞華人秘密會黨』, 北京: 三聯書店, 2003.
19 歐陽恩良,『形異神同: 中國秘密社會兩大系統比較硏究』, 貴陽: 貴州人民出版社, 2004.
20 2010년대 이후로 중국에서 발표된 주요 연구논문의 성과는 王驥洲,「天地會儀式行爲的文化社會學解析」,『齊魯師範學院學報』 2014-5; 李平秀,「淸末革命團體與秘密會黨: 以同盟會武裝起義爲主」,『近代史硏究』 2015-1; 李恭忠,「他者的眼光: 19世紀西方人的天地會硏究發微」,『江蘇社會科學』 2015-6; 李恭忠,「蒙冤敍事與下層抗爭: 天地會起源傳說新論」,『南京大學學報』 53, 2016-5; 李恭忠,「辛亥前後的"洪門民族主義"論說」,『近代史硏究』 2016-6; 林建秀,「鄭成功與洪門天地會之創立」,『福建史志』 2017-6; 孟曉峰·高西成,「解讀天地會會簿中的木立斗世、結萬和洪花亭,『淸史論叢』 2020-1; 張銀行,「天地會與福建武術發展硏究: 區域社會的視角」,『揚州大學學報』 24, 2020-4; 周育民,「壬辰瑤變、會黨與地方官府: 以張錫謙『平瑤日記』爲中心」,『史林』 2021-4 등이 있다.
21 E. J. Hobsbawm, *Primitive Rebels: Studies in Archaic Forms of Social Movement*

데이비스(Davis)[25] 등이 중국의 회당 비밀결사 연구를 크게 유행시켰다.[26] 비록 그 이후 구미에서의 회당 비밀결사에 대한 연구는 다소 침체기로 들어섰지만, 1980년대 당안의 공간은 구미 연구자들의 연구 의욕을 다시 자극하기 시작하였다. 그 결과 1990년대 이후 공간된 당안이 구미 연구자들의 독특한 사회과학적 방법론과 접목되면서 구미에서는 근년에 연구 성과가 계속해서 발표되고 있으니, 제2의 중국 비밀결사 연구의 전성기를 맞이하고 있는 추세라 해도 무방할 것이다.

천지회 연구를 예로 들면, 천지회의 기원과 기원전설을 건륭파의 입장에서 분석하여 천지회가 정치결사로서 출발한 것이 아니라는 점을 재확인한 머레이(Murray)의 저서,[27] 18세기에 한정하여 천지회를 기존 사회체제의 범주 안으로 끌어들여 이들의 사회적·문화적 활동에 주목한 이후에 민중종교의 측면을 오히려 강조한 오운비(Ownby)의 저작,[28] 천지회의

---

in the 19th and 20th Centuries, New York: W. W. Norton, 1959(진철승 역, 『원초적 반란』, 청주: 온누리, 1984); E. J. Hobsbawm, *Bandits*, London: Weidenfeld & Nicolson, 1965(황의방 역, 『義賊의 社會史』, 서울: 한길사, 1978).

22 Jean Chesneaux, *Secret Societies in China: in the Nineteenth and Twentieth Centuries*, Ann Arbor: the University of Michigan Press, 1971; Jean Chesneaux, "Secret Societies in China's Historical Evolution", Jean Chesneaux eds., *Popular Movements and Secret Societies in China 1840~1950*, California: Stanford University Press, 1972.

23 Philip A. Kuhn, *Rebellion and its Enemies in Late Imperial China: Militarization and Social Structure*, 1796~1864, Cambridge: Harvard University Press, 1970.

24 Frederic E. Wakeman, "The Secret Societies of Kwangtung 1800~1856", Jean Chesneaux eds., *Popular Movements and Secret Societies in China 1840~1950*, 1972.

25 Fei-Ling Davis, *Primitive Revolutionaries of China: A Study of Secret Societies in the Nineteenth Century*, London: Routledge & Kegan Paul, 1977.

26 1980년대 이전 구미의 중국 비밀결사에 대한 연구 성과의 목록은 Teng Ssu-yü, *Protest and Crime in China: A Bibliography of Secret Association, Popular Uprisings, Peasant Rebellions*, New York: Garland Publishing, 1981을 참조.

27 Dian H. Murray, *The Origins of the Tiandihui: the Chinese Triads in Legend and History*, California: Stanford University Press, 1994.

기원전설이나 입회의식을 결사의 정체성 창조라는 시각에서 이들의 정치적 이상세계를 탐구한 테르 하르(Ter Haar)의 저작,[29] 천지회 등의 비밀결사를 매개로 하여 중국근현대 정치사를 개설한 부스(Booth)의 저서,[30] 그리고 기타 범죄사회학적 접근[31] · 언어학적 접근[32] · 통사적 접근[33] · 사상사적 접근[34] 등의 개별 논문들은 이러한 추세를 여실히 반영하고 있다. 이처럼 구미에서의 왕성한 활동은 19세기 이래로 자신의 선조들이 천지

28 David Ownby, "Chinese Hui and the Early Modern Social Order: Evidence from Eighteenth Century Southeast China", David Ownby & Mary Somers Heidhues eds., *'Secret Societies' Reconsidered: Perspectives on the Social History of Early Modern South*, New York: Armonk, 1993; David Ownby, "The Heaven and Earth Society as Popular Religion", *The Journal of Asian Studies* 50-4, 1995; David Ownby, *Brotherhoods and Secret Societies in Early and Mid-Qing China: the Formation of a Tradition*, California: Stanford University Press, 1996.

29 Barend J. Ter Haar, "Messianism and the Heaven and Earth Society: Approaches to Heaven and earth Society Texts", David Ownby & Mary Somers Heidhues eds., *'Secret Societies' Reconsidered: Perspectives on the Social History of Early Modern South*, 1993; Barend J. Ter Haar, *Ritual and Mythology of the Chinese Triads: Creating an Identity*, Leiden · Boston · Köln: Brill, 1998.

30 Martin Booth, *The Triads: The Chinese Criminal Fraternity*, London: Grafton Books, 1990; Martin Booth, *The Dragon Syndicates: the Global Phenomenon of the Triads*, New York: Carroll & Graf, 2001.

31 Robert J. Antony, "The Problem of Banditry and Bandit Suppression in Kwangtung, South China, 1780~1840", *Criminal Justice History* 11, 1990; Robert J. Antony, "Brotherhoods, Secret Societies, and the Law in Qing-Dynasty China", David Ownby & Mary Somers Heidhues eds., *'Secret Societies' Reconsidered: Perspectives on the Social History of Early Modern South*, New York: Armonk, 1993.

32 Kingsley Bolton & Christopher Hutton, "Bad and Banned Language: Triad Secret Societies, the Censorship of the Cantonese Vernacular, and Colonial Language Policy in Hong Kong", *Language in Society* 24, 1995.

33 David Faure, "The Heaven and Earth Society in the Nineteenth Century: An Interpretation", Liu Kwang-ching & Shek, Richard eds., *Heterodoxy in Late Imperial China*, University of Hawaii Press, 2004.

34 Hsu Wen-hiung, "The Triads and Their Ideology up to the Early Nineteenth Century: A Brief History", Liu Kwang-ching & Shek, Richard eds., *Heterodoxy in Late Imperial China*, 2004.

회 등의 중국 비밀결사 연구에 큰 관심을 가져왔던 전통[35]에서 비롯된 것이 아닐까 생각된다.

한편 일본의 경우를 보면, 일찍이 1960·70년대 천지회에 관한 전문적인 연구가 진행되었다. 천지회의 기원전설 등을 분석하여 결사의 성립 배경을 추적하고, 영국대영박물관(현재 영국국가당안관, The National Archive, U.K.)의 소장된 자료를 정리·소개하면서 함풍 4년(1854) 광동천지회 반란을 연구한 좌좌목정재(佐佐木正哉)의 저작[36]과 천지회를 중심으로 한 회당 비밀결사와 농민투쟁과의 관계를 검토한 전전승태랑(前田勝太郎)의 논문,[37] 그리고 천지회를 비롯한 방회의 민중의식을 전통사상의 측면에서 이해한 주정충부(酒井忠夫)의 논문[38]이 그 대표적인 성과물이다. 특히 주정충부는 자신의 이전 논문과 저서의 기초 위에 1980년대 이후 중국과 대만에서 진행된 연구 성과를 폭넓게 수용하면서 18·19세기 천지회를 비롯한 회당 비밀결사의 확산문제를 이주민사회의 문제와 결부시키는 연구를 수행하여 그 결과물을 내놓았다.[39] 천지회를 이주민사회의 문제와 결부시켰다는 시각에서 산전현(山田賢)의 개설적인 저서[40]도 주정충부

35 19세기 구미인들에 의해 관찰된 천지회 등 중국 비밀결사에 대한 목록은 Kingsley Bolton & Christopher Hutton, "Western Writing on Chinese Secret Societies and 'Triads'", *Triad Societies: Western Accounts of the History, Sociology and Linguistics of Chinese Secret Societies* Ⅰ, New York: Routledge, 2000에 실려 있고, 이 중에 27편의 자료는 이 책에 원문 그대로 실려 있다.

36 佐佐木正哉,「咸豊四年廣東天地會の叛亂」,『近代中國硏究センタ彙報』2, 1963-4; 佐佐木正哉 編,『淸末の秘密結社』(資料篇), 東京: 近代中國硏究委員會, 1967; 佐佐木正哉,「天地會成立の背景」,『明治大學人文科學硏究所紀要』7, 1969; 佐佐木正哉,『淸末の秘密結社: 前篇天地會の成立』, 東京: 巖南堂書店, 1970.

37 前田勝太郎,「淸代の廣東における農民鬪爭の基盤」,『東洋學報』51-4, 1969-3.

38 酒井忠夫,「靑幇·紅幇の思想と行動」,『傳統と現代』2-9, 1971; 酒井忠夫,「幇の民衆の意識」,『東洋史硏究』31-2, 1972.

39 酒井忠夫,『中國民衆と秘密結社』, 東京: 吉川弘文館, 1991; 酒井忠夫,『中國幇會史の硏究』(紅幇篇), 東京: 國書刊行會, 1998.

40 山田賢,『中國の秘密結社』, 東京: 講談社, 1998.

와 같은 맥락에서 출발하고 있다. 이밖에 일본에서 주목할 만한 연구 활동으로 1995년 신내천대학(神奈川大學) 인문학연구소의 비밀결사 연구 그룹이 중심이 되어 세계사적 시각에서 비밀결사에 관한 좌담회가 개최되고, 이를 바탕으로 연구논문집이 발행되기도 하였다.[41] 특히 이 좌담회에서 청말민초 비밀결사와 정치·정당 세력과의 관계를 발표한 손강(孫江)은 그 전후로 청말민초 구룡산(九龍山) 비밀결사 및 신해혁명과 비밀결사의 관계를 발표하는 등 비밀결사의 구체적인 사례 연구와 혁명담론에 대하여 심화된 연구를 진행하였다.[42] 다만 그동안 일본에서 광범위하게 진행되어 왔던 백련교 등 종교 비밀결사의 연구 성과에 비교해 보면, 천지회 등 회당 비밀결사의 연구 성과는 다소 저조한 편이라고 말할 수 있다.[43]

마지막으로 국내의 경우, 천지회에 관한 연구가 1980년대 말에 이르러서야 본격적으로 착수되었으므로 가장 후발적인 주자로 동참한 셈이다. 그러나 이에 못지않게 상당히 주목할 만한 연구 성과가 축적되었다. 태평천국운동의 원동력으로서 도광 연간 광서민중운동은 그 근저에 천지회가 자리 잡고 있다고 간주하고, 광서의 사회경제를 면밀히 분석해 가면서 천지회를 중심으로 한 광서민중운동의 개황·유형·봉기 등 여러 측면을 총체적으로 분석한 박기수의 연구 성과[44]와 함풍 4년 광동천지회

---

41 神奈川大學人文學硏究所 編, 『秘密社會と國家』, 東京: 勁草書房, 1995.

42 孫江, 「'九龍山'秘密結社についての一考察」, 『中國硏究月報』 553, 1994; 孫江, 「淸末民初期における民間秘密結社と政治との關係」, 『秘密社會と國家』, 1995; 孫江, 「辛亥革命期における'革命'と秘密結社」, 『中國硏究月報』 645, 2001. 이러한 연구 성과를 바탕으로 손강은 이후 민국시기에서 중화인민공화국 성립 직후까지의 비밀결사 연구에 주력했고, 그 최종 결과물은 孫江, 『近代中國の革命と秘密結社: 中國革命の社會史的硏究(1895~1955)』, 東京: 汲古書院, 2007로 출판되었다.

43 野口鐵郞, 「秘密結社硏究を振り返って－現狀と課題－」, 森正夫 等編, 『明淸時代史の基本問題』, 東京: 汲古書院, 1997 참조.

44 박기수, 「淸 道光年間(1821~1850)의 廣西民衆蜂起」, 정년기념사학논총위원회 편, 『溪

반란을 규명하기 위해서 지역사적 관점을 응용하여 광동의 사회문화를 장기적·구조적으로 분석한 바탕 위에 천지회의 발전과정·사회경제적 기초·종교사상적 특징을 종합적으로 연구한 유장근의 저서[45]가 바로 그것이다. 이들 저작들은 지금까지의 연구 성과 중에서 적어도 19세기 전반 양광(兩廣) 지역의 천지회를 이해하는 데 하나의 전범이 되는 연구 성과로 평가할 수 있다. 이밖에도 강희파의 입장에서 천지회의 기원 문제와 그 초기 활동을 탐구한 고동주의 연구[46]가 발표되기도 했지만, 이전에 중국 학계에서 논의된 강희파의 입론에서 크게 벗어나지 못하였다.

2. 강희파와 건륭파의 시각: 천지회 연구의 서로 다른 출발점

앞서 청대 회당 비밀결사에 관한 근년의 연구 성과에 대하여 천지회를 중심으로 정리해 보았다. 적어도 1990년대 이후로 천지회에 관한 전문적인 연구 성과들이 중국과 구미 학계를 중심으로 실로 방대한 양으로 축적되어 가고 있음을 확인할 수 있었다. 그런데 청대 천지회를 연구할 때의 가장 기본적인 질문인 '청대 천지회는 어떠한 비밀결사였는가'라는 질문에 대해서는 위와 같은 방대한 연구 성과에도 불구하고 여전히 명쾌한 해답을 던져주지 못했다고 생각한다.

이러한 필자의 의문은 종래 천지회 연구를 대표하는 연구자들이 결사를 바라보는 두 가지 시각, 즉 천지회를 반청복명의 정치적 결사로 이해

村 閔丙河 敎授 停年紀念史學論叢』, 서울: 정년기념사학논총위원회, 1988; 박기수, 「太平天國 이전(1830~1850) 廣西民衆蜂起」, 『東洋史學硏究』 31, 1989.

45 유장근, 『근대 중국의 비밀결사』, 서울: 고려원, 1996.

46 고동주, 「初期天地會의 成立背景」, 『東洋學硏究』 7, 2001.

하는 강희파의 시각과 상호부조의 사회경제적 결사로 이해하는 건륭파의 시각으로 양분되어 있다는 점에서 비롯되었다.

우선 강희파는 천지회를 다음과 같이 인식한다.

> ⓐ 천지회는 청초의 특정한 역사조건에서 민족모순과 계급모순이 상호작용한 결과물로서 반청복명이라는 정치투쟁의 수단으로 역사의 무대에 등장하였다. 천지회는 강희 갑인 13년(1674) 장림사(長林寺)의 개산주지승 만오달종(萬五達宗), 즉 달종화상(達宗和尙)이 창립하였다. 그 창립 장소는 복건 장포현(漳浦縣) 운소(雲宵) 지방 고계향(高溪鄕)의 고계묘(高溪廟)이고, 창립 목적은 반청복명이다. …… 창립 초기에는 한족 지주와 일부 지식인의 반만파(反滿派), 그리고 일부 노동인민들이 반청복명을 목적으로 조직한 비밀결사였다. …… 이후 천지회는 농민·소수공업자·상인·짐꾼과 기타 하층의 유민무업자가 반청계급투쟁을 진행하기 위한 비밀결사로 점차 변하였다. 천지회는 건륭 연간 상품경제의 발전과 자본주의 맹아의 성장으로 출현한 상호부조의 단체가 아니다. 건륭 26년(1761)은 천지회의 창립시간이 아니며, 만제희(萬提喜) 역시 천지회의 창립자가 아니다.[47]

> ⓑ 천지회는 홍문(洪門)이라고도 한다. 천지회는 원시회부가 규정한 이름이고, 홍문은 구성원들이 부르는 호칭이다. …… 홍문은 원시회부(原始會簿)가 전해 준 원칙에 따라 조직을 발전시켰는데, 그 목적은 반청복명이다. …… 홍문이란 조직 자체는 지주계급 반만파의 투쟁 수단이다. 비록 장기간의 발전과정 속에서 객관적 조건의 변화로 인해 계급의 기초가 변했지만, 원시회부가 규정한 반청복명이라는 조직의 성격은 결코 변한 적이 없었다. …… 홍문 조직은 그 기원전설에 따라 강희 갑인 13년(1674) 이색지(李色地)·도필달(桃必達)·홍대세(洪大歲) 등의 오

47 赫治清, 『天地會起源硏究』, 320쪽.

> 조(五祖)가 만오달종(萬五達宗)과 함께 창립한 것이다. …… 민국의 건립 이후 홍문은 반청복명의 역사적 임무를 완성하였다.[48]

위 인용문은 강희파를 대표하는 혁치청(赫治清, ⓐ)과 호주생(胡珠生, ⓑ)의 저서에서 발췌한 것이다. 비록 강희파를 대표하는 이들 연구자들은 천지회의 창립자 등 세부적인 문제에서 차이를 보이고 있지만, 다음과 같은 공통점을 가진다. 즉 천지회는 강희 13년 만오달종 등이 청초의 만한 민족모순 등으로 인해 반청복명을 목적으로 한 정치적 결사로 창립되었다. 처음에는 지주계급 등 일부 반만파의 반청복명을 위한 투쟁수단이 되었고, 이후 장기간 유전하는 과정에서 당시의 사회경제적 조건에 의해 하층 인민들에 의한 결사로 변모하였다. 그렇지만 이러한 역사적 과정에서 천지회의 반청복명이라는 정치적 성격은 민국이 성립될 때까지 결코 변한 적이 없이 그대로 유지되었다는 것이다. 이처럼 강희파에게 천지회란 그야말로 반청복명을 실천하기 위한 정치적 결사였던 것이다.

그러나 건륭파는 아래 인용문의 내용처럼 전혀 다르게 주장한다.

> ⓒ 천지회는 건륭 26년(1761) 복건 장주(漳州) 장포현(漳浦縣)의 홍이화상(洪二和尙)인 만제희(萬提喜)에 의해서 기원하였다. …… 강희 연간에서 건륭 연간까지 장주 지역에는 파산 농민과 염민(鹽民)을 위주로 하는 다량의 파산 노동자가 존재하였다. …… 이들 파산 노동자들은 일상생활에서 의지할 데가 없고 불안정했기 때문에 개인 혼자서는 생존할 방법이 없었다. 이리하여 이들은 함께 단결하여 상호부조하면서 즐거움과 어려움을 함께할 것에 대한 필요성을 느꼈다. 이러한 상황에서 천지회와 같은 조직이 자연스럽게 생겨난 것이다. …… 천지회는 여러 방면에서 이전의 민간결사들보다 진보하였다. 그 하나로 천지회는 호

48 胡珠生, 『清代洪門史』, 1-2쪽.

조단체로서 그 내부의 상호부조 방면에서 이전 단체에 비해 더욱 광범위해지고 엄밀해졌다. …… 다른 하나로 투쟁구호의 방면을 보면, 천지회는 순천행도(順天行道)·반청복명(反淸復明)의 기치를 자주 내세웠다. 그러나 이러한 구호는 천지회가 새롭게 제출한 것이 아니라 기존 농민전쟁의 전투구호였다.[49]

ⓓ 천지회는 홍문이라고 하는데, 중국 청대의 역사에서 가장 중요한 비밀결사이다. …… 천지회는 가장 초기에 단지 청대 민간에 수많은 의형제 집단 중의 하나였지만, 이후 조직의 발전과 청조 통치자의 진압에 반항하는 투쟁의 수요로 인해 반청복명의 구호를 제출하면서 점차 정치색채를 가지게 되었다. …… 천지회는 사실상 18세기 중엽의 청 건륭 연간 사회경제의 발전과 계급모순의 산물이다. …… (건륭 연간 복건·광동을 포함하여 각 지역에 다량의 과잉인구가 출현했는데) 이들은 외지에서 홀몸으로 의지할 데가 없어 생계를 유지하기 어려웠기 때문에 중국 전통의 의형제를 맺는 방식으로 각종 비밀결사를 조직했고, 그 구성원들은 상호부조하면서 생존을 영위하기 시작하였다. 중국제일역사당안관에 소장된 천지회 등 비밀결사의 당안에 근거해 보면, 건륭 20년 이후로 각종 서로 다른 이름의 비밀결사 조직이 계속적으로 출현하였다. 건륭 26년(1761) 복건 장포현의 승려인 제희(提喜), 즉 홍이화상(洪二和尙)이 이전에 존재했던 의형제 집단을 새롭게 개조하여 천지회라는 비밀결사를 창립하였다.[50]

위 인용문은 건륭파를 대표하는 채소경(蔡少卿, ⓒ)과 진보기(秦寶琦, ⓓ)의 저서에서 발췌한 것이다. 진보기의 천지회에 대한 왕성한 연구는 기본적으로 채소경의 연구에 기초하여 발전한 것이기 때문에 이들의 시각

49 蔡少卿, 『中國近代會黨史硏究』, 61-63쪽.
50 秦寶琦, 『淸前期天地會硏究』, 1쪽, 5쪽.

은 기본적으로 같다. 즉 청초에서 건륭 연간까지 중국사회에서 진행된 사회경제의 발전과 계급모순에 의해서 출현한 다량의 파산 인민들이 상호부조를 위해 각지에서 의형제 집단을 조직했고, 이 과정에서 건륭 26년 복건 장포현 홍이화상이 이전의 의형제 집단을 새롭게 개조하여 창립한 것이 바로 천지회라는 것이다. 이들 건륭파에게 천지회는 기본적으로 상호부조를 위한 사회경제적 결사였으며, 반청복명의 정치적 결사가 아니었다. 다만 천지회의 반청복명이라는 구호에 대하여, 채소경은 결코 새로운 것이 아니라 기존 농민전쟁의 전투구호였다고 지적했고, 진보기의 경우 천지회가 그 창립 이후에 조직이 발전하는 과정에서 이들을 탄압하는 청조의 정책에 투쟁하기 위해서 제기한 것으로 점차 정치색체를 가지게 되었다고 주장하였다.

3. 회부와 당안: 사료 운용의 문제와 대안

그렇다면 천지회라는 하나의 연구 대상을 놓고서 이처럼 상반된 평가가 이루어졌던 원인은 무엇이었을까? 그것은 바로 이들 양파가 자신들의 주장을 합리화시키기 위해서 사용하는 주요 사료들이 서로 다를 뿐만 아니라 설령 같은 사료를 이용하더라도 그 운용 방법상의 차이가 있기 때문이다.

먼저 회부(會簿)의 경우를 보자. 회부란 천지회의 내부에서 유전하는 문서로 회서(會書)·비서(秘書) 등으로도 칭하고, 청말 이후로 만들어진 천지회의 은어(隱語)에서는 삼자(衫子)·해저(海底)·금불환(金不換)이라고 부르기도 한다. 온전한 회부의 경우, 초기 판본에는 근유(根由: 기원전설)·시가(詩歌)·대련(對聯)·문답(問答)·수어(手語)·차주배완격국(茶酒杯碗格局: 찻잔·

술잔을 통한 의사소통의 장치) 등의 내용이 수록되어 있으며, 후기 판본에는 초기 판본의 내용에 도상(圖像)·서장(誓章)·규조(規條)·문첩(門帖)·요빙(腰憑: 신분증) 등의 내용이 추가적으로 수록되어 있다. 현존하는 회부 중에 가장 이른 시기에 발견된 것은 가경 16년(1811) 청조에 압수된 요대고본(姚大羔本)이고,[51] 이후로 지금까지 청대의 판본으로 요대고본을 포함하여 귀현본(貴縣本)[52]·수선각본(守先閣本)[53]·전림본(田林本)[54]·금낭본(錦囊本)[55] 등이 발견되었다. 그리고 회부의 주제어를 설정해 본다면, 그것은 말할 것도 없이 반청복명이다.

이러한 회부에 대하여 강희파는 다음과 같이 주장한다. 즉 강희 41년(1702)을 전후하여 원시회부가 완성되었고, 이 원시회부가 천지회 내부에서 유전하는 과정에서 처음 외부로 출현한 것이 바로 가경 16년이다. 비록 현존하는 회부는 그 내용이 유전하는 과정에서 일정정도의 증감이 이루어졌지만, 기본적인 내용은 모두 원시회부에서 유래되었다. 따라서 회부가 천지회를 연구하는 가장 직접적인 사료라는 것이다.[56] 이처럼 강희파의 천지회에 대한 인식은 기본적으로 회부에 근거를 두고 있는 셈이다.

그러나 건륭파의 입장은 이와 다르다. 건륭파에 의하면, 회부가 최초로 성립한 시대는 강희 연간이 아니라 건륭 말엽에서 가경 초엽이다. 그리고 이 시기에 형성된 요대고본을 제외하면 나머지 현존하는 회부는

---

51 「廣西巡撫成林爲搜獲東蘭州天地會成員姚大羔所藏『會簿』呈軍機處咨文」(嘉慶16.5.7.)「附: 廣西東蘭州天地會成員姚大羔所藏『會簿』」, 『天地會』 1, 3-32쪽.

52 「貴縣修志局發現的天地會文件」, 羅爾綱 編著, 『天地會文獻錄』, 香港: 實用書局, 1942, 1-40쪽.

53 「守先閣本天地會文件」, 『天地會文獻錄』, 41-60쪽.

54 「天地會文書抄本」, 『廣西會黨資料彙編』, 480-551쪽.

55 洪順堂 編, 『洪門覔錦囊傳』, 1892刊板, 1906重修, 臺灣: 古亭書屋, 1975.

56 赫治淸, 『天地會起源硏究』, 63-94쪽; 胡珠生, 『淸代洪門史』, 30-65쪽.

모두 함풍 연간 이후에 출현하였다. 따라서 회부의 주제어인 반청복명을 표현하고 있는 기원전설도 요대고본이 형성된 건륭 말엽에서 가경 초엽에 출현한 것이다. 그 구체적인 시간으로 채소경은 건륭 44년(1779) 이후로, 진보기는 건륭 51년(1786) 이후로 설정하고 있다. 특히 기원전설이 출현한 배경에는 건륭 말엽에서 가경 초엽 천지회의 조직이 나날이 강성해졌기 때문에 천지회의 주요 구성원들은 조직의 보존과 광대한 인민들을 더욱 흡수할 목적으로 조직의 근원이 오래되고 정의에 기초하는 기원전설의 필요성이 있었고, 이러한 필요성에 의해서 창조된 기원전설은 결국 천지회를 전파하는 도구로 되었다는 것이다.[57] 이처럼 건륭파는 기원전설에 대하여 조직을 전파하는 도구로서의 기능적 측면을 강조한 반면에, 그 내용의 역사성을 철저히 부정함으로써 회부 자체에 대한 사료적 가치를 거의 인정하지 않는 태도를 견지하고 있다.

회부에 대한 양파의 입장 차이는 흥미로운 결과를 초래하였다. 강희파의 경우 회부의 내용을 사료적 가치로 인정하고 있기 때문에 이들의 저서는 회부의 내용을 주된 근거로 삼고 있으며, 특히 호주생은 이에 대한 전문적인 분석[58]으로까지 나아갔다. 이에 반해 회부 내용의 사료적 가치를 부정하고 있는 건륭파는 회부의 내용을 주된 근거로 제시하는 경우가 드물고, 설사 인용하더라도 대개 강희파의 주장에 대한 반대론을 펼치기 위해서 언급한다. 그 이유는 건륭파가 천지회를 연구함에 있어서 가장 중시하는 사료가 바로 당안이기 때문이다.

건륭파는 당안을 이용하여 천지회의 기원 과정은 물론 그 활동까지 모두 상호부조의 성격을 갖는 사회경제적 결사에서 비롯되었음을 증명하려고 노력한다. 예컨대 채소경은 가경·도광 연간의 당안에 기록된 81

57 蔡少卿, 『中國近代會黨史研究』, 148-149쪽; 秦寶琦, 『清前期天地會研究』, 60-73쪽.
58 胡珠生, 「洪門會書的綜合研究」, 『清史論叢』 1993; 胡珠生, 『清代洪門史』, 30-65쪽.

건의 천지회 사례를 분석한 결과, 불명 19건을 제외하면 천지회를 조직한 원인은 빈곤 46건·멸시당함 12건·보복과 약탈 4건이었고, 불명 9건을 제외하면 그 주요 활동은 약탈 50건·금전사기 22건이었다고 하면서, 이것을 보면 천지회가 어떠한 성격의 비밀결사였는지를 잘 보여준다고 강조하고 있다.[59] 여기에서 건륭파는 사회경제적 모순이 격화되는 시기에는 이러한 상호부조의 결사가 탐관오리에 반대하는 구호나 반청복명의 구호를 제기할 수 있다는 단서를 붙인다. 이러한 단서 조항에 대하여 채소경은 아편전쟁 이후로 계급모순과 민족모순이 동시에 진행되어 천지회가 투쟁하는 모습에 변화가 일어나 거센 봉기가 여러 차례 발생했다고 지적했고,[60] 진보기는 다음과 같이 좀 더 구체적으로 말하고 있다.

> 청대 가장 큰 세 개의 회당 비밀결사〔천지회(天地會)=홍문(洪門), 가로회(哥老會)=홍방(紅幫), 청방(青幫)=안청도우(安淸道友)〕 그 자체는 하층 인민들의 상호부조적 결사조직이다. 평소에 내부에서는 상호부조를 하고 외부에 대해서는 자위하며 폭력에 대항하다가, 사회모순이 격화되는 시기에 회당의 수령은 자주 탐관오리를 반대하는 구호나 반청복명의 구호를 이용하여 청 왕조의 진압과 압제에 저항했고, 일부의 경우 외국침략자에 대해서도 저항하였다. 이 때문에 이들의 존재와 반란 활동의 수행은 일정부분 적극적인 의의가 있는 것이다.[61]

위 진보기의 지적은 당안을 광범위하게 이용하여 저술한 두 권의 저서에서 그가 반복해서 언급할 정도로 강조하고 있는 천지회를 바라보는 기본적인 시각을 반영하고 있다. 이처럼 건륭파는 당안을 전적으로 신뢰

59 蔡少卿, 『中國近代會黨史研究』, 148쪽.

60 蔡少卿, 『中國近代會黨史研究』, 140쪽.

61 秦寶琦, 『淸末民初秘密社會的蛻變』, 6쪽; 秦寶琦, 『中國地下社會』(晚淸秘密社會卷), 882-883쪽.

하고 이용하여 결사의 조직 목적과 활동을 분석함으로써 천지회가 기본적으로 상호부조의 사회경제적 성격을 갖는 결사임을 강조했고, 단지 사회경제적 모순이 격화되었을 경우에만 반청복명의 결사로 전환되었음을 설명하고 있다.

물론 강희파도 건륭파가 중시하는 당안을 사용한다. 그러나 강희파의 혁치청은 당안에 대하여 신중한 사용과 한계를 권고한다. 즉 지방관이 천지회의 내부문서를 압수하여 당안에 첨가한 것을 제외하면, 모든 당안은 천지회 자신이 보유하고 있던 자료가 아니라는 것이다. 특히 이들 당안이 수록하고 있는 천지회 회원의 자백들은 모두 지방관의 주접(奏摺)을 근거로 하고 있기 때문에 진위의 문제가 있을 수 있다. 그리고 이러한 문제가 발생하는 근본 원인은 천지회와 같은 사건이 지방관의 고과성적과 관련되어 있었기 때문에 큰 일을 작은 일로 혹은 작은 일을 큰 일로 둔갑시키는 당안을 통해서는 그 완전한 진상을 살펴보기가 어렵다는 것이다.[62] 이처럼 혁치청은 당안에 대한 엄중한 사료비판을 요구하고 있다.

당안에 대한 이러한 입장 차이는 이들 양파로 하여금 당안을 선별적으로 사용하도록 만들어 놓았다. 건륭파의 경우 당안을 적극적으로 이용하여 천지회가 상호부조의 사회경제적 성격을 갖는 결사임을 설명하고 있지만, 일부 당안에 첨가되어 있는 회부와 관련된 내용이나 반청복명을 의미하는 내용들을 의도적으로 회피하여 기술하는 경향을 보이고 있으며, 경우에 따라서는 사료를 왜곡하는 점도 발견된다. 그 대표적인 예는 다음과 같다. 가경 7년(1802) 광동 혜주(惠州)부 박라(博羅)현 진란극사(陳爛屐四)의 천지회가 사용한 포기(布旗)에 기원전설에 보이는 천지회의 창립 시간인 "옹정갑인년칠월입오일(雍正甲寅年七月卄伍日)"과 소주(小主)의 이름인 "홍영(洪英)"이 적혀 있는 내용[63]에 대하여, 진보기는 그의 저서에서

62 赫治清, 『天地會起源硏究』, 102-103쪽.

전혀 언급하고 있지 않다.[64] 또한 가경 13년(1808) 광서에서는 광동 남해인(南海人) 안아귀(顔亞貴)란 자가 「도원가(桃園歌)」라는 가본(歌本)을 가지고 있다가 체포되었는데, 이 「도원가」 역시 "복명거청(復明去淸)"이란 문구를 필두로 하여 천지회 기원전설의 내용을 구성하는 창립자의 성명이 기록되어 있지만,[65] 진보기의 저서에는 「도원가」라는 이름만을 언급할 뿐 복명거청 등의 내용을 언급하지 않는다. 특히 사료의 왜곡에 대해서는 혁치청이 지적한 대로 천지회의 당안을 『천지회』라는 자료집으로 출판하는 과정에서 주요 편집자였던 진보기가 천지회의 성격 문제와 관련하여 「천지회맹서서사(天地會盟書誓詞)」에 보이는 "명주전종(明主傳宗)"이란 표현을 "맹주전종(盟主傳宗)"으로 바꾸었다는 것은 그 대표적인 예라 하겠다.[66] 이러한 사례들은 건륭파가 당안을 전적으로 이용하더라도 자신들의 주장에 불리한 내용들을 언급하지 않고 있음을 보여주고 있다.

이러한 비판은 거꾸로 강희파에게도 똑같이 적용된다. 강희파의 경우 위에서 언급한 「천지회맹서서사」·"옹정갑인년칠월입오일"·「도원가」 등

---

63 「兩廣總督覺羅吉慶奏擒獲陳爛屐四摺」(嘉慶7.10.5.) 「附二: 博羅起義軍布旗抄件」, 『天地會』 7, 34쪽.

64 秦寶琦, 『淸前期天地會硏究』, 295-302쪽; 秦寶琦, 『中國地下社會』(淸前期秘密社會卷), 586-593쪽.

65 「廣西巡撫恩長奏審擬顔亞貴以「桃園歌」邀人拜會案摺」(嘉慶13.12.25.) 「附: 顔亞貴所藏「桃園歌」」, 『天地會』 7, 207-215쪽.

66 赫治淸, 「「天地會盟書誓詞」辨正」, 『淸史硏究通信』 1985-1, 21-26쪽; 赫治淸, 『天地會起源硏究』, 284-285쪽. 「天地會盟書誓詞」, 『天地會』 1, 161쪽에는 '맹주전종(盟主傳宗)'이라고 되어 있지만, 중국제일역사당안관에 소장되어 있는 문건에는 '명주전종(明主傳宗)'이라고 되어 있다. 이러한 사실에 대하여 혁치청은 1984년 '회당의 성질과 기능에 관한 학술토론회'에서 『天地會』의 주요 편집자인 진보기가 천지회의 성격 문제와 관련하여 문건의 내용을 바꾸었다고 주장하면서, 발생해서는 안 될 중대한 원칙을 위반했다고 지적했고, 당시 진보기는 "기억이 잘 나지 않는다."고 회답했다고 한다. 혁치청은 이 「天地會盟書誓詞」가 "임상문의 기의 과정에서 발포된 문건이 아니라 천지회의 내부에서 통용되었던 보편적인 결맹서사(結盟誓詞)였다."고 주장했고, 이 '명주전종'을 통해서 "천지회의 창립 목적은 반청복명이다."라고 강조하였다.

의 사례만을 제시하여 천지회가 반청복명을 목적으로 한 정치적 결사임을 주장한다. 이 뿐만 아니라 강희파가 개별 천지회의 사건을 언급할 때에는 비교적 규모가 큰 봉기나 반란에 대하여 그것의 정치적 활동에 대해서 대서특필하고 있지만, 정작 각 지역사회에서 소규모로 조직된 천지회, 예를 들어 앞서 채소경이 제시한 가경·도광 연간의 당안에 기록된 81건의 사례에 보이는 천지회의 불법적 약탈 활동에 대해서는 그리 관심을 보이지 않는다. 이러한 점은 강희파를 대표하는 혁치청과 호주생이 당안을 이용하여 천지회의 역사를 기술하는 하나의 원칙처럼 보이기도 한다.

이상과 같이 강희파와 건륭파의 상반된 시각은 천지회를 연구할 때 사료의 운용이 얼마나 큰 영향력을 발휘하고 있는지의 실태를 여실히 보여주고 있다. 그러나 사료의 운용에서 가장 중요한 점은 그것의 선택과 배척에 있어서의 '무분별함'이 아니라 '합리성'의 수반 여부일 것이다. 다시 말해서 천지회의 구성원이 남긴 회부이든, 이를 탄압한 청조의 기록인 당안이든, 철저한 사료 비판을 통한 합리적인 사료 운용이 이루어져야 할 것이다.

다시 회부의 경우로 돌아가 보자. 회부는 천지회의 구성원들 중에서도 적어도 문자사용의 능력을 갖춘 사람들에 의해서 작성되었다. 그리고 그것의 내용과 형식으로 미루어 볼 때, 회부는 실재의 역사적 사실에 기초한 기록이 아니라 결사의 정체성이나 구성원들 간의 결속력을 강화시키기 위해서 가공의 이상적 신념에 의해서 창출되었다고 여겨진다. 예컨대 기원전설에서 결사의 창립자로 등장하는 다섯 명의 소림사 승려·만운룡(萬雲龍)·소주(小主)나 맹서에서 결사의 정신적 지주로 출현하는 명주(明主)는 그 역사적 실재성과 관계없이 모두 허구적으로 조작된 인물들이다. 또한 도원결의(桃園結義)를 모방하여 일종의 종족적 일가로 탄생하는 홍문(洪門)이라는 가문과 이와 관련된 각종 시구·문답·규조 등도 모두 결사가 지향하고 있는 허구화된 이상적 가족질서를 대변하고 있다. 결국 회부의 내용은 결사가 현실에서 구체적으로 실천해야 할 행동강령이기보다는 대부분 결사 자체가 지향하고 있는 정체성과 그러한 이상세계를 반영해 놓은 것이라고 말할 수 있다. 여기에서 유념해야 할 점은 회부의 내용이 시간의 흐름에 따라 증감을 보이고 있기 때문에 그것을 이용함에 있어서도 후대의 형성된 것을 가지고 전대의 상황으로 소급 적용해서는 안 된다는 것이다.

당안의 경우, 당시의 지방관이 기록한 가장 일차적인 사료라는 점에는 의심의 여지가 없다. 그러나 앞서 일부 지적했듯이 당안은 그 기록자가 천지회를 탄압하는 관료들이었다는 점에서 사실의 은폐·과장·왜곡 등의 정도가 심하게 나타날 수 있다. 예컨대 각 지역사회의 관료들은 천지회 사건의 정도가 자신의 승진에 기초가 되는 고과성적과 밀접한 관련을 맺고 있기 때문에 사건의 내막을 은폐하는 경우가 있으며, 그 반대로 자신들의 단속과 진압의 공적을 과장하여 보고하는 경우도 있을 수 있다. 게다가 각 지역을 감찰하는 어사는 그 직무의 특성상 감찰지역에 대한 일종의 '들추어내기'로 일관할 수 있기 때문에 해당 지역 지방관의 주접 내용과 다를 수도 있다.

자백의 경우로 눈을 돌려보면, 관부에 의해서 작성된 천지회 구성원들의 일률적인 자백 내용을 통해서는 관련 사실이 지방관에 의해서 왜곡되었음을 쉽게 발견할 수 있다. 게다가 체포된 천지회의 구성원은 결사의 비밀을 노출하려 하지 않거나, 자신의 죄를 축소·은폐할 목적으로 거짓을 진술하는 사정도 존재하기 마련이다. 특히 천지회의 반청복명(反淸復明)과 관련된 부분에 대해서는 관료들 중의 어느 누구도 그러한 표현을 황제가 열람하는 주접에 직접적으로 기술할 수 없다는 사실도 간과해서는 안 될 것이다. 즉 천지회의 정치적 사건에 대하여 관료들이 사용한 '패역(悖逆)'이라는 용어를 자주 볼 수 있지만, 정작 패역한 내용을 직접적으로 기술한 예는 거의 찾아 볼 수 없다. 이처럼 당안이 중요한 사료임에도 불구하고 여전히 그 한계성을 가지고 있음을 인정해야 할 것이다.

이처럼 천지회의 구성원들이 기록한 회부와 이들을 탄압한 지방관이 기록한 당안이 모두 사료로서의 크고 작은 문제점을 가지고 있다. 따라서 이러한 자료들을 이용할 경우에 다음과 같은 몇 가지 각별한 주의가 요구된다.

우선 천지회의 정체성과 구성원의 결속력을 설명하기 위해서는 주로 회부에 의존할 수밖에 없고, 천지회의 구체적인 활동을 이해하기 위해서는 대부분 당안을 이용할 수밖에 없는 것이 현실이다. 이 경우 기록의 주체가 다르기 때문에 도출되는 결론들이 상충되는 내용으로 귀결될 가능성이 매우 크다. 그렇기 때문에 이러한 상충되는 내용의 합리적 해석을 통해서만 비로소 천지회의 역사상을 정립할 수 있을 것이다.

다음으로 당안의 경우, 건륭 말엽에서 가경 초엽까지 매우 상세하게 기록되어 보존되어 있기 때문에 적어도 천지회가 조직되는 과정에서의 조직설립과 회원확보에 대한 정보를 습득하는 데 매우 유용하게 활용할 수 있다. 그렇다하더라도 사실의 은폐 · 과장 · 왜곡 등의 정도가 심하게 나타나는 당안의 경우에는 다른 사료의 기록이나 사건의 정황을 통해서 이러한 문제점들을 보완해야 할 것이다.

마지막으로 동시대의 지방지·문집·일기·족보의 기록이나 천지회의 고시문 · 전단의 내용은 회부와 당안이 가지고 있는 사료적 한계를 일정 정도 보완해준다는 점에서 적극적인 활용의 대상이 된다. 특히 중국 대륙을 비롯하여 가까이는 홍콩·마카오의 외국식민지에서, 멀게는 싱가포르 등 동남아시아의 지역에서 서양인들에 의해서 관찰된 천지회에 관한 외국어 기록들도 천지회를 연구하는 데 귀중한 자료가 아닐 수 없다.

4. 새로운 시각과 방법의 모색

천지회는 태평천국(太平天國)이나 흥중회(興中會)·동맹회(同盟會)처럼 강력한 지도자를 구심점으로 일원화·통일화된 조직이 아니라 광동을 중심으로 중국의 화남 지역과 해외의 각 국가에서 수많은 하층 인민들의 참여에 의해 조직의 설립과 와해를 끊임없이 반복해 가며 총생했던 분산적·독립적인 조직이었다. 이러한 점에서 후대의 연구자들이 종래의 강희파와 건륭파라는 이분법적 시각을 선험적으로 받아들일 경우에는 천지회의 역사상을 올바르게 정립하는 데 오히려 방해 작용을 불러일으킬 수도 있다는 점에 유념해야 할 것이다. 따라서 이를 극복하기 위해서는 주어진 천지회의 역사적 사료들을 철저히 수집하여 천착함과 동시에 그것의 역사상을 정립시킬 수 있는 서술상의 효과적인 방법론이 수반되어야 할 것이다.

그렇다면 청대 천지회를 연구할 때 가장 기본적인 질문인 '청대 천지회는 어떠한 비밀결사였는가'라는 의문을 어떻게 풀어나갈 것인가? 이 질문을 해결하기 위한 하나의 시도로서 필자는 무엇보다도 각 지역에서 분산적·독립적으로 활동한 수많은 개별 천지회를 하나의 대상으로 인식해 볼 필요가 있고, 이러한 하나의 대상으로서의 천지회가 어떠한 세계로 구성되어 있으며, 이들 세계가 어떻게 서로 연결되어 있는지를 검토해야 한다고 생각한다. 여기에서 이 문제의 핵심은 이들 세계를 어떻게 구성할 것인가에 있는데, 그 핵심적인 열쇠 중의 하나가 바로 천지회에 대한 가장 일반적인 수식어인 비밀이란 단어에 있다고 생각한다.

천지회의 활동 모습을 비밀성과 공개성이라는 측면에 초점을 두고 단순화시키면, '구체적인 사건이 발생하기 이전 단계'와 '구체적인 사건이 일어난 이후 단계'로 구분할 수 있다. 우선 전자의 단계는 천지회를 최초 조직(= 조직설립의 단계)하고, 일정기간 동안 회원들을 확보(= 회원확보의 단계)

하며, 이후 확보된 회원들을 천지회의 회원으로 탈바꿈시키는 절차인 입회의식(= 입회의식의 단계)까지의 그야말로 비밀적인 모습을 말한다. 이처럼 천지회의 활동에서 비밀성이 담보되는 단계는 천지회 '내부형성의 세계'에 해당한다고 하겠다. 다음으로 후자의 단계는 천지회가 각종 상호부조 활동을 한다거나, 조직력과 무장력을 이용하여 약탈 등의 불법 활동을 자행하고, 나아가 봉기·반란 등의 반관적 형태로까지 발전하는 공개적인 모습을 말한다. 이처럼 외부에 공개성이 드러나는 단계는 천지회 '외부활동의 세계'로 규정할 수 있다.

비밀이란 특징을 가지고 구분할 수 있는 위의 두 가지 세계 이외에도 상정될 수 있는 것이 바로 결사 자신이 가지고 있는 '기원전설의 세계'일 것이다. 천지회가 결사의 기원전설을 가지고 있다는 것은 이전 시기의 의형제 집단과 구별되는 천지회만의 독특한 현상이다. 특히 특정한 집단이나 결사, 나아가 국가에서 그것의 기원이 차지하는 의미는 바로 이들의 정체성과 직결되는 문제일 뿐만 아니라 설화·전설·신화 등의 형태로 되어 있는 기원전설의 이야기는 구성원들에게 일종의 신앙이나 신념으로 기능하고 있다는 점에서, 기원전설의 문제는 천지회를 이해하는 데 빼놓을 수 없는 문제라고 생각한다.

결국 천지회의 역사상을 올바르게 정립하기 위해서는 위에서 언급한 천지회를 구성하는 각 세계들이 독립적·분절적으로 흐르지 않고 유기적·연동적으로 어떻게 연결되어 있는지를 추적해야만 할 것이다. 그러나 지금까지의 연구에서는 대부분 천지회 외부활동의 세계만을 대상으로 집중적인 연구를 진행해 왔을 뿐만 아니라 이 외부활동의 세계조차도 천지회가 성장하는 과정이 태평천국운동이나 손문(孫文)의 혁명 활동과 맞물려 있기 때문에 연구의 종속성마저 탈피하지 못하고 있는 것이 현실이다. 이러한 경향은 그동안 많은 연구자들로 하여금 기원전설의 세계와 내부형성의 세계에 대한 연구를 자연스레 소홀히 하게 만들었다. 따라서 앞서 언급한 유평·머레이·테르 하르와 같은 일부 연구자들이 근년에 진행한 천지회의 문화·기원전설·의식 등의 방면에 대한 연구는 기존의 연구 공백을 메워가며 천지회 연구의 지평을 크게 확대했다는 점에서 큰 의미가 있다. 그렇다고 하더라도 이들의 연구가 기원전설의 세계와 내부형성의 세계로만 편중되어 있기 때문에 그것이 외부활동의 세계와 서로 연결되지 못하고 있는 점에서 여전히 한계를 극복하지 못했다고 생각된다.

더군다나 특정 시기 천지회 외부활동의 세계를 연구하는 경우, 가령 천지회가 광동을 중심으로 화남 지역에 본격적으로 확산되기 시작한 가경 연간 이후로 건륭파가 주장하는 것처럼 그 외부활동의 세계가 대부분 재물의 약탈에 있었기 때문에 이를 근거로 천지회는 사회경제적 모순에 의해서 파생된 하층 인민들이 조직한 상호부조적 결사라고 규정하고 만다. 그러나 이 시기 내부형성의 세계에서는 강희파의 견해처럼 천지회의 정치 주장을 내포하고 있는 순천행도(順天行道)·반청복명(反淸復明) 등의 구호가 내재되어 있었을 뿐만 아니라 이것이 심지어 회원들에게 소개되고 있는 모습도 포착된다는 것이다. 이러한 천지회의 상반된 모습은 적어도 반청복명이라는 결사의 정치적 목표가 실현되는 20세기 초 민국의 성립까지 지속되었다고 볼 수 있다.

여기에서 천지회를 구성하는 세계들이 서로 괴리되는 현상을 발견할 수 있는데, 이러한 괴리현상을 합리적으로 해석하는 것이 천지회의 역사상을 정립하는 데 한 걸음 접근하는 길이 아닐까? 다시 말해서 청대 천지회를 구성하는 세계들이 어떻게 서로 연결되어 있는지를 파헤쳐 내는 것이야말로 '천지회는 어떠한 비밀결사였는가'라는 가장 기본적이면서도 난해한 문제를 해결하는 데 효과적인 방법 중의 하나라고 생각된다. 그리고 그 선결과제로서 천지회 기원전설의 세계를 비롯하여 그 조직화 과정의 순차적 단계인 조직설립·회원확보·입회의식 등 내부형성의 문제, 그리고 이러한 기제를 통해서 조직된 천지회가 화남 지역의 정치·경제·사회·문화적 환경이라는 객관적 조건 속에서 전개한 외부활동의 세계에 대한 보다 실증적인 연구가 진행되어야 할 것이다.

5. 본서의 구성과 방향

본서는 18세기 중엽 복건에서 역사의 무대에 등장한 천지회를 포함하면서 그 주된 분석의 시기와 지역을 19세기의 광동으로 설정하였다. 여기에서 20세기 청대(1901~1911)의 천지회를 분석의 대상에 포함하지 않은 이유는 신해혁명(辛亥革命)에 의한 민국(民國)의 성립 이후에도 각 지역사회에 천지회가 여전히 존속하고 있었다는 점에서 20세기 청대의 천지회를 19세기와 연결시키기보다는 신해혁명을 전후로 한 20세기의 흐름 속에서 파악하는 것이 새로운 전환으로서 천지회의 변형 과정을 파악하는 데 훨씬 적합하다고 생각했기 때문이다.[67] 또한 지역적 범주에서 말하자면 천지회가 18세기 중·말엽 복건·대만을 중심으로 활동했지만, 건륭·가경 교체기를 경유한 이후 19세기 전체를 관통해서는 광동이 천지회 활동의 중심지역으로 자리 잡고 있었다.[68] 따라서 본서의 천지회 연구는

67 이평수, 「清末民初 洪門史를 보는 시각과 전망」, 『東洋史學研究』 163, 2023 참조.

68 여기에서 필자가 화남 지역 중에서도 특히 광동에 주목한 이유는 다음과 같은 몇 가지 이유에서이다. 우선 천지회가 건륭 26년(1761) 복건에서 역사의 무대에 등장하여 그 활동을 개시했지만, 가경 연간(1796~1820)에 이르러 광동은 천지회를 내·외부 지역으로 광범위하게 전파시키면서 복건을 대신해 천지회 활동의 중심 지역으로 부상하였다. 그 증거의 하나로 중국 대륙에서 최초로 대규모의 천지회 봉기가 일어난 지역이 바로 광동이었다. 도광·함풍 연간(1821~1861) 천지회는 광동에서 유력한 사회집단으로 정착했고, 급기야 광동에서는 천지회 역사상 자신의 정권을 최초로 광서에

광동의 사례를 중심에 두고 분석을 진행하고자 하는데, 관련 사례가 부족한 경우에 한해서 광동과 교계지역을 이루는 복건·강서·호남·광서 등의 사례와 화교의 진출로 인해 천지회가 전파된 싱가포르 등 동남아시아의 사례를 가지고 부분적으로 보충하고자 한다.

본서는 앞서 언급한대로 천지회를 구성하는 세 개의 세계에 근거하여 총 15개의 장으로 구성하고자 하는데, 이 중에서 제1부는 3개의 장으로 천지회 기원전설의 세계에 해당하고, 제2부는 4개의 장으로 천지회 내부 형성의 세계에 해당하며, 제3부에서 제5부까지는 8개의 장으로 천지회 외부활동의 세계에 해당한다. 이처럼 각 세계와 관련된 주제들이 몇 개

수립시킨 반란이 발생하였다. 비록 이 반란의 실패로 인해서 천지회의 활동은 일시적으로 침체되었지만, 광서 연간(1875~1908) 광동을 중심으로 재개하였다. 그리고 광동에서 천지회가 청조 전복을 목표로 하는 혁명단체인 흥중회·동맹회와 함께 혁명 활동에 대거 참여하였다. 이처럼 천지회가 건륭 26년 복건에서 역사의 무대에 등장하여 그 활동을 개시했지만, 건륭·가경 교체기를 경유한 이후로 줄곧 광동이 천지회 활동의 중심지역으로 자리 잡고 있었던 것이다. 게다가 청대 광동은 화남의 다른 지역들보다 천지회의 활동을 다양하게 볼 수 있게 하는 사회 경제적·인문 지리적·문화적 특징들을 골고루 구비하고 있었다. 예컨대 광주(廣州)와 불산(佛山)이라는 커다란 무역도시와 상공업도시를 보유하고 있다는 점, 주강삼각주(珠江三角州)에 의해서 풍요로운 사전(沙田)이 넓게 분포하고 있다는 점, 주강의 지류인 동강(東江)·북강(北江)·서강(西江)을 통해서 인접한 다른 성으로의 이동이 자유로울 정도로 수로교통로가 발달했다는 점, 대유령(大庾嶺) 산맥이 광동의 북부지역을 가로지르고 있다는 점, 광동의 남부지역은 해안과 접해 있다는 점, 종족사회가 발전하여 계투(械鬪)라는 독특한 사회현상이 발전했다는 점, 그리고 아편전쟁 이후 근대 도시로 급속히 발전하기 시작한 홍콩과 마카오가 천지회의 은신처 역할을 하고 있다는 점 등을 들 수 있다. 이상의 내용은 김형종, 「辛亥革命의 展開」, 서울대학교동양사학연구실 편, 『講座中國史』 VI, 1989; 박기수, 「淸代 廣東의 對外貿易과 廣東商人」, 『明淸史硏究』 9, 1998; 박기수, 「淸代 佛山의 手工業·商業 發展과 市鎭의 擴大」, 『東洋史學硏究』 69, 2000; 유장근, 「兩廣地域의 自然과 人文環境」, 『中國硏究』 1-3, 1993; 유장근, 『근대 중국의 비밀결사』의 「서론」; 유장근, 『근대 중국의 지역사회와 국가권력』, 서울: 신서원, 2004(유장근, 「淸代 兩廣의 지역사회와 국가권력」, 『大丘史學』 61, 2000); 蔡少卿, 『中國近代會黨史硏究』의 「嘉慶道光時期中國會黨發展的特點」; 秦寶琦, 『中國地下社會』(淸前期秘密社會卷); 陸寶千, 『論晩淸兩廣的天地會政權』, 臺北: 中央硏究院近代史硏究所, 1975에서 참조.

의 장을 통해서 소개될 것인데, 각 장의 도입 부분에서 주제별 논의의 초점이 소개될 것이고, 본문에서 관련 분석을 완료한 이후에는 소결 형태로 핵심 내용을 정리해 두고자 한다. 이하 주요 내용을 소개해 보면 다음과 같다.

제1부에서는 천지회 기원전설의 세계를 분석한다. 먼저 민국시기 이전에 출현한 기원전설의 판본을 소개하고, 각 판본들 간의 비교를 통해 그것의 각색과 변천 과정을 분석할 것이다. 이후 각 판본의 원형이 되는 기원전설의 출현 과정과 기본 구조에 대하여 분석을 진행하고, 이를 바탕으로 이것이 형성된 역사적 배경을 추적할 것이다. 이러한 고찰을 통해서 기원전설이 청초부터 건륭 중엽에 이르는 시기의 화남 지역, 특히 천지회의 기원지라고 알려진 복건 남부 민간 사회의 역사적 전개 과정을 그대로 반영하고 있었고, 그러한 기원전설이 천지회의 구성원들에 의해서 강한 생명력을 가지고 각색되고 변천되었던 사실을 밝혀낼 것이다. 특히 각 기원전설의 비교 · 분석은 기원전설 자체의 연구일 뿐만 아니라 제2부에서 입회의식을 분석할 때에도 유용한 도구가 될 것이다. 게다가 기원전설은 그 내용이 일종의 예언적 기능까지 수행하고 있었는데, 이점은 제4부 함풍 4년 천지회 반란의 정치적 배경을 설명할 때에도 언급될 것이다. 이러한 서술 과정은 기원전설이 단순히 천지회의 창립 과정만을 설명하는 전설에 그치는 것이 아니라 결사의 정체성을 확립시켜줌과 동시에 이들의 내부형성과 외부활동의 세계를 연결하는 매우 중요한 기능을 수행하고 있었음을 확인시켜 줄 것이다.

제2부에서는 결회(結會)와 입회(入會)를 통해 천지회 내부형성의 세계를 분석한다. 먼저 조직설립의 단계에서 보이는 천지회의 조직원리를 살펴봄으로써 이것이 천지회계(天地會系)와 비천지회계(非天地會系)의 회당 비밀결사를 구분하는 중요한 요소가 되고 있음을 서술할 것이다. 또한 회원모집의 분석 과정에서 도출된 그것의 기본 모형이 결사의 조직적 확대

와 공간적 확산을 급속하게 초래시켰던 중요한 내적 요인으로 작동하고 있었음을 밝혀낼 것이다. 계속해서 입회의식과 관련된 모습을 정리·소개하면서 여기에서 발견되는 특징을 제시해 본다. 이후 의식과 연극의 관련성에 기초하여 그나마 자료가 남아있는 19세기 말엽 싱가포르 천지회의 정형화(定型化)된 입회의식의 분석을 통하여 의식의 연극적 특징과 의식 절차의 암호화 장치를 고찰함과 동시에 이러한 암호화 장치가 어떠한 현실적 배경에서 배태되었는지에 대해서도 검토하고자 한다. 나아가 천지회가 진행한 입회의식의 전반적인 기능을 지적하고자 한다. 이러한 서술을 통해서 연극 형태로 진행되는 천지회의 입회의식에 대한 진면목을 확인할 수 있을 것으로 기대된다. 결국 제2부의 기술은 '조직의 설립→회원의 모집→입회의식'이라는 결사의 조직화 과정을 통해서 각 지역에서 천지회가 끊임없이 분산적·독립적으로 조직되고 있었음을 보게 될 것이다.

이처럼 제1부와 제2부가 천지회를 구성하는 기원전설의 세계와 내부 형성의 세계에 대한 고찰이었다면, 이어지는 제3부에서 제5부까지는 함풍 4년(1854) 천지회 반란을 기점으로 그 이전 시기는 천지회의 출현과 활동으로, 그 이후 시기는 천지회의 재개와 혁명 활동이라는 주제로 약 150년에 이르는 천지회 외부활동의 세계를 분석하고자 한다.

제3부에서는 건륭 26년(1761) 역사의 무대에 비로소 등장한 천지회가 각 지역사회에서 끊임없이 조직되면서 성장한 결과 함풍 4년(1854)에 이르러 광동에서 대반란을 진행하기 직전까지의 과정을 시기적으로 조감한다. 먼저 건륭 연간 천지회의 특징과 성격에 대하여 고찰하고자 하는데, 이 부분에서의 핵심은 이 시기의 천지회의 실상이 과연 어떠했는지에 대한 것이다. 가경·도광 연간 천지회의 활동에 대해서는 그것을 유형화하는 작업을 통해 천지회의 다양한 활동 모습을 새롭게 복원하고자 한다. 이 시기 청조의 국가권력을 위임받은 지방관이 광동을 중심으로 이미

만연화의 상태에 다다른 천지회의 활동에 어떠한 대응을 했는지에 대해서도 검토하고자 한다. 결국 이러한 상황이 아편전쟁 이후에 나타나는 정치적 불안과 사회경제적 모순의 심화라는 배경과 더불어 도광 말엽부터 시작된 천지회의 일상적인 봉기를 초래하였음을 설명해 보고자 한다.

제4부에서는 천지회의 역사상 최대 규모의 반란으로 평가받는 함풍 4년 천지회의 반란을 장기적인 시간의 축에서 예언과 반란이라는 구도로 접근한다. 우선 함풍 4년(1854) 천지회 반란의 배경을 이들의 기원전설에서 보이는 예언과 그것의 구체적인 표현 형태인 전단·격문·고시 등의 분석을 통해서 접근해 보고자 한다. 그리고 이러한 예언을 실천했던 주체로서 '진송(陳松)의 천지회 집단'을 설정하고, 이들 집단에 소속된 하륙(何六)·진개(陳開)·이문무(李文茂)·감선(甘先)·진현량(陳顯良) 등의 걸출한 천지회 회수를 중심으로 반란의 전개 과정을 살펴보고, 이에 대한 지배층의 대응 과정을 분석해 보고자 한다. 아울러 동시대를 살았던 사람들이 이러한 천지회의 대규모 반란에 대하여 어떠한 반응을 보였는지에 대해서도 검토하고자 한다. 이러한 서술을 통해 함풍 4년 천지회 반란은 결사의 기원전설에서 예언하고 있는 반청복명이라는 정치이념을 실천에 옮겼던 대표적인 사례로서 반란의 정치적 배경과 진송을 중심으로 집결된 반란 수뇌부의 구성, 나아가 반란의 실패 요인 등에서 재평가된 서술을 만나보게 될 것이다.

제5부에서는 함풍 4년 천지회 반란의 실패 이후 천지회가 광동에서 활동을 재개한 상황을 살펴보고, 이러한 상황이 손문(孫文)을 중심으로 조직된 혁명단체인 흥중회(興中會)의 무장기의를 가능하게 했음을 고찰할 것이다. 함풍 4년 천지회 반란의 실패로 인해 결사의 수많은 구성원들이 인명피해를 입어 천지회의 활동이 일시적으로 쇠퇴되었을 것으로 예상되지만, 적어도 광서 연간(1875~1908)에 들어서기 시작하면서 천지회는 그야말로 동산재기(東山再起)[69]하였다. 따라서 그 재개한 원인을 사회경제적

시각에서 중심지역과 주변지역으로 대별하여 살펴보고, 나아가 재개한 천지회의 일상 활동과 특징 등을 전반적으로 검토할 것이다. 이를 통해서 19세기 말엽 천지회는 결코 쇠퇴하지 않고 오히려 더욱 발전하고 있었던 모습을 보게 될 것이다. 이러한 측면에서 본다면, 이 시기 손문의 초기 혁명 활동을 19세기 천지회의 연속적 발전과정 속에서 위치지울 수 있을 것이다. 이는 흥중회라는 혁명단체가 무장세력으로서의 천지회를 전략적으로 동원했다는 편향된 관점이 아니라 천지회라는 전통적인 집단과 흥중회라는 근대적인 집단을 대등한 집단으로 인식하고자 하는 필자의 시각에서 비롯되었다. 그리고 그 구체적인 접근의 실마리를 당시 양자를 각각 대표했던 천지회의 회수인 정사량(鄭士良)과 흥중회의 총리인 손문과의 관계에서 찾아보고자 한다. 이러한 기술을 통해서 천지회와 흥중회가 서로 대등한 합작을 통해서 광주기의(廣州起義, 1895)와 혜주기의(惠州起義, 1900)라는 혁명 활동을 추진하였음을 확인할 수 있을 것이다.

본서의 이상과 같은 구성과 서술을 통해서 각 세계마다 종적으로 얻어진 결과들은 결론에 이르러 횡적으로 묶어질 것이다. 결국 천지회를 구성하는 각 세계들이 주어진 사료들에 의해서 면밀히 분석되고, 나아가 이들 세계가 독립적·분절적으로 흐르지 않고 유기적·연동적으로 연결

69 동진(東晉)의 명문가 출신인 사안(謝安)은 젊었을 때부터 재능과 식견이 뛰어나 조정에서 불렀으나 매번 사양하고 초야에 묻혀 살았다. 그는 회계군(會稽郡)〔지금의 절강 소흥(紹興)〕의 동산(東山)에 집을 짓고, 왕희지(王羲之)·지둔(支遁) 등과 어울리며 풍류를 즐겼다. 그러다가 나이 40세에 이르러 정서대장군(征西大將軍) 환온(桓溫)이 청하자 마침내 그의 휘하에 들어가 이부상서(吏部尚書)의 요직까지 올랐다. 그러나 환온이 제위를 넘보려 하자 이를 저지했고, 그 공으로 효무제(孝武帝)가 즉위한 후에는 재상(宰相)이 되었다. 이후 전진(前秦)의 부견(苻堅)이 100만 대군을 이끌고 동진을 공격하기 시작하자, 사안은 사석(謝石)·사현(謝玄)·유뇌지(劉牢之) 등을 앞세워 비수(淝水)에서 전진군(前秦軍)을 크게 무찔렀다. 동산재기란 이처럼 사안이 동산에 은거하다가 관계에 나아가 크게 성공한 것을 가리키던 말로, 오늘날에는 한번 실패했던 사람이 재기에 성공한 경우에 사용한다.(『晉書』 卷79 「謝安傳」, 北京: 中華書局本, 2072~2077쪽)

되는 작업이 성공적으로 이루어진다면, 서두에서 언급한 '청대 천지회는 어떠한 비밀결사였는가'라고 하는 가장 기본적이면서도 난해한 문제를 해결해주는 관건적인 해답을 던져줌과 동시에 천지회를 비롯한 중국의 회당 비밀결사사를 서술하는 하나의 새로운 전범(典範)을 제공해 줄 수 있을 것으로 기대할 수 있을 것이다.

제 1 부

천지회 기원전설의 세계

| 제 1 장 |

기원전설의 판본 현황과 특징

1

청대 천지회 기원전설의 판본은 중문본과 외국어본 등 적어도 14종에 이른다. 흥미로운 점은 천지회의 기원과 성격 문제와 관련하여 그동안 열띤 논쟁을 해 왔던 이른바 '강희파(康熙派)'와 '건륭파(乾隆派)'를 대표하는 중국학자들은 천지회 기원전설의 판본 비교를 비롯하여 기원전설 내용의 각색과 변천 과정에 대하여 그다지 주목해 오지 않았다는 것이다.

강희파를 대표하는 혁치청(赫治清)은 천지회의 기원전설이 강희 말엽부터 유전되었는데, 그것의 선행 자료는 강희 40년(1701) 이후의 머지않은 시간에 출현한 「삼적수찬(三滴水贊)」이라는 시구(詩句)고, 이것이 비로소 산문 형식의 기원전설을 탄생시켰다고 주장한 것 이외에 현존 최고의 회부(會簿)인 요대고본(姚大羔本) 기원전설을 비롯한 각 판본에 대한 전면적인 비교·분석을 진행한 적이 없다. 이는 혁치청이 기원전설을 싣고 있는 회부를 보는 시각과 밀접한 관련이 있기 때문인데, 그는 각 회부 간의 일정한 차이를 인정하면서도 "함풍·동치 연간(1851~1874)과 그 이후에, 설사 가경 연간(1796~1820)에 유전한 각종 회부라도, 모두 건륭 연간(1736~1795)에 심지어 이보다 이른 시기에 작성된 원시회부(原始會簿)의 초사본"일 뿐만 아니라 그 주요 내용은 "기본적으로 모두 일치한다."고 주장하였다. 혁치청에게 기원전설 등을 포함한 회부의 내용은 "천지회와 그 기원 문제를 연구하는 데 가장 직접적인 일차 사료"였지만, 그의 최대

관심사는 기원전설이 어느 시점에서 어떻게 출현했는가에 있었지, 각 판본 간의 비교 내지는 기원전설 내용의 각색과 변천 과정에 대해서는 별 흥미가 없었던 것이다.[1]

이러한 점에서 본다면, 건륭파를 대표하는 진보기(秦寶琦)도 혁치청의 관심사와 매우 유사하다. 즉 진보기의 경우 천지회의 기원전설을 가지고 그것의 기원 문제를 추적하는 것에 대하여, "마치 달나라에는 월궁이 있고, 거기에는 항아선녀(嫦娥仙女)가 살고 있으니, 이러한 전설에 근거해서 달을 연구하는 것"이라는 대만학자 대현지(戴玄之)의 신랄한 비판을 인용하면서, 일부 기원전설 각 판본의 간단한 비교·분석을 통해 가경 연간에 이르러서야 천지회인이 천지회를 전파하기 위한 수단으로서 요대고본 기원전설을 창작했고, 이후 이것이 각색과 변천을 거듭한 결과 함풍·동치 연간에 이르러서야 비로소 나머지 기원전설이 차츰 출현하기 시작했다고 주장하였다. 진보기에게 천지회의 기원전설은 결코 역사적 사실이 될 수 없는 허구·상상·가공의 산물이었으니, 기원전설 각 판본과 그것의 인물과 이야기를 전면적으로 비교·분석하는 것 자체가 무의미한 작업이었을 것이다.[2]

---

1 赫治清, 『天地會起源硏究』, 北京: 中國社會科學院出版社, 1996, 63쪽, 75쪽, 89-90쪽. 이 부분에 대해서 국내에서도 고동주에 의해 혁치청의 의견에 동조하는 연구 성과가 발표되었다(고동주, 「初期天地會의 成立背景」, 『東洋學硏究』 7, 2001; 고동주, 「淸前期天地會 硏究」, 경희대학교 박사학위논문, 2001, 83-91쪽). 그러나 혁치청이 주요 근거로 들고 있는 다섯 가지의 문헌인 「삼적수찬(三滴水贊)」, 「논오삼계잔건(論吳三桂殘件)」, 『조집신전집(趙執信全集)』, 『천지회문헌록(天地會文獻錄)』, 『청선종실록(淸宣宗實錄)』을 그대로 인용하고 있다는 점에서 고동주의 논의는 사실상 혁치청의 연구와 큰 차이가 없다. 한편 강희파를 대표하는 또 다른 연구자인 호주생의 경우 회부에 대한 종합적인 연구를 진행했지만, 혁치청과 마찬가지로 기원전설 각 판본에 대한 전면적인 비교·분석은 결여되어 있다(胡珠生, 『淸代洪門史』, 沈陽: 遼寧人民出版社, 1996, 30-65쪽).

2 戴玄之, 「天地會的源流」, 『大陸雜誌』 36-11, 1968; 秦寶琦, 『淸前期天地會硏究』, 北京: 中國人民大學出版社, 1988, 62-73쪽. 근래에 진보기는 천지회의 기원전설이 기원 문제의 비밀을 해결하는 관건이 된다고 거듭 강조하는 등 기원전설을 바라보는 시각을 바

중국학계의 이상과 같은 논의와는 별개로 천지회 기원전설의 각색과 변천에 관한 관심은 아이러니컬하게도 그동안 몇몇 외국학자들에 의해 접근이 이루어져 왔다. 일찍이 1960·70년 일본학자 좌좌목정재(佐佐木正哉)의 연구를 필두로 1980년대 국내 고동주의 연구, 그리고 1990년대 구미학계에서도 머레이(Murray)와 테르 하르(Ter Haar)의 연구에 의해서 천지회 기원전설 판본의 현황, 천지회의 창립 시간과 장소, 그리고 기원전설의 인물과 이야기 등에 대한 비교·분석이 이루어졌다.[3]

본장에서는 이상의 논쟁과 선행 연구를 기초로 하여 천지회 기원전설 판본 자체의 비교와 기원전설에 보이는 천지회의 창립 시간·장소를 비교하여 여기에서 검출되는 특징을 밝혀보고자 한다. 우선 기존 연구에서는 시대적 제약이나 연구자의 선택에 의해 중요한 판본이 누락되어 있기 때문에 청대에 출현한 14종에 이르는 천지회 기원전설의 판본 현황을 보다 명확하게 정리할 필요가 있다. 다음으로 이러한 판본 현황의 소개

꾸어 눈길을 끌고 있지만, 사실상 건륭파의 입장에서 기원전설을 해석하는 입장에는 변함이 없다(秦寶琦, 「天地會起源新論」, 『歷史檔案』 2007-3; 秦寶琦, 「"香花僧秘典", "萬五達宗", "西魯故事"與天地會起源」, 『淸史硏究』 2007-3; 秦寶琦, 「天地會『會簿』中'西魯故事'新解」, 『學術月刊』 2007-7 참조). 한편 중국 회당사 연구의 기념비적 업적을 세웠다고 평가받는 채소경의 저작과 대만의 회당사 연구를 주도했던 장길발의 연구에도 천지회 기원전설 판본에 대한 비교·분석한 연구를 찾아볼 수 없다(蔡少卿, 『中國近代會黨史硏究』, 北京: 中華書局, 1987; 蔡少卿, 『中國秘密社會』, 杭州: 浙江人民出版社, 1989; 莊吉發, 『淸代天地會源流考』, 臺北: 國立故宮博物院, 1981; 莊吉發, 『淸代秘密會黨史硏究』, 臺北: 文史哲出版社, 1994).

3 1960·70년대 일본학자 좌좌목정재는 4종, 1980년대 국내의 고동주는 7종, 1990년대 구미학자 머레이와 테르 하르는 각각 7종과 11종에 대한 기원전설의 판본을 이용하였다.(고동주, 「天地會의 起源硏究에 대한 一考察」, 경희대학교 석사학위논문, 1988, 5-24쪽; 佐佐木正哉, 『淸末の秘密結社: 前篇天地會の成立』, 東京: 巖南堂書店, 1970, 1-52쪽; Dian H. Murray, *The Origins of the Tiandihui: the Chinese Triads in Legend and History*, California: Stanford University Press, 1994; Barend J. Ter Haar, *Ritual and Mythology of the Chinese Triads: Creating an Identity*, California: Stanford University Press, 1994, 27-48쪽, 365-402쪽). 천지회의 창립 시간·장소와 기원전설의 인물·이야기 등에 대한 비교·분석은 본서 제1부 제1~3장 참조.

를 바탕으로 판본 자체의 비교를 진행하고자 한다. 이 비교는 판본 자체가 가지고 있는 기원전설의 원형 문제를 제기하여 궁극적으로 기원전설이 구전(口傳)되거나 초사(抄寫)된 과정의 추적을 통해 판본의 원형을 찾아내는 데에 유용하다. 마지막으로 판본 내용의 비교에서는 필자가 천지회의 기원지로 알려진 복건 장주(漳州)부 운소(雲宵)현을 직접 방문한 경험을 상기하면서, 결사 창립의 시간과 장소의 비교를 진행하여 판본의 선후관계에 보이는 특징을 밝히고자 한다. 이를 통해 기원전설과 그것의 선행 자료로 평가받고 있는 「삼적수찬(三滴水贊)」이라는 시구와의 관계를 살펴볼 수 있다.

1. 기원전설의 판본 현황

청대에 출현한 것으로 천지회 기원전설이 발견된 상황을 보면, 1) 청조에 의해 압수되어 중국제일역사당안관(中國第一歷史檔案館)에 소장된 것, 2) 중국의 민간에서 유전되다가 발견된 것, 3) 해외의 민간에서 유전되다가 발견된 것, 4) 영국·독일 등 해외박물관에 소장된 것, 5) 외국인의 조사·수집에 의해 보고서나 단행본으로 간행된 것 등이 있다. 특히 이들 기원전설은 언어적인 측면에서 중국어의 중문본과 영어·독일어·일본어 등의 외국어본으로 구별된다.

1) 중문본 판본

첫째, 가경 16년(1811) 5월 광서 동란(東蘭)주 지주(知州) 동저(董儲)의 보고에 의해 무연(武緣)현에서 요대고(姚大羔)를 대가(大哥)로 하는 천지회 사건이 발각되었는데, 이 사건을 진압하는 과정에서 천지회의 내부문서인 회부(會簿)가 발견되었다. 이 회부의 말머리는 “손을 들면 삼(三)을 떠나지 않고, 입을 열면 본(本)을 떠나지 않는데, 이것은 본인만 알아야지 외부인에게 알릴 수 없고, 만약 외부인이 알게 된다면 본인은 죽음을 면치 못할 것이다.”라는 경고의 문투로 시작하며, 만(萬)자를 의미하는 ‘구천십백(九千十百)’을 삼각형 안에 새겨 놓고, “청(氵靑)은 천(天)이고, 흑(氵黑)은 지(地)이며, 회(氵㑹)는 회(會)〔합(合)〕이다.”와 “청(青)은 천호(天號)이고, 흑(黑)은 지호(地號)이며, 산(山)은 회호(會號)이다.”라 하여 ‘청흑회(氵靑氵黑氵㑹)’와 ‘청흑산(青黑山)’이 천지회의 은어임을 반복·강조한 이후에 기원전설이 시작된다.[4] 특히 요대고는 관부에 발각되기 이전에 광동 조주(潮州)부 평원(平遠)현 임실(稔悉) 지방에서 이미 첨제회(添弟會)의 조직 과정에 참여했고, 가경 15년(1810) 5월부터 11월까지 수차례에 걸쳐 회원들을 확보하여 천지회를 전파한 점을 미루어 본다면,[5] 이 회부의 하한연대는 가경 15년까지 추정된다. 이하에서는 이 회부를 ‘요대고본(姚大羔本)’으로, 여기에 실려 있는 기원전설을 ‘요대고본 기원전설’로 칭한다. 청조에 의해 압수된 것으로는 현재 유일하게 남아있는 최고(最古)의 판본으로 중문본이다.[6]

둘째, 중국의 민간에서 유전되다가 발견된 것으로는 3종의 판본이 현존한다. 그것이 공개된 순서대로 정리해보면 다음과 같다.

우선 1933년 광서 귀현(貴縣) 수지국(修志局) 국장인 공우정(龔雨庭)의 탐문에 의해 담당(覃塘) 부근의 토굴에서 천지회의 회부가 발견되었고, 이

4 「廣西巡撫成林爲搜獲東蘭州天地會成員姚大羔所藏『會簿』呈軍機處咨文」(嘉慶16.5.7.)「附: 廣西東蘭州天地會成員姚大羔所藏『會簿』」, 中國人民大學淸史硏究所·中國第一歷史檔案館 合編, 『天地會』 1, 北京: 中國人民大學出版社, 1980, 3-30쪽.

5 「廣西巡撫成林查辦東蘭會匪摺」(嘉慶16.5.7.), 庾裕良·陳仁華 等編, 『廣西會黨資料彙編』, 南寧: 廣西人民出版社, 1989, 73-75쪽.

6 요대고본 기원전설의 자세한 분석은 본서 제1부 제2장 참조.

회부의 첫머리에 「반청복명묘근(反淸復明根苗)」이라는 제목으로 기원전설이 실려 있다.[7] 당시 공우정이 탐문한 천지회 회원은 광서 24년(1898) 광서 천지회의 회수 이립정(李立廷)이 울림(鬱林)에서 봉기를 일으키자 귀현의 천지회가 향응하는 과정에서 옹기 안에서 이 회부를 꺼내 천지회를 조직했고 이후 봉기가 실패하자 땅속에 다시 파묻었다고 언급하면서, 이 회부는 그 이전 동치 3년(1864) 귀현의 천지회 회수 황정봉(黃鼎鳳)이 희생된 후에 매장된 것이라 하였다.[8] 따라서 이 회부의 하한연대는 동치 3년까지 추정된다. 이하에서는 이 회부를 '귀현본(貴縣本)'으로, 여기에 실려 있는 기원전설을 '귀현본 기원전설'로 칭한다. 중국 민간소장본 중에서 처음으로 발견·공간된 것으로 중문본이다.

다음으로 광동 나한(羅漢)의 집 수선각(守先閣)에 천지회의 회부가 소장되어 있었는데, 이것을 나한이 교점하여 1936년 『광주학보(廣州學報)』 제1권 제1기에 발표하였다.[9] 이 회부의 첫머리에는 「오조견하시(五祖遣下詩)」가 실려 있고, 그 뒤에 바로 「서로서(西魯序)」라는 제목으로 기원전설이 실려 있다. 특별히 하한연대를 추정할 내용이 보이지 않기 때문에 1936년이 바로 하한연대가 되지만, 나이강(羅爾綱)이 이것의 가치를 귀현본에 견주고 있는 점[10]이나 회부의 전체적인 내용으로 판단해 볼 때 청대에 출현한 판본임에 분명하다. 이하에서는 이 회부를 '수선각본(守先閣本)'으로, 여기에 실려 있는 기원전설을 '수선각본 기원전설'로 칭한다. 중국 민간소장본 중에서 두 번째로 발견·공간된 것으로 중문본이다.

마지막으로 1985년 11월 왕희운(王熙運)이 광서 전림(田林)현 낭평(浪平)

7 「貴縣修志局發現的天地會文件」, 羅爾綱 編著, 『天地會文獻錄』, 香港: 實用書局, 1942, 1-35쪽.

8 赫治淸, 『天地會起源硏究』, 68쪽.

9 「守先閣本天地會文件」, 『天地會文獻錄』, 41-58쪽.

10 「守先閣本天地會文件」, 『天地會文獻錄』, 58-60쪽.

향 강동(江洞)촌 양재강(楊再江)의 집에서 양씨의 선조가 수장하고 있던 대량의 문서를 발견했는데, 이 중에서 천지회 회부가 발견되었고, 이 회부의 말머리에 「기의근묘(起〔啓〕義根苗)」라는 제목으로 기원전설이 실려 있다.[11] 이 자료를 편집·출판한 유유량(庾裕良)·진인화(陳仁華) 등은 회부의 「야낭충의표장(爺娘忠義表章)」에서 '태세무자(太歲戊子)'와 「삼조제문(三朝祭文)」에서 "도광지유△년△월(道光之有△年△月)"의 표현이 보이고, 청대 도광 연간 이후의 무자년은 도광 8년(1828)과 광서 14년(1888)이 있지만 광서 중엽 이 지역의 회당 활동에서 천지회의 명칭이 거의 보이지 않는 정황 등을 고려한다면, 이 회부는 도광 초년에 초사되었을 가능성이 크다고 지적하였다.[12] 그렇다면 이것의 하한연대는 도광 8년까지 추정된다. 이하에서는 이 회부를 '전림본(田林本)'으로, 여기에 실려 있는 기원전설을 '전림본 기원전설'로 칭한다. 중국민간소장본 중에서 세 번째로 발견·공간된 것으로 회부의 내용이 비교적 풍부한 것으로 평가받고 있는 중문본이다.

셋째로 해외에서 유전되다가 발견된 것으로는 캐나다에서 발견된 『청흑회금낭전(𦿝黷岃錦囊傳)』이란 회부가 있는데, 이 회부에도 「서로서(西魯序)」라는 제목으로 기원전설이 실려 있다.[13] 대만학자 옹동문(翁同文)에 의하면, 대만의 한 유학자가 캐나다에 있을 때 이 회부를 대만의 역사학자 송희(宋晞)에게 증송하고, 이후 자신의 추천으로 1975년 대만에서 '비밀사회총간(秘密社會叢刊)'의 하나로 공간되었다고 한다.[14] 이 회부의 서두에 "함수부(咸水埠)"·"청흑회금낭전(𦿝黷岃錦囊傳), 홍순당(洪順堂), 임진년중추간판(壬辰年仲秋刊板), 병오세맹하중수(丙午歲孟夏重修)" 등의 문구가 있는 것

11 「天地會文書抄本」, 『廣西會黨資料彙編』, 482-551쪽.

12 「天地會文書抄本」, 『廣西會黨資料彙編』, 480-481쪽의 編者 설명.

13 洪順堂 編, 『𦿝黷岃錦囊傳』, 1892刊板, 1906重修, 臺灣: 古亭書屋, 1975, 1-186쪽.

14 赫治淸, 『天地會起源硏究』, 72쪽.

으로 보아, 캐나다 밴쿠버(咸水埠)의 천지회 조직인 홍순당(洪順堂)이 광서 병오 32년(1906)에 광서 임진 18년(1892)의 판본을 토대로 중수(重修)한 것임을 알 수 있다. 따라서 이것의 하한연대는 광서 18년까지 추정된다. 회부의 목차를 보면, 원래 600면으로 되어 있지만 186면 이후로는 유실되어 있다. 이하에서는 이 회부를 '금낭본(錦囊本)'으로, 여기에 실려 있는 기원전설을 '금낭본 기원전설'로 칭한다. 이 기원전설은 해외민간소장본으로 중문본이다.

넷째, 해외박물관에 소장된 것으로는 현재 3종의 판본이 존재하는데, 그것이 공개된 순서대로 정리하면 다음과 같다.

우선 1863년 네덜란드령 동인도군도(현재의 인도네시아) 수마트라(Sumatra) 파당(Padang)에서 한 경찰에 의해 천지회 문서가 대량으로 발견되었다. 이 천지회 문서는 당시 네덜란드 식민지정부의 독일인 한문번역가 슈레겔(Schlegel)에 의해 번역 작업이 착수되었다. 이후 슈레겔은 이 천지회 문서를 기초로 하면서 다양한 경로로 입수한 기타 천지회 문서를 참고하여 1866년 바타비아〔Vatavia, 지금의 자카르타(Jakarta)〕에서 영문판으로 출간했는데, 여기에도 기원전설이 실려 있다.[15] 구미학자 테르 하르(Ter Haar)의 조사에 의하면, 슈레겔의 천지회 문서에 실려 있는 기원전설은 독일 베를린 국립도서관(the Staatsbibliothek zu Berlin)에 마이크로 필름(소장자: Karl Schoemann(1806~1877), 문서번호: Schoemann Ⅻ)으로 소장되어 있고, 이 기원전설에 중산(Mr. Zhongshan)이라는 이름으로 임인년의 서명이 있기

15 Gustave Schlegel, *Tian Ti Hui: The Hung League or Heaven-Earth-League: A Secret Society with the Chinese in China and India*, Vatavia: Lange & Co, 1866. 슈레겔의 서문에 의하면, 파당(Padang)에서 발견된 천지회 문서 이외에 그가 이 책을 편집하는 과정에서 네덜란드 정부의 협조 하에 참고한 기타 천지회 자료로는 1851년 자바(Jaba) 자파라(Japara)에서 습득한 천지회 문서, 슈마트라 팔렘방(Palembang)의 칠우회(七友會) 자료, 밀른(W. Milne)·테이스만(Mr. Teysman)·파베르(M. von Faber)·네츠철(E. Netscher) 등이 제공한 천지회 자료가 있다고 하였다.

때문에 그 하한연대를 도광 임인 22년(1842)으로 보아야 한다고 지적하였다.[16] 이하에서는 이 천지회 문서를 '슈레겔본'으로, 여기에 실려 있는 기원전설을 '슈레겔본 기원전설'로 칭한다. 이 기원전설은 해외 박물관 소장본으로 중문본이다.[17]

다음으로 1932년 남경정부의 재정 지원을 받아 유럽으로 태평천국(太平天國) 등의 역사 사적을 고찰하러 간 중국 역사학자 소일산(蕭一山)은 대영박물관(大英博物館)에서 중국 문헌을 열람하던 중에 대량의 천지회 문서를 발견하였다. 이 천지회 문서는 청말민초 영국인 볼 부인(Mrs. Ball)이 광주(廣州)와 홍콩(香港) 등에서 구매·수집하여 이후 대영박물관에 기증한 것이었다. 당시 소일산은 놀라움을 금치 못하고 두 달 동안 그것을 초록한 후 귀국하여 1935년 『근대비밀사회사료(近代秘密社會史料)』로 출판하였다. 소일산은 이 천지회 문서를 자서와 권수를 제외하고 총 6권으로 편집했는데, 이 중 권2에 「서로서(西魯序)」와 「서로서사(西魯敍事)」라는 제목으로 기원전설이 실려 있다.[18] 1919년 수집된 「서로서」는 소장 문서번호가 Or.8207D이고, 1881년 구매된 「서로서사」는 문서번호가 Or.2339이다. 대영박물관을 직접 방문해 원본과의 대조를 진행한 테르 하르의 분석에 의하면, Or.8207D의 경우 Or.8207이 1851~1853년 태평천국의 문서와 같이 구분되어 있고, Or.8207G가 1853년에 광주에서 습득되었으며, Or.8207K가 와일리(Wylie)의 1853년 천지회 보고서에 똑같이 있다는 점을

16 Barend J. Ter Haar, *Ritual and Mythology of the Chinese Triads: Creating an Identity*, Leiden · Boston · Köln: Brill, 1998, pp.31-32.

17 필자는 독일 베를린 국립도서관에 소장되어 있는 슈레겔본 기원전설의 중문본 원본은 열람할 기회를 갖지 못했기 때문에 본고에서는 부득이하게 이것의 1866년 영문판을 참고하였다. 이 영문판의 경우, 슈레겔이 지명·인명 등의 고유명사와 기타 보통명사를 모두 주석 부분에 한자로 명기해 두고 있다.

18 蕭一山 編, 『近代秘密社會史料』 卷2 「西魯序」, 上海: 上海文藝出版社, 1991(1935년 影印本), 3-7쪽; 『近代秘密社會史料』 卷2 「西魯敍事」, 1-3쪽.

들어 그것의 하한연대를 1853년까지 추정하였다.[19] 또한 Or.2339의 경우, Or.2338~2342가 시간 순서대로 일련의 문서를 묶어놓았다는 점에 착안하여 Or.2338이 고든(Gordon) 장군의 상해(上海) 지역 활동 시간인 1862~1864년을 언급하고 있기 때문에 Or.2339의 하한연대를 1864년까지 추정하였다. 이하에서는 이 천지회 문서를 '소일산본'으로, 이 중에 「서로서」를 '소일산본(A) 기원전설'로, 「서로서사」를 '소일산본(B) 기원전설'로 칭한다. 이들 기원전설은 모두 해외박물관 소장본으로 중문본이다.

2) 외국어본 판본

외국 선교사나 식민지정부 관료의 조사에 의해 보고서나 단행본으로 간행된 것 중에서도 기원전설을 볼 수 있는데, 6종의 판본이 현존한다. 그것이 공간된 순서대로 소개하면, 다음과 같다.

먼저 1829년 네덜란드 선교회(Netherlands Missionary Society)를 탈퇴하여 광주(廣州) 동인도회사(東印度會社)의 통역관으로 종사하면서 독립선교사로 활동한 독일인 구츨라프(Gützlaff)는 1830년대 초 하문(厦門)·대만(臺灣)에서 산동(山東)·만주(滿洲)에 이르기까지 정력적인 선교활동을 했고, 1833년에 홍콩에 본거지를 두고 홍콩 신학원을 설립하며 중국 복음화 선교회(The Chinese Evangelization Society)를 조직하는 등의 활동으로 '중국 내지 선교의 조부'로 칭해졌으며, 1843년부터는 홍콩 정부의 중국어 전문비서로 종사하였다.[20] 특히 구츨라프의 1846년 영문판 한 보고서에는 천지회의 기원전설이 실려 있는데,[21] 그는 이 기원전설을 홍콩에서 천지회의 회원

19 Barend J. Ter Haar, *Ritual and Mythology of the Chinese Triads: Creating an Identity*, pp.32-35.

20 조훈, 『중국 기독교사』, 서울: 그리심, 2004, 43-45쪽, 55쪽.

21 Charles Gützlaff, "On the Secret Triad Society of China, Chiefly from Papers

을 통해 습득한 것이라 하였다. 이 보고서에는 1845년 2월 15일이란 표기가 있기 때문에 이 기원전설의 하한연대는 1845년까지 추정된다. 이하에서는 이 보고서를 '구츨라프본'으로, 여기에 실려 있는 기원전설을 '구츨라프본 기원전설'로 칭한다.

미국에서도 1810년에 이르러 국내외 선교의 취지를 목적으로 미국 공리회(American Board of Commissioners Foreign Missions)가 결성되면서 국내의 인디언뿐 아니라 동양 선교에 대한 관심이 증폭되어 선교사들을 파견하기 시작하였다. 당시 미국 공리회 소속이었던 윌리엄스(Williams)는 1833년 중국으로 입경하여 마카오와 광주에서 선교활동을 시작하였다.[22] 선교활동을 진행하는 동안의 윌리엄스는 1826년 밀른(Milne)의 천지회 보고서[23]를 참고하면서 그가 광주 등에서 수집한 천지회 문서를 추가하여 1849년 영문판으로 천지회의 보고서를 발표했는데, 여기에 기원전설이 실려 있다.[24] 이하에서는 이 보고서를 '윌리엄스본'으로, 여기에 실려 있는 기원전설을 '윌리엄스본 기원전설'이라고 칭한다.

한편 말라야(Malaya: 현재 말레이시아의 서부지역과 싱가포르를 포함한 지역)에서는 천지회가 영국 해협식민지 정부로부터 적어도 1889년까지 합법적인 단체로 인정받았을 뿐만 아니라[25] 천지회 등의 회당이 회관(會館)과 밀접한 관련을 맺으면서 발전하고 있었기 때문에,[26] 이 지역의 경제적 주도권

Belonging the Society Found at Hong Kong", *Journal of the Royal Asiatic Society of Great Britain and Ireland* VIII, 1846, pp.361-363.

22 조훈, 『중국 기독교사』, 30쪽, 55쪽.

23 William Milne, "Some Account of a Secret Association in China, Entitled the Triad Society", *Transactions of the Royal Asiatic Society of Great Britain and Ireland* Ⅰ, 1826-2, pp.240-250.

24 Samuel Wells Williams, "Oath Taken by Members of the Triad Society and Notices of Its Origin", *Chinese Repository* XVIII, 1849-6, pp.288-295.

25 Wilfred Blythe, *The Impact of Chinese Secret Societies in Malaya: A Historical Study*, London: Oxford University Press, 1969, pp.220-221.

을 둘러싸고 화인사회와 식민지정부 뿐만 아니라 화인사회의 회당 조직들 간에 분쟁이 발생하기 시작하였다. 게다가 1866년 슈레겔이 공간한 천지회 문서의 영향으로 영국 해협식민지 정부에서도 화인사회의 천지회 등 회당 조직에 대한 연구의 필요성이 증대되기 시작하였다.[27] 이러한 목적의식을 가지고 당시 영국 해협식민지 싱가포르 정부의 화민정무사서(華民政務司署) 서장인 피커링(Pickering)은 이 지역 천지회의 수령들과 교제하면서 의흥회(義興會)에 가입한 이후 결사 내부의 많은 기밀들을 조사하여 1878~79년 보고서를 발표했는데, 이 중 1878년의 보고서에 기원전설이 소개되어 있다.[28] 또한 당시 피커링의 조수였던 스털링(Stirling)은 인류학자이자 프리메이슨 전문가인 와드(Ward)와 함께 피커링의 천지회 보고서를 기초로 화인들과의 광범위한 접촉을 통해 다량의 천지회 문서를 수집하였다. 이후 이 문서는 1925·26년에 3권의 단행본으로 런던에서 출판되었는데, 이 단행본의 제1권에도 기원전설이 실려 있다.[29] 이하에서는 피커링의 천지회 자료를 '피커링본'으로, 여기에 실려 있는 기원전설을 '피커링본 기원전설'로 칭한다. 또한 스털링의 천지회 자료를 '스털링본'으로, 여기에 실려 있는 기원전설을 '스털링본 기원전설'로 칭한다. 피커링본 기원전설의 하한연대는 그것이 출판된 1878년이고, 스털링본 기원전설의 경우 스털링의 서문[30]에 근거하여 그 하한연대를 1890년

---

26 渡邊惇,「十九世紀植民地マラヤにおける華人社會と會館·會黨」, 酒井忠夫 編,『東南アジアの華人と文化摩擦』, 東京: 巖南堂書店, 1983, 143-218쪽.

27 秦寶琦,『淸前期天地會硏究』, 3쪽.

28 W. A. Pickering, "Chinese Secret Societies and Their origin", *Journal of the Straits Branch of the Royal Asiatic Society* 1, 1878, pp.63-84; W. A. Pickering, "Chinese Secret Societies: Part Ⅱ", *Journal of the Straits Branch of the Royal Asiatic Society* 3, 1879, pp.1-18.

29 J. S. M. Ward & W. G. Stirling, *The Hung Society or The Society of Heaven and Earth* Vol. Ⅰ, London: The Baskerville Press, 1925.

30 J. S. M. Ward & W. G. Stirling, *The Hung Society or The Society of Heaven and*

대까지 추정하였다.

19세기 후반 홍콩에서도 천지회의 자료가 수집되었다. 1842년 영국에 의해 식민지화된 홍콩에서 천지회는 한때 홍콩총독 데이비스(Davis)에 의해 "청조의 통치 체제에 반대하는 애국단체"로 규정되기도 했지만,[31] 홍콩 경제발전의 어두운 그림자를 상징하는 아편 불법무역 등 상업적인 측면이 문제화되면서 영국 식민지정부는 1845년부터 이러한 활동에 참여하고 있는 천지회를 불법 단체로 규정하여 강력히 단속하기 시작하였다.[32] 이후 홍콩의 천지회 자료는 홍콩경찰청 한인조사관인 스탠튼(Stanton)에 의해 수집되었다. 이 자료는 1894~1895년에 걸쳐 영문 잡지에 소개되었고,[33] 이후 "중국과 관련된 영국 정부의 관료와 기타 사람들에게 유용하게 제공되기를 희망하는 취지"로 홍콩·상해·요코하마·싱가포르 등의 지역에서 1900년에 다시 단행본으로 발간되었다.[34] 이하에서는 이 보고서를 '스탠튼본'으로, 여기에 실려 있는 기원전설을 '스탠튼본 기원전설'로 칭한다. 스탠튼본 기원전설의 하한연대는 이 보고서가 처음 발표된 1894년이다.

마지막으로 일본인 평산주(平山周)에 의해서도 천지회 자료가 수집되었다. 평산주는 이른바 대륙낭인(大陸浪人)의 일원으로서 1897년 5월 일본 외무성의 촉탁으로 가아장일(可兒長一)과 궁기도천(宮崎滔天) 등과 함께 중국으로 입국하여 당시 중국 비밀결사에 대한 실정을 조사하기 시작하였

Earth Vol. Ⅰ, pp.5-6에서 Stirling의 Preface.

31 餘繩武·劉存寬 主編, 『十九世紀的香港』, 北京: 中華書局, 1994, 423쪽.

32 W. P. Morgan, *Triad Societies in Hong Kong*, Hongkong: The Government Printer, 1960, pp.59-92.

33 William Stanton, "The Triad Society or Heaven and Earth Association", *The China Review* XI-XXII, 1894·95.

34 William Stanton, *The Triad Society or Heaven and Earth Association*, Hongkong: Kelly & Walsh, 1900의 Preface.

다. 이후 평산주는 손문(孫文)의 혁명 활동을 다방면으로 지원하는 과정에서 1911년 10월 무창기의가 발발하자 곧바로 잡지 『일본급일본인(日本及日本人)』의 주필자인 삼택설령(三宅雪嶺)과 연락을 취하여 중국 비밀결사에 대한 그 동안의 조사 자료를 「지나혁명당급비밀결사(支那革命黨及秘密結社)」의 제목으로 이 잡지 제569호의 부록에 게재하게 되어 1911년 11월 1일 자로 출판되었다. 이하에서는 평산주의 일본어 조사 자료를 '평산주본'으로, 여기에 실려 있는 기원전설을 '평산주본 기원전설'로 칭한다.[35]

2. 기원전설의 판본 비교

1) 하한연대와 발견지역

앞서 청대에 출현한 천지회 기원전설 각 판본의 현황을 소개하였다. 이를 근거로 중문본과 외국어본의 기원전설로 구분하여 그것의 하한연대와 발견지역을 일목요연하게 정리한 것이 바로 〈표 1〉이다.

〈표 1〉은 하한연대를 기준으로 중문본의 기원전설을 요대고본·전림본·슈레겔본·소일산본(A)·소일산본(B)·귀현본·수선각본의 순으로, 역시 하한연대를 기준으로 외국어본의 기원전설을 구츨라프본·윌리엄스본·피커링본·스털링본·스탠튼본·평산주본의 순으로 정리하였다. 그러나 이러한 하한연대와 발견지역은 판본 자체가 발견되거나 공간된 시점을 기준으로 추정할 수 있는 시점까지 끌어 올린 시점이지, 판본 자체가 성립된 시기와 지역을 의미하는 것은 아니다.

35 平山周, 「支那革命黨及秘密結社」, 『日本及日本人』 569, 1911; 平山周, 『支那革命黨及秘密結社』, 東京: 長陵書林, 1980.

〈표 1〉 청대 천지회 기원전설의 하한연대와 발견지역

구분	기원전설 판본	하한연대	발견지역	비고
중문본	요대고본	1810	광서(廣西) 무연(武緣)현	① 현존 최고본(最古本)
	전림본	1828	광서 전림(田林)현	②
	슈레겔본	1842	인도네시아 파당	④
	소일산본(A)	1849 (←1853)	광동(廣東) 광주(廣州)·홍콩	④
	소일산본(B)	1864	광동 광주·홍콩	④
	귀현본	1864	광서 귀현(貴縣)	②
	수선각본	청대 (←1936)	광동 광주	②
	금낭본	1892 (→1849)	캐나다 밴쿠버	③ 소일산본(A)의 중문증보판
외국어본	구츨라프본	1845	광동 홍콩	⑤ 불완전
	윌리엄스본	1849	광동 광주·마카오	⑤ 소일산본(A)의 영문축약본
	피커링본	1878	싱가포르	⑤ 취사선택본
	스털링본	1890년대	싱가포르	⑤ 취사선택본
	스탠튼본	1894	광동 홍콩	⑤ 취사선택본, 소일산본(A)을 토대로 함.
	평산주본	1911 (→1894)	일본 (→광동 홍콩)	⑤ 스탠튼본의 일문번역판

〈참고내용〉 소일산본(A) 기원전설에서 1853년이란 하한연대는 테르 하르(Ter Haar)의 고증에 따른 것을 적시해 놓은 것이지만, 필자는 이것의 하한연대를 1849년으로 본다는 의미이다. 수선각본 기원전설의 경우 고증할 수 있는 하한연대는 1936년이지만, 그것을 귀현본과 비견한 나이강의 견해를 수용하였다. 금낭본 기원전설의 경우 그 원형을 1849년까지 추정할 수 있다는 의미이다. 평산주본 기원전설은 본문에서 설명하는 것처럼 스탠튼본의 일문 번역판이기 때문에 하한연대를 1894년으로 추정한다는 것이다. 비고에서 ①은 청조에 의해 압수되어 중국제일역사당안관에 소장된 것, ②는 중국의 민간에서 유전되다가 발견된 것, ③은 해외의 민간에서 유전되다가 발견된 것, ④는 영국·독일 등 해외박물관에 소장된 것, ⑤는 외국인의 조사·수집에 의해 보고서나 단행본으로 간행된 것을 표기해 놓은 것이다.

그럼에도 각 판본의 하한연대와 발견지역이 기원전설 연구에서 중요성을 갖는 이유는 그 시점에서 그 판본이 그 지역에 유행하고 있었다는 점에서 찾을 수 있다. 가령 중문본의 경우 요대고본 기원전설을 예로 들면, 하한연대가 1810년이고 발견지역이 광서 무연(武緣)현이기 때문에 1810년을 전후한 시점에서 요대고본 기원전설은 적어도 좁게는 무연현에서 넓게는 광서 지역에서 유행했던 판본이라는 것을 의미한다. 마찬가지로 외국어본의 경우 피커링본 기원전설을 예로 들면, 1878년이 하한연대이기 때문에 이 역시 1878년을 전후한 시점에서 싱가포르의 천지회에서 유행했던 판본이라는 것을 의미한다. 특히 기원전설 14종의 판본을 유사성의 측면에서 비교·검토해 본 결과 다음과 같은 사항을 발견할 수 있었다.

첫째, 윌리엄스본 기원전설을 소일산본(A)의 것과 비교해 본 결과, 비록 서로의 침입 시기를 강희 갑오 53년(1714)에서 강희 갑인 13년(1674)으로, 소홍광(蘇洪光)을 황성은(黃成恩)으로 바꾸긴 했지만,[36] 윌리엄스본 기원전설에 등장하는 장소·인물 등 모든 이야기의 내용이 소일산본(A) 기원전설을 축약한 영문판임에 틀림없다. 내용의 유사성도 그러하거니와 윌리엄스가 소일산본(A) 기원전설에서 이해하지 못한 부분에 대해서는 번역을 생략했다는 점에서 더욱 그러하다. 결국 윌리엄스본이 영문으로 작성되었다는 점을 고려할 때 윌리엄스가 19세기 중엽 광주와 마카오에서 선교활동을 할 때 입수한 소일산본(A) 기원전설을 영문으로 축약·번역하여 공간했던 것이다. 〈표 1〉에서처럼 소일산본(A) 기원전설이 19세기 중엽 광동의 광주·홍콩에서 유행했던 판본이었다는 점은 이러한 가능성을 뒷받침해 준다.

---

36 『近代秘密社會史料』卷2「西魯序」, 3-6쪽; Samuel Wells Williams, "Oath Taken by Members of the Triad Society and Notices of Its Origin", pp.288-290.

둘째, 금낭본 기원전설을 소일산본(A)의 것과 비교해 본 결과, 비록 글자의 변동에 따라 문장 자체가 틀리고 불분명한 부분을 좀 더 보충한 부분이 있으며 중간 중간에 각각의 이야기를 압축한 시구가 몇 편 삽입되어 있어 분량 면에서도 상당히 많지만, 금낭본 기원전설에 등장하는 장소·인물 등 모든 이야기의 내용이 소일산본(A) 기원전설을 증보한 판본임에 틀림없다. 이점은 19세기 중엽 광주·홍콩을 무대로 활동한 천지회의 회원이 캐나다로 이주해갈 때 기원전설이 포함된 소일산본(A)을 가지고 갔고, 이후 캐나다 밴쿠버의 천지회 조직인 홍순당(洪順黨)에서 이 회부를 증보했을 가능성을 보여준다. 금낭본 전체가 600면인 점은 이러한 증보의 가능성을 더욱 높여준다고 하겠다.

셋째, 피커링본·스털링본·스탠튼본의 기원전설은 각각의 작자들이 하나의 기원전설 판본을 토대로 영문으로 옮겨놓은 것이 아니라 적어도 두 가지 이상의 판본, 예를 들면 이미 영문으로 공간된 슈레겔본과 윌리엄스본 기원전설이나 소일산본(A) 기원전설 등의 중문본을 참조해 가면서 그 내용을 취사선택했던 것으로 보인다. 구체적으로 스털링본 기원전설의 경우를 보면 슈레겔본의 것과 장소·인물 등 많은 부분이 유사하기 때문에 스털링본 기원전설은 슈레겔본을 토대로 하면서 피커링본 등의 기원전설 판본을 참고하였다. 이점은 스털링이 기원전설의 일부 내용에 '어떤 판본'에서는 이러이러하다고 하는 점을 각주로 처리하고,[37] 나아가 다른 판본의 일부 내용을 부록에 수록하고 있는 점을 통해 재차 확인된다.[38] 스탠튼본 기원전설의 경우, 기본적으로 소일산본(A)의 것을 토대로 하면서도 스탠튼이 기원전설 내용의 흐름을 자연스럽게 만들기 위해

37 J. S. M. Ward & W. G. Stirling, *The Hung Society or The Society of Heaven and Earth* Vol. Ⅰ, p.30, p.34, p.35, p.37, p.38, p.41의 각각의 주석.

38 J. S. M. Ward & W. G. Stirling, *The Hung Society or The Society of Heaven and Earth* Vol. Ⅰ, pp.161-162의 Appendix 3.

문장을 수식·보충·삭제·해석한 내용[39]까지 보이고 있다. 결국 이러한 사실은 기원전설이 각색·변천·재편찬되는 과정에서 그 내용이 취사 선택적으로 채택되었음을 보여주고 있다.

넷째, 평산주본 기원전설을 스탠튼본과 비교해 본 결과, 평산주가 기원전설을 소개하는 과정에서 자신의 의견을 짤막하게 보충한 부분을 제외하면 사실상 스탠튼본 기원전설을 「제2장 비밀결사 기원의 전설: 천지회」이란 제목 하에 그대로 일본어로 번역해 놓았음을 알 수 있다.[40] 이뿐만 아니라 평산주본은 심지어 「제1장 백련교」와 「제3장 삼합회」로 이름 붙여진 내용의 거의 모든 부분이 스탠튼본의 것을 그대로 일본어로 번역하여 재편집해 놓기도 하였다.[41] 결국 평산주본 기원전설은 평산주가 어떠한 표기도 없이 단지 스탠튼본의 것을 그대로 일본어로 번역하여 재편집한 것에 불과하기 때문에 기원전설 판본 종류의 사료적 평가를 논의할 가치가 없다. 이는 독일인 호프만(Hoffmann)이 독일어로 천지회의 기원전설 등을 소개하면서 그 자료가 윌리엄스본을 토대로 했다고 명기해 놓은 상황[42]과는 매우 대조적이다.

---

39 William Stanton, *The Triad Society or Heaven and Earth Association*, pp.29-38.

40 이점에 대하여 머레이는 평산주본 기원전설이 스탠튼본 기원전설과 '유사'하다고 언급했고(Dian H. Murray, *The origins of the Tiandihui: the Chinese triads in legend and history*, p.220.), 테르 하르는 단순히 유사한 것이 아니라 '표절'했다고 지적했으며(Barend J. Ter Haar, *Ritual and Mythology of the Chinese Triads: Creating an Identity*, p.369.), 손강은 '참고' 혹은 '직접 번역'했다고 언급하였다.(孫江, 『近代中國の革命と秘密結社: 中國革命の社會史的硏究(1895-1955)』, 東京: 汲古書院, 2007, 43쪽)

41 평산주의 『支那革命黨及秘密結社』 중에서 「第一章 白蓮會」·「第二章 秘密結社起源の傳說」·「第三章 三合會」의 내용은 사실상 스탠튼의 "The Triad Society or Heaven and Earth Association" 전체를 일본어로 그대로 번역해 재편집한 것으로, 이 중의 일부 내용은 축약한 것도 보이며, 「第二章 秘密結社起源の傳說」의 마지막 한 단락(12쪽)과 「第三章 三合會」의 마지막 세 단락(17-18쪽)의 경우처럼 일부 내용은 평산주가 약간의 보충을 해 놓은 부분도 보인다.

42 Johann Joseph Hoffmann, "Bijdragen tot de kennis der geheime genootschappen van de Chinezen, bepaaldelijk het T'iên-ti-hoei", *Bijdragen tot de Taal-, Land-, en*

요컨대 윌리엄스본 기원전설이 소일산본(A) 기원전설의 '영문 축약본'이라면, 금낭본 기원전설은 그것의 '중문 증보판'인 셈이며, 피커링본·스털링본·스탠튼본의 기원전설은 이전 판본의 '취사 선택본'이고, 평산주본 기원전설은 스탠튼본의 '일문 번역판'이라고 칭할 수 있을 것이다. 특히 소일산본(A) 기원전설의 하한연대는 테르 하르가 추정한 1853년이 아니라 윌리엄스가 이것을 공간한 1849년까지 추정되고, 금낭본 기원전설의 원형도 사실상 그 하한연대를 1892년에서 1849년까지 추정가능하다. 이러한 사실은 기원전설이 각 지역에서 구전되거나 초사되는 과정에서 그 원형의 계통을 일정정도 알려주고 있으며 내용의 증감 여부까지도 보여주는 것이라고 하겠다.

2) 창립의 시간과 장소

결사의 창립 시간의 비교에서 가장 중요한 것은 서로의 침입 시기와 천지회의 창립 시기이다. 먼저 기원전설의 각 판본에서 서로의 침입 시기와 천지회의 창립 시기를 비교하여 작성한 것이 바로 〈표 2〉이다.

천지회의 기원전설을 역사적 사실로서 간주하는 일부 학자는 강희 갑인(甲寅)년(1674)에 천지회가 최초 창립되고 옹정 갑인년(1734)에 그것이 개조되었음을 강조한다.[43] 그러나 기원전설을 역사적 사실이 아니라 말 그대로 전설의 입장에서 분석한다면, 천지회의 창립 시기인 강희 갑인년과 옹정 갑인년의 구분은 기원전설이 각 지역 천지회에 의해 구전되거나 초사되는 과정에서 발생한 일종의 '혼동'에 지나지 않았을 가능성이 크다고 생각된다. 이는 강희 연간만 나오는 판본이 옹정 연간이 나오는 판본

Volkenkunde van Neêrlandsch-Indië, vol. Ⅱ no.3, 1854.

43 胡珠生, 『淸代洪門史』, 117-118쪽.

〈표 2〉 기원전설 각 판본에서 서로의 침입 시기와 천지회의 창립 시기

구분	판본	서로의 침입 시기	천지회의 창립일	비고
중문본	요대고본	강희(康熙) 연간	갑인(甲寅)년 7월 25일	숭정(崇禎) 12년(1639)과 숭정 16년(1643)의 연도가 있음
	전림본	강희 임인(壬寅) 원년(1662)	갑인년 7월 25일	
	슈레겔본	강희 갑오(甲午) 53년 (1714)	옹정(雍正) 갑인 12년(1734) 3월 25〔21〕일	옹정 갑인 12년 7월 25일에 만운룡(萬雲龍)을 대가(大哥)로 추대하고 제2차 삽혈결맹을 함
	소일산본 (A)	강희 갑오 53년 (1714)	7월 25일	간신이 강희제 때 등장
	소일산본 (B)	강희 갑오 53년 (1714)	옹정 갑인 12년(1734) 7월 25일	간신은 옹정 13년에 등장
	귀현본	강희 연간	강희 갑인 13년(1674) 3월 25일	강희 갑인 13년 이전의 7월 25일에 소림사가 소실됨
	수선각본	강희 정사(丁巳) 16년(1677)		간신이 강희제 때 등장
	금낭본	강희 연간	7월 25일	
외국어본	구츨라프본	강희 을묘(乙卯) 14년~기미(己未) 18년(1675~1679)	불명	옹정 13년에 오방(五房)을 세움
	윌리엄스본	강희 갑인 13년 (1674)	7월 25일	
	피커링본	강희 갑진(甲辰) 3년(1664)	7월 25일	
	스털링본	강희 연간	7월 25일 이전	옹정 12년 소림사 소실 7월 25일에 진근남(陳近南)이 만운룡을 대가로 추대함
	스탠튼본	강희 연간	갑인년 7월 25일	

보다 이른 시기에 나왔다고 결코 단정할 수 없다는 것을 의미하는데, 그 이유는 하한연대가 가경 15년(1810)으로 가장 이른 요대고본 이전 시기의 천지회 자료에서 이미 '옹정'이라는 단어가 보이기 때문이다. 예컨대 가경 7년(1802) 압수된 광동 혜주(惠州)부 박라(博羅)현 진란극사(陳爛屐四)의 천지회 봉기시 사용한 포기(布旗)에 "문외호, 문내호, 홍영, 옹정갑인년칠월입오일, 성출아역출(門外號, 門內號, 洪英, 雍正甲寅年七月卄伍日, 星出我亦出)"이라 적혀 있고,[44] 가경 14년(1809) 광서 백색(百色)청에서 천지회 회원인 주유현(周由賢)의 집에서 압수된 회부에도 "강희·옹정이란 연도"의 구분이 있었다고 한다.[45] 결국 이러한 정황은 19세기에 이르러 기원전설에서의 강희와 옹정의 구분은 적어도 그것이 구전되거나 초사하는 과정에서 탄력적으로 기록될 수 있다는 증거인 셈이다.

이러한 필자의 시각에 근거해서 〈표 2〉를 분석해 보자. 여기에서는 천지회의 구체적인 창립 시기가 두 가지 형태로 나타나고 있는데, 그것은 다음과 같은 사정이 있었던 것으로 보인다. 즉 기원전설이 각 지역의 천지회에 의해 구전되거나 초사되는 과정에서 서로의 침입 시기인 '강희 연간'과 천지회의 창립일인 '갑인년 7월 25일'의 정확한 연도를 혼동하였다면, 갑인년이 바로 강희 갑인 13년(1674) 혹은 옹정 갑인 12년(1734)으로 될 수 있다는 것이다. 가령 어떤 천지회에서 서로의 침입 시기를 강희 갑인 13년 이전으로 알고 있다면, 천지회의 창립 시기는 당연히 강희 갑인 13년이 되는데, 그 대표적인 것이 바로 귀현본 기원전설이다. 강희나 옹정을 특별히 표기하지 않은 요대고본·전림본·금낭본의 기원전설도 이야기 전개상 천지회의 창립 시기는 마땅히 강희 갑인 13년이 되어

44 「兩廣總督覺羅吉慶奏擒獲陳爛屐四摺」(嘉慶7.10.5.)「附二: 博羅起義軍布旗抄件」, 『天地會』 7, 34쪽.

45 「廣西巡撫恩長奏廣東調無洪啓勝等人片」(嘉慶14.5.15.), 『天地會』 7, 215쪽.

야 한다. 반면에 어떤 천지회에서 서로의 침입 시기를 강희 갑인 13년 이후로 알고 있다면, 천지회의 창립 시기는 옹정 갑인 12년으로 되어야만 한다. 그 대표적인 것이 바로 슈레겔본·소일산본(B)의 기원전설이다. 수선각본·소일산본(A)의 기원전설도 서로의 침입 시기가 각각 강희 갑인 13년 이후인 강희 정사 16년(1677)과 강희 갑오 53년(1714)으로 되어 있기 때문에 천지회의 창립 시기는 마땅히 옹정 갑인 12년이 되어야 하지만, 간신의 출현 시기가 옹정 연간이 아닌 강희 연간이기 때문에 이러한 혼동으로 정확한 시기를 표기를 하지 않았던 것이다.

이러한 혼동은 기원전설이 각지의 천지회에 의해 구전되거나 초사되었다는 것을 증명해 주는 것으로, 슈레겔본·귀현본의 기원전설에서 천지회의 창립일이 갑인년 3월 25일로 되어 있다는 점에서 더욱 극명하게 드러난다. 즉 슈레겔본·귀현본의 기원전설을 작성한 천지회에서 소림오승(少林五僧)·진근남(陳近南) 등이 진행한 삽혈맹서의 날짜인 갑인년 3월 25일을 천지회의 창립일로 믿었기 때문일 것이다. 그 결과 귀현본 기원전설에서 7월 25일을 소림사가 소실된 시간으로, 슈레겔본 기원전설에서는 7월 25일을 만운룡(萬雲龍)을 대가로 추대하여 제2차 삽혈결맹을 진행한 시간으로 재설정해 버린 것이다. 이는 3월 25일과 7월 25일에 일어난 구체적인 사건을 혼동한 정황을 잘 보여주고 있다. 특히 소림사가 소실된 날짜가 7월 25일이라는 내용은 이미 요대고본의 「반문연동(盤問煙銅)」이란 문답에 보이고 있다.[46]

외국어본의 경우도 중문본처럼 같은 해석을 적용할 수 있는 것은 강희 3년에 서로의 침입이 보이는 피커링본 기원전설 뿐이다. 이밖에 기원전설의 내용이 소략하고 부정확한 구츨라프본 기원전설 경우 강희 을묘 14년~강희 기미 18년(1675~1679)에 서로의 침입이 있었기 때문에 천지회

46 「廣西東蘭州天地會成員姚大羔所藏『會簿』」(嘉慶16.5.7.), 『天地會』 1, 17쪽.

의 창립 시기는 옹정 갑인년으로 되어야 한다. 윌리엄스본 기원전설의 경우 공교롭게도 강희 갑인 13년이 곧 서로의 침입 시기인데, 이 경우 기원전설의 이야기 전개상 이 해에 바로 천지회가 창립되어야 하는 것이 순리이지만, 윌리엄스본 기원전설의 원형인 소일산본(A) 기원전설이 옹정 갑인년일 가능성이 크기 때문에 모순이 발생한다. 스털링본 기원전설의 경우 서로의 침입은 강희 연간이고 소림사의 소실이 옹정 12년이기 때문에 그 창립일은 옹정 갑인 12년이 되지만, 그 구체적인 날짜는 7월 25일이 아닌 3월 25일 가능성이 높다. 왜냐하면 7월 25일 이전에 이미 소림오승과 진근남 등이 홍화정에서 삽혈맹서를 하여 천지회를 창립한 이후에 7월 25일에 진근남이 만운룡을 대가로 추대했기 때문이다.[47] 이러한 모순을 인식한 탓이지, 스탠튼본 기원전설에서는 강희 연간으로 기술하면서도 옹정 연간일 수도 있다는 가능성[48]을 표기한 것을 제외하고서는 강희와 옹정의 연호를 전혀 사용하지 않고 기술하고 있다.

여기에서 천지회의 창립 시기인 강희 연간 혹은 옹정 연간에 상관없이 갑인년에 집착했던 정황을 주목해 보자. 그 이유를 추적해 보면, 우선 천간에서의 갑(甲)은 반역을 꿈꾸는 자들에게는 성공의 가능성을 가장 크게 하는 해에 속한다는 점[49]과 불가분의 관련이 있다. 이러한 전제 하에서 천지회의 창립 이전에 발생한 서로의 중국침략, 소림사 승려들의 출정과 개선, 강희제와 간신의 모함, 소림사의 소실, 소림오승의 유랑 등 이야기 전개 과정에서 필요로 하는 시간이 현존 최고본인 요대고본 기원전설

47 J. S. M. Ward & W. G. Stirling, *The Hung Society or The Society of Heaven and Earth* Vol. Ⅰ, pp.41-43.

48 William Stanton, *The Triad Society or Heaven and Earth Association*, p.29.

49 Frederic E. Wakeman, "Rebellion and Revolution: The Study of Popular Movements in Chinese History", *Journal of Asian Studies* Vol.36, no.2, 1977, pp.210-211.(오금성 옮김, 『중국 민중 운동사 연구동향』, 서울: 한울, 1984, 21-22쪽)

의 경우처럼 적어도 4년 정도였다고 한다면,[50] 강희 연간의 처음 4년 이후에 천간이 갑으로 시작하는 가장 이른 해가 바로 강희 갑인 13년(1674)이고, 이 갑인년이 다시 60년을 지난 해가 바로 옹정 갑인 12년(1734)이었다는 점이다. 결국 천지회의 창립 시기에서 중요한 것은 강희 연간 혹은 옹정 연간이라는 '특정한 시기'가 아니라 갑인년이라는 '특정한 해'였던 것이다.

다음으로 장소의 비교에서는 소림사의 소재지와 천지회의 창립지가 관건이 될 터인데, 이것을 정리한 것이 바로 〈표 3〉이다.

〈표 3〉에 의하면, 중문본의 경우 소림사의 소재지는 불명인 2본을 제외하면 2본이 감숙이고, 4본이 복건이다. 건륭 중·말엽 세인들에게 알려지기 시작한 천지회는 가경 연간(1796~1820) 복건·광동을 중심 지역으로 인근의 광서·강서·절강·호남·운남·귀주까지 확산되어 갔지만,[51] 이 무렵 감숙에 천지회가 출현했을 가능성은 결코 없으며, 게다가 소림사의 분파가 실제로 감숙에서 조직되었을 리도 만무하다. 요대고본이 현존 최고의 비교적 완정한 '원시회부'이고 전림본이 그 다음의 고본이라는 학계의 고증[52]을 고려해 본다면, 소림사의 소재지가 천지회의 실재 기원지인 복건을 은폐하기 위한 수단으로서 복건에서 멀면 멀수록 신비로운 색채가 가미될 수 있는 지역으로 위치 지워졌을 가능성이 크며, 그러한 지역 중의 하나가 바로 감숙이었을 것이다. 이러한 점은 건륭 중·말엽의 천지회가 자신들의 창립을 복건이 아니라 사천으로 선택했던 것[53]도 그 맥락을 같이 한다고 여겨진다.

50 「廣西東蘭州天地會成員姚大羔所藏『會簿』」(嘉慶16.5.7.), 『天地會』 1, 4쪽.

51 이평수, 「清 嘉慶年間 天地會의 會員募集과 結社의 擴大·擴散: 廣東地域 天地會의 事例檢討를 中心으로」, 『史林』 21, 2004(본서 제2부 제1장) 참조.

52 胡珠生, 『清代洪門史』, 39-43쪽; 赫治清, 『天地會起源硏究』, 64-68쪽.

53 (乾隆) 『欽定平定臺灣紀略』 卷58, 乾隆53年 4月 14日條, 臺北: 臺灣銀行經濟硏究室, 1961, 927쪽.

〈표 3〉 기원전설 각 판본에서 소림사의 소재지와 천지회의 창립지

구분	판본	소림사 소재지				천지회 창립지			
		성	부	현	산명	성	부	현	묘·정의 명칭
중문본	요대고본	감숙(甘肅)							
	전림본	감숙	경양(慶陽)	하수(河水)	태백산(太白山)	광동(廣東)	고주(高州)	자성(自成) 석성(石城)	고계묘(高溪廟)
	슈레겔본	복건(福建)	복주(福州)		구련산(九蓮山)	복건		운소(雲霄)	고계묘
	소일산본(A)	복건		포룡(圃龍)	구련산				홍화정(洪花亭)
	소일산본(B)					광동	혜주(惠州)	석성	고계묘
	귀현본								고계묘
	수선각본	복건	복주		구련산				고계묘
	금낭본	복건		반룡(盤龍)	구련산				홍화정(紅花亭)
외국어본	구츨라프본	복건							
	윌리엄스본	복건	복주		구련산				홍화정(紅花亭)
	피커링본	복건		포룡	구련산				홍화정(洪花亭)
	스털링본	복건	복주						홍화정(紅花亭)
	스탠튼본	복건	복주	포전(浦田)	구련산			석성	홍화정(紅花亭)

〈사진 1〉 복건 복주부 포전현 구련산의 복원된 남소림사
* 필자 촬영

여기에서 주목되는 사실은 요대고본·전림본 기원전설 이외에 슈레게본 기원전설 등 하한연대가 다소 늦은 판본들에서는 이러한 은폐나 신비로움이 사라지고 당시 천지회의 출현과 발전 상황과 발맞추어 원래의 기원지인 복건으로 위치 지워지면서 소림사 중에서도 남소림사(南少林寺)의 활동무대로 이름난 구련산(九蓮山)이라는 특정 지명으로 고정화되어 간다는 것이다. 적어도 명대까지 구련산이 복건 남소림사의 메카 중의 한 곳이었다는 사실이나,[54] 필자의 현장 방문시 구련산 정상 부근에 복원된 2만여 평에 달하는 남소림사(〈사진 1〉)의 규모는 이러한 점을 시사해준다고 생각한다. 하한연대가 더욱 늦은 외국어본의 경우 5종 모두 복건으로 되어 있고, 불명인 2종을 제외하고 3종 모두 구련산이라고 명확히 기록하고 있다.

한편 천지회의 창립지는 〈표 3〉에 의하면 중문본의 경우 불명인 1본

54 曾五岳, 「天地會‘西魯傳說’探幽」, 『東南文化』 1992-2; 周偉良, 「明清時期少林武術活動的歷史流變」, 『體育文化導刊』 2004-1; 程大力·郭裔·王小兵, 「南小林·天地會與閩·粵·川武術淵源」, 『中華武術研究』 1, 2012-1 등 참조.

을 제외하고는 5본이 고계묘(高溪廟)〔이 중 1본이 광동 고주(高州)부, 1본이 광동 혜주(惠州)부로 표기〕, 2본이 홍화정(紅花亭)〔혹은 홍화정(洪花亭)〕으로 되어 있다. 전림본·소일산본(B) 기원전설은 고계묘가 광동 고주부나 혜주부에 존재하지 않기 때문에 기원전설의 작자가 청조의 탄압을 예견이라도 한 듯 천지회의 창립지를 광동으로 은폐했을 가능성이 존재한다. 어쨌든 천지회의 창립지의 경우 하한연대가 늦은 소일산본(A)·금낭본의 기원전설에서는 홍화정으로 바뀌는 흐름이 명확해 보인다. 이러한 흐름은 외국어본의 경우와 비교해 보면 더욱 잘 드러난다. 불명인 구츨라프본 기원전설을 제외하면, 윌리엄스본 기원전설 등 4본에서 모두 천지회의 기원장소를 홍화정으로 기록하고 있다.

천지회의 창립·조직·전파와 관련된 장소인 고계묘(高溪廟)·관음정(觀音亭)·하보암(下普庵)·홍화정(紅花亭) 등의 지역은 1990년대 현장실지조사에 의해 모두 지금의 복건 장주(漳州)부 운소(雲霄)현으로 판명되었다. 필자의 운소현 현장방문에 의하면, '천지회의 발상지'라는 안내표지문이 있는 고계묘(〈사진 2〉)를 중심으로 동쪽으로 약 1Km 지점 이내에 관음정(〈사진 3〉)이

〈사진 2〉 복건 복주부 운소현의 고계묘
* 필자 촬영

〈사진 3〉 복건 복주부 운소현의 관음정
* 필자 촬영

〈사진 4〉 복건 복주부 운소현의 하보암
* 필자 촬영

있고, 서쪽으로 약 10Km 이내의 산 중턱에 하보암(〈사진 4〉)이 위치하고 있다. 특히 홍화정의 경우 고계묘 안에 별도로 위치되어 있기도 하고(〈사진 5〉), 하보암 자체를 일컫기도 하는데, 지금의 복주(福州) 포전(浦田)현 구련산(九蓮山)에도 복원된 남소림사 바로 옆에도 또 다른 홍화정(〈사진 6〉)이 존재하기도 한다.

〈사진 5〉 복건 복주부 운소현 고계묘의 홍화정
* 필자 촬영

〈사진 5〉 복건 복주부 포전현 구련산의 홍화정
* 필자 촬영

이밖에도 소림오승이 소림사의 소실 이후 청군의 추격을 피해 이리저리 도망치다가 결국 반청복명(反淸復明)의 향로를 발견하고 고계묘 등에 정착하여 삽혈맹서의 방식으로 천지회를 창립한다는 여정에 등장하는 장소를 정리해 본 것이 바로 〈표 4〉이다.

〈표 4〉 기원전설 각 판본에서 소림오승의 유랑 장소

구분		소림오승의 유랑 장소		
		출발지	경유지	도착지
중문본	요대고본	소림사	장사만구(長沙灣口)〔장사한구(長沙漢口)〕	불명
	전림본	소림사	장사만구〔장사차구(長沙岔口), 혜주(惠州)부)〕→석롱(石隴)→쌍당구(雙塘口)→정산(丁山)	고계묘(高溪廟)〔고주(高州)부〕
	슈레겔본	소림사	고계정(高溪亭) 영왕묘(靈王廟)〔복건 운소(雲霄)현〕→태평채(太平寨) 백학림(白鶴林)〔광동 혜주부 석성(石城)현〕	고계묘
	소일산본(A)	소림사	장사만구→오룡강(烏龍崗) 고계묘→영왕묘 수신사(修身寺) 하보암(下普庵)〔호광(湖廣)〕→용호산(龍虎山)	홍화정(洪花亭)
	소일산본(B)	소림사	오룡강→고계묘(광동 혜주부 석성현)→대보암(大普庵)→고계묘→태평채 백학림 악신묘(岳神廟)〔광동 혜주부 석성현〕	고계묘
	귀현본	소림사	하령미(下嶺尾)→멸청촌(滅淸村)→용호산→악신묘→홍주사(洪珠寺) 태세묘(太歲廟) 백사만구(白沙灣口)〔혜주부 운소가(雲宵家)〕→장림사(長林寺)	고계묘
	수선각본	소림사	장사만구〔조주(潮州)부 대포(大浦)현〕→해산사암(海山寺庵)→용호산(석성현)→보주사(寶珠寺)	고계묘
	금낭본	소림사	장사만구→고계묘〔오강(烏江)〕→영왕묘〔운남(雲南)〕→보암사(普庵寺)→용광산(龍光山)	홍화정(紅花亭)
외국어본	구츨라프본	소림사	(광동 혜주)→정산	
	윌리엄스본	소림사	장사만구→고계묘→영왕묘	홍화정(紅花亭)
	피커링본	소림사	장사해구(長沙海口)→고계묘〔오룡산(烏龍山)〕→영왕묘(호광)	홍화정(紅花亭)
	스털링본	소림사	고계묘	홍화정(紅花亭)
	스탠튼본	소림사	장사해구(혜주부)→보주사→고계묘(석성현)→(호광)→고계묘→하보암	홍화정(紅花亭)

청군의 추격을 피해 소림오승이 유랑하는 장소는 〈표 4〉과 같이 특정 지명을 언급하면서 다소 복잡한 상황으로 기록되어 있지만, 일부 공통으로 등장하는 장소를 통해 각 판본 간의 일정한 흐름을 다음과 같이 파악할 수 있다.

우선 중문본 8본에서 공통으로 등장하는 장소로서 유랑의 출발지는 소림사〔8본〕이고, 그 도착지인 천지회의 창립지가 불명인 요대고본 기원전설을 제외하고 고계묘(高溪廟)〔5본〕와 홍화정(紅花亭)〔혹은 홍화정(洪花亭), 2본〕이다. 그런데 홍화정이 도착지로 되어 있는 소일산본(A)·금낭본의 기원전설은 모두 고계묘를 거치고 있는데, 이점은 외국어본의 경우를 보면 좀 더 명확해 진다. 즉 내용이 부실한 구슬라프본 기원전설을 제외한 윌리엄스본 기원전설 등 4본에서 모두 고계묘를 지난 이후에 홍화정에 도착하고 있다. 이점은 후대의 판본일수록 천지회의 창립지가 고계묘보다는 홍화정으로 이동하는 것을 의미한다.

다음으로 '소림사에서 고계묘 혹은 홍화정으로'라는 큰 여정 속에서 그 출발지와 도착지의 중간에 여러 장소들이 등장한다. 중문본의 경우를 보면, 그것은 장사만구(長沙灣口)〔혹은 백사만구(白沙灣口) 6본〕, 용호산(龍虎山)〔혹은 용광사(龍光山), 4본〕, 영왕묘(靈王廟)〔3본〕, 오룡강(烏龍崗)〔혹은 오강(烏江), 3본〕, 악신묘(岳神廟)〔혹은 태평채(太平寨) 백학림(白鶴林), 3본〕 등이 등장한다. 긴긴 모래가 펼쳐진 해안의 입구를 의미하는 장사만구는 소림사가 소실된 이후 청군의 추격에 의해 128명(혹은 108명)이 대부분 죽게 되어서 겨우 5명(혹은 18명)만 살아남게 되는 비참한 장소이다. 외국어본의 경우도 5본 중에 3본이 장사만구을 언급하고 있다. 용맹을 상징하는 용호산은 특별한 언급이 없는 수선각본 기원전설을 제외하고 귀현본·소일산본(A)·금낭본의 기원전설에서 모두 오호장군(五虎將軍)이 청군으로부터 소림오승을 구출한 장소이다. 신령스런 왕이 있는 영왕묘의 경우 요대고본·전림본·수선각본·귀현본의 기원전설에서는 보이지 않다가 슈레겔본 기원전설에서 고계정(高溪亭)과, 소일산본(A)·금낭본의 기원전설에서 하보암(下普庵)과 병칭되고 있기 때문에 후대의 판본에서 등장하는 장소로 보이며, 외국어본의 경우 윌리엄스본·피커링본의 기원전설에 보인다. 장사만구·용호산·영왕묘가 일정한 흐름을 반영하고 있는 반면에, 오룡강[←오강, 3본]과 악신묘는 다소 혼란스럽다. 웅장함을 상징하는 악신묘의 경우 소일산본(B)·슈레겔본의 기원전설에서 태평채 백학림과 병칭되어 만운룡을 대가로 추대한 곳이지만, 귀현본 기원전설에서는 소림오승이 청군의 추격을 받는 장소 중의 하나이다. 검은 용이 사는 의미의 오룡강의 경우도 소일산본(B) 기원전설에서 청군의 추격을 받은 소림오승이 절망 상태에 빠진 장소이지만, 소일산본(A)·금낭본의 기원전설에서는 고계묘와 병칭되어 있다.

요컨대 기원전설에서 소림사의 소실부터 천지회의 창립에 이르기까지 소림오승이 유랑하는 장소는 애초에 '소림사→장사만구→고계묘'였다. 그런데 이것이 구전되거나 초사되는 과정에서 새로운 인물이 추가되어 이야기의 내용이 늘어나는 과정에서 '소림사→장사만구→고계묘→영왕묘→홍화정'로 증가된 것이고, 이러한 장소 사이사이 이야기의 증첨과 연동하여 필요한 기타 장소들이 계속적으로 증첨되어 들어갔던 것이다.

3) 기원전설과 「삼적수찬」

여기에서 덧붙여 지적해야 해 두어야 할 사항은 바로 강희파에 의해 주장되고 있는 천지회 기원전설의 선행 자료로서 강희 40년(1701) 이후의 머지않은 시간에 출현했다는 「삼적수찬(三滴水贊)」이라는 시구의 문제이다. 이 시구는 1994년 복건 장주(漳州)부 동산(東山)현의 도유법사(道裕法師) 등이 향화승(香花僧) 후예의 집에서 발견한 이른바 "홍문 비적(秘籍)" 혹은

"동산현 천지회 문건"에 실려 있는 것으로,[55] 현장조사를 진행한 나소(羅炤)가 이를 『향화승비전(香花僧秘典)』이라고 명명한 후에 「천지회탐원(天地會探源)」이란 제목으로 한 신문에 연재하면서 공간되었다.[56] 이 시구의 전문은 다음과 같다.

> 도포(道袍)는 얼룩진 피와 눈물자국으로 휘날리니,
> 사건은 이자성(李自成)이 근원을 일으킨 것에서 기인하네.
> 사직하여 선(善)을 수행하지 않았더니,
> 만주족 오랑캐가 불을 질렀네.
> 천고의 산문인 소림(少林)이 멸망하여,
> 몰래 분주히 달아나 남쪽의 거처에 이르렀네.
> 청군이 벌떼처럼 밀려와 적을 감당하기 어려우니,
> 마땅히 동쪽으로 도망쳐 광동 혜주(惠州)의 호수로 왔네.
> 푸른 소나무 위에 앉아 있는 홍응(洪鷹)은 울부짖고,
> 장사만구(長沙灣口)에는 눈보라가 휘날리고 있네.
> 머리를 들어보니 모르는 사이에 제성(帝星)이 비추고 있으니,
> 길조의 영웅이 명조(明朝)를 보호하고 있구나.
> 오승(五僧)은 함께 영왕묘(靈王廟)를 창건하고,
> 풀을 꼽아 향으로 삼아 무리들을 부르고 있네.[57]

강희파 혁치청(赫治清)의 연구에 의하면, 천지회가 창립한 강희 갑인 13년(1674) 이후에 "회부와 기원전설은 대략 강희 40~50년(1701~1711)경에 만들어졌는데", 특히 "기원전설은 바로 『향화승비전』의 「삼적수찬」이란 시구를 선행 자료로 삼은 기초 위에서 창작되었으며, 그 시기는 대략 강

55 曾五岳, 「天地會創始人道宗禪師新考」, 『東南文化』 106, 1994-6, 15-20쪽.
56 羅炤, 「天地會探源」 1~139, 『中華工商時報』 727~886, 1994.10.19.~1995.4.26.
57 羅炤, 「天地會探源」 64, 『中華工商時報』 792, 1995.1.3.

희 40년 이후의 머지않은 시기"라고 주장하였다. 나아가 "회부와 기원전설은 형성·발전·변화의 과정을 갖는데, 처음에 이들은 몇 편의 시에 불과했지만, 나중에 비로소 산문 형식의 기원전설을 갖추게 되었던 것"이라고 역설하였다.[58] 혁치청의 견해대로 천지회의 기원전설이 몇 편의 시에서 출발하여 산문화되었다는 것, 즉 '시구의 산문화'라는 것이 사실이라면 「삼적수찬」은 분명히 현존 최고인 요대고본 기원전설의 선행 자료가 될 것이다.

그러나 건륭파의 진보기(秦寶琦)가 비판한 대로 「삼적수찬」 뿐만 아니라 이를 기재하고 있는 『향화승비전』의 일부 문장에서 청(淸)자를 '월(淯)'자로 바꾸어 쓴 점과 '동맹회(同盟會)'라는 단어가 보인다는 점, 그리고 동치 초엽에야 비로소 증국번(曾國藩)에 의해 간각된 왕부지(王夫之)의 『장자정몽주(張子正蒙注)』라는 책의 내용을 보이고 있다는 점에서 『향화승비전』이 출현한 시기가 청말의 신해혁명(辛亥革命) 시기까지 내려가고 있다.[59] 그런데 이러한 지적은 『향화승비전』이 출현한 시기에 대한 비판이지, 「삼적수찬」이 실재로 작성된 시기에 대한 비판은 될 수 없다. 따라서 「삼적수찬」의 작성 시기에 접근하기 위해서는 본문에서 진행해 온 기원전설 각 판본을 비교·분석한 내용을 활용하는 것도 그 하나의 실마리를 제공해 줄 수 있다고 생각한다.

사실 「삼적수찬」의 내용이 너무 간단하기 때문에 비교할 수 있는 요소가 제한적이라는 한계가 있다. 그럼에도 「삼적수찬」의 내용을 요대고본 기원전설 등 중문본의 것과 비교·분석해 보면, 「삼적수찬」에서 영왕묘(靈王廟)가 등장하는 것이 가장 주목할 만하다. 그런데 이 영왕묘는 앞서 〈표 4〉 소림오승의 유랑 장소 중에서 '경유지'의 칸에 명기해 놓은

58 赫治淸, 『天地會起源硏究』, 89-90쪽.
59 秦寶琦, 「'萬五道宗創立天地會說'之我見」, 『淸史硏究』 1997-4, 5-6쪽.

것처럼 현존 최고의 회부인 요대고본 기원전설 뿐만 아니라 그 다음의 고본인 전림본 기원전설에서도 등장하지 않고, 이들보다 하한연대가 늦은 슈레겔본·소일산본(A)·금낭본 기원전설에서 비로소 등장한다.[60] 이러한 점에 근거한다면, 「삼적수찬」은 강희 연간의 산물이 아니라 요대고본 기원전설이 출현한 이후에 비로소 작성되었을 가능성이 매우 커 보이는데, 이러한 가능성은 다음과 같은 점들도 뒷받침하고 있다.

첫째로 요대고본·전림본의 회부 전체에서 「삼적수찬」과 같은 시구를 발견할 수 없다는 점이다. 둘째로 요대고본·전림본보다 하한연대가 늦고 후대에 만들어진 것으로 평가받는 수선각본[61]과 소일산본[62]에는 비록 글자의 이동과 약간의 증첨이 보이긴 하지만 「삼적수찬」과 비슷한 시구가 모두 3편이 실려 있다는 점이다. 셋째로 광서 임진 18년(1892)의 판본을 토대로 중수한 금낭본 기원전설에서 각각 이야기의 한 단락마다 중요한 사건과 인물에 대하여 시구의 형태로 보충해 놓은 것[63]이나 기원전설의 전체 내용을 「승두시백령팔저(陞頭詩百零八底)」라는 108수의 시구로 압축하여 만들어 놓았다는 것을 볼 수 있다.[64] 이러한 점은 「삼적수찬」과 같은 시구가 기원전설의 출현 이후에 천지회인이 그것을 간단한 시구로 압축하여 만들어 놓았을 가능성을 보여주고 있다. 환언하면 혁치청의 견해와는 정반대로 산문 형태의 기원전설이 먼저 작성된 이후 그것이 각색·변천되는 과정에서 「삼적수찬」과 같은 시구가 만들어졌다는 '산문의 시구화'가 진행되었다는 것이다.

60 요대고본 전체의 회부 내용에도 영왕묘는 등장하지 않는데, 전림본의 경우 기원전설을 제외한 회부의 다른 부분의 시구(「天地會文書抄本」, 『廣西會黨資料彙編』, 509쪽)에서 영왕묘를 언급하고 있다.

61 「守先閣本天地會文件」, 『天地會文獻錄』, 46쪽.

62 『近代秘密社會史料』 卷4, 25쪽; 『近代秘密社會史料』 卷5, 26-27쪽.

63 『蘶黷宊錦囊傳』, 99쪽, 104쪽, 112-113쪽, 124쪽, 131쪽.

64 『蘶黷宊錦囊傳』, 136-142쪽.

소결

근년에 일본학자 산전현(山田賢)은 중국 비밀결사에 대한 그의 개설적인 연구서에서 "역사적 사실에 비추어보면, 천지회의 기원전설은 황당무계한 점을 면할 수 없을 것이다. 그것은 가경 16년(1811) 이전까지 소급되는 시기에 '원형'이 출현하고 20세기에 이르기까지 무수한 청중의 '참가'에 의해 계속해서 '팽창'을 한 이야기이다. 따라서 이러한 기원전설은 현실에 일어난 사건을 모방한 '역사'로서 해석할 수 없다."고 언급하였다.[65] 이는 천지회 기원전설의 '원형'과 '팽창'(각색)의 문제를 매우 적절히 지적한 말이다. 그런데 여기에서 산전현이 최종적으로 '팽창한 이야기'의 판본으로 선택한 것이 바로 평산주본 기원전설이였는데, 그 이유에 대하여 다음과 같이 설명하였다.

> 손문(孫文) 등은 회당(會黨)을 반청(反淸) 운동의 진영으로 흡수하고자 적극적으로 공작했고, 그 과정에서 회당 비밀결사에 관한 귀중한 자료가 나오게 되었던 것이다. 그 하나가 일본인 평산주(平山周)가 저작한

65 山田賢, 『中國の秘密結社』, 東京: 講談社, 1998, 68쪽.

「지나혁명당급비밀결사(支那革命黨及秘密結社)」이다. …… 손문과 친교를 맺은 이후 평산주는 손문에게 협력한 한 사람으로서 혁명의 과정에 투신했고, 회당의 영수들과도 접촉의 기회를 거듭 갖게 되었던 것이다. 따라서 평산주의 기술은 적어도 신해혁명 전야의 회당 비밀결사에 대한 일면을 비교적 정확하게 전해주는 사료라고 생각해도 좋을 것이다.[66]

이후 산전현은 평산주본을 "동시대의 증언"[67]이라고까지 극찬하며 계속해서 천지회의 기원전설과 입회의식 등을 간략하게 소개하고 있다. 그러나 위와 같은 산전현의 서술은 이미 본문에서 지적한 것처럼 평산주본의 '백련회'·'천지회'·'삼합회' 부분이 스탠튼본의 번역판이기 때문에 사실상 그 의미를 상실하고 만다. 더욱 흥미로운 사실은 평산주본이 출판된 1911년 당시에는 아마도 이러한 정황을 몰랐기 때문에 평산주본은 이듬해인 1912년 『중국비밀사회사(中國秘密社會史)』라는 중문판으로 번역되어 상해(上海)의 상무인서관에서 출판되었다.[68] 또한 평산주본에서 '백련회'·'천지회'·'삼합회'의 일부분은 평산주가 고연씨(古研氏)라는 필명으로 1912년 『동방잡지(東方雜誌)』에 「중국비밀회당기(中國秘密會黨記)」라는 제목으로 다시 게재했고,[69] 나아가 서가(徐珂)가 1917년 편찬한 『청패류초(淸稗類鈔)』의 「회당류(會黨類)」에도 부분적으로 소개되기도 하였다.[70] 이처럼 산전현은 천지회 기원전설의 각색과 변천을 바라보는 명확한 시각을 갖고 있었지만, 평산주본 기원전설에 대한 기본적인 사료적 이해를 하지 못했다는 비판을 면할 길은 없을 것이다.

66 山田賢, 『中國の秘密結社』, 63-64쪽.

67 山田賢, 『中國の秘密結社』, 64쪽.

68 平山周, 『中國秘密社會史』, 北京: 商務印書館, 2011(上海: 商務印書館, 1912原刊), 1-87쪽.

69 平山周(古研氏), 「中國秘密會黨記」, 『東方雜誌』 8, 1912-10, 1-11쪽.

70 徐珂 編撰, 「會黨類」, 『淸稗類鈔』 8, 北京: 中華書局, 1986(1917原刊), 3627-3658쪽.

산전현에 대한 이러한 비판 자체는 천지회의 기원전설을 역사적 사실로서 간주하는 일부 강희파 학자들에게도 그대로 적용할 수 있다. 이들은 기원전설을 역사적 사실에 대한 중요한 사료적 근거로 삼아 강희 연간에 천지회가 최초 창립되고 옹정 연간에 그것이 개조되었음을 강조한다. 그러나 기원전설 각 판본에 보이는 서로의 침입 시기와 천지회의 창립 시기에 대한 비교·분석의 결과가 보여주듯이, 기원전설에서 천지회 창립 시기의 불일치는 사실상 각 지역의 천지회에 의해서 구전되고 초사되는 과정에서 발생한 일종의 '오류'에 지나지 않았을 가능성이 크다. 이러한 오류는 후대의 천지회인이 기원전설 각 판본에서 강희 연간으로 고정된 서로의 침입시간을 강희 13년(1674) 이전 혹은 이후로 이해하는 것에 따라서 천지회의 창립 시기인 갑인년이 강희 13년 혹은 옹정 12년(1734)으로 선택될 수 있었던 상황을 통해서 확인된다. 결국 천지회의 창립 시기에서 중요한 것은 강희 연간 혹은 옹정 연간이라는 '특정한 시기'가 아니라 천간에 갑(甲)이 들어간 갑인년이라는 '특정한 해'였던 것이다. 게다가 천지회 창립 시기의 구체적인 날짜가 3월 25일이나 7월 25일로 되어 있는 차이도 기원전설이 각색되어 변천하는 과정에서 소림사가 소실된 날짜인 3월 25일과 천지회가 창립한 날짜인 7월 25일의 '혼동'에 의해 발생한 것에 지나지 않았을 가능성이 크다.

이러한 '오류'와 '혼동'은 소림사의 소재지를 비롯하여 기원전설에 등장하는 여러 가지 장소들에서도 쉽게 발견할 수 있지만, 청대 천지회가 발전하는 정황에 발맞추어 기원전설이 각색되고 변천하는 과정에서 일정한 방향으로 정착되어 간다. 소림사가 위치한 장소의 경우, 소림사의 소재지는 처음에 천지회의 기원지인 복건에서 멀면 멀수록 신비로운 색체가 가미될 수 있는 감숙이나 사천으로 상정되었지만, 이러한 색체는 천지회의 출현과 발전 상황과 발맞추어 원래의 기원지인 복건으로 위치지워진다. 그리고 그것은 적어도 명대까지 남소림사의 활동 무대로 이름난 곳 중의 하나인 구련산이라는 특정 지명으로 고정화 되었던 것이다. 천지회의 창립지 역시 고계묘에서 홍화정으로 바뀌고 있는데, 이러한 일정한 흐름은 적어도 하한연대가 늦은 외국어본의 경우에 잘 드러나 있다.

이밖에도 소림오승이 소림사의 소실 이후 청군의 추격을 피하여 이리저리 도망치며 유랑하는 과정에서 등장하는 주요 장소는 처음에는 '소림사→장사만구→고계묘'였다. 그런데 기원전설의 계속적인 각색과 변천의 과정에서 새로운 이야기들의 출현에 발맞추어 새로운 장소들이 증첨된 결과 '소림사→장사만구→고계묘→영왕묘→홍화정'으로 증첨되었고, 이후 다시 용호산(혹은 용광산)·오룡강(오강)·악신묘(혹은 태평채 백학림)·하보암 등의 여러 장소들은 기원전설에서 이미 고정화된 주요 장소 사이에 추가되어 편입되어 들어간 것이다. 이러한 흐름에서 본다면, 기원전설의 선행 자료로서 강희 40년(1701) 이후의 머지않은 시간에 출현했다고 평가받아온 「삼적수찬」이란 시구는 일부 강희파의 주장인 '시구의 산문화'와는 정반대로 오히려 이야기 형태의 기원전설이 출현한 이후에 구성원들이 그것을 함축적으로 읊조렸던 시구였음을 보여주는 이른바 '산문의 시구화' 과정을 잘 보여주고 있는 셈이다.

요컨대 천지회 기원전설에서 그것의 서사 구조를 이루고 있는 시간·장소·인물·이야기는 결사의 창립 이야기를 마치 역사적 사실처럼 그럴듯하게 만들어내기 위해 구성원들이 허구적 상상력을 동원한 창작의 결과물이다. 따라서 청대에 출현한 천지회 기원전설 판본의 현황과 특징이 보여주듯이 그것의 각색과 변천 과정은 그야말로 구성원들 간의 구전과 초사에 의한 오류와 혼동으로 점철되어 있었다고 말해도 과언은 아닐 것이다. 이러한 오류와 혼동의 과정 속에서 각색과 변천의 일정한 방향성을 읽어내는 것이야말로 천지회 기원전설의 다양한 판본과 그 특징을 이해하는 데 중요한 척도였던 것이다.

| 제 2 장 |

기원전설의 원형과 해부

2

청나라 강희(康熙) 연간 서로(西魯)라는 이민족이 중국을 침략하자 소림사(少林寺)의 승려들이 출정하여 이들을 격퇴한다. 그러나 강희제(康熙帝)와 그의 관료들에게 모함을 받은 소림사는 불에 태워지고 최후로 '다섯 명의 소림사 승려'(소림오승)만 살아남는다. 그런데 이들은 청군의 추적을 피해 도망가는 과정에서 '반청복명(反淸復明)'이라는 글자가 새겨진 향로를 발견한다. 이후 소림오승은 명나라 마지막 황제인 숭정제(崇禎帝)의 후손인 소주(小主)와 승려 만운룡(萬雲龍) 등과 회합하여 반청복명의 정치적 사명을 달성하기 위해 천지회(天地會)를 창립한다. 얼마 후 이들은 청군과의 전투에서 만운룡이 사망하면서 패배하고, 급기야 소주가 행방불명된 상태에서 소림오승은 훗날을 기약하며 각기 암호를 정하여 다섯 지역으로 흩어진다.

오늘날 중국의 무협소설이나 무협영화에서 자주 등장하는 위의 이야기는 청 중엽 이래로 천지회의 내부문서인 '회부(會簿)'를 통해 오랫동안 구성원들에게 유전되어 온 결사의 창립 이야기인데, 이 중에서도 가장 기본이 되는 이야기의 내용만을 기술한 것이다. 이러한 천지회 기원전설에 대하여 필자는 일찍이 천지회 연구의 쟁점과 과제를 정리한 글에서 다음과 같이 지적한 바가 있다.

> 천지회가 이전의 회당(會黨) 비밀결사와 구별되는 독특한 특징 중의 하나로 자신들의 창립 역사를 전설의 형태로 가지고 있다는 점에서 기원전설의 연구는 천지회를 연구하는 데에 기초가 되는 문제가 아닐 수 없다. 따라서 기원전설의 문제는 그 내용의 구조적 분석과 그것이 전설의 형태로 형성되어야만 했던 역사적 배경에 주목해야 할 것이다. 나아가 기원전설의 연구에서는 다양한 판본의 비교 연구까지 병행되어야만 비로소 천지회를 이해하는 데 한 걸음 다가설 수 있을 것이다.[1]

위의 언급은 적어도 천지회의 기원전설 문제를 백가쟁명적인 '천지회의 기원 논쟁'[2]과 분리하여 별도의 전문적인 연구를 진행시켜야만 한다는 필자의 시각에서 비롯된 것이었다. 그 배경에는 바로 "특정한 집단이나 결사, 나아가 국가에서 설화·전설·신화 등의 형태로 되어 있는

---

1 이평수, 「청대 천지회는 어떠한 비밀결사였는가: 연구현황과 과제탐색」, 『中國近現代史硏究』 41, 2009, 17-18쪽(본서 서론 참조).

2 천지회의 기원 문제는 지금까지 상당한 연구 성과가 축적되었음에도 불구하고 이른바 강희파(康熙派)와 건륭파(乾隆派)로 양분되어 다분히 경직된 시각의 논쟁만을 반복해오고 있다. 특히 1990년대 초 천지회의 기원지로 알려진 복건 장주(漳州)부 일대를 현장 조사한 나초에 의해서 광범위하게 수집된 장림사(長林寺) 유지(遺址)의 비각자료와 『향화승비전(香花僧秘典)』 등의 문헌자료(羅炤, 「天地會探源」 1~139, 『中華工商時報』 727~886, 1994.10.19.~1995.4.26.)가 혁치청 등의 강희파 연구자들에게 힘을 실어주면서 건륭파 연구자들과의 기원 논쟁에 또 다시 불을 놓았다. 이 현장조사에서 얻어진 연구 성과들에 대하여, 건륭파의 선두주자격인 진보기 등이 재차 논박한 논문들을 계속 내놓았으니, 천지회의 기원 문제는 아직도 확실한 해답을 얻지 못한 채 여전히 먹구름 속에 갇혀 있을 뿐만 아니라 1960년대부터 시작된 뜨거운 논쟁 열기가 근 반세기가 지난 오늘날에도 현재 진행형임을 유감없이 보여준다고 하겠다.(유장근, 『근대 중국의 지역사회와 국가권력』, 서울: 신서원, 2004, 149-184쪽(유장근, 「天地會의 起源에 관한 硏究史的 檢討」, 『慶大史論』 4·5, 1990); 이평수, 「청대 천지회는 어떠한 비밀결사였는가: 연구현황과 과제탐색」, 9-17쪽; 赫治清, 『天地會起源硏究』, 北京: 中國社會科學院出版社, 1996, 1-62쪽; 胡珠生, 『淸代洪門史』, 沈陽: 遼寧人民出版社, 1996, 100-110쪽; 秦寶琦, 『中國洪門史』, 福州: 福建人民出版社, 2012, 31-82쪽; Dian H. Murray, *The Origins of the Tiandihui: the Chinese Triads in Legend and History*, California: Stanford University Press, 1994, pp.89-150.)

기원의 이야기는 구성원들에게 일종의 신앙이나 신념으로 기능하고 있었다는 점"[3]이 자리 잡고 있기 때문이다. 특히 천지회의 기원전설이 결사의 정체성을 확립·유지하는 데 기여하고 있을 뿐만 아니라,[4] 이들의 입회의식 과정과 밀접하게 관련되어 있었으며,[5] 나아가 천지회가 반란을 도모하는 과정에서 일종의 예언적 형태로 적극적인 기능을 수행하고 있었던 점[6]에서도 기원전설에 대한 전면적인 연구의 필요성이 요구된다고 하겠다.

그러나 기존에 천지회의 기원 문제와 관련하여 열띤 논쟁을 진행해 온 소위 강희파(康熙派)와 건륭파(乾隆派)를 대표하는 학자들은 기원전설의 문제에 대하여 그다지 주목해 오지 않았을 뿐만 아니라 설사 언급을 하더라도 기원전설의 문제를 가지고 기원의 문제로 대체하기 일쑤였다. 그 결과 종래 이 문제를 전문적으로 분석한 연구는 그리 많지 않아 손에 꼽을 정도이다. 예를 들어 문학적·문화적 측면에서 기원전설과 청대 통속문화 내지는 강호 문화와의 연관성을 추적한 주신국(周新國)과 왕학태(王學泰)의 논문, 기원전설을 구세주의 종교적 메시아의 전달이라는 측면으로 해석한 테르 하르(Ter Haar)의 연구, 기원전설을 팔괘교(八卦教)의 분파인 이괘교(離卦教)에 보이는 이정옥(李廷玉)과 오삼계(吳三桂)의 이야기와 비교하여 그 유사성을 찾은 공상도(孔祥濤)의 연구가 있다.[7] 특히 주목할

3 이평수, 「청대 천지회는 어떠한 비밀결사였는가: 연구현황과 과제탐색」, 26쪽.

4 Barend J. Ter Haar, *Ritual and Mythology of the Chinese Triads: Creating an Identity*, Leiden · Boston · Köln: Brill, 1998 참조.

5 李平秀, 「天地會的入會儀式和戲劇」, 『清史論叢』 2008(본서 제2부 제2장); 이평수, 「天地會 入會儀式의 節次와 暗號化: 19世紀 末葉 싱가포르 天地會의 事例 檢討를 中心으로」, 『明清史研究』 23, 2005(본서 제2부 제3장) 참조.

6 李平秀, 「預言與叛亂: 咸豊四年"陳松天地會集團"叛亂的政治性背景」, 第二屆中國秘密社會史國際學術研討會提出論文, 山東濟南, 2009.8.16.~8.19; 이평수, 「豫言과 叛亂: 咸豊 4年 天地會 反亂의 政治的 背景」, 『歷史學報』 224, 2014(본서 제4부 제1장) 참조.

7 周新國, 「天地會與清代通俗文化」, 『江海學刊』, 1987-6; 王學泰, 「天地會'西魯'神話之析」,

만한 연구 성과로는 기원전설에서 서로(西魯)와 남소림사(南少林寺)의 문제를 복건의 정치·사회 상황과 관련시켜 그 역사적 실재성을 검토한 증오악(曾五岳)의 논문을 꼽을 수 있다.[8]

본장에서는 이상의 문제 제기와 선행 연구를 기반으로 하여 천지회 기원전설의 판본 중에서 현존 최고(最古)의 회부로 평가받고 있는 요대고본(姚大羔本)에 수록된 기원전설을 가지고 주어진 문제에 대하여 접근하고자 한다.[9] 문제는 기원전설을 어떠한 입장에서 해석하느냐는 것일 텐데, 필자는 기원전설을 말 그대로 전설의 입장에서 접근해야지 실재의 역사적 사실로서 취급해서는 안 된다고 생각한다. 그리고 종래의 연구에서 기원전설을 해석할 때에 주목하지 못했던 두 가지의 측면, 즉 기원전설의 내용에 대한 구조적 분석과 그것의 뼈대를 구성하는 역사적 요인에 초점을 두고서 논의를 전개하고자 한다. 다시 말해 천지회의 기원전설을 합리적으로 이해하기 위해서는 무엇보다도 그 이야기의 전개 과정이 어떠한 구조로 이루어졌는가의 분석이 진행되어야 할 것이며, 이러한 구조적 분석의 바탕 위에서 구성원들에게 일종의 신앙이나 신념으로 작용하게 만들었던 기원전설의 역사적 형성 배경을 추적해야 할 것이다.

『文史知識』 1997; 孔祥濤, 「歷史與神話: 天地會西魯故事由來及天地會起源」, 『清史研究』 2005-3; Barend J. Ter Haar, *Ritual and Mythology of the Chinese Triads: Creating an Identity*.

8 曾五岳, 「天地會‘西魯傳說’探幽」, 『東南文化』 1992-2.

9 20세기 이전에 출현한 천지회 기원전설의 판본 현황은 본서 제1부 제1장 참조.

1. 요대고의 천지회 사건과 기원전설의 출현

가경 16년(1811) 1월 광서순무(廣西巡撫)로 부임한 성림(成林)은 9월까지 천지회의 사건을 처리하는 과정에서, "광서는 근년에 천지회의 배회(拜會)하는 풍조가 나날이 번성하고 있다."고 하면서, "매월 한 두 건의 천지회 사건이 일어나는데, 범인을 완전히 소탕하지 못하니, 밤낮으로 애가 탄다."고 말하고 있다.[10] 성림의 이 같은 토로는 가경 중엽 이후 광서에 천지회가 만연되어 가는 상황의 일면을 보여주고 있다. 특히 이 해 성림이 처리한 천지회 사건 중에서 5월 동란(東蘭)주 지주(知州) 동저(董儲)의 보고에 의해 무연(武緣)현에서 요대고(姚大羔)를 대가(大哥)로 하는 천지회가 발각되었다. 성림의 주접을 토대로 이 사건의 내용을 정리해 보면, 다음과 같다.

요대고는 적관이 광동 조주(潮州) 평원(平遠)현으로 임실(稔悉) 지방에서 첨제회(添弟會)의 결배(結拜)에 참여하였다. 이후 광서 무연(武緣)현에 와서 재봉으로 생계를 도모한 그는 가경 15년(1810) 5월부터 11월까지 "일을 만나면 도와줄 사람이 있고, 나아가 약탈을 하여 재부도 얻을 수 있다."는 명목으로 회원을 규합하기 시작하였다. 그는 수차례 회원들에게 "입을 열면 본(本)을 떠나지 않고, 손을 들면 삼(三)을 떠나지 않는다."라는 암호를 전수하고, 칼을 뚫고 지나가는 과관(過關) 의식과 닭의 피를 술과 섞어 마시는 삽혈맹서(歃血盟誓)로써 배회(拜會)를 하며, 삼각목착(三角木戳)

---

10 「廣西巡撫成林査辦上林會匪摺」(嘉慶16.9.11.), 庾裕良·陳仁華 等編, 『廣西會黨資料彙編』, 南寧: 廣西人民出版社, 1989, 86-87쪽. 이 문장과 같이 지방관이 황제에게 보고하는 주접이나 하급기관의 관료가 상급기관의 관료에게 보고를 할 경우에는 마땅히 경어체로 번역을 해야 하겠지만, 단순한 상황의 묘사일 경우 본서의 논지 전개에 전혀 지장을 주지 않기 때문에 번거로움을 피하기 위해서 평어체로 번역하기로 한다. 다만 이후 인용할 자료에서 경어체를 쓰지 않으면 문장이 어색하게 되는 부분에 대해서는 경어체를 사용하여 번역하기로 한다.

과 홍포(紅布) 등을 회원들에게 분배하여 증거로 삼게 하였다. 한편 그는 담훈호(譚訓浩) 등 회원들과 함께 금전의 공갈편취에도 참여하여 한 번에 적게는 은 20량, 많게는 은 80량을 획득하여 서로 나누어 사용하기도 하였다. 가경 16년(1811) 5월 그는 결국 체포되었으나, 심문 도중에 병사하였다.[11]

이 요대고의 천지회 사건이 발각되면서 배회의 과정에서 요대고가 분배했던 삼각목착·홍포와 천지회 회원 간흥부(簡興富)의 집에 수장된 회부(요대고본)가 발견되어 관부에 압수되었다.[12] 가경 16년(1811) 5월 7일 성림은 회부와 홍포의 유래를 알고 있을 간흥부 등을 체포·조사한 후 사건이 완결되면 소각한다는 내용으로 이것을 군기처(軍機處)로 이송하였다. 당시 성림은 요대고의 천지회 사건에 '대역자(大逆者)'·'반역안(反逆案)'·'첨제회부흥(添弟會復興)'의 죄명을 씌워 처리하면서, 이 회부와 홍포를 조사하던 중 패역한 말이 있음을 확인하고 그것이 어떻게 유래했는지에 대하여 관심을 기울였다. 이리하여 성림은 요대고가 심문 도중에 병사했기 때문에 홍포를 수장하고 있다가 체포된 이필귀(李必貴) 등을 심문하였다. 그러나 이들은 "글을 배우지 못해 홍포에 쓰여 있는 내용을 전혀 알지 못할" 뿐만 아니라 "요대고는 우리들에게 이 회부를 누구로부터 입수했는지, 어떤 기능을 하는지 알려 주지 않았다."고 공술하였다. 이후 성림은 초사된 회부의 유래를 추적하기 위해 도망친 이가(二哥) 임괵상(淋幗祥)과 회부를 수장한 간흥부를 체포하는 데 주력했지만, 실패하고 만다.[13]

---

11 「廣西巡撫成林查辦東蘭會匪摺」(嘉慶16.5.7.), 『廣西會黨資料彙編』, 73-75쪽.

12 「廣西巡撫成林爲搜獲東蘭州天地會成員姚大羔所藏『會簿』呈軍機處咨文」(嘉慶16.5.7.) 「附: 廣西東蘭州天地會成員姚大羔所藏『會簿』」, 中國人民大學清史研究所·中國第一歷史檔案館 合編, 『天地會』 1, 北京: 中國人民大學出版社, 1980, 3-30쪽 회부가, 31-32쪽에 홍포가 실려 있다.

13 「廣西巡撫成林查辦東蘭會匪摺」(嘉慶16.5.7.), 『廣西會黨資料彙編』, 75-76쪽.

이상이 요대고 천지회 사건의 전말이다. 성림의 주접 내용대로라면 회부와 홍포가 소각되어야 마땅하나, 오히려 소각되지 않고 현재 북경의 중국제일역사당안관(中國第一歷史檔案館)에 고스란니 현존하고 있으니, 천지회 연구자에게 다행이 아닐 수 없다. 요대고 천지회 사건의 경위를 통해서 회부와 홍포의 유래는 알 수 없지만, 적어도 다음의 내용은 확인·추정이 가능하다.

첫째, 건륭 51년(1786) 7월 대만 제라(諸羅)현 천지회 수령 양광훈(楊光勳)에 의해서 작성되어 11월(1787년 1월) 임상문(林爽文)의 천지회 반란 과정에서 압수된 첨제회(添弟會) 회부[14]는 요대고본과 그 성격이 확연히 다르다. 요대고본의 경우 암호(暗號)·기원전설(起源傳說)·대련(對聯)·시구(詩句)·길흉서신도기(吉凶書信圖記)·구백(口白)·차주배완진(茶酒杯碗陣) 등의 내용이 실려 있는 전형적인 천지회의 내부문서인 반면에, 첨제회 회부에는 단지 입회자의 성명과 주소만이 기재되어 있다. 따라서 회부라는 같은 용어를 쓰고 있더라도 양광훈의 첨제회 회부는 천지회의 내부문서가 아니라 단순히 입회자의 성명과 주소만을 기재한 일반적인 회원명부이기 때문에, 이것을 지금까지 발견된 천지회의 회부 중에 가장 이른 시기의 것[15]이라고 말할 수 없다. 이처럼 천지회가 내부문서를 유전하는 것 이외에 별도로 당시에 참여한 회원명부를 만들었던 경우는 가경 7년(1802) 광주(廣州)부 향산(香山)현 황명찬(黃名燦)의 천지회에서도 볼 수 있다.[16]

둘째, 요대고본의 전체적인 주제는 반청복명(反淸復明)의 내용으로 일관하고 있다. 예컨대 천지회의 창립 목적을 기술하고 있는 기원전설에서 강희 혹은 옹정 갑인년 7월 25일 반청복명의 정치적 사명을 실천하기

14 「閩浙總督李侍堯奏臺灣官員將楊光勳案內天地會改寫添弟會緣由摺」(乾隆52.3.11.)「附: 臺灣鎭總兵柴大紀所呈『添弟會會簿』」, 『天地會』 1, 80-83쪽.

15 秦寶琦, 『淸前期天地會硏究』, 北京: 中國人民大學出版社, 1988, 153쪽.

16 (光緖) 『香山縣志』 卷12 「宦績」, 24쪽.

위해 소림오승(少林五僧)·만운룡(萬雲龍)·소주(小主) 등 108명이 삽혈맹서로써 천지회를 결성한다는 것은 그 대표적인 것이라 할 수 있다. 이밖에도 세청해절(世淸該絶)〔「오조련(五祖聯)」〕, 복명(復明)〔「두문대(頭門對)」〕·「선시(綫時)」, 부명(扶明)·명왕(明王)〔「수선성(水先成)」〕·「칭시(稱詩)」·「강시(降詩)」·「강산(江山)」·「예고시(鼙鼓詩)」, 부명절청(扶明絶淸)〔「삼유저(三六底)」〕, 내명거청(來明去淸)〔「반문포복(盤問袍袱)」〕, 거청복명(去淸復明)〔「반문연동(盤問烟銅)」〕·「연환시내시소주제적(連環詩乃是小主題的)」 등 반청복명을 의미하는 문구들[17]이 요대고본 전체에 걸쳐서 보이고 있다.

셋째, 회부가 작성된 상한·하한연대를 추정해 보면 다음과 같다. 우선 하한연대는 요대고가 천지회를 조직하기 시작하여 회원들에게 삼각목착과 홍포 등을 분배해 주었던 가경 15년(1810)까지 추정이 가능하나, 그 이상의 논의는 논리적 추정에 근거할 수밖에 없다. 다음으로 회부의 상한연대인데, 이에 대한 추정을 더욱 복잡하게 만드는 이유는 회부의 작자를 한 개인으로 보는가 혹은 다수로 보는가에 있다. 가령 한 개인으로 볼 경우, 회부의 내용 중에서 '광동십삼행(廣東十三行)'[18]이란 용어가 보이기 때문에 상한연대는 광동십삼행이 정식으로 출현한 강희 24년(1685)[19]보다 앞설 수 없거니와, '마조지(馬朝志)'[20]란 인물을 건륭(乾隆) 17년(1752) 호북(湖北)에서 주삼태자(朱三太子) 사건을 일으킨 마조주(馬朝柱)로 간주한다면 상한연대는 그의 활동시기보다 앞설 수 없으며, '목립두세(木立斗世)'란 용어를 정개(鄭開)의 창작물[21]로 여긴다면 상한연대는 그가 활동을 시작한

17 「廣西東蘭州天地會成員姚大羔所藏『會簿』」(嘉慶16.5.7.), 『天地會』 1, 5-6쪽, 8쪽, 15쪽, 17-18쪽, 20-21쪽.

18 「廣西東蘭州天地會成員姚大羔所藏『會簿』」(嘉慶16.5.7.), 『天地會』 1, 13쪽, 15-16쪽.

19 梁嘉彬, 『廣東十三行考』, 廣州: 廣東人民出版社, 1999, 66쪽; 李國榮 · 林偉森 主編, 『淸代廣州十三行紀略』, 廣州: 廣東人民出版社, 2006, 10-11쪽.

20 「廣西東蘭州天地會成員姚大羔所藏『會簿』」(嘉慶16.5.7.), 『天地會』 1, 13쪽.

21 「閩浙總督伍拉納等奏審擬行義陳彪摺」(乾隆54.5.3.), 『天地會』 7, 523쪽.

건륭 초·중엽 이전으로 추정할 수 없다. 그러나 이 경우에도 한 개인이 회부를 작성했던 시기적 추정일 뿐 회부 내용 자체의 시기적 추정은 될 수 없다. 한편 다수로 볼 경우, 다수에 의해서 작성된 내용이 가경 15년 이전 누군가에 의해서 편집되었을 것으로 예상할 수 있으며, 다수에 의해서 여러 차례 회부가 보완될 가능성도 배제할 수 없다. 결국 가경 15년이라는 하한연대를 제외하고는 사실상 상한연대를 설정하는 것이 매우 곤란하다.

넷째, 홍포에 실려 있는 시구는 요대고본에 실려 있는 「삼육저(三六底)」와 「사칠저(四七底)」[22]를 합쳐 놓은 것으로, 회부와 홍포는 앞서 언급한 성림의 주접을 토대로 하면 요대고에 의해서 창작되었을 가능성은 희박하고 초사되었을 가능성이 매우 높다. 따라서 요대고가 광동에서 이미 천지회에 가입하여 활동을 하고 있었기 때문에 회부와 홍포는 광동에서 입수되어 초사되었을 것으로 추정되는데, 그 가능성은 다음의 자료를 통해서 확인할 수 있다.

ⓐ

日月春風百馬侯, 三姓結萬李桃洪,
結骨盟心爲兄弟, 萬姓同來共一宗.
木立斗市天下知, 順天興明合和同,
扶明滅淸登龍位, 齊心協力討江山.

ⓑ

日月風淸百馬侯, 三姓結萬李朱洪,
木立斗世天下知, 順天興明合和同.

22 「廣西東蘭州天地會成員姚大羔所藏『會簿』」(嘉慶16.5.7.), 『天地會』 1, 8쪽.

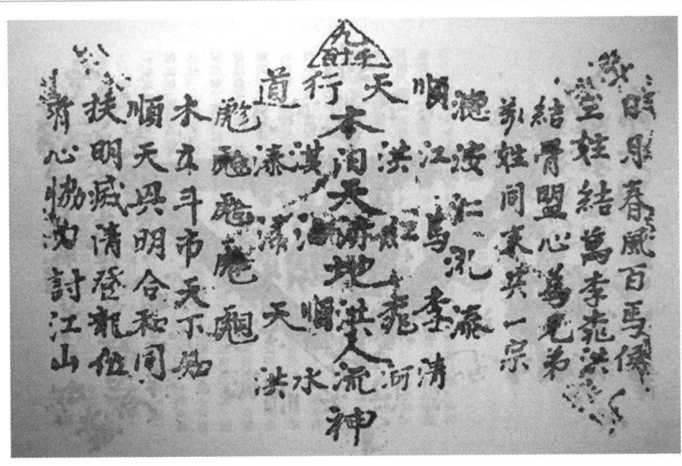

〈자료 1〉 요대고 천지회의 홍포(ⓐ)

* 출처 : 『天地會』 1, 31쪽에 수록.

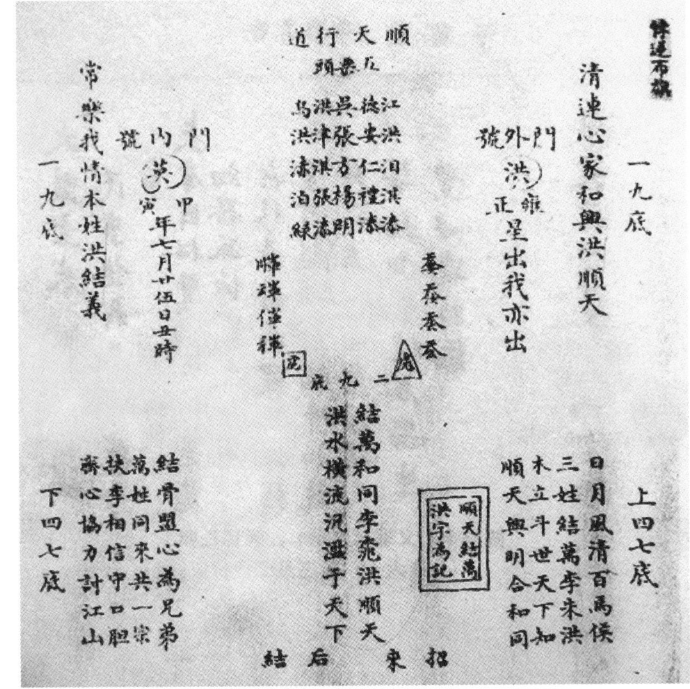

〈자료 2〉 진란극사 천지회의 포기(ⓑ)

* 출처 : 『天地會』 6, 전면에 수록.

結骨盟心爲兄弟, 萬姓同來共一宗,

扶李相信守口胆, 齊心協力討江山.

ⓐ는 요대고의 천지회가 사용한 홍포(〈자료 1〉)에, ⓑ는 가경 7년(1802) 광동 박라(博羅)현 진란극사(陳爛屐四)의 천지회 반란 과정에서 사용한 포기(〈자료 2〉)에 실려 있는 문구이다. 이 두 문구를 비교해 보면, 제1항과 제2항의 비교를 통해서 약간의 차이를 볼 수 있다는 점이나 3항에서 6항까지 문구의 순서가 바뀌어 있는 점은 그것이 구전되거나 초사되는 과정에서 발생한 것으로 생각된다. 그렇지만 제7항의 비교를 통해서는 경우에 따라서 의도적으로 문구 자체를 바꾸었음을 짐작케 한다. 이처럼 제7항과 같이 의도적인 개작이 보이긴 하지만, 위의 사례는 요대고가 광동지역에 광범위하게 유전된 천지회의 내부문서를 초사했음을 보여주는 유력한 증거가 된다. 특히 이 홍포의 문구 중에 '삼성결만이도홍(三姓結萬李桃洪)'·'목립두세천하지(木立斗世天下知)' 등의 구절은 요대고가 전수한 '개구불리본(開口不離本)'·'출수불리삼(出手不離三)' 등의 암호와 함께 건륭 중·말엽 이미 복건을 중심으로 천지회의 내부에서 광범위하게 유전되고 있었다.[23] 요대고본에 복건 남부의 방언과 지명이 다수 수록되어 있다는 호주생(胡珠生)의 지적[24]은 건륭 중·말엽 복건에서 광동으로 유전된 천지회의 내부문서가 가경 초엽 광동에서 광서로 재차 유전되었다가 결국 청조에 의해서 압수되었음을 보여주고 있다.

마지막으로 요대고본이 발견되면서 여기에 실려 있는 천지회의 기원전설이 비로소 세상 밖으로 출현하게 되었다. 그 주요 내용은 소림오승

23 「兩廣總督孫士毅奏盤獲幷審訊天地會許阿協等情摺」(乾隆52.2.6.) 「附: 許阿協等人供單」, 『天地會』 1, 70-72쪽; 「兩廣總督孫士毅奏續獲天地會林功裕等情摺」(乾隆52.3.15.) 「附: 林功裕供單」, 『天地會』 1, 87쪽; 「審訊嚴煙供詞筆錄」(乾隆53.6.16.), 『天地會』 1, 110-111쪽.

24 胡珠生, 『清代洪門史』, 40-42쪽.

과 만운룡, 그리고 소주 등 108명이 삽혈결맹하여 반청복명을 위해서 천지회를 창립한다는 것이다. 이 기원전설에 대해서는 이제 단락을 바꾸어 구체적으로 분석해 보자.

2. 요대고본 기원전설의 내용과 구조

요대고본 기원전설의 말머리는 "손을 들면 삼(三)을 떠나지 않고, 입을 열면 본(本)을 떠나지 않는데, 이것은 본인만 알아야지 외부인에게 알릴 수 없고, 만약 외부인이 알게 된다면 본인은 죽음을 면치 못 할 것이다."라는 경고의 문투로 시작한다. 그리고 만(萬)자를 의미하는 '구천십백(九千十百)'을 삼각형 안에 새겨 놓고, "청(蒲)은 천(天)이고, 흑(黖)은 지(地)이며, 회(㞀)는 회(會)〔합(合)〕이다."와 "청(靑)은 천호(天號)이고, 흑(黑)은 지호(地號)이며, 산(山)은 회호(會號)이다."라 하여 청흑산(靑黑山)이 천지회(天地會)라는 암호임을 반복·강조하면서,[25] 아래와 같은 기원전설을 싣고 있다.

> (a) 숭정 12년(1639) 이자성(李自成)이 반란을 일으켜 강산을 찬탈한 후, 서궁(西宮)을 빠져나온 낭낭(娘娘) 이신비(李神妃)는 복화산(伏華山)에 이르렀다. (그녀는) 임신을 한 후 운남(雲南) 고계묘(高溪廟)에 이르러 소주(小主)를 낳았는데, (그는) 상천의 비호와 만가의 은양을 받았다. 16년(1643) 6월 6일 개봉(開封)부에 홍수가 났을 때, 유백온(劉伯溫)의 비기(碑記)가 출현하였다.

> (b) 강희 연간 서로라는 오랑캐가 반란을 일으켰다. 강희제는 방문을

25 「廣西東蘭州天地會成員姚大羔所藏『會簿』」(嘉慶16.5.7.), 『天地會』 1, 3쪽.

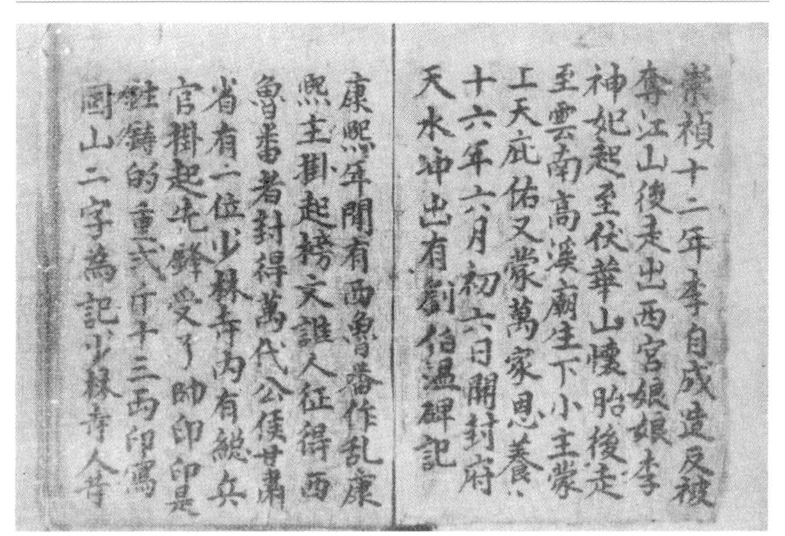
崇禎十二年李自成造反被
奪江山後走出西宮娘娘李
神妃起至伏華山懷胎後走
至雲南高溪廟生下小主蒙
上天庇佑又蒙萬家恩養、
十六年六月初六日開封府
天水神出有劉伯温碑記

康熙年間有西魯番作亂康
熙主掛起榜文誰人征得西
魯番者封得萬代公侯甘肅
省有二位少林寺內有總兵
官掛起先鋒受了帥印印是
鉎鑄的重弍斤十三両印寫
囸山二字為記少林寺合寺

〈자료 3〉 요대고본 기원전설의 서두

* 출처 : 『天地會』 1, 1쪽에 수록.

붙여 '누구라도 서로라는 오랑캐를 정복할 수 있는 자는 만대공후(萬代公侯)로 봉(封)하겠다'고 공포하였다. 감숙성(甘肅省)에 소림사가 있었다. 그 내부에는 총병관(總兵官)이 있고, 스스로 선봉(先鋒)이라 내세우며 수인(帥印)을 받았다. 인(印)은 철(鐵)로 주조되었고, 무게는 2근 13량이었다. 인에는 '일산(囸山)'이란 두 글자가 새겨져 있었다. 소림사 승려는 곧 선봉을 맞이하여 서로를 정벌하러 갔다. 한 명의 병장도 쓰지 않고 오직 소림사 128명의 승려가 서로와 교전·대치하였다. 서로가 패주하자, 죽은 자는 그 수를 헤아릴 수 없었다. 소림사 승려는 승리의 북을 치면서 조정으로 돌아왔다. 강희제가 상을 내렸으나, 이들은 관직을 받지 않고 소림사로 돌아가 송경(誦經)·설법(說法)·수도(修道)하였다.

(c) 이후 간신이 어느 날 군사를 일으켜 추격했는데, 참혹함이 그지없었다. 18명이 4년 동안을 도망치다가 바닷가의 바위가 하늘과 이어진 듯한 장사만구(長沙灣口)에 이르렀다. 해수면 위로 백석향로(白石香爐)가

떠올랐는데, 무게가 52근이었다. 향로 밑바닥에 '흥명절청(興明絶淸)'이란 네 글자가 쓰여 있었다. 이들은 백정향로(白錠香爐)를 취하여 하늘 앞에서 맹서하였다. 단지 사도 6인이 남아 있었는데, 사존(師尊)인 만제기(萬提起)는 법호가 운룡(雲龍)이었고, 형제들과 함께 107명을 다시 모았다. 어떤 소자(小子)가 기의에 참가하니, 모두 108명이 모인 셈이다. 갑인년 7월 25일 축시 모두 모여 하늘 앞에서 의형제를 맺었는데, 홍(洪)을 성으로 삼고 삽혈로 맹서하여 홍가(洪家)를 결성하였다. 형제들은 만사부를 대가(大哥)로 삼았다.

(d) 9월 9일 만운룡은 날짜를 택하여 청군과 교전하였다. 만운룡이 전장에서 죽자, 군사들이 오위형제(五位兄弟)에게 보고하고 소주를 호위하였다. 형제들이 (이 상황을) 알게 되자, 그날로 출병하여 청군과 대치·교전하였다. 청군이 패주하자, 이후 형제들은 만대가(萬大哥)의 시신을 회수하여 동쪽 방향으로 불태웠다. 만대가의 혼은 하늘 높이 올라가 사라졌다. 유골은 고계묘(高溪廟) 3층 누각 아래 분기호(糞箕湖) 자산(子山)의 오시 방향으로 매장되었다. 오위형제가 돌아왔지만 소주는 보이지 않고 행방도 알 수 없었으니, 의지할 데가 없었다. 시에서는 (다음과 같이) 말한다.

문상홍영무인지(門上洪英無人知)
부지거향문형제(不知去向問兄弟)

(e) 만대가가 죽은 후 조카가 있었는데, 성승(聖僧)이었다. 어떤 사람은 그를 방물차(芳勿此)로 부르는데, 현재 광동을 지키고 있다. 어떤 사람은 방류(芳流)로 부르는데, 현재 호광을 지키고 있다. 소주는 후에 복건으로 유랑하여 다섯 명의 아들을 낳았는데, 당일로 오대방(五大房)으로 나누어 (다음과 같은) 오표두(五標頭)를 세웠다.

洪 汨 淇 潂 溙,
洪 淇 漨 添 江,

㴛 洝 汇 澧 溙,
潙 洪 浾 泊 淥,
吳 洪 李 桃 林.

(f) 방물차는 현재 광동을 지키고 있다. 숭정제에게 이신비라 불리우는 서궁낭낭이 있었는데, 임신한 몸으로 도망갔다. 복화산에 숨어들어 아들을 낳았는데, (그는) 만조의 은양을 받고, 상천의 비호를 받았다. 그는 아들을 하나 낳았는데, 매우 총명하였다. 영웅호걸의 인재들이 몰려들어 회맹하였다. 여러 형제들이 이 아들을 보호하였다.

(g) 장방(長房) 오천성(吳天成)은 절강에 있는데, 기호(旗號)가 오공(烏工)이었다. 이방(二房) 홍대세(洪大歲)는 복건에 있는데, 기호가 홍홍(洪洪)이었다. 삼방(三房) 이색지(李色地)는 광동에 있는데, 기호가 적일(赤日)이었다. 사방(四房) 도필달(桃必達)은 운남·사천에 있는데, 기호가 백기(白其)였다. 오방(五房) 임영초(林永招)는 호광에 있는데, 기호가 녹태(彔泰)였다. 이 18명의 여러 형제들은 홍화(紅花)에 있는데, 조문량(趙文良)이 장(長)이었고, 오성귀(吳成貴)는 산동에서 태수(太守)가 되었으며, 이름이 오호대장(五虎大將)이었다.

삼〔彪〕·수〔鱸〕·합〔艙〕·화〔艔〕·동〔艏〕, 오방합동(五房合同).[26]

위의 내용을 요약해 보면, 서로라는 이민족의 침입을 격퇴하여 청조에 충성을 다한 소림사 승려들이 무능한 황제와 간사한 대신에 의해 청조에 배신을 당하여 대부분 몰살되고, 이 중에 겨우 살아남은 다섯 명의 소림사 승려들이 명조의 후손인 소주 주홍영(朱洪英)과 화상 만운룡(萬雲龍), 그리고 기타 형제들과 함께 일치단결하여 반청복명(反淸復明)을 위하여 홍가(洪家), 즉 천지회(天地會)를 결성한다는 것이다. 바로 이것이 저 유명한

26 「廣西東蘭州天地會成員姚大羔所藏『會簿』」(嘉慶16.5.7.), 『天地會』 1, 4-5쪽.

천지회의 창립 과정으로 당시 청군과의 전투에서 실패했기 때문에 훗날을 도모하자는 것이다. 이러한 이야기의 전개과정을 토대로 하면, (a)에서 (g)까지의 단락구분이 가능하다. 이것을 후대에 각색된 여러 기원전설의 판본과 비교해 보면, 어떤 판본은 (a)에서 (d)까지가, 어떤 판본은 (a)에서 (g)까지가 기원전설을 구성하는 내용이 된다. 위 요대고본 기원전설의 경우, (d)와 (e)의 이야기 연결이 자연스럽게 이루어지고 있어서 (a)에서 (g)까지를 기원전설의 내용으로 본다면, (f)는 내용상 (a)와 (e)의 중복이고, (g)는 (e)의 오방(五房)에 대한 구체적인 설명이 되는 셈이다.

그런데 요대고본 기원전설의 이야기 전개과정에서 내용 자체의 불일치가 발견된다는 점이 주목된다. 그 대표적인 예를 나열해 보자. 첫째로 (a)에서 이신비는 서궁을 빠져나와 복화산에 이른 후에야 소주의 임신 사실을 알려주고 있지만, (f)에서는 서궁을 빠져나오기 전 이미 임신을 한 상태에서 복화산으로 도망갔다고 기술하였다. 둘째로 (e)에서 소주는 다섯 아들이 있어 오방(五房)으로 분포되었지만, (f)에서 소주는 한 명의 아들만 있다. 셋째로 (d)에서 소주의 행방은 묘연하지만, (e)에서 소주는 복건으로 유랑하였다. 이 뿐만 아니라 기원전설과 회부의 내용 사이에서도 불일치가 발견된다. 예컨대 기원전설에서는 천지회의 창립시기가 갑인년 7월 25일 축시로 되어 있지만, 이것이 회부의 「반문연동(盤問煙銅)」[27]에서는 청군에 의해 소림사가 불탄 시점에 해당한다. 결국 이러한 기원전설 내용 자체의 불일치와 동시에 기원전설과 회부의 기타 내용들과의 불일치는 회부가 특정 한 사람에 의해서가 아니라 불특정 다수에 의해서 작성되었을 뿐만 아니라 이것이 구전되는 과정에서 어느 시점에 이르러 누군가에 의해서 초사되고 편집되었음을 알려주고 있다. 특히 기원전설의 내용 자체의 불일치를 통해서는 원래 (a)~(d)의 기원전

27 「廣西東蘭州天地會成員姚大羔所藏『會簿』」(嘉慶16.5.7.), 『天地會』 1, 17쪽.

설이 이미 형성된 이후에 (e)와 (g)의 내용이 추가되었을 가능성이 크고, (f)는 이러한 과정에서 잘못 초사되거나 편집되어 들어간 부분으로 생각된다.

요대고본 기원전설의 기본 내용은 몇 개의 이야기로 분리할 수 있다. 이 분리된 이야기의 내용은 대부분 민간사회에서 유행하고 있었던 통속소설의 영향을 받은 것으로 생각되는데, 특히 『설당(說唐)』 계통의 소설과 『삼국지연의(三國志演義)』·『수호전(水滸傳)』 등에서 유사한 점을 발견할 수 있다. 예를 들면 (a)에서 서궁낭낭과 소주의 곤경은 『반당연의전(反唐演義傳)』에서 정궁낭낭(正宮娘娘)과 태자(太子)가 어려움을 당하는 상황과 유사하다. (b)에서 서로라는 이민족의 등장은 『정서설당삼전(征西說唐三傳)』의 하미국(哈迷國)이나 『설당소영웅전(說唐小英雄傳)』의 북번적벽국(北番赤壁國)처럼 작자가 조작한 허구적인 국명으로 고대중국의 인민들은 외환이 서방이나 북방에서 온다고 믿었던 사실을 반영하고 있다. (b)에서 소림사가 서로를 정벌하는 이야기는 『정서설당삼전』에서 설정산(薛丁山) 등이 하미국을 정벌하는 것과 흡사하다. (c)와 (d)에서 청조에 공을 세운 소림사가 간신에게 피해를 입는다는 이른바 충간투쟁(忠奸鬪爭)은 통속소설에서 흔히 볼 수 있는 이야기이다. (c)에서 흥명절청(興明絶淸)이 새겨진 백석향로가 해수면에서 떠오른 것은 『수호전』에서 체천행도(替天行道)가 새겨진 석갈을 천제가 충의당(忠義堂)으로 내려 보내는 것과 일맥상통한다. (c)에서 소림오승 등 108명이 모여서 천지회를 결배한 것은 『수호전』에서 108명의 영웅이 회합한 것과 같다. 마지막으로 (g)에서 오호대장(五虎大將)의 명칭은 정사에서는 볼 수 없고 『삼국지연의』·『수호전』 등에서 보이는 오호상장(五虎上將)을 말하는 것이다.[28]

---

28 周新國, 「天地會與淸代通俗文化」, 『江海學刊』, 1987-6, 52-54쪽; 王學泰, 「天地會'西魯'神話之析」, 11-13쪽.

이처럼 요대고본 기원전설을 구성하고 있는 분리된 이야기의 내용은 명청시대 민간사회의 인민들에게 널리 사랑받고 있던 『설당』 계통의 소설과 『삼국지연의』·『수호전』 등에서 그 원형의 요소를 발견할 수 있다. 이러한 점은 요대고본 기원전설보다 이야기의 내용이 좀 더 복잡해지고 짜임새가 갖추어진 후대에 형성된 기원전설의 판본에도 그대로 반영되어 있다.

특히 천지회 기원전설의 원형이 되는 요소들이 명청시대에 유행한 통속소설에서 발견된다는 점은 결사의 기원전설이 민간의 하층 지식인에 의해서 작성되었음을 보여주고 있다. 하지만 이보다 더 중요한 사실은 요대고본 기원전설의 작자가 민간사회에서 유행하고 있던 통속소설의 내용과 전개과정을 토대로 하여 어떠한 인물과 이야기를 설정하여 천지회의 기원전설을 창출해 내었던 것일까에 있을 것이다. 이점을 구체적으로 살펴보기 위해서 요대고본 기원전설에 등장하는 주요 등장인물 등을 정리해 본 것이 〈표 1〉이다.

〈표 1〉를 보면, 주요 등장인물 중에서 역사상 실존했던 인물로는 이자성(李自成)·숭정제(崇禎帝)·이신비(李神妃)·소주(小主)·유백온(劉伯溫)·강희제(康熙帝)를 볼 수 있다. 그러나 이들 실존인물이 기원전설의 작자에 의해서 천지회의 창립 과정을 창출해내기 위해서 의도적으로 기원전설의 등장인물로 설정되었다면, 비록 이들이 역사상의 실존인물이긴 하지만 천지회의 창립 과정과는 전혀 관련이 없는 가공인물이 되는 셈이다. 여기에서는 이러한 인물들을 '실존적 가공인물'이라 칭하겠다. 한편 만운룡(萬雲龍), 소림오승(少林五僧), 간신(奸臣), 방물차(芳勿此)·방류(芳流), 소주(小主)의 아들은 역사상의 실존인물로 볼 수 있는 명확한 증거들을 찾을 수가 없기 때문에 기원전설의 작자가 천지회의 창립 과정을 창출해 내기 위해서 처음부터 조작해 낸 허구인물일 가능성이 크다. 여기에서는 이러한 인물들을 '비실존적 가공인물'이라 부르겠다.

〈표 1〉 요대고본 기원전설의 주요 등장인물에 대한 역사상의 역할과 인물 유형

주요 등장인물	역사상의 역할	기원전설에서의 인물 유형
이자성(李自成)	• 명말 농민군 수령	실존적 가공인물
숭정제(崇禎帝)	• 명 의종(毅宗) 주유검(朱由檢)	
이신비(李神妃)	• 숭정제의 황후 주씨(周氏) 혹은 황귀비 전씨(田氏)를 지칭함.	
소주(小主) 주홍영(朱洪英)	• 숭정제의 태자 혹은 삼태자(三太子) 혹은 사태자(四太子) 혹은 오태자(五太子)를 지칭함	
유백온(劉伯溫)	• 명 홍무제의 군사 유기(劉基)	
강희제(康熙帝)	• 청 성조(聖祖) 애신각라(愛新覺羅) 현엽(玄燁)	
만운룡(萬雲龍)		비실존적 가공인물
소림오승(少林五僧)		
간신		
방물차(芳勿此)·방류(芳流)		
소주의 아들		

그렇다면 이러한 실존적 가공인물과 비실존적 가공인물은 각각 기원전설에서 어떠한 역할을 담당하고 있을까? 다시 말해서 저자는 어떠한 의도로 이러한 인물들을 기원전설에 등장시켜 천지회의 창립 과정을 설명했던 것일까?

저자는 우선 소주의 탄생을 설명하기에 앞서 그 역사적 배경으로 명조의 멸망 원인을 강조하기 위해서 이자성을 서두에 배치하고, 그 반란의 결과 숭정제와 이신비를 통한 소주의 출생지를 고계묘로 선택하여 그 출생의 신비로움을 조장하고 있다. 따라서 소주의 출생지인 고계묘가 천

지회의 창립 과정에서 특별한 의미를 가질 수밖에 없는데, 이는 천지회의 기원지가 고계묘라는 점에서 더욱 그러하다. 게다가 명 태조 홍무제(洪武帝)의 군사인 유백온(劉伯溫)의 비기(碑記)를 출현시켜 소주 출생의 의미를 신성화한다. 결국 이자성·숭정제·이신비·유백온이라는 실존적 가공인물을 서두에 배치한 것을 통해서 저자가 의도적으로 소주 출생에 대한 신비로움과 신성성을 가미했을 뿐만 아니라 명조의 멸망이 곧 청조의 지배로 이어지기 때문에 인민들의 심리적 측면을 자극한 점을 엿볼 수 있다. 또한 소주의 출생 과정과 유백온 비기의 출현이 시간적으로 청의 순치제(順治帝)가 등극하는 순치 원년(1644) 이전에 모두 발생하고 있다는 점에서도 저자의 청조 부정에 대한 의도까지 간취할 수 있다.

이처럼 기원전설의 서두에 소주의 탄생을 신성화시킨 이후에 저자는 천지회의 창립 과정의 발단이 되는 강희 연간(1662~1722) 서로의 중국 침입이라는 소재로 이야기를 전개해 나간다. 서로라는 이민족의 진실 여부를 차치해 두면, 기원전설에서 강희제는 역사적 사실과는 사뭇 다르게 서로의 침입을 방어할 수 없는 나약하고 무능한 황제로 묘사되고 있으니, 결국 서로를 정벌하기 위해서 민간에 방문까지 붙이고 군사를 모집하기에 이른다. 더욱이 강희제는 간신의 등장으로 인해 청조에 충성을 받쳐 서로를 정벌하여 국가적 공훈을 세운 소림사를 오히려 죽음으로 몰아넣기까지 한다. 능력 있는 성군(聖君) 강희제가 저자의 조작을 통해서 순식간에 무능력한 혼군(昏君)으로 전락하는 순간이다.

여기에서 저자는 서로의 정벌 집단으로 왜 소림사를 선택해야만 했을까? 그것은 바로 소림사가 황제와 국가를 연결시키기 매우 좋은 소재였다는 사실에서 기인한다. 북위(北魏) 효문제(孝文帝) 태화 19년(495) 인도의 발타(跋陀)라는 고승을 맞이하기 위하여 창건된 소림사는 수말(隋末) 13명의 소림사 무승(武僧)이 이세민(李世民)을 도와 왕세충(王世充)의 세력을 구축하고 혼란한 정국을 통일하는 데 공헌했기 때문에 이후 당의 황제가 된 이세민은 소림사를 국가적 차원에서 보호하게 된다. 이후 명대 중엽에 이르러서는 왜구의 잦은 침입에 대하여 적지 않은 소림사 승려들이 이에 맞서 싸우기도 하였다.[29] 이러한 사실을 통해서 소림사는 황제와 국가에 충성하는 집단으로 상정될 수 있는 것이다. 이처럼 소림사가 황제와 국가와 관련을 맺으면서 발전하고 그 세력을 확장하는 가운데 명말청초에 이르면 복건 남부 지역의 장주(漳州)·천주(泉州) 일대에도 장림사(長林寺)를 비롯한 이른바 남소림사(南少林寺) 계통의 사찰이 곳곳에 건립되어 있었다. 그런데 이러한 남소림사 계통의 사찰들이 청초에 이 지역에서 발생한 잦은 전란과 해금 정책에 의해서 대부분 소실되고 만다.[30] 여기에서 소림사는 오히려 황제와 국가에 배신을 당하는 집단이 된다. 비록 수말에서 명말청초라는 긴 시간적 거리감은 존재하지만, 이 시간을 만약 허구적으로 조작한다면 소림사는 황제와 국가에게 충성하다가 결국엔 배신을 당하여 몰살되는 운명의 가장 전형적인 집단이 될 수 있는 것이다. 결국 실제 역사에서 소림사의 황제·국가에 대한 충성과 이들의 소림사에 대한 배신이라는 구조[31]는 기원전설 속에서 소림사의 서로 정벌이라는 충성과 청군에 의한 소림사의 소실이라는 배신의 구조로 반영되었던 것으로 보인다.

특히 저자는 소림사의 충성과 황제·국가의 배신을 매개하는 장치로서 간신의 출현이라는 지극히 상투적인 수법에 의존하고 있지만, 이러한

29 無谷·劉志學 編, 『少林寺資料集』, 北京: 書目文獻出版社, 1982, 37-104쪽.

30 曾五岳, 「天地會'西魯傳說'探幽」, 『東南文化』 1992-2, 57-58쪽; 曾五岳, 「天地會創始人及起會年代考證」, 『東南文化』 1993-1, 260-261쪽.

31 공상도(孔祥濤)는 팔괘교(八卦教)의 분파인 이괘교(離卦教)에 보이는 이정옥(李廷玉)과 오삼계(吳三桂)의 이야기를 "혼군(昏君)·간신(奸臣)·공신(功臣)을 희극화한 모형"으로 규정하면서, 천지회의 기원전설도 이러한 희극화의 모형을 모방했다고 지적하였다(孔祥濤, 「歷史與神話: 天地會西魯故事由來及天地會起源」, 『淸史硏究』 2005-3, 70-74쪽).

간신의 출현은 전설이나 소설과 같은 허구적 작품에서 극적 반전의 효과를 극대화시키기 위한 빼놓을 수 없는 요소 중의 하나이다. 비록 요대고본 기원전설에서 간신의 행위는 거의 묘사되어 있지 않지만, 후대의 기원전설 판본에서 간신의 행위는 더욱 명확히 간사하게 그려진다. 그런데 충성과 배신의 구조는 어떠한 형태로든 배신당한 쪽의 응보가 있기 마련이어서 통상 복수의 방향이거나 상호간 화해의 방향으로 진행되기 마련이다. 기원전설에서 저자의 선택은 복수의 방향이었다. 그 과정은 우선 청군의 습격에 살아남은 소림오승으로 하여금 해수면으로부터 '흥명절청(興明絶淸)'의 문구가 새겨진 향로를 얻게 하는 것에서 복수의 정당성을 확보한다. 이는 저 유명한 『수호전』에서 체천행도 등이 새겨진 석갈을 천제가 충의당으로 내려 보내는 것과 일맥상통한다. 다음으로 이처럼 정당성이 확보된 복수를 소림오승과 함께 수행할 집단의 핵심 구성원으로 만운룡이란 인물이 선정되고, 기원전설의 서두에서 신비롭게 탄생한 소주가 그 영수로 선택되어 결국 총 108명이 천지회를 창립하게 된다.

그렇다면 저자는 천지회의 창립 과정에서 왜 만운룡이란 인물을 선택하여 등장시켰던 것일까? 나아가 천지회의 창립 과정의 관건적 위치를 점하고 있는 만운룡은 청군과의 전투에서 왜 그리 쉽사리 전사하고 마는 것일까? 그 실마리는 만운룡이 비실존적 가공인물이라는 점에서 찾을 수 있다.

만운룡은 요대고본에서 장림사(長林寺)의 개조승(開祖僧)인 달종화상(達宗和尙)이라 기록되어 있고,[32] 1990년대 초 천지회 유적지의 현장조사에 의해서 복건 조안현(詔安縣)에서 장림사의 비각과 만오달종(萬五道宗)의 유지가 발견되었다.[33] 이 때문에 일부 학자들은 만운룡·장림사 개조승·달

32 「廣西東蘭州天地會成員姚大羔所藏『會簿』」(嘉慶16.5.7.), 『天地會』 1, 12쪽.

33 赫治淸, 『天地會起源硏究』, 112-124쪽.

종화상·만오도종이 모두 같은 인물일 것이라는 견해를 제기하고 있지만, 요대고본 기원전설에 보이는 만운룡을 장림사의 개조승인 달종화상으로 단정하는 것은 사료적 근거가 미약하다. 그런데 이 만운룡을 문헌사료를 통해서 접근해 보면, 그는 명말청초에 활동한 이른바 만성(萬姓) 집단의 수장으로 정성공(鄭成功)의 휘하에서 반청(反淸) 활동을 하다가 결국엔 항청(降淸)해 버린 인물이었거나,[34] 혹은 순치 말엽 호북·강서·복건 일대에서 활동한 유명한 극도(劇盜) 집단의 수령이었다[35]는 사실을 확인할 수 있다. 그럼에도 불구하고 이 두 명의 만운룡이 기원전설에서의 만운룡과 어떠한 관계를 맺고 있었는지는 확인할 길이 없다. 여하튼 반청에서 항청으로 전향한 만운룡이 반청복명(反淸復明)을 종지로 하는 천지회를 창립할 가능성은 결코 논리적으로 존재할 수 없다.[36] 이처럼 만운룡과 관련된 여러 측면들을 고려해 볼 때, 기원전설에서 만운룡이 소림오승과 함께 반청복명을 종지로 하는 천지회의 창립을 주도하고 있다는 점에서 저자가 만운룡을 비실존적 가공인물로 선정하고 있음을 포착할 수 있는 것이다. 기원전설의 후반부에 이르면, 저자는 기원전설에서 천지회의 창립과정에서 중요한 역할을 담당하는 만운룡을 청군과의 전투에서 전사시켜 그의 역할은 끝내 버리고, 천지회의 창건에 관여한 소림오승과 소주를 천지회의 정통성을 이어가는 인물로 설정해 간다.

여기에서 천지회의 창건과 만운룡의 사후 그 정통성을 이어가는 인물은 요대고본 기원전설에서 명확하게 묘사되어 있지 않은데, 다음 두 가지의 가능성이 모두 존재한다. 첫째는 (e)와 (g)의 결합인데, 소주(小主)의 다섯 아들이 오방(五房)이 되어 각 성으로 흩어져 천지회의 정통성을 이어

34 (淸) 江日昇, 『臺灣外誌』 卷6, 劉文泰 等點校, 濟南: 齊魯書社, 2004, 89쪽.
35 (淸) 趙執信, 『趙執信全集』, 趙蔚芝·劉聿鑫 校點, 濟南: 齊魯書社, 1993, 485쪽.
36 秦寶琦, 「'萬五道宗創立天地會說'之我見」, 『淸史硏究』 1997-4, 6-7쪽.

가는 것이다. 그러나 이 경우 소림오승의 행방에 논리적 결함을 보인다. 둘째는 (f)와 (g)의 결합인데, 소림오승이 오방이 되어 각 성으로 흩어져 천지회의 정통성을 이어가고, 소주는 아들을 갖게 되면서 그가 소림오승의 오방과 함께 후일 천지회의 재건 활동에 나서게 되는 것이다. 이러한 애매한 상황은 후대의 각색된 판본에서는 확실히 후자의 방향으로 고정화된다. 어쨌든 저자는 천지회의 창립 이후 청군과의 전투에서 실패했기 때문에 소림오승이건 소주의 아들이건 간에 천지회가 계속 유전되어 갈 수 있는 영속적인 장치를 기원전설의 후반부에 배치한 것만은 틀림없다. 그리고 바로 이러한 장치가 실제 천지회의 역사에서 반청복명이라는 정치이념을 실행할 때에 일종의 예언적 기능을 수행하게 되는 것이다.[37]

이상과 같이 요대고본 기원전설의 작자는 실존적 가공인물과 비실존적 가공인물의 기묘한 결합을 통해서 천지회의 창립 과정을 설명하려고 노력했던 것이다. 이 과정에서 갑인년 천지회의 최초 결배, 즉 천지회의 창립 과정과 직접적으로 관련 있는 인물은 소림오승, 만운룡, 소주이다. 그런데 기원전설의 내용을 다시금 되새겨보면, 이 세 인물 가운데 가장 중심적인 인물은 만운룡이 아니라 소주와 소림오승이라는 점이다. 특히 소주는 숭정제의 후손으로 천지회의 창립 과정에서 가장 신비로운 모습으로 등장할 뿐만 아니라 소림오승과 함께 천지회의 종지인 반청복명을 상징하는 인물이라 할 수 있다. 또한 기원전설의 이야기 전개과정에서 소주는 천지회의 창립 과정뿐만 아니라 창립 이후 소림오승과 함께 천지회의 영속성을 유지해 갈 수 있는 인물이기도 하다. 이러한 상황을 일목요연하게 그려본 것이 바로 아래의 도식이다.

37 李平秀, 「預言與叛亂: 咸豊四年“陳松天地會集團”叛亂的政治性背景」, 269-272쪽. 이평수, 「豫言과 叛亂: 咸豊 4年 天地會 反亂의 政治的 背景」, 231-237쪽.

〈도식 1〉 요대고본 기원전설에 보이는 중심인물의 구조

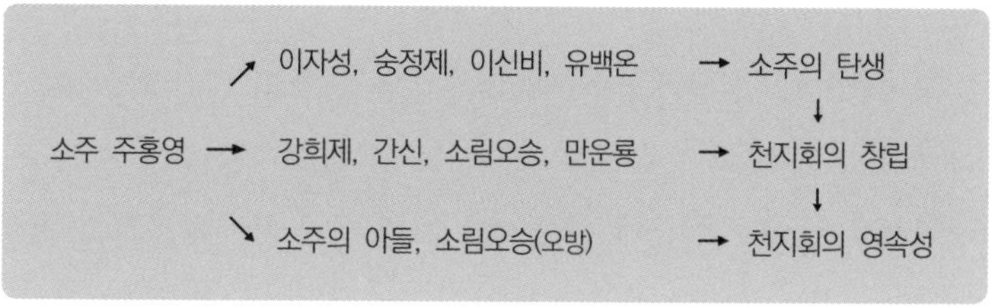

	↗	이자성, 숭정제, 이신비, 유백온	→ 소주의 탄생 ↓
소주 주홍영	→	강희제, 간신, 소림오승, 만운룡	→ 천지회의 창립 ↓
	↘	소주의 아들, 소림오승(오방)	→ 천지회의 영속성

요대고본 기원전설의 작자는 '소주의 탄생→천지회의 창립→천지회의 영속성'이라는 전체적인 구조 속에서 소주와 소림오승을 중심으로 기원전설의 이야기를 전개해가고 있었던 것이다. 이러한 전개 과정을 이자성과 명조, 소주와 유백온, 숭정제와 이신비, 서로와 청조, 청조와 소림사, 황제와 간신, 소림오승과 만운룡, 청조와 만운룡, 소주와 그의 아들 등 분리된 이야기를 통해서 설명했던 것이다. 이처럼 소주와 소림오승을 중심으로 구조화된 천지회의 기원전설이야말로 저자의 강렬한 반청복명(反淸復明)에 대한 메시지를 전달하고 있었던 것이다.

3. 요대고본 기원전설의 형성 배경

그렇다면 내용이 황당무계하고 문장은 투박하며 분량이 천자도 되지 않는 이 짧은 요대고본 기원전설 속에는 어떠한 역사적 배경을 담고 있었던 것일까? 이하에서는 그것의 뼈대를 구성하는 다섯 가지의 핵심 요소를 연역적으로 서술해 본다.

첫째, 요대고본 기원전설에서 천지회 창립의 발단이 되는 것으로 서로가 청조에 반란을 일으킨 내용은 순치 연간(1644~1661) 서로(西虜)가 섬서(陝西) 하주(河州) 일대를 침입한 사건이 복건(福建) 남부 지역에 전파되고,

이것이 괴이한 요언으로 이 지역에 광범위하게 유포된 사실을 반영하고 있다.

순치 9년(1652) 정성공(鄭成功)이 천주장군(泉州鎭將) 한상량(韓尙亮)에게 "지금 서로가 진(秦)의 땅을 모두 차지하고 있다."고 지적했고, 이와 동시에 복건순무(福建巡撫) 동국기(佟國器)에게 보낸 서간에는 "청조의 입장에서 논한다면, 섬서는 천하의 머리와 같은 성으로 현재 서로가 전력으로 하주 지방에 침입했으니, 곧 섬서 전체가 베어질 것이다."라고 말하고 있다. 이에 동국기는 "서인(西人)이 하주에 침입한 사건은 아무런 영향이 없는데도 해안에 위치한 대만에까지 소문이 곧 퍼져나가니, 한 두 명의 무위도식하는 무리들이 일 만들기를 좋아하여 요언을 만들어 서로 칭송하고 있다. (이처럼 요언이) 산촌부락으로 전파되고 시정에서는 놀라 소곤거리며 괴이하다고 여기니, 그 황당무계함을 알지 못하겠다."고 회답하였다.[38]

여기에서 요대고본 기원전설이 장주(漳州) 방언에 의해서 작성되고, 장주 방언에 노(魯)와 노(虜)는 동음이라는 점을 고려한다면,[39] 순치 연간 서로의 섬서 하주 침입 사건이 복건 남부 지역에 소문으로 전파된 이후에 서로(西虜)가 서로(西魯)로 변형되어 그 내용은 다소 괴이한 요언으로 광범위하게 유포되고 있었음을 짐작할 수 있다. 강희 12년(1673) 오삼계(吳三桂)의 모주(謀主)인 유진인(劉眞人)이 "때가 되어 중국의 영웅이 일어나는 것을 기다리지 않고 서로가 먼저 방자히 행동하고 있다."고 하면서 서로의 문제를 운운하고 있거니와,[40] 강희 27년(1688) 장주·천주 일대의 민간에 유포된 "서로가 조공을 바치고 돌아갈 때 부녀자 천여 명을 그

38 (淸) 楊英, 『先王實錄』, 陳碧笙 校注, 福州: 福建人民出版社, 1981, 99-100쪽, 102쪽, 108쪽.

39 曾五岳, 「天地會源於福建漳州考」, 『東南文化』 1991-5, 80-86쪽.

40 「論吳三桂殘件」, 臺灣中央研究員歷史研究所 編, 『明淸史料』 丁編, 北京: 中華書局, 1987, 993쪽.

하사품으로 주었다."[41]는 내용은 이러한 괴이한 요언 중의 하나를 반영하고 있다고 생각된다.

둘째, 요대고본 기원전설에서 소림오승이 천지회의 창립에 관여하게 되는 사건인 청조에 의해 소림사가 소실되는 내용은 순치·강희 연간(1644~1722) 진행된 천계령(遷界令)으로 인해서 복건 남부지역 대부분의 거주지와 사묘, 이 중에서도 특히 장림사로 대표되는 남소림사 계통의 사묘가 소실되어 막대한 피해를 입은 사실을 압축하여 반영하고 있다.

청조는 순치 18년(1661) 정성공의 반청 세력을 고립시키기 위하여 천계령을 발포한다. 이것은 산동·강소·절강·복건·광동 등 연해지역의 인민들을 내지로 강제 이주시켜 정성공의 반청 세력과 내지 인민들의 접촉을 차단하는 고립 정책이었다. 특히 복건 장주부의 경우 정성공과의 긴밀한 관계로 인해서 적극적인 천계의 대상이었기 때문에 장주부의 연해지역인 용계(龍溪)·해징(海澄)·장포(漳浦)·조안(詔安)현 등은 순치 18년을 시작으로 강희 3년(1664), 13년(1674), 17년(1678), 20년(1681)에 걸쳐서 수차례의 천계가 이루어졌다. 이 천계 과정에서 드러난 상황은 대단히 비극적이어서 『용성기문(榕城紀聞)』에 의하면, 대부분의 가옥이 불에 타 마을은 일시에 폐허로 변하고, 인민들의 절반 정도가 죽어 나가며, 노인들과 어린이들은 구덩이에 파묻히는 등 해골이 황야에 즐비하며, 방화가 2개월이나 지속되어 그 참상을 이루 말할 수 없을 정도였는데, 흥주(興州)·천주·장주가 가장 심했다고 한다.[42]

이러한 천계에 의한 방화 과정에서 장주부의 수많은 묘(廟)·사(寺)·정(亭)·궁(宮)·사(祠) 등이 소실되었다. 『동산현지(東山縣志)』에 의하면, 강희

41 (淸) 陳鴻·陳邦賢, 『熙朝莆靖小記』, 中國社會科學院歷史研究所淸史研究室 編, 『淸史資料』 1, 北京: 中華書局, 1980, 112쪽.

42 (淸) 海外散人, 『榕城紀聞』, 『淸史資料』 1, 22-23쪽.

3년 5월 13일 밤 이솔태(李率泰)가 거느린 대군이 동산에 이르러 강제로 천계를 실시하면서, 14일·15일 이틀에 걸쳐서 군사들이 제멋대로 불을 지르고 훼손을 하니 가옥들은 모두 불타버렸고,[43] 동시에 무묘(武廟)·동령대묘(東嶺大廟)·보지사(寶智寺)·은파사(恩波寺)·관음정(觀音亭)·삼청궁(三淸宮)·문창궁(文昌宮) 등도 모두 불타버리거나 훼손되었다고 기록하고 있다.[44] 이러한 사실을 통해서 장림사를 비롯한 남소림사 계통의 사묘들도 역시 이러한 천계의 화를 면하지 못했을 것이다.

셋째, 요대고본 기원전설에서 반청복명을 종지로 하는 천지회의 창립에 정당성을 부여하는 소주 주홍영이 등장하는 내용은 순치 말엽에서 건륭 초엽에 이르는 시기 청조의 지배에 대응하여 각 지역의 민간사회에서 일어난 주삼태자(朱三太子)와 주명왕조(朱明王朝) 후예 사건 등의 반청복명 사건을 반영하고 있다.

숭정 17년(1644) 이자성의 농민군이 북경을 점령했을 때, 자금성 뒤편의 매산(煤山)에서 자살한 숭정제에게는 요절한 3명의 황자를 제외하고도 4명의 황자인 태자 주자랑(朱慈烺), 삼태자 주자형(朱慈炯), 사태자 주자소(朱慈炤), 오태자 주자환(朱慈煥)이 있었다. 태자는 순치 원년(1644) 12월 청조에 의해 살해되었지만, 삼태자·사태자·오태자는 모두 민간으로 잠적하게 된다.[45] 이리하여 당시 반청 세력들은 이들 살아남은 황자들을 정신적 지주로 삼아 급기야 '주삼태자'라는 이름으로 사칭하여 주명왕조를 회복하자는 반청복명의 사건을 일으키기 시작하였다.

순치 13년(1656) 산서(山西) 정형(井陘)·평산(平山)현에서 발생한 주삼태자 주자돈(朱慈焞) 사건은 바로 첫 번째 신호탄이었다.[46] 이후 오삼계조차

43 (民國)『東山縣志』卷11「雜記」, 398쪽.

44 (民國)『東山縣志』卷10「名迹志」, 361-373쪽.

45 『明史』卷120「列傳」8, 北京: 中華書局本, 3657-3659쪽.

46 「朱慈焞自稱明開封府周王與韓太淨等謀劃抗淸失敗被捕」(順治13.8.6.), 「朱慈焞韓太

강희 12년(1673) 운남에서 철번(撤藩)의 명령을 거부하면서 선황의 주삼태자를 모시고 주명왕조를 회복하자고 반청을 도모한 것을 보면,[47] 이러한 주삼태자의 영향력을 가히 짐작할 수 있다. 오삼계의 반란 와중에 북경에서도 양기륭(楊起隆)이 주자문(朱慈瑞)이라 사칭하고 연호를 광덕(廣德), 그 무리를 중흥관병(中興官兵)이라 칭하면서 주삼태자 사건을 일으켰다.[48] 이러한 주삼태자 사건은 복건의 남부지역도 예외가 아니었다. 예컨대 강희 16년(1677) 복건 천주(泉州)에서는 채연(蔡演)이 주삼태자를 사칭하여 백두적(白頭賊)이란 칭호를 얻어가며 수만 명의 무리를 규합하여 관군과 대적한 사건이 발생하였다.[49] 이후 강희 19년(1680) 섬서 한중(漢中)에서는 양기륭이 제2차 주삼태자 사건을 일으켰다.[50] 강희 46년(1707) 절강(浙江) 승현(嵊縣) 대람산(大嵐山)에서 장념일(張念一)이 주삼태자 사건을 일으켰고,[51] 같은 해 강소(江蘇) 태창주(太倉州)에서도 일념화상(一念和尚)이 주삼태자를 모시고 봉기를 기도하였다.[52] 이처럼 민간으로 잠적하여 생사를 알 수 없는 주명왕조 태자들에 대한 행방의 묘연함이 적어도 민간에 잠복해 있는 반청 세력들에게 정치적 구심점을 제공했음은 분명하다.

일설에 의하면, 삼태자와 사태자는 이미 모두 죽었을 뿐만 아니라 오태자는 강희 47년(1708) 청조에 사로잡혀 살해되었을 당시 1처 1첩 6남 3녀 1손을 두었지만 모두 자살하거나 살해되었다고 한다.[53] 적어도 강희

淨等在平山縣謀劃抗清失敗被捕審供情形」, 中國人民大學歷史系·中國第一歷史檔案館 合編, 『清代農民戰爭史資料選編』 1·下, 北京: 中國人民大學出版社, 1984, 35-38쪽.

47 蕭一山, 『清代通史』 1, 上海: 華東師範大學出版社, 2005, 373-374쪽.

48 「北京楊起隆的起義」, 謝國楨 編, 『清初農民起義資料輯錄』, 上海: 新知識出版社, 1956, 332-334쪽.

49 (清) 江日昇, 『臺灣外誌』 卷20, 279-280쪽.

50 「北京楊起隆的起義」, 『清初農民起義資料輯錄』, 332-334쪽.

51 「浙江四明大嵐山寨農民軍及朱三太子案」, 『清初農民起義資料輯錄』, 369-376쪽.

52 「聞太倉有人起事摺」(康熙46.12.7.), 「太倉一念和尚聚衆起事摺」(康熙46.12.), 故宮博物院明清檔案部 編, 『李煦奏摺』, 北京: 中華書局, 1976, 40-42쪽.

47년(1708)을 기점으로 청조의 근심거리였던 이른바 주삼태자 사건이 마무리되었지만, 민간사회에서 반청복명의 활동은 여전히 지속되었다. 그리고 그 방향은 주삼태자를 직접적으로 거론하기 보다는 다소 광범위하게 주명왕조의 후예를 가칭하는 방향으로 전개되었다. 이는 시간적으로 주삼태자의 생존시기가 지나갔기 때문일 것이다. 예컨대 장념일의 잔당 중에서 육검문(陸劍門)이란 자가 강희 53년(1714) 섬서에서 여송산(呂宋山)에 주가(朱家)의 후예가 있다고 소문을 내고 다녔다.[54] 특히 강희 60년(1721) 대만에서 주일귀(朱一貴)의 대규모 반란이 발생하게 되는데, 반란의 원인은 비록 관핍민반(官逼民反)의 전형을 보이고 있지만 주일귀가 스스로 명의 후예로 자칭하면서 대명중흥(大明中興)의 깃발을 내세우며 대만부성을 점령할 정도로 봉기를 확대해간 점을 보면,[55] 주명왕조의 후예를 가칭하여 반청복명의 구호를 내세우는 것이 여전히 유효한 수단으로 작동하고 있음을 알 수 있다.

이러한 추세는 옹정 연간(1723~1735)에도 계속되었다. 옹정 6년(1728) 장운여(張雲如) 사건[56]에서는 그는 비록 해중진주(海中眞主)라 하여 주명왕조의 후예를 거론하지 않았지만, 이 사건에 참여한 감봉지(甘鳳池)와 주곤래(朱崑來) 등이 주명왕조의 후예라고 자칭한 점을 볼 때 해중진주란 역시 주명왕조의 후예임을 알 수 있다. 이듬해 옹정 7년(1729) 사천(四川) 충주(忠州)부 점강(墊江)의 양성훈(楊成勛) 사건에서는 「유백온비기(劉伯溫碑記)」

53 周育民·邵雍, 『中國幫會史』, 上海: 上海人民出版社, 1993, 21쪽.

54 「浙江總督李衛奏報拿訊謀爲不軌之徒情形並請派大臣來南審擬完結摺」(雍正7.12.2.), 中國第一歷史檔案館 編, 『雍正朝漢文硃批奏摺彙編諭旨』 17, 上海: 江蘇古籍出版社, 1991, 379-384쪽.

55 「朱一貴領導的臺灣農民起義」, 中國人民大學淸史硏究所·檔案系中國政治制度史敎硏室 合編, 『康雍乾時期城鄉人民反抗鬪爭資料』 下, 北京: 中華書局, 1979, 736-746쪽.

56 「浙江總督李衛奏報拿訊謀爲不軌之徒情形並請派大臣來南審擬完結摺」(雍正7.12.2.), 『雍正朝漢文硃批奏摺彙編諭旨』 17, 379-384쪽.

가 출현하고 있는데,[57] 유백온이 명조 개창의 상징적 인물 가운데 한 명임을 상기해 볼 때 이 역시 반청복명 활동의 하나로 간주된다. 특히 강희 60년(1721) 대만 주일귀 반란의 여파로 인해서 옹정 7년(1729) 광동에서는 이매(李梅)가 소서천(小西天)에서 주일귀의 아들을 주삼태자로 모시는 사건이 발생했고,[58] 옹정 10년(1732) 대만 봉산현(鳳山縣)에서는 오복생(吳福生)이 주일귀의 잔당들과 모의하여 대명초토대장군(大明招討大將軍)의 깃발을 앞세운 반란이 일어났다.[59]

건륭 초엽에 이르러 이와 같은 활동은 다소 주춤해졌지만, 건륭 12년(1747) 사천 부현(涪縣)의 철선회(鐵船會)에서 회수 유굉빈(兪宏彬)이 운남에 있는 주홍생(朱洪生)이 머지않아 곧 황제가 될 것이라고 운운하면서 홍광(洪光)이라는 연호를 사용하였다.[60] 또한 건륭 17년(1752) 호북에서 발생한 마조주(馬朝柱) 사건에서는 서양에 주명왕조의 후예인 주홍금(朱洪錦)과 이를 보좌하는 37,000명의 군사가 반청복명을 기도한다는 내용을 볼 수 있으며,[61] 같은 시기 광동 동관(東莞)현인 막신풍(莫信豊) 등이 증성(增城)·박라(博羅)현에서 주홍탁(朱洪卓)·이개화(李開花)의 이름을 사칭하여 반란을 준비하다가 실패하기도 하였다.[62] 이처럼 순치 13년(1656) 주삼태자 주자돈 사건 이후로 약 100년이 지났음에도 불구하고 주명왕조 후예 사건이 여전히 지속되고 있음을 알 수 있다. 특히 건륭 초엽에 이르러 보이

---

57 「四川巡撫憲德四川提督黃廷桂摺報緝捕不法黨徒楊大銘等摺」(雍正7.12.1.), 國立故宮博物院 編輯, 『宮中檔雍正朝奏摺』 15, 臺北: 國立故宮博物院, 1979, 157-158쪽.

58 「查辦李梅散放札付」(雍正7.12.20.), 黎青 主編, 『淸代秘密結社檔案輯印』 1, 89-91쪽.

59 「巡視臺灣監察御使覺羅栢修奏報審辦鳳山糾案不法之兇番事摺」(雍正10.閏5.10), 『宮中檔雍正朝奏摺』 19, 852-853쪽; 「吳福生供司」, 『明淸史料』 戊編, 33-35쪽.

60 張莉, 「淸前期的會黨」, 蔡少卿 主編, 『中國秘密社會概觀』, 228쪽.

61 『淸高宗實錄』 卷417, 乾隆17年6月條, 北京: 中華書局本, 454-457쪽.

62 『淸高宗實錄』 卷430, 乾隆18年正月上條, 622-623쪽; 『淸高宗實錄』 卷437, 乾隆18年4月下條, 694-695쪽.

는 '주홍생'·'주홍금'·'주홍탁'이라는 주명왕조 후예의 성명은 공교롭게도 요대고본 기원전설에 보이는 '주홍영'이라는 소주의 명칭과 적지 않은 유사점을 보이고 있다.

넷째, 요대고본 기원전설에서 소림오승·만운룡·소주 등 108명이 삽혈맹서를 통해서 이홍위성(以洪爲姓)이라는 홍성집단(洪姓集團)을 조직한 내용은 옹정 연간(1723~1735)부터 복건 등 각지의 민간사회에 진행되고 있었던 이른바 '의형제 집단'의 출현을 반영하고 있다.

의형제 집단이란 남남끼리 의리로써 형제관계를 인위적으로 맺은 집단을 일컫는 것으로 일반적으로 삽혈맹서로써 조직된다. 청초 의형제 집단이 출현하기 시작한 것은 순치 연간부터 확인된다. 즉 순치 5년(1648) 강소 여고(如皐)현의 관음당에서 이신국(李新國) 등 200여 명이 모여 제1차 의형제 집단을 조직하고, 다시 참가자를 500여 명으로 확대하여 제2차 의형제 집단을 조직하였다.[63] 이 집단의 황기(黃旗)에 새겨진 '대명중흥(大明中興)'의 글자와 이들 간의 문답에 보이는 '명조중흥왕도독(明朝中興王都督)'의 표현을 볼 때, 의형제 집단이 농후한 정치적 색채를 갖고 있었음을 알 수 있다. 또한 순치 12년(1655) 하남에서는 주명왕조의 종실인 주존오(朱存梧)가 '방현(訪賢)', '중흥(中興)' 등의 요언을 퍼뜨리며 한표(韓標) 등 5명과 의형제 집단을 조직한 후 각지의 사람을 불러 모아 하남부성(河南府省)을 탈취하려는 사건이 발생하였다.[64] 이 사건은 주명왕조의 종실이 의형제 집단을 조직하여 부성을 점령하려는 의도를 보여주고 있다.

순치 연간 의형제 집단의 모습은 강희 연간 중반 이후 복건 등의 지역을 중심으로 다시 부상하게 된다. 강희 35년(1696) 대만 제라(諸羅)현에서

63 秦寶琦, 『中國地下社會』(淸前期秘密社會卷), 北京: 學苑出版社, 2004, 95쪽.
64 「朱存梧等策劃奪取河南府城失敗被捕情形」, 『淸代農民戰爭史資料選編』 1·下, 208-213쪽.

오구(吳球)의 의형제 집단은 그 시초라 할 수 있겠다. 특히 이 집단의 주우룡(朱祐龍)이란 자가 주명왕조의 후예로 가칭하게 되면서 '복명(復明)'을 종지로 사방에 호소하면서 반청복명을 기도하였다.[65] 5년 후인 강희 40년(1701) 제라현에서 유각(劉却) 등 수백 명으로 구성된 의형제 집단이 병영을 공격하는 사건이 발생하였다.[66] 강희 46년(1707) 절강 승현 장념일 사건은 주삼태자 사건으로 잘 알려져 있지만, 장념일·시이원(施爾遠) 등 17명이 반산암(半山庵)에서 의형제 집단을 결성한 이후에 주삼태자의 깃발을 내세운 경우이고, 강소 태창주에서 일념화상의 반청 활동도 마찬가지로 의형제 집단을 조직한 이후에 주삼태자를 가칭한 경우이다. 이 뿐만 아니라 강희 60년(1721) 대만 주일귀의 반란 역시 주명왕조의 후예로 가칭한 후 이용(李勇) 등 52명과 의형제 집단을 조직한 데에서 출발하고 있다. 이러한 사실들을 통해서 강희 중엽 이후에 나타난 의형제 집단이 자신들의 세력을 확장시키기 위해서 주삼태자나 주명왕조 후예를 자처하여 사람들을 규합하고 반청복명의 활동을 하고 있음을 보여주고 있다.

위와 같이 순치·강희 연간 강소·하남·복건·절강 등의 지역에서 반청복명을 구호로 출현한 의형제 집단 이외에도, 종족 조직의 발전과 무뢰(無賴)의 지방패거리 조직이라는 습속 등으로 인해서 출현한 의형제 집단도 존재하였다. 그리고 그 중심지역에 복건이 자리 잡고 있었다.

우선 복건에서 종족사회의 발전은 계투(械鬪)라는 사회적 악습을 발생시킴과 동시에 의형제 집단의 출현을 부추겼다. 예컨대 "만례(萬禮)는 장요(張要)이고 장주(漳州)부 평화(平和)현 소계(小溪) 사람인데, 숭정 연간 향신(鄉紳)의 학대로 백성들이 고통을 받게 되자, 이들이 동심으로 결의하여 만(萬)을 성으로 삼았고, 장요를 우두머리로 삼았다."[67]는 기록을 통해서,

65 連橫,『臺灣通史』卷30「列傳」2, 南京: 華東師範大學出版社, 2006, 409쪽.
66 連橫,『臺灣通史』卷30「列傳」2, 410쪽.

숭정 연간 이 지역에 이미 '향신'이라고 표현된 대성(大姓)의 탄압에 대항하여 '백성(百姓)'으로 표현된 소성(小姓)이 연합한 소위 '이만위성(以萬爲姓)' 집단이 형성되었음을 확인할 수 있다. 이후 강희 중엽 삼번의 난이 평정되고 나서 지역경제가 점차 회복됨에 따라 의형제 집단은 종족 경제의 성장과 더불어 다시 출현하기 시작했으니, 종족 간의 계투가 빈발하여 대성과 소성 간의 갈등은 전례 없이 심화되었다.[68] 그 결과 옹정 연간에 이르러 이포위성(以包爲姓)·이제위성(以齊爲姓)·이동위성(以同爲姓)·이해위성(以海爲姓)·이만위성(以萬爲姓) 등 다양한 의형제 집단이 출현했는데, 아래의 자료를 통해서 이러한 사실을 확인할 수 있다.

(a) 복건성에는 대성(大姓)이 매우 많아서 그러한 무리는 모두 천정이나 만정의 규모로 하나의 종족이 된다. 이들은 걸핏하면 징을 울리고 무기를 가지고 대결하여 사람들을 위협한다. 그리고 소성(小姓)인 자가 핍박을 받아 견디지 못하면, 그들 또한 몇몇 성이 모여 하나로 합치곤 한다.[69]

(b) 지금 조사해보니, 대성 포가(包家)와 소성 제가(齊家)가 많은 사람을 모아서 무기를 가지고 싸우고 서로 상해하고 죽인다.[70]

(c) 대성이 소성을 억압하니, 소성은 하나의 성으로 연합하여 그것에 대항하고 있다. 종전에는 이포위성·이제위성이 있었는데, 최근에는 이동위성·이해위성·이만위성도 있다.[71]

---

67 (淸) 江日昇, 『臺灣外誌』 卷6, 89쪽.
68 莊吉發, 『淸代秘密會黨史硏究』, 臺北: 文史哲出版社, 1994, 40쪽.
69 「福建巡撫毛文銓奏報民風土俗摺」(雍正4.2.4.), 『宮中檔雍正朝奏摺』 5, 583쪽.
70 「福建總督高其倬奏報淚泉地方械鬪摺」(雍正5.11.17.), 『宮中檔雍正朝奏摺』 9, 311쪽.
71 「福建觀風整俗使劉師恕奏陳地方事務摺」(雍正7.10.16.), 『宮中檔雍正朝奏摺』 14, 717쪽.

(a)는 옹정 4년(1726) 복건순무(福建巡撫) 모문전(毛文銓), (b)는 옹정 5년(1727) 복건총독(福建總督) 고기탁(高其倬), (c)는 옹정 7年(1729) 관풍정속사(觀風整俗使) 유사서(劉師恕)의 주접이다. 이처럼 옹정 4~7년 복건의 지방관들은 한결같이 대성의 소성에 대한 억압으로 몇 개의 소성이 연합하여 하나의 성을 만들어 대성에 대항하고 있다는 점을 지적하고 있다. 여기에서 포(包)라는 의성은 '포라만민(包羅萬民)', 제(齊)라는 의성은 '제심협력(齊心協力)', 동(同)이라는 의성은 '공결동심(共結同心)', 해(海)라는 의성은 '사해일가(四海一家)', 만(萬)이라는 의성은 '만중일심(萬衆一心)'을 의미하는 것[72]으로 보아도 무방할 것이다.

다음으로 복건 지역 무뢰의 지방패거리 조직이라는 습속과 이들의 활동이 의형제 집단으로 진행되었다는 점에 대해서는 복건총독 요계성(姚啓聖)의 『우외헌문고(優畏軒文告)』에서 강희 19년(1680) 7월에서 11월 사이 발포된 고시문의 내용을 통해서 확인된다. 그 관련 내용을 발췌해 보면 다음과 같다.

> (a) 장주의 악습을 조사해 보면, 오히려 간악한 무리들이 사당(社黨)의 이름을 창립하여 투항병사·열금(劣衿)·연장(練長)·아역(衙役) 및 일체의 유곤(流棍)·송사(訟師) 등의 사람을 규합하는데, 많게는 1~2백 명, 적게는 수십 명이 삽혈맹서하고 향곡(鄕曲)을 무단(武斷)하며, 고의로 시비를 걸고 선량한 사람들을 이간질하며, 통선작간(通線作奸)하고 사람들을 잡아다가 몸값을 달라고 협박한다.[73]

> (b) 근래에 장주에 속한 각 마을을 조사해 보니, 어린 학생들이 무뢰소

72 莊吉發, 『清代秘密會黨史研究』, 44쪽.

73 (清) 姚啓聖, 「禁結社黨」(康熙19.7.2.), 『優畏軒文告』 8, 北京大學圖書館 所藏, 康熙年間本, 83쪽.

년(無賴少年)이 되어 각 군영의 병정(兵丁)과 공모하고 촌장의 지악(地惡)과 결탁하여 무리를 규합하고 사당(社黨)을 만들었는데, 많게는 1~2백 명, 적게는 수십 명이 혈주(血酒)로 맹서하고서는 이를 결맹(結盟)이라고 부른다. 스스로 당우(黨羽)가 있음을 믿고서는 제멋대로 횡행한다. 이리하여 동네를 소란스럽게 하고 선량한 사람들을 기만한다. 심지어는 무리를 지어 무기를 잡고 밤에 노략질을 하거나 혹은 물건을 판매하기 위해 계(界)를 벗어나기도 하였다.[74]

(c) 근래 듣건대, 복건성의 각 지역에는 매우 흉악한 거곤(巨棍)이 많은데, 스스로 대가(大哥)라 자칭하고, 삽혈맹서하여 의형제를 맺는다. 한 무리에 1백여 명이 있는가 하면, 한 무리에 3~5백 명이 있기도 한다. 무릇 송사(訟師)·아두(衙蠹)·투항병사가 이 무리와 연관되지 않음이 없으니, 세력을 믿고 소란을 일으킨다. 이로 인해 향촌에 해를 끼치고 동네를 횡행하는데, 감시의 소홀을 틈타서 이곳저곳을 공격하고 부유한 집을 정탐하며 여기저기에서 들추어 모함한다.[75]

요계성이 발포한 위 3건의 고시문은 강희 19년(1680) 복건 장주부에서 각 지방의 무뢰배들이 삽혈맹서를 통해 의형제 집단을 조직하여 적게는 수십 명에서 많게는 300~500명이 집단적으로 이간질·인신매매·불법소동·사기편취·노략질·불법거래 등을 자행하며 촌락을 무단으로 유린하는 장면을 보여주고 있다. 특히 요계성이 이들 무리의 명칭을 특별히 거론하지 않았다는 점과 반청 활동에 대한 직접적인 기술이 없는 것으로 미루어 봤을 때, 당시 복건 장주부 지역의 무뢰 활동은 이들의 의기투합을 위해서 삽혈맹서를 통한 의형제 집단으로 조직되었음을 보여주고 있다.

74 (淸) 姚啓聖, 「訪禁結盟」(康熙19.10.4.), 『優畏軒文告』 9, 47쪽.
75 (淸) 姚啓聖, 「申禁結盟」(康熙19.11.22.), 『優畏軒文告』 8, 94쪽.

이러한 현상은 장주부 인근의 천주(泉州)부에서도 발견된다. 『천주부지(泉州府志)』에는 "할일 없이 소매를 걷어 올린 무리들이 무리를 모아 결맹을 하여 각각 파벌을 세우는데, 서역병정(胥役兵丁)이 이들을 위해서 서로 허장성세를 부린다."고 하면서, 그 원인으로 "대개 천주의 사람들은 자못 기질을 숭상하는 습속이 있어 성내에는 사신(邪神)을 믿는 사당이 많고, 땅을 그어 경계를 만들고서는 그 경계에 틈곤(闖棍)이라고 불리는 무뢰소년이 있어 매번 영신(迎神)할 때마다 걸핏하면 서로 계투(械鬪)를 일삼기 때문이다."라고 지적하고 있다.[76] 이 역시 무뢰들이 의형제 집단을 만들어 계투를 일삼고 있음을 보여주는 것이라 하겠다.

다섯째, 요대고본 기원전설에서 소림오승·만운룡·소주 등 108명의 이홍위성(以洪爲姓)이라는 홍가(洪家) 집단이 결국에는 천지회라는 회명을 갖게 되는 내용은 옹정 연간 이후로 복건 등의 지역을 중심으로 각 민간사회에서 진행되고 있었던 회당의 출현을 반영하고 있다.

순치·강희·옹정 연간 복건을 중심으로 각 지역에서 출현하고 있었던 의형제 집단은 옹정 연간에 이르러 좀 더 발전적인 측면을 갖게 된다. 이것은 단순히 삽혈맹서를 통해서 의형제 집단만을 조직하는 단계를 넘어서 각 집단의 정체성을 확립하기 위한 시도로까지 간주할 수 있을 정도로 의형제 집단의 고유한 명칭이 출현했다는 것이다. 이러한 집단은 건륭 중엽 이후로 사료상 '결회수당(結會樹黨)'으로 기록되어 있기 때문에 이것을 약칭하여 '회당'으로 부르고 있다. 특히 회당이 복건을 중심으로 출현하고 있다는 점에서 이 지역의 의형제 집단의 전통과 밀접한 관계를 갖고 있다는 점은 두말할 나위도 없다. 이하 유사한 회당을 묶어 그 회명의 유래와 활동 내역을 정리해 보면, 다음과 같다.

① 철편회(鐵鞭會)와 부모회(父母會) : 옹정 4년(1726) 복건 대만 제라현

76 (乾隆) 『泉州府志』 卷20, 上海: 上海書店, 2000, 17쪽.

연화담(蓮花潭) 지방에서 처음에 13명의 의형제 집단을 조직한 채음(蔡陰)은 2년 후 21명을 다시 조직하여 그 명칭을 부모회라고 하였다. 이 부모회가 청대 회당 비밀결사사에서 가장 일찍 결성된 회당으로 종종 평가받고 있지만,[77] 사실 철편회라는 회명이 사람들을 놀라게 했기 때문에 그것을 바꿔어 부모회가 되었다고 복건총독 고기탁(高其倬)이 지적하고 있기 때문에[78] 철편회가 부모회보다 선행하여 조직되었음을 알 수 있다. 채음의 부모회는 그 결성 목적과 활동 내용 등을 자료의 부족으로 인해서 확인하기 어렵지만, 같은 시기 같은 지역에서 결배한 탕완(湯完)의 부모회를 통해서 대략 짐작할 수 있다. 즉 최초 의형제를 결의할 때 23명이 참여한 탕완의 부모회는 "부모가 죽게 되면 (장례비용 등을 위해 돈을 각출하여) 서로 도와준다."고 약속했다는 데에서 그 회명의 유래를 찾을 수 있다.[79] 그런데 부모회가 내포하고 있는 회명도 표면적으로 포장될 이유가 될 수도 있다는 점에 유의해야 한다. 이점은 옹정 9년(1731) 광동 요평(饒平)현 여예(餘猊)의 부모회를 통해서 확인된다.[80] 여예는 소를 훔친 죄인을 은닉시켜 주었다는 명목으로 조주(潮州) 부성으로 끌려가 조사를 받고 무거(武擧)에서 혁직되었다. 여예는 이것이 원한이 되어 부모회를 조직하고, 급기야 요평(饒平)·해양(海陽)·게양(揭陽)현에 요언을 퍼뜨려서 회원을 확보하여 조직을 확대한 후 약탈 등의 소란을 피워 지부(知府)에게 복수하고자 하였다. 당시 체포된 부모회 회원들은 "부모가 죽게 되면 (장례비용 등을 위해 돈을 각출하여) 서로 도와준다."는 명목으로 부모회를 조직했다고 자백

---

77 歐陽恩良·潮龍起, 『中國秘密社會』 4, 福州: 福建人民出版社, 2002, 33쪽.

78 福建總督高其倬奏報緝捕結盟奸徒摺」(雍正6.8.10.), 『宮中檔雍正朝奏摺』 11, 66-70쪽.

79 福建總督高其倬奏報緝捕結盟奸徒摺」(雍正6.8.10.), 『宮中檔雍正朝奏摺』 11, 66-70쪽.

80 「廣東提督張溥奏報提審交結匪類之武擧餘猊摺」(雍正9.11.6.), 『宮中檔雍正朝奏摺』 19, 120쪽; 「福建觀風整俗使焦祈年奏報審訊結黨不法黃五舍摺」(雍正10.2.28.), 『宮中檔雍正朝奏摺』 19, 493-494쪽.

하고 있지만, 사실은 개인적 원한에 대한 복수를 결행하기 위해서 부모회가 조직되었음을 알 수 있다. 순수한 상호부조의 의미를 내포하고 있는 부모회가 여예에 의해서 불법적인 집단으로 전용되어 결국 관부와 대항하는 길로 나아가게 되었던 것이다. 이밖에도 건륭 13년(1748) 복건 장태(長泰)현에서 부모회의 활동이 있었다.[81] 복건 이외에서는 건륭 12년(1747) 강서 의황(宜黃)현에서 부모회의 활동이 보이고 있다.[82]

② 일전회(一錢會)와 변전회(邊錢會) : 일전회는 옹정 8년(1730) 복건 하문(厦門)에서 이채(李彩) 등이 조직한 회당이다. 이채는 회원들에게 입회비의 명목으로 은 1냥을 내게 하고, 이후 곤란한 일을 만나면 은 1냥을 각출하여 서로 도와주기로 약속했으니, 여기에서 돈과 관련된 회명인 일전회가 유래한 듯하다. 그런데 이채가 술을 마시고 말썽을 부리자, 관부는 그를 원적으로 압송한다는 조치를 취하였다. 이러한 조치에 불만을 품은 이채가 30여 명의 회원들과 함께 전당포를 약탈한 후 아문(衙門)을 습격하고자 했으나 실패하여 체포되었다.[83] 한편 건륭 12년(1747) 복건 복안(福安)현에서도 오화영(吳和榮)을 회수로 하는 변전회와 하로매(何老妹)를 회수로 하는 변전회가 각각 조직되었다. 하로매 변전회의 경우를 보면, 결회시 엽전과 붉은 종이를 절반으로 잘라서 붉은 종이에 엽전을 싸서 회원들에게 소지시켜 입회의 증거로 삼게 했고, 나머지 붉은 종이에는 성명을 기입하여 회수에게 제출했던 데에서 변전회라는 회명이 유래하였다.[84]

③ 자룡소도회(子龍小刀會)와 소도회(小刀會) : 건륭 7년(1742) 복건 장포

81 『淸高宗實錄』, 乾隆13年10月下, 414-415쪽.

82 秦寶琦, 『中國地下社會』(淸前期秘密社會卷), 247쪽.

83 「福建海關監督準泰報厦門地方捕獲闖棍李等摺」(雍正9.2.22.), 『宮中檔雍正朝奏摺』 17, 662-664쪽.

84 莊吉發, 『淸代天地會源流考』, 臺北: 國立故宮博物院, 1981, 22쪽.

(漳浦)현에 자룡소도회가 조직되어 지현(知縣)을 살해하는 사건이 발생하였다. 소도회라는 회명은 회원들이 소도를 이용해 신변을 방어함과 동시에 이것을 회원들 간의 표식으로 삼았기 때문에 얻어진 것인데, 여기에서 자룡소도회란 아마도 자룡회가 소도를 사용한 것으로 생각된다.[85] 당시 장포현 일대에는 비가 오지 않고 미가(米價)가 상승하여 민심이 흉흉해지자, 소도회 회원들이 요언을 전파하여 민심을 혼란하게 하였다. 이에 장포현 지현 주이성(朱以誠)이 조사에 착수하자, 화가 미칠 것을 두려워한 소도회 수령의 지시에 의해서 급기야 지현을 살해하고 말았다.[86] 한편 건륭 7년(1742) 장포현에 마주한 조안(詔安)현에서는 소도회가 현성을 공격하는 사건이 발생하였다. 하지(何指)·진작(陳作) 등이 조직한 이 소도회는 참여한 회원이 매우 많았기 때문에 소문을 들은 조안현에서 병정을 파견하여 50여 명을 체포하였다. 이에 하지·진작 등이 조안현 및 인근의 광동 조주(潮州)부에서 확보한 수천 명의 회원들을 이끌고 조안현성을 포위했고, 그 세력이 인근의 장포현과 평화현까지 미쳤다. 당시 양광총독 경복(慶復)의 조사에도 보이듯이, 광동 조주부 요평(饒平)현과 대포(大浦)현 등의 사람들이 복건의 사람들과 연합하여 소도회를 조직한 것이었다.[87]

④ 철척회(鐵尺會) : 철척회라는 회당은 옹정 13년(1735) 안휘 영주(潁州) 곽구(霍邱)현의 고이(高二) 등이 수십 명을 모아서 의형제 집단을 결의한 후 철척회를 조직한 데에서 처음 보인다.[88] 각 회원들이 철척을 무기로 사용하고 회원들 간의 표식으로 삼았기 때문에 철척회라는 회명이 유래

---

85 莊吉發, 『清代秘密會黨史研究』, 53쪽.

86 「閩浙總督那蘇圖奏摺」(乾隆7.6.22.), 「閩浙總督那蘇圖奏摺」(乾隆7.8.21.), 『康雍乾時期城鄉人民反抗鬪爭資料』 下, 621-622쪽.

87 「兩廣總督慶復奏摺」(乾隆7.8.10.), 『康雍乾時期城鄉人民反抗鬪爭資料』 下, 622-624쪽.

88 「江南總督趙弘恩奏摺」(雍正13.6.21.), 『雍正硃批諭旨』 10, 臺北: 文源書局, 1965, 6123쪽.

하였다. 복건의 경우 어사 육질(陸秩)의 주접에 의하면, 건륭 13년(1748) 영화(寧化)·상항(上杭)·청류(淸流)현과 정주(汀州)부 일대에서 철척회의 활동이 있었고, 특히 영화현에는 십삼태보철척회(十三太保鐵尺會)라는 칭호가 있었다. 태보라는 용어가 녹림호걸의 존칭으로 종종 쓰이기 때문에 영화현의 철척회는 13명의 용맹스런 녹림호걸이 그 골간이 되었을 것이다. 그러나 이러한 태보라는 명칭에 걸맞지 않게 이들 철척회는 "오로지 흉악한 짓을 일삼고 선량한 사람을 업신여기며 국법을 무시하였다."고 어사 육질은 지적하고 있다.[89] 한편 건륭 13년(1748) 소무(邵武)현에도 철척회가 출현하여 건륭 18년(1753) 적발되어 처벌되기까지 5년 정도를 활동하였다. 나가벽(羅家璧)의 자백에 의하면, 건륭 원년 처음 조직되었을 때 철척회란 명칭은 없었고, 건륭 13년 두국상(杜國祥) 등의 무리와 교제하면서 재산분쟁이나 싸움과 같은 어려운 일을 만나면 회원들이 서로 도와주기로 맹서하고 철척회를 조직하였다.[90] 『소무부지(邵武府志)』에서는 건륭 18년 철척회는 그 회수가 두정련(杜正連)(=두국상)으로 자주 전주(田主)들과 항조(抗租) 등의 사건을 일으켰기 때문에 관부가 이를 탐지하고 철척회의 회원들을 체포했다고 기록하고 있다.[91]

⑤ 복건의 기타 회당 : 기록이 자세하지 않지만, 복건의 경우 옹정 7년(1729) 도원회(桃園會), 옹정 7년 대만의 자룡회(子龍會), 건륭 원년(1736) 소무현 관성회(關聖會), 건륭 12년(1747) 장포현 관제회(關帝會) 등이 조직되었다.[92] 이처럼 도원결의를 의미하는 도원회, 조자룡(趙子龍)을 숭배하는 자룡회, 관우(關羽)를 숭배하는 관성회·관제회 등과 같이 『삼국지연의』를 매개로 한 회당이 잇달아 출현하고 있는 것은 복건의 무술숭배 전통

89 『清高宗實錄』 卷329, 乾隆13年11月條, 56-57쪽.

90 「福州將軍新柱奏摺」, 『宮中檔乾隆朝奏摺』 5, 557-558쪽.

91 (光緖) 『邵武府志』 卷15 「各宦·泰寧縣」, 60쪽.

92 歐陽恩良·潮龍起, 『中國秘密社會』 4, 42쪽.

과 밀접한 관련이 있는 것으로 보인다. 이밖에도 건륭 13년(1748) 장포현의 비제회(比帝會), 건륭 13년(1748) 해징(海澄)현의 조사회(祖師會)가 조직되었다.[93]

⑥ 복건 이외 지역의 회당 : 마지막으로 복건 이외의 기타 지역에서도 회당이 조직되었지만,[94] 이 역시 그 기록은 자세하지 않다. 옹정 7년(1729) 하남 고시(固始)현에서는 인력거노동자가 소거회(小車會)를 조직했고, 옹정 13년(1735) 산동 고당(高唐)주에서도 소거회를 조직했으며, 옹정 13년 안휘 봉양(鳳陽)부에서는 운수노동자들이 흘찬반회(吃攢盤會)를 조직하였다. 이러한 조직은 마치 행방(行幫) 조직의 초기 원형으로 보이기도 하지만, 당시 유행하고 있었던 의형제의 결의를 통한 회당의 성립이라는 흐름 중의 하나로도 보인다. 옹정 12~13년 안휘 정원(定遠)에서 대천첨도회(擡天尖刀會), 남릉(南陵)현에서 삼승회(三乘會), 숙주(宿州)에서 탐화회(探花會)·대도회(大刀會), 봉양(鳳陽)현에서 오악회(五嶽會)가 각각 조직되었다.[95] 옹정말 건륭초 사천에서는 괵로(嘓嚕)라는 회당이 조직되어 그 영향력을 확대해 나가고 있었다. 건륭 연간에 들어와서는 건륭 8년(1743) 호북 경산(京山)현에서 나광회(羅筐會), 건륭 12년(1747) 사천 부현(涪縣)에서 철선회(鐵船會), 건륭 13년(1748) 강서 건창(建昌)부에서 관제회(關帝會), 건륭 15년(1750) 강소 봉현(奉賢)현에서 맹장회(猛將會)가 각각 조직되었다.

---

93 『淸高宗實錄』, 乾隆13年10月下條, 414-415쪽.

94 복건 이외 지역의 회당 사례에 대해서는 秦寶琦, 『中國地下社會』(淸前期秘密社會卷), 238-245쪽; 歐陽恩良·潮龍起, 『中國秘密社會』 4, 42쪽 참조.

95 「江南總督趙弘恩奏摺」(雍正13.2.15.), 『雍正硃批諭旨』 10, 6107쪽.

소결

천지회 내부문서인 회부 중에서 현존 최고의 것으로 상정되는 요대고본은 가경 16년(1811) 광서 무연현에서 발견되었다. 발견된 장소는 비록 광서지만, 천지회를 조직하고 전파한 장본인 요대고가 이미 광동에서 천지회에 가입하여 활동하고 있었을 뿐만 아니라 요대고본 자체가 복건 남부의 방언을 갖고 있다는 점에서 요대고본은 처음에 복건에서 광동으로 전파된 이후에 다시 광동에서 광서로 재차 전파되었을 가능성이 크다. 이 요대고본이 출현한 하한연대는 가경 15년(1810)까지 끌어 올릴 수 있었지만, 상한연대는 그 이상의 소급이 현재로서는 불가능하다. 특히 요대고본의 내용 중에는 역시 현존 최고의 것으로 소림오승·소주·만운룡 등을 주인공으로 하는 이야기가 비교적 완정한 기원전설을 싣고 있다.

비역사적이고 황당무계한 내용으로 가득 차 있는 이 요대고본 기원전설의 기본 구조에 대하여 이것을 작성한 작가의 입장에서 분석을 진행한 결과, 기원전설의 작자는 기원전설을 구성하고 있는 분리된 이야기의 내용을 『반당연의전』 등 『설당』 계통의 소설과 『삼국지연의』·『수호전』 등 명청시대 민간사회에서 인민들에게 널리 사랑받고 있었던 통속소설에서 그 원형의 요소를 뽑아내었다. 이러한 원형의 요소를 토대로 소림사가 황제와 국가를 연결시키기 매우 좋은 소재였다는 역사적 사실에 착안하여 소림사의 황제와 국가에 대한 충성과 이들의 소림사에 대한 배신이라는 구조를 가지고 기원전설의 방향성을 설정하였다. 이러한 조작의 구조 속에서 이자성·숭정제·이신비·소주·유백온·강희제라는 '실존적 가공인물'과 만운룡·소림오승·간신·방물차·방류·소주의 아들이라는 '비실존적 가공인물'을 주요 등장인물로 배치하는 한편, 이러한 주요 등장인물들과 관련되어 전개되는 이자성과 명조, 소주와 유백온, 숭정제와 이신비, 서로와 청조, 청조와 소림사, 황제와 간신, 소림오승과 만운룡, 청조와 만운룡, 소주와 그의 아들 등 분리된 이야기들을 이용하여 천지회의 창립 과정을 설명하였다. 여기에서 더 나아가 충성과 배신의 구조에 뒤따르는 장치인 보복의 구조를 설정하여 천지회의 반청복명을 역설하고, 오방의 출현을 통해 천지회가 소멸되지 않고 후대로 계속 유전되었음을 강조하였다. 이러한 조작 과정을 거쳐서 저자는 결국 '소주의 탄생→천지회의 창립→천지회의 영속성'이라는 기원전설의 전체 구조를 완성했으며, 기원전설의 주인공이었던 소주와 소림오승 등을 통해서 천지회의 반청복명이라는 정치이념을 표현했던 것이다.

요대고본 기원전설에서 보이는 이러한 반청복명의 관념은 청초 민간사회, 특히 복건 남부지역에서 진행되고 있었던 반청복명의 역사적 흐름에서 배태되었다. 이와 동시에 종족조직의 발전과 무뢰라는 지방 패거리를 조직하는 악습에 따른 의형제 집단의 출현, 그리고 그것의 발전적 형태인 회당의 성립이라는 일련의 과정 속에서 이러한 요대고본 기원전설이 탄생하였다. 그 구체적인 증거를 보면, 우선 기원전설에서 천지회 창립의 발단이 되는 것으로 서로가 청조에 반란을 일으킨 내용은 순치 연간(1644~1661) 서로가 섬서 하주 일대를 침입한 사건이 복건 남부지역에 전파되고, 이것이 괴이한 요언으로 이 지역에 광범위하게 유포된 사실을 반영한 것이었다. 둘째로 기원전설에서 청조에 의해서 소림사가 소실되는 내용은 순치·강희 연간(1644~1722) 진행된 천계령으로 인해서 복건 남부지역 대부분의 거주지와 사묘, 이 중에서도 특히 장림사 등 남소림사 계통의 사묘가 소실되어 막대한 피해를 입은 사실을 압축하여 반영한 것이었다. 셋째로 기원전설에서 반청복명을 종지로 하는 천지회의 창립에 정당성을 부여하는 소주 주홍영이 등장하는 내용은 순치 말엽에서 건륭 중엽에 이르는 시기 청조의 지배에 대응하여 각 지역의 민간사회에서 이른바 주삼태자 사건과 주명왕조 후예 사건을 중심으로 전개된 반청복명의 활동을 반영한 것이었다. 넷째로 기원전설에서 소림오승·만운룡·소주 등 108명이 삽혈맹서를 통해서 이홍위성이라는 홍성 집단을 조직한 내용은 옹정 연간(1723~1735) 복건 남부지역의 민간사회에 출현한 이만위성 등의 의형제 집단의 출현을 반영한 것이었다. 마지막으로 기원전설에서 소림오승·만운룡·소주 등 108명의 이홍위성이라는 홍가 집단이 결국에는 천지회라는 회명을 갖게 되는 점은 옹정 연간 이래로 복건 남부지역의 민간사회에서 진행되고 있었던 철편회 등 각종 회당의 출현을 반영한 것이다.

요컨대 요대고본 기원전설은 작자의 수완에 의해서 조작된 비역사적이고 황당무계한 내용으로 천지회의 창립 과정을 설명해주는 말 그대로의 전설이지만, 이처럼 1,000자도 되지 않는 이 짧은 기원전설 속에는 청초의 민간사회, 특히 복건의 남부지역에서 전개된 정치적·사회적·문화적 방면의 역사적 배경들이 잘 녹아 있었던 것이다. 환언하면 기원전설의 작자가 이러한 역사적 배경을 바탕으로 가공의 인물과 분리된 이야기의 조작을 통하여 반청복명을 정치이념으로 하는 천지회의 기원전설을 창작해 낸 것이라고 말할 수 있다. 따라서 이러한 역사적 배경이 모두 형성되었던 시기인 건륭 초엽을 경계로 그 이전 시기에 요대고본 기원전설처럼 이야기가 비교적 완정한 형태의 기원전설은 결코 출현할 수 없었다고 생각한다.

| 제 3 장 |

구전과 초사로 각색된 기원전설 이야기

3

오늘날 천지회의 기원전설과 관련된 중국의 무협영화나 무협소설을 보면, 하늘을 날아다니고 가공할 만한 무예를 자랑하며 위험에 빠진 소림오승(少林五僧)를 비롯하여 수많은 천지회의 구성원들을 구출하는 한 인물이 자주 등장하는데, 그가 바로 진근남(陳近南)이다. 이러한 진근남을 중국의 대형 포털사이트 중의 하나인 '바이뚜(百度)'에서 검색해 보면, 그 처음이 '바이뚜 백과사전(百度百科)'인데, 여기에서 진근남의 본명을 저 유명한 정성공(鄭成功: 1624~1662)의 참모였던 진영화(陳永華: 1634~1680)라고 설명하고 있다.[1]

그런데 천지회의 기원전설 중에서 완정한 이야기의 형태로 전해지는 현존 최고(最古)의 기원전설과 그것을 싣고 있는 요대고본(姚大羔本)의 전체 내용에서도 진영화는 말할 것도 없고 진근남조차도 출현하지 않는다. 그렇다면 오늘날 중국의 대표적인 백과사전에 진영화로 규정되어 있는 진근남이란 인물은 천지회의 기원전설에서, 나아가 천지회라는 비밀결사를 이해하는 데 어떠한 역사적 맥락과 상징성을 내포하고 있는 것일까? 적어도 이러한 궁금증을 풀어내기 위해서는 청대 천지회 기원전설이 출현하고 그것이 후대로 유전되는 과정에서 인물과 이야기가 지속적으로

1 http://www.baidu.com (검색어: 陳近南)

각색되었던 상황에 대한 이해가 기본적으로 선행되어야만 한다.

일찍이 일본학자 좌좌목정재(佐佐木正哉)가 4종의 기원전설 판본을 이용하여 천지회의 창립 장소를 비롯한 인물과 이야기의 내용을 일목요연하게 비교·분석한 점은 기원전설의 연구에 처음으로 시사해 주는 바가 매우 컸지만,[2] 그의 연구에서는 당시 시대적 제약으로 요대고본 기원전설을 비롯하여 중요한 판본들이 누락되어 비교·분석되지 못하였다. 고동주의 경우 7종의 기원전설 판본을 비교·분석했지만,[3] 전림본·금낭본 등의 중문본 기원전설을 누락했고, 게다가 그의 연구 목적은 기원전설의 비교·분석을 통해 그것의 각색과 변천 과정을 밝히기보다는 오히려 기원 문제를 밝히는 것에 있었다. 이러한 점에서 본다면, 구미학계에서 머레이(Murray)가 진보기(秦寶琦)와 공동 작업으로 천지회의 기원과 기원전설의 문제에 대한 그동안의 연구사를 정리하면서 비교·분석한 저서는 사실상 고동주의 연구 목적과 같은 맥락에 위치하고 있다.[4] 테르 하르(Ter Haar)의 경우 '말세 재앙론에 의한 구제론'이라는 시각으로 천지회의 정체성을 탐색한 저서에서 11종의 기원전설 판본을 소개하고 이를 비교·분석한 주목할 만한 연구 성과를 내놓았지만, 그 역시 금낭본 기원전설을 빠트리고 있거니와 요대고본·전림본 기원전설의 분석과 창립 시간의 문제에 치중한 나머지 각 판본 간의 전면적인 비교·분석은 여전히 미약하였다.[5]

---

2 佐佐木正哉,『清末の秘密結社: 前篇天地會の成立』, 東京: 巖南堂書店, 1970, 1-52쪽.

3 고동주,「天地會의 起源硏究에 대한 一考察」, 경희대학교 석사학위논문, 1988, 5-24쪽.

4 Dian H. Murray, *The Origins of the Tiandihui: The Chinese Triads in Legend and History*, California: Stanford University Press, 1994.

5 이는 테르 하르가 결사의 창립 시간을 기준으로 기원전설을 강희 13년(1674)에 창립한 것(Tradition A)과 옹정 12년(1734)에 창립한 것(Tradition B)으로 구분하는 이분법적 틀을 설정하고, 그 틀 속에서 중요한 부분만을 선택적으로 비교·분석을 진행했기 때문이라고 여겨진다.(Barend J. Ter Haar, *Ritual and Mythology of the Chinese Triads:*

이상의 기존 연구의 시각과 성과, 그리고 전장에서 청대 천지회 기원전설 14종의 판본 현황과 특징을 소개하면서 각 판본의 결사 창립의 시간과 장소를 비교·분석한 내용을 바탕으로, 본장에서는 청대 천지회 기원전설 각 판본의 인물과 이야기의 각색과 변천에 대한 전면적인 비교·분석을 진행하고자 한다. 이러한 작업을 통해서는 일차적으로 기원전설이 각색되는 과정에서 과연 어떤 인물과 이야기가 추가됨으로써 기원전설의 정치화(精緻化)가 이루어졌는지에 대한 고찰이 가능할 것으로 예상되는데, 이는 비단 각 판본 간의 일정한 선후 관계를 밝혀줄 수 있을 뿐만 아니라 이러한 각색과 변천이 내포하고 있는 역사적 의미까지 전달해 줄 수 있을 것으로 기대할 수 있다.

본격적인 논의에 앞서 비교·분석의 기술적인 측면이나 서술방식의 일관성을 담보해 내기 위해 다음 몇 가지 사항을 미리 지적해 두고자 한다. 우선 14종의 기원전설 판본 중에서 판본 자체의 원시성이 떨어지는 6종의 외국어본을 제외한 8종의 중문본에 대하여 인물과 이야기의 비교·분석을 진행한다. 둘째로 기원전설의 각색과 변천의 과정에서 인물의 출현 여부에 따른 이야기의 증감을 효과적으로 확인하기 위해 각 판본에서 언급된 모든 이야기를 시간의 흐름에 따라 일괄적으로 종합·정리할 필요가 있는데, 그것은 본장 후미에 〈표 Ⅰ〉로 작성해 두었다.

Creating an Identity, Leiden·Boston·Köln: Brill, 1998, pp.365-402.) 그런데 만약 기원전설에 보이는 강희 13년 혹은 옹정 12년이라는 천지회의 창립 시간이 기원전설이 구전되거나 초사되는 과정에서 발생한 일종의 '오류'에 의해 파생된 것이라고 한다면, 사실 이미 제1부 제1장에서 논증했지만, 테르 하르가 제시한 이러한 이분법적 틀을 통해서는 각 판본들 간의 시간적 선후 관계의 배치와 기원전설이 각색된 방향성을 결코 합리적으로 설명할 수 없다고 생각된다. 따라서 각 판본의 기원전설을 총체적으로 비교하기 위해서는 적어도 한 가지의 요소만을 가지고 의도적으로 재단하기보다는 적어도 육하원칙을 담보하고 있는 시간·장소·인물·이야기의 요소를 가지고 비교·분석하는 것이 훨씬 유용한 접근의 방법이라고 생각된다.

셋째로 비교·분석의 효과를 살리기 위해서는 각 판본에 보이는 주요 이야기의 출현 여부도 종합·정리해야만 하는데, 그것은 본장 후미에 〈표 Ⅱ〉로 부기해 두었다. 넷째로 인물에 관한 각 판본의 일목요연한 비교가 필요할 경우에는 그 때마다 본문에 별도의 표로 작성해 두었고, 인물과 관련된 그림 자료는 소일산본의 것을 본문에 삽입해 두었다. 마지막으로 본장의 잠정적인 결론에 따르면, 기원전설 각 판본의 선후관계는 제1형태의 기원전설(요대고본, 전림본, 소일산본(B)), 제2형태의 기원전설(수선각본, 귀현본, 슈레겔본), 제3형태의 기원전설(소일산본(A), 금낭본)로 구분되기 때문에 서술상의 비교와 효과를 극대화시키기 위해 본문의 내용 전개 과정에서는 이러한 형태의 구분에 따라 설명하는 방식을 취하였다.

1. 소주·서로·소림사 이야기

1) 소주

〈표 Ⅰ〉과 〈표 Ⅱ〉의 A는 이자성(李自成)·숭정제(崇禎帝)·서궁낭낭(西宮娘娘)·소주(小主) 등의 인물을 등장시켜 명조의 멸망과 소주의 출현을 이야기하는 부분이다. 이 부분에 대하여 각 판본에서 언급하고 있는 내용은 다음과 같다.

> **〈요대고본 A〉** 숭정 12년(1639) 이자성이 반란을 일으켜 강산을 찬탈한 후, 서궁낭낭 이신비(李神妃)는 복화산(伏華山)에 이르렀다. (그녀는) 임신을 한 후 운남(雲南) 고계묘(高溪廟)에 이르러 소주를 낳았다.…… 〈J〉 시에서 '문상홍영무인지(門上洪英無人知), 부지거향문형제(不知去向問兄弟)'라 하였다.[6]

〈전림본 A〉 숭정제에게는 서궁낭낭 이신비가 있었고, 그 소생으로 한 살인 공주와 네 살인 태자가 있었다. 이자성이 금수강산을 어지럽히자 문무백관은 모두 그에게 투항했고, 숭정제는 공주를 칼로 찔러 죽였다. 이신비는 도망쳐 죽으려 했고, 숭정제는 매산(煤山)으로 도망쳐 목을 매고 자살하였다. 이범(李范)은 네 살인 태자를 데리고 난군(亂軍)의 와중을 틈타 하수(河水)현 태백산(太白山)의 소림사에 이르러 한숨을 돌리고 있었다. …… 홍공(洪公)이 눈물을 흘리고, 난가(鑾駕: 천자의 수레)를 보내 태백산에서 태자를 영접하여 자신의 부(府)로 모셔와 안주시켰다. 비밀이 누설될까 두려워 태자를 손자로 삼고, 이름을 바꾸어 주홍영(朱洪英)이라 했으며, 부에 은닉시켜 말이 새어나가지 않게 하였다.[7]

〈소일산본(B) H-10〉 나는 다른 사람이 아니라 숭정황제의 손자로 서궁낭낭 이신비 소생인 태자의 아들이다.[8]

〈수선각본 J〉 태자 주홍영은 백구동(白口洞)에 이르러 목을 메고 자살하였다.[9]

〈귀현본 H-10〉 명조 숭정제가 제위를 잃었기 때문에 후에 충신 소원홍(蘇洪元)이 서궁낭낭 이신연(李新燕)을 데리고 외성으로 도망가 태자 주홍영을 낳았고, (소홍원은) 천우(天祐)로 개명하였다. 고계묘에서 기의할 때, 선인(仙人)이 태자를 순식간에 등장시켰다. 그 이유를 묻자, "원래부터 태자 주홍영이었다."고 대답하였다.[10]

---

6 「廣西東蘭州天地會成員姚大羔所藏『會簿』」(嘉慶16.5.7.), 中國人民大學清史研究所·中國第一歷史檔案館 合編, 『天地會』 1, 北京: 中國人民大學出版社, 1980, 4-5쪽.

7 「天地會文書抄本」, 庾裕良·陳仁華 等編, 『廣西會黨資料彙編』, 南寧: 廣西人民出版社, 1989, 482쪽.

8 蕭一山 編, 『近代秘密社會史料』 卷2 「西魯敍事」, 上海: 上海文藝出版社, 1991(1935년 影印本), 2쪽.

9 「守先閣本天地會文件」, 羅爾綱 編著, 『天地會文獻錄』, 香港: 實用書局, 1942, 43쪽.

10 「貴縣修志局發現的天地會文件」, 『天地會文獻錄』, 2-3쪽.

〈그림 1〉 소주 주홍축

* 출처 : 『近代秘密社會史料』 卷1, 1쪽

〈슈레겔본 H-10〉 갑자기 13세의 동자가 이곳에 나타났다. 그는 타고나기를 얼굴이 백옥이었고, 입술은 붉은 진주와 같았으며, 얼굴 모양이 준수하고, 몸매는 수려하여 일반 사람과 틀렸다. …… 동자가 말하길, "나는 다름이 아니라 명나라 숭정제의 자손으로 이신비의 소생이다. 성명은 주홍축(朱洪祝)이다. 나의 홍무제가 만들어 놓은 강산을 생각해 보니, 지금은 만주인들에게 빼앗겼다. 나는 명실의 후예로 만약 강산을 탈취하지 않으면 무슨 명목으로 구천에서 선조들을 만날 수 있겠는가?"라는 말을 마치고 실성한 듯 울었다.[11]

〈소일산본(A) H-10〉 나는 소주 주홍죽(朱洪竹)으로 숭정제 이곤비(李坤妃)의 손자다.[12]

〈금낭본 H-10〉 소년이 대답하여 말하기를, "나는 숭정제 이신비(李晨妃)의 손자이다."라고 하였다. 이에 선생이 그 이름을 물으니, "나의 자호는 주홍축(朱洪竺)이다."라고 대답하였다.[13]

11 Gustave Schlegel, *Tian Ti Hui: The Hung League or Heaven-Earth-League: a Secret Society with the Chinese in China and India*, Vatavia: Lange & Co, 1866, p.15.

12 『近代秘密社會史料』 卷2 「西魯序」, 6쪽.

〈표 1〉 기원전설 각 판본에서 소주의 성명과 숭정제·이신비와의 관계

구분	기원전설 판본	소주의 성명	숭정제·이신비와의 관계	비고
제1형태	요대고본	주홍영(朱洪英)	태자	
	전림본	주홍영	태자	
	소일산본(B)		손자	
제2형태	수선각본	주홍영	태자	
	귀현본	주홍영	태자	
	슈레겔본	주홍축(朱洪祝)	자손	
제3형태	소일산본(A)	주홍죽(朱洪竹)	손자	• 주홍죽 소주 • 명주(明主) 주홍죽
	금낭본	주홍축(朱洪竺)	손자	• 주홍축 • 태시조부(太始祖父) 주홍영

〈참고내용〉 비고의 내용은 회부에서 기원전설 이외의 부분에 기록된 것이다. 소일산본(A)의 "주홍죽(朱洪竹) 소주(小主)"와 "명주(明主) 주홍죽"은 그림과 함께 수록되어 있고(『近代秘密社會史料』 卷1, 1-2쪽), 금낭본의 경우 "주홍축(朱洪竺)"은 그림과 함께, 그리고 "태시조부(太始祖父) 주홍영(朱洪英)"은 기원전설 시작 전에 이른바 '천지회 계보' 내용에 수록되어 있다(『繡鸝閌錦囊傳』, 9쪽, 82쪽).

명의 숭정제와 서궁낭낭 이신비(李神妃)〔혹은 이신연(李新燕)·이신비(李伸妃)·이곤비(李坤妃)·이신비(李晨妃)〕의 태자·손자·자손 등으로 등장하는 소주는 '반청복명(反淸復明)'이라는 천지회의 창립 종지에 정당성을 부여하는 인물로 기원전설에서 주인공 중의 한명이기 때문에 모든 판본에 등장한다. 그리고 소주의 성명을 보면, 불명인 소일산본(B) 기원전설을 제외하고 요대고본·전림본·수선각본·귀현본의 기원전설에서는 주홍영으로

13 洪順堂 編, 『繡鸝閌錦囊傳』, 1892刊板, 1906重修, 臺灣: 古亭書屋, 1975, 125쪽.

기록되어 있고, 슈레겔본·소일산본(A)·금낭본의 기원전설에서는 주홍죽(朱洪竹)〔혹은 주홍축(朱洪祝)·주홍축(朱洪竺)〕[14]으로 등장하고 있다. 주홍영과 주홍죽의 차이는 기원전설 각색의 방향에 큰 의미는 없지만, 적어도 소주의 성명이 제1형태의 숭정제·이신비의 태자 주홍영에서 제3형태의 숭정제·이신비의 손자, 즉 주홍영의 아들인 주홍죽으로 정착하는 경향을 확인할 수 있다.

그런데 명조의 멸망과 소주의 출현을 이야기하는 A부분에서 주목되는 점은 기원전설에서 그것의 위치 변화와 이야기의 축소이다. 즉 제1형태의 요대고본·전림본 기원전설에서는 서두(A)에 위치하고 있지만, 제1형태의 소일산본(B) 기원전설과 제2형태의 수선각본·귀현본·슈레겔본 기원전설, 나아가 제3형태의 소일산본(A)·금낭본 기원전설에서 모두 후반부(H-10 혹은 J)로 이동하고 있다. 이러한 위치 이동과 동시에 이자성과 명조의 멸망 이야기는 완전히 삭제된다. 그 이유는 기원전설의 직접적인 발단인 청초 서로의 침략에서 찾을 수 있을 텐데, 제1형태의 소일산본(B) 기원전설의 제목이 「서로서사(西魯敍事)」로 표기되어 있고,[15] 제2형태의 수선각본 기원전설의 제목은 「서로서(西魯序)」로 "이 서는 강희 16년(1677) 서로라는 오랑캐가 국경을 침범하여 백성들을 교란시키고 죽인 일에서 시작한다."는 표현까지 적시해 두고 있으며,[16] 제3형태의 소일산본(A)·금낭본 기원전설의 제목도 「서로서」로 표기되어 있다.[17] 이처럼 제1형태의 기원전설이 각색되는 과정에서 이자성과 명조의 멸망 이야기는 기원전설에서 차지하는 중요성이 떨어지게 되면서 제3형태에 이르러 전혀

14 주홍죽(朱洪竹)·주홍축(朱洪祝)·주홍축(朱洪竺)에서 죽(竹)·축(祝)·축(竺)은 중국어의 발음이 zhu로 모두 같다.

15 『近代秘密社會史料』 卷2 「西魯敍事」, 1-2쪽.

16 「守先閣本天地會文件」, 『天地會文獻錄』, 41쪽.

17 『近代秘密社會史料』 卷2 「西魯序」, 3쪽.

언급조차 되지 않았으니, 결국 기원전설의 직접적인 발단이 되는 서로의 침입을 서두에 배치하는 경향에 의해 소주의 출현이 기원전설의 후반부로 이동하게 된 것이다.

2) 서로와 소림사

〈표 Ⅰ〉과 〈표 Ⅱ〉의 B~E는 강희 연간에 서로(西魯)라는 이민족이 중국을 침입하자 소림사가 출정하여 이들을 진압하고 개선한다는 이야기이다. 천지회 기원전설의 본격적인 시작을 알리는 출발점으로 모든 판본에 등장한다. 이 부분에 대한 이야기 전개의 흐름을 파악하고 비교의 편의를 위해 제1형태의 요대고본 기원전설과 제3형태의 금낭본 기원전설의 B~E 부분만을 아래와 같이 인용해 보자.

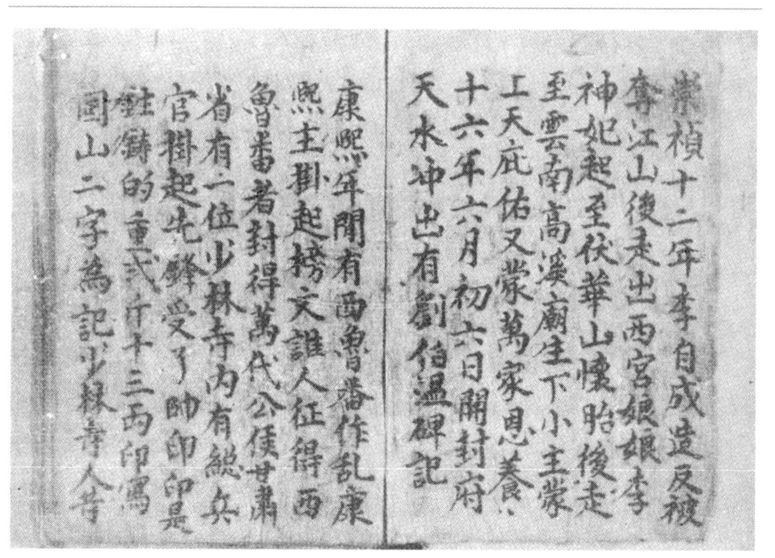

崇禎十二年李自成造反被
奪江山後走出西宮娘娘李
神妃起至伏華山懷胎後走
至雲南高溪廟生下小主蒙
上天庇佑又蒙萬家恩養
十六年六月初六日開封府
天水冲出有劉伯温碑記

康熙年間有西魯番作亂康
熙主掛起榜文誰人征得西
魯番着封得萬代公侯世襲
省有一位少林寺內有總兵
官掛起先鋒受了帥印印是
鮭鑄的重弍斤十三兩印寫
國山二字為記少林寺人等

〈자료 1〉 요대고본 기원전설의 서두

* 출처 : 『天地會』 1, 1쪽.

一九

西魯序
且說康熙年間西魯作乱加兵入寇侵伐中原擾乱百姓生灵是以朝廷大将出战以為去敵之計不料番奴雄勇难以當敵所以屢战屢敗故以郭廷輝帶本回朝取救奏上聖駕大臣上殿奏道主上不好了今有郭廷輝在边疆战敗帶본回朝取救望我主准奏康王曰現今番奴鋒鋭战将敵卿有何計康大臣

91

〈자료 2〉 금낭본 기원전설의 서두
* 출처 : 『蘱瓢芳錦囊傳』, 91쪽.

〈요대고본 B~E〉 강희 연간 서로라는 오랑캐가 반란을 일으켰다. 강희제는 방문을 붙여 '누구라도 서로라는 오랑캐를 정복할 수 있는 자는 만대공후(萬代公侯)로 봉(封)하겠다'고 공포하였다. 감숙성(甘肅省)에 소림사가 있었다. 그 내부에는 총병관(總兵官)이 있고, 스스로 선봉(先鋒)이라 내세우며 수인(帥印)을 받았다. 인(印)은 철(鐵)로 주조되었고, 무게는 2근 13량이었다. 인에는 '일산(囸山)'이란 두 글자가 새겨져 있었다. 소림사 승려는 곧 선봉을 맞이하여 서로를 정벌하러 갔다. 한 명의 병장도 쓰지 않고 오직 소림사 128명의 승려가 서로와 교전·대치하였다. 서로가 패주하자, 죽은 자는 그 수를 헤아릴 수 없었다. 소림사 승려는 승리의 북을 치면서 조정으로 돌아왔다. 강희제가 상을 내렸으나, 이들은 관직을 받지 않고 소림사로 돌아가 송경(誦經)·설법(說法)·수도(修道)하였다.[18]

〈금낭본 B~E〉 강희 연간 서로가 반란을 일으켜 군대를 증강하고 노략질하면서 중원으로 침입하여 백성들의 생활을 어지럽혔다. 이에 조정의 대장이 출전하여 적을 무찌르고자 했지만 …… 계속 실패하였다. 결국 대본(代本〔帶本〕) 곽정휘(郭廷輝)가 조정으로 돌아가 황제에게 구원을 요청하였다. …… 대신들은 각성, 각주, 각현에 황제의 고시를 내

18 「廣西東蘭州天地會成員姚大羔所藏『會簿』」(嘉慶16.5.7.), 『天地會』 1, 4쪽.

걸어 남녀노소·승려·도사를 불문하고 만약 서로를 정복하는 자에게 천근의 은량을 사여하고 만호후(萬戶侯)의 관직으로 삼겠다고 주청하자, 황제가 그렇게 하라고 하였다. …… 복건성 복주부 반룡(盘龍)현 구련산(九連山) 소림사 128명이 이러한 상황을 듣고서 가보니 과연 황제의 고시가 있었으니, 즉시 그 고시를 떼어 내었다. …… 황제는 이들을 평정서로장군(平定西魯將軍)으로 봉하고 무게 2근 3량 3각의 '가후일산(家后日山)'이 새겨진 삼각 철인(鐵印)을 주었고, …… 승려들은 성지를 받고 당일로 출발하여 …… 곧 서로의 경계 지역에 도착했다. …… 제1부대가 서로를 직접 공격하고, 좌우의 제2부대가 양쪽에서 협공하니, 서로의 군대가 거의 대부분 부상을 입고, 죽은 자가 이루 헤아릴 수 없었다. 전쟁이 끝나고 서로는 패잔병을 이끌고 되돌아갔고, 다시는 중원을 침략하지 않았다. 승려들이 조정으로 돌아가 …… 입조하여 만세를 부르자, 강왕(康王)은 매우 기뻐하며 …… 금백과 관직을 내리고자 하였다. …… 그러나 승려들은 우리들은 출가인으로 관직과 금전을 바라지 않는다고 하면서 황제에게 소림사로 돌아가 계속 수행하기를 간청하였다. …… 승려들은 황제에게 감사하며 소림사로 되돌아갔다.[19]

제1형태 요대고본 기원전설에서 B~E의 내용(약 150자)은 매우 간략하지만, 그것이 각색된 제3형태 금낭본 기원전설의 내용(약 1,340자)은 그 이야기의 분량도 그러하거니와 그 묘사에 있어서도 상당히 증첨된 것을 확연히 보이고 있다. 그러나 이 부분의 인물과 이야기의 증감이나 각색의 방향은 사실상 각 판본 간의 큰 변화와 차이를 보여주지 못한다고 생각되는데, 각 판본에서 B~E와 관련된 인물과 성명, 그리고 주요 내용 등을 정리한 〈표 2〉는 다음과 같다.

19 『黼黻岃錦囊傳』, 91-100쪽.

〈표 2〉 서로·강희제·소림사의 출정과 관련된 B~E의 인물·성명·주요 내용

구분	기원전설 판본	서로 장군 성명	조정 장군 성명	인·무게·글자	황방을 뜯은 소림사 승려	출전 승려 숫자
제1 형태	요대고본			철(鐵), 2근 13량, 일산(囸山)		128
	전림본		양비룡(楊飛龍), 마진충(馬進忠)	생철(生鐵), 2근 3량, 백산(白山)	팽원봉(彭元鳳)	128
	소일산본(B)	팽룡천(彭龍天)	유경(劉景), 황충천(黃忠泉)	옥새인(玉璽印), 2근 13량, 일산(日山)		128
제2 형태	수선각본		곽정휘(郭廷輝)	철주옥(鐵鑄鈺), 1근 3량, 일산(日山)		
	귀현본					108
	슈레겔본	팽룡천	유경, 황사천(黃思泉)	어사인(御賜印), 1.5근	달종화상(達宗和尙)	108
제3 형태	소일산본(A)		곽정휘	인신보검(印信寶劍), 일산(日山)		
	금낭본		곽정휘	철인(鐵印), 2근 3량 3각, 가후일산(家后日山)		128

서로의 장군 성명은 제1형태의 소일산본(B) 기원전설과 제2형태의 슈레겔본 기원전설에서만 팽룡천(彭龍天)이란 성명을 볼 수 있지만, 이 인물은 적어도 제3형태의 기원전설에서 채택되지 않았다. 조정의 장군 성명은 전림본 기원전설의 양비룡(楊飛龍)·마진충(馬進忠), 소일산본(B) 기원전설의 유경(劉景)·황충천(黃忠泉), 수선각본 기원전설의 곽정휘(郭廷輝), 슈레겔본 기원전설의 유경·황사천(黃思泉) 등으로 다양하게 보이지만, 제3형태의 기원전설에서는 곽정휘만 보인다. 황제가 출정하는 소림사의 선봉에게 주었다는 인(印)과 관련된 이야기의 경우, 인의 무게는 2근 13량, 2근 3량, 1근 3량, 2근 3량 3각 등으로, 인에 새겨진 문자는 일산(囸山)·백

산(白山)·일산(日山) 등으로 숫자와 글자에 약간의 편차가 보인다. 나아가 소일산본(B)과 슈레겔본의 기원전설에서는 선봉의 인이 아니라 개선 이후에 황제가 보상으로 하사한 인으로 이야기의 내용이 바뀌어 있다.[20] 황제의 고시인 황방(皇榜)을 뜯은 승려의 성명은 전림본의 팽원봉(彭元鳳)과 슈레겔본의 달종화상(達宗和尙)만 보이고, 소림사 출전 승려의 숫자는 불명인 수선각본과 소일산본(A)의 기원전설에 제외하면 128명 혹은 108명이었다.

이상과 같은 편차는 기원전설이 구전되거나 초사되는 과정에서의 오류일 것이다. 또한 서로의 장군 등 일부 인물의 성명이 출현한 후에 기원전설이 각색되는 과정에서 계속적으로 채택되는 않은 것은 이들의 성명 자체가 기원전설에서 그다지 중요하지 않다는 것을 의미한다. 결국 서로의 침입과 소림사의 출정과 관련된 이야기가 각색되는 과정에서 서로의 장군 성명, 조정의 장군 성명, 인의 무게와 글자, 황방을 뜯은 소림사 승려의 성명, 소림사 출정의 숫자는 인물과 이야기의 증감이나 각색의 방향에 큰 영향을 미치지 못했던 것이다. 이는 기원전설의 도입부에 해당하는 B~E의 특성과 관련된 것으로, 서로의 침략과 소림사의 출정과 개선, 그리고 소림사로의 복귀라는 이야기 자체의 틀을 이끌어내는 것에 초점이 맞추어져 있었기 때문일 것이다.

3) 정군달과 보검

그런데 〈표 Ⅰ〉의 D-1에서 정군달(鄭君達)이란 인물의 출현은 위의 상황

20 『近代秘密社會史料』 卷2 「西魯敍事」, 1쪽; Gustave Schlegel, *Tian Ti Hui: The Hung League or Heaven-Earth-League: a Secret Society with the Chinese in China and India*, p.11.

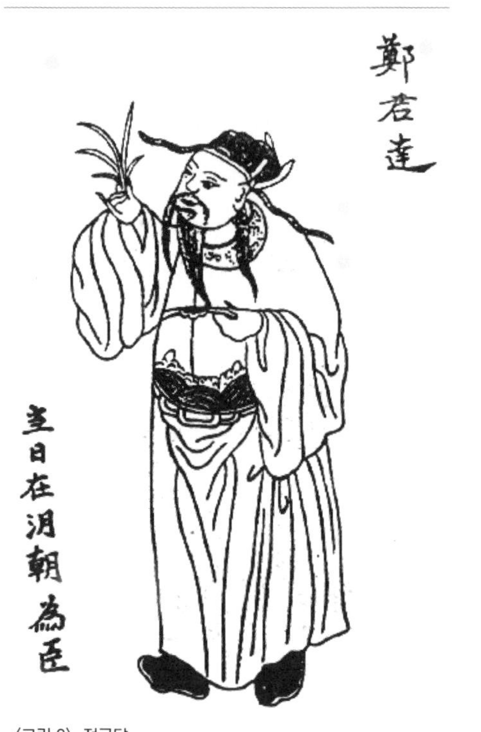

〈그림 2〉 정군달
* 출처 : 『近代祕密社會史料』 卷1, 9쪽

과는 다르다. 정군달의 경우 제1·2형태의 요대고본·전림본·소일산본(B)·수선각본·귀현본·슈레겔본의 기원전설에서 모두 등장하지 않다가 갑자기 제3형태의 소일산본(A)·금낭본의 기원전설에서만 등장하기 때문에 각색된 기원전설의 표지인물이 된다. 이처럼 〈표 Ⅰ〉의 D-1에서 새롭게 등장하는 정군달은 F-3, H-3, H-4 등 기원전설의 이야기 전개 과정에서 중요한 역할을 담당하는 인물인데, 여기에서 소일산본(A) 기원전설의 내용을 인용해 보면 다음과 같다.

〈소일산본(A) D-1〉 : (황제는) …… 정군달에게 군량을 수송할 것을 명령하였다. 출병하여 서로와 교전한 지 3개월이 못되어 서로국을 평정하고 경성으로 회군하자, 만주 조정의 대소 관원이 마중 나왔다. 황제가 접견하고 …… 정군달을 분주총진(分州總鎭)으로 봉해주었으니, (이후) 호광으로 부임하기 위해 떠났다.

〈소일산본(A) F-3〉 : (두 간신이 황제에게 말하기를) "…… 아울러 또 다른 대신에게 어지를 내려 호광 분주총진 정군달에게 비단을 선사하는 구실로 살펴보게 한 후, 그가 모반을 한다고 보고하도록 하십시오."라고 하였다.

〈소일산본(A) H-3〉 : 진굉(陳宏)은 군대를 이끌고 호광 분주에 이르렀다.

정군달은 이 소식을 듣고 군대를 정비하여 맞이하였다. 진굉이 조서를 읽기를, "정군달과 소림사의 승려는 결의하여 모반의 뜻이 있으니 마땅히 사형에 처해야 한다."고 하자, 정군달은 진충하였다. 진굉은 정군달의 수급을 호광 항미(港尾)에 버리고, 바로 조정에 보고하였다. 군사가 철병하자 이 소식이 부인과 공자에게 전해지니, 정군달이 홍라(紅羅)를 사여 받고 죽었음을 알았다. 곽수영(郭秀英)은 정군달의 처이고, 정도덕(鄭道德)은 정군달의 아들이며, 정옥련(鄭玉蓮)은 정군달의 여동생이고, 도방(道芳)은 옥련의 아들이다. 이들 4명은 이 소식을 듣고 집안의 노복과 함께 항미로 가서 시체를 수습하여 매장하였다.

〈소일산본(A) H-4〉: 정군달 고수(姑嫂)의 아들이 와서 분묘에 제사를 지내니, 그 분묘에서 도리목(桃李木) 보검(寶劍)이 출현하였다. 보검의 머리에는 이룡쟁주(二龍爭珠)가, 보검의 꼬리에는 반청복명(反淸復明)의 4 글자가 쓰여 있었다. 청군이 오승을 추격해오자, 이 보검을 이용하여 청병을 격퇴하였다.[21]

소일산본(A) 기원전설 등 제3형태에서 새롭게 출현하는 정군달은 황제의 명령에 의해 소림사의 서로 정벌 과정에서 군량조달을 담당했고, 그 정벌의 공로를 인정받아 호광의 분주총진(分州總鎭)으로 임명되었지만, F-1~F2의 황제와 조정 간신의 소림사 소실 계획과 결부되면서 결국 살해되는 인물이다. 특히 H-3처럼 정군달과 연동하여 등장하는 인물들이 바로 그의 가족인 부인 곽수영, 아들 정도덕, 여동생 정옥련, 생질 도방이다. 게다가 H-4처럼 정군달의 분묘에서는 이른바 천지회의 '보검'이 출현한다. 이 보검의 명칭은 '반청복명'을 상징하는 도리검(桃李劍)으로 소일산본 Or.2339의 「도리검서(桃李劍敍)」[22]에 그 유래가 보다 자세히 설

21 『近代秘密社會史料』 卷2 「西魯序」, 4-6쪽.

22 『近代秘密社會史料』 卷2 「桃李劍敍」, 8-9쪽.

명되어 있다. 결국 제3형태의 소일산본(A) 기원전설에 이르러 정군달과 그의 가족 이야기가 새롭게 추가되었고, 이와 관련하여 천지회의 보검(寶劍)이 출현한 것이다. 다만 제3형태인 금낭본 기원전설의 경우 기원전설 자체에는 보검이 출현하지 않고 있지만, 회부의 다른 부분에서 소림사를 배신한 마녕아(馬寧兒)를 참형시키는 보검의 그림을 수록하고 있고,[23] 나아가 열 가지의 천지회 보물 중에서 그 열 번째 보물로 「십보도리검(十寶桃李劍)」이라는 시구와 그림을 수록하고 있다.[24]

그런데 〈표 3〉에 표시해 놓은 것처럼 D-1의 정군달과 그의 가족, 그리고 보검과 관련하여 그 선행하는 내용이 제1형태의 전림본 기원전설과 제2형태의 귀현본 기원전설에서 부분적으로 보이고 있는데, 그 내용은 다음과 같다.

> **〈전림본 H-13〉** 방문에 의거하여 삼관(三關)을 설치하고 목양(木陽)을 설치했는데, …… 정오련이 주색관(朱色關)을 지키고, 곽수영은 일월관(日月關)을 지켰다. …… 〈I〉 역위(易謂)를 잡아 묶어 삼관 밖으로 내쫓았다. 홍공(洪公)은 도(刀)로 간신을 참했는데, 그 도의 무게가 2근 13량이었고, 상면에 '견심협력취강산(堅心協力取江山)'라는 7자가 새겨져 있었다.[25]

> **〈귀현본 F-5〉** 소홍(蘇洪)에게는 절세미인의 여동생이 한 명 있었기 때문에 아칠(亞七)은 전력을 다하여 이 두 사람을 추격하였다. 이 두 사람은 이를 알고 자진해 죽었지만, 남겨놓은 도목검이 아칠을 능지처참하였다.[26]

---

23 『藴黰屶錦囊傳』, 42쪽.

24 『藴黰屶錦囊傳』, 47쪽.

25 「天地會文書抄本」, 『廣西會黨資料彙編』, 487-488쪽.

26 「貴縣修志局發現的天地會文件」, 『天地會文獻錄』, 2쪽.

〈표 3〉 기원전설 각 판본에서 정군달과 그의 가족, 그리고 보검

구분	기원전설 판본	정군달	정군달의 가족	정군달의 보검	비고
제1 형태	요대고본				
	전림본				정오련(鄭五連) 곽수영 도(刀)〔견심협력취강산(堅心協力取江山)〕
	소일산본(B)				
제2 형태	수선각본				
	귀현본				도목검(桃木劍)
	슈레겔본				
제3 형태	소일산본(A)	정군달(鄭君達)〔호광분주총진(湖廣分州總鎭)〕	곽수영(郭秀英, 처) 정도덕(鄭道德, 아들) 정옥련(鄭玉蓮, 여동생) 도방(道芳, 생질)	도리목보검(桃李木寶劍)	이룡쟁주(二龍爭珠) 반청복명(反淸復明)
	금낭본	정군달〔진수호남장군(鎭守湖南將軍)〕	곽수영(처) 정도덕(아들) 정옥련(여동생) 도방(생질)		마녕아(馬寧兒)를 참한 보검 십보도리검(十寶桃李劍)

〈참고내용〉 전림본 기원전설의 비고란은 기원전설에서 정오련(鄭五連)과 곽수영(郭秀英)이라는 성명만이 보이고, 도에 '견심협력취강산(堅心協力取江山)'의 글자가 새겨져 있다는 의미이다. 소일산본(A) 기원전설의 비고란은 도리목보검(桃李木寶劍)에 '이룡쟁주(二龍爭珠)'와 '반청복명(反淸復明)'이라는 글자가 새겨져 있다는 의미이다. 금낭본 기원전설의 비고란은 기원전설 이외의 다른 부분에서 보검의 사진과 「십보도리검(十寶桃李劍)」란 시구가 있음을 의미한다.

전림본 기원전설의 경우 〈H-13〉과 〈I〉에서 정오련·곽수영의 성명과 소림사 내부간신인 역위를 참하는 용도로서 도가 출현하고 있다. 또한 귀현본 기원전설의 경우 〈F-5〉에서 도목검이라는 보검으로 소홍의 여동생을 범한 아칠〔마이복(馬二福)〕을 참하는 용도로 출현하고 있다. 물론 정

군달이란 인물의 출현과 연동하여 출현하는 것은 아니지만, 이처럼 제1형태 · 제2형태의 기원전설에서 부분적으로 보이는 정군달 가족의 성명과 보검의 내용들은 기원전설이 각색되는 과정에서 제3형태의 소일산본(A) 기원전설처럼 정군달과 그의 가족들, 그리고 보검에 관한 이야기로 더욱 구체화 되었던 것이다.

2. 황제 · 간신 · 배신자 이야기

1) 황제와 조정 간신

〈표 Ⅰ〉 F의 '황제 · 간신 · 배신자'에서 간신이란 F-1의 조정 간신을 말한다. 조정 간신의 경우 〈표 Ⅱ〉에서처럼 모든 판본에 등장하는 기본 등장인물이다. 이하 각 판본에서 묘사된 조정 간신의 내용은 다음과 같다.

> **〈요대고본 F-1〉** 간신이 어느 날 군사를 일으켜 추격했는데, 참혹함이 그지없었다.[27]

> **〈전림본 F-1〉** 어느 날 도창(都昌)이 황제에게 모함하여 보고하기를, "천단(天丹)에서 서로가 반란을 일으켜 수차례 대장을 파견했지만 정복하지 못했는데, 소림사 128명이 어찌 정복할 수 있습니까? …… 하물며 지금 관록을 받지 않았으니, 어찌 서로와 내통하지 않았겠습니까? 만약 세력을 규합하여 우리를 공격한다면, 그 우환이 적지 않으니, 황제께서는 생각해 보십시오."라고 하였다.[28]

27 「廣西東蘭州天地會成員姚大羔所藏『會簿』」(嘉慶16.5.7.), 『天地會』 1, 4쪽.
28 「天地會文書抄本」, 『廣西會黨資料彙編』, 483쪽.

〈소일산본(B) F-1〉 옹정 13년 등승(鄧勝)이라는 간신이 있었다. (어느 날) 그가 절에 가서 향을 올릴 때 절 안에 보물인 황제가 하사한 옥인(玉印)을 보고 그것을 소유할 욕심이 생겼다. …… (이리하여) 황제에게 보고하기를, "소림사가 법술을 가르친다는 명목으로 모반을 꾀하고 있습니다. 만약 이들을 일찍이 도모하지 않으면, 반드시 후환이 생길 것입니다. 향을 사른다고 가장하여 소림사를 불살라버려 화근을 없애는 것이 좋을 듯합니다."라고 하였다. 이 혼군은 간신의 말에 현혹되어 등승에게 어림군 3천을 이끌고 계획을 실행하도록 하였다.[29]

〈수선각본 F-1〉 조정에 장련추(張連秋)라는 간신이 있었는데 대군(大郡)의 직책을 담당하고 있었다. 입조하여 강희제에게 몰래 아뢰기를, "신이 생각하건대, 조정에서는 서로라는 이민족을 평정할 수 있는 한 명의 장군도 없습니다. 지금 128명의 소림사 승려들은 화외(化外)의 사람들로 병장을 사용하지 않고서도 서로를 이길 수 있었습니다. 또한 소림사는 화외의 지역에서 왕화(王化)와 관직을 받지 않았으며 오히려 다른 마음을 갖고 있으니, 우리 황상의 강산을 보지하기 어렵습니다."라고 하였다.[30]

〈귀현본 F-1〉 승상 진문요(陳文耀)·등덕승(鄧德勝)은 작년 서로를 정복할 때의 일을 자세히 상기해 보니, "이 사람 역시 그 가운데 있었고, 황제의 어림군이 외성의 병마 수만과 공조했어도 승리할 수 없었는데, 저들 108명은 한 사람도 다치지 않고 전승하여 되돌아왔으니, 지금 마이복(馬二福)이 아뢴 것은 필시 사실이다."라고 믿었다.[31]

〈슈레겔본 F-1〉 옹정 11년 등승이 복건얼사(福建臬司)로 임명되었다.

29 『近代秘密社會史料』 卷2 「西魯敍事」, 1-2쪽.

30 「守先閣本天地會文件」, 『天地會文獻錄』, 41-42쪽.

31 「貴縣修志局發現的天地會文件」, 『天地會文獻錄』, 2쪽.

…… 그는 종종 소림사에 가서 분향을 했는데, 그곳에서 황제가 내려준 삼환비취(三環翡翠)와 금인장(金印章)을 본 후 그것을 탈취하고 싶은 욕망이 생겨 계책을 세웠다. …… 그래서 그는 황제에게 소림사 승려들이 요술과 나쁜 행동으로 민심을 현혹시키고, 나아가 선제가 사여한 인장을 가지고 모든 권력을 초월하여 모반을 획책하고 있으니, 이는 실로 무서운 재앙이라고 보고하였다.[32]

〈소일산본(A) F-1〉 간신 장건추(張建秋)와 진굉(陳宏)이 있었다. 이 두 사람은 동심으로 계획을 세워 소림사의 승려들을 해치려고 하였다. 입조하여 상주하길, "황제 폐하, 소림사의 승려는 포학간사한테, 만약 다른 마음이 있으면 우리의 강산을 보존하기가 어렵습니다. 게다가 승려들은 정군달과 팔배지교(八拜之交)를 했으니, 혹여 모반이라도 한다면 우리 강산은 평안할 수 없습니다."라고 하였다.[33]

〈금낭본 F-1〉 장건추와 진문요가 황제에게 상주하기를, "현재 저희들이 보기에 구련산 소림사의 승려들은 천지를 바꿀 수 있는 사람으로 문(文)으로는 출귀입신(出鬼入神)의 책략을 갖고 있고, 무(武)로는 구표축호(驅豹逐虎)의 능력을 갖고 있습니다. 조정의 대소 문무대장들이 서로의 침입을 막지 못했는데, 저들 128명이 출전하자마자 서로를 물리쳤습니다. 저들이 조정으로 개선하고는 머무르지도 않았고, 황제가 관직을 내려 조정의 동량으로 삼고자 했는데도 거부하였습니다. 게다가 저들은 현재 정군달과 팔배지교를 했고, 군달은 현재 병권을 장악하고 있으며, 승려들은 매우 용맹합니다. 일단 저들이 조정에 모반하여 양쪽에서 협공하여 장안(長安)으로 쳐들어온다면, 누가 저들을 막을 수 있겠습니까?"라 하였다.[34]

---

32 Gustave Schlegel, *Tian Ti Hui: The Hung League or Heaven-Earth-League: a Secret Society with the Chinese in China and India*, pp.11-12.

33 『近代秘密社會史料』 卷2 「西魯序」, 4쪽.

〈표 4〉 기원전설 각 판본에서 조정 간신의 비교

구분	기원전설 판본	조정 간신의 성명	조정 간신의 직책	비고
제1형태	요대고본			간신
	전림본	무도창(武都昌)	만조(滿朝) 문무관원	
	소일산본(B)	등승(鄧勝)		
제2형태	수선각본	장련추(張連秋)	대군(大郡)	
	귀현본	등덕승(鄧德勝) 진문요(陳文耀)	좌우승상(左右丞相)	
	슈레겔본	등승	복건얼사(福建臬司)	
제3형태	소일산본(A)	장건추(張建秋) 진굉(陳宏)	태사(太師)	
	금낭본	장건추, 진문요	태군(太郡)	

〈참고내용〉 요대고본 기원전설의 비고는 이 판본의 내용에 조정 간신의 성명은 나오지 않고, 단지 "간신"이란 표현만 나온 것을 의미한다.

조정 간신의 소림사 승려에 대한 모함은 서로 정벌의 가공할만한 무공에 대한 두려움과 황제가 내려준 선물에 대한 시기심에서 비롯되고 있다. 각 판본에서 주목되는 점은 조정 간신의 명칭이 판본별로 차이가 있지만, 일정한 경향성을 발견할 수 있다는 점이다. 즉 제1형태의 전림본 기원전설에서 무도창이란 명칭으로 등장한 간신의 명칭은 이후 기원전설이 각색되는 과정에서 다른 판본에서는 채택되지 않았다. 또한 제1형태의 소일산본(B) 기원전설에서는 등승이라는 조정 간신이 보이고 있는데, 이 인물은 제2형태의 귀현본·슈레겔본 기원전설에서는 등승과 등덕승으로 이어진다. 한편 제2형태의 수선각본 기원전설에 새롭게 등장한

34 『蘿蘼㝐錦囊傳』, 101-102쪽.

또 다른 조정 간신인 장련추는 제3형태의 소일산본(A) · 금낭본의 기원전설에서 장건추로 이어지고, 제2형태의 귀현본 기원전설에서 새롭게 등장한 또 다른 조정 간신인 진문요는 제3형태의 소일산본(A) · 금낭본의 기원전설에서 진굉과 진문요로 이어진다. 여기에서 등승과 등덕승, 장련추와 장건추, 진문요와 진굉의 편차는 기원전설이 구전되거나 초사되는 과정에서의 오류일 것이다.

요컨대 제1형태의 기원전설에서 보이는 무도창이나 등승이라는 조정 간신 중에서 등승만이 제2형태의 기원전설에서 부분적으로 채택되었다. 등승은 다시 제2형태의 기원전설에 새롭게 출현한 장련추나 진문요와 연결이 시도되지만 제3형태의 기원전설에서 이르러서 채택되지 않았다. 결국 제2형태의 기원전설에서 출현한 장련추나 진문요가 제3형태의 기원전설에서 장건추나 진문요 혹은 진굉 등으로 이어졌던 것이다. 제2형태의 귀현본 기원전설에서 등승과 진문요가 출현하고 제3형태의 금낭본에서 장건추와 진문요가 출현한 상황은 조정 간신의 각색 과정을 잘 보여준다고 하겠다.

2) 소림사의 배신자

〈표 Ⅰ〉에서 F의 '황제 · 간신 · 배신자'에서 배신자란 F-4의 소림사의 배신자를 말한다. 또한 〈표 Ⅱ〉의 F-4를 보면, 소림사의 배신자는 각 판본별로 등장여부의 차이가 있어 제1형태의 요대고본 · 전림본 · 소일산본(B) 기원전설과 제2형태의 수선각본 · 슈레겔본 기원전설에서 등장하지 않다가 제2형태의 귀현본 기원전설과 제3형태의 소일산본(A) · 금낭본 기원전설에서 등장한다. 각 판본에서 소림사의 배신자는 다음과 같이 묘사되어 있다.

〈그림 3〉 배신자 마녕아

* 출처 : 『近代祕密社會史料』 卷1, 34쪽

〈귀현본 F-4〉 108명의 승려들 중에 마이복(馬二福)이란 자가 있었다. 그는 소림사에서 제7위의 호한(好漢)으로 철곤(鐵棍)을 사용했는데, 무게가 36근이었다. 이 때문에 아칠(亞七)이라 불렀다. 그가 소림사에 왔을 때, 세심하지 못하여 소림사의 보등(寶燈)을 깨트렸다. …… 다른 승려들이 그가 보등을 깨뜨린 것을 보고서 크게 화를 내고 내쫓아 버렸다. 그는 마음 속의 분함을 가라앉히지 못하고 곧바로 수도로 올라가 좌우승상 진문요와 등덕승을 접견하여 울먹거리며 말하기를, "저는 이 명주(明主)의 강산을 버리기를 원하지 않습니다. 소림사의 승려들이 모반을 기도하여 작년에 서로를 정벌할 때 오랑캐와 내통하여 국가를 팔아먹기로 내응하였습니다. 저는 황제의 인자함을 알아 차마 좌시할 수가 없습니다."라고 하였다.[35]

〈소일산본(A) F-4〉 장건추는 소림사로 가는 도중에 왕천(王泉) 지방에 이르렀을 때 노상에서 거부 마녕아(馬寧兒)을 만났는데, …… 그는 사람이 탐욕스러웠다. …… 하루는 소림사에서 물을 긷다가 그만 난등(爛燈)을 깨뜨려 내쫓겨져 왕천 지방에서 거부(車夫)로 지내고 있었습니다.

35 「貴縣修志局發現的天地會文件」, 『天地會文獻錄』, 1-2쪽.

지금 대인의 보살핌을 받게 되었으니, 힘을 보태어 드리겠습니다.…… 이리하여 마녕아가 길을 안내하게 되었다.[36]

〈금낭본 F-4〉 장건추가 군사를 이끌고 소림사로 가던 중 이윽고 광천(廣泉) 지방에 이르렀을 때 한 소년 거부를 만났는데, …… 바로 마녕아였다. 건추가 "듣자하니 이곳 구련산의 소림사에 많은 승려들이 있다고 하던데, …… 소림사로 가는 길을 안내해 줄 수 있겠소, 그러면 그 대가를 주겠다."고 물었다. 마녕아가 "당신들을 그곳으로 데리고 갈 수 없습니다."라고 하자, 건추는 "왜 데리고 갈 수 없다는 건가?"라고 물었다. 마녕아는 "다름이 아니라 전에 내가 소림사에서 향로를 청소할 때 조심치 못하여 물건을 망가뜨려 승장으로부터 내쫓김을 당했기 때문에 다시 그곳으로 가고 싶지 않습니다."라고 하였다. 건추는 "사실 우리는 이번에 군대를 이끌고 소림사를 정벌하러 온 것이오. 기왕에 네가 소림사와 원수가 된 바에야 오늘 우리에게 길을 안내해 주고 같이 소림사를 정벌하는 것이 어떠하오. 우리는 임무를 성공하고, 자네는 복수를 갚을 수 있을 뿐 아니라 우리가 조정의 황제에게 보고하여 너에게 큰 상을 줄 수 있으니, 일석삼조가 아니겠는가?"라고 하였다. 마녕아는 "나는 저들을 미워했지만 어찌할 능력이 없었는데, 오늘 대인을 우연히 만나게 되어 황제를 위해 이들을 제거할 수 있고, 게다가 나의 원수도 갚을 수가 있게 되었다."고 하였다.[37]

앞서 언급한 조정 간신과 함께 소림사 배신자의 역할은 기원전설 이야기 전개과정의 박진감과 생동감을 더해 주는 역할을 담당하고 있는데, 후대의 각색된 판본일수록 이들의 역할에 상당히 많은 지면을 할애하고 있다. 소림사 배신자의 성명은 귀현본 기원전설에서는 소림사에서 무공

36 『近代秘密社會史料』 卷2 「西魯序」, 4-5쪽.

37 『蘦鶵宊錦囊傳』, 104-108쪽.

이 제7위인 마이복(아칠)으로, 소일산본(A)·금낭본의 기원전설에서는 거부 마녕아로 등장한다. 마이복이나 마영아는 소림사의 보등 등의 물건을 깨뜨린 이후에 소림사를 모함하거나 청군의 앞잡이 노릇을 한 죄를 짓고 있다. 이러한 이야기의 추가 과정에서 천지회의 은어가 생성되기도 했는데, 귀현본에서 소림사를 배반한 마이복의 무공이 제7위였기 때문에 천지회에서는 '칠'자를 금기하여 이를 '길(吉)'자로 대체 사용하였다. 귀현본에서 '칠성(七星)'은 '길성(吉星)'으로,[38] 수선각본에서 '참칠(斬七)'은 '참길(斬吉)'로,[39] 금낭본에서 '칠명(七名)'은 '길명(吉名)'[40] 등으로 기록하는 적지 않은 사례를 볼 수 있다. 결국 제2형태의 기원전설에서 보이기 시작한 소림사 배신자라는 인물의 추가로 천지회 내부에 은어가 생성된 셈이다.

여기에서 주목되는 점은 기원전설의 이야기 전개 과정에서 조정 간신과 소림사 배신자의 역할과 만남이다. 비록 제2형태의 귀현본 기원전설은 소림사 소실이 진문요·등덕승이라는 조정 간신의 계획에 의한 것이 아니라 마이복의 모함 하에서 일어나지만, 결국 조정 간신과 소림사의 배신자의 합작에 의해 소림사의 소실이 이루어진다. 제3형태의 소일산본(A)·금낭본은 모두 조정 간신이 군대를 이끌고 소림사로 가는 도중에 이들의 앞잡이가 된 소림사의 배신자와 합작이 이루어진다. 따라서 〈표 Ⅰ〉의 F-5 '간신과 배신자의 합작' 이야기는 소림사 배신자의 출현과 그 성명의 변화와 함께 각색된 기원전설의 표지가 된다. 애초의 단순한 배신 구조가 조정 간신에 소림사의 배신자가 추가됨으로써 이중의 배신 구조로 각색되었던 것이다.

38 「貴縣修志局發現的天地會文件」, 『天地會文獻錄』, 7쪽.
39 「守先閣本天地會文件」, 『天地會文獻錄』, 44쪽.
40 『蘸瓢岃錦囊傳』, 125쪽.

〈표 5〉 기원전설 각 판본에서 소림사의 배신자

구분	기원전설 판본	배신자의 성명	배신자의 역할	비고
제1형태	요대고본			
	전림본			역위(易謂) 모함
	소일산본(B)			
제2형태	수선각본			
	귀현본	마이복(馬二福) 〔=아칠(亞七)〕	모함	
	슈레겔본			
제3형태	소일산본(A)	마녕아(馬寧兒)	청군의 앞잡이	조정 간신과의 합작
	금낭본	마녕아	청군의 앞잡이	조정 간신과의 합작

그런데 〈표 5〉에 표시해 놓은 것처럼 소림사 배신자 이야기와 관련하여 그 선행하는 내용이 전림본 기원전설에 보이고 있다. 소림사의 배신자는 아니지만 천지회를 조직한 천기를 누설한 역위(易謂)라는 인물이 등장하는데, 그 내용은 다음과 같이 묘사되어 있다.

> **〈전림본 H-13~I〉** 뜻밖에 역위가 (천지회를 조직한) 천기를 누설하여 지방관에게 알리고 북경으로 갔다. 강희제는 이를 듣고 대장을 소집시켜 출병하여 진압하기로 하였다. …… 역위는 광동 노만산(老萬山) 석성(石城)현 사람으로 태어날 때 키가 1장 8척이었고, 반골조심(反骨刁心)으로 천기를 누설하고 구호를 사사로이 전파하였다. 그의 시체는 황하에 묻히고 머리는 땅에 묻히게 하여 머리와 시체를 떨어지게 하였다.[41]

41 「天地會文書抄本」, 『廣西會黨資料彙編』, 487-488쪽.

전림본 기원전설의 역위라는 인물을 앞서 언급한 귀현본 · 소일산본(A) · 금낭본의 기원전설에 보이는 소림사의 배신자와 비교를 해 보면, 역위는 천지회를 창립한 이후의 H-13과 I의 사이에 출현하고, 나아가 역위의 역할에서 전림본에 보이는 조정 간신 무창도과의 합작은 보이지 않는다. 결국 제1형태의 전림본 기원전설에서 역위라는 인물의 등장은 이후의 다른 판본에서는 채택되지 않았지만, 제2형태의 귀현본 기원전설이나 제3형태의 소일산본(A) · 금낭본 기원전설에 보이는 이중의 배신 구조가 출현하기 이전의 모습을 보여주고 있는 것이다.

3. 소림오승의 유랑 이야기

1) 소림오승(전오조, 오조)

〈표 Ⅰ〉과 〈표 Ⅱ〉의 H-1~H13은 소림사가 소실된 이후 청군의 추격을 피해 소림사 승려가 유랑하는 과정에서 등장하는 인물과 이야기이다. 여기에서 유랑하여 최후까지 살아남아 천지회의 창립에 참여하는 소림오승이 바로 채덕충(蔡德忠) · 방대홍(方大洪) · 마초흥(馬超興) · 호덕제(胡德帝) · 이색개(李色開)인데, 이들이 바로 '천지회 계보'에서 오조(五祖)로 불리는 이른바 전오조(前五祖)다. 이들은 천지회를 창립한 이후 청군과의 전투에서 패전하기 때문에 훗날 결사의 정치이념인 반청복명을 도모하기 위해 각각 5개의 방(房: 지부)을 만들어 흩어지게 되는데, 이를 천지회의 오방(五房)이라 한다. 또한 전오조가 이러한 오방의 배분에 참여했기 때문에 전오방(前五房)이라고도 부른다.

우선 소림오승은 모든 판본에 등장하고 있는 기본 등장인물이지만,

〈그림 4〉 소림오승 (=전오조, 오조)

* 출처 : 『近代祕密社會史料』 卷1, 3-5쪽

각 판본에서 그것의 명칭과 성명의 등장 여부에는 차이가 있다. 제1형태의 요대고본·전림본·소일산본(B)의 기원전설에서는 단순히 소림사의 '오승'이라는 기술만 출현하다가, 제2형태의 수선각본·귀현본 기원전설에서는 '오조'라는 명칭이 보이며, 제2형태의 슈레겔본 기원전설과 제3형태의 소일산본(A)·금낭본 기원전설에 이르러서 '오방'나 '오조' 혹은 '전오조'의 표현은 물론 오방의 구체적인 배분까지 출현하고 있다. 따라서 오조·전오조·오방이라는 명칭의 출현 여부도 각색된 기원전설 판본의 표지가 된다.

특히 주목되는 점은 기원전설에서 등장하지 않는 소림오승의 성명이 회부의 다른 부분에서 이에 대한 성명을 기록하고 있다는 점이다. 요대고본 기원전설에서는 전오조의 성명이 보이지 않지만, 요대고본의 다른 부분에 장방 오천성(吳天成)〔절강〕, 이방 홍대세(洪大歲)〔복건〕, 삼방 이색지(李色地)〔광동〕, 사방 도필달(桃必達)〔운남·사천〕, 오방 임영초(林永招)〔호광〕라는 후술할 후오조(後五祖)의 성명과 후오방(後五房)에 관한 내용이 보인다.[42] 전림본·귀현본·수선각본의 경우 각각의 기원전설에서 전오조의 성명과 오방 배분에 대한 내용은 보이지 않지만, 각 회부의 다른 부분에서 전림본은 장방 규덕충(葵德忠)〔하남·절강〕, 이방 방대홍(복건·광동), 삼방 오천성(감숙·사천·섬서), 사방 오덕제(운남·귀주), 오방 이색개(호광·광서)로,[43] 수선각본은 장방 채덕충(감숙·복건), 이방 방대세(광동), 삼방 마초흥(운남·서천), 사방 호덕제(호광·호남), 오방 이색개(절강)로,[44] 귀현본은 장방 채덕충(복건), 이방 방대홍(광동), 삼방 마기흥(운남), 사방 호덕제(호광), 오방 이식개(李式開)〔절강〕로[45] 각각 기록하고 있다.

이러한 점들은 결국 회부의 다른 내용을 참조하여 기원전설에서 불분명했던 소림오승에 대하여 이들의 성명과 오조·전오조라는 명칭, 그리고 오방의 배분을 명확하게 규정하는 방향으로 각색되어 나갔음을 보여주고 있다. 금낭본 기원전설의 경우, 기원전설에 전오조의 성명이 보이지 않는 것은 금낭본 자체의 서술 특성과 관련된 것으로 보인다. 즉 금낭본

42 「廣西東蘭州天地會成員姚大羔所藏『會簿』」(嘉慶16.5.7.), 『天地會』 1, 5-7쪽.
43 「天地會文書抄本」, 『廣西會黨資料彙編』, 491쪽.
44 「守先閣本天地會文件」, 『天地會文獻錄』, 46쪽.
45 「貴縣修志局發現的天地會文件」, 『天地會文獻錄』, 7쪽.

〈표 6〉 기원전설 각 판본에서 소림오승 · 전오조 · 전오방

구분	기원전설 판본	전오조와 전오방				
		장방	이방	삼방	사방	오방
제1형태	요대고본	오승(五僧)				
	전림본	오승				
	소일산본(B)	오승				
제2형태	수선각본	오승, 오조(五祖)				
	귀현본	오승, 오조				
	슈레겔본	오승, 오방(五房)				
		채덕충(蔡德忠)	방대홍(方大洪)	마초흥(馬超興)	호덕제(胡德帝)	이색개(李色開)
		복건(福建)	광동(廣東)	운남(雲南)	호남(湖南)	절강(浙江)
제3형태	소일산본(A)	오승, 오방				
		채덕충	방대홍	마초흥	호덕제	이색개
		복건	광동	운남 광서(廣西)	호광 (湖廣)	절강
	금낭본	오승, 오조, 전오조(前五祖)				
		채덕충*	방대홍*	마초흥*	호덕제*	이색개*
		복건	광동 · 광서	운남 사천(四川)	호광	절강 하남(河南)

〈참고내용〉 금낭본 기원전설의 전오조의 성명(*부분)은 기원전설이 시작되기 전의 앞부분에 수록된 그림과 '천지회 계보'의 기록을 통해 확인한 내용을 표기해 둔 것이다.

은 기원전설에 등장하는 대부분의 인물들을 기원전설이 시작되기 전의 앞부분에 모두 그림으로 수록함과 동시에 '천지회 계보'의 형식으로 장방 채덕충, 이방 방대홍, 삼방 마초흥, 사방 호덕제, 오방 이색개라는 전오조와 전오방의 설명을 덧붙이고 있기 때문이다.[46]

2) 주강와 주개

〈표 Ⅰ〉의 H-1은 소림오승(=전오조)과 주강(朱江)〔혹은 주과(朱誇)·주광(朱光)·주강(朱剛)·주항(朱降)〕·주개(朱開)에 관한 이야기로, 〈표 Ⅱ〉에서처럼 요대고본 기원전설을 제외한 모든 판본에서 출현한다. 각 판본에서 주강과 주개의 주요 내용은 다음과 같다.

> **〈전림본 H-1〉** 소림사의 사도들이 깊이 잠들고 있었는데, 갑작스럽게 불이 솟아나자 사도들은 황천호토(皇天昊土)에 궤배하고서 불조관음(佛祖觀音)을 놀라게 하니, 오색의 구름이 출현하여 5근의 큰 동교(銅橋)로 변하여 사도 18명을 구출했는데, 관병이 이를 보고 추격하니 18인은 광주(廣州)부로 도망쳤다. …… 〈H-12~H-13〉 그날로 두 명의 장군을 초모했는데, 이름이 주개와 주과였다. …… 주개와 주과는 보검을 들고 이판교(二板橋)의 문 앞을 시키면서 삼관(三關)을 실치하고, 그 뒤에 애(隘)를 만들었다.[47]

> **〈소일산본(B) H-1〉** 5인은 오룡강(烏龍崗)에 이르러 앞뒤에 길이 없음을 발견하고 할 수 없이 상천(上天)에 …… 기도를 마치자, 주강과 주개라는 두 신선이 와서 인도(刃刀)를 강 아래에 배치하여 이판부교(二板浮橋)로 변하게 했으니, 5인은 건너갈 수 있었다.[48]

> **〈수선각본 H-1〉** 18명은 선봉인검(先鋒印劍)을 들고 후전(後殿)으로 도망가서 천지신명에 무릎을 꿇고 …… 기도하였다. 곧 화로(火爐)가 출현하고 주광과 주개라는 노승이 나타나 우리 형제 18명을 데리고 조주(潮州)부 장사만구(長沙灣口) 목양성(木陽城) 대포(大浦)현으로 도망갔다.

---

46 『龘黷岃錦囊傳』, 9-42쪽, 83-84쪽.

47 「天地會文書抄本」, 『廣西會黨資料彙編』, 484쪽, 487쪽.

48 『近代秘密社會史料』 卷2 「西魯敍事」, 2쪽.

…… 5명은 도망갈 길이 없어서 황천불조를 놀라게 하자 주광과 주개라는 노선(老仙)을 다시 파견해 황운(黃雲)을 늘어놓아 각각 운교(雲橋)로 변하게 하여 형제들이 이 다리를 통과하여 보주사(寶珠寺)에 이르게 되었다.[49]

〈귀현본 H-1〉 5인은 악신묘(岳神廟)에 이르러 바라보니, 앞에는 큰 강이 가로막고 있고 뒤에는 추격하는 병사가 있었다. 악신을 놀라게 하니, 주광과 주개가 동철교(銅鐵橋)로 변하게 하고, 5인은 다리를 따라 건너갔다.[50]

〈슈레겔본 H-1〉 5명의 승려들은 상의를 한 후 상천에 기도하면서 큰 소리로 외쳤다. …… 기도가 끝나자, 주강과 주개 두 신령이 나타나 구름 위에 서서 황색과 흑색의 구름으로 큰 사로(沙路)와 양판교(兩板橋)로 만들었다. 5명은 즉시 상천(上天)에 감사하고 다리를 건너갔다.[51]

〈소일산본(A) H-1〉 18명은 인검을 들고 후전으로 도망가 불조에게 기도하여 구원받기를 원했다. 대라신선(大羅神仙)이 주개와 주항을 하범시켜 황로(黃路)와 흑로(黑路) 두 길을 만들어 18명의 승려들을 소림사 밖으로 구출하였다.[52]

〈금낭본 H-1〉 118명이 불에 타 죽고 18명만이 살아남았다. 이들은 후전으로 가서 불조에게 궤배를 하였다. 애통한 목소리가 황천불조를 감동시키자 불조가 대라선(大羅仙)에게 주강과 주개를 세간으로 파견하여 흑로와 백로 두 길을 만들어 18명을 구출하였다.[53]

---

49 「守先閣本天地會文件」, 『天地會文獻錄』, 42쪽.

50 「貴縣修志局發現的天地會文件」, 『天地會文獻錄』, 2쪽.

51 Gustave Schlegel, *Tian Ti Hui: The Hung League or Heaven-Earth-League: a Secret Society with the Chinese in China and India*, p.13.

52 『近代秘密社會史料』 卷2 「西魯序」, 5쪽.

〈표 7〉 기원전설 각 판본에서 주강과 주개

구분	기원전설 판본	성명	주강·주개를 보낸 주체	교 혹은 로의 명칭	비고
제1 형태	요대고본				주홍·주과, 양판교
	전림본	주과(朱誇) 주개(朱開)	불조관음 (佛祖觀音)	이판교 (二板橋)	
	소일산본 (B)	주강(朱江) 주개	상천(上天)	이판부교 (二板浮橋)	
제2 형태	수선각본	주광(朱光) 주개	천지신명 (天地神明)	운교(雲橋)	
	귀현본	주광 주개	악신(岳神)	동철교 (銅鐵橋)	
	슈레겔본	주강(朱剛) 주개	상천	사로(沙路) 양판교(兩板橋)	
제3 형태	소일산본 (A)	주항(朱降) 주개	불조	황로(黃路) 흑로(黑路)	
	금낭본	주강(朱江) 주개	불조	흑로 백로(白路)	

〈참고내용〉 요대고본 기원전설의 비고에서 '주홍(朱洪)'·'주과(朱夸)'·'양판교(兩板橋)'는 기원전설 이외의 부분에서 보이는 내용을 적어 놓은 것이다.

전림본 기원전설은 H-1에 등장하지 않는 주강·주개를 H-12과 H-13 사이에서 보검을 들고 이판교를 지키는 장군으로 출현시켰는데, 소일산본(B) 기원전설과 제2·3형태의 기원전설에서는 모두 H-1에서 소림사 소실 이후 청군의 추격을 피하는 과정에서 불조(혹은 상천, 악신, 대라신선)가 주강·주개를 내려 보내 다리(이판교, 운교, 동철교)나 길(황로, 흑로, 백로)을 만들어 소림오승(혹은 소림사 승려 18명)을 소림사의 소실이나 청군의 추격으로

53 『蘸飄岈錦囊傳』, 112쪽.

부터 구출하는 것으로 묘사되어 있다. 각 판본에서 주과·주강·주광·주강·주항 등의 차이는 기원전설이 구전되거나 초사되는 과정에서의 오류일 것이다.

〈표 7〉처럼 요대고본 기원전설에서는 주강·주개의 이야기가 출현하지 않지만, 기원전설 이외에 요대고본의 「반문형제(盤問兄弟)」에서 '주홍(朱洪)'과 '주과(朱夸)'가 '양판교'를 만들었다는 구절이 보인다.[54] 결국 요대고본 이후의 제1형태인 전림본·소일산본(B) 기원전설에서부터 등장하기 시작한 주강·주개가 제2·3형태의 기원전설에서는 소림오승을 구출하는 신령으로 출현하여 이판교나 황로·흑로 등을 상징하는 기본 등장인물로 자리 잡게 된다. 특히 주강·주개를 내려 보낸 주체가 불조·불조관음·상천·천지신명·악신 등이었다는 점, 나아가 이판교 등의 다리와 황로 등의 길을 속세와의 단절을 상징하는 의미로 상정한다면, 이러한 주강·주개의 이야기는 이후 전개될 천지회 창립의 신성성과 정통성을 부여하는 중요한 기능을 수행하고 있다고 여겨진다.

3) 선부(사방항·오정귀)

〈표 Ⅰ〉의 H-2는 소림오승과 선부(船夫) 사방항(謝邦恒)·오정귀(吳廷貴)의 이야기이다. 〈표 Ⅱ〉에서처럼 제1형태에서는 등장하지 않다가 제2형태에서는 슈레겔본 기원전설에서만 등장하고 제3형태에서 모두 등장하고 있기 때문에 각색의 표지인물이다. 이 선부에 대해서 각 판본에서는 다음과 같이 묘사하고 있다.

〈슈레겔본 H-2〉 승려들이 이곳에 도착했을 때 단지 5명만 살아남고,

54 「廣西東蘭州天地會成員姚大羔所藏『會簿』」(嘉慶16.5.7.), 『天地會』 1, 11쪽.

그 나머지는 도중에 죽었다. 이들은 이곳에서 사방항과 오정귀라는 선부에 의해서 숨겨졌다.[55]

〈소일산본(A) H-2〉 강가에 이르러 다행히 사방항과 오정귀를 만나서 도움을 받았고, 배에서 머물렀다.[56]

〈금낭본 H-2〉 강가에 이르러 강을 건널 때에 운 좋게도 오정귀와 사방항을 만났는데, 이들이 5인을 배에 태워 구출하였다.…… 5인은 사방항과 오정귀의 집에 도착했지만, 청군이 이를 알았기 때문에 곧 이들과 작별하였다.[57]

소림오승이 청군의 추격을 받아 강가에 이르러 선부로 등장하는 사방항·오정귀에 의해 구출되는 이야기는 앞서 주강·주개의 이야기만큼 기원전설의 전개 과정에서 흥미롭지 않고, 그 차지하는 비중 또한 떨어진다. 그리고 슈레겔본 기원전설의 경우 소림오승과 선부의 이야기는 H-1의 주강·주개 이야기에 앞서 출현한다. 소일산본과 금낭본의 인물 도록에는 사방항의 그림을 모두 싣고 있다.[58]

4) 향로

〈표 Ⅰ〉의 H-3인 '소림오승과 정군달의 죽음, 그의 가족'과 H-4인 '소림오승과 정군달의 보검'의 이야기는 앞서 언급한 대로다. 이후에 전개되는 H-5가 바로 소림오승과 향로에 관한 이야기로 〈표 Ⅱ〉의 H-5처럼

---

55 Gustave Schlegel, *Tian Ti Hui: The Hung League or Heaven-Earth-League: a Secret Society with the Chinese in China and India*, p.13.

56 『近代秘密社會史料』 卷2 「西魯序」, 5쪽.

57 『蘸飄岃錦囊傳』, 114쪽, 116쪽.

58 『近代秘密社會史料』 卷1, 40쪽; 『蘸飄岃錦囊傳』, 33쪽.

각 판본에 모두 등장하고 있는데, 그 주요 내용은 다음과 같이 기술되어 있다.

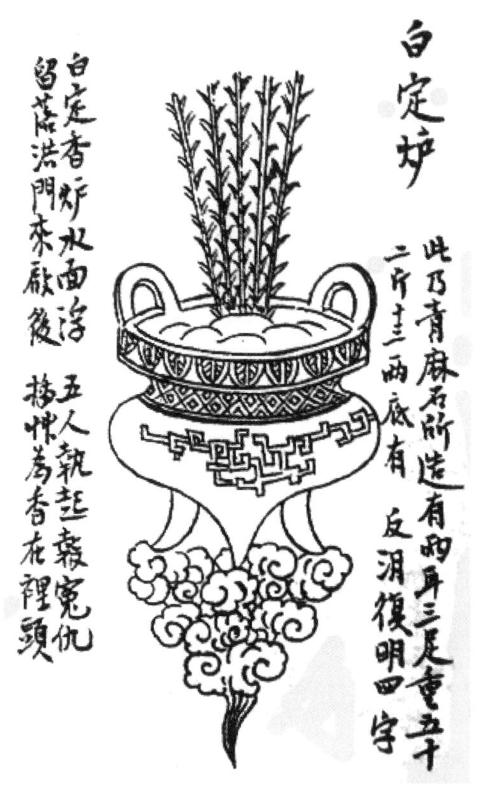

〈그림 5〉 백정로
* 출처 : 『近代祕密社會史料』卷 1, 14쪽

〈요대고본 H-5〉 장사한구(長沙漢口)에 이르렀을 때, 해수면 위로 백석향로(白石香爐)가 떠올랐다. 무게가 52근으로 향로 밑바닥에 '흥명절청(興明絶淸)'이란 네 글자가 쓰여져 있었다.[59]

〈전림본 H-12~H-13〉 옥황대제가 크게 노하여 청마(靑麻) 백석향로(白石香爐)를 내려 보내고 천어사(天御使)에게 충의방문을 내려 보내 고계(高溪)의 송림(松林)에 걸게 하고, 소림사 113명을 음사총병(陰司總兵)의 직으로 봉하였다. …… 5인은 쌍당구(雙塘口) 삼강하(三江河)에 이르렀다. …… 5인이 끌어올려 보니, 위에는 '청양인온(氰氧氤氳)', 옆에는 '홍평천하(洪平天下)', 바닥에는 '부명멸청(扶明滅淸)', 아래에는 '관음수장인(觀音手掌印)'이 있었다. 무게를 달아보니, 정확히 52근 13량이었다.[60]

〈소일산본(B) H-5〉 광동성 혜주(惠州)부 석성(石城)현 고계묘(高溪廟)에

59 「廣西東蘭州天地會成員姚大羔所藏『會簿』」(嘉慶16.5.7.), 『天地會』 1, 4쪽.
60 「天地會文書抄本」, 『廣西會黨資料彙編』, 484쪽.

거주할 때, 뜻밖에 하나의 물건이 떠올랐다. 5인은 들여 올려보니, 백정향로(白錠香爐)였다. …… 밤중에 백정향로가 찬란하게 빛을 발산했는데, 향로의 밑 부분에 '반월복명(反玥復明)'이라는 네 글자가 출현하였다.[61]

〈수선각본 H-5〉 대낮에 일어나 형제들은 밖으로 나가서 답답한 마음에 주랑을 쳐다보니, 세 강물이 합쳐지는 곳에서 수면 위로 백정로(白定爐) 청마석(青蔴石)이 떠올랐다. 귀는 2개이고 다리는 3개이며 무게 52근 13량으로 바닥에 '반월복명(反玥復明)'이란 네 글자가 선명하게 새겨져 있었다.[62]

〈귀현본 H-5〉 당시 5인은 시행할 만한 계획이 없어 물에 뛰어들어 자살하고자 생각하여 5인은 백사만구(白沙灣口)에 이르렀는데, 갑자기 해수면에 3개의 구마석(舊蔴石)이 떠올랐다. 석면(石面)에는 단지 백정향로(白碇香爐)가 있었는데, 다리가 3개이고 귀가 2개였으며 무게는 12근 13량이었다. 바닥에는 '반청복명(反淸復明)'이라는 문구가 있었고, 그 가운데에 '홍영(洪英)'이란 글자가 있었다.[63]

〈슈레겔본 H-5〉 5인은 산에서 하나의 사묘를 보았는데, 가까이에 이르자 영왕묘(靈王廟)였다. 이들은 목이 말라 계천 부근에서 물을 뜨려고 하는데, 수면으로 떠다니는 백정향로(白定香爐)을 발견하였다. 자세히 보니, 상면에 '반청복명(反淸復明)'이라는 글자가 있었다.[64]

〈소일산본(A) H-5〉 어느 날 항미(港尾)로 산책을 나갔다가 청마석(青蔴石)으로 귀가 2개이고 다리가 3개인 백정로(白定爐)가 강가에 있는 것을

61 『近代秘密社會史料』 卷2 「西魯敍事」, 2쪽.

62 「守先閣本天地會文件」, 『天地會文獻錄』, 42쪽.

63 「貴縣修志局發現的天地會文件」, 『天地會文獻錄』, 2쪽.

64 Gustave Schlegel, *Tian Ti Hui: The Hung League or Heaven-Earth-League: a Secret Society with the Chinese in China and India*, p.14.

발견하였다. 5인이 들어 올리려 하자 움직이지 않았는데, 바닥에 '반월복명(反汨復明)'이라는 네 글자가 쓰여져 있었다.[65]

> **〈금낭본 H-5〉** 보안사(普安寺)에 거주할 때 …… 사람들이 호미(湖尾) 혹은 항미(港尾)라 부르는 곳이 있었다. 이에 5인은 함께 그곳으로 가서 마음을 진정시키고자 했는데, 이 때 백정로(白錠爐)를 발견하였다. 청마석(青麻石)으로 다리는 2개이고 귀는 3개였다. 5인이 끌어 올려 그것의 밑바닥을 보니, '반월복골(反汨復汨)'의 네 글자가 쓰여져 있었다.[66]

강가나 해수면에서 향로가 갑자기 출현하거나 혹은 옥황대제가 이것을 내려 보낸다는 것은 반청복명에 대한 천의(天意)를 소림오승에게 전달하는 이른바 '구세주적 메시지'(messianic message)의 환상을 불러일으키는 전형적인 장치이다.[67] 향로 무게의 경우 52근 혹은 52근 13량이었지만, 제3형태의 기원전설에서는 이에 대한 언급이 보이지 않는다. 기원전설에서 향로의 출현은 천지회 창립의 관건 인물인 진근남(陳近南)〔H-7〕이나 만운룡(萬雲龍)〔H-12〕을 만나기 전에 소림오승에게 등장하는 공통점을 보이고 있다. 특히 향로는 앞서 언급한 천지회의 보검과 함께 결사의 창립 종지를 상징하는 것으로 각 판본마다 향로의 바닥에 '반청복명(反淸復明)'〔혹은 '흥명절청(興明絶淸)'·'부명멸청(扶明滅淸)'·'반월복명(反汨復明)'·'반월복골(反汨復汨)'〕을 직접적으로 언급하고 있다. 결국 천지회의 기원전설은 이러한 향로의 출현이라는 장치를 통해 결사의 정치이념과 창립의 정통성을 부여받고 있는 것이다.

---

65 『近代秘密社會史料』 卷2 「西魯序」, 5-6쪽.

66 『鬴鬑屶錦囊傳』, 116-117쪽.

67 Barend J. Ter Haar, "Messianism and the Heaven and Earth Society: Approaches to Heaven and earth Society Texts", David Ownby & Mary Somers Heidhues eds., *'Secret Societies' Reconsidered: Perspectives on the Social History of Early Modern South*, 1993, p.157.

〈표 8〉 기원전설 각 판본에서 향로

구분	기원전설 판본	향로 이름	발견 장소	향로 무게	향로 바닥의 문자	비고
제1 형태	요대고본	백석향로(白石香爐)	해수면	52근	홍명절청(興明絶淸)	
	전림본	백석향로(白石香爐)	삼강하(三江河)	52근 13량	부명멸청(扶明滅淸)	청양인온(氰氧氤氳) 홍평천하(洪平天下) 관음수장인(觀音手掌印)
	소일산본(B)	백정향로(白錠香爐)	수중		반월복명(反汌復明)	
제2 형태	수선각본	백정로(白定爐)	삼하합수(三河合水)	52근 13량	반월복명	
	귀현본	백정향로(白碇香爐)	해수면	52근 13량	반청복명(反淸復明)	홍영(洪英)
	슈레겔본	백정향로(白定香爐)	수면		반청복명	
제3 형태	소일산본(A)	백정로(白定爐)	수변		반월복명	
	금낭본	백정로(白錠爐)	항미(港尾)		반월복골(反汌復汨)	

〈참고내용〉 비고에 있는 내용은 향로 바닥 이외에 새겨진 문자를 표기한 것이다. 전림본 기원전설의 경우 향로의 상면에 "청양인온(氰氧氤氳)", 옆면에 "홍평천하(洪平天下)", 하면에 "관음수장인(觀音手掌印)"이 새겨져 있으며, 귀현본 기원전설의 경우 향로의 중앙에 "홍영(洪英)"이 새겨져 있다.

특히 향로 바닥에 새겨진 문자에서 청(淸)자를 월(汌)자로 대체한 것은 아편전쟁 이후 민간사회에서 청조 부정의 의미로 청(淸)자에서 주(主)를 의미하는 글자를 빼고 '청조는 이미 주인이 없는 왕조'라는 의미로 사용한 데서 연유한다. 이러한 청조 부정을 의미하는 파자로 만(滿)자를 양(㒳)자로 대체하는 경우도 볼 수 있는데, 이것은 '만주족의 머리(++)를 제거함'이라는 의미로 사용되었다.[68] 결국 제1형태의 소일산본(B) 기원전설, 제2형태의 수선각본 기원전설, 제3형태의 소일산본(A)과 금낭본의 기원전설은 모두 월(洕)자가 보이고 있기 때문에 이들 기원전설은 적어도 아편전쟁 이후에 초사되었음을 의미한다.

5) 5명의 말 장사꾼(후오조)

〈표 Ⅰ〉의 H-6은 소림오승이 5명의 말 장사꾼인 오천성·홍태세·이식제(李識弟)〔혹은 이색개(李色開)·이색지(李色智)·이식대(李式大)〕·도필달〔혹은 요필달(姚必達)〕·임영초을 만나는 이야기이다. 이들 5명의 말 장사꾼은 영왕묘에서 소림오승을 만나 의기투합하여 천지회의 창립 과정에 참여하는 인물로 '천지회의 계보'에서 통상 '후오조(後五祖)'로 부르고, 이들 역시 오방의 배분에 참여하여 '후오방(後五房)'의 호칭을 얻는다. 이들은 다음의 판본에서 언급되어 있다.

> **〈슈레겔본 H-7〉** 다음날 영왕묘로 다시 돌아왔다. 이들(소림오승)은 여기에서 5명의 말 장사꾼를 만났는데, 오천성·이색지·홍태세·도필달·임영초였다. 이들은 다섯 명 승려의 액운을 듣고서 한 패거리가 되었다.[69]

> **〈소일산본(A) H-7〉** 오천성·홍태세·이색개·도필달·임영소 5인은 절강성 혹은 산동성에서 말을 장사하며 생활하였다. 그런데 영왕묘를 지나다가 채·방·마·호·이 5인을 만나 의기투합하여 결의하고 생사를 같이하여 대사를 함께 할 것을 맹서하였다.[70]

---

68 陶成章, 「敎會原流考」, 湯志鈞 編, 『陶成章集』, 北京: 中華書局, 1986, 416쪽.

69 Gustave Schlegel, *Tian Ti Hui: The Hung League or Heaven-Earth-League: a Secret Society with the Chinese in China and India*, p.14.

〈금낭본 H-7〉 산동에서 말을 장사하며 지내던 오천성·도필달·홍태세·이식대·임영초가 이 지역을 지나다가 이 소식을 알게 되었다. 이에 영왕묘로 와서 동생동사의 각오로 함께 대사를 일으킬 것을 맹서하였다.[71]

〈표 9〉 기원전설 각 판본에서 5명의 말 장사꾼

구분	기원전설 판본	후오조와 후오방				
		장방	이방	삼방	사방	오방
제1형태	요대고본					
	전림본					
	소일산본(B)					
제2형태	수선각본					
	귀현본					
	슈레겔본	마판자(馬販子)				
		임영초(林永招)	이색지(李色智)	오천성(吳天成)	요필달(姚必達)	홍태세(洪太歲)
		감숙(甘肅)	광서(廣西)	사천(四川)	호북(湖北)	강서(江西)
제3형태	소일산본(A)	마판자, 후오방				
		오천성	홍태세(洪太歲)	이식제(李識弟)〔이색개(李色開)〕	도필달	임영초〔임영소(林永昭)〕
		서촉(西蜀)	귀주(貴州)	강남(江南)	운남(雲南)	하남(河南)
	금낭본	마판자, 후오조				
		오천성	홍태세	도필달	이식대(李式大)	임영초
		사천	귀주	강남	하남	섬서(陝西)

70 『近代秘密社會史料』 卷2 「西魯序」, 6쪽.

71 『藴黷岃錦囊傳』, 119쪽.

5명의 말 장사꾼은 소림오승과는 다르게 제1형태의 기원전설에서는 전혀 보이지 않고, 제2형태의 슈레겔본 기원전설과 제3형태의 소일산본(A)·금낭본 기원전설에 이르러서야 명확히 그 성명과 후오방의 배분을 볼 수 있다. 따라서 이들의 출현과 성명, 그리고 후오방의 배분 역시 각색된 기원전설의 표지가 된다. 다만 요대고본의 경우 후오조와 후오방이 기원전설 이외의 다른 부분에 명기〔오천성(절강), 홍대세(복건), 이색지(광동), 도필달(운남·사천), 임영초(호광)〕되어 있고,[72] 수선각본의 경우도 기원전설 이외의 부분에 후오조〔오천성(감숙), 홍대세(광동), 요필달(운남·사천), 이색제(호광), 임영초(절강)〕가 각 방의 선봉(先鋒)으로 출현하고 있으며,[73] 금낭본의 경우 기원전설 이외의 다른 부분에서 위의 표와는 다르게 오방의 지역적 분포가 감숙, 광동, 운남·사천, 호광, 절강으로 되어 있기도 하다.[74]

4. 천지회의 창립과 패전 이야기

1) 진근남

〈표 Ⅰ〉의 H-7은 소림오승이 진근남(陳近南)을 만나는 이야기이다. 진근남은 이후 H-9, H-10, H-11, H-13, J의 내용에서 계속해서 등장한다. 〈표 Ⅱ〉의 H-7처럼 진근남은 제1형태의 기원전설에서는 등장하지 않고, 제2형태의 기원전설에서 언급이 시작되다가 제3형태의 기원전설에 이르러 천지회의 창립을 주도하는 인물로 등장하는 각색된 기원전설의 표지인

72 「廣西東蘭州天地會成員姚大羔所藏『會簿』」(嘉慶16.5.7.), 『天地會』 1, 5-7쪽.

73 「守先閣本天地會文件」, 『天地會文獻錄』, 46쪽.

74 『蘸鷩岃錦囊傳』, 84-85쪽.

물이다. 우선 제2형태의 기원전설에서 진근남은 다음과 같이 묘사되고 있다.

〈그림 6〉 선생 진근남
* 출처 : 『近代祕密社會史料』 卷1, 7쪽.

〈수선각본 H-7〉 화상 진근남이 명조의 일을 언급하니, 형제들은 선생(先生)으로 존칭하였다. …… 〈J〉 진근남 선생은 어디로 갔는지 알 수 없다. 후에 들은 바로는 복건성에서 천지회를 조직〔가교개허(架橋開墟)〕하여 영웅을 확보하고, 오조의 규례를 따라 오조를 대공(大公)으로 봉하고 도원결의를 모방하여 선생이 되어 형제들을 가르쳐 다시 명주(明主)를 세워 중원의 강산을 평정하고자 했으니, 본래 가슴에 육도삼계를 품고 팔괘를 내장하여 건곤을 정했다고 한다.[75]

〈귀현본 H-7〉 만운룡을 대가(大哥)로 삼았다. …… 〈H-13~J〉 태자 주홍영을 맹주로 삼고, 진근남 선생을 군사로 삼으며, 소홍원(蘇洪元)을 선봉으로 삼고 5명을 오호대장으로 삼았다.[76]

〈슈레겔본 H-7〉 진근남은 병부상서 겸 한림원학사로 간신의 모함을 받고 혁직되었다. 이후 그는 천하를 돌아다니며 사람들에게 천리를 가르쳤고, 그의 심원은 천하의 영웅을 확보하는 것이었다. 그는 소림사 승

75 「守先閣本天地會文件」, 『天地會文獻錄』, 42-43쪽.
76 「貴縣修志局發現的天地會文件」, 『天地會文獻錄』, 2-3쪽.

려가 어려움에 처한 것을 듣고 참여한 것이다. 〈H-13~J〉 만운룡은 수령으로, 진근남은 모사로 추대되었고, 황성은(黃成恩)는 선봉으로 추대되어 천우홍(天佑洪)으로 개명하였다.[77]

제2형태의 기원전설에서 보이는 진근남은 화상 혹은 병부상서 겸 한림원 학사 출신이고, 천지회 창립 이후 진근남의 지위는 선생·군사·모사 등으로 묘사되어 있다. 이는 대가·수령으로 묘사된 후술할 만운룡의 지위보다 낮다. 그런데 제1형태의 기원전설에서 등장하지 않는 진근남이 제2형태의 기원전설에서 등장하는 과정에서 천지회 창립의 주도권을 둘러싸고 만운룡과 일정한 충돌을 일으킨다. 즉 귀현본 기원전설에서는 만운룡과 진근남의 묘사가 잘 드러나 있지 않지만, 수선각본 기원전설의 경우 만운룡의 활동은 거의 묘사되어 있지 않고 오히려 고계묘에서의 기의가 실패한 이후에 진근남이 오조의 정통을 이어가는 인물로 묘사되고 있다. 게다가 슈레겔본 기원전설의 H-9에서는 소림오승, 5명의 말 장사꾼, 진근남, 만형(萬兄), 의형(義兄) 등 총 13명이 반청복명을 위해 "손가락에서 피를 내어 술에 섞어 마신 이후 이들은 마치 친형제처럼 천하를 두루 돌아다니며 병마를 구하고 전국의 영웅을 확보하기로 맹서했을" 뿐만 아니라 이것이 "옹정 갑인년(1734) 3월 25〔21〕일 사시에 일어났다."고 기술하고 있다.[78] 결국 제2형태에서 등장하기 시작한 진근남의 위치가 제1형태에서 천지회의 창립을 주도한 만운룡의 역할을 대행하는 위치까지 승격되고 있는 것이다.

77 Gustave Schlegel, *Tian Ti Hui: The Hung League or Heaven-Earth-League: a Secret Society with the Chinese in China and India*, p.14, p.17.

78 Gustave Schlegel, *Tian Ti Hui: The Hung League or Heaven-Earth-League: a Secret Society with the Chinese in China and India*, pp.14-15.

〈표 10〉 기원전설 각 판본에서 진근남

구분	기원전설 판본	성명	출신	천지회에서의 직위
제1형태	요대고본			
	전림본			
	소일산본(B)			
제2형태	수선각본	진근남(陳近南)	화상(和尙)	선생(先生)
	귀현본	진근남		군사(軍師)
	슈레겔본	진근남	병부상서겸한림원학사(兵部尙書兼翰林院學士)	모사(謀士)
제3형태	소일산본(A)	진근남	한림원(翰林院) 병부대당(兵部大堂)	선생
	금낭본	진근남	한림원대학사(翰林院大學士)	선생

이러한 상황은 제3형태에서도 그대로 이어진다. 예컨대 소일산본(A) 기원전설의 경우에서는 진근남을 다음과 같이 묘사하고 있다.

> **〈소일산본(A) H-7〉** 진근남 선생은 백학동(白鶴洞)에서 수도했는데, 각 촌장에 그 이름이 유명하여 방문하는 자가 많았다. …… 이 때 진근남 선생이 이르렀다. 5인이 묻자, "나는 진근남이다. 한림원 출신으로서 병부대당을 역임하다가 간신이 너무 많아 사직하고 백학동에서 수도하고 있었는데, 금일 제군들이 거사하는 것을 듣고서 특별히 도와 원수를 갚고자 한다."고 대답하였다. 5인과 오호대장은 "다행이 선생이 와서 도와주니, 지금이 바로 승리의 날이다."고 하였다. 7월 25일 삽혈회맹하였다. 8월 15일 출병하여 적과 대적하여 남천(南天)에서 크게 싸우고 '천정국식(天庭國式)' 네 글자를 군대의 기호로 삼아 107명을 확보하였다.

> **〈소일산본(A) H-10〉** 나는 소주 주홍죽(朱洪竹)으로 숭정황제 이곤비의

손자이다. 형제들은 그를 주(主)로 삼고, 진근남을 선생(先生)으로 삼았다.

〈소일산본(A) H-11〉 진근남 선생은 소홍광(蘇洪光)의 용맹함을 보고 선봉으로 삼아 산을 만나면 길을 개척하고 물을 만나면 다리를 놓도록 하였다. 갑자기 동쪽에서 홍기(紅氣)가 있었으므로 홍(洪)을 성으로 삼고, 의(義)를 주(主)로 삼았으며, 소홍광을 천우홍(天佑洪)으로 개명하여 출병시키고 절강성 만운산(萬雲山)을 지나갔다.

〈소일산본(A) J〉 선생이 "형제들은 각 성으로 흩어져서 이름을 숨기고 천수를 기다려서 (청조를) 멸망시켜야 한다. 순천행도(順天行道)·천지회오색기호(天地串五色記號)·시구·구백(口白)을 설치하여 훗날 서로 알아볼 수 있게 한다."고 말하였다. …… 진근남 선생은 백학동으로 갔고, 장방 채덕충은 복건에서 기의하였다.[79]

제3형태인 소일산본(A) 기원전설의 H-7에서 진근남의 출신은 제2형태의 슈레겔본 기원전설 H-7과 비슷하게 묘사되고 있고, 만운룡을 만나기 이전인 7월 25일 삽혈결맹을 진행하며, H-10에서 진근남은 여전히 선생의 지위에 위치한다. 또한 H-11에서 진근남은 소홍광을 선봉으로 추대하고 천우홍으로 개명시킨 장본인이기도 하다. 이러한 진근남의 활약상은 만운룡 사후에 더 빛을 바라게 된다. 즉 J에서 진근남은 만운룡 사후 와해된 천지회를 훗날 재건시키기 위해 각종 암호·시구·문답을 설치하는 진정한 천지회의 선생·군사로 자리 잡게 된다.

제3형태의 금낭본 기원전설에서도 이러한 상황은 그대로 이어지고 있는데, 특히 「찬진근남선생시(贊陳近南先生詩)」를 부기하여 다음과 같이 읊조리고 있다.

79 『近代秘密社會史料』 卷2 「西魯序」, 6-7쪽.

관직을 그만두고 속세와 이별하고
마침내 절벽산중에서 도(道)를 닦고 수신(修身)을 하였네.
뜻밖에 영왕묘(靈王廟) 앞에 거마(車馬)가 지나가니
다시 용구(龍駒)를 몰아 앞으로 전진하네.[80]

이처럼 제2형태에서 등장하기 시작한 진근남이 제3형태로 오면서 천지회의 영웅으로 만운룡보다 더욱 찬양받고 있기 때문에 금낭본 기원전설에서는 진근남을 "우주를 헤아리는 능력을 갖고 있고", "구세제민(救世濟民)의 재능을 갖추고 있으며", "병법에 통달한" 영웅적 인물로 묘사하고 있는 것이다.[81] 이것은 후술할 만운룡이 청군과의 전장에서 너무 허망하게 죽게 되는 것과 밀접한 관계를 갖고 있으니, 이러한 만운룡을 대신하여 훗날의 반청복명이라는 결사의 정치이념을 실현시키기 위한 인물을 창조하는 과정에서 진근남이란 인물이 탄생되었던 것이다.

2) 오호장군

〈표 Ⅰ〉의 H-8은 소림오승이 오호장군(五虎將軍)을 만나는 이야기이다. 오호장군은 청군의 추격을 받는 소림오승을 용호산(龍虎山)〔혹은 용광산(龍光山)〕에서 구출한 다섯 명의 용맹한 장수를 말한다. 각 판본에는 이들을 다음과 같이 묘사하고 있다.

〈수선각본 H-8〉 형제들은 또 용호산으로 도망쳤는데, 오좌천(吳左天)·방혜성(方惠成)·장경초(張敬招)·양문좌(楊文左)·임대강(林大綱)이 악신묘(岳神廟)에서 수행하였다.[82]

80 『蘼蘼岃錦囊傳』, 124쪽.
81 『蘼蘼岃錦囊傳』, 119쪽, 123-125쪽.
82 「守先閣本天地會文件」, 『天地會文獻錄』, 42쪽.

〈귀현본 H-8〉 당시 (이들은) 아무런 무기를 가지고 있지 않았기 때문에 13명이 피살되고 겨우 5명만 살아남아 용호산에 이르렀다. 장경소(張敬紹)·양문좌(楊文左)·임대홍(林大洪) 등 오호장군은 수백 명의 나한병(羅漢兵)을 거느리고 산을 내려가 청군을 막았다.[83]

〈소일산본(A) H-8〉 5인은 또 하보암(下普庵)으로 갔다. 채·방·마·호·이 5인은 또 청군의 추격을 피하여 달아나 다행히 용호산 오호대장의 구원을 받았는데, 그 이름은 오천우(吳天佑)·방혜성(方惠成)·장경소(張敬昭)·임대강(林大江)·양문좌(楊文左)였다. 오호대장이 5인에게 말하길, "산림에서 2~3개월 거주 후 하산하여 홍화정(洪花亭)에서 군마를 모은 것이 어떠하오?"라 하였다.[84]

〈금낭본 H-8〉 5인이 절로 돌아오는 길에 뜻밖에 청병(淸兵)〔월병(汨兵)〕을 만났는데, 운 좋게도 용광산의 오호장군을 만나 생명을 구할 수 있었다. 산에 오른 후 5인이 예를 갖추어 "우리들의 생명은 대장군들이 구해준 것이오, 존함이 어떻게 되는지요?"라 물으니, "우리들은 오천우·방혜성·장경조·임대강·양문좌입니다."라고 대답하였다. 중국인이 오랑캐에게 쫓기는 것을 보고 매우 분노한 오호장군은 "승려들은 어찌하여 저들 병사들에게 쫓기는 것이오?"라고 물었다. 그러자 승려들은 청왕(淸王)〔월왕(汨王)〕이 무도하게 소림사를 불태워 형제들이 피해를 입은 사정을 자세히 말하였다. 오호장군은 말을 다 듣고 나서 분노하여 말하기를, "이렇게 억울한 일이 있으니, 보암사(普庵寺)로 돌아가지 말고, 여기에서 3~5개월 거주한 이후에 함께 홍화정(紅花亭)으로 가서 병마와 초량를 모으고, 정병과 식량이 충분해지고 문무가 모두 준비된 이후에 장안(長安)으로 진격하여 저들을 모조리 전멸시킵시다. 이렇게 하면 승려들의 복수를 할 수 있을 뿐만 아니라 명조(明朝)〔골조

83 「貴縣修志局發現的天地會文件」, 『天地會文獻錄』, 2쪽.

84 『近代秘密社會史料』 卷2 「西魯序」, 6쪽.

(汨朝)〕의 사직을 회복할 수 있으니, 이 얼마나 좋은 일이 아니겠습니까?"라 하였다.[85]

소림오승과 오호장군의 이야기는 〈표 Ⅱ〉의 H-8처럼 제1형태의 기원전설에서 등장하지 않다가 제2형태의 수선각본·귀현본 기원전설에서 간략한 언급이 있으며, 제3형태의 기원전설에서 금낭본의 경우처럼 상당히 증첨된 내용으로 모두 등장하고 있기 때문에 각색된 기원전설의 표지인물이 된다. 제2형태인 수선각본·귀현본 기원전설에서는 오호장군이 출현하는 위치가 주강·주개의 이야기(H-1)보다 앞서 나오지만, 제3형태의 소일산본(A)·금낭본 기원전설에서는 후반부로 이동하여 소림오승이 진근남을 만난 이야기(H-7) 직후에 출현한다. 각 판본마다 오호대장의 성명에 대한 약간의 차이가 있지만 그 성명은 오천우·방혜성·장경조·임대강·양문좌으로 정리된다.

3) 소홍광(천우홍)

〈표 Ⅰ〉의 H-11은 소림오승이 소홍광(蘇洪光)〔혹은 소홍원(蘇洪元)〕을 만나는 이야기이다. 소홍광은 청군과의 전투에서 천지회의 선봉(先鋒)을 담당하는 인물로 천우홍(天佑洪)이라고도 부른다. 〈표 Ⅱ〉의 H-11처럼 제1형태의 기원전설에서는 등장하지 않고, 제2형태인 귀현본·슈레겔본의 기원전설과 제3형태의 기원전설에서 모두 등장하고 있기 때문에 각색된 기원전설의 표지인물이 된다. 각 판본의 기원전설에서 소홍광이 등장하는 위치는 H-7에서 H-13에 이르기까지 제각각인데, 다음과 같이 묘사하고 있다.

85 『飄飄岁錦囊傳』, 121-122쪽.

〈그림 7〉 선봉 소홍광 (=천우홍)
* 출처 : 『近代秘密社會史料』 卷1, 10쪽.

〈귀현본 H-10〉 명조 숭정제가 제위를 잃었기 때문에 후에 충신 소홍원이 서궁낭낭 이신연을 데리고 외성으로 도망가서 태자 주홍영을 낳았다. (소홍원은) 천우로 개명하였다.[86]

〈슈레겔본 H-13〉 황성은(黃成恩)은 선봉으로 추대되고 천우홍으로 개명하였다.[87]

〈소일산본(A) H-7〉 진근남 선생은 소홍광의 용맹함을 보고 선봉으로 삼아 산을 만나면 길을 개척하고 물을 만나면 다리를 놓도록 하였다. 갑자기 동쪽에서 홍기(紅氣)가 있었으므로 홍(洪)을 성을 삼고, 의(義)를 주(主)로 삼아고, 소홍광을 천우홍으로 개명하였다.[88]

〈금낭본 H-9〉 한 사람이 투항하자 진근남 선생이 "그는 웅용개세(雄勇蓋世)의 모습이다. 그 이름은 소홍광의 시신을 빌어 환생한 천우홍이다."고 말하였다. 즉시 그를 선봉으로 임명하여 길을 개척하게 하였다.[89]

86 「貴縣修志局發現的天地會文件」, 『天地會文獻錄』, 2-3쪽.
87 Gustave Schlegel, *Tian Ti Hui: The Hung League or Heaven-Earth-League: a Secret Society with the Chinese in China and India*, p.17.
88 『近代秘密社會史料』 卷2 「西魯序」, 6쪽.
89 『藴鬣岃錦囊傳』, 126쪽.

제2형태인 귀현본 기원전설에서는 소홍원을 서궁낭낭을 모시고 탈출한 충신으로, 슈레겔본 기원전설에서는 단지 성명이 황성은으로 묘사되어 있다. 이러한 기술은 기원전설의 작자가 실제 역사에서 숭정제와 그의 충신이자 환관인 왕승은(王承恩)을 모방하여 기원전설에 황성은으로 등장시켰던 것으로 보인다. 또한 제2형태를 포함해서 제3형태의 기원전설에서는 소홍광은 "상천(上天)이 홍가(洪家)를 보우(保佑)한다."는 의미의 천우홍이란 이름으로 개명하고 있음을 보여주고 있다. 특히 이러한 소홍광의 등장은 제1형태인 전림본 기원전설의 A부분에서 "숭정제〔인주(仁主)〕가 매산(煤山)으로 도망쳐 목을 매어 자살하자, 이범(李范)이라는 종복이 네 살인 태자를 데리고 난군의 와중을 틈타 하수(河水)현 태백산(太白山)의 소림사에 이르러 한숨을 돌리고 있었다."라는 기술부터 연유하다고 할 수 있다.[90] 다만 이범이란 인물이 어떻게 황성은으로 이어지는가는 불분명하지만, 기원전설에서는 실제 역사에서 숭정제의 충신이자 환관인 왕승은을 '이범→소홍광(혹은 소홍원)→천우홍'의 형태로 각색시켜 등장시킨 것으로 보인다.

4) 만운룡

〈표 Ⅰ〉의 H-12는 소림오승이 만운룡을 만나고 H-13에서 의형제를 결의하여 I에서 청군과 최후의 전투를 치룬 이후에 만운룡이 사망한다는 이야기이다. 〈표 Ⅱ〉의 H-12처럼 만운룡은 소림오승·소주 등과 함께 천지회의 창립을 주도하는 기본 등장인물인데, 수선각본에서는 이러한 만운룡의 구체적인 활약이 생략되어 있다. 만운룡에 대한 각 판본의 주요 내용은 다음과 같다.

90 「天地會文書抄本」, 『廣西會黨資料彙編』, 482쪽.

〈그림 8〉 대가 만운룡
* 출처 : 『近代祕密社會史料』 卷1, 10쪽.

〈요대고본 H-12·13〉 사존(師尊)인 만제기(萬提起)는 법호가 운룡(雲龍)이었고, 형제들과 함께 107명을 다시 모았다. 어떤 소자(小子)가 기의에 참가하니, 모두 108명이 모인 셈이다. 갑인년 7월 25일 축시 모두 모여 하늘 앞에서 의형제를 맺었는데, 홍(洪)을 성으로 삼고 삽혈로 맹서하여 홍가(洪家)를 결성하였다. 형제들은 만사부를 대가(大哥)로 삼았다. 〈I〉 9월 9일 만운룡은 날짜를 택하여 청군과 교전하였다. 만운룡이 전장에서 죽었다.[91]

〈전림본 H-12·13〉 정산(丁山) 고계묘에 장로(長老)가 있었다. 그 이름은 만제희(萬提喜)고, 도호(道號)는 운룡(雲龍)이며, 태평(太平)부 태평현 태평장의 사람이다. …… 5인은 만운룡의 신장이 1장이고 허리는 3위(圍)로, 만호의 사람도 그를 당해내지 못할 정도임을 보고서 사(師)로 삼았다. …… 만운룡은 갑인년 맹추 7월 25일 자시와 축시를 택하여 형제들과 홍련승회(洪連勝會)를 조직하였다. …… 여러 형제들은 만운룡을 원수(元帥)로 삼았다. …… 〈I〉 청군과의 전투에서 …… 만운룡은 죽었다. …… 만대가(萬大哥)의 시체를 수습하여 동쪽방향으로 분소하니, 그의 혼은 구소(九霄)로 올라갔다.[92]

91 「廣西東蘭州天地會成員姚大羔所藏『會簿』」(嘉慶16.5.7.), 『天地會』 1, 4쪽.
92 「天地會文書抄本」, 『廣西會黨資料彙編』, 484-487쪽.

〈**소일산본(B) H-12·13**〉 5인이 대보암(大普庵)으로 갔을 때 우연히 만운룡을 만났다. …… 만대가가 악신묘(岳神廟)에서 향을 태우고 배례하는 순간 갑자가 인마의 소리가 들려오니, 일제히 악신묘에 모이게 되었다. 만대가는 일일이 묻고 참여한 사람들에게 차를 대접하였다. 여러 사람들이 차를 마시고 상의한 결과, 만대가는 만면의 수염이 있고 신체가 매우 크며 용맹했으니, 사람들은 "그를 대가로 삼자."고 말하였다. 이 때가 바로 옹정 갑인년 7월 25일 축시로 삽혈결맹했던 것이다. …… 〈I〉 9월 9일 교전에서 만대가가 적진에서 실패하여 잠가석(岑街石) 아래에서 죽었다.[93]

〈**귀현본 H-12·13**〉 5인은 장림사(長林寺)로 가서 기식하였다. …… 만운룡을 대가로 삼고, 고계묘에서 기의하였다. …… 〈I〉 고계사(高溪寺)의 만운룡 대가는 인마를 데리고 정산(丁山)의 기슭에서 크게 싸웠으나 기회를 잃고 죽었다.[94]

〈**슈레겔 H-12·13**〉 만운룡은 키가 1장 2척이고 허리둘레가 8척이며, 머리가 큰 두(斗)와 같고 입술은 수간(樹干)과 같으며 만 명의 부(夫)도 당해내지 못할 용기가 있음을 보고서 그를 대가로 삼았다. 이 일은 옹정 갑인년 7월 25일 축시에 일어났다. 이들은 혈주를 먹고 '반청복명'의 맹서를 했고, …… 만운룡을 수령으로 추대되었다. …… 〈I〉 9월 9일 만운룡은 갑작스런 실수로 인해 전장에서 죽었다.[95]

〈**소일산본(A) H-12·13**〉 만운룡은 태창(泰昌)부 부파(扶婆)현 사람으로 집안에서 그를 일호달종(一號達宗)이라 불렀고, 출가하여 법명이 화만(和滿)이었다. …… 형제들은 만운룡의 장의지심(仗義之心)을 보고 대가

93 『近代秘密社會史料』 卷2 「西魯敍事」, 2-3쪽.

94 「貴縣修志局發現的天地會文件」, 『天地會文獻錄』, 2-3쪽.

95 Gustave Schlegel, *Tian Ti Hui: The Hung League or Heaven-Earth-League: a Secret Society with the Chinese in China and India*, pp.16-18.

로 삼고, 그 지위를 수(帥)로 삼고자 하니, 만운룡이 응하였다. 만운룡은 키가 1장 여이고, 머리는 두(斗)처럼 크며, 넓은 얼굴에 붉은 머리였으며, 손에는 쌍용곤(雙龍棍)을 사용하였다. …… 〈I〉 오봉산(五鳳山)에서 교전할 때 낙마하여 죽었다.[96]

〈금낭본 H-12·13〉 절강으로 진군했을 때 평창(平昌)부 포현(蒲縣)인으로 자는 화만, 법호는 만운룡 혹은 달종공(澾淙淞)이라는 호제기(胡提起)를 만났다. …… 형제들은 그가 용기가 있고 키가 크며 머리가 커서 두(斗)와 닮았고 손에는 쌍용보곤(雙龍寶棍)을 지니고 있었는데, 그의 용기가 삼군을 초과할 정도였으므로 그를 주수(主帥)로 삼고자 하였다. …… 진근남과 형제들이 설득하자 그는 응하였다. …… 〈I〉 9월 9일 중양절에 뜻밖에 낙마하여 암석 밑으로 떨어져 화살을 맞고 죽었다.[97]

제1형태에서 묘사되고 있는 만운룡은 소주 등과 천지회의 창립을 주도하는 인물로 등장하고 있다. 그러나 이러한 만운룡의 역할은 제2형태에 이르러 다소 축소되고 있는데, 예컨대 수선각본 기원전설에서는 단지 만운룡이란 성명만 기재되고 있고 천지회 창립에서 그의 역할이 전혀 보이지 않으며, 귀현본 기원전설에서도 제1형태만큼의 자세한 묘사가 없다. 더군다나 슈레겔본 기원전설에서는 만운룡이 7월 25일 천지회의 창립을 주도하는 것처럼 보이지만, 사실은 3월 25일 진근남과 소주 등이 삽혈맹서를 통해 반청복명의 의지를 결정한 상태에서 만운룡을 만나 대가로 추대하는 형식으로 되어 있다.

기원전설에서 만운룡의 지위 하락은 제3형태에서 잘 드러난다. 만운룡이 아닌 진근남의 주도 하에 천지회의 창립이 이루어지고(H-7), 청군과의 전투를 위해 이미 형제들을 모두 모은 상태에서(H-6~H-11) 만운룡

96 『近代秘密社會史料』 卷2 「西魯序」, 6-7쪽.
97 『藴驫䓍錦囊傳』, 126-132쪽.

〈표 11〉 기원전설 각 판본에서 만운룡

구분	기원전설 판본	성명	호(號)와 자(字)	역할	비고
제1 형태	요대고본	만제기 (萬提起)	운룡(雲龍)〔법호(法號)〕	사존(師尊) 대가(大哥)	
	전림본	만제희 (萬提喜)	운룡〔도호(道號)〕	원수(元帥) 대가	
	소일산본 (B)	만운룡 (萬雲龍)		대가	
제2 형태	수선각본	만운룡		대가	
	귀현본	만운룡	자광(慈光, 호) 달종공(達宗公, 자)	대가	
	슈레겔본	만운룡		대가	
제3 형태	소일산본 (A)	만운룡	화만(和滿, 법호)	대가	일호(一號) 달종(達宗)
	금낭본	호제기 (胡提起)	화만(자) 만운룡(법호) 달종공(湰淙淞, 법호)	주수(主帥)	

〈참고내용〉 수선각본의 경우 만운룡의 구체적인 활약상은 생략되어 있고, 기원전설의 말미에 "만운룡 대가"의 표현이 보인다. 소일산본(A)의 비고에서 일호(一號)는 집안에서 부르는 명칭이고, 달종(達宗)이란 이름도 보인다.

은 단순히 이들의 대가로 추대되는 형식으로 위치지어진다. 기원전설이 각색되어 가는 과정에서 만운룡의 지위 하락은 앞서 언급한대로 진근남이 그 역할을 대신하고 있기 때문이다. 비록 만운룡을 대가로 삼은 이유는 그의 외모가 출중하고 충만한 용기에 소주 등의 형제들이 감탄했기 때문이지만, 이러한 지위 변화는 만운룡이 청군과의 전투에서 너무나 허망하게 전사한다는 점에서 찾을 수 있다.

소결

지금까지 청대 천지회 기원전설의 각 판본에 출현하는 인물과 이야기의 비교·분석을 통해 그것의 각색과 변천 과정을 탐색해 보았다. 그 결과 각 판본에 공통으로 등장하는 황제·소림오승(전오조)·소주·간신·만운룡 등의 기본 등장인물을 제외하면, 각색의 방향성을 알려주는 표지인물은 바로 정군달·소림사의 배신자·선부(사방항·오정귀)·5명의 말 장사꾼(후오조)·진근남·오호장군·소홍광(천우홍)이었다. 그리고 이러한 표지인물의 추가와 연동되어 증첨된 이야기들은 각색의 진행 정도를 보여준다고 하겠다. 따라서 이들 표지인물의 출현 여부를 통해 각 판본을 세 가지 형태의 선후관계로 구분할 수 있는 것이다. 〈표 12〉가 보여주듯이, 이들 표지인물이 모두 출현하지 않는 요대고본·전림본·소일산본(B)의 기원전설이 제1형태의 모습이었고, 이것이 부분적으로 출현하는 수선각본·귀현본·슈레겔본의 기원전설이 제2형태의 모습이었으며, 이것이 거의 모두 출현하는 소일산본(A)·금낭본의 기원전설이 제3형태의 모습이었던 것이다.

〈표 12〉 기원전설 각 판본에서 표지인물과 증첨된 이야기의 비교표

구분	제1형태			제2형태			제3형태	
	요대고본	전림본	소일산본(B)	수선각본	귀현본	슈레겔본	소일산본(A)	금낭본
D-1*	×	×	×	×	×	×	○	○
F-3#	×	×	×	×	×	×	○	○
F-4*	×	×	×	×	○	×	○	○
F-5#	×	×	×	×	×	×	○	○
H-2*	×	×	×	×	×	○	○	○
H-3#	×	×	×	×	×	×	○	○
H-4#	×	×	×	×	×	×	○	×
H-6*	×	×	×	×	×	○	○	○
H-7*	×	×	×	○	○	○	○	○
H-8*	×	×	×	○	○	×	○	○
H-9#	×	×	×	○	×	○	○	○
H-11*	×	×	×	×	○	○	○	○
H-13#	×	×	×	×	○	○	○	○

〈참고내용〉 구분에서 *는 인물이 새롭게 추가된 표지인물을 표시한 것이고, #는 표지인물의 추가로 인해 이야기가 새롭게 증첨된 부분을 표시한 것이다. 부록의 〈표 II〉 참조.

물론 각 형태 내에서의, 특히 제2형태 내에서의 선후관계를 명확히 밝힐 수 없었지만, 적어도 각색의 방향성을 알려주는 표지인물의 출현 여부를 통해 제1형태의 기원전설이 제2형태의 기원전설을 거친 이후에 다시 제3형태의 기원전설로 각색되어 갔던 흐름은 명확해 보인다. 이는 현존 최고본(最古本)으로 알려진 요대고본 기원전설을 그것이 최종적으로 각색된 제3형태인 소일산본(A)나 금낭본의 기원전설과 비교해 보면 보다 극명하게 드러난다. 결국 이러한 기원전설의 각색과 변천 과정을 종

합해 보면, 천지회의 창립 과정에서 결사의 반청복명(反淸復明)이라는 정치이념을 만들어 주는 서사 구조 자체에는 큰 변화가 없었지만, 새로운 인물과 이야기가 계속해서 추가됨으로써 기원전설의 정치화(精緻化)가 진행되었던 것이다. 기원전설 각 판본 간의 비교·분석을 통해 확인된 표지 인물이 바로 이러한 역할을 담당했던 것인데, 구체적으로 보면 다음과 같다.

정군달이란 인물을 황제와 소림사의 만남 부분(D-1)에 추가시킴으로써 정군달의 죽음과 그의 가족인 곽수영·정도덕·정옥련·도방 등 이야기(H-3), 그리고 천지회의 보검 이야기(H-4)가 소림오승의 유랑과 천지회의 창립 이야기 부분(H)에 새롭게 출현하였다. 소림사의 배신자(F-4)를 황제와 조정 간신의 부분(F)에 추가시킴에 따라 조정 간신과 소림사 배신자의 합작(F-5)에 의한 소림사의 소실 이야기(G)로 각색되었다. 이는 애초에 "소림사의 충성과 황제·국가의 배신을 매개하는 장치로서 간신의 출현이라는 지극히 상투적인 수법"[98]에다가 마녕아와 같은 소림사의 배신자를 다시 추가시킴으로써 소림사 소실의 배경을 '이중의 배신 구조'로 각색한 것이었다. 소림오승이 천지회의 오조와 오방을 가리키는 인물로 숭배되는 과정에서 5명의 말 장사꾼(H-6)을 소림오승의 유랑과 천지회의 창립 이야기 부분(H)에 추가시킴으로써 소림오승은 전오조와 전오방으로, 5명의 말 장사꾼은 후오조와 후오방으로 분화되어 갔으며, 이러한 과정의 전후 연결을 보다 흥미진진하게 설명하기 위해 선부(사방항·오정귀)(H-2)와 오호장군(H-8)이란 인물도 추가되면서 이야기의 증첨이 이루어졌던 것이다.

계속해서 진근남이란 인물이 기원전설에 새롭게 추가되면서 소림오

98 이평수, 「清代 天地會 起源傳說의 解剖: 「姚大羔本」起源傳說의 분석을 중심으로」, 『中國學報』 60, 2009, 330쪽(본서 제1부 제2장 참조).

승과 진근남의 만남 이야기(H-7) 및 소림오승과 진근남 등의 결의형제 이야기(H-9)가 증첨되었다. 결과적으로 청군과의 전투에서 사망하는 만운룡을 대신하여 진근남이 천지회의 창립과 오방의 배분에 주도적인 역할을 담당하게 되는 방향으로 각색되었고, 이 과정에서 만운룡의 역할은 상대적으로 축소되어 갔던 것이다. 기원전설의 서두에 위치한 명조 멸망 이야기(A)는 그것이 축소되어 후반부로 이동해 가는 각색의 방향에 따라 소주의 탄생 이야기(A)도 축소되어 후반부(H-10)에 재배치되었고, 이 과정에서 숭정제의 충신이자 환관인 왕승은을 연상케 하는 소홍광(=천우홍)이란 인물이 청군과의 전투에서 천지회의 선봉으로 새롭게 출현하기도 하였다(H-11).

결국 제3형태인 소일산본(A) 기원전설의 하한연대가 도광 29년(1849)까지 거슬러 올라가고, 금낭본 기원전설이 새로운 인물과 이야기의 추가 없는 소일산본(A)의 증보판이었다는 점을 고려해 본다면,[99] 청대 천지회 기원전설 각색과 변천은 시기적으로 적어도 요대고본 기원전설의 하한연대인 가경 15년(1810) 이후의 19세기 초·중엽에 모두 진행되었던 것이다. 그 결과 표지인물이 대거 추가된 제3형태의 소일산본(A)·금낭본 기원전설과 같은 훨씬 정치화된 '각색된 기원전설'의 출현은 기본적으로 이야기의 전개가 복잡해짐에 따라 기원전설의 서사 구조에 박진감과 생동감을 부여해 주었으니, 이는 곧 반청복명이라는 결사의 정치이념을 더욱 효과적으로 설명해 내도록 만들었던 것이다. 이는 다음 두 가지 측면에서 중요한 의미를 갖는다.

하나는 결사 내부적으로 천지회의 구성원들에게 기존 사회질서에 대한 저항과 봉기로 나아가게 하는 데 중요한 역할을 했으며, 심지어 결사

99 이평수, 「淸代 天地會 起源傳說 板本 現況과 特徵: 결사 창립의 시간·장소의 비교를 겸론하여」, 『中國史硏究』 89, 2014(본서 제1부 제1장) 참조.

의 존재를 정당화시키는 데 크게 기여했던 것이다.[100] 물론 천지회의 기원전설이 일정한 역사적 배경을 갖고 있다고 할지라도 서로의 침략으로부터 시작해서 천지회의 창립과 훗날의 도모를 위한 오방의 건립으로 마무리되는 이야기 자체는 결코 역사적 사실의 서사 구조가 아닌 허구적 창작의 서사 구조로 되어 있음에는 의심의 여지가 없다. 그러나 중요한 것은 서사 구조가 역사적 사실이냐 허구적 창작이냐의 문제가 아니라 천지회의 기원전설이 결사의 구성원들에게 일종의 신앙이나 신념으로 기능하고 있었다는 점이다. 19세기말 홍콩에서 '각색된 기원전설'을 접한 스탠튼(Stanton)이 "천지회의 의식을 이해하기 위해서는 회원들이 계승하고 신봉하여 시대에서 시대로 유전되는 이 결사의 기원에 관한 전설적이고 전통적인 이야기를 숙지해야만 한다."고 하면서, "비록 이 이야기가 동시대 중국인 10명 중에 9명이 황당무계하다고 믿을 정도로 부조리하고 터무니없는 것이라 할지라도 이것을 반드시 숙지해야만 한다."[101]고 언급한 것은 바로 이러한 점을 두고 지적한 것이었다.

또 다른 하나는 결사 외부적으로 그것을 접하는 외부인들에게 반청복명이라는 결사의 정치이념에 일정한 역사성을 부여할 수 있도록 만들어 주는 역할을 수행하였다. 이러한 상황은 청말의 정치 엘리트와 민국시대의 학자들의 '역사적 상상력'을 자극시키는 계기가 되었다. 예컨대 청말 유신파의 구구갑(歐榘甲: 1870~1911)이나 혁명파의 도성장(陶成章: 1878~1912)·장태염(章太炎: 1869~1936)은 물론이거니와[102] 민국시대의 연횡(連橫:

---

100 Barend J. Ter Haar, *Ritual and Mythology of the Chinese Triads: Creating an Identity*, p.222.

101 William Stanton, *The Triad Society or Heaven and Earth Association*, Hongkong: Kelly & Walsh, 1900, p.29.

102 太平洋客(歐榘甲),『新廣東』, 張楠·王忍之 編,『辛亥革命前十年間時論選集』1·上, 北京: 三聯書店, 1960, 296-297쪽; 陶成章,「教會原流考」,『陶成章集』, 415-416쪽; 章炳麟,「序」, 平山周,『支那革命黨及秘密結社』, 東京: 長陵書林, 1980, 1쪽.

1878~1936)·온웅비(溫雄飛: 1885~1974)·소일산(蕭一山: 1902~1978)·풍자유(馮自由: 1882~1958)에 이르기까지,[103] 이들은 적어도 '각색된 기원전설'에 근거하여 이에 대한 역사적 상상력을 동원한 결과 이른바 '정성공의 천지회 창립설'을 주장하기에 이른다. 이러한 주장의 근저에 바로 '각색된 기원전설'에 등장하는 표지인물인 정군달과 진근남이 자리 잡고 있었다. 이를테면 '각색된 기원전설'은 실제 역사의 저 유명한 정성공의 가족사를 정군달과 그의 가족 이야기로, 또한 정성공의 참모였던 진영화의 일생을 진근남의 이야기로 비유하여 가탁해 놓았다는 것이다. 이른바 민국시대 천지회 기원전설에 대한 '영사추구(影寫推求)' 혹은 '영사화법(影寫話法)'이라는 방법의 출현과 유행은 바로 이러한 천지회 기원전설의 각색과 변천에서 비롯된 것이었다. 따라서 "모든 서사물은 '이야기'라고 불리는 '내용'의 국면과 '담론'이라 불리는 '표현'의 국면을 가진 하나의 구조"라고 말할 때,[104] 천지회 기원전설의 각색과 변천은 이처럼 애초의 '허구적인 내용'의 기원전설 '이야기'에 또 다른 '허구적인 표현'의 역사 창출이라는 '담론'을 이끌어 냈던 것이다.

요컨대 천지회의 기원전설은 구성원들이 결사의 정체성을 만들어 가는 과정에서 이를테면 강희제와 같은 '실존적 가공인물'의 이야기와 소림오승과 같은 '비실존적 가공인물'의 이야기를 결합시켜 그럴듯하게 창작한 허구적 이야기들의 총화(叢話)였다. 그것은 자신들의 결사가 반청복명이라는 정치적 이념을 가지고 창립되었고, 나아가 반청복명이라는 정치

103 連橫, 『臺灣通史』, 商務印書館, 1985(初版: 1920-1921), 546쪽; 溫雄飛, 『南洋華僑通史』, 商務印書館, 1929, 民國叢書編輯委員會 編, 『民國叢書』 3-22, 上海: 上海書店, 1989, 106-110쪽; 蕭一山, 「天地會起源考」, 『近代秘密社會史料』, 9-10쪽; 馮自由, 「革命黨與洪門會之關係」, 『革命逸史』 6, 北京: 中華書局, 1981, 37쪽.

104 Seymour Chatman, *Story and Discourse: Narrative Structure in Fiction and Film*, Ithaca and London: Cornell University Press, 1980(한용환 옮김, 『이야기와 담론: 영화와 소설의 서사구조』, 서울: 푸른사상사, 2006, 162쪽).

적 사명을 실천해야 한다는 종지를 구성원들에게 인식시켜 주는 수단이기도 하였다. 적어도 천지회의 기원전설은 19세기 전반기 광동·광서 등을 중심으로 한 화남 지역에서 천지회가 수많은 인민들을 흡인해 가면서 지역사회에 정착하고 급속히 성장해 가는 과정 속에서 끊임없는 생명력을 가진 채 다시 새로운 허구적 인물과 이야기가 추가되면서 각색되어 나갔던 것이다. 그 결과 서사의 내용이 더욱 정치화된 '각색된 기원전설'에서는 그만큼 더 허구적으로 재창조된 인물과 이야기가 추가되었던 것이다. 본장의 서두에서 언급한 진영화를 진근남으로 등치하는 인식은 일찍이 청말부터 천지회의 각색된 기원전설에 역사적 상상력을 동원한 결과로 탄생되어 오늘날까지 여전히 큰 영향력을 미치고 있는 것이니, 이러한 진근남의 예는 기원전설의 각 판본에 등장하는 인물과 이야기를 비교해야만 했던 본장의 이유를 상징적으로 보여주고 있는 것이다.

〈표 I〉 기원전설의 주요 이야기

A		명조의 멸망과 소주의 출현(이자성 · 숭정제 · 서궁낭낭 · 소주)
B		서로의 침입
C		황제(강희제)의 방문과 소림사의 호응
D		황제(강희제)와 소림사의 만남
	D-1	정군달
E		소림사 승려의 출전 · 개선 · 복귀
F		황제 · 간신 · 배신자
	F-1	황제(강희제 · 옹정제)와 조정 간신(무도창 · 장련추 · 등덕승 · 진문요 · 등승 · 진핑)
	F-2	소림사의 소실 계획
	F-3	정군달의 살해 계획
	F-4	소림사의 배신자(마이복 · 마녕아)
	F-5	간신과 배신자의 합작
G		소림사의 소실
H		소림오승의 유랑과 천지회의 창립
	H-1	소림오승(전오조 : 채덕충 · 방대홍 · 마초흥 · 호덕제 · 이색개)과 주강 · 주개
	H-2	소림오승과 선부(사방항 · 오정귀)
	H-3	소림오승과 정군달의 죽음 정군달의 가족(곽수영 · 정도덕 · 정옥련 · 도방)
	H-4	소림오승과 정군달의 보검
	H-5	소림오승과 향로
	H-6	소림오승과 5명의 말 장사꾼 (후오조 : 오천성, 홍태세, 이식제, 도필달, 임영초)

	H-7	소림오승과 진근남
	H-8	소림오승과 오호장군(오천우, 방혜성, 장경소, 임대강, 양문좌)
	H-9	소림오승과 진근남의 결의형제
	H-10	소림오승과 소주(주홍영 · 주홍죽 · 주홍축)
	H-11	소림오승과 소홍광(천우홍)
	H-12	소림오승과 만운룡(달종)
	H-13	소림오승과 진근남 · 만운룡의 결의형제
I		청군과의 전투와 만운룡의 사망
J		전오방의 배분

〈표 Ⅱ〉 기원전설의 주요 이야기 출현 비교표

구분	제1형태			제2형태			제3형태	
	요대고본	전립본	소일산본 (B)	수선각본	귀현본	슈레겔본	소일산본 (A)	금낭본
A	○	○	△	△	△	△	△	△
B	○	○	○	○	○	○	○	○
C	○	○	○	○	○	○	○	○
D	○	○	○	○	○	○	○	○
D-1	×	×	×	×	×	×	○	○
E	○	○	○	○	○	○	○	○
F	○	○	○	○	○	○	○	○
F-1	○	○	○	○	○	○	○	○
F-2	×	○	○	○	△	○	○	○
F-3	×	×	×	×	×	×	○	○
F-4	×	×	×	×	○	×	○	○
F-5	×	×	×	×	×	×	○	○
G	○	○	○	○	○	○	○	○
H	○	○	○	○	○	○	○	○
H-1	×	△	○	○	○	○	○	○
H-2	×	×	×	×	×	○	○	○
H-3	×	×	×	×	×	×	○	○
H-4	×	×	×	×	×	×	○	×
H-5	○	○	○	○	○	○	○	○
H-6	×	×	×	×	×	○	○	○
H-7	×	×	×	○	○	○	○	○

구분	제1형태			제2형태			제3형태	
	요대고본	전림본	소일산본 (B)	수선각본	귀현본	슈레겔본	소일산본 (A)	금낭본
H-8	×	×	×	○	○	×	○	○
H-9	×	×	×	○	×	○	○	○
H-10	○	○	○	○	○	○	○	○
H-11	×	×	×	×	○	○	○	○
H-12	○	○	○	○	○	○	○	○
H-13	×	×	×	×	○	○	○	○
I	○	○	○	×	○	○	○	○
J	×	×	×	×	×	○	○	△

〈참고내용〉 ○는 등장한 것을 의미하고, △는 등장했지만 위치가 바뀌어져 등장하는 것을 의미하며, ×는 등장하지 않은 것을 의미한다.

제2부

천지회 내부형성의 세계

| 제 1 장 |

조직의 설립과 회원모집

1

청대 복건(福建)·광동(廣東)·광서(廣西) 등의 화남(華南) 지역을 중심으로 발전한 대표적인 회당(會黨) 비밀결사인 천지회(天地會)는 이 지역에서 "제3의 사회조직"[1]으로 정착할 만큼 정치·경제·사회·문화적으로 상당한 영향력을 발휘하였다. 따라서 종래 많은 연구자들은 천지회의 기원 문제를 비롯하여 그것의 성격 규명 등 여러 측면에 주목하여 천지회를 이 시기에 나타난 특수한 사회현상으로 많은 관심을 가져왔다. 특히 천지회가 지역 사회에서 급속히 확대·확산할 수 있었던 배경에 대해서는 주로 청 중기 이후의 전반적인 사회 구조적 변동과 더불어 복건·광동·광서 등의 지역적 특수성을 중심으로 분석이 진행되어왔다.[2]

---

1 진욱록(陳旭麓)은 중국사회에서 혈연을 유대관계로 한 가족조직과 공상업을 기초로 한 행회조직(行會組織)에 대응하는 '제3의 사회조직'으로 천지회를 규정하였다(陳旭麓, 「秘密會黨與中國社會」, 中國會黨史研究會 編, 『會黨史研究』, 上海: 學林出版社, 1987, 23쪽).

2 유장근, 『근대 중국의 비밀결사』, 서울: 고려원, 1996; 蔡少卿, 「近代中國的秘密會社及其歷史演變」, 『中國近代會黨史研究』, 北京: 中華書局, 1987; 莊吉發, 『清代秘密會黨史研究』, 臺北: 文史哲出版社, 1994; 雷冬文, 「嘉慶年間天地會在廣東復興的社會根源」, 『廣東社會科學』 2001-1; 佐佐木正哉, 「咸豊四年廣東天地會の叛亂」, 『近代中國研究センタ彙報』 2, 1963-4; 前田勝太郎, 「清代の廣東における農民鬪爭の基盤」, 『東洋學報』 51-4, 1969-3; 酒井忠夫, 「臺灣閩粤社會の械鬪と天地會の成立」, 『中國幫會史の研究』(紅幇篇), 東京: 國書刊行會, 1998; Frederic E. Wakeman, "The Secret Societies

여기에서 사회 구조적 변동이란 18세기 중반 이래 청조 사회에 나타난 보편적인 현상을 가리키는 것으로, 이를테면 급격한 인구의 증가와 이동·토지 겸병의 심화·교통로의 발달 · 제국 행정 통치체제의 이완 등을 말한다. 또한 중국 남부지역의 지역적 특수성이란 광주(廣州) 독점 무역체제의 성립과 붕괴·종족(宗族)의 발달·계투(械鬪)의 성행 등을 말한다. 이러한 내용들은 적어도 천지회의 확대와 확산을 가능하게 했던 요인이었음에 틀림없다.

그런데 이처럼 보편성과 특수성의 성격을 갖는 위의 요인들을 검토해 보면, 천지회를 둘러싸고 있는 당시의 정치·경제·사회·문화적 환경이라는 '외적 요인'을 가지고 천지회의 확대·확산 문제를 설명하고 있음을 알 수 있다. 환언하면 천지회라는 결사 자체에 내재되어 있는 '내적 요인'은 그다지 부각하지 않은 채 이 문제에 접근하고 있는 것이다. 본장의 문제의식은 바로 여기에서 출발하고 있으며, 이러한 내적 요인을 밝혀내는 것이 그 주된 목표라 하겠다.

이상과 같은 문제의식 하에서 본장에서는 구체적인 사건이 발생하기 이전 단계의 천지회 활동 모습 중에서도, 특히 최초 조직을 설립하는 '결회(結會)의 단계'와 이후 일정 기간 동안 회원들을 확보하는 '회원모집의 단계'까지를 가경 연간(1796-1820) 광동 지역 천지회의 사례 검토를 통하여 결사가 확대·확산할 수 있었던 내적 요인을 추적하고자 한다. 여기에서 사례 검토의 시기를 가경 연간으로 한정하고 검토의 지역을 광동으로 설정한 이유는 다음 두 가지 이유에서이다. 하나는 자료의 측면이다. 천지회는 비록 건륭 중엽 복건에서 역사의 무대에 처음으로 등장했지만,

---

of Kwangtung 1800~1856", Jean Chesneaux eds., *Popular Movements and Secret Societies in China 1840~1950*, California: Stanford University Press, 1972; Robert J. Antony, "The Problem of Banditry and Bandit Suppression in Kwangtung, South China, 1780~1840", *Criminal Justice History* 11, 1990 등 참조.

결회의 단계를 명확하게 보여주는 당안(檔案) 자료는 가경 초·중엽 광동의 사례에 집중적으로 남아 있다. 다른 하나는 광동이 천지회 활동의 중심지역이라는 점이다. 건륭·가경 교체기를 경유하면서 복건을 대신하여 광동이 천지회의 활동 중심지역으로 부상하기 시작했고, 이후 가경 중엽을 거치면서 광동(廣東)을 거점으로 천지회가 광서(廣西)·호남(湖南)·강서(江西)·운남(雲南)·귀주(貴州) 등의 인근 지역으로 광범위하게 전파되었다.[3] 따라서 천지회의 확대와 확산 과정을 이해하기 위해서는 우선적으로 가경 연간 광동 지역의 천지회에 대한 전문적인 사례 검토가 요구되는 것이다.

본장에서는 먼저 가경 연간 광동에서 천지회가 어떠한 결회 원리를 가지고 결사를 최초 조직했고, 어떠한 방식으로 회원들을 모집했는가의 문제를 검토하고자 한다. 이 과정을 통해서 천지회가 각 지역에서 '재조직되어 지속하는 결사'의 특성을 엿볼 수 있을 것이고, 나아가 천지회 회원모집 방식의 모형을 도출해 낼 수 있을 것이다. 다음으로 천지회가 조직의 규모를 어떻게 확대시켜 나갔고, 일정한 공간 내에서 어떻게 확산되어 갔는가의 문제를 분석하고자 한다. 이는 앞서 도출된 회원모집 방식의 모형을 가지고 결사의 조직적 확대와 지역적 확산의 사례에 적용하여 분석하는 시도라고 말할 수 있겠다. 마지막으로 천지회가 결사의 어떠한 측면을 내세우면서 인민들을 흡인할 수 있었는가의 문제를 설명해

---

3 유장근, 『근대 중국의 지역사회와 국가권력』, 서울: 신서원, 2004, 185-222쪽(유장근, 「19세기 초 中國東南部 지역의 天地會 動向: 1802년의 惠州反亂을 中心으로」, 『慶大史論』 2, 1986); 秦寶琦, 『清前期天地會研究』, 北京: 中國人民大學出版社, 1988, 186-212쪽, 295-302쪽; 莊吉發, 「清代社會經濟變遷與秘密會黨的發展: 臺灣·廣西·雲貴地區的比較研究」, 中央研究院近代史研究所 編, 『近代中國區域史研討會論文集』 上, 臺北: 中央研究院近代史研究所, 1986, 335-388쪽; 蔡少卿, 「嘉慶道光時期中國會黨發展的特點」, 『中國近代會黨史研究』, 123-153쪽; 酒井忠夫, 「天地會の西漸と白蓮教運動」, 『中國幫會史の研究』(紅幇篇), 292-293쪽.

보고자 한다. 이는 바꾸어 말하면 천지회에 가입한 인민들이 과연 천지회의 어떠한 측면에 매력을 느끼고 결사에 가입했는가의 문제이기도 하다. 여기에서는 상호부조·생존수단·반청복명(反淸復明)이라는 세 개의 키워드를 가지고 천지회의 회원 흡인력 문제를 다루어보고자 한다. 이러한 의문점에 대한 해답은 19세기 초·중엽 광동을 중심으로 한 화남 지역에 천지회가 급속히 확대·확산할 있었던 요인을 설명하는 또 하나의 새로운 접근 방법이 될 수 있을 것으로 기대한다.

1. 결회의 원리

천지회가 세인들에게 주목받기 시작한 것은 건륭 51년 11월(1787년 1월) 대만에서 발생한 임상문(林爽文)의 천지회 봉기에 의해서이다.[4] 당시 건륭제는 이 봉기에 대한 철저한 진압과 주도세력인 천지회에 대한 조사를 명령했기 때문에 건륭제와 지방관 사이에 수많은 주접(奏摺)과 비답(批答)이 오고 갔고, 이러한 상황은 가경 연간까지 계속되었다. 현재 이때의 천지회 관련 주접과 비답이 잘 정리되어 출판되어 있는데,[5] 이 당안(檔案) 자료의 검토를 통해서 천지회 조직화 과정의 상황을 엿볼 수 있다. 이하 가경 연간 광동 지역 천지회 회원모집의 대표적인 사례 3건을 예시해 보면, 다음과 같다.[6]

---

4 莊吉發, 「淸初天地會與林爽文之役」, 『大陸雜誌』 41-12, 1970, 375쪽.

5 中國人民大學淸史硏究所·中國第一歷史檔案館 合編, 『天地會』 1~7, 北京: 中國人民大學出版社, 1980~1988. 당시 지방관들의 주접을 종합하는 과정에서 청 정부는 건륭 26년(1761) 복건 장주(漳州)부 일대에서 홍이화상(洪二和尙)으로 불리던 만제희(萬提喜)가 천지회를 창립했다고 결론을 내렸다(「諭協辦大學士福康安抵任后向僧人行義嚴究洪二和尙下落」(乾隆53.12.29.), 『天地會』 1, 138쪽).

〈사례 1-1〉 가경 6년 광주부 동관현 진례남의 천지회

〈도식 1-1〉

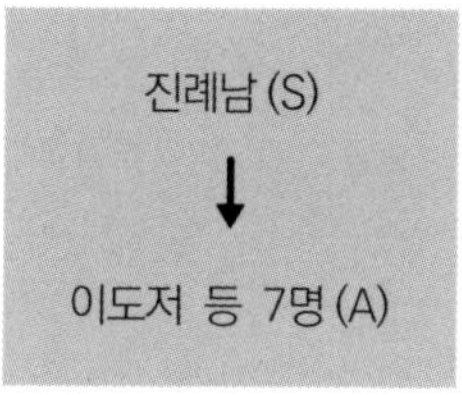

진례남 (S)

↓

이도저 등 7명 (A)

진례남(陳禮南)은 적관이 복건 동안(同安)현으로 이곳에서 일찍이 진표학(陳飄學)을 따라 천지회를 결배(結拜)했는데, 진표학이 진례남에게 맹서 한 장을 전해 주었다. 얼마 후 진례남은 빈고함으로 인해 광동에 품팔이노동자〔용공(傭工)〕으로 왔다가 가경 6년 1월 광주(廣州)부 동관(東莞)현 중당우(中堂圩) 지방에 이르러 이도저(李道著)·장삼제(張三弟)·간채문(簡彩文)·은계동(殷啓東)·진문안(陳文安)·사간사(謝簡斯)·황조준(黃朝准)을 알게 되었다. 진례남은 할 만한 일이 없어 나날이 생활이 어려워졌기 때문에 배회(拜會)하여 이익을 얻을 생각으로 마침내 이도저 등과 천지회를 결배하고 많은 사람들을 규합하여 촌장을 약탈〔창겁(搶劫)〕한 후 얻은 재물은 나누어 쓰기로 상의하였다. 이도저 등이 응하자, 매 사람마다 전(錢) 300문(文)을 내어 진례남에게 주고 주례(酒禮)를 담당하기로 결정하고, 1월 24일 속칭 노촌(盧村) 지방에서 결배하기로 약정하였다. (결배할) 기일이 되어 노촌의 외지고 한적한 장소에 이르자, 진례남은 진표학이 준 맹서를 꺼내어 '이도저 등은 모두 성을 홍(洪)으로 하고, 천(天)을 숭배하여 부(父)로 삼으며, 지(地)를 숭배하여 모(母)로 삼기를 원한다.' 등을 기입하고, (이것을) 맹사(盟詞)로 삼아 삽혈결배(歃血結拜)하였다. 진례남은 칼을 들고, 이도저

---

6 여기에서 예시한 인용문은 모두 지방장관이 황제에게 보고한 주접의 내용이기 때문에 경어체로 기술해야 마땅하겠지만, 논지 전개상 아무런 지장을 주지 않기 때문에 평어체로 기술하였다. 특히 인물들 앞에 붙는 수식어의 경우, 예컨대 "이미 포획한〔이획(已獲)〕"·"체포한다는 소식을 듣고 자수한〔문나투수(聞拿投首)〕"·"아직 체포하지 못한〔미획(未獲)〕" 등의 표현 역시 논지 전개상 아무런 지장을 주지 않기 때문에 인용문에서는 번역하지 않았으며, 이하 주접의 경우 모두 이러한 식으로 번역했음을 밝혀둔다. 참고로 인용문에서 ( )는 필자가 내용상 보충한 부분이고, 〔 〕는 원문을 표기해 놓은 것이다.

등은 칼을 뚫고 지나갔다. 연령에 관계없이 진례남을 회수(會首)로 삼고, 맹사를 불사르며, 주(酒)를 마시고 각각 흩어졌다.[7]

〈사례 2-1〉 가경 6년 뇌주부 해강현 임첨신의 천지회

〈도식 2-1〉

임첨신 (S)
↓
방정상 등 6명 (A)

임첨신(林添申)은 적관이 해강(海康)현으로 일찍이 현학(縣學)에 들어가 평소 공부를 가르쳤는데, 어떤 일에 연루되어 파직되었다. 가경 5년 12월 해강 지방에 관상을 보러 온 복건 동안(同安)현 진씨〔陳姓〕가 있었는데, 임첨신이 그를 집으로 초대해 관상을 보게 하였다. 진씨는 이전에 자신의 적관에서 일찍이 천지회를 결배한 적이 있었다고 알려주었다. 임첨신은 배회(拜會)가 무엇인지 물으니, 진씨는 '결배한 후에는 모든 사람이 성을 홍(洪)으로 삼고, 천(天)을 숭배하여 부(父)로 삼으며, 지(地)를 숭배하여 모(母)로 삼는데, 일이 있으면 서로 도와주는 것이다. 그 암호는 입을 열면 본(本)자를 말하고, 물건을 잡을 때에는 세 손가락을 이용하는 것으로 만약 같은 천지회의 사람이라면 서로 인식할 수 있다.'고 공언하면서, 자신이 가지고 있던 천지회의 구표(舊表) 한 장을 임첨신에게 건네주면서, '사람을 규합하여 내가 다른 지역에서 돌아올 때를 기다려서 다시 결배를 하자.'고 당부하였다. 임첨신은 그 이름을 묻자, 진씨는 '결배할 때 다시 알려 주겠다.'고 하고는 바로 떠나가 버렸다. 얼마 후 임첨신은 빈고함으로 인해 어려운 나날을 보내고 있었는데, 스스로 무리를 모아 (천지회를) 결배하고자 하였다. 가경 6년 6월 방정상(方庭相)·진괴진(陳魁進)·채유호(蔡有湖)·유소현(游紹賢)·부길홍(符吉洪)·진길홍(陳吉洪)이 임첨신의 집을 방문했다가 서로의 빈고함을 얘기하였다. 곧 임첨신은 복건인 진씨가 전해준 암호와 표문(表文)을 알려주고, 무리를 모아 결배하여 일을 만나면 서로 도우

7 「大學士管理刑部事務董浩等奏審擬陳禮南摺」(嘉慶6.5.13.), 『天地會』 6, 422쪽.

며, 아울러 기회를 틈타 촌장을 약탈하여 얻은 재물은 나누어 쓰기로 상의하였다. 방정상 등이 응하자, 총 7인은 매 사람마다 전 300문을 내어 임첨신에게 주고 주육(酒肉)을 구입하기로 결정하였다. 7월 7일 임첨신은 촌 밖의 외지고 한적한 곳에서 결배하기로 하였다. 기일이 되어 약속한 지역에 모이니, 임첨신은 표문을 꺼내들고 방정상 등에게 보여주었다. …… 임첨신은 마침내 칼을 들고, 방정상 등으로 하여금 칼을 뚫고 지나가게 하였다. 임첨신은 '금일 이후로 지휘에 복종해야만 하는데, 만약 맹서와 의를 저버리는 자는 칼 밑에서 죽을 것이다.'라 하면서 암호를 전수해주니, 연령에 관계없이 임첨신을 대가(大哥)로 삼았다. 결배는 삽혈(歃血)로 마쳤는데, 표(表)를 태우고 주(酒)를 마시고 각자 흩어졌다.[8]

〈사례 3-1〉 가경 8년 가응주 장락현 뇌육청의 첨제회

〈도식 3-1〉

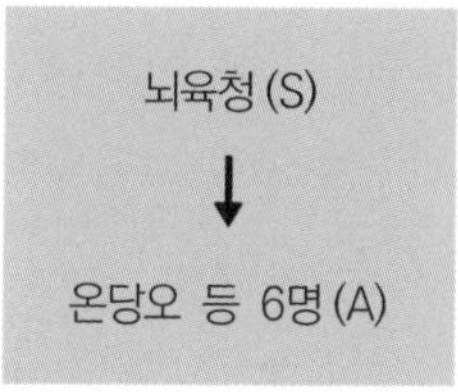

뇌육청 (S)

↓

온당오 등 6명 (A)

뇌육청(賴六靑)은 적관이 장락(長樂)현으로 타고난 성품이 유탕(游蕩)하고 강횡(强橫)하여 비류(匪類)들과 교제하였다. 이아칠(李阿七) 등은 적관이 게양(揭陽)·풍순(豊順)현 등으로 서로 친하여 왕래하였다. 가경 8년 5월 온당오(溫唐五)·이아칠·하아상(何阿常)·증좌롱(曾左籠)·고아지(高阿芝)·장삼붕(張三朋) 등이 뇌육청의 집을 방문하였다. 뇌육청은 이전에 복건 장주(漳州)·천주(泉州)에서 사람들로부터 풍문으로 들은 첨제회(添弟會)의 결배 방법을 상기했는데, 결배하여 일을 만나면 서로 돕고 아울러 기회를 틈타 약탈하여 얻은 재물은 나누어 쓰기로 상의하였다. 온당오 등이 응하자, 매 사람마다 전 200문을 내어 뇌육청에게 주고 주육을 구비하기로 결정하고, 6월 10일 장락현 소속의

8 「兩廣總督覺羅吉慶奏審擬海康縣天地會首林添申摺」(嘉慶6.11.5.), 『天地會』 6, 424-425쪽.

속칭 청자산(靑子山) 지방에서 결배하기로 약정했는데, 모두 7명이었다. 뇌육청은 '배회 이후에는 모든 사람이 성을 홍을 삼고, 천을 숭배하여 부로 삼으며, 지를 숭배하여 모로 삼는다.'고 공언하면서, 입을 열면 본(本)을 떠나지 않고, 손을 들면 삼(三)을 떠나지 않는다는 암호를 온당오 등에게 전수해 주었다. 연령에 관계없이 뇌육청을 대가로 삼았고, 결배는 음주(飮酒)로 마쳤다.[9]

우선 위에서 제시한 사례들을 통해서 '천지회의 조직을 최초 주창한 사람'(이하 '주창자'로 약칭)의 유형을 다음이 분류할 수 있다. 〈사례 1-1〉은 천지회의 기회원인 진례남(陳禮南)이 결사의 조직원리에 따라 조직한 경우이다. 〈사례 2-1〉은 천지회의 기회원인 진씨(陳氏)가 제3자인 임첨신(林添申)에게 이 결사의 조직원리를 전파하자 임첨신이 조직한 경우이다. 〈사례 3-1〉은 제3자인 뇌육청(賴六靑)이 풍문으로 들은 천지회의 조직원리를 모방하여 조직한 경우이다. 결국 천지회는 하나의 거대한 통일된 조직이 있어 그 하부에 여러 분파가 편재되어 있는 조직이 아니라 조직원리에 따라 천지회의 기회원이나 제3자에 의해서 재조직되는 결사임을 알 수 있다.

다음으로 위 세 사례는 천지회의 최초 조직 과정의 모습을 잘 보여주고 있는데, 조직 과정에서 가장 중요하게 작동하고 있는 것이 바로 주창자가 천지회의 조직원리를 숙지하고 있는가의 여부이다. 구체적으로 살펴보면, 〈사례 1-1〉의 경우 주창자 진례남은 복건 동안현에서 이미 천지회에 가담한 기회원이었을 뿐만 아니라 그 증표로 맹서를 간직하고 있었기 때문에 천지회의 조직원리를 이미 숙지하고 있었다. 〈사례 2-1〉의 경우 주창자 임첨신은 천지회의 기회원 진씨에게 천지회의 조직원리를 전수받고 아울러 암호(暗號)와 표문(表文)도 건네받았기 때문에 역시 천지

9 「兩廣總督倭什布奏審辦長樂縣天地會首賴六靑等摺」(嘉慶8.10.22.), 『天地會』 6, 464쪽.

회의 조직원리를 이미 숙지하고 있었다. 〈사례 3-1〉의 경우 주창자 뇌육청은 첨제회의 조직원리를 복건 장주(漳州)·천주(泉州)의 사람들로부터 풍문을 통해서 이미 숙지하고 있었다.

그렇다면 주창자가 숙지하고 있었던 천지회의 조직원리란 무엇이었을까? 위 세 사례를 종합해 보면, 다음과 같은 내용으로 수렴할 수 있다. 첫째, 천지회의 조직참여자들은 모두가 성(姓)을 홍(洪)으로 바꾸어 천(天)을 숭배하여 부(父)로 삼고 지(地)를 숭배하여 모(母)로 삼는다. 둘째, 조직참여자들은 "입을 열면 본(本)을 떠나지 않고, 손을 들면 삼(三)을 떠나지 않는다."는 암호 등을 통해서 천지회의 회원임을 서로 인식한다. 셋째, 최초의 조직과정은 칼 밑을 통과하는 '과관의식(過關儀式)'과 피로서 맹세하는 '삽혈맹서의식(歃血盟誓儀式)', 그리고 맹서한 내용을 태우는 '분표의식(焚表儀式)' 등으로 진행된다. 넷째, 이러한 조직과정은 주창자가 주관하게 되는데, 주창자는 조직참여자들에게 각기 전 200~300문(文) 등 일정한 금전을 걷어서 조직과정을 준비한다. 마지막으로 조직 이후에는 연령에 관계없이 주창자가 이 결사의 회수인 대가(大哥)로 추대되고, 조직참여자들은 모두 주창자의 명령에 복종해야만 한다. 이러한 내용이 바로 천지회가 최초 조직되는 과정에서 보이는 천지회의 조직원리라고 말할 수 있다.[10]

---

10 이상에서 분석한 사례들이 시기적으로 가경 연간에 한정되어 있지만, 아편전쟁 이후 적지 않은 사회변동에도 불구하고 천지회의 이러한 조직원리는 적어도 19세기 동안 큰 변화 없이 유지되어 갔던 것으로 보인다. 자료상의 한계로 인해 많은 사례가 검출되지 않지만, 다음과 같은 천지회 조직화 과정의 사례들은 이러한 점들을 보여준다고 생각한다. ① 도광 24년 조양(潮陽)현 황오공(黃悟空)의 쌍도회(雙刀會)의 사례: 황오공은 조양현에서 물 다툼으로 인해 족인을 살해하고, 이 살인사건을 모면하기 위해서 게양(揭揚)현으로 갔는데, 게양현인 임대미(林大眉)·황아륭(黃阿隆) 등과 상의하여 천지회를 조직하고자 하였다. 도광 24년 8월 18일 황오공 등 8인은 임대미가 거주하는 부근의 공묘(空廟)에서 제단을 설치하고 천지회를 조직하였다. 매 사람이 전 120문을 내고, 황오공이 향촉계주(香燭鷄酒)를 준비하였다. 모두 황오공을 대가(大

여기에서 최초의 천지회 조직은 주창자와 조직참여자들에 의해서 이루어졌음을 알 수 있는데, 이를 간단한 기호로 표시하면 다음과 같다.

哥)로 추대하였다. 황오공은 제단에 '홍령패위(洪令牌位)'를 설치하고, 죽말(竹篾)을 이용하여 둥그런 모양으로 묶어 놓은 후 다시 쌍도(雙刀)를 거치해서 회원들로 하여금 칼 밑을 뚫고 지나가게 하였다. 황오공은 회원들에게 '입을 열면 본(本)을 떠나지 않고, 손을 들면 삼(三)을 떠나지 않는다.'의 암호를 전수하고, 매 사람에게 회단(會單) 한 장씩을 나누어 주었으며, 닭의 피를 술에 넣어서 돌려가며 마셨다. 천지회의 명칭이 연용된지 이미 오래되어 회원을 확보하기 어렵다고 생각하여 마침내 쌍도회라는 이름을 취하였다(莊吉發, 「太平天國起事前的天地會」, 『食貨』 8-12, 1979). ② 도광 24년 광동 향산(香山)현 고명원(高名遠)의 융흥회(瀧興會)의 사례: 도광 24년 광동 향산현인 주패거(周佩居)는 이 지역 고명원의 집에 와서 한담을 하던 중에 고단하고 의지할 때 없으며 다른 사람에게 모욕을 당하는 것이 두려우니, 사람을 모아 천지회를 조직하여 일을 만나면 서로 도와주기로 상의하였다. 고명원은 이전에 외지에서 생계를 도모할 때 일찍이 일산동(一山洞)에서 포포(布包)를 하나 습득했는데, 그 안에 천지회의 『회부』가 있었다고 하면서, 만약 사람을 규합하여 배회를 하면 일을 만나더라도 서로 도울 수 있고 아울러 규합한 사람들을 믿고 약탈할 수 있다고 하였다. 주패거는 동의하고 사람을 규합하였다. 이후 각각 실행하여 차례로 황공회(黃孔懷) 등 68명을 확보하여 향산현의 초여산(草旅山) 지방에 일제히 모여서 매 사람마다 동전 300문을 고명원에 각출해 주고서 향촉계주를 준비하게 하였다. 사람들은 고명원을 대가로 삼고, 홍령패위를 세우고 아울러 말(蔑)을 휘어서 문(門)을 만들고 그 문에 종이로 만든 두 개의 도(刀)를 설치하여 걸어 놓고서는 사람들로 하여금 칼 밑으로 뚫고 지나가게 하였다. 고명원은 사람들을 거느리고 꿇어 앉아서 '입을 열면 본을 떠나지 않고, 손을 들면 삼을 떠나지 않는다.'라는 암호를 전수해 주고, 닭의 피를 술에 섞어서 돌려 마시면서 맹서를 하고 천지회를 조직하였다. 천지회의 이름이 이미 오래되어 사람을 규합하는 것이 어렵다고 생각하여 마침내 융흥회로 바꾸었다고 한다(「兩廣總督耆英摺」, 道光25.9.28.). ③ 광서 2년(1876) 광동 고주(高州)부 무명(茂名)현 황십릉대(黃十陵大) 삼합회(三合會)의 사례: 황십릉대와 이아증(李亞增)은 모두 40여 명을 규합하였다. 매 사람은 수백문 혹은 일천문을 각출하여 황십릉대에 주고 향촉주육을 준비하게 하여 삼합회·빈궁회·부모회 등을 조직하였다. 연령에 관계없이 황십릉대를 대가로 삼았다. (배회할) 기일이 되자, 황십릉대가 죽(竹)을 땅에 박고 종이를 풀로 붙여 문(門)을 만들었는데, 목양성(木楊城)이라 하였다. 또 탁자와 의자를 이용하여 다리를 만들고, 각 회(會)의 사람들에게 명령하여 그 다리 밑으로 지나가 (목양)성 안으로 들어가도록 하였다. 대가는 쌍화(雙花)를 머리에 꼽고, 이가(二哥)는 단화(單花)를 머리에 꽂았다. 결배한 이후에는 일을 만나면 서로 돕는데, 만약 사상자가 있으면 협력하여 돌봐준다고 하였다. 주육을 먹고서는 모두 흩어졌다(朱壽朋 編, 『光緒朝東華錄』 1, 光緒2年11月條, 北京: 中華書局, 1953, 325쪽).

즉 천지회의 주창자는 〈사례 1-1〉의 진례남, 〈사례 2-1〉의 임첨신, 〈사례 3-1〉의 뇌육청이었다. 그리고 이들 주창자의 제안에 동조한 조직 참여자는 〈사례 1-1〉의 이도저(李道著) 등 7명, 〈사례 2-1〉의 방정상(方庭相) 등 6명, 〈사례 3-1〉의 온당오(溫唐五) 등 6명이었다. 여기에서 천지회의 회수(會首)·대가(大哥)가 되었던 천지회의 주창자를 'S'로 기호화하고, 이들에게 종속된 조직참여자를 'A'로 기호화한다. 바로 이 단계가 천지회 조직의 설립단계인데, 이 과정을 'S→A'로 기호화한다. 따라서 〈도식 1-1〉~〈도식 1-3〉에서 보이는 것처럼, 천지회가 최초 조직되는 단계에서는 회수(S)와 회원(A)만 있는 매우 간단한 구조로 되어 있었음을 알 수 있다.

이상과 같이 천지회의 최초 조직의 성립단계에서 보이는 조직의 원리는 비단 광동 뿐만 아니라 복건·강서·광서·운남·귀주·호남 등 기타 모든 지역에서 천지회가 조직될 때 나타나는 현상이었다.[11] 이 때 천지회라는 결사의 회명이 종종 바뀌기도 했는데, 천지회의 조직원리에 따라 결사가 조직되기만 하면 학계에서는 이것을 천지회계(天地會系) 회당 비밀결사라고 부르고 있다.[12] 즉 삼합회(三合會), 삼점회(三點會), 충의회(忠義會),

---

11 광동의 기타 사례의 경우 『天地會』 6, 416-526쪽; 복건의 경우 『天地會』 6, 136-244쪽; 강서의 경우 『天地會』 6, 244-416쪽, 광서의 경우 『天地會』 7, 159-420쪽; 운남·귀주·호남의 경우 『天地會』 7, 420-522쪽에 기록된 사례 참조.

12 장길발은 순치·강희 연간에는 어떠한 회당(會黨)의 흔적이 없고, 회당 안건이 정식으로 출현한 것은 철편회(鐵鞭會)〔옹정 6년(1728), 복건〕라고 지적하면서, 이후 차례로 부모회(父母會)〔1728, 복건〕 …… 철척회(鐵尺會)〔1752, 복건〕 등이 나타나는데, 이러한 것은 모두 천지회와 다른 것이라고 하였다(莊吉發, 「清代前期(1644~1795)閩粵地區的異姓結拜與秘密會黨的活動」, 『歷史學報』 22, 1994, 144-145쪽, 154쪽). 즉 천지회가 출현하기 이전에 이미 철편회·부모회·철척회와 같은 회당 비밀결사가 존재하고 있었다는 것이다. 채소경이나 연립창도 이와 같은 견해를 피력했는데, 천지회는 기존 비밀결사의 특징을 흡수하여 새로운 호소(號召)로서 새로운 내용을 첨가하여 건립되었다고 하였다(蔡少卿, 『中國秘密社會』, 杭州: 浙江人民出版社, 1989, 24쪽; 連立昌, 『福建秘密社會』, 福州: 福建人民出版社, 1989, 164쪽). 또한 천지회라는 명칭이

인의회(仁義會), 삼선회(三仙會), 쌍도회(雙刀會), 소도회(小刀會), 부모회(父母會), 홍련회(洪蓮會), 청련회(靑蓮會), 평두회(平頭會), 보가회(保家會) 등 서로 다른 회명을 갖는 수많은 결사들을 천지회로 총칭하는 이유도 여기에 있다.

2. 회원모집의 기본 모형: P→S→A→B 모형

앞서 천지회가 최초 조직되는 과정만을 대표적인 세 사례의 분석을 통해서 천지회의 조직원리에 대해서 검토해 보았는데, 이하에서는 천지회가 최초 조직된 이후 어떠한 방식으로 회원들을 확보하고 있는가를 분석해 보자. 아래의 사례는 앞서의 사례에서 언급하지 않았던 회원확보에 관한 부분이다.

〈사례 1-2〉 가경 6년 광주부 동관현 진례남의 천지회

〈도식 1-2〉

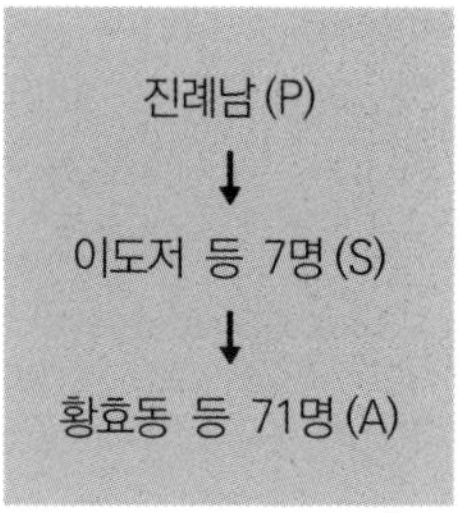

진례남 (P)
↓
이도저 등 7명 (S)
↓
황효동 등 71명 (A)

진례남은 배회한 사람이 적어 촌장을 약탈할 수 없다고 생각하여 곧 이도저 등에게 명령하자 각각 황효동(黃效東) 등 52명, 이휘양(李輝揚) 등 11명, 채현방(蔡顯邦) 등 8명을 규합했고, 이 중에 황효동·주아순(周亞順)은 간사전(簡士傳) 등 5명을 다시 규합하였다. 각각 7곳에서 일어나 연령에 관계없이 이도저·장삼제·간채문·은계동·진문안·사간사·황조준을 회수

처음으로 등장한 것에 대하여, 장·채·연씨 모두 건륭 26년(1761)으로 보고 있다.

(會首)로 삼아 1월 26일 · 1월 27일 · 1월 29일 · 2월 3일 · 2월 7일 · 2월 9일 · 2월 10일 차례로 적령(赤嶺) · 황촌산변(黃村山邊) · 초리(蕉利) · 중당우(中堂圩) · 여지기(荔枝基) · 강배(崗背) · 붕륵산(棚勒山) 등에서 결배하고, 진례남을 회총(會總)으로 삼았다.[13]

〈사례 2-2〉 가경 6년 뇌주부 해강현 임첨신의 천지회

〈도식 2-2〉

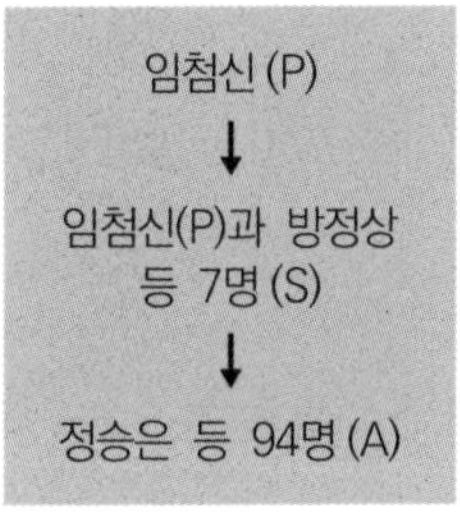

임첨신 (P)
↓
임첨신(P)과 방정상 등 7명 (S)
↓
정승은 등 94명 (A)

임첨신 · 방정상 등은 각각 정승은(丁承恩) 등 56명, 임세영(林世榮) 등 3명, 조동(趙桐) 1명, 담만화(譚萬和) 등 30명, 황건중(黃建中) 1명, 장학순(莊學順) 등 3명을 규합하여 각각 7곳에서 일어났는데, 연령에 관계없이 임첨신 · 방정상 · 진괴진 · 채유호 · 유소현 · 부길홍 · 진길홍을 대가로 삼아 가경 6년 7월 12 · 14 · 15일 등에 차례로 동파촌(東坡村) · 백수당(白水塘) · 동각포(東角埔) 등에서 결배하고, 모두 임첨신을 총회수(總會首)로 삼았다.[14]

〈사례 3-3〉 가경 8년 가응주 장락현 뇌육청의 첨제회

〈도식 3-2〉

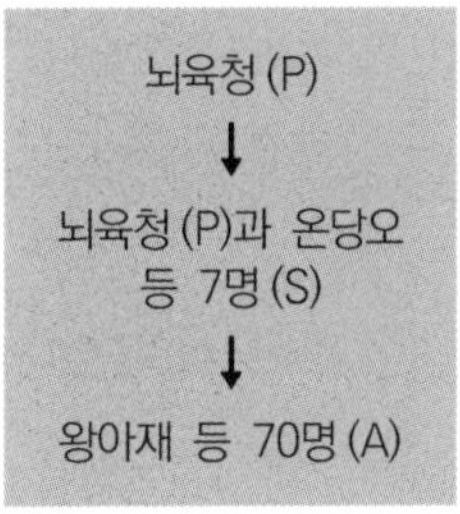

뇌육청 (P)
↓
뇌육청 (P)과 온당오 등 7명 (S)
↓
왕아재 등 70명 (A)

뇌육청은 사람이 적어 약탈할 수 없었기 때문에 곧 온당오 등에게 명령하여 각각 무리를 규합하고 다른 날 총회(總會)에서 결배하기로 하고 각자 흩어졌다. 뇌육청은 왕아재(王阿載) 등 총 8명을 규합하여 6월 13일 장락현 청자산 지방에서 결배했는데, 모두 뇌육청을 회수(會首)로 추대하였다. 온당오는

13 「大學士管理刑部事務董浩等奏審擬陳禮南摺」(嘉慶6.5.13.), 『天地會』 6, 422쪽.
14 「兩廣總督覺羅吉慶奏審擬海康縣天地會首林添申摺」(嘉慶6.11.5.), 『天地會』 6, 424-425쪽.

여아건(余阿虔) 등 18명을 규합하여 6월 24일 장락현 유당(油塘) 장산(嶂山) 지방에서 결배했는데, 모두 온당오를 수로 추대하였다. 이아칠(李阿七)은 무아광(巫阿光) 등 10명을 규합하여 7월 14일 게양(揭陽)현 대성령(大成嶺) 지방에서 결배했는데, 모두 이아칠(李阿七)을 회수로 추대하였다. 하아상은 정아수(鄭阿秀) 등 8명을 규합하여 7월 8일 게양현 농충산(籠充山) 지방에서 결배했는데, 모두 하아상을 회수로 추대하였다. 증좌롱은 증아부(曾阿副) 등 5명을 규합하여 7월 9일 게양현 금산(金山) 지방에서 결배했는데, 모두 증좌롱을 회수로 추대하였다. 고아지는 고아라(高阿羅) 등 6명을 7월 12일 게양현 잠문령(潛門嶺) 지방에서 결배했는데, 모두 고아지를 회수로 추대하였다. 장삼붕은 오아표(吳阿表) 등 15명을 규합하여 7월 16일 풍순현 포자산(埔子山) 지방에서 결배했는데, 모두 장삼붕을 회수로 추대하였다. 온당오 등은 각각 (이러한 상황을) 뇌육청에게 알리고, 뇌육청은 총회수(總會首)로 다시 추대되었다.[15]

앞서 언급한대로 '재조직되는 결사'라는 천지회 조직 구조상의 특징을 염두에 두면서, 앞서 언급된 사례와 위 세 사례를 종합하여 검토해 보면, 회원확보의 단계에 이르는 과정을 기호로 표시하여 모형화시킬 수 있는 사항들을 발견할 수 있는데, 다음과 같이 정리할 수 있다.

앞서의 〈도식 1-1〉~〈도식 3-3〉에서 보이는 것처럼, 최초 조직단계에서 천지회의 주창자(S)와 조직참여자(A)만 있는 간단한 구조로 되어 있던 천지회가 회원들을 확보하게 됨에 따라 조직이 확대하기 시작한다. 여기에서 회원의 확보는 주창자의 명령에 의해서 주로 조직참여자에 의해서 이루어지는데, 주창자가 여기에 가담하기도 한다. 〈사례 1-2〉에서는 조직참여자 이도저 등 7명이 총 71명의 회원을, 〈사례 2-2〉에서는

15 「兩廣總督倭什布奏審辦長樂縣天地會首賴六靑等摺」(嘉慶8.10.22.), 『天地會』 6, 464쪽.

주창자 임첨신과 조직참여자 방정상 등 7명이 총 94명의 회원을, 〈사례 3-2〉에서 주창자 뇌육청과 조직참여자 온당오 등 7명이 총 70명의 회원을 각각 확보하였다. 여기에서 주창자·조직참여자와 확보된 회원의 관계를 보면, 이 역시 천지회가 최초 조직될 때 보이는 주창자(S)와 조직참여자(A)의 관계와 마찬가지로 주창자·조직참여자는 회수·대가(S)가 되고 확보된 회원은 이들에게 종속되는 조직참여자(A)가 되고 있음을 알 수 있다.

따라서 최초의 조직설립단계인 S→A의 구조를 가진 천지회가 회원을 확보함에 따라 S→A의 관계가 다시 한 번 반복되어 조직의 확대가 이루어진 것이고, 그 결과로 확대된 조직의 구조에서 지위체계의 변화가 일어나게 되었던 것이다. 즉 주창자인 〈사례 1-2〉의 진례남은 회총(會總)으로, 〈사례 2-2〉의 임첨신은 총회수(總會首)로, 〈사례 3-2〉의 뇌육청은 총회수로 각각 추대·승격되었는데, 이렇게 S에서 추대·승격된 회총·총회수를 'P'로 기호화한다. 또한 조직 참여자인 〈사례 1-2〉의 이도저 등 7명은 회수(會首)로, 〈사례 2-2〉의 방정상 등 6명은 대가(大哥)로, 〈사례 3-2〉의 온당오 등 6명은 수(首)로 각각 추대·승격되어 A에서 S로의 지위변화가 이루어졌고, 조직참여자에 의해서 확보된 〈사례 1-2〉의 회원 71명, 〈사례 2-2〉의 회원 94명, 〈사례 3-2〉의 회원 70명이 A에 속하게 되었다. 이처럼 S→A의 관계가 다시 한 번 반복되어 조직이 확대된 과정을 'P→S→A'로 기호화한다. 이러한 P→S→A의 구조에서 A가 다시 회원을 확보하기도 하였다. 〈사례 2-2·3-2〉에서는 보이지 않지만, 〈사례 1-2〉에서 71명의 A 중에 황효동(黃效東)과 주아순(周亞順)이 5명의 회원을 추가로 확보하였다. 이 단계 역시 회원확보의 단계로 황효동·주아순과 이들에 의해서 확보된 5명의 관계는 S와 A의 관계를 보이고 있지만, 황효동과 주아순은 더 이상 S로 추대·승격되지 않았다. 이렇게 A에 의해서 확보된 회원을 B로 칭하고, 이 과정을 'A→B'로 기호화한다.

결국 P·S·A·B는 고정적이 아니라 조직의 확대에 따라서 S가 P가 되고 A가 S가 되기도 하였던 것이다. 다시 말해 최초의 천지회 조직에서 S→A가 되고, 회원의 확보에 따라서 조직이 확대되면서 P→S→A가 나타나는데, A가 다시 조직의 확대를 하면 P→S→A→B의 구조로 되었던 것이었다. 이것을 관계의 측면에서 본다면 P와 S의 관계, S와 A의 관계, A와 B의 관계, P와 A의 관계가 모두 각각 회수(S)와 회원(A)의 관계로 이루어졌던 것임을 알 수 있다. 이러한 내용을 간략히 도식화한 것이 바로 〈도식 1-2〉~〈도식 3-2〉이고, 이것을 종합하여 회원확보의 과정에서 확인된 사항을 모형화하면, 천지회 회원확보의 기본모형인 'P→S→A→B 모형'(〈모형 1〉)을 도출해 낼 수 있는 것이다.

〈모형 1〉 천지회 회원모집의 기본모형: P→S→A→B 모형

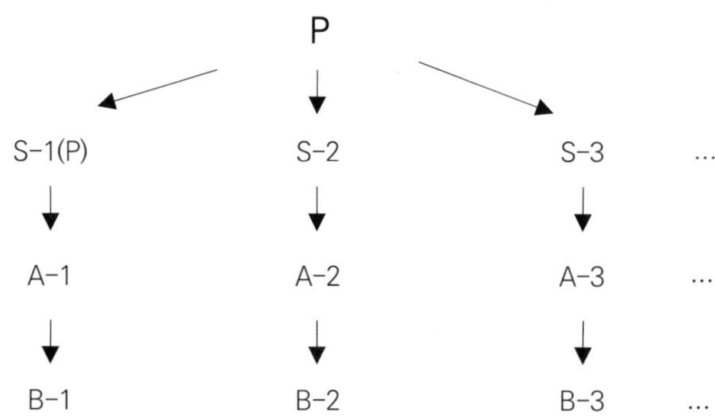

〈참고내용〉 P는 총회수(P), S는 회수(S), A는 회원(A), B는 회원(B)이다. 숫자 1·2·3은 S·A·B에서 모집된 회원의 계통이 서로 다름을 의미한다. P는 S-1를 겸하기도 한다.

이 〈모형 1〉은 천지회 회원확보의 과정을 가장 잘 보여주는 사례를 가지고 도출한 것이기 때문에 예외적인 경우도 있을 수 있다. 후술하겠지만, 예컨대 천지회의 주창자가 반드시 총회수(P)가 되지 않는 경우도

있고, 천지회의 조직참여자가 반드시 회수(S)가 되지 않는 경우도 있으며, 총회수(P)가 확보한 회원(A)의 경우 회수(S)로 추대 · 승격되는 경우도 있을 수 있다. 그러나 여기에서 주목해야 할 점은 이 'P→S→A→B 모형'이 천지회 회원모집의 가장 기본적인 형태가 된다는 것이고, 이 모형을 통해서 천지회의 조직자들은 적어도 수십 명의 회원들을 모집할 수 있다는 것이다. 왜냐하면 회원모집의 상황을 자세히 확인할 수 있는 가경 연간 천지회의 회원모집 현황을 검토해 보면, 광동 지역 대부분의 천지회가 'P→S→A→B 모형'으로 회원모집이 이루어졌기 때문이다. 사실의 확인을 위해서 이 모형을 가경 연간 광동 지역 천지회의 회원모집 사례에 대입시켜 천지회가 회원 수를 조직적으로 증가해 가는 모습을 추적해 본 것이 〈표 1〉이다.

〈표 1〉 가경 연간 광동 지역 천지회의 회원모집 현황: 'P→S→A→B 모형'의 적용

가경	부주현	회명	총회수 (P)	회수 (S)	회원 (A)	회원 (B)	계	근거 자료
5	조경(肇慶) 양강(陽江)	천지회(天地會)	구대흠(仇大欽, 회수→회총)	10 (회수 4)	50	34	95	ⓐ 417쪽
6	광주(廣州) 동관(東莞)	천지회	진례남(陳禮南, 회총)	7 (회수 7)	71	5	84	ⓐ 422쪽
6	뇌주(雷州) 해강(海康)	천지회	임첨신(林添申, 대가→총회수)	6 (대가 6)	94	0	101	ⓐ 424-425쪽
6	광주 신녕(新寧)	천지회	섭세호(葉世豪, 대가)	4 (대가 4)	39	4	48	ⓐ 431쪽

가경	부주현	회명	총회수 (P)	회수 (S)	회원 (A)	회원 (B)	계	근거 자료
7	광주 신회 (新會)	천지회	정사도 (鄭嗣韜, 총회수)	12 (대가 4)	42	0	55	ⓐ 433-434쪽
7	광주 용문 (龍門)	천지회	오윤회 (伍允會, 대가)	28 (?)	0	0	29	ⓐ 436쪽
7	조주 (潮州) 조양 (潮陽)	천지회	정아명 (鄭阿明, 대가→총회수)	14 (대가 2)	30	9	54	ⓐ 444-445쪽
7	광주 향산 (香山)	천지회	황명찬 (黃名燦, 대가)	5 (대가 4)	64	10	80	ⓐ 460-461쪽
7	광주 신녕	천지회	진적인(陳積引, 대가→회총)	7 (대가 5)	52	2	62	ⓐ 440-441쪽
7	조주 혜래 (惠來)	천지회	방진사 (方振思, 총대가)	5 (?)	69	0	75	ⓐ 443쪽
8	광주 신회	천지회	임도경 (林道經, 대가)	19 (?)	0	0	20	ⓐ 438쪽
8	광주 동관	천지회	채정사 (蔡廷仕, 총대가)	7 (?)	106	0	114	ⓐ 447쪽
8	광주 증성 (增城)	천지회	관념종 (關念棕, 총회대가)	3 (산회대가 3)	89	3	96	ⓐ 451쪽
8	가응 (嘉應) 장락 (長樂) 게양 (揭揚) 풍순 (豊順)	첨제회 (添弟會)	뇌육청 (賴六青, 대가→총회수)	6 (회수 6)	70	0	77	ⓐ 464쪽

가경	부주현	회명	총회수 (P)	회수 (S)	회원 (A)	회원 (B)	계	근거 자료
8	경주(瓊州) 경산(瓊山)	첨제회	섭유승(葉有升, 대가)	13	0	0	14	ⓐ 466-467쪽
8	광주 신회	천지회	이상개(李象開, 대가→총회수)	3 (대가 2)	40	4	48	ⓐ 468-469쪽
9	광주 신회 학산(鶴山)	첨제회	양수평(梁修平, 대가)	1 (?)	88	4	94	ⓐ 471-472쪽
9	경주 경산	천지회	증박라(曾博羅, 대가)	5 (?)	38	0	44	ⓐ 475-476쪽
9	혜주 영안(永安)	천지회	황정화(黃庭華, 대가)	2 (?)	12	26	41	ⓐ 483쪽
9	흠주(欽州)	첨제회	섭봉헌(葉鳳軒, 대가)	5 (?)	26	0	32	ⓐ 487쪽
9	해주 해풍(海豊)	첨제회	채아당(蔡亞堂, 대가)	5 (대가 1)	59	0	65	ⓐ 490-491쪽
10	소주(韶州) 곡강(曲江)	첨제회	황현통(黃賢通, 대가)	6 (?)	35	14	56	ⓐ 493-494쪽
16	광주 순덕(順德)	삼합회(三合會)	엄귀구(嚴貴邱, 대가)	3 (?)	35	27	66	ⓐ 497-498쪽
16	광주 순덕	삼합회	황주보(黃朱保, 대가)	8 (?)	47	0	56	ⓐ 498쪽
16	광주 순덕	삼합회	오아여(吳亞如, 대가)	2 (?)	29	18	50	ⓐ 498-499쪽

가경	부주현	회명	총회수 (P)	회수 (S)	회원 (A)	회원 (B)	계	근거 자료
21	소주 인화 (仁化)	첨제회	임득종 (林得棕, 대가)	1 (?)	30	0	32	ⓐ 510-511쪽

〈참고내용〉 〈표 1〉은 가경 연간 광동 지역의 총 40건이 넘는 천지회 사례 가운데 회원모집의 상황을 정확히 확인할 수 있는 26건을 'P→S→A→B 모형'에 따라 정리한 것이다. 〈표 1〉에 없는 다른 천지회 사례 역시 'P→S→A→B 모형'에 의해서 조직된 것으로 보이지만, 자료상의 한계로 인해 그 구체적인 숫자를 밝힐 수가 없기 때문에 〈표 1〉에서 제외하였다. 〈표 1〉 안에서, 예컨대 총회수(P) 부분이 '구대흠(회수→회총)'의 형태로 되어 있는 것은 구대흠이 P→S에서 회수였지만 이후 S→A의 과정에서 회총으로 추대되었음을 의미하고, (회총)이나 (대가) 등으로 되어 있는 것은 원래부터 이러한 직책이었음을 의미한다. 또한 회수(S) 부분이 '10(회수: 4)'의 형태로 되어 있는 것은 최초 회수(S)에 속해 있는 인원수가 10명이었는데, S→A의 과정에서 회수로 추대된 인원수가 4명임을 표시한 것이며, (?)는 자료상 확인이 불가능하다는 것을 의미한다. 근거자료에서 ⓐ는 『天地會』 6을 말한다.

〈표 1〉을 통해서 다음과 같은 천지회 회원모집의 상황을 알 수 있다. 첫째, 총회수(P)와 회수(S)가 결배할 때의 상황이다. 총회수(P)는 한 천지회 집단 내에서 최고 우두머리이기 때문에 당연히 1명만 존재한다. 회수(S)는 각 천지회마다 그 숫자가 달라지기 마련인데, 적을 경우 1명에서 많을 경우 14명이었다. 그러나 회수(S)에 속해 있는 천지회의 조직자가 반드시 회수가 되는 것은 아니다. 예컨대 가경 6년 임첨신의 천지회에서는 회수(S)에 속해 있는 6명이 모두 회수가 되었지만, 가경 5년 구대흠(仇大欽)의 천지회에서는 회수(S)에 속해 있는 10명 가운데에 단지 4명만이 회수가 되었다. 전체적으로 봤을 때, 조직의 설립단계에 참가한 사람은 1~14명이었고, 이 중에 회원(A)를 모집하여 회수로 추대된 사람은 1~6명이었다. 둘째, 총회수(P)나 회수(S)에 의해서 모집된 회원(A)의 상황이다. 전체적으로 봤을 때, 적을 경우 12명에서 많을 경우 106명이었다. 이 중에 가경 7년 오윤회(伍允會)·가경 8년 임도경(林道經)·가경 8년 섭유승(葉有升)의 천지회는 회원(A)가 0명인데, 이것은 이들 천지회가 조

직의 설립 단계에만 그치고 있음을 의미한다.[16] 이외에 나머지 23건의 천지회에서는 총회수(P)나 회수(S)에 의해서 모집된 회원(A)의 수가 106명인 경우 한 건을 제외하고 모두 100명 이내였다. 셋째, 회원(A)에 의해서 모집된 회원(B)의 상황이다. 전체적으로 봤을 때, 회원(B)의 수가 0명이 전체의 절반인 13건, 10명 미만이 7건, 10~19명이 3건, 20~29명이 2건, 30~39명이 1건이었다. 넷째, 'P→S→A→B 모형'으로 천지회가 조직되었을 때 전체 회원수의 상황이다. 전체적으로 봤을 때, 가장 적은 경우 14명이었고, 가장 많은 경우 114명이었다.

이상의 내용을 종합해 보면, 'P→S→A→B 모형'으로 천지회가 한번 조직되면 전체 회원 수는 대체로 100명 이내의 규모로 조직되었다는 점, 이러한 규모 내에서도 총회수(P)나 회수(S)가 얼마만큼 회원(A)을 모집하는가에 따라 회원수의 다소가 결정되었다는 점, 〈표 1〉에 있는 회원모집의 상황은 다분히 소규모라는 점을 지적할 수 있다. 이렇게 된 일차적인 이유는 각 천지회가 조직되고 회원을 모집하는 과정에서 관부에 의해 진압되었기 때문이다. 따라서 〈표 1〉에 수록되어 있는 천지회는 더 이상의 조직적 확대가 불가능했다고 생각한다.

그런데 천지회 조직자 혹은 회원 1명이 수십 명의 회원을 모집할 수 있다는 점은 이 집단이 수백·수천 명으로 확대할 수 있다는 가능성을 반증해 주는 것은 아닐까? 환언하면 관부에 의한 진압이 없었더라면, 〈표 1〉의 천지회는 모두 조직적으로 확대해 갈 가능성을 충분히 갖고 있었다는 것이다. 예컨대 앞서 〈사례 3〉을 통해 가경 8년 가응주 장락(長樂)현 뇌육청의 첨제회에서는 총회수(P) 뇌육청과 회수(S) 온당오 등 7명이 총 70명의 회원을 모집하였음을 기술하였다. 이 상태에서 뇌육청의 첨제회

16 다만 오윤회·임도경·섭유승의 경우 총회수(P)로 추대·승격되지 않았지만, 이들이 천지회를 재조직했기 때문에 〈표 1〉에서 총회수(P)의 범주에 포함시켰다.

는 관부에 의해 발각되어 회원의 대부분이 체포되었다. 그런데 관부에 의해 발각되기 얼마 전 총회수(P) 뇌육청은 회원들에게 다음과 같이 명령하였다.

> 뇌육청은 오히려 사람이 적다고 불평하면서 각 비(匪)에게 재차 (인민들을) 규합하고 별도로 다른 날을 택하여 총회를 결배하고 기회를 틈타 각 촌장을 약탈하기로 하였다.[17]

위의 인용문은 이미 회수 6명과 회원 70명을 거느린 뇌육청이 모집된 회원의 수가 적다는 이유로 "각 비(匪)"들에게 다시 회원들을 규합해 오라고 명령하고 있다. 따라서 뇌육청의 첨제회 사례는 관부에 의한 진압이 없는 상태만 보장된다면, 'P→S→A→B 모형'의 반복을 통해 조직적으로 확대해 갈 가능성을 충분히 갖고 있었음을 보여주고 있다.

요컨대 'P→S→A→B 모형'에서 P→S→A→B로 하향해 가는 천지회의 회원모집 방식을 통해서 그 형태가 오늘날 현대사회에서 피라미드 조직(Pyramid Schemes)의 회원모집 방법[18]과 유사함을 발견할 수 있다. 따라서 적어도 형태상으로만 본다면, 천지회의 회원모집 방식인 'P→S→A→B 모형'은 단시간에 회원을 급속히 증가시킬 수 있는 구조로 되어 있음을 짐작할 수 있고, 나아가 천지회의 확대와 확산을 가능하게 했던 조직 구조상의 요인으로 생각할 수 있다.

---

17 「兩廣總督倭什布奏審辦長樂縣天地會首賴六青等摺」(嘉慶8.10.22.), 『天地會』 6, 464쪽.

18 피라미드 조직은 폰지 조직(ponzi schemes)이라고도 하는데, 조직의 형태가 피라미드 형태이기 때문에 붙여진 이름이다. 이것은 오늘날 상품판매의 성공을 위해서 끝없이 새로운 가입자가 필요한 사기 조직의 한 형태이다. 새로운 가입자는 자기를 가입시킨 사람에게 돈을 지불해야 하는데, 돈을 벌기 위해서는 그도 새로운 가입자를 끌어 모아야 한다. 이러한 피라미드 조직은 만약 한 사람이 시작하고 그 사람이 10명씩 새로운 사람을 끌어들인다고 하면, 맨 위층에는 1명, 그 아래층에 10명, 그 아래에 100명, 그 아래에 1,000명과 같은 식으로 그 수가 기하급수적으로 증가하는 구조로 되어 있다.

3. 조직 확대의 구조

그렇다면 천지회의 조직적 확대 과정은 'P→S→A→B 모형'의 어떤 상황에서 가능할까? 여기에서 다음 두 가지 상황을 상정해 볼 수 있다. 첫째, 회수(S)의 숫자가 급격히 증가하는 동시에 증가한 회수(S)가 각각 많은 회원을 모집하여 회원수가 증가하는 경우이다. 둘째, 이미 뇌육청의 첨제회 사례에서 가능성을 본 것처럼, 천지회가 일정기간 관부에 의해 진압되지 않고 'P→S→A→B 모형'의 반복을 통해서 회원수가 증가하는 경우이다. 〈표 2〉는 가경 연간 광동 지역 천지회 중에서 규모가 수백에서 수천 명 정도로 확대된 사례를 정리해 놓은 것이다.

〈표 2〉 가경 연간 광동 지역 천지회의 규모가 수백~수천인 사례

가경	부현	회명	규모	총회수	근거자료
6~7	혜주(惠州) 박라(博羅)	천지회 (天地會)	수천	진란극사 (陳爛屐四)	ⓐ 98쪽
7	혜주 귀선(歸善)	천지회	수백	진아본 (陳亞本)	ⓐ 98쪽
10	혜주 장녕(長寧)	첨제회 (添弟會)	천	관아내 (關亞蘊)	ⓑ 478-481쪽
21	광주(廣州) 청원(淸遠)	회비 (會匪)	수천	·	ⓒ 20쪽

〈근거자료〉 ⓐ內閣學士那彦成奏永安等三縣添弟會起事緣由摺」(嘉慶7.12.16), 『天地會』 7; ⓑ「兩廣總督那彦成奏龍門縣天地會首關亞蘊等糾人拜會摺」(嘉慶10.3.9.), 『天地會』 6; ⓒ光緒 『淸遠縣志』 卷20 「前事」.

우선 〈표 2〉에서 필자가 설정한 첫 번째 상황은 가경 10년 혜주(惠州)부 장녕(長寧)현 관아내(關亞蘊)의 천지회에서 볼 수 있다. 가경 10년 1월 광주(廣州)부 용문(龍門)현 지현(知縣) 사보원(師保元)과 증성영(增城營) 참장

(參將) 보흥(寶興)의 보고에 의하면, 관아내와 진전준(陳傳俊)이 무리를 모아 배회하여 그 숫자가 거의 천 명에 이르는 첨제회를 조직하여 1월 21일 용문현 우지조(圩地泒)·주동위(朱峒圍) 등의 촌장을 약탈하였다. 당시 수비(守備) 호좌조(胡佐朝)는 군사들을 이끌고 공격하여 200여 명을 섬멸하고 관아내 등 60여 명을 생포하였다. 나머지 천지회 회원들은 사방으로 흩어져 인근의 촌우(村圩)로 숨어들었는데, 각 향촌민에 의해서 400~500명이 피살되었다.[19]

이 관아내의 천지회는 앞서 〈표 1〉에서 살펴 본 100명 이내의 천지회 사례와 비교해 볼 때, 규모 면에서 상당히 확대되었음을 알 수 있다. 그렇다면 관아내의 천지회는 어떻게 해서 약 천 명에 이를 정도로 회원수가 확대되었을까? 아래의 인용문을 통해서 관아내의 천지회가 조직적으로 확대할 수 있었던 이유를 엿볼 수 있다.

> 관아내는 적관이 용문현으로 장녕현의 비도 진전준, 즉 감생(監生) 진국번(陳國蕃)과 평소에 서로 잘 알고 지냈다. 가경 10년 1월 15일 관아내는 진전준의 집으로 가서 한담을 했는데, 모두 빈고함을 얘기하였다. 이들은 무리를 규합하여 의형제를 결성하고, 기회를 엿보아 촌장을 약탈여 재물을 얻으면 분용하기로 상의하였다. 진전준이 응하자, 곧 각자 무리를 규합한 것이 관조혜(關兆惠) 등 40여 명이었다. 1월 18일 장녕현의 하동(河峒) 지방에서 결배하여 연령에 관계없이 모두 관아내를 대가(大哥)로, 진전준을 이대가(二大哥)로 추대했고, 그 나머지는 연령의 서열에 따라 배맹(拜盟)하였다. 관아내는 배회(拜會)한 사람이 적었기 때문에 다시 사람들에게 각자 무리를 규합해 올 것을 명령하였다. 관조혜 등은 곧 각각 십여 명 혹은 십 수 명을 규합했고, 22

19 「兩廣總督那彦成奏龍門縣天地會首關亞蘊等糾人拜會摺」(嘉慶10.3.9.), 『天地會』 6, 478쪽.

일 모두 모여 약탈하기로 결정하였다.[20]

회원모집과 관련하여 위 인용문은 관아내 천지회의 최초 결배자는 진전준를 포함하여 관조혜 등 약 40여 명이었고, 회수(S) 관조혜 등 40여 명이 각각 십 수 명 혹은 수십 명의 회원을 모집한 상황을 보여주고 있다. 따라서 비록 위 인용문을 통해서는 관아내 천지회의 전체 회원 수를 정확히 확인할 수 없지만, 그 규모가 거의 천 명에 육박한다고 한 지현 사보원 등의 보고가 과장되지 않았음을 보여준다고 하겠다.

여기에서 총회수(P)를 제외한 회수(S)가 40여 명이라는 수치는 앞서 〈표 1〉에서의 1~14명과 비교해 봤을 때, 회수(S)의 규모가 상당히 증가된 상태라 할 수 있다. 특히 회수(S) 관조혜 등 40여 명이 각각 십 수 명 혹은 수십 명의 회원(A)을 모집했다는 것은 〈표 1〉에서의 회수(S)가 회원(A)를 모집하여 회수로 추대된 1~6명과 비교해 보면, 회원(A)를 모집한 회수의 규모가 급증한 상태라 할 수 있다. 이러한 이유로 인해 관아내와 진전준이 천지회를 조직하려고 모의한 1월 15일부터 기사(起事)가 발생한 1월 21·22일까지 불과 일주일 정도의 시간에 약 천여 명의 회원을 모집할 수 있었던 것으로 보인다. 따라서 관아내의 천지회는 일주일이라는 매우 짧은 기간 동안 회수(S)의 숫자가 급격히 증가하는 동시에 각 회수가 각각 많은 회원들을 모집한 대표적인 사례라 할 수 있다.

다음으로 위의 〈표 2〉에서 필자가 상정한 두 번째의 상황은 가경 6~7년 혜주(惠州)부 박라(博羅)현 진란극사(陳爛屐四)의 천지회에서 볼 수 있다. 먼저 가경 7년 9월 19일 생포된 진란극사의 공술을 통해서 이 결사의 규모와 회원모집의 기간 등을 확인할 수 있는데, 다음과 같다.

20 「兩廣總督那彦成奏龍門縣天地會首關亞蘊等糾人拜會摺」(嘉慶10.3.9.), 『天地會』 6, 479쪽.

나(진란극사)는 가경 6년 7월 사람들을 규합하여 배회했고, 이후 약 1년 동안 이리저리 돌아다니며 규합한 자가 모두 1만 여명이었다. 나는 규합한 사람이 많아졌기 때문에 가경 7년 7월 모반(謀反)하고자 하였다.[21]

위 인용문에서 진란극사는 1만 명 정도의 사람들을 규합했다고 공술하고 있다. 다만 여기에서 이 사람들을 모두 천지회의 회원으로 볼 수 있을지에 대해서는 의문이 든다. 왜냐하면 가경 7년 8월 중순 경 백공요(伯公凹) 일대에서 생포된 천지회 회원 2명은 진란극사의 천지회는 홍기(紅旗)에 회비(會匪)가 있고 백기(白旗)에 흘소인(吃素人)이 있는데, 대략 1만여 명이라고 공술했고,[22] 광동순무(廣東巡撫) 호도례(瑚圖禮) 역시 진란극사가 사람들을 규합하여 천지회를 조직하고 흘재비도(吃齋匪徒)도 규합했는데, 이들이 모두 1만여 명이 있었다[23]고 보고하고 있기 때문이다.

한편 진란극사는 천지회를 조직한 가경 6년 7월에서 모반하기로 결정한 가경 7년 7월까지 약 1년 동안 이리저리 돌아다니며 사람들을 규합했다고 공술하였다. 그러나 아쉽게도 당안자료에는 이 대부분의 기간 동안 진란극사의 회원모집에 대한 상황이 소략하게 기록되어 있는데, 이것을 정리한 것이 아래의 〈표 3〉이다.

21 「陳爛屐四供詞筆錄」(嘉慶7.10.5.), 『天地會』 7, 33쪽. 이 내용은 당시 노대왕(老大王)으로 추대된 진란극사의 부친 진사장(陳士莊)의 공술에도 보인다(「陳士莊供單」(嘉慶7.10.1.), 『天地會』 7, 27-28쪽).

22 「兩廣總督吉慶奏官兵攻打伯公凹情形摺」(嘉慶7.9.11.), 『天地會』 7, 11쪽.

23 「廣東巡撫瑚圖禮奏籌辦兵糧軍械等情摺」(嘉慶7.9.14.), 『天地會』 7, 15쪽.

〈표 3〉 진란극사의 회원모집 현황: P→S→A→B 모형의 적용

총회수(P)	회수(S)	회원(A)	참고내용	근거 자료
진란극사(陳爛屐四)	진아이(陳亞餌)		P→S 5월, 진아이는 두목으로 추대, 100여 명 인솔	㉢
진란극사	유아육(劉亞六)		P→S 5월, 유아육는 외위로 추대, 100여 명 인솔	㉢
진란극사	유경당(劉敬堂)		P→S 7월, 유경당는 선봉으로 추대, 300여 명 인솔	㉣
진란극사	뇌신매(賴辛妹)		P→S 7월, 뇌신매는 주마장군으로 추대, 200여 명 인솔	㉣
진란극사	주아팔(朱亞八) 등 4명		P→S 불명, 주아팔 등 4명은 주인유·탁아가 휘하에서 복무	㉡
진란극사	방광린(方廣麟) 등 2명		P→S 불명, 방광린 등 2명은 양시산(羊屎山)에서 군기제조	㉢
진란극사	요병양(廖丙揚)	범범화(范范和)	P→S 불명, S→A 7월 2일	㉠
진란극사	요병양	황아명(黃亞名)등 8명	P→S→A 불명	㉠
진란극사	요병양	황정무(黃正茂) 등 11명	P→S→A 불명, 8월 15일 양시산으로 감	㉢
진란극사	탁아가(卓亞佳)	요아라(廖亞羅)	P→S→A 불명, 탁아가는 400~500을 인솔	㉠
진란극사	탁아가	주아당(周亞唐) 주아사(周亞四)	P→S→A 불명, 탁아가는 200~300명을 인솔	㉡
진란극사	탁아가	종응기(鍾應奇) 〔=종영기(鍾英奇)〕	S→A 5월, 종응기는 천총(千總)으로 추대, 200을 인솔	㉢
진란극사	주아삼(周亞三)	고금선(古金先) 뇌아귀(賴亞歸)	P→S→A 불명, 8월 15일 양시산으로 감	㉠
진란극사	주아삼	소목저(蕭木姐)	P→S→A 불명, 소목저 무기제조	㉢

총회수(P)	회수(S)	회원(A)	참고내용	근거 자료
진란극사	진아이(陳亞二)	종목생(鍾木生) 〔=종사금(鍾士金)〕 등 2명	P→S→A 불명, 종목생은 탁아가의 휘하에서 외위(外委)로 되어 미량을 관리	㉡
진란극사	진아이(陳亞二)	소미저(蕭美姐)	P→S→A 불명	㉢
진란극사	증아우(曾亞牛)	원아서(袁亞瑞)	P→S→A 불명	㉠
진란극사	황대만(黃大晩)	임아춘(林亞春) 등 8명	P→S→A 불명	㉠
진란극사	승지참(僧指參)	탁아이(卓亞二) 〔=탁아석(卓亞錫)〕	P→S→A 불명	㉡
진란극사	증아이(曾亞二)	장월승(張粵升) 등 5명	P→S→A 불명	㉡
진란극사	진사생(陳士生)	온아이(溫亞二)	P→S→A 불명	㉢
진란극사	주아구(朱亞九)	나진경(羅振經) 등 7명	P→S→A 불명	㉢
진란극사	주아육(朱亞六)	등아영(鄧亞英) 등 7명	P→S→A 불명	㉢
진란극사	양파삼(楊跛三)	엄문임(嚴門臨) 〔=엄사(嚴四)〕	P→S→A 불명	㉢
진란극사	서대백계(徐大白癸)	진찬도(陳贊道) 등 9명	P→S→A 불명	㉢
진란극사	탁아의(卓亞矣)	이황복(李黃復) 등 2명	P→S→A 불명	㉢

〈근거자료〉 ㉠「兩廣總督吉慶等續獲范范和等人摺」(嘉慶7.10.13.), 『天地會』 7, 37-39쪽; ㉡「兩廣總督吉慶等奏審擬朱亞唐等人摺」(嘉慶7.10.19), 『天地會』 7, 44-46쪽; ㉢「兩廣總督吉慶等奏續獲黃亞三等人摺」(嘉慶7.11.11.), 『天地會』 7, 68-71쪽; ㉣「兩廣總督倭什布接審辦劉敬堂等情摺」(嘉慶8.11.14.), 『天地會』 7, 150-153쪽.

〈표 3〉에서 진란극사의 회원모집 현황은 P→S 혹은 P→S→A가 모두 26번 이루어졌음을 보여주고 있고, P→S에서 회수(S)는 20명의 인물이 등장하고 있다. 특히 이 20명 중에 요병양(廖丙揚)·탁아가(卓亞佳)가 각각 3건, 주아삼(周亞三)·진아이(陳亞二)는 각각 2건이라는 반복적인 S→A 형태도 보여주고 있다. 따라서 〈표 3〉은 진란극사의 천지회가 P→S와 S→A의 반복을 통해서 회원모집이 이루어진 상황을 잘 보여주고 있는 것이다. 이하 반복적인 결배 과정을 통해서 알 수 있는 사실들을 정리해 보면, 다음과 같다.

첫째, 〈표 3〉에서 회수(S)를 구성하는 20명의 인물은 모두 총회수(P) 진란극사와 결배를 했는데, 이 중 결배한 시점을 정확히 알 수 있는 것은 진아이(陳亞餌)·유아육(劉亞六)〔가경 7년 5월〕과 유경당(劉敬堂)·뇌신매(賴辛妹)〔가경 7년 7월〕이다. 이후 가경 7년 8월 8일 진란극사는 모반을 선포한 이후 진아이를 두목(頭目)으로 삼아 100여 명을 거느리게 했고, 유아육을 외위(外委)로 삼아 100여 명을 거느리게 했으며, 유경당을 선봉(先鋒)으로 삼아 300여 명을 거느리게 했고, 뇌신매를 주마장군(走馬將軍)으로 삼아 200여 명을 거느리게 하였다. 또한 결배한 시점을 정확히 알 수 없지만, 진란극사는 모반을 선포한 이후 요병양(廖丙揚)을 장군(將軍)으로 삼아 300여 명을 거느리게 했고, 탁아가(卓亞佳)에게 400~500명을 거느리게 하여 용화우(龍華圩)를 습격하게 하였다.

그렇다면 여기에서 두목·외위·선봉·주마장군·장군의 직함을 가진 회수들과 이들이 각각 거느렸던 100~500여 명 정도의 회원들은 어떠한 관계였을까? 이 점은 두목·외위·선봉·주마장군·장군으로 추대된 이유와 관계가 있을 것인데, 유경당과 뇌신매의 경우를 통해서 이 점을 확인할 수 있다.

가경 7년 7월 유경당은 진란극사의 규약에 따라 첨제회를 결배했는데,

진란극사를 추대하여 회수로 삼았다. 유경당은 많은 사람들을 전규(轉糾)하여 무리에 입회시켰는데, 가경 7년 8월 8일 진란극사가 양시산(羊屎山)에서 모역(謀逆)했을 때 유경당을 선봉으로 삼았다. 17일 유경당은 300여 명을 거느리고 상강위(祥岡圍)를 약탈하고 6명을 죽였다. …… 가경 7년 7월 뇌신매는 진란극사의 규약에 따라 입회했는데, 많은 사람들을 전규하여 무리에 입회시켰기 때문에 주마장군으로 봉해졌다. 8월 12일 뇌신매는 200여 명을 거느리고 수남촌(水南村) 각 지역을 약탈하고 많은 사람을 죽였다.[24]

이처럼 유경당이 선봉으로 추대되고 뇌신매가 주마장군으로 추대된 이유는 이들이 많은 사람을 규합하여 천지회에 입회시켰기 때문이었다. 비록 진아이·유아육·요병양·탁아가의 경우 자료상 이러한 상황을 볼 수 없지만, 이들이 두목·외위·장군 등으로 추대되어 수백 명의 회원들을 거느렸다는 사실은 유경당·뇌신매의 경우와 마찬가지로 많은 사람들을 규합하여 천지회에 입회시켰음에 분명하다. 따라서 〈표 3〉의 회수(S)를 구성하는 인물 중에서 회원을 많이 모집해 온 인물들은 진란극사의 천지회를 진두지휘한 회수(S)에 속해 있었던 것으로 생각된다.[25]

둘째, 첫 번째 지적과 관련하여 〈표 3〉에서 P→S로 된 6건의 사례 중에서 진아이·유아육·유경당·뇌신매 4건은 형태상 P→S이지만, 결국 P→S→A로 회원모집이 이루어졌음을 알 수 있고, 나아가 S→A가 반복되어 많은 회원들이 모집되었음을 짐작케 하고 있다. 다만 P→S에서 진란극사가 각각 결배한 주아팔(朱亞八) 등 4명·방광린(方廣麟) 등 2명의 경우 S→A가 이루어지지 않았던 것으로 보인다. 왜냐하면 주아팔 등 4명

24 「兩廣總督倭什布接審辦劉敬堂等情摺」(嘉慶8.11.14.), 『天地會』 7, 151쪽.

25 진란극사와 그의 부친 진사장의 공술에 의하면, 장금수(張錦秀) 등 25명이 각 기(旗)의 원수와 선봉으로 추대되었다(「陳爛屐四供詞筆錄」(嘉慶7.10.5.), 『天地會』 7, 33쪽; 「陳士莊供單」(嘉慶7.10.1.), 『天地會』 7, 27-28쪽).

은 주인유(朱仁儒)·탁아가의 휘하에서 복무했고, 방광린 등 2명은 양시산에서 군기 제조의 임무를 맡았기 때문이다.

셋째, S→A로 된 20건 중에서 결배한 시점을 정확히 알 수 있는 것은 탁아가·종응기(鍾應奇)〔가경 7년 5월〕와 요병양·범범화(范范和)〔가경 7년 7월 7일〕 뿐이다. 이 중에서 특히 종응기가 회원(A)에 속하였음에도 불구하고 이후 천총(千總)이 되어 200명을 거느렸기 때문에 종응기 역시 앞서 언급한 유경당·뇌신매의 경우와 마찬가지로 많은 회원을 모집한 것으로 추측된다. 이러한 상황이라면, P→S→A에서 'P→S→A→B 모형'으로 확대되어 회원들이 모집되고 있음을 보여준다고 하겠다. 그밖에 나머지는 사례는 P→S→A가 이루어진 정확한 결배 시점을 알 수 없지만, 적어도 그 하한 일은 진란극사가 회원들을 이끌고 양시산에 들어가 천지회의 본영을 건립한 8월 8일 이전일 것이다.

넷째, 〈표 3〉에서는 총회수(P)와 회수(S)가 특정한 임무를 맡기기 위해서 회원을 모집하는 경우도 심심지 않게 보인다. 예컨대 P→S에서 총회수(P) 진란극사가 결배한 방광린 등 2명의 경우, 진란극사가 이들을 양시산으로 보내 군기 제조의 임무를 맡게 하였다. 또한 S→A에서 회수 주아삼이 결배한 숙목저(蕭木姐)는 두구(頭區) 지방에서 군기를 제조하여 양시산으로 공급했던 인물이었고, 회수 진아이(陳亞二)가 결배한 종목생(鍾木生)의 경우는 진란극사가 탁아가 관할 하의 외위로 파견하여 미량(米糧)을 관리하게 하였다.

마지막으로 가장 의문으로 남는 부분으로 〈표 3〉에서 회원들을 모집하고 결배한 시점이다. 앞서 언급한대로 이것을 확인할 수 있는 것 중에 가장 이른 시점은 가경 7년 5월이고, 이 때부터 진란극사가 모반을 주창한 8월 8일까지는 'P→S→A→B 모형'으로 많은 회원들이 결집된 것으로 보인다. 그러나 이 이전의 약 10개월(가경 6년 7월~가경 7년 4월) 동안 진란극사가 어느 정도의 규모로 회원들을 모집했는가에 대해서는 기록상 나타나 있지 않기 때문에 구체적으로 언급할 수 없다. 다만 가경 7년 7월 2일 회수 요병양과 결배한 범범화를 취조한 광동순무 호도례의 언급을 통해서 당시 회원모집의 상황을 추측해 볼 수 있다.

> 범범화는 범아추(范亞秋)인데, 적관은 박라(博羅)이다. 가경 7년 7월 2일 평소에 알고 지내던 요병양이 범범화에게 '나는 이미 진란극사의 규약에 따라 천지회를 결배하여 촌장을 약탈하였다. 진란극사가 회내의 사람이 적었기 때문에 그 무리들에게 분담하여 돌아다니며 (인민들을) 규합하라고 하였다.'고 공언하자, 범범화는 무리에 들어가기로 서로 약속하였다. 곧 범범화가 허락하고 동전 300문을 주고서 요병양을 회수로 삼았다. 요병양은 범범화에게 홍포(紅布)와 도장을 주고, 아울러 구호도 전수하였다. 진란극사는 총회수로서 양시산에 기거하고 있었기 때문에 만날 수 없었지만, 이후 반드시 지휘를 따를 것을 약속하였다.[26]

위의 기록에 의하면, 적어도 요병양이 범범화를 결배한 가경 7년 7월 2일까지 진란극사의 천지회는 많은 회원을 모집하지 못한 상태였던 것으로 추정된다. 따라서 이러한 추정대로라면 진란극사의 천지회에서 본격적인 회원모집이 이루어지는 시점은 그가 모반을 주창하기 불과 몇 달 전이었던 것으로 보인다.

이처럼 진란극사 천지회의 사례를 통해 'P→S→A→B 모형'에서 P→S나 P→A 혹은 S→A, 그리고 A→B의 형태가 반복되어 회원을 모집하게 되면, 천지회의 조직적 확대가 단시간 내에 이루어지게 되었음을 살펴보았다. 따라서 천지회 회원모집 모형의 반복이란 오늘날 현대사회의 피라미드 조직과 같이 P→A→B→C→D→E→ … 처럼 계속 하향해 가는

26 「兩廣總督吉慶奏續獲范范和等人摺」(嘉慶7.11.13.), 『天地會』 7, 37쪽.

것이 아니라 대부분 P→S나 P→A 혹은 S→A의 반복이었고, 아울러 A→B의 반복도 완전히 배제할 수 없음을 알 수 있다. 사실 'P→S→A→B 모형'은 그 자체로 이미 반복성을 가지고 있다. 왜냐하면 'P→S→A→B 모형'은 P→S · S→A · A→B를 시간의 흐름에 따라 합쳐 놓은 것이기 때문이다.

4. 공간 확산의 구조

그렇다면 광동 지역이라는 일정한 공간 내에서 천지회는 어떻게 확산되어 갔을까? 장길발의 연구를 통해서 건륭 말엽 광동 지역에 '천지회'라는 회명이 존재하였음을 확인할 수 있지만,[27] 천지회가 광동 지역에서 본격적인 활동을 시작한 것은 가경 연간에 들어서부터이다. 채소경의 연구에 의하면, 천지회가 건륭 말엽 복건에서 기원하여 주로 복건과 대만에서 활동하다가 가경 연간에 이르러 신속하게 외부로 전파되었고, 그 경로는 복건→광동, 복건→강서 · 호남, 복건→절강, 복건→남양이었다. 이 중 복건→광동은 가경 5~7년(1800~1803) 복건인에 의해서 조경(肇慶) · 뇌주(雷州) · 광주(廣州) · 조주(潮州)부 등에 천지회가 전파되어 조직되었다.[28] 이처럼 복건인이 광동 지역에 천지회를 전파하였던 것은 광동 지역 내에

27 장길발은 대만의 고궁박물원(故宮博物院)과 북경의 중국제일역사당안관(中國第一歷史檔案館)에 소장된 청대 당안을 검토한 결과, 건륭 26년(1761) 혜주(惠州)부, 건륭 51년(1786) 조주(潮州)부 요평(饒平)현, 건륭 60년(1795) 광주(廣州)부 남해(南海) · 순덕(順德)현에 천지회가 존재했다고 지적하고는 있지만, 이들 천지회의 구체적인 활동에 대해서는 언급은 하지 않았다(莊吉發, 「清代前期(1644~1795)閩粵地區的異姓結拜與秘密會黨的活動」, 145-147쪽).

28 蔡少卿, 「嘉慶道光時期中國會黨發展的特點」, 『中國近代會黨史研究』, 124쪽.

〈지도 1〉 가경 연간 광동에서 천지회의 분포도

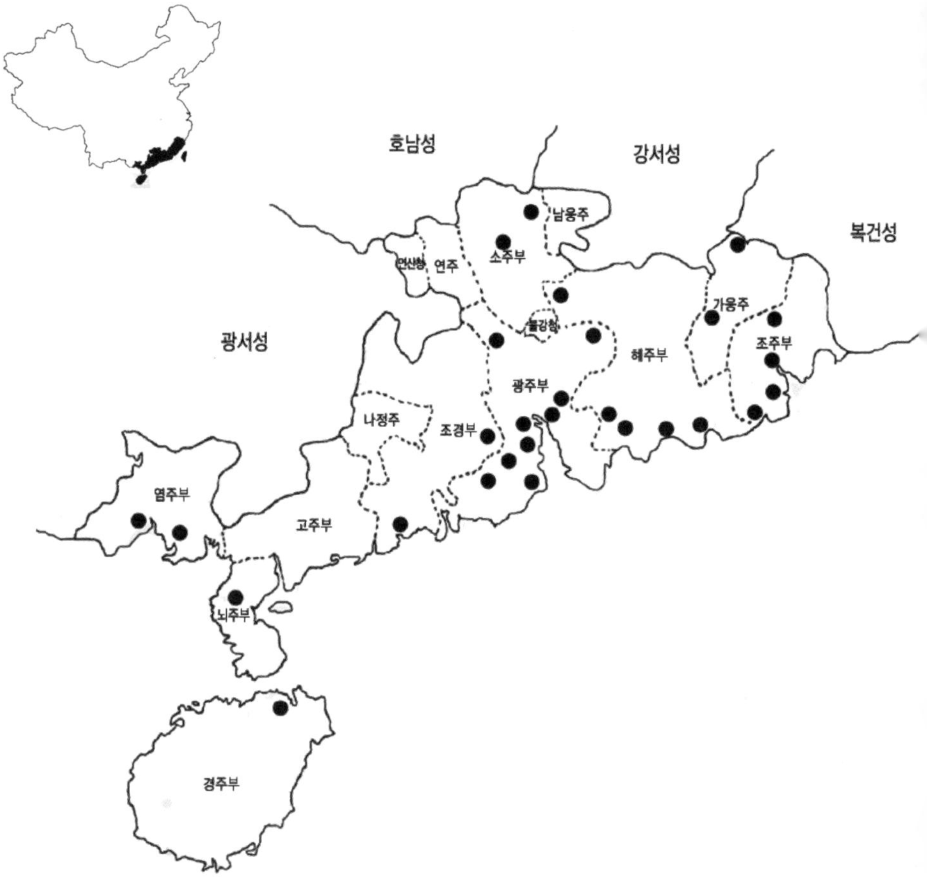

〈참고내용〉 이 지도는 본장의 〈표 1〉·〈표 2〉와 본서의 제3부 제2장의 천지회 사례, 그리고 『天地會』 6, 416-518쪽에 수록된 당안에 의거하여 현 단위로 천지회가 조직된 지역을 ●로 표시하였다.

천지회가 확산될 수 있었던 하나의 전제였다고 말할 수는 있지만, 채소경의 이러한 설명은 성과 성간의 천지회 전파만을 언급했을 뿐이다. 특히 광동 지역의 모든 천지회가 복건인에 의해서 조직된 것이 아니기 때문에 광동이라는 일정한 공간 내에서 천지회의 확산 문제를 구체적으로 언급할 필요가 있다. 우선 가경 연간 광동에서 조직된 천지회의 분포 현황을 표기해 본 것이 〈지도 1〉이다.

이 지도를 전체적으로 조감해 본다면, 건륭 26년 복건 장주(漳州)부 운소(雲宵) 지방에서 역사의 무대에 등장한 천지회가 이후 가경 연간에 이르러 광동의 연해지역을 따라서 조주(潮州)~혜주(惠州)~광주(廣州)~조경(肇慶)~뇌주(雷州)~염주(廉州)~경주(瓊州)로 확산되었고, 광주에서 북쪽으로 소주(韶州)에 이르기까지 확산되었던 정황을 포착할 수 있다. 이러한 지역적 분포는 천지회의 확산이 교통로에 따른 인구 이동에 의해서 이루어졌음을 보여주고 있다.

그런데 앞서 천지회가 한 지역에 조직되면 일정한 규모로 회원들을 확보하는 사례를 검토한 것처럼, 규모가 작을 경우 100명 이내로, 규모가 클 경우 수백 · 수천 명으로 확대되었다. 여기에서 기존 천지회 회원들이 관부의 진압에 의해서 모두 체포된 것이 아니기 때문에 이들에 의해서 천지회가 전파되고 재조직될 가능성이 항상 존재하고 있었다는 점에 유념해야 한다. 이점을 염두에 두면서 천지회가 광동에서 확산되어 간 과정을 가경 초엽 복건인으로서 광동에 천지회를 전파하고 이후 광동인이 천지회를 재조직한 대표적인 사례를 통해서 접근해 보자.

첫 번째 사례는 가경 초엽 복건인으로서 광동 지역에 천지회를 전파한 대표적인 인물인 진씨(陳氏)을 들 수 있다. 당시 광동 지역 지방관들의 보고를 종합해 보면, 진씨는 복건 동안(同安)현인으로 이 지역에서 이미 진표학(陳飄學)을 대가로 삼았던 천지회 회원이었고, 관상을 봐준다는 명목으로 광동 지역의 이곳저곳을 순회하면서 천지회를 전파한 인물이었다. 진씨에 의한 천지회의 전파를 통해서 광동 지역에 조직된 천지회의 현황을 정리해 보면, 〈표 4〉와 같다.

〈표 4〉 진씨에 의한 천지회의 전파 현황

결회연도(가경)	결회 지역	회명	총회수(P)	전수자	근거 자료
6년	뇌주(雷州) 해강(海康)	천지회(天地會)	임첨신(林添申)	진씨(陳氏)	ⓐ 424-425쪽
6년	광주(廣州) 신녕(新寧)	천지회	섭세호(葉世豪)	진씨	ⓑ 430-431쪽
7년	조주(潮州) 해래(惠來)	천지회	방진사(方振思)	진씨	ⓒ 442-443쪽

〈근거자료〉 ⓐ「兩廣總督覺羅吉慶奏審擬海康縣天地會首林添申摺」(嘉慶6.11.5.), 『天地會』 6; ⓑ「兩廣總督覺羅吉慶等奏新寧縣天地會首葉世豪摺」(嘉慶6.12.21.), 『天地會』 6; ⓒ「署理兩廣總督瑚圖禮奏審擬方振思等結拜天地會摺」(嘉慶8.2.15.), 『天地會』 6.

〈도식 4〉 광동 지역에서 천지회가 연쇄적으로 조직된 사례 (I)

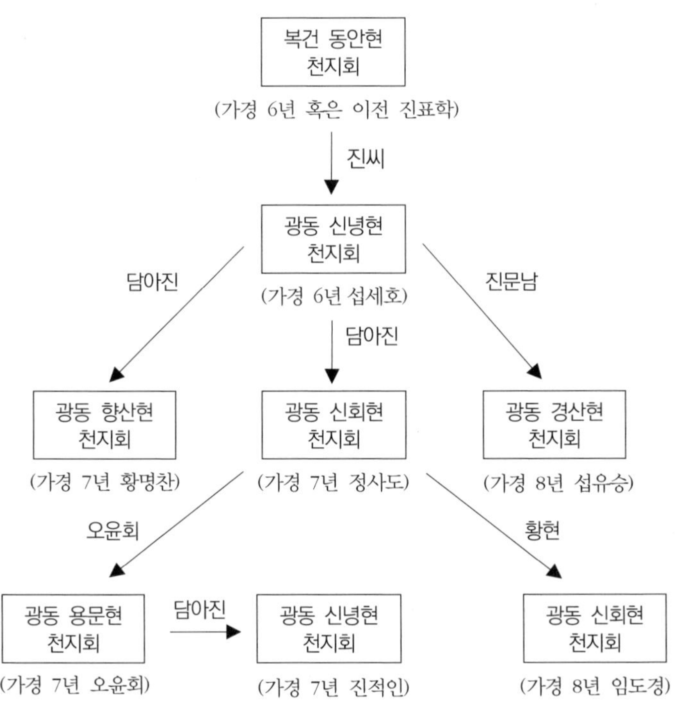

진씨를 '천지회의 사신'과 같은 존재로 묘사하면서 관상에 관한 일이 천지회 회원에게 관상 이상의 기능을 하고 있다는 점은 이미 지적되었지만,[29] 진씨가 어떠한 의도에서 천지회를 전파하고 다녔는지는 앞으로 좀 더 검토해야 할 과제이다.[30] 다만 여기에서 검토하고 있는 천지회의 공간적 확산 문제와 관련해서 주목되는 점은 진씨의 천지회 전파가 비록 〈표 4〉의 3건의 사례에 그치고 있지만, 이 중에 광주(廣州)부 신녕(新寧)현 섭세호(葉世豪)의 천지회를 통해서 천지회가 연쇄적으로 재조직된다는 것이다. 〈도식 4〉을 통해 진씨에 의해 천지회가 광동 지역으로 전파되고 이후 이 지역에서 연쇄적으로 조직된 천지회를 조감할 수 있는데, 그것의 구체적인 과정을 설명하면 다음과 같다.

복건 동안현 진표학의 천지회 회원인 진씨는 가경 6년 2월 광주부 신녕현에 이르러 섭세호에게 천지회를 전수해 주었고, 9~10월 섭세호가 천지회를 조직하여 총 47명의 회원을 모집하였다.[31] 섭세호가 조직한 천지회의 회원 중에 담아진(譚亞辰)이란 자가 있었는데, 자신이 속한 천지회가 관부에 의해서 진압되자 달아났다. 10월 담아진은 신녕현에 이르러 땔나무를 팔러온 황명찬(黃名燦)에게 천지회를 전수해 주었고, 가경 7년 5~7월 황명찬은 자신의 적관지인 향산현에서 천지회를 조직하여 총 79명의 회원을 모집하였다.[32] 담아진은 정사도(鄭嗣韜)에게도 천지회를 전수해 주었는데, 가경 7년 5~6월 정사도가 신회현에서 천지회를 조직하여

29 유장근, 『근대 중국의 비밀결사』, 180쪽.

30 채소경 역시 진씨의 천지회 전파 사례를 구체적으로 언급하고 있지만, 진씨가 천지회를 전파시킨 의도에 대해서는 전혀 언급이 없다(蔡少卿, 「嘉慶道光時期中國會黨發展的特點」, 『中國近代會黨史研究』, 124-127쪽).

31 「兩廣總督覺羅吉慶等奏新寧縣天地會首葉世豪摺」(嘉慶6.12.21.), 『天地會』 6, 430-431쪽.

32 「兩廣總督覺羅吉慶等奏審擬新會縣天地會首黃名燦摺」(嘉慶7.10.12.), 『天地會』 6, 460-461쪽.

총 54명의 회원을 모집하였다.[33] 섭세호가 조직한 천지회의 또 다른 회원인 진문남(陳文南)은 섭유승(葉有升)을 규합하여 천지회를 전수하고 결배하고자 하였다. 그러나 섭세호의 천지회가 관부에 의해서 진압되었다는 소식을 들은 섭유승은 체포되는 것이 두려워 도망갔는데, 가경 8년 5월 경주(瓊州)부 경산(瓊山)현 해구(海口) 지방에서 자신이 첨제회를 조직하여 총 13명의 회원을 모집하였다.[34]

한편 섭세호로부터 천지회를 전수받고 가경 7년 5~6월 정사도가 조직한 천지회의 회원 중에 오윤회(伍允會)라는 자가 있었는데, 그는 8월 용문(龍門)현에 이르러 자신의 천지회를 별도로 조직하여 28명의 회원을 모집하였다.[35] 얼마 후 오윤회는 평소에 잘 알고 있던 진적인(陳積引)에게 천지회를 전파해 주었는데, 이후 9~10월 진적인이 신녕(新寧)현에서 천지회를 조직하여 총 61명의 회원을 모집하였다.[36] 또한 정사도의 천지회 회원인 황현(黃賢)은 임도경(林道經)에게 천지회를 전수해 주었으나, 정사도의 천지회가 관부에 의해서 진압되었기 때문에 결배하지 못하였다. 이후 임도경은 품팔이노동자로 다른 지방에 나갔다가 가경 8년 4월 신회(新會)현으로 돌아와 스스로 천지회를 조직하여 19명의 회원을 모집하였다.[37]

두 번째 사례는 위의 진씨와 직접적인 관련이 있는 인물로 진례남(陳禮南)을 들 수 있다. 제1절의 〈사례 1-1〉에 기술한 것처럼 진례남은 복건

33 「兩廣總督覺羅吉慶等奏審擬鄭嗣韜等人摺」(嘉慶7.10.12.), 『天地會』 6, 433-434쪽.
34 「兩廣總督倭什布奏拿獲瓊山縣天地會首葉有升等人摺」(嘉慶8.12.17.), 『天地會』 6, 466-467쪽
35 「兩廣總督覺羅吉慶等奏捕獲鄭嗣韜案內旋錦堂等人摺」(嘉慶7.12.6.), 『天地會』 6, 436쪽.
36 「署理兩廣總督瑚圖禮奏審擬天地會陳積引等人摺」(嘉慶8.2.8.), 『天地會』 6, 440-441쪽.
37 「兩廣總督倭什布奏續獲鄭嗣韜案內林道經等人摺」(嘉慶8.8.24.), 『天地會』 6, 438쪽.

동안현인으로 이 지역에서 이미 진표학을 따라 천지회를 결배하였던 인물이었다. 특히 진례남은 광동으로 건너와 가경 6년 광주(廣州)부 동관(東莞)현에서 직접 천지회를 조직했는데, 이 진례남의 천지회를 통해서도 천지회가 연쇄적으로 재조직되었다. 이 상황을 간략히 조감해 놓은 것이 〈도식 5〉인데, 그 구체적인 과정을 살펴보면 다음과 같다.

〈도식 5〉 광동 지역에서 천지회가 연쇄적으로 조직된 사례 (II)

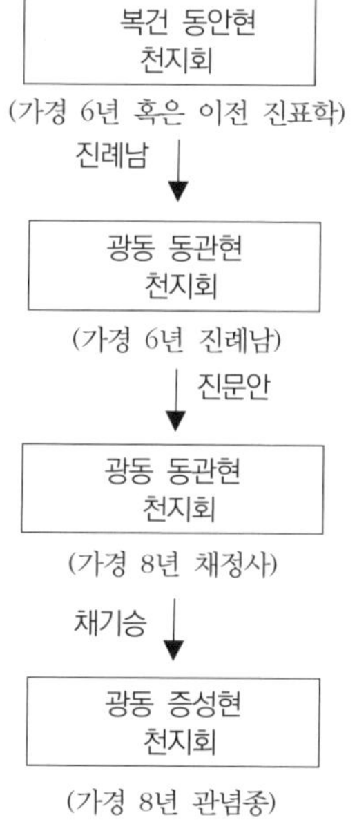

복건 동안현 진표학의 천지회 회원이었던 진례남은 진씨의 경우처럼 천지회를 전파하였던 것이 아니라 가경 6년 1월 광주부 동관현으로 품팔이노동자로 건너왔다가 직접 천지회를 조직하였다. 총 83명의 회원을 모집한 진례남의 천지회는 관부의 진압에 의해서 곧 진압되었다. 이 소식을 들은 진례남 천지회의 회원인 진문안(陳文安)은 체포될 것을 두려워하여 외지로 도망쳤다가 평소 잘 알고 있었던 채정사(蔡廷仕)를 만나 천지회를 전수해 주었다. 이후 가경 8년 2월 집으로 돌아온 채정사는 천지회를 조직하여 총 113명의 회원을 모집하였다.[38]

한편 가경 8년 3월 증성(增城)현인 관념종(關念棕)은 동관현에 일거리를 구하러갔다가 평소에 잘 알고 지내던 채정사의 천지회 회원인 채기승(蔡紀升)을 우연히 만났는데, 이때 채기승이 관념종에게 천지회를 전수해주고 입회시키고자 하였다. 그러나 관념종이 일이 생겨 외지로 나갔다 온 사이 채정사의 천지회가 관부에 의해 진압되었다. 이에 관념종은 체포될까 두려워 외지로 도망쳤다가, 11월 다시 증성현 자신의 집으로 돌아와 천지회를 조직하여 총 95명의 회원을 모집하였다.

이상과 같이 진씨의 천지회 전파와 진례남의 천지회 조직은 이후 광동 지역에 또 다른 천지회를 연쇄적으로 재조직시키는 결과를 초래하였다. 즉 단 한 번 진씨의 천지회 전파로 인해 광주부 신녕·향산·신회·용문현과 경주부 경산현으로 천지회가 연쇄적으로 확산되었고, 진례남이 천지회를 조직한 결과 광주부 동관·증성현으로 천지회가 연쇄적으로 확산되었다. 전체적인 회원수로 말하면, 진씨와 진례남이라는 두 명의 기존 천지회 회원으로 인해 대략 600명이라는 새로운 천지회 회원이 모집된 셈이다.[39] 이러한 사례는 천지회가 한번 조직되고 나서 다시 연쇄적으로 재조직되어 확산되어 가는 모습을 잘 보여주는 대표적인 경우라 하겠다. 따라서 천지회의 공간적 확산 과정은 이 결사의 조직적 확대 과정과 결부하여 회원들에 의한 연쇄적인 천지회의 재조직 과정을 통해서 이루어

38 「兩廣總督倭什布等奏拿獲東莞縣天地會首蔡廷仕等人摺」(嘉慶8.7.16.), 『天地會』 6, 447쪽.

39 600명이란 수치는 섭세호 등 48명·황명찬 등 80명·정사도 등 55명·섭유승 등 14명·오윤회 등 29명·진적인 등 62명·임도경 등 20명·진례남 등 84명·채정사 등 114명·관념종 등 96명을 합친 인원에서 천지회의 기존 회원으로 중복되는 인물인 진례남·오윤회 2명을 뺀 것인데, 다만 자료상 모든 인물의 명단을 확인할 수 없기 때문에 각 천지회에서 회원들이 중복되지 않았다는 전제 하에서 계산되었다.

졌던 것이다. 이 점은 천지회가 '재조직되어 지속하는 결사'라는 조직 구조상의 단면을 잘 보여준다고 할 수 있다.

〈지도 2〉 가경 6~7년 진씨와 진례남의 천지회 전파에 의한 연쇄적으로 조직된 천지회의 분포

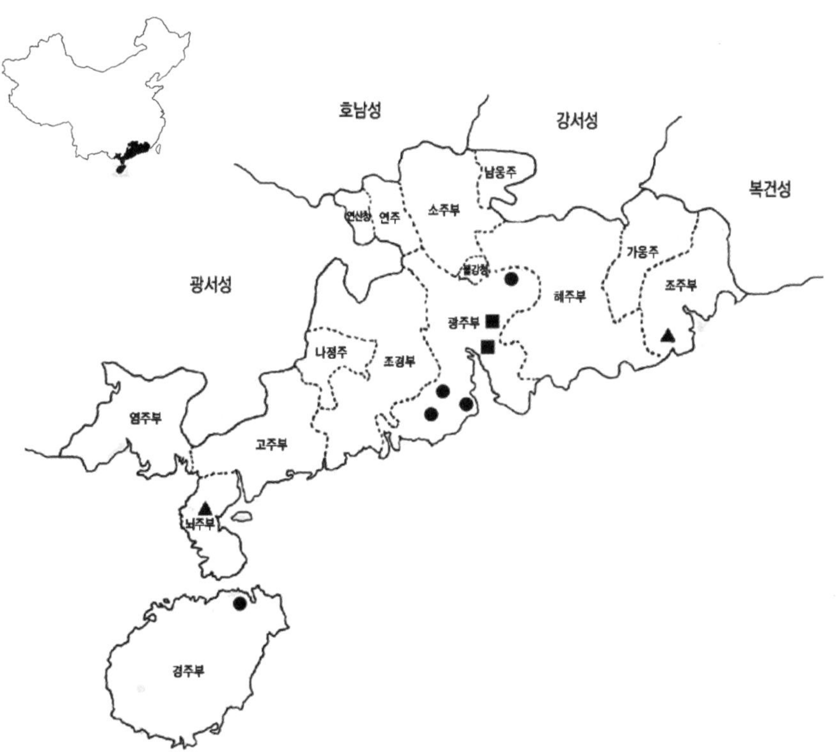

〈참고내용〉 이 지도는 〈표 4〉·〈도식 4〉·〈도식 5〉의 내용을 토대로 작성한 것으로 이상의 표기는 모두 현(縣) 단위로 표기하였다. 여기에서 진씨에 의한 천지회의 전파는 ▲와 ●로 표시했는데, ▲는 〈표 4〉의 내용 중에서 해강(海康)·혜래(惠來)현의 사례를 표기한 것이고, ●는 〈표 4〉의 내용 중에서 신녕(新寧)현의 사례가 〈도식 4〉처럼 연쇄적으로 조직된 것을 표기한 것이다. ■는 〈도식 5〉처럼 진례남의 천지회 전파에 의해서 연쇄적으로 조직된 천지회의 분포를 표시한 것이다.

5. 회원 흡인력

지금까지 가경 연간 천지회가 확대·확산의 내적요인으로 천지회 회원확보의 모형과 여기에 기초한 확대·확산의 구조를 광동 천지회의 사례를 통해서 설명하였다. 이하에서는 이것과 표리를 이루는 있는 천지회의 회원흡인력에 대하여 살펴보고자 한다. 문제의 관건은 광동의 인민들은 과연 천지회를 어떠한 집단이라고 생각하면서 조직하고, 여기에 입회하였던 것일까에 있다. 이러한 물음은 당시 인민들이 천지회를 조직하고 가입한 동기와 무관할 수 없는데, 아래 황명찬(黃名燦) 등이 천지회를 조직한 사례를 통해서 그 실마리를 추적해 보자.

> 황명찬은 적관이 향산(香山)현으로 가경 6년 10월 땔나무를 운반하여 신녕(新寧)현에 판매하러 갔는데, 평소에 잘 알고 지낸 담아진(譚亞辰)이 선창가에 한가로이 앉아 있다가 황명찬에게 천지회의 결배에 초대하고자 하였다. 황명찬은 배회(拜會)가 무엇인지를 물었다. 담아진이 말하기를, '매 사람은 홍(洪)을 성으로 삼아 천(天)을 숭배하여 부(父)로 삼고 지(地)를 숭배하여 모(母)로 삼으며, 맹서를 하고 칼을 뚫고 지나가는 것이다. 일을 만나면 서로 도우며, 기회를 틈타 약탈을 할 수 있다. 천지회의 암호는 삼팔이십일(三八二十一)로 돈이 없어도 먹을 것을 얻을 수 있으며, 아울러 입을 열면 본(本)을 떠나지 않고〔개구불리본(開口不離本)〕, 손을 들면 삼(三)을 떠나지 않는다〔거수불리삼(擧手不離三)〕. 만약 천지회의 회원이라면 피차가 인식할 수 있다.'고 하였다.[40]

위 인용문을 통해서 가경 6년 10월 담아진(譚亞辰)이라는 천지회 회원[41]이 황명찬(黃名燦)에게 소개하고 있는 천지회의 내용을 확인할 수 있

40 「兩廣總督覺羅吉慶等奏審擬新會縣天地會首黃名燦摺」(嘉慶7.10.12.), 『天地會』 6, 460쪽.

는데, 다음과 같이 정리된다. 첫째, 천지회에 가입하면 홍(洪)을 성으로 삼고 천(天)을 부(父)로 삼으며 지(地)를 모(母)로 삼는다. 둘째, 천지회에 가입하면 어려운 일을 만나더라도 서로 도울 수 있고, 아울러 약탈도 할 수 있다. 셋째, 천지회는 삼팔이십일(三八二十一)·개구불리본(開口不離本)·거수불리삼(擧手不離三)과 같은 암호장치를 운용한다. 이상의 내용을 전수받은 황명찬은 가경 7년 5월 천지회를 조직하게 되는데, 그 과정은 아래와 같다.

> 가경 7년 5월 평소에 알고 지내던 양용생(梁勇生)·주아호(周亞湖)·정성조(鄭城祖)·장금원(張金垣)·호진유(胡眞儒)가 황명찬의 집에서 한가로이 앉아 빈고함을 얘기하고 있었다. 황명찬은 담아진(譚亞辰)이 알려준 대로 천지회를 결배하면 약탈할 수 있음을 상기하고서, 이들과 상의하여 천지회를 결배하여 기회를 틈타 촌장을 약탈하기로 모의하였다. 양용생 등이 응하자, 총 6명이 매 사람마다 전 300문을 내어 황명찬에게 주고서 향촉주육(香燭酒肉)을 구비하기로 하고, 5월 10일 향산(香山)현 소속의 속칭 우각(牛角) 지방에 가서 결배하기로 약속하였다.[42]

위 인용문은 황명찬이 천지회를 주창한 이유가 빈고함에 있고, 이러한 경제적 상황을 탈피하기 위한 방법으로 천지회를 조직하고 있음을 보여주고 있다. 또한 양용생(梁勇生) 등 5명의 경제적 상황 역시 황명찬과 별반 다르지 않았기 때문에 황명찬이 천지회를 조직하고자 주창했을 때 적극 가담하였음을 알 수 있다. 이리하여 황명찬 등 천지회의 최초 조직자

41 담아진은 가경 6년 2월 광주부 신녕현에서 조직된 섭세호의 천지회 회원이다. 〈도식 4〉 광동 지역에서 천지회가 연쇄적으로 조직된 사례(Ⅰ)의 설명 내용을 참조.

42 「兩廣總督覺羅吉慶等奏審擬新會縣天地會首黃名燦摺」(嘉慶7.10.12.), 『天地會』 6, 460-461쪽.

6명은 자신들의 빈곤한 경제적 상황을 타개하는 방법으로 촌장의 약탈을 선택하고, 이를 통해 획득한 재물을 서로 나누어 갖기로 모의한 것이다. 이후 천지회의 조직자들은 이러한 측면을 내세우면서 인민들을 규합한 결과 총 74명의 회원을 확보할 수 있었다.[43]

그런데 황명찬이 전수받은 천지회의 내용은 천지회를 조직하면 약탈을 할 수 있다는 불법 활동이 상당히 부각되어 있음을 알 수 있다. 특히 황명찬(P)이 천지회의 조직을 주창하고 여기에 호응한 조직자들(S)의 상황을 통해서 천지회가 현재 자신들의 경제적 상황을 타개하기 위한 실천의 문제로서 약탈이라는 불법 활동을 회원(A) 확보의 전면에 내세우고 있었음을 쉽게 간파할 수 있다. 이와 같이 황명찬의 사례처럼 상호부조의 측면에서 약탈이라는 불법 활동까지 나아간 상황은 가경 연간 광동 천지회 대부분의 조직에서 발견되는 현상이었는데, 〈표 5〉를 통해서 확인할 수 있다.

〈표 5〉에서 천지회의 조직 목적을 살펴보면, "어려운 일을 만나면 서로 도와준다."로만 기록되어 있는 가경 16년 순덕(順德)현 3건의 삼합회(三合會) 사례를 제외하면, 앞서 언급한 황명찬의 사례를 포함한 총 23건의 사례에서 모두 재물을 약탈하기 위해 천지회가 조직되었다. 비록 3건의 삼합회 사례에서는 자료상 상호부조의 내용만을 기록하고 있지만, 엄귀구(嚴貴邱)의 사례가 보여주듯이 이들 역시 종족사회에서 이탈하여 가난하고 고단하며 다른 사람에게 멸시받는 하층 인민들이었기 때문에 이들 역시 천지회를 조직한 목적이 상호부조의 측면뿐만 아니라 집단의 힘을 이용하여 재물을 약탈하는 데 있었을 가능성은 매우 높다고 하겠다.

43 「兩廣總督覺羅吉慶等奏審擬新會縣天地會首黃名燦摺」(嘉慶7.10.12.), 『天地會』 6, 461-462쪽.

〈표 5〉 가경 연간 광동에서 천지회 총회수의 직업, 조직 원인, 조직 목적의 현황

연도(가경)	결회지역	회명	총회수	직업	조직 원인	조직 목적
5	조경(肇慶) 양강(陽江)	천지회(天地會)	구대흠(仇大欽, 회수→회총)	불명	불명	약탈
6	광주(廣州) 동관(東莞)	천지회	진례남(陳禮南, 회총)	품팔이 노동자	빈고	약탈
6	뇌주(雷州) 해강(海康)	천지회	임첨신(林添申, 대가→총회수)	파직 선생	빈고	상호부조 약탈
6	광주 신녕(新寧)	천지회	섭세호(葉世豪, 대가)	품팔이 노동자	빈고	상호부조 약탈
7	광주 신회(新會)	천지회	정사도(鄭嗣韜, 총회수)	불명	빈고	상호부조 약탈
7	광주 용문(龍門)	천지회	오윤회(伍允會, 대가)	불명	불명	약탈
7	조주(潮州) 조양(潮陽)	천지회	정아명(鄭阿明, 대가→총회수)	불명	불명	약탈
7	광주 향산(香山)	천지회	황명찬(黃名燦, 대가)	땔나무꾼	빈고	약탈
7	광주 신녕	천지회	진적인(陳積引, 대가→회총)	불명	빈고	약탈
7	조주 혜래(惠來)	천지회	방진사(方振思, 총대가)	야경꾼	빈고	약탈
8	광주 신회	천지회	임도경(林道經, 대가)	품팔이 노동자	불명	약탈
8	광주 동관	천지회	채정사(蔡廷仕, 총대가)	불명	불명	약탈
8	광주 증성(增城)	천지회	관념종(關念棕, 총회대가)	품팔이 노동자	빈고	약탈
8	가응(嘉應) 장락(長樂) 게양(揭揚) 풍순(豊順)	첨제회(添弟會)	뇌육청(賴六靑, 대가→총회수)	불명	불명	상호부조 약탈

연도 (가경)	결회지역	회명	총회수	직업	조직 원인	조직 목적
8	경주(瓊州) 경산(瓊山)	첨제회	섭유승 (葉有升, 대가)	품팔이 노동자	불명	약탈
8	광주 신회	천지회	이상개 (李象開, 대가→총회수)	불명	빈고	약탈
9	광주 신회 학산(鶴山)	첨제회	양수평 (梁修平, 대가)	불명	불명	약탈
9	경주 경산	천지회	증박라 (曾博羅, 대가)	선생	불명	약탈
9	혜주 영안(永安)	천지회	황정화 (黃庭華, 대가)	불명	빈고	약탈
9	흠주(欽州)	첨제회	섭봉헌 (葉鳳軒, 대가)	품팔이 노동자	빈고	약탈
9	해주 해풍(海豊)	첨제회	채아당 (蔡亞堂, 대가)	불명	빈고	약탈
10	소주(韶州) 곡강(曲江)	첨제회	황현통 (黃賢通, 대가)	불명	빈고	약탈
16	광주 순덕(順德)	삼합회 (三合會)	엄귀구 (嚴貴邱, 대가)	짐꾼	고단 모욕	상호부조
16	광주 순덕	삼합회	황주보 (黃朱保, 대가)	불명	불명	상호부조
16	광주 순덕	삼합회	오아여 (吳亞如, 대가)	불명	불명	상호부조
21	소주 인화(仁化)	첨제회	임득종 (林得棕, 대가)	불명	불명	약탈 상호부조

〈참고내용〉 이 표는 가경 연간 광동 천지회의 조직 중에서 P→S→A→B의 모형을 확인할 수 있는 〈표 1〉의 현황에서 총회수의 직업, 조직 원인, 조직 목적의 현황만을 별도로 나타낸 것이다. 따라서 이 표의 근거자료는 〈표 1〉과 같다.

이처럼 가경 연간 광동 천지회의 사례에서 천지회의 주창자는 대부분이 품팔이노동자〔용공(傭工)〕·파직선생〔척혁교독자(斥革教讀者)〕·짐꾼〔도담(挑擔)〕·땔나무꾼〔매시신자(賣柴薪者)〕 등 정상적인 경제활동으로는 생계유지가 곤란한 사람들이었다. 이들 천지회의 주창자는 자신의 처지와 유사한 사람들과 생활상의 '빈고함'을 위주로 '고단함'·'멸시당함' 등을 얘기하는 과정에서 천지회의 조직을 주창했고, 이를 바탕으로 하여 천지회의 조직자들은 적게는 수십 명에서 많게는 수백·수천 명의 회원들을 확보하였다. 이 과정에서 천지회는 "성을 홍(洪)으로 삼고, 천(天)을 부(父)로 삼으며, 지(地)를 모(母)로 삼는다."고 하는 결사의 제1원칙을 제시하였다. 이러한 원칙 아래 천지회의 주창자들은 의형제가 된 회원들에게 어려운 일이 있으면 서로 돕는다는 상호부조의 측면을 강조하는 것은 어떠한 집단의 경우라도 당연한 이치였을 것이다. 특히 현재 자신들의 경제적 빈곤 상태를 탈피하기 위한 구체적인 실천의 문제에 부딪혔을 때에는 대부분의 천지회가 촌장·시진·부호 등을 약탈하는 것으로 그 해결책을 찾았고, 이러한 약탈의 활동을 통해 얻은 재부는 상호부조의 원칙 아래 서로 나누어 갖는다는 논리로 귀결되었던 것이다. 〈표 5〉의 천지회 사례는 대부분 이러한 과정으로 천지회가 조직되었던 것이다.

결국 가경 연간 광동 천지회와 관련된 당안자료에서 상견되는 배회렴전(拜會斂錢)이란 문구가 회원 확보의 과정에서 입회비 등과 관련된 압축적인 표현이라고 한다면, 배회획리(拜會獲利)란 문구는 천지회를 조직한 이후 회원들 간의 상호부조를 기초로 하여 약탈이라는 불법적인 경제활동을 통한 재부의 획득에 대한 압축적인 표현이었다고 생각한다. 따라서 힘이 없고 가난하며 종족사회에서 멸시받고 있었던 광동의 하층 인민들은 천지회를 어려운 일이 있으면 서로 돕는다는 단순한 상호부조의 단계를 뛰어넘어 『대청율례(大淸律例)』의 법률상 규제까지 초월한 이들의 '생존수단'으로 인식하고 있었고, 그 구체적인 행위가 바로 약탈이란 불법적 활동으로 표출된 것이었다고 생각한다.

한편 처음부터 모반을 기도했다고 평가받는 가경 6~7년 혜주(惠州)부 귀선(歸善)현 진란극사(陳爛屐四)의 천지회는 과연 어떠하였을까? 진란극사는 규합한 사람들이 많아졌기 때문에 가경 7년 7월 모반을 한 것이지,[44] 애초부터 모반을 하기 위해서 천지회를 조직한 것은 아니었다. 이점은 범범화(范范和)가 공술한 것처럼 모반을 하기 이전 진란극사의 천지회 활동이 대부분 '촌장의 약탈'이라는 불법 활동에 있었다는 점을 통해서도 알 수 있다.[45] 또한 진란극사가 모반을 결정한 이후 규합한 회원들이 더욱 많아지자 대왕(大王)·원수(元帥)·장군(將軍)·선봉(先鋒)·천총(千總)·외위(外委)와 같은 관직〔위관(僞官)〕을 설립했다는 것[46]도 그 반증일 것이다. 하지만 천지회의 세력이 일단 확대되고 무기·군사력·근거지가 확보되자 진란극사의 천지회는 모반을 그 주된 목표로 삼게 되었다.[47]

여기에서 천지회 관직의 문제를 좀 더 지적해 보면, 진란극사의 경우처럼 모반을 결정한 이후에 비로소 관직을 설립하는 경우도 있지만, 더 많은 회원들을 규합하고 복종시키기 위한 유도장치의 수단으로 조직의 설립단계부터 관직을 설립하기도 했다는 점이 눈에 뜨인다. 예컨대 진란극사는 모반을 결정하기 약 3개월 전 귀선현의 임산(稔山)·백망화(白芒花) 일대에서 진아본(陳亞本)이 채보운(蔡步雲) 등 15명과 천지회를 조직했는데, 이들은 천지회를 최초 조직할 때부터 모두 대왕·대원수·원수·선봉·회사(會師)·전령(傳令) 등의 관직을 자칭했다고 하면서, 그 이유를 사

44 「陳士莊供單」(嘉慶7.10.1.), 『天地會』 7, 27쪽; 「陳爛屐四供詞筆錄」(嘉慶7.10.5.), 『天地會』 7, 33쪽.

45 「兩廣總督吉慶奏續獲范范和等人摺」(嘉慶7.11.13.), 『天地會』 7, 37-38쪽.

46 「陳士莊供單」(嘉慶7.10.1.), 『天地會』 7, 27-28쪽; 「陳爛屐四供詞筆錄」(嘉慶7.10.5.), 『天地會』 7, 33쪽.

47 유장근, 『근대 중국의 지역사회와 국가권력』, 208쪽.

람이 적으면 촌장을 약탈할 수가 없기 때문에 많은 사람들을 규합하고 복종시키기 위해서 이러한 관직을 자칭한 것이었다고 하였다.[48] 진아본이 천지회를 조직할 당시에는 그를 포함하여 16명이었지만, 이후 이 집단이 수백 명으로 확대된 것[49]은 관직의 설립이 천지회의 회원확보에 이용되고 있음을 보여주고 있다. 이러한 천지회의 관직설치는 천지회가 참여한 회원에게 관직이라는 일정한 보상을 부여함으로써 회원들의 확보를 좀 더 적극적으로 유도하게 만드는 장치였던 것이다. 왜냐하면 관직의 설치는 천지회의 외부인에 대하여 천지회의 위신과 권위, 그리고 신뢰성 등을 제공하는 의미가 있기 때문이다.

그렇다면 천지회의 정치적 사상에 속하는 각종 구호들은 천지회의 회원확보와 어떠한 관련이 있었을까? 우선 가경 연간 광동의 천지회에서 제출되고 있는 각종 정치적 구호들을 나열해 보면, 가경 5년 '회복명조(恢復明祚)'〔양강(陽江)현 구대흠(仇大欽)〕,[50] 가경 6년 '복명(復明)'·'동장산하(同掌山河), 공향사직(共享社稷)'〔해강(海康)현 임첨신(林添申)〕,[51] 가경 7년 '순천행도(順天行道)'·'토강산(討江山)'·'순천흥명(順天興明)'〔박라(博羅)현 진란극사(陳爛屐四)〕,[52] 가경 9년 '순천행도(順天行道)'〔흠주(欽州) 섭봉헌(葉鳳軒)〕[53] 등을 들 수 있다. 여기에서 회복명조·복명·순천흥명의 구호들은 명조를 회복한다는 의미이기 때문에 그 자체로 반청복명(反淸復明)의 구호임을 알 수 있

48 「兩廣總督吉慶等奏拿獲陳亞本摺」(嘉慶7.10.3.), 『天地會』 7, 30쪽.

49 「內閣學士那彥成奏永安等三縣添弟會起事緣由摺」(嘉慶7.10.16.), 『天地會』 7, 98쪽.

50 「福建巡撫汪志伊奏遵旨嚴密查拿何其昌摺」(嘉慶5.7.26.), 『天地會』 6, 420쪽.

51 「兩廣總督覺羅吉慶奏審擬海康縣天地會首林添申摺」(嘉慶6.11.5.), 『天地會』 6, 425쪽.

52 「兩廣總督覺羅吉慶奏進攻羊屎山摺」(嘉慶7.9.19.) 『天地會』 7, 17쪽; 「陳爛屐四供詞筆錄」(嘉慶7.10.5日.), 『天地會』 7, 33쪽; 「博羅起義軍布旗抄件」(嘉慶7.10.5.), 『天地會』 7, 34쪽의 삽화.

53 「兩廣總督那彥成等奏審擬欽州天地會首葉鳳軒等人摺」(嘉慶10.6.11.), 『天地會』 6, 488쪽.

다. 특히 진란극사의 천지회처럼 순천행도가 토강산·순천흥명의 구호와 함께 출현하고 있기 때문에 행도(行道)란 토강산(討江山)하여 흥명(興明)하자는 의미의 반청복명으로 해석할 수 있다. 그렇다면 이처럼 반청복명의 색채가 농후한 이러한 정치적 구호가 천지회의 주창자·조직참여자·회원들에게 어떠한 작용을 했는지 아래의 취조 내용을 통해서 엿볼 수 있다.

ⓐ 너희들은 성세에 태어나 살면서 모두 경작을 하며 사는 인민들인데, 어찌하여 무리를 규합하고 결맹하여 이처럼 불법적인 일을 하며, 맹서 내의 말은 패역한 것이 많은데, 그 의도는 무엇을 하고자 한 것이냐? 〔왕자진(王者進) 등이 공술하기를〕 우리들은 처음부터 천지회의 맹서를 알지 못했고, 무리를 모아 약탈하려고 약속했을 뿐입니다. 무리를 모아 배회(拜會)할 때 회총인 구대흠(仇大欽)이 맹서를 꺼내어 보여주었는데, 마음속으로는 심히 두려웠지만 이미 입회를 한 뒤라 후회해도 소용이 없었습니다.[54]

ⓑ 너희들은 태평성세에 태어나 걸핏하면 감히 패역한 표문(表文)·회본(會本)을 가지고 무리를 규합하여 결맹을 하고 칼을 뚫고 지나가 삽혈을 했는데, 그 의도는 무엇이냐? 〔임첨신(林添申)이 단호히 말하기를〕 …… 사실 약탈을 하려고 했을 뿐입니다. 표문·회본의 패역한 구절은 모두 구서(舊書)를 베껴 쓴 것이고, 실제 동심협력을 하여 각 곳으로 가서 약탈을 하고 일을 만나면 서로 돕고자 했을 뿐이지, 확실히 다른 사정은 없었습니다. … 〔정승은(丁承恩) 등이 공술하기를〕 규약에 따르고 아울러 이리저리 돌아다니며 무리를 규합한 것은 약탈을 해서 전(錢)을 얻기 위해서였습니다.[55]

54 「兩廣總督覺羅吉慶奏審辦天地會會首仇大欽摺」(嘉慶5.7.1.), 『天地會』 6, 418쪽.
55 「兩廣總督覺羅吉慶奏審擬海康縣天地會首林添申摺」(嘉慶6.11.5.), 『天地會』 6, 425쪽.

위 인용문에서 ⓐ는 가경 5년 조경(肇慶)부 양강(陽江)현 구대흠(仇大欽)의 천지회가 진압되었을 때 관부의 취조에 대하여 왕자진(王者進) 등 천지회 회원이 자백한 내용이다. ⓑ는 가경 6년 뇌주(雷州)부 해강(海康)현 임첨신(林添申)의 천지회가 진압되었을 때 관부의 취조에 대하여 총회수(P) 임첨신과 회수(S) 정승은(丁承恩) 등이 자백한 내용이다. ⓐ에서 말하는 맹서 내의 패역한 말과 ⓑ에서 말하는 표문(表文)·회본(會本) 내의 패역(悖逆)한 말은 앞서 언급한 '회복명조(恢復明祚)'와 '복명(復明)'·'동장산하(同掌山河), 공향사직(共享社稷)'이라고 생각된다. ⓐ를 통해서는 천지회 회원들이 '회복명조'와 같은 반청복명의 요소를 결배하기 전까지 전혀 알지 못했음을 보여주고 있다. ⓑ를 통해서는 '복명'·'동장산하, 공향사직'과 같은 반청복명의 요소를 천지회의 조직자들이 인식하고 있었더라도 그것은 단순히 구서(舊書)에서 베껴 쓴 것이고, 이들이 천지회를 조직한 이유는 단지 재부의 약탈에 있다는 것이다. 이러한 천지회 회원의 자백 자체만 보면, 가경 연간 광동 지역에 광범위하게 유포되고 있던 천지회의 맹서·표문 등에 나타난 반청복명의 요소는 회원 확보의 과정에서 인민들을 흡인할 수 있었던 요인이 되지 못하였음을 보여주고 있다.

그러나 관부가 취조할 때 체포된 천지회 회원은 '천지회의 지식'을 가능한 많이 숨기려고 했기 때문에,[56] 천지회의 회원 흡인력과 관련하여 반청복명의 요소는 신중하게 검토되어야 한다. 특히 그 천지회의 지식이라는 것이 반청복명의 요소였다면, 천지회 회원은 자신이 받을 형량을 낮추려는 방향으로 자백하기 때문에 반청복명의 요소를 인식하고 있었더라도 자백하기 꺼려했을 것이다. 이러한 꺼림 현상은 위 왕자진 등의 자백처럼 "처음부터 천지회의 맹서를 알지 못했다."거나 임첨신의 자백

56 Barend J. Ter Haar, *Ritual and Mythology of the Chinese Triads: Creating an Identity*, Leiden · Boston · Köln: Brill, 1998, p.156.

처럼 "패역한 구절은 모두 구서를 베껴 쓴 것이다."라는 자백으로 나아갔을 가능성이 크다. 또한 천지회를 조직하고 가담하는 것 자체가 이미 모반율(謀叛律)에 해당하기 때문에 대부분의 지방관은 천지회의 부정적인 측면을 강조하는 경향이 다분했을 것으로 예상되지만, 설사 자백한 내용이 반청복명의 요소로 가득 차 있다고 하더라도 그것을 사실 그대로 황제에게 주접하지 못했을 것이다. 위의 자백에서 양광총독 길경(吉慶)이 천지회에 대하여 '패역'이란 말은 사용하고 있어도 정작 '패역한 내용'은 구체적으로 기술하고 있지 않는 것도 이와 같은 맥락에서 이해되는 것이다. 현재 유일하게 남아있는 천지회의 내부문서인 요대고본(姚大羔本)의 경우도 사실은 광서순무 성림(成林)이 요대고의 천지회 사건이 완결되면 소각해야 한다는 것을 전제로 이것을 군기처(軍機處)로 이송했던 것이다.[57] 그 결과 천지회의 반청복명의 요소와 관련된 내용은 현재 당안자료에서는 그렇게 많이 남아있지 않다.

반청복명의 요소를 담고 있는 천지회의 내용은 당시 유포되고 있던 천지회의 기원전설을 비롯하여 이와 관련된 시구(詩句)·가본(歌本)·표문(表文)·맹서(盟誓)·화첩(花帖) 등에 잘 녹아 있다. 이러한 것을 수록한 천지회의 내부문서를 회부(會簿)라고 부르는데, 지금까지 발견된 것 중에서 시기적으로 가장 이른 것이 위에서 언급한 가경 16년(1811) 광서에서 발견된 요대고본이다.[58] 그런데 이 회부를 구성하는 기원전설의 일부 내용인 주성(朱姓)과 이성(李姓)에 의한 홍가(洪家)의 창립설이 건륭 중·말엽부터 소략하게 보이고 있고,[59] 가경 7년(1802) 광동 혜주(惠州)부 박라(博羅)현 진란극사의 천지회가 사용한 포기(布旗)에는 기원전설에 보이는 천지

57 「廣西巡撫成林査辦東蘭會匪摺」(嘉慶16.5.7.), 庾裕良·陳仁華 等編, 『廣西會黨資料彙編』, 南寧: 廣西人民出版社, 1989, 75-76쪽.

58 「廣西東蘭州天地會成員姚大羔所藏『會簿』」(嘉慶16.5.7.), 『天地會』 1, 3-32쪽.

59 「欽差協辦大學士福康安奏追査天地會根源等情摺」(乾隆53.4.14.), 『天地會』 1, 97쪽.

회의 창립시간인 '옹정갑인년칠월입오일(雍正甲寅年七月卄伍日)'과 소주(小主)의 이름인 '홍영(洪英)'이 적혀 있으며,[60] 가경 14년(1809)년 광서 백색(百色)청에서 천지회 회원 주우현(周由賢)의 집에서 압수된 회부에도 '강희옹정연분(康熙雍正年分)'라는 천지회의 창립 시간이 기록되어 있다.[61] 또한 가경 11년(1806) 강서 회창(會昌)현 삼점회(三點會)[62]의 경우 당시 회원들이 소장하고 있었던 화첩(花帖)을 보면, 천지회 기원전설의 내용을 구성하는 '오방대가(五房大哥)'라는 명칭과 그 성명은 물론 '후오방대가(后五房大哥)'라는 명칭이 거론되고 있을 뿐만 아니라 천지회의 이상세계를 반영하는 목양성(木楊城)의 수호자인 '사위대장군(四位大將軍)'의 명칭과 그 성명까지 언급되고 있다.[63] 특히 가경 13년(1808) 광서에서는 광동 남해(南海)현인 안아귀(顔亞貴)란 자가 「도원가(桃園歌)」라는 가본을 가지고 있다가 체포되었는데, 이 「도원가」 역시 '복명거청(復明去淸)'이라는 문구를 필두로 하여 천지회 기원전설의 내용을 구성하는 창립자의 성명이 기록되어 있다.[64] 이러한 사실은 건륭·가경 교체기를 지나면서 복건의 천지회가 광동·광서·강서 등의 지역으로 전파되는 과정에서 반청복명의 요소를 담고 있는 천지회의 내용까지 함께 전파되고 있음을 보여주고 있는 것이다.

60 「兩廣總督覺羅吉慶奏擒獲陳爛屐四摺」(嘉慶7.10.5.) 「附二: 博羅起義軍布旗抄件」, 『天地會』 7, 34쪽.

61 「廣西巡撫恩長奏廣東調無洪啓勝等人片」(嘉慶14.5.15.), 『天地會』 7, 215쪽.

62 이 삼점회의 조직자인 주달빈은 가경 11년 6월 복건 영정(永定)현에서 천지회 회원 노성해(盧盛海)로부터 이 내용을 전수받았다.(「江西巡撫先福奏周達濱改天地會爲三點會摺」(嘉慶11.12.16.), 『天地會』 6, 300-303쪽)

63 「劉梅占所存紅布花帖抄件」(嘉慶11.12.16.), 『天地會』 6, 304-305쪽; 「盧盛海遺下紙摺抄件」(嘉慶11.12.16.), 『天地會』 6, 305-306쪽.

64 「廣西巡撫恩長奏審擬顔亞貴以「桃園歌」邀人拜會案摺」(嘉慶13.12.25.) 「附: 顔亞貴所藏「桃園歌」, 『天地會』 7, 207-215쪽.

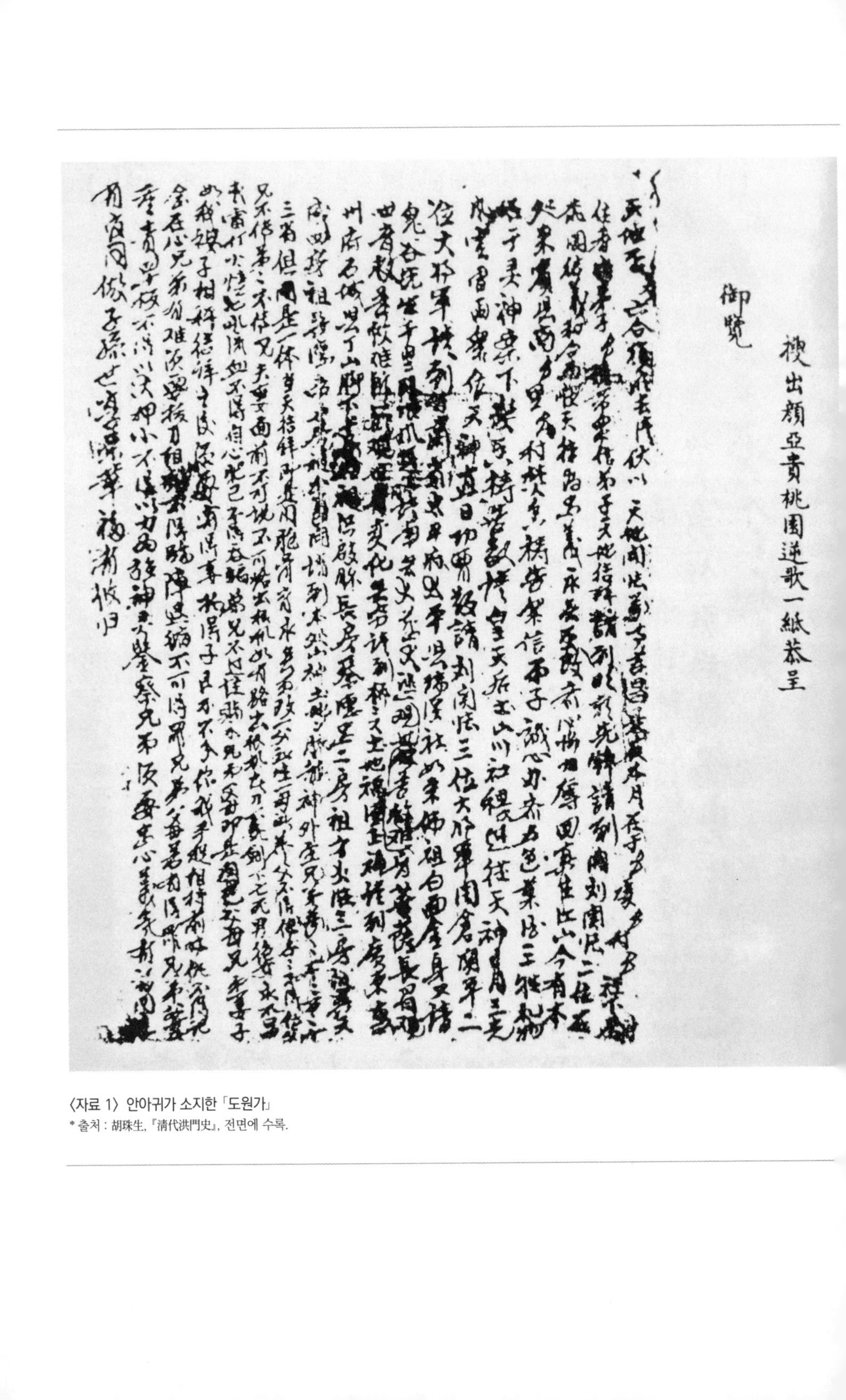

搜出顏亞貴桃園逆歌一紙恭呈

御覽

〈자료 1〉 안아귀가 소지한 「도원가」

* 출처 : 胡珠生, 『清代洪門史』, 전면에 수록.

위의 사례 중에서 실제로 반청복명의 요소가 천지회를 조직하고 회원들을 흡인하는 데 일정한 역할을 보이는 것은 안초(顔超)가 「도원가」를 이용하여 인민들을 천지회에 가입시켰다는 점과 가입한 이들이 천지회를 재조직하면서 「도원가」를 다시 전파했다는 사실을 통해서 확인할 수 있다. 「도원가」는 다음과 같이 시작한다.

> 천지가 (청조를) 부정하니, 삼가 육합을 받들어 명조(明朝)를 회복하고 청조를 제거하겠습니다. 천지가 작용을 하여 만사가 길하고 번창하기를 엎드려 빕니다. 오늘 밤 본월, □□처(處) □□촌(村) □□사(社)에 거주하는 향주(香主) 제자 □□는 여러 형제들을 데리고 천지회를 결배하고자 하옵니다. 삼가 명조의 선봉을 초대하고, 도원결의한 유비·관우·장비를 초대합니다. 여럿이 모여 하나가 되는 것은 천(天)을 따르는 것이니, 충의로써 결의하여 영원히 변함이 없을 것이며, 한결같은 마음으로 협력하여 진주(眞主)의 강산을 탈취·회복해야 합니다. 지금 이곳 내빈(來賓)현 남(南)□□리 □□촌의 여러 형제들이 정성스런 마음으로 오색과주(五色果酒)와 삼생예물(三牲禮物)을 두루 준비하여 영신안(靈神案)에서 향을 태우고 기원합니다. 〈이하 생략〉.[65]

위의 내용에서 천지회를 결배할 때에 도원결의에 보이는 충의의 관념을 기초로 하여 의형제를 맺고 있기 때문에 「도원가」로 이름 붙여진 것이라고 생각된다. 특히 「도원가」의 전반적인 내용을 보면, 이것은 천지회를 결배할 때 사용되었던 맹서의 하나임을 쉽게 알 수 있고, 나아가 천지회가 이러한 맹서를 통해서 이들의 정치적 목표인 반청복명을 다짐하고 있음을 짐작할 수 있다. 이러한 「도원가」를 소장하고 있던 안

65 「廣西巡撫恩長奏審擬顔亞貴以「桃園歌」邀人拜會案摺」(嘉慶13.12.25.) 「附: 顔亞貴所藏「桃園歌」, 『天地會』 7, 214쪽.

초가 천지회를 조직하고 전파하는 과정은 광서순무 은장(恩長)의 주접에 잘 묘사되어 있는데, 이것을 정리한 것이 〈도식 6〉이다. 이 중에서 안초가 안아귀에게 천지회를 전파한 경우를 구체적으로 살펴보면, 다음과 같다.

> 안아귀(顔亞貴)는 적관이 광동 남해(南海)현으로 귀현(貴縣)에 기거하면서 마(馬)를 팔며 생계를 유지하였다. 가경 13년 2월 2일 내빈(來賓)현 장목우(樟木圩) 진로구(陳老九)의 여관에 왔다가 잡화를 등짐 장사하는 광동 남해현인 안초(顔超)를 우연히 만나서 이 여관에 함께 기거하였다. (이들은) 동성인데가 동향이었기 때문에 서로 얘기하는 과정에 의기투합을 했고, 각자의 빈고함을 얘기하였다. 안초가 '내가 「도원가(桃園歌)」를 가지고 있으니, 만약 배회(拜會)를 따르고자 한다면 장차 적당한 곳으로 가자.'고 공언하였다. 곧 안아귀가 가본(歌本)을 다 훑어본 후, 가본에 패역한 어귀가 있는 것을 보고서 안초에게 그 근유(根由)를 물었다. 안초는 '광동 석성(石城)현 정산각(丁山脚)에서 홍계승(洪啓勝)·채덕충(蔡德忠)·방대홍(方大洪)·오천성(吳天成)·오덕체(吳德蒂)·이색개(李色開)가 많은 사람을 규합하여 모반을 하려고 하는데, 나는 광서성으로 들어와 사람들을 불러 모아 무리에 입회시키고 있다.'고 밀고해 주었다. 곧 (안초는) 안아귀에게 '자신을 대신해서 각 지역 사람들을 불러 모아 천지회의 명목으로 결배할 때에는 단지 일을 만났을 때 서로 도우면 가재(家財)를 지킬 수 있다고 말해야지, 절대로 「도원가」의 본의를 말해서는 안 된다.'고 하니, 안아귀가 응하였다. 안초는 「도원가」를 초사해 주고, 아울러 천지회를 결배하는 암호인 개구불리본(開口不離本)·출수불리삼(出手不離三) 및 칼을 비스듬히 교차하게 하여 사람들로 하여금 칼 밑을 뚫고 지나가게 해서 계혈주(鷄血酒)를 마시게 하시게 하는 것을 일일이 전수해 주었다.[66]

66 「廣西巡撫恩長奏審擬顔亞貴以「桃園歌」邀人拜會案摺」(嘉慶13.12.25.), 『天地會』 7,

위 인용문의 내용에서 안초가 언급하고 있는 광동 석성현 정산각에서 홍계승·채덕충·방대홍·오천성·오덕체·이색개가 많은 사람을 규합하여 모반을 한다고 하는 내용은 이 인물들이 천지회의 기원전설과 관련된 것이기 때문에 역사적 사실이라고 보기가 어렵다. 그러나 위 인용문을 통해서 기원전설과 관련된 반청복명의 요소를 담고 있는 천지회의 내용이 회원을 확보하는 과정에서 직접적으로 거론되고 있음을 알 수 있다.

〈도식 6〉 가경 12·13년 광서 내빈현 안초가 조직·전파한 천지회 계통도

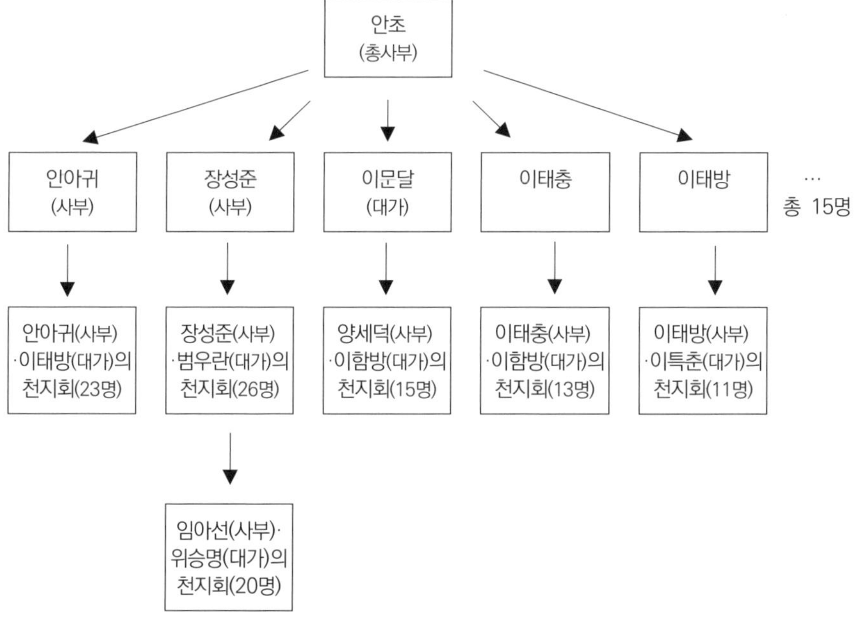

특히 〈도식 6〉에서처럼 가경 12·13년 안초(顔超)가 광서 내빈(來賓)현에서 위에서 언급한 안아귀(顔亞貴)를 비롯하여 장성준(蔣聲雋)·이문달(李

208-209쪽.

文達)·이태충(李太忠)·이태방(李太芳) 등 15명에게 「도원가」를 초사해 줌과 동시에 그 함의를 설명해 주었고, 천지회의 암호장치와 칼 밑을 통과하는 '과관의식(過關儀式)' 등을 전수함은 물론 반청복명(反淸復明)을 직접적으로 언급하였다. 이러한 상황은 장성준·범우란(范友蘭)이 임아선(林亞選)·위승명(韋勝明)에게, 이문달(李文達)이 양세덕(楊世德)·이함방(李含芳)에게 각각 천지회를 전파·조직하는 과정에서도 그대로 재현되었다.[67] 결국 〈도식 6〉에 보이는 안초의 사례를 통해서 천지회가 전파·조직되거나 회원을 확보하는 과정에서 반청복명의 요소가 완전히 배제되지 않고 있음을 보여주고 있다.

물론 회원 확보의 단계에서 인민들이 반청복명의 요소를 담고 있는 천지회의 내용을 모르고 입회한 경우도 있었을 것이다. 그러나 앞서 살펴본 왕자진·임첨신·정승은 등의 공술에 보이는 것처럼, 확보된 인민들을 천지회의 회원으로 재생시키는 과정에서 맹서를 통해서 반청복명의 요소가 소개되고 있기 때문에 적어도 천지회에 입회한 이후에는 회원들이 천지회가 가지고 있는 반청복명의 성격을 대부분 인식했을 것으로 생각할 수 있다. 여기에서 가경 연간 광동 지역에 천지회가 조직된 이후 대부분의 천지회가 약탈이라는 불법적인 경제활동을 하고 있었다는 점을 고려해 본다면, 천지회의 조직자들과 여기에 가담한 사람들이 반청복명의 요소를 담고 있는 천지회의 내용을 자신들의 불법적인 약탈 활동을 정당화시키는 수단으로 포장했을 가능성을 제기할 수 있다. 안초에게서 반청복명의 내용으로 가득 찬 「도원가」 등을 전수받은 사부(師傅) 이태방(李太芳)·대가(大哥) 이특춘(李特春)의 천지회가 판우객인(販牛客人) 황순달

67 「廣西巡撫恩長奏審擬顔亞貴以「桃園歌」邀人拜會案摺」(嘉慶13.12.25.), 『天地會』 7, 208-211쪽; 「廣西巡撫恩長奏審擬办來賓縣李太忠等結會摺」(嘉慶14.3.17.), 『天地會』 7, 231-233쪽.

(黃純達)의 은전(銀錢)·마필(馬匹)·의물(依物)을 약탈했다는 점[68]은 이러한 사정을 잘 보여주고 있다.

68 「廣西巡撫恩長奏審擬來賓縣天地會首韋特成等人摺」(嘉慶14.1.22.), 『天地會』 7, 228쪽.

소결

천지회는 하나의 거대한 통일된 조직이 있어 그 하부에 여러 분파가 편재되어 있는 조직이 아니라 천지회의 기회원이나 제3자에 의해서 '재조직되어 지속하는 결사'였다. 이 과정에서 가장 중요하게 작동하는 것이 바로 천지회의 설립을 주창하는 자가 그것의 결회 원리를 숙지했는가의 여부였다. 천을 숭배하여 부로 삼고 지를 숭배하여 모로 삼으며 본래의 성을 의성인 홍으로 바꾸는 것이라는 결사의 제1원칙을 비롯하여, 입을 열면 본을 떠나지 않고 손을 들면 삼을 떠나는 않는다는 등 결사의 간단한 암호를 구사하는 것, 과관의식을 비롯해서 삽혈맹서로 진행되는 결의형제 의식 등을 진행하는 것, 조직의 참여자들에게 일정한 금전을 요구하는 것 등이 바로 그것이다.

일단 천지회 조직이 '최초' 성립하고 나면, 주창자는 조직의 회수(S)인 대가(大哥)로 추대되고, 조직의 참여자들은 주창자의 명령에 복종하는 회원(A)의 관계로 정립되었다. 이 과정은 통상 10여 명 전후로 이루어졌으며, 이들이 바로 재조직된 천지회의 최초 조직자들이었다. 이후 최초 조직된 천지회는 조직자들이 다시 회원들을 확보하기 시작하면서 조직의 확대가 이루어지게 된다. 이 과정은 결회에서 보이는 '회수(S)→회원(A)'

의 형태가 최종적으로 확대된 것으로, '총회수(P)→회수(S)→회원(A)→회원(B) 모형'이라는 천지회의 회원모집 방식으로 수렴되었다.

사실상 'P→S→A→B 모형'은 천지회의 최초 회원모집 방식을 보여주는 것인데, 이 경우 대략 100명을 전후한 규모로 회원이 모집되었다. 비록 이 모형은 오늘날 현대사회의 피라미드 조직처럼 완벽한 구조로 되어 있는 것은 아니었지만, 그 구조상 관아내의 천지회 사례처럼 총회수(P)·회수(S)만으로도 단시간에 회원(A)를 급속히 증가시킬 수 있었고, 진란극사의 천지회 사례처럼 총회수(P)·회수(S)·회원(A)에 의한 반복적인 회원(B) 모집을 통하여 천지회가 조직적으로 확대해 나갈 수 있었던 것이다.

천지회의 조직적 확대 과정과 연동하여 회원들에 의한 연쇄적인 천지회의 재조직 과정을 통하여 결사가 공간적으로 확산해 갈 수 있었다. 이 점 역시 천지회가 '재조직되어 지속하는 결사'라는 조직 구조상의 단면을 잘 보여주고 있다. 진씨에 의한 천지회 전파와 진례남의 천지회 조직에 의해서 연쇄적으로 재조직된 천지회의 사례가 그 대표적인 경우라 하겠다. 결국 천지회의 조직자들이나 회원 1명이 수십 명의 회원을 모집할 수 있었기 때문에 경우에 따라서는 천지회가 한번 조직되면 수백·수천 명으로 급속히 확대해 갈 수 있었고, 지역적으로 몇 개의 현에 걸쳐서 연쇄적으로 확산되어 나갈 수 있었던 것이다.

대부분의 사례에서 천지회의 조직자들은 정상적인 경제 활동으로는 생계유지가 곤란한 사람들이었다. 천지회의 주창자는 자신의 처지와 유사한 사람들과 생활상의 빈고함을 얘기하는 과정에서 천지회의 조직을 주창했고, 이를 바탕으로 하여 천지회의 조직자들은 적게는 수십 명에서 많게는 수백·수천 명의 회원들을 모집하였다. 그러나 현재 자신들의 경제적 빈곤 상태를 탈피하기 위한 구체적인 실천의 문제에 부딪혔을 때에는 대부분의 천지회 집단이 촌장의 약탈이라는 불법적인 경제활동에서 그 해결책을 찾았다. 나아가 이러한 약탈의 활동을 통해 얻은 재부는 상호부조의 원칙 아래 서로 나누어 갖는다는 논리로 귀결되었다. 따라서 가경 연간 힘이 없고 가난하며 종족사회에서 멸시받고 있었던 광동 인민들에게 천지회는 어려운 일이 있으면 서로 돕는다는 단순한 상호부조의 단계를 뛰어넘어 『대청율례』의 법률상 규제까지 초월하여 이들의 '생존수단'으로 작동하고 있었고, 그 구체적인 발로가 바로 약탈로 표출된 것이었다.

주목할 점은 일부 체포된 천지회의 조직자들이나 회원들의 공술을 토대로 하면, 이들은 반청복명의 요소를 담고 있는 천지회의 내용을 대부분 부정하는 자세를 취하고 있는 것이 사실이다. 그러나 건륭·가경 교체기를 지나면서 기원전설·시구·가본·표문·맹서·화첩 등에 반청복명의 요소를 담고 있는 천지회의 내용이 당시 널리 유포되고 있었다는 사실을 고려한다면, 관부가 체포된 천지회 회원을 취조할 때 이러한 천지회의 내용을 가능한 많이 숨기거나 부정하는 태도를 취했던 것은 인민들의 심리상 당연한 귀결이었을 것이다. 특히 반청복명의 요소를 담고 있는 천지회의 내용이 회원을 모집하는 과정에서 직접적으로 거론된 사례가 있는 만큼, 천지회가 전파·조직되거나 회원을 모집하는 과정에서 반청복명의 요소가 완전히 배제되지 않았음을 알 수 있다. 여기에서 천지회가 조직된 이후 대부분의 천지회가 약탈이라는 불법적인 경제활동을 하고 있었다는 점을 상기해 본다면, 천지회의 조직자들과 여기에 가담한 회원들이 반청복명의 요소를 담고 있는 천지회의 내용을 자신들의 약탈활동을 정당화시키는 수단으로 포장했을 가능성은 충분히 있었다. 결국 이러한 가능성에 근거해 보면, 천지회가 갖고 있는 반청복명의 요소 역시 천지회가 회원들을 모집하는 흡인력의 일정 부분을 구성하고 있었던 것으로 생각한다.

요컨대 가경 연간 광동이라는 시기와 지역의 범주로 한정시킨다 하더라도 천지회의 각 지역별 개별 사례마다 그 규모 면에서 편차가 크게 나타나는 것은 사실이지만, 천지회가 확대 · 확산해 갈 수 있었던 내적 요인은 'P→S→A→B 모형'을 기초로 한 천지회의 회원모집 방식과 생존수단으로 작동하고 있었던 천지회의 회원 흡인력에 있었다. 결국 천지회가 확대·확산할 수 있는 이러한 내적 요인을 가지고 있었기 때문에 가경 연간 이후로 화남 지역의 정치·경제적 혼란과 사회·문화적 갈등이라는 구조적 문제점들이 개선되지 않았던 상황에서 천지회는 이 지역 사회에 만연되어 고착화되어 갔던 것이다. 아울러 천지회가 확대·확산할 수 있었던 이러한 내적 요인은 비단 광동뿐만 아니라 복건·광서·강서 등 천지회가 활발하게 활동한 지역에도 공통적으로 적용될 수 있는 요인이었다.

| 제 2 장 |

입회의식과 연극

2

비밀결사를 정의할 때 가장 중요한 요소 중의 하나로 비공개적인 장소에서 진행되는 그야말로 비밀에 속하는 입회의식을 들 수 있다.[1] 청대 대표적인 회당 비밀결사로 알려진 천지회의 정체성 역시 결사가 진행한 입회의식에서 일차적으로 구현되었다고 말해도 과언은 아니다. 천지회의 입회의식은 이것을 주목한 청조 관료들에 의해서 통상 "배회(拜會)"[2]라는 용어로 일컬어졌다.

프리드만(Freedman)의 연구에 의하면, 천지회가 진행한 입회의식의 본질적인 특성을 가장 정확하게 포착한 사람은 손문(孫文)이었는데,[3] 그는

1 有澤玲, 『秘密結社の事典』, 東京: 柏書房, 1998, 207쪽.

2 배회(拜會)와 비슷한 의미로 '결배(結拜)'라는 단어도 있는데, 일부 연구자들은 이 두 단어를 같은 의미로 파악하고 있지만 필자는 다음과 같이 구별하여 사용할 것이다. 즉 배회는 사료에 '취중배회(聚衆拜會)'·'결맹배회(結盟拜會)'·'연맹배회(聯盟拜會)'·'배회자사(拜會滋事)'·'배회비도(拜會匪徒)' 등으로 기록되어 있기 때문에 이를 '천지회 회원들 간의 정기적인 모임과 그 모임에서 이루어진 입회의식 등 행사 과정의 일체를 포함한 것'의 의미로 사용할 것이고, 결배는 사료에 '형제결배(兄弟結拜)'·'결배형제(結拜兄弟)' 등으로 기록되어 있기 때문에 이를 '천지회에서 의형제 관계를 맺는 행위의 통칭'이라는 의미로 사용할 것이다. 다만 본문의 표기 방법에 있어서 사료의 내용을 인용할 경우에만 배회와 결배라는 사료적 표현을 그대로 쓰기로 한다.

3 Maurice Freedman, *Lineage Organization in the Southeastern China*, London: University of London, 1958, p.123.(김광억, 『東南部 中國의 宗族組織』, 서울: 일조각, 1996, 157쪽).

"홍문(洪門)의 배회는 연극으로서 한다."라고 하였다.[4] 손문의 이 언급은 비록 소략하게 기술되어 있지만, 사실 이 문구에 대한 정확한 이해야말로 천지회가 진행한 입회의식의 실상을 간파하는 데 가장 중요한 열쇠를 제공한다. 환언하면 천지회의 입회의식을 정확히 이해하기 위한 선결과제가 바로 입회의식과 연극의 관련성에 있다는 것이다.

천지회가 진행한 입회의식과 연극의 관련성을 구체적으로 언급한 근래의 대표적인 연구자로는 전중일성(田仲一成)과 테르 하르(Ter Haar)를 꼽을 수 있다. 전중일성은 천지회의 내부 자료인 회부(會簿) 등에 보이는 연극의 막 제목을 언급하면서 천지회가 입회의식에서 이러한 막 제목과 관련된 연극을 실제 공연하는 과정에서 결의형제의 의식을 진행했다고 단언했고, 그 증거의 하나로 이러한 연극의 유풍을 현재 동남아시아에서 공연되고 있는 연극에서 발견할 수 있다고 하였다.[5] 반면 테르 하르는 천지회의 입회의식 자체를 '연극적 공연(a theatrical performance)' 혹은 '연극 형태로서의 입회의식(the initiation ritual as a form of theater)'으로 간주하고, 회부 등에 보이는 연극의 막 제목은 "오페라적인 배회를 반영한 것으로 더 이상의 상징적인 의미는 없다."고 지적하면서 중국적 의식과 연극의 차별성을 강조하였다.[6] 그러나 테르 하르는 천지회가 진행한 입회의식과 연극의 관련성을 구체적으로 논증하지 않았을 뿐만 아니라 심지어 "연극적 공연으로서의 실질적인 자료를 거의 찾을 수 없다."[7]고 언급했기 때문

4 「建國方略」(1917~1919), 廣東省社會科學院歷史研究所·中國社會科學院近代史研究所中華民國史研究室·中山大學歷史系孫中山研究室 合編, 『孫中山全集』 6, 北京: 中華書局, 1985, 231쪽.

5 田仲一成, 「粵東天地會の組織と演劇」, 『東洋文化研究所紀要』 111, 1990, 75-111쪽.

6 Barend J. Ter Haar, *Ritual and Mythology of the Chinese Triads: Creating an Identity*, Leiden·Boston·Köln: Brill, 1998, pp.136-146.

7 Barend J. Ter Haar, *Ritual and Mythology of the Chinese Triads: Creating an Identity*, p.140.

에 연극형태로 진행되는 입회의식에 대한 구체적인 증거들을 제시하지 못하였다.

이상과 같은 기왕의 논쟁과 연구사적 문제점을 염두에 두면서, 본장에서는 연극형태로 진행되는 천지회 입회의식의 실체를 규명하기 위해서 그 선결과제인 입회의식과 연극의 관련성에 대한 문제를 검토하고자 한다. 우선 당안(檔案)과 지방지 등의 문헌 사료에서 천지회가 진행한 입회의식의 장면을 검출해 내어 여기에서 볼 수 있는 특징들을 정리해 본다. 다음으로 천지회가 연극의 공연을 통해서 입회의식을 진행했다고 논증한 전중일성의 견해에 대한 타당성 여부를 검토하고, 테르 하르가 구체적으로 밝히지 못한 입회의식의 암호화 문제를 살펴볼 것이다. 마지막으로 이러한 논의를 토대로 19세기 말엽 싱가포르 천지회의 사례를 대상으로 입회의식의 연극적인 요소를 추출해 보고자 한다. 이러한 일련의 과정을 통해 비밀결사로서 천지회가 조직 활동을 은폐·가장하기 위해서 독자적인 정보전달 장치를 고안하고 운용했기 때문에[8] 조직 확대의 가장 필수적인 활동인 입회의식 자체를 연극으로 암호화했던 사실을 밝혀낼 수 있을 것이다.

1. 입회의식의 단편적 기록들

천지회를 기록한 사료를 보면, 천지회·삼합회·삼점회 등 천지회계 회당 비밀결사의 회명을 직접적으로 기록하지 않더라도 이 결사가 천지회임

8 幷木賴壽, 「洪門の掟: 天地會の儀式·規約·儀禮」, 『しにか』(特輯: 中國の秘密結社) 6, 1995-9, 36-38쪽.

을 알려주는 용어가 있다. 예를 들어 '회비(會匪)'·'타단(打單)'·'배회(拜會)' 등의 용어는 그 대표적인 것이다. 이 중에서 천지회의 입회의식을 지칭하는 배회의 경우, 그 구체적인 모습이 당안과 지방지 등의 사료에 자세히 묘사되어 있지 않기 때문에 아쉽게도 단편적인 모습만을 포착할 수 있다.

우선 가경(嘉慶) 24년(1819) 광서 관양(灌陽)현의 천지회가 진행한 입회의식의 모습인데, 그 내용은 다음과 같다.

> 멸공문(篾拱門: 대나무 등으로 만든 아치형의 문) 3개를 설치하여 매 문마다 좌우 각 한 사람이 손에 순도(順刀)와 철척(鐵尺)을 잡고 있었고, 문 아래에는 물 한 그릇이 놓여 있었으며, 3개의 신향(信香)이 타고 있었다. 들어가는 자는 엎드려 꿇어앉아 손으로 신향을 잡아 물그릇에 넣으면서 맹서를 하였다.[9]

이 기록을 통해서는 입회의식을 진행할 때 대나무 등으로 엮어 만든 간단한 3개의 문이 설치되고, 이 문의 좌우에 기회원이 각각 순도와 철척과 같은 무기를 들고 이들의 입회를 감시하고 있으며, 신회원은 이 문 밑으로 신향을 들고 기어 들어가면서 맹서하는 모습을 볼 수 있다.

다음으로 도광 22년(1842) 광동 광주(廣州)부의 삼합회(三合會)에서 진행한 입회의식의 모습을 확인할 수 있는데, 『향산현지(香山縣志)』에서는 다음과 같이 기록하고 있다.

> 매번 배회(拜會)할 때마다 아마(亞媽)가 홍건(紅巾)을 머리에 두르고 백의(白衣)를 입으며 오색기(五色旗)를 설치하는데, 기(旗) 위에 삼〔彡〕·수〔氵〕·합〔合〕·화〔化〕·동〔同〕의 글자를 쓰고 오방(五方)으로 배치한다.

9 「抄錄蔣宏慈等四月內呈撫藩各衙門粘單」(嘉慶25.7.14.), 中國人民大學淸史硏究所·中國第一歷史檔案館 合編, 『天地會』 7, 北京: 中國人民大學出版社, 1988, 375-376쪽.

어떤 방(方)에서 온 자는 어떤 기에 속하게 된다. 삼중(三重)의 문(門)을 만들고, 매 문마다 두 사람이 팔(八)자의 모양으로 칼을 들고 선다. 배회자(拜會者)가 포복하여 (삼중의 문과 팔자의 모양으로 든 칼 밑을 기어) 들어가면서 '자(仔)'라고 말한다. (배회자는) 알몸으로 머리칼을 풀어헤치며, 꿇어 엎드려 목두(木斗)에 절하고, 36주(三十六咒)를 낭독한다. 손가락을 베어 피로 맹세한다. 은어(隱語)와 삼각부(三角符)를 받는데, 부(符) 내에는 '참천굉화(參天宏化)' 4자를 쓴다. 변발을 두 갈래로 묶어 하나의 권(圈)을 만든다. 두목(頭目)은 천패권(天牌圈)이라 하여 이마 앞쪽에, 사사(司事)는 지패권(地牌圈)이라 하여 머리 뒤쪽에, 기회원은 인패권(人牌圈)이라 하여 왼쪽 귀에, 신회원는 화패권(和牌圈)이라 하여 오른쪽 귀에 만든다. 차림새를 갖추는데, 짧은 두루마기·무늬 있는 허리띠·쪽빛 버선·뾰족한 신발·칼집에서 뺀 칼을 몸에 걸친다. 피차 서로 만나 성(姓)을 물으면, 각각 '홍(洪)'이나 혹은 '삼팔이십일(三八二十一)'이라는 말로 대답하여 이 회(會) 안의 사람임을 알 수 있다. 가르침을 받지 않으려는 자는 황자(皇仔), 거짓으로 받는 자는 야자(野仔)·풍자(瘋仔)라고 부른다. 입회자마다 양은(洋銀) 1원(元)이나 동전(銅錢) 360문(文)을 내며, 이를 축수전(祝壽錢)이라 한다. 그 은어·암호를 모르는 자는 약탈당한다.[10]

이 인용문의 내용은 크게 4부분으로 구분할 수 있다. 첫째, 홍건을 쓰고 백의를 입은 기회원 아마가 배회를 준비하는 모습이다. 여기에서는 천지회의 오방(五房)을 상징하는 오색기를 배치하는 것이 주목된다. 둘째,

10 (光緒) 『香山縣志』 卷22 「紀事」, 49쪽. 이 기록은 『동관현지(東莞縣志)』에도 보이는데, 『동관현지』의 원문에서는 위 인용문의 내용 중에서 '인(人)'과 '말(襪)'자가 추가되어 있고, '양(洋)'자는 빠져 있다. 또한 『동관현지』에 의하면, 삼합회는 천지회가 변화된 것으로 이미 가경 연간에 있었고, 도광 초엽에 이르러 점차 성행하였다. 처음에 삼합회의 배회는 향산현에서 시작되어 광주부에 만연되었는데, 동관현의 경우 여러 향에 대부분 이러한 배회가 있었다. 〔(民國) 『東莞縣志』 卷34 「前事略」 6, 22쪽.〕

배회자들이 설치된 3개의 문과 팔자형의 칼 밑으로 포복하여 들어가는 모습이다. 이 부분은 앞서 광서 관양현에서 진행된 모습과 같다. 셋째, 각종 의식행사가 이루어지고 천지회의 암호와 은어 등을 받는 모습이다. 의식의 장면을 보면, 목두라는 제단 앞에서 36주를 낭독하는데, 이것을 피로써 맹서하고 있다. 특히 풀어헤친 변발을 가지고 둥그렇게 말아서 천패권·지패권·인패권·화패권이라 하여 천지회의 두목, 의식의 주관자인 사사, 기회원, 신회원 등을 구분하고 있다. 입회의식에 참여한 신회원은 은어·삼각부를 받고, 홍자를 파한 삼팔이십일이라는 암호도 전수받는데, 이러한 장치를 통해서 천지회의 회원임을 확인한다. 마지막으로 이러한 입회의식의 대가(大哥)로 신회원은 축수전이라 하여 양은 1원이나 동전 360문을 기부한다.

위의 향산현의 기록보다는 상세히 묘사되지는 않지만, 천지회에서 진행한 배회의 모습이 광서 2년(1876) 광동 고주(高州)부의 천지회에서도 확인된다. 여기에서는 위의 인용문의 내용과 관련지어 볼 때, 3개의 문을 통과한 이후에 도착한 곳을 목양성(木楊城)이라고 언급하고 있는데, 다음과 같다.

> 황십릉대(黃十陵大)와 이아증(李亞增)은 모두 40여 명을 규합하였다. 매 사람은 수백 문 혹은 천 문을 각출하여 황십릉대에 주고 향촉주육(香燭酒肉)을 준비하게 하여 삼합회(三合會)·빈궁회(貧窮會)·부모회(父母會) 등을 조직하였다. 연령에 관계없이 황십릉대를 대가(大哥)로 삼았다. (배회할) 기일이 되자, 황십릉대가 대나무를 땅에 박고 종이를 풀로 붙여 문을 만들었는데, 목양성(木楊城)이라 하였다. 또 탁자와 의자를 이용하여 다리를 만들고, 각 회(會)의 사람들에게 명령하여 그 다리 밑으로 지나가 목양성 안으로 들어가도록 하였다. 대가는 쌍화(雙花)를 머리에 꼽고, 이가(二哥)는 단화(單花)를 머리에 꽂았다. 결배한 이후에는 일을 만나면 서로 돕는데, 만약 사상자가 있으면 협력하여 돌봐준다고

하였다. 주육을 먹고서는 모두 흩어졌다.[11]

이 인용문에서는 목양성 앞에 대나무와 종이를 이용하여 간단하게 문을 만들고, 배회자가 이곳을 통과하여 목양성 안으로 들어가는 과정을 묘사하고 있다. 비록 목양성에 입성하기 이전의 구체적인 모습은 거의 묘사되지 않았지만, 앞서 언급한 향산현에서 행해진 배회의 모습과 대략 비슷한 과정을 거쳤을 것으로 생각된다.

이상과 같이 소개한 천지회의 배회 사례를 통해서 다음과 같은 사실을 추려해 낼 수 있다. 첫째, 향산현에서 배회가 이루어진 시점은 도광 22년(1842)으로 광동에서 천지회의 활동이 가장 활발한 시기였을 뿐만 아니라 바로 이 지역은 약 12년 후인 함풍 4년(1854)에 발생한 천지회 대반란의 중심지였다. 따라서 향산현에서 이루어진 배회는 천지회에서 가장 정형화된 배회였다고 생각된다. 둘째, 천지회의 의식 과정에서는 비단 신회원 뿐만 아니라 두목·사사·기회원이 모두 참여하고 있다는 점이다. 결국 의식의 측면에서 보면 기회원의 입장에서는 신회원과 결배의식(結拜儀式)을 한 것이고, 신회원의 입장에서는 입회의식(入會儀式)에 참여한 것이었다. 셋째, 3개의 문을 통과한 지역이 목양성이라고 명명된 곳임을 알 수 있다. 이 목양성은 천지회 회원들이 종교상으로 구성한 하나의 이상 세계를 구현했던 천지회의 성역이었다고 지적되는데,[12] 이는 입회의식이 진행되는 공간이 바로 목양성임을 알 수 있다. 위의 자료들을 종합해 보면, 3개의 문을 통과한 이후 신회원이 다다른 목양성에 목두가 설치되고 그 앞에서 삽혈맹서가 진행되었던 것이다. 마지막으로 주목되는 부분은 광동 광주부의 삼합회 사례를 기록하고 있는 『향산현지』에서

11 朱壽朋 編, 『光緒朝東華錄』 1, 光緒2年11月條, 北京: 中華書局, 1953, 325쪽.

12 Jean Chesneaux, *Secret Societies in China: in the Nineteenth and Twentieth Centuries*, Ann Arbor: the University of Michigan Press, 1971, pp.16-23.

는 이러한 "천지회의 배회를 '등단연희(登壇演戲)'라고 일컫는다."[13]고 기록하고 있는 점인데, 이 점에 대해서는 단락을 바꾸어 논의를 진전시켜 보겠다.

2. 입회의식과 연극 제목

천지회의 배회가 연극과 밀접한 관련을 맺고 있었다는 사실은 천지회의 내부 문서를 통해서 구체적으로 확인된다. 우선 귀현수지국(貴縣修志局)에서 발견된 천국량(天國樑)[14]이란 천지회 회원의 수초본(手鈔本)〔즉 귀현본(貴縣本)〕에 실려 있는 「반문간희(盤問看戲)」를 보면, '오척(五齣)'이라 하여 5개의 연극 막 제목이 보인다. 또한 이와 유사한 기록이 슈레겔(Schlegel)이 수집·정리한 천지회자료(즉 슈레겔본)와 대영박물관에 소장되어 있는 천지회 문건을 편집·정리한 소일산(蕭一山)의 천지회자료(즉 소일산본), 그리고 나향림(羅香林)의 수선각(守先閣)에서 발견된 천지회 문건(즉 수선각본)에도 기록되어 있는데, 이것을 비교·정리한 것이 아래의 〈표 1〉이다.

13 (光緒) 『香山縣志』 卷22 「紀事」, 49쪽.

14 1933년 광서성 귀현(貴縣) 수지국(修志局)에서 발견된 천지회 문건인 「貴縣修志局發現的天地會文件」)의 서두에 '여천동성국량초(與天同姓國樑鈔)'라 서명되어 있다. 나이강은 천지회가 "배천위부(拜天爲父), 배지위모(拜地爲母), 자성종부(子姓從父)"이기 때문에 "여천동성(與天同姓)"이고, 국량(國樑)이라는 이름을 가진 천지회 회원이 수초(手鈔)한 문건으로 파악하였다(『天地會文獻錄』, 36쪽). 이 의견에 따라 이 문건의 저자를 일단 천국량(天國樑)이라고 기술하였다.

〈표 1〉 천지회의 배회와 관련된 연극의 목차

구분	1막	2막	3막	4막	5막	근거자료
귀현본(㉮)	홍문대회(洪門大會)	중당교자(中堂敎子)	교변음수(橋邊飮水)	정국참관(定國斬關)	화합단원(和合團圓)	ⓐ
슈레겔본(㉯)	고성취회(古城聚會)	의당교자(義堂敎子)	화정결배(花亭結拜)	정국참간(定國斬奸)	양성음연(楊城飮宴)	ⓑ
소일산본(㉰)	화정취회(花亭聚會)	중당교자(中堂敎子)	화정발서(花亭發誓)	교변상회(橋邊相會)	정과참간(定過斬奸)	ⓒ
수선각본(㉱)	홍문진사(洪門進士)	교변음수(橋邊飮水)	중당교자(中堂敎子)	정국참간(定國斬奸)	형제(兄弟)	ⓓ

〈근거자료〉 ⓐ「貴縣修志局發現的天地會文件」, 羅爾綱 編著,『天地會文獻錄』, 香港: 實用書局, 1942, 21쪽; ⓑ Gustave Schlegel, *Tian Ti Hui: The Hung League or Heaven-Earth-League: A Secret Society with the Chinese in China and India*, Vatavia: Lange & Co, 1866, p.181; ⓒ 蕭一山 編,『近代秘密社會史料』卷4, 上海: 上海文藝出版社, 1991(1935년 影印本), 30b쪽; ⓓ「守先閣本天地會文件」,『天地會文獻錄』, 55쪽.

싱가포르·홍콩·남양에서 천지회의 유풍을 조사한 전중일성은 ㉮와 ㉯의 내용을 비교하면서 천지회가 "배회에서 반드시 연극을 공연하였다."고 언급했는데, 그 핵심요점을 정리하면 다음과 같다.[15] 1막의 경우 ㉯의 고성취회(古城聚會)는『삼국지연의(三國志演義)』에 보이는 고성회(古城會)의 한 장면으로 ㉮의 홍문대회(洪門大會)와 동일한 것이기 때문에 1막은 호걸들의 배회에 상응하는 연극 목차라고 하였다. 2막에서 ㉯의 의당교자(義堂敎子)는 광동 방언의 '의(義)'자가 '이(二)'자와 동음이기 때문에 이당교자(二堂敎子)와 관련시킬 수 있는데, 이것은 고남희(古南戲)인「심향태자(沈香太子)」〔즉 후대의「보련등(寶蓮燈)」〕에서 이당방자(二堂放子)의 경우를 가리킨다고 하면서 현재 홍콩·남양에서 빈번히 공연되는 연극이라 하였

15 田仲一成,「粤東天地會の組織と演劇」, 79-92쪽.

다. 3막의 경우 ㉮와 ㉯ 모두 천지회자료에 기록되어 있는 결배의식이기 때문에 연극이라고 말할 수 없다고 하면서, 신회원이 배회의 제장(祭場)에서 연극 공연의 단상(壇上)에 정렬하여 결배의식을 진행한 것으로 보았다. 특히 『동관현지(東莞縣志)』에서 "배회는 단에 올라서 연극을 한다(拜會日登壇演戲)"라 한 것은 바로 이것을 가리킨다고 하였다. 4막은 정국(定國)과 소라(蘇羅)를 고유명사로 보고, 『안방지(安邦志)』 및 속편 『정국지(定國志)』에 보이는 정국공(定國公)인 조소경(趙少卿)과 동이(東夷)의 소라국(蘇羅國)과 관련된 일화를 연극화한 것으로 보았다. 5막은 ㉮의 경우 4막과 연결된 연극으로 조소경이 개선한 모습이고, ㉯의 경우 천지회의 근거지인 목양성(木楊城)에서 연음의례(宴飮儀禮)를 연출한 것으로 보았다.

전중일성의 이러한 견해를 종합해 보면, 1막은 단순한 연극 목차이고, 2막과 4막은 연극이지만 그 내용이 서로 다르며, 3막은 연극이 아니라 신회원의 결배의식(結拜儀式)이고, 5막은 자료에 따라 4막과 연결된 연극이거나 혹은 천지회의 연회의례이기도 하다. 이러한 점은 천지회가 배회에서 연극을 공연하면서 결배의식을 진행했다고 하더라도 이 연극은 5개의 막으로 이루어진 한편의 연극은 아니었고, 나아가 5개의 막이 상호간에 유기적인 결합이 없었다는 것으로 이해된다. 그러나 귀현본에 실려 있는 「반문간희」를 아래와 같이 직접 인용해 보면, 전중일성의 견해가 논리적으로 잘못되어 있음을 알 수 있다.

문: 너는 일찍이 연극을 본적이 있느냐?

답: 보았다.

문: 어떤 반명(班名)이냐?

답: 신호채(新好彩)이다.

문: 너는 몇 막을 봤느냐?

답: 5막을 봤다. 1막은 홍문대회인데, 문생(文生)·무생(武生)이 모두 무대에 등장한다. 2막은 중당교자인데, 춘아노관(春娥老官)이 무대에

등장한다. 3막은 교변음수인데, 산공각(散公脚)이 무대에 등장한다. 4막은 정국참관이다. 5막은 화합단원이다. 철룡(鐵龍)의 진(陣)을 치고, 소라(蘇羅)에서 결말을 맺는다. 매우 재미있게 보았고, 각 막이 모두 참신했다.

〈문:〉 증거가 될 만한 시(詩)가 있느냐?

〈답:〉 소회(小會)는 삼하(三河)에서 창시했는데, 결배연맹(結拜聯盟)하여 형제들이 많아졌구나. 바로 오늘은 천본(天本)〔대회(大會)가 열린 곳〕의 단원일(團圓日)이니, 일제히 태평가(太平歌)를 부르자구나.[16]

전중일성의 견해대로 천지회가 배회에서 연극을 공연하면서 3막에서 결배의식을 진행했다고 가정하고 위 인용문의 문답 내용을 살펴보면, 적어도 1·2·3막에 등장인물이 모두 등장하고 있고, 특히 답자가 각 막을 모두 보았다고 대답하고 있기 때문에 1막에서 5막으로 구성된 한편의 연극이 공연되었음을 알 수 있다. 따라서 전중일성의 견해는 논리상 설득력을 잃고 만다. 설사 전중일성이 밝혔던 2막과 4·5막과 관련된 연극이 19세기 중엽 중국 남부지역에서 광범위하게 공연되었고, 나아가 이것이 천지회의 배회에 반영되었다고 하더라도 이 연극은 〈표 1〉의 천지회 자료에 보이는 5개의 막 제목과 관련이 없는 '유희수단으로서 공연된 연극'이었다고 생각한다.[17] 이러한 논리적 오류는 전중일성이 천지회가 배회에서 연극을 공연하면서 결배의식을 진행했다는 점에 집착한 나머지 배회와 연극의 관련성에 대한 문제를 숙고하지 않은 결과에서 비롯되었

16 「貴縣修志局發現的天地會文件」, 『天地會文獻錄』, 21쪽.

17 배회의 폐막을 알리는 연회에서 천지회 회원들 간의 화합을 위해서 '유희수단으로서 공연된 연극'을 볼 수 있는데(Gustave Schlegel, *Tian Ti Hui: The Hung League or Heaven-Earth-League: A Secret Society with the Chinese in China and India*, p.151), 이러한 기능의 연극이 배회에서 공연된 시점은 〈표 1〉에서 ㉮와 ㉯의 5막에 해당한다고 하겠다.

다고 생각한다.

천지회자료에는 '연극(戲)'이라는 글자와 조합된 다양한 단어들을 볼 수 있는데, 예컨대 '주희(做戲)'·'연희(演戲)'·'간희(看戲)'·'거제희(去睇戲)' 등을 들 수 있다. 그런데 이러한 단어들은 실제 연극의 공연과는 관련이 없고 천지회가 다양하게 사용한 암호장치와 밀접하게 관련되어 있었다고 생각한다. 이 점은 슈레겔본을 통해서 확인할 수 있는데, 앞서 인용한 귀현본에 실려 있는 「반문간희」의 5개 막 제목과 관련된 부분이 슈레겔본에 다음과 같이 기술되어 있다.

> 가령 어떤 사람이 너에게 '어떤 희반(戲班)이 희원(戲園)에서 연극을 했느냐'라고 물으면, '신채봉반(新彩鳳班)'이라고 대답해라. 가령 '그들이 몇 막을 공연했느냐'라고 물으면, '5개 막, 즉 1막은 고성취회, 2막은 의당교자, 3막은 화정결배, 4막은 정국참간, 5막은 양성음연이다'라고 대답해라.[18]

위 인용문의 내용은 슈레겔본의 「Part Ⅵ Secret Sings of the Hung-League」[19]에 실려 있기 때문에 희반의 명칭과 5개의 막 제목이 천지회 회원들 간의 신분확인을 위한 과정에서 질문의 대답으로 사용되었음을 알 수 있다. 따라서 희반의 명칭과 5개의 막 제목뿐만 아니라 이와 관련

18 Gustave Schlegel, *Tian Ti Hui: The Hung League or Heaven-Earth-League: A Secret Society with the Chinese in China and India*, p.181.

19 「Part Ⅵ Secret Sings of the Hung-League」의 내용은 ① 여행 혹은 도로에서의 비밀암호, ② 도적이나 해도을 만났을 때의 비밀암호, ③ 질문과 대답, ④ 술잔의 비밀암호, ⑤ 찻잔의 비밀암호, ⑥ 연회석에서의 비밀암호, ⑦ 담배나 아편의 흡입과 관련된 비밀암호, ⑧ 빈랑엽(檳榔葉)을 먹을 때의 비밀암호, ⑨ 회원들이 착용한 물건에 관한 비밀암호, ⑩ 본저(本氐)에 관한 비밀암호, ⑪ 홍가(洪家)의 주요 비밀 요결(要訣)로 구성되어 있다(Gustave Schlegel, *Tian Ti Hui: The Hung League or Heaven-Earth-League: A Secret Society with the Chinese in China and India*, pp.167-234).

된 연극(戱) 자체가 모두 천지회의 배회와 관련된 암호장치였음을 짐작할 수 있다.

그렇다면 사실의 확인을 위하여 단락을 바꾸어 천지회가 배회를 어떻게 암호화했는지 구체적인 사례 검토를 통해서 확인해 보자. 아울러 이러한 천지회의 암호장치가 어떠한 현실적 배경 하에서 출현했는지 검토해 보자.

3. 입회의식의 암호화: 입회의식=연극

함풍 4년(1854) 광동 지역에서 천지회 대반란이 일어났을 때, 그것을 토벌해야 한다는 격문이 있다. 이 격문에서는 "오늘날 무리를 모아 반란을 선도하는 자들은 걸핏하면 삼합회(三合會)에 미혹되어 반청복명(反淸復明)을 일삼는다."고 하면서 삼합회의 여섯 가지 폐단을 지적하였다. 그 중 두 번째 폐단을 다음과 같이 설명하고 있다.

> 삼합회가 취회(聚會)할 때, 그 이름을 회피하여 '연극을 한다〔주희(做戱)〕'고 말한다. 무릇 연극〔희(戱)〕이란 (글자 그대로) 허과(虛戈)이기 때문에 결코 사실이 아니다. 설령 삼합회가 창궐할지라도 결코 성공할 수 없으니, 이것이 바로 두 번째 폐단이다.[20]

위 격문의 내용은 삼합회가 무리를 모아 배회한다는 의미의 '취중배회(聚衆拜會)'를 의미하는 '취회(聚會)'를 가장하기 위해서 "연극을 한다〔주희(做

20 「討三合會匪檄」, 佐佐木正哉 編, 『淸末の秘密結社』(資料篇), 東京: 近代中國硏究會, 1967, 108쪽.

戲)〕"고 말하면서, 이들이 배회를 하여 아무리 회원을 많이 모집해 창궐할지라도 결코 성공할 수 없음을 지적하고 있다. 여기에서 '연극〔희(戲)〕'이 '배회'임을 알 수 있고, "연극을 한다〔주희(做戲)〕"가 '배회를 하는 것'임을 알 수 있다. 특히 이 격문에서는 삼합회가 배회에서 연출하고 있는 행위들이 사실(實)이 아닌 허구(虛)라는 점을 '연극〔희(戲)〕'이란 글자가 '허(虛)'자와 '과(戈)'자로 합쳐져 있다는 점에 빗대어 말하고 있다. 환언하면 '연극〔희(戲)〕', 즉 배회를 '허황된 무기(虛戈)'에 비유하면서 이러한 '허황된 무기(虛戈)'를 가진 천지회는 반청복명이라는 '실질적인 일(實事)'을 결코 이룰 수 없음을 비꼬고 있는 것이다. 다만 이 인용문에서의 '취회'라는 표현을 어떻게 보느냐에 따라 다른 해석의 여지가 있을 수 있겠지만, 아래의 인용문은 필자의 이러한 해석이 정확하다는 것을 보여주고 있다.

> 무릇 삼합회에 들어오는 자는 매 사람마다 전 300문을 (입회비로) 내는데, 그 무리 중에 한 사람을 끌어들여 삼합회에 들여보내는 자에게는 (그 대가로) 전 20문을 나누어준다. 그들은 이미 결배(結拜)를 한 이후 다른 사람들이 결배하는 것을 다시 보는데, 이것을 일러 '연극을 본다〔간희(看戲)〕'라고 하고, 이 또한 전 10문을 나누어준다.[21]

위 인용문은 도광 2년(1822) 진사 출신으로 대부분의 관직생활이 역비(逆匪)와의 싸움이었다고 하는 광동 향산(香山)인 증망안(曾望顔)[22]이 도광 24년(1844) 광동 지역에 천지회가 만연된 이유를 설명한 부분 중에서 이들의 배회와 관련된 언급이다. 특히 이 인용문에서는 삼합회에 참가하는 사람들의 입회비와 사례비에 관련된 문제를 언급하면서 이들이 이미 "결

21 (清) 曾望顔, 「曾望顔瀝陳廣東禍亂之由奏稿」, 金毓黻 · 田餘慶 等編輯, 『太平天國史料』, 北京: 中華書局, 1955, 524쪽.

22 王鍾翰 點校, 『淸史列傳』 卷49 「曾望彦」, 北京: 中華書局, 1987, 3840-3843쪽.

배를 한 이후에 다른 사람들이 결배하는 것을 다시 보는 것"을 "연극을 본다〔간희(看戱)〕"라고 지적하고 있다. 이러한 사실은 '연극(戱)'이 천지회의 입회의식인 배회(拜會)를 가리키고 있음을 결정적으로 보여주고 있다.

위 두 인용문의 사례를 통해서 천지회가 배회를 '연극〔희(戱)〕'이란 글자로 암호화했다는 사실을 확인할 수 있었는데, 그 시점은 적어도 가경 말엽까지 거슬러 올라간다. 아래의 인용문을 통해서 이러한 사실을 엿볼 수 있다.

> 진유정(陳儒政)·호문성(胡文星) 두 사람이 우리들에게 다음과 같이 울면서 호소하였다. 12월 15일 저녁을 먹은 후, 조상제(曹常濟)가 이 두 사람을 누자각(樓子脚)에 가서 '연극을 보자〔간희(看戱)〕'고 초대하였다. 이 두 사람은 어디로 가는지 몰랐다가 장오익(蔣五益)의 문 앞에 이르러 몇 사람이 서 있는 것을 보았다. (이들은) 곧 이 두 사람을 끌고 들어갔는데, 두 사람의 몸은 자유로울 수 없었기 때문에 안으로 들어갈 수밖에 없었다. 그 안을 보니 삼십여 명이 있었는데, 멸공문(篾拱門: 대나무 등으로 만든 아치형의 문) 3개를 설치하여 매 문마다 좌우 각 한 사람이 손에 순도(順刀)와 철척(鐵尺)을 잡고 있었고, 문 아래에는 물 한 그릇이 놓여 있었으며, 3개의 신향(信香)이 타고 있었다. 들어가는 자는 엎드려 꿇어앉아 손으로 신향을 잡아 물그릇에 넣으면서 맹서를 하였다. 만약 꿇지 않거나 맹서를 하지 않으면, 철척으로 등을 후려치고 목에 칼을 씌웠는데, (이것은) 죽음의 상태를 의미하는 것이다.[23]

위 인용문은 가경 24년(1819) 5월 16일 호남인 당지아(唐之莪)가 광서 관양(灌陽)현에서 천지회를 결배했는데, 이후 동년 12월 15일 천지회 회원인 조상제가 진유정·호문성을 3번째 배회가 열린 장오익의 집으로 유

23 「抄錄蔣宏慈等四月內呈撫藩各衙門粘單」(嘉慶25.7.14.), 『天地會』 7, 375-376쪽.

인하여 천지회에 강제로 입회시킨 장면의 전반부이다.[24] 여기에서 조상제가 진유정·호문성을 유인시킨 말은 누자각에 가서 "연극을 보자〔간희(看戲)〕"라는 것이었다. 이 경우 "연극을 보자〔간희(看戲)〕"가 조상제의 입장에서는 '천지회 배회를 보러 가자'고 한 말이었지만, 진유정·호문성의 입장에서는 '진짜 연극을 보러 가자'로 이해한 것이다. 결국 조상제의 유인에 넘어간 진유정·호문성은 실제 연극을 본 것이 아니라 천지회의 배회에 참석한 꼴이 되었고, 이 배회 과정을 따르지 않으면 처참히 죽을 수밖에 없는 상황이었기 때문에 어쩔 수 없이 입회하게 되었다. 이후 진유정·호문성은 귀가하여 자신들이 겪었던 일들을 마을 사람들에게 울면서 호소하였던 것이다. 따라서 이 사례는 적어도 가경 말엽 '연극〔희(戲)〕'이란 글자가 천지회의 배회를 가리키는 암호로 사용되었고, 나아가 일반 민중들을 유인하여 강제적으로 천지회에 입회시키는 도구로 이용되었음을 보여주고 있다.

여기에서 주목할만한 점은 천지회가 배회를 '연극〔희(戲)〕'이란 글자로 암호화했다는 사실이 가경 연간(1796~1820) 공간적으로 확산되고 조직적으로 확대되었던 천지회의 발전 상황과 밀접한 관련이 있었다는 것이다. 건륭 51년 11월(1787년 1월) 대만에서 발생한 임상문 봉기로 인해 천지회가 세인들에게 널리 알려졌는데,[25] 당시 건륭제는 이 봉기에 대한 철저한 진압과 봉기의 주도세력인 천지회에 대한 조사를 명령하였다.[26] 이 과정

---

24 「內閣侍讀學士卿祖培奏廣西灌陽縣蔣五益等結會摺」(嘉慶25.7.14.), 『天地會』 7, 372쪽.

25 莊吉發, 「淸初天地會與林爽文之役」, 『大陸雜誌』 41-12, 1970, 375쪽.

26 건륭 57년(1792) 82세의 건륭제는 자신의 치세 중 45년(1747~1791)에 걸친 외정(外征)을 '십전무공(十全武功)'이라 하여 『어제십전기(御製十全記)』로 정리하고, 스스로 '십전노인(十全老人)'이라 칭하였다. 이 십전무공 중에 임상문 천지회 봉기의 진압이 일곱 번째에 속한다. 이에 대해서는 石橋崇雄, 『大淸帝國』, 東京: 講談社, 2000, 170-173쪽 참조.

에서 임상문의 천지회 봉기군이 7개 성의 청군으로 편성된 "십만 대군"의 진압에 맞서 대항했기 때문에 청 정부는 이 봉기를 진압한 후에도 회원들의 엄격한 수사와 체포를 통해 천지회를 근절하고자 하였다.[27]

그러나 청 정부의 이러한 강경 대응책은 천지회의 활동지역을 오히려 확산시키는 작용을 일으켰다. 즉 건륭 말엽 복건·대만을 중심으로 활동하고 있었던 천지회가 청조의 엄격한 탄압으로 활동이 곤란해지자 광동 등의 인근 지역으로 도피·잠입을 시도하면서 천지회의 활동지역이 오히려 확산되었다.[28] 이 과정에서 광동이 복건을 대신하여 천지회 활동의 중심지역으로 부상하게 되었는데, 그 증거의 하나로 가경 7~8년(1802~3) 박라(博羅)·귀선(歸善)·영안(永安) 일대에서 대규모 천지회의 봉기가 발생하였다.[29] 이후 가경 중엽을 거치면서 천지회가 광동에서 광서로, 광동·광서에서 호남·운남으로, 광동·복건에서 강서·귀주로, 호남·귀주에서 사천 등의 지역으로 계속 전파되면서 천지회의 활동지역은 더욱 확산되었다.[30]

가경 연간 이처럼 중국 남부지역을 중심으로 천지회의 공간적 확산이 이루어지는 동안 천지회 내부에서는 결사의 조직적 확대를 위한 다양한 모색을 시도한 것으로 보인다. 예컨대 천지회라는 회명 대신에 다른 회

27 秦寶琦,『淸前期天地會硏究』, 北京: 中國人民大學出版社, 1988, 265-268쪽.

28 蔡少卿,「嘉慶道光時期中國會黨發展的特點」,『中國近代會黨史硏究』, 北京: 中華書局, 1987, 124-128쪽; 秦寶琦,『淸前期天地會硏究』, 169-186쪽.

29 유장근,『근대 중국의 지역사회와 국가권력』, 서울: 신서원, 2004, 185-222쪽(유장근,「19세기 초 中國東南部 지역의 天地會 動向: 1802년의 惠州反亂을 中心으로」,『慶大史論』 2, 1986); 秦寶琦,『淸前期天地會硏究』, 295-302쪽.

30 莊吉發,「淸代社會經濟變遷與秘密會黨的發展: 臺灣·廣西·雲貴地區的比較硏究」, 中央硏究院近代史硏究所 編,『近代中國區域史硏討會論文集』上, 臺北: 中央硏究院近代史硏究所, 1986, 335-388쪽; 秦寶琦,『淸前期天地會硏究』, 186-212쪽; 酒井忠夫,「天地會の西漸と白蓮敎運動」,『中國幇會史の硏究』(紅幇篇), 東京: 國書刊行會, 1998, 292-293쪽.

명으로 개명하거나 조직 체계상의 명칭을 분화하는가 하면, 회원 확인을 위한 다양한 정보전달 장치를 운용하거나 자신들의 기원전설에 대한 문자화를 시도하는 것 등을 들 수 있겠다.[31] 천지회의 이러한 모색은 민간에서 행해진 삽혈결맹에 대한 위험성을 일찍이 자각하고 있었던 청조[32]가 임상문의 천지회 봉기를 진압한 이후 건륭 57년(1792) 『대청율례(大淸律例)』 속에 "천지회의 부흥"에 관한 처벌 규정을 명문화했다는 점에서[33] 더욱 현실적으로 요구될 수밖에 없었다고 생각한다.

이러한 상황에서 천지회가 조직세력을 확대하기 위해서는 기본적으로 신회원을 받아들이는 배회를 반복하여 회원 수의 증대를 꾀해야만 하였다. 그러나 천지회는 청조로부터 엄격한 금압과 탄압을 받고 있었기 때문에 배회 활동의 가장 큰 장애 요인은 바로 청조 국가권력을 대신하여 각 지역사회에서 질서유지의 책임을 담당하고 있었던 관료·신사·종족 등으로 대표되는 '외부집단'의 감시망이었다. 이 감시망을 피하기 위

---

31 유장근, 『근대 중국의 비밀결사』, 서울: 고려원, 1996, 57-59쪽; 蔡少卿, 『中國近代會黨史研究』, 123-153쪽; 秦寶琦, 『洪門眞史』, 福州: 福建人民出版社, 2000, 88-137쪽; 歐陽恩良 · 潮龍起, 『中國秘密社會』 4, 福州: 福建人民出版社, 2002, 74-124쪽.

32 명의 멸망 이유를 문인결사의 횡행에서 찾은 청조는 애초부터 사교나 결사와 같은 이단을 철저히 금지하는 것으로 이 문제에 대처하였다. 심지어 강희제는 사회관습의 하나로 간주할 수 있는 혈맹조차 모반율에 걸 정도로 철저하게 탄압 일변도로 나아갔다. 국법을 내화한 종족의 규율 역시 사회집단이나 개인을 정(正)과 사(邪)로 구분하여 결사를 후자의 범주에 포함시켰다. 특히 배회결맹자는 단순한 절도나 도박과는 달리 처음부터 관에 고소하여 출족하는 것을 원칙으로 삼았다. 이들은 유교적 소양이 없고 여항의 미천한 자제들이기 때문에 족내의 단순한 징벌로 그것을 단속할 수 없다고 판단했던 것이다〔유장근, 『근대 중국의 지역사회와 국가권력』, 39쪽(유장근, 「淸代兩廣의 지역사회와 국가권력」, 『大丘史學』 61, 2000)〕.

33 『대청율례』는 건륭 5년(1740) 간행·반포된 이래로 계속적인 개정과 증첨이 있었는데, 모반률에 '천지회'라는 명칭과 이에 대한 처벌 규정을 명문화한 시점은 건륭 57년(1792)이었다. 이에 대한 자세한 내용은 赫治淸, 『天地會起源研究』, 北京: 中國社會科學院出版社, 1996, 181-192쪽; 莊吉發, 『淸代秘密會黨史研究』, 臺北: 文史哲出版社, 1994년 참조.

해서라도 천지회는 조직확대의 가장 필수적인 활동인 배회와 관련된 적당한 암호장치가 필요했을 것이다. 그 결과 이러한 필요성이 당시 민간사회에서 유희수단으로서 활발하게 공연되고 있었던 연극과 결부되면서 천지회가 배회를 '연극〔희(戲)〕'이라는 글자로 암호화하였던 것으로 보인다. 특히 천지회가 배회의 장소를 종종 '허(墟)'에 비유하여 배회하는 것을 '개허(開墟)'〔='작희(做戲)'〕라는 용어로 등치시켰다는 사실[34]로부터 천지회가 일정한 공간에서 배회하는 것을 마치 일반 민중들이 연극을 보기 위해서 허시(墟市)에 가는 것과 동일시했음을 알 수 있다. 이리하여 천지회가 배회 활동을 "연극을 한다."〔'작희(作戲)'·'주희(做戲)'·'연희(演戲)'〕로 암호화한 것이고, 특히 회원들이 배회를 관람하는 것을 "연극을 본다."〔'간희(看戲)'·'제희(睇戲)'〕라고 불렀던 것이었다. 따라서 이러한 천지회의 암호장치는 조직 확대 활동인 배회를 은폐·가장하여 '외부집단'의 감시망으로부터 피할 수 있는 안전장치이자 보호막이었다는 점에서 그 본질적인 목적을 찾을 수 있다고 생각한다.

사실 20세기 초 천지회와 직·간접적인 관계를 맺고 있던 인물들은 대부분 천지회가 배회를 '연극〔희(戲)〕'이란 글자로 암호화하였던 사실을 직설적으로 거론하고 있다. 예컨대 19세기 말 홍콩삼합회에 대한 많은 자료를 수집·정리한 스탠튼은 그의 자료(즉 스탠튼본)에서 천지회의 입회의식을 작희(作戲) 혹은 방마(放馬)〔=개허(開臺)〕라고 하면서, 입회의식이 진행되는 당일에는 각 회원들이 모두 입회의식에 참석하여 그것을 관람하는데, 이것을 '간희(看戲)'라고 하였다.[35] 또한 풍자유(馮自由)는 혁명당과

34 Gustave Schlegel, *Tian Ti Hui: The Hung League or Heaven-Earth-League: A Secret Society with the Chinese in China and India*, p.174, p.233.

35 이외에도 스탠튼본에 의하면 천지회에 가입하는 것, 다시 말해 배회에 참여하는 것을 '입권(入圈)'·'배정(拜正)'·'출세(出世)'라 했고, 배회를 보러 가는 것을 '거제희(去睇戲)'라 하였다(William Stanton, *The Triad Society or Heaven and Earth Association*,

홍문의 관계를 정리하는 글에서 "배회(拜會)에서 결맹하는 것을 '연희(演戲)'라고 한다."고 지적하였다.[36] 특히 자신이 직접 천지회에 가입한 손문의 경우 "홍문의 배회는 연극으로서 한다."라는 표현[37]을 썼는데, 이 말은 지금까지 언급해온 천지회의 배회와 관련된 암호장치를 상기해본다면, 천지회의 배회가 연극의 공연을 통해서 진행된 것이 아니라 배회 자체가 '연극 형태'로 진행되고 있음을 말해주고 있는 것이다.

이하 단락을 바꾸어 천지회가 진행한 실제 입회의식의 모습을 소묘하면서 그것의 연극적인 요소를 살펴보고자 한다. 천지회의 배회가 비록 연극 자체는 아니지만 이것이 연극형태로 진행되었다고 한다면, 적어도 '무대·배우·관객·희곡'이라는 연극의 기본요소를 배회 속에서 검출해 낼 수 있다고 생각했기 때문이다.

4. 입회의식의 연극적 요소

천지회가 진행한 배회를 사실적으로 복원해내기 위해서는 그것의 실상을 정확히 알려주는 자료의 확보가 무엇보다 중요하다. 게다가 천지회의 배회가 기원 당시부터 그 정형이 고정되어 있었던 것이 아니라 일정정도 정형화(定型化)의 과정을 거치고, 이후 계속적인 내용상의 증감 과정을 거쳐왔기 때문에 초기 천지회의 배회와 정형화된 이후의 배회를 일괄적으

Hongkong: Kelly & Walsh, 1900, pp.42-43, pp.93-94).

36 馮自由,『中華民國開國前革命史』上, 良友印刷公司, 1928(民國叢書編纂委員會 編,『民國叢書』2-76, 上海: 上海書店, 1989), 157쪽.

37 손문이 해외 천지회 계통의 결사인 치공당(致公黨)에 가입한 것은 1903년 하와이에서이다. 손문은 종수양(鍾水養)의 소개로 치공당에 가입했고, 천지회에서 군직을 담당하는 홍곤(洪棍)의 직책을 받았다(陳錫祺 主編,『孫中山年譜長編』上, 北京: 中華書局, 1991, 303쪽).

로 말할 수 없는 난점도 있다. 따라서 이러한 난점을 극복하기 위한 가장 효과적인 방법론적 접근은 정형화된 배회의 실상을 사실적으로 알려주는 자료를 선택·분석하고, 그것과 그 이전 시기에 진행된 대표적인 배회를 비교·분석하는 방법일 것이다.[38]

기존 연구성과를 종합해 보면 천지회의 배회는 가경 연간(1796~1820)부터 정형화의 과정을 거쳐 도광 연간(1821~1850)에 이르러 일정정도의 정형화가 이루어졌다는 점에 대체로 합의를 보고 있다.[39] 그러나 이 시기 중국 대륙에서 진행된 천지회의 배회는 대부분 파편적으로 기록되어 있는데, 이점은 청말에서도 예외는 아니었다. 더욱이 청말 천지회의 경우 회원수의 증가에 따라 배회가 약식화하는 경향까지 보이고 있다.[40] 이 때문에 중국 대륙에서 천지회가 진행한 정형화된 배회의 실상을 복원하기에는 자료가 사실상 너무 빈약하다. 그러나 다행히 영국인 피커링(Pickering)이 1870년대 싱가포르에서 조직된 의흥회(義興會)라는 천지회의 배회를 참관하여 그것을 부분적으로 기록한 자료(이하 '피커링본'으로 약칭)와 당시 피커링의 조수였던 스털링(Stirling)이 피커링본을 보완하여 보다 상세한 자료(이하 '스털링본'으로 약칭)를 남겨놓았다.[41] 이 두 자료를 토대로 하

---

38 천지회의 의식과 기원전설을 연구하는 방법론적 접근법에 대하여 테르 하르는 네 가지 유용한 접근법을 제시했는데, ① 역사적 혹은 통시적 접근(a Historical or Diachronic Approach), ② 문헌적 접근(a Textual Approach), ③ 규범적 접근(a Normative Approach), ④ 맥락적 접근(a Contextual Approach)이 바로 그것이다(Barend J. Ter Haar, "Messianism and the Heaven and Earth Society: Approaches to Heaven and earth Society Texts", David Ownby & Mary Somers Heidhues eds., *'Secret Societies' Reconsidered: Perspectives on the Social History of Early Modern South,* New York: Armonk, 1993, p.154).

39 유장근, 『근대 중국의 비밀결사』, 57-58쪽; 蔡少卿, 『中國秘密社會』, 杭州: 浙江人民出版社, 1989, 25-27쪽; 朱俊强, 「廣西天地會研究」, 南京大學 博士學位論文, 1996, 8-9쪽; 雷冬文, 「近代廣東會黨史研究」, 南京大學 博士學位論文, 2000, 37-38쪽.

40 徐舸, 「試論淸末廣西天地會起義的內部組織及特徵」, 『學術論壇』 1990-3, 105쪽.

41 W. A. Pickering, "Chinese Secret Societies: Part Ⅱ", *Journal of the Straits Branch*

여 천지회의 정형화된 배회에서 볼 수 있는 '연극적인 요소'를 검토해 보자.[42]

---

of the Royal Asiatic Society 3, 1879; J. S. M. Ward & W. G. Stirling, *The Hung Society or The Society of Heaven and Earth* Vol. Ⅰ, London: The Baskerville Press, 1925. 피커링·스털링에 의하면, 자신과 동료들은 싱가포르에서 가장 잘 조직된 천지회의 입회의식을 직접 목격했는데, 이 입회의식은 7월 9일 오후 10시에 개최되어 다음날 새벽 3시까지 진행되었고, 이때 약 70명의 신회원이 입회하였다. 이 싱가포르 천지회는 복건의흥(福建義興)·의흥(義興)·조군의흥(潮郡義興)·광복의기(廣福義氣)·송백관(松栢館)·광혜조(廣惠肇)·의신(義信)·의복(義福)·경주관의흥(瓊州館義興)이라는 9개의 지부로 구성되어 있었고, 각 지부는 총리(總理)·선생(先生)·선봉(先鋒)·홍곤(紅棍)과 이들의 명령을 수행하는 수십 명의 잠화(簪花)·철판(鐵板)·초혜(草鞋)에 의해서 운영되었다. 총 본부는 로쵸(Rochore)에서 최상의 건물을 소유하고 있었는데, 이 건물에서는 1년에 2번(음력 1월 25일과 7월 25일) 천지회의 오조(五祖)가 숭배되었고, 자신들의 조직을 경축하기 위한 축제행사가 열렸다. 한편 19·20세기 싱가포르 천지회에 관한 대표적인 연구서로는 Leon Comber, *Chinese Secret Societies in Malaya: A Survey of the Triad Society from 1800 to 1900*, New York: the Association for Asian Studies, 1959; Wilfred Blythe, *The Impact of Chinese Secret Societies in Malaya: A Historical Study*, London: Oxford University Press, 1969; Mak Lau Fong, *The Sociology of Secret Societies: a Study of Chinese Secret Societies in Singapore and Peninsular Malaysia*, New York: Oxford University Press, 1981 등이 있다.

42 도변돈(渡邊惇)의 연구에 의하면, 19세기 말엽 말라야(Malaya: 현재 말레이시아의 서부지역과 독립국 싱가포르를 포함한 지역)의 화인 사회에서는 천지회가 영국 식민지 정부로부터 합법적인 단체로 인정받았을 뿐만 아니라 천지회 등의 회당(會黨)이 회관(會館)과 밀접한 관련을 맺으면서 존재하고 발전하였다(渡邊惇, 「十九世紀植民地マラヤにおける華人社會と會館·會黨」, 酒井忠夫 編, 『東南アジアの華人と文化摩擦』, 東京: 巖南堂書店, 1983, 145-218쪽). 이러한 말라야의 상황과는 대조적으로 중국 대륙에서의 천지회는 청조로부터 철저한 금압과 탄압을 받았고, 대부분의 천지회 집단에서는 회관과의 밀접한 관련성을 찾을 수 없다. 일반적으로 중국 대륙에서 천지회가 진행한 배회는 일반적으로 '외부 집단'의 감시망을 피하기 위해서 산중(山中)·사묘(寺墓)·기회원의 집 등을 '무대'로 하여 야간에 비밀리에 진행되는 경우가 많았을 뿐만 아니라 청말의 경우 회원 수의 증가로 인해 배회 자체를 약식화하는 경향도 있었다. 따라서 본장에서 서술하고 있는 19세기 말엽 싱가포르 천지회가 진행한 정형화된 배회의 모습을 중국 대륙의 그것에 그대로 적용할 수 없겠지만, 적어도 이 배회 사례의 검토를 통해서 배회의 연극적인 요소와 연극형태로 진행되는 배회의 상황을 검출하여 이것을 중국 대륙의 그것에 적용하고 유추 해석하는 것은 가능하다고 생각한다.

1) 회관: 무대

연극에서의 무대란 연극이 이루어지는 공간을 말한다. 피커링 · 스털링은 19세기 말엽 싱가포르 천지회의 경우 배회와 관련된 이러한 무대를 통상 향당(香堂)〔a Lodge〕이라고 부르고 있는데,[43] 일부 자료에서는 회장(會場) · 회소(會所) · 공소(公所)라고도 한다. 특히 피커링은 영국의 해협식민지(Straits Settlement)에서 천지회가 각 지부마다 회관(會館)을 갖고 있었다고 언급하고 있기 때문에[44] 회관 내부에 배회의 무대인 향당이 설치되었던 것으로 보인다. 여기에서 향당은 천지회가 배회를 진행한 장소라는 단순한 공간적 의미 밖에 가질 수 없겠지만, 이보다 더 중요한 의미를 갖는 것이 향당이라는 무대의 공간적 구성이고, 아울러 배회를 진행하기 위해서 이 공간에 설치되는 각종 무대장치와 소품일 것이다. 피커링본에 실려 있는 삽화(이하 '피커링 삽화'로 약칭)를 통해서 향당의 공간적 구성과 여기에 설치되는 주요 무대장치와 소품을 사실적으로 볼 수 있는데, 이것을 정리하면 다음과 같다.

우선 피커링 삽화 〈1〉을 보면, 배회가 진행되는 향당은 크게 두 부분의 공간적 구성을 갖고 있음을 알 수 있다. 즉 회관의 기존 건축물을 이용한 목양성(木楊城)이란 현판을 가진 문〔=목양성동문(木楊城東門)〕을 경계로 '목양성이 아닌 공간'(=A공간)과 '목양성인 공간'(=B공간)으로 구분된다.[45]

---

43 W. A. Pickering, "Chinese Secret Societies: Part Ⅱ", p.3; J. S. M. Ward & W. G. Stirling, *The Hung Society or The Society of Heaven and Earth* Ⅰ, p.19.

44 W. A. Pickering, "Chinese Secret Societies: Part Ⅱ", p.2. 스털링본에 의하면, 본장에서 언급하고 있는 배회가 진행된 회관은 1872년 천지회가 1850 Straits Dollars의 가격으로 구매했고, China Street 3번지에 위치한다(J. S. M. Ward & W. G. Stirling, *The Hung Society or The Society of Heaven and Earth* Ⅰ, p.18).

45 향당(香堂)의 이러한 구분은 입회의식을 진행할 때 구분되는 것으로 사실상 향당이란 무대 자체가 목양성(木楊城)을 상징한다. 목양성이란 천지회가 각 조직 단위에 해당하는 '당(堂)'에 설치한 신성한 장소로 입회의식이나 정례적인 모임 등이 있을 때마다

피커링 삽화 〈1〉 : 입회의식의 전경

* 출처 : W. A. Pickering, "Chinese Secret Societies: Part II", pp.2-3 사이의 삽화

A공간에 설치되는 무대장치는 홍문(洪門)이라는 현판을 가진 문과 충의당(忠義堂)이라는 현판을 가진 문이다. 이 두 개의 문과 비슷한 것이 B공간에도 보이는데, 건곤권(乾坤圈)이라는 현판을 가진 문이다.

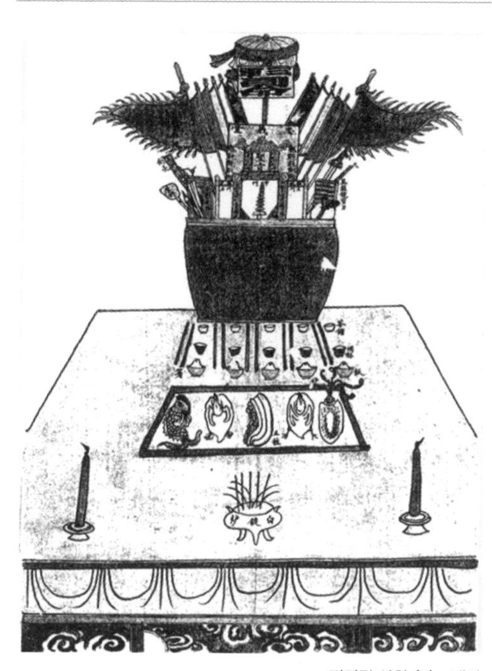

피커링 삽화 〈2〉 : 제단

* 출처 : W. A. Pickering, "Chinese Secret Societies: Part II", pp.6-7 사이의 삽화

한편 B공간에는 두 개의 큰 탁자가 설치되어 있음을 볼 수 있는데, 홍두(紅斗)를 비롯하여 각종 제품(祭品) 등이 안치되어 있는 탁자를 홍화정(紅花亭)〔피커링 삽화 〈2〉〕이라 하고, 그 뒤에 보이는 탁자를 이판교(二板橋)라 부른다. 이 두 개의 탁자 뒤에 회관의 기존 건축물로 생각되는 것이 보이는데, 이 건축물에는 복덕사(福德寺)·태평허(太平墟)라는 현판이 위 아래로 각각 걸려 있다. 이처럼 배회의 무대장치는 목양성동문과 복덕사·태평허의 경우처럼 회관의 기존 건축물을 이용하기도 했고, 홍문·충의당·건곤권·홍화정·이판교의 경우처럼 일시적으로 조립되기도 하였다.

다음으로 각 무대장치 주변에는 배회에 사용되는 각종 소품들을 볼 수 있는데, 그 주요한 것만 살펴보면 다음과 같다. 피커링 삽화 〈1〉을 보면, 의흥관(義興館)이라는 현판이 붙어 있는 문 뒤에 홍곤(紅棍)[46]이라는

회원들의 구심점 역할을 해 온 곳이었고, 외부인은 절대 들어올 수 없는 천지회의

막대기를 볼 수 있다. 홍화정 옆에는 신회원이 도착했을 때 분배해주는 잔을 볼 수 있는데, 여기에 담겨져 있는 물을 삼합수(三合水)라 한다. 이판교에는 30,821의 가치가 나가는 홍전(洪錢)이 매달려 있고, 그 아래 "팔(八)"자의 모양으로 3개의 돌이 놓여있다. 바로 그 뒤에 불타오르는 사발을 볼 수 있는데, 이것을 화갱(火坑)〔=홍로(紅爐)〕이라고 부른다. 복덕사·태평허에는 홍전을 가지고 사먹을 수 있다는 홍과(洪果)가 마련되어 있다. 끝으로 각 무대장치 주변에 있는 사람들의 모습을 통해서 이들이 대체로 칼을 소지하고 있음을 확인할 수 있다. 한편 피커링 삽화 〈2〉를 보면, 홍화정 위에 설치되는 제단에는 삼군사령기(三軍司令旗)·오색기(五色旗) 등의 각종 깃발, 오조패위(五祖牌位), 충의당(忠義堂)·홍화정(紅花亭)의 편액(匾額), 산반(算盤), 보검(寶劍), 보경(寶鏡), 전도(剪刀), 칠성도(七星刀) 등이 안치되어 있는 홍과(紅斗)를 볼 수 있고, 이 앞의 제단에는 오차(五茶)·오주(五酒)·오생(五牲) 등의 제품(祭品)과 홍등(紅燈)·백정로(白錠爐) 등이 마련되어 있음을 볼 수 있다. 홍화정 위의 제단에 보이는 이러한 소품들은 모두 천지회의 역사와 목적을 반영하고 있다.[47]

성역이었다. 그렇기 때문에 이곳은 그들이 종교상으로 구성한 하나의 이상 세계를 상징했던 불교의 낙원을 대변한다고 말해진다(유장근, 『근대 중국의 비밀결사』, 190쪽; Jean Chesneaux, *Secret Societies in China: in the Nineteenth and Twentieth Centuries*, Ann Arbor: the University of Michigan Press, 1971. p.16; Fei-Ling Davis, *Primitive Revolutionaries of China: A Study of Secret Societies in the Nineteenth Century*, London and Henley: Routledge & Kegan Paul, 1977, p.129).

46 스털링본에 의하면, 향당에 들어오기를 원하는 모든 사람들은 이 홍곤(紅棍)을 들고서 규정된 시(詩)를 읊조려야 하는데, 만약 이 시를 읊조리지 못하면 규정에 따라 즉시 참수된다(J. S. M. Ward & W. G. Stirling, *The Hung Society or The Society of Heaven and Earth* Ⅰ, p.13).

47 W. A. Pickering, "Chinese Secret Societies: Part Ⅱ", pp.7-9. 홍화정(紅花亭) 위의 제단에 설치되는 각종 소품은 크게 천지회의 역사를 반영한 것〔삼군사령기(三軍司令旗)·오색기(五色旗)·오조패위(五祖牌位)·충의당(忠義堂) 편액(匾額)·홍화정(紅花亭) 편액·백정로(白錠爐) 등〕과 그 목적을 상징하는 물건〔산반(算盤)·보검(寶劍)·보경(寶鏡)·전도(剪刀)·칠성도(七星刀)·홍등(紅燈) 등〕으로 구분할 수 있다.

2) 회원: 배우·관객

연극에서의 배우란 희곡에 등장하는 인물의 배역을 맡아 무대에서 표정·몸짓 등의 동작과 대사를 통해서 극적 행위를 창출해 내는 사람을 말하고, 관객이란 이 배우의 연기를 관람하는 사람을 말한다. 천지회가 진행한 배회의 경우 연극 자체가 아니라 의식이기 때문에 이론적으로 말하면 배회에서는 배우만 있을 뿐 관객은 필요하지 않다. 그러나 배회에 참여한 회원들을 관찰해 보면, 이들 모두가 배우와 관객의 역할을 동시에 수행하고 있음을 알 수 있는데, 그 내용을 구체적으로 살펴보면 다음과 같다.

천지회의 배회에 참여하는 사람들은 크게 '배회를 주관하거나 일정한 역할을 담당하는 천지회의 기회원'(이하 '기회원'으로 약칭)과 이 배회를 통해 '천지회 회원으로 재생(再生)되기를 원하는 사람'(이하 '신회원'으로 약칭)으로 구분할 수 있다. 이러한 구분은 피커링 삽화 〈1〉을 보면 쉽게 구분할 수 있는데, 그것은 바로 이들의 머리모양을 통해서이다. 즉 기회원은 머리에 홍건이나 모자를 머리에 두르고 있거나 머리를 말고 있는 반면, 신회원은 변발을 풀어 헤쳐 허리까지 느려뜨려 놓고 있다.

우선 기회원이 배회에서 어떠한 배역을 담당하고 있는지 살펴보자. 피커링본을 통해서 기회원이 배회에서 일정한 배역을 담당하고 있음을 알 수 있는데, 그것을 정리한 것이 〈표 2〉이다.

대표적으로 전자의 경우 오조패위는 천지회 기원전설에서 최후까지 살아남은 소림오승을 말하고, 후자의 경우 산반은 청을 전복하고 명을 다시 세우는 기일을 계산하는 물건이다. 각 소품에 대한 자세한 설명은 William Stanton, *The Triad Society or Heaven and Earth Association*, pp.40-42; W. P. Morgan, *Triad Societies in Hong Kong*, pp.105-160을 참조.

〈표 2〉 배회의 등장인물과 기회원의 배역

등장인물	기회원의 배역
소홍광(蘇紅光)	• 향당 바깥문 안의 오른쪽 의자에 앉아 있는 기회원의 배역
곽천회(郭天懷)	• 향당 바깥문 안의 왼쪽 의자에 깃발을 들고 있는 기회원의 배역
만도룡(萬道龍) 만도방(萬道芳)	• 홍문의 좌·우를 각각 지키고 있는 기회원의 배역
진정성(陳定成) 정기유(鄭其由)	• 충의당의 좌·우를 각각 지키고 있는 기회원의 배역
오금래(吳金來) 오환아(吳喚兒)	• 목양성동문의 좌·우를 각각 지키고 있는 기회원의 배역
장결흥(蔣結興)	• 홍화정 앞에서 신회원에게 삼합수(三合水)를 분배하는 기회원의 배역
진근남(陳近南)	• 홍화정 왼쪽에 설치된 의자 위에 깃발을 들고 서 있는 기회원(선생)의 배역
천우홍(天佑洪)	• 홍화정 아래 꿇어앉아 진근남과 대화를 나누고 있는 기회원(선봉)의 배역
만문명(萬文明) 결명부(結明富)	• 이판교의 좌·우를 각각 지키고 있는 기회원의 배역
홍해자(紅孩子)	• 화갱을 지키고 있는 기회원의 배역
사방행(謝邦行)	• 복덕사·태평허에 앉아 신회원에게 홍과를 팔고 있는 기회원의 배역

〈참고내용〉 위 표의 내용은 피커링본(W. A. Pickering, "Chinese Secret Societies: Part Ⅱ", pp.3-5)에서 설명한 내용을 피커링 삽화 〈1〉과 비교하여 등장인물과 기회원의 배역을 대응시킨 것이다. 피커링 삽화 〈1〉을 보면 위 표의 등장인물에서 빠져 있는 2명의 인물(홍화정 우측의 회관 건물에 있는 사람)을 볼 수 있는데, 이 인물은 기회원으로 보이긴 하지만 자료상의 한계로 그 성명을 정확히 확인할 수 없다.

테르 하르는 연극의 기본요소와 관련하여 천지회가 진행한 배회에 참여한 기회원〔선봉(先鋒)·선생(先生) 등은 제외〕을 '수동적인 관객(a Passive Audience)'으로 보고 있지만,[48] 사실 이들 기회원은 모두 일정한 배역을 맡는 배우의 역할을 하고 있다. 왜냐하면 〈표 2〉의 등장인물은 실제 기회원의 성명이 아니라 천지회가 숭배하는 '천지회 고유의 신'이기 때문이다.[49] 이들 기회원 중에서 특히 진근남(陳近南)의 배역을 맡은 선생과 천우홍(天佑洪)의 배역을 맡은 선봉은 배회에 참여하여 이를 주관하는 '주연 배우'의 역할을 하고 있고, 이외에 나머지 기회원 역시 배회에 참여하여 일정한 역할을 담당하는 '일반 배우'의 역할을 하고 있다. 따라서 이들 기회원은 모두 배회에서 일정한 배우의 역할을 수행할 뿐만 아니라 신회원의 입회를 관람하고 동시에 감시하고 있는 관객의 역할까지 겸하고 있음을 알 수 있다.

피커링 삽화 〈3〉 : 선생과 선봉의 문답
* 출처 : W. A. Pickering, "Chinese Secret Societies: Part II", pp.12-13 사이의 삽화

48 Barend J. Ter Haar, *Ritual and Mythology of the Chinese Triads: Creating an Identity*, pp.142-143.

49 피커링본에 보이는 기회원의 배역 명칭을 슈레겔본에서도 볼 수 있다(Gustave Schlegel, *Tian Ti Hui: The Hung League or Heaven-Earth-League: A Secret Society with the Chinese in China and India*, pp.58-59). 이처럼 서로 다른 지역의 천지회 배회에서 같은 배역의 명칭이 보이는 것은 기회원이 배회에서 고정된 배역을 담당하고 있음을 보여준다고 하겠다. 그 이유는 〈표 2〉의 등장인물이 모두 천지회에서 숭배하는 '천지회 고유의 신'으로 승격화 되었기 때문이라고 생각할 수 있는데, 예컨대 소일산본에 실려 있는 「請神祝文」(『近代秘密社會史料』 卷3, 13-14쪽)을 보면, 〈표 2〉의 등장인물들은 모두 신격화되어 이 축문에 등장하고 있음을 볼 수 있다.

다음으로 신회원의 경우를 살펴보자. 배회의 가장 일차적인 목적은 신회원을 천지회 회원으로 재생시키는 것에 있기 때문에 배회의 주인공은 말할 것도 없이 신회원이다. 피커링 삽화 〈1〉을 통해서 약 25명의 신회원을 볼 수 있지만, 이날 싱가포르 천지회가 진행한 배회에 약 70명의 신회원이 참여했기 때문에[50] 이 배회의 주인공은 무려 70여 명이나 되는 셈이다. 주인공으로서의 신회원은 비록 기회원과는 달리 특정한 배역을 담당하지 않지만, 배회에서 일어나는 주요 구체적인 행위를 수행한다. 예컨대 3개의 문을 통과하는 행위나 홍화정(紅花亭)에서 삽혈결맹(歃血結盟)을 하는 행위 등은 모두 신회원에 의해서 이루어진다. 따라서 이들 신회원은 테르 하르의 언급처럼 모두 "주연 배우들(the Main Actors)"[51]에 속한다고 할 수 있다.

그러나 여기에서 주목해야 할 점은 신회원이 주연배우로서의 역할에만 한정되지 않는다는 것이다. 환언하면 배회 과정의 어떤 순간에서는 신회원 모두가 관객이 되거나 혹은 그 일부가 관객이 된다는 것이다. 예컨대 피커링 삽화 〈3〉에 묘사되어 있는 선생과 선봉의 문답을 보면, 신회원은 모두 이 문답을 보고 듣는 전형적인 관객의 입장이 된다. 특히 이 문답은 총 333개로 이루어져 있고 약 1시간 정도 소요되었기 때문에[52] 이 문답의 과정에서만 신회원은 무려 1시간 정도 완전한 관객으로 전화(轉化)되었음을 알 수 있다. 또한 피커링 삽화 〈1〉에는 일부 신회원이 다른 신회원의 배회하는 모습을 손가락으로 가리키며 관람하는 장면이 생생하게 그려져 있다. 따라서 신회원은 기회원과 달리 특정한 배역을 담당하지 않지만, 배회 과정에서 일어나는 주요 구체적인 행위들을

50 W. A. Pickering, "Chinese Secret Societies: Part Ⅱ", p.15.

51 Barend J. Ter Haar, *Ritual and Mythology of the Chinese Triads: Creating an Identity*, p.142.

52 W. A. Pickering, "Chinese Secret Societies: Part Ⅱ", p.15.

수행하는 주연배우였을 뿐만 아니라 또 다른 주연배우의 역할을 하는 선생과 선봉의 문답을 보고 듣는 주요 관객이었고, 나아가 다른 신회원의 입회 행위를 지켜보는 관객이기도 하였다.

3) 기원전설[53]: 희곡

연극에서의 희곡이란 드라마라고 하는 연극의 구성요소이자 '이야기'가 있는 문학 장르이기도 하다. 천지회의 배회는 연극 자체가 아니기 때문에 희곡이 존재할 리가 없지만, 앞서 언급한 각종 무대장치·소품과 등장인물 등을 통해서 천지회의 배회가 어떤 '이야기'를 암시하고 있음을 짐작할 수 있다. 여기에서 이야기라는 측면을 주목한다면, 천지회를 알고 있는 사람이라면 누구든 그것의 기원전설을 쉽게 떠올릴 것이다. 스탠튼은 천지회의 기원전설을 언급하기 직전 그것과 의식의 관계를 다음과 같이 서술하고 있다.

> 천지회의 의식을 이해하기 위해서는 회원들이 계승하고 신봉하여 시대에서 시대로 유전되는 이 결사의 기원에 관한 전설적이고 전통적인 이야기를 숙지해야만 한다. 이러한 지식이 없으면 의식에서 언급되고 있는 물건·장소·인물 및 그들의 행동 등 많은 것들이 모두 무의미하게 된다. 비록 이 이야기가 동시대 중국인 10명 중에 9명이 황당무계하다고 믿을 정도로 부조리하고 터무니없는 것이라 할지라도 이것을 반드시 숙지해야만 한다.[54]

천지회의 의식을 제대로 이해하기 위해서는 기원전설을 먼저 숙지해

53 본서 제1부 제1장~제3장의 서술 참조.
54 William Stanton, *The Triad Society or Heaven and Earth Association*, p.29.

야 한다는 스탠튼의 견해는 천지회의 배회가 기원전설과 밀접한 관련을 맺고 있음을 말해주고 있다. 따라서 천지회가 진행한 배회의 희곡이 될 수 있는 이야기를 추론해내기 위해서는 기원전설에 대한 이해가 필수적이다.

비교적 완전한 이야기 형태로 현존하는 천지회의 기원전설은 가장 오래된 요대고본(姚大羔本) 외에도 약 10여 종이 더 있는 것으로 확인되었다. 이들 내용을 서로 비교해 보면 천지회의 기원전설이 소림사의 승려들과 관련되어 있다는 점은 모두 일치하고 있는데, 이 일치하는 부분의 이야기만을 요약해 보면 아래와 같다.

(a) 강희 연간 서로라는 이민족이 청을 침략하자 소림사의 승려들이 서로를 격퇴한다.
(b) 이후 소림사 승려들은 간사한 무리의 모함을 받아 다섯 명의 승려만 살아남고 모두 죽는다.
(c) 살아남은 이들 소림오승은 청군의 추격을 피해 도망가는 과정에서 반청복명(反清復明)이란 글자가 새겨진 향로를 발견한다.
(d) 이후 소림오승은 만운룡과 소주 등과 함께 반청복명을 실천하기 위해서 삽혈결맹을 하고 천지회를 창립한다.
(e) 얼마 후 소림오승은 청군과 격전하는 과정에서 만운룡을 잃고 사방으로 흩어진다.

이들 소림오승을 통상 천지회의 오조(五祖)라고 부르는데, 이러한 기원전설의 내용은 위의 일치하는 이야기의 기본 틀을 그대로 유지한 채 후대로 내려갈수록 등장인물을 비롯한 다른 내용들이 계속 첨가되면서 각색이 이루어진다. 이 각색의 과정에서 특히 진근남이란 인물이 새롭게 등장하면서 홍화정(紅花亭)에서의 삽혈결맹을 주도하게 되고, 천우홍(天佑洪)[55]이란 인물 역시 새롭게 추가되면서 청군과의 격전에 선봉으로 나서게 된다. 여기에서 요대고본과 전림본에는 진근남·천우홍이라는 인물이 보이지 않다가 소일산본(B)·수선각본을 제외한 나머지 슈레겔본 등 7개의 기원전설에 이 두 인물이 등장하고 있기 때문에 기원전설에 이 두 인물이 각색되어 들어가는 시점은 대략 19세기 중엽으로 추정할 수 있다. 결국 19세기 말엽 싱가포르 천지회의 배회에 보이는 진근남과 천우홍이라는 배역의 주도 하에 오조의 위패 등을 마련하여 향로 앞에서 삽혈결맹하는 의식은 바로 19세기 중엽 각색된 천지회의 기원전설에서 가장 핵심이 되는 부분을 배회 속에 그대로 옮겨 놓은 것이라 할 수 있다. 따라서 19세기 말엽 싱가포르 천지회가 진행한 배회는 19세기 중엽 각색된 자신들의 기원전설을 희곡으로 삼아 이것을 신회원을 받아들이는 입회의식에 맞게 연출해 놓은 것이라 하겠다.

여기에서 흥미로운 사실은 앞서 살펴본 19세기 말엽 싱가포르 천지회가 진행한 배회에 출연하는 등장인물이 19세기 중엽 각색된 기원전설의 등장인물로 모두 출연하지 않는다는 것이다. 예컨대 〈표 2〉의 등장인물 15명 중 스털링본의 기원전설에 등장하는 인물은 진근남(陳近南)·천우홍(天佑洪)·소홍광(蘇紅光)〔천우홍의 전신〕·사방행(謝邦行)뿐이고, 만도방(萬道芳) 등 11명은 등장하지 않는다. 이러한 사실은 19세기 말엽 싱가포르 천지회가 진행한 배회에 등장하는 모든 인물을 스털링본의 기원전설만으로 완전히 설명할 수 없음을 말해주고 있다. 환언하면 기원전설 이외에도 배회와 관련하여 만도방 등 11명을 등장인물로 출연시키는 희곡이 될만한 '또 다른 이야기'가 존재한다는 것을 의미하는 것이다. 여기에서 이 '또 다른 이야기'가 될 수 있는 것이 바로 선봉과 선생의 문답[56]이다. 그

55 테르 하르는 천우홍(天佑洪)이란 인물이 기원전설에서 중요한 역할을 하지 않지만, 천지회의 상징적인 입회여행을 진행하기 위해서 특별히 창조된 인물로 현재의 세계와 홍가(洪家)의 세계를 중재하는 역할을 한다고 하였다(Barend J. Ter Haar, *Ritual and Mythology of the Chinese Triads: Creating an Identity*, p.119).

이유는 피커링이 지적한 것처럼 이 문답이 천지회의 역사와 의식을 묘사하고 있을 뿐만 아니라[57] 스털링본의 기원전설에 등장하지 않는 만도방 등 11명의 등장인물이 이 문답 속에 거의 대부분 등장하고 있기 때문이다. 이러한 사실을 통해서 19세기 말엽 싱가포르 천지회가 진행한 배회는 선봉과 선생의 문답에 보이는 일부 등장인물을 신회원을 받아들이는 입회의식에 맞게 출연시켜 놓은 것이라 말할 수 있다.

---

56 19세기 중엽 각색된 천지회의 기원전설을 반영하고 있는 천지회자료 중에서 선생과 선봉의 문답을 온전히 싣고 있는 자료는 슈레겔본·소일산본뿐이고, 귀현본·피커링본·스털링본·스탠튼본에는 부분적으로 실려 있다. 이 문답 역시 기원전설과 마찬가지로 그 원형은 이미 가경 연간에 출현했고, 이후 내용상의 증감을 거치면서 각색되었다.

57 W. A. Pickering, "Chinese Secret Societies: Part Ⅱ", p.15.

소결

명청시대 민간에서 행해진 각종 의식 행사와 종교 활동에서 유희수단으로서의 연극이 자주 공연되었다. 이점은 회당 비밀결사도 예외가 아니었는데, 청초에 조직된 회당 조직인 철편회의 경우 연극 단원를 초빙하여 회원들의 단합을 위해 실제 연극을 공연하였다. 이러한 사실에 비추어 본다면, 전중일성이 장문의 논문을 통해 자료를 소개하고 이를 분석한 내용은 사실상 천지회가 유희수단으로서 공연한 '실제 연극'의 사례를 밝혀 낸 것이었다고 평가할 수 있다. 그럼에도 불구하고 전중일성은 천지회의 회부 등에 보이는 막 제목과 관련된 연극이 비밀결사로서의 천지회가 운영한 '암호 장치로서의 연극'이었다는 사실을 간파하지 못한 점에 대해서 그 비판을 면할 길이 없다.

여기에서 '암호 장치로서의 연극'이 출현한 배경에는 청조의 천지회에 대한 대응과 밀접한 관련이 있었다. 18세기 말엽 대만에서 발생한 임상문의 반란으로 인해 역사의 무대에 등장한 천지회는 이들의 위험성을 자각한 청조의 엄격한 금압과 탄압을 받기 시작하였다. 그러나 청조의 이러한 강경 대응책은 오히려 천지회의 공간적 확산과 조직적 확대를 초래하는 결과를 낳았고, 이 과정에서 천지회는 신회원을 천지회의 회원으로 재생시키는 입회의식〔배회〕 자체를 '연극〔戱〕'이란 글자로 암호화했던 것이다. 이리하여 천지회는 조직 확대의 가장 필수적인 활동인 '입회의식을 진행하는 것'을 '연극을 한다'라는 의미인 작희(作戱)·주희(做戱)·연희(演戱) 등의 단어로 암호화했고, '입회의식을 관람하는 것'을 '연극을 본다'라는 의미인 간희(看戱)·제희(睇戱) 등으로 암호화하였다. 나아가 천지회가 입회의식의 장소를 '허(墟)'에 비유하여 '입회의식을 개최하는 것'을 개허(開墟)라는 용어로 등치시켰다는 사실로부터 천지회가 입회의식을 개최하는 것을 마치 일반 민중들이 연극을 보기 위해서 허시(墟市)에 가는 것과 동일시하고 있었던 것이다.

천지회가 입회의식〔배회〕을 '연극〔戱〕'이란 글자로 암호화했다는 이러한 사실은 입회의식 자체가 연극형태로 진행되었음을 보여준다. 그 결과 천지회가 진행한 정형화된 입회의식 속에는 무대·배우·관객·희곡이라는 연극의 기본요소가 다음과 같이 잘 녹아 있었던 것이다.

천지회의 입회의식은 이른바 향당(香堂)이라는 무대에서 진행되었다. 이 무대에는 홍문·충의당·건곤권·홍화정·이판교·태평허〔복덕사〕 등의 무대장치와 홍곤·홍두·제품·삼합수·화갱·홍전·홍과 등의 소품들이 설치되었다. 이러한 무대장치와 소품들은 대부분 천지회의 역사와 목적을 반영한 것이었다. 다음으로 입회의식에 참여한 회원들은 모두 배우와 관객의 역할을 수행하였다. 기회원의 경우 진근남의 배역을 담당한 선생과 천우홍의 배역을 맡은 선봉이 입회의식을 주관하는 주연배우의 역할을 했고, 그밖에 기회원들 역시 입회의식에서 일정한 배역을 담당하는 일반배우의 역할을 하였다. 나아가 기회원들은 모두 신회원의 입회를 관람하고 동시에 감시하는 관객의 역할까지 겸하고 있었다. 신회원의 경우 배회의 일차적인 목적이 신회원을 천지회 회원으로 재생시키는 것이기 때문에 배회의 주인공은 바로 이들이었다. 특히 이 신회원들은 일부 장면에 따라 전형적인 관객이 되기도 하였다. 즉 선생이 천지회의 기원전설을 설명해 주는 장면이나 선생과 선봉의 문답을 보고 듣는 경우가 그 대표적인 장면이라 하겠다. 마지막으로 입회의식에서 희곡이 될 수 있는 것은 결사의 기원전설이었는데, 여기에는 선생과 선봉의 문답이 부분적으로 관련되어 있었다. 즉 천지회의 기원전설이 배회 전체의 줄거리와 주요 등장인물을 제공하였다면, 선생과 선봉의 문답은 신회원을 받아들이는 입회의식에 맞게 문답의 일부 등장인물을 출연시켜 놓았다고 말할 수 있겠다.

요컨대 '의식은 일종의 연극이다.'라고 말할 때, 천지회는 결사에 가입을 원하는 사람들이 반드시 거쳐야 하는 일종의 통과 의례인 입회의식을 연극형태로 진행했던 것이고, 결과적으로 의식 자체에 내재되어 있는 연극적 요소가 천지회의 입회의식에 잘 녹아 있었던 것이다. 이러한 천지회의 암호 장치는 조직 확대의 가장 필수적인 활동인 입회의식을 은폐·가장하여 청조 국가권력을 비롯한 외부집단의 감시망으로부터 피할 수 있는 안전장치이자 보호막이었다는 점에서 본질적인 목적을 찾을 수 있고, 나아가 일반 민중을 유인하여 자신들의 결사에 입회시키는 수단으로 이용되기도 했던 것이다.

| 제 3 장 |

입회의식의 절차와 암호

3

전장에서 천지회가 입회의식 자체를 '연극[戱]'이란 글자로 암호화했다는 사실을 통해서 천지회가 입회의식에서 실제 연극의 공연을 통해서 결의형제의 의식을 진행한 것이 아니라 입회의식 자체가 연극형태로 진행되었음을 입증하였다. 이러한 사실을 토대로 19세기 말엽 싱가포르 천지회가 진행한 입회의식을 소묘해 본 결과, 무대·배우·관객·희곡이라는 연극의 기본요소를 검출해 낼 수 있었다. 이러한 논증 과정에서 전장의 〈표 1〉에 언급된 5개 막 제목에 관한 논의를 서술 관계상 생략했는데, 본장에서 이 문제를 집중적으로 다루어보고자 한다. 이해의 편의를 위해서 5개 막 제목을 다시 인용해 보면 다음과 같다.

구분	1막	2막	3막	4막	5막
귀현본	홍문대회 (洪門大會)	중당교자 (中堂教子)	교변음수 (橋邊飮水)	정국참관 (定國斬關)	화합단원 (和合團圓)
슈레겔본	고성취회 (古城聚會)	의당교자 (義堂教子)	화정결배 (花亭結拜)	정국참간 (定國斬奸)	양성음연 (楊城飮宴)
소일산본	화정취회 (花亭聚會)	중당교자 (中堂教子)	화정발서 (花亭發誓)	교변상회 (橋邊相會)	정과참간 (定過斬奸)
수선각본	홍문진사 (洪門進士)	교변음수 (橋邊飮水)	중당교자 (中堂教子)	정국참간 (定國斬奸)	형제 (兄弟)

가설적으로 제기할 수 있는 문제는 천지회가 입회의식을 '연극〔戱〕'이란 글자로 암호화했기 때문에 5개 막 제목 역시 입회의식에서 진행되는 의식 절차의 주요 장면을 암호화하고, 이에 대한 상징적인 의미를 부여했을 가능성이다. 이러한 가능성을 전장에서 소개한 문답 등의 자료를 통해서 단편적으로 확인할 수 있었지만, 이것을 직접적인 사료를 통해서 증명하는 것은 사실상 불가능하다고 생각한다. 따라서 5개 막 제목의 암호화와 상징성 문제를 해명하기 위해서는 천지회가 실제 진행한 입회의식의 전 과정을 복원하고 분석하는 과정이 병행되어야 한다.

이러한 가능성에 기초하여, 본장에서는 전장에서 자세히 소개한 피커링본과 스털링본에 기록된 내용을 토대로 하고 아울러 슈레겔본과 소일산본 등을 참고하면서 19세기 말엽 싱가포르 천지회가 진행한 정형화된 입회의식의 전 과정을 복원하고자 한다. 특히 이 복원의 과정에서는 본장의 목적을 효과적으로 달성하기 위해서 다음 몇 가지 측면에 초점을 두고 분석을 진행하고자 한다. 첫째, 회부 등의 천지회 내부 문건에 보이는 5개 막 제목이 19세기 말엽 싱가포르에서 진행된 입회의식의 실제 모습과 어떻게 대응하고 있는지 검토할 것이다. 둘째, 이러한 대응관계가 입회의식에서 진행하는 의식 절차상의 주요 장면을 암호화하고 있었음을 설명하고, 이에 대한 상징적인 의미를 밝혀 보고자 한다. 마지막으로 19세기 말엽 싱가포르 천지회의 정형화된 입회의식과 그 이전 시기 중국대륙에서 진행된 대표적인 입회의식을 비교함으로써 의식 절차상의 변화상까지 아울러 추적해 보고자 한다.

1. 준비과정: 소환장의 발급에서 무대 준비까지

19세기 말엽 싱가포르 천지회가 진행한 정형화된 배회(拜會)의 경우, 천지회는 배회를 개최하기 며칠 전 기회원에게 배회에 참석하라는 소환장을 전달한다. 스털링본에는 당시 사용된 소환장(스털링삽화⟨1⟩)을 수록하고 있는데, 이 소환장에는 붉은 색 바탕에 검은 색 글씨가 쓰여져 있다.

우선 소환장 상단에는 '氵 川 口'라는 암호화된 문구를 볼 수 있다. 이 문구는 천지회가 즐겨 사용한 암호화된 약자로 홍순당(洪順堂)〔氵→洪, 川→順, 口→堂〕을 의미하기 때문에 이 소환장이 천지회의 것임을 분명히 밝히고 있다.[1] 소환장 우측의 문구를 통해서는 이것을 전달한 목적이 천지회가

1 '氵川口' 문구는 스털링본에 실려 있는 삼각 깃발에서도 볼 수 있는데, 스털링 역시 '氵川口'을 'The Hung Obedience Hall'로 파악하여 홍순당(洪順堂)으로 해석했고(J. S. M. Ward & W. G. Stirling, *The Hung Society or The Society of Heaven and Earth* Ⅰ, London: The Baskerville Press, 1925, pp.80-81 사이의 삽화), 슈레겔본의 「List of the Principal Slang-Expressions of the Brotherhood」에도 홍순당으로 되어 있다(Gustave Schlegel, *Tian Ti Hui: The Hung League or Heaven-Earth-League: A Secret Society with the Chinese in China and India*, Vatavia: Lange & Co, 1866, p.234). 한편 슈레겔본과 스탠튼본에 의하면, 홍순당은 천지회의 오방제(五房制)와 관련하여 이방(二房)의 의미를 가지고 있고 지역적으로는 광동을 말한다(Gustave Schlegel, *Tian Ti Hui: The Hung League or Heaven-Earth-League: A Secret Society with the Chinese in China and India,* pp.18-19; William Stanton, *The Triad Society or Heaven and Earth Association*, Hongkong: Kelly & Walsh, 1900, pp.38-40). 여기에서 오방제란 천지회가 중국 남부 지역의 5개 성에 각각의 지부를 설치했다는 것을 말한다. 도광 연간 중앙 및 지방 관료의 조사에 의하면, 오방이란 장방인 복건, 이방인 광동, 삼방인 운남, 사방인 호광, 오방인 절강을 가리키는 것으로 각각의 방에 두목을 두고서 이를 오색기로 구분하고 각 입회자들은 암호〔구호(口號)〕와 신분확인증〔도(圖)〕을 받았다고 한다(「湖廣道監察御使馮贊勛奏請緝拿廣東等省會黨摺」(道光11.5.4.), 中國人民大學清史研究所·中國第一歷史檔案館 合編, 『天地會』 6, 北京: 中國人民大學出版社, 1987, 518-519쪽; 「諭兩廣總督李鴻賓等飭屬嚴拿三合會」(道光11.5.4.), 『天地會』 6, 519-520쪽). 그러나 오방이 지칭하는 지역이 천지회 자료마다 약간의 차이를 보이고 있는데, 이러한 오방제의 원형이 보이는 요대고본에는 장방이 절강, 이방이 복건, 삼방이 광동, 사방이 운남·사천, 오방이 호광으로 되어 있다(「廣西東欄州天地會成員姚大羔所藏『會簿』」(嘉慶16.5.7.), 『天地會』 1, 5쪽).

이 달 8일에 도원결의(桃園結義), 즉 배회를 개최한다는 것에 있음을 알 수 있다. 마지막으로 소환장 좌측의 문구에는 이것을 보낸 천지회의 지부명으로 추정되는 금란군(金蘭郡)[2]이 보이고, 이번 배회의 주관자로 추정되는 피발(被髮) 진광재(陳廣才)와 동주(東主) 나옥보(羅玉甫)를 확인할 수 있다.

이러한 형식과 내용의 소환장을 전달받은 천지회의 기회원은 자신들이 새롭게 모집한 회원(=신회원)을 대동하여 명시된 날짜에 배회가 개최되는 향당(香堂)〔a Lodge〕[3]으로 집결한다. 배회 당일 저녁 향당에 모인 신회원은 입회를 위한 준비절차를 밟는데, 그 내용을 정리하면 다음과 같다.[4] 신회원은 1) 향당 근처에 마련된 적당한 방에서 목욕재계를 하고 깨끗한 옷으로 갈아입는다. 2) 입회비의 명목으로 3.5달러[5]를 내고, 붉은 종이에

2 슈레겔본에 의하면, 금란군(金蘭郡)은 홍순당(洪順堂)과 마찬가지로 천지회의 오방제와 관련하여 이방의 의미를 가지고 있고 지역적으로는 광서를 말하지만(Gustave Schlegel, *Tian Ti Hui: The Hung League or Heaven-Earth-League: A Secret Society with the Chinese in China and India*, pp.18-19), 경우에 따라서는 금란이란 말 자체가 광동을 의미하기 때문에 천지회 자료에 따라서는 지역적으로 광동을 말하기도 한다(William Stanton, *The Triad Society or Heaven and Earth Association*, p.57). 그러나 스털링본에 수록된 이 소환장은 19세기 말엽 싱가포르 천지회의 것이기 때문에 홍순당("氵川口")과 금란군이란 문구는 싱가포르 특정 지역 천지회의 지부명으로 생각할 수 있으며, 나아가 이들 싱가포르 천지회가 광동이나 광서 지역 천지회의 영향을 받은 것으로 추정할 수 있다.

3 연극에서의 무대가 연극이 이루어지는 공간을 말하듯이, 피커링 · 스털링은 19세기 말엽 싱가포르 천지회가 배회를 진행한 무대를 통상 '향당(a Lodge)'이라고 부르고 있다(W. A. Pickering, "Chinese Secret Societies: Part Ⅱ", *Journal of the Straits Branch of the Royal Asiatic Society* 3, p.3; J. S. M. Ward & W. G. Stirling, *The Hung Society or The Society of Heaven and Earth* Ⅰ, p.19). 이 향당이라는 무대의 공간적 구성과 여기에 설치되는 각종 무대장치 · 소품 등에 관해서는 피커링본을 토대로 분석한 본서 제2부 제2장 참조.

4 W. A. Pickering, "Chinese Secret Societies: Part Ⅱ", p.6; J. S. M. Ward & W. G. Stirling, *The Hung Society or The Society of Heaven and Earth* Ⅰ, pp.23-29.

5 피커링은 3.5달러 중에서 2달러는 입회비의 명목이고, 나머지 1.5달러는 신회원을 가입시킨 기회원의 소개비와 연회만찬의 준비비용으로 수수되었다고 하였다. 다만 스털링본에는 이러한 입회비의 명목이 3.4달러로 기술되어 있기 때문에 자료상 약간의 차이가 보인다.

성명·나이·출생연월 등을 기입한다. 3) 변발을 풀어헤치고, 우측 어깨와 가슴을 알몸으로 드러낸다. 이러한 신회원의 준비절차는 흰옷을 입고 머리에 홍건(紅巾)을 두른 선봉(先鋒)의 지시에 의해서 이루어진다.

위와 같이 신회원의 준비절차가 완료되면, 선생(先生)은 신회원에게 자신들의 결사에 관한 역사를 설명하는데, 그것은 바로 천지회의 기원전설이다.[6] 이후 선생은 신회원에게 입회의식과 관련된 일정한 신호와 암호 등을 알려주고, 이들의 입회를 맞이하기 위해서 향당 안으로 들어간다. 향당 안에서 선생은 신회원을 맞이하기 위해서 다음과 같은 준비절차를 진행한다.[7] 선생은 1) 홍화정(紅花

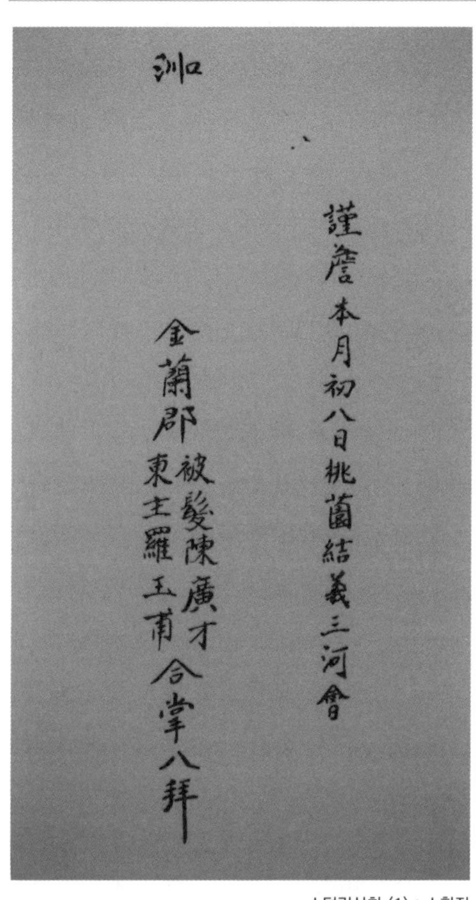

스털링삽화 〈1〉 : 소환장

* 출처 : J. S. M. Ward & W. G. Stirling, *The Hung Society or The Society of Heaven and Earth* Ⅰ, pp.6-7 사이의 삽화

6 J. S. M. Ward & W. G. Stirling, *The Hung Society or The Society of Heaven and Earth* Ⅰ, pp.30-46. 그런데 피커링본과 슈레겔본에는 선생이 배회 과정에서 천지회의 역사를 소개하는 부분 대신에 '선생과 선봉의 문답'을 진행하고 있기 때문에 배회 과정에서 각 장면의 순서가 일치하지 않음을 알 수 있다. 본장에서는 이 '선생과 선봉의 문답'을 스털링본을 토대로 후술할 '제4절 신비여행: 선생과 선봉의 문답'의 부분에서 다루었다.

7 W. A. Pickering, "Chinese Secret Societies: Part Ⅱ", pp.6-13; J. S. M. Ward & W. G. Stirling, *The Hung Society or The Society of Heaven and Earth* Ⅰ, pp.47-52.

亭)에 설치된 제단으로 나아가 입회의식에 사용될 신성한 물건들을 점검한다. 2) 배회에서 일정한 역할을 담당하는 기회원을 각자의 자리로 이동시킨다. 3) 오조(五祖)의 위패 앞에서 분향과 헌주를 하면서 제문을 낭독한다. 4) 입회의식 이후 진행되는 연회만찬을 준비하기 위해서 흑양(黑羊)과 백우(白牛)를 도살한다. 선생의 이러한 입회의 준비절차를 소위 개향당(開香堂)〔Opening the Lodge〕이라 부른다.

이상과 같이 신회원이 향당에 도착한 이후 진행된 배회의 준비과정은 선봉〔천우홍(天佑洪)의 배역)〕에 의한 신회원의 준비절차와 선생〔진근남(陳近南)의 배역)〕에 의한 기원전설의 낭독 및 향당의 준비절차로 크게 구분되었음을 알 수 있다. 이러한 준비과정이 모두 완료되면, 선봉과 신회원은 선생으로부터 입회의 허락을 기다린다.

2. 관문통과: 3개의 관문, 홍문·충의당·목양성동문

선생이 선봉에게 입회의 허락을 하달하면, 선봉이 신회원을 인솔하면서 본격적인 입회가 시작된다. 그 처음의 절차는 3개의 관문을 통과하는 것인데, 통상 배회의 제1관문을 '홍문(洪門)', 제2관문을 '충의당(忠義堂)', 제3관문을 '건곤권(乾坤圈)'이라 한다. 이하 피커링본 등을 토대로 신회원의 관문통과 절차와 그 의미에 대하여 살펴보자.

배회의 제1관문인 홍문(피커링 삽화 〈1-1〉)에는 그 좌우에 기회원 두 사람〔만도룡(萬道龍)·만도방(萬道芳)의 배역〕이 각각 칼을 들고 지키고 있는데, 신회원이 홍문에 도착하면 이들 사이에 간단한 문답이 오고간다.[8] 여기에서

8 피커링본·스털링본에 의하면 제1관문의 질문 내용은 성명·출생지·나이 등 신회원에

피커링 삽화〈1-1〉: 홍문
* 출처 : W. A. Pickering, "Chinese Secret Societies: Part Ⅱ", pp.2-3 사이의 삽화 일부

홍문이 상징하는 의미를 살펴보기 위해서 우선 홍문의 좌우에 꽂혀 있는 깃발을 주목해 보자. 거기에는 '관개(關開)'와 '노현(路現)'이란 문구가 각각 쓰여져 있다.[9] 이 문구를 조합해 의미를 새겨보면, "관문이 열리니, 천지회에 입회하는 길이 나타나네." 정도로 해석할 수 있다. 따라서 홍문은 말 그대로 제1관문으로서 의식의 시작을 알리는 기점을 의미한다고 말할 수 있다. 한편 슈레겔본의 선봉과 선생의 문답에서는 홍문에 들어가는

관한 기본적인 사항으로 구성되어 있지만(W. A. Pickering, "Chinese Secret Societies: Part Ⅱ", pp.16-17; J. S. M. Ward & W. G. Stirling, *The Hung Society or The Society of Heaven and Earth* Ⅰ, pp.57-58), 스탠튼본에 의하면 입회의 이유 등 간단한 문답이 오고간다(William Stanton, The Triad Society or Heaven and Earth Association, p.44).

9 W. A. Pickering, "Chinese Secret Societies: Part Ⅱ", p.3.

것을 『삼국지연의(三國志演義)』의 유비·관우·장비가 고성(古城)에 도달하는 것에 비유를 하고 있다.[10] 이를 근거로 슈레겔은 신회원이 제1관문인 홍문에 도달하는 것을 배회의 연극적 공연을 암시하고 있는 1막 '고성취회(古城聚會)'〔(고성에서의 취회)〕에 상응한다고 하였다.[11]

이처럼 홍문이라는 제1관문은 배회의 전체 과정에서 볼 때 의식의 시작을 알리는 기점을 의미하기 때문에 배회라는 연극적 공연의 1막이 되고 있음을 알 수 있다. 결국 귀현본에서는 이것을 글자 그대로 '홍문대회(洪門大會)'〔(홍문의 대회)〕라 한 것이고, 수선각본에서도 '홍문진사(洪門進士)'〔홍문에 나아간 사람〕"라 하여 홍문이란 표현을 볼 수 있다. 다만 소일산본에서는 이것을 '화정취회(花亭聚會)'〔화정에서의 취회〕라 했는데, 이는 천지회의 배회에서 결의형제가 이루어지는 장소인 홍화정(紅花亭)을 강조한 것에 불과하다고 생각한다.

홍문을 통과한 신회원은 배회의 제2관문인 충의당(忠義堂)(피커링 삽화 〈1-2〉)에 도착한다. 홍문과 마찬가지로 충의당에도 좌우에 기회원 두 사람〔진정성(陳定成)·정기유(鄭其由)의 배역)이 칼을 들고 지키고 있는데, 신회원이 충의당에 도착하면 이들 사이에 간단한 문답이 오고간다.[12] 이처럼 실제 배회 과정에서 충의당은 외관상 하나의 관문임에도 불구하고 '당(堂)'이라고 명명한 것부터가 관문 이상의 특별한 의미를 상징하고 있는 허구적 공간임을 짐작케 한다. 허구적 공간으로서의 충의당은 다음 두

10 Gustave Schlegel, *Tian Ti Hui: The Hung League or Heaven-Earth-League: A Secret Society with the Chinese in China and India*, pp.87-88.

11 Gustave Schlegel, *Tian Ti Hui: The Hung League or Heaven-Earth-League: A Secret Society with the Chinese in China and India*, p.181의 주(3).

12 피커링본·스털링본에 의하면 제2관문에서도 제1관문의 질문이 그대로 반복되고 있지만(W. A. Pickering, "Chinese Secret Societies: Part Ⅱ", pp.16-17; J. S. M. Ward & W. G. Stirling, *The Hung Society or The Society of Heaven and Earth* Ⅰ, pp.57-58), 스탠튼본에 의하면 신회원의 보증인 등에 관한 문답이 오고간다(William Stanton, *The Triad Society or Heaven and Earth Association*, p.44).

피커링 삽화 〈1-2〉: 충의당

* 출처 : W. A. Pickering, "Chinese Secret Societies: Part Ⅱ", pp.2-3 사이의 삽화 일부

가지 상징적인 의미를 내포하고 있다.

첫째는 충의당이라는 제2관문의 좌우에 가로로 쓰여 있는 '이룡쟁주(二龍爭珠)'·'반청복명(反淸復明)'이란 문구를 통해서 그 실마리를 찾을 수 있다.[13] 이 두 문구를 조합해 의미를 새겨보면, "두 마리의 용이 주를 다툰다네, 청조를 타도하고 명조를 회복하자." 정도로 해석할 수 있다. 한편 슈레겔본에는 충의당이 천지회의 목적을 가르치면서 신회원에게 충의를 북돋는 공간으로 묘사되어 있다.[14] 이를 근거로 슈레겔은 신회원

13 W. A. Pickering, "Chinese Secret Societies: Part Ⅱ", p.3.

14 Gustave Schlegel, *Tian Ti Hui: The Hung League or Heaven-Earth-League: A Secret Society with the Chinese in China and India*, p.58. 이를 근거로 데이비스는 "충의당에서 천지회의 기원전설을 큰 소리로 간략히 낭독한다."고 언급하고 있지만(Fei-Ling

이 제2관문인 충의당에 도달하는 것을 배회의 연극적 공연을 암시하고 있는 2막 '의당교자(義堂敎子)'〔의당에서의 가르침〕에 상응한다고 하였다.[15] 따라서 충의당이라는 제2관문에는 천지회의 정치이념인 반청복명을 신회원에게 주지시키는 공간이라는 의미를 내포하고 있음을 알 수 있다.

둘째는 슈레겔본의 선생과 선봉의 문답 가운데 충의당을 설명하는 시구를 통해서 확인할 수 있는데, 그 내용은 다음과 같다.

> 충의당 앞에서는 대소(大小)의 구별이 없으니,
> 부유함과 고귀함을 바라지도 않고 가난함을 업신여기지도 않는다네.
> 만약 반역자가 맹서를 어긴다면,
> 원문(轅門) 밖으로 끌어내 죽일 것이다.[16]

위의 시구를 통해서 충의당은 대소와 빈부의 구별이 없는 평등을 상징하는 공간임을 알 수 있다. 여기에서 충의당의 상징적인 의미를 전체 배회 과정과 관련시켜 생각해 보면, 충의당을 통과하는 신회원은 모두 평등한 존재가 된다는 것을 내포하고 있음을 알 수 있다. 이러한 충의당에서의 평등성 추구는 신회원이 이후 홍화정에서 결의형제를 맺기 위한 전제조건이 된다. 왜냐하면 천지회의 결의형제를 통해 출현하는 홍가형제는 '천(天)을 부(父)로 삼고 지(地)를 모(母)로 삼아 홍(洪)을 의성으로 삼는다.'고 하는 허구적인 가족관계를 전제하고 있기 때문이다. 슈레겔

Davis, *Primitive Revolutionaries of China: A Study of Secret Societies in the Nineteenth Century*, London: Routledge & Kegan Paul, 1977, p.131), 데이비스의 이러한 언급은 피커링본에서 묘사한 배회 과정에서 확인할 수 없을 뿐만 아니라 스털링본에는 3개의 관문을 통과하기 이전 선생이 신회원에게 기원전설을 낭독하고 있음을 볼 수 있다.

15 Gustave Schlegel, *Tian Ti Hui: The Hung League or Heaven-Earth-League: A Secret Society with the Chinese in China and India*, p.181의 주(4).

16 Gustave Schlegel, *Tian Ti Hui: The Hung League or Heaven-Earth-League: A Secret Society with the Chinese in China and India*, p.89.

〈모형 1〉 19세기 말엽 싱가포르
천지회가 진행한 배회의 모형과 연극 목차의 대응

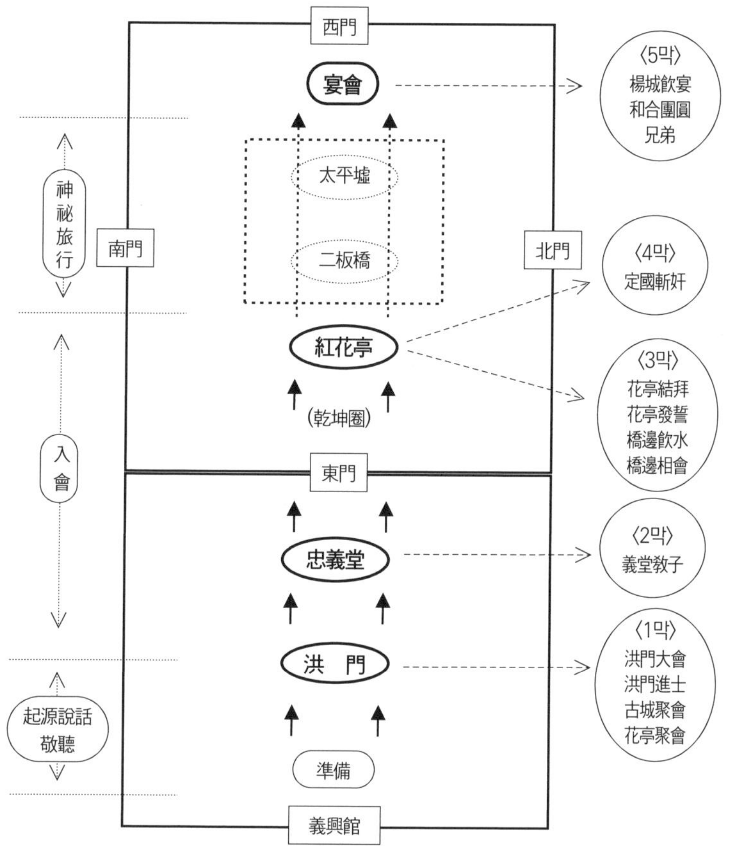

〈참고내용〉 19세기 말엽 싱가포르 천지회가 진행한 배회의 모형〈1〉은 본서 제2부 제2장에 소개한 피커링 삽화〈1〉을 토대로 작성한 것이다. 그러나 배회의 전체적인 진행과정은 피커링본이 완벽하지 못하기 때문에 스털링본을 참고하여 복원하였다. 위의 모형에서 향당 안의 '준비'와 '연회'의 표시는 피커링 삽화〈1〉에서 확인할 수 없지만, 설명의 편리를 위해서 필자가 임의적으로 삽입한 것이다. 왼쪽의 '기원전설 경청'은 준비과정에서 신회원이 선생으로부터 기원전설을 경청하는 것을 표시한 것이고, '입회'는 신회원의 본격적인 입회부분을 나타낸 것이며, '신비여행'은 선생과 선봉의 문답으로 진행되는 신비여행을 표시한 것이다. 한편 오른쪽에 이 모형에 대응하고 있는 연극의 목차는 19세기 말엽 싱가포르 천지회가 진행한 실제 배회 과정의 분석을 통해서 확인할 수 있었던 내용을 토대로 표〈1〉 천지회자료에 보이는 배회와 관련된 연극의 목차를 종합·대응시킨 것이다.

은 배회의 연극적 공연과 관련하여 이러한 충의당의 상징성에 대해서는 언급하지 않았지만, 2막 '의당교자' 속에는 이러한 평등의 관념도 내재되어 있었던 것으로 보인다.

위의 시구를 통해서 충의당은 대소와 빈부의 구별이 없는 평등을 상징하는 공간임을 알 수 있다. 여기에서 충의당의 상징적인 의미를 전체 배회 과정과 관련시켜 생각해 보면, 충의당을 통과하는 신회원은 모두 평등한 존재가 된다는 것을 내포하고 있음을 알 수 있다. 이러한 충의당에서의 평등성 추구는 신회원이 이후 홍화정에서 결의형제를 맺기 위한 전제조건이 된다. 왜냐하면 천지회의 결의형제를 통해 출현하는 홍가 형제는 '천(天)을 부(父)로 삼고 지(地)를 모(母)로 삼아 홍(洪)을 의성으로 삼는다.'고 하는 허구적인 가족관계를 전제하고 있기 때문이다. 슈레겔은 배회의 연극적 공연과 관련하여 이러한 충의당의 상징성에 대해서는 언급하지 않았지만, 2막 '의당교자' 속에는 이러한 평등의 관념도 내재되어 있었던 것으로 보인다.

이처럼 충의당이라는 제2관문은 신회원에게 천지회의 정치이념인 반청복명을 주지시키고, 나아가 회원들 간의 평등성을 고취시키는 공간으로 상징화되었다. 천지회자료마다 막 배열 상 약간의 차이는 있지만, '의당교자'라는 막 제목은 귀현본·소일산본·수선각본에 모두 보인다.[17]

충의당이라는 배회의 제2관문을 통과하여 신회원이 도착하는 제3관

17 귀현본과 소일산본에는 모두 중당교자(中堂教子)로 되어 있다. 배회와 관련하여 당의 명칭을 가진 것은 충의당이 유일한데다가 '중(中)'자는 '충자(忠)'자 통용되기 때문에 중당은 곧 충당임을 알 수 있다. 결국 충당 혹은 의당(義堂)이라는 표현은 모두 충의당을 약칭한 단어일 텐데, 천지회자료에서는 홍화정을 화정으로 약칭하고 목양성을 양성으로 약칭하고 있기 때문에 2막의 막 제목은 중당교자보다는 의당교자가 보다 정확한 표현으로 보인다. 수선각본에서는 2막에 교변음수, 3막에 중당교자가 위치하고 있는데, 다른 천지회자료의 막 배열과 비교해 볼 때 2막과 3막의 배열이 바뀌어져 있음을 알 수 있다.

피커링 삽화〈1-3〉: 목양성동문

* 출처 : W. A. Pickering, "Chinese Secret Societies: Part Ⅱ", pp.2-3 사이의 삽화 일부

문은 통상 '건곤권(乾坤圈)'이라 부른다. 그러나 피커링 삽화〈1〉을 자세히 보면 목양성동문(木楊城東門)과 건곤권이 구분되어 있는데, 건곤권의 좌우에는 기회원 두 사람이 칼을 들고 지키고 있지 않기 때문에 사실상 제3관문의 역할은 목양성동문이 대신하고 있음을 알 수 있다.[18] 따라서 피

18 슈레겔본에서 제3관문인 건곤권을 지키는 인물은 오한아(吳韓兒)·오금래(吳金來)인데(Gustave Schlegel, *Tian Ti Hui: The Hung League or Heaven-Earth-League: A Secret Society with the Chinese in China and India*, p.58, p.91), 피커링본에서도 목양성동문을 지키는 두 사람 역시 오환아(吳喚兒)·오금래(吳金來)이다(W. A. Pickering, "Chinese Secret Societies: Part Ⅱ", p.4). 이러한 사실은 피커링이 목격한 배회에서 목양성동문이 건곤권이라는 관문의 역할을 대신하고 있음을 보여주고 있는 것이다. 그러나 슈레겔본에는 배회의 제3관문이 건곤권으로 되어 있고, 이 관문을 통과해 해자

커링본에서의 제3관문은 목양성동문이고, 건곤권은 목양성동문을 통과한 지역이 바로 천지회의 성역인 목양성(木楊城)임을 알려주는 표지로 전화(轉化)된 것으로 생각된다. 관문으로서 건곤권의 역할을 대신하고 있는 목양성동문(피커링 삽화 〈1-3〉) 역시 홍문·충의당과 마찬가지로 좌우에는 기회원 두 사람〔오금래(吳金來)·오환아(吳喚兒)의 배역〕이 칼을 들고 지키고 있는데, 신회원이 목양성동문에 도착하면 이들 사이에 간단한 문답[19]이 오고간다.

비록 천지회자료에는 제3관문에 대한 암호화 장치가 보이지 않지만, 전체 배회 과정에서 마지막 관문의 역할을 하고 있는 목양성동문(건곤권)은 다음과 같은 중요한 의미를 내포하고 있다. 우선 신회원은 마지막 제3관문을 통과함으로써 '목양성이 아닌 공간'에서 '목양성인 공간'으로 이동하게 된다. 이것은 배회 과정에서 충의당을 통과하여 평등한 존재로 재생된 신회원이 '현실의 세계'에서 벗어나 이른바 '천지회의 세계'로 들어온다는 공간적 전환을 의미하고 있는 것이다. 따라서 배회 과정에서의 이러한 공간적 이동은 신회원 자신들이 속해 있던 기존의 가족 관계가 목양성동문이라는 제3관문을 통과하여 천지회의 성역인 목양성에 들어옴으로써 결정적으로 소멸하게 된다는 점을 상징하고 있다.[20] 이러한 점

를 지나야만 비로소 목양성동문으로 들어갈 수 있다(Gustave Schlegel, *Tian Ti Hui: The Hung League or Heaven-Earth-League: A Secret Society with the Chinese in China and India*, p.58)고 설명하고 있기 때문에 자료상에서 약간의 차이가 있음을 확인할 수 있다.

19 피커링본·스털링본에 의하면 제3관문에서도 제1관문의 질문이 그대로 반복되고 있지만(W. A. Pickering, "Chinese Secret Societies: Part Ⅱ", pp.16-17; J. S. M. Ward & W. G. Stirling, *The Hung Society or The Society of Heaven and Earth* Ⅰ, pp.57-58), 스탠튼본에 의하면 검(劍)과 경(頸)에 관한 간단한 질문과 대답 등이 오고간다(William Stanton, *The Triad Society or Heaven and Earth Association*, p.44).

20 W. P. Morgan, *Triad Societies in Hong Kong*, Hongkong: The Government Printer, 1960, pp.106-111.

역시 홍화정에서의 결의형제를 통해 '천을 부로 삼고 지를 모로 삼아 홍을 의성으로 삼는다.'고 하는 허구적인 가족관계를 맺기 위한 전제가 되는 것이다.

이상 19세기 말엽 싱가포르 천지회가 진행한 배회 과정 중에서 신회원이 목양성으로 들어가기 위해 통과해야만 하는 3개의 관문을 살펴보았다. 이러한 관문을 통과하는 의식을 통상 과관의식(過關儀式)이라 하는데, 이것은 거의 모든 천지회의 배회 과정에서 볼 수 있는 것으로 천지회 회원으로 재생되기 위한 필수적인 의식이었다.[21] 특히 가경·도광 연간 중국 대륙의 경우 각 관문은 주로 죽(竹)을 이용하여 둥글게 만들었기 때문에 통상 '죽권(竹圈)'이라고 일컬어졌는데, 이 관문을 어떻게 상정하느냐에 따라 관문을 부르는 명칭에 약간의 차이가 있었다. 대표적으로 몇 가지 사례만을 언급해 보면, 다음과 같다.

가경 11년(1806) 강서 회창(會昌)현 삼점회(三點會) 배회의 경우, 포(布)를 이용하여 관문을 만들고 이것을 교(橋)에 비유하여 '포교(布橋)'라 불렀다.[22] 이처럼 교에 비유된 관문을 통과하는 것을 슈레겔본에서는 '과교(過橋)'라고 하였다.[23] 가경 24년(1819) 광서 관양(灌陽)현 천지회 배회에서는

---

21 과관의식이 천지회의 배회에서 필수적인 과정에 포함된 이유는 이들의 기원전설과 밀접한 관련을 맺고 있었기 때문이다. 테르 하르와 산전현의 연구에 의하면, 신회원이 3개의 관문을 통과하는 것을 청군의 습격을 받아 이리저리 유랑하는 소림사 승려의 고난에 찬 여행으로 비유한 것으로 이후 이들은 맹약의 땅인 홍화정에 도달한다는 것이다(Barend J. Ter Haar, *Ritual and Mythology of the Chinese Triads: Creating an Identity*, Leiden · Boston · Köln: Brill, 1998, pp.108-109; 山田賢, 『中國の秘密結社』, 東京: 講談社, 1998, 70-72쪽). 특히 산전현은 『支那民俗誌』(永尾龍造, 支那民俗誌刊行會, 1940)에 중국 남부에서 성행한 자식의 교육과 성장에 관한 습속으로서의 과관의식이 기록되어 있다는 점을 지적하면서 천지회의 배회에서 보이는 과관의식은 이러한 습속에서 모방되었을 가능성까지 제시하였다(山田賢, 『中國の秘密結社』, 117-118쪽).

22 「江西巡撫先福奏周達濱改天地會爲三點會摺」(嘉慶11.12.16.), 『天地會』 6, 301쪽.

23 Gustave Schlegel, *Tian Ti Hui: The Hung League or Heaven-Earth-League: A Secret Society with the Chinese in China and India*, p.58.

'멸공문(篾拱門)'이라 하여 대나무로 만든 아치형의 관문 3개를 설치했는데, 이 관문을 동(洞)에 비유하여 신회원이 3개의 관문을 통과하는 것을 '과삼동(過三洞)'이라 불렀다.[24] 도광 23년(1843) 광동 광주(廣州)부 향산(香山)·동관(東莞)현 삼합회(三合會) 배회의 경우, 3개의 문을 만들고 매 문마다 두 사람이 '팔(八)'자의 모양으로 칼을 들고 서 있었기 때문에[25] 이러한 특징을 부각하여 이 관문을 '도문(刀門)'이라고 불렀다.

그러나 천지회가 배회를 진행할 때 그 초기부터 각 관문마다 홍문·충의당·건곤권이란 명칭을 부여한 것은 아니었고, 가경·도광 연간 천지회의 배회가 정형화되는 과정에서 이러한 명칭들이 각 관문에 점차 부여된 것으로 보인다. 예컨대 가경 17년(1812) 광서 계평(桂平)현 천지회 배회시 신회원이 통과해야만 하는 관문을 '홍문(紅門)'이라고만 칭한 것[26]은 이러한 정형화의 과정이 진행되고 있음을 보여준다고 하겠다.

3. 결의형제: 홍화정에서의 삽혈결맹

이제 신회원은 3개의 관문을 모두 성공적으로 통과해 목양성으로 들어가면, 홍화정(피커링 삽화 〈1-4〉)에 도착한다. 홍화정에는 홍두(紅斗)를 비롯하여 각종 물건을 안치한 제단이 마련되어 있으며, 홍화정 왼쪽에 설치된 의자 위에는 선생이 깃발을 들고 위치하고, 그 옆에는 백선(白扇)〔장결흥(蔣結興)의 배역〕이 삼합수(三合水)를 들고 위치한다.[27] 그리고 홍화정 앞에는

24 「內閣侍讀學士卿祖培奏廣西灌陽縣蔣五益等結會摺」(嘉慶25.7.14.), 『天地會』 7, 373쪽.

25 (光緒) 『香山縣志』 卷22 「紀事」, 49쪽; (民國) 『東莞縣志』 卷34 「前事略」 6, 22쪽.

26 「廣西巡撫成林奏拿獲編造天地會歌詞之尹之屏摺」(嘉慶17.11.2.), 『天地會』 7, 347쪽.

피커링 삽화 〈1-4〉 : 홍화정

* 출처 : W. A. Pickering, "Chinese Secret Societies: Part II", pp.2-3 사이의 삽화 일부

이곳이 천지회의 성역인 목양성을 알리는 표지로서 건곤권이라는 문이 세워져 있다.

홍화정에서는 배회 과정의 백미라 할 수 있는 삽혈을 통한 신회원의 결의형제 의식이 이루어진다. 그러나 피커링은 홍화정에서 "맹서 · 삽혈 · 반역자의 처단" 등의 의식이 진행된다고 언급했을 뿐, 이에 관한 구체적

27 슈레겔본과 피커링본에서는 백선(Instructor 혹은 White Fan)에 대한 언급이 전혀 없고, 선생이 백선의 역할을 대신하고 있다. 그러나 스털링본에는 피커링 삽화〈1-4〉에서 진근남의 배역을 담당하는 선생 옆에서 장결흥의 배역을 담당하고 있는 기회원을 백선이라고 했고, 실제 배회에서 선생을 보좌하는 백선의 역할을 볼 수 있다.

인 서술을 하지 않았다.[28] 따라서 여기에서는 스털링본과 슈레겔본에 실려 있는 신회원의 결의형제 의식을 다음과 같이 요약·기술해 본다.

〈스털링본〉 홍화정에 도착한 신회원은 삼합수로 얼굴을 닦는 의식을 거행한다. 이후 선생이 향로와 보검에 관한 간단한 질문을 하면, 선봉은 신회원을 대표하여 답변한다. 이 문답이 끝나면 선생은 제단에 분향을 하고 홍등을 밝히며, 축문을 낭독하고 팔배(八拜)를 거행한다. 이후 선생이 36서(三十六誓)를 낭독하고 나면, 삽혈결맹을 진행한다. 먼저 신회원은 홍화정의 서문으로 나가서 36서가 적힌 종이를 화갱(火坑)에 태운다.[29] 신회원이 홍화정으로 돌아오면, 곧 백계(白鷄)의 목을 단칼에 잘라 그 피를 사발에 담고 여기에 36서를 태운 재와 술을 섞은 후 선생과 2명의 신회원이 상징적으로 돌려 마신다. 이후 신회원의 왼쪽 중지를 은침(銀針)으로 찔러 피를 내어 잔에 담아 모든 회원들이 돌려 마신다. 이러한 삽혈결맹의 의식이 끝나면, 선생은 제단에 놓여 있는 각종 물건이 상징하는 의미를 설명하면서 홍화정에서의 공연은 끝난다.[30]

〈슈레겔본〉 선봉이 신회원을 인솔하여 홍화정에 도착하면, 선생이 향로와 보검에 관한 간단한 질문을 한다. 이때 선봉이 신회원을 대표하여 답변한다. 이 문답이 끝나면 선생이 제단에 분향[31]을 하고 홍등을 밝히

28 피커링은 홍화정에서 진행되는 주요 의식으로 맹서, 삽혈, 반역자의 처단 등이 있었다고 하면서 이에 관한 구체적인 내용은 다음 기회에 서술하겠다고 하였다(W. A. Pickering, "Chinese Secret Societies: Part II", p.18). 그러나 아쉽게도 이후 피커링의 저술은 더 이상 나오지 않았다.

29 이 과정에서 신회원은 화갱(火坑)을 지키고 있는 홍해자(紅孩子)로부터 감시를 받는다. 홍해자는 신회원의 충의를 상징적으로 감시하는 인물로 그의 허락을 받아야만 신회원은 다시 홍화정으로 돌아올 수 있다고 한다.

30 J. S. M. Ward & W. G. Stirling, *The Hung Society or The Society of Heaven and Earth* I, pp.58-73.

31 분향과 관련된 의식을 살펴보면, 오조가 결배할 때의 방식처럼 향을 대신하여 9개의 청초(青草)를 손에 잡는 의식을 염초위향(拈草爲香)이라 하고, 참석한 회원들에게 향

며, 축문을 낭독하고 팔배를 진행한다. 이후 선생이 36서를 낭독하는데, 이것을 피를 내어 맹서한다. 그 절차를 보면, 우선 신회원은 한잔의 삼합수로 구강을 깨끗이 하고 이 물로 끓인 차를 마신다. 이후 큰 사발에 술을 채우고 나면 가운데 손가락을 은침으로 찔러 선혈을 내어 그것을 술과 섞어 마시는데, 이러한 의식을 '음혈주(飮血酒)'라고 한다. 이 의식을 마치면 신회원이 칼을 뽑아 들고서 백계의 목을 치는데, 이러한 의식을 '참아칠백계(斬亞七白鷄)'라 한다. 이후 선생이 주문을 외우고 나면 홍화정에서의 공연은 끝난다.[32]

위의 두 자료에서 묘사하고 있는 홍화정에서의 결의형제 의식은 그 행위 자체가 상징성을 내포하고 있다. 즉 3개의 관문을 통과하면서 천지회 회원이 되기에 충분한 자격 요건을 갖춘 신회원은 홍화정에서 36서를 피로써 맹서하는 삽혈결맹이란 직접적인 행위를 통해서 진정한 천지회 회원으로 재생된다는 것이다. 그렇다면 이러한 홍화정에서의 의식 과정은 어떻게 암호화되었을까? 슈레겔의 언급을 토대로 두 가지 측면으로 검토해 보자.

첫째, 슈레겔은 홍화정에서 진행되는 결의형제의 과정을 배회의 연극적 공연을 암시하고 있는 3막 화정결배(花亭結拜)〔화정에서의 결배〕에 상응한다고 하였다.[33] 소일산본의 경우 이것을 화정발서(花亭發誓)라 표현하고 있는데, 이는 홍화정에서의 의식 중에 36서를 피로써 맹서하는 장면을

을 하나씩 분배하는 의식을 파향(派香)이라 하며, 향로에 1개의 청초를 꼽는 의식을 진향(進香)이라 하고, 다시 3개의 명향(明香)을 꼽는 의식을 진명향(進明香)이라 한다 (Gustave Schlegel, *Tian Ti Hui: The Hung League or Heaven-Earth-League: A Secret Society with the Chinese in China and India*, pp.122-124).

32 Gustave Schlegel, *Tian Ti Hui: The Hung League or Heaven-Earth-League: A Secret Society with the Chinese in China and India*, pp.121-149.

33 Gustave Schlegel, *Tian Ti Hui: The Hung League or Heaven-Earth-League: A Secret Society with the Chinese in China and India*, pp.181의 주(5).

글자 그대로 표현해 놓은 것이다. 귀현본·수선각본에서는 이러한 결의형제의 장면을 교변음수(橋邊飮水)라 표현하고 있는데, 여기에서 교(橋)가 관문을 의미하기 때문에[34] 교변(橋邊)은 관문 근처에 있는 홍화정을 의미하고, 음수(飮水)는 홍화정에서 삼합수로 얼굴을 씻는 장면(스털링본) 혹은 구강을 헹구고 마시는 장면(슈레겔본)을 의미한다. 이 교변과 관련하여 소일산본에서는 교변상회(橋邊相會)란 표현을 볼 수 있는데, 이것은 홍화정에서 결의형제 의식을 마친 후 정국참간(定過斬奸)의 단계로 들어가기 위해서 형제들이 서로 만나는 장면을 상징적으로 압축해 놓은 것이라고 생각된다.[35] 이처럼 천지회자료마다 다른 용어를 사용하고 있지만, 3막에 사용된 제목인 화정결배·화정발서·교변음수·교변상회는 결국 모두 같은 의미로 신회원이 홍화정에서 결의형제하는 장면을 글자 그대로 옮겨 놓거나 혹은 그 행위 중에 한 장면을 압축하여 표현해 놓은 것이다.

둘째, 슈레겔은 홍화정에서의 연극적 공연과 관련하여 신회원이 백계의 목을 치는 장면을 배회의 연극적 공연을 암시하고 있는 4막 정국참간(定國斬奸)[국가를 정립하고 간인을 참하는 것][36]에 상응한다고 하면서, 특히 참간

34 「江西巡撫先福奏周達濱改天地會爲三點會摺」(嘉慶11.12.16.), 『天地會』 6, 301쪽; Gustave Schlegel, *Tian Ti Hui: The Hung League or Heaven-Earth-League: A Secret Society with the Chinese in China and India*, p.58.

35 표〈1〉의 귀현본과 슈레겔본의 5개 막 제목은 그 의미가 서로 같지만, 소일산본에 보이는 5개 막 제목의 배열을 귀현본·슈레겔본과 비교해 보면 4막에 교변상회가 추가되어 있고 귀현본·슈레겔본의 4막이 5막으로 이동·배치되어 있기 때문에 소일산본에는 귀현본·슈레겔본의 5막이 없어졌음을 알 수 있다. 그러나 귀현본과 슈레겔본의 5막이 비록 의식 자체에는 포함되지 않지만, 천지회의 일원으로 재생된 회원들이 연회만찬하는 장면일 뿐만 아니라 배회의 개막을 알리는 1막과 대응하기 때문에 전체 배회 장면의 한 부분을 차지하는 것으로 생각할 수 있다. 그렇다면 소일산본의 경우는 홍화정에서의 결의형제의 상황을 화정발서 → 교변상회 → 정과참간이라는 세 부분의 장면으로 각각 암호화시켜 놓은 것이라고 볼 수 있다.

36 귀현본의 '정국참관'에서 참관은 다른 천지회자료에서 모두 참간으로 표기되어 있기 때문에 참간이 맞는 표현이고, 소일산본의 정과참간에서 정과는 바로 이 자료의 다음 문단에 정국이라 기술되어 있을 뿐만 아니라 다른 천지회자료에도 모두 정국으로 표

(斬奸)과 관련된 의식을 참아칠백계(斬亞七白鷄)[아칠인 백계를 참하는 것]라 하였다.[37] 여기에서 참하는 대상에 대하여 스털링본에서는 백계를 숫자 7의 의미로 마의복(馬儀福)을 지칭하는 A'Tsat로 등치시켜 백계의 목을 치는 것을 소림사를 배반한 무예 7위인 마의복을 참하는 것이라고 선생이 신회원에게 직접 설명해 주고 있다.[38]

이 참간의 내용은 '19세기 중엽 각색된 천지회의 기원전설'[39] 중에서 구체적으로 확인할 수 있다.[40] 예컨대 스털링본에 실려 있는 기원전설에는 마의복이란 인물이 실제 등장한다. 이 마의복은 소림사에서 무예가 제7위였던 인물로 청군이 소림사를 습격할 당시 소림사를 배반하고 청군에게 길을 안내해 주었다. 이 때문에 천지회에서는 청군에 협조하여 소

기되어 있기 때문에 정국이 정확한 표현이다.

37 Gustave Schlegel, *Tian Ti Hui: The Hung League or Heaven-Earth-League: A Secret Society with the Chinese in China and India*, p.181의 주(6), p.147. "참아칠백계"는 "참아칠"로 약칭하는데, 이것은 아칠이 계에 대응하는 천지회의 비밀암호이기 때문이다(Gustave Schlegel, *Tian Ti Hui: The Hung League or Heaven-Earth-League: A Secret Society with the Chinese in China and India*, p.107, p.232).

38 J. S. M. Ward & W. G. Stirling, *The Hung Society or The Society of Heaven and Earth* Ⅰ, p.71.

39 본서의 제1부 제3장 참조

40 '19세기 중엽 각색된 천지회의 기원전설' 중에서 슈레겔본 기원전설과 수선각본 기원전설에 참간(斬奸)에 관한 구체적인 이야기가 나오지 않지만, 슈레겔본의 경우 다른 부분에서 참아칠(斬亞七)이란 표현을 볼 수 있고(Gustave Schlegel, *Tian Ti Hui: The Hung League or Heaven-Earth-League: A Secret Society with the Chinese in China and India*, p.107, p.232), 수선각본의 경우 다른 부분에서 「참칠시(斬七詩)」라는 제목의 시를 볼 수 있다(『天地會文獻錄』, p.49). 또한 참간의 구체적인 내용과 관련해서는 소일산본(A)의 경우 마녕아(馬寧兒)가, 피커링본의 경우 마의복(馬儀福)이 거부(車夫)로 등장하여 청군에게 소림사의 길을 안내해 주었고(『近代秘密社會史料』 卷2, 5쪽; W. A. Pickering, "Chinese secret societies and their origin", p.75), 스털링본·스탠튼본의 경우 마의복이 소림사의 무예 7위였던 인물로 소림사를 배반하고 청군에게 협조하는 것으로 묘사되어 있다(J. S. M. Ward & W. G. Stirling, *The Hung Society or The Society of Heaven and Earth* Ⅰ, p.36; William Stanton, The Triad Society or Heaven and Earth Association, p.31).

림사를 배반한 마의복을 반역자의 대표적인 인물로 지목하였던 것이다.[41] 결국 소림사의 반역자인 마의복의 머리를 참하는 것을 백계의 목을 참하는 것에 비유하여 이것을 입회의식에 직접 반영한 것이었다.[42]

이러한 맥락이라면 정국참간(定國斬奸)에서 정국은 복명(復明)을 상징하고, 참간은 반청(反淸)을 상징하는 것으로 볼 수 있다. 이 점은 백계의 목을 치는 장면에서 읊었던 시구를 통해서 직접적으로 확인할 수 있는데, 슈레겔본에는 이 시구를 다음과 같이 수록하고 있다.

> 오늘 저녁 회맹을 위해 사방에서 회합을 하니,
> 그 이유는 국훈을 해치는 간신이 있기 때문이네.
> 오직 이제 그 원한만을 갚고자 하니,
> 명이 청조를 탈취하는 것은 천지의 마음이네.[43]

결국 배회의 연극적 공연을 암시하고 있는 4막 정국참간은 천지회가 자신들의 정치이념인 반청복명을 실천하겠다는 의지를 배회 속에 적나라하게 표현해 놓은 것이라 하겠다. 천지회자료마다 막 배열 상 약간의

---

41 J. S. M. Ward & W. G. Stirling, *The Hung Society or The Society of Heaven and Earth* Ⅰ, p.36.

42 풍자유는 천지회가 '칠(七)'자를 가장 혐오하여 '칠'자를 사용할 경우에는 '길(吉)'자로 대용했다고 하면서 그 이유를 간인 마칠(馬七)〔마의복(馬儀福)〕이 소림사를 배반했기 때문이라고 하였다. 또한 참간할 때에는 마길(馬吉)의 인형을 미리 만들어 놓고 각자 독서를 내뱉으며 칼로 그것을 참했기 때문에 이러한 의식을 참간 혹은 참칠(斬七)이라 부른다고 하였다(馮自由, 『中華民國開國前革命史』 上, 157쪽). 이러한 풍자유의 언급을 통해서 20세기를 전후하여 천지회의 배회에서는 백계의 목을 참하는 것 대신에 마의복의 인형을 참하는 변모된 상황을 엿볼 수 있다. 이러한 상황은 1950년대 홍콩삼합회의 배회에서 천지회의 반역자 3명을 인형으로 만들어 이들의 목을 치는 장면을 재현하는 장면에서도 확인된다(W. P. Morgan, *Triad Societies in Hong Kong*, pp.202-203 사이의 4번째 사진 참조).

43 Gustave Schlegel, *Tian Ti Hui: The Hung League or Heaven-Earth-League: A Secret Society with the Chinese in China and India*, p.147.

차이는 있지만, 정국참간이란 막 제목은 귀현본·소일산본·수선각본에 모두 보인다.

중국사회에서 삽혈결맹의 관습은 상고시대까지 거슬러 올라갈 정도로 유구한 전통을 갖고 있는데,[44] 천지회가 배회에서 진행한 삽혈 방식은 대체로 다음 3가지 유형으로 구분할 수 있다. 첫째는 계혈(鷄血)을 이용한 삽혈 방식이다. 예컨대 가경 13년(1808) 강서 회창(會昌)현 천지회 배회시 칼을 가지고 닭의 머리를 잘라 피를 받아 이것을 술에 타 돌려 마시는 경우이다.[45] 둘째는 인혈(人血)을 이용한 삽혈 방식이다. 대표적으로 가경 24년(1819) 광서 관양(灌陽)현 천지회 세 번째 배회시 손가락을 찔러 피를 내고 이것을 술에 타 돌려 마시는 경우를 들 수 있다.[46] 이 두 가지 경우가 천지회 초기의 대표적인 삽혈 방식이라 한다면, 마지막으로 도광 연간에 이르러 계혈과 인혈을 혼용한 삽혈 방식도 자주 등장하였다. 예컨대 도광 원년(1821) 광서 양삭(陽朔)현 첨제회(添弟會)와 도광 15년(1835) 복건 소무(邵武)현 삼합회(三合會)의 배회를 보면, 손가락을 찔러 피를 내고 아울러 닭의 피를 받아 술과 섞어 돌려 마시는 경우를 들 수 있겠다.[47]

19세기 말엽 싱가포르 천지회가 진행한 삽혈 방식의 경우, 위의 스털링본이 묘사하고 있는 것처럼 계혈과 인혈을 혼용한 경우라 할 수 있는데, 특히 백계의 목을 치는 장면을 참간(斬奸)에 비유하면서 '반청(反淸)'이라는 상징성을 부여하였다. 또한 슈레겔본을 통해서는 인혈을 이용한 삽혈 방식을 취하면서도 역시 백계의 머리를 치는 장면을 볼 수 있는데,

44 何正清, 「天地會的歃血盟誓與結拜兄弟歷史淵源」, 『貴州師大學報』 1985-4, 26-32쪽.

45 「江西巡撫金光悌奏審擬周達濱案內曾阿蘭摺」(嘉慶24.3.12.), 『天地會』 6, 308쪽.

46 「抄錄蔣宏慈等四月內呈撫藩各衙門粘單」(嘉慶25.7.14.), 『天地會』 7, 376쪽.

47 「廣西巡撫趙愼畛奏審辦練老晚等結會摺」(道光元.11.17.), 『天地會』 7, 400쪽; 「閩浙總督程祖洛等奏審擬三合會首李魁等人摺」(道光15.11.17.), 『天地會』 6, 232쪽.

이 역시 백계의 목을 치는 장면을 참아칠백계(斬亞七白鷄)라 하여 '반청'이라는 상징성을 부여하였다. 이처럼 참간 혹은 참칠(斬七) 의식에 대한 상징성의 부여는 천지회가 진행한 정형화된 배회의 상황을 보여주고 있거니와 '19세기 중엽 각색된 천지회의 기원전설'이 배회에 반영된 정황도 알려주고 있다.

사실 19세기 말엽 싱가포르 천지회가 진행한 배회에서 결의형제가 이루어지는 장소를 홍화정이라고 명명한 것부터가 천지회 초기에 진행된 배회에서는 찾아볼 수 없다. 이 점은 천지회의 기원전설이 각색되었다는 사실과 밀접한 관련이 있었던 것으로 생각된다. 즉 19세기 중엽 천지회의 기원전설이 각색되는 과정에서 진근남이란 인물이 새롭게 등장하고 이후 홍화정에서의 삽혈결맹을 주도하게 되었기 때문에 천지회가 진행하는 배회에서 결의형제를 하는 공간으로 홍화정이 대표성을 가지게 된 것으로 보인다.[48] 따라서 홍화정이란 명칭 역시 정형화된 배회의 정황을 일정 정도 반영하고 있는 것이라 할 수 있다.

4. 신비여행: 선생과 선봉의 문답

스털링본에 의하면, 홍화정에서 결의형제의 의식이 끝나면 신회원은 "상징여행(the Symbolical Journey)" 혹은 "신비여행(the Mystical Journey)"〔이하 "신비여행"으로 통일함〕에 들어간다.[49] 이 여행은 글자 그대로 신비로운 인물과

48 '19세기 중엽 각색된 천지회의 기원전설' 중 슈레겔본·귀현본·수선각본의 경우 진근남의 명칭은 볼 수 있지만 홍화정이란 명칭은 보이지 않고, 나머지 소일산본(A)·윌리엄스본·피커링본·스털링본·스탠튼본에서는 진근남이 홍화정에 기거하였던 인물로 묘사되어 있다.

피커링 삽화 〈1-5〉 : 이판교(하), 화갱(중), 태평허(상)
* 출처 : W. A. Pickering, "Chinese Secret Societies: Part II", pp.2-3 사이의 삽화 일부

장소가 등장하는 가운데 신회원이 상징적으로 체험하는 여행이라 할 수 있다. 그리고 이것의 진행 방식은 선생의 질문과 선봉의 대답을 통해서 이루어진다.[50]

49 J. S. M. Ward & W. G. Stirling, *The Hung Society or The Society of Heaven and Earth* Ⅰ, p.76.

50 J. S. M. Ward & W. G. Stirling, *The Hung Society or The Society of Heaven and Earth* Ⅰ, pp.77-101. 피커링본에는 홍화정 이후의 배회 과정에 대해서는 직접적인

그런데 피커링 삽화〈1-5〉를 보면, 홍화정을 통과한 신회원은 이판교(二板橋)를 통과하고 화갱(火坑)을 뛰어넘어 태평허(太平墟)에 이르는 장면이 사실적으로 묘사되어 있다. 그러나 피커링본에는 이 부분의 절차에 대한 직접적인 서술이 없기 때문에 배회시 신회원이 실제로 이러한 행위를 연출했는지 확언할 길이 없다. 게다가 스털링본에도 이 부분의 절차에 대하여 신회원이 36서를 태우기 위해서 화갱에 갔다 오는 것은 묘사되어 있지만, 신회원이 이판교와 태평허에 이르는 장면에 대한 직접적인 서술은 없다. 오히려 이 장면을 대신하여 홍화정에서의 결의형제 의식이 끝나면 신회원은 곧바로 신비여행에 들어가는 것으로 기술되어 있고, 이 신비여행 속에 피커링 삽화 〈1-5〉에 묘사된 이판교와 태평허가 등장한다. 따라서 스털링본의 이러한 배회 과정상의 배치를 고려한다면, 신회원은 선생과 선봉의 문답에 의한 신비여행을 통해서 이판교와 태평허에 도달했던 것으로 생각할 수 있는 것이다. 이하 스털링본을 토대로 신회원의 신비여행을 분석해 보자.

우선 피커링본과 스털링본을 토대로 19세기 말엽 싱가포르 천지회의 배회 과정을 도식화한 모형〈1〉을 보면, 이판교와 태평허를 점선으로 처리한 부분이 바로 스털링본의 신비여행에 해당한다. 그리고 신회원이 신비여행에서 지나치는 주요 장소를 작성해 본 것이 모형〈2〉[51]이다.

서술이 없기 때문에 이 자료를 가지고는 더 이상의 논의진전이 불가능하다. 따라서 본장의 '4. 신비여행'과 '5. 연회만찬'이라는 배회 절차상의 기본 틀은 피커링본을 보완한 스털링본에 의거하였다. 다만 피커링본에는 배회 절차상의 불일치로 인해 '선생과 선봉의 문답'이 관문을 통과하기 이전 신회원에게 이미 소개되었기 때문에 본장에서 이 문답과 관련된 '4. 신비여행'을 서술하는 과정에서 필요에 따라 피커링의 자료도 활용했음을 밝혀 둔다.

51 피커링은 선생과 선봉의 문답이 총 333개로 이루어져 있고 약 1시간 정도 소요되었다고 지적하면서 슈레겔본에 실려 있는 문답을 참고하라고 하였다(W. A. Pickering, "Chinese Secret Societies: Part Ⅱ", p.15). 스털링본에도 이 선생과 선봉의 문답(J. S. M. Ward & W. G. Stirling, *The Hung Society or The Society of Heaven and*

〈모형 2〉 신비여행에 출현하는 주요 장소

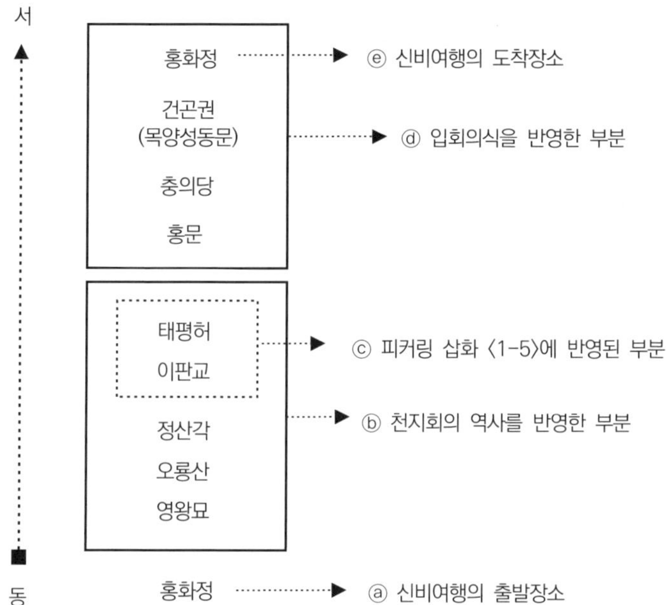

이 모형〈2〉에서 가장 주목할 만한 점은 신비여행의 출발장소가 홍화정(ⓐ)인데, 그 도착장소 역시 홍화정(ⓔ)이라는 것이다. 이러한 구도는 신회원의 입회의식과 관련하여 고도로 계산된 극적 장치였다고 생각할 수 있다. 즉 현재 천지회의 배회에 참여하고 있는 신회원은 이미 홍문·충의당·건곤권(목양성동문)이라는 3개의 관문을 통과하여 홍화정에 도착했

Earth Ⅰ, pp.77-101에 수록)을 직접 싣고 있지만, 슈레겔본에 실려 있는 333개의 문답(Gustave Schlegel, *Tian Ti Hui: The Hung League or Heaven-Earth-League: A Secret Society with the Chinese in China and India*, pp.59-112에 수록)과 비교해 볼 때, 스털링본의 문답은 슈레겔본의 문답을 부분적으로 채록해 놓았음을 알 수 있다. 따라서 신비여행의 전체 과정을 확인하고 그것을 복원하기 위해서는 슈레겔본의 문답을 이용해야 하겠지만, 그 주요 장면을 복원할 경우 스털링본을 가지고 복원해도 모형의 결과는 마찬가지이다.

고, 여기에서 천지회 회원으로 재생되기 위한 마지막 절차인 결의형제 의식을 모두 마친 상황이다. 이후 신회원은 천지회의 가입을 축하하는 연회만찬에 참석할 예정인데, 이것에 앞서 지금까지 신회원이 거쳐온 입회과정을 선생과 선봉의 문답의 형태로 이루어진 신비여행을 통해서 다시 한 번 반복하고 있는 것이다. 이 때문에 신비여행은 홍화정에서 출발하여 홍화정으로 도착하는 구도로 짜여져 있었던 것으로 보인다.

홍화정에서 출발하여 홍화정으로 도착하는 이러한 신비여행은 여기에 출현하는 장소를 통해서 내용상 천지회의 역사를 반영한 부분(ⓑ)과 입회의식을 반영한 부분(ⓓ)으로 구성되어 있음을 알 수 있다. 실제 이 문답의 장면을 목격한 피커링도 다음과 같이 언급하고 있다.

> 문답에서는 333개의 질문이 계속되는데, 이 각각의 질문에 대하여 선봉은 천지회의 역사와 의식을 묘사하고 있는 적절한 대답과 시구를 읊조려야 한다. 제단 앞에 의식을 주재하고 있는 선생에게 어떠한 도움을 요구하지도 않고, 심지어 참고할 만한 책도 없는데도 이 똑똑한 선봉은 정확한 대답과 시구를 읊조린다. 이러한 선봉의 말을 듣는 것은 참으로 놀랄만한 일이다.[52]

피커링은 당시 싱가포르 천지회의 회원이었기 때문에[53] 이러한 목격은 그리 놀랄만한 일은 아니었겠지만, 배회에 참석하고 있는 신회원에게 이 문답은 감격 그 자체였을 것이다. 이 문답에서 천지회의 입회의식에 관한 부분은 이제까지 언급해 왔기 때문에 생략하고, 천지회의 역사를 반영한 부분에 출현하는 각 장소의 의미를 살펴보면 다음과 같다.

52 W. A. Pickering, "Chinese Secret Societies: Part Ⅱ", p.15.

53 J. S. M. Ward & W. G. Stirling, *The Hung Society or The Society of Heaven and Earth* Ⅰ, J. S. M. Ward의 Preface, p.2.

신비여행에서 천지회의 역사를 반영하는 부분에 등장하는 장소는 영왕묘(靈王廟)·오룡산(烏龍山)·정산각(丁山脚)·이판교(二板橋)·태평허(太平墟)인데, 이들 명칭은 모두 '19세기 중엽 각색된 천지회의 기원전설'에서 부분적으로 확인된다. 즉 영왕묘는 그 원명이 고계묘(高溪廟)로 청군에 의해서 소림사가 습격을 받았을 때 살아 남았던 소림오승이 피난간 장소였다.[54] 오룡산은 청군의 추격에 의해서 생포되기 직전 오조가 있었던 장소로, 다급한 오조가 하늘에 기도를 하자 주광(朱光)〔혹은 주강(朱剛)〕·주개(朱開)라는 신령이 나타나 황운과 흑운을 이판교로 변하게 하여 오조가 청군의 추격으로부터 안전하게 피할 수 있었다.[55] 정산각은 청군과의 교전에서 전사한 만운룡(萬雲龍)의 시신을 화장하여 묻은 곳이다.[56] 태평허는 만운룡이 오조를 만나기 이전 기거했던 장소이다.[57] 이처럼 19세기 말엽 싱가포르 천지회가 진행한 신비여행 속에 '19세기 중엽 각색된 천지회의 기원전설'의 내용을 반영하고 있다는 사실은 이 신비여행이 정형화된 천지회 배회의 일단을 말해주고 있는 것이라고 생각한다.

한편 문답의 형태로 구성된 이러한 신비여행의 원형은 적어도 가경 연간까지 거슬러 올라간다. 예컨대 하한연대가 가경 15년(1810)인 요대고

54 Gustave Schlegel, *Tian Ti Hui: The Hung League or Heaven-Earth-League: A Secret Society with the Chinese in China and India*, pp.13-14; J. S. M. Ward & W. G. Stirling, *The Hung Society or The Society of Heaven and Earth* Ⅰ, pp.38-39; 『近代秘密社會史料』 卷2, 5쪽. 다만 스탠튼본에서는 영왕묘에 대하여 숭정제의 충신인 황성은(黃成恩)이 소홍광(蘇洪光)의 육체를 빌려 환생한 장소로 기록되어 있다(William Stanton, *The Triad Society or Heaven and Earth Association*, pp.37-38).

55 Gustave Schlegel, *Tian Ti Hui: The Hung League or Heaven-Earth-League: A Secret Society with the Chinese in China and India*, p.13; J. S. M. Ward & W. G. Stirling, *The Hung Society or The Society of Heaven and Earth* Ⅰ, p.38.

56 『近代秘密社會史料』 卷2, 7쪽.

57 Gustave Schlegel, *Tian Ti Hui: The Hung League or Heaven-Earth-League: A Secret Society with the Chinese in China and India*, p.16; J. S. M. Ward & W. G. Stirling, *The Hung Society or The Society of Heaven and Earth* Ⅰ, p.42.

본[58]에는 문답의 형태로 구성된 여러 편의 글을 볼 수 있다. 이것의 내용을 살펴보면, 지금까지 언급한 19세기 말엽 싱가포르 천지회가 배회에서 진행한 신비여행에 사용된 문답의 원형이라 할 수 있다. 왜냐하면 「반문형제(盤問兄弟)」에는 신비여행의 가장 중요한 요소인 양판교(이판교)·목양성(태평허)이 거론되고 있을 뿐만 아니라 「반문포복(盤問袍袱)」에는 정산각이, 「반문연동(盤問烟銅)」에는 고계묘(영왕묘)·목양성이 언급되고 있기 때문이다.[59]

그러나 가경 연간 「반문형제」 등과 같은 문답이 천지회가 진행한 배회 속으로 침투해 들어간 흔적은 거의 찾아 볼 수 없다. 이것은 천지회의 배회가 정형화되기 이전에는 배회와 문답이 서로 분리되어 있었음을 의미하는 것으로 실제로 요대고본을 보면 기원전설과 문답이 완전히 분리되어 있음을 확인할 수 있다. 그렇다면 천지회의 배회가 도광 연간 이후 정형화되기 시작하면서 천지회 회부에 보이는 「반문형제」 등과 같은 문답이 배회 속으로 점차 침투해 들어간 것으로 추정할 수 있다. 19세기 말엽 싱가포르 천지회가 진행한 배회 과정에서 선생과 선봉의 문답이 신비여행의 형태로 연출되고 있었다는 사실은 이러한 점을 잘 대변해 준다고 하겠다. 아울러 요대고본 기원전설을 기준으로 놓고 비교해 볼 때, '19세기 중엽 각색된 천지회의 기원전설'에 모두 이판교의 내용이 직접 거론되고 있기 때문에 「반문형제」 등과 같은 문답은 천지회의 기원전설이 각색되는 과정에도 침투해 들어간 것으로 보인다.

58 「廣西東蘭州天地會成員姚大羔所藏『會簿』」(嘉慶16.5.7.), 『天地會』 1, 3-32쪽.

59 「廣西東蘭州天地會成員姚大羔所藏『會簿』」(嘉慶16.5.7.), 『天地會』 1, 11-12쪽, 15쪽, 17쪽.

5. 연회만찬: 태평허의 밤

신비여행이 끝나면 선봉은 지금까지 진행한 입회의식을 결산하는 말을 신회원에게 건넨다. 그리고 백선이 천지회 회원으로서 지켜야 할 10개의 규율을 설명하면서 입회와 관련된 공식적인 의식은 끝나게 된다.[60] 여기에서 주목할 만한 점은 중국 민간사회에서 행해진 각종 의식은 그것이 종료한 이후 연회만찬을 수반한다는 것인데, 천지회의 배회도 이 점에서 예외는 아니었다.

스털링본에 의하면 연회만찬의 음식으로 사용하기 위해서 선생이 이미 개향당(開香堂)의 의식 과정에서 흑양(黑羊)과 백우(白牛)을 도살했는데,[61] 이 연회만찬에 대하여 슈레겔본에서는 다음과 같이 설명하고 있다.

> 부엌에서 요리한 흑양·백우가 나오고 만찬이 준비되면 모든 회원들이 식사를 한다. 이 만찬이 진행되는 동안이나 끝난 후에 회원들을 즐겁게 하기 위해서 연극이 상연되는데, 이는 중국에서 각종 종교상의 의식을 거행할 때에는 늘 연극이 수반되기 때문이다. 연극은 동틀 무렵까지 계속되었고, 이때가 되서야 비로소 신회원은 만주식 복장으로 다시 차려입는 것이 허락되고 집으로 돌아갈 수 있다. 이후 이들은 다음 신회원의 입회의식에서 좀 더 능동적인 역할을 하기 위해서 다시 소집된다.[62]

위의 인용문을 통해서 신회원의 공식적인 입회가 끝나면 이날 천지회

60 J. S. M. Ward & W. G. Stirling, *The Hung Society or The Society of Heaven and Earth* Ⅰ, pp.102-106.

61 J. S. M. Ward & W. G. Stirling, *The Hung Society or The Society of Heaven and Earth* Ⅰ, p.107.

62 Gustave Schlegel, *Tian Ti Hui: The Hung League or Heaven-Earth-League: A Secret Society with the Chinese in China and India*, p.151.

회원으로 재생된 신회원을 축하함과 동시에 배회에 참석한 천지회 회원들 간의 단합을 위해서 연회만찬이 진행되고 있음을 알 수 있다. 또한 이 연회만찬이 진행되는 동안이나 끝난 후에 회원들의 흥을 돋우기 위해서 연극이 진행되고 있음을 알 수 있다. 그러나 이 연극은 배회의 암호장치와 관련된 5개 막 제목과는 전혀 상관이 없는 '유희수단으로서의 연극'이었다. 그렇다면 이러한 연회만찬은 배회 과정에서 어떻게 암호화되었을까? 이 역시 슈레겔의 언급을 토대로 접근할 수 있다.

슈레겔은 위 인용문의 장면을 배회의 연극적 공연을 암시하고 있는 5막 양성음연(楊城飮宴)〔목양성에서의 음연〕에 상응한다고 하였다.[63] 따라서 5막은 천지회의 결의형제를 마친 후 재생된 천지회 회원을 축하해 주면서 회원들 간의 화합을 도모하기 위해서 천지회의 성역인 목양성 안에서 연회만찬하는 장면을 압축해 놓은 것이라 하겠다. 결국 귀현본에서는 이러한 연회만찬의 의미를 살려 화합단원〔단원의 화합〕이라고 표현한 것이다. 다만 수선각본에는 '형제'라는 두 글자로 되어 있기 때문에 다른 천지회자료의 것과 비교해 볼 때 두 글자가 빠져 있는 것으로 생각되지만, 4막 정국참간이라는 의식 절차를 마친 후 배회에 참석한 모든 '형제'가 연회만찬에 참석하고 있기 때문에 이러한 상황을 '형제'라는 두 글자로 압축해 놓은 것이라고 추측해 볼 수 있다.

한편 슈레겔본에는 위의 5막 제목과 유사한 것으로 태평음안(太平飮晏)〔태평허에서의 음연(飮宴)〕[64]이란 표현을 볼 수 있다. 이것은 피커링 삽화 〈1〉·〈1-5〉과 모형〈1〉을 보면 배회 과정의 마지막 장소가 태평허이기

63 Gustave Schlegel, *Tian Ti Hui: The Hung League or Heaven-Earth-League: A Secret Society with the Chinese in China and India*, p.181의 주(7).

64 태평음안에서 '안(晏)'자는 '연(宴)'자의 오기인 듯한데, 슈레겔 역시 "a Great Festival"로 해석하였다(Gustave Schlegel, *Tian Ti Hui: The Hung League or Heaven-Earth-League: A Secret Society with the Chinese in China and India*, p.168).

때문에 공식적인 입회가 끝나고 연회만찬하는 장소를 목양성 대신 구체적으로 태평허라고 표현한 것으로 보인다. 또한 스털링본에는 배회와 같은 천지회의 모임을 전문적인 용어로 "태평허의 밤(The Night of the Market of Universal Peace)"[65]이라고 부르고 있는데, 이는 결국 태평허가 천지회의 이상 세계를 반영하고 있는 목양성과 같은 상징성을 내포하고 있음을 알 수 있다. 따라서 신회원이 배회의 제1관문인 홍문에 들어와서 그 최종 장소라 할 수 있는 태평허에 도달한다는 배회의 전체 과정은 '천지회(홍문)에 들어가 태평한 세상(태평허)을 만들자'라는 구도로 되어 있음을 알 수 있다. 아울러 이러한 구도는 적어도 천지회의 회원들이 자신들의 실제 역사처럼 철저히 숭배하고 있었던 기원전설 속에서 배태되었던 것이라 하겠다.

65 J. S. M. Ward & W. G. Stirling, *The Hung Society or The Society of Heaven and Earth* I, p.23.

소결

지금까지 피커링본·스털링본 등의 천지회자료를 토대로 19세기 말엽 싱가포르 천지회가 진행한 정형화된 배회(拜會)의 과정을 복원해 보았다. 이 복원의 과정을 통해서 5개 막 제목에 대한 의문점을 해결할 수 있었다. 그것은 바로 천지회가 배회에서 진행한 의식 절차상의 주요 장면을 5개 막 제목으로 압축하여 상징적으로 암호화시켜 놓았던 것이다(모형 〈1〉). 비록 천지회자료마다 용어상·배열상 약간의 차이점을 볼 수 있었지만, 천지회의 정형화된 배회는 '1막(홍문대회·홍문진사·고성취회·화정취회) → 2막(의당교자) → 3막(화정결배·화정발서·교변음수·교변상회) → 4막(정국참간) → 5막(양성음연·화합단원·형제)'이라는 5개 막으로 구성되었고, 천지회가 이것을 '연극의 형태'(='연극적 공연')로 진행했던 것이다. 이하 5개 막의 구체적인 암호화와 상징성의 내용은 다음과 같다.

1막은 홍문대회(홍문의 대회)·홍문진사(홍문에 나아간 사람)·고성취회(고성에서의 취회)·화정취회(화정에서의 취회) 등으로 암호화하였다. 이는 실제 배회 과정에서 신회원이 홍문이라는 제1관문에 도착한 장면을 상징적으로 압축해 놓은 것이다. 여기에서 홍문이란 말 대신 고성이란 말을 쓴 것은 신회원이 홍문에 들어가는 것을 『삼국지연의』의 유비·관우·장비가 고

성에 도달하는 것에 비유한 것이고, 화정이란 용어를 사용한 것은 천지회의 결의형제가 이루어지는 홍화정을 강조한 것이다. 결국 천지회자료마다 다른 용어를 사용하고 있지만, 1막에 사용된 막 제목은 모두 같은 의미로 천지회의 배회가 시작됨을 상징적으로 압축해 놓은 것이다.

2막은 의당교자(의당에서의 가르침)로 암호화하였다. 이는 실제 배회 과정에서 신회원이 충의당이라는 제2관문에 도착한 장면을 상징적으로 압축해 놓은 것이다. 여기에서 충의당에서의 가르침이란 천지회의 정치이념인 반청복명을 회원들에게 주지시키는 것을 말하고, 아울러 충의당 앞에서 신회원은 대소와 빈부의 구별이 없는 평등한 존재가 됨을 가르쳐주는 것을 말한다. 특히 충의당에 내재되어 있는 평등의 관념은 전체 배회의 과정과 관련해서 신회원이 홍화정에 도착하여 결의형제를 하기 위한 전제조건이 된다. 왜냐하면 천지회의 회원은 모두 "천을 부로 삼고 지를 모로 삼아 홍을 의성으로 삼는다."고 하는 허구적인 가족관계를 전제로 하고 있기 때문이다.

3막은 화정결배(화정에서의 결배)·화정발서(화정에서의 맹서)·교변음수(교변에서 삼합수를 마시는 것)·교변상회(교변에서의 만남) 등으로 암호화하였다. 이는 실제 배회에서 목양성동문을 통과하여 천지회의 성역인 목양성에 들어온 신회원이 홍화정에 도착한 이후 결의형제하는 장면을 구체적으로 압축해 놓은 것이다. 따라서 화정결배란 홍화정에서 결의형제하는 장면을 글자 그대로 옮겨 놓은 것이고, 화정발서란 홍화정에서의 결의형제시 36서를 피로써 맹서하는 장면을 압축해 놓은 것이다. 한편 교변은 관문 근처의 홍화정을 의미하기 때문에 교변음수란 홍화정에서 삼합수로 구강을 헹구거나 혹은 얼굴을 씻는 장면을 압축해 놓은 것이고, 교변상회란 홍화정에서 결의형제 의식을 마친 후 정국참간의 단계로 들어가기 위해서 형제들이 서로 만나는 장면을 상징적으로 압축해 놓은 것이다. 결국 천지회자료마다 다른 용어를 사용하고 있지만, 3막에 사용된 막 제목은 모두 같은 의미로 신회원이 홍화정에서 결의형제하는 장면을 글자 그대로 옮겨 놓은 것이거나 그 장면 중에 하나를 압축해 놓은 것이다.

4막은 정국참간(국가를 정립하고 간인을 참하는 것)으로 암호화하였다. 이는 실제 배회 과정에서 홍화정에서 백계의 머리를 참하는 장면을 상징적으로 압축해 놓은 것이다. 여기에서 정국은 '복명의 의미'이고, 참간은 백계에 비유된 반역자 마의복을 참하는 것으로 결국 청조를 멸망시킨다는 '반청의 의미'이다. 스털링본 등에 실려 있는 '19세기 중엽 각색된 천지회의 기원전설'에 의하면, 마의복이란 인물은 소림사에서 무예가 제7위였던 인물로 청군이 소림사를 습격할 당시 소림사를 배반하고 청군에게 길을 안내해 주었기 때문에 천지회가 그를 반역자의 대표적인 인물로 지목했던 것이다. 결국 정국참간은 천지회가 자신들의 정치이념인 반청복명을 실현하겠다는 의지를 배회 속에 적나라하게 표현해 놓은 것이다.

5막은 양성음연(목양성에서의 연회) · 화합단원(단원의 화합) · 형제 등으로 암호화하였다. 이는 실제 배회 과정에서 홍화정에서 삽혈을 통한 결의형제 의식을 모두 마친 후 재생된 천지회 회원을 축하해 주면서 회원들 간의 화합을 도모하기 위해서 천지회의 성역인 목양성 안에서 연회만찬하는 장면을 압축하여 표현한 것이다. 여기에서 '형제'란 표현은 4막 정국참간이라는 의식 절차를 마친 후 배회에 참석한 모든 '형제'가 연회만찬에 참석하고 있기 때문에 이러한 상황을 '형제'라는 두 글자로 압축해 놓은 것이다. 그리고 이 5막 제목과 유사한 것으로 슈레겔본에서 태평음안(태평허에서의 음연)이란 표현도 볼 수 있는데, 이것은 배회 과정의 마지막 장소가 태평허이기 때문에 공식적인 입회가 끝나고 연회만찬하는 장소를 목양성 대신 구체적으로 태평허라고 표현한 것이다.

이상과 같이 5개 막을 가진 '연극의 형태'(='연극적 공연')로 진행된 정형화된 배회를 천지회는 자신들만의 전문적인 용어로 '태평허의 밤'이라고 불렀다. 결국 신회원이 배회의 제1관문인 홍문에 들어와서 그 최종 장소인 태평허(목양성)에 도달한다는 배회의 전체 과정은 '천지회(홍문)에 들어가서 태평한 세상(태평허)을 만들자'라는 구도로 짜져 있었던 것이다. 아울러 이러한 구도는 적어도 천지회 회원들이 자신들의 실제 역사처럼 철저히 숭배하고 있었던 기원전설 속에서 배태되었던 것이라 하겠다.

한편 5개 막 제목의 암호화와 상징성 문제를 해결하는 과정에서 19세기 말엽 싱가포르 천지회의 정형화된 배회를 기점으로 그 이전 시기 중국 대륙에서 진행된 대표적인 배회를 의식 절차상의 측면에서 비교해 보았다. 그 결과 천지회가 진행한 배회에서 신회원이 반드시 거쳐야만 하는 절차상의 기본 의식은 '관문을 통과하는 과관의식'과 '삽혈을 통한 결의형제 의식'으로 구성되었는데, 특히 이러한 기본 의식은 그 세부적인 내용 면에서 다음과 같은 정형화의 과정이 진행되었음을 확인할 수 있었다.

우선 관문을 통과하는 과관의식을 보자. 가경·도광 연간 중국 대륙의 경우 각 관문은 주로 죽을 이용하여 둥글게 만들었기 때문에 통상 '죽권'이라고 일컬어졌는데, 이 관문을 어떻게 상정하느냐에 따라 관문을 부르는 명칭에 약간의 차이가 있었다. 예컨대 포를 이용하여 관문을 만드는 경우에는 이것을 교에 비유하여 '포교'라 불렀다. 관문을 동에 비유할 경우에는 신회원이 3개의 관문을 통과하는 것을 '과삼동'이라 불렀다. 또한 매 문마다 두 사람이 '팔'자의 모양으로 칼을 들고 서 있었기 때문에 이러한 특징을 부각하여 관문을 '도문'이라고도 불렀다. 그러나 천지회가 배회를 진행할 때 초기부터 19세기 말엽 싱가포르에서 진행된 배회의 경우처럼 각 관문마다 홍문·충의당·건곤권이란 명칭을 부여한 것은 아니었다. 가경 중엽 광서 계평현 천지회 배회시 신회원이 통과해야만 하는 관문을 '홍문'이라고만 칭했다는 사실은 천지회의 배회가 정형화되는 과정에서 이러한 명칭들이 각 관문에 점차 부여되고 있었음을 보여준다.

다음으로 삽혈을 통한 결의형제 의식을 보자. 중국사회에서 이러한 관습은 상고시대까지 거슬러 올라갈 정도로 유구한 전통을 갖고 있는데, 천지회가 배회에서 진행한 삽혈 방식은 대체로 1) 계혈을 이용한 삽혈 방식, 2) 인혈을 이용한 삽혈 방식, 3) 계혈과 인혈을 혼용한 삽혈 방식으로 구분되었다. 중국 대륙에서 전자의 두 가지 방식이 천지회 초기의 대표적인 삽혈 방식이라 한다면, 마지막 후자의 경우는 도광 연간에 이르러 자주 등장하였다. 특히 19세기 말엽 싱가포르 천지회가 진행한 삽혈 방식의 경우, 계혈과 인혈을 혼용한 삽혈 방식이었는데, 백계의 목을 치는 장면을 참간에 비유하면서 '반청'이라는 상징성을 부여하였다. 이러한 점은 슈레겔본을 통해서 재확인되는데, 백계의 목을 치는 의식을 '참아칠백계'라 하였다. 그리고 참간 혹은 참칠 의식과 관련된 구체적인 내용은 '19세기 중엽 각색된 천지회의 기원전설'에서 구체적으로 확인된다. 이와 같이 초기 천지회의 배회에서 볼 수 없는 의식과 이에 대한 상징성의 부여는 천지회가 진행한 정형화된 배회의 상황을 보여주고 있거니와 '19세기 중엽 각색된 천지회의 기원전설'이 배회에 반영된 정황도 알려주고 있다. 아울러 이러한 의식이 행해진 장소를 홍화정이라고 명명한 것도 천지회 초기에 진행된 배회에서는 찾아볼 수 없었다. 따라서 홍화정이란 명칭 역시 정형화된 천지회 배회의 정황을 일정 정도 반영하고 있는 것이다.

사실 천지회 배회의 정형화 과정이나 기원전설의 각색 과정은 천지회의 발전과 밀접한 관련을 맺고 있었다. 즉 가경 중엽 이후 복건·광동·광서 등을 중심으로 천지회의 조직적 확대와 공간적 확산이 수반되면서 중국 남부지역의 민간사회에서 '제3의 사회조직'으로 성장하기 시작한 천지회는 결사의 정체성을 확립하기 위해서 기원전설을 더욱 정밀하게 조작하기 시작하였다. 이후 각색된 기원전설이 배회에 점차 반영되기 시작하면서 배회 역시 정형화의 과정을 거치게 되었다. 이 정형화의 모습을 반영하고 있는 것이 지금까지 본장에서 분석한 19세기 말엽 싱가포르 천지회가 진행한 배회였고, 그 지표가 되는 것이 바로 천지회자료에 보이는 5개 막 제목이었던 것이다.

| 제 4 장 |

입회의식의 기능

4

2010년 겨울, 신해혁명에서 항일전쟁까지 광동의 광주(廣州)를 무대로 세 남자의 인생 이야기를 소재로 한 총 39집의 『장군(將軍)』이라는 드라마가 중국에서 방영되어 큰 인기를 끌었다. 이 드라마의 제2집 초반부를 보면, 주인공 세 남자가 결의형제하는 장면이 연출되고 있는데, 다음과 같은 대사가 흘러나온다.

> 하늘에 계신 관노야(關老爺)시여! 오늘 황경장(黃敬章)·허대담(許大膽)·우소백(虞小白)은 결의하여 형제가 되었으니, 생사를 함께 하고 헤어지거나 내버려지지 아니하며, 행복은 함께 누리고 고통은 같이 분담하고자 합니다. 동년 동월 동일에 태어나지 않았지만, 동년 동월 동일에 함께 죽기를 간청하오니, 신의를 저버리고 형제를 배신하는 자는 하늘로부터 날벼락을 맞아 죽을 것입니다.[1]

너무나도 잘 알려진 도원결의를 방불케 하는 위의 대사는 드라마에서 황경장·허대담·우소백이 관우의 신상을 모셔놓고 각각 대가(大哥)·이제(二弟)·삼제(三弟)의 호칭을 갖으며 의형제로 탄생되는 순간을 보여주고 있다. 그리고 이것은 오늘날 의형제를 주제로 하는 중국의 각종 드라마

1 郭靖宇 감독, 黃海波 등 주연, 『將軍』 第2集, 중국, 2010.

나 영화에서도 흔히 볼 수 있는 장면 중의 하나이다.

위 드라마의 대사를 역사적으로 조망해 보면, 『삼국지(三國志)』 등의 정사(正史)에서는 도원결의와 관련된 위와 같은 기록을 찾아 볼 수 없으니, 사실상 원명 교체기를 살았던 나관중(羅貫中: 대략 1330~1400)이 그것을 회장소설(章回小說)의 형태로 재구성한 『삼국지연의(三國志演義)』가 출현한 이후에 비로소 위와 같은 대사가 중국 사회에 급속히 펴져나갔을 것으로 짐작된다. 특히 명청 교체 이후 만주족의 중국 지배가 이루어지는 가운데 청 중엽에 이르러 마치 심각한 전염병이 유행한 것처럼 복건(福建)·광동(廣東)·광서(廣西)·강서(江西)·호남(湖南) 등을 중심으로 화남의 각 지역에서 출현하기 시작한 천지회는 이러한 도원결의를 결합원리로 조직된 회당 비밀결사의 정화였다. 후술하겠지만, 청대 천지회가 남겨 놓은 각종 맹서에는 적어도 위 드라마의 대사를 유사하게 싣고 있다. 더군다나 오늘날 중국어의 구어에서 즐겨 사용되고 있는 '따꺼'(大哥)라는 말도 사실상 천지회가 출현하고 조직의 회수를 '따꺼'〔대가(大哥)〕라고 불렀던 유산을 그대로 물려받았다고 한다.[2]

지난 20세기 후반기의 마지막 30년 이래로 중국학계를 중심으로 한국·일본·대만, 나아가 구미학계에서 천지회와 관련된 주목할 만한 많은 학술논문과 저서들이 쏟아져 나왔고, 그 결과 청대 천지회의 역사적 활동을 비롯하여 그것의 성격 규명까지 적지 않은 논의와 논쟁이 진행되어 왔다.[3] 특히나 국내의 한 연구에서는 천지회의 종교적 성격에 대한 종합적인 검토를 진행하는 가운데 결사의 각종 의식과 관련된 주요한 기능과 특징들을 광범위하게 지적하기도 하였다.[4] 그리고 최근 천지회를 비롯한

2 秦寶琦, 「中國地下社會300年」, 鳳凰衛星 編著, 『世紀大講堂』 20, 沈陽: 遼寧教育出版社, 2010, 203쪽.

3 이평수, 「청대 천지회는 어떠한 비밀결사였는가: 연구현황과 과제탐색」, 『中國近現代史研究』 41, 2009, 3-9쪽(본서 서론 참조).

각종 비밀결사의 연구에서 단순한 역사적 활동이나 진부한 성격 논쟁의 연구와는 다른 차원으로 문학·문화·언어·개념·의식 등과 같은 키워드를 가지고 좀 더 포괄적으로 접근하는 일련의 시각들은 주목할 만한 대안 중의 하나라고 여겨진다.[5]

이러한 전반적인 연구 상황을 염두에 두면서, 본장에서는 그동안 학계에서 상대적으로 무관심했던 천지회의 내부 문제 중에서도 결사의 입회의식에 대하여 기능이라는 키워드를 가지고 분석을 시도하고자 한다. 아마도 문제는 한정된 사료일 것이다. 따라서 그것의 운용에 있어서 본장에서는 그동안 대부분의 연구자들이 입회의식의 연구에서 사료로서 방치해 왔던 천지회의 회부(會簿), 즉 천지회의 구성원들이 남겨 놓은 결사의 내부 문서를 보다 주목하여 관련된 내용에 대한 분석을 진행하되, 이것을 청조 국가권력이 남겨놓은 당안(檔案)이나 지방지를 비롯해 일부 서양인들의 관찰기록 등 이른바 '타자들'에 의해 생성된 사료들을 문맥에 따라 적절히 조화시키는 방법을 가지고 연역적으로 논지를 전개해 나가고자 한다.

1. 정신적 기능: 평등성과 일체성의 증대

천지회의 입회의식은 기본적으로 의형제의 관계를 창출하는 의식으로서 신구 회원들 간의 평등성과 일체감을 증대시키는 기능을 수행하였다. 이

4 유장근, 『근대 중국의 비밀결사』, 서울: 고려원, 1996, 187-216쪽.

5 萬晴川, 「『說唐全傳』與天地會」, 『淮陽師範學院學報』 2007-5; 李恭忠, 「江湖: 底層群體的生存體驗和社會構圖: 以姚大羔會簿爲中心的考察」, 『江蘇社會科學』 2010-6; 趙樹岡, 「文本·儀式與認同: 19世紀星馬華人秘密社會組織硏究」, 『世界民族』 2013-1; 王驥洲, 「天地會儀式行爲的文化社會學解釋」, 『齊魯師範學院學報』 2014-5.

러한 기능은 입회의식에서 진행되는 일련의 행위를 통해 확인할 수 있다. 대표적으로 그 하나는 각 회원들의 서로 다른 성씨를 삽혈맹서의 방식을 통해 같은 성씨로 동일화시키는 행위이고, 다른 하나는 그 결과로서 탄생한 의형제 집단이 홍성(洪姓)이라는 동일한 성씨와 그와 관련한 은어와 암호를 서로 공유하여 사용하는 행위이다.

천지회의 '최초' 조직 과정은 "천을 부로 삼고, 지를 모로 삼으며, 홍을 성으로 삼는다."는 결합의 기본원리를 삽혈로써 맹서하는 것으로 구성되어 있다. 이는 천지회에 가입하면 모든 회원들이 홍성을 사용하는 의형제 집단의 구성원이 된다는 것을 의미한다. 통상 천지회를 홍씨의 가문이라는 의미로 '홍문(洪門)'이라고 부르는 이유도 여기에서 유래하는데, 이러한 결사의 기본적인 특징은 입회의식이라는 장치를 통해 비로소 구현되었다. 가장 이른 시기의 사례를 보면, 이제 막 역사의 무대에 등장한 건륭 중·말엽의 천지회가 입회의식에서 사용한 「천지회맹서서사(天地會盟書誓詞)」에서는 "원래는 이성(異姓)이지만 맹서하여 모두 홍(성)이 되었으니, 의형제가 같은 배에서 태어나 같은 모유를 먹은 동포형제(同胞兄弟)보다 낫다."고 말할 정도로 강조하였다.[6]

가경 연간(1796~1820)에 이르러 천지회는 결사의 내부문서인 회부를 통해 회원들 간의 평등성과 일체감을 증대시켜 나갔다. 이 중에서도 현존 최고의 회부로 알려진 요대고본의 「반문형제설화(盤問兄弟說話)」를 보면, 의성인 홍성에 대하여 홍문의 의형제들 간에 진행된 간단한 대화를 다음과 같이 수록하고 있다.

질문 : 형제여, 당신의 성은 무엇인가?
대답 : □성이다.

6 「天地會盟書誓詞」, 中國人民大學淸史研究所·中國第一歷史檔案館 合編, 『天地會』 1, 北京: 中國人民大學出版社, 1980, 161쪽.

질문 : 혹시 그 성이 맞는가?

대답 : 원래는 □성이다.

질문 : 당신은 의성(義姓)이 있는가?

대답 : 나의 의성은 홍(洪)이다.

질문 : 어찌 한 사람이 두 개의 성을 가지고 있는가?

대답 : 부모님은 나를 낳아주었으니, 나의 생명은 금과 같이 소중하다. 나는 천지(天地)에 궤배하여 이름을 짓고 홍가(洪家)에 의기투합하였다.[7]

부모가 태생적으로 부여한 성씨와는 별개로 천지회에 의기투합하여 홍성을 부여받았음을 언급하고 있는 이러한 문답에 대하여, 요대고본의 「홍문(洪門)」이라는 시구에서는 다음과 같이 읊조리고 있다.

멀리서 보니 홍문이 팔(八)자의 모양으로 열려져 있고,
가운데에는 자운(紫雲)의 상서로운 빛깔로 뒤덮인 대(臺)가 설치되어 있네.
동심협력으로 형제가 되니,
온갖 성(姓)이 칼 밑에서 홍성(洪姓)으로 되길 간절히 바라네.[8]

위 시구는 천지회의 입회의식 장면 중의 하나인 칼 두 자루를 팔(八)자의 형태로 만들어 그 밑을 통과하는 의식인 이른바 '찬도(鑽刀)'의 장면을 묘사하고 있다. 이러한 시구 역시 천지회 구성원들의 서로 다른 성씨가 홍성이라는 동일한 성씨로 재탄생되는 상황을 압축적으로 잘 보여주고 있다.

요대고본 이후에 출현한 각종 천지회의 회부에서도 천지회에 가입하

7 「廣西東蘭州天地會成員姚大羔所藏『會簿』」, 『天地會』 1, 10쪽.

8 「廣西東蘭州天地會成員姚大羔所藏『會簿』」, 『天地會』 1, 18쪽.

면 모든 회원들이 홍성을 사용하는 의형제 집단의 구성원이 된다는 점은 계속해서 강조되었다. 예컨대 전림본에는 도광 8년(1828)의 한 천지회가 입회의식에서 사용한 「야낭충의표장(爺娘忠義表章)」을 싣고 있는데, 여기에서 "동년 동월 동일 동시에 죽을지언정 동년 동월 동일 동시에 태어난 것은 바라지도 않는다."라고 언급하였다.[9] 아편전쟁 이후의 천지회 상황을 수록한 소일산본에도 천지회가 입회의식에 사용한 「청신축문(請神祝文)」에서는 "오늘 저녁 □성 □부 □현 지방에서 향주(香主)를 계승한 □□ 등은 여러 형제들과 합동하여 개개인이 충심의기로 모두 천지회에 참여하러 왔습니다."라고 하면서, "피를 내어 맹서하고 모두 모여 의를 맺었으니, 형제들은 만년동안 한 마음으로 영원토록 변하지 않을 것입니다."라고 언급하였다.[10]

해외로 전파된 천지회의 경우도 이 점에 있어서 예외는 아니었다. 1863년 네덜란드령 동인도군도 수마트라(Sumatra) 파당(Padang)에서 한 경찰에 의해 대량으로 발견된 천지회 문서인 슈레겔(Schlegel)본의 「청신축문」은 바로 소일산본의 「청신축문」과 거의 유사한 내용으로 구성되어 있었다.[11] 1890년대 초 홍콩경찰청의 한인조사 담당관에 의해 수집된 천지회 문서인 스탠튼(Stanton)본에 보이는 맹서에서는 "우리들은 동생동사를 상천에 맹세하였다."는 내용을 시작으로 "오늘 밤 우리들은 몇 명의 신회원을 천지회에 소개하고 도원결의의 방식으로 형제가 되었는데, 성

9 「天地會文書抄本」, 庾裕良·陳仁華 等編, 『廣西會黨資料彙編』, 南寧: 廣西人民出版社, 1989, 493쪽.

10 蕭一山 編, 『近代秘密社會史料』 卷3 「請神祝文」, 上海: 上海文藝出版社, 1991(1935년 影印本), 13-14쪽.

11 이평수, 「淸代 天地會 起源傳說 板本 現況과 特徵: 결사 창립의 시간·장소의 비교를 겸론하여」, 『中國史硏究』 89, 2014, 177-178쪽(본서 제1부 제1장 참조); Gustave Schlegel, *Tian Ti Hui: The Hung League or Heaven-Earth-League: a Secret Society with the Chinese in China and India*, pp.128-134.

은 홍(洪)이요 이름은 금란(金蘭)이니 모두 일가(一家)가 되었다."고 하면서, "홍문에 들어온 이후에는 일심동체하여 상호부조하고 피차를 구별함이 없어야 한다."고 언급하였다.[12]

여기에서 어떤 특정한 집단에서의 구성원들이 자신들의 비밀을 유지하기 위해 독특하게 사용하는 말이라는 의미에서 은어가 탄생되었다고 한다면, 홍성(洪姓)을 공유하는 천지회라는 의형제 집단에게는 홍(洪)이라는 글자 자체가 일종의 은어 역할을 수행하고 있었다는 점에 주목해 볼 필요가 있다. 이러한 상황은 한자의 자획을 풀어 나누는 독특한 파자(破字)의 형식과 맞물리면서 '홍(洪)'자는 건륭 중·말엽에 은어로서 '오점이십일(五點二十一)'로 암호화되었다. 여기에서 오점(五點)이란 '홍(洪)'자에서 수(氵)와 팔(八)을 의미하고, 이십일(二十一)이란 '홍(洪)'자에서 십(十)·십(十)·일(一)을 의미한다. 구체적인 사례로 『흠정평정대만기략(欽定平定臺灣紀略)』의 기록을 보면, "무릇 천지회를 전파할 때에는 편벽한 지방에 제단을 설치하고 도검(刀劍)을 배열하여 그 밑을 뚫고 지나가면 천지회의 구호를 전해주고 의형제가 된다."고 하면서 "적기(賊旗)에는 '홍호(洪號)'의 글자가 있고, 아울러 '오점이십일'이라는 은어(隱語)도 있는데, 모두 홍(洪)자에서 비롯된 의미이다."라고 언급하였다. 결국 천지회는 결사의 "암호를 알고 있다면 곧 천지회인이기 때문에 평소에 면식이 없는 사람이라도 일이 있으면 서로 도와 줄 수 있다."[13]고 강조했던 것이다.

특히 가경 연간(1796~1820) 이후로 '홍(洪)'자에서 수(氵)와 팔(八)을 의미하는 '오점(五點)'이 '삼팔(三八)'로 분해되면서 홍자는 '오점이십일'에서 '삼팔이십일(三八二十一)'로 재차 암호화되었다. 천지회가 '삼팔이십일'을 사

12 William Stanton, *The Triad Society or Heaven and Earth Association*, Hongkong: Kelly & Walsh, 1900, pp.59-60.

13 (乾隆) 『欽定平定臺灣紀略』 卷58, 乾隆53年4月14日條, 臺北: 臺灣銀行經濟研究室, 1961, 928쪽.

용한 비교적 이른 시기의 구체적인 사례는 가경 7년(1802) 광동에서 발생한 황명찬(黃名燦)의 천지회 사건에 보이는 다음과 같은 장면을 통해 확인된다.

> 매 사람은 홍(洪)을 성으로 삼아 천을 부로 삼고 지를 모로 삼으며 맹서를 하고 칼을 뚫고 지나간다. 일을 만나면 서로 도우며, 기회를 틈타 약탈을 할 수 있다. 천지회의 암호는 '삼팔이십일(三八二十一)'로 돈이 없어도 먹을 것을 얻을 수 있으며, 아울러 입을 열면 본(本)을 떠나지 않고, 손을 들면 삼(三)을 떠나지 않는다. 만약 천지회의 회원이라면 피차가 인식할 수 있다.[14]

위 내용은 황명찬이 천지회를 '최초' 조직하기에 앞서 담아진(譚亞辰)이라는 천지회 회원이 황명찬에게 소개하고 있는 입회의식의 내용이다. 여기에서 "입을 열면 본(本)을 떠나지 않는다."라는 '개구불리본(開口不離本)'이란 표현에서 '본'이란 이를테면 회원들 간의 신분확인 과정에서 자신의 성을 물어보면 천지회의 의성(義姓)인 '홍(洪)'이나 이것을 분해한 '삼팔이십일(三八二十一)'로 대답하는 것을 의미한다.[15] 이러한 상황은 천지회가 지역사회에 광범위하게 정착하기 시작한 도광 연간(1821~1850) 이후로도 지속되었다. 예컨대 『향산현지(香山縣志)』에서는 도광 22년(1842) 광주(廣州)부의 삼합회(三合會)가 거행한 입회의식의 장면에 대하여 "피차 서로 만나 성을 물으면, 각각 '홍'이나 '삼팔이십일'이라는 말로 대답하여 이 회(會) 안의 사람임을 알 수 있다."고 기록하고 있다.[16]

14 「兩廣總督覺羅吉慶等奏審擬新會縣天地會首黃名燦摺」(嘉慶7.10.12.), 『天地會』 6, 460쪽.

15 이평수, 「清 乾隆 中末葉 天地會의 出現과 實相」, 『東洋史學硏究』 126, 2014, 289-290쪽(본서 제3부 제1장 참조).

16 (光緖) 『香山縣志』 卷22 「紀事」, 49쪽.

지금까지의 언급들이 천지회의 입회의식에서 보이는 회원들 간의 평등성과 일체감을 증대시키는 사례였다면, 의형제의 관계로 새롭게 태어난 이후에 회원 중에서 어려운 일이 있거나 죽고 다친 사람이 있으면 서로 도와준다고 하는 상호부조의 활동은 천지회가 입회의식의 과정에서 보이는 일련의 내용들을 이들의 일상생활에 구체적으로 반영한 것이었다. 그러나 이러한 입회의식의 주요한 기능을 파괴하는 행위를 저지른다면, 예컨대 결사의 근원을 누설하거나 맹서의 내용을 위반하는 경우가 발생할 경우, 천지회는 이에 합당한 형벌이 집행되도록 규정하고 있었다. 비록 상징적·이념적인 측면이 강했다고 말하더라도, 이미 건륭 중·말엽부터 천지회는 결사의 조직 자체를 "심지어 부모와 처자에게 알려서는 안 된다."[17]고 강조하고 있거니와 심지어 "만약 근원을 누설한다면, 하늘을 향해 피를 토하며 전 가족이 전멸될 것이다."[18]라든지, 천지회의 "부모형제에게 죄를 지으면 40대의 형벌을 받게 된다."[19]고 하는 일련의 규정도 만들어졌다. 사실상 이러한 규정들은 가경·도광 연간(1796~1850) 이래로 천지회가 지역사회에 정착하는 과정에서 결사의 독자적 집단구조를 형성하는 데 중요한 단초를 제공해주고 있다고 말할 수 있다.

2. 통제적 기능: 독자적 집단 구조의 형성

천지회의 입회의식은 천지회가 지역사회에서 각종 사건을 일으키기 이전에 진행하는 단계에서 결사의 독자적 집단구조를 형성시키는 기능을

17 (乾隆)『欽定平定臺灣紀略』 卷58, 乾隆53年4月14日條, 928쪽.
18 「天地會盟書誓詞」, 『天地會』 1, 161쪽.
19 「顔亞貴所藏「桃園歌」」, 『天地會』 7, 214쪽.

수행하였다. 특히 천지회가 입회의식을 진행하는 과정에서 회원들이 경청 혹은 낭독하거나 암송했다는 생활강령의 출현은 혈연을 유대관계로 한 가족조직(家族組織)과 공상업을 기초로 한 행회조직(行會組織)에 대응하는 '제3의 사회조직'[20]으로 규정할 수 있을 만큼 결사의 독자적 집단구조를 형성시키는 데 중요한 기능을 수행하였다.

우선 건륭 중·말엽의 「천지회맹서서사(天地會盟書誓詞)」에서는 "이전의 사사로운 원한이 있더라도 모두 강과 바다에 던져 씻어버리고 더욱 화목해져야 한다."는 등의 초보적인 생활강령을 언급하고 있다.[21] 이러한 점은 가경·도광 연간(1796~1850) 이래로 천지회가 지역사회에 정착해가면서 좀 더 세분화되었다. 예컨대 전림본에 수록된 맹서인 「야낭충의표장(爺娘忠義表章)」에서는 천지회의 구성원들이 결코 해서는 안 될 10가지의 사항에 대하여 소개하고 있으니,[22] 결국 이러한 내용은 「십대조율(十大條律)」과 「오계(五戒)」라는 구체적인 생활강령으로 고정화되기에 이른다. 그 내용은 다음과 같다.

> 1) 천기를 누설해서는 안 된다. 그럴 경우 하늘로부터 날벼락을 맞을 것이다. 2) 구호를 사사로이 전수해서는 안 된다. 그럴 경우 다섯 마리의 말에 묶여 사지가 잔혹하게 찢겨져 죽게 될 것이다. 3) 요빙(腰憑)을 사사로이 매매해서는 안 된다. 그럴 경우 갈기갈기 찢겨져 죽게 될 것이다. 4) 회부(會簿)〔삼자(衫子)〕를 사사로이 매매해서는 안 된다. 그럴 경우 끓는 물에 담겨 죽게 될 것이다. 5) 형제들끼리 처자를 간음해서는 안 된다. 그럴 경우 뼈와 살이 분리되어 죽게 될 것이다. 6) 다른 사람의 재물을 편취해서는 안 된다. 그럴 경우 자손이 끊어지게 될 것

20 陳旭麓, 「秘密會黨與中國社會」, 中國會黨史硏究會 編, 『會黨史硏究』, 上海: 學林出版社, 1987, 23쪽.

21 「天地會盟書誓詞」, 『天地會』 1, 161쪽.

22 「天地會文書抄本」, 『廣西會黨資料彙編』, 493쪽.

이다. 7) 강자에 의지하여 약자를 깔보아서는 안 된다. 그럴 경우 천지로부터 주멸될 것이다. 8) 보증인을 통해 어려운 일을 해결해서는 안 된다. 그럴 경우 머리와 몸이 분리되어 죽게 될 것이다. 9) 부자에 의지하여 빈자를 무시해서는 안 된다. 그럴 경우 영원히 함께 하는 것을 단념해야 할 것이다. 10) 사사로운 복수를 공개적으로 해서는 안 된다. 그럴 경우 능지처참될 것이다.(「십대조율」)

1) 계주(戒酒)해야 한다. 술기운에 제멋대로 소동을 일으켜서는 안 된다. 2) 계색(戒色)해야 한다. 집안의 처매(妻妹)를 간통해서는 안 된다. 3) 계재(戒財)해야 한다. 어리석게도 형제들의 재산을 취해서는 안 된다. 4) 계기(戒氣)해야 한다. 형제들끼리 구타해서는 안 된다. 5) 계훈(戒葷)해야 한다. 홍가(洪家)를 욕설하고 모욕해서는 안 된다.(「오계」)[23]

위와 같은 「십대조율」과 「오계」라는 천지회의 생활강령은 결사의 성장과정과 발맞추어 좀 더 완비된 모습으로 출현하였다. 예컨대 도광 22년(1842) 광주(廣州)부의 삼합회가 진행한 입회의식에서는 "알몸으로 머리칼을 풀어헤치며, 꿇어 엎드려 목두(木斗)에 절하고 36주(三十六咒)를 낭독한다."고 기록[24]하고 있는데, 여기에서 36주는 바로 천지회의 36서(三十六誓)에 해당한다. 36서의 내용은 슈레겔본의 1부〔「홍가삼십육서(洪家三十六誓)」〕[25]와 소일산본의 3부〔「삼십육서(유서)」·「삼십육서(유시)」·「홍문삼십육서(유벌규)」〕[26]에 소개되어 있거니와, 스털링본의 1부(the Thirty Six Oaths)[27]와 스탠튼본의

23 「天地會文書抄本」, 『廣西會黨資料彙編』, 492쪽.

24 (光緒) 『香山縣志』 卷22 「紀事」, 49쪽.

25 Gustave Schlegel, *Tian Ti Hui: The Hung League or Heaven-Earth-League: a Secret Society with the Chinese in China and India*, pp.135-144.

26 『近代秘密社會史料』 卷3 「三十六誓(有序)」, 1-4쪽; 『近代秘密社會史料』 卷3 「三十六誓(有詩)」, 4-8쪽; 『近代秘密社會史料』 卷3 「洪門三十六誓(有罰規)」, 8-13쪽. 이 중에서 「三十六誓(有序)」의 경우 19서에서 23서까지 잔결임.

27 J. S. M. Ward & W. G. Stirling, *The Hung Society or The Society of Heaven and*

2부(the Thirty Six Oaths; The Five Patriarchs bequeathed the Thirty-Six Oaths)[28]는 입회의식의 과정에서 향주(香主: Incense Master)가 회원들에게 이것을 직접 낭독해주고 있다. 그 내용은 앞서의 「십대조율」과 「오계」를 좀 더 구체적으로 세분화한 것이다. 이 중에서 「홍가삼십육서」(슈레겔본)와 「삼십육서(유서)」(소일산본)의 제일서(第一誓)를 각각 차례로 인용해 보면 다음과 같다.

> 홍문(洪門)에 가입한 이후로 너희들은 스스로 책임져야 하고, 자신들의 일을 잘 보지해야 한다. 고전에 효는 '백행의 선'라고 이르렀으니, 너희들은 부모와 윗사람들을 효순·존숭해야 하며, 부모를 거역해서는 안 된다. 홍문의 율법을 거역하는 자는 천지가 이를 벌하여 오뇌(五雷)로 다스릴 것이다. 무릇 너희 형제들은 이러한 맹서(盟誓)를 마땅히 준수해야 한다.[29](슈레겔본의 「홍가삼십육서」 제일서)

> 홍문에 가입한 이후로는 홍을 성으로 삼고, 충을 본으로 삼으며, 부모에 대한 효순을 최우선으로 삼아야 한다. 향당과 화목해야 하고, 윗사람들을 존경해야 하며, 오륜을 거역해서는 안 된다. 만약 이것을 따르지 않는 자는 만 개의 칼을 맞고 죽게 될 것이다.[30](소일산본의 「삼십육서(유서)」 제일서)

천지회의 대표적인 생활강령으로 정착한 위와 같은 36서 이외에도 천지회의 회부에서는 다음과 같은 것들도 눈에 뜨인다. 예컨대 슈레겔본의 경우를 보면, '결사(천지회)의 법률과 법령'(law and statutes of the brotherhood)이라는 제목 하에 "제1조 천지회의 회원은 부모에게 존경·효순하고, 형

Earth Ⅰ, pp.64-70.

28 William Stanton, *The Triad Society or Heaven and Earth Association*, pp.61-65, pp.118-124.

29 Gustave Schlegel, *Tian Ti Hui: The Hung League or Heaven-Earth-League: a Secret Society with the Chinese in China and India*, p.135.

30 『近代秘密社會史料』 卷3 「三十六誓(有序)」, 1쪽.

제들과 화목·화합해야 한다. 불법의 무리가 되어 부모를 비방하고 형제의 부모를 모욕하는 자들은 108대의 중곤(重棍)으로 다스린다."로 시작하는 「홍가칠십이조율전(洪家七十二條律全)」〔Complete Code of the Seventy Two Articles of Law of the Hung-League〕을 싣고 있다. 또한 "제1조 신령을 모독하고 부모에게 불효하며 윗사람과 형제의 부모에게 말을 불손히 하거나 모독하는 자는 회례(會例)에 의거하여 72대의 홍곤(洪棍)으로 다스린다."로 시작하는 「이십일조례(二十一條例)」〔The Twenty One Articles of the Regulations〕도 보인다. 나아가 "제1조 향당을 개최할 때에 대가(大哥)는 10일 전에 모든 형제들에게 참석하라는 소식을 통보하여 향안(香案)의 준비를 돕도록 해야 하는데, 만약 형제들에게 통보하지 않고 향당을 제멋대로 개최할 경우에는 108대의 홍곤으로 다스린다."로 시작하는 「홍순당개로십금(洪順堂開爐十禁)」〔The Ten Prohibitory Laws on Appointing Meetings in the Hall of Obedience to Hung〕도 싣고 있다.[31] 이상의 제1조 규정을 포함하여 그 전체 내용을 검토해 보면, 전자의 두 가지 규정은 앞서의 36서와 크게 다르지 않지만, 마지막 규정은 각 천지회 조직의 회수인 대가를 비롯하여 선생·선봉 등의 직책을 맡은 회원들에 대한 규정까지 적시해 놓았다는 점에서 차이를 보이고 있다. 스탠튼본의 경우도 슈레겔본의 규정과 유사하게 36서 바로 다음에 「이십일칙(二十一則)」〔The Twenty-One Rules or Laws〕, 「십금(十禁)」〔The Ten Prohibitions〕, 「십형(十刑)」〔The Ten Punishable Offences〕 등의 규정을 싣고 있다.[32]

천지회의 위와 같은 생활강령이 실제 일상생활에서 얼마나 적용·실천되었는가의 문제를 일단 차치해 둔다면, 천지회의 입회의식은 적어도

31 Gustave Schlegel, *Tian Ti Hui: The Hung League or Heaven-Earth-League: a Secret Society with the Chinese in China and India*, p.152, p.161, p.165.

32 William Stanton, *The Triad Society or Heaven and Earth Association*, pp.67-69.

자신들의 생활강령을 회원들에게 전달·주입시키는 기능을 수행하고 있다는 점에서 결사의 독자적 집단구조를 형성시키는 데 중요한 기능을 수행하고 있었음은 분명해 보인다. 이러한 내용은 민국시대에 수집된 천지회의 회부에도 계속 증첨되어 36서 이외에도 「십팔장율서(十八章律書)」·「십조(十條)」·「십관(十款)」 등이 계속해서 출현하였다.[33]

이밖에도 천지회는 독자적 집단구조를 확립하기 위해 여러 가지 상징적인 장치들을 운용하였다. 예컨대 건륭 말엽 임상문(林爽文)의 천지회 반란에서는 '순천(順天)'과 '천운(天運)'이라는 연호가 사용되었고,[34] 가경 6년(1801) 광동 해강(海康)현의 한 천지회가 입회의식에서 사용한 표문(表文)에서 '천운 신유년'[35]이라는 기록을 볼 수 있다. 이러한 사례는 천지회가 의식 과정에서 청조의 연호를 쓰지 않고 독자적인 연호를 사용하기 시작했음을 보여준다. 이후 각 지역 대부분의 천지회는 결사의 연호로서 순천 혹은 천운을 채택하였다. 또한 천지회의 입회의식에 참여하여 결사의 회원으로 정식 등록이 되면 그 증거로서 각종 신분 증서를 받았다. 그 중에서도 소위 '요빙(腰憑)'이라 불리는 것이 대표적이었다. 천지회의 회부에는 이러한 요빙을 다양한 형태로 수록하고 있으니,[36] 요빙 역시 천지회가 독자적 집단구조를 형성하는 데 중요한 표지 중의 하나임을 반영하고 있다. 요빙의 기능과 유사한 것으로 이른바 '홍전(洪錢)'의 주조[37]도

33 朱琳, 『洪門志』, 1930, 34-35쪽(濮文起·劉燕遠 編, 『中國會黨史料集成』 1, 北京: 北京圖書館出版社, 1999에 수록).

34 이평수, 「清 乾隆 中末葉 天地會의 出現과 實相」, 299쪽.

35 「兩廣總督覺羅吉慶奏審擬海江縣天地會首林添申摺」(嘉慶6.11.5.), 『天地會』 6, 425쪽.

36 예컨대 「天地會文書抄本」, 『廣西會黨資料彙編』, 521-528쪽에 수록된 요빙(腰憑); 『近代秘密社會史料』 卷1 「腰憑第四」, 25-26쪽에 수록된 요빙; Gustave Schlegel, *Tian Ti Hui: The Hung League or Heaven-Earth-League: a Secret Society with the Chinese in China and India*, pp.28-31에 수록된 요빙; William Stanton, *The Triad Society or Heaven and Earth Association*, pp.72-80에 수록된 요빙 참조.

천지회가 독자적 집단구조를 확립해 가는 과정에서 하나의 상징적인 기능을 수행하고 있었다.

3. 정치적 기능: 반청복명의 정치이념 주입

천지회 입회의식의 기능과 관련하여 앞서 언급한 평등성과 일체감의 증대 및 독자적 집단구조의 형성이 결사의 외형을 만들어 가는데 중요한 기능을 수행했다면, 입회의식의 또 다른 중요한 기능에는 결사의 창립과 목적을 설명하는 기원전설의 핵심주제인 반청복명(反淸復明)이라는 정치이념을 신구 회원들에게 주입시키는 측면이 있었다. 그 방법은 크게 두 가지로 의식행위의 상징을 통한 간접적인 주입이 있었고, 반청복명이라는 용어 자체를 언급하는 직접적인 주입이 있었다.

먼저 전자의 경우를 보자. 건륭 중·말엽부터 유행하기 시작한 '목립두세(木立斗世)'라는 은어는 반청복명이라는 천지회의 정치이념을 상징하는 주요한 표현이었다. 이것은 건륭 26년(1761) 천지회의 조직자인 정개(鄭開)가 창작해 낸 것이다.[38] 이를테면 청조는 순치 치세의 18년인 '목(木)'〔십(十)+팔(八)〕, 강희 치세의 61년인 '입(立)'〔육(六)+일(一)〕, 옹정 치세의

37 William Stanton, *The Triad Society or Heaven and Earth Association*, p.90; 平山周, 『支那革命黨及秘密結社』, 東京: 長陵書林, 1980, 40쪽의 제12도. 이 그림의 설명에 의하면, 공소(公所)에서 발행한 동전으로 회원의 증거로 삼았기 때문에 삼합회를 동전회(銅錢會)라 칭하기도 하였다. 한편 함풍 연간 광서에서 성립된 천지회정권 중의 하나인 대성국(大成國)에서는 실제로 홍전(洪錢)이라는 동전을 주조했는데, 이것은 華光晉 主編, 『中國古錢目錄』 下, 長沙: 湖南人民出版社, 1998, 1821-1824쪽에 실물 크기로 수록되어 있다.

38 「閩浙總督伍拉納等奏審擬行義陳彪摺」(乾隆54.5.3.), 『天地會』 7, 523쪽.

13년인 '斗'〔십(十)+삼(三)〕의 시대를 경과하여 건륭 치세에 이르게 된 상황에서 천지회가 반청사건을 일으켜 청조를 멸망시킬 구체적인 시간을 건륭 32년(1767)으로 상정하고 이것을 '세(世)'〔삽(卅)+이(二)〕자로 암호화했다는 것이다.[39] 특히 이 은어의 줄임말인 목두는 입회의식의 과정에서 제단에 마련된 향로를 지칭할 뿐만 아니라 향로 자체에 '목립두세'라는 글자를 새겨 놓음으로써 반청복명의 상징성을 부여했던 것이다.[40]

가경·도광 연간(1796~1850) 이래로 결사의 창립과 목적을 설명하는 기원전설은 인물과 이야기의 내용이 증첨되는 정치화(精緻化)의 과정[41]이 진행됨에 따라 그것을 희곡으로 삼는 입회의식의 절차 또한 더욱 정형화(定型化)되기 시작하였다. 이른바 '연극의 형태' 혹은 '연극적 공연'으로 진행된 정형화된 천지회의 입회의식[42]은 그것의 과정이 그야말로 반청복명을 상징하는 의식과 행위로 가득 차 있었다고 말해도 과언은 아니다.

그 대표적인 예로 다음과 같은 것들이 있었다. 마치 기원전설에서 청군의 습격을 받아 이리저리 유랑하는 소림오승이 과관의식(過關儀式)과 같이 고난과 역경을 극복한 이후에 천지회의 창립을 상징하는 맹약의 땅인 홍화정(紅花亭)에 도달하는 구조[43]로 되어 있는 입회의식은 그 과정 자체가 반청복명을 상징하고 있었다. 소림오승에서 승격된 오조(五祖)는 천지회의 창립자로서 입회의식의 제단에 당당히 위패로 봉안되었으니, 슈레겔본의 기록처럼 천지회의 입회의식은 사실상 신구 회원들이 반청복명이

39 赫治淸, 『天地會起源硏究』, 北京: 中國社會科學院出版社, 1996, 142-143쪽.

40 이평수, 「淸 乾隆 中末葉 天地會의 出現과 實相」, 291-292쪽.

41 이평수, 「淸代 天地會 起源傳說의 脚色과 變遷: 인물과 이야기의 비교를 중심으로」, 『明淸史硏究』 41, 2014(본서 제1부 제3장) 참조.

42 이평수, 「天地會의 入會儀式: 演劇과의 關聯性을 中心으로」, 『明淸史硏究』 21, 2004, 189-218쪽(본서 제2부 제2장 참조).

43 Barend J. Ter Haar, *Ritual and Mythology of the Chinese Triads: Creating an Identity*, pp. 108-109; 山田賢, 『中國の秘密結社』, 東京: 講談社, 1998, 70-72쪽.

라는 결사의 정치이념을 상징하는 "오조를 알현하러 가는 것"[44]이었다. 오조의 제단 앞에서 진행된 삽혈맹서에서의 정국참간(定國斬奸)이란 의식은 결사의 정치이념인 반청복명을 실현시키겠다는 강렬한 의지를 보여준다.[45] 『향산현지(香山縣志)』의 기록처럼 "알몸으로 머리칼을 풀어헤친"[46] 입회자의 모습을 통해 변발을 풀어헤친 모습이야말로 만주족에 대한 확고한 부정의 의미를 표시한 것이었다. 천지회의 입회의식에서 반청복명의 상징성은 청말까지 지속되었고, 그 상징의 의미는 더욱 분명해졌다.[47]

다음으로 후자의 경우는 천지회가 입회의식에 사용한 각종 문서에서 반청복명이라는 용어를 직접적으로 언급하고 있다는 점을 통해 확인이 가능하다. 물론 건륭 중·말엽의 천지회가 사용한 「천지회맹서서사」에서는 '명주(明主)'라는 표현만 보이고 있지만,[48] 천지회가 지역사회에 급속히 성장하기 시작한 가경·도광 연간(1796~1850) 이래로 출현한 각종 가본(歌本)·제문(祭文)·축문(祝文) 등에서 반청복명이라는 용어를 명확히 적시하고 있다. 예컨대 가경 13년(1808) 광서에서 안아귀(顏亞貴)가 소장하고 있던 「도원가(桃園歌)」라는 가본은 사실상 천지회가 입회의식에서 사용한 일종의 맹서였는데, 여기에서는 "천지가 (청조를) 부정하니, 삼가 육합을 받들어 명조를 회복하고 청조를 제거하겠습니다."로 시작하고 있다.[49] 전림본의 「삼조제문(三朝祭文)」에서도 인주(仁主) 대명(大明) 홍무야야(洪武爺爺)와 숭정제(崇禎帝)의 이름을 필두로 청조에게 빼앗긴 사직을 거론한

44 Gustave Schlegel, *Tian Ti Hui: The Hung League or Heaven-Earth-League: a Secret Society with the Chinese in China and India*, p.59.

45 이평수, 「天地會 入會儀式의 節次와 暗號化: 19世紀 末葉 싱가포르 天地會의 事例 檢討를 中心으로」, 『明淸史硏究』 23, 2005, 328-330쪽(본서 제2부 제3장 참조).

46 (光緖) 『香山縣志』 卷22 「紀事」, 49쪽.

47 陳少白 口述, 『興中會革命史要』, 許師愼 筆記, 臺北: 中央文物供應社, 1935, 40쪽.

48 「天地會盟書誓詞」, 『天地會』 1, 161-162쪽.

49 「顏亞貴所藏「桃園歌」」, 『天地會』 7, 214쪽.

이후 기원전설을 이용하여 청조의 만행을 애통해 하면서 '명주'를 부조하여 '홍승회(洪勝會)'를 결성해야 함을 조목조목 설명하고 있으니,[50] 천지회가 반청복명을 실천해야 함을 역설했던 것이다. 이러한 입회의식의 맹서 중에서 가장 온전하게 남아 있는 것은 소일산본의 축문인데, 그 전문은 다음과 같이 크게 다섯 부분으로 구분된다.

ⓐ 삼가 향을 사르고 기원하나이다. 반고(盤古)가 하늘을 여니, 천지신령〔황천후토(皇天后土)〕이 육합의 도를 받들었습니다. 일편단심의 반월복명(反汨復明)은 하늘의 뜻에 따라 오래도록 흘러왔습니다. 오늘 저녁 □성 □부 □현 지방에서 향주(香主)를 계승한 □□ 등은 여러 형제들과 합동하여 개개인이 충심의기로 모두 천지회(天地會)에 참여하러 왔습니다. 피를 내어 맹서하고 모두 모여 의를 맺었으니, 형제들은 만년 동안 한 마음으로 영원토록 바뀌지 않을 것입니다. 한 마음으로 힘을 합쳐 모두 명주(明主)를 부조하여 강산을 정복하고 정위(正位)를 계승하고자 합니다. 이리하여 지금 이곳에서 향을 사르고 비나옵니다.

ⓑ 황천(皇天)의 옥황상제(玉皇上帝), 일월(日月), 삼광(三光), 오성(五星), 칠성(七星), 칠정(七政), 오두(五斗), 신군(神君), 천관사복(天官賜福), 태상노군(太上老君), 사방여래(四方如來), 석가불조(釋迦佛祖), 아미타불(阿彌陀佛), 대자대비관세음보살(大慈大悲觀世音菩薩), 십팔나한(十八羅漢), 사대천왕(四大天王), 사대금강(四大金剛), 북방현천상제(北方玄天上帝), 운몽산귀곡선사(雲夢山鬼谷先師), 관성제군(關聖帝君), 무루강공(無漏康公), 오현대제(五顯大帝), 천후원군(天后元君), 혜복천인(惠福天人), 좌천봉(左天蓬), 우천봉(右天蓬), 수천문(守天門), 삼십육천강(三十六天罡), 칠십이지살(七十二地煞), 주천삼백육십오도성군(週天三百六十五度星君), 풍백우사(風伯雨師), 뇌공뇌모(雷公雷母), 행운사자(行雲使者), 치일공조(值日功曹), 오해용

50 「天地會文書抄本」, 『廣西會黨資料彙編』, 493-494쪽.

왕(五海龍王), 치년태세(値年太歲)와 허공을 왕래하는 모든 신불(神佛)님께서는 모두 일제히 제단 앞으로 와서 보살펴주시고, 그 증언과 맹서를 정립하시어 순천행도(順天行道)의 운행을 계승하십시오.

ⓒ 다시 청하옵니다. 감숙성 태평(太平)부 태평현 단계(端溪)향 석계채(石溪寨) 금신불조(金身佛祖), 백정불조(白錠佛祖), 본 지역의 토지재신(土地財神)·오정지맥용왕(五井地脈龍王), 광동성 혜주(惠州)부 석성(石城)현 정산(丁山) 기슭 아래의 태시조(太始祖) 주홍영(朱洪英), 조모 금씨부인(金氏夫人), 태종(太宗) 홍계승(洪啓勝), 종모(宗母) 비부인(庇夫人), 오조성현(五祖聖賢) 장방 채덕충(蔡德忠)·이방 방대홍(方大洪)·삼방 마초흥(馬超興)·사방 호덕제〔호득제(胡得帝)〕·오방 이색개(李色開), 오호대장(五虎大將) 오천성(吳天成)·홍태세(洪太歲)·이색제(李色弟)·도필달(桃必達)·임영소(林永昭), 사대충현(四大忠賢) 한붕(韓朋)·한복(韓福)·정전(鄭田)·이창국(李昌國), 대가(大哥) 만운룡(萬雲龍), 군사(軍師) 진근남(陳近南), 곽천회(郭天懷), 만도룡(萬道龍), 만도방(萬道芳), 진정성(陳定成), 정기유(鄭其由), 오금래(吳金來), 오환아(吳煥兒), 사방항(謝邦恒), 홍해아(洪孩兒), 정옥련(鄭玉蓮), 곽수영(郭秀英), 교두토지(橋頭土地), 수륙용신(水陸龍神), 가람복덕노야(伽藍福德老爺), 이전의 돌아가신 형제들과 여러 신불(神佛)님이 오셔서 그 증언과 맹서를 보살펴 주시옵소서. 여러 형제들의 충심의기를 인도하시어 변화무궁하게 천백만의 사람들을 생활하게 하시옵소서.

ⓓ 무릇 양경십삼성(兩京十三省)의 전체 형제들이 천지신불님께 아뢰옵니다. 의형제를 맺은 이후에는 마치 친형제와 같이 어려움을 만나면 서로 구제해 주며, 조직을 결코 누설해서는 아니 될 것이옵니다. 만약 거짓의 마음과 거짓의 성명을 갖은 자, 모년 모월 모일 간심반골(奸心反骨)한 자, 불인불의(不仁不義)한 자, 맹서를 배반한 자가 있다면, 남녀 모두가 주멸되기를 오뢰(五雷)를 맞아 죽어 시체가 오로(五路)에 흩어지니, 영원히 번창하지 않고 길하지 않을 것입니다. 만약 충심인의한 자가 있다면, 복수(福壽)가 완전하고 재물과 사람이 흥성하며 부귀가 영화

로울 것입니다. (우리 형제들이) 반청복명(反淯復明)을 이룩하여 명주를 보호하여 황제에 오르면, 왕을 봉하고 작을 내리며 만대의 후로 봉하니, 이름은 사해에 드날리고 만고에 드리워져 자자손손의 백세가 번성할 것입니다.

ⓔ 오늘 저녁 여러 자제들이 성심성의로 삼생(三牲)·주례(酒禮)와 향(香)·차〔명(茗)〕·종이돈〔저(楮)〕·비단, 그리고 왕실백보(王室百寶)를 공경스럽게 준비하여 바치오니, 엎드려 바라옵건대 천지신불님이 보살펴 주시옵소서. 오호애재, 상향(尙饗). 천운(天運) □년 □월 □일, 홍순당(洪順堂)에서 삼가 작성하였습니다.[51]

슈레겔본에서도 위의 축문과 거의 유사한 것[52]을 볼 수 있는데, 축문의 전체 주제는 말할 것도 없이 반청복명의 축원이다. 즉 축문의 서두에 해당하는 ⓐ에서는 입회의식의 참여자들이 삽혈맹서의 방식으로 천지회를 결성하여 모두 의형제가 되었음을 언급하면서, 명주(明主)를 도와 강산을 회복하고 정위(正位)를 바로 세운다는 반청복명(反淸復明)의 축원을 직접적으로 명시하고 있다. 후반부의 ⓓ에서도 "반청복명을 이룩하여 명주를 보호"하게 되면 결국 "자자손손의 백세가 번성"할 것이라고 거듭 강조하고 있다. 도광 연간 광동 광주부에서 천지회의 입회의식을 관찰한 한 지방관이 천지회가 삽혈결맹한 이후 아마(亞媽)가 패역한 말을 큰 소리로 낭독했다는 것[53]은 바로 이러한 축문을 두고 언급한 것으로 보인다. ⓑ

51 『近代秘密社會史料』 卷3 「請神祝文」, 13-14쪽. 축문에서의 ⓐ~ⓔ는 필자의 편의적인 구분이다.

52 Gustave Schlegel, *Tian Ti Hui: The Hung League or Heaven-Earth-League: a Secret Society with the Chinese in China and India*, pp.128-134. 소일산본과 슈레겔본의 축문을 비교해 보면, 비록 글자의 이동이나 약간의 증첨은 보이긴 하지만 그 내용은 대동소이하다.

53 (淸) 曾望顔, 「曾望顔瀝陳廣東禍亂之由奏稿」, 金毓黻·田餘慶 等編輯, 『太平天國史料』, 北京: 中華書局, 1955, 524쪽.

와 ⓒ에서는 천지회의 맹서 내용을 보증하기 위해 축문을 통해 각종 신들을 비롯하여 천지회의 인물들을 강림시키고 있다.[54] 특히 ⓒ의 경우 주홍영·오조·오호대장·만운룡·진근남 등 결사의 기원전설에 등장하는 인물들이 대거 등장하고 있는 것은 천지회가 자신들의 창립역사와 관련된 인물들을 영웅화 내지는 신격화하고 있음을 의미한다고 하겠다. 그리고 축문에 나타나는 각종 신들의 역할은 천지회 구성원들의 행동이 인·의·충에 기초한 도리인가 아닌가 혹은 순천행도인가 아닌가를 감찰하는 데에 있었다고 한다면,[55] 천지회가 축문을 통해 기원하고자 했던 반청복명이라는 결사의 정치이념은 그 자체가 바로 도리이자 순천행도였던 것이다. 그 결과 축문의 말미에 해당하는 ⓔ에서는 청조의 연호를 부정하고 천운이라는 독자적인 연호를 사용하고 있는 것이다.

---

54 대현지는 도교에서 소위 신이라는 것이 천신·인귀·지신·신선을 통칭하는 것이므로 축문에 나열된 불교와 천지회의 신들이 모두 도교에서 말하는 신의 범위에 들어간다고 언급하면서, 천지회는 도교의 전통사상과 신앙을 계승한 것이라고 지적하였다(戴玄之, 「天地會與道教」, 『南洋大學學報』 6, 1972, 157쪽). 이에 반해 하정청의 경우 축문에서 도교와 관련된 옥황상제·일월 등의 신령이 사방여래·석가불조 등의 부처보다 앞서 나오는 것은 천지회가 신의 숭배에서 도교적 경향이 강했다고 지적하면서, 그렇다면 도교와 불교의 영향을 동일하게 평가해서는 안 된다고 지적하였다(何正淸, 「天地會與道教·白蓮教」, 『貴陽師院學報』 1984-4, 63-64쪽). 물론 도교에서 말하는 신은 그 범위가 광범위한데다가 축문이라는 것이 한 집단이 숭배의 대상으로 섬기는 신에 대한 존숭을 의미할 뿐만 아니라 그 숭배대상은 우월성과 신비성을 순차적으로 나타내는 것이므로 위와 같은 논의도 일견 일리가 있다. 그러나 천지회의 의식 활동이 기존 민간사회에서 성행한 제례나 의식 등의 종교적 활동에서 광범위한 영향을 받았기 때문에 민간신앙의 주축인 각종 도교와 불교의 신들이 천지회의 축문에 대거 등장하는 것을 민간사회에서 구축된 보편적인 현상이었다고 말한다면, 축문에서 도교와 불교의 신들이 대거 등장하는 이유는 바로 천지회가 이들 자체를 숭배하기보다는 오히려 장방 채덕충, 이방 방대홍, 삼방 마초흥, 사방 호덕제, 오방 이색개라는 오조를 비롯하여 대가 만운룡과 군사 진근남 등 이른바 '천지회의 창립자들'의 신성성을 담보하고 보증하기 위한 수단으로서 민간의 각종 신들을 등장시켰던 것으로 보는 것이 더욱 타당하다고 생각된다.

55 酒井忠夫, 「幫の民衆の意識」, 『東洋史硏究』 31-2, 1972, 109쪽.

4. 종교적 기능: 내세의 구원과 장수의 기원

천지회는 종교 비밀결사가 아니지만 그것의 입회의식은 비일상적이면서도 엄숙한 삽혈맹서라는 장치와 상징을 통해 신구 회원들에게 일종의 종교적 구원을 수행하고 장수를 기원하는 기능을 수행하였다. 천지회의 입회의식이 이와 같은 기능을 수행했다는 점은 중국문화에 보편적으로 존재한 이른바 '상징문화'[56]를 통해 접근이 가능하다. 여기에서 무형의 의(義)인 강호의기(江湖義氣)와 유형의 혈(血)로 진행된 삽혈맹서를 천지회와 같은 의형제 집단의 기본 특징이라고 할 때,[57] 천지회의 삽혈결맹 방식은 '인혈(人血)을 이용한 삽혈'과 '계혈(鷄血)을 이용한 삽혈'에서 '인혈과 계혈을 혼용한 삽혈'의 흐름으로 전개되었다.[58] 따라서 천지회가 발전하는 과정에서 닭이라는 특정 대상을 이용하여 삽혈맹서를 진행했다는 사실에 보다 주목해 볼 필요가 있다.

일단 닭이 가금이기 때문에 손쉽게 취할 수 있다는 단순한 생각을 접어둔다면, 닭의 모체인 달걀의 내부 구조가 하늘과 땅을 가리키고 그 울음소리는 악마를 쫓는다고 믿어졌기 때문에 닭은 '천지'와 '악마'의 구축이란 이중적인 의미를 지녔거니와,[59] 닭의 피는 도교의 도사가 초제(醮祭)를 치르는 의식에서 닭의 볏에서 채취한 피로 신상(神像)의 눈에 점을 찍음으로써 신상이 머물게 되는 이른바 '개광점안(開光點眼)'의 의식에 사

56 居閱時·瞿明安 主編, 『中國象徵文化』, 上海: 上海人民出版社, 2001, 1쪽.

57 劉平, 『文化與叛亂: 以清代秘密社會爲視角』, 北京: 商務印書館, 2002, 237쪽.

58 이평수, 「天地會 入會儀式의 節次와 暗號化: 19世紀 末葉 싱가포르 天地會의 事例檢討를 中心으로」, 330쪽.

59 C. A. S. Williams, *Chinese Symbolism & Art Motifs: An Alphabetical Compendium of Antique Legends and Beliefs, as Reflected in the Manners and Customs of the Chinese*, Boston: Tuttle Publishing, 2004, first tittle edition, 1974(이용찬 외 역, 『환상적인 중국문화』, 91-92쪽).

용되었다고 한다.[60] 닭이 주는 이러한 일반적인 상징문화에 의거해 본다면, 천지회 입회의식의 과정에서 닭의 사용은 기본적으로 암흑에서 광명으로의 전이를 보여주는 '갱생(更生)'이나 '구원(救援)'과 관련된 요소와 밀접한 관련이 있었던 것이다.[61]

닭이 갱생이나 구원의 상징으로서 회원들에게 일종의 종교적 구원을 수행하는 하나의 매개체였다는 점을 상정한다면, 그 닭은 평범한 닭이 아니었다. 이 때문에 현존 최고의 회부인 요대고본을 비롯한 그 다음 고본인 전림본에서도 다음과 같은 시구를 동일하게 읊조리고 있다.

> 목양성(木楊城) 안에는 미(米)가 창고에 가득 차 있고,
> 두 쌍의 보검(寶劍)이 성안에 숨겨져 있네.
> 쌍봉(雙鳳)은 남쪽을 향해 형제에게 다가오고,
> 금계(金鷄)는 용위(龍位)와 강상(綱常)을 바라보고 있네.[62]

위 시구의 제목에 대하여, 요대고본의 경우 「갈성시(喝城詩)」인 반면에 전림본의 경우 「개대(開臺)」로 다르게 기록되어 있지만, 사실상 입회의식의 장면을 묘사해 놓았다는 점에서 그 의미는 같다. 왜냐하면 갈성(喝城)이란 입회의식이 진행되는 장소인 목양성(木楊城)에서 삽혈맹서한다는 뜻이고, '개대(開臺)' 역시 입회의식을 지칭하는 은어이기 때문이다. 결국 천지회의 입회의식에서 사용하는 닭은 위의 시구에서 언급한대로 다름 아닌 금계(金鷄)였던 것이다.

천지회의 금계에 대하여, 슈레겔본에서는 "금계는 새벽에 울면서 상

60 松本浩一, 「道教と宗教儀禮」, 酒井忠夫 外著, 『道教: 道教とは何か』 1, 東京: 平河出版社, 1983(최준식 옮김, 「도교와 종교의례」, 『道教란 무엇인가』, 1990, 170쪽).
61 유장근, 『근대 중국의 비밀결사』, 190-191쪽.
62 「廣西東蘭州天地會成員姚大羔所藏『會簿』」, 『天地會』 1, 18쪽; 「天地會文書抄本」, 『廣西會黨資料彙編』, 506-507쪽.

재(桑梓)를 부조하네, 명주(明珠)를 토해내고 온 세상을 붉게 물들게 할 것이네."[63]라고 하면서, 다음과 같은 시구로도 읊조리고 있다.

이 닭은 평범한 닭이 아니니,
오덕(五德)을 갖춘 영금(靈禽)으로서 울음으로 새벽을 알리네.
오늘 저녁 붉음으로 증거를 삼으니,
형제들은 그 피를 마시고 마음이 모두 가지런해지네.[64]

흥미롭게도 위 시구는 소일산본에서 「참아칠시(斬亞七詩)」란 제목으로 다시 읊조려지고 있다.[65] 특히 "오덕을 갖춘 영금으로서"의 금계가 "울음

63 Gustave Schlegel, *Tian Ti Hui: The Hung League or Heaven-Earth-League: a Secret Society with the Chinese in China and India*, p.62.

64 Gustave Schlegel, *Tian Ti Hui: The Hung League or Heaven-Earth-League: a Secret Society with the Chinese in China and India*, p.145.

65 『近代秘密社會史料』 卷5 「斬亞七詩」, 10쪽. 그런데 닭의 기능은 입회의식의 절차상에서 정국참간의 의식과 맞물리면서 그 목이 참수되어야만 하는 간신의 대행자로 등장하고 있으니, 천지회의 입회의식에서 닭은 이중적·모순적 기능을 가지고 있었다고 말해야 할 것이다. 이점에 대하여 전림본의 「현룡두(現龍頭)」에서는 "此鷄不是非凡鷄, 留〔流〕在人間五更啼〔提〕, 萬兄盟誓詔他作證〔正〕, 不忠不義照此鷄"(「天地會文書抄本」, 『廣西會黨資料彙編』, 513쪽)로 읊조리고, 슈레겔본에서는 "此鷄不是非凡鷄, 五德靈禽報曉啼, 今晚將紅來做證, 兄弟飮血心正齊"(Gustave Schlegel, *Tian Ti Hui: The Hung League or Heaven-Earth-League: a Secret Society with the Chinese in China and India*, p.145)로 읊조리고 있다. 여기에서 "此鷄不是非凡鷄"의 구절에 대한 해석이 다소 애매한데, '평범한 닭'과 '평범하지 않은 닭'으로 모두 해석되기 때문이다. 특히 후자의 경우 슈레겔본에서 오덕(五德)을 갖춘 영금(靈禽)으로 닭이 묘사되고 있기 때문에 이러한 닭을 평범한 닭으로 해석하기가 곤란하다는 것이다. 슈레겔 역시 이 부분을 "This cook is not a common or vulgar cook"로 해석했고, 스탠튼본에도 "This rooster is not common cook"으로 되어 있다(William Stanton, *The Triad Society or Heaven and Earth Association*, p.66). 소일산본에 실려 있는 「斬亞七詩」(『近代秘密社會史料』 卷5, 10쪽)의 경우, 첫 구절은 전림본의 것으로, 마지막 구절은 슈레겔본의 것으로 되어 있다. 이러한 혼란이 있어서인지 『洪門志』에는 6번 비상한 닭에 대하여 "本是非凡鷄"로 되어 있다(朱琳, 『洪門志』, 153-154쪽). 이상의 내용을 종합해 보면, 전림본은 불충불의자(不忠不義者)에 대한 처단을 닭을 참하는 것으로 빗대어 강조하고 있는 반면에, 슈레겔본에서는 오덕을 갖춘 영금의 피를 마시

으로 새벽을 알리네"라는 구절은 바로 금계가 한번 울기만 해도 저녁에 돌아다니는 귀신들을 즉각 귀부(鬼府)로 돌려보낸다고 하는 중국 민간사회의 금계신앙(金鷄信仰)과 직결된다.[66] 따라서 천지회 입회의식에서의 금계는 귀부에 거쳐하는 요괴스러운 귀신들을 내쫓는 기능을 수행하고 있었던 것이다.

이와 동시에 금계는 천지회가 모시는 신성한 도교와 불교의 각종 신들을 강림시켜 천지회의 인물들과 교감작용을 일으키는 기능도 수행하고 있었다. 이는 입회의식에서 금계가 총 6번의 비상과 변신을 진행한다는 사실에서 확인된다. 민국시대에 수집된 회부의 기록에 의하면, 금계는 먼저 천궁으로 날아가 왕모(王母)에 의해 천선계(天仙鷄)로, 서천으로 비상하여 불조에 의해 대붕계(大鵬鷄)로, 남해로 비상하여 관음에 의해 자죽계(紫竹鷄)로, 용궁으로 비상하여 용왕에 의해 진해계(鎭海鷄)로, 앙전(央田)으로 비상하여 농민에 의해 오곡계(五穀鷄)로 변신하는데, 마지막에 이르러서는 입회의식의 공간인 향당에서 비상하여 대가(大哥)에 의해 봉황계(鳳凰鷄)로 변신을 거듭한다는 것이다.[67]

결국 암흑에서 광명으로의 상징이자 요괴스런 귀신들을 몰아내고 신성한 신들을 비롯하여 천지회 인물들과의 교감 작용을 하는 금계에서 뽑아낸 피야말로 의형제 관계의 창출에서 영험적인 권위를 확보해 낼 수 있었던 것이다. 그리고 이러한 영험한 피를 마심으로써 천지회의 회원들은 장수할 수 있다는 믿음을 갖게 된 것으로 보인다. 이점은 소일산

고서야 한 마음이 됨을 강조하고 있는 것이다. 따라서 입회의식에 사용되는 닭에 대한 천지회의 이중적·모순적 인식은 두 가지의 분리된 상징적 기능, 즉 닭의 본연에 투영되어 있었던 광명·구제·구원의 상징적 기능과 기원전설에서 배태되어 입회의식 절차상에서 간신의 대행자라는 상징적 기능에서 연유하고 있었던 것이고, 이러한 기능이 삽혈맹서의 과정에 이중적·모순적으로 투영되어 있었던 것으로 생각된다.

66 賴亞生, 『神秘的鬼魂世界』, 北京: 人民中國出版社, 1993, 156-157쪽.

67 朱琳, 『洪門志』, 153-154쪽.

본의 「우음혈주시(又飮血酒詩)」에서 다음과 같이 언급하고 있다.

홍가계(洪家鷄)의 혈주를 마시면, 본디 199년을 장수한다네.
당신과 나는 연맹하여 의형제가 되었으니,
충심과 의기는 각자 있을 것이네.
오륜과 친척은 어느 누구도 없을 터,
외부 사람에게 말하여 알게 해서는 절대 안 될지어다.
모든 형제들이여, 반드시 명심하게나.
만약 비밀을 누설한다면 목이 달아날 것일세.[68]

천지회의 금계를 '홍가계'로 표현한 이 시구에서는 그것의 혈주를 마시면 199년의 장수를 누릴 수 있음을 강조하면서 천지회의 비밀을 엄수할 것을 경고하고 있다. 이와 유사한 기록으로 귀현본의 「삽혈시(歃血詩)」에서는 "홍화주(紅花酒)를 마시면, 99년을 장수할 수 있네. 다시 9년을 보태면, 108년을 장수한다네"라고 읊조리고 있다.[69] 이러한 시구들은 천지회의 입회의식이 종교적 구원과 장수의 기능을 동시에 수행하고 있음을 잘 보여준다. 실제로 가경 7년(1802) 광동 박라(博羅)현의 천지회와 도광 27년(1847) 강서의 천지회, 그리고 함풍 4년(1854) 향산(香山)현의 천지회에서는 입회의식을 통하여 생성되는 갱생과 구원의 기능이 죽음의 공포로부터 해방감을 부여하는 불사를 추구하는 의식으로 전용되기까지도 하였다.[70]

68 『近代秘密社會史料』 卷5 「又飮血酒詩」, 7쪽.
69 「貴縣修志局發現的天地會文件」, 『天地會文獻錄』, 15쪽.
70 유장근, 『근대 중국의 비밀결사』, 191-192쪽.

5. 문화적 기능: 결사의 정기회합과 시조숭배

천지회의 입회의식은 결사의 회수를 비롯한 신구 회원들이 일정한 공간에서의 만남을 통해 진행되는 신성하고 엄숙한 의식이었다. 이 때문에 그것은 자연스럽게 신구 회원들 간에 진행된 일종의 정기회합이라는 기능을 갖게 되었고, 나아가 이 과정에서 결사의 시조를 숭배하는 기능을 수행하였다.

의식의 공간이라는 측면에서 천지회의 입회의식을 바라본다면, 천지회가 입회의식의 공간을 종종 '허(墟)'에 비유하여 그것의 개최를 '개허(開墟)〔=to Open the Market(Hold Lodge)〕'[71]라는 은어로 등치시켰다는 사실은 주목할 만하다. 슈레겔본에서는 이와 같은 상황을 다음과 같이 언급하였다.

> 만약에 네가 저녁에 연극(theatricals)을 보기 위해 시장(market)에 가고자 하는데, 한 형제가 손에 목곤(木棍)을 들고서 길을 가로 막는다면, '나는 손에 홍곤(洪棍)을 들고 있으니, 지부의 문으로 가는 길에 두려움이 없다네, 의형제가 나에게 어디로 가는가를 물으면, 형제들은 이미 와 있고 나는 늦게 왔다네.'라는 시구를 읊조려야만 한다.[72]

이러한 은어의 사용은 천지회가 입회의식의 활동을 "연극을 한다."〔작희(作戲)·주희(做戲)·연희(演戲)〕로 암호화하고, 기존 회원들이 입회의식을 관람하는 것을 "연극을 본다."〔간희(看戲)·제희(睇戲)〕라고 암호화했던 사실[73]

---

71 Gustave Schlegel, *Tian Ti Hui: The Hung League or Heaven-Earth-League: a Secret Society with the Chinese in China and India*, p.233.

72 Gustave Schlegel, *Tian Ti Hui: The Hung League or Heaven-Earth-League: a Secret Society with the Chinese in China and India*, p.174.

73 이평수, 「天地會의 入會儀式: 演劇과의 關聯性을 中心으로」, 200쪽.

과 같은 맥락에서 이해된다. 즉 '개허(開墟)'라는 천지회의 은어가 관료·신사·종족으로 대표되는 외부집단의 감시망을 피하기 위해 현실적으로 고안된 장치였으니, 이는 천지회가 회수를 비롯한 기회원들의 참석 하에서 이미 확보된 인민들을 신회원으로 재생시키는 입회의식의 공간을 마치 인민들이 연극을 보기 위해 허시(墟市)나 집시(墟集)과 같은 정기시장에 가는 상황으로 동일시했다는 것이다. 따라서 천지회의 입회의식은 단지 인민들을 결사의 신회원으로 바꾸는 것에만 그쳤던 것이 아니라 그것을 포함하여 마치 정기시장에서 신구 회원들이 서로 정보를 교류하고 의사를 소통하는 일종의 정기회합이라는 기능을 수행하고 있었던 것이다.

정기회합의 기능을 가진 천지회의 입회의식은 자신들의 결사를 확대시키기 위한 필수적인 활동이었다. 천지회가 지역사회에 만연의 극점으로 치닫기 시작한 도광·함풍 연간(1821~1861)에 "수백이 무리를 지어 공공연히 백주에도 입회의식〔배회(拜會)〕을 하고" "입회의식을 하지 않는 때가 없을 정도였다."[74]는 기록이나, "수백 인에서 백 수십 인을 모아 매우 편벽한 지방에서 정기적으로 입회의식을 진행한다."[75]는 기록은 천지회가 반복적인 입회의식을 통해 인민들을 대거 가입시켜 자신의 결사를 확대하고 있었음을 잘 보여준다. 그리고 이러한 점은 상술한대로 입회의식의 과정이 연극의 형태나 연극적 공연으로 진행되었다는 사실과도 유관하다. 20세기 초 천지회를 원류로 하는 홍문을 반청복명의 이념을 가진 민족주의 결사로 간주한 손문이 "홍문의 입회의식〔배회〕은 연극으로써 그것을 한다. 대개 이렇게 하는 것이 군중의 시각과 청각을 가장 쉽게 움직인다."[76]고 지적할 정도였다.

74 (淸) 曾望顔,「曾望顔瀝陳廣東禍亂之由奏稿」,『太平天國史料』, 524쪽.
75 (光緖)『鬱林州志』卷18「紀事」, 2쪽.
76 「建國方略」,『孫中山全集』6, 231-232쪽.

적어도 천지회의 입회의식이 정기회합의 기능을 수행한다는 것은 입회의식의 마지막 단계에서 수반되는 이른바 연회만찬을 통해 입증된다. 입회의식의 절차와 관련된 암호로 설명한다면, 그것은 슈레겔본에서의 '양성음연(楊城飮宴)'〔목양성에서의 음연〕[77]이나 귀현본에서의 '화합단원(和合團圓)'〔단원의 화합〕[78]에 해당한다. 전통중국의 경우 어떤 결사나 사회단체가 진행하는 각종 의식은 그 자체가 일종의 종교적 행위였고,[79] 이러한 의식 뒤에는 일반적으로 음식을 나누어 먹는 만찬이 수반되었기 때문에 천지회의 입회의식 역시 이점에 있어서 예외는 아니었다. 가경 연간(1796~1820) 천지회의 사례만 보더라도 입회의식에서 주육을 마련해 놓는 것은 빠뜨릴 수 없는 사전 준비활동이었다.[80] 슈레겔본에서는 "만찬이 진행되는 동안이나 끝난 후에 회원들을 즐겁게 하기 위해 (실제의) 연극이 상연되는데, 이는 중국에서 각종 종교상의 의식을 거행할 때에는 늘 연극이 수반되기 때문이다."라고 하면서, "연극은 동틀 무렵까지 계속되었고, 이때가 되서야 비로소 신회원은 만주식 복장으로 다시 차려입는 것이 허락되고 집으로 돌아갈 수 있었다."고 기록하고 있다.[81]

천지회의 입회의식이 거행되는 날이 되면, 결사의 회수는 기회원들에게 정해진 시간과 장소를 공지할 필요가 있었다. 시기적으로 봤을 때 가경 말 이전에는 천지회가 지역사회에 완전히 정착하지 못했기 때문에

77 Gustave Schlegel, *Tian Ti Hui: The Hung League or Heaven-Earth-League: a Secret Society with the Chinese in China and India*, p.181의 주(7).

78 「貴縣修志局發現的天地會文件」, 『天地會文獻錄』, 21쪽.

79 C. K. Yang, *Religion in Chinese Society: A Study of Contemporary Social Functions of Religion and Some of Their Historical Factors*, Berkeley: University of California Press, 1961, 중국명저독회 옮김, 『중국사회 속의 종교』, 경기: 글을읽다, 2011, 107-139쪽.

80 『天地會』 1과 『天地會』 7에 수록된 수십 건의 천지회 사례(본서 제2부 제1장) 참조.

81 Gustave Schlegel, *Tian Ti Hui: The Hung League or Heaven-Earth-League: a Secret Society with the Chinese in China and India*, p.151.

결사의 회수와 기회원들이 구두의 방식으로 입회의식의 시간과 장소를 전달했지만, 가경 중엽 이후로 지역사회에 세력을 확장시킨 천지회의 경우 이와 관련된 절차에 대하여 일정한 형식과 내용을 구비시켜 나갔다. 현재 남아있는 자료 중에서는 19세기 중·말엽 싱가포르 천지회의 상황을 묘사하고 있는 스털링본을 통해 이것의 상황을 엿볼 수 있다. 예컨대 입회의식의 소환장에는 홍순당(洪順堂)〔=氵川口〕 금란군(金蘭郡)의 피발(被髮) 진광재(陳廣才)와 동주(東主) 나옥보(羅玉甫)가 이 달 8일에 도원결의를 개최함을 삼가 아뢴다고 기록하고 있다.[82] 여기에서 홍순당 금란군은 이 지역 천지회의 지부명을 가리키고, 피발과 동주로 묘사된 인물들은 지부의 간부와 회수로 보이며, 도원결의란 바로 천지회의 입회의식을 의미한다. 결국 이러한 형식과 내용의 소환장을 전달받은 천지회의 기회원은 새롭게 모집한 신회원을 대동하여 명시된 날짜에 입회의식이 진행되는 향당(香堂)이라는 특정한 장소로 집결하게 된다.

민국시기에 수집된 회부에서는 천지회의 정기회합을 대취회(大聚會)·소취회(小聚會)·특별취회(特別聚會)로 구분하였다. 여기에서 대취회란 일년에 두 번 있는 회합을 말하는 것으로 천지회가 숭배하는 관제(關帝)의 성탄과 결사의 창립자인 오조(五祖)의 숭배를 위해 개최한다. 소취회는 이른바 '개향당(開香堂)'인 입회의식을 위한 회합으로 원칙적으로 50인 이상의 신회원이 확보되었을 때 좋은 날을 택하여 개최하지만, 장소의 상황과 인수의 다소에 따라 조절이 가능하다. 특별취회의 경우 말 그대로 결사 내의 특별한 사무나 긴급한 회의가 있을 때 개최하는 회합이다.[83]

82 J. S. M. Ward & W. G. Stirling, *The Hung Society or The Society of Heaven and Earth* Vol. Ⅰ, pp.6-7 사이의 삽화. 이 소환장에 대한 구체적인 분석은 이평수, 「天地會入會儀式의 節次와 暗號化: 19世紀 末葉 싱가포르 天地會의 事例 檢討를 中心으로」, 314-315쪽을 참조.

83 朱琳, 『洪門志』, 105쪽.

아마도 이러한 기록은 청대에 해외에서 조직된 천지회의 상황이거나 민국시대의 상황 혹은 결사의 이상적인 회합의 경우를 묘사한 것이라고 여겨진다. 그러나 적어도 청조 국가권력에 의해 불법적·이단적인 결사로 낙인찍혀 철저한 감시와 탄압을 받아온 청대 천지회의 경우 사실상 비밀스럽게 진행되는 결사의 입회의식이 바로 위의 대취회나 특별취회의 기능을 동시에 수행하고 있었던 것이다.

특히 도광 연간(1821~1850) 이래로 입회의식의 백미라 할 수 있는 홍화정에서의 결의형제에서는 '맹서'·'삽혈'·'참간'·'분표'·'팔배' 등의 세부적인 의식이 이루어졌는데, 홍화정에 마련된 제단인 이른바 목두에는 오조의 위패가 안치되고 그 주위에는 오조를 상징하는 오방의 깃발인 오색기가 배치되었다.[84] 결국 정기회합의 기능을 가진 천지회의 입회의식은 제단에 위패로 안치된 결사의 창립자인 오조를 숭배하는 기능도 병행하고 있으니, 이는 앞서 언급한 대취회에 해당한다. 신해혁명의 그 이듬해 가을, 홍문과 혁명당의 영수였던 담인봉이 천지회를 중심으로 한 각종 홍문의 세력들을 공개적·합법적인 사회단체로 통합·변형시키기 위해 작성한 문건을 보면, 그 중의 제6장 집회 조항에서 전체대회는 일 년에 봄과 가을 두 차례에 걸쳐 결사의 선열들에 대한 사당을 세우고 제사를 지내야 한다고 규정하고 있는데,[85] 여기에서 선열의 대표적인 인물이 바로 오조였다.[86] 따라서 청대에 결사의 창립자인 오조를 시조로 숭배하는 기능을 가진 천지회의 입회의식은 민국시대에 이르러 그것의 기능이 분화되어 나간 결과 대취회나 전체대회와 같은 실질적인 정기회합을 출현시키기도 했던 것이다.

84 W. A. Pickering, "Chinese secret societies: Part Ⅱ", pp.7-9.
85 「社團改進會章程草案」, 石芳勤 編, 『譚人鳳集』, 長沙: 湖南人民出版社, 2008, 80-81쪽.
86 「復警政司原擬條件書」, 『譚人鳳集』, 88쪽.

소결

청대 천지회는 복건·광동·광서·강서·호남 등을 중심으로 화남의 각 지역에 분산되어 활동하고 있었고, 분산된 각각의 천지회는 일원적·통일적인 지휘체계를 가진 조직도 아니었다. 20세기 초 혁명파의 일원으로 활동한 도성장(陶成章)이 이러한 천지회에 대하여 "각 산당(山堂)이 분치(分峙)하여 서로 통일되지 않고, 비록 교통한다 하더라도 서로 절제(節制)할 수 없다."[87]고 언급한 것은 바로 조직의 분산성에서 오는 천지회의 약점을 날카롭게 지적한 말이었다. 그러나 이러한 조직 분산상의 약점에도 불구하고 천지회가 각 지역사회에서 생성·존속·발전을 계속 반복해 나갈 수 있었던 것은 각 지역의 천지회 조직이 결사를 유지해 나갈 수 있는 여러 측면을 함께 공유하고 있었기 때문이다.

이를테면 도원결의를 결합원리로 조직되는 천지회는 조직적 확대와 공간적 확산의 과정에서 기원전설에 근거한 공동의 근원, 서언·수칙·금령·규칙 등 공동의 내부 장정, 공동의 의식과 상징부호, 공동으로 숭배하는 영웅인물의 체계, 공동의 비밀동작, 천지회를 원류로 하는 회명을 명

87 陶成章, 「教會原流考」, 湯志鈞 編, 『陶成章集』, 北京: 中華書局, 1986, 424쪽.

명하는 공동원칙, 순천행도와 반청복명의 구호, 상호부조와 수호의기 등 공동의 사상원칙 등을 공유하고 있었다.[88] 천지회가 내재하고 있던 이러한 공동의 장치들은 기본적으로 결사의 내부문서인 회부의 광범위한 전파와 유통을 전제로 성립할 수 있었고, 그 주요 내용은 천지회가 각 지역에서 회원들을 확보하는 과정에서 진행된 입회의식을 통해 결사의 신구 회원들에게 소개·전달·주입되었던 것이다. 이러한 과정에서 천지회의 입회의식은 결사 자체나 구성원들에게 다음과 같은 다양한 기능을 복합적으로 수행하고 있었다.

천지회의 입회의식은 결사의 각종 은어와 암호를 통해 의형제로 재탄생된 신구 회원들 간의 평등성과 일체감을 증대시키는 정신적 기능을 수행하였다. 그리고 그 연장선상에서 결사의 각종 생활강령을 비롯한 연호·신분증서·동전 등의 규제를 통해 비밀결사로서 독자적 집단체제를 형성·유지시키는 통제적 기능을 수행하였다. 정치적 기능으로서는 천지회가 당시의 사회경제적 조건과 결부되어 봉기나 반란의 형태로 발전할 경우에 결사의 정치이념인 반청복명의 구호가 쉽게 도출될 수 있는 장치도 의식 과정의 곳곳에 배치되어 있었다. 비일상적이면서도 엄숙하게 진행된 삽혈맹서의 의식은 구성원들에게 일종의 내세적 구원은 물론이거니와 장수의 기원이라는 종교적 기능까지 수행하고 있었다. 천지회의 입회의식이 진행된 장소는 일상생활과 관련된 각종 의견이나 정보가 교환되는 곳이었기 때문에 결사 내부의 여러 현실적인 문제를 해결하기 위한 정기회합의 성격을 갖는 공간이기도 하였다. 이 과정에서 결사의 창립자인 오조를 중심으로 천지회의 인물들이 제단의 위패로 봉안되어 신구 회원들에게 숭배되고 있었으니, 천지회의 입회의식은 결사의 시조숭배라

88 諾維科夫(B.M.Новиков), 「試論'天地會'秘密社團的組織性質」, 『復旦學報』 1986-6, 87-88쪽.

는 문화적 기능도 훌륭히 수행하고 있었던 셈이다.

요컨대 '의식은 상징행위의 총체이다.'라고 정의할 때, 천지회의 입회 의식은 결사의 창립과 목적에 관한 일련의 상징행위를 기초로 도원결의를 결합원리로 조직되는 결사를 그야말로 천지회답게 만들어주는 일종의 총체적인 기제(機制)였던 것이다. 그리고 그것은 기능적인 측면에서 광대한 인민을 결사의 회원으로 재생시켜 결사 자체의 확대를 도모하기 위한 본연의 기능 이외에도, 회원들 간의 평등성과 일체감의 증대, 독자적 집단구조의 형성, 정치이념의 주입, 내세의 구원과 장수, 정기회합과 시조숭배 등과 같은 정신적·통제적·정치적·종교적·문화적 기능을 수행하고 있었다. 나아가 이러한 다양한 기능들은 입회의식의 과정에서 상호 복합적으로 작용하고 있었으니, 궁극적으로 결사 내외부의 결속력을 강화시켰던 측면으로 수렴된다고 말할 수 있겠다. 따라서 청대 천지회에서 입회의식의 기능은 결사의 기본적인 정체성을 파악하는 데 중요한 내용을 전달해 주고 있을 뿐만 아니라 천지회가 근대 중국의 대표적인 비밀결사로서 생명력을 끊임없이 지속할 수 있었던 주요한 배경 중의 하나로 위치지울 수 있을 것이다.

제 3 부

천지회 외부활동의 세계: 출현과 활동

| 제 1 장 |

건륭 연간 천지회의 출현과 실상

1

건륭 중·말엽 천지회의 출현과 실상을 파악하는 데 관건적인 인물은 건륭 26년(1761) 복건에서 천지회를 역사의 무대에 등장시킨 홍이화상(洪二和尙) 정개(鄭開)이다. 문제는 정개가 임상문(林爽文)의 천지회 반란 이전인 건륭 44년(1779)에 병사했기 때문에 사실상 정개가 천지회를 조직하여 활동했던 당시의 실상을 알려주는 직접적인 사료가 남아있지 않다는 것에 있다.

정개에 대한 사료의 부재는 결과적으로 정개라는 인물의 이미지를 양분하게 만드는 결과를 초래하였다. 즉 중국학자 호주생(胡珠生)과 혁치청(赫治淸)으로 대표되는 이른바 강희파(康熙派) 학자들에 의하면, 소림오승(少林五僧) 혹은 만오달종(萬五道宗)이 강희 13년(1674) 만주족과 한족이라는 민족 모순의 심화에 의해 반청복명(反淸復明)이라는 정치적 목표로 창립한 천지회를 건륭 26년의 시점에서 좀 더 발전된 형태로 재건한 인물이 바로 정개라는 것이다.[1] 이와는 다르게 채소경(蔡少卿)과 진보기(秦寶琦)를 중

1 胡珠生, 『淸代洪門史』, 沈陽: 遼寧人民出版社, 1996; 胡珠生, 「『香花僧秘典』和天地會起源」, 社會問題硏究叢書編輯委員會 編, 『會黨 · 敎派與民間信仰: 第二屆中國秘密社會史國際學術硏討會論文集』, 北京: 知識産權出版社, 2012; 赫治淸, 『天地會起源硏究』, 北京: 中國社會科學院出版社, 1996; 張長水, 「天地會創始人道宗身世行踪稽考」, 『福建文博』 2010-3; 蔡克驕, 「論『古來寺贊集』的史料價值」, 『會黨·敎派與民間信仰: 第二屆

심으로 한 소위 건륭파(乾隆派) 학자들은 청조가 건륭 중엽에 이르러 급격한 사회경제적 모순에 봉착하자 민간의 하층 인민들이 구성원들 간의 상호부조(相互扶助)라는 목표를 위해 회당(會黨)을 조직하기 시작했는데, 그중에서 가장 진일보한 것이 천지회였고, 그 창립자가 바로 정개였다고 주장하였다.[2]

결국 정개라는 인물을 천지회의 역사에서 어떻게 위치시키느냐에 따라 건륭 중·말엽 천지회의 성격이 강희파의 '반청복명론'과 건륭파의 '상호부조론'으로 극명하게 양분된다는 것이다. 그 결과 이들 양파의 시각은 연구자들로 하여금 이 시기 역사의 무대에 출현하여 활동한 천지회라는 결사가 형상화하고 있던 '다양한 모습들'을 주목할 수 없게 만들었고, 이는 천지회의 출현과 실상을 합리적으로 해석할 수 없게 만든 주요한 원인으로 작용하게 되었다. 예컨대 강희파의 입론대로라면 건륭 중·말엽 천지회에 보이는 상호부조의 측면이나 약탈이라는 불법 활동은 완전히 부차적인 문제로 간주될 수밖에 없으며, 이와는 반대로 건륭파의 입장에 서면 천지회가 진행한 일련의 사건과 반란, 그리고 결사의 은어(隱語)·시구(詩句)·맹서(盟書) 등에서 산견되는 반청복명의 내용에 대한 논리적인 해석을 결코 수반할 수 없다는 것이다. 따라서 상호부조·반청복명·불법 활동 등과 같은 '다양한 모습들'이 천지회의 정체성을 구성하는 관건적인 요소였다고 상정한다면, 건륭 중·말엽 천지회의 실상을 올바르게 정립하기 위해서는 기존의 강희파나 건륭파와 같은 경직된 이분법적 시각으

中國秘密社會史國際學術硏討會論文集』, 2012.

2 蔡少卿, 「關於天地會的起源問題」, 『中國近代會黨史硏究』, 1987; 秦寶琦, 『淸前期天地會硏究』, 北京: 中國人民大學出版社, 1988; 秦寶琦, 『洪門眞史』, 福州: 福建人民出版社, 2000; 孔祥濤, 「歷史與神話: 天地會西魯故事由來及天地會起源」, 『淸史硏究』 2005-3; 秦寶琦, 「"香花僧秘典", "萬五達宗", "西魯故事"與天地會起源」, 『淸史硏究』 2007-3; 秦寶琦, 『中國洪門史』, 福州: 福建人民出版社, 2012 등 참조.

로부터 벗어나 좀 더 '새로운 시각'이나 '유연한 시각'을 견지해야 할 필요가 있다.

여기에서 전자의 경우를 보면, 구미학자 테르 하르(Ter Haar)가 문화 종교사의 시각으로 천지회의 의식과 전설을 면밀히 분석하여 '말세 재앙론에 의한 구제론'이라는 믿음이 천지회가 반청복명을 창조한 주요 원인이었는데, 구성원들의 이러한 믿음이 기존 사회질서에 대한 저항과 봉기로 나아가게 하는데 중요한 역할을 했고, 심지어 결사의 존재를 정당화시켰다고 주장하였다.[3] 그러나 테르 하르의 이러한 새로운 시각의 접근은 천지회의 문화·종교적 특징만을 지나치게 강조한 결과 천지회를 '준 종교단체'로 몰아갔다는 비판을 피할 수 없을 것이다.[4]

후자의 경우, 청초 복건 지역의 이른바 의형제 집단의 출현과 유행, 그리고 이것의 발전적 형태인 회당의 출현이라는 일련의 역사적 과정 속에 청 중엽 천지회의 출현을 위치시켰던 대만학자 장길발(莊吉發)의 연구와 이를 기초로 좀 더 심화된 연구를 진행한 구미학자 오운비(Ownby)의 연구는 역사 현상에 대한 비교적 유연한 시각의 관점을 일정정도 반영하고 있다.[5] 그러나 장길발이나 오운비의 경우 기본적으로는 건륭파의 시각을 지지하는 입장에 서 있음에도 불구하고 강희파의 입론에 대해서는 회피하거나 유보하는 등의 '애매한 태도'를 취하여 논리적 반박을 전개하지 못했다는 한계가 여전히 존재한다. 예컨대 오운비는 기존에 논의된 "사회경제적 원인이나 정치적 원인으로는 천지회라는 특수한 회당이

3 Barend J. Ter Haar, *Ritual and Mythology of the Chinese Triads: Creating an Identity*, Leiden · Boston · Köln: Brill, 1998.

4 李恭忠, 「行走在政治與學術之間: 中國秘密社會史研究的百年歷程及其展望」, 『河北學刊』 25-3, 2005, 95쪽.

5 莊吉發, 『清代秘密會黨史研究』, 臺北: 文史哲出版社, 1994; David Ownby, *Brotherhoods and Secret Societies in Early and Mid-Qing China: The Formation of a Tradition*, California: Stanford University Press, 1996.

1760년대에 왜 복건 남부지역에서 창립되었는지를 결코 설명할 수 없다."고 언급하면서, 천지회의 창립과 활동에 대하여 역사적 과정과 상황의 '우연적 요인들'(contingent factors)을 강조했기 때문이다.[6]

본장에서는 건륭 중·말엽 천지회가 자신들의 결사에 가입하려고 했던 인민들에게 과연 어떠한 모습으로 형상화되고 있었고, 나아가 어떠한 다양한 성격을 가지고 하층 인민들에게 다가섰는가라는 시각에서 주어진 문제에 접근하고자 한다. 이는 곧 강희파니 건륭파니 하며 그동안 학계에서 운운해 온 "전통적으로 유지해왔던 역사를 보는 관점과는 다른 맥락에서 역사를 파악하려는 시도"로서, "이런 관행에 대한 의심에서 출발"하여 이른바 신문화사에서 추구하는 일종의 역사적 사료에 대한 "다르게 읽기"의 적용이기도 하다.[7] 우선 건륭 26년 정개가 조직한 천지회의 출현과 확산 과정, 그리고 이전의 의형제 집단이나 회당과 구별되는 천지회의 특징을 살펴본다. 이후 건륭 중·말엽 천지회의 실상을 규명하기 위해 회원들의 자백과 일련의 천지회 사건과 반란, 그리고 맹서의 내용을 분석하여 이를 통해 검출되는 천지회의 다양한 모습과 성격을 살펴볼 것이다. 이러한 논의는 비단 건륭 중·말엽뿐만 아니라 가경 연간(1796~1820) 이래로 광동을 중심으로 화남(華南) 지역 전역에 확대·확산된 천지회의 활동과 성격을 이해하는 데 그 출발점을 제공해 준다는 점에서 중요한 의미를 갖는다고 하겠다.

6 David Ownby, *Brotherhoods and Secret Societies in Early and Mid-Qing China: The Formation of a Tradition*, pp.56-58.

7 조한욱, 『문화로 보면 역사가 달라진다』, 서울: 책세상, 2000, 13-14쪽.

1. 정개의 등장과 천지회의 확산

건륭 26년(1761) 이전의 정개(鄭開)에 대해서는 장주(漳州)부의 천지회 연구자인 방군달(方群達)·방도금(方道金)과 건륭파의 대표주자인 진보기 등이 1990년대 초 운소(雲霄)현에서 실시한 현장조사에 의해 일부 밝혀지게 되었다. 이 조사에 의하면, 정개의 부친인 정계승(鄭溪承)은 명 영락 연간(1403~1424) 운소 지방의 고당촌(高塘村)에 정착한 고당 정씨의 11세손으로 강희 연간(1662~1722) 고당촌에서 정씨의 사숙(私塾)을 관장했고, 그의 두 번째 아들인 정개는 강희 49년(1710) 혹은 50년(1711) 고당촌에서 출생했다고 한다. 젊은 시절을 고당촌에서 보낸 정개는 건륭 10년(1745) 무렵 인근의 연전사(演錢寺)〔(=용자각묘(榕仔脚廟)〕로 출가해 승려가 되었고, 이후 고계관음정(高溪觀音亭)으로 와서 주지승이 되었다고 한다.[8]

그런데 정개는 건륭 26년(1761) 갑작스럽게 '천지회의 조직자'로 등장한다.[9] 즉 민절총독(閩浙總督) 오랍납(伍拉納)의 주접에 의하면, 승명이 제희(提喜)·도희(涂喜)·홍이화상(洪二和尙)으로 알려진 정개가 건륭 26년 운소 지방에서 천지회를 조직하였다. 이후 정개가 병사하는 건륭 44년(1779)까지 정개의 천지회에 가입한 회원으로는 노무(盧茂)·방권(方權)·이소민(李少敏)〔=이아민(李阿敏)〕·진표(陳彪)·조송(趙宋)〔=조명덕(趙明德)〕·진비(陳丕)·진

8 方群達, 「提喜的俗家籍貫與世系考」, '第1屆中國近代秘密結社史國際學術討論會'提出論文, 南京, 1993年 6月, 2-11쪽; 秦寶琦, 『中國地下社會』(淸前期秘密社會卷), 北京: 學苑出版社, 2004, 81-82쪽.

9 정개가 건륭 26년 갑작스럽게 천지회의 조직자로 등장하고 있기 때문에 중국학계를 중심으로 이에 대한 해석을 둘러싸고 장기간의 논쟁을 해 왔음은 앞서 언급한 대로이다. 따라서 본장에서는 강희파 혹은 건륭파의 주장과 상관없이 건륭 26년의 정개에 대하여 일단 '천지회의 조직자' 정도로 취급하고자 한다. 왜냐하면 본장에서 추구하는 목적이 건륭 중·말엽 천지회의 실상을 제시하고, 이를 통해 천지회가 가지고 있는 다양한 모습과 성격을 검출해 내는 것에 있기 때문에 강희파와 건륭파의 논쟁 자체와는 사실상 접근 시각이 다르다.

동(陳棟)·장파검구(張破臉狗)·하철(何哲)·서염(徐炎)·장보(張普) 등이 있었다.[10] 정개는 이들과 함께 운소 지방의 고계관음정을 거점으로 천지회를 전파하기 시작함과 동시에 건륭 33년(1768) 노무와 건륭 35년(1770) 이소민에게 지시하여 현성을 공략하는 등의 반청 거사를 획책하기에 이른다.[11]

정개가 천지회를 조직한 이후로 건륭 30·40년대 천지회가 인근 지역으로 광범위하게 확산되었다는 사실에 대해서는 장마구(張媽求)의 천지회 사건을 통해 짐작할 수 있다. 즉 건륭 52년(1787) 장마구가 장포(漳浦)현에서 천지회를 조직하여 염장(鹽場)을 약탈하는 사건이 발생했는데, 당시 체포된 장마구는 "천지회가 전파된 것이 이미 오래되어 장주의 각 현에서 모두 천지회를 조직하는 사건이 있었다."고 언급하면서, "천지회를 조직할 때에는 십여 명에서 수십 명이 한 무리를 이루어 각각 패거리가 된다."는 자백[12]을 통해 확인된다. 이처럼 천지회는 건륭 50년대 이전에 이미 장주부의 각 현으로 급속히 확산되었던 것이다.

특히 장주부의 경우 서쪽으로 광동 조주(潮州)부와 교계지역을 이루고 있었기 때문에 이들 지역 간의 교통로를 통해 빈번히 이동하는 인민들이 천지회에 가입하기 시작하였다. 예를 들어 건륭 51년(1786) 광동 조주부 요평(饒平)현인 허아협(許阿協)은 누룩을 구매하기 위해 복건 장주부 화평(平和)현으로 가던 도중에 천지회에 가입했고, 요평현인 뇌아은(賴阿恩)과 임아준(林阿俊)은 각각 장주부에 거주하는 아들을 보기 위해 가던 도중에 천지회에 가입하였다.[13] 또한 정개의 천지회에 가입한 진표·조명덕·

10 「閩浙總督伍拉納等奏審擬行義陳彪摺」(乾隆54.5.3.), 中國人民大學清史研究所·中國第一歷史檔案館 合編, 『天地會』7, 北京: 中國人民大學出版社, 1988, 522-527쪽; 胡珠生, 「天地會起源初探: 兼評蔡少卿同志「關於天地會的起源問題」」, 『歷史學』4, 1979, 76쪽.

11 「閩浙總督伍拉納等奏審擬行義陳彪摺」(乾隆54.5.3.), 『天地會』7, 524쪽.

12 「閩浙總督李侍堯奏漳浦縣張媽求等攻搶鹽場衙署稅館等情摺」(乾隆53.1.26.), 『天地會』5, 371쪽.

13 「兩廣總督孫士毅奏盤獲幷審訊天地會許阿協等情摺」(乾隆52.2.6.), 附: 「許阿協等人供

〈지도 1〉 정개의 천지회와 확산 분포도

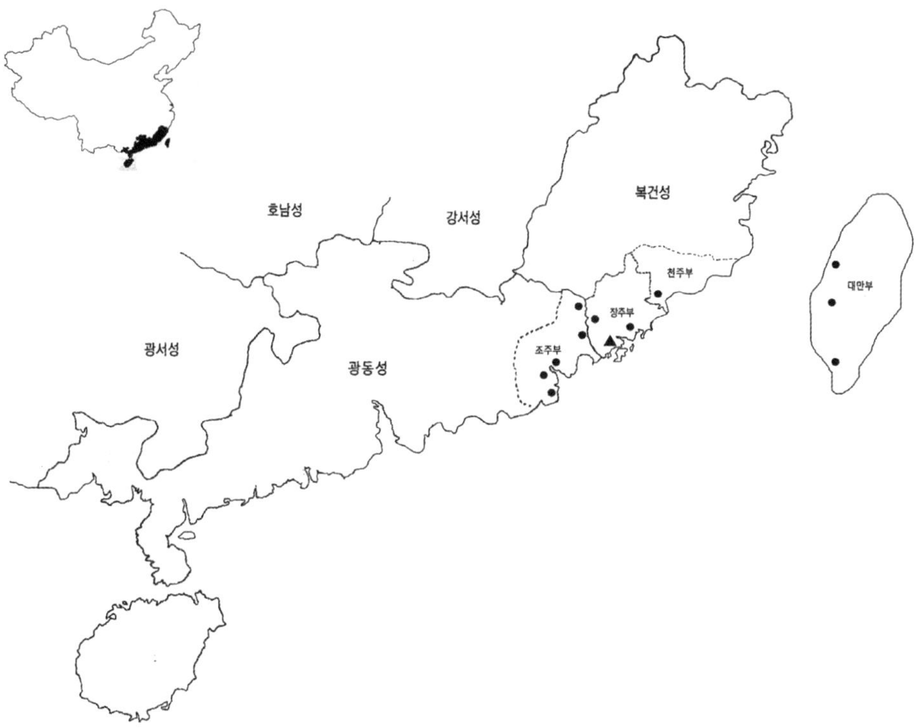

〈참고내용〉 지도에서 ▲는 복건 장주부 장포현 운소 지방으로 정개는 이곳에서 건륭 26년 '천지회의 조직자'로 등장하였다. 이후 정개의 천지회에 가담한 구성원들에 의해 비로소 천지회가 인근의 지역으로 확산되어 갔는데, 지도에서 ●는 건륭 말엽까지 천지회가 확산된 지역을 현 단위로 표시해 놓은 것으로, 복건의 경우 장주부 평화·장포현, 천주부 동안현, 대만부 창화·제라·봉산현이고, 광동의 경우 조주부 대포·요평·해양·보녕·해래현이다.

진비·진동 등의 고향이 광동 조주부 혹은 혜주(惠州)부였기 때문에[14] 이들이 고향을 왕래하는 과정에서 천지회를 전파했을 가능성도 배제할 수

單」, 『天地會』 1, 70-71쪽.

14 「閩浙總督李侍堯奏追査天地會趙明德等人踪迹摺」(乾隆53.4.23.), 『天地會』 1, 102쪽; 「閩浙總督李侍堯奏追査趙明德等人在閩傳會情形摺」(乾隆53.5.23.), 『天地會』 1, 104-105쪽.

없는데, 실제로 조명덕의 경우 이들 지역을 왕래한 사실[15]이 확인되고 있다. 양광총독(兩廣總督) 손사의(孫士毅)의 주접에서 건륭 53년(1788) 광동 조주부의 대포(大埔)·요평(饒平)·해양(海陽)·보양(普寧)·해래(海來)현 등에서 적게는 수명에서 많게는 수십 명의 천지회 회원이 각각 체포되었다는 내용[16]은 조주부에도 천지회가 광범위하게 확산된 정황을 잘 보여주고 있다.

게다가 건륭 중·말엽 장주(漳州)·천주(泉州)부 등의 빈곤한 인민들은 생계를 도모하기 위한 방편으로 대만(臺灣)부로 빈번히 이주해가기 시작하였다. 흠차협판대학사(欽差協辦大學士) 복강안(福康安)은 "대만 지방에는 원래 토착인이 없고, 전 군을 두고 논하면 장주·천주와 광동 세 곳의 인민들이 그 대부분을 차지할" 정도였다고 지적하고 있다.[17] 그 결과 장주부에서 하층 인민들을 중심으로 확산되고 있었던 천지회가 이주민들의 이동과 함께 대만으로 전파되었고, 이들 이주민들에 의해 대만에서도 천지회가 조직되기 시작하였다.

그 대표적인 이주민의 사례가 바로 천지회의 회원인 엄연(嚴煙)이다. 엄연은 건륭 47년(1782) 장주부 평화(平和)현에서 정개의 천지회에 가입한 진표를 통해 천지회에 가입했고, 생계를 유지할 목적으로 건륭 48년(1783) 대만으로 건너가 포점(布店)을 개설한 이후에 건륭 49년(1784) 임상문(林爽文)에게 천지회를 전파하였다.[18] 특히 임상문이 천지회 반란을 일으키기 직전의 천지회 활동에 대하여 『대만현지(臺灣縣志)』에서는 "도처

15 「閩浙總督李侍堯奏追査趙明德等人在閩傳會情形摺」(乾隆53.5.23.), 『天地會』 1, 105쪽.

16 「兩廣總督孫士毅奏審擬天地會許阿協等情摺」(乾隆53.7.10.), 『天地會』 1, 120-123쪽.

17 「欽差協辦大學士福康安等奏擒獲林爽文家眷及籌劃善后事宜摺」(乾隆53.1.9.), 『天地會』 4, 263쪽.

18 「大學士和珅奏呈嚴煙供詞幷請敕福建等省總督差緝天地會創始人片」(乾隆53.6.16.), 附: 「審訊嚴煙供詞筆錄」, 『天地會』 1, 110-111쪽.

에서 무리를 모아 천지회를 모방하는 것이 적게는 수십에서 많게는 수백이었는데, 제단을 설치하여 피를 내어 술과 섞어 마시고 무리를 도울 것을 맹서하였다."[19]고 기록하고 있으니, 천지회가 이미 대만에도 광범위하게 확산되었음을 짐작케 한다. 이후 대만에서 새롭게 형성된 이주민 사회의 모순은 무력을 사용하여 집단 간의 갈등을 해소한다는 계투(械鬪)로 첨예화되기 시작했고, 이러한 상황은 후술하듯이 탐관오리의 횡포와 국가권력의 간섭과 맞물리면서 급기야 건륭 51년 임상문의 천지회 반란을 비롯하여 건륭 60년 진광애(陳光愛)·진주전(陳周全)의 천지회 반란이 발생하게 된다.

그런데 여기에서 주목되는 점은 건륭 중·말엽 천지회는 청초부터 복건의 남부지역에서 성행했던 삽혈결맹의 방식으로 진행된 '의형제 집단'이나 회당의 전통을 계승하면서도,[20] 그것들과는 구별되는 자신들만의 독특한 내용과 장치들을 개발 혹은 발전시켜 나갔다는 사실이다. 비록 자료상의 한계로 인해 그 전모를 들추어 낼 수 없지만, 이하 예시하는 자료들을 통해 일정정도 접근할 수 있다.

> ⓐ 천지회는 연대가 매우 오래되었다고 한다. 종전(從前)에는 주성(朱姓)과 이성(李姓)이 함께 일으켰다. …… 후래(後來)에는 마구룡(馬九龍)이 여러 명의 화상을 규합하고 저승의 병사를 마음대로 부리는 법술(法術)을 연마했는데, 각각 천지회를 전파하였다. 근년(近年)에는 또 만화상(萬和尙)이 있었는데, 속명은 말희(沫喜)였다. (이들은) 모두 천지회를

19 (嘉慶)『臺灣縣志』卷5「外編·兵燹」, 373쪽.

20 佐佐木正哉,『清末の秘密結社: 前篇天地會の成立』, 東京: 巖南堂書店, 1970, 166-265쪽; 莊吉發,『清代秘密會黨史研究』, 33-67쪽; David Ownby, *Brotherhoods and Secret Societies in Early and Mid-Qing China: The Formation of a Tradition*, pp.29-54; 이평수,「清代 天地會 起源傳說의 解剖:「姚大羔本」起源傳說의 분석을 중심으로」,『中國學報』60, 2009, 337-343쪽(본서 제1부 제2장 참조).

전파한 사람들이었다.[21]

ⓑ 무릇 천지회를 전파할 때에는 편벽한 지방에 제단을 설치하고 도검(刀劍)을 배열하여 (사람들로 하여금) 그 밑을 뚫고 지나가게 한다. 그러면 천지회의 구호를 전해주고, 의형제가 된다. (이러한 사실은) 심지어 부모와 처자에게 알려서는 안 된다. 천지회를 일으킨 주성은 주정원(朱鼎元)이라고 부르고, 같은 무리에서 천지회를 전파한 이성은 사실상 이름을 알지 못한다. 이들 두 집안에서 홍(洪)자의 암호를 전수해 주었는데, 이 때문에 홍이방(洪二房)이라고 부르는 것이다. 적기(賊旗)에는 '홍호(洪號)'의 글자가 있고, 아울러 '오점이십일(五點二十一)'이라는 은어도 있는데, 모두 홍자에서 비롯된 의미이다. 암호를 알고 있다면 곧 천지회이기 때문에 평소에 면식이 없는 사람이라도 일이 있으면 서로 도와 줄 수 있다.[22]

ⓒ 만약 평소에 알지 못하는 사람을 만나게 되면, 형제가 있는지의 유무를 물어본다. 주변에 모두 형제가 있다고 대답하면서 세 손가락을 가슴에 갖다 대면 바로 천지회임을 알 수 있으니, 우리 서로가 보살펴 줄 수 있는 것이다.[23]

ⓓ 세 손가락을 이용하여 찻잔과 담배를 잡는다. 만약 길에서 어떤 사람이 약탈하려고 하면, 세 손가락을 가슴에 갖다 대면 무사할 수 있다. 같은 천지회의 사람이 조사하여 물으면, 단지 '물에서 왔다〔수리래(水里來)〕'고 말한다.[24]

21 「大學士和珅奏呈嚴煙供詞幷請敕福建等省總督差緝天地會創始人片」(乾隆53.6.16.), 附: 「審訊嚴煙供詞筆錄」, 『天地會』 1, 111쪽.

22 (乾隆) 『欽定平定臺灣紀略』 卷58, 乾隆53年4月14日條, 臺北: 臺灣銀行經濟研究室, 1961, 928쪽.

23 「閩浙總督李侍堯奏漳浦縣張媽求等攻搶鹽場衙署稅館等情摺」(乾隆53.1.26.), 『天地會』 5, 371쪽.

ⓔ 木立斗世知天下, 順天行道合和同 (허아협의 자백)

日月車馬三千里, 木立斗世知天下, 順天行道合和同 (뇌아은의 자백)

洪水漂流泛濫於天下, 三千結拜李桃紅, 木立斗世天下知, 洪水結拜皆一同 (임공유의 자백)[25]

우선 ⓐ는 정개의 천지회에 가입한 진표로부터 전해들은 엄연의 자백인데, 천지회의 창립 역사를 말하고 있다. 이 부분에 대한 『흠정평정대만기략(欽定平定臺灣紀略)』의 기록을 보면, '종전'의 주성과 이성이 천지회를 일으킨 장소는 사천(四川)이었고, '후래'의 마구룡이 규합한 화상은 48명이었는데 이 중에 13명이 살아남아 천지회를 일으켰으며, '근년'의 만화상이 천지회를 일으킨 장소는 광동(廣東)이었다고 한다.[26] 이러한 내용이 실제 천지회의 창립역사를 반영하고 있는지에 대해서는 명확히 규명할 수 없지만, 적어도 당시 정개의 천지회에 참여한 회원들은 천지회가 건륭 26년 정개에 의해 창립된 것이 아니라 그 이전 시기에 창립된 것으로 인식하고 있었던 것으로 보인다. 이점은 정개의 천지회에 가입한 진비(陳丕)의 다음과 같은 자백을 통해서도 확인된다.

건륭 32년(1767) 본현의 고계향 관음정에 제희(提喜)라는 화상이 천지회를 전수한다는 소식을 들었는데, 이 회에 가입하면 서로가 도움을 줄 수 있어 다른 사람에게 모욕을 당하지 않는다고 하였다. …… 전해들

24 「兩廣總督孫士毅奏續獲天地會林功裕等情摺」(乾隆52.3.15.), 附: 「林功裕供單」, 『天地會』 1, 87쪽.

25 「兩廣總督孫士毅奏盤獲幷審訊天地會許阿協等情摺」(乾隆52.2.6.), 附: 「許阿協等人供單」, 『天地會』 1, 70-72쪽. 여기에는 임아준의 자백한 "觸破機關定不可, 忠義存心不可忘"의 詩句도 보인다. 「兩廣總督孫士毅奏續獲天地會林功裕等情摺」(乾隆52.3.15.), 附: 「林功裕供單」, 『天地會』 1, 87쪽. 이밖에도 엄연의 자백에서는 "三姓結萬李桃紅, 九龍生天李朱洪"의 시구가 보인다. 〔「大學士和珅奏呈嚴煙供詞幷請敕福建等省總督差緝天地會創始人片」(乾隆53.6.16.), 附: 「審訊嚴煙供詞筆錄」, 『天地會』 1, 112쪽〕

26 (乾隆) 『欽定平定臺灣紀略』 卷58, 乾隆53年4月14日條, 927쪽.

供單

陳丕供小的年六十四歲福建漳浦縣人祖居雲霄山尾村家中父親已故有母方氏現年八十六歲妻謝氏兄弟陳今陳昌並無兒子小的自幼習學拳棒會醫跌打損傷乾隆三十二年聽得本縣高溪鄉觀音亭有提喜和尚傳授天地會入了此會大家都助不受人欺負小的就與同鄉的張破臉狗去拜從提喜入會後來因有同縣人盧茂等犯了重案拏獲治罪官府凡遇地方有結盟拜會的人都要拏究小的害怕就在家耕種不敢說出拜會的事平日並未到過臺灣也無傳授過别人的事那提喜和尚是漳浦縣人大家都叫他提喜和尚他俗家住在何處是何姓氏小的沒有問過不敢妄供提喜現年約有六十八九歲小的近年以來就不到觀音亭去此時提喜是否還住在那裏實不知道這會傳聞已久不知始自何年何人並非提喜倡起的他此外傳授何人小的不知道那陳彪趙明德也是天地會人小的都認識的陳彪住平和縣雲寮鄉年約六十多歲小的與他久不見面了趙明德住漳浦縣雲霄城北門內倉邊巷年約五十餘歲小的到過他家住屋三間有兩個兒子大的約二十餘歲小的約十三四歲不曉得他們名字陳棟小的實不認識供不出年歲住址的

〈자료 1〉 진비의 「공단」

* 출처 : 臺北國立故宮博物院 所藏, 「廣東巡撫圖薩布奏摺」(乾隆53.12.2.) 附片 「供單」(陳丕), 軍機處檔摺件 編號 038231. 「공단」에서 필자가 밑줄 친 부분이 바로 인용문이다.

은 바에 의하면, 천지회는 이미 오래되어 어느 해에 어떤 사람으로부터 시작했는지 알지 못하며, 결코 제희가 창립한 것은 아니다.[27]

결국 이상의 기록과 자백은 정개의 천지회가 '종전'의 주성과 이성이 창립한 천지회와 '후래'의 마구룡 등의 화상이 재건한 천지회, 그리고 '근년'의 만화상이 재건한 천지회라는 일종의 '천지회 계보'를 작성함으로써 자신들 결사의 정체성을 확보하는 데 경주하고 있었음을 보여주는 대목이라고 생각된다. 이처럼 천지회가 결사의 정체성을 확보하려는 노력은 가경 16년(1811) 청조에 의해 최초로 발견된 회부(會簿)인 요대고본(姚大羔本)의 내용을 통해 확인할 수 있다.[28] 즉 자백에 보이는 '천지회 계보'의

27 臺北國立故宮博物院 所藏, 「廣東巡撫圖薩布奏摺」(乾隆53.12.2.), 附片 「供單」(陳丕), 軍機處檔摺件 編號 038231.

28 「廣西巡撫成林爲搜獲東蘭州天地會成員姚大羔所藏『會簿』呈軍機處咨文」(嘉慶16.5.7.), 附: 「廣西東蘭州天地會成員姚大羔所藏『會簿』」, 『天地會』 1, 4-5쪽.

내용과 요대고본의 기원전설을 비교해 보면, '종전'의 주성과 이성이 창립한 천지회의 내용은 주성인 숭정제(崇禎帝)와 이성인 서궁낭낭(西宮娘娘) 이신비(李神妃)의 이야기와, '후래'의 마구룡 등 13명의 화상이 재건한 천지회의 내용은 소림사(少林寺)가 소실되는 과정에서 살아남은 승려의 이야기와, 그리고 '근년'의 만화상이 재건한 천지회의 내용은 만운룡(萬雲龍)의 이야기와 서로 각각 대응을 하고 있다는 점에서 더욱 그러하다.[29]

다음으로 ⓑ에서 제단을 설치하고 칼 밑을 뚫고 지나간다는 의식은 이전 시기의 다른 의형제 집단에서도 보이고 있을 뿐만 아니라 화남 지역에서 자식들의 양육과 성장에 관한 일종의 액을 내쫓는다고 하는 '해양(解禳)'이라는 습속으로서의 이른바 '과관의식(過關儀式)'과 흡사하기 때문에[30] 그 자체가 반드시 천지회의 독특한 특징을 반영한 것이라고 말할 수 없다. 그러나 이러한 의식을 통해 천지회에 가입하게 되면 그 증거로서 각종 은어 등의 암호장치를 전수받는 점에서 천지회만의 독특한 특징을 발견할 수 있는데, 이를 구체적으로 나열해 보면 다음과 같다.

첫째, ⓑ에서는 천지회의 암호장치가 주성과 이성으로부터 전수받았다고 하는 홍자에서 기인한다고 하면서, 이를 이용한 암호장치로 홍자를 분해한 '오점이십일(五點二十一)'이라는 은어를 들고 있다. 그런데 오점이십일은 건륭 중·말엽 천지회에서만 한정되어 사용된 것으로 보인다. 왜냐하면 천지회가 가경 연간(1796~1820)에 이르러 광동 등의 지역으로 광범위하게 전파되는 과정에서 오점이십일이 '삼팔이십일(三八二十一)'='삼팔입일(三八卄一)'로 대체·사용되었기 때문이다. 요대고본에서도 오점이십일은 보이지 않고 삼팔이십일만이 보이고 있다.[31]

29 요대고본에 수록된 기원전설의 출현 과정, 내용, 구조의 분석에 대해서는 이평수, 「淸代 天地會 起源傳說의 解剖: 「姚大羔本」起源傳說의 분석을 중심으로」 참조.

30 山田賢, 『中國の秘密結社』, 東京: 講談社, 1998, 117-119쪽.

여기에서 오점(五點)과 삼팔(三八)은 모두 분해된 홍(洪)자의 氵과 八을 의미하기 때문에 표면적으로 큰 변화는 없어 보이지만, 건륭 중·말엽 천지회가 확산되는 과정에서 이를 계승하여 각 지역에서 조직된 천지회가 천(天)〔靝〕과 지(地)〔黰〕를 숭배하여 결성된 단체〔회(㑹=會)〕라는 의미에서 청흑회(靝黰會)를 조직한다든가,[32] 혹은 이들의 의성(義姓)인 홍자에서 유래된 암호장치에서 홍자의 편방인 氵이 의미하는 숫자 삼(三)의 의미를 강조한 결과물이었다고 생각된다.[33] 특히 후자의 경우 ⓒ와 ⓓ에서 보이는 것처럼 천지회가 '세 손가락 비결'〔삼지결(三指訣)〕을 사용했다는 점과 ⓓ에서 "물에서 왔다."〔수리래(水里來)〕의 문답에서 수(水)가 홍자의 편방인 수(氵)를 의미하고 있다는 점에서 더욱 그러하다. 따라서 가경 연간 이래로 조직된 천지회의 사례에서 산견되는 "입을 열면 본(本)을 떠나지 않는다."는 '개구불리본(開口不離本)'이란 표현[34]에서 '본'이란 이를테면 회원들 간의 신분확인 과정에서 자신의 성을 물어보면 천지회의 의성인 '홍'이나 이것을 분해한 '삼팔이십일'로 대답하는 것을 의미하거니와 삼합회(三合會)·삼점회(三點會)라는 천지회의 이명(異名)이 새롭게 출현하여 유행한 것도 이와 같은 맥락에서 해석되는 것이다.

둘째, ⓒ를 통해서는 천지회가 세 손가락을 가슴에 갖다 대는 이른바 '세 손가락 비결'이란 암호를 사용했고, ⓓ에서는 세 손가락을 이용하여 찻잔과 담배를 잡는 암호와 "물에서 왔다."라는 문답을 볼 수 있다.

손가락 비결과 관련해서 회원들 간에 약속된 암호장치의 사례를 좀

31 「廣西東蘭州天地會成員姚大羔所藏『會簿』」(嘉慶16.5.7.), 『天地會』 1, 7-8쪽, 11쪽, 13쪽, 16쪽.

32 「閩浙總督伍拉納奏陳蘇老等創靝黰會摺」(乾隆57.8.24.), 『天地會』 5, 450-452쪽.

33 「廣西東蘭州天地會成員姚大羔所藏『會簿』」(嘉慶16.5.7.), 『天地會』 1, 3-5쪽, 9쪽, 12쪽에서는 천지회가 의도적으로 숫자 삼(三)을 강조하고 있는 사례를 볼 수 있다.

34 이평수, 「淸 嘉慶年間 天地會의 會員募集과 結社의 擴大·擴散: 廣東地域 天地會의 事例 檢討를 中心으로」, 『史林』 21, 2004(본서 제2부 제1장) 참조.

더 구체적으로 살펴보면, 천지회는 엄지손가락에 천(天)의 의미와 새끼손가락에 지(地)의 의미를 부여했는데, 허아협의 자백에서 보이는 것처럼 한쪽에서 엄지손가락을 내밀면 다른 한쪽에서는 새끼손가락을 내미는 방식[35]으로 의사소통하였다. 그리고 세 손가락 비결에서 찻잔과 담배를 이용한 경우에는 요대고본에 수록된 그림을 통해 그 모습의 일단을 확인할 수 있다.[36] 따라서 가경 연간 이래로 광동 지역 천지회의 사례에서 산견되는 "손을 들면 혹은 손을 내밀면 삼(三)을 떠나지 않는다."는 '거수불리삼(擧手不離三)' 혹은 '출수불리삼(出手不離三)'이란 표현[37]에서 '삼(三)'은 위에서 설명한 세 손가락 비결을 이용한 방법을 의미한다고 여겨지며, 요대고본에서 보이는 것처럼 손가락을 이용한 의사소통장치는 회원들 간의 약속된 암호로 더욱 복잡한 양상으로 전개되어 갔던 것으로 보인다.

이밖에도 천지회가 "물에서 왔다."라는 문답을 이용하고 있는 것으로 보아 간단한 문답을 통해 회원들 간에 의사소통을 진행했고, 이러한 문답의 경우에도 요대고본을 비롯한 각종 회부(會簿)에 다양한 사례로 수록되어 있다. 요대고본에 수록된 「반문형제(盤問兄弟)」의 첫 구절을 예로 들어보면, "형제, 너는 오늘 아침에 어디에서 왔느냐?"〔兄弟, 你今早在那里來〕라고 물으면, "동쪽에서 왔다."〔是東邊來〕라고 대답하는 것으로 약속되어 있던 것이다.[38]

셋째, ⓔ는 회원들의 자백에서 보이는 각종 시구(詩句)이다. 건륭 중·말엽 천지회는 자신들의 결사와 관련된 내용들을 시구로 압축하여 회원

35 「兩廣總督孫士毅奏盤獲幷審訊天地會許阿協等情摺」(乾隆52.2.6.), 附: 「許阿協等人供單」, 『天地會』 1, 70쪽.

36 「廣西東蘭州天地會成員姚大羔所藏『會簿』」(嘉慶16.5.7.), 『天地會』 1, 22쪽, 25쪽.

37 이평수, 「清 嘉慶年間 天地會의 會員募集과 結社의 擴大·擴散: 廣東地域 天地會의 事例 檢討를 中心으로」, 153-155쪽.

38 「廣西東蘭州天地會成員姚大羔所藏『會簿』」(嘉慶16.5.7.), 『天地會』 1, 11쪽.

들에게 암송시킨 것으로 보인다.[39] 특히 ⓔ의 시구에서 공통으로 보이는 '목립두세지천하(木立斗世知天下)' 혹은 '목립두세천하지(木立斗世天下知)'에서 목립두세(木立斗世)의 경우는 정개가 조작해 낸 것으로 알려져 있다.[40] 그리고 이것의 의미에 대하여 허아협은 "목(木)자는 순치 18년, 입(立)자는 강희 61년, 두(斗)자는 옹정 13년, 세(世)자는 천지회가 건륭 32년에 일어났다는 것을 가리키는 것이기 때문에 이 세(世)자를 빌어서 몰래 감춘 것이다."라고 자백하였다.[41]

허아협의 목립두세에 대한 다소 불명확한 자백은 당시 양광총독 손사의로 하여금 천지회의 창립시간을 건륭 32년(1767)으로 오인하게 하였다.[42] 그러나 목립두세를 조작해 낸 정개의 입장에서 되새겨 본다면, 청조는 순치 치세의 18년인 '목(木)'(十+八)·강희 치세의 61년인 '입(立)'(六+一)·옹정 치세의 13년인 '두(斗)'(十+⺌)의 시대를 경과하여 건륭 치세에 이르게 된 상황에서 반청 사건을 일으켜 청조를 멸망시킬 구체적인 시간을 건륭 32년으로 상정하고, 이것을 '세(世)'(卅+二)자로 암호화했을 가능성이 크다[43]고 생각된다. 이러한 가능성은 실재로 정개가 노무에게 세(世)가 의미하는 건륭 32년에 반청 거사를 일으킬 것을 비밀리에 지시하자 노무는 건륭 32년 거사를 준비했지만 이것이 여의치 않자 이듬해 현성을 공격했다는 기록[44]을 통해 짐작할 수 있다.

---

39 「兩廣總督孫士毅奏盤獲幷審訊天地會許阿協等情摺」(乾隆52.2.6.), 附: 「許阿協等人供單」, 『天地會』 1, 70-72쪽.

40 「閩浙總督伍拉納等奏審擬行義陳彪摺」(乾隆54.5.3.), 『天地會』 7, 523쪽.

41 「兩廣總督孫士毅奏盤獲幷審訊天地會許阿協等情摺」(乾隆52.2.6.), 附: 「許阿協等人供單」, 『天地會』 1, 70-71쪽.

42 「兩廣總督孫士毅奏遵旨嚴密查拿洪二和尙及朱姓等情摺」(乾隆52.2.21.), 『天地會』 1, 77쪽. 이러한 청조 관료의 천지회 창립일 대한 오해는 천지회를 연구하는 학자들에게까지 영향을 미쳐서 대현지의 경우처럼 건륭 32년 천지회 창립설을 주장하는 주요한 근거가 되기도 하였다.(戴玄之, 「天地會的源流」, 『大陸雜誌』 36-11, 1968, 357쪽)

43 赫治淸, 『天地會起源硏究』, 142-143쪽.

이처럼 반청이라는 정치적 사건의 구체적 시간을 예언하고 있는 목립두세는 가경 연간 이후로 그 의미가 정착되어 천지회의 반청복명(反淸復明)을 상징하는 시구이자 은어로 자리매김하게 된다. 예컨대 요대고본의 「삼육저(三六底)」에 "목립두세지천하(木立斗世知天下), 순천행도합화동(順天行道合和同), 부명절청등용위(扶明絶淸登龍位), 동심협력토강산(同心協力討江山)"[45]이라 하여 ⓔ의 허아협의 자백에서 보이지 않은 두 구절을 명확하게 싣고 있다. 전림본(田林本)에는 기원전설에 출현하는 향로의 도식에 목립두세가 '홍평천하(洪平天下)'·'부명멸청(扶明滅淸)' 등의 구절과 병칭되어 있다.[46] 소일산본의 경우 정비(亭碑)의 도식에도 "목립두세월개절(木立斗世月皆絶), 만리화동재부흥(萬里和同再復興)"라 표기되어 있다.[47]

이상과 같이 건륭 26년(1761) 역사의 무대에 출현한 천지회는 복건의 장주부·대만부를 중심으로 광동의 조주부에 이르기까지 급속하게 확산되기 시작하였다. 그리고 이전의 의형제 집단이나 회당과는 다르게 자신들 결사의 정체성을 확보해 내기 위해 비록 간단하긴 하지만 회원들의 자백에 보이는 것처럼 주성과 이성에 의한 홍가, 즉 천지회의 창립을 주장하고 있었고, 이렇게 창립된 천지회의 전파를 위해 홍자로부터 파생되거나 이것을 상징하는 독특한 시구와 문답, 그리고 목립두세와 같이 예언적 기능을 하는 은어 등 암호장치를 개발 혹은 발전시켜 나갔던 것이다. 이러한 측면은 천지회의 성격을 규정하는 데 매우 중요한 문제의 하나라고 생각되는데, 이하 단락을 구분하여 좀 더 구체적으로 논의해 보자.

44 「閩浙總督伍拉納等奏審擬行義陳彪摺」(乾隆54.5.3.), 『天地會』 7, 524쪽.

45 「廣西東蘭州天地會成員姚大羔所藏『會簿』」(嘉慶16.5.7.), 『天地會』 1, 8쪽.

46 「天地會文書抄本」, 庾裕良·陳仁華 等編, 『廣西會黨資料彙編』, 南寧: 廣西人民出版社, 1989, 485쪽.

47 蕭一山 編, 『近代秘密社會史料』 卷1, 上海: 上海文藝出版社, 1991(1935년 影印本) 1쪽.

2. 천지회의 암호 운용과 정치·경제·사회적 성격

임상문의 천지회 반란 과정에서 청조에 체포된 회원들의 자백을 통해 당시 천지회가 갖고 있던 다양한 모습에 접근할 수 있다. 그 대표적인 예로 임상문을 천지회에 가입시킨 엄연의 자백을 들 수 있는데, 그는 복건의 장주부와 대만부의 인민들이 천지회에 가입한 이유를 다음과 같이 말하고 있다.

> 천지회에 들어가는 이유는 ① 혼인과 장례〔喪葬〕의 일이 있으면 서로 돈과 재물을 내어 도울 수 있고, ② 다른 사람과 다툼을 하게 되면 서로 힘을 내어 도울 수 있으며, ③ 약탈을 만나더라도 일단 같은 집단의 암호를 하면 서로 범하지 않고, ④ 장래에 다른 사람에게 천지회를 전수하면 보상을 받을 수 있기 때문이다.[48]

엄연은 계속해서 ①~④의 4가지 이유로 인해 "천지회에 가입하기를 희망하는 사람이 매우 많아졌다."고 강조하고 있다. 엄연이 지적하고 있는 이러한 내용을 토대로 건륭 중·말엽 천지회에 형상화되고 있었던 모습과 성격을 검출해 낼 수 있는데, 그 내용은 다음과 같다.

첫째, ①과 ②를 통해 건륭 중·말엽 천지회가 회원들 간에 어려운 일이 있으면 서로 돕는다고 하는 상호부조의 성격을 가지고 있는 정황을 포착할 수 있다. 엄연은 혼인과 장례라는 가정의 대사와 다른 사람과의 다툼에서 멸시를 당하는 경우를 구체적으로 언급하고 있는데, 적어도 천지회에 가입하게 되면 하층 인민들이 개인적으로 감당하기 힘든 일들을

48 「大學士和珅奏呈嚴煙供詞并請敕福建等省總督差緝天地會創始人片」(乾隆53.6.16.), 附: 「審訊嚴煙供詞筆錄」, 『天地會』 1, 111쪽. 인용문에서 ①, ②, ③, ④는 필자가 설명의 편리를 위해 임의적으로 구분한 것이다.

천지회라는 집단의 힘을 빌어 해결할 수 있었기 때문에 상호부조의 내용은 이보다 훨씬 광범위했으리라 짐작된다. 당시의 맹서인 「천지회맹서서사(天地會盟書誓詞)」에서도 "위급한 일이 있으면 서로 도와주어야 한다."[49] 라고 명시하고 있다. 이처럼 천지회는 지역사회에서 약자가 스스로를 보호할 수 있는 수단이자 강자에게 대응할 수 있는 논리로서의 상호부조라는 '사회적 성격'을 가지고 있었던 것이다.

둘째, ③을 통해서는 천지회가 ①과 ②에서 보이는 상호부조의 성격을 넘어서 천지회라는 집단의 힘을 이용하여 재물을 약탈하는 불법 활동에 참여하고 있는 상황을 엿볼 수 있다. 나아가 천지회 회원으로서 자신들의 암호를 알고 있다면 천지회가 진행하는 약탈을 면할 수 있다는 정황까지 지적하고 있다. 이러한 천지회의 모습에 대하여 당시 체포된 천지회 회원인 허아협(許阿協, ⓐ)·뇌아은(賴阿恩, ⓑ)·임아준(林阿俊, ⓒ)·도아번(涂阿番, ⓓ)은 다음과 같이 자백하고 있다.

> ⓐ 만약 약탈하려는 사람을 만나면, 엄지손가락을 펼쳐 보이는데, 이는 곧 천(天)자이다. 약탈하려는 사람은 반드시 새끼손가락을 펼쳐 보여야 하는데, 이는 곧 지(地)자이다. (그러면) 피차 천지회의 규정에 따라 약탈하지 않는다.
>
> ⓑ 만약 물건을 약탈하려는 사람을 만나면, 단지 세 손가락을 이용하여 자신의 가슴에 갖다 대면 약탈을 면할 수 있다. …… 엄지손가락을 펼쳐 보이는 것은 천(天)이고, 새끼손가락을 펼쳐 보이는 것은 지(地)이다.
>
> ⓒ 네가 천지회에 가입하기만 하면, 무사할 수 있다. …… 길에서 만약 어떤 사람이 가로막고 약탈하려고 할 때에 단지 세 손가락을 사용하여

49 「天地會盟書誓詞」(乾隆52.2.), 『天地會』 1, 161쪽; 赫治清, 「「天地會盟書誓詞」辨正」, 『清史研究通信』 1985-1, 22쪽.

자신의 가슴에 갖다 대면 천지회의 사람임을 바로 안다.

ⓓ 황아서(黃阿瑞)는 우리 장주에 천지회가 있는데, 만약 천지회에 가입하면 좋은 점들이 있다고 하면서, 나에게 엄지손가락은 천(天)이고, 새끼손가락은 지(地)이며, 담배를 피울 때에 세 손가락을 이용하여 담배를 잡는 것을 암호로 한다고 알려 주었다. 내가 어떤 좋은 점이 있냐고 묻자, 그는 내가 복건의 노상에서 약탈하는 사람을 만났을 경우 암호를 이용하여 그에게 보여주면 약탈하지 않는다고 하였다.[50]

위 네 명의 자백에서 천지회 회원들이 이구동성으로 말해주는 것처럼, 건륭 중·말엽 천지회의 모습에는 앞서 살펴 본 상호부조의 성격 이외에도 회원들이 자신들의 경제적 빈곤상태를 해결하기 위한 수단으로서 천지회라는 집단의 힘을 빌려 재물을 약탈하는 불법 활동을 자행하고 있었던 모습을 발견할 수 있다. 나아가 이러한 불법 활동을 진행하는 과정에서 천지회는 자신들만이 공유하고 있던 손가락 비결과 문답, 그리고 앞서 언급한 홍(洪)자의 암호와 시구의 은어 등을 이용하여 천지회 회원인지의 여부를 판단하고 있었던 것이다. 비록 간단한 천지회의 암호장치이지만, 이것을 알지 못하면 약탈을 면치 못한다는 논리인 셈이다. 결국 천지회의 약탈을 피하기 위해서라도 인민들이 천지회에 가입하고 있었던 것이다. 여기에서 천지회의 또 다른 성격을 발견할 수 있는데, 천지회는 면식이 없더라도 같은 회원임을 확인할 수 있는 독특한 '암호장치의 운용'과 집단의 힘을 이용하면 재물을 약탈할 수 있다는 '경제적 성격'을 가지고 있었던 것이다.

셋째, ④에서는 앞서 상호부조나 불법적 활동과는 달리 천지회를 다

50 「兩廣總督孫士毅奏盤獲幷審訊天地會許阿協等情摺」(乾隆52.2.6.), 附: 「許阿協等人供單」, 『天地會』 1, 70-72쪽.

른 사람에게 전수하면 경제적으로 보상을 받을 수 있다는 점을 지적하고 있다. 이러한 천지회의 모습에 대한 구체적인 예로서는 정개가 그의 아들인 정계(鄭繼)〔=행의(行義)〕에게 천지회를 전수한 상황에서 엿볼 수 있는데, 민절총독(閩浙總督) 오랍납(伍拉納)의 주접에는 다음과 같이 기록하고 있다.

> 행의(行義)는 본래 바보이기 때문에 제희(提喜)〔=정개〕는 원래부터 자식으로 여기지 않았다. 제희가 병이 들었을 때 행의가 병문안을 왔는데, 제희는 행의가 가난하고 의지할 데가 없는 것을 가엽게 여겨 행의에게 (천지회의) 손가락 비결을 전수하여 이익을 도모할 수 있게 하였다. 세 손가락 비결을 전수한 것이 매우 많았기 때문에 향촌의 어리석은 인민들이 대부분 (천지회에) 복종하였다. 실제로 어떤 사람인지를 묻지 않고 (동전) 수십 문에서 백 여 문을 손쉽게 얻고서는 손가락 비결을 전수하고 한 번 보고 흩어졌으니, 장부를 남겨두지 않았다. 이미 전수된 바가 많아서 실제로 많은 성명을 자백할 수가 없다.[51]

정개가 그의 아들에게 어쩔 수 없이 천지회를 전수한 위의 상황을 통해 천지회의 손가락 비결이라는 암호를 다른 사람에게 전수할 경우 그 대가로 동전 수십 문에서 백 여 문이라는 금전적 보상을 받을 수 있음을 알 수 있다. 이러한 사례는 건륭 27년(1762) 진표의 상황을 통해서도 확인된다. 즉 건륭 44년(1779) 정개가 병사하자 진표는 자신도 늙고 가난했기 때문에 돈을 편취하여 사용할 목적으로 천지회를 다시 전수하기 시작했는데, 진곡(陳曲)·이적(李摘)·엄연(嚴煙) 등에게 천지회를 전수하고 이들로부터 각각 번은(番銀) 1·2원이나 전(錢) 1,000문을 받았던 것이 바로 그것이다.[52] 이처럼 천지회에 가입한 회원들은 자신들이 공유하고 있

51 「閩浙總督伍拉納等奏審擬行義陳彪摺」(乾隆54.5.3.), 『天地會』 7, 525쪽.

는 손가락 비결과 문답 등 '천지회 지식'을 전파하는 것만으로도 돈벌이를 할 수 있었던 것이다. 이를 통해 '천지회 지식'을 전수하는 것만으로도 손쉽게 얻을 수 있는 금전적 보상이라는 천지회의 또 다른 '경제적 성격'을 확인할 수 있다.

그런데 위에서 언급한 천지회의 모습 이외에도 결사의 정치적 성격을 엿볼 수 있는 모습까지 드러나고 있었다는 점에 주목할 필요가 있다. 이점에 대해서는 건륭 중·말엽 천지회가 복건의 장주부와 대만부에서 아래와 같이 진행한 일련의 천지회 사건과 반란을 통해 접근할 수 있다.

첫째, 건륭 33년(1768) 노무(盧茂)의 천지회 사건과 건륭 35년(1770) 이소민(李少敏)〔=이아민(李阿閔)〕의 천지회 사건이다. 이 두 사건을 각각 조사한 민절총독(閩浙總督) 최응계(崔應階)와 복건순무(福建巡撫) 온복(溫福)은 '역비(逆匪)' 혹은 '간비(奸匪)'가 무리들을 규합하고 패역한 문구를 만들어 촌장과 부호를 약탈하여 재원을 마련한 이후에 현성을 공략하는 등의 거사를 도모했다고 하면서, 이들을 모반대역율(謀叛大逆律)에 의거하여 가담 정도에 따라 처벌할 것을 황제에게 보고하였다. 특히 노무 사건의 경우, 노무가 송조의 후손인 조량명(趙良明)을 날조하고 군사(軍師) 채덕영(蔡德靈)과 원수(元帥) 임학명(林鶴鳴)의 성명을 운운하면서 332명을 규합하여 '화람하포(花藍夏布)'를 나누어 주고 거사에 임하여 그 표식으로 삼게 했는데, 이 중에 약 80여 명이 장포(漳浦) 현성을 공격하다가 실패하였다. 이소민 사건의 경우, 이소민이 주씨(朱氏)가 거사를 도모한다고 하면서 '대명(大明)'·'대총진(大總鎭)'·'마장(馬將)'·'보장(步將)' 등의 글자가 새겨진 '홍릉찰부(紅綾札付)'를 분배하고 회원들을 확보하여 거사를 준비하다가 관부에 체포되었다.[53]

52 「閩浙總督伍拉納等奏審擬行義陳彪摺」(乾隆54.5.3.), 『天地會』 7, 524쪽.
53 「閩浙總督崔應階奏審擬盧茂等結會起事摺」(乾隆32.5.8.), 『天地會』 7, 528-533쪽;

당시 최응계와 온복은 이 두 사건이 정개의 천지회와 관련되어 있었다는 사실을 모르고 있었지만, 건륭 51년 11월(1787년 1월) 발생한 임상문의 천지회 반란을 진압하는 과정에서 그 내막이 밝혀지게 된다. 이점에 대하여 민절총독 오랍납은 다음과 같이 지적하고 있다.

> 이 범인들의 자백을 조사해 보니, 건륭 27년(1762) 제희(=정개)가 고계관 음묘에서 천지회를 전파하였다. 노무는 이 해에 입회했고, 진표는 방권이 끌어들여 입회하였다. 조명덕은 본명이 조송으로 28년 진표를 섬겨 스승으로 삼고, 제희를 직접 만나 보고서 이름을 바꾸어 입회하였다. 32년(1767) 노무가 사람들을 규합하여 천지회의 비도와 모반을 하려고 생각하였다. …… 건륭 33년(1768) 노무 등이 먼저 관부에 의해 진압되자, 이들 범인들은 소식을 듣고 도망갔다. 화상인 제희가 비밀리에 지시했기 때문에 성명이 드러나지 않았던 것이다. 많은 범인들은 제희가 천지회를 전파한 스승이고 일찍이 칼 밑을 뚫고 지나가는 맹서를 했기 때문에 모두 자백하지 않았던 것이다. 천지회의 비결(秘訣)을 전수한 것은 세 손가락을 이용하여 가슴을 누르는 것뿐이었고 아울러 조사할 만한 증거와 문서가 없었기 때문에 각 범인들은 결국 모두 감추고 자백하지 않아 법망을 피할 수 있었다. 한편 범인 이소민, 즉 이아민도 역시 같은 시기에 입회하였다. 제희가 날조한 시구 중에 이주홍(李朱洪)의 글자가 있었기 때문에 이아민은 다시 35년(1770) 주진흥(朱振興)을 날조하고 이전 명조의 후예가 되어 사람들을 규합하여 비도들과 모의했지만, 곧 체포되어 사형되었다. 이후 제희와 진표 등은 모두 종적을 감추었고, 다시 천지회를 전파하려 하지 않았다.[54]

이처럼 정개의 천지회에 가입한 노무와 이소민이 주동하여 각각 송조

「福建巡撫溫福奏李阿閔蔡烏强等起事摺」(乾隆35.1.20.),『天地會』7, 534-536쪽.

54 「閩浙總督伍拉納等奏審擬行義陳彪摺」(乾隆54.5.3.),『天地會』7, 524쪽.

와 명조의 후예를 거론하면서 사람들을 규합하여 현성을 공격하는 등 국가권력에 도전하는 반청 사건을 일으켰던 것이다. 노무의 천지회 사건에서 송조의 후예를 가칭한 것은 천지회의 반청복명이란 실질을 숨기기 위함이었다는 측면도 없지 않거니와, 진표를 스승으로 섬기고 천지회에 가담했던 조송이란 자가 노무의 천지회 사건과 밀접하게 연관되어 있었기 때문에 그를 송조의 후손으로 가탁하여 거사했을 것으로 보는 시각도 가능하리라. 특히 이소민이 명조의 후예를 가칭한 이유에 대하여 "제희가 날조한 시구 중에 이주홍(李朱洪)의 글자가 있었기 때문이다."라고 언급하고 있는 점을 통해 정개의 천지회에서 구전되고 있었던 각종 시구들 중에는 반청복명을 상징하는 것이 존재하고 있었음을 알 수 있다. 결국 이제 막 역사의 무대에 등장한 천지회가 상황에 따라 집단의 힘을 빌어 현성을 공략하는 등 국가권력에 도전할 수 있는 결사의 모습을 갖추어 가고 있었음은 분명해 보인다.

둘째, 건륭 51년 11월(1787년 1월) 임상문의 천지회 반란이다. 건륭 49년(1784) 3월 엄연을 통해 천지회에 가입한 임상문은 건륭 50년(1785) 7월 스스로 천지회를 조직하고 회수로 추대되어 약 1천 명 이상의 회원을 거느리게 되었다.[55] 건륭 51년(1786) 8월 임상문은 장대구(莊大韮)와 상의하여 각각 북로와 남로에서 '조반(造反)'하기로 모의하였다.[56] 이처럼 임상문이 천지회의 세력을 확장해 가며 반란을 모의하고 있던 와중에 건륭 51년 6월 때마침 집안 재산 다툼으로 인해 양광훈(楊光勛)의 첨제회(添弟會)와 양마세(楊媽世)의 뇌공회(雷公會) 사이에서 계투(械鬪)가 발생하였다.[57]

55 「大學士和珅奏呈嚴煙供詞幷請敕福建等省總督差緝天地會創始人片」(乾隆53.6.16.), 附: 「審訊嚴煙供詞筆錄」, 『天地會』 1, 111쪽; 「大學士和珅遵旨進呈林小文等供詞片」(乾隆52.5.16.), 附: 「林小文供詞筆錄」, 『天地會』 2, 228-229쪽.

56 「大學詞阿桂等奏擬對莊大韮等懲處片」(乾隆53.4.14.), 附: 「審訊莊大韮等人筆錄」, 『天地會』 5, 10쪽.

그리고 이를 관부가 진압하던 과정에서 첨제회의 장열(張烈) 등 5명이 임상문의 촌장으로 숨어들면서 임상문의 천지회로부터 보호를 받게 되었다. 그런데 11월 관부가 이러한 소식을 듣고 장열 등의 5명과 이들을 보호한 임상문을 체포하기 위해 촌장의 인민들을 위협하고 가옥을 불사르게 되자, 임상문은 천지회의 회원들과 촌민 등 3~4천 명을 거느리고 현성을 공략하기에 이른다.[58] 이른바 임상문의 천지회 반란이 시작된 것이다.

'순천대맹주(順天大盟主)'로 자임한 임상문은 반란을 진행하는 과정 중에 몇 차례의 고시(告示)를 통해 인민들의 고혈을 착취하는 탐관오리를 제거하기 위해 의병(義兵)을 일으켰다고 하면서, 이러한 고통에 신음하는 인민들을 구제해야 한다고 거듭 강조하고 있다.[59] 그런데 이들 고시의 내용을 보면, 청조의 연호를 대신하여 '천운(天運)'이나 '순천(順天)'과 같은 연호를 사용한 점이나 '선황삼유지은(先皇三宥之恩)' 등의 표현을 볼 수 있다는 점에서 천지회의 반청적 이념을 볼 수 있다. 건륭 52년(1787) 청군이 획득한 「천지회맹서서사」에 "광동성 봉화정(鳳花亭) 고계암(高溪庵) 마계묘(馬溪廟)에서 '명주(明主)가 천지회를 전수하니'〔明主傳宗〕, 오늘 밤 피로써 맹서하고 결의하여 동포 형제가 되었다."라는 구절[60]을 통해서는 복명(復

---

57 「臺灣鎭總兵柴大紀奏諸羅楊光勛等結會情形摺」(乾隆51.9.3.), 『天地會』 1, 168-170쪽.

58 「閩浙總督常青奏將高文麟等審明解京摺」(乾隆52.1.20.), 『天地會』 1, 248-251쪽.

59 「順天大盟主林爽文告示」(天運丙午(乾隆51).12.8.); 「順天大盟主林爽文告示」(順天丁未(乾隆52).3.); 「順天大盟主林爽文告示」(順天丁未(乾隆52).7.1.), 『天地會』 1, 153-155쪽.

60 「天地會盟書誓詞」(乾隆52.2.), 『天地會』 1, 161쪽; 赫治淸, 「「天地會盟書誓詞」辨正」, 22쪽. 특히 『天地會』 1, 161쪽에는 '맹주전종(盟主傳宗)'으로 되어 있지만, 중국제일역사당안관에 소장되어 있는 원건(본장의 〈자료 2〉 참조)에는 '명주전종(明主傳宗)'이라고 되어 있다. 이러한 사실에 대하여 혁치청은 1984년 상해에서 개최된 '중국회당사학술연토회'에서 『천지회』의 주요 편집자인 진보기가 천지회의 성격 문제와 관련하여 문건의 내용을 바꾸었다고 하면서 발생해서는 안 될 중대한 원칙을 위반했다고 지적

明)적 이념도 확인되고 있다. 임상문의 반란군이 사용한 깃발에 번개처럼 무찌르자는 '뇌(雷)'의 글자와 결사의 이름을 상징하는 '천(天)'과 '지(地)', 그리고 명(明)을 상징하는 '일(日)'·'월(月)'의 글자가 새겨져 있었다는 점[61]을 통해서도 복명적 이념은 재차 확인된다. 이처럼 반란군의 고시·맹서·깃발 등에 분산적으로 기록된 반청복명(反淸復明)이라는 천지회의 정치이념은 청조가 압수한 문건 중에 임상문 천지회 반란의 지휘부가 예하의 "개국선봉(開國先鋒)들에게 용감하고 전투를 잘하는 병장을 선발하고 단련시켜 '명(明)을 보존하고 청(淸)을 토벌하자'〔保明伐淸〕는 명령"[62]을 전달했다는 점에서 명확하게 드러나 있다.

사소한 계투가 빌미를 제공한데다가 관부의 강압적인 수색으로 인해 촉발된 임상문의 천지회 반란은 무려 1년 이상을 버티었지만, 건륭제가 7개 성에서 동원한 '십만 대군'의 무력 앞에서 좌절되었다.[63] 건륭 57년(1792) 82세의 건륭제는 자신의 치세 중 45년(1747~1791)에 걸친 외정을 '십전무공(十全武功)'이라 하여 『어제십전기(御製十全記)』로 정리하고 '십전노인(十全老人)'으로 자칭했는데, 이 십전무공 중에 임상문 천지회 반란의 진압이 바로 일곱 번째에 속한다.[64] 결국 대만에서 천지회의 세력이 확

했고, 당시 진보기는 "기억이 잘 나지 않는다."고 회답했다고 한다. 혁치청은 이 「천지회맹서서사」가 "임상문의 반란 과정에서 발포된 문건이 아니라 천지회의 내부에서 통용되었던 보편적인 결맹서사였다."고 주장하면서, 이 '명주전종'을 통해 "천지회의 창립 종지가 반청복명에 있었다."고 강조하였다.(赫治淸, 「「天地會盟書誓詞」辨正」, 21-26쪽; 赫治淸, 『天地會起源硏究』, 284-285쪽)

61 (乾隆) 『欽定平定臺灣紀略』 卷35, 乾隆52年9月7日條, 560쪽.

62 李鵬年, 「故宮明淸檔案部所存主要檔案述略」, 『淸代檔案史料叢編』 3, 1979, 208쪽. 이붕년의 조사에 의하면, 중국제일역사당안관에 총병(總兵)과 장군(將軍)이 각 지역에서 군무와 양향(糧餉)의 처리를 위임하는 허가증, '선련웅병전장이보명벌청(選練雄兵戰將以保明伐淸)'의 命令, 봉기군의 군령·위임장·고시 등의 천지회 문건이 소장되어 있다.

63 秦寶琦, 『淸前期天地會硏究』, 265-268쪽.

64 石橋崇雄, 『大淸帝國』, 東京: 講談社, 2000, 170-173쪽.

대되어 모반을 계획하는 과정에서 이들을 강압하는 국가권력에 대항하여 자신들의 결사에서 공유하고 있던 반청복명이라는 정치이념을 바탕으로 인민들을 흡수해 가면서 현성을 공략하는 반란의 길로 나아갔음을 임상문의 천지회 반란은 잘 보여주고 있다.

셋째, 임상문 천지회의 여당들이 일으킨 일련의 천지회 사건과 반란이다. 이른바 천지회를 부흥시킨 사건 혹은 반란이라고 하는데, 이는 건륭 53년(1788) 임상문의 천지회 반란이 진압된 이후에 복건 장주부와 대만부에 은닉하고 있었던 임상문의 여당들과 직간접적으로 관련된 사람들에 의해 천지회 사건과 반란이 발생했기 때문이다. 건륭 56년(1791) 대만부 창화(彰化)현의 장표(張標)·사지(謝志)가 천지회를 조직한 사건, 건륭 57년(1792) 복건 동안(同安)현 소엽(蘇葉)·진소로(陳蘇老) 등의 청흑회(靝黤會) 사건, 건륭 60년(1795) 대만부 봉산(鳳山)현 진광애(陳光愛)의 반란과 창화현 진주전(陳周全)의 반란이 바로 그것이다.

우선 건륭 56년(1791) 장표·사지의 천지회 사건의 경우, 청조가 임상문의 반란을 진압한 이후 천지회에 대한 상응한 조치를 취하는 과정에서 발생했기 때문에 『대청율례(大淸律例)』에 '천지회'라는 이름을 명문화시킨 사건이었다.[65] 즉 청조가 장표·사지의 천지회 사건 이후 건륭 57년(1792) 『대청율례』를 증수하는 과정에서 다음과 같은 천지회의 처벌 조례를 모반율(謀叛律)에 새롭게 추가하였다.

> 대만의 불법적인 비도들이 사람들의 규합을 몰래 모의하여 천지회(天地會)라는 명목으로 부흥할 경우, 약탈을 하고 체포에 대항한 자 중에서 우두머리·일찍이 사람들을 규합한 자·스스로 무리에 들어간 자·약탈을 도모하려고 한 자는 모두 참수형(斬首刑)으로 즉결하고, 사람들을 규

65 秦寶琦, 『淸前期天地會硏究』, 275쪽.

> 합하지 않았거나 혹은 위협을 받아 가입했지만 소질이 불량한 자는 교수형(絞首刑)으로 즉결한다.[66]

그리고 이어서 "수년 후에 이러한 풍조가 점차 수그러들면 구례(舊例)에 따라 처리한다."는 구절도 덧붙였다. 이제 청조는 건륭 39년(1774)의 조례를 통해 모반미행율(謀叛未行律)로 처벌한 '삽혈맹서에 의한 의형제 집단'〔異姓歃血訂盟焚表結拜兄弟者〕[67]과는 다르게 천지회라는 회명을 모반율(謀叛律)에 직접적으로 명문화시킴으로써 천지회가 적어도 모반을 기도하는 불법 집단이라는 점을 명백히 규정했던 것이다. 바꾸어 말하면 천지회라는 회명이 갖는 '정치적 힘'은 이처럼 청조가 스스로 천지회에게 더욱 배가시켜 주었을 뿐만 아니라 동시에 대외적으로 공포하여 이를 공식적으로 인정했던 셈이다.

다음으로 건륭 57년(1792) 소엽·진소로의 청흑회 사건의 경우, 임상문의 천지회 반란 이후 관부에서 천지회를 매우 엄격하게 단속했기 때문에 천지회를 은닉시키기 위한 방편으로 청흑(靝黫)을 천지(天地)의 은어로 사용하여 천지회라는 회명을 '청흑회'로 바꾸었다는 점[68]에서 주목된다. 특히 가경 16년(1811) 청조에 의해 압수된 요대고본의 말머리에 청흑(靝黫)이 천지의 은어로 명시되어 있는 사실을 통해 특정 천지회 집단에서 새롭게 만들어져 사용된 은어가 유전되는 과정에서 회부(會簿)에 새롭게 추가된 정황을 포착할 수 있다. 이러한 점은 정개의 천지회에 의해 개발 혹은 발전된 천지회의 은어 등의 각종 암호 장치들에 계속적인 증첨과

66 (光緒)『欽定大淸會典事例』卷779, 光緒 12年本, 續修四庫全書編纂委員會 編,『續修四庫全書』史部 · 政書類 798-814, 上海: 上海古籍出版社, 1995, 555쪽.

67 (光緒)『欽定大淸會典事例』卷779, 553쪽;『淸高宗實錄』卷951, 乾隆39年1月條,, 北京: 中華書局本, 11쪽.

68 「閩浙總督伍拉納奏陳蘇老等創靝黫會摺」(乾隆57.8.24.),『天地會』5, 451쪽.

보완이 이루어지고 있음을 보여주는 증거라 하겠다.

마지막으로 건륭 60년(1795) 진광애와 진주전의 천지회 반란이다. 이 두 반란은 애초부터 현성을 공략하기 위해 천지회를 조직했다는 점에서 공통점을 보여준다. 진광애 천지회 반란의 경우, 2월 초 봉산현에서 109명으로 구성된 진광애의 천지회가 "인심이 한번 움직이면 반드시 부화하는 사람이 더욱 많아질 것이다. 기회를 엿보아 먼저 (군대주둔지가 있는) 석정(石井)을 공격하여 만약 관병의 조총을 얻게 된다면, 이때부터는 이미 무기를 소유할 수 있어 부화하는 사람들이 더욱 많아지게 될 터이니, 현성을 공략할 수가 있다."고 모의하고, 각 촌장으로 흩어져 '요언'을 퍼뜨리기 시작하였다. 이후 진광애의 천지회는 석정의 군대 주둔지에서 부성의 관군과 대적하는 과정에서 실패하였다.[69]

한편 진광애의 천지회 반란에 가담하였던 진주전은 반란이 실패하자 창화현으로 몰래 숨어 들어왔다. 3월 초 창화현에서 미가의 등귀에 따른 기민(飢民)들의 창미사건(搶米事件)이 발생하자, 진주전은 이를 틈타 천지회 회원을 중심으로 인민들을 규합하여 반란을 일으켰다. 약 400여 명으로 조직된 진주전의 천지회 반란군은 녹자항(鹿仔港)을 점령한 이후 그 여세를 몰아 창화현성까지 점령했지만 관군과 의민(義民)에 의해 곧 진압되었다.[70] 복주장군(福州將軍) 괴륜(魁伦)의 주접에 "적수(賊首) 진주전이 대기(大旗)를 세워 그 위에 '대맹주주(大盟主朱)' 네 글자를 썼으니, 분명히 주일귀(朱一貴)의 후예임을 칭하여 사람들의 이목을 끌어 반역을 도모한 것이었다."고 했고,[71] 창화현성을 점령한 후 반란군의 간단한 고시(告示)에도 '대맹주주'란 표현을 필두로 하여 봉기의 목적이라 할 수 있는 '쟁천탈

69 「福建水師提督哈當阿奏陳光愛於鳳山起事摺」(乾隆60.3.17.), 『天地會』 6, 3쪽.

70 (道光) 『彰化縣志』 卷11 「雜識志·兵燹」, 376-378쪽.

71 「諭福建水師提督哈當阿等根究陳周全等起事緣由」(乾隆60.4.9.), 『天地會』 5, 14쪽.

국(爭天奪國)'의 구절과 '천운(天運)'이란 연호를 사용하였다.[72] 여기에서 대명주주의 주(朱)는 명조를 상징하고, 쟁천탈국의 탈국은 반청을 의미하기 때문에 진주전 천지회 반란의 정치적 목적은 기본적으로 반청복명이라는 결사의 정치이념에서 찾을 수 있다고 여겨진다.

이상과 같이 건륭 중·말엽 천지회가 일으킨 일련의 사건과 반란을 정리해 보았다. 특히 노무·이소민의 천지회 사건과 진광애·진주전의 천지회 반란은 이들이 애초부터 현성을 공략하기 위해 인민들을 규합하여 천지회를 조직했고, 임상문의 천지회는 지역사회에서 결사의 세력이 확대된 상태에서 모반을 모의하던 중 관부의 과잉진압이라는 국가권력의 억압으로 인해 급기야 대규모 반란으로 전개되었던 것이다. 이를 통해 천지회의 또 다른 성격을 발견할 수 있었는데, 그것은 바로 천지회가 지역사회에서 결사의 힘으로 정치적 사건을 일으키고 심지어 반란으로까지 나아갈 수 있는 '정치적 성격'까지 지니고 있었던 것이다.

3. 천지회의 맹서와 종지: 「천지회맹서서사」의 분석

건륭 중·말엽 천지회의 모습과 성격에는 이전의 의형제 집단과는 구별되는 천지회의 독특한 '암호장치의 운용', 상호부조라는 '사회적 성격', 약탈과 금전적 보상이라는 '경제적 성격', 국가권력에 도전할 수 있는 '정치적 성격'이 다소 개별적인 사례로 존재하고 있었다. 그렇다면 비밀결사로서 천지회의 정체성이 이들이 진행하는 각종 의식에서 일차적으로 구현된다고 말할 때,[73] 이러한 천지회의 다양한 모습과 성격은 천지회가 구체

72 「陳周全起義軍告示」〔天運乙卯(乾隆16).3.16.〕, 『天地會』 6, 11쪽.

적인 활동을 진행하기 이전인 의식의 단계에서 어떻게 구현되고 있었고, 나아가 어떠한 관련을 맺고 있었던 것일까?

건륭 중·말엽 천지회의 경우 사실상 그것을 알려주는 자료가 매우 제한적이지만, 아래에서 인용하고 있는 「천지회맹서서사(天地會盟書誓詞)」는 이 문제의 해결을 위한 중요한 열쇠를 던져 주고 있는데, 그것의 전문은 다음과 같이 시작한다.

> ⓐ 후토존신(后土尊神)이 보증합니다. 향주(香主) □□ 등은 이곳에서 □□□□·금은·향촉·오룡차〔清茶〕·음식이 가득한 그릇〔荐盒〕·돈〔高錢〕 등의 물건을 준비하여 □□□□□ 등에게 삼가 바치면서 비나이다.
>
> ⓑ 지금 광동성(廣東省) 봉화정(鳳花亭) 고계암(高溪庵) 마계묘(馬溪廟)에서 '명주가 천지회를 전수하니'〔明主傳宗〕, 오늘 밤 피로써 맹서하고 결의하여 동포형제가 되었고, 영원히 두 마음이 없을 것입니다. 오늘 동맹한 성명은 좌측 편에 일일이 써 두었습니다.
>
> ⓒ 원래는 이성(異姓)이지만 모두 홍성(洪姓)으로 체결되었습니다. 태어날 때 같은 부(모)는 아니었지만 의형제가 같은 배에서 태어나 같은 모유를 먹은 것보다 낫고, 마치 관중·포숙아의 충(忠)과 유비·관우·장비의 의(義)처럼 당신들도 □□□□□□□□ 한 집안을 이루었으니, 오늘 밤 당신들에게 손가락 비법〔手路〕 등의 밀약을 가르쳐 주는 것입니다. 위로는 부모에게도 전수하지 않고, □□□□□□. 만약 근원〔跟機〕을 누설한다면, 하늘을 향해 피를 토하여 멸문을 면치 못하게 될 것입니다.

73 이평수, 「天地會의 入會儀式: 演劇과의 關聯性을 中心으로」, 『明淸史硏究』 21, 2004(본서 제2부 제2장); 이평수, 「天地會 入會儀式의 節次와 暗號化: 19世紀 末葉 싱가포르 天地會의 事例 檢討를 中心으로」, 『明淸史硏究』 23, 2005(본서 제2부 제3장) 참조.

[illegible]金闕[illegible]
[illegible]同廣東青鳳花亭高溪[illegible]
南明王傳字今夜插血拜盟結為同胞兄弟永無二心今將同盟
姓名開列于左
本原異姓締結合洪姓不分彼此勝同胞共乳似管鮑之忠劉關
張之義[illegible]視合一家今夜傳教指手路密約
不傳父母[illegible]如有漏泄根機言血濺天合家滅
自今既盟之後前有私仇扶挾尽灑于江海之中更加和好
有善相勸有過相規緩急扶持犯法相扶我等兄弟須
視守法不可借勢日月多持強欺弱譜兇作歹故犯誓約
自作自受不得累衆人差不忠不義

〈자료 2〉 천지회맹서서사

* 출처 : 赫治清, 「「天地會盟書誓詞」辨正」, 22쪽.

ⓓ 오늘 결맹한 이후로는 이전의 사사로운 원한이 있더라도 모두 강과 바다에 던져 씻어버리고, 더욱 화목해져야 합니다. 좋은 일이 있으면 서로에게 권고하고, 허물이 있으면 서로 충고해주며, 위급한 일이 있으면 서로 도와주고, 잘못을 저지르면〔犯□〕 서로 보듬어주어야 합니다. 우리 형제들은 반드시 규율을 잘 준수해야 하는데, 세력을 빌어 사칭하고 강자에 의지하여 약자를 깔보며 제멋대로 흉악한 짓을 해서는 안 됩니다. 이는 서약을 위반하는 것이기 때문입니다. 스스로 해야 할 일은 스스로 감당해야지, 다른 사람들에게 폐를 끼쳐서도 안 됩니다. 만약 불충하고 불의한다면,[74] (이하 잔결임.)

위 「천지회맹서서사」는 건륭 52년(1787) 청군이 임상문의 천지회 반란군을 진압하는 과정에서 희생된 천지회 회원의 몸에서 획득한 것으로 후반부가 잔결로 되어 있다. 『대만현지(臺灣縣志)』의 "처음에 엄연이 대만으로 건너와서 (임상문에게) 천지회를 전파하였다. 도처에서 무리를 모아 천지회를 모방하는 것이 적게는 수십에서 많게는 수백이었는데, 제단을 설치하여 피를 내어 술과 섞어 마시고 무리〔黨〕를 도울 것을 맹서하였다. 임상문의 비당(匪黨)은 원래 많았는데, 연락(의 편리함)을 위해서 천지회에 가입하였다. 이리하여 기세가 사읍으로 통할 정도였다."는 기록[75]을 통해서, 임상문의 천지회가 의식을 진행하는 과정에서 이러한 「천지회맹서서사」를 공유하고 있었던 것으로 판단된다. 비록 이러한 맹서가 당시 조직된 천지회 전체에 걸쳐서 공유되고 있었던 것인지에 대해서는 명확한 답변을 줄 수 없지만, 적어도 천지회를 제대로 전수받은 집단이라면 이러한 맹서가 사용되었을 것임에는 분명해 보인다. 이 「천지회맹서서사」의

74 「天地會盟書誓詞」(乾隆52.2.), 『天地會』 1, 161-162쪽; 赫治淸, 「「天地會盟書誓詞」辨正」, 22쪽. 인용문에서 ⓐ, ⓑ, ⓒ, ⓓ는 필자가 설명의 편리를 위해 임의적으로 구분한 것이고, □는 불명인 글자를 표시한 것이다.

75 (嘉慶) 『臺灣縣志』 卷5 「外編·兵燹」, 373쪽.

내용을 앞서 언급한 천지회의 다양한 모습과 성격과 결부시켜 분석해 보면 다음과 같다.

첫째, 천지회의 독특한 '암호장치의 운용' 부분은 ⓒ에서 언급되고 있다. 앞서 살펴본 대로 천지회가 이전의 의형제 집단과 구별되는 가장 기본적인 특징이 주성(朱姓)과 이성(李姓)으로부터 전수받은 홍(洪)자에 있고, 이것을 분해한 '오점이십일(五點二十一)' 등의 암호가 생성되었음을 확인하였다. 이러한 현상은 ⓒ를 통해서 천지회가 홍자를 중요시하는 이유가 바로 이성(異姓)을 홍성(洪姓)으로 바꾸었다는 점에서 연유하고 있음을 보여주고 있다. 이른바 홍을 의성(義姓)으로 하는 허구적 일가인 '홍가(洪家)', 즉 천지회의 탄생을 의미하는 것이다. 그런데 왜 홍이라는 의성을 쓰는가의 문제에 대해서는 회부에서 그 명확한 근거를 찾아볼 수 없는데, 이는 현존 최고본(最古本)인 요대고본이나 그 다음 고본(古本)인 전림본에서조차도 이에 대한 언급이 없이 천지회를 조직하면 당연히 홍을 의성으로 써야 한다는 입장에서 기술되어 있다.

따라서 이 문제에 대해서는 다음과 같은 추정을 제시할 수밖에 없을 듯하다. 즉 주성과 이성에 의한 천지회의 창립으로부터 홍성이 출현했다는 점,[76] 「천지회맹서서사」의 내용에서 명주가 천지회를 전수하고 있다는 점, 요대고본 기원전설 등에서는 주성인 숭정제와 이성인 서궁낭낭 이신비에서 태어난 자가 홍영(洪英)으로 명명되었다는 점,[77] 요대고본에 홍무제(洪武帝)가 출현하고 있다는 점[78] 등을 종합적으로 고려한다면, 청이라는 이민족의 지배를 끝내고 한족의 국가를 재건하기 위해서는 마치 전대의 역사에서 원이라는 이민족의 지배를 끝내고 명이라는 한족의 국

76 (乾隆)『欽定平定臺灣紀略』卷58, 乾隆53年4月14日條, 928쪽.

77 「廣西東蘭州天地會成員姚大羔所藏『會簿』」(嘉慶16.5.7.),『天地會』1, 4-5쪽.

78 「廣西東蘭州天地會成員姚大羔所藏『會簿』」(嘉慶16.5.7.),『天地會』1, 11쪽, 13쪽.

가를 재건한 황제인 홍무제와 같은 위업을 되살려야 하는데, 이러한 홍무제의 피를 이어받은 숭정제의 아들인 홍영을 명주로 모시고 다시 홍무제와 같은 위업을 재건하자는 측면에서 천지회가 홍을 의성으로 채택했을 가능성이 크다고 생각한다. 다만 이러한 가능성의 시초를 아주 단순하게 생각해 보면, 건륭 26년(1761) 천지회를 역사의 무대에 등장시킨 '천지회의 조직자' 정개의 아들인 정계가 자백한대로 "부친의 아명이 홍(洪)이었다."는 점[79]과 출가한 정개의 승명이 '홍이화상(洪二和尙)'이었다는 점에 있었을지도 모르겠다.

둘째, 천지회의 상호부조라는 '사회적 성격'의 부분은 ⓓ에서 잘 묘사되어 있는데, 다분히 원론적인 언급이다. 즉 사사로운 원한을 잊고 회목해 질 것, 좋은 일이 있으면 권고할 것, 허물이 있으면 충고해 줄 것, 위급한 일이 있으면 도와줄 것, 잘못을 저지르면 보듬어줄 것 등이다. 이러한 점들이 천지회에 가입한 이후에 회원들이 누릴 수 있는 것이라고 한다면, 반대로 우려의 상황도 적시하고 있다는 점이 눈에 뜨인다. 가령 천지회의 세력을 빌어 사칭을 한다거나 약자를 깔보고 흉악한 짓을 일삼는 점 등이 바로 그것이다. 이처럼 맹서에서 보이고 있는 상호부조라는 사회적 성격은 가경·도광 연간(1796~1850) 천지회가 지역사회에 정착하는 과정에서 회원들의 단결과 화합을 위해 「십대조율(十大條律)」,[80] 「오계(五戒)」,[81] 「삼십육서(三十六誓)」[82] 등의 내용으로 체계화되었다고 말할 수 있다.

셋째, 천지회가 국가권력에 도전할 수 있다는 '정치적 성격'은 ⓑ에서

79 「諭協辦大學士福康安抵任后向僧人行義嚴究洪二和尙下落」(乾隆53.12.29.), 『天地會』 1, 138쪽.

80 「天地會文書抄本」, 『廣西會黨資料彙編』, 492쪽.

81 「天地會文書抄本」, 『廣西會黨資料彙編』, 492쪽.

82 『近代秘密社會史料』 卷3, 1-13쪽.

언급된 "명주가 천지회를 전수한다."는 '명주전종(明主傳宗)'이란 표현에서 그 이념적 기초가 마련되어 있다. 이 '명주전종'의 표현을 통해 천지회의 '명주'가 후대의 자손들에게 천지회를 전수함을 알 수 있는데, ⓒ에서 보이는 것처럼 명주의 후손들은 모두 홍성을 가지게 됨을 맹서를 통해 확인하고 있는 것이다. 천지회의 이러한 명주에 대한 관념은 건륭 중·말엽 천지회가 국가권력에 도전하는 정치적 사건과 반란을 일으킬 때 명주와 관련된 정치적 구호를 표출하는 역할을 수행했던 것으로 보인다. 앞서 살펴본 대로 이소민이 천지회 사건에서 '주진흥'이라는 명조 후예의 자칭과 '대명'의 구호, 임상문 천지회 반란에 보이는 명을 상징하는 '일'·'월'의 문자와 '보명벌청(保明伐淸)이라는 명령', 진주전의 천지회 반란에 보이는 '대맹주주'의 자임과 '쟁천탈국'의 구호 등은 바로 이러한 점을 보여주고 있다. 이처럼 건륭 중·말엽 천지회에서 보이는 명주에 대한 관념과 이로 인해 파생된 각종 정치적 언어와 구호들은 가경·도광 연간 광동을 중심으로 화남 지역 전역으로 천지회가 확산되는 과정에서 기원전설에 보이는 반청복명의 정치이념과 함께 표리를 이루며 더욱 광범위하게 전파되어 나갔던 것이다.[83]

넷째, 약탈과 금전의 보상이라는 천지회의 '경제적 성격'은 이 맹서에서 적시되어 있지 않다. 이는 맹서라고 하는 행위 자체의 본질적인 특성과 관련된 것으로 약탈과 금전의 보상이라는 측면이, 더구나 약탈과 같은 불법 활동이라면, 적어도 제단을 설치하고 제물을 마련한 뒤에 삽혈결맹으로 의형제를 맺는 신성한 의식 과정에서 결코 이들의 대의명분으로 작동할 수 없었기 때문일 것이다. 그러나 천지회에 가입한 이후 생활상

83 李平秀, 「預言與叛亂: 咸豊四年"陳松天地會集團"叛亂的政治性背景」, 第二屆中國秘密社會史國際學術硏討會提出論文, 山東濟南, 2009.8.16.~8.19; 이평수, 「豫言과 叛亂: 咸豊 4年 天地會 反亂의 政治的 背景」, 『歷史學報』 224, 2014(본서 제4부 제1장).

의 빈곤함에 시달렸던 회원들은 생계유지의 방편으로 재물을 얻기 위해 약탈을 자행할 경우 의형제로 맺어진 집단의 힘을 갖고 있는 천지회가 이들에게 더할 나위 없이 좋은 도구가 되었을 것이다. 또한 이러한 약탈을 피하고자 하는 인민들의 심리를 이용하여 독특한 암호장치라는 '천지회 지식'을 판매함으로써 금전적 보상까지 받을 수 있었을 것으로 기대했을 것이다. 결국 천지회의 경제적 성격도 맹서라고 하는 기초 위에서 파생된 일종의 결과물이었던 것이다.

마지막으로 맹서 자체가 가지고 있는 특징을 언급할 수 있다. 맹서의 기본적인 내용은 홍을 의성으로 하는 홍가라는 의형제 집단의 출현을 삽혈로써 서약한다는 것인데, 삽혈로써 진행한다는 사실 자체가 맹서의 신성성을 담보해 내고 있다. 그리고 이러한 신성성은 중국 민간사회의 저변에 흐르고 있는 충의의 관념으로서 보증을 받고 있는데, 맹서에서 홍가의 결의를 관중·포숙아의 관포지교(管鮑之交)와 『삼국지연의』의 도원결의(桃園結義)에 비유하면서 같은 부모에서 태어난 동포형제보다 낫다고 할 정도로 충의의 관념을 강조하고 있는 것은 바로 이 때문이다. 특히 도원결의와 관련해서는 당시 천지회 회원들이 암송하고 있었던 시구 중에 하나인 "삼성결만이도홍(三姓結萬李桃紅), 구룡생천이주홍(九龍生天李朱洪)"에서의 '이도홍(李桃紅)'을 요대고본의 「예고시(鼙鼓詩)」에 보이는 "오인동부공일모(五人同父共一母), 금년이백도정홍(今年李白桃正紅), 개화결자조야우(開花結子遭夜雨), 일십팔세전조동(一十八歲轉朝東)"[84]의 '이백도정홍(李白桃正紅)'과 결부시켜 해석해 본다면, 이는 유비·관우·장비가 도원결의할 때에 이화(李花)가 하얗게 피고 도화(桃花)가 붉게 핀 장면을 의미하고 있다는 점[85]에서 천지회의 맹서가 도원결의에 보이는 충의의 관념을 매우

84 「廣西東蘭州天地會成員姚大羔所藏『會簿』」(嘉慶16.5.7.), 『天地會』 1, 21쪽.
85 赫治淸, 『天地會起源硏究』, 247쪽.

강조하고 있었던 것으로 보인다. 결국 복건과 같이 종족사회가 발전한 지역에서 빈곤하고 억압받으며 멸시당하여 의존할 곳이 없는 하층 인민들은 일종의 "종족을 대체하는 역할(role as a substitute clan)"[86]이라는 역할을 수행할 수 있는 천지회에 가입함으로써 맹서에 보이는 신성한 삽혈의식과 도원결의라는 충의의 관념을 통해 정신적 안정감과 충족감은 물론이거니와 비참한 현실사회로부터의 해방감까지 획득했을 것으로 예상되는 것이다. 이러한 측면에서 본다면, 천지회의 맹서를 통해 하층 인민들의 전통문화의 습속과 관념에서 파생된 천지회의 '문화적 특징'까지 발견할 수 있는 것이다.

86 Fei-Ling Davis, *Primitive Revolutionaries of China: A Study of Secret Societies in the Nineteenth Century*, London: Routledge & Kegan Paul, 1977, p.73.

소결

청조가 천지회를 처음 인식하여 대응한 계기는 건륭 51년 11월(1787년 1월) 복건 대만부에서 발생한 임상문의 천지회 반란이지만, 그 이전 건륭 26년(1761) 복건 장주부 장포현 운소 지방에서 홍이화상으로 불린 정개가 이미 천지회를 조직하여 활동하였다. 적어도 천지회가 건륭 26년에서 건륭 51년에 이르는 약 25년 동안 청조의 감시망을 피하여 그야말로 비밀스럽게 활동하고 있었던 것이다. 특히 건륭 중·말엽 복건의 장주부·대만부와 광동의 조주부 등에서 활동한 천지회는 모두 기본적으로 건륭 26년 정개가 조직한 천지회로부터 연유한다고 하겠다.

건륭 26년 복건 장주부 운소 지방에서 정개에 의해 역사의 무대에 등장한 천지회는 이전 시기의 의형제 집단과 회당과는 구별되는 여러 가지 장치들을 구비하여 출현하고 활동하기 시작하였다. 그것을 종합해 보면, 건륭 중·말엽 천지회는 결사의 정체성을 확보하기 위해 비록 간단하긴 하지만 주성과 이성에 의한 홍가의 탄생, 즉 천지회의 창립을 주장함과 동시에 이것이 마구룡과 만화상으로 이어진다는 일종의 천지회 계보를 만들었다. 이렇게 창립된 천지회를 전파하기 위해 홍자로부터 파생되거나 이것이 상징하는 다양한 암호 장치를 창조하고 개발했는데, 이는 결사의 내부에 독특한 특징과 성격을 창출 혹은 추가시킴으로써 결사의 발전 가능성을 더욱 담보해 내었다.

여기에서 천지회의 특징과 성격이란 홍자에서 연유하여 면식이 없더라도 의사소통할 수 있는 독특한 암호장치의 운용, 회원들 간에 어려운 일이 있으면 서로 돕는다고 하는 상호부조의 사회적 성격, 집단의 힘을 이용하면 재물을 약탈할 수 있을 뿐만아니라 독특한 암호장치 등 천지회의 지식을 전수하는 것만으로도 손쉽게 금전적 보상을 받을 수 있다는 경제적 성격, 반청복명의 정치이념을 토대로 지역 사회에서 결사의 힘으로 정치적 사건을 일으키고 심지어 반란으로까지 나아가 국가권력에 도전할 수 있는 정치적 성격, 삽혈결맹과 도원결의라는 전통문화에 기초한 충의 관념으로 가득 찬 맹서 자체가 가지고 있는 문화적 특징을 들 수 있다. 이처럼 다양한 성격을 가진 천지회의 모습은 종족사회에서 경제적으로 가난하고 멸시받았던 하층 인민들에게 약자끼리 스스로를 보호할 수 있고 강자에게 대적할 수 있는 그야말로 일종의 강력한 보호막으로 다가왔던 것이다. 그 결과 건륭 26년 천지회가 복건 장주부 운소 지방에서 출현하여 전파되기 시작한 이후로 교통로를 통한 빈번한 이동 인구와 이주민의 행렬 속에서 대만부와 광동의 조주부로 신속하게 전파되어 나갔던 것이다. 이상의 내용은 건륭 중·말엽 천지회가 하층 인민들에게 다양한 모습과 성격으로 형상화되었던 사실을 잘 보여주고 있으니, 결국 천지회가 기본적으로 구비하고 있던 정치·경제·사회·문화적 방면의 다양한 모습과 성격이 결사의 내부에서 서로 표리 관계를 이루면서 하층 인민들을 대량으로 흡수할 수 있었던 것이다.

요컨대 건륭 중·말엽 천지회의 모습에서 발견되는 다양한 결사의 모습과 성격이야말로 당시 천지회의 실상을 규명하는 데 매우 유용한 척도 중의 하나였던 것이다. 따라서 천지회를 단순히 강희파의 반청복명이라는 정치적 성격과 건륭파의 상호부조라는 사회경제적 성격으로 양분하여 그것의 실상에 접근해왔던 그동안의 전통적인 견해들, 천지회를 준종교결사로 취급하여 문화·종교적인 특징만을 부각시켰던 시각, 그리고 강희파와 건륭파 사이에서 애매한 태도를 견지한 시각 등 이러한 일련의 기존 연구들에 대하여 본장는 일정한 해답을 제공해 주었다고 생각된다. 그리고 건륭 중·말엽 천지회의 다양한 모습과 성격은 이후 전개된 역사 과정 속에서 근대중국을 움직인 대표적인 회당 비밀결사로의 정착을 가능케 한 관건적인 요소였다고 말해도 좋을 것이다.

| 제 2 장 |

가경·도광 연간 천지회의 활동 유형

2

건륭 중엽 복건(福建) 장주(漳州)부에서 역사의 무대에 등장한 천지회는 교통로를 통한 일상적인 왕래와 빈번한 인구의 이동으로 인해서 인근의 대만(臺灣)부와 광동(廣東)의 동부 지역으로 확산되기 시작하였다. 이러한 현상은 건륭·가경 교체기를 경유하면서도 지속되었으니, 이 시기 복건에서 광동으로의 천지회 전파는 일차적으로 지리적 인접성에 기인하고 있었다. 특히 천지회는 광동에서 결사의 결회 원리에 기초하여 회원들을 확보하고 입회의식을 진행하면서 재조직되어 지속하는 특징을 발휘해가며 각 지역사회로 침투했고, 이후 급속한 조직적 확대와 공간적 확산을 거듭해 나갔다.

그런데 천지회의 본격적인 활동이 복건에서 광동으로 전이된 가경·도광 연간(1796~1850)의 시기에 대해서는 종래 이미 많은 논의가 있었음에도 불구하고 대체로 단순한 지역적 구분에 기초하여 천지회의 서로 다른 명칭을 언급하는 데 그치고 있을 뿐,[1] 정작 천지회의 다양한 활동이 어떻

1 가경·도광 연간 천지회의 활동과 성장에 관한 대표적인 연구 성과는 다음과 같다. 유장근, 『근대 중국의 비밀결사』, 서울: 고려원, 1996; 蔡少卿, 「嘉慶道光時期中國會黨發展的特點」, 『中國近代會黨史研究』, 北京: 中華書局, 1987; 秦寶琦, 『清前期天地會研究』, 北京: 中國人民大學出版社, 1988; 周育民·邵雍, 『中國幫會史』, 上海: 上海人民出版社, 1993; 胡珠生, 『清代洪門史』, 沈陽: 遼寧人民出版社, 1996; 歐陽恩良 等著, 『中國秘密社

게 전개되었는가의 문제에 대해서는 명확하게 서술되지 못하였다. 따라서 이 부분에 대한 보다 체계적·계통적 분석이 요구되는데, 천지회의 다양한 활동을 유형별로 분석하는 방법이 그 하나의 대안이 된다고 생각한다.

이를테면 도광 연간 광서 민중봉기를 연구함에 있어서 그 유형을 광비(廣匪)·토비(土匪)형, 소수민족(小數民族) 봉기형, 유적(流賊)·토적(土賊)·당비(堂匪)·미반주(米飯主)형, 천지회(天地會)·청련교(青蓮教) 봉기형, 창미(搶米)·항조(抗租) 등 경제투쟁형으로 구분하여 민중봉기의 실상을 유형적으로 파악했던 시도[2]는 그 대안의 모범을 보여준다고 하겠다. 또한 비록 민국시기이긴 하지만, 양호(兩湖) 지역의 대표적인 비밀결사인 가로회(哥

會』 4, 福州: 福建人民出版社, 2002; 雷冬文, 『近代廣東會黨: 關於其在近代廣東社會變遷中的作用』, 廣州: 暨南大學出版社, 2004; 秦寶琦, 『中國地下社會』(清前期秘密社會卷), 北京: 學苑出版社, 2004; 莊吉發, 「太平天國起事前的天地會」, 『食貨』 8-12, 1979; 莊吉發, 「清代社會經濟變遷與秘密會黨的發展: 臺灣·廣西·雲貴地區的比較研究」, 中央研究院近代史研究所 編, 『近代中國區域史研討會論文集』 上, 臺北: 中央研究院近代史研究所, 1986; 佐佐木正哉, 「咸豊四年廣東天地會の叛亂」, 『近代中國研究センタ彙報』 2, 1963-4; 酒井忠夫, 「天地會の西漸と白蓮教運動」, 『中國幫會史の研究』(紅幇篇), 東京: 國書刊行會, 1998; 孫江, 『近代中國の革命と秘密結社: 中國革命の社會史的研究(1895~1955)』, 東京: 汲古書院, 2007; Frederic E. Wakeman, "The Secret Societies of Kwangtung 1800~1856", Jean Chesneaux eds., *Popular Movements and Secret Societies in China 1840~1950*, California: Stanford University Press, 1972.; Robert J. Antony, "The Problem of Banditry and Bandit Suppression in Kwangtung, South China, 1780~1840", *Criminal Justice History* 11, 1990; David W. Faure, "The Heaven and Earth Society in the Nineteenth Century: An Interpretation", *The Journal of Asian Studies* 50-4, 1995. 이 중에서 채소경·진보기·호주생·장길발·구양은량 등의 연구에서처럼 지역구분에 기초하여 회명을 가지고 천지회를 설명할 경우 그 지역적 분포와 다양한 회명을 확인하기에는 용이하지만, 천지회가 진행한 활동의 유형을 구체적으로 파악하기가 힘들다. 이러한 점에서 본다면, 주육민·소옹, 좌좌목정재, 포레 등의 연구에서 그 활동을 그나마 유형적으로 파악하려는 시도가 있었지만 아쉽게도 전면적인 분석으로 나아가지 못하였다.

2 박기수, 「清 道光年間(1821~1850)의 廣西民衆蜂起」, 정년기념사학논총위원회 編, 『溪村 閔丙河 敎授 停年紀念史學論叢』, 서울: 停年紀念史學論叢委員會, 1988, 563-581쪽.

老會)의 활동을 도시형, 지주·향촌 관료형, 국민당의 군(軍)·정(政) 조직형, 토비형, 광구(礦區)형, 마두(碼頭)형으로 유형화하여 그것의 발전 과정을 설명한 연구도 이같은 맥락에서 상당히 주목할 만하다.[3] 민중봉기나 가로회의 연구에서 이와 같은 유형화의 작업은 각 지역에서 분산적·독립적으로 조직되었던 천지회의 다양한 활동을 분석하는 데에도 유용한 분석 방법을 제공해 줄 수 있다.

본장에서는 청대 회당 비밀결사를 대표하는 천지회가 화남 지역의 인문지리 환경이라는 외부세계에서 어떠한 활동을 전개했는가의 문제에 대하여 유형별로 분류하여 접근해 보고자 한다. 각 지역의 천지회가 비록 자신들의 내부문서인 회부(會簿)의 내용에 기초한 공동의 내부세계를 가지고 재조직되었더라도, 천지회는 그것이 조직된 지역적 특성에 따라서 다양한 활동 유형으로 나타날 수밖에 없다고 예상되기 때문이다. 이하에서는 천지회의 활동 유형을 크게 '상호부조형'·'불법경제형'·'문화습속형'·'정치반란형'으로 구분하여 그것의 대표적인 사례를 통해서 천지회의 활동 유형을 설명해 보고자 한다. 다만 본장에서 다루어지는 시기는 가경·도광 연간을 중심으로 하되 필요에 따라 그 전후 시기인 건륭중·말엽이나 함풍 연간의 사례도 언급될 것이며, 지역적으로는 이 시기 천지회 활동의 거점인 광동을 중점적으로 다루되 역시 경우에 따라 광동의 교계 지역인 복건(福建)·강서(江西)·호남(湖南)·광서(廣西) 등의 사례도 제시될 것이다.

3 尹恩子, 「兩湖地區哥老會硏究」, 南京大學 博士學位論文, 2002, 86-101쪽.

1. 상호부조형

가장 이른 시기에 작성된 것으로 알려진 건륭 말엽 천지회의 맹서(盟誓)를 보면, 천지회는 회원들 간의 강력한 상호부조를 요구하고 있었다. 예를 들면 사사로운 원한을 잊고 화목해 질 것, 좋은 일이 있으면 권고해 줄 것, 허물이 있으면 충고해 줄 것, 위급한 일이 있으면 도와줄 것, 잘못을 저지르면 보듬어줄 것 등을 언급한 것이 바로 그것이다.[4] 그런데 이러한 상호부조의 내용을 천지회가 조직될 때에 회원들에게 요구했던 일종의 '생활 강령'이라고 한다면, 천지회의 활동 유형으로서 상호부조형은 천지회가 조직된 이후의 '실천적 행위'였다는 점에서 그것과는 구별되어야 할 것이다.

그렇다면 실천적 행위로서 천지회가 어떠한 상호부조의 활동을 하였을까? 가경·도광 연간 당안(檔案) 자료에서는 천지회의 상호부조 활동을 대부분 "어려운 일을 만나면 서로 돕는다〔遇事互相幇助〕."라는 매우 간략한 표현으로 기술하고 있기 때문에 그 구체적인 실상을 보여주는 사례는 거의 찾아 볼 수 없다. 이는 천지회를 조직하고서 이들의 상호부조 활동이 일상생활에서 지극히 정상적으로 이루어졌다고 한다면, 이러한 평범한 내용은 기록되는 자체가 매우 드문 일이기 때문이다. 예를 들어 가경 17년(1812) 광동의 사례를 보면, 광주(廣州)부 순덕(順德)현에서 엄귀구(嚴貴邱)가 151명의 회원을 확보하여 조직한 삼합회(三合會)의 경우 생활상의 고단(孤單)함과 다른 사람들에게 멸시당함을 이유로 "어려운 일을 만나면 서로 돕는다."라는 명목으로 천지회를 조직했다고 기록하고 있을 뿐이다. 이와 같은 언급은 같은 시기와 장소에서 조직된 황주보(黃朱保)와

4 「天地會盟書誓詞」, 中國人民大學淸史硏究所·中國第一歷史檔案館 合編, 『天地會』 1, 北京: 中國人民大學出版社, 1980, 161-162쪽.

오아여(吳亞如)의 삼합회에서도 동일하게 보이고 있다.[5] 이처럼 자료의 한계로 인해 실천적 행위로서 이들 천지회가 추구한 상호부조의 구체적인 실상을 확인하기란 사실상 어렵다.

아마도 천지회가 일상생활에서 수행한 상호부조의 실상은 건륭 말엽 천지회의 회원인 엄연(嚴煙)의 자백에서 "혼인과 장례〔喪葬〕의 일이 있으면 돈과 재물을 내어 도울 수 있다."고 언급한 점[6]이 가장 대표적인 사례일 듯하다. 이처럼 지극히 정상적인 활동, 즉 혼인과 장례라는 가정의 대사(大事)에 대하여 회원들이 십시일반으로 돈을 모아서 경제적으로 부조하는 행위 자체는 지역사회에서 어떠한 사회적 물의도 빚지 않았을 것이다. 또한 가경 20년(1815) 광서 공성(恭城)현에서 조직된 천지회 사례 중의 하나인 충의회(忠義會)의 경우, 객지에서 외롭고 의지할 곳이 없는 호남 형양(衡陽)인 이영회(李泳懷)가 광동 불산(佛山)인 양로삼(梁老三) 등과 함께 다른 사람들에게 사기와 모욕을 당하는 것을 피하기 위해서 조직되었는데, 이들은 만약에 회원들 가운데 질병과 사고가 있을 경우 회원당 전(錢) 108문(文) 씩을 걷어서 도와주기로 약속했다고 한다.[7] 하지만 충의회가 실제로 이러한 상호부조의 활동을 실천했는지에 대해서는 더 이상의 기록이 없어 확인할 수 없다.

이밖에도 천지회가 회원들의 "재산을 보호한다〔保守家財〕."는 측면도 상호부조 활동의 범주에 속한다고 할 수 있겠는데, 이러한 사례는 광서에서 자주 보인다. 즉 가경 13년(1808) 봉의(奉議)주 주복일(周卜一)의 천지

5 「兩廣總督蔣攸銛等奏嚴貴邱等結拜三合會等情摺」(嘉慶17.5.26.),『天地會』6, 496-499쪽.

6 「大學士和珅奏呈嚴煙供詞幷請敕福建等省總督差緝天地會創始人片」(乾隆53.6.16.)「附:審訊嚴煙供詞筆錄」(乾隆53.6.16.),『天地會』1, 111쪽.

7 「湖南巡撫巴哈布奏李泳懷等在廣西恭城縣結會摺」(嘉慶22.5.14.),『天地會』7, 368-369쪽.

회,[8] 같은 해 내빈(來賓)현 옹노팔(翁老八)의 첨제회(添弟會),[9] 가경 14년(1809) 능운(凌雲)현 나아요(羅亞耀)의 첨제회[10]에서는 모두 회원들의 "재산을 보호한다."고 하는 상호부조의 활동을 제창하고 있는데, 이 역시 실제로 이를 수행했는지의 여부는 확인되지 않는다.

이처럼 상호부조의 실상을 명확히 확인하기 어렵다하더라도 상호부조형 천지회는 혼인·장례 등 가정사의 대사, 질병과 사고 등 불의의 일, 나아가 재산의 보호와 같은 상호부조의 활동을 진행하였던 것으로 예상할 수 있다. 이러한 천지회의 활동을 사회적인 측면에서 본다면 불법적인 것이 아니기 때문에 전혀 문제될 리 없겠지만, 건륭 57년(1792) 이후로 천지회를 조직하는 것 자체가 불법적인 활동이었기 때문에[11] 대부분의 지방관은 이들을 단속하였다.

위에서 언급한 엄귀구의 삼합회는 관부의 취조에서도 인정하였듯이 약탈 등의 어떠한 불법적인 활동을 하지 않았지만, "천지회의 맹아를 제거해야 한다."는 이유로 조직자들을 교입결(絞立決)에 처하고, 기타 나머지 회원은 충군(充軍)이라는 유배형(流配刑)에 처하였다.[12] 충의회의 경우도 마찬가지어서 관부는 이들이 불법적인 활동을 하지 않았더라도 무리의 힘을 믿고서 약탈을 했을 가능성이 크다고 단정하여 처벌했으니,[13] 기타 나머지의 천지회도 이와 별반 다르지 않았다. 이처럼 지방관은 천

8 「廣東巡撫許兆椿奏續獲林瓊宴案內周卜一等人摺」(嘉慶14.8.26.), 『天地會』 7, 258-259쪽.

9 「廣西巡撫錢楷奏審辦翁老八等結會摺」(嘉慶16.1.7.), 『天地會』 7, 276-277쪽.

10 「廣西巡撫錢楷奏審擬凌雲縣添弟會首羅亞耀等摺」(嘉慶15.3.25.), 『天地會』 7, 267-268쪽.

11 (光緒) 『欽定大淸會典事例』 卷779, 上海: 上海古籍出版社, 1995, 555쪽.

12 「兩廣總督蔣攸銛等奏嚴貴邱等結拜三合會等情摺」(嘉慶17.5.26.), 『天地會』 6, 499-501쪽.

13 「湖南巡撫巴哈布奏李泳懷等在廣西恭城縣結會摺」(嘉慶22.5.14.), 『天地會』 7, 371쪽.

지회를 조직하는 자체가 불법적인 것이 때문에 천지회를 조직하기만 하면, 『대청율례(大淸律例)』의 모반율(謀叛律)에 의거하여 '천지회의 부흥'이라는 죄목으로 처벌하였던 것이다.

그런데 천지회의 상호부조 활동이 회원들만의 영역에서만 그치지 않고 지역사회의 범주로 확대됨과 동시에 어떠한 불법적인 경제활동이나 정치활동이 수반되지 않았던 경우에는 관부의 조치가 보다 관대해 질 수도 있었던 것 같다. 이 역시 그 실상을 명확히 밝힐 수 없지만, 다음의 두 사례를 통해서 직·간접적으로 확인할 수 있다.

그 하나의 사례로 도광 14년(1834) 호남 유양(瀏陽)현 주국우(周國愚)의 징의당(徵義堂)을 들 수 있다. 이 징의당이라는 천지회는 회원들을 확보하여 조직의 확대에 성공한 이후에 지역사회를 위해서 외부의 도적으로부터 군사적 방어를 수행하고 지역의 공공 재물을 관리했으며 나아가 지역사회를 위하여 구제 연금의 활동을 했기 때문에 함풍 2년(1852) 태평천국군(太平天國軍)에 호응하여 봉기를 일으키기 직전까지 약 20여 년 동안 지역사회에서 어떠한 마찰 없이 공존해 왔다고 한다.[14] 이처럼 상호부조형 천지회 중에서는 결사 자체의 상호부조에만 그치는 것이 아니라 지역사회라는 공공영역까지 확대되어 그 기능을 발휘했던 경우도 있었던 것으로 이해할 수 있다.

또 다른 사례는 광동의 사례로 함풍 초엽 경주(瓊州)부 담현(儋縣)에서 조직된 금란회(金蘭會)를 들 수 있다. 일반적으로 광동에서 금란회라고 하면 여성들의 결사를 쉽게 떠올릴 수 있지만,[15] 이 담현의 금란회는 전형

---

14 Philip A. Kuhn, *Rebellion and its Enemies in Late Imperial China: Militarization and Social Structure, 1796~1864*, Cambridge: Harvard University Press, 1970, pp.176-177.

15 유장근, 『근대 중국의 지역사회와 국가권력』, 서울: 신서원, 2004, 271-307쪽(유장근, 「淸末民初 廣東社會의 金蘭會」, 『東洋史學硏究』 52, 1995).

적인 천지회의 조직체계를 갖추고 있었다. 『담현지(儋縣志)』에서는 다음과 같은 기록을 전하고 있다.

> 도광 말년 홍수전(洪秀全)의 기의가 청조를 덮으니, 반청복명(反淸復明)의 구호가 민간에 두루 퍼졌다. 함풍 초년 점차 담현의 내지에도 전파되고 널리 퍼져 유행하면서 금란회가 나타났는데, 당시 덕경리(德慶里)·해두(海頭)·백사(白沙) 등의 지역은 누차 비밀스레 모이는 장소 중의 하나였다. 금란회는 두목의 등급을 대가(大哥)·이가(二哥)·삼가(三哥)·금화선생(金花先生) 등의 명목으로 나누었고, 회원들은 수천 명 이하로 내려가지 않았으니, 성애(誠愛)와 정의로써 서로 호소하였던 것이다. 무릇 입회하는 자는 생사를 같이하고 환난을 함께하며, 처녀의 희롱·간음과 약탈 등의 일을 금지하였다. 비밀 은어를 만든 이후로부터 서로 몰래 교류했으니, 금란회 이외의 사람들은 알 수도 인식할 수도 없었다. 조직이 매우 삼엄했으니, 사람들이 모두 복종하였다. 이 지역의 안해순검사(安海巡檢司) 또한 감히 이들을 범하지 못하였다. 개회(開會)할 때에는 오조(五祖)를 제사했고, 명조 5명의 명신(名臣)이 있었다고 모두 말하고 있다. 그런데 안해순검사와 박사순검사(薄沙巡檢司)와 같은 청조의 관리들은 이들을 범한 적이 없었다. 결국 정치적 행동의 표현은 드물었고, 오직 인민들의 사회적 역량을 지배하여 크게 활약했으니, 금란회의 존재 또한 이유가 있었던 것이다. 민국의 성립에 이르러 비로소 해체되었다.[16]

위 지방지의 기록에 의하면, 금란회는 함풍 초년 이래로 민국의 성립에 이르기까지 약 반세기 동안 담현에서 유력한 천지회 조직으로 지역사회에서 군림하고 있었던 것으로 보인다. 비록 금란회 내부에 오조와 명조의 신하들을 봉공하는 등 반청복명이라는 요소가 명백하게 있었으나

16 (民國)『儋縣志』卷18「雜志 · 事紀」, 10쪽.

어떠한 정치적 행위로도 표출되지 않았을 뿐만 아니라 처녀를 희롱·간음하거나 약탈과 같은 불법적인 활동을 하지 않았던 까닭에 안해순검사 등은 이들을 진압하지 않았다고 말하고 있다. 비록 그 실상은 확인할 길이 없지만, 이 금란회는 생사를 같이하고 환난을 함께한다는 회원들 간의 강력한 상호부조에 기초하여 지역사회에서 아무런 마찰 없이 무려 반세기 동안을 조화롭게 공생하고 있었던 것으로 보인다.

사실 징의당과 금란회의 사례는 당시 청조의 천지회 탄압이라는 사실을 고려한다면, 매우 이례적인 것으로 생각하지 않을 수 없다. 이러한 현상은 아마도 유력한 천지회의 회수와 지방관 사이에 모종의 결탁 관계에 의해서 이루어졌을 가능성이 크다고 말할 수밖에 없겠다. 그리고 이러한 가능성을 지방관의 입장에서 본다면, 징의당이나 금란회와 같은 천지회가 어떠한 불법적 행위나 정치적 활동이 없이 회원들 간의 상호부조 활동만을 수행함과 동시에 나아가 이것이 지역사회의 군사적 방어·공공재물의 관리·구제 연금의 활동이라는 공적영역으로까지 확대되었을 경우, 지방관은 이들의 단속을 통해서 일부러 사단(事端)을 불러일으키기보다는 차라리 이들과 공생하는 쪽을 선택하여 지역사회 질서유지의 책임을 다했을 것으로 보아도 무방하지 않을까 생각된다.

이처럼 상호부조형 천지회는 자료상의 한계로 인해 그 실상을 확인하는 데 많은 한계가 있었던 것이 사실이다. 그렇다하더라도 천지회가 순전히 상호부조의 활동에만 그쳤던 사례는 사실상 그리 많아 보이지 않는다. 이는 가경·도광 연간 천지회의 활동이 "어려운 일을 만나면 서로 돕는다[遇事互相幇助]"의 단계에서 "기회를 엿보아 약탈을 진행한다[乘機搶劫]"의 단계로 나아간 사례가 당안 자료에 자주 보이는 것처럼, 천지회가 조직의 설립단계에서 제창된 상호부조의 정신을 기반으로 각 지역사회에서 각종 불법 활동에 전념하고 있었기 때문이다.

2. 불법경제형

1) 단순 약탈형

천지회의 활동 유형으로 사료에서 가장 빈번하게 보이는 용어가 바로 '약탈〔창겁(搶劫)〕'이고, 이와 비슷한 용어로 '창절(搶竊)'·'창탈(搶奪)'·'행겁(行劫)'·'표겁(剽劫)' 등이 있다. 이것은 말 그대로 은전(銀錢) 뿐만 아니라 재물이 될 수 있는 물건을 강제로 약탈하는 것을 의미한다. 천지회의 이러한 활동은 이제 막 역사의 무대에 등장하여 활동을 개시했던 건륭 중·말엽부터 보이기 시작한다. 예컨대 건륭 52년(1787) 체포된 천지회 회원 허아협(許阿協)은 건륭 51년(1786) 마당(痲塘) 지방에서 주곡(酒穀)을 마련하기 위한 은전을 약탈〔搶劫〕당하자 그 은전을 되찾기 위해서 천지회에 가입했다고 진술하고 있고, 뇌아은(賴阿恩)과 임아준(林阿俊)의 자백〔供述〕에서도 만약 약탈〔搶奪〕을 당하지 않으려면 반드시 천지회에 가입해야 한다고 언급하고 있다.[17] 이러한 자백은 건륭 53년(1788) 체포된 천지회 회원 엄연(嚴煙)이 "약탈〔搶劫〕을 만나더라도 일단 같은 집단의 암호를 하면 서로 범하지 않는다."[18]고 진술한 것과 같은 상황을 반영하고 있다. 이처럼 건륭 말엽 이미 천지회가 약탈 활동을 진행했고, 이러한 천지회의 약탈을 피하기 위해서 인민들이 천지회에 가입하고 있었던 것이다.

천지회의 약탈 활동은 가경 연간 광동을 중심으로 천지회가 확산되는 과정에서 이들의 기본적인 불법경제 활동으로 정착하게 된다. 한 연구에 의하면, 가경 5~21년(1800~1816) 광동에서 조직된 43건의 천지회에서 그 활동의 목표는 약탈〔搶劫〕 31건·어려운 일을 만나면 서로 돕는 것〔遇事互

17 「兩廣總督孫士毅奏盤獲幷審訊天地會許阿協等情摺」(乾隆52.2.6.), 『天地會』 1, 70-71쪽.

18 「審訊嚴煙供詞筆錄」(乾隆53.6.16.), 『天地會』 1, 111쪽.

相幇助〕 4건·강산을 토벌하는 것〔討江山〕 1건·반역〔不軌〕 1건·불명 6건이었으며, 천지회를 조직한 계층은 대부분 정상적인 경제활동으로는 생계 유지가 곤란한 하층 인민들이었는데, 한 두 사례에 보이는 부호나 감생(監生)을 제외하고는 품팔이노동자〔傭工〕·짐꾼〔挑夫〕·파직선생〔斥革敎讀者〕·실업자〔無業者〕·땔나무꾼〔賣柴者〕·점쟁이〔算命者〕·해적 등이 대부분이었다.[19] 이들은 자신의 처지와 유사한 사람들과 생활상의 빈고(貧苦)함을 얘기하는 과정에서 천지회의 조직을 주창하고 이를 바탕으로 적게는 수십 명에서 많게는 수백 명의 회원들을 확보한 이후에 이러한 수적 우세함을 등에 업고 집단적·조직적으로 도시와 농촌 등을 무대로 약탈을 진행하였다. 그런데 당안 자료에 근거해 보면, 이러한 약탈 활동은 천지회를 결배(結拜)할 때 어려운 일을 만나면 회원들끼리 서로 돕는다고 하는 '우사호상방조(遇事互相幇助)'와 재물을 서로 나누어 갖는다고 하는 '득전분용(得錢分用)'·'득장분용(得贓分用)'이라는 표현과 늘 병행하고 있다. 이는 적어도 천지회가 어려운 일이 있을 때 서로 돕는다고 하는 일상적 상호부조의 활동을 기반으로 하여 약탈을 통하여 재물을 획득한 이후에 이것을 서로 나누어 갖는다고 하는 불법경제 활동으로 나아가고 있었던 상황을 보여준다.

천지회의 약탈 활동은 그것이 조직된 지역의 특성에 맞추어 진행되었다. 따라서 천지회가 약탈한 지역과 대상이 다양하게 나타날 수밖에 없는데, 사료에는 도시〔城市〕·향촌·촌장 등을 약탈했다는 단순한 기록이 많다. 예를 들어 가경 6년(1801) 광주(廣州)부 동관(東莞)현에서 천지회가 도시와 향촌에서 횡행한 사건,[20] 가경 12년(1807) 광주부 남해(南海)현에서 삼합회가 각 향촌을 무대로 약탈한 사건,[21] 도광 10년(1830) 광동에서

19 雷冬文, 『近代廣東會黨: 關於其在近代廣東社會變遷中的作用』, 42-50쪽.
20 (民國) 『東莞縣志』 卷33 「前事略」, 20쪽.

"천지회가 비류(匪類)를 규합하여 향곡(鄕曲)·부민(富民)·포호(鋪戶)를 약탈한"[22] 사건을 통해서, 광주부의 광주(廣州)와 불산(佛山)과 같은 대도시와 이러한 대도시를 감싸고 널리 산재되어 있는 중소 도시 및 각 농촌의 부호·점포(店鋪)·촌장 등에 대하여 천지회가 광범위하게 약탈을 진행한 상황을 짐작할 수 있다.

약탈의 지역과 대상을 좀 더 구체적으로 살펴보면, 우선 주강(珠江) 삼각주 일대의 경우 하구(河口)의 부(埠)와 같은 무역항이나 여기에 넓게 분포된 사전(沙田)[23]의 농작물이 약탈의 주요 대상이었다. 가경 12년(1807) 광주부 남해(南海)현 여지원(荔支園)의 담사(譚四) 등이 조직한 삼합회가 동·서·중로로 나누어 각 지역의 압부(鴨埠)와 기위(基圍)를 약탈했다는 것이 바로 이러한 예에 속한다. 이 삼합회는 규모가 상당하여 서로의 경우 순덕(順德)현의 고찬(高贊)·계주(桂洲) 등에 이르고, 동·중로의 경우 남해현의 횡문(橫門)·초문(蕉門)·대황포(大黃圃)·담주(潭洲)·황각(黃角)·용기(容奇)와 반우(番禺)현·신안(新安)현 등 각 지역의 향(鄕)에까지 이르렀다.[24] 특히 주강의 지류인 동강(東江)·서강(西江)·북강(北江)에서는 이 수로를 통하여 각 지역을 왕래하는 객상(客商)들이 약탈의 주요 대상이 되기도 했는데, 도광 10年(1830) 광동의 삼점회(三點會)·삼합회 등이 "동강·서강·북강 등의 수로에서 약탈하는 것이 나날이 성행하였다."[25]는 보고를 통해서 확인된다.

---

21 (民國) 『順德縣志』 卷23 「前事」, 3-4쪽.

22 「諭兩廣總督李鴻賓奏粵東幷無小刀三點三合等會」(道光11.6.29.), 『天地會』 6, 522-523쪽.

23 譚棣華, 『淸代珠江三角洲的沙田』, 廣州: 廣東人民出版社, 1993; 西川喜久子, 「淸代珠江下流流域の沙田について」, 『東洋學報』 63-1·2, 1981 참조.

24 (光緒) 『廣州府志』 卷81 「前事略」 7, 14쪽.

25 「諭兩廣總督李鴻賓奏粵東幷無小刀三點三合等會」(道光11.6.29.), 『天地會』 6, 522-523쪽.

명대 이후로 촌락과 촌락 사이에 시장이 발전하고 있었기 때문에 정기적으로 개최되는 허시(墟市)나 각 촌락마다 산재되어 있는 상설시장인 우(圩) 등의 경우도 천지회가 약탈하는 대상에서 제외될 수 없었다. 가경 7년(1802) 혜주(惠州)부 귀선(歸善)현의 채보운(蔡步雲)·진아본(陳亞本)이 천지회를 결배(結拜)하여 백망허(白芒墟) 등을 약탈한 사건[26]이나 가경 7~8년(1802~1803) 염주(廉州)부 합포(合浦)현 남강(南康)의 회비(會匪) 진공도(陳公道)가 무리를 이끌고 해적과 공모하여 남강허(南康墟)를 약탈한 사건[27] 등은 천지회가 물자와 재물이 모이는 시진(市鎭)을 약탈의 대상으로 삼았음을 보여준다.

특히 해안을 무대로 활동하는 천지회는 종종 해적과 결탁하여 육지로 상륙하여 시진과 촌장을 약탈하기도 하였다. 가경 9년(1804) 수계(遂溪)현 부로홍(符老洪)의 천지회가 해적 오석이(烏石二)와 결탁하여 조숙촌(調塾村)을 약탈한 사건[28]이나 같은 해 해풍(海豊)현에서 채아당(蔡亞堂)이 양아련(楊亞練)·석성련(石成璉) 등과 상의하여 첨제회를 조직한 이후 양비(洋匪) 정오저(鄭烏猪)와 공모하여 매롱우(梅壟圩)를 약탈한 사건[29] 등이 바로 그것이다. 한편 산악에 근거지를 구축하고 활동하는 천지회의 경우 하산하여 시장과 촌락을 중심으로 약탈을 진행했을 것으로 예상된다. 가경 7년(1802) 혜주(惠州)부 박라(博羅)현의 천지회가 모반을 일으키기 전에 양시산(羊屎山)을 근거지로 하여 무리를 거느리고 하산하여 수차례 각 촌락과 시진을 약탈한 것[30]은 그 대표적인 예라 할 수 있다.

---

26 「兩廣總督吉慶奏拿獲歸善天地會首蔡步雲等摺」(嘉慶7.8.29.), 『天地會』 7, 3-5쪽.

27 (道光) 『廉州府志』 卷21 「事紀·國朝」, 北京大學圖書館 所藏, 56-57쪽.

28 (道光) 『遂溪縣志』 卷2 「紀事」, 21쪽.

29 「兩廣總督那彦成等奏審擬海豊縣添弟會首蔡亞堂摺」(嘉慶10.6.28.), 『天地會』 6, 490-491쪽.

30 「兩廣總督吉慶等續獲范范和等人摺」(嘉慶7.10.13.), 『天地會』 7, 37-39쪽; 「兩廣總督吉慶等奏審擬朱亞唐等人摺」(嘉慶7.10.19.), 『天地會』 7, 44-46쪽; 「兩廣總督吉慶等

경우에 따라서는 특정한 장소가 천지회의 약탈 대상이기도 하였다. 그 대표적인 것이 바로 관부의 곡물창고로 천지회가 종종 이곳을 약탈하여 재원마련을 위한 수단으로 삼기도 하였다. 또한 특정한 재물이 천지회의 약탈대상이 되기도 했는데, 그것은 바로 농민들의 가장 중요한 경작수단이었던 소였다. 예를 들면 가경 9년(1804) 흠주(欽州) 섭봉헌(葉鳳軒)의 천지회에서는 이 지역의 포대촌(炮臺村)에서 목초와 물소 12마리를 약탈하여 이것을 팔아 번은(番銀) 126원(元)을 얻었다.[31] 가경 15년(1820) 강서 태화(泰和)현 천지회 회원 뇌대저(賴大姐)는 숙씨(蕭氏)의 황우(黃牛) 2마리를 약탈하여 은 16원을 획득하였다.[32] 도광 11년(1831) 광동과 호남의 교계 지역에서 간민(奸民)이 천지회를 조직하여 여러 차례 요족(瑤族)의 산채를 침입하여 소와 곡식을 약탈했는데, 이러한 천지회의 약탈에 대하여 하소연할 때 없었던 요족은 급기야 2·3천명을 거느리고 대규모 봉기를 일으키기도 하였다.[33]

천지회의 약탈 대상에는 심지어 사람도 포함되어 있었다. 이 경우 사람을 납치하여 재물을 요구하는 의미로 사료에는 통상 '노인륵색(虜人勒索)'이란 표현으로 자주 등장한다. 일찍이 건륭 말엽부터 장주(漳州)·천주(泉州)부에서 천지회가 "사람들을 포로로 잡아 돈을 요구한" 활동이 있었고,[34] 도광 10년(1830) 광동의 삼점회가 "피해자를 구금"하거나 "부호의

奏續獲黃亞三等人摺」(嘉慶7.11.11.), 『天地會』 7, 68-71쪽; 「兩廣總督倭什布接審辦劉敬堂等情摺」(嘉慶8.11.14.), 『天地會』 7, 150-153쪽.

31 「審擬欽州天地會首葉鳳軒等人結會搶劫案」(嘉慶10.6.11.), 黎青 主編, 『清代秘密結社檔案輯印』 7, 河北: 中國言實出版社, 1999, 2584-2585쪽.

32 「江西巡撫毓岱奏審明何經先結會搶劫等情摺」(道光2.2.28.), 『天地會』 6, 376쪽.

33 黃朝中·劉耀筌 主編, 『廣東瑤族歷史資料』 上, 南寧: 廣西民族出版社, 1984, 367-371쪽.

34 (淸) 汪志伊, 「敬陳治化漳泉風俗疏」, (淸) 賀長齡·魏源 等編, 『皇朝經世文編』 上 卷23 「吏政9·守令下」, 北京: 中華書局, 1992, 42쪽.

자식들을 납치하여 도적의 소굴에 구금시키고 강제로 은전을 요구한 뒤에야 풀려난" 기록,[35] 그리고 광주부의 삼합회·삼점회·첨제회가 "사람을 잡아서 강제로 은전을 요구한" 기록[36]이 보인다. 이처럼 천지회는 사람을 납치하여 은전을 받은 노인륵색의 활동도 광범위하게 진행했던 것이다.

가경 17년(1812) 광동 혜주부 해풍현 천지회 회원 관언영(管彦英)은 객상(客商) 능괵진(凌幗珍)에게 "객상이 밖에서 무역을 할 때에는 반드시 비인(匪人)의 약탈에 대비해야 하는데, 무릇 약탈 사건은 대부분 천지회의 사람들에 의해서 이루어진다."고 경고하면서 천지회의 가입을 권유할 정도였다.[37] 또한 금전기의(金田起義) 이전에 배상제회(拜上帝會)의 회원들은 "삼점회의 회원들은 도처에서 남의 집을 턴다."[38]고 말할 정도로 자신들의 결사와 구별하고 있다. 이처럼 자신들의 경제적 빈곤 상태를 탈피하기 위한 구체적인 실천의 문제에 부딪혔을 때, 천지회의 활동은 대부분 경우 약탈이라는 활동 유형으로 표출되었고, 이러한 약탈 활동을 통해 얻은 재부는 서로 나누어 갖는다는 논리로 귀결되었던 것이다.

2) 공개 약탈형

위의 집단적·조직적 약탈〔搶劫〕이 천지회 활동의 일반적인 불법경제 활동이라면, 일정한 지역에서 좀 더 세력을 확대한 천지회의 경우 이른바

---

35 「諭兩廣總督李鴻賓奏粵東幷無小刀三點三合等會」(道光11.6.29.), 『天地會』 6, 522-523쪽.

36 (淸) 黎攀鏐, 「敬陳粵東積弊十事疏」, 『詒蔭堂奏議』, 北京大學圖書館 所藏, 1쪽.

37 「貴州巡撫顔檢奏拿獲荔波縣天地會首凌幗珍等人摺」(嘉慶17.6.11.), 『天地會』 7, 421-422쪽.

38 廣西省太平天國文史調査團, 『太平天國起義調査報告』, 北京: 三聯書店, 1956, 84쪽.

타단(打單)을 진행한다. 타단이란 도광 연간 광동 삼합회(三合會)에 의해 시작된 것으로 부호 등에게 은(銀)이나 미곡(米穀)을 납부하도록 강요하는 천지회의 대표적인 불법경제 활동을 말한다. 여기에서 타단이란 명칭은 천지회가 돈의 액수가 적힌 종이〔單〕를 징수대상자에게 발급하기〔打〕 때문에 붙여진 것으로 생각되는데, 이렇게 징수된 돈을 '타단전(打單錢)'이라고 했으니, 그야말로 천지회의 공개적인 약탈이었던 것이다. 그리고 돈을 강제로 거두어들인다는 측면을 강조하는 의미에서 '늑색전(勒索錢)' 혹은 '늑색타단전(勒索打單錢)' 등으로도 불려졌다. 아울러 타단을 진행할 때에 돈이 아니라 곡물을 강제적으로 징수하는 경우 특별히 '타량(打糧)'이라고 불렀다. 이러한 타단에 대하여 도광 10년(1830) 무렵 급사중(給事中) 유광삼(劉光三)은 다음과 같이 언급하고 있다.

> 광동의 민간에 가장 해를 끼치는 것은 바로 삼점회(三點會)로 …… 일체의 약탈〔搶劫〕하는 일을 하지 않는 것이 없다. 광주(廣州) 향산(香山)현 등의 지역을 예로 들면, 도곡(稻穀)이 장차 무르익어갈 시기가 되면 삼점회는 걸핏하면 아무아무 도곡을 미리 헤아려서 세금을 징수하는데, 전문(錢文)을 강제하는 것을 조금(租金)과 비교해 보면 10분의 1·2가 되며, 이것을 '타단(打單)'이라고 한다. 이것이 마음대로 되지 않으면, 약속 날짜를 정하여 무수한 비도(匪徒)들이 전답의 모든 도곡을 베어버리거나 짓밟아서 그 분풀이로 삼는다. 지역 인민들〔土人〕들은 괴로운 심정으로 '타단전(打單錢)이 국과(國科)보다 급하다.'고 말한다.[39]

위 주접(奏摺)에 의하면, 천지회는 농작물의 수확기를 맞이하면 그 수확물의 양을 미리 예상하여 이에 상응하는 돈을 타단전이란 명목으로 징수하고, 만약 이에 응하지 않을 경우 전토의 곡물을 쑥대밭으로 만들어

39 「諭兩廣總督李鴻賓查明香山縣是否實有三點會」(道光10.11.22.), 『天地會』 6, 517-518쪽.

놓는 횡포를 부리고 있으니, 징수를 당하는 입장에서는 "타단전이 국과보다 급하다."고 할 정도로 괴로운 심정을 토로하고 있다. 이러한 기술은 천지회가 지역사회의 지배권을 장악한 이후에 비교적 장기적인 활동을 진행하고 있음을 보여주고 있다.

이 주접과 관련된 도광 11년(1831) 양광총독(兩廣總督) 이홍빈(李鴻賓)의 주접에 의하면, 도광 4년(1824) 양광총독 완원(阮元)이 타단에 대한 조례를 만들어 시행한 이래로 지금까지 약 400여 명의 타단자를 처벌했지만 아직까지 이러한 악습이 그치지 않고 있다고 하면서, 광주부 일대는 인구가 조밀하여 집안에 항사(恒産)이 없거나 유수좌식(游手坐食)의 자들이 경호(耕戶)들을 상대로 제멋대로 타단을 일삼고 있기 때문에 이들 무업빈민(無業貧民)에게 황무지를 개간시켜 세업(世業)으로 삼게 하면 이러한 타단을 막을 수 있다고 지적하고 있다.[40] 이처럼 도광 연간 광주부 일대에서 천지회는 세력을 확장하여 타단이란 불법경제 활동을 일상적이고 광범위하게 자행하고 있었고, 그 실효성은 자못 의문이 가지만 천지회의 이러한 활동에 대하여 광동 관료는 황무지 개간 등의 대응책을 모색하고 있었던 것이다.

위 두 주접에서는 타단의 대상을 경호(耕戶)로, 타단의 징세 정도를 조금(租金)의 10분의 1·2이라는 다소 애매하게 표현을 하고 있기 때문에 그 구체적인 실상을 가늠하기 어렵지만, 적어도 주강삼각주 일대의 비옥한 사전(沙田)을 영유하면서 생활한 중소 지주·부농·중농이 그 대상의 범주에 속했을 것이다. 게다가 천지회가 도시지역으로 진출했을 경우에는 이 지역의 상가나 점포 등을 중심으로 타단이 이루어졌을 가능성이 크다. 특히 천지회가 일단 현성 등을 공격하는 봉기의 길로 나아갔을 경우에는 타단이 봉기군의 주요한 재원 확보책이었기 때문에 이때에는

40 「兩廣總督李鴻賓奏請聽貧民開荒以杜結會摺」(道光11.6.29.), 『天地會』 6, 521-522쪽.

수시로 진행되었을 것으로 짐작된다.

이점에 대해서는 아편전쟁 이후 광서 천지회의 봉기군이 진행한 타단을 통해서 확인할 수 있다. 도광 10년(1830) 광동에서 시작된 천지회의 타단은 인근의 광서로 광범위하게 전파되었는데, 도광 21년(1841) 광동적(廣東賊) 관구흥(關九興)이 처음으로 계평(桂平) 지방에서 실행하고 있는 것으로 보아 천지회의 타단이 광비(廣匪)에 의해서 광서로 전해졌다. 특히 장가상(張嘉祥)의 천지회 봉기군은 도광 28년(1848) 귀현(貴縣)에서 촌시를 타단했고, 도광 29년(1849) 횡현(橫縣)에서 부호에게 금전납부를 강요한 것이나 부자가 금전을 내면 겁탈하지 않았다고 한다. 도광 30년(1850) 진아귀(陳亞貴)의 천지회 봉기군은 부실(富室) 서성찬(徐成瓚)에 타단을 했고, 광마(廣馬) 장구이(張苟二)도 부호에게 타단을 하였다.[41]

이처럼 광서 천지회의 경우 봉기군이 주로 부유한 계층을 대상으로 타단을 진행한 것으로 보이는데, 관련 자료가 좀 더 자세하게 남아 있는 광동 천지회의 경우 그 구체적인 모습을 다음의 사례를 통해서 확인할 수 있다. 향산(香山)현과 마찬가지로 대규모의 사전(沙田)이 펼쳐져 있는 동관(東莞)현 일대를 중심으로 함풍 4년(1854) 왕철과(王鐵瓜)의 천지회 집단이 여러 차례 타량을 진행하였다. 당시 왕철과를 따라 타량에 참여한

41 광서 천지회의 타단 사례에 대해서는 박기수, 「太平天國 이전(1830~1850) 廣西民衆蜂起」, 『東洋史學硏究』 31, 129-130쪽에서 인용. 이 사례에 보이는 광비(廣匪)와 광마(廣馬)의 용어에 대하여, 박기수는 도광 연간 광서 민중봉기의 주체를 언급한 논문에서 "봉기 주체의 출신지역에 따라 광비와 토비(土匪)로 구분된다. '광동으로부터 온자가 광비이고, 본지(本地)〔광서〕에서 나온자가 토비'이다. 광비는 광마라고도 하며 토비는 토마(土馬)라고도 한다. 광마·토마라고 표현하기도 한 것은 '당시 비(匪)를 칭하여 마비(馬匪)라 했고, 마(馬)라고 자칭했기' 때문이다. 그런데 장가상(張嘉祥)·양로가(楊撈家) 봉기군이 각기 마필(馬匹)을 모두 갖추고 있다는 기록, 진아귀(陳亞貴) 봉기군이 기마했으며, 귀현(貴縣)의 장아진(張亞珍) 봉기군이 기(旗)·마(馬)·교(轎) 등을 완전히 갖추었다는 기사 등으로 보아 봉기군이 말을 구비하고 있었기 때문에 광마·토마의 용어가 생겨난 것으로 생각된다."고 지적하고 있다(박기수, 「淸 道光年間(1821~1850)의 廣西民衆蜂起」, 553-563쪽).

요아폭(姚亞幅) 등 5명은 10월 14~26일 5차례에 걸쳐 각각 만경사위(滿頃沙圍)와 소호(小虎) 남사위(南沙圍)의 위주(圍主)에 대하여 적게는 미(米) 4포(包)에서 많게는 미 6담(擔)까지 거두어 들였다. 또한 하곤산(何崑山)의 천지회 집단에서도 하아폭(何亞幅)·황아사(黃亞槵)가 10월 28일 초문(焦門) 대사위(大沙圍)와 대하위(大河圍)의 위주에 대하여 각각 미 10담 씩을 거두어 들였는데, 특히 황아사는 제2차 타량에서 100담을 요구하다가 결국 얻지 못하였다.[42] 사전 일대에서의 4포에서 100담까지라는 타량 징수액은 다소 유동적으로 보이지만, 이보다 훨씬 대규모적인 타단에 대해서는 조경(肇慶)부 학산(鶴山)현을 무대로 활동한 여자계(呂子桂)의 사례에서 엿볼 수 있다.

늠생(廩生)이었던 여자계는 함풍 4년 6월 천지회를 결배(結拜)하고 조경부 학산현에 근거지를 두고 있는 원수(元帥) 여웅걸(呂雄傑)의 집단에 가담하여 군사(軍師)의 직책을 담당하였다. 7월 중순 학산 현성을 공격하는 등 맹활약을 펼친 그는 이 지역에서 본격적으로 타단 활동에 착수하여 유숙향(維塾鄉)에서 은 8천량, 나강향(羅江鄉)의 섭성(葉姓)을 대상으로 은 1만량 등을 거두어들이는 등 총 5만 8천량을 획득하였다. 또한 윤 7월초 천지회의 주력군인 진개(陳開)의 진영으로 합류하여 불산(佛山)·사두(沙頭) 등 여러 지역에서 30여 차례의 전투를 치룬 그는 불산에서 각 포점(鋪店)에 대하여 수차례 타단을 진행하여 은 20여 만량을 거두어 들였다. 함풍 55년(1855) 6월 광주에서 성성(省城)을 공격하는 등 36차례의 전투에 참여한 그는 타단으로 25만 8천여 만량을 획득하였다.[43] 이 여자계가 실행한 타단의 대상과 규모를 통해서 천지회가 학산현의 경우처럼 향 단위의

42 「匪犯王亞寬等供詞」(F.O.682/318-1), 佐佐木正哉 編, 『清末の秘密結社』(資料篇), 東京: 近代中國硏究委員會, 1967, 98-101쪽.

43 「呂子桂供詞」(F.O.682/325-3), 『清末の秘密結社』(資料篇), 57-59쪽.

종족(宗族) 집단에게 타단을 진행했고, 나아가 불산과 같은 대도시에서는 각 상점에 대해서도 타단을 대규모적으로 실시했음을 알 수 있다. 이처럼 타단 활동이 봉기군의 재원마련의 방면에 상당한 도움을 주었음은 분명해 보인다.

천지회의 타단은 사전의 위주·향의 부유한 종족·도시의 점포뿐 아니라 심지어 현직 관료 개인에게까지 이르렀다. 이러한 예는 함풍 4년 반우(番禺)현에서 활동한 진광융(陳洸瀜)의 천지회 집단에서 확인된다. 호부주사(戶部主事) 고장년(高長年)은 함풍 2년 9월 광록시전부(光祿寺典簿)였던 부친이 죽자 고향인 이촌(李村)에서 줄곧 근신하고 있었다. 그런데 함풍 4년 6월 진광융의 천지회가 임경련(林敬聯) 등 회원을 대동하여 이촌의 고장년에게 수차례 타단을 실시하여 은 4백량·화약 9술독〔埕〕·곡 4만근·은 1천량·화약 9술독 등을 차례로 획득했고, 심지어 고장년을 강제로 천지회에 가입시켜 신조(新造) 포대를 공격하는 작전 회의까지 참석하게 하였다.[44] 실로 호부주사가 천지회에 강제로 재산을 빼앗기고 본의 아니게 천지회의 회원으로 둔갑하는 풍경이다.

함풍 4년 한 지방관의 삼합회에 대한 토벌 격문에서, "삼합회의 재물은 속여서 운반한 것이 아니면 강제로 빼앗은 것이다. 논어에 '불의(不義)한 재물은 오래도록 향유할 수 없다.'고 했는데, 어찌 삼합회만 유독 그러하지 않은가?"[45]라고 지적하고 있다. 이러한 언급도 타단이 천지회가 일정한 지역에서 세력을 확대한 이후 재원 마련을 위한 수단이었을 뿐만 아니라 나아가 봉기군의 전형적인 경제투쟁 방식이었음을 반영하고 있는 것이다.

44 「林敬聯·林亞聚·高長年供詞」(F.O.682/378B-1), 『清末の秘密結社』(資料篇), 44-47쪽.

45 「討三合會匪檄」(F.O.682/137-6), 『清末の秘密結社』(資料篇), 109쪽.

3) 해적형

복건과 광동 등 중국 남부의 연해지역으로 눈을 돌려보면, 이곳은 지리적 특성상 해안을 접하고 있어 해적들이 줄곧 출몰한 지역이었다. 이러한 해적들은 청조 당국에 의해서 해비(海匪)·해도(海盜)·해구(海寇)·양비(洋匪) 등으로 기록되었는데, 건륭 중·말엽 이후로 복건의 장주(漳州)·천주(泉州)부 일대의 연해와 광동의 혜주(惠州)부 해풍(海豊)현, 광주부 향산(香山)현의 낭백(浪白), 홍콩〔香港〕, 마카오〔澳門〕, 뇌주(雷州)부의 뇌주만(雷州灣), 염주(廉州)부의 위주도(潿州島), 경주(瓊州)부 등 그 남서 연해 지역이 해적의 소굴로 등장하였다. 따라서 천지회가 이들 연해지역을 무대로 활동하거나 내지의 천지회가 연해지역의 해적 활동과 밀접한 관련을 맺고 전개되었음을 예상할 수 있고, 나아가 해적 집단 자체가 천지회로 전환되거나 천지회가 전문적으로 해적 활동을 할 가능성도 배제할 수는 없다.

우선 건륭 말엽 장주·천주부의 천지회에 대하여 민절총독(閩浙總督) 왕지이(汪志伊)는 "무리의 힘을 믿고서 바다로 나아가 약탈〔搶劫〕을 하거나 혹은 육지에서 약탈〔搶奪〕을 하는데, 사람들을 포로로 잡아 돈을 요구한다."고 언급하고 있다.[46] 또한 위원(魏源)은 이 지역을 무대로 활동한 해적 채견(蔡牽)에 대하여 "육지의 회비(會匪)와 결탁하여 몰래 선계(船械)·초광(硝磺)·미량(米糧)을 운반한다."고 지적하고 있다.[47] 건륭·가경 교체기 복건의 연해지역에서 천지회와 해적의 연계 활동은 이 시기 천지회가 광동으로 전파됨에 따라서 광동 연해지역에서도 나타나기 시작하였다. 예컨대 가경 7년(1802) 광동의 뇌주부 연해에서 해적 집단이 관부의 수색에 발각되었다. 특히 총병(总兵) 황표(黃标)의 보고에 의하면, 정탐군을 파

46 (淸) 汪志伊, 「敬陳治化漳泉風俗疏」, 『皇朝經世文編』 上 卷23 「吏政 9·守令 下」, 42쪽.

47 (淸) 魏源, 『聖武記』 卷8 「嘉慶東南靖海記」, 北京: 中華書局, 1984, 355쪽.

견하여 뇌주부 연해의 해적선을 수색한 결과 해적의 전단(傳單)을 발견했고, 이 전단에 패역(悖逆)한 말이 많이 있었을 뿐만 아니라 '고계(高溪)'라는 글자가 있었다는 것이다. 이에 양광총독 길경(吉慶)은 세밀한 정탐에 의하여 천지회가 양도(洋盜)와 결탁한 상황을 포착하고, 정탐군을 다시 파견하는 한편 뇌주부의 연해지역에 모집한 신병을 증강시키고 아울러 고주(高州)·염주부의 연해지역 방비를 강화하는 조치를 취하였다.[48]

비록 위 전단의 구체적인 내용을 확인할 길이 없지만, 고계가 천지회의 기원전설에서 이들의 창립 장소를 의미하고 있기 때문에 적어도 이 전단지는 천지회 내부문건의 일부로 생각되며, 나아가 이들 해적 집단이 천지회의 영향을 강하게 받고 있었거나, 해적 자체가 아예 천지회였을 가능성을 보여주고 있다. 당시 이 지역 일대 해적 두목 중의 하나인 장보(張保)에 대하여, 글래스풀(Glasspoole)의 1814년 기록에 의하면, 장보는 공개적으로 "내가 진정으로 하려는 것은 …… 오랑캐 집단을 중국의 왕좌에서 내쫓는 것이다."라고 했고, 안드레이드(Andrade)는 1824년 기록에서 장보가 "부하들에게 청조를 무너뜨리고 중국을 다시 세워서 자신들이 모두 왕조의 통치자가 되는 것은 손쉬운 일이다."라고 언급한 점에서 더욱 그러하다.[49]

한편 "붙잡힌 해적들의 진술서나 해적에 관한 다른 기록들 어디에서도 모든 해적들이 왕왕 반기를 들거나 청조를 전복시키는 데 관심이 있었다는 증거는 없다."고 단언한 연구가 있지만,[50] 투항한 해적들의 진술서는 모두 관부의 취조를 전제로 한 상태에서 진술·기록되기 때문에 설

48 『淸仁宗實錄』 卷97, 嘉慶7年4月條, 北京: 中華書局本, 19쪽.

49 Dian H. Murray, *Pirates of the South China Coast, 1790~1810*, Stanford University Press, 1987(이영옥 옮김, 『그들의 바다: 남부 중국의 해적, 1790~1810』, 서울: 심산, 2003, 120-121쪽).

50 Dian H. Murray, 이영옥 옮김, 『그들의 바다: 남부 중국의 해적, 1790~1810』, 121쪽.

령 해적들이 왕조 전복의 의지를 갖고 있었더라도 이러한 내용을 진술서에서 발견하기 힘들고, 심지어 진술서 자체가 관부에 의해서 조작될 가능성도 완전히 배제할 수 없다. 이점은 해적들의 투항문서에서도 엿볼 수 있다. 즉 '투항'을 전제로 하고 이에 대한 '보상'을 대가로 했던 해적들의 경우 설사 투항 이전에 왕조 전복의 의지를 갖고 있었더라도 이러한 내용을 투항문서에 작성할 리 만무하고, 이 투항문서 역시 관부에 의한 조작의 가능성은 여전히 존재한다.[51] 따라서 당시 뇌주반도를 근거지로 해적 연맹을 주도한 장보가 "청조를 무너뜨리고 중국을 다시 세우자."라는 식의 왕조 전복의 의지를 공개적으로 선언하고 있다는 점과 이 지역에 천지회가 작성한 것으로 보이는 '고계'라는 문자가 포함된 패역한 전단이 해적 집단에서 발견된 점 등을 통해서 이들 해적이 천지회와 밀접한 관련을 맺으면서 활동했고, 나아가 일부 해적 집단은 그 자체가 천지회 조직이었을 것으로 판단되는 것이다.

천지회와 해적의 연계 활동은 광동의 중심부에서도 확인된다. 가경 8년(1803) 해적 정문현(鄭文顯)·오석이(烏石二) 등이 무리를 거느리고 순덕(順德)현 등 내지의 천지회와 직·간접적인 관련을 맺으며 광동의 연해 일대를 무대로 발호하였다.[52] 이러한 해적과 천지회의 구체적인 연계 상황은 혜주부의 사례를 통해서도 확인된다. 즉 가경 9년(1804) 해풍(海豊)현에서 채아당(蔡亞堂)이 양아련(楊亞練)·석성련(石成璉)〔石城連〕 등과 상의하여 첨제회를 조직한 이후 양비(洋匪) 정오저(鄭烏猪)와 공모하여 매롱우(梅壟圩)를 약탈하는 사건이 벌어졌다.[53] 특히 이 첨제회에 가담한 석성련은

51 이평수, 「書評: 『그들의 바다: 남부 중국의 해적, 1790~1810』(Dian H. Murray 著, 이영옥 옮김, 2003)」, 『中國現代史硏究』 23, 2004, 198쪽.

52 佐佐木正哉, 「順德縣郷紳と東海十六沙」, 『近代中國硏究』 3, 1958, 203쪽.

53 「兩廣總督那彥成等奏審擬海豊縣添弟會首蔡亞堂摺」(嘉慶10.6.28.), 『天地會』 6, 490-491쪽.

육풍(陸豊)현의 천지회 회수 이숭옥(李崇玉)과 상의하고 다시 인근의 해적과 결탁하여 반역〔不軌〕을 기도하였다.[54] 당시 양광총독 나언성(那彦成)은 이숭옥을 체포하고, 나아가 그를 통해 3천여 명의 해적을 투항시키는 개가를 올리기도 하였다.[55]

그러나 이러한 해적의 초무(招撫)는 오히려 이들이 내지로 잠입하여 천지회의 활동을 더욱 부추기는 원인을 제공하기도 했고, 이들이 다시 해적으로 복귀하기도 하였다. 이점은 가경 15년(1810) 병과급사중(兵科給事中) 이가번(李可蕃)이 원적으로 귀가하라는 명령을 받은 해적들이 약속을 지키지 않고 오히려 내지로 잠입하여 토비(土匪)들과 결탁하여 약탈을 자행하거나 다시 바다로 나아가 해적질을 일삼는다는 지적을 통해서 확인된다.[56]

이밖에도 가경·도광 연간 홍콩의 구룡산(九龍山), 광주부·염주부·고주부의 연해지역은 해적들의 소굴로, 역대로 양비들은 수천씩 무리를 지어 상고(商賈)들을 강탈하고 촌장을 약탈하며 활개를 치고 다녔고, 이 지역의 간민(奸民)들도 이에 합세하여 상민(商民)들에게 해를 입혔다.[57] 이처럼 복건·광동의 연해지역에서 해적들의 활개는 천지회의 활동에 직·간접적으로 연결되고 있었던 것이다.

4) 상품밀매형

건륭 중·말엽 이래로 복건·광동의 연해지역을 중심으로 천지회의 활동

54 (光緒)『惠州府志』 卷18「郡事」 下, 17쪽; (同治)『海豊縣志續編』,「邑事」, 33쪽.

55 (淸) 魏源,『聖武記』 卷8「嘉慶東南靖海記」, 359쪽; 王鍾翰 點校,『淸史列傳』 9, 卷33「那彦成」, 北京: 中華書局, 1987, 2529쪽;『淸史稿』 卷 367「那彦成列傳」, 北京: 中華書局本, 11460쪽.

56 佐佐木正哉,「咸豊四年廣東天地會の叛亂」, 2쪽.

57 『淸宣宗實錄』 卷399, 道光23年11月條, 北京: 中華書局本, 1147쪽.

이 해적들과 밀접하게 전개되었다면, 그 반대편 내지의 광동 북부와 경계를 이루는 강서에서 천지회가 무장한 소금밀수꾼들인 염효(鹽梟)들과 결탁하여 활동하였다. 이러한 활동은 강서에 천지회가 본격적으로 전파되기 시작한 가경 중엽 이후로 나타나기 시작한다. 우선 가경 말엽에서 도광 초엽 강서에서 활동한 비도(匪徒)들의 상황에 대하여 강서순무(江西巡撫) 아림(阿霖)의 주접(奏摺)에서는 다음과 같이 언급하고 있다.

> 강서의 남안(南安)·감주(贛州)부는 종래부터 삼합회비(三合會匪)가 많고, 남창(南昌)·요주(饒州)·무주(撫州)부의 경계지역에는 무리를 지은 흉악한 거지들의 패거리가 냄비를 멜대에 매달아 어깨에 짊어지고 다니는데, 이들을 담비(擔匪)라고 부른다. 각 비도(匪徒)들은 처음에는 어려운 일을 만나면 서로 돕는다는 핑계로 배회결맹(拜會結盟)했지만, 나중에는 무리의 힘을 믿고서 물건을 약탈하고 소란을 피운다. 한편 위로는 남안·감주부에서 아래로는 요주·구강(九江)부에 이르는 천 백리의 길에는 대하(大河)가 관통하고 그 지류가 어지럽게 갈라진다. 근년에 연하(沿河)의 비곤(匪棍)들은 대낮에는 배에 올라타 객상(客商)들을 트집 잡아 약탈〔搶奪〕하거나, 컴컴한 밤에는 무리를 지어서 약탈하는데 체포하는 것에 저항하여 사람을 해치기도 하며, 객선(客船)이 홀로 황량하고 편벽한 곳으로 가는 것을 엿보아 그 사람들을 육지로 내쫓고 짐과 은전(銀錢)을 가로채어 위세를 부리며 배를 몰고 가버리는 등 온갖 불법을 저지르니, 모두 민해(民害)가 된다. 그리고 광동성〔粵省〕의 사염(私鹽)은 길안(吉安)부 소속의 만안(萬安)현을 경과하여 회하(淮河) 지역으로 들어가는데, 관인(官引)은 해마다 부족해지고 상운(商運)은 점점 유통되기가 어려워지니, 이 또한 국과(國課)와 큰 관련이 있다.[58]

위의 주접은 강서의 남부지역인 남안·감주부에는 주로 삼합회의 활

58 「阿霖奏緝獲擔子會三點會人衆片」(道光3.4.11.), 『天地會』 6, 377쪽.

동이, 북부지역인 남창·요주·무주부의 경계지역인 파양호(鄱陽湖)의 남단에서는 담비의 활동이 횡횡하고 있음을 지적하면서, 일군의 비도들이 강서를 관통하는 감강(贛江)을 주요 교통수단으로 삼는 객상들을 약탈하고 있음을 언급하고 있다. 특히 광동의 사염(私鹽)이 길안부의 만안현을 통과하여 회하 지역으로 유통하고 있다는 점을 통해서 광동의 염효(鹽梟)들이 북강(北江)을 거슬러 올라가 대유령(大庾嶺)을 통과하여 강서로 사염을 판매하고, 이후 강서의 염효들이 이 사염을 감강을 통해서 대유·남강(南康)·감(贛)·만안(萬安)현을 경과하여 회하 지역으로 운송되는 사정도 간파할 수 있다. 따라서 광동 북부와 교계를 이루는 강서 지역과 강서의 감강 연하 지역을 중심으로 삼합회·염효·담비 등의 각종 집단들이 활동하고 있었고, 특히 이러한 염효들이 사염을 운반하는 과정에서 삼합회와의 결탁이 이루어지거나 천지회가 아예 염효처럼 사염의 판매에 관여한 것으로 보인다. 그 구체적인 사례는 도광 9년(1829) 도광제가 "회비(會匪)와 염효는 지방의 가장 큰 해(害)"라고 지적한 상유(上諭) 속에 보이는 어사(御史) 왕증방(王贈芳)의 주접 내용에서 확인된다.

> 강서 길안부 소속의 태화(泰和)·만안(萬安)현 등은 종래 사효(私梟)가 출몰하는 지역일 뿐만 아니라 회비가 대단히 많아서 사효와 합쳐져 하나가 되는데, 이것을 첨제회(添弟會)·첨도회(添刀會)·천도회(千刀會)라고 부르며, 모두 남안·감주부에서 길안부까지 퍼져있다.[59]

이처럼 남안·감주·길안부 등의 지역에서 횡행한 염효들이 천지회와 합치되어 첨제회·첨도회·천도회 등의 명의로 사염의 밀매 활동을 자행하고 있음을 알 수 있다. 이듬해 도광 10년(1830) 하남도어사(河南道御史) 팽옥전(彭玉田)의 주접에서도 감주부의 "첨제회가 수시로 기일을 정하여

59 「諭內閣著蔣攸銛等飭屬嚴查添弟會」(道光9.7.26.), 『天地會』 6, 393쪽.

배회(拜會)하여 수백 수천 명이 무리를 지어서 노략질과 약탈하는 것을 일상사로 삼는데, 첨도회라고 부르는 이유는 사람마다 몸에 칼〔刀〕을 지니고 다녔기 때문이다."라고 지적하면서, "근래 염효들의 성행은 대체로 모두 이 첨제회이다."라고 언급하고 있다.[60] 적어도 도광 초·중엽 광동의 북부 지역과 경계를 이루는 강서의 남안·감주부와 이 두 부(府)와 맞닿고 있는 길안부에서 염효들의 사염 밀매는 적어도 천지회에 의해서 이루어졌다고 말해도 과언은 아닐 것이다.

천지회와 염효의 연계활동은 성(省)과 성의 교계(交界) 지역에서 나타나는 특징이라고 말할 수 있는데, 비단 광동과 강서뿐만 아니라 광동과 호남, 광서와 호남의 교계 지역에서도 발생하고 있고, 나아가 관여하고 있는 물품도 경제적으로 상당한 이익을 얻을 수 있는 사염뿐만 아니라 사전(私錢)·아편(鴉片) 등으로 다양하였다. 이러한 풍경은 도광 15년(1835) 어사 상대순(常大淳)의 주접에 잘 묘사되어 있다.

> 호남의 영주(永州)부·침주(郴州)·계양(桂陽)주와 강서의 남안·감주부는 광서·광동과 교계를 이루는 지역으로 회비들이 득실거려 무리를 이루고 있는데, 칼〔刀械〕를 지니고 오창(鳥槍)을 발포하며 사염·사전·아편 등의 물품을 전문적으로 운반하고 있다. 이 지역을 경유하는 양민(良民)들과 상인〔商旅〕들은 대부분 돈을 내고 이름을 등록하여 입회한 것에 의지하여 약탈의 피해를 면한다.[61]

이처럼 성과 성의 교계 지역에서 천지회 활동이 성행한 이유는 대체로 이들 교계 지역이 국가권력의 직접적인 통제에서 일정정도 벗어난 지역이기 때문에 천지회를 비롯한 각종 집단들이 발흥하기에 안성맞춤의 지

60 「河南道御史彭玉田奏請嚴拿贛南天地會摺(道光10.11.22.)」,『天地會』6, 403-404쪽.
61 『淸宣宗實錄』卷269, 道光15年7月條, 131쪽.

역이었고, 그 결과 이러한 환경에서 이들의 활동도 상당히 토비적(土匪的)인 활동으로 흘러가는 경향이 지배적이었다. 게다가 천지회가 줄곧 관군의 추격과 단속을 피해서 은닉해 온 교계 지역은 이들의 훌륭한 은신처 역할을 한 점도 이 지역을 흉흉하게 만든 주요 원인 중의 하나였다.

광동과 광서의 교계지역을 예로 들면, 가경 19년(1814) 병과급사중(兵科給事中) 이가번(李可蕃)은 광동·광서·호남의 교계 지역에서 천지회의 활동이 활발했는데, 천지회가 관군의 단속을 피하기 위하여 광동과 광서의 교계 지역인 오주(梧州)부와 조경(肇慶)부로 들어가니, 이 지역에서도 회비가 왕래하는 상인들에 대하여 통행세를 받는 등의 늑색 활동이 횡횡했다고 지적하고 있다.[62] 또한 광서와 운남의 경계 지역을 예로 들면, 도광 16년(1836) 어사 이소방(李紹昉)의 주접에 "광서의 사성(泗城)부 소속의 융주(隆州) 백애(百隘) 지방은 운남 광남(廣南)부와 귀주 흥의(興義)부와 교계 지역으로 세 개의 성으로 길이 통하지만 성성(城省)과는 거리가 아득히 멀어 비도(匪徒)들이 무리를 지어 있기 쉬운데, 근래에 광동의 회비(會匪)가 발각된 이후 이곳으로 대부분 숨어 들어와 토착의 무리들과 결탁하여 당(黨)을 만들어 무리를 이루니, 이들을 '대화수(大貨手)'라고 불렀으며, 향리와 과객(過客)의 큰 해가 되었다."고 지적하고 있다.[63] 이처럼 교계 지역이 천지회의 은신처를 제공하고, 나아가 교계 지역으로 흘러 들어간 천지회의 회원들이 이곳의 토착 무리들과 결탁하고 있었던 것이다.

도광 중엽 이후로는 이러한 교계 지역에서의 사염·아편의 밀매형 천지회가 도시로까지 진출하여 상당한 활동을 한 것으로 보인다. 이점은 광주부 일대에서 활동한 천지회에서 확인된다. 도광 16년(1836) 호광도어

62 「兵科給事中李可蕃奏請勅令兩廣督撫嚴辦拜會入敎者摺」(嘉慶19.2.12.), 『天地會』 7, 362쪽.

63 『清宣宗實錄』 卷283, 道光16년5月條, 374쪽.

사(湖廣道御史) 여반류(黎攀鏐)의 주접에 의하면, 삼합회·삼점회 등의 활동이 종래에는 광동 북부의 남웅(南雄)주와 소주(韶州)부에서 가장 심했지만 최근에는 광주 일대에서 횡횡하기 시작했다고 지적하면서, 수십·수백 명씩 무리를 지어 사람을 사로잡고 강제로 재물을 약탈할 뿐만 아니라 대낮에도 무리를 지어 약탈〔搶劫〕을 할 뿐만 아니라 사염과 아편을 전문적으로 운송한다고 있다고 말하고 있다.[64] 적어도 이 주접은 광동을 중심으로 하여 강서·호남·광서의 교계 지역에서 활발하게 진행되었던 천지회의 사염·아편의 밀매활동이 광주 등의 대도시 지역으로 확산되었음을 보여주고 있다.

3. 문화습속형

각 집단 간의 갈등을 무력으로 해결한다는 의미에서의 계투(械鬪)는 중국 남부지역에서 종족사회(宗族社會)와 표리관계를 가지면서 발전한 문화현상이다. 따라서 계투는 범죄나 비적 및 지방의 상투적인 봉기와는 구분되는 대중적이고 어느 정도 계획된 무력투쟁이라고 볼 수 있는데, 이는 18세기 초엽 복건의 남부와 광동의 동부에, 19세기 초엽에는 광동의 중부와 서부 지역에, 그리고 1840년대에 이르러 광서의 동부 지역으로까지 확산되었다.[65] 확산의 시기와 지역을 고려해 볼 때, 계투와 천지회가 확산되었던 시기와 지역이 유사하다는 점을 통해서 천지회가 복건·광동·

64 (淸) 黎攀鏐, 「敬陳粵東積弊十事疏」, 『詒蔭堂奏議』, 1쪽.

65 유장근, 『근대 중국의 비밀결사』, 34-35쪽; Harry Lamley, "Hsieh-tou: The Pathology of Violence in Southeastern China", *Ching-Shih Wen-Ti* Ⅲ, 1997-7, pp.7-13.

광서 등의 지역에서 계투와 불가분의 관계를 가지고 활동했을 것으로 예상할 수 있다.

계투는 일반적으로 성족(姓族)의 여하를 불문하고 한 당파에 속한 부락이 당파별로 연합하여 서로 대항하는 회향적(會鄕的) 계투, 동족의 연합에 의한 회족적(會族的) 계투, 토착민과 이주민 사이의 토객(土客) 계투로 분류된다.[66] 이 중에 토객 계투의 경우를 보면, 광동의 주변지역은 명청시대에 걸쳐 한인 이주민인 객민(客民)이 토착원주민 사이를 점차 메워가면서 토객한이(土客漢夷)가 잡처(雜處)하는 곳으로, 토착민과 객민 사이의 갈등이 끊임없이 일어난 것은 말할 것도 없다. 따라서 종족사회에서 이탈한 하층 인민들이나 낯선 곳에 안착한 객민들이 의형제 집단〔異姓結拜組織〕의 특징을 가지고 상호부조의 성격을 강하게 갖는 천지회에 쉽게 유혹되는 것은 어찌 보면 당연한 현상이라고 하겠다.

이러한 현상은 건륭·가경 교체기 천지회가 복건에서 광동의 동부지역으로 전래됨과 동시에 복건·광동의 종족사회에서 이탈한 인민들이 광동의 동부지역에 객민으로 안착한 사실을 통해서 표면화되었다고 생각한다. 그 구체적인 내용을 혜주(惠州)부의 박라(博羅)현과 영안(永安)현에서 확인할 수 있다.

> (A) 박라현 지방에서는 조주(潮州)부·가응(嘉應)주와 복건의 객적민(客籍民)들이 전답을 경종(耕種)한다. 이들은 수리(水利)를 쟁탈하는 일로 인해 토착민들과 대부분 화합할 수 없었는데, 간혹 회비(會匪)에 의해서 사람들이 살상되는 집이 있는가 하면, 고발자를 살해하는 경우도 있다.[67]

66 仁井田陞, 「中國の同族部落の械鬪」, 『中國の農村家族』, 東京: 東京大學出版會, 1966, 364쪽.

67 「兩廣總督吉慶奏地方寧謐及搜拿招撫等情摺」(嘉慶7年10月13日), 『天地會』 7, 40쪽.

(B) 광동성의 인민들은 대부분 취족이거(聚族而居)하지만, 객적기민자(客籍寄居者)는 모두 무업유민(無業流民)으로 성격이 거칠고 사나워 무리를 모으고서는 마침내 첨제회(添弟會)를 결성하여 일이 있으면 서로 돕는다. 첨제회 안에는 간혹 토착민이 있긴 하지만, 객적자가 열에 여덟 아홉이다. 토착민은 객적자가 첨제회를 결성했기 때문에 해를 입을까 염려스럽기도 하고, 또 산악지역에서는 경우(耕牛)를 얻기 어려운데다가 첨제회가 종종 소를 약탈해 가기 때문에 각 향에서는 사람들을 모아 역시 회(會)를 만들었다. 매 호마다 소의 마리수를 기준으로 돈을 각출하고 공동경비로 삼으니, 이것을 우두회(牛頭會)라고 하였다. 이 두 회는 서로가 경쟁하면서 원한이 쌓이고 불화가 계속되었으니, 서로 원수로 여기게 된 것이 이미 하루 이틀이 아니다.[68]

(A)는 가경 7년(1802) 박라·귀선·영안현에서 천지회 사건이 발생했을 때 이와 관련된 양광총독 길경(吉慶)의 주접이고, (B)는 당시 이 사건을 조사하기 위해서 파견된 흠차대신(欽差大臣) 나언성(那彦成)의 주접이다. (A)는 박라현의 경우로 회비(會匪)로 기록된 천지회가 객민들에 의해 조직되어 수리와 같은 문제가 발생했을 경우 천지회가 무력으로 토착민을 해치는 경우가 종종 발생하는데, 이들 객민은 주로 인근의 조주부·가응주나 복건에서 박라현으로 들어와 안착했음을 보여주고 있다. (B)는 영안현의 경우로 객민들의 원적지가 구체적으로 언급되어 있지는 않지만, 박라현의 경우와 사정은 같을 것으로 예상된다. 영안현에서는 토착민과 객민의 갈등이 지속되어 반복적인 불화가 발생하고 있었고, 특히 객민과 일부 토착민이 주동적으로 첨제회를 조직하여 상시적으로 이곳의 소를 약탈하고 있는 상황을 말해주고 있다. 나아가 소 약탈의 근심을 늘 갖고

68 「內閣學士那彦成奏永安等三縣添弟會起事緣由摺」(嘉慶7年12月16日), 『天地會』 7, 97-98쪽.

있던 영안현의 토착민들은 향을 단위로 소의 마리 수에 근거하여 공동출자하는 형식으로 우두회를 조직하여 이러한 약탈에 대응하고 있음을 보여주고 있다.

이러한 영안현의 소를 약탈하는 천지회의 활동은 영안현 내에서 조직된 천지회뿐만 아니라 인근지역의 천지회에도 가담하고 있었다. 예컨대 인근의 귀선현에서 조직된 진아본(陳亞本)·채보운(蔡步雲)의 천지회가 이 지역의 임산(稔山)·백망화(白芒化) 등의 각 촌장에서 사람들을 규합했는데,[69] 그 목적 중의 하나가 바로 영안현의 우두회 촌장을 약탈하려는 것에 있었다.[70] 결국 사건의 발단은 천지회가 소를 약탈하는 것에서 기인하고 있는데, 결국 이것은 객민의 천지회와 토착민의 우두회라는 계투의 구도로 변화하는 사정을 담고 있다.

도광 연간 광주부에서도 삼합회(三合會)와 와룡회(臥龍會)의 대규모 계투가 전개되었다. 도광 23년(1843) 8월 삼합회와 와룡회의 회원 1천여 명이 순덕(順德)현 용기(容奇)향에서 계투를 하고, 특히 이듬해 정월 여러 현에서 모인 삼합회와 와룡회의 회원 수천 명이 또 다시 순덕현 계주(桂州)향에서 계투를 진행하여 사망자와 부상자 각각 100여 명을 속출하는 사건이 일어났다.[71] 그러나 이 삼합회와 와룡회의 실체에 대해서는 더 이상의 자료가 없기 때문에 정확히 파악할 수 없지만, 종족사회가 발단한 순덕현에서 이러한 대규모 계투가 발생했다는 점을 고려한다면, 적어도 종족 간의 계투에 천지회와 와룡회가 고용되었거나 혹은 열세에 놓인 종족이 삼합회나 와룡회와 같은 조직을 만들어 계투를 진행한 것으로 생각된

69 「兩廣總督吉慶奏拿獲歸善縣天地會首蔡步雲等摺」(嘉慶7.4.29.), 『天地會』 7, 3-4쪽.

70 「內閣學士那彦成奏永安等縣三縣添弟會起事緣由摺」(嘉慶7.12.16.), 『天地會』 7, 98쪽.

71 (淸) 曾望顔, 「曾望顔瀝陳廣東禍亂之由奏稿」, 金毓黻·田餘慶 等編輯, 『太平天國史料』, 北京: 中華書局, 1955, 523쪽.

다.[72] 이 추정대로라면, 순덕현에서 진행된 삼합회와 와룡회의 계투는 회족적 계투의 성격이 강하다고 말할 수 있다.

이러한 계투는 함풍 연간 이후로 더욱 심화되는 경향을 보인다. 예컨대 토객계투(土客械鬪)의 경우 함풍 4년(1854)~동치 6년(1867) 장장 13년간에 걸쳐 조경(肇慶)부·광주(廣州)부·고주(高州)부·나정(羅定)주에서 마치 '대규모 전쟁'을 방불케 할 정도로 격렬하게 일어나 쌍방 간의 사망자 수치가 많게는 100만 명까지 이른다고 보고되고 있다.[73] 또한 종족 간의 계투도 한 번에 수백에서 1천여 명이 수촌에서 수십 촌에 걸쳐서 일어나 '작은 전쟁'을 방불케 했는데, 함풍 연간 이후 서양 무기의 도입을 고려하면 그 피해상황도 만만치 않았을 것이다.[74] 이처럼 그치지 않은 계투라는 소용돌이 속에 천지회는 한편으로 계속적으로 무력을 제공하기도 하고, 다른 한편으로 이러한 계투에 대응하기 위해서 오히려 조직되기도 하였다.

72 유장근은 이 삼합회와 와룡회의 계투에 대하여 서천희구자의 연구(西川喜久子, 「順德團練國の成立」, 『東洋文化硏究所紀要』 105, 1988, 329-330쪽)를 참조하여 당시 순덕현에서는 종족 간의 갈등이 공산(公産)을 둘러싸고 전개되었는데, 원래 25개의 종족에 의해서 형성된 공산이 이갑제(里甲制)와 도갑제(圖甲制)의 해체에 따라 종족 간의 연합이 무너진 결과 이들 종족 가운데에서 과거합격자인 향신(鄕紳)의 수중으로 귀속되자, 이 공산을 둘러싸고 종족 간의 갈등이 증폭되고, 이는 종래의 관행대로 종족 간의 계투로 연결되기 때문에 이러한 종족 간의 토지 문제를 둘러싸고 천지회가 무력을 제공한 것으로 설명하고 있다(유장근, 『근대 중국의 비밀결사』, 241-242쪽).

73 劉平, 『被遺忘的戰爭: 咸豊同治年間廣東土客械鬪硏究』, 北京: 商務印書館, 2003 참조.

74 「請嚴定械鬪專條摺」(光緒11.12.27.), 苑書義 等主編, 『張之洞全集』 1, 石家莊: 河北人民出版社, 1998 참조.

4. 정치반란형

천지회의 활동 유형에서 또 다른 특징으로 '수기기사(竪旗起事)'라는 형태로 봉기를 일으켜 현성(縣城)과 부성(府城), 심지어 성성(省城)까지 공격하는 등 국가권력에 심각하게 도전하는 반란의 모습을 볼 수 있다. 우선 광동에서 천지회의 봉기는 복건인에 의해서 천지회가 광동으로 확산되는 과정에서 나타났는데, 임첨신(林添申) 천지회의 봉기가 그 대표적인 경우라 할 수 있다.

양광총독(兩廣總督) 길경(吉慶)의 주접에 의하면, 가경 5년(1800) 12월 복건 동안(同安)현인 진씨〔陳姓〕로부터 천지회를 전수받은 임첨신은 빈곤한 생활이 원인이 되어 가경 6년(1801) 6월 최초 7명이 천지회를 결배(結拜)하고, 이후 촌장을 약탈〔搶劫〕하여 재물을 획득할 목적으로 회수들이 회원들을 확보한 결과 총 101명으로 구성된 천지회가 조직되었는데, 이들 천지회가 촌장을 약탈하기 전에 관부에 진압되어 총회수 임첨신은 능지처사(陵遲處死), 기타 회수는 참교(斬絞), 기타 회원은 장(杖) 1백·유(流) 3천리의 처벌을 받았다.[75] 그러나 이러한 내용은 양광총독 길경이 주접을 올리는 과정에서 사건을 은폐한 것으로 생각된다. 관련 지방지인 『뇌주부지(雷州府志)』에 의하면, 천지회를 전파한 유랑승이 관헌에 체포되자 임첨신의 천지회가 수천 여명을 이끌고 부성을 공격했고, 지부(知府)의 신속한 대응으로 100여 명을 체포했고 이후 사형에 처해졌다고 기록하고 있다.[76]

여하튼 임첨신의 천지회가 봉기하여 부성을 공격했던 직접적인 이유

75 「兩廣總督覺羅吉慶奏審擬海康縣天地會首林添申摺」(嘉慶6.11.5.), 『天地會』 6, 424-427쪽.

76 (嘉慶) 『雷州府志』 卷3 「沿革 · 事紀 2」, 43-44쪽.

는 천지회 관련자의 체포에서 비롯되었던 것이다. 비록 임첨신 천지회의 부성 공격은 단시간에 실패로 끝났기 때문에 이들의 봉기 과정에서 내세운 구호를 확인할 수 없다. 그러나 봉기 이전 천지회를 결배하는 과정에서 보이는 "복명(復明), 만성일본(萬姓一本), 합귀홍종(合歸洪宗), 동장산하(同掌山河), 공향사직(共享社稷), 일조구집(一朝鳩集), 만고명양(萬古名揚)"이라는 내용[77]을 검토해 보면, 임첨신의 천지회는 당시 광범위하게 유통되고 있었던 회부(會簿)의 내용에 근거하여 반청복명(反淸復明)이라는 정치이념을 흡수하고 있었다고 말할 수 있다.

임첨신의 천지회 봉기가 광동의 서부인 뇌주부에서 일어났다면, 비슷한 시기에 그 반대쪽 동부의 혜주부에서도 수십 개의 촌장과 현성을 공격하는 대규모 반란이 일어났다. 우선 박라(博羅)현에서 천지회를 주도했던 진란극사(陳爛屐四)의 경우, 그는 "가경 6년 7월 사람들을 규합하여 배회(拜會)했고, 이후 약 1년 동안 이리저리 돌아다니며 규합한 자가 모두 1만 여명이었는데, 규합한 사람이 많아졌기 때문에 가경 7년 7월 모반하였다."고 공술하고 있다.[78] 이러한 공술에 근거하면, 진란극사는 적어도 처음부터 봉기를 하기 위해서 천지회를 결배한 것이 아니었다. 이는 양광총독 길경의 주접에 천지회 회원 범범화(范范和)가 공술한 것처럼 봉기를 일으키기 이전 진란극사의 천지회 활동이 대부분 '촌장의 약탈〔劫掠〕'이라는 불법경제 활동에 있었다는 점이나,[79] 진란극사의 부친인 진사장(陳士莊)의 공술에서처럼 진란극사가 규합한 회원들이 많아지자 봉기를 결정한 이후에 비로소 대왕(大王)·원수(元帥)·장군(將軍)·선봉(先鋒)·천총

77 「兩廣總督覺羅吉慶奏審擬海康縣天地會首林添申摺」(嘉慶6.11.5.), 『天地會』 6, 425쪽.

78 「兩廣總督覺羅吉慶奏擒獲陳爛屐四摺」(嘉慶7.10.5.) 「附: 陳爛屐四供詞筆錄」, 『天地會』 7, 33쪽.

79 「兩廣總督吉慶奏續獲范范和等人摺」(嘉慶7.11.13.), 『天地會』 7, 37-38쪽.

(千總)·외위(外委)와 같은 '관직〔僞官〕'을 설립했다는 점[80]을 통해서도 확인된다.

진란극사는 천지회의 결배 이후 1년 여 정도 회원들을 규합한 결과 참여한 회원들이 급격히 증가하여 세력이 확대되자, 양시산(羊屎山)을 주요 근거지로 하여 근방의 흘재비도(吃齋匪徒) 등과 연합하여 군사력을 확보하고 무기제조·식량확보 등을 준비하면서 철저하게 봉기를 계획하기 시작했던 것이다.[81] 당시 흠차대신(欽差大臣) 나언성(那彦成)은 이 사건을 '실질적인 반역'[82]이었다고 지적했지만, 이는 사건의 결과만을 놓고 평가한 것으로 실제 진란극사의 천지회도 여타 다른 대부분의 천지회 조직처럼 애초부터 봉기를 위해서 조직되지 않았고, 회원 수의 급격한 증가에 따른 조직의 확대로 인해서 비로소 봉기의 길로 들어서게 된 것이다.

그런데 박라현 일대의 수십 개 촌장을 공격하며 관군과 수차례 치열한 전투를 벌일 정도로 본격적인 봉기에 착수한 진란극사 천지회의 경우, 이들이 내세운 구호와 지향하는 목표가 당시 광범위하게 유통되고 있었던 천지회의 내부문서인 회부의 내용에 근거하고 있었다. 이점은 진란극사의 천지회가 내세운 포기(布旗)의 내용을 통해서 확인할 수 있다.[83] 즉 포기의 내용 중에서 '상락아정본성홍결의(常樂我情本姓洪結義)'와 '순천결만홍자위기(順天結萬洪字爲記)'의 구절을 통해 천지회는 '순천행도(順天行道)'의 원리에 따라 홍문(洪門)의 일가(一家)를 이루었고, "문외호(門外號), 문내호

---

80 「兩廣總督吉慶奏攻克羅浮山摺」(嘉慶7.10.1.) 「附: 陳士莊供單」, 『天地會』 7, 27-28쪽.

81 「兩廣總督吉慶奏剿捕博羅羊屎山天地會摺」(嘉慶7.9.5.); 「兩廣總督吉慶奏官兵攻打伯公凹情形摺」(嘉慶7.9.11.); 「廣東巡撫瑚圖禮奏籌辦兵糧軍械等情摺」(嘉慶7.9.14.), 『天地會』 7, 7쪽, 11쪽, 15쪽.

82 「內閣學士那彦成奏永安登三縣添弟會起事緣由摺」(嘉慶7.12.16.), 『天地會』 7, 98쪽.

83 「兩廣總督覺羅吉慶奏擒獲陳爛屐四摺」(嘉慶7.10.5.) 「附二: 博羅起義軍布旗抄件」, 『天地會』 7, 34쪽.

(門內號), 홍영(洪英), 옹정갑인년칠월입오일(雍正甲寅年七月卄伍日), 성출아역출(星出我亦出)"의 구절을 통해 이 일가가 이미 옹정 갑인 12년(1674)에 출현했음을 보여주고 있다. 이러한 표현은 '오표두(五票頭)'의 내용과 함께 회부에 수록되어 있는 기원전설의 일부 내용을 반영하고 있는 것으로 보인다. 그리고 '순천흥명합화동(順天興明合和同)'과 '제심협력토강산(齊心協力討江山)'의 표현을 통해 홍문 일가의 목적이 반청복명(反淸復明)에 있음을 적시하고 있는데, 이것은 '목립두세천하지(木立斗世天下知)'라는 예언에 의해서 뒷받침되고 있음을 알 수 있다.

이 '목립두세천하지'라는 예언적 구절에서 목립두세(木立斗世)가 천지회 회원의 공술이나 회부의 기록에 특정한 숫자를 의미하고 있기 때문에,[84] 적어도 반청복명을 실현할 시기를 예언한 것으로 보인다. 이 표기(標旗)를 청조 당국이 '패역표기(悖逆布旗)'라고 지칭할 정도로 진란극사의 천지회는 회부의 내용을 근거로 예언적이고 정치적 성향이 강한 구호를 전면에 내세워 봉기를 감행하였던 것이다.

박라현에서 진란극사의 천지회가 봉기했을 때, 인근의 영안현에서도 천지회가 현성을 공격하는 활동이 이루어졌다. 이 영안현의 사례는 앞서 언급했듯이 객민(客民)이 중심이 되어 소를 약탈〔搶劫〕하려는 첨제회(添弟會)와 이를 방지하고자 하는 토착민의 결사체인 우두회(牛頭會) 사이에서 조장된 계투(械鬪)에서 출발하고 있다. 영안현의 천지회가 현성을 공격한 이유에 대해서, 광동제독(廣東提督) 손전모(孫全謀)의 주접은 다음과 같이 설명하고 있다.

영안현 첨제회의 회수인 관월롱(官粤隴)·증청호(曾淸浩)·뇌동보(賴東保)

84 「兩廣總督孫士毅奏盤獲幷審訊天地會許阿協等情摺」(乾隆52.2.6.)「附: 許阿協等人供單」, 『天地會』 1, 70-71쪽; 「天地會文書抄本」, 庾裕良·陳仁華 等編, 『廣西會黨資料彙編』, 南寧: 廣西人民出版社, 1989, 490쪽.

등은 모두 무뢰(無賴)로 향촌에서 소를 약탈했는데, 박라현에서 진란극사 천지회의 봉기가 관군에 의해서 진압되어 그 회수들이 사로잡혀 참수되는 것을 듣고서는 자신들의 죄를 뉘우치고 이 지역의 향용(鄕勇)이 되기를 희망하였다. 그런데 우두회에서는 이들이 모두 천지회 회원이고 만약 향용이 되면 양민과 섞이게 되니 결코 용납할 수 없다고 현성에 탄원서를 제출하였다. 이에 관월롱 등은 이들이 결배할 당시의 회수였던 온등원(溫登元)을 관부에 고발하여 감옥에서 죽게 했을 뿐만 아니라 자신들이 개과천선하여 새로운 삶을 살고자 하는데 오히려 우두회가 이를 반대하는 탄원서를 관청에 제출했으니, 이는 도저히 견딜 수 없는 처사라 하면서 급기야 수천 명을 모아 우두회를 비롯한 인근의 촌장을 방화·겁탈하고 나아가 현성을 공격했던 것이다.[85] 당시 흠차대신(欽差大臣) 나언성(那彦成)은 이 사건을 "처음에는 모반이 아니었는데 후에 관병에 항거하면서 마침내 반역의 기세를 갖추었다."[86]고 평가했지만, 이들이 봉기한 이유는 우두회와 이를 두둔했던 관부에서 찾아야 할 것이다.

관월롱 등의 천지회가 주동한 이 봉기는 곧 이들의 자수에 의해서 종결되었고,[87] 당시 양광총독 길경은 이들 주모자와 참가자들을 추수기에 농작물을 수확해야 한다는 등의 명목으로 모두 석방조치를 하였다.[88] 그런데 때마침 황아정(黃亞程)을 회수로 하는 천지회가 영안현 철롱장(鐵籠嶂) 일대에서 무리를 모아 은거하고 있었고,[89] 석방된 천지회에게는 우두회의 보복이 기다리고 있었기 때문에 관월롱 등의 천지회 회원은 황아정

85 「兩廣總督孫士毅奏剿辦博羅永安天地會事宜摺」(嘉慶8.1.3.), 『天地會』 7, 108-109쪽.
86 「內閣學士那彦成奏永安登三縣添弟會起事緣由摺」(嘉慶7.12.16.), 『天地會』 7, 98쪽.
87 「內閣學士那彦成奏審曾清浩等人摺」(嘉慶7.12.16.), 『天地會』 7, 96쪽.
88 「諭內閣學士那彦成秉公查核吉慶辦理永安添弟會一案實情」(嘉慶7.11.10.), 『天地會』 7, 75쪽.
89 「署理廣東巡撫那彦成奏攻破鐵籠嶂摺」(嘉慶8.2.6.), 『天地會』 7, 123쪽.

의 철롱장 일대로 몰려들기 시작하였다.[90] 6·7백 명의 사람들이 몰려들어와 황아정의 세력과 합세한 결과 그 세력이 크게 확대되었고, 이를 바탕으로 황아정 등은 대왕(大王), 증귀육(曾貴六) 등은 군사(軍師), 임아저(林亞著) 등은 원수(元帥)로 가칭하고 복수를 핑계로 재차 봉기하여 관군과 대치하기 시작하였다.[91] 결국 황아정의 천지회는 관군의 철롱장에 대한 대대적인 공격에 의해서 진압되었고, 진압될 당시 이들의 산채에는 "관핍양민(官逼良民)"이 적힌 홍기(紅旗)가 걸려 있었고, 산채 안에서 포대 3곳, 대포 10문, 조총 100정, 화약 2담, 초가집 100여 채, 양식 10여 석이 있었다.[92] 이처럼 황아정의 천지회가 관핍양민이라는 선명한 구호를 내걸고 있는 점을 봤을 때, 이들의 봉기에서도 역시 우두회의 보복과 이에 상응하는 관부의 진압이 있었기 때문이다.

그렇다고 해서 위에서 언급한 영안현의 천지회는 회부에 보이는 정치적 구호들이 완전히 배제되었다고 말할 수는 없다. 예컨대 온아리(溫亞利) 등의 공술을 종합해 보면, 흥녕서향(興寧西鄉)인 온아석(溫亞石)이 온등원과 온아리에게 인문(印文)과 목착(木戳)이 새겨져 있는 천지회 초본(抄本)의 역사(逆詞)와 표문(表文)를 전수했고, 이들은 이것을 토대로 영안현의 천지회 회수로 성장한 공리등단(龔厘戥胆)·관월롱·증청호·뇌동보 등을 입회시키고 사람들을 규합하였다.[93] 이처럼 영안현 천지회에도 회부에 보이는 정치적 구호들이 천지회를 조직하는 데 일정하게 작용하고 있었고, 이들이 봉기 과정에서는 사건의 직접적인 원인이 되었던 관핍양민을 그 구호

90 「署吏部侍郎那彥成等奏續獲溫亞利等情摺」(嘉慶8.2.25.)「附: 被俘首領供單」,『天地會』7, 144-146쪽.

91 「署理兩廣總督瑚圖禮奏攻破鐵籠嶂生擒黃亞程等摺」(嘉慶8.2.10.),『天地會』7, 127쪽.

92 「署理廣東總督那彥成奏辦理鐵籠嶂添弟會山寨等情摺」(嘉慶8.1.7.),『天地會』7, 112쪽.

93 「署吏部侍郎那彥成等奏續獲溫亞利等情摺」(嘉慶8.2.25.),『天地會』7, 142쪽.

의 전면에 내세웠던 것으로 보인다.

천지회의 봉기는 천지회가 조직된 이후 회원의 확보를 통하여 규모가 상당히 확대된 상황에서 관부의 진압이나 지주의 횡포, 그리고 계투 등에 대응하여 일어난 활동으로 대체적으로 '관핍민반(官逼民反)'의 형태를 지니고 있다. 그리고 천지회가 가경 연간 광동을 중심으로 각지로 확산되고 조직되는 과정에서 회부라고 하는 자신들의 내부문서에 의해서 초보적이고 원시적이긴 하지만 반청복명이라는 정치이념이 주입되고 있었기 때문에 봉기를 전후로 하여 의례적으로 그러한 내용이나 구호가 등장했다고 말할 수 있다. 특히 도광 20년(1840) 발생한 아편전쟁에서 청조의 패배와 이후 격화된 사회경제적 모순과 혼란 등은 천지회의 봉기에 합리적 정당성을 부여하며 훨씬 더 거세게 박차를 가했고, 그 결과 천지회의 소규모적 봉기는 일상적으로 지속되었다. 이러한 흐름 속에서 급기야 함풍 4년 이르러 진송(陳松)의 천지회 집단은 화남의 정치·경제·행정의 중심지로 양광총독이 기거하고 있는 광동의 성성(省城)인 광주성(廣州城)을 탈취하고, 그곳을 거점으로 천지회의 정권을 수립하여 반청복명이라는 결사의 정치이념을 실현하고자 했던 이른바 '함풍 4년 천지회 반란' 혹은 '홍병기의(洪兵起義)'라고 일컬어진 대반란을 추진했던 것이다.[94]

94 이평수, 「"陳松의 天地會 集團"과 咸豊4年의 叛亂」, 『東洋史學研究』 110, 2010(본서 제4부 제2장) 참조.

소결

건륭 말엽 이래로 광동을 중심으로 확산되기 시작한 천지회는 종족사회에서 이탈하거나 소외된 하층 인민들을 흡수해 가며 기본적으로 회원들 간에 "어려운 일이 있으면 서로 돕는다."고 하는 상호부조의 활동을 전제로 성장해 나갔다. 따라서 천지회가 회원들에게 일종의 생활 강령으로서 상호부조의 정신을 강조하는 것은 당연했을 것으로 생각된다. 그러나 이것이 실천적 행위로서의 '상호부조형' 천지회로만 나타난 사례는 징의당이나 금란회와 같이 다소 이례적인 경우를 제외한다면 사실상 그리 많지 않았다. 이는 천지회가 일상생활을 영위하기 위해서는 무엇보다도 눈앞에 닥친 회원들의 경제적 빈곤함을 해결해야 했기 때문이다. 그 결과 가경·도광 연간에 이르러 천지회가 성장하는 과정에서 이들의 활동 유형은 대부분 '불법경제형'으로 나타나게 되었다.

불법경제형 천지회의 내용은 크게 창겁이라는 '단순 약탈형', 타단·타량이라 일컬어졌던 '공개 약탈형', 해적의 천지회화 혹은 천지회의 해적화라는 '해적형'으로 세분화하여 유형화시킬 수 있었다. 나아가 일부 천지회에서는 사염과 아편 등의 상품 밀매에도 적극 참여하고 있었으니, 이러한 천지회는 '상품밀매형'으로 불릴 수 있을 것이다. 한편 종족사회의 발전 과정에서 배태된 일종의 문화습속 현상인 계투는 조직의 힘을 가지고 있는 천지회와 불가분의 관계를 맺고 있었기 때문에 천지회가 종종 계투에도 적극적으로 관여하게 되었다. 이러한 측면에서 계투에 참여하거나 동원된 천지회를 '문화습속형'으로 유형화하는 것도 가능하였다. 특히 일부 천지회에서는 확대된 조직의 힘이 관부와 충돌을 일으키는 과정에서 급기야 현성을 점령하는 등 봉기의 단계로 나아갔으니, 이처럼 국가권력을 상대로 반란 활동을 수행했던 천지회는 '정치반란형'으로 유형화시킬 수 있었다.

천지회가 이처럼 다양한 활동 유형을 보일 수 있었던 것은 바로 중국 남부지역의 인문지리 환경이라는 외부세계와 밀접한 관련을 맺고 있었기 때문이다. 가경·도광 연간 천지회 활동의 중심지였던 광동을 보면, 그 중심지역인 광주부는 주강 삼각주에 형성된 비옥한 사전을 보유하고 있었을 뿐만 아니라 화남의 정치중심지이자 적어도 아편전쟁 이전 청조의 유일한 대외무역항인 광주와 당시 10대 시진 중의 하나로 최대의 제철업을 자랑하는 불산이라는 도시를 품고 있었다. 이 때문에 이러한 농촌과 대도시를 무대로 왕래하고 생활하는 많은 빈곤한 농민·상인·노동자·유랑자·도시빈민 등의 존재는 천지회가 회원들을 손쉽게 확보하는 데 좋은 기반을 제공해 주고 있었다. 그 주변지역으로 눈을 돌려 보면, 동서로 대칭된 연해지역은 동쪽의 남해(南海)를 비롯하여 서쪽의 칠주양(七洲洋)·주모해(珠母海)·용문해(龍門海)와 맞닿아 있기 때문에 일찍이 해적들의 활동이 왕성했고, 광동의 연해지역에서 천지회의 활동과 성장은 이들 해적들과 밀접한 관련을 맺고 전개되었던 것이다.

한편 산악지역을 이루고 있는 광동의 북부지역은 토착민이 이미 정주한 가운데 객민의 지속적인 이주가 진행되었기 때문에 토착민과의 치열한 경쟁관계에 놓인 객민은 그만큼 천지회에 다가서기가 용이했을 것이다. 나아가 광동과 경계선을 이루고 있는 복건·강서·호남·광서의 교계

지역은 청조 국가권력의 관철이 결여된 지역으로 이전 시기부터 비적들이 활동하거나 은신하기에 안성맞춤의 지역이었다. 그 결과 광동에서 천지회의 활동 역시 이러한 교계 지역에서도 활발하게 진행되었던 것이다. 이러한 광동의 중심지역·주변지역·교계 지역은 대체로 주강의 지류인 동강·북강·서강이라는 수상교통으로 연결되었고, 이들 수상교통을 따라서 사염과 아편의 밀매가 점차 성행하기 시작했으니, 강력한 조직의 힘을 필요로 하는 소금밀수꾼들과 아편밀매업자들도 천지회에 한층 다가설 수 있었던 것이다.

요컨대 천지회가 진행한 활동의 다양성, 그것을 제대로 파헤쳐내는 것이야말로 청대 회당 비밀결사를 대표하는 천지회를 올바르게 이해하는 또 하나의 척도임에는 분명해 보인다. 물론 천지회의 활동을 본장에서와 같이 상호부조형, 불법경제형, 문화습속형, 정치반란형으로 유형화시킬 수 있을지라도, 각각의 천지회가 반드시 각각의 유형에 일대일 대응을 이루는 것은 아니다. 환언하면, 적어도 천지회가 최초 조직된 이후에 일정기간 조직의 확대가 이루어지면 천지회의 활동은 각각의 유형이 서로 표리 관계를 이루며 중첩되어 진행될 수 있다는 점을 간과해서는 안될 것이다.

| 제 3 장 |

가경·도광·함풍 연간 천지회의 활동과 지방관, 그리고 지역사회

3

청조는 건륭 중·말엽에 이르러 자연재해의 빈발, 폭발적인 인구증가, 경지의 부족, 소수 수중으로 토지의 집중, 빈부 격차의 심화, 그리고 지배층의 수탈과 착취의 격화 등이라는 제국의 통치체제를 위협하는 심각한 문제에 직면하기에 이른다. 그 결과 수많은 농민을 비롯하여 수공업자·소상인·노동자가 파산하여 생존의 위협에 시달리는 계층이 대량으로 배출되기 시작하였다.[1] 이러한 문제에 더하여, 특히 복건과 광동처럼 종족사회(宗族社會)가 발달한 지역에서는 대족(大族)이 강횡하여 소족(小族)을 압박하면 자연스레 소족들 간의 연합이 이루어졌으니, 이 과정에서 이들 종족 간에 생활상의 사소한 이익이 자주 충돌하게 되면서 공적인 중재를 거치지 않고 사적인 무력을 사용하여 사건을 해결하는 소위 '계투(械鬪)'가 속출하였다.[2]

---

1 박기수, 「清 道光年間 廣西民衆蜂起의 硏究」, 성균관대 박사학위논문, 1991, 52쪽. 특히 건륭 말 이후 청조 쇠퇴와 관련된 전반적인 논의는 Susan M. Jones & Philip A. Kuhn, "Dynastic Decline and Roots of Rebellion", Denis Twitchett & John K. Fairbank eds., *The Cambridge History of China: Late Ch'ing 1800-1911*, vol.10 Part I, Cambridge: Cambridge University Press, 1978(김한식·김종건 역, 『캠브리지 중국사』 10-상, 서울: 새물결, 2007); Susan Naquin & Evelyn S. Rawski, *Chinese Society in the Eighteenth Century*, New Heaven: Yale University Press, 1987(정철웅 옮김, 『18세기 중국사회』, 서울: 신서원, 1998) 등을 참조.

청조 내부의 위와 같은 사회·경제적 모순과 문화적 갈등은 가경·도광 연간(1796~1850)에 이르러 천지회가 광동을 중심으로 화남의 각 지역사회로 확대·확산되어 만연할 수 있었던 주요한 배경으로 기존의 많은 학자들이 줄곧 지적해 왔다.[3] 그렇다면 당시 청조 국가권력을 대신하여 각 지역사회를 실질적으로 통치하고 있었던 총독(總督)·순무(巡撫)를 비롯하여 그 예하의 행정장관인 지부(知府)·지주(知州)·지현(知縣) 등 대소의 지방관들은 과연 가경·도광 연간 천지회가 본격적으로 확대·확산되어 만연의 상태에 이르게 된 상황을 어떻게 인식하고 있었고, 또 이를 해결하기 위해 어떠한 방책과 수단을 가지고 대응하고 있었던 것일까? 그런데 만약 무슨 이유였든 간에 이들 지방관이 천지회의 상황에 대하여 잘못된 인식을 했다거나 혹은 대응 자체가 불철저했다면, 이 역시 앞서 언급한 사회·경제·문화적 배경만큼이나 천지회가 각 지역사회로 급속하게 확대·확산되어 만연할 수 있었던 또 다른 하나의 현실적 원인으로 작용하

2 이평수, 「天地會 起源傳說의 解剖: 姚大羔本起源傳說의 분석을 중심으로」, 『東洋史學會 秋季 學術發表會 發表要旨』, 2008, 337-340쪽(본서 제1부 제2장 참조); 박기수, 「乾隆·嘉慶·道光年間 廣西의 客民과 客家」, 『明淸史硏究』 4, 1995; 원정식, 「淸代 福建社會 硏究: 淸 前·中期 閩南社會의 變化와 宗族活動」, 서울대학교 박사학위논문, 1996; 원정식, 「淸 中期 閩南의 械鬪 盛行과 그 背景」, 『東洋史學硏究』 56, 1996; 酒井忠夫, 「臺灣閩粤社會の械鬪と天地會の成立」, 『中國幫會史の硏究』(紅幇篇), 東京: 國書刊行會, 1998 등을 참조.

3 대표적인 연구 성과로는 유장근, 『근대 중국의 비밀결사』, 서울: 고려원, 1996; 蔡少卿, 「近代中國的秘密會社及其歷史演變」, 『中國近代會黨史硏究』, 北京: 中華書局, 1987; 莊吉發, 『淸代秘密會黨史硏究』, 臺北: 文史哲出版社, 1994; 雷冬文, 「嘉慶年間天地會在廣東復興的社會根源」, 『廣東社會科學』 2001-1; 秦寶琦, 『中國洪門史』, 福州: 福建人民出版社, 2012; 佐佐木正哉, 「咸豊四年廣東天地會の叛亂」, 『近代中國硏究センタ彙報』 2, 1963-4; 前田勝太郎, 「淸代の廣東における農民鬪爭の基盤」, 『東洋學報』 51-4, 1969-3; Frederic E. Wakeman, "The Secret Societies of Kwangtung 1800~1856", Jean Chesneaux eds., *Popular Movements and Secret Societies in China 1840~1950*, California: Stanford University Press, 1972; Robert J. Antony, "The Problem of Banditry and Bandit Suppression in Kwangtung, South China, 1780~1840", *Criminal Justice History* 11, 1990 등이 있다.

고 있었을지도 모르겠다.[4] 왜냐하면 역사적 현상에 대한 배경이나 원인은 인과관계에서 정도의 차이는 있을지언정 늘 복합적으로 작용하고 있기 때문이다.

의외의 사실은 이러한 청 중기 천지회와 지방관의 문제에 대하여 기존의 연구들이 사실상 거의 주목해 오지 않았다는 점이다.[5] 따라서 이 문제를 본격적으로 탐색하는 본장의 경우 각 지역 감찰어사(監察御使)들의 주접(奏摺)을 통해서는 천지회의 확대·확산과 만연에 대하여 당시 지방관

---

4 이밖에도 만한(滿漢) 민족모순이라는 정치적 배경을 거론할 수 있는데, 천지회의 반청복명이라는 정치이념은 결사의 기원전설과 밀접한 관련을 맺으면서 생성·굴절·발전했는데, 이에 대해서는 이평수, 「清代 天地會 起源傳說 板本 現況과 特徵: 결사 창립의 시간·장소의 비교를 겸론하여」, 『中國史硏究』 89, 2014(본서 제1부 제1장); 이평수, 「清代 天地會 起源傳說의 脚色과 變遷: 인물과 이야기의 비교를 중심으로」, 『明淸史硏究』 41, 2014(본서 제1부 제3장); 李平秀, 「從天地會看清代民間社會的滿漢關係」, 中國社會科學院近代史硏究所政治史硏究室 編, 『清代滿漢關係硏究』, 北京: 社會科學文獻出版社, 2011; Barend J. Ter Haar, *Ritual and Mythology of the Chinese Triads: Creating an Identity*, Leiden·Boston·Köln: Brill, 1998 참조..

5 1990년대 이래로 명청사 연구에서 지역사 연구가 큰 흐름으로 자리 잡아가는 경향(박기수, 「최근 中國에서의 明淸時代 地域史硏究: 清代 廣東地域 經濟史硏究를 中心으로」, 『中國學報』 39, 1999 참조)에 따라 천지회와 같은 비밀결사의 연구 영역에서도 이러한 지역사 연구의 시각을 이용하여 관련 연구가 활발히 진행되어 왔다. 이러한 지역사 연구 중에서도 시기별 천지회의 주요 활동에 대한 연구를 제외한다면 주목할 만한 부분으로 천지회와 지역사회의 다양한 계층들 간의 문제를 다루고 있다는 점을 들 수 있다. 예컨대 천지회와 그 주요 구성원으로서 파산한 농민·노동자·소상인 등 하층인민과의 문제, 천지회와 신사(紳士)의 관계, 천지회와 종족(宗族)의 관계, 천지회와 해적의 관계 등이 바로 그것이다. 대표적으로 유장근, 『근대 중국의 비밀결사』; 朱俊强, 『秘密結社與社會控制: 廣西天地會硏究(1794-1921)』, 桂林: 廣西師範大學出版社, 2000; 彭先國, 『湖南近代秘密社會硏究』, 長沙: 岳麓書社, 2001; 雷冬文, 『近代廣東會黨: 關於其在近代廣東社會變遷中的作用』, 廣州: 暨南大學出版社, 2004; 謝一彪, 『浙江近代會黨史』, 北京: 中國社會科學出版社, 2013; 邵雍, 『近代江南秘密社會』, 上海: 上海人民出版社, 2013; Dian H. Murray, *Pirates of the South China Coast*, 1790~1810, Stanford University Press, 1987, 이영옥 옮김, 『그들의 바다: 남부 중국의 해적, 1790~1810』, 서울: 심산, 2003; David Ownby, *Brotherhoods and Secret Societies in Early and Mid-Qing China: the Formation of a Tradition*, California: Stanford University Press, 1996 등의 연구 성과에서 이러한 문제를 다루고 있다.

들이 보여준 적나라한 실정(失政)의 양태를 밝혀줄 수 있을 것이다. 또한 지방지의 기록과 일부 미 공간된 지방관들의 문집·일기 등의 사료를 활용한다면, 당시 천지회가 확대·확산되어 만연한 실상을 묘사하는 데 일정한 보완을 해 줄 수 있을 것이다. 나아가 이러한 측면은 궁극적으로 반청복명(反淸復明)이라는 결사의 정치이념을 토대로 새로운 정권 창출이라는 목표로 진행된 천지회 역사상 가장 큰 사건이었던 이른바 '함풍 4년 천지회 반란'에 대한 또 다른 하나의 현실적 배경 내지는 원인으로서 자리매김할 수 있을 것으로 기대한다.

1. 기민한 대응: 가경 초·중엽 천지회와 지방관

천지회가 화남의 각 지역사회로 급속히 확대·확산되기 이전인 가경 초·중엽의 경우를 보면, 적어도 청조 국가권력을 대신하여 지역사회를 책임지고 있던 대소 지방관들은 이제 막 전파되기 시작한 천지회라는 비밀결사의 조직을 해체·와해시키기 위해 결사의 회수는 물론이거니와 참가한 회원들에 대하여 철저한 조사·체포·처벌을 단행하였다. 그 결과 이 시기 대부분의 천지회는 진압·해체되었다. 예컨대 가경 5~16년(1800~1811)까지 광동의 각 현에서 천지회가 조직된 이후 관부에 의해 진압된 현황을 정리해 보면 다음의 〈표 1〉과 같다.

〈표 1〉 가경 5~16년(1800~1811) 광동에서 진압된 천지회의 현황

연도(가경)	결회 지역	회명	회수	규모(단위: 명)	근거자료
5	조경(肇慶) 양강(陽江)	천지회(天地會)	구대흠(仇大欽, 회수→회총)	95	ⓐ, 416-417쪽

연도 (가경)	결회 지역	회명	회수	규모 (단위: 명)	근거자료
6	광주(廣州) 동관(東莞)	천지회	진례남 (陳禮南, 회총)	84	ⓐ, 421-422쪽
6	뇌주(雷州) 해강(海康)	천지회	임첨신 (林添申, 대가→총회수)	101	ⓐ, 424-425쪽
6	광주 신녕(新寧)	천지회	섭세호 (葉世豪, 대가)	48	ⓐ, 430-432쪽
7	광주 신회(新會)	천지회	정사도 (鄭嗣韜, 총회수)	55	ⓐ, 433-434쪽
7	광주 용문(龍門)	천지회	오윤회 (伍允會, 대가)	29	ⓐ, 435-436쪽
7	조주(潮州) 조양(潮陽)	천지회	정아명 (鄭阿明, 대가→총회수)	54	ⓐ, 444-445쪽
7	광주 향산(香山)	천지회	황명찬 (黃名燦, 대가)	80	ⓐ, 460-461쪽
7	광주 신녕	천지회	진적인 (陳積引, 대가→회총)	62	ⓐ, 440-441쪽
7	조주 혜래(惠來)	천지회	방진사 (方振思, 총대가)	75	ⓐ, 442-443쪽
8	광주 신회	천지회	임도경 (林道經, 대가)	20	ⓐ, 437-438쪽
8	광주 동관	천지회	채정사 (蔡廷仕, 총대가)	114	ⓐ, 446-448쪽
8	광주 증성(增城)	천지회	관념종 (關念棕, 총회대가)	96	ⓐ, 450-451쪽
8	가응(嘉應) 장락(長樂) 게양(揭揚) 풍순(豊順)	첨제회 (添弟會)	뇌육청 (賴六靑, 대가→총회수)	77	ⓐ, 463-464쪽
8	경주(瓊州) 경산(瓊山)	첨제회	섭유승 (葉有升, 대가)	14	ⓐ, 466-467쪽
8	광주 신회	천지회	이상개 (李象開, 대가→총회수)	48	ⓐ, 467-469쪽

연도(가경)	결회 지역	회명	회수	규모(단위: 명)	근거자료
9	광주 신회 학산(鶴山)	첨제회	양수평(梁修平, 대가)	94	ⓐ, 470-474쪽
9	경주 경산	천지회	증박라(曾博羅, 대가)	44	ⓐ, 475-476쪽
9	혜주 영안(永安)	천지회	황정화(黃庭華, 대가)	41	ⓐ, 482-483쪽
9	흠주(欽州)	첨제회	섭봉헌(葉鳳軒, 대가)	32	ⓐ, 486-487쪽
9	해주 해풍(海豊)	첨제회	채아당(蔡亞堂, 대가)	65	ⓐ, 490-491쪽
10	소주(韶州) 곡강(曲江)	첨제회	황현통(黃賢通, 대가)	56	ⓐ, 492-494쪽
16	광주 순덕(順德)	삼합회(三合會)	엄귀구(嚴貴邱, 대가)	66	ⓐ, 496-499쪽
16	광주 순덕	삼합회	황주보(黃朱保, 대가)	56	ⓐ, 496-499쪽
16	광주 순덕	삼합회	오아여(吳亞如, 대가)	50	ⓐ, 496-499쪽

〈참고내용〉 위 표에서 근거자료 ⓐ는 中國人民大學淸史硏究所·中國第一歷史檔案館 合編, 『天地會』 6, 北京: 中國人民大學出版社, 1987이다.

〈표 1〉에 열거된 관련 당안 자료의 경우, 천지회 사건의 진압 과정에 대한 기술이 〈지현(知縣)의 천지회 사건 접수→지현의 병력〔병용(兵勇)·병역(兵役)·차역(差役) 등〕 파견→천지회 사건 관련자 체포→성성(省城)으로 압송→심문〉이라는 과정으로 매우 간략히 기록되어 있기 때문에 사실상 그 구체적인 모습을 볼 수 없는 한계가 있다. 다만 추가적인 당안 자료가 더 남아있는 가경 6년(1801) 광주부 동관(東莞)현에서 조직된 진례남(陳禮南)의 천지회 사건을 통해서 가경 초·중엽 광동에서 지방관이 천지회의 확대·확산을 막기 위해 어떠한 기민한 대응을 했는가에 대한 그 일단을

다음과 같이 포착할 수 있다.

양광총독(兩廣總督) 길경(吉慶)의 조사를 근거로 작성된 대학사(大學士) 동저(董誥)의 주접(奏摺)에 의하면, 복건 동안(同安)현인 진례남은 고향에서 진표학(陳飄學)을 따라 천지회에 가입했고, 얼마 후 빈고한 생활로 인해 일자리를 찾기 위해 광동으로 들어왔다. 진례남은 가경 6년 1월 광주부 동관현에서 이도저(李道著) 등 7명과 촌장을 약탈하여 재물을 나누어 쓸 목적으로 삽혈맹서의 방식으로 천지회를 조직했고, 1월 26일부터 2월 10일까지 각지에서 총 76명의 회원을 모집하였다.[6] 여기에서 진례남의 천지회를 진압한 일등공신은 바로 광동얼사(廣東臬司) 오준(吳俊)이었는데, 그는 진압과정을 다음과 같이 보고하였다.

> 본인은 작년 2월 광동얼사로 재임하고 있을 때 동관현 지방에서 회비(會匪)가 무리를 모아 약탈하는 사건이 있었습니다. (이러한 상황을) 신사(紳士)와 백성이 고소했지만, 저는 회수의 성명을 모르기 때문에 경솔하게 조사하여 체포할 수 없었습니다. 이 현의 무거(武擧)인 원강(袁剛)이 평소에 일을 잘 처리한다는 소식을 듣고, 저는 비밀리 그에게 명령하여 천지회〔添弟會〕에 가입시키고, 회수인 진례남이 복건에서 광동으로 들어가 동관현에서 천지회를 전파하고 사람들을 많이 규합했다는 사실을 알아냈습니다. 저는 즉시 이 범인의 나이·용모·복장 등을 남해(南海)현에 비밀리 전달했고, 지현(知縣) 당순(唐錞)은 능력 있는 차역을 선발하여 파견했습니다. 이들은 심지어 야간에도 이동했습니다. 증성(增城)현에 이르렀는데, 이 범인이 이곳에서 연극을 보고 있을 때 즉시 체포했습니다. 조사하는 과정에서 같은 무리의 수십 명을 체포하여 각각 처리하니, 나머지 무리들은 곧 해산했습니다.[7]

6 「大學士管理刑部事務董誥等奏審擬陳禮南摺」(嘉慶6.5.13.), 『天地會』 6, 421-422쪽.

7 「軍機大臣奏遵旨詢問吳俊粵省添弟會情形摺」(嘉慶7.10.24.), 『天地會』 7, 53-54쪽.

위 인용문에 보이는 것처럼, 가경 6년(1801) 진례남의 천지회를 진압하는 데에는 그야말로 관(官)·신(紳)·민(民)의 유기적인 합동작전에 의해 이루어졌다고 말해도 과언이 아니다. 즉 〈신사와 백성이 천지회의 활동을 관부에 고소→광동얼사 오준이 무거 원강을 천지회에 투입→무거 원강이 천지회 회수 진례남의 정보를 유출→오준이 남해현 지현 당순에게 체포 협조를 요청→당순은 능력 있는 차역을 파견→차역의 진례남 체포→진례남의 자백에 따른 잔당 무리의 체포〉라는 일련의 치밀한 과정으로 진례남의 천지회가 진압되었던 것이다.

특히 위 보고의 계속 이어지는 부분에서 오준은 천지회의 대응과 단속에 대하여 다음과 같이 지적하고 있다.

> 양강(陽江)현 등의 곳에서도 일찍이 회비(會匪)가 사건을 일으켰습니다. 일단 사건이 발각되고 나면 비밀리 신속하게 체포하고, 회수를 체포·심문한 뒤에는 상세히 보고해야 합니다. 결국 회비가 사건을 일으킨다면, 오직 지방관이 방법을 강구하고 체포해야만 하는데, 회수가 체포된 후에야 비로소 나머지 무리들도 자연스럽게 해산됩니다.[8]

광동의 치안·풍속의 검열과 관리의 감찰 등을 담당하는 광동얼사 오준은 당시 천지회의 광범위한 확대·확산을 방지하는 유일한 방책은 바로 그 지역의 지방관에게 달려 있다고 강조하고 있다. 이를 위해서 지방관은 능동적이고 적절한 방책을 마련해야만 하고, 그 이후에 천지회의 회수를 신속하게 체포해야만 비로소 그를 따르는 무리들도 자연스럽게 해산되리라고 판단했던 것이다.

그렇다면 가경 말에 이르러서도 오준의 판단처럼 과연 지방관들은 천지회에 대하여 적절한 방책을 마련하여 효과적인 대응을 진행했던 것일

8 「軍機大臣奏遵旨詢問吳俊粵省添弟會情形摺」(嘉慶7.10.24.), 『天地會』 7, 54쪽.

까? 유감스럽게도 천지회의 정치적·경제적·사회적·문화적 기능이 더욱 강화되어 다양한 활동으로 표출되자 지역사회의 공적 네트워크로부터 이탈·유리된 인민들이 대거 천지회에 가입하기 시작했고, 그 결과 각 지역의 지방관들은 이러한 천지회의 활동에 대하여 점차 미온적으로 대응하기 시작하면서 상황은 급기야 역전되기에 이른다. 이러한 상황은 가경 말부터 보이기 시작하며, 도광 초·중엽에 이르러서는 지방관을 정점으로 하는 지역사회가 천지회의 활동을 더 이상 통제할 수 없을 정도로 상당히 심각한 수준으로 치닫게 된다.

2. 대응에서 방임으로: 가경 말엽~도광 초·중엽 천지회와 지방관

1) 감찰어사가 본 천지회와 지방관

당안 자료를 검토해 보면, 가경 말에서 도광 초·중엽까지 광동에서 천지회와 지방관과 관련된 생생한 기록은 총독(總督)·순무(巡撫)·지부(知府)·지현(知縣) 등의 조사·보고보다는 이러한 대소 지방관을 감찰하기 위해 해당지역으로 파견된 감찰어사(監察御使)나 중앙의 육부(六部)에서 황제에게 해당 업무의 간언과 감찰을 담당한 육과(六科)의 급사중(給事中) 등 이른바 도찰원(都察院) 소속의 과도관(科道官)들의 조사·보고에 비교적 잘 드러나 있다. 대표적으로 가경 20년(1815) 9월 복건도(福建道) 감찰어사 손승장(孫升長)의 주접(ⓐ), 도광 11년(1831) 4월 양광총독 이홍빈(李鴻賓)이 받은 상유(上諭)에 실려 있는 병과급사중(兵科給事中) 유광삼(劉光三)의 주접(ⓑ), 도광 11년(1831) 5월 호광도(湖廣道) 감찰어사 풍찬훈(馮贊勛)의 주접을 들 수 있는데, 관련 부분을 인용해 보면 다음과 같다.

ⓐ 간혹 고발하는 자가 있으면, 지방관은 그 처리를 계획적으로 회피하거나 사람 수가 많다는 이유로 감히 경거망동하지 않는다고 하며, 사건을 소홀히 하여 다시는 조사할 수 없게 합니다. 모름지기 사람의 수가 많다고 하더라도 반드시 몇몇의 수령이 사람들을 선도하는 것이니, 기타 사람들은 부회한 무리에 불과하여 수령이 시키는 대로 행동하고 그칩니다. 그러나 지방관은 설령 체포하려고 마음먹더라도 사람이 많고 세력이 강함을 두려워하여 전력으로 체포할 수 없을 뿐만 아니라 사단이 격화되는 것을 두려워합니다. 마땅히 어지를 내려 이 지역의 독무(督撫)들에게 각 주현이 회비(會匪) 수령의 거처를 정탐하여 반드시 체포하고, 그 나머지 협종(脅從)한 무리들에게 효시(曉示)하여 뉘우치는 자는 대개 석방시키도록 명령해야 합니다. 그 부회한 세력들이 이미 제거되면 결회(結會)의 마음도 없어지게 되니, 회비는 저절로 양민으로 변하게 될 것입니다.[9]

ⓑ 광동성의 대리(大吏)들은 (천지회의 활동을) 풍문으로 들은 바가 있지만 각 주현에서 상세히 보고하지 않으니, 조사하여 처리할 방법이 없습니다. 우민(愚民)들은 약탈을 당해도 오히려 관헌에 보고하면 성가신 일을 당하게 될까봐 두려워하여 감히 관헌에 말조차 꺼내지 못합니다. 간혹 고발하는 자가 있으면, 지방관은 억지로 명령하여 도안(盜案)을 절안(竊案)으로 바꾸고, 피해자가 이에 따르지 않으면 시간을 질질 끌며 인정하려 하지 않습니다.[10]

ⓒ 광동의 빈해(瀕海)는 해양과 통하여 종래 비도(匪徒)들이 배맹결당(拜盟結黨)했는데, 처음에는 향곡을 약탈〔剽掠〕하는 것에 그쳤지만, 지방관

9 「福建道監察御史孫升長奏請嚴禁廣東三合會摺」(嘉慶20.9.18.), 『天地會』 6, 508-509쪽.

10 「諭兩廣總督李鴻賓奏粵東幷無小刀三點三合等會」(道光11.6.29.), 『天地會』 6, 522-523쪽.

이 이들의 처리를 계획적으로 회피하여 모두 도안(盜案)을 절안(竊案)으로 바꾸었기 때문에 비도들은 명목장담(明目張膽)하여 꺼리는 바가 없게 되었습니다. 현재 광동성에는 미가(米價)가 등귀하여 향촌에서 약탈〔搶劫〕이 대단히 많이 이루어지고 있기 때문에 상인〔商旅〕들은 외출을 금지하고 있으니, 이들 비도의 종적(蹤迹)이 명확한 경우에는 만약 지방관이 힘을 내어 체포하면 완전히 제거할 수가 있습니다. 그 중 가장 염려할 만한 것은 들은 바에 의하면 비도들 중에서 다년간 결배(結拜)하여 5~6개의 성에 걸쳐서 결탁하고 있는 삼합회(三合會)인데, 그 사람 수가 기록할 수 없을 정도로 많습니다. …… 마땅히 어지를 내려 광동을 포함한 각 성의 독무(督撫)로 하여금 각 부주현의 지방관에 비밀리 명령을 내려 미리 대비토록 하고, 소리 소문 없이 정탐하여 철저히 체포하도록 해서 그 거괴(渠魁)들을 완전히 제거하며, 그 더러운 무리들을 분산시켜 모든 화근을 조기에 잘라버려야만 여염(閭閻)이 편해질 수 있을 것입니다.[11]

이상의 내용에서 보여주고 있는 지방관들의 천지회에 대한 대응을 종합해 보면, 다음과 같다. 첫째로 일부 지방관들은 천지회의 사건을 단순히 도적질하는 활동으로 치부하여 방치하기 시작하였다. 둘째로 일부 지방관들은 심지어 고발된 천지회의 도안을 절안으로 취급하여 치일피일 시간을 미루어가며 사건을 무마시키기도 하였다.[12] 셋째로 일부 지방관

11 「湖廣道監察御史馮贊勛奏請緝拿廣東等省會黨摺」(道光11.5.4.), 『天地會』 6, 518-519쪽.

12 이러한 상황에 대해서는 다음과 같은 해석이 가능하다. 건륭 57년(1792) 중수한 『대청율례』에 의하면, 천지회를 조직하는 것은 모반률의 적용을 받게 되는데〔(光緒) 『欽定大淸會典事例』 卷779, 上海: 上海古籍出版社, 1995, 555쪽〕, 일단 이점을 차치해 둔다. 그렇다면 천지회의 약탈 활동은 일반적으로 조직의 힘을 이용하여 부호의 재물이나 촌장 등을 약탈하는 것이기 때문에 『대청율례』에서 「강도(强盜)」·「백주창탈(白晝搶奪)」 등의 죄를 받게 된다. 「강도」의 경우 그 첫 조항이 "무릇 강도한 자 중에서, 재물을 얻지 못한 자는 모두 장(杖) 100대와 유(流) 3000리의 형에 처한다. 재물을

들은 조직이 확대된 천지회의 세력을 두려워한 나머지 관병을 동원하여 체포를 시작하면 오히려 더 큰 화근을 불러올 수 있다고 생각한 결과, 단속해야 하는 줄 알면서도 짐짓 모른 체하다가 감히 손을 대지 못할 지경으로까지 이르게 되었다. 따라서 당시 각 지역의 지방관들은 천지회가 급속히 확대·확산되고 만연화하기 시작한 정황을 알고 있었지만, 이러한 문제를 직접적으로 거론한 관료들은 해당지역을 감찰하는 어사들과 이러한 상황을 인지하고 있었던 급사중 등의 일부 중앙관료에 그치고 있었다는 것이다. 결국 이들 주접의 끝부분에서는 황제가 지방관들에게 어지를 내려 천지회의 활동을 철저히 단속해야만 더 큰 화근을 방지할 수 있다고 이구동성으로 강조하고 있다.

사실상 위의 주접은 지방관의 천지회의 활동에 대하여 미온적인 대응의 수준을 넘어서 방임의 단계까지 이르고 있는 모습을 확인시켜준다. 이러한 상황과 원인을 더욱 구체적이고 논리적으로 제시한 관료는 바로

얻은 자는 주범자와 수종자를 구분하지 않고 모두 참형(斬刑)에 처한다."고 규정되어 있고(『大淸律例』 卷23 「刑律」·「盜賊上·强盜」, 田濤·鄭泰 校點, 北京: 法律出版社, 1999, 377쪽), 「백주창탈」의 경우 그 첫 조항이 "무릇 백주에 남의 재물을 탈취한 자는 장 100대 도(徒) 3년에 처한다. 재물의 수를 계산하여 중(重)하면 절도죄(竊盜罪)에 2등을 가중한다. 사람을 상해한 자는 참형에 처하고, 수종자는 각각 죄 1등을 감경하는데, 모두 오른 팔에 '창탈(搶奪)' 2자를 자(刺)한다."고 규정되어 있다(『大淸律例』 卷23 「刑律」·「盜賊中·强盜」, 386쪽). 이에 반해서 단순한 절도 사건인 「절도」의 경우 "무릇 절도했으나 재물을 얻지 못한 자는 태(笞) 50대에 처하고 자(刺)는 면한다. 절도하여 재물을 얻은 자는 도둑질한 여러 집 중에서 물건을 많이 절도해 낸 한 집의 장물을 기준으로 하여 죄를 부과하며, 수종자는 각각 죄 1등을 경감한다."고 규정되어 있다(『大淸律例』 卷23 「刑律」·「盜賊中·强盜」, 386쪽). 물론 「절도」의 경우도 그 액수가 많으면 많을수록 형량이 높아지는 것은 사실이지만, 지방관이 천지회의 약탈 활동을 「강도」·「백주창탈」 등에 해당하는 도안(盜案)으로 처리하지 않고, 「절도(竊盜)」에 해당하는 단순 절안(竊案)으로 처리했다는 것은 지방관이 천지회의 약탈 활동에 대하여 사건을 가볍게 처리하여 무마함으로써 천지회의 후환을 방지하려고 한 의도에서 비롯되지 않았나 생각한다. 복건도 감찰어사 손승장이 지적한 것처럼, 지방관이 천지회의 "사람이 많고 세력이 강함을 두려워하여 전력으로 체포할 수 없을 뿐만 아니라 사단(事端)이 격화되는 것을 두려워했기" 때문이었을 것이다.

하남도(河南道) 감찰어사 팽옥전(彭玉田)이었다. 그는 도광 10年(1830)의 주접에서 광동과 교계지역을 이루는 강서 남부지역인 감주(贛州)부와 남안(南安)부의 천지회가 염효(鹽梟)와 결탁하여 활동하는 모습을 언급하면서 지방관의 방임 실태와 그 이유에 대한 자신의 견해를 피력하고 있는데, 그 전문은 다음과 같다.

> 유민(莠民)을 제거하고 양민(良民)을 정착시켜야 하는 까닭은 진실로 유민을 제거하지 않으면 양민이 편안할 수 없고, 양민이 편안하지 않으면 양민이 점차 유민으로 변하기 때문입니다. 무릇 유민의 흥기는 처음에 한 두 명의 무뢰(無賴)·비도(匪徒)가 무리를 현혹하여 금전을 편취하는 것에 불과했습니다. 만약 지방관이 수시로 엄격히 단속했다면, 그 뿌리를 완전히 뽑을 수 있었을 것입니다. 당(黨)을 결성하여 무리를 전파하는 것〔結黨傳徒〕은 여염(閭閻)의 해가 되기 때문에 특별히 방법을 강구하고 초무(剿撫)하여 이들이 만연하여 거안(巨案)으로 양성되지 못하게 해야 합니다. 따라서 유민을 제거하고 양민을 정착시키는 것은 그 지역의 지방관만이 오직 할 수 있을 뿐입니다.
>
> 저의 고향은 강서이기 때문에 감주(贛州)부와 남안(南安)부 일대의 지방에 대하여 무척 잘 알고 있습니다. 이 지역은 광동과 복건의 교계지역으로 산세가 깊고 길이 험해서 원래부터 간사한 무리들이 은닉하는 곳으로, 종래에 천지회〔添弟會〕가 수시로 기일을 정하여 입회의식〔拜會〕을 진행하고, 수백·수천 명이 무리를 지어 노략질과 약탈하는 것을 일상사로 삼습니다. 이들을 또한 첨도회(添刀會)라고 부르기도 하는데, 사람마다 몸에 칼〔刀〕과 기름종이〔油紙〕를 지니고 다니면서 촌락의 길목마다 산재하고 있습니다. 이들이 재물을 휴대한 자를 만나기라도 하면, 사방에서 겹겹이 포위하여 하나도 남김없이 약탈을 하는데, 이미 재물을 약탈하고 나서도 관헌에 고발되는 것을 두려워하여 그 사람을 죽여 버리고, 현장에서 몇 사람들이 그 시체를 몇 토막으로 나누어 기름종이로 싸서 동서남북으로 분산해 버립니다. 대개 재물을 약탈〔搶劫〕

하고 목숨을 빼앗아 시체를 없애 버렸기 때문에 대부분 조사해도 힐문할 방법이 없는 것입니다. 약탈한 재물은 사람마다 약간씩 나누어 갖는 것을 제외하고 그 나머지를 모두 천지회로 귀속시킵니다. 향리에서는 이러한 강력한 폭행을 누차 당했기 때문에 행인〔行旅〕들이 모두 길 나서는 것을 위험한 일로 여깁니다. 지방관이 설사 이러한 상황을 알고 있더라도 사건을 처리하기가 매우 난처해지면 짐짓 모른 체 합니다. 사람을 죽이고 물건을 빼앗는 사건이 보고되면 어쩔 수 없이 차역(差役)을 파견하여 염탐하고 체포하려고 하지만, 이 차역도 또한 대부분 천지회의 사람들이고, 열흘 한 달씩 지나도 범인은 체포되지 않아 공공연히 양민만 괴롭히니, 차일피일 시간만 미루다가 너무 오래되어 흐지부지 넘어가고 맙니다. 백성들은 관이 자신들의 보호자 역할을 할 수 없음을 보고서 어쩔 수 없이 천지회에 가입하여 보신(保身)·보가(保家)를 하게 되니, 양민은 이로부터 유민이 되는 것입니다.

근래에 성행하고 있는 염효(鹽梟)들도 대체로 모두 이러한 천지회〔添弟會〕로, 다른 것에는 관심이 없고 오직 이익만을 꾀하니 어찌 꺼리는 바를 알리 있겠습니까? 이들은 종종 십 수척의 배를 연합하여 벌떼처럼 오고 가면서 창포(槍砲)를 병렬해 두고 무기를 모두 갖추고 있으니, 관잡(關卡)을 지키는 관병은 감히 단속할 수가 없고, 나획한 사염(私鹽)은 영세한 상인〔小販者〕의 것이 대부분일 뿐입니다. 예컨대 도망친 염효 황옥림(黃玉林)은 계속해서 당(黨)을 규합하여 사염을 팔면서 저명한 수령이 되어 불법을 자행한 지가 하루 이틀이 아닌데, 이를 관리하는 관헌에서는 평소에 털끝만큼도 감지하지 못하고 오히려 이 당시에 자수하라고 하니, 이 어찌 간사한 자를 부양하고 악한 자를 방치해 두는 명백한 처사가 아니겠습니까?

감주부와 남안부의 회비(會匪)는 오늘에서야 비롯된 것이 아니라 대부분 지방관이 구습을 답습했기 때문에 초래된 것입니다. 단지 구습을 답습하면 당장에야 무슨 일이 없겠지만, 어찌 대사(大事)가 일어남을 근심하지 않는 것은 그 무슨 까닭이겠습니까? 감주부와 남안부 소속의 관리들은 여전히 이곳에서 근무하는 것을 위험한 일로 여깁니다. 가령 정남청(定南廳)은 외부에서 관원을 등용하여 이곳의 관직을 채우는 곳인데, 듣자하니 종래 승진하여 관직에 보충될 자들은 대부분 성성(省城)에 머물러 있으면서 다른 곳으로 파견되기를 도모하고 있습니다. 이리하여 관직이 올라가더라도 부임하려 하지 않고, 설사 관원이 임시로 부임하더라도 곧바로 전근되길 희망하는 오일경조(五日京兆)만을 고대하고 있으니, 관원들의 진작을 기대할 수 있겠습니까? 기타 나머지 방면도 마찬가지여서 일처리를 대부분 대충대충 하고, 다른 관직으로 보임되기만을 날마다 고대하면서 이 지역을 떠나는 것을 행운으로 여기고 있습니다. 간혹 사건들을 정돈하려는 자가 있으면, 상급기관에서는 관여하지 말아야 할 일이라고 하면서 배척해 버립니다. 상하가 서로 구습을 답습하는 것에 젖어 있으니, 회비가 어찌 저절로 그치겠습니까?

이전의 어사 왕증방(王贈芳)이 길안부의 만안(萬安)현과 태화(泰和)현에 효비(梟匪)가 창궐하여 주접을 올리자, 엄격히 단속하고 체포하라는 어지가 내려왔습니다. 그럼에도 길안부는 효비가 만연되어 이를 데가 없고, 감주부와 남안부는 실로 회비의 온상지가 되었습니다. 금년 감주부와 남안부의 풍속은 매우 험악해져서 사람을 죽이고 도적질을 하는 사건이 매우 많아졌기 때문에 강서순무(江西巡撫)가 주접을 올려 해강장정(海疆章程)에 따라 엄중히 처리하라는 어명을 받았습니다. 그러나 법은 백성〔民〕 때문에 설치되고 법을 실행하는 자는 관(官)인데, 고금에 '치인(治人)은 있어도 치법(治法)은 없다〔有治人無治法〕'고 했으니, 정치를 하는 것은 사람에게 달려 있지 법이 스스로 행해지는 것은 아닙니다. 마땅히 강서순무에게 능력 있는 관원을 신중히 선택하여 해당지역을 엄격히 다스리게 하고, 반드시 수시로 일의 사정에 따라 차츰차츰 정돈해 가며, 소리 소문 없이 범인이 있으면 반드시 징벌하고 모든 관리들이 그 직분에 전력해야만 백성은 그 생업을 편안히 할 수 있을 것입니다. 관리를 감찰하고 백성을 안정시키는 것에 대해서는 곧 봉강대신(封

疆大臣)의 책임입니다. 따라서 능력을 권장하고 나태함을 훈계하여 주현의 기풍을 새롭게 만들고, 어려움을 두려워하여 일시적인 안일함을 탐하는 자를 없게 하는 것의 근본도 역시 총독(總督)과 순무(巡撫)의 진지함에 있을 뿐입니다.

저는 감주부와 남안부의 비당(匪黨)이 양민을 압제하는 것이 점점 감염되어 확대되고, 싸움〔鬪〕을 좋아하고 살인〔殺〕을 즐기게 되어 전도하는 무리들이 많아지게 되면, 마치 악창을 길러 놓은 것처럼 반드시 후환이 남기게 될 터이니, 만약 큰 사건이 양성되기를 기다린 후에 비록 철저하게 처벌한다고 하더라도 그 상처는 실로 많을 것이라고 생각합니다. 나쁜 일이 아직 미약할 때 더 이상 커지지 못하게 해야만 더 큰 해를 막을 수 있다는 '두점방미(杜漸防微)'의 견지에서 보는 것이 타당함이 있지 않겠습니까? 엎드려 황상(皇上)의 성감(聖鑑)을 비나이다. 이에 삼가 아뢰옵니다.[13]

위 주접의 전문은 내용상 크게 6단락으로 구분되는데, 각 단락별로 그 주요 내용을 정리하면 다음과 같다.

우선 첫 번째 단락에서는 유민과 양민의 도덕적 대비를 통해 '양민의 유민화'를 방지하고 '유민의 양민화'를 유도해야 한다고 주장하면서, 그 주도적인 역할을 할 수 있는 자가 바로 지방관이라는 것이다. 특히 지방관은 설령 유민이 천지회를 조직했더라도 때로는 토벌〔剿〕하고 때로는 위무〔撫〕하는 등의 탄력적인 방법을 동원해 이들의 활동이 거안으로 양성되지 못하도록 조치해야 한다고 강조하고 있다. 단순한 토벌만이 천지회와 같은 집단을 제거할 수 있는 것이 아니라 이들을 회유·포섭하여 양민으로 환언시키는 위무를 강조하고 있다.

두 번째 단락에서는 자신의 고향이 강서인 점을 강조하면서 감주부와

13 「河南道御史彭玉田奏請嚴拿贛南天地會摺(道光10.11.22.),『天地會』6, 403-404쪽.

남안부 일대에서 활동하고 있는 천지회의 활동 모습을 적나라하게 묘사하고 있다. 천지회가 재물을 약탈하고서도 오히려 관부에 알려질까 봐 사람을 죽여 토막 내어 시체를 유기하는 장면을 언급하고 있는 데에서 묘사의 극치를 보이고 있다. 게다가 약탈한 재물의 일부를 나누어 갖기도 하지만 대부분 천지회로 귀속시키는 언급에서 천지회가 약탈한 재산을 공동체적으로 운용하고 있는 모습도 엿볼 수 있다. 이러한 상황에 대하여 지방관은 알고 있어도 보고되지 않으면 모른 체 넘어가고, 설령 보고되더라도 현장에 파견된 차역들이 대부분 천지회의 일원이었기 때문에 사건을 해결할 수 없음을 보여주고 있다. 그 결과 국가권력을 대행하는 관부가 인민들을 보호하지 못하는 상황이 발생하자, 인민들은 보신과 보가의 방법으로서 어쩔 수 없이 천지회에 가입하게 되어 양민의 유민화(莠民化)가 진행된다는 것이다.

세 번째 단락에서는 이 지역에서 성행하고 있는 염효들도 대부분 천지회의 조직임을 강조하고 있다. 세력이 강대한 천지회의 경우 십 수척의 배에 창포 등 온갖 무기를 구비하여 수로를 오고가고 있으니, 이것을 감시하는 관잡의 관병은 감히 어떻게 대응할 수가 없다고 묘사하고 있다. 그리고 이러한 천지회의 수령으로 황옥림의 예를 지적하면서, 이러한 상황을 모르고 있는 관부의 처사에 대하여 천지회의 진압을 방치해 두고 오히려 부양하는 처사라고 질타하고 있다. 이러한 상황을 두 번째 단락의 내용과 결부시키면, 이는 지방관이 강대한 세력을 가진 천지회의 수령들과 결탁하고 있었음을 짐작케 하는 대목이다.

네 번째 단락에서는 지방관들이 구습을 답습하는 것을 『한서(漢書)』의 「장창열전(張敞列傳)」에 보이는 '오일경조(五日京兆)'의 고사[14]를 이용하

14 오일경조(五日京兆)란 닷새 동안의 경조윤(京兆尹)이라는 뜻으로 재임 기간이 매우 짧은 관직이나 그러한 일을 비유하는 고사성어이다. 전한 선제(宣帝) 때 장안(長安)을

여 지방관의 처사를 풍자하며, 그 결과로서 천지회가 만연되고 있음을 지적하고 있다. 그 구체적인 예로 정남청의 경우를 언급하면서 이들은 성성에 머물면서 다른 지역으로 보임되기를 오일경조처럼 손꼽아 기다리고, 설령 이 지역에 보임되더라도 모든 일을 대충대충 처리하며 이곳을 떠나는 것을 행운으로 여길 정도에 이르고 있다는 것이다. 나아가 천지회의 사건을 처리하고자 하는 자가 있으면, 상급기관에서 관여하지 말라고 배척하는 상황도 제시하고 있다. 결국 상하 지방관의 처사가 모두 이러한 지경에 이르렀으니, 천지회가 만연할 수밖에 없다고 강조하고 있는 것이다.

다섯 번째 단락에서는 일찍이 감찰어사 왕증방과 강서순무가 주접을 올려 천지회를 엄중히 단속하라는 황제의 어지를 받았지만, 그럼에도 불구하고 천지회의 활동은 오히려 더욱 만연되고 있다고 지적하면서, 『순자(荀子)』의 「군도(君道)」편에 "치인(治人)은 있어도 치법(治法)은 없다."는 구절[15]을 인용하여 지방관의 법 실천 의지를 강조하고 있다. 법이 스스로 행해지지 않는 이상 법을 실제로 실천하고 집행하는 관리가 훨씬 더 중요함으로 각 지역에서 법을 실천하고 집행하는 자인 총독과 순무와 같은 봉강대신들이야말로 예하의 관리들에게 능력을 권장하고 나태함을 훈계하여 주현의 기풍을 새롭게 만들어 인민을 안정시켜야 한다는 것이다. 결국 천지회와 같은 비밀결사의 활동을 방지하고 각 지방을 안정시키는 것의 여부는 총독과 순무의 실천의지에 달려있다고 본 셈이다.

총괄하는 경조윤을 지낸 장창(張敞)의 고사에서 유래하는데, 구체적인 내용은 『漢書』 卷76 「張敞列傳」, 北京: 中華書局本, 223쪽을 참조.

15 이 구절은 "국가를 안정되게 다스리는 인재는 있어도, 국가로 하여금 스스로 안정되게 하는 법제(法制)는 없다."는 정도로 해석된다. 이 구절은 명말청초 황종희(黃宗羲)가 『명이대방록(明夷待訪錄)』의 「원법(原法)」편에서 "유치법이후유치인(有治法而後有治人)"이라고 반론하고, 청말 담사동(譚嗣同)은 「인학(仁學)」편에서 "음방후인지변기법(陰防後人之變其法)"이라고 비판할 정도로 유명한 구절 중의 하나다.

마지막으로 여섯 번째 단락에서는 결국 천지회가 만연하면 언젠가는 악창이 곪아터지듯이 큰 후환이 불어 닥칠 것이라고 예상하면서, 『후한서(後漢書)』의 「정홍열전(丁鴻列傳)」에 보이는 '두점방미(杜漸防微)'의 고사[16]를 이용하여 황제의 견해를 묻고 있다. 후술하듯이, 그의 예상은 결코 빗나가지 않아서 천지회가 만연하기 시작한 광동·광서 등의 지역에서는 도광 말엽 이래로 천지회의 크고 작은 봉기의 전화(戰火)가 계속 불타올랐으며, 심지어 광동의 심장부인 광주성성(廣州省城)을 사방으로 에워싸고 포위 공격하는 등 새로운 정권을 창출하기 위한 천지회 역사상 최대 규모의 반란이 발생하기에 이른다.

2) 가경제의 유화정책과 지방관의 보신

가경 말엽에서 도광 초·중엽에 이르기까지 복건도 감찰어사 손승장, 병과급사중 유광삼, 호광도 감찰어사 풍찬훈, 하남도 감찰어사 팽옥전의 주접에서는 천지회가 지역사회에서 만연한 일차적인 책임자로서 지방관의 천지회에 대한 방임이라는 이유를 이구동성으로 지적하고 있다. 물론 이들 감찰어사나 급사중이 방임의 원인에 대하여 그 일부를 예리하게 지적하고 있지만, 그 배경에는 다음과 같은 사정이 자리 잡고 있었다.

우선 천지회의 만연이 가경 말엽부터 시작되었다는 점을 주목한다면, 가경제의 천지회와 같은 회당(會黨) 비밀결사에 대한 유화정책은 천지회의 만연을 조장하는 하나의 계기를 만들어 주었다. 청조의 비밀결사에 대한 전반적인 정책 기조를 토벌〔剿〕과 위무〔撫〕라는 양면정책의 시행으

16 두점방미란 두점방맹(杜漸防萌)이라고도 하는데, 나쁜 일이 아직 미약할 때 더 이상 커지지 못하게 해야만 더 큰 해를 막을 수 있다는 의미의 고사성어이다. 후한 화제(和帝) 때 사도(司徒)였던 정홍(丁鴻)의 고사에서 유래하는데, 구체적인 내용은 『後漢書』 卷37 「丁鴻列傳」, 北京: 中華書局本, 1266-1267쪽을 참조.

로 볼 때, 친정한 이후의 가경제 역시 토벌과 위무의 양면정책을 모두 구사했다고 스스로 천명하기도 하였다.[17] 그러나 가경제가 거듭되는 비밀결사의 활동에 대하여 그가 내린 상유(上諭)에서는 사실상 『대청율례(大淸律例)』의 규정을 초월하여 강제로 입회한 자나 자수한 자들에게는 관대한 처분을 명령했고,[18] 심지어 천지회를 조직했어도 아직 사단(事端)을 일으키지 않았으면 처벌하지 말라는 조치까지 취하였다.[19] 이러한 사실로부터 가경제는 청조에서 가장 위무를 강조한 황제였던 것으로 종종 평가받는다.[20]

그 배경을 보면, 청조의 태평성세가 어느덧 정오를 지나갔음을 반영하는 두 가지 지표, 즉 종교(宗敎) 비밀결사의 대규모 반란인 이른바 '가경 백련교(白蓮敎) 반란'이 북방에서 거세게 일어났고, 회당 비밀결사의 역사상 '최초' 반란인 소위 임상문(林爽文)의 천지회 반란이 남방에서 거세게 일어났다는 사정이 있었다.[21] 이러한 상황을 반영하듯이 『청실록(淸實錄)』에는 가경 6년(1796)에서 도광 5년(1825)까지 발생한 대소 비밀결사의 활동을 비롯한 민중봉기 약 355건을 기록하고 있는데,[22] 적어도 그 중심에는 바로 천지회의 활동이 자리 잡고 있었다. 결국 청조 국가권력은 가경 연간에 이르러 강희·옹정·건륭 연간에 취해진 비밀결사의 활동에 대한 강경정책에서 유화정책으로 그 노선을 급선회했던 것이다.

17 『淸仁宗實錄』 卷49, 嘉慶4年7月下條, 北京: 中華書局本, 610쪽.

18 「諭吉慶兵進剿陳爛屐四幷曉諭其衆卽早投出」(嘉慶7.9.5.), 『天地會』 7, 9쪽.

19 「諭兩廣總督吉慶速將羅溪營等處天地會扑滅」(嘉慶7.9.19.), 『天地會』 7, 19쪽.

20 孫江, 「淸末民初期における民間秘密結社と政治との關係」, 神奈川大學人文學硏究所編, 『秘密社會と國家』, 東京: 勁草書房, 1995, 91-98쪽.

21 山田賢, 『中國の秘密結社』, 東京: 講談社, 1998, 92쪽.

22 C. K. Yang, "Some Preliminary Statistical Patterns of Mass Action in Nineteenth Century China", Carolyn Grant & Frederic Wakeman eds., *Conflict and Control in Late Imperial China*, California: University of California Press, 1975, p.177.

그런데 가경제의 비밀결사에 대한 유화정책은 천지회의 진압문제와 관련하여 종종 대소 지방관들과의 의사소통에서 큰 충돌을 불러 일으켰다. 그 결과 성의 최고책임자인 총독나 순무의 문책으로 이어졌고, 심지어 이들의 책임을 물어 관직을 박탈하기도 하였다. 그 대표적인 것이 바로 양광총독(兩廣總督) 길경(吉慶)의 천지회에 대한 토벌과 위무의 사례이다.

가경 7년(1802) 11월 가경제의 상유에 의하면, 동년 박라(博羅)현에서 천지회의 봉기가 일어났을 때 이 사건의 진압을 진두지휘한 양광총독 길경은 그 과정에서 천지회의 회원은 물론이거니와 무고한 양민까지 남살(濫殺)했다는 이유로 협판대학사(協辦大學士)의 직책을 박탈당하였다. 그리고 연이어 발생한 영안(永安)현의 천지회와 우두회(牛頭會)의 계투(械鬪) 사건에서 길경은 자수한 천지회 회수와 회원들이 반측(反側)하리라는 심리를 제대로 간파하지 못하고 제멋대로 석방하여 이후에 이들이 다시 봉기를 일으켰다는 이유로 급기야 양광총독의 직책마저 혁직(革職)되기에 이른다.[23]

그 혁직의 배경에는 가경 4년(1799) 8월 가경제가 "지나치게 관용을 베풀어서도 안 되고, 잔혹하게 진압해서도 안 된다."고 하면서, "백성을 해치는 관리는 반드시 제거해야만 하고, 백성을 사랑하는 관리는 반드시 등용해야만 한다."[24]는 상유가 전제되어 있었다. 다시 말해서 양광총독 길경의 천지회 사건에 대한 처리과정은 가경제의 뜻과는 정반대로 박라현에서는 잔혹하게 진압했고 영안현에서는 지나치게 관용적이었던 것이다. 사실상 지나침의 상황이란 황제의 판단에 따라 이현령비현령이었을 텐데, 결국 양광총독에서 혁직된 길경은 태평관(太平關)의 관세 수입을 임의로 처리했다는 혐의까지 받으면서 모든 것을 자살로써 책임졌다.[25]

23 「諭內閣將吉慶革去兩廣總督之任」(嘉慶7.11.23.), 『天地會』 7, 81쪽.

24 『淸仁宗實錄』 卷50, 嘉慶4年8月條, 626쪽.

천지회의 사건으로 인해 초래된 양광총독 길경의 혁직은 이후 지방관들이 각 지역에서 발생하는 천지회 사건에 대하여 그야말로 형식적인 대응으로, 심지어 방임의 단계로까지 나아가게 하는 계기를 제공해 주었다. 그 결과 각 지방관들은 천지회가 급속하게 확대·확산되어 만연할 수밖에 없었던 당시 사회 구조적 문제를 개선하려고 노력하기는커녕 천지회의 활동을 애초부터 단순한 도적의 활동으로 간주하거나 그 지역의 사회적 악습으로 인식하여 적극적으로 해결하려고 노력하지 않았던 것이다. 예컨대 "광동성의 삼합회는 처음에 무뢰(無賴)와 빈민을 규합하여 향리를 위압하고 재물을 사취하는 것에 지나지 않았다."[26]거나 "비도(匪徒)들이 배맹결당(拜盟結黨)했는데 처음에는 향곡을 약탈〔剽掠〕하는 것에 그쳤다."[27]는 기술, 그리고 "이들은 처음에 비류(匪類)를 규합하여 향곡·부민·포호(鋪戶)를 약탈〔搶奪〕하는 것에 지나지 않았다."[28]거나 "무릇 천지회를 조직〔拜會〕하는 악습은 처음에 유수호한(遊手好閒)하는 사람들이 전원의 일을 보수(保守)한다는 명목으로 마을을 돌아다니며 돈을 각출하여 도박을 하거나 음주하는 데 불과하였다."[29]라는 기술은 이러한 점을 잘 보여준다.

이처럼 지방관들은 천지회의 활동을 단순히 지방의 할 일없이 놀고먹는 무뢰들과 경제적 재활능력이 없는 빈민들이 향촌을 무대로 부민이나

25 유장근, 『근대 중국의 지역사회와 국가권력』, 서울: 신서원, 2004, 218-219쪽(유장근, 「19세기 초 中國東南部 지역의 天地會 動向: 1802년의 惠州反亂을 中心으로」, 『慶大史論』 2, 1986).

26 「福建道監察御史孫升長奏請嚴禁廣東三合會摺」(嘉慶20.9.18.), 『天地會』 6, 508-509쪽.

27 「湖廣道監察御史馮贊勛奏請緝拿廣東等省會黨摺」(道光11.5.4.), 『天地會』 6, 518-519쪽.

28 「諭兩廣總督李鴻賓奏粵東幷無小刀三點三合等會」(道光11.6.29.), 『天地會』 6, 522-523쪽.

29 (淸) 姚柬之, 『伯山日記』, 서울대학교 중앙도서관 소장, 道光 戊甲年本, 9쪽.

포호에 대하여 도적질하는 활동으로 치부하여 이들의 단속을 방치하기 시작했던 것이다. 현존하는 당안 자료에 의하면, 가경 초·중엽 광동을 중심으로 복건·광서·강서·호남 등에서 그토록 많은 천지회의 활동이 대부분 관부에 의해 적발되어 보고되었지만, 가경 말엽 이래로 천지회의 개별 안건에 대한 적발과 보고가 제대로 이루어지지 않고 있었다는 점은 관리들의 천지회에 대한 단속 의지가 이미 상실되었음을 반증해 주고 있다. 결국 이러한 상황에서 지방관들은 천지회의 문제에 적극적으로 관여하지 않고, 그 대신 자신들의 개인적인 이익만을 돌보는 지극히 보신(保身)적인 입장만을 취할 뿐이었던 것이다.

특히 광동의 경우 지방관의 보신적인 입장은 일찍이 가경 연간부터 급속히 확대되고 있었던 아편무역과도 밀접한 관련이 있었다. 이는 이 지역 관리들 중의 일부가 아편무역에 깊게 관여하고 있었다는 사실에서 확인되는데, 아편의 판매를 통해 나오는 적지 않은 수익금이 관부로 흘러 들어갔기 때문에 천지회와 광동의 관료 사이에서는 무역상에서 경쟁자이자 은밀한 동업자 관계를 형성하기도 하였다.[30] 이러한 사정은 천지회가 활동한 다른 지역도 마찬가지이어서 강서 남부지역의 경우도 사염(私鹽)의 수익금과 관련되어 팽옥전의 주접에서 언급한 것처럼 대소의 지방관이 천지회와 결탁 관계를 이루고 있었다.[31] 게다가 서리(胥吏)와 차역(差役) 등과 같이 지방의 실질적인 일을 처리하는 자들이 대거 천지회와 결탁한 이유에 대해서는 이들이 공식적인 급료가 없다는 점[32]이나, 그 지역

---

30 유장근,『근대 중국의 지역사회와 국가권력』, 73-80쪽(유장근,「아편전쟁시기의 '漢奸'에 대하여」,『慶南史學』 창간호, 1984); 유장근,『근대 중국의 비밀결사』, 65-66쪽; 田中正美,「鴉片戰爭時期の抵抗派の成立過程」, 大塚歷史學會 編,『東アジア近代史の硏究』, 東京: 御茶の水書房, 1967, 252-255쪽.

31「河南道御史彭玉田奏請嚴拿贛南天地會摺(道光10.11.22.)」,『天地會』6, 403-404쪽.

32 宮崎市定,「淸代の胥吏と幕友: 特に雍正朝を中心として」,『東洋史硏究』16-4, 1958, 362-363쪽.

의 지곤(地棍)이나 토곤(土棍)과 같은 계층이 대체로 이러한 직책을 담당하고 있기 때문이다.[33] 이처럼 위로는 지방의 대소 관료와 아래로는 행정 실무를 담당하는 서리와 차역 등에 이르기까지 천지회와 결탁하는 보신적인 행위는 천지회가 광동을 중심으로 각 지역에서 만연할 수 있었던 또 다른 원인 중의 하나로 손꼽을 수 있는 것이다.

3. 확산에서 만연으로: 가경 말엽~도광 초·중엽 천지회의 실상

가경 말엽부터 보이는 천지회의 왕성한 활동은 아편전쟁이 발발하기 이전에 이미 광동과 그 인근의 지역을 천지회의 만연지역으로 바꾸어 놓았다. 이러한 실상에 대하여, 우선 가경 20년(1815) 복건도 감찰어사 손승장의 주접에서는 다음과 같이 언급하고 있다.

> 근래에 듣자하니, …… 삼합회(三合會)가 일단 성립하고 나면, 입회하는 자는 경제적으로 도움을 받고 아무 일 없이 지낼 수 있지만, 입회하지 않은 자는 엄청난 멸시를 당하고 보는 것과 먹는 것조차 편안히 할 수 없습니다. 이런 까닭에 교활하고 간사한 무리들은 대부분 삼합회를 빙자하여 어리석은 백성〔愚民〕들을 협박하여 복종시킵니다. 이리하여 선량한 집안의 사람들도 이들의 협박과 압제를 받아 어쩔 수 없이 잠시라도 복종하는 것을 안신(安身)의 방책으로 도모합니다. 복종하는 자가 이처럼 나날이 많아져 점차 수천·수만을 헤아리게 되고 각 부현으로

33 (淸) 汪志伊, 「敬陳治化漳泉風俗疏」, 『皇朝經世文編』 卷23 「吏政(九)·守令(下)」, 北京: 中華書局, 1992, 45쪽.

만연되니, 모두 이러한 습속으로 오염되어 버렸습니다. 그 중에는 약탈과 계투의 안건도 적지 않습니다.[34]

위 주접은 광동에서 무뢰와 빈민 등을 규합하여 향리를 위압하고 재물을 사취하는 것에 지나지 않았던 삼합회가 가경 말엽에 이르러 각 부현으로 만연되어 그 가담자가 수천·수만을 헤아릴 정도로 만연되었음을 묘사하고 있다. 그 결과 이 지역의 인민들이 삼합회에 가입하지 않고서는 엄청난 멸시를 당하고 심지어 보는 것과 먹는 것 등의 일상생활조차 편안히 할 수 없는 상황을 제시하면서, 이들 삼합회가 약탈은 물론 계투를 일삼고 있음을 지적하고 있다.

또 다른 사례를 들어보면, 도광 10년(1830) 무렵 병과급사중 유광삼은 "광동에서는 오래전부터 비도(匪徒)들이 삼점회(三點會)를 만들었고", "그 뿌리를 제거할 수 없으니 나날이 만연되고 있다."고 지적하면서, 다음과 같은 주접을 올리고 있다.

광동성의 비도 중에는 소도회(小刀會)·삼점회(三點會)·삼합회(三合會) 등의 명칭이 있는데, 이전 천지회〔添弟會〕의 유풍으로 도적의 별칭이기도 합니다. 이들은 처음에 비류(匪類)를 규합하여 향곡·부민·포호(鋪戶)를 약탈〔搶奪〕하는 것에 지나지 않았습니다. 그러나 주현의 관리들이 (사건을) 은폐하여 처리하지 않았기 때문에 이들은 마침내 거리낌 없이 양민을 협박·유혹하고 병역(兵役)과 결탁하기에 이르렀습니다. 특히 동강(東江)·서강(西江)·북강(北江) 등의 수로에서 약탈〔搶劫〕하는 것은 나날이 성행하게 되었습니다. 각 주현·도시〔城市〕·성성(省城)에서도 공공연히 약탈을 자행하고 피해자를 구금하는 사건이 있었는데, 심지어 부호의 자식들을 납치하여 도적의 소굴에 구금시키고 강제로

34 「福建道監察御史孫升長奏請嚴禁廣東三合會摺」(嘉慶20.9.18.), 『天地會』 6, 508-509쪽.

은전(銀錢)을 요구한 뒤에야 풀려났으니, 능욕의 상황을 이루 말할 수 없습니다.[35]

유광삼은 도적의 대명사로 불려졌던 천지회가 소도회·삼점회·삼합회 등의 이름으로 바꾸어 향곡·부민·포호를 약탈할 뿐만 아니라 양민을 협박·유혹하고 병역과 결탁하게 되었다고 지적하면서, 특히 이들의 활동지역으로 동강·서강·북강 등의 수로를 언급하고 있다. 그리고 이러한 상황은 각 주현·도시·성성에서도 진행되어 천지회가 공공연한 약탈을 자행하고, 심지어 부호의 자식들을 납치하여 강제로 은전을 요구하는 등의 이른바 '노인륵색(虜人勒索)'의 활동을 묘사하고 있다. 그야말로 광동 전역에 걸쳐 천지회가 만연된 상황을 잘 묘사하고 있다.

특히 병역과 결탁된 상황은 천지회가 이미 여러 계층을 흡수하기 시작했음을 말해주고 있다는 점에서 주목할 만하다. 유광삼은 "삼점회는 소위 '개구불리본(開口不離本)'과 '거수불리삼(擧手不離三)' 등의 구호가 있었고, 광동의 사민(士民)들이 모르는 바가 없다."고 지적하면서, "무뢰(無賴)와 곤도(棍徒)를 우익으로 삼을 뿐만 아니라 각 주현의 서역병정(胥役兵丁)의 대부분이 서로 결탁하고 있어 표리(表裏)가 간사하였다. 비록 평소에 알지 못하더라도 갑자기 마주쳐 수구(手口)의 구호를 보고 형제라고 부르지 않는 바가 없고, 일체의 약탈하는 일을 하지 않는 것이 없었을 정도였다."고 언급하고 있다.[36] 이는 하층인민을 주된 구성원으로 하는 천지회에 무뢰·곤도뿐만 아니라 관헌의 하급관리들인 서리·차역·병정 등까지 모두 결탁하고 있음을 보여주는 대목이다.

35 「諭兩廣總督李鴻賓奏粵東幷無小刀三點三合等會」(道光11.6.29.), 『天地會』 6, 522-523쪽.

36 「諭兩廣總督李鴻賓查明香山縣是否實有三點會」(道光10.11.22.), 『天地會』 6, 517-518쪽; 『淸宣宗實錄』 卷180 道光10年11月條, 北京: 中華書局本, 833쪽.

도광 연간 광동에서 천지회의 만연 상황은 호광도 감찰어사 풍찬훈의 눈에도 그대로 감지되었다. 도광 11년(1831) 풍찬훈은 "광동의 빈해(瀕海)는 해양으로 통하고 종래 비도(匪徒)들이 배맹결당(拜盟結黨)했는데, 처음에는 향곡을 약탈〔剽掠〕하는 것에 그쳤지만", 나중에는 "비도들 중에서 다년간 조직을 확대하여 5~6개의 성에 걸쳐 결탁하고 있는 삼합회의 경우 그 사람 수가 기록할 수 없을 정도로 많다."고 하면서, 다음과 같은 주접을 올리고 있다.

> 삼합회(三合會)는 오방(五房)으로 나누어져 있습니다. 복건을 장방(長房), 광동을 이방(二房), 운남을 삼방(三房), 호광을 사방(四房), 절강을 오방(五房)으로 삼습니다. 매 방(房)에는 각기 두목이 있고 오색기(五色旗)를 기치(旗幟)로 삼으며, 입회자는 구호를 전수받고 각기 도(圖) 한 장씩을 갖게 됩니다. 비록 평소에 면식하지 않더라도 일단 구호가 서로 일치하면 불러서 형제가 되고, 전재(錢財)를 통용하고 환난을 함께 하며 의기(義氣)를 가칭하고 있기 때문에 어리석은 백성〔愚民〕들은 대부분 이러한 상황으로 떨어지고, 서리·차역·병정〔吏役兵丁〕도 그 절반이 우익이 되었습니다. 일부 선량한 집안의 사람들조차 입회하지 않으면 스스로 보존할 수 없기 때문에 협종자(脅從者) 또한 적지 않습니다. 마치 부지불식중에 싹이 트는 것과 마찬가지로 소굴이 없는 듯해 보여도 도읍(都邑)·시전(市廛)에 모두 산포되어 있고, 몰려드는 무리가 없는 듯해 보여도 병정·서리·차역이 모두 심복의 사람들이니, 만일 이들이 춘동(蠢動)하여 한 번의 외침에 100명씩 호응하고 6개 성의 의기가 서로 연결된다면, 그 후환은 결코 옅지 않을 것입니다.[37]

위 주접에서도 앞서 인용한 유광삼의 주접 내용대로 삼합회가 비록

---

37 「湖廣道監察御史馮贊勛奏請緝拿廣東等省會黨摺」(道光11.5.4.), 『天地會』 6, 518-519쪽.

평소에 면식하지 않더라도 일단 구호가 서로 일치하면 불러서 형제가 되고 서리·차역·병정도 그 절반이 우익이 되었다는 상황을 언급하면서, 전재를 통용하고 환난을 함께 하며 의기를 가칭하고 있는 점을 추가로 지적하고 있다. 그리고 이러한 삼합회는 소굴이 없는 듯해 보여도 실제로는 도읍과 시전 등 각 도시지역에서도 만연했고, 무리가 없는 듯해 보여도 사실상 서리·차역·병정이 모두 삼합회의 심복이 될 정도로 성장하였음을 보여주고 있다.

아편전쟁 이전의 도광 연간 광동에서 천지회의 만연 실태는 광동의 중심지역·주변지역·교계지역에서도 구체적으로 확인된다. 우선 광동의 중심지역인 광주(廣州)부의 상황에 대하여, 『동관현지(東莞縣志)』에서 "도광 16년(1836) 읍인 여반류(黎攀鏐) 등이 일찍이 조사하여 처리할 것을 주소(奏疏)했지만 근절할 수 없었다. 이에 따라 삼합회(三合會)가 거세게 일어나면서 처음에는 향산(香山)에서 조직되었지만, 광주와 동관 등의 여러 향(鄉)으로 만연되었다."고 지적하고 있다.[38] 이 『동관현지』에서 언급하고 있는 여반류는 도광 16년 호광도 감찰어사의 재임 시절 광동의 10가지 적폐를 목격하고 이것을 황제에게 보고했는데, 여기에서 그는 광주부의 첫 번째 적폐로 삼합회의 활동을 다음과 같이 거론하였다.

> 근래에 광주의 각 현에서 재차 약탈하는 것이 수시로 보고되고 있는데, 악인들이 수십·수백 명씩 무리를 만들어 삼합회(三合會)·삼점회(三點會)·천지회〔添弟會〕의 명목을 제창하고 있습니다. 큰 무리는 사람을 잡아 강제로 은전(銀錢)을 요구하고 대낮에도 무리를 모아 약탈을 하며, 작은 무리는 칼과 무기를 소지하고 아편(鴉片)과 사염(私鹽)을 전문적으로 운송합니다. 평민들은 이들의 사악함을 두려워한 나머지 돈을 주고

38 (民國)『東莞縣志』卷34「前事略」6, 22쪽.

서 (그 피해를) 피하려고 하는데, 이를 타단(打單)이라고 합니다.[39]

위 여반류의 주접은 아편전쟁 이전의 도광 연간에 이미 광주부의 각 현에서도 삼합회·삼점회·천지회 등의 명목으로 천지회가 조직되어 약탈과 노인륵색의 활동뿐만 아니라 아편과 사염의 밀매까지 관여하고 있음을 보여주고 있다. 이처럼 도광 연간에 이르러 향산·광주·동관 등 광동의 중심지역에서 천지회가 점차 만연되어 갔으며, 이 세력들은 결국 '함풍 4년 천지회 반란'에서 반란군의 주요 세력으로 자리 잡게 되는 것이다. 아편전쟁 이후의 기록으로 도광 25년(1845) 광주부의 향산·신회·순덕현 일대를 중심으로 '적비(積匪)'라고 불리는 천지회가 약탈을 주요 생계수단으로 삼고 있는데, 그 수가 수만 여명에 달하고 있다는 기록[40]은 아편전쟁 전후로 천지회가 이 지역에 만연한 실상의 연속성을 잘 보여준다고 하겠다.

다음으로 광동의 주변지역 중에서 그것을 대표하는 혜주(惠州)부의 경우를 보자. 가경 연간 혜주부에서는 이미 광범위한 천지회 활동이 있었고, 아편전쟁 이전의 도광 연간에 이르러 곳곳이 천지회의 만연지역으로 변하기 시작하였다. 그 실상에 대해서는 광동에서 지방관을 역임한 요간지(姚柬之)의 『백산일기(伯山日記)』를 통해 확인된다. 그는 도광 12년(1832) 12월 25일자의 일기에서 혜주부에 도적이 횡횡하고 타량(抗糧)과 계투(械鬪)가 빈발하여 정정(政情)이 자못 문란하다고 하면서, 천지회의 활동에 대하여 다음과 같이 기록하고 있다.

혜주부의 가장 중요한 걱정거리는 천지회를 조직〔拜會〕하는 것보다 더

39 (淸) 黎攀鏐, 「敬陳粵東積弊十事疏」, 『詒蔭堂奏議』, 北京大學圖書館 所藏, 1쪽.

40 (道光) 『東華續錄』 卷51, 道光25年6月條, 續修四庫全書編纂委員會 編, 『續修四庫全書』, 上海: 上海古籍出版社, 1995, 9쪽.

큰 일이 없다. 무릇 천지회를 조직하는 악습은 처음에 유수호한(遊手好閒)하는 사람들이 전원의 일을 보수(保守)한다는 명목으로 마을을 돌아다니며 돈을 각출하여 도박을 하거나 음주하는 데 불과하였다. 교활한 자는 즐거이 부화(附和)하고, 성실한 자는 그 협박에 못 이겨 따른다. (이들이) 집에 있으면 절겁(竊劫)의 우려를 피할 수가 있고, 집밖으로 나오면 그 힘을 얻게 되는데, 마침내 삼재회(三才會)·삼점회(三點會)를 부르짖고, 개구불리본(開口不離本)과 거수불리삼(擧手不離三)의 암호가 있다. 그 주관하는 사람을 선생(先生), 우두머리가 된 자를 대가(大哥)라 부르며, 절적(竊賊)을 무리로 삼고 걸개(乞丐)를 이목(耳目)으로 삼는다. …… 조사해보니, 혜주부 소속의 9현과 1주에 겨우 해풍(海豊)·육풍(陸豊)현만이 이러한 풍기(風氣)를 볼 수 없고, 그 나머지 8개 지역에서는 곳곳마다 그것이 있다.[41]

위의 일기에 의하면, 혜주부에서 천지회를 조직하는 악습은 원래 유수호한하는 사람들이 전원의 일을 보수한다는 명목으로 농촌의 마을을 돌아다니며 돈을 각출하여 도박하거나 음주하는 데 불과했지만, 이러한 무뢰들이 급기야 삼재회·삼점회와 같은 천지회를 조직한 이후 도적과 거지의 무리를 흡수해 가며 농촌을 횡행하고 있었다는 것이다. 이러한 언급은 아편전쟁 이전의 도광 연간 혜주부에서도 이미 천지회를 조직하는 것이 가장 큰 걱정거리가 될 정도로 심각한 문제로 대두되었고, 혜주부 대부분의 주현에서 이러한 천지회의 활동이 광범위하게 진행되고 있음을 잘 보여주고 있다.

마지막으로 광동의 교계지역에서 천지회의 만연 실태는 광동과 교계지역을 이루는 광서 울림(鬱林)주에서 확인할 수 있다. 이곳은 공교롭게도 광동의 3개 부성(府城)과 맞닿아 있는데, 동으로는 광동의 고주(高州)부와

41 (淸) 姚柬之, 『伯山日記』, 8-9쪽.

남으로는 광동의 뇌주(雷州)부, 그리고 서로는 광동의 염주(廉州)부와 교계하는 지역이다. 『울림주지(鬱林州志)』에는 도광 연간에서 동치 연간까지 천지회의 만연 실태를 다음과 같이 기록하고 있다.

> 불량한 무리들이 수백 인에서 백 수십 인을 모아 매우 편벽한 지방에서 정기적으로 배회결맹(拜會結盟)을 한다. 한 사람을 추대하여 우두머리로 삼아 대가(大哥)라고 칭하고, 그 다음 사람을 노만(老晩)이라고 말하며, 그 나머지 무리는 형제(兄弟)라고 부른다. …… 스스로 홍가(洪家) 혹은 홍가(紅家)라 하며, 향촌에서 강제로 협박하여 입회시키는 것을 전홍(轉紅)이라 하고, 조석(租石)을 납부하는 것을 교홍조(交紅租)라 하는데, 이를 따르지 않는 자는 백가(白家)라고 불렀다. 도광 연간 울림주에는 천지회가 가장 많았는데, 특히 도광 24년에서 동치 8년에 이르기까지 극성하여 촌락마다 대가(大哥)가 없는 곳이 없었다.[42]

위의 지방지에 의하면, 도광·함풍·동치 연간 울림주에는 각 촌락마다 천지회의 대가가 분포하고 있으며, 그 규모가 적게는 백 수십 명에서 많게는 수백 명에 이를 정도로 천지회가 만연하고 있었다. 이러한 울림주와 같은 교계지역의 상황은 광동 북부의 가응(嘉應)주와 동부의 조주(潮州), 그리고 서부의 고주(高州)와 매우 유사하다. 즉 이러한 지역은 자연조건의 열악함, 행정체계의 느슨함, 대호지배(大戶支配)의 빈약함, 종족구성의 이질성 등의 원인으로 국가권력의 침투가 현저히 떨어지는 곳으로 천지회와 같은 비밀결사가 활동하기에 매우 적합한 곳이었다.[43] 적어도 도광 연간 이래로 광동과 그 인접한 다른 성의 교계지역에서 이처럼 촌락마다 천지회가 만연되었던 것이다.

---

42 (光緖) 『鬱林州志』 卷18 「紀事」, 2쪽.
43 유장근, 『근대 중국의 비밀결사』, 138-139쪽.

4. 붕괴되는 지역사회: 도광 말엽~함풍 초엽 천지회의 봉기

가경 말엽부터 광동을 중심으로 인근의 다른 성까지 천지회는 급속히 확대·확산되어 만연하기 시작하였다. 그리고 그 속도를 더욱 가속화시킨 것이 바로 도광 20년(1840) 아편전쟁에서 청조의 패배와 그 결과로서 새롭게 발생한 은귀전천(銀貴錢賤)의 문제, 아편의 해독, 서양자본주의 공업제품의 유입, 무역 중심지의 변화로 요약되는 사회경제적 변화였다. 무엇보다도 아편전쟁이 발생한 광동은 그 피해를 가장 직접적으로 받았다. 전쟁 과정에서 발생한 광동 인민의 생명과 재산의 피해, 종전의 대가로 지불한 광동속성비(廣東贖城費), 패전국 중국이 상환해야 하는 배상금에서 광동의 부담액, 광동 인민의 영미상인(英美商人)에 대한 피해보상금의 문제, 각종 비용조달에 봉착한 광동 지방관의 인민에 대한 과중한 세금의 부과, 오구통상(五口通商)에 의한 이른바 '광주 독점무역 체제(廣州獨占貿易體制)'의 붕괴로 인한 상인·교통·운수업자 등 대규모의 실업 사태, 영국 상품의 광범위한 반입으로 인한 농촌에서 전통적 가내수공업의 타격, 전후 약 3만 6천여 명에 이르는 향용(鄉勇)·수용(水勇)의 해산 문제 등등이라는 제요소가 바로 그것이다.[44]

아편전쟁의 패배로 인해 광동에 새롭게 출현한 위와 같은 사회경제적 변화는 광동에 거대한 무업유민(無業遊民)의 무리를 급증시키는 계기가 되었다. 그 결과 이들 무업유민은 생존의 갈림길에 직면하여 스스로 천지회를 조직했을 뿐만 아니라 당시 광동 전역에 걸쳐 만연되어 있던 천지회가 이들을 광범위하게 흡수하기 시작하면서 천지회 활동은 그야말로 만연의 극점으로 치닫고 있었다. 도광 2년(1822) 진사(進士) 출신으로 대부

44 박기수, 「淸 道光年間 廣西民衆蜂起의 硏究」, 7-25쪽, 54-57쪽.

분의 관직생활이 역비(逆匪)와의 싸움이었다고 하는 광동 향산(香山)인 증망안(曾望顔)[45]은 도광 24년(1844) 광동의 광주(廣州)부 일대 천지회의 상황을 다음과 같이 묘사하고 있다.

> 천지회의 회원들은 아무 거리낌 없이 '관헌에서 천지회를 조직하는 것〔拜會〕을 금지하지 않으므로 우리는 즐거이 입회의식〔結拜〕을 할 수 있다.'고 말합니다. 마침내 천지회가 광동 전체에 만연되고 광서까지 미쳤으며, 지금은 강소와 호북까지 그 피해를 미치고 있습니다. 도광 24년(1844) 외비(外匪)가 신의 고향인 향산(香山)의 항구(港口)와 융도(隆都) 등 각 향(鄕)에 나타나 사람들을 끌어들여 입회를 시켰는데, 처음엔 그래도 수십 명이 야간에 입회의식을 했지만, 나중에는 수백 명씩 무리를 지어 공공연히 대낮에도 입회의식을 하고 있습니다. …… 그러므로 광주부 이외의 부현성에서 결탁하여 입회의식을 진행하는 것이 이루 헤아릴 수 없을 뿐만 아니라 백운산(白雲山)은 광주성(廣州城)의 지척에 있는데도 비(匪)가 천지회를 조직하지 않는 때가 없습니다. 이후로 천지회는 수로와 육로의 여행객을 약탈할 뿐만 아니라 도시〔城市〕와 향촌에 곧바로 들어가 전당포·상점·인가를 노략질하며 인질을 잡고 재물을 요구합니다.[46]

계속해서 증망안은 이러한 상황에 대하여 "광동에 도적이 없을 때가 없고, 없는 곳이 없으며, 지금처럼 심한 적은 없었다."라고 개탄하면서, 그 원인으로 지방관이 "수년 동안 천지회를 단속하지 않아 진범들을 포획하지 않기 때문이다."라고 지적하였다. 그 결과 "천지회가 나날이 많아져 인근의 성까지 만연되었고, 그 화가 천하에 미치게 되었으니, 지금의

45 『淸史列傳』 卷49 「曾望彦」, 王鍾翰 點校, 北京: 中華書局, 1987, 3840-3843쪽.

46 (淸) 曾望顔, 「曾望顔瀝陳廣東禍亂之由奏稿」, 金毓黻·田餘慶 等編輯, 『太平天國史料』, 北京: 中華書局, 1955, 524-525쪽.

광동은 크게 궤열(潰裂)되었다."고 통한해 하고 있다.[47]

증망안의 이러한 개탄과 통한은 아편전쟁 이후 천지회의 만연 상태가 더욱 가속화되는 가운데 점차 현실로 다가오기 시작하였다. 그리고 그 결과물이 바로 아편전쟁 이후부터 함풍 초·중엽에 이르기까지 광동 각 지역의 천지회가 조직 확대를 위해 전개한 일상화된 입회의식의 활동과 이에 따라 수십 차례 발생한 일련의 봉기들, 그리고 그것의 집적이었던 '함풍 4년 천지회 반란'이었는데, 이러한 상황을 정리해 본 것이 아래의 〈표 2〉다.

〈표 2〉 도광 말엽~함풍 초·중엽 광동에서 천지회의 활동·봉기·반란의 현황

시기	회명	회수	지역	규모·활동	근거자료
도광 22년 (1842)		진씨(陳氏)	무명 (茂名)	취당배회 (聚黨拜會)	(光緖)『茂名縣志』 卷6「列傳」, 92쪽.
도광 22년 (1842)	삼합회 (三合會)	감수(甘秀) 고명원(高明遠)	향산 (香山) 신회 (新會)	배회창겁 (拜會搶劫)	(光緖)『香山縣志』 卷22「기사」, 49쪽.
도광 24년 (1844)	쌍도회 (雙刀會)	황오공(黃悟空)	게양 (揭陽)	현성 공격	(光緖)『揭陽縣續志』 卷4「起事」, 38-39쪽.
도광 24년 (1844)	회비 (會匪)		향산	창겁(搶劫) 읍성계엄 (邑城戒嚴) 와언사기 (訛言四起)	(光緖)『香山縣志』 卷22「紀事」, 52-53쪽.
도광 24년 (1844)	토비 (土匪)	곽우황(郭牛黃)	옹원 (翁源) 곡강 (曲江)	수백	(同治)『韶州府志』 卷24「武備略·兵事」, 43쪽.

47 (淸) 曾望顔,「曾望顔瀝陳廣東禍亂之由奏稿」,『太平天國史料』, 523쪽.

시기	회명	회수	지역	규모·활동	근거자료
도광 27년 (1847)	회비 계자회(鷄仔會) 소도회(小刀會)	유건화(劉建華) 황태(黃泰)	향산	1만 늑색(勒索)	(光緖)『香山縣志』卷15「列傳」, 32-33쪽. (光緖)『香山縣志』卷22「紀事」, 33쪽.
도광 27년 (1847)	유비 (游匪)	뇌대경첨 (雷大更添) 뇌이경첨 (雷二更添)	영덕 (英德)	수백	(同治)『韶州府志』卷24「武備略·兵事」, 43쪽.
도광 28년 (1848)		등남보(鄧南保)	불강 (佛岡)	요란(擾亂)	(光緖)『廣州府志』卷110「宦績」, 25쪽.
도광 29년 (1849)		증아창(曾亞昌) 증사생(曾士生)	사회 (四會)	1천 겁략(劫掠)	(光緖)『四會縣志』編10「雜事志·前事」, 19쪽.
도광 30년 (1850)	삼합회	이영(李英)	신의 (信宜)	분겁(焚劫) 노인륵색 (虜人勒索)	(光緖)『信宜縣志』卷8「紀述·兵事」, 6-7쪽.
도광 30년 (1850)	토비 (土匪)	황모오(黃毛五) 등십부(鄧十富)	영덕 청원 (淸遠)	기세심장 (其勢甚張) 세심창궐 (勢甚猖獗) 광서 홍비(紅匪)와 결탁	(光緖)『淸遠縣志』卷12「前事」, 20쪽. (民國)『淸遠縣志』卷6「先達」, 40쪽.
도광 30년 (1850)	토비		광녕 (廣寧)	대화오(大貨五)	(光緖)『德慶州志』卷11「列傳」, 25-27쪽.
도광 30년 (1850)		호황모오 (胡黃毛五)	장녕 (長寧) 영덕 곡강 (曲江)	수천 창략(搶掠)	(同治)『韶州府志』卷24「武備略·兵事」, 43-44쪽.
도광 30년 ~함豊 원년 (1850~1851)	첨제회 (添弟會)	하명과(何明科)	신의	수천 창략(搶掠)	(光緖)『信宜縣志』卷8「紀述·兵事」, 6-7쪽.

시기	회명	회수	지역	규모·활동	근거자료
함풍 원년 (1850)	토비	구동배(邱東培) 추대과영 (鄒大瓜英)	청원	수백 창겁(搶劫)	(光緒)『淸遠縣志』 卷12 「前事」, 22쪽.
함풍 원년 (1851)	토비		하원 (河源)	봉기	(民國)『雷鄕野乘』 卷1 「紀事」(1497쪽)
함풍 원년 (1851)	토비		가응 (嘉應)	봉기	(光緒)『嘉應州志』 卷23 「新輯人物志」 (1539쪽)
함풍 원년~2년 (1851~52)		소응삼(蘇凝三)	영산 (靈山)		(光緒)『茂名縣志』 卷6 「列傳」, 88쪽.
함풍 원년~2년 (1851~52)		안대(顔大) 이사청(李士靑)	흠주 (欽州)		(光緒)『茂名縣志』 卷6 「列傳」, 88쪽.
함풍 2년 (1852)	회비		문창 (文昌)	삽혈결맹 (歃血結盟) 홍성형제 (洪姓兄弟)	(光緒)『定安縣志』 卷10 「紀事」, 8쪽.
함풍 2년 (1852)			종화 (從化) 장녕	적심창궐 (賊甚猖獗)	(光緒)『廣州府志』 卷109 「宦績」, 20-21쪽.
함풍 2년 (1852)		이북양(李北養)	청원	작란(作亂)	(光緒)『淸遠縣志』 卷12 「前事」, 22쪽.
함풍 2년 (1852)	도적 (盜賊)		고요 (高要)	봉기	(宣統)『高要縣志』 卷25 「舊聞篇·紀事」, 39쪽.
함풍 2년 (1852)		연사호(練四虎)	양산 (陽山)	1천	(民國)『陽山縣志』 卷15 「事記」, 9쪽.
함풍 2년 (1852)	영비 (寧匪)	진방도(陳邦濤)	하원 (河源)	창란(倡亂)	(同治)『河源縣志』 卷12 「紀事」, 31쪽, 37쪽.
함풍 2년 (1852)		이료(李佬)	가응 낙창 (樂昌)	1천 창겁(搶劫)	(同治)『韶州府志』 卷24 「武備略·兵事」, 44쪽.

시기	회명	회수	지역	규모·활동	근거자료
함풍 2년 (1852)		황묘(黃嬪) 송공림(宋工林)	인화(仁化)	1천 옹원(翁源) 현성 공격	(同治)『韶州府志』卷24「武備略·兵事」, 44쪽.
함풍 2~3년 (1852~53)	홍비(洪匪)	부로발(符老發)	징매(澄邁)	1천 겁략(劫掠)	(光緖)『澄邁縣志』卷5「海黎志·平黎」, 19-20쪽.
함풍 2~3년 (1852~53)		사로삼(謝老三)	시흥(始興)	1천 창겁(搶劫)	(民國)『始興縣志』卷16「編年」, 13쪽.
함풍 3년 (1853)	토비	등이척칠(鄧二尺七)	양산(陽山)	창겁(搶劫)	(民國)『陽山縣志』卷15「事記」, 9쪽.
함풍 3년 (1853)	삼합회	진현랑(陳賢郎)	가응 흥녕(興寧)	수백 봉기	(光緖)『嘉應州志』卷31「寇變」, 29-30쪽. (咸豐)『興寧縣志』卷12「外志·事略」, 85쪽.
함풍 3년 (1853)	회비		정안(定安)	수백 창겁(搶劫)	(光緖)『定安縣志』卷10「紀事」, 8-9쪽.
함풍 3년 (1853)	회비	이가준(李家俊)	회동(會同)	3천 현성 공격	(光緖)『定安縣志』卷10「紀事」, 8-9쪽.
함풍 3년 (1853)	삼합회		육풍(陸豊) 해풍(海豊)	봉기	(同治)『海豊縣續志』「邑事」, 34쪽.
함풍 3년 (1853)	삼합회	사아기(謝亞記)	증성(增城)	수백 창겁(搶劫)	(民國)『增城縣志』卷20「列傳」, 31-32쪽.
함풍 3년 (1853)	서비(西匪)	주칠대(朱七大) 구대(邱大)	석성(石城) 화주(化州) 합포(合浦)	1천명	(光緖)『茂名縣志』卷6「列傳」, 89쪽.
함풍 3년 (1853)	산적(山賊)	황동리어(黃峒鯉魚)	영덕		(同治)『韶州府志』卷24「武備略·兵事」, 50-51쪽.

시기	회명	회수	지역	규모·활동	근거자료
함풍 3년 (1853)	영비	구모과(歐毛果)	하원	1천 창겁(搶劫) 황쇄신(黃鎖信) 토비와 결탁	(同治) 『河源縣志』 卷12 「紀事」, 37쪽.
함풍 3년 (1853)	유비	사아복(謝亞福) 왜자호마 (矮子豪媽)	화평 (和平)	1천 봉기	(民國) 『和平縣志』 卷19 「事記」, 18쪽.
함풍 3년~4년 (1853~54)	삼합회	황증흥이 (黃曾興二)	가응	봉기	(光緖) 『嘉應州志』 卷31 「寇變」, 29-30쪽.
함풍 3년~4년 (1853~54)	삼합회	공아복(孔阿福)	장락 (長樂) 흥녕 (興寧)	봉기	(光緖) 『嘉應州志』 卷31 「寇變」, 29-30쪽.
함풍 3년~4년 (1853~54)	삼합회	관이균(管以筠)	풍순 (豊順)	봉기 홍순당(洪順堂)	(民國) 『豊順縣志』 卷10 「政治」, 8-9쪽. (光緖) 『嘉應州志』 卷31 「寇變」, 29-30쪽.
함풍 4년 (1854)	삼합회	임원개(林元慨)	게양 (揭陽)	봉기 홍순당(洪順堂)	(光緖) 『揭陽縣續志』 卷4 「起事」, 39-41쪽. (民國) 『豊順縣志』 卷10 「政治」, 8-9쪽.
함풍 4년 (1854)	토비	임아장(林阿掌)	징해 (澄海)	봉기	(光緖) 『揭陽縣續志』 卷4 「起事」, 39-41쪽.
함풍 4년 (1854) 2월	서비 토비	소팔(邵八) 이칠(李七)	영산 (靈山)		(民國) 『靈山縣志』 卷8 「經政志·治亂考」 (1681쪽)
함풍 4년 (1854) 4월	삼합회	진낭강(陳娘康) 정유춘(鄭游春)	조양 (潮陽)	작란(作亂) 해래(海來) 현성 공격과 점령	(民國) 『潮州志』 「大事」, 35쪽. (光緖) 『潮陽縣志』 卷13 「紀事」, 20-21쪽. (光緖) 『揭陽縣續志』 卷4 「起事」, 39-41쪽.

시기	회명	회수	지역	규모·활동	근거자료
함풍 4년 (1854) 5월	삼합회	진아십(陳阿十) 오충서(吳忠恕)	해양(海陽)	1천 개기창란(開旗倡亂) 부성 공격	(光緖)『海陽縣志』卷25「前事略」, 21-22쪽. (光緖)『揭陽縣續志』卷4「起事」, 39-41쪽. (民國)『豊順縣志』卷3「大事記」, 7쪽.
함풍 4년 (1854) 5~6월	삼합회	하륙(何六) 진개(陳開) 이문무(李文茂) 진현량(陳賢良) 감선(甘先) 조춘림(曹春林) 임광융(林洸瀜) 이대계둔(李大計屯) 관거(關巨) 하박빈(何博份) 진송년(陳松年) 여췌진(呂萃晉) 진길(陳吉) 양즙(梁楫) 진금강(陳金釭) 연사호(練四虎) 고육(高六) 추신란(鄒新蘭) 유영재(劉英才) 구구(歐球)	동관(東莞) 불산(佛山) 불령(佛嶺) 화현(花縣) 하남(河南) 연해(沿海) 신회 순덕(順德) 청원 용문(龍門) 증성 삼수(三水)	'함풍 4년 천지회 반란'의 개시 수만 명 성성, 부성, 현성의 약탈과 공격	(光緖)『廣州府志』卷82「前事略」, 3-4쪽.

〈참고내용〉 근거자료에서 ( )안의 페이지는 廣東省文史硏究館·中山大學歷史系 合編,『廣東洪兵起義史料』下, 廣州: 廣東人民出版社, 1996에서 인용한 것임.

〈표 2〉는 아편전쟁 이후부터 함풍 4년(1854) 천지회 반란의 개시까지 광동에서 발생한 천지회의 활동과 봉기를 각종 지방지의 기록을 토대로 정리해 본 것이다. 이하 표를 통해서 확인되는 내용들을 정리해 보면, 다음과 같다.

〈지도〉 도광 말엽~함풍 초·중엽 광동에서 천지회의 활동·봉기·반란의 세력의 분포도

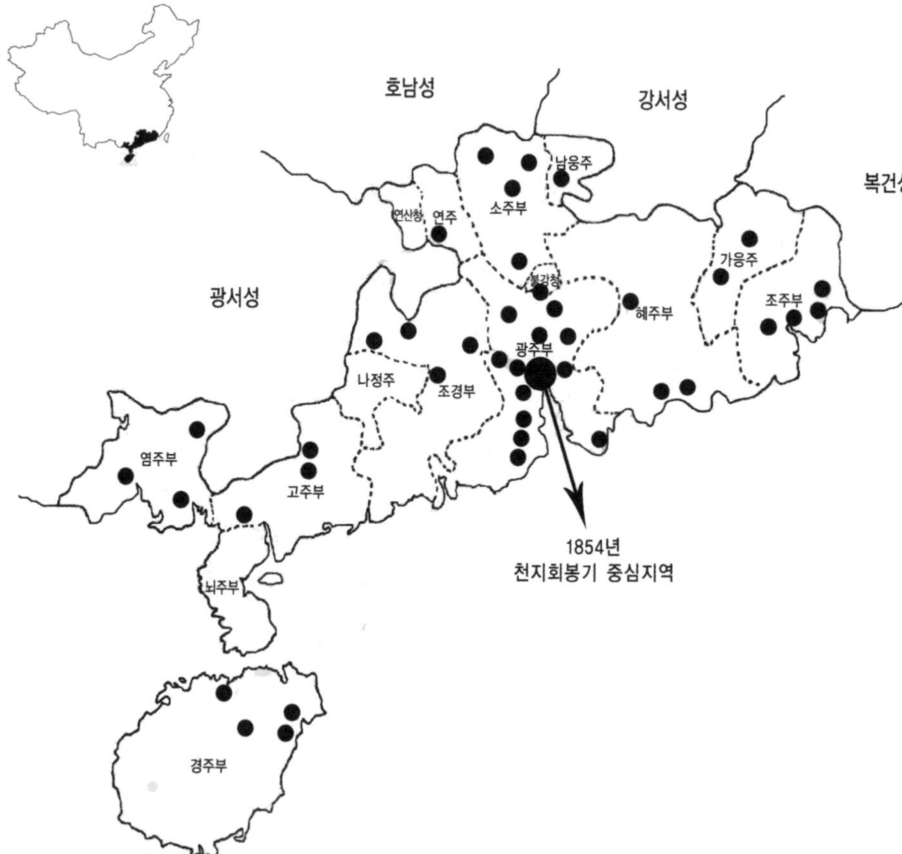

〈참고내용〉 이 지도는 〈표 2〉 도광 말엽~함풍 초·중엽 광동에서의 천지회의 활동·봉기·반란의 현황을 토대로 작성한 것이다. ●는 천지회 등의 세력이 분포한 지역을 주현 단위로 표시해 놓은 것이다.

첫째, 〈표 2〉에서 함풍 4년 5~6월 '함풍 4년 천지회 반란'의 개시를 제외한 총 47건 중에서 회명이 천지회〔添弟會〕·삼합회(三合會)·쌍도회(雙刀會)·회비(會匪)·홍비(洪匪) 등으로 지칭되어 천지회 계통의 결사임을 명

확하게 보여주는 것이 20건이다. 이 중에서도 그 절반 이상인 11건이 삼합회의 회명을 사용하고 있다는 점에서, 이 시기 광동의 천지회를 대표하는 회명으로 삼합회가 정착했음을 엿볼 수 있다. 여기에서 삼합회라는 천지회의 회명은 가경 12년(1807) 남해(南海)현에서 이미 출현했고, 가경 16년(1811) 순덕(順德)현과 가경 19년(1814) 영덕현(英德)현·청원(淸遠)현·양산(陽山)현·화현(花縣)·삼수(三水)현·회집(懷集)현 등의 천지회에서도 모두 삼합회라는 회명을 사용하였다.[48] 삼합회라는 회명은 홍(洪)의 편방(偏旁)인 삼점수(三點水)에서 삼(三)을 취하고 천지인(天地人)이라는 삼합(三合)의 의미를 강조한 것이기 때문에 "천(天)을 숭배하여 부(父)로 삼고 지(地)를 숭배하여 모(母)로 삼으며 홍(洪)자를 숭배하여 자신들의 성(姓)으로 삼는다."라는 결사의 기본원리를 가장 잘 반영한 것이었다. 그 현실적 배경에는 기왕에 『대청율례(大淸律例)』의 모반율(謀叛律) 항목에 지정되어 있는 '천지회'라는 회명을 은닉시키기 위한 현실적 수요도 반영하고 있다. 특히 삼(三)은 중국인의 우주관이나 세계관과 맞물린 만물을 창조하는 특별한 숫자였고 그것의 상징이 바로 천지인이라는 '삼재(三才)'였기 때문에[49] 궁극적으로 삼합회라는 회명은 천지회를 조직하는 사람들에게 특별한 의미를 지닐 수밖에 없었던 것이다.

둘째, 위 20건의 사례 이외의 23건에서는 토비(土匪)가 8건, 서비(西匪) 2건, 영비(寧匪)가 2건, 유비(游匪)가 1건, 산적이 1건, 도적 1건, 불명이 9건이었다. 여기에서 물론 배상제회(拜上帝會)를 토비로 기록하는 경우도 있긴 하지만,[50] 일반적으로 광동에서의 토비는 '토착화(土着化)된 회비(會匪)'를 의미하는 경우가 많고, 서비(西匪)는 광서에서 광동으로 진압하여

48 雷冬文, 『近代廣東會黨: 關於其在近代廣東社會變遷中的作用』, 71쪽.
49 김문경, 『삼국지의 영광』, 서울: 사계절, 2002, 22쪽.
50 (光緖) 『信宜縣志』 卷8 「紀述志·兵事」, 4쪽.

들어온 회비를 지칭한다는 점을 고려해 보면, 회명이 명확하게 기록되지 않은 23건도 대부분 천지회의 활동에 의해 촉발된 것으로 보아도 무방할 것이다.

셋째, 시기적으로 도광 22년(1842)에서 도광 30년(1850)까지 11건, 함풍 원년(1851)에서 함풍 4년(1854) 본격적인 대반란 직전까지 32건이기 때문에 함풍 연간에 들어와서 천지회의 봉기가 급증했다고 볼 수 있다. 이는 아편전쟁의 후유증에다가 함풍 원년 태평천국(太平天國)의 발발로 인한 여파가 크게 작용하고 있었음을 반영하고 있다. 지역적으로는 〈지도〉에서 확인되듯이 광동의 중심지역은 물론 그 주변지역 대부분의 부주현에서 걸쳐 천지회의 활동과 봉기가 지속적으로 일어나고 있었다.

넷째, 규모와 활동을 보면, 요란(擾亂)·봉기·작란(作亂)으로 표현된 13건을 제외하고도 참여인원이 기록된 20건의 경우 수백 명 6건, 1천 명 10건, 3천명 1건, 수천 명 2건, 1만 명 1건이었다. 따라서 적게는 수백 명에서 많게는 수천 명으로 구성된 천지회가 분산적으로 지역사회의 각 도시와 향촌을 약탈함과 동시에 경우에 따라 각 부현성을 공격했던 것이다.

다섯째, 함풍 3년(1853)부터는 천지회의 봉기가 가응(嘉應)주·경주(瓊州)부·혜주(惠州)부·조주(潮州)부 등 광동의 주변지역과 교계지역을 중심으로 거세게 일어나기 시작하였다. 예컨대 조주부의 경우를 보면, 함풍 4년(1854) 봄 삼합회가 조주부의 증해(澄海)·게양(揭陽)·해양(海陽)·조양(潮陽)현 등에서 동시에 일제히 일어나 조주 부성(府城)을 비롯한 각 지역의 현성(縣城)을 공격하기 시작했고, 5월 12일 진낭강(陳娘康)·정유춘(鄭游春)의 삼합회 수령은 급기야 해래(海來) 현성을 점령하기까지 하였다.

마지막으로 계속적인 천지회의 봉기는 급기야 광동의 중심지역인 광주부에서 더욱 고조되었는데, 이는 결국 '함풍 4년 천지회 반란'으로 분출되었다. 『광주부지(廣州府志)』의 기록에 의하면, 5월 15일 광주부 동관(東

莞)현에서 하륙(何六)이 이끄는 삼합회가 봉기하고, 이후 불산(佛山)의 진개(陳開), 불령(佛嶺)의 이문무(李文茂)·진현량(陳賢良), 화현(花縣)의 감선(甘先)·조춘림(曹春林), 주강(珠江) 하구의 임광융(林洸瀜)·이대계둔(李大計屯), 연해의 관거(關巨)·하박빈(何博份), 신회(新會)현의 진송년(陳松年)·여췌진(呂萃晉), 순덕(順德)현의 진길(陳吉)·양즙(梁楫), 청원(淸遠)의 진금강(陳金釭)·연사호(練四虎), 용문(龍門)현의 고육(高六)·추신란(鄒新蘭), 증성(增城)현의 유영재(劉英才), 삼수(三水)현의 구구(歐球) 등 잠복해 있던 삼합회 세력이 차례로 봉기하여 현성을 공격하기 시작했던 것이다. 이러한 광동 중심부에서 천지회의 잇따른 대규모 봉기는 다시 광동의 주변지역으로 전이되기 시작하면서 급기야 광동 전역을 전화(戰火) 속으로 몰아넣게 되었던 것이다. 가경 말엽 이래로 천지회의 만연에 대한 각 지역 감찰어사의 우려와 도광 말엽 지방관인 증망안(曾望顔)의 개탄과 통한이 그대로 표출되었던 것이다.

소결

가경·도광 연간(1796~1850) 천지회의 당안 자료를 종합해 보면, 적어도 가경 말을 기준으로 지방관들의 천지회에 대한 태도에 현격한 차이를 볼 수 있다. 물론 그 현격함의 정도란 아마도 기록한 사람의 입장 내지는 의도에서 기인한다. 가령 지방관에 대한 공과(功過)의 평가에서 '공'의 경우 대소 지방관들은 모두 자신들의 '공'을 앞 다투어 황제에게 보고했지만, '과'의 경우 황제에게 간언을 담당한 육과의 급사중이나 각 도로 파견되어 대소 지방관들을 감시하는 감찰어사 등 이른바 도찰원 소속의 과도관들에 의해 황제에게 적나라하게 들추어졌기 때문이다. 그럼에도 그 차이는 흑백의 색깔만큼이나 분명하였다. 즉 발본색원을 위한 기민한 대응의 차원이었는가 아니면 미온한 대응의 수준을 넘어 방임의 차원이었는가로 극명하게 구분되었다. 그 배후에는 모름지기 『대청율례』의 법률 규정을 초월한 가경제의 회당 비밀결사에 대한 자의적인 유화정책은 물론 이거니와 오일경조라는 고사가 풍자하듯이 자신들의 승진과 모종의 경제적 이익만을 최우선으로 삼는 지방관들의 보신이라는 고질적인 도덕적 결함이 주된 원인으로 자리 잡고 있었다.

가경 말엽에서 도광 초·중엽에 이르러 천지회는 광동의 중심부와 주변부는 말할 것도 없이 그 교계지역의 각 지역사회로 급속히 확대 · 확산되어 만연화하기 시작하였다. 만연에 대한 실상은 병과급사중 유광삼의 주접을 비롯하여 감찰어사 팽옥전·손승장·풍찬훈의 주접과 여반류의 문집이나 요간지의 일기, 그리고 『울림주지』 등 지방지의 기록을 통해 수렴되는 다음 몇 가지 지표를 통해 적나라하게 드러났다. 하나는 한 번의 외침에 100명 씩 호응한다거나 5~6개의 성에 걸쳐 수천·수만을 헤아려 그 인원을 기록조차 할 수 없을 정도로 천지회에 가입한 회원의 규모가 크게 확대되었다는 점이다. 다른 하나는 이처럼 규모가 확대되자 천지회는 창겁이라는 단순 약탈과 타단과 같은 공개 약탈, 그리고 아편과 사염의 밀매에서부터 계투로의 참여까지 각종 불법 경제활동에 관여하기 시작했다는 점이다. 또 다른 하나는 기존의 종족사회에서 멸시 · 이탈·고립되어 생계유지가 곤란한 하층 인민들 이외에도 각종 비도뿐만 아니라 무뢰와 곤도라는 지역사회의 건달들, 심지어는 지방관의 통제 하에 있던 관부의 서리·차역·병정까지 매우 다양한 계층들이 천지회에 참여하거나 경제적 이익만을 위해 천지회와 결탁하기 시작했다는 점이다. 적어도 이러한 정황적 지표들은 천지회가 지역적으로 성성을 비롯해 부주현의 도시에서 농촌·산간·수로·해안에 이르기까지 광범위하게 확산되어 만연화한 정황을 잘 보여준다고 하겠다.

아편전쟁에서 청조의 패배는 저 유명한 서명인 '천조(天朝)의 붕괴(崩壞)'[51]라 일컬어질 정도로 청조의 권위를 순식간에 추락시키는 단초를 보여줌과 동시에 그것이 발생한 광동에 전 방위적으로 악영향을 미치게 되었다. 따라서 이 전쟁의 결과가 가경 말엽에서 도광 초·중엽까지 확산되어 만연하기 시작한 천지회의 활동을 더욱 가속화시키는 계기가 되었음은 의심의 여지가 없다. 이러한 가속화의 상황을 증망안의 표현을 빌

51 茅海建, 『天朝的崩壞: 鴉片戰爭再硏究』, 北京: 三聯書店, 2005(1995 제1판).

려 말하자면, 천지회는 "수백 명씩 무리를 지어 공공연히 대낮에도 입회 의식을 했고", 또 광동 대부분의 지역에서는 천지회가 "입회의식을 진행하는 것이 이루 헤아릴 수 없었을" 정도였다. 이는 아편전쟁이 발발하기 약 10년 전 감찰어사 팽옥전이 도광제에게 천지회의 문제에 대하여 두점방미(杜漸防微)의 견지에서 "나쁜 일이 아직 미약할 때 더 이상 커지지 못하게 해야만 더 큰 해를 막을 수 있다."고 한 간언을 무색하게 만드는 대목이다. 그야말로 천지회의 활동은 만연의 극점으로 치닫고 있었다. 그 원인 중의 하나로 다시 증망언의 견해에 비추어 본다면, 그것은 바로 지방관들이 "수년 동안 천지회를 단속하지 않아 진범들을 포획하지 않기 때문"이었다. 이는 감찰어사 팽옥전이 지적한 것처럼 "유민을 제거하고 양민을 정착시키는 것은 그 지역의 지방관만이 오직 할 수 있을 뿐이다."라는 이치의 반복이었던 것이다. 결과적으로 도광 말부터 함풍 초·중엽까지 세력을 더욱 확대시킨 천지회는 각 지역사회에서 잇달아 봉기를 일으키기 시작하였다. 사실상 약 반세기에 걸쳐 진행된 이러한 천지회의 세력 확장은 함풍 4년(1854)에 이르러 광동의 심장부인 광주부에서 이 지역 천지회의 총회수인 진송(陳松)과 그 예하의 하륙·진개·이문무·감선·진현량 등의 회수들, 즉 이른바 '진송의 천지회 집단'이 새로운 정권 창출을 위해 대규모 반란을 진행시킬 수 있었던 중요한 현실적 기반이었던 셈이다.

요컨대 가경·도광 연간의 청조는 그 이전 시대의 이른바 '강건성세(康乾盛世)'로 일컬어진 그 '성세(盛世)'만큼의 정도로 급속히 '쇠세(衰世)'의 길로 접어들었다. 성세가 중국의 역사 발전과정에서 대란(大亂)에서 대치(大治)로 전환되어 비교적 장시간의 번영을 누렸던 특정한 단계를 의미한다면, 쇠세란 바로 대란으로 점철된 난세(亂世)로 완전히 진입하기 이전의 일정한 단계이자 왕조 멸망의 징후로 일컬어진다. 중국의 전통사회에서 이러한 성세와 쇠세의 관념은 황제를 정점으로 각 지역에서 제국

통치의 질서·이념·방식을 실질적으로 구축·관철·운용했던 대소 지방관들의 행정능력이나 윤리문제와도 직결되고 있으니, 마치 청조의 운명을 예견이라도 한 듯이 청초의 사상가 당견(唐甄, 1630~1704)은 그의 저서 『잠서(潛書)』의 「용현(用賢)」편에서 "성세에는 다재(多才)를 늘 볼 수 있지만, 쇠세에는 무재(無才)를 늘 근심한다."[52]고 지적했던 것이다. 결국 가경·도광 연간이라는 쇠세에서 그 중요한 지표 중의 하나를 반영하고 있는 천지회라는 회당 비밀결사의 확대·확산과 만연은 바로 각 지역의 다재가 아닌 무재라는 지방관들에 의해 더욱 조장되었다고 말해도 과언은 아닐 것이다.

52 (清) 唐甄, 『潛書校釋』, 黃敦兵 校釋, 長沙: 岳麓書社, 2011, 192쪽.

제4부

천지회 외부활동의 세계: 대반란

| 제 1 장 |

함풍 4년 천지회 반란의 정치적 배경

1

청대 회당 비밀결사를 대표하는 천지회는 함풍 4년(1854) 5월에 이르러 천지회 역사상 최대 규모의 반란을 광동의 심장부인 광주(廣州)부에서 일으키면서 순식간에 성(省) 전체를 전쟁터로 바꾸어 놓았다. 이른바 '함풍 4년 천지회 반란' 혹은 '홍병기의(洪兵起義)'이라고 일컬어지는 것이 바로 그것이다. 반란의 일차적인 목표는 광주성을 점령하는 것이었지만, 그 최종적인 목표는 그곳을 기반으로 세력을 확대하여 이른바 천지회의 정치이념인 반청복명(反淸復明)을 실현하는 것에 있었다. 예컨대 반란군의 총회수인 진송(陳松)과 그 예하의 하륙(何六)·진개(陳開)·이문무(李文茂)·감선(甘先)·진현량(陳顯良) 등의 회수들이 청조를 구축하기 위해 「토대청격문(討大淸格文)」을 공포했고,[1] "복명통병대원수(復明統兵大元帥) 홍(洪)"처럼 복명이라는 장군칭호의 고시(告示)를 내걸었으며,[2] 영국 영사에게 보낸 서신에서는 이민족인 청조를 몰아내고 대명황제(大明皇帝)를 세워야 한다고 주장하였다.[3] 뿐만 아니라 당시 이 반란을 관찰한 광동의 한 지방관은 "오늘날 무리를 모아 반란을 선도하는 자들은 걸핏하면 삼합회(三合會)에

1 「討大淸檄文」(咸豊3年), 廣東省文史研究館·中山大學歷史系 編, 『廣東洪兵起義史料』 上, 廣州: 廣東人民出版社, 1996, 38-39쪽.

2 「復明統兵大元帥洪告示」(咸豊4.閏7.6.), 『廣東洪兵起義史料』 上, 61쪽.

3 「陳顯良致英國領事書」, 『廣東洪兵起義史料』 上, 88쪽.

미혹되어 '반청복명'의 말을 일삼는다."고 하면서, "아아! 청조가 너희들에게 무엇을 저버렸는가? 명조는 너희들에게 어떠한 은덕을 주었는가?"라고 개탄하기도 하였다.[4]

흥미로운 점은 그동안 학계에서 지적해 온 함풍 4년 천지회 반란의 배경을 검토해 보면 천지회의 정치이념인 반청복명에 대해서는 거의 주목하지 않았고, 그 대신 다음과 같은 몇 가지 배경에 대해서만 언급해 왔다는 사실이다. 첫째는 장기적 요인으로 18세기 이래로 광동 사회가 안고 있던 구조적이고 대외적인 문제점이다. 둘째는 중기적 요인으로 아편전쟁 이후 청조의 급격한 권위 상실과 광동의 사회경제적 모순의 심화이다. 셋째는 단기적 요인으로 이 반란이 일어나기 직전에 발생한 함풍 원년(1851) 태평천국운동(太平天國運動)과 함풍 2년(1852) 하문(厦門) 소도회(小刀會) 반란, 그리고 함풍 3년(1853) 상해(上海) 소도회 반란의 영향이다.[5] 따라서 이러한 배경의 성격을 고려해 본다면, 이것은 함풍 4년 천지회 반란의 배경에 대한 '외부요인'으로 간주할 수 있다.

물론 이러한 '외부요인'이 함풍 4년 천지회 반란의 주요한 배경으로

4 「討三合會匪檄」(咸豐4年), 『廣東洪兵起義史料』 上, 311쪽.

5 유장근, 『근대 중국의 비밀결사』, 서울: 고려원, 1996; 黃廷柱, 「十九世紀中葉的廣東天地會」, 『學術硏究』 1963-1; 駱寶善, 「太平天國時期的廣東天地會起義述略」 上, 『中山大學學報』 1981-4; 駱寶善, 「太平天國時期的廣東天地會起義述略」 下, 『中山大學學報』 1982-1; 蔡少卿, 『中國近代會黨史硏究』, 北京: 中華書局, 1987; 趙立人, 「一八五四年廣東三合會起義史實辨析」, 太平天國硏究會 編, 『太平天國與近代中國』, 廣州: 廣東人民出版社, 1993; 周育民·邵雍, 『中國幇會史』, 上海: 上海人民出版社, 1993; 胡珠生, 『淸代洪門史』, 沈陽: 遼寧人民出版社, 1996; 秦寶琦, 『洪門眞史』, 福州: 福建人民出版社, 2000; 陸寶千, 『論晩淸兩廣的天地會政權』, 臺北: 中央硏究院近代史硏究所, 1975; 莊吉發, 『淸代秘密會黨史硏究』, 臺北: 文史哲出版社, 1994; 佐佐木正哉, 「咸豐四年廣東天地會の叛亂」, 『近代中國硏究センタ彙報』 2, 1963-4; Frederick E. Wakeman, "The Secret Societies of Kwangtung 1800~1856", Jean Chesneaux eds., *Popular Movements and Secret Societies in China 1840~1950*, California: Stanford University Press, 1972.

작용한 것에 대해서는 의심의 여지가 없다. 그러나 '외부요인'은 왜 천지회가 반청복명을 정치목표로 내걸고 이처럼 대규모 반란을 진행했는가라는 질문에 대해서 결코 온전하게 설명할 수 없다는 한계를 갖고 있다. 따라서 이러한 '외부요인' 이외에도 이 반란의 또 다른 중요한 정치적 배경으로서의 이른바 '내부요인'에 대해서도 각별히 주목할 필요가 있다. 여기에서 '내부요인'이란 크게 다음 세 가지 측면의 사실로부터 접근이 가능하다. 하나는 함풍 4년 천지회 반란이 일어나기 이전부터 인민들에게 산포한 전단(傳單)과 격문(檄文)의 내용은 결사의 정치이념인 반청복명과 직접적인 관련을 맺고 있었다는 점이다.[6] 다른 하나는 당시 이 반란을 언급한 각 지역의 지방지에서는 "기일을 정하여 모두 반란하였다."고 기록할 정도로 반란의 의도성·계획성을 보여주는 내용이 상견되고 있다는 점이다.[7] 마지막으로 반란군의 총회수인 진송과 그 예하의 하륙·진개·이문무·감선·진현량 등의 회수들이 이처럼 의도적·계획적인 반란을 일으키기 위해 반란 이전에 이미 몇 차례의 접촉과 회의를 걸쳐 반란을 사전에 모의했다는 점이다.[8]

---

6 John Francis Davis, *The Chinese: A General Description of the Empire of China and Its Inhabitants* Ⅱ, London: Charles Knight & Co, 1836, p.14; 蕭一山 編,『近代秘密社會史料』卷1, 上海: 上海文藝出版社, 1991(1935년 影印本), 7쪽;『近代秘密社會史料』卷6, 21쪽;『廣東洪兵起義史料』上, 38-39쪽.

7 함풍 4년 천지회 반란의 서막을 알리는 동관현 하륙의 천지회를 보면, (民國)『東莞縣志』卷35「前事略」7, 3쪽에서 "4년 5월 홍건적(紅巾賊)이 일어났는데, 이전에 광동의 유민(莠民)이 무리를 모아 회(會)를 결성했고, 각 주현에 분포한 이들은 기일을 정하여 모두 반란했으며〔約期皆反〕, 동관의 비적(匪賊) 하륙이 먼저 석룡허(石龍墟)를 유린하였다."고 기록하고 있다. 기일을 정하여 모두 반란했다는 표현은 (民國)『順德縣志』卷23「前事」, 5쪽; (光緖)『廣州府志』卷82「前事略」8, 3쪽; (民國)『花縣志』卷13「前事志·兵事」, 2쪽; (民國)『淸遠縣志』卷3「縣紀事」下, 20쪽; (同治)『番禺縣志』卷22「前事」3, 27쪽에 모두 보인다.

8 「會匪總頭目陳松事由」(F.O.682/325-3), 佐佐木正哉 編,『清末の秘密結社』(資料篇), 東京: 近代中國硏究委員會, 1967, 21쪽.

이상의 사실을 18세기 중엽에서 19세기 중엽에 이르는 '장기적 시각'에서 검토해본다면, 다음과 같은 가설이 성립한다. 즉 천지회가 18세기 중엽 본격적으로 역사의 무대에 등장한 이후 이 결사가 급속히 성장하는 19세기에 들어와 반청복명이라는 정치이념을 강화하면서 조직을 확대·확산시킨 결과, 마침내 함풍 4년(1854)에 이르러 광동 사회의 내외적인 혼란의 틈을 타 대규모 반란을 진행했을 가능성이 존재한다는 것이다. 이러한 가능성이라면, 함풍 4년 천지회 반란의 정치적 배경으로서의 '내부요인'이란 그 핵심이 이 결사의 내부에서 장기 지속적으로 작용하고 있었던 반청복명이라는 정치이념에 있었다고 말할 수 있으니, 이는 천지회가 만주족 정권인 청조를 타도하여 명조와 같은 한족의 국가로 회귀해야만 했던 이념적·사상적 원천이었던 것이다. 그렇다면 천지회의 반청복명이라는 정치이념은 적어도 청조가 타도되기 이전까지 결사 내부에서 구성원들에게 마치 일종의 예언으로서 그것의 실현을 위해 끊임없이 작용되고 있었던 것은 아니었을까?

본장에서는 함풍 4년 천지회 반란의 정치적 배경에 대한 일정한 역사적 사실로부터 유추한 가설에 입각하여 반청복명이라는 천지회의 정치이념을 일종의 예언으로서 규정하고, 이후 이것을 천지회의 전설·의식·전단·격문·고시와 연결시키는 일련의 작업을 통하여 천지회에서 예언과 반란이 과연 실제적으로 어떻게 상호작용을 하고 있었는지를 장기적 시각으로 검토하고자 한다. 물론 청대를 비롯한 근대 중국의 비밀결사 연구가 직면한 가장 큰 문제로서 사료의 제약이 늘 존재하고 있다는 사실을 감안하더라도, 이러한 예언과 반란의 상관관계를 추적하는 데 본장에서 제시하는 여러 가지 사료들은 반청복명이라는 천지회의 정치이념이 함풍 4년 천지회 반란의 정치적 배경에서 그 내부요인으로 끊임없이 작용하고 있었음을 직·간접적으로 보여줄 수 있을 것이다.

1. 예언의 출현과 목적: 천지회의 기원전설

건륭 말엽 천지회의 내부문서인 회부(會簿)에 명시되어 있는 반청복명(反淸復明)[9]이라는 천지회의 정치이념이 기원전설의 형태로 처음 발견된 시점은 가경 연간에 이르러서다. 그것은 이야기의 내용이 비교적 완정한 상태로 가경 16년(1811) 청조에 의해 압수된 현존 최고(最古)의 회부로 알려진 요대고본(姚大羔本)에 실려 있다. 그 주요 내용을 간략히 요약해 보면, 다음과 같다.

서로(西魯)라는 이민족의 침입을 격퇴하여 청조에 충성을 다한 소림사(少林寺) 승려들이 황제와 간신의 모함에 의해 배신을 당하여 대부분 몰살된다. 이 중에 겨우 살아남은 다섯 명의 소림사 승려(소림오승)가 명조의 후손인 주홍영(朱洪英)과 승려 만운룡(萬雲龍), 그리고 기타 형제들과 함께 일치단결하여 반청복명을 위하여 천지회를 조직한다. 이후 천지회는 청군과의 전투에서 실패하여 그 목적을 달성하지 못했기 때문에 소림오승은 각 지역으로 분산하여 오방(五房)을 세워 먼 훗날 기회가 찾아오면 그때 다시 반청복명의 사명을 도모한다는 것이다.[10]

여기에서 천지회의 다섯 개 지부를 의미하는 오방의 설립 주체는 말할 것도 없이 기원전설에서 청군의 추격으로부터 최후까지 살아남아 천지회를 창립하는 데 관여한 소림오승이다. 이들은 천지회가 가경 중엽 이후로 광동·광서를 중심으로 한 화남(華南)의 각 지역사회에서 급속히

9 「廣西巡撫成林查辦荔浦會匪摺」(嘉慶17年1月14日), 庾裕良·陳仁華 等編, 『廣西會黨資料彙編』, 南寧: 廣西人民出版社, 1989, 99쪽.

10 「廣西巡撫成林爲搜獲東蘭州天地會成員姚大羔所藏『會簿』呈軍機處咨文」(嘉慶16.5.7.) 「附: 廣西東蘭州天地會成員姚大羔所藏『會簿』」, 中國人民大學淸史研究所·中國第一歷史檔案館 合編, 『天地會』 1, 北京: 中國人民大學出版社, 1980, 3-30쪽. 이에 대한 자세한 분석은 이평수, 「天地會 起源傳說의 解剖: '姚大羔本起源傳說'의 분석을 중심으로」, 『中國學報』 60, 2009, 320-333쪽 참조(본서 제1부 제2장).

성장해 감에 따라 다섯 명의 결사 창립자라는 의미인 오조(五祖)로 숭배되기 시작하였다. 이들의 성명은 요대고본과 그 이후에 형성된 회부에서 종종 전오조(前五祖)와 후오조(後五祖)의 성명으로 혼재되어 기록되었기 때문에 각 회부마다 일정한 차이를 보이고 있지만, 채덕충(蔡德忠)·방대홍(方大洪)·마초흥(馬超興)·호덕제(胡德帝)·이색개(李色開)를 지칭하는 것으로 통일되어 갔다. 이들 오조는 기원전설에서 청군과의 전투에서 패전하여 광동 등의 각 성으로 흩어져 오방을 설치하는데, 이른바 '천지회의 오방제(五房制)'란 이를 두고 일컫는 말이다. 가경·도광 연간(1796~1850) 천지회의 회부에 출현하는 오조와 오방의 내용을 정리해 보면 〈표 1〉과 같다.

〈표 1〉 가경·도광 연간 천지회의 회부에 출현하는 오조와 오방의 내용

회부명	오조의 성명	오방의 지역 배분	비고	근거자료
요대고본	불명		전오조(前五祖)	ⓐ, 5쪽.
	장방 오천성(吳天成) 이방 홍대세(洪大歲) 삼방 이색지(李色地) 사방 도필달(桃必達) 오방 임영초(林永招)	절강 복건 광동 운남·사천 호광	후오조(後五祖)	
전림본	장방 규덕충(葵德忠) 이방 방대홍(方大洪) 삼방 오천성(吳天成) 사방 오덕제(吳德帝) 오방 이색개(李色開)	하남·절강 복건·광동 감숙·사천·섬서 운남·귀주 호광·강서	전오조	ⓑ, 491쪽
	불명		후오조	
슈레겔본	장방 채덕충(蔡德忠) 이방 방대홍(方大洪) 삼방 나초흥(馬超輿) 사방 호덕제(胡德帝) 오방 이색개(李色開)	복건 광동 운남 호남 절강	전오조	ⓒ, pp. 18-19.

회부명	오조의 성명	오방의 지역 배분	비고	근거자료
	임영초(林永招) 이색지(李色智) 오천성(吳天成) 도필달(桃必達) 홍태세(洪太歲)	감숙 광서 사천 호북 절강	후오조	
소일산본	장방 채덕충(蔡德忠) 이방 방대홍(方大洪) 삼방 마초흥(馬超興) 사방 호덕제(胡德帝) 오방 이색개(李色開)	복건 광동 운남·광서 호광 절강	전오조	ⓓ, 卷2, 7쪽.
	장방 오천성(吳天成) 이방 홍태세(洪太歲) 삼방 이식제(李識弟) 사방 도필달(桃必達) 오방 임영초(林永招)	서촉 귀주 강남 운남 운남	후오조	

〈참고내용 및 근거자료〉 청대 천지회의 회부 중에서 그것이 출현한 하한연대가 귀현본(1864년)·수선각본(청대)·금낭본(1892년)처럼 함풍 연간 이후이거나 불명확한 것은 본고의 검토에서 제외하였다. 각각의 회부 판본에 대한 자세한 설명은 본서 제1부 제1절 참조. 표에서 근거자료는 ⓐ「廣西東蘭州天地會成員姚大羔所藏『會簿』」(嘉慶16.5.7.), 『天地會』 1, ⓑ「天地會文書抄本」, 『廣西會黨資料彙編』, ⓒ Gustave Schlegel, *Tian Ti Hui: The Hung League or Heaven-Earth-League: A Secret Society with the Chinese in China and India*, Vatavia: Lange & Co, 1866 ⓓ 『近代秘密社會史料』이다.

19세기 말 홍콩 경찰청의 한 조사관은 천지회의 기원전설이 이들의 입회의식과 밀접한 관련성을 가지고 있다고 강조하면서도, 그 내용은 "동시대 중국인 10명 중의 9명이 황당무계하다고 믿을 정도로 부조리하고 터무니없는 것"[11]이라고 지적하였다. 물론 말 그대로 결사의 창립과 관련된 전설이기 때문에 황당무계한 점은 면할 길이 없다. 그러나 주목해야 할 점은 기원전설의 후반부에서 오조가 오방을 세워 먼 훗날 기회가 찾

11 William Stanton, *The Triad Society or Heaven and Earth Association*, Hongkong: Kelly & Walsh, 1900, p.29.

아오면 그 때 다시 반청복명의 사명을 도모하자는 부분을 통해, 기원전설이 결사의 정치이념인 반청복명의 실현이라는 당위성을 일종의 '예언(豫言)'으로 훌륭히 담아내고 있다는 것이다. 여기에서 오조와 오방을 매개로 천지회의 반청복명이란 예언이 출현하는 것인데, 결국 천지회의 기원전설은 자신들의 창립 역사를 설명하고 있을 뿐만 아니라 결사의 정치이념인 반청복명의 실현이라는 일종의 '예언적' 기능까지 동시에 수행하고 있었던 것이다.

기원전설의 예언적 기능이라는 측면에서 말한다면, 오조와 오방은 반청복명의 예언을 상징하는 인물과 제도가 되는 셈이다. 특히 천지회는 이러한 내용에 대하여 비단 기원전설의 형태뿐만 아니라 결사의 특정한 암호를 사용하여 상징적으로 구분하였다. 예컨대 요대고본에서는 오조와 오방을 "공〔洪〕·일〔汩〕·기〔淇〕·장〔漲〕·첨〔添〕"의 "오표두(五標頭)"와 "삼〔彪〕·수〔犭壽〕·합〔犭合〕·화〔犭和〕·동〔犭同〕"의 "오방합동(五房合同)"이라는 암호로 구분하였다.[12] 요대고본 다음의 고본(古本)으로 일컬어지는 전림본의 경우를 보면, 오조와 오방은 각각 "공〔江〕·공〔洪〕·목〔泪〕·기〔淇〕·첨〔添〕"의 "오호(五號)", "삼·수·합·화·동"의 "오인(五印)", "청〔淸〕·적〔洂〕·묵〔潶〕·백〔泊〕·녹〔渌〕"의 "오기(五旗)"라는 암호로 구분하였다.[13] 요대고본과 전림본 이후에 형성된 소일산본을 보면, 오조와 오방에 대한 상징적인 구분은 각각 "오〔烏〕·홍〔紅〕·적〔赤〕·백〔白〕·녹〔綠〕"의 오색기와 "삼·수·합·화·동"이라는 암호로 구분하였다.[14] 동인도군도(현재의 인도네시아) 수마트라(Sumatra) 파당(Padang)의 천지회에서 수집된 슈레겔본의 경우, 오조와 오방을 각각 "공〔江〕·공〔洪〕·목〔泪〕·기〔淇〕·태〔溙〕"와 "삼·수·합·

12 「廣西東蘭州天地會成員姚大羔所藏『會簿』」(嘉慶16.5.7.), 『天地會』 1, 5쪽.

13 「天地會文書抄本」, 『廣西會黨資料彙編』, 489쪽.

14 『近代秘密社會史料』 卷1, 20-22쪽, 26쪽; 『近代秘密社會史料』 卷5, 1-2쪽.

화·동"으로 암호화하고, 이것을 역시 오색기(五色旗)에 반영하였다.[15] 이처럼 각 회부에서 글자의 이동(異同)이 일부 보이지만, 소일산본에 수록된 〈자료 1〉의 '삼〔彪〕'자가 새겨진 깃발이 장방(長房) 채덕충(蔡德忠)을 상징하는 것처럼 천지회에서 반청복명의 예언을 상징하는 오조와 오방은 결국 "삼·수·합·화·동"이라는 글자가 각각 새겨진 다섯 색깔의 깃발인 오색기로 정착되어 갔던 것이다.

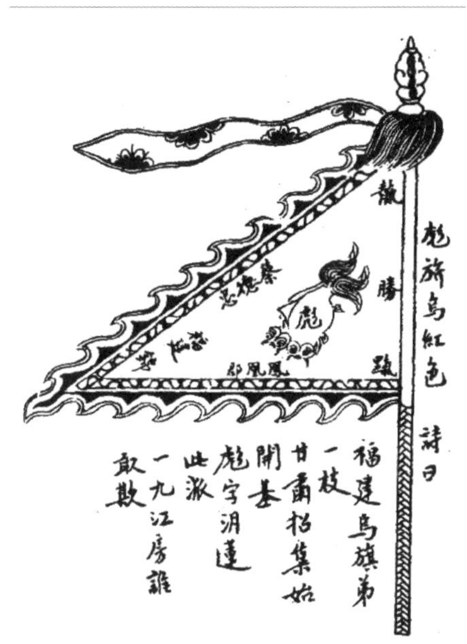

〈자료 1〉 장방 채덕충의 오색기: 삼기
* 출처 : 『近代祕密社會史料』 卷1, 20쪽.

특히 오조와 오방의 내용은 시구(詩句)·대련(對聯)·요빙(腰憑) 등의 각종 형태로도 광범위하게 전파되었다. 다시 요대고본을 보면, 「오색기(五色旗)」라는 시구에서는 "오색의 기호가 다섯 개 성(五省)으로 나누어지니, 이들 성의 형제들은 맹서하고 있네. 만약 명왕(明王)이 보전(寶殿)에 등극한다면, 강산은 하나로 통일되어 화합하게 될 것이네."라고 하면서 천지회가 오방제(五房制)를 실시하는 목적이 반청복명의 실현에 있음을 읊조리고 있다.[16] 또한 「오조련(五祖聯)」이라는 대련에서는 "천하의 세상 사람들은 청조가 멸망할 것을 안다네, 만리(萬里)에서도 (형제들이) 한 마음으로 협력하니 명조가 부흥하고 있네."라 하여 오조가 반청복명을 상징하

15 Gustave Schlegel, *Tian Ti Hui: The Hung League or Heaven-Earth-League: A Secret Society with the Chinese in China and India*, pp.36-39, TAB.XIII, TAB.XIV.
16 「廣西東蘭州天地會成員姚大羔所藏『會簿』」(嘉慶16.5.7.), 『天地會』 1, 18쪽.

는 인물임을 분명하게 지적하였다.[17] 전림본을 보면, 오조와 오방을 상징하는 오색기가 "부명멸청(扶明滅淸)"과 연결되어 있고, 요빙에서의 오조는 "부명멸청"과 함께 등장하며, 나아가 기타 2장의 도록에서도 오조가 "순천전명(順天轉明)"·"순천흥명(順天興明)"과 함께 등장한다.[18] 소일산본의 경우도 「장방조시(長房祖詩)」·「이방조시(二房祖詩)」·「삼방조시(三房祖詩)」·「사방조시(四房祖詩)」·「오방조시(五房祖詩)」·「오조개명시(五祖改名詩)」·「배오조시(拜五祖詩)」 등의 시구처럼 오조와 오방이 출현하는 거의 대부분의 시구 내용에서는 반청복명을 언급하고 있다.[19] 슈레겔본에 보이는 한 시구에서는 "오조가 도리검(桃李劍)을 유전해 주었네, 청조를 주멸하고 도광제(道光帝)를 살해하자."고 하면서, "삼·수·합·화·동이 도처에 있네, 명주(明主)를 부축하여 중화(中華)에 앉히자."고 읊조리고 있으니,[20] 오조의 반청복명에 대한 상징적인 의지를 적나라하게 표출하고 있다.

이상의 것이 문자화된 형태로 전파된 것이었다면, 오조와 오방의 내용이 구전의 형태로 전파되어 다시 문자화된 경우도 포착된다. 이른바 '양정재(楊正才)의 천지회 역서(逆書) 사건'에서 양정재는 가경 21년(1816) 6월 부첨재(傅添材)의 구술을 통해 천지회 회부의 일부 내용을 획득하게 된다. 당시 부첨재는 숙독한 회부의 일부분을 구술하면 양정재가 그것을 받아 적었는데, 이러한 내용은 비밀이기 때문에 절대로 누설해서는 안 된다는 맹서까지 받았다고 한다.[21] 〈자료 2〉에 보이는 것처럼 "천지가 근본을

---

17 「廣西東蘭州天地會成員姚大羔所藏『會簿』」(嘉慶16.5.7.), 『天地會』 1, 5쪽.

18 「天地會文書抄本」, 『廣西會黨資料彙編』, 497쪽, 526-528쪽.

19 『近代秘密社會史料』 卷5, 1-2쪽, 4쪽, 13쪽.

20 Gustave Schlegel, *Tian Ti Hui: The Hung League or Heaven-Earth-League: A Secret Society with the Chinese in China and India*, p.39, p.107.

21 「雲貴總督伯麟等奏審擬楊正才所控黃奉潮結會摺」(嘉慶22.12.5.), 『天地會』 7, 462-468쪽; 「雲貴總督伯麟等奏楊正才誣控多人入會及黃奉潮等結會摺」(嘉慶23.4.6.), 『天地會』 7, 464-468쪽.

天地起列根本　扶朱家天下
起祖長房姓蔡名興字德忠他是福建漳州府漳浦縣人氏鎮守東
營用是青色旗洪字號
二房祖姓方名榮字大洪他是福建延平府南平縣人氏鎮守
營用是黃旗洛字號
三房祖姓吳名全字天成他是福建福州府古田縣人氏鎮守帶
二位將軍鎮守西北二營一個姓蔡名威字定國為左將軍
個姓方名勇字鎮國為右將軍　中營軍師官姓張

〈자료 2〉 천지회 역서의 서두

* 출처 : 「沅陵縣盤獲之逆書」(嘉慶22年8月1日)

일으켜 세우니, 주가(朱家)의 천하를 일으키자."로 시작하는 이 역서의 내용은 천지회를 결회(結會)하거나 입회(入會)를 진행할 때의 사용 방법을 기술하고 있는데, 역서의 중간 부분에서 오조의 성명과 오방의 배분을 장방조 채덕충(복건·강서), 이방조 방대홍(광동·광서), 삼방조 오천성(섬서·감숙), 사방조 오덕제(호남·호북), 오방조 이색개(운남·귀주·사천)로 명시하고 있다. 그리고 역서의 마지막 부분에서 오조의 성패(聖牌)를 설치한 한 대련에는 "절청흥명(絶淸興明)"이라는 천지회의 정치이념을 명확히 적시하고 있다.[22]

흥미로운 사실은 천지회의 오조가 역사적 실체가 없는 허구 인물임에도 불구하고 가경 연간 이후로 기원전설과 그 내용의 일부가 광범위하게 전파되는 과정에서 천지회를 조직하거나 여기에 가담한 자들 중의 일부가 이들을 역사적 실존인물로 인식했다는 것이다. 예컨대 가경 11년(1806) 강서 감주(贛州)부 회창(會昌)현에서 노성해(盧盛海)의 천지회를 전수받은 주달빈(周達濱)은 삼점회(三點會)라는 회명으로 천지회를 조직한 이후 유매점(劉梅占) 등의 회원을 확보하면서 이들에게 「화첩(花帖)」을 건네주었다.[23] 이 「화첩」에는 오천성·이색제·방대홍·장원통(張元通)·임영초(林永招)라는 오방대가(五房大哥)를 적시하면서, 만제희(萬提喜)·후오방(後五房) 등의 역대 대가(大哥)와 당시 천지회를 조직하여 대가(大哥)로 추대된 철비(鐵鼻)·황청(黃淸)·노성해·증창한(曾昌漢)·구종원(邱琮源)·주달빈, 그리고 이중에도 주달빈의 천지회에 가담한 유매점·하주덕(何周德)의 성명을 연명하고 있다.[24] 여기에서 오방대가는 이들에게 천지회를 일찍이 조

22 「沅陵縣盤獲之逆書」(嘉慶22.8.1.), 臺北國立故宮博物院 所藏, 軍機處檔摺件編號 052755.

23 「江西巡撫先福奏周達濱改天地會爲三點會摺」(嘉慶11.12.16.), 『天地會』 6, 300-302쪽.

24 「江西巡撫先福奏周達濱改天地會爲三點會摺」(嘉慶11.12.16.) 「附: 會衆所傳花帖等

직했던 역사적 실존인물로 인식되고 있었던 것이다.

또 다른 사례를 보면, 가경 13년(1808) 광서 심주(潯州)부 귀현(貴縣)에서 안초(顏超)가 안아귀(顏亞貴)에게 "광동 석성(石城)현 정산각(丁山脚)에서 홍계승(洪啓勝)·채덕충·방대홍·오천성·오덕체(吳德蒂)·이색개가 많은 사람을 규합하여 모반을 하려고 한다."[25]는 내용을 알려 주면서 천지회를 전파하고 회원을 확보하였다. 특히 안초는 안아귀에게 「도원가(桃園歌)」라는 가본(歌本)을 건네주었는데, 이 「도원가」에는 천지회를 조직하는 목적이 "복명거청(復明去淸)"에 있다고 하면서 "장방조 채덕충, 이방조 방대홍, 삼방조 오천성, 사방조 오덕제, 오방조 이색개"라는 오조의 성명을 나열하고 있다.[26] 이들에게 오조는 당시 생존하여 반청복명을 도모하려고 했던 천지회의 두목 정도로 보였던 것이다.

역사에서 실재하지 않은 천지회의 오방도 오조의 경우처럼 실재하고 있었다고 인식하는 경우도 있었다. 예컨대 호광도(湖廣道) 감찰어사(監察御使) 풍찬훈(馮贊勛)은 도광 11년(1831)의 주접(奏摺)에서 "비도(匪徒)들 중에서 다년간 의형제를 조직하여 5~6개의 성에 걸쳐 결탁하고 있는 삼합회(三合會)는 그 사람 수가 기록할 수 없을 정도로 많다."고 지적하면서, "삼합회는 오방으로 나누어져 있는데 복건을 장방, 광동을 이방, 운남을 삼방, 호광을 사방, 절강을 오방으로 삼는다."고 언급하였다.[27] 그러나 천지회가 5~6개의 성마다 지부를 설치하고 두목을 두어 오색기로 구분했다는 오방제의 부분은 풍찬훈이 기원전설에 보이는 내용을 실제의 현상으

三件」, 『天地會』 6, 300-304쪽.

25 「廣西巡撫恩長奏審擬顏亞貴以「桃園歌」邀人拜會案摺」(嘉慶13.12.25), 『天地會』 7, 208-209쪽.

26 「廣西巡撫恩長奏審擬顏亞貴以「桃園歌」邀人拜會案摺」(嘉慶13.12.25.) 「附: 顏亞貴所藏「桃園歌」」, 『天地會』 7, 214-215쪽.

27 「湖廣道監察御使馮贊勛奏請緝拿廣東等省會黨摺」(道光11.5.4.), 『天地會』 6, 518-519쪽.

로 오인한 것으로 보이며, 나아가 도광 연간에 이르러 화남의 각 성에 만연한 천지회의 상황을 기원전설에서 말하고 있는 오방제를 통해 언급했을 가능성도 완전히 배제할 수는 없겠다.

요컨대 천지회의 예언이란 천지회가 청조에 대하여 모반을 일으키고 반란을 일으키는 등 반역을 꿈꾸게 하는 이념적·사상적 원천이 되는 것을 말하는 것으로, 그것은 바로 천지회의 창립 과정을 설명하는 기원전설에서 배태되고 있는 반청복명의 예언이었다. 따라서 허구적 내용으로 점철된 천지회의 기원전설이 오조와 오방을 매개로 반청복명이라는 예언적 기능을 한다는 점에서 결사의 내부에서는 적어도 청조가 멸망하기 이전까지 반청복명에 대한 '허구의 예언화'가 장기 지속적으로 작동되고 있었던 것이다.

2. 예언의 전달과 주입: 천지회의 의식

가경 연간 천지회가 광동을 중심으로 화남 전역으로 조직이 확대·확산되는 과정은 다양한 사례를 통해 접근이 가능하다. 이 중에서도 특히 천지회가 '최초' 조직되는 결회(結會) 과정과 신회원을 받아들이는 입회의식의 과정을 전형적으로 보여주고 있는 '임윤재(林閏才)의 천지회 사건'을 주목해 보자.

광동 옹원현인(翁源縣人) 임윤재는 일찍이 광동 고요현인(高要縣人) 왕씨(王氏)를 의자(義子)로 삼았다. 당시 왕씨는 천지회 회원이었기 때문에 임윤재도 천지회에 가입하게 되면서 결사의 암호 등을 전수받았다. 가경 원년(1796) 임윤재는 광서 서륭(西隆)주 팔달(八達) 지방으로 이주해 소규모 장사를 하며 생계를 유지하였다. 가경 16년(1811) 2월 임윤재는 이곳 팔달 지방에서 점쟁이를 하고 있던 광동 가응주인(嘉應州人) 종명양(鐘名揚)을 만났을 때 결사의 암호를 통해 서로 천지회 회원임을 확인하였다. 이들은 광동 옹원현인 장효원(張效元)을 끌어들여 이 지역에서 천지회를 조직하기로 상의하였다. 마침내 10월 이들 세 명은 양광(梁廣) 등 7명을 끌어들여 총 10명으로 구성된 천지회를 '최초' 조직하고, 이 과정에서 임윤재를 총대야(總大爺)로 삼고 종명양을 선생(先生)으로 삼았다.[28] 임윤재를 회수로 하는 천지회가 '최초' 조직된 것이다.

'임윤재의 천지회 사건'은 일견 규모가 매우 작은 단순한 결회 사건으로 보인다. 그러나 이 사건으로 인해 다음과 같은 천지회가 연달아 조직되었다. 우선 임윤재의 천지회가 조직된 이후 두 달 정도 지난 12월 장효원은 서융주 고장(古嶂) 지방에서 그의 친척 이백창(李白昌)에게 천지회의 재조직을 지시하자, 이백창이 호학미(胡學美)·원친공(袁親公)·호정태(胡正泰) 등 총 23명을 끌어들인 결과 호학미·원친공을 대야(大爺)로 삼고 자신을 선생으로 삼는 천지회가 조직되었다. 이들 호학미·원친공의 천지회는 이듬해 가경 17년(1811) 2월 다시 총 20명을 끌어들여 이번에는 호정태를 선생으로 삼는 천지회가 재차 조직되었다. 그 사이 장효원은 1월 이 지역에서 직접 포운사(包雲師) 등 총 13명을 끌어들여 자신을 대야로 삼고 포운사를 선생으로 삼는 천지회를 조직하였다.[29] 한편 임윤재의 천지회를 주도적으로 조직한 종명양의 경우 이해 1월 운남 사종(師宗)현로 이동하여 2월 서비태(徐飛態) 등 총 49명의 인민들을 규합한 결과 서비태를 대야로 삼고 자신을 선생으로 삼는 천지회가 재차 조직되었다.[30] 결국 임윤재의 천지회가 '최초' 조직됨에 따라 호학미·원친공의 천지회, 장

28 「雲貴總督伯麟等奏拿獲天地會首林閏才等情摺」(嘉慶17.10.29.), 『天地會』 7, 427쪽.
29 「雲南巡撫孫玉庭奏審擬張效元等人摺」(嘉慶19.2.9.), 『天地會』 7, 433-434쪽.
30 「雲貴總督伯麟等奏拿獲天地會首林閏才等情摺」(嘉慶17.10.29.), 『天地會』 7, 427-428쪽.

효원의 천지회, 서비태의 천지회가 연달아 조직되었으니, 결과적으로 총 100여 정도의 인민들이 천지회에 가입하게 되었다.

특히 이러한 일련의 천지회 결회 사건에서 주목되는 점은 임윤재가 천지회를 '최초' 조직할 때 그의 의자로부터 천지회의 회부(會簿)를 초사(抄寫)하여 소지하고 있었다는 것이다. 이 회부의 내용에 대해서는 그 전모를 상세히 알 수 없지만, 체포된 장효원의 공술에 의하면 이 회부는 백지에 붉은 글자가 적혀 있었고 오조의 성명을 비롯해서 암호·대련·시구 등으로 구성되어 있었다.[31] 그리고 이러한 정황은 임윤재가 천지회를 조직한 이후에 입회자를 받아들이는 입회의식에 일정정도 반영되었다. 당시 임윤재의 집에서 진행된 입회의 과정은 다음과 같다.

> 종명양은 오조의 위패를 만들고, 장효원은 후원에 향안(香案)을 설치하여 오조의 위패를 봉안(奉安)하였다. (이들은) 탁자를 설치한 후에 그 옆에 칼 두 자루를 꼽아 두었으며 땅을 파고 화갱(火坑)을 만들었다. 입회자들은 화갱을 뛰어 넘고 칼 밑을 뚫고 지나가 오조의 위패 앞에서 맹서했으며, 하늘을 향해 표문(表文)을 불태우고 모두 혈주(血酒)를 돌려 마셨다.[32]

이처럼 천지회의 조직자들은 오조의 위패를 만들고 그것을 봉안할 재단을 설치하며 탁자·칼·화갱 등의 물건을 준비했고, 입회자들은 '도화(跳火)→찬도(鑽刀)→입서(立誓)→분표(焚表)→삽혈(歃血)'의 순서로 입회하였다. 물론 입회의 과정이 매우 간략히 묘사되어 있지만, '임윤재의 천지회 사건'은 반청복명(反淸復明)의 예언을 상징하는 오조가 입회의식의 위패로 봉안되고 있었음을 잘 보여준다. 그리고 이러한 일련의 입회의식 과정은

31 「雲南巡撫孫玉庭奏審擬張效元等人摺」(嘉慶19.2.9.), 『天地會』 7, 433쪽.
32 「雲貴總督伯麟等奏拿獲天地會首林閏才等情摺」(嘉慶17.10.29), 『天地會』 7, 427쪽.

호학미·원친공의 천지회, 장효원의 천지회, 서비태의 천지회에도 모두 그대로 반영되어 실행되고 있었다.[33]

이상 '임윤재의 천지회 사건'은 가경 연간 천지회가 오조를 결사의 창립자로 숭배하기 시작하면서 화남의 각 지역사회로 확산되어 가는 정황의 일면을 보여주는 대표적인 사례이다. 사실상 가경 연간 이래로 천지회가 일단 한 지역에서 조직되면 적게는 수십 명에서 많게는 수백 명의 회원이 참여했을 뿐만 아니라 이들이 다시 연쇄적으로 천지회를 재조직해 나갔다는 점을 고려해 본다면,[34] 반청복명의 예언을 상징하는 오조와 오방은 화첩(花帖)·가본(歌本)을 비롯한 회부의 초사를 통한 문자화된 형태와 구전이라는 비문자화의 방식을 통해 광범위하게 전파되었던 것이다. 이러한 과정을 거쳐 도광 연간에 이르게 되면 호광도 감찰어사 풍찬훈의 지적대로 천지회는 "소굴이 없는 듯해 보여도 도읍(都邑)·시전(市廛)에 모두 산포되어 있고, 몰려드는 무리가 없는 듯해 보여도 병민서역(兵民胥役)이 모두 심복(心腹)의 사람들이다."[35]라고 언급할 정도로 이미 화남의 각 지역사회에서 만연

〈자료 3〉 '충향선' 위패 (슈레겔본)
* 출처 : Gustave Schlegel, TAB.IX.

33 「雲貴總督伯麟等奏拿獲天地會首林閏才等情摺」(嘉慶17.10.29.), 『天地會』 7, 428쪽; 「雲南巡撫孫玉庭奏審擬張效元等人摺」(嘉慶19.2.9.), 『天地會』 7, 433-434쪽.

34 이평수, 「淸 嘉慶年間 天地會의 會員募集과 結社의 擴大·擴散: 廣東地域 天地會의 事例檢討를 中心으로」, 『史林』 21, 2004, 145-150쪽(본서 제2부 제1장 참조).

35 「湖廣道監察御史馮贊勛奏請緝拿廣東等省會黨摺」(道光11.5.4.), 『天地會』 6, 519쪽.

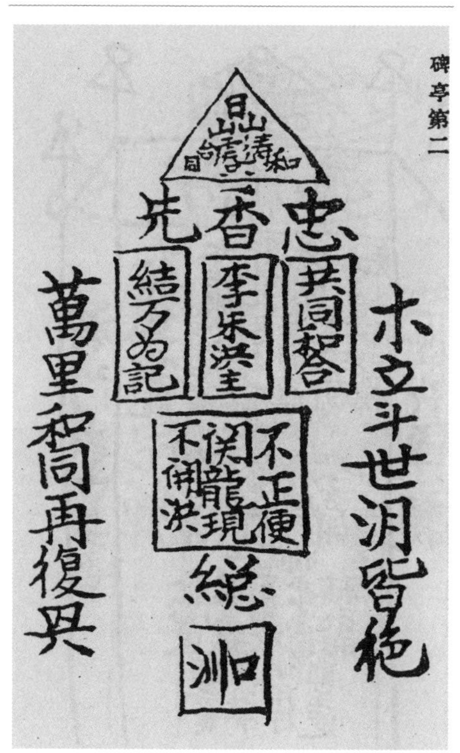

〈자료 4〉 '충향선' 위패(소일산본)

* 출처 : 『近代秘密社會史料』 卷1.

하였다. 이러한 천지회의 성장은 이들의 의식 과정을 한편으로 복잡하게 만들면서도 다른 한편으로 정형화(定型化)한 방향으로 진행시켰다.[36] 그만큼 의식 과정에서 필요로 하는 물품들도 증가하게 되었을 터인데, 이중에서도 오조의 위패와 관련해서는 슈레겔본과 소일산본의 비교를 통해 그것의 대략적인 모습을 만나 볼 수 있다.

슈레겔본에서는 당시 천지회의 의식에서 제단에 사용된 위패로 이른바 '충향선(忠香先)' 위패(자료 3)를 들고 있는데, 여기에서 "삼〔彪〕·수〔壽〕·합〔合〕·화〔和〕·동〔同〕"이라는 오조의 암호가 보인다.[37] 그런데 도광 연간 인도네시아의 천지회가 사용했던 충향선 위패는 광동의 광주와 홍콩에서 수집된 소일산본에 '비정(碑亭)'이라는 제목으로도 수록되어 있다는 점을 통해 당시 중국 대륙의 천지회가 인도네시아로 전파된 상황을 짐작케 한다. 특히 소일산본에는 '충향선' 비정(자료 4) 이외에도 '홍화정(洪花亭)'(자료 5)·'충의당(忠義堂)'·'금란당(金蘭堂)'·'영왕묘(靈王

36 이평수, 「天地會 入會儀式의 節次와 暗號化: 19世紀 末葉 싱가포르 天地會의 事例檢討를 中心으로」, 『明淸史硏究』 23, 2005, 311-345쪽(본서 제2부 제3장 참조).

37 Gustave Schlegel, *Tian Ti Hui: The Hung League or Heaven-Earth-League: A Secret Society with the Chinese in China and India*, p.24, TAB.IX.

廟)'·'고계묘(高溪廟)'·'관제묘(關帝廟)'·'관음묘(觀音廟)' 비정 등 천지회가 의식 과정에서 사용했던 각종 위패의 모습을 모두 원본 형태의 도록으로 수록하고 있다.[38] 이 중에서도 '홍화정'·'금란당' 위패에서 채덕충·방대홍·마초흥·호득제·이색개라는 오조의 구체적인 성명을 볼 수 있거니와, '충의당' 위패에서는 이러한 오조가 인(仁)·의(義)·예(禮)·지(智)·신(信)으로 암호화되어 기록되어 있다. 특히 소일산본의 기원전설인 「서로서(西魯序)」에서는 천지회의 창립 장소가 "홍화정(洪花亭)"으로 되어 있고,[39] 나아가 천지회가 이러한 기원전설의 내용을 희곡(戲曲)으로 삼아 입회의식에 상징적으로 재현해 놓았다는 점을 고려한다면,[40] 소일산본에 수록된 위패 중에서도 '홍화정' 위패가 사실상 천지회의 입회의식에서 즐겨 사용되었을 것으로 예상된다. 물론 오조의 위패는 민국시대 수집된 자료에서처럼 경우에 따라 "삼·수·합·화·동, 오조지성위(五祖之聖位)" 혹은 "삼·수·합·화·동,

〈자료 5〉 '홍화정' 위패
* 출처 : 『近代秘密社會史料』 卷1, 1.

38 『近代秘密社會史料』 卷1 「碑亭第二」, 1-4쪽.
39 『近代秘密社會史料』 卷2 「西魯序」, 6쪽.
40 이평수, 「天地會의 入會儀式: 演劇과의 關聯性을 中心으로」, 『明淸史硏究』 21, 2004, 210-214쪽(본서 제2부 제2장 참조).

오조기선성지위(五祖暨先聖之位)"로 매우 간략히 써 놓았을 가능성도 완전히 배제할 수 없을 것이다.[41]

함풍 4년 천지회 반란의 중심지인 광주부 일대는 이미 도광 말엽부터 천지회의 극심한 만연 지역이었다. 당시 이 지역에서 진행된 천지회의 입회의식 모습에서도 실제로 반청복명을 예언하는 오조와 오방이 목격된다. 예컨대 도광 22년(1842) 광주(廣州)부 향산(香山)현에서 진행된 천지회의 지파인 삼합회(三合會)의 입회의식을 『향산현지(香山縣志)』에서는 다음과 같이 기록하고 있다.

> 매번 배회(拜會)할 때마다 아마(亞媽)가 홍건(紅巾)을 머리에 두르고 백의(白衣)를 입으며 오색기(五色旗)를 설치하는데, 기(旗) 위에 삼〔彪〕·수〔鱐〕·합〔䶢〕·화〔䶜〕·동〔䶡〕의 글자를 쓰고 오방(五方)으로 배치한다. 어떤 방(方)에서 온 자는 어떤 기에 속하게 된다. 삼중(三重)의 문(門)을 만들고, 매 문마다 두 사람이 팔(八)자의 모양으로 칼을 들고 선다. 배회자(拜會者)가 포복하여 (삼중의 문과 팔자의 모양으로 든 칼 밑을 기어) 들어가면서 '자(仔)'라고 말한다. (배회자는) 알몸으로 머리칼을 풀어헤치며, 꿇어 엎드려 목두(木斗)에 절하고, 36주(三十六咒)를 낭독한다. 손가락을 베어 피로 맹세한다.[42]

앞서 언급한 '임윤재의 천지회 사건'과 사실상 거의 유사하게 묘사된 이러한 기록은 천지회가 오방제의 원리에 따라 삼·수·합·화·동이라는 오조의 인을 새겨 놓은 오색기를 설치해 두고 입회의식을 진행하고 있음을 보여주고 있다. 도광 24년(1844) 광동의 지방관인 증망안(曾望顔)이 광주부 일대의 삼합회가 "수백 명씩 무리를 지어 공공연히 대낮에 입회의

41 朱琳, 『洪門志』, 1930, 128쪽(濮文起·劉燕遠 編, 『中國會黨史料集成』 1, 北京: 北京圖書館出版社, 1999에 수록).

42 (光緒) 『香山縣志』 卷22 「紀事」, 49쪽.

식을 진행하고", "광주부 이외의 부현성에서도 결탁하여 입회의식을 진행하는 것이 이루 헤아릴 수 없으며", "백운산(白雲山)은 광주성(廣州城)이 지척에 있는데도 입회의식을 진행하지 않는 때가 없을" 정도로 만연되었다고 지적하였다.[43] 따라서 삼·수·합·화·동이라는 오조의 암호를 필두로 오방제의 포국에 따라 진행된 이러한 입회의식은 도광 말엽 광동 전체에 걸쳐 진행되고 있었던 것이다.

특히 증망안은 "삼합회가 입회의식을 진행할 때에는 한 장의 종이를 이용하여 성(城)에 설치해 두고, 성 위에 알 수 없는 위패를 봉안(奉安)하고 있다."고 언급하였다.[44] 여기에서 '성'이란 오조의 위패를 모셔놓은 제단이나 그것을 포함한 입회의식이 진행되는 공간을 의미하는데, 천지회는 이러한 공간에도 상징적인 의미를 부여하여 '목양성(木楊城)'이라고 불렀다. 따라서 목양성이란 천지회가 각 조직 단위에 해당하는 '당(堂)'에 설치한 신성한 장소로 입회의식이나 정례적인 모임 등이 있을 때마다 회원들의 구심점 역할을 해 온 곳이었고, 외부인은 절대 들어올 수 없는 천지회의 성역이었다. 그렇기 때문에 이곳은 그들이 종교상으로 구성한 하나의 이상 세계를 상징하는 불교의 낙원을 대변한다고 말해지기도 한다.[45]

비록 증망안은 천지회가 입회의식을 진행할 때에 사용한 위패의 대상을 언급하지 않았지만, 그것은 바로 오조의 위패였다. 이러한 사실은 광동 남해현인(南海縣人)으로 도광 연간 제생(諸生)이었던 진간서(陳簡書)가 남긴 「갑인추일감회(甲寅秋日感懷)」라는 시를 통해서 확인할 수 있는데, 전체 일곱 편의 시 중에서 그 두 번째 부분에서 다음과 같이 읊조리고 있다.

43 (淸) 曾望顔, 「曾望顔瀝陳廣東禍亂之由奏稿」, 金毓黻 · 田餘慶 等編輯, 『太平天國史料』, 北京: 中華書局, 1955, 524-525쪽.

44 (淸) 曾望顔, 「曾望顔瀝陳廣東禍亂之由奏稿」, 『太平天國史料』, 524쪽.

45 이평수, 「天地會의 入會儀式: 演劇과의 關聯性을 中心으로」, 204쪽.

백운산(白雲山)에 몰려든 지 이미 여러 해가 되었으니,
버리진 자식들은 오조(五祖)가 전하는 것만 얘기하고 있네.
구부(舅父)와 아마(亞媽)가 부르니 무리를 지어 계율을 받고서는
그토록 많은 형제(兄弟)들이 함께 웃으며 맹서하고 있네.
배우조차도 고관대작이 될 꿈을 꾸고,
난약사(蘭若寺)에서는 더욱 많이 입회〔出世〕하여 참선하고 있네.
곡돌사신(曲突徙薪)의 이치를 누가 일찍이 알았겠는가?
활활 타오르는 불을 보고서야 홀로 탄식하고 마음 졸이네.[46]

진간서는 함풍 4년 천지회 반란을 미연에 방지하지 못한 상황을 '곡돌사신(曲突徙薪)'의 고사[47]로 한탄하면서 반란의 참상에 대한 비통한 심정을 이러한 시로 읊조렸던 것이다. 그리고 앞서 증망안이 언급한대로 당시 천지회의 거점인 광주부의 백운산을 중심으로 수많은 사람들이 천지회에 가담하고 있는 상황을 압축적으로 묘사하고 있을 뿐만 아니라 천지회의 지식에도 해박하여 '오조(五祖)'·'구부(舅父)'·'아마(亞媽)'·'출세(出世)'라는 결사의 전문용어까지 구사하고 있다. 즉 '오조'는 기원전설에서

46 陳簡書,「竹素園詩抄」,『粵詩淸史』(『廣東洪兵起義史料』 下, 1789쪽).

47 『漢書』卷68「霍光列傳」, 北京: 中華書局本, 2957쪽. 곡돌사신이란 굴뚝을 꼬불꼬불하게 만들고 아궁이 근처의 나무를 다른 곳으로 옮긴다는 뜻으로 화근을 예방한다는 의미의 고사성어이다. 전한 소제(昭帝)·선제(宣帝) 때 활약한 곽광(霍光)의 열전에서 논공행상과 관련하여 이러한 고사를 전하고 있는데, 요약하면 다음과 같다. 한 나그네가 어느 집 앞을 지나면서 우연히 그 집의 굴뚝을 바라보았더니, 굴뚝은 반듯하게 뚫려 있고 곁에는 땔나무가 잔뜩 쌓여 있었다. 나그네는 주인에게 다가가 "굴뚝의 구멍을 꼬불꼬불하게 만들고, 땔나무는 먼 곳으로 옮기십시오. 그렇지 않으면 큰 불이 날 것이오."라고 하였다. 그러나 주인은 나그네의 말을 귀담아 듣지 않았다. 그런데 어느 날 그 집에 큰 불이 났고, 동네 사람들이 힘을 합해 집 주인을 구해주었다. 그는 생명을 구해 준 감사의 표시로 사람들을 초대하여 음식과 술을 대접하였다. 그때 한 사람이 주인에게 "굴뚝을 꼬불꼬불하게 하고 땔나무를 옮기라고 말한 나그네에게는 은택이 없고, 머리 그슬리고 이마를 데며 화재를 끈 사람은 상객(上客)이 되었군요."라고 하였다.

의 소림오승이고, '구부'와 '아마'는 천지회에 입회할 때 보증인 두 사람이며, '출세'란 천지회에 입회하는 것을 의미하는 은어이다. 특히 시의 두 번째 구절인 "버리진 자식들은 오조가 전하는 것만 애기하고 있네."의 묘사를 통해 당시 광주부 일대에서 천지회가 입회의식을 진행하는 과정에서 오조가 그 중심적인 역할을 수행하고 있었음을 보여주고 있다. 따라서 함풍 4년 천지회 반란이 일어나기 이전부터 천지회는 입회의식을 진행하는 과정에서 오조의 위패를 제단에 봉안해 놓고 장기 지속적으로 신구 회원들에게 오조가 상징하는 반청복명이라는 천지회의 예언을 끊임없이 전달하고 주입시켰던 것이다.

3. 반란의 선동: 천지회의 전단

전설과 의식의 과정을 통해 천지회가 내면세계에서 구현한 반청복명의 예언을 실현하기 위해 한 회부의 「초병(招兵)」이라는 시구에서는 "홍기(紅旗)를 휘날리고, 호한(好漢)을 초무(招募)하네. 천자는 (저 멀리) 해외에서, 명조(明朝)를 부조(扶助)하러 오니, 한 사람 한 사람 초모되어 관문(關門)으로 들어오네."[48]라고 읊조리고 있다. 여기에서 "관문으로 들어온다."는 것은 천지회의 입회의식을 말하는 것으로 곧 천지회에 가입한다는 것이다. 이 회부의 또 다른 시구에서는 "홍기(洪旗)가 오래도록 펄럭이니, 초모된 형제들이 대단히 많구나. 홍가(洪家)는 충의로 뭉친 혈육과 같으니, 반청부명(反清扶明)이 눈앞에 있구나."[49]라고 읊조리고 있다. 이

48 「天地會文書抄本」, 『廣西會黨資料彙編』, 511쪽.
49 「天地會文書抄本」, 『廣西會黨資料彙編』, 510쪽.

시구는 「선봉접령(先鋒接令)」의 제목이 붙어 있는데, 천지회에서의 선봉(先鋒)이란 소홍광(蘇洪光) 혹은 천우홍(天佑洪)이란 인물을 지칭한다. 그는 전설의 경우 청군과의 전투에서 선봉에 선 천지회의 장군이고,[50] 의식의 경우 신회원을 삽혈맹서의 제단으로 인솔하는 의식 주재자 중의 한 사람이다.[51]

천지회가 결사의 내면세계에서 위와 같이 읊조리고 있는 반청복명의 예언은 도광 연간에 이르러 전단(傳單)이라는 형식을 통해 급기야 각지에 산포되기에 이른다. 그것의 주요 목적은 바로 결사의 반청복명이라는 예언의 선전과 이에 따른 인민들의 선동에 있었다. 아마도 천지회의 전단을 최초로 언급한 인물은 제2대 홍콩총독(香港總督)을 지낸 것으로 잘 알려진 데이비스(Davis, 1795~1890)일 것이다. 18세에 처음 광주로 들어온 그는 약 20여 년간 중국생활의 경험을 1836년에 한 저서로 출판하였다. 여기에서 그는 중국정부가 가장 두려워하는 비밀결사의 하나로서 천지회의 지파인 삼합회를 지적하면서, "1828년 10월 한 공사(公司)의 선생이 마카오(澳門)의 신교도(新教徒) 묘지 위에서 전단을 발견하고 이것을 때마침 알게 된 현관(縣官)에게 알렸는데, 현관은 자신의 관할 경내에서 이렇게 선동적인 문자가 발견된 사실로 인해 엄한 처분을 받을까 염려하여 이 사실을 공개하지 말 것을 요구하였다."[52]고 기술한 이후에 다음과 같은 전단(이하 〈전단 1〉로 약칭)의 내용을 소개하고 있다.

---

50 이평수, 「清代 天地會 起源傳說의 脚色과 變遷: 인물과 이야기의 비교를 중심으로」, 189-191쪽.

51 이평수, 「天地會의 入會儀式: 演劇과의 關聯性을 中心으로」, 208쪽; 이평수, 「天地會 入會儀式의 節次와 暗號化: 19世紀 末葉 싱가포르 天地會의 事例 檢討를 中心으로」, 316쪽.

52 John Francis Davis, *The Chinese: A General Description of the Empire of China and Its Inhabitants* Ⅱ, pp.15-16.

〈전단 1〉

크구나 중국이여, 성대하구나 천조(天朝)여,
천방(千方)과 만국(萬國)에서 조공을 해 왔건만,
이민족에게 속아 찬탈을 당하니, 이 원한을 씻기 어렵도다.
병마를 모으고 화려한 의기(義旗)를 높게 휘날리며,
군대와 무기를 정돈하여 만주족을 멸망시키자.[53]

현관의 말대로 이 전단은 상당히 선동적인 내용으로 구성되어 있다. 그 주요 내용은 사방의 각국에서 조공할 정도로 성대하고 화려했던 천조로서의 중국이 만주족에 의해 찬탈되었으니, 이에 천지회가 군대와 무기를 정돈하여 의기(義旗)를 휘날리며 만주족의 청조를 멸망시키자는 것이다.

주목할 점은 소일산본에도 위의 〈전단 1〉과 거의 유사한 천지회의 전단을 싣고 있다는 것이다. 소일산본이 대략적으로 아편전쟁 이후의 도광 연간에서 함풍 연간까지 광동의 광주와 홍콩에서 활동한 천지회와 관련된 자료를 수집해 놓은 것이기 때문에 그 내용은 함풍 4년 천지회 반란과 밀접한 관련성을 갖는다. 초군방(招軍榜, 이하 〈전단 2〉로 약칭)과 초군

53 John Francis Davis, *The Chinese: A General Description of the Empire of China and Its Inhabitants* Ⅱ, p.16; Callery et Yvan, translated by John Oxenford, *History of the Insurrection in China; with Notices of the Christianity, Creed and Proclamations of the Insurgents*, London: Smith Elder & Co., 1853, p.248. 원문은 "Vast was the central nation, flourishing the heavenly dynasty; A thousand regions sent tribute, ten thousand nation did homage; But the Tartars obtained it by fraud, and this grudge can never be assuaged; Enlist soldiers, procure horse, display aloft the flowery standard; Raise troops, and seize weapons, let us exterminate the Manchow race"이다. 물론 데이비스는 당연히 중문으로 된 전단을 본 이후에 위의 인용문처럼 영어로 번역을 해 놓았을 것인데, 현재 그 원문은 확인할 길이 없다. 서건죽은 이것을 중국어로 "大哉中華, 盛矣天朝, 千方來貢, 萬國來朝, 妖胡竊簒, 此恨難消, 招兵買馬, 義旗高招, 整軍經武, 誓滅滿妖"라 번역하였다.(徐建竹 譯, 『太平天國初期紀事』, 上海, 上海古籍出版社, 1982, 152쪽).

패(招軍牌, 이하 〈전단 3〉으로 약칭, 〈자료 6〉)가 바로 소일산본에 실려 있는 천지회의 전단인데, 전자의 경우 전단의 내용만 남아있고, 후자의 경우 그 원형의 모습까지 볼 수 있다. 이들 〈전단 2〉와 〈전단 3〉을 보면 '점탈(占奪)'과 '점탈(佔奪)', '화교(花橋)'와 '홍교(洪橋)', '탈회(奪回)'와 '초멸(剿滅)' 등 약간의 글자 차이를 보이고 있지만 그 뜻은 대동소이한데, 전단의 내용은 다음과 같다.

〈전단 2〉 초군방

휘날리는 중국이여, 광활한 천조여,(揚揚中國, 蕩蕩天朝)
천방과 만국에서 조공을 해 왔건만,(千邦來貢, 萬國來朝)
이인에게 점탈당하니, 이 원한을 씻기 어렵도다.(夷人占奪, 此恨難消)
병마를 불러 모아 화교를 높게 설치하고,(招兵買馬, 高搭花橋)
목양에서 기의하여 청조를 탈취하자.(木楊起義, 奪回淯朝)
초군방.(招軍榜)
천운 갑인년 7월 25일.(天運甲寅年七月念五日)[54]

〈전단 3〉 초군패

휘날리는 중국이여, 광활한 천조여
천방과 만국에서 조공을 해 왔건만,
이인에게 점탈당하니, 이 원한을 씻기 어렵도다.
병마를 불러 모아 홍교(洪橋)를 높게 설치하고
목양에서 기의하여 청조를 멸망시키자.[55]

이들 전단을 앞서의 〈전단 1〉과 비교해 보면, 〈전단 2〉와 〈전단 3〉에서는 '목양기의(木楊起義)'라는 용어를 씀으로써 이것이 천지회의 것임

54 『近代秘密社會史料』 卷6, 21쪽.
55 『近代秘密社會史料』 卷1, 7쪽.

을 분명히 적시하고 있다. 게다가 〈전단 1〉에서의 이민족을 의미하는 'the Tartars'〔妖胡〕라는 용어가 〈전단 2〉·〈전단 3〉에서는 서양인을 포함한 오랑캐의 의미인 '이인(夷人)'으로 바뀌어다는 점에서 아편전쟁 이후 중국 영토를 침탈한 영국인에 대한 분노까지 함께 표출되어 있다. 결국 영화로운 한족을 대신하여 요망스러운 만주족이 천조의 나라인 중국을 지배하는 것조차 용납할 수 없는 상황인데다가 아편전쟁에서도 패전했기 때문에 이와 같은 청조는 마땅히 멸망해야 한다는 것이다. 그리고 그것을 실천에 옮기는 것이 바로 '목양기의', 즉 천지회의 기의임을 선전하고 있는 것이다.

〈자료 6〉 초군패
* 출처 : 『近代秘密社會史料』 卷1, 7쪽.

특히 〈전단 2〉의 말미에서 언급된 "갑인년 7월 25일"이란 날짜는 함풍 4년 천지회 반란과 밀접한 관련을 가질 수밖에 없는데, 왜냐하면 함풍 4년이 바로 갑인년이었기 때문이다. 그런데 글자 그대로 〈전단 2〉가 갑인년인 함풍 4년 7월 25일에 작성되어 각지에 산포되었을 가능성보다는 그 이전 시기 천지회가 인민들을 선동하기 위해 의도적·계획적으로 조작한 날짜일 가능성이 크다는 점에 주목할 필요가 있다.

함풍 4년 천지회 반란의 초기 경과과정을 보면, 5월 15일 광주(廣州)부 동관(東莞)현에서 하륙(何六)이 반란을 일으킨 이후에 곧바로 진개(陳開)·이문무(李文茂)·감선(甘先)·진현량(陳顯良) 등의 천지회 회수들이 연합한 상태에서 광동의 중심부인 광주성을 공격하기 시작했고, 이 밖에도 광주부·혜주(惠州)부·소주(韶州)부·조경(肇慶)부·조주(潮州)부·남웅(南雄)주·나정(羅定)주·가응(嘉應)주 등에 웅거하고 있던 각 지역 천지회 회수들은 적어도 7월 25일 이전 중심부의 천지회의 반란에 호응하기 시작하면서 일부 지역의 경우 이미 부현성을 점령하기도 하였다.[56] 이처럼 반란의 발생 시점이 전단에서 언급한 7월 25일에 기의를 일으키자고 한 시점보다 선행하고 있다. 이러한 사실은 〈전단 2〉의 "갑인년 7월 25일"이 천지회가 의도적·계획적으로 조작한 날짜였음을 알려 줄 뿐만 아니라 이것이 결사와 관련하여 어떤 특별한 의미의 상징성을 내포한 날짜임을 시사해 주고 있다. 그 특별한 날짜란 바로 천지회의 창립일이었다.

천지회의 기원전설을 보면 각 판본마다 일정한 차이가 있지만, 천지회의 창립 연대는 강희 갑인년(1674)이든 옹정 갑인년(1734)이든 간에 모두 갑인년이라는 점에 일치한다. 또한 구체적인 날짜의 경우 3월 25일과 7월 25일의 구분이 있지만, 요대고본·전림본·소일산본의 기원전설에 보이는 것처럼 천지회의 창립일은 모두 7월 25일이었다.[57] 특히 천간(天干)에서의 갑(甲)은 반역을 꿈꾸는 자들에게는 성공의 가능성을 가장 크게 하는 해에 속한다는 점을 고려해 보면,[58] 갑이란 천간이 사용되는 갑인년인 함풍 4년에 천지회의 대규모 반란이 일어난 것도 결코 우연의 일치가 아니다. 따라서 "갑인년 7월 25일"이란 날짜는 천지회의 창립연월일임과 동시에 이것이 음양오행설에 의해 반청복명의 예언을 실현시킬 수 있는 이른바 갑의 해였다는 점에서 그 상징적인 의미를 내포하고

56 「大事記」, 『廣東洪兵起義史料』 上, 6-10쪽.

57 이평수, 「清代 天地會 起源傳說 板本 現況과 特徵: 결사 창립의 시간·장소의 비교를 겸론하여」, 188-192쪽.

58 Frederic E. Wakeman, "Rebellion and Revolution: The Study of Popular Movements in Chinese History", *Journal of Asian Studies* Vol.36, no.2, 1977, 오금성 옮김, 『중국 민중 운동사 연구동향』, 서울: 한울, 1984. 21-22쪽.

있었던 것이다.

결국 〈전단 2〉의 말미에 언급하고 있는 "갑인년 7월 25일"이란 날짜는 〈전단 2〉가 산포된 시점이기보다는 천지회가 그 이전 시기에 공교롭게도 도래할 함풍 4년이 갑인년이란 점을 이용하여 결사의 창립일인 7월 25일로 의도적·계획적으로 조작해 놓았던 것이다. 그 결과 천지회가 현실세계에서 반청복명의 예언을 실현하기 위해 명조로 상징되는 한족의 중국을 더럽힌 만주족의 청조를 멸망시키자는 매우 간결하면서도 자극적인 내용으로 전단을 작성한 이후에 각 지역에 산포하면서, 한편으로는 반청복명의 정당성을 선전하고 다른 한편으로는 인민들의 반청 심리를 선동하는 효과를 기대했던 것이라고 말해도 좋을 것이다.

전단의 산포는 천지회가 회부 등의 내부문건에서만 보이는 반청복명을 의미하는 글귀들이나 입회의식의 과정에서 연출된 상황과는 달리 민간의 여론을 장악하여 반청복명의 예언을 인민들에게 고취시키기 위한 일종의 실천적 행위였다는 점에서 그 의미가 매우 크다. 특히 천지회의 〈전단 1〉이 도광 8년(1828)에 출현했다는 점은 주목할 만한데, 이는 가경 연간 기원전설을 비롯하여 천지회의 회부나 이들의 의식과정에서만 보이고 있던 반청복명의 예언을 상징하는 내용이 도광 연간에 이르러 그 실천적 행위로서 인민들을 선동시키기 위한 전단의 형태로 널리 산포되고 있었음을 의미하기 때문이다. 이 무렵 광동에 거주했던 한 외국인이 "천지회가 1820~30년대 가지고 있었던 기능이 다양화되기 시작하였다."고 하면서, "초기에는 특별히 해로운 것이 없었지만 회원의 증가에 따라 초창기의 단순한 상호부조에서 벗어나 강도나 도둑질을 했을 뿐만 아니라 더 나아가 현 정부를 타도하고 궁극적으로 정치권력을 장악하려고까지 하였다."[59]고 지적한 점은 앞서 언급한 데이비스의 지적과 같은 맥락

59 R. I., "Notices of Modern China: Plots Formed by Religious Associations, Insurrection,

에서 이해할 수 있는 것이다. 따라서 천지회가 광동의 각 지역사회에서 만연하여 세력을 확장시킨 결과 이미 아편전쟁 이전에 〈전단 1〉의 경우처럼 반청복명의 예언을 실현하기 위한 구체적인 행위들이 시도되었고, 아편전쟁 이후로 청조의 권위가 추락한 상황에서 인민들을 더욱 선동하기 위해 약간의 내용 수정을 거쳐 〈전단 2〉와 〈전단 3〉의 형태가 출현하게 되었던 것이다.[60]

4. 반란의 명분과 선전: 천지회의 격문과 고시

천지회가 반청복명의 예언을 실현하기 위한 일종의 선동과 선전의 방책으로 전단을 각지에 산포했다면, 이제 본격적으로 반란을 일으킬 즈음이나 그것을 전개하는 과정에서는 더 많은 인민들의 호응과 지지를 불러일으킬 필요가 있었다. 그리고 이것은 민간의 여론을 장악함과 동시에 정

Banditti, Piracy, Feuds, etc", *Chinese Repository* vol.4, 1835~36, p.421.

60 이러한 전단은 그 내용을 좀 더 보충하여 신해혁명(辛亥革命) 시기 천지회의 무장기의에서 다시 등장한다. 즉 1907년 6월 2일 광동 혜주(惠州)부에서 폭발한 이른바 '칠녀호기의(七女湖起義)'의 과정에서 당시 기의군을 이끌었던 천지회의 회수인 진순(陳純)·임왕(林旺)·손은(孫穏)이 귀선(貴善)·박라(博羅)·용문(龍門) 등의 지역에서 기의군의 세력을 확충하기 위해 다시 〈전단 2〉·〈전단 3〉의 내용을 약간 수정·보충한 전단을 산포했는데, 그 전단의 내용은 다음과 같다. "휘날리는 중국이여, 광활한 중화여, 천방과 만국에서 조공을 해 왔건만, 이인에게 점탈당하니, 이 원한을 씻기 어렵도다. 병마를 불러 모아 화교를 밟고서, 목양에서 기의하여 오랑캐의 묘근(苗根)을 완전히 끊어 버리자. 군대와 민간에서 영웅을 모두 불러 모아, 곧바로 천자를 대면하고, 그를 세워 명조로 돌아가자(洋洋中國, 蕩蕩中華, 千邦進貢, 萬國來朝, 夷人佔奪, 此恨難消, 招兵買馬, 脚踏花橋, 木楊起義, 剿絶番苗, 軍民等人, 英雄盡招, 正面天子, 立轉明朝)". 이에 대해서는 黃珍吾, 『華僑與中國革命』, 臺北, 國防硏究院, 1963, 117쪽; 이평수, 「20세기 초 중국의 공화혁명과 비밀결사: 동맹회와 천지회의 무장기의를 중심으로」 『中國近現代史硏究』 54, 2012, 111-112쪽 참조.

討大清檄文 咸豐三年孟春吉日

蓋聞唐虞揖讓國古稱聖人湯武征誅亦中天景運漢鼎
已遷于新莽劉皇叔又復中興徽欽已虜于金宋高宗
依然反國惟我大明太祖曾開國於南京傳至季世懷宗竟
亡身於北闕推帝位之難留奈天心之已去偽賊肆亂于中華
皇于迸奔于異域吳卿計端誤失以致驅虎而進狼揖
政不良遂貴長蛇以封豕雖然無功者退以身殉國何妨有
德者居以位讓賢何惜彼思金夷僭竊華夏腥膻胡
羯稱尊在朝自大屈真才而居爵朝野珠玉俱空貪
吏以害民同刮膏脂盡竭錢糧重斂今日免而後收搗
庫和畜此處而彼處皆不念民仇國賞只曉和党為

父老苦秦苛法久矣黎民望我創復甚焉今幸明王有佐故
主尚存仰觀天象曆數在躬俯察輿情民心亦變更舉義
旗以靖妖孽所望普天豪傑掃于咸陽戮力全心殄滅羊
于牧野其全才全德者封以萬戶侯其一技一能者授以
千夫長所稼免稅三載犯法者宥罪千條上有恤刑之
主下無冤枉之民不儼然湯武之行復睹堯舜之世也哉

〈자료 7〉「토대청격문」

* 출처 :『廣東洪兵起義史料』上의 도록.

치심리전을 방불케 하는 반란의 대의명분 내지는 정당성과 직결되는 문제였다. 이러한 기능을 수행한 것이 바로 비교적 장문의 형태로 공포된 천지회의 격문(檄文)이었다.

일찍이 광주(廣州)시 동북 교외의 한 농민의 집에서 발견된 「토대청격문(討大淸檄文)」은 〈자료 7〉에 보이는 것처럼 청대의 초본(抄本)으로 "함풍(咸豊) 3년 맹춘(孟春) 길일(吉日)"의 날짜가 명시되어 있다. 이것이 발견된 촌장은 광주시 반우(番禺)현 모덕리사(慕德里司)였는데, 이곳은 바로 함풍 4년 천지회 반란 당시 반란군의 총회수인 진송과 그 예하의 하륙·진개·이문무·감선·진현량 등의 회수들이 반란의 계획을 모의한 지역이었다.

그리고 이후 반란이 본격적으로 전개되는 과정에서 이곳으로부터 멀지 않은 곳에 반란군 본영인 불령(佛嶺) 대영(大營)과 연당(燕塘) 대영(大營)이 구축되었다. 근년의 『광주일보(廣州日報)』에 게재된 한 기사에 의하면, 광주성을 공략하기 위해 모덕리사로부터 광주성 부근의 백운산(白雲山) 황파동(黃婆洞)으로 이동한 이문무와 감선은 반란군의 사기 진작을 위해 이 격문을 이용했다고도 한다.[61] 이 격문의 전문은 다음과 같다.

> 대개 듣자하니, 당요(唐堯)와 우순(虞舜)은 선양(禪讓)했기 때문에 옛날 사람들은 이들을 성인이라고 불렀고, 탕왕(湯王)과 무왕(武王)은 정벌하고 주살했음에도 역시 태평성세를 이루었다. 한(漢)의 성세는 이미 신(新)의 왕망(王莽)에게로 넘어갔지만, 유문숙(劉文叔, 광무제)이 다시 중흥을 이루었다. 송(宋)의 휘종(徽宗)과 흠종(欽宗)은 금(金)에게 포로가 되었지만, 고종(高宗)은 의연하게도 국가를 다시 일으켰다. 우리 대명(大明)의 태조(太祖, 홍무제)가 일찍이 남경(南京)에서 개국했지만, 계세(季世)에 이르러 의종(毅宗, 숭정제)은 끝내 궁성 북쪽에서 죽게 되었다. 제위(帝位)는 보존하기 어려운데, 천심이 이미 가버리면 어쩔 수 없는 일이다. 틈적(闖賊, 이자성)이 방자하게도 중화를 어지럽히자, 황자(皇子)는 이역(異域)으로 도망가게 되었다. 오경(吳卿, 오삼계)의 계획은 처음부터 잘못되어 결국에는 호(虎, 이자성)를 몰아내고 낭(狼, 청조)을 불러들이는 꼴이 되었다.
>
> (청조는) 정치를 불량하게 하여 마치 봉시장사(封豕長蛇)와 같다. 그러나 유공자(有功者)가 물러나면서 순국한들 이 무슨 상관이 있겠으며, 유덕자(有德者)가 직위에 거하면서 현인에게 양보한들 이 무슨 원한이 있겠는가? 오직 금이(金夷)는 참람하게 약탈하여 화하(華夏)를 비린내 나게 했고, 호갈(胡羯)은 칭존(稱尊)하여 야랑자대(夜郎自大)하게 되었다. 참

61 楊進·陳穗華, 「上大洋網票選心水"雲山八景"」, 『廣州日報』, 2007.9.21., A12.

재능을 발휘하지 못하는 자가 관직에 나아가니, 조야(朝野)의 보물은 모두 텅 비게 되었다. 탐관오리가 제멋대로 민(民)을 해치니, 여염(閭閻)의 고지(膏脂)는 모두 말라버렸다. 전량(錢糧)은 무겁게 거두어 가는데, 오늘 면제해 주면 내일 거두어간다. 국고(國庫)를 바닥내어 가며(영국 오랑캐와) 화친했으니, 이곳에서는 갖다 주고 저곳에서는 챙겨간다. 민의 구한(仇恨)과 국가의 보물은 생각하지 않고 오직 사당(私黨)의 영화를 추구함만을 안다. 부로(父老)들은 가혹한 법에 심하게 시달린지 오래되었으니, 여민(黎民)들은 우리가 새롭게 시작하기만을 고대하고 있다.

지금 다행히 명왕(明王)이 보좌를 받고 있으니, 주군은 오히려 존재하고 있는 셈이다. 천상을 관찰하면 역수가 우리에게 있고, 여정을 살펴보면 민심도 역시 변했으니, 의기(義旗)를 들고서 요괴(妖怪)를 평정하자. 보천솔토(普天率土)에 바라는 바, 함양(咸陽)에서 유자(孺子, 전한의 유자 영)를 고수하고, 한마음으로 협력하여 목야(牧野)에서 상재(商辛, 은의 주왕)을 죽여 버리자. 전재전덕자(全才全德者)는 만호후(萬戶侯)로 삼고, 일지이능자(一支一能者)는 천부장(千夫長)으로 삼으며, 궁경자(躬耕者)는 3년의 세금을 면해주고 범법자는 10조의 죄를 면해준다. 위로는 형벌을 감면하는 군주가 있고, 아래로는 원망이 없는 백성이 있게 될 것이니, 탕왕과 무왕을 본받아 다시 당요와 우순의 세상을 보게 될 것이다.[62]

위 격문의 내용은 크게 세 단락으로 구분된다. 첫 번째 단락에서는 역대 왕조의 흥망성쇠를 언급하면서 천심에 의해 제위가 보존됨을 강조하고 있다. 특히 오삼계(吳三桂)의 잘못된 판단으로 호랑이 같은 이자성(李自成)은 물러갔지만, 오히려 이리 같은 청조가 입관하여 중국을 다스리게 되었다고 비유하고 있다. 이어지는 두 번째 단락에서도 '봉시장사(封豕長

62 「討大淸檄文」(咸豊3年), 『廣東洪兵起義史料』上, 38-39쪽.

蛇)'라는 고사[63]를 이용하여 청조를 돼지처럼 욕심 많고 뱀처럼 포악한 왕조로 풍자하면서 그 부패한 실정을 질책하고 있는데, 구체적으로는 유능한 관리의 배척, 오랑캐의 침탈, 국고의 고갈, 탐관오리의 횡행, 무거운 세금, 가혹한 법 등이다. 특히 "국고를 바닥내어 가며 (영국 오랑캐와) 화친했으니, 이곳에서는 갖다 주고 저곳에서는 챙겨간다."라는 표현을 통해 아편전쟁에서 청조의 패배와 굴욕까지 적나라하게 지적하고 있다. 마지막 단락에서는 청조는 이미 민심을 잃었기 때문에 천지회가 의기를 들고서 은(殷)의 주왕(紂王)으로 비유된 요괴인 청조를 멸망시키고 아직 천심에 의해 보존되고 있는 명조와 같은 한족의 국가를 건설하자고 강조하였다. 이를 위해 능력 있는 자의 관리등용, 세금의 감면, 형벌의 완화 등이라는 현실적인 방책까지 내놓으면서 인민들에게 반란의 정당성을 호소하고 있다.

물론 위의 격문에서는 천지회의 반청복명이라는 정치이념 중의 '복명(復明)'이라는 단어를 직접적으로 언급하지 않았지만, 그럼에도 "우리 대명의 태조가 일찍이 남경에서 개국을 했다."고 지적했고, 나아가 부패하고 무능한 청조의 지배를 받고 있는 "지금 다행히 명왕은 보좌를 받고 있으니, 주군은 오히려 존재하고 있다."고 표현함으로써 이 격문의 기저에는 '복명'의 이념을 밑바탕으로 깔고 있었다. 따라서 격문 내용의 전반적인 구성은 반청복명이라는 천지회의 정치이념을 바탕으로 '악관만영(惡寬滿盈)'과 '조민벌죄(弔民伐罪)'이라는 격문의 기본적인 구성 내용[64]을 결합시켰던 것이다. 요컨대 악관만영한 청조를 치죄(治罪)하고 도탄에 빠진 인민들을 구제하기 위해서 만주족의 청조를 몰아내고 한족이 세운 명나라와 같은 국가를 새롭게 건설해야 하는데, 이것을 탕왕·무왕의 무력정

63 『春秋左傳正義』卷54, 定公4年條, 嘉慶20年 阮元刻本, 953쪽.

64 劉鑫全, 「千古第一檄文: 「呂相絕秦」」, 『文史知識』1994-2, 26-29쪽.

벌과 요순 시대의 태평성대라는 고사에 비유하는 과정을 통해 반란의 대의명분과 정당성을 획득하고 있었던 것이다.[65]

천지회가 반청복명의 예언을 실현하기 위한 대의명분으로 청조의 실정을 중심으로 조목조목 거론하고 있는 함풍 3년(1853)의 「토대청격문(討大淸檄文)」은 당시 각 지역의 천지회가 초사(抄寫)하여 이를 반복적으로 공포하였다. 예컨대 동치 2년(1863) 조경(肇慶)부 학산(鶴山)현의 맥병균(麥秉鈞)은 『맥씨족보(麥氏族譜)』 등을 편찬하는 과정에서 함풍 4년(1854)의 「토대청격문」을 저록하였다.[66] 민국 연간 연주(連州) 삼강(三江)현에서는 이 지역의 지방지인 『삼강현지(三江縣志)』을 편찬하는 과정에서 함풍 7년(1857)의 「토대청격문」을 수록하였다.[67] 또한 근년에 광주시 동부 교외의 간진창(簡振昌)이란 농민은 함풍 4년의 「토대청격문」을 소장하고 있다가 발견되었다.[68] 그런데 이들 각각의 「토대청격문」을 비교해 보면, 그것이

65 이 격문의 내용에 대하여 송정수는 '복명(復明)'이라는 표현이 보이지 않기 때문에 가경 연간에 보이는 반청복명의 구호에 비해 오히려 "복명이라는 슬로건이 크게 후퇴하였다."고 지적한 이후에 이것을 천지회의 반청복명이 이른바 '멸만흥한(滅滿興漢)'으로 굴절되어 가는 사례로 간주하고 있다(송정수, 「淸 中期 이후 '反淸復明' 의식의 傳承과 屈折」, 『東洋史學硏究』 108, 2009, 148쪽). 이에 대하여 필자는 기본적으로 "청말 이전의 '반청복명(反淸復明)'이라는 천지회의 정치이념은 '반청(反淸)'과 '반만(反滿)'의 사이에서, 그리고 '명조로의 회귀'와 '새로운 한족 정권의 창출'이라는 사이에서 상당히 모호한 경계를 만들었는데, 이러한 모호성이야말로 천지회를 원류로 하는 홍문(洪門)이 청대 민간사회에서 생성된 비밀결사라는 특징을 전형적으로 보여준다." 고 지적한 바가 있으며(이평수, 「淸末民初 洪門史를 보는 시각과 전망」, 『정치·사회·경제·문화로 본 역사의 다면성』, "2013년 수선사학회 추계 학술대회", 경기, 대진대학교, 2013.11.2., 28-29쪽; 李平秀, 「從天地會看淸代民間社會的滿漢關係」, 中國社會科學院近代史硏究所政治史硏究室 編, 『淸代滿漢關係硏究』, 北京, 社會科學文獻出版社, 2011, 383-396쪽), 따라서 이러한 입장에서는 천지회의 반청복명이란 단순한 구호나 슬로건의 문제가 아니라 결사의 정체성과 관련된 정치이념으로서 출발한 개념이기 때문에 사실상 멸만흥한을 포괄하는 상위개념이라고 생각한다.

66 「洪兵起義檄文」(咸豊 4年), 『廣東洪兵起義史料』 上, 42-43쪽.

67 「太平天王先行告示」(咸豊 7年), 『廣東洪兵起義史料』 上, 44-45쪽.

68 「紅頭檄文」(咸豊 4年), 『廣東洪兵起義史料』 上, 40-41쪽. 이 격문은 발견되었을 때

공포된 시점이 함풍 3~7년으로 다를 뿐만 아니라 발견지역도 광주성을 중심으로 동부·북부·서부 등으로 서로 다르며, 나아가 그 내용에 있어서도 글자 수정이나 내용의 증감을 발견할 수 있다. 이는 반란 이전인 함풍 3년 정월 공포된 「토대청격문」이 함풍 4년 천지회의 반란이 전개되는 과정이나 심지어 그 이후에도 각 지역으로 초사되어 공포되었던 정황을 보여주는 유력한 증거인 셈이다.[69]

특히 반란이 개시되어 본격적으로 전개되는 과정에서 반란군이 해당 지역을 점령하게 되면, 반란군의 필요한 식량과 자금을 마련하는 방책과 반란군의 행동 지침, 나아가 민심을 안정시키기 위한 방편으로 각종 고시를 내걸기 마련이다. 함풍 4년 천지회 반란의 경우, 반란군의 각 회수들은 불과 몇 십자도 안 되는 매우 짧은 고시부터 몇 백자가 넘는 비교적 긴 고시에 이르기까지 매우 다양한 내용의 고시를 공포하였다. 예컨대 전자의 경우를 보면, 함풍 4년 추동(秋冬)에 "총병대원수(總兵大元帥) 진(陳)"의 서명으로 공포된 고시에서는 각 지역의 반란군에게 "군향(軍餉)을 착복하지 말 것, 첩자와 사통하지 말 것, 예물을 착복하지 말 것, 약탈을 행하지 말 것, 부녀자를 강간하지 말 것"이라는 오죄(五罪)를 범할 경우 즉각 사형시키겠다는 정확히 40자로 된 매우 간결한 반란군의 행동 지침을 고시하기도 하였다.[70]

「紅巾逆匪僞檄文」(咸豊四年)이란 제목이 붙여 있었으니, 이러한 제목은 당시 반란을 진압한 측에서 붙여 놓은 것이다.

69 「天地會文書」, 中國近代史資料叢刊編委會 編, 『太平天國』 2, 上海: 上海書店, 2000, 896쪽에는 「復明起義檄文」이라는 격문이 실려 있다. 이 사료집 주편자의 부기에는 태평천국의 조유(詔諭)에 근거해 보면 이 격문은 함풍 3년(1853) 정월 남경(南京)에서 육제대〔陸制臺, 즉 양강총독 육건영(陸建瀛)〕가 점을 치는 과정에서 상서(上書)한 것과 동일한 것으로 대략 함풍 3년(1853) 봄에 초사(抄寫)되었다고 한다. 결국 이 격문을 「토대청격문」와 비교해 보면, 글자 수정이나 내용의 증감을 통해 「복명기의격문」이 「토대청격문」을 초사했을 가능성이 크다.

70 「總兵大元帥陳告示」(咸豊4年秋冬), 『廣東洪兵起義史料』 上, 71쪽.

후자의 경우, 대명사통(大明嗣統) 원년(元年, 함풍 4년) 윤7월 6일(1854. 8.29)의 날짜로 "복명통병대원수(復明統兵大元帥) 홍(洪)"의 명의로 포고된 고시(〈자료 8〉)에서는 "우리 홍병(洪兵)은 의(義)로써 군사를 일으키고, 인(仁)으로써 병사(兵士)를 부양하니, 오합지졸처럼 제멋대로 병탄하지 않는다."고 언급하면서, "군량(軍糧)을 가혹하게 거두어서는 안 되고 병향(兵餉)은 반드시 공정하게 부과해야 한다. 각 향(鄕)의 신기(紳耆)들과 공의(公儀)하여 매 무당 미(米) 3근(觔)을 부과하고 각 향 단위로 거두어 대영(大營)으로 보내어 군향을 풍요롭게 하고 여정(輿情)에 거슬려서는 안 된다."고 강조하였다.[71] 함풍 4년 윤7월 24일(1854.9.16.) "통령수륙병마겸이량향대원수(統領水陸兵馬兼理糧餉大元帥) 이(李)·감(甘)"의 명의로 공포한 고시에서는 "공공의 명의를 빙자하여 사적인 이익을 취하고, 무리의 힘에 기대어 재물을 갈취하며, 심지어 집을 불사르고 가산을 몰수하거나 귀를 자르는 등의 가혹한 형벌을 실행하는 상황"에 대하여 자칭 홍병이 이를 엄히 관리해야 한다고 지적하면서, 경우에 따라서는 직접 군대를 파견해 다스

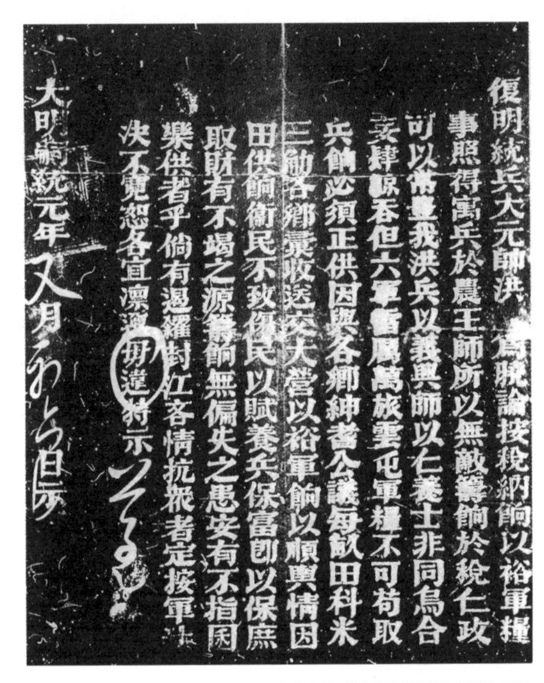

復明統兵大元帥洪 為曉諭按稅納餉以裕軍糧
事照得寓兵於農王師所以無敵籌餉於稅仁政
可以常豐我洪兵以義興師以仁養士非同烏合
妄肆擄掠但六軍皆屬萬旅雲屯軍糧不可苟取
兵餉必須正供因與各鄉紳耆公議每畝田科米
三觔各鄉彙收送交大營以裕軍餉以順輿情因
田供餉衛民不致傷民以賦養兵保富卹以保庶
取財有不竭之源籌餉無偏失之患安有不指囷
樂供者乎倘有遏糶封扛客情抗糧者定按軍法
決不寬恕各宜凜遵毋違特示
大明嗣統元年又月初六日示

〈자료 8〉 "복명통병대원수 홍"의 고시

* 출처 : 『廣東洪兵起義史料』 上의 도록

71 「復明統兵大元帥洪告示」(咸豊4年閏7月6日), 『廣東洪兵起義史料』 上, 61쪽.

리겠다고 공언하였다.[72] 함풍 4년 10월 10일(1854.11.29) "안동장군(安東將軍)"의 명의로 공포된 고시에서는 반란군이 '인의(仁義)의 장군'과 '인의의 군사'임을 자처하며 청군 포대의 병정들과 만주기인(滿洲旗人), 그리고 관신(官紳)들에게 투항을 권고하면서, "우리의 모든 각 진영에서 군대가 일어나 광주성을 함락하여 의(義)로써 간(奸)을 주멸하고 인(仁)으로써 세상을 구제할 것"이라고 강조했으니, 관민의 지지와 호응을 호소하는 그야말로 '안민고시(安民告示)'가 공포되었던 것이다.[73]

이처럼 함풍 4년 천지회 반란의 개시를 전후로 천지회는 격문과 고시의 형태를 통해 인민들에게 반청복명의 예언을 실현하기 위한 여론의 형성을 주도해 가면서 대규모 반란을 전개해 나갔던 것이다. 비단 이러한 상황은 광서 천지회의 경우도 예외는 아니었다. 광서의 경우 도광 말엽에 이르러 수십 차례 천지회의 크고 작은 사건들이 각 지역에서 진행되고 있었고,[74] 이 과정에서도 반청복명의 예언을 실현하기 위한 천지회의 격문과 고시가 각지에 공포되었다. 현존하는 격문으로는 계림의 광서장족자치구(廣西壯族自治區) 제일도서관(第一圖書館)에 소장되어 있는 2건의 격문과 1건의 고시가 있다. 우선 2건의 격문은 그 형식이 모두 특이하여 하나는 "홍무제(洪武帝)의 후예이자 홍광제(弘光帝)의 7세손"이 조서를 내리는 형식으로 되어 있는데, 이들 천지회가 반란을 일으킨 목적은 바로 "조종(祖宗)을 위한 복수"와 "백성들을 위해 폭군인 청조의 제거"에 있었다.[75] 다른 하나는 "중흥대명황제전전도원수(中興大明皇帝殿前都元帥) 왕(王)"

72 「統領水陸兵馬兼理糧餉大元帥李等告示」(咸豊4.閏7.24.), 『廣東洪兵起義史料』 上, 64쪽.

73 「安東將軍統領水陸各路兵馬管理糧餉招討都元帥陳等告示」(咸豊4年10月10日), 『廣東洪兵起義史料』 上, 65-66쪽.

74 박기수, 「太平天國 이전(1830~1850) 廣西民衆蜂起」, 『東洋史學研究』 31, 1989, 93-99쪽.

75 「天地會詔書」(咸豊3年), 『廣東洪兵起義史料』 上, 48-49쪽.

이 만주 팔기왕(八旗王)을 꾸짖는 독특한 화법으로 되어 있는데, 여기에서는 청조로 인해 "삼백 년 선정(善政)의 유풍이 하루아침에 사라져버렸으니", "시시각각 복수할 것만을 생각한다."고 언급하였다.[76] 마지막으로 고시의 경우 12자 11행의 매우 간결한 구조로 되어 있는데, 여기에서는 "백성을 편안하게 하고" "대명사직(大明社稷)을 위해서는" "흥한멸만(興漢滅滿)"해야 한다고 주장하였다.[77] 이러한 광서의 격문과 고시는 앞서 언급한 광동의 것과 마찬가지로 모두 반청복명의 실현이라는 내용으로 일관하고 있다.

특히 함풍 4년 천지회 반란의 전개 상황을 알려주는 고시에서 반청복명의 예언을 상징하는 오조(五祖)가 여전히 살아 숨 쉬며 반란군의 정신적 지주로서 그 역할을 수행하고 있었다는 사실은 매우 주목할 만하다. 반란이 한참 진행 중인 함풍 4년 윤 7월 2일(1854.8.25) "군기문방사사(軍機文房司事)"의 명의로 공포된 비교적 장문의 고시에서는 대영(大營)의 목패(木牌), 오조의 위패, 군향(軍餉)의 징수, 사학(社學)의 설립 등의 문제를 차례로 병렬하여 언급하고 있는데, 이 중에서 대영의 목패와 오조의 위패에 대하여 다음과 같이 실행할 것을 명령하고 있다.

> 하나, 대영의 정문에는 마땅히 '왕부(王府)'라는 두 글자가 새겨진 목패를 사용하고, 그 안에는 '만세(萬歲)'의 위패를 설치해야 한다. 무릇 봉직(封職)과 징량(徵糧) 등의 일에는 옥새(玉璽)를 사용해야 한다. 만약 군마의 이동과 양향(糧餉)의 경우에는 수인(帥印)을 사용해야 한다. 원수(元帥)의 집정(執政)은 단지 양쪽 왕부에만 있다.
>
> 하나, 왕위(王位)의 아래에 오조(五祖)의 위패를 설치해야 한다. 무릇 오조는 원래부터 홍병(洪兵)이 존숭해 왔으며, 명왕(明王)도 또한 오조를

76 「大明都元帥王檄文」(咸豐3年), 『廣東洪兵起義史料』 上, 50-52쪽.
77 「安睦百姓告示」(咸豐 3年), 『廣東洪兵起義史料』 上, 53쪽.

존숭해 왔다. 명분과 실제가 모두 완전하게 된 이후에야 명분도 정해질 수 있고, 이미 명분이 정해진 이후에야 비로소 군법도 실행할 수 있는 것이다.[78]

인용문에서 "양쪽 왕부"란 아마도 함풍 4년 6월경 광주성 북동부에 이문무·감선의 불령 대영과 여기에서 분리되어 나간 진현량의 연당 대영을 지칭하는 것으로 생각되는데, 위의 고시는 이 중에서도 불령 대영이 공포한 것이었다. 고시의 주요 목적은 태평천국이 남경에서 '천덕왕(天德王)'의 위패를 모셔놓고 각 향(鄕)에 대하여 세무(稅畝)와 전량(錢糧)을 징수하고 있기 때문에 "할거(割據)의 우환"을 피하여 "군량을 오래도록 지속"하고 있음을 강조하면서, 천지회의 반란군 역시 태평천국을 본보기로 삼아 대영의 정문에는 "왕부"라는 목패와 그 안에는 "만세"의 위패를 걸어놓음으로써 실질적인 왕부의 형태를 갖추어야 한다는 것이다.[79] 게다가 대영의 안에는 대명왕조(大明王朝)의 왕위 뿐만 아니라 오조의 위패까지 설치해야만 비로소 "명분과 실제가 모두 완전"하게 될 수 있고, 그런 이후에야 "명분도 정해질 수 있다."고 강조하고 있다. 특히 "무릇 오조는 원래부터 홍병이 존숭해 왔으며, 명왕도 또한 오조를 존숭해 왔다."는 구절을 통해 전설과 의식에서 반청복명의 예언을 상징하는 오조가 이처럼 반란을 진행하는 과정에서도 그것을 실현할 반란군의 정신적 지주로서 여전히 살아 숨 쉬고 있었음을 위의 고시는 잘 보여주고 있다.

78 「軍機文房司事蕭秋湄上大元帥等書」(咸豊4.閏7.2), 『廣東洪兵起義史料』 上, 59쪽.
79 王慶成, 「英國發現太平天國新史料及其價值」, 『近代史研究』 1980-3, 254쪽.

소결

허구적 내용으로 점철된 천지회의 기원전설에서는 소림오승을 반청복명을 정치이념으로 하는 결사의 창립자로 규정하고 있다. 이 때문에 가경 중엽 이후로 이들은 결사 내부에서 더욱 존숭되기 시작하면서 급기야 천지회의 다섯 창립자의 의미인 이른바 '오조'라는 이름으로 승격되기에 이른다. 그리고 천지회는 오조의 상징성을 '삼〔彪〕·수〔魗〕·합〔䰸〕·화〔魤〕·동〔魺〕'으로 대표되는 암호장치와 오색기로 상징되는 오방이라는 제도를 통해 광동을 중심으로 한 화남의 각 지역사회로 급속히 전파시켜 나갔다. 그 결과 천지회의 오조는 결사의 창립자임과 동시에 이들의 창립 역사에서 결코 성공하지 못했던 반청복명이라는 정치이념을 달성하기 위한 예언적 기능을 가진 존재로 그 상징성이 더욱 강화되기 시작하였다. 이 과정은 기본적으로 인물과 이야기가 증첨되는 기원전설의 정치화(精緻化) 과정과 밀접한 관련을 맺고 전개되어 나갔다.

천지회에서 예언적 기능을 수행하는 오조와 오방은 결사를 '최초' 조직하는 결회의 단계와 그것이 조직된 이후에 인민들을 결사의 회원으로 탈바꿈시키는 입회의 단계에서 진행된 일정한 의식에서 기본적으로 구현되었다. 특히 입회의식은 결회의식의 연장선상에서 좀 더 확장된 모습이었는데, 천지회가 조직의 확대를 도모하기 위해서는 그것의 반복적인 진행을 통해 신회원을 끊임없이 받아들어야만 했다. 그 결과 천지회의 입회의식은 신구 회원들이 "오조를 알현(謁見)하러 가는 것"[80]으로 정착되었으니, 오방을 의미하는 오색기에 둘러싸인 오조는 그야말로 반청복명이라는 예언을 상징하면서 충향선의 위패든 홍화정의 위패든 간에 의식의 최고 주재자로 제단 한 가운데 당당히 위패로 봉안되었던 것이다. 따라서 반청복명을 상징하는 오조와 오방의 내용은 일차적으로 입회의식을 통해 신구 회원들에게 장기 지속적으로 전파되고 주입되었던 것이다. 입회의식의 경우도 기원전설의 정치화(精緻化) 과정과 연동하여 의식의 정형화(定型化) 과정이 일정하게 진행되어 나갔다.

천지회의 입회의식이 결사 내부세계에서 오조와 오방을 중심으로 반청복명의 예언을 전달하고 주입하는 일종의 기제였다면, 천지회가 현실세계에서 그것을 직접적으로 실현하기 위해서는 각 지역에서 더 많은 인민들의 호응과 지지를 불러일으킬 필요가 있었다. 천지회는 그러한 필요성에 대한 선동과 선전의 수단으로서 반청복명의 예언을 담은 간결한 형태의 전단을 만들어 각지에 산포하기 시작하였다. 특히 아편전쟁의 결과는 지금껏 천조로 자임해온 청조의 권위를 한순간에 추락시켰고, 이는 청조가 입관한 1644년으로부터 2백 년이 지난 1844년에 이르면 청조가 멸망한다는 소위 '2백년 약정설'[81]로 대변되는 것처럼 천지회의 반청복명이라는 정치이념에 대한 정당성을 더욱 강화시키는 계기를 제공해 주었다. 이러한 상황은 사실상 아편전쟁 이전과 이후에 각각 산포된 전단에 보이는 미묘한 어휘의 차이에도 그대로 반영되어 있었다. 급기야 도광

80 Gustave Schlegel, *Tian Ti Hui: The Hung League or Heaven-Earth-League: A Secret Society with the Chinese in China and India*, p.59.

81 유장근, 『근대 중국의 비밀결사』, 219쪽.

말엽에 이르러 광동과 광서의 각 지역에서 천지회를 중심으로 한 크고 작은 사건들이 끊임없이 일어나기 시작하였다. 이중에서도 광서에서 천지회와 경쟁 관계에 놓여 있던 홍수전의 배상제회가 일으킨 반란은 그곳으로부터 출발하여 화중(華中) 지역을 차례로 점령해 가며 결국 남경을 수도로 하는 태평천국을 건립하기에 이르니, 급기야 하문과 상해와 같은 대도시에서도 천지회의 지파인 소도회가 대규모 반란을 잇달아 일으키면서 태평천국에 적극적으로 호응하기 시작하였다.

이 무렵 광동에서도 천지회의 활동은 만연의 극점으로 치닫고 있었다. 광동 향산인 증망안(曾望顔)의 눈에는 "광동에 도적이 없을 때가 없고, 없는 곳이 없으며, 지금처럼 심한 적은 없었을" 정도로 비추어졌으니, 그 결과 그는 "천지회가 나날이 많아져 인근의 성까지 만연되어 그 화가 천하에 미치게 되었으니, 지금의 광동은 크게 괴열(潰裂)되었다."고 언급하였다.[82] 바로 이때가 광동의 천지회 회수들이 보기에 반청복명의 예언을 실현시킬 절호의 기회였던 것이다. 게다가 곧 다가올 함풍 4년(1854)은 갑인년으로 천지회의 창립연도에 해당할 뿐만 아니라 천간의 갑이 상징하는 것처럼 음양오행설에서도 길상의 해였기 때문에 반청복명이라는 반역을 꿈꾸는 천지회의 회수들에게 반란의 성공을 배가시켜주는 요인으로 작용하였다. 이러한 상황을 '장기적 시각'에서 들여다본다면, 강희 갑인 13년(1674)이든 옹정 갑인 12년(1734)이든 간에 천지회는 갑인년에 창립했고, 그 이후 장기간 비밀리 유전되는 과정에서 건륭 26년(1761)에 이르러 마침내 역사의 무대에 등장하여 본격적인 활동을 개시했는데, 결국 가경·도광 연간에 이르러서야 비로소 지역사회를 장악하고 결사의 정치역량을 십분 발휘할 수 있었으니, 사실상 천지회 회수들에게는 갑인년으로서의 함풍 4년이야말로 반청복명의 예언을 실현시킬 수 있는 이른

82 (淸) 曾望顔, 「曾望顔瀝陳廣東禍亂之由奏稿」, 『太平天國史料』, 523쪽.

바 '예언의 시간'이 점점 눈앞에 다가오고 있었던 셈이다.

그 결과 천지회는 "갑인년 7월 25일"이라는 날짜를 새긴 소위 '목양기의'의 전단을 작성하여 산포하기 시작했고, 반란의 실행에 임박해서는 인민들의 적극적인 참여와 지지를 유도해내기 위해 '악관만영'과 '조민벌죄'라는 내용에다가 반청복명이라는 결사의 정치이념을 결합하여 대청을 토벌해야 하는 격문을 공포하였다. 결국 함풍 4년 3~5월 반란군의 총회수인 진송과 그 예하의 하륙·진개·이문무·감선·진현량 등의 회수들은 몇 차례의 전략회의를 걸쳐 구체적인 공격 목표를 광동의 심장부인 광주성의 점령으로 설정하고, 나아가 그곳을 기반으로 최종적으로 반청복명의 실현을 완성하겠다는 대규모 반란을 진행시켰던 것이다. 이것이 바로 천지회의 역사상 최대 규모의 반란으로 기록된 함풍 4년 천지회 반란이었다. 특히나 반란이 전개되는 과정에서 천지회 반란군의 대영에는 반청복명의 예언을 상징하는 오조를 그야말로 반란의 명분과 실제를 모두 갖춘 결사의 창립자로서 여전히 위패로 봉안하고 있었다. 이러한 사실은 전설과 의식이라는 내면세계에 갇혀 있던 오조가 전단이나 격문·고시와 같은 형태로 결사의 지속적인 선동과 선전의 활동을 통해 점차 현실세계로 드러나기 시작하면서 마침내 반란의 과정에서도 그야말로 마치 살아 숨 쉬는 영적인 존재로 재탄생되었음을 보여준다고 말해도 좋을 것이다.

요컨대 함풍 4년 천지회 반란에 대한 정치적 배경을 18세기 중엽에서 19세기 중엽에 이르는 '장기적 시각'으로 들여다본다면, 결사 내부세계에서 장기 지속적으로 작용하고 있었던 '내부요인'에는 반청복명이라는 결사의 정치이념이 자리 잡고 있었다. 그리고 이것은 전설과 의식이라는 기제를 통해 일종의 예언화 과정을 거치면서 급기야 현실세계에서 전단과 격문·고시라는 구체적인 형식을 갖춘 반란의 형태로 구현되었던 것이다. 따라서 천지회에서 예언과 반란의 상관관계란 '예언의 출현과 목적으로서의 전설', '예언의 전달과 주입으로서의 의식', '예언의 구체적인 표현이자 예비적 반란에 대한 선동과 선전으로서의 전단', '반란의 본격적인 개시와 전개의 지표로서의 격문과 고시'라는 바로 이 네 가지가 일련의 연속된 과정의 상호작용에 의해 생성되었던 것이었다고 말할 수 있겠다. 그리고 그것이 가장 돌출적·집약적으로 표출된 것이 바로 함풍 4년 천지회 반란이었다. 여기에서 천지회의 정치적 내부논리의 근저에는 바로 반청복명의 예언을 상징하는 오조와 오방이 자리 잡고 있었으니, 오조와 오방이란 바로 천지회에서 예언과 반란을 매개시켜줌과 동시에 예언을 반란으로 전환시켰던 결사 내부에서 장기 지속적으로 존속해온 정치 이념상의 허구적 인물과 그 제도였던 것이다.

| 제 2 장 |

'진송의 천지회 집단'과 함풍 4년 천지회 반란

2

중국 근대사의 연구에서 함풍 4년 천지회 반란에 대한 연구는 동시기에 발생한 '중국 농민 운동사' 혹은 '중국 농민 전쟁사'에서 큰 획을 그었다고 평가받는 태평천국운동(太平天國運動) 연구의 그늘에 가려져 그다지 큰 주목을 받지 못한 것이 사실이다. 이러한 상황은 일찍이 청말부터 존재해 온 것이었고,[1] 특히나 민국시대 홍문인(洪門人)에 의해서 작성된 각종 천지회의 내부문헌에서조차도 자신들의 역사를 정리하는 과정에서 이 반란에 대하여 대서특필했던 경우도 좀처럼 찾아보기 힘들다.[2] 청대 천지회의 역사상 최대 규모의 반란치고는 그 역사적 평가에서 아마 이러한 푸대접도 없을 것이다.

이러한 상황은 중화인민공화국의 성립 이후 점차 극복되어 갔다. 태평천국운동의 연구에 몰두하여 '태평미(太平迷)'라 일컬어졌던 중국학자

1 E. J. Eitel, *Europe in China: The History of Hongkong to the Year 1882*, Hongkong: Kelly & Walsh, 1895, pp.302-306; William Stanton, *The Triad Society or Heaven and Earth Association*, Hongkong: Kelly & Walsh, 1900, p.20; Samuel W. Williams, *The Middle Kingdom: A Survey of the Geography, Goverment, Literature, Social life, Arts and History of Chinese Empire and its Inhabitants*, New York: Ch.Scribner's Sons, 1883, pp.629-632.

2 朱琳, 『洪門志』, 1930, 14쪽(濮文起·劉燕遠 編, 『中國會黨史料集成』 1, 北京: 北京圖書館出版社, 1999에 수록) 참조.

간우문(簡又文)이 1960년대 함풍 4년 천지회 반란과 관련된 자료를 일부 정리한 것을 시발점으로 하여,[3] 일본학자 좌좌목정재(佐佐木正哉)가 대영박물관(현재 영국국가당안관, The National Archive, U.K.)에 소장된 F.O. 당안(檔案)을 정리·출판하였다.[4] 이후 1980·90년대에 이르러 중국에서 태평천국운동과 관련된 당안이 대대적으로 편찬되는 가운데 함풍 4년 천지회 반란에 대한 당안을 비롯하여 지방지와 개인문집의 자료들도 대부분 집대성하여 출판되었다.[5] 그 결과 중국학자 진보기(秦寶琦)·주육민(周育民)·소옹(邵雍)·호주생(胡珠生)을 비롯하여 근년의 뇌동문(雷冬文)에 이르기까지, 그리고 대만학자 육보천(陸寶千)·일본학자 좌좌목정재(佐佐木正哉)·구미학자 웨이크만(Wakeman) 등에 의해서 이 반란의 대한 전반적인 문제들이 비교적 자세히 검토되기 시작하였다.[6] 그리고 무엇보다도 이 반란에

3 簡又文, 『太平天國全史』 上·中·下, 香港: 猛進書屋, 1962.

4 佐佐木正哉 編, 『清末の秘密結社』(資料篇), 東京: 近代中國硏究委員會, 1967.

5 陳周棠 主編, 『廣東地區太平天國史料選編』, 廣州: 廣東人民出版社, 1986; 中國第一歷史檔案館 編, 『淸政府鎭壓太平天國檔案史料』 1-26, 北京: 社會科學文獻出版社, 1992-2001; 廣東省文史硏究館·中山大學歷史系 合編, 『廣東洪兵起義史料』 上·中·下, 廣州: 廣東人民出版社, 1996.

6 秦寶琦, 『淸前期天地會硏究』, 北京: 中國人民大學出版社, 1988; 秦寶琦, 『洪門眞史』, 福州: 福建人民出版社, 2000; 周育民·邵雍, 『中國幇會史』, 上海: 上海人民出版社, 1993; 胡珠生, 『淸代洪門史』, 沈陽: 遼寧人民出版社, 1996; 雷冬文, 『近代廣東會黨: 關於其在近代廣東社會變遷中的作用』, 廣州: 暨南大學出版社, 2004; 陸寶千, 『論晩淸兩廣的天地會政權』, 臺北: 中央硏究院近代史硏究所, 1975; 佐佐木正哉, 「咸豊四年廣東天地會の叛亂」, 『近代中國硏究センタ彙報』 2, 1963-4.; Frederic E. Wakeman, "The Secret Societies of Kwangtung 1800~1856", Jean Chesneaux eds., *Popular Movements and Secret Societies in China 1840~1950*, California: Stanford University Press, 1972; Frederic E. Wakeman, "Rebellion and Revolution: The Study of Popular Movements in Chinese History", *Journal of Asian Studies* Vol.36, no.2, 1977(오금성 옮김, 『중국 민중 운동사 연구동향』, 서울: 한울, 1984). 이밖에도 주목할 만한 중국학자의 논문으로는 駱寶善, 「太平天國時期的廣東天地會起義述略」 上·下, 『中山大學學報』 1981-4·1982-1; 駱寶善, 「重說廣東天地會起義其間中外反動勢力之勾結」, 『學術硏究』 2001-11; 趙立人, 「一八五四年廣東三合會起義史實辨析」, 太平天國硏究會 編, 『太平天國與近代中國』, 廣州: 廣東人民出版社, 1993; 盛芳·李益傑, 「論太平天國時期粵東

대한 가장 전문적인 연구는 국내의 유장근에 의해서 이루어졌다.[7] 아울러 근년에 중국학자 정영화(鄭永華)가 영국국가당안관의 미 공개된 함풍 4년 천지회 반란과 관련된 자료들을 추가적으로 소개하고 고증하는 연구를 진행하였다.[8]

이처럼 그동안의 적지 않은 연구 성과에도 불구하고, 함풍 4년 천지회 반란의 시말 문제를 재검토하는 이유는 바로 이미 전장에서 논의한 '예언과 반란'이라는 정치적 배경이 자리 잡고 있기 때문이다. 따라서 본 장에서는 전장의 논의를 바탕으로 천지회의 예언을 실천한 인물로서 함풍 4년 반란의 총회수였던 진송(陳松)이라는 인물을 포착하고, 그를 중심으로 집결된 반란의 수뇌부 인사들인 하륙(何六)·진개(陳開)·이문무(李文茂)·감선(甘先)·진현량(陳顯良) 등의 회수들을 '진송의 천지회 집단'으로 명명하여 주어진 문제에 접근하고자 한다. 우선 진송의 천지회 집단이 광동에서 반란을 '의도적·계획적'으로 진척시키기 위해서 반란 이전에 어떠한 인적 네트워크를 통해서 결합되었는가의 가능성을 제시해 볼 것이다. 이는 진송의 천지회 집단에 소속된 각 천지회 회수들의 봉기가 각 지역에서 '자연적·우발적'으로 일어난 것이 아니었음을 보여줄 것이다. 현재 영국국가당안관에 보관되어 있는 「회비총두목진송사유(會匪總頭目陳松事由)」(F.O.682/325-3)는 이 문제를 해결해 주는 데 중요한 실마리를 제공해 주는 유일한 당안이다. 다음으로 함풍 4년 반란 과정에서 광주성 점령 실패에 대한 관건적인 요인에 대해서는 종래 그다지 명확하게 논증

天地會起義的特點和歷史作用」, 『韓山師範學院學報』 1997-3; 林志傑, 「1854年廣東洪兵圍攻廣州之役考辯」, 『學術研究』 2000-6 등이 있다.

7 유장근, 『근대 중국의 비밀결사』, 서울: 고려원, 1996.

8 鄭永華, 「廣東洪兵圍攻廣州軍事輿圖初考: 英國國家檔案館所藏兩廣洪兵起事輿圖考釋之一」, 『清史研究』 2006-1; 鄭永華, 「省河之南的鏖戰: 英國國家檔案館所藏兩廣洪兵起事輿圖考釋之二」, 『學術研究』 2007-7; 鄭永華, 「廣東洪兵圍攻廣州軍事輿圖考釋之三: 關於平洲的輿圖及其檔案」, 『中國歷史地理論叢』 2008-4.

된 바가 없다. 따라서 반란군과 대치한 관군 및 단련군(團練軍)의 상황을 면밀히 고찰하여 이 문제를 추적해 보고자 한다. 『광주부지(廣州府志)』를 비롯한 각종 지방지는 이 점에 대하여 상세한 기록을 남기고 있다. 마지막으로 반란의 진행 과정과 그것의 실패 이후 취해진 광동 지배층의 사후처리 및 그 여파를 기술해 보고자 한다. 당시 용굉(容閎) 등의 중국인이나 스카스(Scarth) 등 외국인의 기록에서는 반란의 사후처리가 대학살로 진행되었다는 사실을 생생히 묘사해 주고 있으며, 「언국수도심판병현압각범청접(讞局收到審辦幷現押各犯清摺)」(F.O.682/289-3)은 이러한 대학살의 실상을 일정정도 통계수치로 제공해 주는 당안이다. 이상과 같이 본장에서는 F.O. 당안, 지방지, 개인문집 등의 자료에 근거하여 함풍 4년 천지회 반란의 시말에 대하여 그 수뇌부 집단의 구성, 반란의 실패 요인, 대학살의 문제에 대하여 재검토를 시도하고자 한다.

1. 반란의 지휘부: '진송의 천지회 집단'

청대 초본(抄本)으로 「토대청격문(討大清檄文)」[9]이란 격문이 광주(廣州)시 동북 교외의 한 농민 집에서 발견되었다. 그 주요 내용은 다음과 같다. 첫째, 역대 왕조의 흥망성쇠를 얘기하면서 천심에 의해서 제위가 보존됨을 강조하고 있다. 특히 오삼계(吳三桂)의 잘못된 판단으로 호랑이 같은 이자성(李自成)은 물러갔지만, 오히려 이리 같은 청조가 입관하여 중국을 다스리게 되었다고 비유하고 있다. 둘째, 청조를 '봉시장사(封豕長蛇)'라는 고사를 이용하여 돼지처럼 욕심 많고 뱀처럼 포악한 왕조로 풍자하면서

9 「討大清檄文」(咸豊3.), 『廣東洪兵起義史料』 上, 38-39쪽.

그 부패한 실정을 질책하고 있는데, 유능한 관리의 배척·오랑캐의 침탈·국고의 고갈·탐관오리의 횡행·무거운 세금·가혹한 법 등을 거론하고 있다. 셋째, 대명왕조(大明王朝)가 아직 천심에 의해서 보존되고 있고 주왕(紂王)에 비유된 청조는 이미 민심을 잃었기 때문에 의기(義旗)를 들고서 탕왕(湯王)·무왕(武王)을 본받아 청조를 멸망시키고 요순(堯舜)의 태평성세와 같은 국가를 세우자고 하는 왕조 교체의 명분으로서 반청복명(反淸復明)을 강조하고 있다. 이밖에도 능력 있는 자의 관리등용, 세금의 감면, 형벌의 완화 등 현실적인 방안까지 내세우며 반란의 정당성을 민중들에게 호소하고 있다. 이처럼 청조의 실정을 중심으로 조목조목 거론하고 있는 이 격문은 함풍 3년(1853) 정월에 공포되었고, 이후 광범위하게 산포·초사되면서 각 지역의 천지회가 이를 반복적으로 공포하였다.[10]

그렇다면 이 격문은 당시 어떤 천지회 집단에 의해서 공포되었던 것일까? 이 문제는 아쉽게도 현재 명확하게 규명할 수 없지만, 적어도 이 격문이 발견된 지역이 광주(廣州)부 반우(番禺)현 모덕리사(慕德里司)였다는 점에서 이 지역 천지회의 활동을 주목하지 않을 수 없다. 여기에서 반우현의 천지회가 하륙·진개·이문무·감선·진현량 등 함풍 4년(1854) 천지회 반란을 이끌어간 주역들과 직접적인 관련을 맺고 있었다면, 이 반란의 출발은 당연히 반우현의 천지회에서 기인한다고 말해야 할 것이다. 그런데 당시 반우현에는 진송이란 천지회의 총회수가 활동하고 있었고, 그의 반란 계획에 의해서 함풍 4년 천지회 반란이 개시하게 된다. 이러한 사실에 대하여 F.O. 당안 가운데 천지회 관련 문서의 하나인 「회비총두목진송사유(會匪總頭目陳松事由)」에서 다음과 같이 기록하고 있다.

10 이 격문의 내용과 분석에 대해서는 이평수, 「豫言과 叛亂: 咸豐 4年 天地會 反亂의 政治的 背景」, 『歷史學報』 224, 2014(본서 제4부 제1장) 참조.

> 함풍 4년 3월 진송은 먼저 별명이 서천석삽(西天腊颯)인 종덕(鍾德)과 진현량 등을 불러서 (반우현) 신교(新橋)시의 원방주루(遠芳酒樓)에 모여서 (봉기의 계획을) 의논하였다. 5월 진송은 다시 연흥가(聯興街) 만방주루(萬芳酒樓)에서 회의했고, 아울러 종덕을 동관(東莞)현으로 보내 하륙·원옥산(袁玉山)이 사건을 일으키도록 명령하였다. 종덕은 동관현에서 체포되어 성성(省城)으로 압송되었다. 진송은 수시로 상의하면서, 평정전(平靖錢) 1만문(文)을 주조하고 이문무를 평정왕(平靖王)으로 봉하였다. 6월 초 불산(佛山)의 진개가 봉만(封滿)을 성성으로 보내고, 감성(甘成)과 함께 진송이 있는 곳으로 가게 하여 기의의 날짜를 물어보게 하였다. 진송은 봉만 등에게 12일 진개로 하여금 불산에서 기의를 일으키도록 명령했고, 이문무에게 서촌요대(西村瑶臺)에서 15일 기의할 것을 명령하였다. 다시 이문무·섭아래(葉亞來)·애음(崖蔭) 등에게 금선(金仙)에서(혹은 감선과) 협약하여 17일에 (화현) 원룡허(遠龍墟)에서 기의할 것을 명령하였다. 20일 오전 이문무가 화현성(花縣城)을 점령하고, 24일 불령(佛嶺)으로 이동하여 사건을 일으켰다.[11]

위 인용문은 반우현을 거점으로 활동하고 있었던 진송을 총회수로 하는 천지회에 하륙·진개·이문무·감선·진현량 등 함풍 4년 천지회 반란의 주역들이 소속되어 있었음을 보여주고 있다. 이는 동관현 하륙의 천지회 봉기로부터 시작된 함풍 4년 천지회 반란이 반우현 천지회의 총회수인 진송을 중심으로 결집된 이른바 '진송의 천지회 집단'에 의해서 의

---

11 「會匪總頭目陳松事由」(F.O.682/325-3), 佐佐木正哉 編, 『淸末の秘密結社』(資料篇), 21쪽. 인용문에 '금선(金仙)'이란 표현이 보이는데, 이를 지명 혹은 인명으로 볼 수 있기 때문에 모두 번역해 두었다. 특히 인명으로 보는 이유는 이문무의 천지회가 화현성을 점령하는 과정에서 감선의 천지회와 함께 행동했기 때문인데, 이러한 사실은 (光緖) 『廣州府志』 卷82 「前事略」 8, 4-5쪽; (同治) 『番禺縣志』 卷22 「前事」 3, 27쪽에 보인다. 게다가 이 문건을 재수록해서 출판한 『廣東洪兵起義史料』 上, 213쪽에서는 편집자가 광동어로 금선과 감선이 같은 발음일 가능성까지 제시하고 있다.

도적·계획적으로 개시되었음을 의미하기도 한다. 이처럼 진송의 계획에 의해서 진행된 함풍 4년 천지회 반란의 시작은 위의 F.O. 당안과 관련 지방지의 기록을 종합해 구성해 보면, 그 전개 과정을 다음과 같이 요약할 수 있다.

함풍 4년 3~5월 반우현 천지회의 총회수 진송은 하륙·진개·이문무·감선·진현량 등과 수차례의 논의를 거쳐서 봉기의 계획을 완성하였다. 이후 진송의 명령에 의해서, 하륙·원옥산이 5월 15일 동관현 석룡(石龍)에서 봉기를 일으켰는데, 예상외로 일주일이라는 짧은 시간에 동관현성을 점령하는 성과를 올렸다.[12] 이 사이 불산에서 진송의 명령을 기다리고 있었던 진개는 예정된 날짜보다 하루 앞당겨 6월 11일 봉기를 일으켜 순식간에 불산을 점거하여 관서를 불태우고 '대녕(大寧)'을 구호로 삼았다.[13] 진송과 함께 반우현에서 활동한 이문무는 그의 명령에 따라 북상하여 감선의 천지회와 함께 화현의 원룡허에서 예정된 날짜보다 이틀 늦은 6월 19일 봉기를 일으키고, 20일 화현을 점령하여 관서·문묘 등을 모두 불태웠다. 이후 이들 주력군은 24일 불령으로 남하하여 이곳을 점령하고 대영(大營)을 구축하였다.[14] 종적이 다소 묘연한 진현량은 이문무·감선과 함께 행동을 같이 하다가 이문무·감선이 불령 대영을 구축할 무렵 조금 남하하여 연당(燕塘) 일대에서 세력을 구축하였다.[15]

이처럼 함풍 4년 천지회 반란의 시작은 반우현 천지회 총회수 진송이 예하 회수에게 봉기를 명령한 것에서 비롯된 것이었다. 진송의 휘하에는 하륙·진개·이문무·감선·진현량 등 봉기를 주도해 간 주역들이 소속되

---

12 (民國)『東莞縣志』卷35「前事略」7, 4쪽.

13 (同治)『南海縣志』卷26「雜錄」下, 13쪽.

14 (光緖)『廣州府志』卷82「前事略」8, 4-5쪽; (同治)『番禺縣志』卷22「前事」3, 27쪽; (民國)『花縣志』卷3「建置志」, 2쪽.

15 (光緖)『廣州府志』卷82「前事略」8, 4-5쪽; (同治)『番禺縣志』卷22「前事」3, 27쪽.

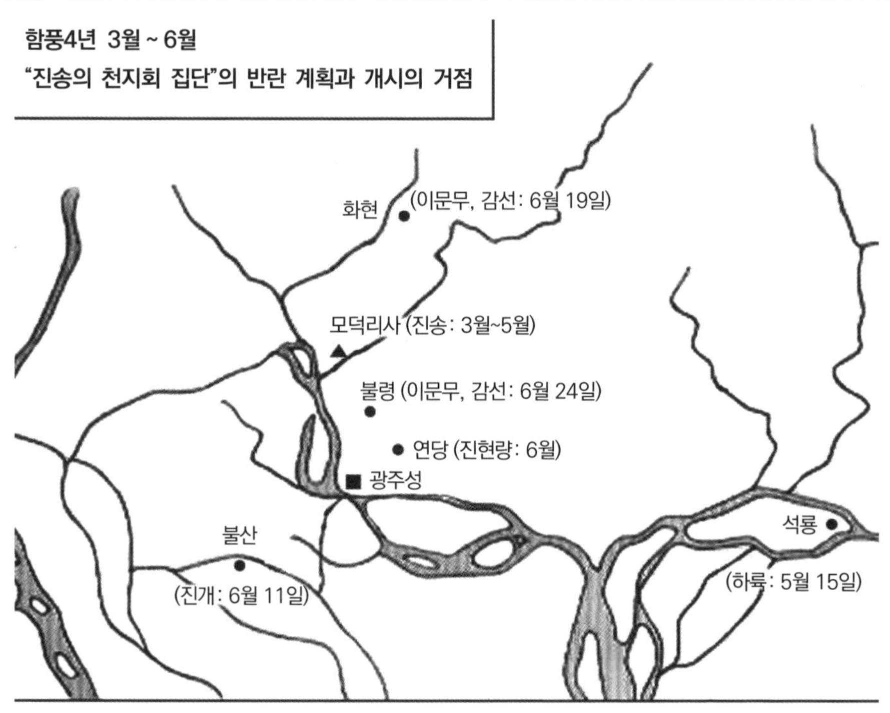

어 있었고, 이들은 봉기를 일으키기 이전에 반우현·동관현·불산·화현 등의 지역에서 각각 천지회의 배회(拜會) 활동을 통하여 회원들을 확보하면서 그 세력을 키워갔던 것이다. 비록 함풍 4년 천지회 반란 이전에 천지회 총회수 진송과 그 휘하의 하륙·진개·이문무·감선·진현량 등의 회수가 어떠한 인적 네트워크를 통해서 결합되고 있었는지 명확히 밝힐 수는 없지만, 산견되는 자료들의 재구성을 통해서 각 인물별로 그 가능성을 탐색해 볼 수 있다.

우선 함풍 4년 천지회 반란 이전의 기록이 약간 남아있는 하륙(何六)의 경우를 보자. 그는 도광 28년(1848) 광동과 광서를 연결하는 주요 하천인 "서강(西江)~울강(鬱江)~상강(象江)~유강(柳江)"의 노선을 따라 삼수(三水)·용천(龍川)·오주(梧州)·심주(潯州)·유주(柳州)를 거점으로 활동한 별명이 대리어(大鯉魚)인 전방(田芳)의 천지회[16]에 가담하여 활동하다가, 도광 30년(1850) 7월 전방이 관부에 체포되자 광동으로 돌아왔다고 한다. 이후 하룩은 함풍 3년(1853) 호문(虎門)의 각 촌장을 돌며 배회를 진행했고, 고향인 동관현 석룡(石龍)으로 와서는 원옥산 등의 회원을 확보하였다. 특히 그는 10월부터 이듬해 함풍 4년 3·4월까지 약 6개월에 걸쳐서 적극적으로 회원을 확보한 결과 하룩의 천지회는 급속히 확대되었고, 당시 인민들은 천지회에 가입하지 않으면 오고 가는 것조차 불편할 정도로 이 지역을 장악하였다.[17] 이러한 하룩의 천지회 활동을 「회비총두목진송사유(會匪總頭目陳松事由)」와 결부시켜 보면, 광동으로 돌아온 그가 함풍 3년 10월 이전 진송(陳松)의 천지회에 가담하고, 이후 진송의 명령을 받아 호문과 석룡 일대를 중심으로 세력을 확대하기 시작했던 것으로 생각된다.

동관현에서 하룩이 이끈 천지회의 활동 모습에 대해서는 "홍건(紅巾)을 머리에 쓰고 희반(戲班)의 의관을 착용했으며, 삼〔彡〕·수〔氵壽〕·합〔合〕·화〔化〕·동〔同〕 등의 글자가 새겨진 홍기(紅旗)를 세울 때에는 홍순당(洪順黨)·홍의당(洪義黨)의 인(印)을 만들고, 점과 선에는 대부분 삼(三)자를 이용하여 삼합회(三合會)의 암호를 감추었는데, 이것을 '전기(轉旗)'라 불렀다. 장군(將軍)·원수(元帥)·군사(軍師)·선봉(先鋒)을 사칭하고 자신들의 당(黨)을 '홍병(洪兵)'으로 부르고, 대장기에 백색을 사용한 관병은 '백병(白兵)'이라 불렀다.[18]고 기록할 정도로, 하룩의 집단은 전형적인 천지회의 모습을

16 「張釗·田芳在梧潯一帶活動」, 庾裕良·陳仁華 等編, 『廣西會黨資料彙編』, 南寧: 廣西人民出版社, 1989, 193-194쪽.

17 「東莞縣石龍地方起事緣由」(F.O.682/378B-1), 『清末の秘密結社』(資料篇), 22쪽.

18 (光緒) 『香山縣志』 卷22 「紀事」, 53쪽.

갖추고 있었다.

그렇다면 불산인이었던 진개(陳開)는 어떻게 반우현 진송(陳松)의 천지회에 가담하였던 것일까? 일반적으로 진개는 불산에서 박도(博徒)·무뢰(無賴)·수수(水手)·공인(工人) 등의 생활을 하다가 봉기를 일으킨 천지회의 회수로 알려져 있는데, 불산에서 천지회의 세력을 확대하기 이전인 도광 말엽 무렵 삼수(三水)현에서 '고통장(箍桶匠)'으로 생활하고 있었다는 점이 주목된다.[19] 이러한 사실은 앞서 지적한 대로 하룩이 삼수현을 기점으로 하여 서강(西江) 일대의 유통로를 장악한 전방의 천지회에 가담하여 활동하고 있었던 상황과 시기적·지역적으로 일치하기 때문에, 진개와 하룩이 함풍 4년 반란이 일어나기 이전부터 일찍이 접촉하고 있었던 가능성을 제공해 준다. 특히 진개가 삼수현에서 활동한 모습에 대해서는 화남사범대학역사계(華南師範大學歷史系)에서 실시한 조사 자료에서도 확인되고 있는데, 이 조사에 참여한 불산(佛山)시의 유칠(劉七)이란 노인은 다음과 같이 구술하고 있다.

> 진개는 삼수현에 이르러 목통(木桶)을 수리하는 일을 빌미로 몰래 군중들을 삼합회(三合會)에 참가시켰다. 후에 그는 삼수현 이외에 화현·향산현 등의 지역에 이르러도 역시 이러한 일들을 하였다. 얼마 동안의 활동을 진행한 이후에, 그는 불산으로 되돌아왔는데, 앵강(鶯崗)에서 좌판(坐板)을 펼쳐놓고 난동(爛銅)과 난철(爛鐵)을 판매하는 것을 빌어서 각지의 조직들과 계속해서 연락을 하였다. 이 때 화상 능(能)을 알게 되었는데, 화상 능이 관상을 보는 것을 기회로 삼아 그와 함께 군중을 조직하는 활동을 하였다.[20]

19 (民國)『佛山忠義鄉志』卷11「鄉事」, 14쪽.

20 華南師範大學歷史系 調查資料·鍾珍維 整理,「陳開在佛山地區起義情況的調查」, 陳周棠 主編,『廣東地區太平天國史料選編』, 廣州: 廣東人民出版社, 1986, 110쪽.

구술 자료의 한계가 없는 것은 아니지만, 위 유칠 노인의 진개에 관한 구술은 『불산충의향지(佛山忠義鄕志)』의 기록대로 진개가 삼수현에서 목통을 수리했다는 점과 『광주부지(廣州府志)』의 기록처럼 진개의 휘하에 화상능이 있었다는 점[21]을 통해서 구술의 신빙성은 어느 정도 확보된다. 따라서 진개가 삼수현과 화현 등의 일대를 무대로 천지회의 활동을 하고 있었다는 사실은 그의 단독적인 행보라기보다는 '진송의 천지회 집단'에 소속되어 삼수현·화현 등의 지역에서 활동했고, 이후 진송의 명령에 의해서 그의 고향인 불산으로 돌아가 적극적으로 세력 확대를 도모했다는 가능성을 매우 높게 만들어 준다.

불산에서 진개가 이끈 천지회의 활동 모습에 대해서는 "불산의 응취사(鷹嘴沙) 등의 곳에서는 밤이 되면 계속해서 배회(拜會)가 진행되었는데, 5월 이후에 차루(茶樓)와 주사(酒肆)에는 점점 이상한 옷을 입고 이상한 말을 하는 자들이 많아져 보는 사람으로 하여금 매우 놀라게 하였다. 이리하여 성성(省城)에서 몇 리 간격으로 마침내 없는 곳이 없을 정도로 적(賊)의 세력을 이루었다. 6월 11일 적수(賊首) 진개가 불산 전체를 소굴로 만들어 깃발을 세워 봉기하자, 원근에서도 때마침 준동하였다."[22]고 기록하고 있을 정도로, 불산에서 진개의 세력이 상당하였음을 보여주고 있다.

한편 이문무(李文茂)는 애초부터 진송(陳松)의 휘하에 직속되어 활동한 인물이었다. 「회비총두목진송사유(會匪總頭目陳松事由)」에는 진송과 함께 봉기를 계획한 명단도 더불어 기재하고 있다. 이 명단에서 진송의 도제로 섭아래(葉亞來)·노아복(老亞福)·감성(甘成)을 거론하고 있는데, 이 중에서 섭아래의 도제가 바로 이문무였던 것이다.[23] 다시 말해서 이문무는 사부

21 (光緒)『廣州府志』卷82「前事略」8, 5쪽.

22 (宣統)『南海縣志』卷2「輿地略·前事補」, 60쪽.

인 섭아래를 통해서 천지회에 가입했으니, '진송의 천지회 집단'과 자연스레 연결되는 것이다. 특히 함풍 4년 진송의 반란 계획을 실천에 옮기는 과정에서 이문무는 진송으로부터 평정왕(平靖王)의 호칭을 받았다는 점에서 진송의 천지회에서 상당한 인정을 받았던 것만은 분명해 보인다.

게다가 이문무는 직업이 연극인이라는 점이 눈길을 끈다. 그의 집안에는 대대로 유명한 배우 출신자가 많았고, 그 자신은 무예가 출중하여 『삼국지연의(三國志演義)』에서 노화탕(盧花蕩)의 장비와 후량(後梁)의 맹장 왕언장(王彦章)의 연기를 잘하여 자못 강호의 의기가 드높았다고 한다.[24] 하지만 이문무는 곤반(崑班)·경반(京班)과 같은 외강반(外江班)으로서 광동 극계의 상위를 점하는 관료·대상(大商)·대종족(大宗族) 등의 앞에서 공연하는 상층배우가 아니라 광동 본지의 토강반(土腔班)으로서 광동 극계의 하류에 속하여 희선(戲船)을 타고 편벽한 향촌을 순회하면서 공연하는 하층배우였다.[25] 이러한 직업상의 특징을 고려한다면 이문무의 활동 영역은 상당히 넓었던 것으로 예상된다. 그러나 이문무가 진송의 명령을 받고서 감선과 함께 화현성을 공격하고 이후 남하하여 불강에 대영을 구축한 것을 보면, 그는 주로 화현 이남으로부터 광주성 북쪽에 이르는 모덕리사·석정·불령 일대에서 세력을 구축한 천지회의 회수로 보인다.

마지막으로 진현량(陳顯良)의 경우 '진송의 천지회 집단'의 일원으로 활동한 가능성은 그가 봉기에 참여하기 이전 광주성 바로 남쪽에 위치한 하남(河南)에서 생활했다는 점에서 찾을 수 있다. 진현량이 신조(新造)에서 천지회의 본영(本營)을 구축했을 때 이곳을 방문했던 로버트슨(Robertson)의 보고서에서는 진현량이 하남 교외의 소점주(小店主)로 성실하고 사심

23 「會匪總頭目陳松事由」(F.O.682/325-3), 『清末の秘密結社』(資料篇), 21쪽.

24 麥嘯霞, 『廣東戲劇史略』, 廣州: 廣東省廣州市戲曲改革委員會, 1940, 廣東文物展覽會 編輯, 『廣東文物』 下, 香港: 中國文化協進會, 1941, 803쪽.

25 田仲一成, 「粵東天地會の組織と演劇」, 『東洋文化研究所紀要』 111, 1990, 94-95쪽.

이 없는 애국자였기 때문에 만장일치로 천지회의 회수로 선출되었다고 기록하면서, 진현량 4명의 부하 두목 중에서 2명도 역시 하남에서 상점의 점원이었다고 언급하고 있다.[26] 그리고 「회비총두목진송사유(會匪總頭目陳松事由)」에서도 진송과 함께 봉기에 참여한 명단을 보면, 진송의 도제이자 이문무의 사부인 섭아래와 별명이 두간현(豆干賢)인 하아현(何亞賢), 그리고 별명이 진두의(陳頭意)인 진아의(陳亞義) 등이 봉기를 진행하기 이전에 모두 하남에서 사건을 일으켰다고 기록되어 있다.[27]

이러한 기록을 통해서 진현량은 봉기가 일어나기 이전에 진송의 천지회에 가담하여 활동하면서 하남에서 천지회의 세력을 확대시켰던 것으로 상정할 수 있는 것이다. 게다가 앞서 언급한대로 진송이 함풍 4년 3~5월 진현량을 불러 봉기의 계획을 같이 논의한 점이나 이문무와 감선이 화현을 공격하고 불령에서 대영을 구축할 때 진현량이 같이 행동했다는 점은 이러한 가능성을 더욱 높여준다. 특히 진현량이 신조에 본영을 구축한 이후 영국 영사와 교류한 문서 중에는 '불령시대영(佛嶺市大營)'과 '신조행궁(新造行宮)'이란 표현을 볼 수 있듯이,[28] 진현량의 신조는 임시 본영이었다. 결국 연당(燕塘)에 근거지를 구축한 진현량이 관군의 공세에 의해서 연당을 잃었을 때 불령의 대영으로 합류하지 않고 다시 남하하여 신조에 근거지를 마련한 것은 광주성 남쪽의 하남에서 천지회의 세력을 장악한 진현량의 경험이 작용했던 것으로 보인다.

그렇다면 함풍 4년 천지회 반란의 시작을 진두지휘했던 진송(陳松)은

---

26 F.O.228/173. Enclosure in Robertson's Despatch no.143(december 27, 1854), Morrison's Report(december 19, 1854)〔Great Britain Foreign Office, *Embassy and consular archives, China*: Correspondence series 1(London: Public Record Office, 1970), Macro Film Reels no.173.(東京大學圖書館所藏)〕.

27 「會匪總頭目陳松事由」(F.O.682/325-3), 『清末の秘密結社』(資料篇), 21쪽.

28 「陳顯良致英國領事書」(咸豊4.8.10.), 『廣東洪兵起義史料』 上, 87쪽.

과연 어떤 인물이었을까? 앞서 언급한 대로 진송은 함풍 초엽 광주부 반우현에서 하륙·진개·이문무·감선·진현량 등 예하의 천지회 회수들을 거느리고 함풍 4년 천지회 반란을 지휘한 총회수였다. 특히 3~5월 진송이 봉기를 계획하는 동안 이문무를 평정왕으로 봉했다는 점을 통해서 진송은 천지회 집단 내에서 예하의 회수를 왕으로 봉할 정도로 마치 황제와 같은 존재로 군림했을지도 모르겠다. 특히 「회비총두목진송사유(會匪總頭目陳松事由)」에는 진송의 별명을 '실혼송(失魂松)'이라 전하면서, 관부가 파견한 밀정인 서빈(徐賓)의 유혹에 의해서 '천지회의 총회수〔會匪總頭目〕'를 사로잡아 압송했다고 기록하고 있으니,[29] 이 문서는 관부가 취조한 진송의 자백을 토대로 작성된 것임에 틀림없다. 또한 이 문서에서 진송 휘하의 천지회 회수들의 마지막 활동에 대하여 이문무가 화현성을 점령한 6월 24일까지 기록하고 있다는 점을 통해서 이 날짜로부터 얼마 지나지 않아서 진송이 관부에 체포되었던 것으로 보이며, "진현량이 현재 신조의 두목"이라고 기록되어 있기 때문에 진현량이 신조에 본영을 차린 윤7월 15일(9.7) 이후에 취조가 이루어진 것으로 여겨진다.[30]

이상과 같이 함풍 4년 3월(1854.2) 진송의 계획에 의해서 시작된 천지회 반란은 하륙의 천지회가 동관현성을 점령한 것을 시작으로 하여 진개의 천지회가 불산을 점령하고, 이문무·감선·진현량의 천지회가 화현과 불령을 점령하는 등 순조롭게 진행되었다. 이리하여 6월 중순(1854.7)에 이르면 광주성을 중심으로 해서 그 서남쪽 불산에는 진개의 천지회가, 그 북쪽 반우현 북부의 불령에는 이문무·감선의 천지회가, 그 동쪽 반우현 서부의 연당에는 진현량의 천지회가 포진되는 국면으로 급속히 진전되었다. 비록 천지회 반란의 계획자이자 총회수인 진송은 관부에 체포되

29 「會匪總頭目陳松事由」(F.O.682/325-3), 『淸末の秘密結社』(資料篇), 21쪽.
30 「會匪總頭目陳松事由」(F.O.682/325-3), 『淸末の秘密結社』(資料篇), 21쪽.

었지만, '진송의 천지회 집단'이 전개한 각 지역 봉기의 소식은 광주부의 각 현으로 퍼져나가면서 기타 천지회의 세력을 촉발시키는 계가가 되었다. 그 결과 '진송의 천지회 집단'에 호응하여 광주부의 각 지역에서 천지회 세력이 일제히 봉기하였다. 이 중에서도 성성 남단의 하남 지방에서 일어난 임광융(林洸瀧)·이대계둔(李大計屯)의 천지회와 주강(珠江) 연해지역에서 일어난 관거(關巨)·하박빈(何博份, 혹은 何博奋)의 천지회가 '진송의 천지회 집단'이 진행한 봉기에 적극 동참하게 되면서, '진송의 천지회 집단'은 광동성의 성성이자 화남(華南) 지역 정치·경제의 심장부라 할 수 있는 광주성을 사면에서 포위하고 이를 탈취하기 위한 공격을 전면적으로 개시하게 된다.[31]

이밖에 광주부에서는 신회(新會)현에 진송년(陳松年)·여췌진(呂萃晉)의 천지회, 순덕(順德)현에 진길(陳吉)·양즙(梁楫)의 천지회, 청원(淸遠)현에 진금강(陳金釭)·연사호(練四虎)의 천지회, 용문(龍門)현에 고육(高六)·추신란(鄒新蘭)의 천지회, 증성(增城)현에 유영재(劉英才)의 천지회, 삼수(三水)현에 구구(歐球)의 천지회 등이 '진송의 천지회 집단'의 봉기 소식에 호응하여 선후로 봉기하여 현성을 공격하는 활동에 들어갔다.[32] 그리고 이러한 소식은 다시 일파만파로 광동성 전체로 확산되어 나갔다. 『남해현지(南海縣志)』에서, "열흘 사이에 심지어 수십 개의 주현(州縣)이 함락되었는데, 서로는 (광서의) 오주(梧州), 북으로는 소주(韶州), 동으로는 혜주(惠州)·조주(潮州), 남으로는 고주(高州)·염주(廉州)에 이르기까지 적들이 포개어져 서로 바라보니 도로가 막힐 정도였다."고 지적하고 있듯이,[33] 광동성 각 부현성에서 웅거하고 있었던 천지회의 세력들이 일제히 봉기하였던 것이다.

31 (光緒)『廣州府志』卷82「前事略」, 3-4쪽.
32 (光緒)『廣州府志』卷82「前事略」, 4쪽.
33 (同治)『南海縣志』卷26「雜錄」下, 13쪽.

2. 반란의 목표와 전개: 광주성의 공격과 실패

'진송의 천지회 집단'에 의해서 광주부의 반우현과 불산을 중심으로 개시된 함풍 4년 천지회 반란은 광주성 인근의 천지회 세력들을 결집하면서 매우 성공적으로 착수되었다. 그리고 이러한 상황은 광주부는 말할 것도 없이 광동성 전체로 급속히 파급되어 각 지역에서 잇따른 천지회의 봉기까지 연쇄적으로 유발시켰다. 그러나 이러한 초기 성공에도 불구하고, 반란군의 주 세력인 '진송의 천지회 집단'이 시급히 달성해야 할 목표였던 광주성의 점령 계획은 결코 순조롭게 진행되지 못하였다. 이점에 대하여 이 반란의 주역이라고 할 수 있는 하륙·진개·이문무·감선·진현량의 각 천지회가 반란 기간 동안 전개한 활동, 특히 관군이나 단련군의 전투 대치 상황을 분석해 보면 보다 극명하게 드러난다.

하륙의 천지회는 후술하기로 하고, 먼저 불산에 포진하고 있었던 진개(陳開)의 천지회를 보자. 진개의 천지회를 불산에 억류시키면서 광주성을 도모하지 못하게 한 이유가 바로 신사(紳士)들이 조직한 단련(團練)에서 기인하고 있다는 사실은 『광주부지(廣州府志)』의 기록을 통해서 확인된다. 우선 7월 26일(8.19) 진개는 광주성을 점령하기 위해서 그것의 교두보가 되고 있는 남해(南海)현의 대력보(大瀝堡)·제운보(梯雲堡)·부남보(扶南堡)·태평보(太平堡)의 4보로 진출하여 당시 반우현 북부에서 강촌(江村)·석정(石井)·불령(佛嶺)을 차례로 돌파하면서 성성 부근의 삼원리(三元里)까지 밀고 들어 온 이문무·감선의 천지회와 합류하고자 하였다. 그러나 진개의 천지회는 신사 구양천(歐陽泉)·맥패금(麥佩金)·하응춘(何應春)에 의해서 조직된 단련과 관군과의 전투에서 패퇴함으로써 그 교두보의 확보가 어렵게 되었다.[34] 상황이 이렇게 되자 약 일주일 후인 윤7월 1일(8.24) 진개의

34 (光緒) 『廣州府志』 卷82 「前事略」, 10쪽.

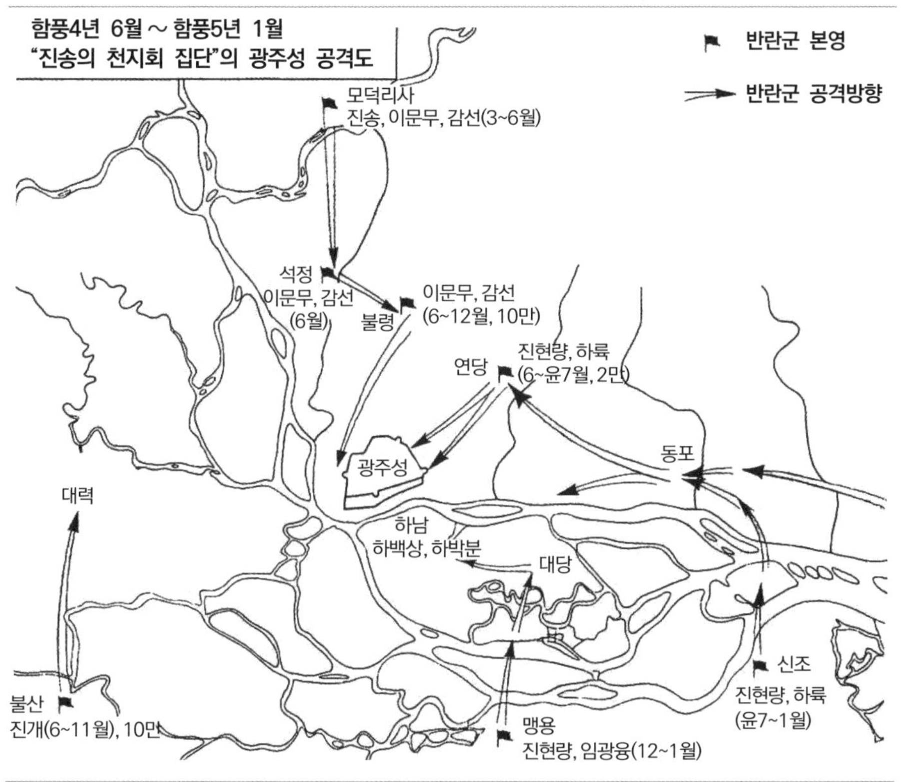

천지회는 무려 10만의 대군을 이끌고 4보를 다시 전력으로 공격하게 되는데, 『광주부지』에서는 당시의 상황을 다음과 같이 전하고 있다.

> 대력(大瀝) 등 4보의 단련은 이미 견고했으니, 인심도 더욱 굳건해졌다. 각 신사들은 다시 부남교(扶南橋)·초당교(草堂橋)를 끊어 적(賊)이 침략해 오는 길을 대비하였다. 초하루, 적은 열 길로 공격해 왔는데, 진시(辰時)에서 오시(午時)까지 끊이질 않았고, 무리가 10만이었다. 먼저 수천 명을 파견하여 구변(仇邊)을 공격하자, 남령천총(藍翎千總) 구국안(仇國安)과 그 동생 영천총(營千總) 구란비(仇鸞飛)가 힘써 싸웠지만 전사하고, 구변은 함락되었다. 다시 또 다른 적들이 신교(新橋)를 건너서 강하(江夏)를 공격했는데, 향용(鄕勇)이 전투했으나 유리함을 잃고, 종구품

유개청(劉塏淸)이 전사하였다. 화상 능이 파산(坡山)의 선박을 거느리고 소랑(小郎)을 건너 곧바로 진격하여 과보교(瓜步橋)에 상륙하고서는 뇌변(雷邊)·구담향(九覃鄕) 등을 유린하였다. 진개는 스스로 부대를 거느리고 수두허(水頭墟)로부터 진격하여 탑부교(搭浮橋)를 건너갔다. 향용은 매복하여 나아가지 않았고, 적은 길을 나누어 다투어 진격해 왔다. 날이 저물고 있을 무렵, 매복한 향용이 갑자기 일어나자, 적의 많은 사람들이 폭사하였다. 적은 매우 놀라서 다리로 향해 도망치다가 너무 붐비는 틈에 압사하거나 물에 빠져 죽은 자가 셀 수 없을 정도로 많았고, 나머지 전(田)으로 도망간 자들은 진흙이 무릎과 정강이까지 차올라 움직일 수 없었다. 향용은 재차 결집하여 적을 섬멸하였다. 적들은 대진(大鎭)·사변(謝邊)·풍강(豊岡)·횡공(橫滘)·점두기(點頭基) 쪽으로 길을 나누어 도망갔다.[35]

지방지 자체가 그 지역 관료와 신사 등 지배층의 작품이라고 할 때, 위와 같이 반란군을 설명하는 과정에서 천지회를 비하하는 어조는 당연히 이를 작성한 관료와 신사들의 몫일 것이다. 그렇다하더라도 이처럼 진개가 무려 10만이나 되는 대군을 직접적으로 지휘하면서도 대력 등 4보에서 신사들이 주도하여 결성한 단련에 대패했다는 사실은 천지회 반란군의 전투력이 상당히 뒤떨어지고 있음을 반증해주고 있다. 또한 정확한 날짜는 기록되어 있지 않지만 『불산충의향지(佛山忠義鄕志)』에서도 하륙의 천지회가 석교량(石橋梁)에 군대를 주둔시키고 대포를 설치하여 밤낮으로 대력 등 4보를 공격했지만, 이에 맞선 신사 구양천과 맥패금의 단련에 의해서 역시 패퇴했다고 기록하고 있다.[36]

이처럼 대력 등 4보의 단련이 천지회의 공격에 대하여 대단한 방어위력을 발휘하였던 것이다. 특히 위 인용문에 대한 지방지의 저자는 논자

35 (光緖) 『廣州府志』 卷82 「前事略」, 11쪽.

36 (民國) 『佛山忠義鄕志』 卷11 「鄕事志」, 14쪽.

時別隊賊首劉英才朱錦權亦糾黨由西福直抵小埔墟
肆行剽刦高埔鄉紳率眾禦之賊始奔散後朱錦權擒獲
正法 采訪冊
二十六日佛山賊陳開犯南海大瀝堡紳士歐陽泉麥佩金
等率鄉勇擊退之 采訪冊
陳開倡亂佛山欲與城北佛嶺市諸賊合大瀝梯雲扶南
太平四堡適當其衝賊不能越五月中鄉紳舉人歐陽泉
麥佩金生員何應春等首倡團練置礮械備糗糧爲守禦
計時鄉內賊有欲樹椿設鬪于蘡墪海口者內閣中書何
聘珍方爲諸生與監生林賢基黎熒督勇擒殺二十八人
而大範江夏荔莊登賢月窟諸鄉亦相繼勦除內賊至是
佛山賊分兩路攻四堡一路入曹邊經龍頭墟窺草堂橋

十一約鄉勇發大礮斃賊十餘人賊僞遁監生劉遇昌與
其弟遇鴻率勇踰橋逐賊遇伏皆死後隊奮力再戰擒賊
數人賊乃退一路由大鎭鄭鍾邊良豪伯和破之四堡勇
往援陣斬數賊賊敗走與草堂橋後隊同追賊至謝邊橫
滘而回 采訪冊
開平賊余兆表由順德龍山竄擾新甯菱荻嘴等處 采訪冊
賊羅亞添攻陷九龍寨城 采訪冊
二十七日夜間河南有賊嘯聚候選同知林福盛率香山勇
千人及廣協兵往捕獲賊目三十餘餘黨解散 番禺志
賊林大年陳金釭巢閏章練四虎等陷清遠縣 采訪冊
時守備賴明貴先裹紅巾降賊武生記委歐大魁拒賊被
執死之遊擊張德勝潛逃爲賊所殺城守熊永才見事急

走匿山中被執不屈死紳民奉知縣程兆桂退守濱江鄭
爍生迎于其家知縣程兆桂在濱江密諭各屬紳士聯約
置軍械團練爲克復縣城之計是月迴岐司沈堃亦遇賊
被害 采訪冊
時縣城既陷逆賊練四虎屢攻龍塘紳士陳祥昌陳書元
等督鄉民前後十餘戰殺賊甚眾逆鋒爲之少挫云 采訪冊
閏七月初一日佛山賊傾巢攻大瀝四堡鄉紳士歐陽泉麥
佩金等復率鄉勇禦之賊皆敗走 采訪冊
大瀝四堡團練既固人心益堅各紳士復斷扶南橋草堂
橋以防賊侵擾之路初一日賊十道來攻自辰至午不絕
眾號十萬先遣數千人攻仇邊藍翎千總仇國安與其弟
營千總仇鑾飛力戰死仇邊陷復有別隊賊由新橋渡攻

江夏者鄉勇與戰失利從九品劉塏清死之和尚能統披
山船由小朗渡直進瓜步橋登岸犯雷邊九潭等鄉陳開
自率隊由水頭墟進搭浮橋以渡鄉勇潛伏不出賊分路
競進日巳西伏勇突起轟斃多人賊狂奔奪橋走擁擠壓
溺死者無算餘眾遁田間者泥沒膝脛不能動鄉勇復聚
而殲之賊羣向大鎭謝邊豐岡橫滘點頭基各路分走論
者謂大瀝四堡九十六鄉首挫賊鋒足爲省城保障而是
役厥功尤偉云厥後大圖山南等鄉遇有寇警亂乞四堡
鄉勇往援賊悉望風披靡 采訪冊
初四日官軍收復九龍寨城 采訪冊
知縣黃光周協同副將張玉堂都司譚蛟等率眾前進斬
首三十餘級陣亡兵丁廖達邦林禹平二人即日收復寨

〈자료 1〉『광주부지』권82 전사략, 7월 26일~윤7월 1일의 기사

* 출처 : (光緒)『廣州府志』卷82「前事略」, 10-11쪽.

(論者)의 방식으로 다음과 같은 설명을 덧붙이고 있다.

> 논자가 말하기를, 대력 등 4보 96향이 처음으로 적의 예봉(銳鋒)을 좌절시켰기 때문에 성성(省城)이 충분히 보장받을 수 있었으니, 이 전투의 공로는 매우 훌륭한 것이었다고 한다. 이후 대포(大圃)·산남향(山南鄕) 등에서 도적이 있을 거라는 경보가 있을 때마다 4보의 향용(鄕勇)에게 구원해 줄 것을 청했으니, 적들은 실로 이 소식만을 듣고서도 투지가 꺾여 뿔뿔이 흩어질 정도였다.[37]

이러한 기술은 『남해현지(南海縣志)』에서도 보이는데, 대력 등 4보의 단련이 수백 여 차례의 전투를 통하여 성성이 비로소 안전을 보장받았다고 하면서, 재차 이들 단련을 호랑이와 용에 비유하여 "호랑이가 으르렁거리고 용이 비등했으니, 성성이 보장받았다."고 강조하고 있다.[38] 이는 진개의 천지회가 불산에서 북상하여 이문무의 천지회와 합세하는 것을 대력 등 4보의 단련이 저지했기 때문에 결과적으로 광주성이 천지회 반란군으로부터 안전을 보장받을 수 있었다는 것이다. 게다가 불산이 관군에 의해서 회복된 이후 함풍 5년 대력 등 4보의 신사들이 천지회 반란군과의 전투 과정에 전사한 신사 구국안 등 67명을 기념하기 위해서 충의사(忠義祠)를 건립했는데, 양광총독(兩廣總督) 섭명침(葉明琛)은 이곳을 방문하여 '충의(忠義)'라는 말로 조문을 하고, 아울러 충의사의 기둥에 다음과 같은 대련(對聯)을 써 붙였다고 한다.

> 96향이 연합하여 많은 사람들이 자위(自衛)하고 성성을 방어했으며, 가장 어려울 때에 불산의 적을 방어하고 위협하여, 적의 날카로움을 무너뜨리고 견고함을 꺾었으니, 광주가 완전히 보장받을 수 있었던

37 (光緖)『廣州府志』 卷82 「前事略」, 11쪽.

38 (同治)『南海縣志』 卷3 「與地略·前事沿革表」, 7-8쪽.

것이구나.

2백여 전투를 거쳐서 한 마음으로 국가에 보답했고, 다행히 티끌과 같은 적을 월해(粤海)에서 깨끗이 씻어내어 충성의 깃발을 꽂고 습속을 장려했으니, 마땅히 교훈으로 삼아 고향에서 누차 덕화(德化)가 멀리멀리 퍼져 나가게 해야 할지어다.[39]

당시 광주성에서 사면초가에 처해 있었던 양광총독 섭명침도 이처럼 대력 등 4보의 단련이 성성 보호에 결정적인 역할을 한 점을 인정하였던 것이다. 또한 이 충의사를 언급한 이오(李鼇)의 「비기(碑記)」에도 "붉은 기운(紅氛, 즉 천지회)이 들판을 가득 매우고 있을 때, 먼저 불산을 점령하고 계속해서 성성(省城)을 공격하려고 하였다. 4보는 그 지역이 성성과 불산 사이의 요충지에 해당하고, 적을 막기에도 긴요한 지역이었다. 적들은 온갖 방법으로 공격을 도모하여 필사적으로 죽을 힘을 다하여 동쪽으로 가는 길을 뚫고자 하였다."고 기록하고 있으니,[40] 성성을 공격하기 위해서는 이 4보 지역이 진개의 천지회에 얼마나 중요한 지역이었는지를 잘 보여주고 있다.

게다가 진개의 천지회는 두 차례 4보 지역의 전투에서 대패한 것 이외에도 계속되는 관군의 토벌 작전에도 직면해 있었다. 예컨대 당시 불산의 천지회와 수십 차례 대적한 관군 중의 하나로 광주협영정영외위(廣州協永靖營外委) 풍국광(馮國光)을 들 수 있다. 풍국광은 관군을 거느리고 6월 1일부터 9일까지 동관현의 천지회와 대적하다가 6월 16일(7.10)부터 불산으로 이동하여 9월 6일(10.27)까지 3개월 이상 진개의 천지회를 수십 차례 토벌하는 데 진력하였다. 그 결과 진개의 천지회는 매 전투마다 수명에서 수백 명의 인명피해가 있었을 뿐만 아니라 임시 거주지·깃발·구식화

39 (同治)『南海縣志』卷5「建置略·祠廟」, 8쪽.

40 (同治)『南海縣志』卷5「建置略·祠廟」, 8쪽.

승총·총알·화약·화포·선박·무기 등의 군비손실을 입게 되었다.[41]

이상의 기록들은 진개의 천지회가 4보 지역의 전투에서 대패함과 동시에 관군의 토벌 작전으로 인해 성성으로 진격하는 출로를 찾지 못했다는 사실을 알려주고 있다. 그리고 이것은 진개의 천지회가 줄곧 불산에 고립되어 큰 성과를 올리지 못하고 있었음을 의미하기도 한다. 이점은 불산과 관련된 지방지인 『광주부지』·『남해현지』·『불산충의향지』 등에서 진개의 천지회가 4보 지역의 전투 패배 이후에 성성을 점령하기 위한 활동 기록을 찾아 볼 수 없다는 점에서도 확인된다. 이처럼 단련의 방어와 관군의 공세에 밀려서 불산에 고립되어 있었던 진개의 천지회는 11월 초에 이르면 군량이 점차 고갈되어가는 상황에 직면하면서 부호들에게 대규모 타단(打單)을 진행하기 시작하였다. 그리고 이 과정에서 그것이 여의치 않자 급기야 불산의 민가와 거리를 사방에서 방화했고, 그 결과 1만여 채의 민가와 49곳의 거리가 3일 동안이나 불길에 휩싸였다고 한다.[42] 이러한 행동은 당연히 불산 인민들의 큰 반감을 불러왔을 것이고, 결국 진개의 천지회는 11월 29일(55.1.17) 관군과의 치열한 전투 과정에서 패배하여 불산을 버리고 광서로 이동하게 된다.[43]

다음으로 성성 북쪽 동관현 북부에 포진하고 있던 이문무(李文茂)의 천지회를 보자. 불령에 본영을 차린 이문무의 천지회는 성성의 북쪽 공격을 담당하여 삼원리까지 밀고 들어옴과 동시에 성성의 서쪽으로 진출하여 서문의 청룡교(青龍橋)까지 공격해 들어갔다. 이문무는 감선에게 불령 본영의 북부 배후지인 석정(石井)과 강촌(江村) 등을 책임지게 하고, 진현

41 「廣州協外委馮國光各處打仗情形」(F.O.682/289-3), 『淸末の秘密結社』(資料篇), 35-37쪽.

42 (民國) 『佛山忠義鄕志』 卷11 「鄕事志」, 14쪽; (光緒) 『廣州府志』 卷82 「前事略」, 20-21쪽.

43 (民國) 『佛山忠義鄕志』 卷11 「鄕事志」, 14쪽; (光緒) 『廣州府志』 卷82 「前事略」, 23쪽.

량을 성성 동쪽의 연당(燕塘)으로 진출시켜 이곳을 발판으로 동문으로 진격하게 하였다. 그러나 이문무의 천지회는 성성을 공격하는 과정에서 관군과 향용에 의해서 빈번히 저지당하였다. 『광주부지』에는 이문무의 천지회가 처음으로 성성을 공격한 상황을 다음과 같이 기술하고 있다.

> 적이 세 길로 성성을 공격해 왔다. 북로의 적은 성성 외곽의 포대를 탈취하고자 했지만 포대의 병사들이 화포로 적들을 격퇴시켰다. 이 때 무표(撫標) 500명과 장용(壯勇) 500명이 동문으로 나아가 전투했는데, 때마침 성내의 팔기병과 단련의 병사들이 계속해서 이르러 비 오듯이 창포(槍砲)를 퍼부으니, 동로의 적이 패퇴하였다. 서로의 경우 적이 서문의 청룡교 초장신(草場汛)까지 진격해 오자, 외위(外委) 황현표(黃賢彪)가 100명의 신병(汛兵)과 300명의 장용을 거느려 격퇴시키고, 100여 명의 적을 죽이니, 나머지 적들이 사방으로 도망갔다.[44]

위의 상황은 6월 26일(7.20)의 상황으로 이문무의 천지회가 본격적으로 성성(省城)을 공략하는 시점이었는데, 팔기병·무표(독무에 직속된 녹영병)·장용(임시 초모된 녹영병)·신병(주둔지의 녹영병)·단련병에 의해서 격퇴되었던 것이다. 이후 7월 10일(8.3) 이문무의 천지회는 관군의 주요 화력인 포대를 점령하기 위해서 2천여 명을 거느리고 삼원리 부근의 영강(永康)·기정(耆定) 등 각 포대를 공격했으나 다시 실패하고 만다.[45] 이처럼 이문무의 천지회도 성성의 공격에서 큰 성공을 거두지 못하고 있었던 것이다. 이러한 상황은 이문무의 천지회로 하여금 불산에서 진개가 성성의 서쪽을 성공적으로 진격해 주리라는 바람을 더욱 갖게 만들었을 것이지만, 앞서 살펴본 대로 진개의 천지회는 7월 26일(8.9)과 윤7월 1일(8.24) 대력 등 4보의 전투에서 대패했기 때문에 불산에서 꼼짝달싹하지 못하는 상황

44 (光緖)『廣州府志』 卷82 「前事略」, 7쪽.
45 (光緖)『廣州府志』 卷82 「前事略」, 8쪽.

이 벌어지고 있었던 것이다.

결국 진개의 천지회와 합세가 불가능해진 이문무의 천지회는 윤7월 6일(8.29) 북로로 10만의 대군을 이끌고 성성으로 진격하는 한편 진현량이 연당에서 2만여 명의 군대를 동원하여 성성으로 공격했지만, 이 역시 실패하여 큰 타격을 받게 된다.[46] 게다가 설상가상으로 윤7월 15일(9.7) 관군의 습격으로 인해 연당을 근거지로 하고 있던 진현량의 천지회가 초토화되면서 진현량은 신조로 피신하는 상황까지 발생하였다.[47] 물론 당시 감선이 이미 화현성을 점령하고 양대(糧臺)를 설치하여 타단으로 얻은 군량 등의 물자를 지속적으로 불령의 본영으로 공급하는 상태[48]였을 뿐만 아니라 하륙의 천지회가 7월 18일(8.11) 동관현에서 증성(增城)현으로 진출하여 증성현성을 점령[49]했기 때문에 이문무가 지휘하는 불령 본영의 배후지는 천지회의 세력이 장악한 상태로 보인다. 그러나 성성 공격의 계속적인 실패와 연당 근거지의 상실로 이문무의 천지회는 점차 수세적인 위치로 내몰리게 된다. 그리고 그 결정타는 바로 불령에서 천지회를 진압하기 위해서 조직된 단련이었는데, 다음과 같은 몇 가지 사례를 통해서 확인된다.

첫째, 『반우현지(番禺縣志)』에는 "9월 15일 남해(南海)현 이오(李鰲)가 반우현 (지현) 이복태(李福泰), 현승(縣丞) 왕이증(汪以增), 신회현영(新會縣營) 위좌방(韋佐邦)과 함께 불령으로 가서 각 촌의 신로(紳老)들을 접견하고서는 단련의 정장(丁壯)으로서 적을 격퇴할 것을 명령하자, 대랑(大朗) 상하리(桑下里)의 황족(黃族)이 먼저 실시하였다."고 하면서, 이후 관군과 단련군의 연합으로 수차례의 전투에서 이문무의 천지회를 진압했다고 기록하고

---

46 (同治) 『番禺縣志』 卷22 「前事」 3, 28쪽.

47 (同治) 『番禺縣志』 卷22 「前事」 3, 29쪽; (光緒) 『廣州府志』 卷82 「前事略」, 12쪽.

48 (光緒) 『廣州府志』 卷82 「前事略」, 5쪽.

49 (民國) 『增城縣志』 卷20 「人物·列傳」, 32쪽; (光緒) 『廣州府志』 卷82 「前事略」, 9쪽.

있다.[50] 둘째, 『반우현속지(番禺縣續志)』에서는 지현 이복태가 성 밖의 동산사(東山寺)에 공국(公局)을 세워 "한 향(鄕)이 천지회와 내통하고 있으면 여러 향이 이를 격퇴하자."는 취지로 공약(公約)의 설립을 주창했고, 이에 거인(擧人) 마여천(馬汝泉)이 향단(鄕團)을 조직하여 감선 등의 천지회를 진압했다고 기술하고 있다.[51] 셋째, 불령의 배후지인 화현(花縣)의 경우 11월 6일(12.25) 수복되었는데, 이 과정도 화현의 신사들이 암암리에 단련을 의논하여 전체 현에 화봉약(花峰約)·균화약(均和約)·일심약(一心約)·보운약(步雲約)·연평약(聯平約)·사봉약(獅峰約)이라는 육약(六約)을 설치하여 서로 원조해주기로 협의했고, 이후 지현과 신사들이 장용 1천 명을 확보하여 당일로 현성을 수복했다고 한다.[52]

이제 불령에 근거지를 두고 있었던 이문무의 천지회도 진개의 천지회와 마찬가지로 관군과 단련의 공세를 견디지 못하고 계속해서 반우현의 북부지역으로 후퇴하기 시작하였다. 후퇴하는 과정에서 12월 초 감선이 재차 화현성을 점령하기도 했지만, 한번 기울어진 대세를 다시 돌이킬 수는 없었으니, 이듬해 함풍 55년 2월 중순 화현은 보운약의 신사가 동원한 향용에 의해서 다시 수복되었다.[53] 결국 원점으로 돌아간 이문무의 천지회는 광서로, 감선의 천지회는 호남으로 이동하기 시작하였다.[54]

한편 함풍 4년 윤7월 15일(9.7) 연당(燕塘)의 근거지를 잃고 신조(新造)로 피신한 진현량은 이곳에서 성성 공격의 재기를 위해서 천지회 세력을 결집하고 있었다. 당시 진현량의 천지회에 대하여 『반우현지』의 기록[55]

50 (同治) 『番禺縣志』 卷22 「前事」 3, 29쪽.
51 (民國) 『番禺縣續志』 卷14 「官師·宦蹟」, 10쪽.
52 (光緒) 『廣州府志』 卷82 「前事略」, 21쪽.
53 (光緒) 『廣州府志』 卷82 「前事略」, 23-27쪽.
54 (同治) 『番禺縣志』 卷22 「前事」 3, 31쪽; (光緒) 『廣州府志』 卷82 「前事略」, 29쪽.
55 (同治) 『番禺縣志』 卷22 「前事」 3, 30-31쪽.

을 종합해 보면, 다음과 같다.

신조에서 군대를 정비한 진현량은 11월 10일(12.29) 굴금(屈金)·진사(陳四) 등에게 신조를 맡기고 스스로 선박을 이용하여 주강을 거슬러 올라가 동포(東圃)를 거쳐 연당으로 나아가 성성을 공격했지만 실패하였다. 다시 신조로 돌아온 진현량은 하륙의 천지회와 하백상(何伯祥)·하박빈(何博份)의 천지회와 연락하여 하남에서 성성을 도모하기로 했으나, 그것도 여의치 않았다. 그 사이 진개의 천지회가 11월 29일(55.1.17) 불산을 고수하지 못하고 광서로 이동하기 시작했고, 이문무의 천지회 불령 본영도 이 시기가 되면 단련과 관군의 공세를 당하지 못하여 오히려 서북부로 후퇴하고 있었으니, 진현량의 신조 진영도 고립된 상황이었다고 말해도 좋을 것이다.

상황이 다급해진 진현량은 12월 3일(55.1.20) 임광융(林洸瀜)의 천지회와 연합하고 맹용(猛涌)·종촌(鍾村)·진두(陳頭) 등의 지역에서 세력을 규합하여 하남을 공격하기 시작하였다. 그러나 성성에서 대적해 온 파총(把總) 황용(黃鏞)과 무거(武擧) 황룡도(黃龍韜)의 관군에 의해서 격퇴되었고, 이후 4일·11일·12일 계속해서 공격을 퍼부었지만 결과는 오히려 천지회가 격파당하면서 하남이 관군에 의해서 평정되기 시작하자 진현량은 다시 신조로 돌아왔다. 그러나 상황은 돌이킬 수 없게 되어 이듬해 함풍 5년 1월 18일(55.3.6) 관군을 비롯하여 사만(沙灣)과 교당(茭塘)에서 조직된 단련의 향용이 맹용·진두 등을 습격함과 동시에 천지회의 수상 거점인 수영(水營)을 파괴시키고 1만 여명을 몰살시켰다. 그리고 이러한 여세를 몰아 20일 신조를 공격하기에 이르자, 이 소식을 들은 진현량은 이미 도망간 상태였다.

마지막으로 언급할 부분은 하륙(何六)의 천지회이다. 앞서 언급한 대로 하륙의 경우 반란 기간 동안 '진송의 천지회 집단'에서 가장 이른 시기에 봉기하여 동관현성을 점령하는 개가를 올렸고, 증성현으로 진출하여 현성을 점령한 이후 성성을 공격하기도 했으며, 진개가 있는 불산으로 이동하여 대력 등 4보를 공격하기도 했고, 신조에서는 진현량과 함께 하남으로 진출하여 성성을 공격하기도 하였다. 이처럼 하륙의 활동 영역은 봉기 기간 동안 매우 다양하게 나타나고 있다. 그러나 사실 이러한 점은 지현 화정걸(華廷傑)이 신사 장금감(張金鑒)·하인산(何仁山) 등과 협의하여 단련국(團練局)을 설치하고 향용을 모집한데다가 동문 밖 13향의 원조와 관군의 합세에 힘입어 6월 8일(7.2) 동관현성을 수복했기 때문에,[56] 하륙의 천지회는 봉기 초기부터 근거지를 상실하고 이곳저곳을 전전한 결과였다고 생각된다. 결국 함풍 5년 1월 23일(55.3.11) 하륙은 신조가 관군에 진압된 상황에서 하백상(何伯祥)·하박빈(何博份)의 천지회와 함께 수십 척의 선박을 이용하여 사자양(獅子洋)으로 탈출하였다.[57]

의도하였건 그렇지 않았던 간에, '진송의 천지회 집단'이 광주성을 사면으로 포위하고 공격하는 전술은 일면 기병(旗兵)과 녹영(綠營)을 주축으로 한 청군을 사면으로 분산시키는 효과를 얻을 수 있었겠지만, 그 만큼 반란군의 전투력도 한곳으로 집중시키지 못한다는 역작용을 미처 생각하지 못한 것 같다. 그리고 이 역작용은 '진송의 천지회 집단'이 광주성을 사면에서 포위하여 무려 반년 이상을 공격하였음에도 불구하고 결과적으로 광주성을 점령하지 못했다는 사실에서 이미 충분히 드러나 있다. 이점은 반란 기간 동안 진행된 천지회 반란군에 대항한 관군·단련의 공방전의 상황을 상세하게 기록하고 있는 『남해현지(南海縣志)』를 통해서 구체적으로 확인할 수 있는데, 그 치열했던 전투의 횟수와 결과를 다음과 같이 기록하고 있다.

56 (民國) 『東莞縣志』 卷35 「前事略」 7, 4-5쪽.

57 (同治) 『番禺縣志』 卷22 「前事」 3, 31쪽.

> 6월부터 11월까지 모두 60여 차례의 치열한 전투가 있었고, (이후 천지회 반란군이) 북로에서 일소되었다. …… 7월부터 11월까지 10여 차례 여기저기에서 전투가 있었고, 동로에서도 일소되었다. …… 7월부터 11월까지 수상과 육상에서 17·18차례의 공격과 토벌이 있었고, 서로에서도 일소되었다. …… 7월부터 12월까지 수상과 육상에서 18·19차례 여기저기에서 전투가 있었고, (이후 천지회 반란군은) 하남(河南)의 남북 연안에서 모두 일소되었다.[58]

위『남해현지』에서는 이 기록에 앞서서 대력 등 4보에서만 무려 100여 차례의 크고 작은 전투가 진행되었다고 명기하고 있기 때문에, 위의 기록에서 동서남북의 반란군에 대항한 총 110여 차례의 전투는 아마도 큰 전투만을 대상으로 언급한 것으로 보아야 할 것이다. 비록 각 노선의 천지회를 명확하게 표기하고 있지 않지만, 위의 인용문은 진개의 천지회가 반란 기간 내내 불산에 고립되어 성성을 공략하지 못하였던 상황에서 북로와 서로에서는 이문무·감선의 천지회가, 동로와 남로에서 진현량·하륙·임광융·하백상 등의 천지회가 모두 110여 차례의 큰 공격을 하고서도 어느 한 노선에 대해서도 완벽하게 군사권을 장악하지 못했다는 사실을 알려주고 있을 뿐만 아니라 분산된 천지회 반란군이 가지고 있는 전투력의 약세도 잘 보여주고 있다. 나아가 '진송의 천지회 집단'이 갖고 있었던 전투력의 약세는 단순히 팔기와 녹영으로 구성된 관군의 전투력이 월등히 강했다는 점에서 찾기보다는 오히려 천지회의 봉기가 일어나자 각 지역의 신사 등이 조직한 단련·공국 등의 자위력과 여기에 합세한 관군의 전투력을 능가하지 못하면서 더욱 표면화되었던 것이다. 결국 반란 초기에 총회수 진송이라는 구심점을 잃은 상황에다가 동서남북으로 분산된 진개 등 각각의 천지회가 광주성을 독자적으로 공격하는 과정에

58 (同治)『南海縣志』卷26「雜錄」下, 14-20쪽.

서 노출된 군사력의 한계가 관군과 단련군의 합세를 극복하지 못하고 광주성을 탈환하지 못한 결정적인 요인으로 작용하였던 것이다.

3. 반란의 좌절: 지배층의 대학살과 영향

'진송의 천지회 집단'이 광동의 심장부인 광주성을 점령하지 못했을 뿐만 아니라 아래 〈표 1〉에서와 같이 기타 지역의 천지회 세력들도 조경(肇慶)·염주(廉州)부를 제외하고는 대부분의 부성을 탈취하지 못한 점은 반란에 대한 관료·신사·종족 등을 중심으로 한 지배층의 대응이 매우 만만치 않았음을 보여준다. 그리고 이러한 대응의 정점에는 바로 양광총독 섭명침(葉名琛)이 있었다.

태평천국운동의 폭발로 인해 함풍 3년 황제의 명령에 따라 섭명침은 부현을 중심으로 단련국(團練局)을 설치·운용하면서 예하의 향(鄕) 단위에서는 보갑(保甲)의 강화를 꾀하는가 하면, 반란을 전후해서는 종족의 장(長)이나 유력한 신사들로 하여금 단련의 취약점을 개선시켜 새로이 공국(公局)을 만들어 관료들과 함께 반란에 대비하고 있었다.[59] 특히 함풍 4년 6월 하륙·진개·이문무·감선·진현량 등을 회수로 한 천지회의 주력군이 사면으로 성성을 더욱 압박하기 시작하자, 성성 방어의 위험성을 자각한 섭명침은 광동을 비롯하여 복건·절강·호남 등에서 녹영병 4천여 명을 불러들여 팔기병 1천 3백여 명과 함께 성성의 방어 작전에 돌입했고, 성성 인근의 종족과 신사에게 명령하여 향용 2만 7천여 명과 수용 1만 6천여 명을 모집하여 군사력을 더욱 강화하였다.[60] 나아가 섭명침은 12

59 유장근, 『근대 중국의 비밀결사』, 289-297쪽.

월 양광총독의 명의로 홍콩총독 보우링(Bowring)에게 영국군의 출병을 요청했고, 그 결과 영국 해군의 출병과 미국·프랑스의 군사적 원조까지 얻을 수 있었다.[61]

〈표 1〉 함풍 4~5년 광동 부현성에 대한 천지회의 점령시간과 관군의 수복시간

부(府)·주(州)명	현(縣)·청(廳)명(점령시간 / 수복시간)	
광주(廣州)	동관(東莞, 54.6.17/54.6.30)	증성(增城, 54.8.10/54.9.21)
	화현(花縣, 54.7.13/54.10.16)	용문(龍門, 54.9.20/54.10.27)
	청원(淸遠, 54.8.4/55.4.18)	순덕(順德, 54.8.1/55.5.4)
	종화(從化, 54.11.17/55.1.18)	불강(佛岡, 54.8.9/55.5.21)
혜주(惠州)	하원(河源, 54.10.8/54.12.27)	박라(博羅, 54.12.20/55.2.11)
	장녕(長寧, 54.10.12/54.10.12)	해풍(海豊, 54.9.2/54.9.18)
소주(韶州)	영덕(英德, 54.8.3/55.6.12)	낙창(樂昌, 54.9.8/54.9.25)
	인화(仁化, 55.2.26/55.2.26)	유원(乳源, 54.10.15/54.10.17)
남웅(南雄)	시흥(始興, 54.9.25/54.10.18)	
조경(肇慶)	부성(府城, 54.8.5/55.5.21)	덕경(德慶, 55.4.3/55.4.3)
	학산(鶴山, 54.8.4/54.9.10)	봉천(封川, 54.8.29/55.5.21)
	사회(四會, 54.8.13/55.4.27)	광녕(廣寧, 54.8.15/54.8.15)
	고명(高明, 54.7.22/54.7.25)	개평(開平, 54.8.12/54.10.27)
	신흥(新興, 54.8.1/54.8.2)	
나정(羅定)	동안(東安, 54.8.5/54.8.5)	
염주(廉州)	부성(府城, 54.9.22/55.4.2)	양산(陽山, 54.9.25/55.1.25)
	연산(連山, 54.9.25/55.1.25)	
조주(潮州)	혜래(惠來, 54.6.7/54.10.6)	
가응(嘉應)	장락(長樂, 54.7.26/54.10.17)	

〈근거자료〉 J. Y. Wong, *Yeh Ming-ch'en Viceroy of Liang Kuang 1852~8*, New York: Cambridge University Press, 1976, pp.112-113.

60 小林一美, 『清朝末期の戰亂』, 東京: 新人物往來社, 1992, 129-130쪽.

61 駱寶善, 「太平天國時期的廣東天地會起義述略」 下, 56-58쪽; 歐陽恩良·潮龍起, 『中國秘密社會』 4, 福州: 福建人民出版社, 2002, 342-343쪽.

이러한 섭명침의 기민한 군사적 대응은 천지회의 공격을 무마시키면서 오히려 이들을 수세적 위치로 내몰았던 것이다. 이리하여 함풍 5년(1855) 2월을 전후하여 성성을 포위한 천지회 반란군의 세력은 광동에서 광서·호남 등의 지역으로 이동하기 시작했고, 성성 이외의 광동 대부분의 지역도 각 관료들이 지휘한 관군과 신사들이 조직한 단련에 의해서 모두 수복되었다.

천지회의 성성에 대한 포위가 해제되자, 섭명침을 정점으로 한 지배층은 반란에 대한 본격적인 사후처리에 착수하였다. 청군과 천지회의 전투 과정에서 이미 많은 인명 피해가 있었음에도 불구하고, 양광총독으로서 섭명침은 그 화근을 없앤다는 명목으로 반란군의 잔당과 관련자의 색출 활동에 들어갔다. 일반적인 천지회의 활동이라면 결배의 주모자와 적극적인 가담자 정도만 사형에 처해지겠지만, 광동 전성을 뒤흔들면서 급기야 청조의 전복을 목표로 전개된 함풍 4년 천지회 반란의 경우 지배층의 관대한 처리를 바란다는 것은 아예 불가능해 보였다. 우선 당시 반란의 처형 현장을 목격한 용굉(容閎)은 다음과 같이 말하고 있다.

> 양광총독 섭명침은 이 폭동이 일어나자 지극히 잔혹한 수단으로 진압하였다. 뜻은 물론 폭동이 확대되는 것을 철저히 분쇄하여 그 화근을 없애는 데 있었다. 이 해(1855년) 여름에 죽은 자가 약 7만 5천여 명이었다. …… 이 무렵 나는 형장에서 반마일 떨어진 곳에 살고 있었기 때문에 문득 호기심이 생겨 사형장의 광경을 한 번 가보기로 하였다. 그런데 막상 가 보았더니, 형장은 온통 피바다로 변하고 길가에는 목이 없는 시체가 땅바닥이 보이지 않을 만큼 널려져 있었다.[62]

62 Yung Wing, *My Life in China and America*, New York: Henry Holt and Company, 1909(容閎 저, 권희철 역, 『西學東漸記』, 서울: 을유문화사, 1974, 63쪽).

용굉은 이러한 대학살의 원인 중의 하나로 섭명침의 개인적 원한 관계까지도 지적하고 있다. 즉 섭명침의 고향은 호북의 한양(漢陽)으로 당시 그의 집안은 손꼽히는 부호였는데, 태평천국군이 이곳을 점령했을 때 그의 집안은 파괴되었다. 이로 인해 그는 태평천국군에 대한 원한이 뼈에 사무쳤을 뿐만 아니라 그 지휘자들이 대부분 광동·광서 출신인 관계로 이 두 성의 주민을 원한의 대상으로 삼게 되었다. 이리하여 그는 함풍 4년 양광총독의 권한을 잡기가 무섭게 이 두 성에 대하여 사적인 분풀이부터 시작했고, 이윽고 광동에서 천지회 반란이 일어나자 관련 구성원과 심지어 무고한 사람까지도 체포하여 재판도 제대로 하지 않고 소나 양처럼 도륙했다고 한다.[63] 결국 양광총독이라는 광동·광서 최고 통치자의 직분에 개인적 원한까지 결부된 섭명침은 천지회 반란의 사후처리 과정을 대학살로 만들어버렸다.

당시 이 반란의 현장에 있었던 영국인 스카스(Scarth)는 천지회 반란군의 수급을 담는 대나무 소쿠리가 부족하여 관원들이 수급 대신에 반란자의 오른쪽 귀를 잘라 오라고 하는 소식을 듣고서, 이러한 대학살의 진상을 직접 확인하기 위해서 몸소 전쟁터로 향했다고 한다. 그는 반란이 진행되는 과정에서 관료들이 저지른 대학살에 대하여 다음과 같이 말하고 있다.

> 천지회의 회수는 몸 껍질을 도려내어 죽였다. …… 내가 (사형장에서) 목격한 바로는 채 4분도 안되어 63명이 참수되었다. …… 하루 동안 수급을 대신해 잘라온 오른쪽 귀를 담은 상자 3박스가 총독 앞으로 보내졌다. …… 광주 일대에서만 6개월 이내에 7만 명이 살해되었다. …… 혁명이 발생한 이래로 1년 동안 광동성에서 100만 명이 넘게 사

63 Yung Wing, 권희철 역, 『西學東漸記』, 65쪽.

망했는데, 그 중에 10만 명 이상이 광주의 사형장에서 참수되었다.[64]

이 뿐만 아니라 미국인 헌터(Hunter)는 자신이 경험한 광주에서의 일을 “양광총독 섭명침에 의한 합법적인 대학살”이라고 규정하면서, 그 실상을 당시 한 관료의 말을 인용하여 다음과 같이 지적하고 있다.

> 800명의 체포된 반란자가 하루 만에 형장에서 참수되었고, 여러 날 동안 계속되었다. 만약 하루에 단지 300~400명을 처형할 경우에는 매우 적은 것이라고 여길 정도였다.[65]

나아가 헌터는 연당과 신조의 중간에 위치한 황포(黃埔) 부근의 진(鎭)으로 당시 진현량과 하륙의 천지회가 활동하고 있었던 남보(南步)의 상황에 대해서도, 천지회 반란군이 그 동쪽에서 2,500~3,000명이 죽었고, 서쪽에서도 대량으로 학살되었는데, 보고된 참수자만 수천 명이었고, 포로가 되어 광주로 이송되어 공개적으로 죽은 자는 수십 명에 불과하다고 전하고 있다.[66]

함풍 4년 천지회 반란과 관련하여 처형된 천지회 구성원에 대한 전모를 정확히 밝힐 수 없지만, F.O. 당안의 기록을 통해서 함풍 4년 윤7월 중순에서 함풍 5년 9월말까지 각 부현성에서 광주부성으로 체포되어 압송된 천지회 구성원의 수치를 볼 수 있다. 그것을 정리한 것이 〈표 2〉다.

---

64 John Scarth, *Twelve Years in China: The People, the Rebels and the Mandarins*, Edinburgh: Edmonston and Douglas, 1860, pp.220-240.

65 William. C. Hunter, *Bits of Old China*, London: Kegan Paul, 1885, p.88.

66 William. C. Hunter, *Bits of Old China*, p.104.

〈표 2〉 천지회 구성원의 압송과 처벌 현황(함풍 4년 윤7월 중순~함풍 5년 9월말)

년도	월	사형	병사	보석	기타	계
함풍 4년 (1854)	윤7	115	44	109	5	122
	8	262	50	96	12	270
	9	254	41	97	7	263
	10	385	55	69	16	395
	11	345	98	222	10	356
	12	802	232	215	28	814
함풍 5년 (1855)	1	2,068	213	128	30	2,069
	2	2,333	180	29	46	2,335
	3	1,517	132	37	29	1,520
	4	5,227	340	29	115	5,231
	5	5,485	227	14	120	5,490
	6	3,690	249	32	110	3,696
	7	3,978	164	8	83	3,985
	8	2,817	108	18	84	2,825
	9	1,630	92	2	164	1,639
총계(명)		30,908	2,225	1,105	859	31,010
비율(%)		88.1	6.3	3.1	2.5	100

〈근거자료〉 「讞局收到審辦幷現押各犯淸摺」(F.O.682/289-3), 『清末の秘密結社』(資料篇)』, 82-89쪽.

〈표 2〉에 의하면, 약 15개월 동안 광주로 체포되어 압송된 35,097명 중에 사형된 자가 30,908명(88.1%), 병사한 자가 2,225명(6.3%), 보석으로 풀려난 자가 1,105명(3.1%), 기타 859명(2.5%)이었다. 따라서 〈표 2〉는 반란과 관련하여 광주으로 압송되기만 하면, 압송자의 95% 정도가 죽은 사실을 보여주고 있다. 특히 함풍 5년 1월부터 사형된 자가 천 명 이상으

로 크게 늘어나면서 9월까지 총 31,528명 중 사형에 처해진 자가 28,745명이었으니, 매일 100명 이상이 죽어나간 셈이다.

광동 최고 관료의 이러한 대학살은 광동의 각 부현성에서도 확인된다. 예컨대 조경부에서는 1만여 명이 반란과 관련되어 처형되었다. 광주부의 경우, 반우현에서는 8천여 명이 살해되었고, 순덕현에서는 늑류향(勒流鄉)에서만 130여 명이 피살되고 현 전체적으로는 1만 8천 명이 처형되었으며, 이와는 별도로 수천 명이 성성으로 압송되었다. 그리고 향산현의 소람진(小欖鎮)에서도 4백여 명이 처형되었다.[67] 종족 집단 내부에서도 반란에 가담한 구성원에 대한 보복이 있었는데, 광주부 남해현 구강(九江)의 관성(關姓) 종족의 경우 반란이 진압된 이후 족인 1천 6~7백 명 중에서 가담자 6~7백 명을 처형할 정도였다.[68]

천지회 관련 구성원에 대한 대대적인 토벌과 학살은 반란의 지도층을 이루는 핵심 구성원에게도 예외는 아니었다. 예컨대 당시 직책이 원수(元帥)·군사(軍師)·도독(都督)·선봉(先鋒) 등으로 반란의 지도층에 있었던 천지회의 핵심 구성원 536명이 체포된 명단이 또 다른 F.O. 당안에 기재되어 있다. 이것을 지역별로 나누어 보면, 광주부 418명(이 중에 불산만 230명), 조경부 97명, 소주부 7명, 혜주부 5명, 연산주 4명, 나정주 1명이었다.[69] 이러한 기록은 반란의 중심지였던 광주·불산 등의 천지회 핵심구성원들이 대량으로 체포된 것을 보여준다. 천지회 내부의 위계질서 계통으로 볼 때, 이들은 반란의 주역이었던 하륙·진개·이문무·감선·진현량 등의 휘하에서 적어도 부장(副將) 이상의 위치에 있었던 핵심구성원이었다.

특히 이러한 천지회의 핵심 구성원을 처형할 때에는 일반 구성원보다

67 駱寶善, 「太平天國時期的廣東天地會起義述略」 下, 58쪽.

68 (淸) 趙沅英, 「紅兵紀事」, 『近代史資料』 6, 1955-3, 138쪽.

69 「已獲各路首要匪犯姓名」(F.O.682/121B-7), 『淸末の秘密結社』(資料篇), 68-82쪽.

훨씬 잔인한 방법으로 사형시킨 것 같다. 예를 들어 위에서 언급한 536명의 명단에 직책이 대원수(大元帥)로 기록된 감선(甘先)은 '진송의 천지회 집단'에서 그 핵심 구성원 중의 한 명으로 화현에서 체포되었을 때 지방관은 그의 심장과 간을 꺼내어 이전에 감선의 부하에게 죽임을 당한 관료의 사당에 그것을 놓고 제사지냈다는 것이다.[70] "천지회의 회수는 몸껍질을 도려내어 죽였다."고 한 앞서 스카스의 언급이 전혀 과장되지 않았음을 보여준다. 그 뿐만 아니라 감선 일가의 9인 중 7인도 체포되어 처형되었고, 그의 부장이었던 조춘림(曹春霖)의 고향인 아호(鴉湖)의 조씨 일족 7백여 명도 피해를 입었다.[71]

이와 같은 대학살은 당시 청리(淸理, 淸釐) 등으로 표현되는 이른바 청향(淸鄕)이란 방법이 추진되면서 병행되었다. 청향이란 해당 지역의 안정을 유지하기 위해 도적을 토벌하는 전담 관군을 조직한 이후 이들을 급파하여 일정기간 주둔시키면서 도적을 완전히 일소해 버리는 것을 말한다. 청말 자정원(資政院)의 한 관료는 광동에서 청향을 추진하게 된 배경에 대하여 다음과 같이 말하고 있다.

> 광동성에는 도적(盜賊)이 원래 많아서 역대로 부임한 지방 장관이 일찍이 치도(治盜)를 위해 힘썼다. 그러나 수십 년 이래 백성의 생활이 더욱 곤란해지고 잠복한 도적은 더욱 많아져 끝내 다스릴 수 없으니, 어떻게 해야 하는가? 본래 도적에게는 청향(淸鄕)이 가장 유일한 방책이다.[72]

함풍 4년 천지회 반란은 천지회가 대대적으로 정치 세력화한 단적인 예로서 청조의 입장에서는 이를 도저히 묵과할 수 없었기 때문에 이 반

70 「會黨消息」, 金毓黻·田餘慶 等編輯, 『太平天國史料』, 北京: 中華書局, 1955, 500쪽.
71 駱寶善, 「太平天國時期的廣東天地會起義述略」 下, 58쪽.
72 「資政院副總裁李家駒等奏摺附片」, 中國史學會 主編, 『辛亥革命』 7, 上海: 上海人民出版社, 1957, 264-265쪽.

란을 계기로 청향을 추진한 것으로 보인다. 이후 청향은 동치 연간에 들어와 광동에서 도겁(盜劫)·배회(拜會)·계투(械鬪)가 가장 활발한 혜주·조주·광주·염주부 등의 지역에서 진행되었고, 광서 연간에 이르러서는 광동을 중·동·서·남·북의 방향으로 나누어 청향의 범위를 더욱 확대하여 실시하였다.[73] 이 중 동치 연간 조주부의 경우를 보면, 이 지역은 동치 이전 비도(匪徒)의 활동으로 상인들의 발길이 끊길 정도였는데, 동치 7년(1868) 이들의 활동을 진압하기 위해서 실시한 청향으로 비도 약 1,100여 명을 체포하니 비로소 안정되었다고 한다.[74] 구체적인 기간과 수치가 확인되는 또 다른 사례를 보면, 광서 12년(1886) 4월에서 9월까지 혜주부의 육풍(陸豊)·해풍(海豊)현에서 실시한 청향을 통하여 '수기배회(豎旗拜會)'·'종역공성(從逆攻城)'·'장관상용(戕官傷勇)' 등을 저지른 비도 총 465명을 체포했을 정도였다.[75] 이처럼 청향은 당시 광동에서 광범위하게 활동하고 있었던 천지회를 비롯한 각종 비도의 세력을 일소하는 데 효과적인 방법 중의 하나였다.

그러나 거듭되는 청향에 대하여 천지회와 같은 집단들은 "관군이 나타나면 숨어 버리고 관군이 가버리면 다시 나타난다."는 형식으로 대처하기 시작하였다. 이리하여 청향을 수행하는 군대가 해당 지역에서 철수하여 다른 지역으로 이동하기만 하면, 비도들은 다시 예전처럼 활동했으므로 청향의 효과는 갈수록 반감되어 갔다. 게다가 광서 말엽·선통 연간으로 갈수록 비도의 일망타진이라는 청향의 실질적인 효과는커녕 오히

73 「查辦匪鄉摺(光緒11.12.27.)」, 苑書義 等主編, 『張之洞全集』 1, 石家莊: 河北人民出版社, 1998, 380쪽; 「查辦匪鄉已有端緒摺(光緒13.6.13.)」, 『張之洞全集』 1, 566-571쪽; 「署兩廣總督岑春煊奏廣東歷年辦理淸鄉情形摺(光緒32.5.28.)」, 中國第一歷史檔案館北京師範大學歷史系 編選, 『辛亥革命前十年間民變檔案史料』 下, 北京: 中華書局, 1985, 453-455쪽.

74 「查辦匪鄉摺(光緒11.12.27.)」, 『張之洞全集』 1, 380쪽.

75 「查辦匪鄉已有端緒摺(光緒13.6.13.)」, 『張之洞全集』 1, 567쪽.

려 적지 않은 폐단마저 불거져 나왔다. 예컨대 청향을 위해서 군대가 주둔한 현에서는 비도들이 소식을 듣고 도망을 가면, 청향의 책임자는 그 지역의 신기(紳耆)들이 비도를 보호한다는 명목으로 무고하여 이들로부터 뇌물을 수수받았다. 이 뿐만 아니라 청향을 수행하는 병용(兵勇)들은 향촌을 제멋대로 약탈하는 과정에서 향민이 저항하면 거포(拒捕)의 명목으로 걸핏하면 체포하기 일쑤였다. 이리하여 청향이 실시되는 곳에서는 "인민들이 청향을 두려워하는 것이 도적을 두려워하는 것보다 더 심하였다."고 할 정도로 '청향의 화'가 불어 닥치기도 하였다.[76] 결국 단순히 군대를 동원하여 무력으로 천지회와 같은 회비(會匪)들을 진압하겠다는 청향이라는 강경책은 당시 광동 사회의 구조적 모순들이 해결되지 않는 이상 그 근본적인 해결책이 될 수 없었던 것이다.

76 「資政院副總裁李家駒等奏摺附片」, 『辛亥革命』 7, 264-265쪽.

소결

진송이라는 인물에 대해서는 자료의 한계로 인해 거의 알려진 바가 없다. 그러나 그가 함풍 초엽 광주부 반우현을 거점으로 하여 함풍 4년 천지회 반란을 계획하고 진두지휘한 총회수이었다는 사실이나, 이제 막 계획된 반란이 성공적으로 착수되었을 무렵 뜻밖에 광동 당국에 의해서 제거되는 불운을 당하면서 역사의 무대에서 완전히 퇴장해 버렸다는 사실은 그것도 중국이 아닌 영국국가당안관에 보존되어 있는 단 한 건의 당안을 통해서 확인될 뿐이다.

하지만 진송의 반란 계획은 그의 천지회 집단에 소속되었던 하륙·진개·이문무·감선·진현량이라는 걸출한 회수들에 의해서 청대 천지회의 역사에서 최대의 반란으로 전개되었다. 그 동안 기존의 많은 연구에서는 각지의 천지회 회수들이 제각기 봉기한 이후에 연합한 것으로 기술해 왔지만, 본장에서 이들 반란의 지휘부를 '진송의 천지회 집단'이라고 명명한 것처럼 각 지역에서 회수들의 봉기는 진송의 명령에 의해서 '의도적·계획적'으로 진행된 것이었다.

진송의 천지회 집단은 무려 8개월이라는 시간 동안 광동의 성성이자 화남의 정치·경제·행정의 중심지인 광주성을 점령하기 위해서 청군 및 단련군과의 수백 여 차례 크고 작은 전투를 감행했으니, 그야말로 총력전을 펴부은 셈이다. 그러나 결과는 참담한 실패로 끝나고 말았다. 당시 하륙의 천지회는 자신의 근거지인 동관현에서 불과 한 달이 못되어 쫓겨나면서 반란 기간 동안 이리저리 방황하는 신세를 면치 못했고, 진개의 천지회는 예상 밖으로 반란 기간 내내 불산에만 고립된 채로 고전하고 있었다. 비록 반우현 북부에서 이문무·감선의 천지회가 계속적인 공세를 퍼부었지만 광주성에 다가가기에는 역부족이었고, 반우현 서부에서 진현량의 천지회도 연당의 근거지를 함락당하고 신조로 남하하여 재기를 노려보았지만 결국 그 뜻을 이루지 못하였다.

이처럼 진송의 천지회 집단이 분전했음에도 불구하고 광주성을 점령할 수 없었던 가장 큰 원인으로는 광주성을 사면에서 포위하여 공격한다는 작전이 초래한 천지회의 군사력 분산과 약세가 지방관을 정점으로 편성된 관군과 신사들이 주동이 되어 조직한 단련군의 군사적 합세를 결코 능가하지 못했기 때문이었다. 특히 진개의 천지회를 불산에 고립시켜 이문무의 천지회와 합세를 가로막은 남해현 4보 96향에서 조직된 단련의 활약은 양광총독 섭명침의 대련과 이오의 「비기」에 기록되어 있는 것처럼 광주성의 운명을 좌우하는 데 결정적인 것이었다고 평가해도 무방할 것이다.

천지회의 광주성 점령 실패에 따른 광동 지배층의 사후 조치는 매우 비참한 대학살로 이어졌다. "비단 금세기에 유례가 없을 뿐더러 설령 옛날 로마의 폭군인 네로나 프랑스혁명 때의 참극에서도 볼 수 없었던 대학살이었다."[77]고 평가한 용굉의 언급은 결코 과장된 것이 아니었다. 이 반란의 실패로 인하여 천지회의 구성원과 관련 인민들이 적게는 10~40만 명, 많게는 100만 명까지 처형된 것으로 추산되고 있다.[78] 그리고 이

77 Yung Wing, 권희철 역, 『西學東漸記』, 64-65쪽.

러한 대학살의 여파는 천지회가 더 이상 공개적으로 활동할 수 없을 정도로 강력했는데, 광동에서 함풍 4년 천지회 반란의 여진이 종료되는 동치 6~13년(1867~1874)에 이르러 천지회의 활동이 눈에 띄게 감소한 점[79]은 이러한 정황을 잘 보여준다고 하겠다. 특히 봉기의 중심지가 광주와 불산을 중심으로 한 주강 삼각주 일대였으므로 처형된 천지회 구성원의 많은 수가 이 지역 일대의 인민들이었고, 그 결과 이 지역 천지회의 세력이 상당한 타격을 받았음은 분명하다.

요컨대 함풍 4년 천지회 반란은 "위험에 빠진 형제를 구출한다."라는 논리나 이른바 '관핍민반(官逼民反)'으로 요약되는 단순한 우발적 사건에 의해서 발생한 것이 아니라, 반세기 이상 광동을 중심으로 화남 지역에서 성장해 온 천지회 활동의 총체적 결과물이었다. 이러한 상황을 19세기 전반이라는 좀 더 장기적인 관점에서 반란의 배경을 들여다본다면, '기원전설-전단-격문-고시'의 형태로 표출된 반청복명의 실현이라는 천지회의 예언은 광동의 사회·경제적 환경의 여러 '외부요인'만큼이나 이 반란을 가능케 한 정치적 '내부요인'으로서 자리 잡고 있었던 것이다. 그리고 이러한 천지회의 예언을 실천에 옮겼던 자들이 바로 함풍 4년 천지회 반란의 주역이었던 진송의 천지회 집단이었던 것이다.

78 駱寶善, 「太平天國時期的廣東天地會起義述略」 下, 58쪽; 胡珠生, 『清代洪門史』, 397쪽; 歐陽恩良·潮龍起, 『中國秘密社會』 4, 343-344쪽.
79 胡珠生, 『清代洪門史』, 397쪽.

제 3 장

동시대인들의 대반란에 대한 반응

3

청대 천지회의 역사상 최대 규모의 반란으로 전개된 함풍 4년 천지회 반란에 대한 동시대인들의 역사적 경험들을 분석하기 위해서는 무엇보다도 이 반란과 관련된 동시대인들을 집단적으로 분류할 필요가 있으며, 나아가 이들이 남겨 놓은 기록들에 대한 확보가 중요하다.

우선적으로 분류할 수 있는 것은 바로 반란의 주체인 '진송(陳松)의 천지회 집단'이다. 이 경우, 이들은 자신들의 반란을 어떻게 정당화·합리화 시켰으며, 또 어떠한 논리와 내용으로 인민들의 호응 내지는 지지를 유도해 내었던 것일까에 대한 검토가 이루어져야 한다. 당시 진송의 천지회 집단은 반란을 정당화하기 위해 각종 격문과 고시를 내걸었는데, 이러한 문건의 원본은 대부분 영국국가당안관에 보관되어 있는 이른바 F.O. 당안이다. 이 당안은 일찍이 한 일본학자의 정열적인 노력으로 많은 부분이 일본에서 출판되었고,[1] 근년에 중국학자들이 보충·재정리하여 출판하기도 하였다.[2]

다음으로 분류가 가능한 것은 반란을 진압한 지방관과 신사(紳士)이다.

1 佐佐木正哉 編, 『清末の秘密結社』(資料篇), 東京: 近代中國硏究委員會, 1967.

2 「洪兵文書」(廣東省文史硏究館·中山大學歷史系 合編, 『廣東洪兵起義史料』 上, 廣州: 廣東人民出版社, 1996에 수록).

이 경우 반란의 진압을 진두지휘했던 이들은 또 어떠한 이유와 명분을 내세워가며 이 반란을 진압했던 것일까에 대한 문제를 검토해야 한다. 당시 총독(總督)이나 순무(巡撫)가 황제에게 수시로 보고했던 주접(奏摺)[3]과 일부 지방관이나 신사가 남겨놓은 문집[4] 등의 자료는 이러한 문제를 해결하는 데 좋은 자료를 제공해 준다. 다만 지방관과 더불어 지역사회 유지의 책임을 담당하고 있던 신사에 대해서는 좀 더 세심한 접근이 필요할 것으로 판단된다. 왜냐하면 신사는 지방관과 다르게 경우에 따라 이러한 대규모 반란 사건에 대하여 반란자나 진압자의 상반된 입장과는 별개로 양비론적(兩非論的) 입장을 취했을 가능성을 완전히 배제할 수 없기 때문이다.

한편 광동(廣東)은 종족(宗族)을 단위로 일상생활을 영위하는 종족사회가 매우 발달한 사회적 구조를 가지고 있었으므로, 종족 역시 하나의 분류 대상으로 삼을 수 있다. 이 경우 족보의 활용이 요구된다. 일반적으로 족보를 편찬 혹은 편수할 경우 해당 지역의 반란 사건을 기록하는 것은 다소 이례적이지만, 함풍 4년 천지회 반란의 경우 그것이 진압된 이후 일부 종족에 의해서 언급이 이루어졌다. 조경(肇慶)부 학산(鶴山)현의 『맥씨족보(麥氏族譜)』[5]와 광주(廣州)부 순덕(順德)현의 『양씨족보(梁氏族譜)』,[6] 그리고 광주부 신회(新會)현의 『노씨족보(盧氏族譜)』[7] 등이 대표적이다. 비록 족보가 족장(族長)이나 종족 내의 유력 신사에 의해서 편찬·편수되었을지라도 이는 개인이 아닌 종족 전체를 대변하는 신분이기 때문에 종족의 천지회 반란에 대한 인식과 평가를 파악하기 위해서는 이들의 족보를

3 「中外反動派鎭壓洪兵文書」·「清朝官吏專集」(『廣東洪兵起義史料』 上에 수록).

4 「私人論著」(『廣東洪兵起義史料』 中에 수록).

5 (淸) 麥秉鈞 撰, 『鶴山麥氏族譜』(『廣東洪兵起義史料』 中에 수록).

6 (淸) 撰修者 不明, 『梁氏族譜』(『廣東洪兵起義史料』 中에 수록).

7 (淸) 盧子駿 撰, 『盧氏族譜』(『廣東洪兵起義史料』 中에 수록).

통해 접근하는 것도 하나의 유용한 방법일 듯하다.

마지막으로 고려할 수 있는 분류가 바로 서양인이다. 함풍 4년 천지회 반란이 일어난 중심 지역은 광동의 정치·경제·사회·문화의 중심지였던 광주부였는데, 인근의 홍콩에 머물며 광주를 왕래했던 서양인들 중에서는 많은 호기심을 가지고 이 반란을 직·간접적으로 경험하였다. 이들 중에서 영국인 스카스(Scarth)[8]와 미국인 헌터(Hunter)[9] 등은 자신들의 견문록에서 천지회 반란을 전론으로 언급하고 있는데, 이들이 이 반란과 직접적인 관계가 없는 서양인이었다는 점에서 제삼자들의 인식과 평가를 일정정도 가늠할 수 있다고 생각된다. 전론은 아니더라도 영국인 아이텔(Eitel)[10]이나 미국인 윌리엄스(Williams)[11]의 기록도 참조할 만하다.

물론 천지회인, 지방관과 신사, 종족, 서양인 등으로 분류된 동시대인들의 역사적 경험들과 관련된 자료들이 현재 불충분하게 남아있기 때문에 본장의 논의 역시 다소 제한된 범위 안에서 진행되지 않을까 하는 우려도 다분히 존재한다. 그럼에도 기존에 거의 논의된 적이 없는 함풍 4년 천지회 반란에 대하여 동시대인들의 역사적 경험들을 분석하는 것은 하나의 연구 방법론으로서 큰 의미를 가지며, 나아가 이러한 작업은 궁극적으로 이 반란에 대한 종합적인 역사적 평가를 위한 하나의 중요한 객관적 지표들을 제공해 줄 수 있을 것으로 기대된다.

---

8 John Scarth, *Twelve Years in China: The People, the Rebels and the Mandarins*, Edinburgh: Edmonston and Douglas, 1860.

9 William. C. Hunter, *Bits of Old China*, London: Kegan Paul, 1885.

10 Ernest J. Eitel, *Europe in China: The History of Hongkong to the Year 1882*, Hongkong: Kelly & Walsh, 1895.

11 Samuel W. Williams, *The Middle Kingdom: A Survey of the Geography, Goverment, Literature, Social life, Arts and History of Chinese Empire and its Inhabitants*, New York: Ch.Scribner's Sons, 1883.

1. 천지회인: '조반유리'

광서 5년(1879) 간행된 『광주부지(廣州府志)』에서는 함풍 4년(1854) 천지회 반란의 주역인 '진송의 천지회 집단'에 대하여 다음과 같이 기록하고 있다.

> 4월 동관에서 비적 하륙이 석룡허(石龍墟)를 유린하였다. 얼마 후 진개 등이 불산에서 반란을 일으켰다. 광주성 북쪽에서도 이문무·감선·주춘(周春)·진현량 등이 무리를 모아 불령시에서 호응하였다. …… 반역에 참여한 자들은 홍건을 쓰고 이원(梨園)의 의관을 입었으며, 홍순당(洪順堂)·홍의당(洪義堂)의 인(印)을 주조하고 장군(將軍)·원수(元帥)·선봉(先鋒)·군사(軍師)의 명칭을 설치했는데, 그 무리를 '홍병(洪兵)'이라고 불렀고, 관군의 장군깃발이 백색을 사용했기 때문에 적들은 이들을 '백병(白兵)'이라고 불렀다.[12]

물론 지방지의 기록이기 때문에 '진송의 천지회 집단'의 주역들이 반역자로 묘사되어 있지만, 여기에서 '진송의 천지회 집단'이 청군을 '백병'이라 지칭하면서, 자신들을 '홍병'이라고 불렀다는 점은 주목할 만하다. 홍병 부분에 대해서는 『향산현지(香山縣志)』에서도 "반역에 참가한 자들은 홍건을 쓰고 희반(戲班)의 의관을 입었으며, 홍기(紅旗)를 세우고 …… 장군·원수·선봉·군사의 명칭을 설치했는데, 그 무리를 '홍병'이라고 불렀고, 관군의 장군깃발이 백색을 사용했기 때문에 적들은 이들을 '백병'이라고 불렀다."[13]고 거의 유사하게 기록하고 있다.

위의 기록들은 '진송의 천지회 집단'이 이전의 반란에서 보이는 것처럼 의례적으로 단순히 홍건을 둘러쓴 '홍건적(紅巾賊)'이 아니라 '홍병(洪

12 (光緒)『廣州府志』 卷82「前事略」, 4쪽.
13 (光緒)『香山縣志』 卷22「紀事」, 53쪽.

兵)'이라는 자각의식을 보여주고 있다. 이점은 당시 인접 지역 대관료의 눈에도 목격되어 황제에게 보고되었다. 예컨대 호남의 남부와 접경을 이루는 광동 소주(韶州)부의 일부 현성이 천지회에 함락 당하자, 당시 태평천국(太平天國)의 진압에 골몰하고 있던 호남순무(湖南巡撫) 낙병장(駱秉章)이 상황의 위급함을 보고한 주접에서 천지회의 "비도들은 홍순(洪順)·홍충의(洪忠義)·홍승당(洪勝黨)의 명목이 있고, '홍병'이라고 칭하고 있다."[14]고 하였다. 이러한 '진송의 천지회 집단'의 홍병 의식은 이들 주요 회수들이 반란을 전개하는 과정에서 여러 차례 대내외적으로 포고한 고시(告示)에서도 다음과 같이 구체적으로 확인된다.

우선 함풍 4년 윤7월 6일(1854. 8. 29) '복명통병대원수 홍(復明統兵大元帥洪)'의 명의로 포고된 고시에서는 "우리 홍병은 의(義)로써 군사를 일으키고, 인(仁)으로써 병사를 부양하니, 오합지졸처럼 제멋대로 병탄하지 않는다."고 언급하였다.[15] 여기에서 홍병이란 바로 인의(仁義)의 군대이다. 다만 고시의 주체인 대원수(大元帥) 홍(洪)은 '진송의 천지회 집단'에서 홍씨(洪氏) 성을 가진 회수가 보이지 않기 때문에 홍병에 대한 통칭으로 이해해야 할 것이다.

'진송의 천지회 집단'에서 이문무와 감선이 지휘한 천지회는 화현 이남으로부터 광주성 북쪽에 이르는 모덕리사·석정·불령 일대에서 세력을 확장한 이후 불강에 대영을 구축하였다. 이후 광주성을 공략하는 과정에서 함풍 4년 윤7월 24일(1854.9.16) 이문무가 감선과 연명하여 "보복을 엄격히 금지하고 널리 은혜를 베풀어 일의 위엄을 다한다."는 취지로서 '통령수륙병마겸리량향대원수(統領水陸兵馬兼理糧餉大元帥) 이·감(李·甘)'

14 駱秉章, 「兩廣匪徒滋擾南界等防情形摺」, 『駱文忠公奏議』 卷二, 1쪽(沈雲龍 主編, 『近代中國史料叢刊』 7, 臺北: 文海出版社, 1966에 수록).

15 「復明統兵大元帥洪告示」(咸豐4.閏7.6.), 『廣東洪兵起義史料』 上, 61쪽.

의 명의로 포고한 고시에서는 다음과 같이 언급하고 있다.

> 옛날 한나라 광무제(光武帝)는 반군의 원한을 갚지 않고서도 결국 제업을 이루었으며, 제나라 소백(小白) 역시 사구(射鉤)의 원한을 갚지 않았어도 마침내 패업을 달성하였다. 따라서 대사를 이루고자 한다면, 반드시 사사로운 원한을 없애야 한다. 지금 우리 홍병(洪兵)은 각각 의(義)를 중요하게 여기고, 누구나 차별 없이 대해야 함을 알고 있다. 오직 폭정을 벌(伐)하고 간자(奸者)를 주(誅)하는 것만을 요구하니, 어찌 사사로움을 가지고 원한을 복수할 수 있겠는가?[16]

위 고시에서 이문무는 후한 광무제의 제업과 제나라 환공(桓公)의 패업을 운운하며 인의(仁義)의 덕목을 갖춘 홍병의 목적은 청조의 폭정과 여기에 부화뇌동한 간자를 주멸하는 것에 있으니, 이는 결코 사사로운 원한에 대한 복수가 아님을 강조하고 있다. 나아가 위 고시의 후반부에는 "공공의 명의를 빙자하여 사적인 이익을 취하고, 무리의 힘에 기대어 재물을 갈취하며, 심지어 집을 불사르고 가산을 몰수하거나 귀를 자르는 등의 가혹한 형벌을 실행하는 상황"에 대하여 홍병이 이를 엄히 관리해야 한다고 지적하면서, 경우에 따라서는 직접 군대를 파견해 다스리겠다고 공언하고 있다.[17]

'진송의 천지회 집단'이 광주성을 공략하기 위해 그 동남쪽의 불산에 본영을 구축한 회수는 진개였다. 진개 역시 여러 차례 고시(告示)를 포고하여 자신들의 군대와 민심을 수습하였다. 특히 함풍 4년 10월 10일(1854. 11.29) 진개는 "안동장군통령수륙각로병마관리양향초토도원수(安東將軍統

16 「統領水陸兵馬兼理糧餉大元帥李等告示」(咸豊4.閏7.24.), 『廣東洪兵起義史料』 上, 64쪽.

17 「統領水陸兵馬兼理糧餉大元帥李等告示」(咸豊4.閏7.24.), 『廣東洪兵起義史料』 上, 64쪽.

領水陸各路兵馬管理糧餉招討都元帥)"의 명의로 관민의 지지와 기의의 호응을 호소하는 고시를 포고했는데, 여기에서 자신들의 군대를 다음과 같이 묘사하고 있다.

> 우리 홍문(洪門)은 인의(仁義)의 장군이 인의의 군사를 통솔하여 사방을 어루만져 편안하게 하였다. 뜻밖에 저 어리석은 백비(白匪)가 먼저 사단을 일으켜 불산을 경거히 공격했으며 난석향(瀾石鄉)도 유린하였다. 길을 따라 위급함을 알려 우리 각 병영이 곧 구원의 명령을 내렸다. 1백여 척의 선박을 모아 서로 연락하고 지원하여 두 길로 협공하니, 백선(白船) 총 1백여 척을 포획했고 백비 약 1천여 명을 사살했으며 3백여 명을 생포하였다. 아아! 백비여, 재난을 스스로 초래하고 있구나.[18]

앞서 『광주부지』의 기록을 통해 천지회가 청군을 백병으로 불렀다고 한 점을 상기한다면, 이 고시에서의 '백비'는 바로 천지회를 토벌하는 청병이고, '백선'은 이들 청병이 타고 다니는 선박을 지칭한다. 이처럼 진개는 청군을 '백비'라 하여 비(匪)로 지칭하면서 이러한 비를 토벌하는 군대가 바로 자신들의 천지회인 홍문이 조직한 '인의의 장군'과 '인의의 군사'임을 자처하고 있으니, 여기에서 이들 인의의 장군과 군사가 바로 '홍병'인 것이다. 나아가 위 고시의 후반부에서 진개는 청군 포대의 병정들과 만주기인, 그리고 관신(官紳)들에게 투항을 권고하면서 "우리의 모든 각 진영에서 군대가 일어나 광주성을 함락하여 의로써 간(奸)을 주멸하고 인으로써 세상을 구제할 것이다."라고 강조하고 있다.[19]

18 「安東將軍統領水陸各路兵馬管理糧餉招討都元帥陳等告示」(咸豊4.10.10.), 『廣東洪兵起義史料』 上, 65쪽.

19 「安東將軍統領水陸各路兵馬管理糧餉招討都元帥陳等告示」(咸豊4.10.10.), 『廣東洪兵起義史料』 上, 65-66쪽.

마지막으로 '진송의 천지회 집단'의 주요 회수 중의 하나인 진현량의 경우, 광주성의 동남쪽에 위치한 연당과 신조에 차례로 대영을 구축하였다. 당시 광주성에 억류되어 있던 양광총독 섭명침은 천지회 반란을 진압하기 위해 영국 등의 외국세력에게 외국 선박을 이용하여 군수품을 광주성으로 보급시켜줄 것과 나아가 영국 군대 등의 출병까지 요청하기에 이른다.[20] 진현량은 이러한 상황에 대응하기 위해 영국영사와 공식적인 문서의 교환을 통해 교섭을 진행하였다. 함풍 4년 8월 10일(1854.10.1.) '월동전성의민(粵東全省義民)'의 명의로 영국영사에게 보낸 문서에는 청조가 "나라를 병들게 하고 인민들을 학대함이 이보다 더 할 수 없다."고 지적하면서, 이러한 상황에서 자신들은 "어쩔 수 없이 의로운 군대를 크게 일으켜 간사한 무리들을 제거하고, 도탄에 빠진 인민들을 구출하여 힘들고 위급한 상황에 처한 인민들을 해방시킬 것을 맹서했다."고 언급하였다.[21] 진현량은 10월 17일(12. 6) 재차 '전성월동의민'의 명의로 영국영사에게 보낸 문서에서 "자신들의 군대가 일어난 이유가 포악하고 잔인한 관리들을 제거하여 옛날의 대명황제(大明皇帝)를 세우는 것"이라고 밝혔다.[22] 그리고 10월 27일(12.16) 영국영사에게 보낸 "만부대장(萬夫大長)"이라는 도장이 새겨진 진현량의 문서에서도 "자신들 군대의 기원은 탐관오리와 만주족 오랑캐를 제거하여 대명의 옛 황제를 되찾는 것에 있다."고 거듭 주장하였다.[23] 이처럼 진현량은 자신을 '의민'이나 '만부대장'으로 자임하고 자신의 군대를 '의사(義師)'로 지칭하면서, 천지회가 반청복명(反淸復明)을 실현하기 위해 광동에서 거병하였음을 강조하였다. 특히 진현량은 12월 24일(1855.2.10.) '통령수륙병마중대원수(統領水陸兵馬衆大元帥)'

20 佐佐木正哉,「咸豊四年廣東天地會の叛亂」, 9-14쪽.

21 「陳顯良致英國領事書」(咸豊4.8.10.),『廣東洪兵起義史料』 上, 86-87쪽.

22 「陳顯良致英國領事書」(咸豊4.8.10.),『廣東洪兵起義史料』 上, 88쪽.

23 「陳顯良致英國領事書」(咸豊4.8.10.),『廣東洪兵起義史料』 上, 89쪽.

의 명의로 영국·미국·프랑스의 각 공사(公使)에게 보낸 문서에서 다음과 같이 언급하고 있다.

> 이전에 청국(淸國)이 침략해 들어왔을 때, 원래 2백 년이 지나면 우리 명주(明主)에게 강산을 돌려주기로 약속했는데, 지금 2백여 년이 이르렀음에도 오히려 돌려주려고 하지 않는다. 이 때문에 우리들은 기병했고 청국을 토벌하여 명주에게 강토를 되돌려 주고자 하는 것이다.[24]

이른바 '2백년 약정설'인데, 청조가 입관한 1644년으로부터 2백 년이 지난 1844년에 이르면 청조가 멸망한다는 것이다.[25] 이는 일종의 '청조 망국설'로 진현량이 천지회의 내부문서인 회부(會簿)에서 예언하고 있던 반청복명의 실현 시간을 구체적으로 제시했던 것이다. 이 '청조 망국설'은 함풍 4년 천지회 반란을 본격적으로 일으키기 직전에 포고된 고시의 내용이 '유능한 관리의 배척·오랑캐의 침탈·국고의 고갈·탐관오리의 횡행·무거운 세금·가혹한 법'[26] 등으로 요약되는 것처럼 왕조의 권위가 무너진 청조를 타도하자는 현실적 배경에 의해서 뒷받침되고 있었다.

요컨대 함풍 4년 천지회 반란의 주역인 '진송의 천지회 집단'은 자신들 결사의 정치이념인 반청복명을 실천하는 군대로서의 홍병 의식을 매우 강하게 가지고 있었다. 이 반란이 한창 진행 중인 함풍 4년 추동(秋冬) 무렵 '통령각성총병군무양향대원수(統領各省總兵軍務糧餉大元帥)'의 명의로 포고된 고시에서 '진송의 천지회 집단'은 2백 년이 지나 천도(天道)를 다한 오랑캐의 청조와 이제 다시 천덕(天德)을 주관해야 하는 명조를 대비시키면서 자신들의 홍병이 도탄에 빠진 인민들을 구제하기 위해서 "명조를

24 「統領水陸兵馬衆大元帥陳顯良致英美法三國公使照會」(咸豊4.11.24.), 『廣東洪兵起義史料』 上, 92쪽.

25 유장근, 『근대 중국의 비밀결사』, 서울: 고려원, 1996, 219쪽.

26 「討大淸檄文」(咸豊3.), 『廣東洪兵起義史料』 上, 38-39쪽.

부흥하고 청조를 멸망시켜 중원을 회복해야 한다."고 주장했던 것이다.[27] 이러한 홍병 의식이야말로 '진송의 천지회 집단'이 함풍 4년 천지회 반란에 정당성과 합리성을 부여했던 이론적 · 사상적 무기였으며, 이를 토대로 광대한 인민들의 호응과 지지를 유도해 내고자 했던 것이다.

2. 지방관과 신사: '진압유리'

'진송의 천지회 집단'이 대규모 반란을 진행시켰다면, 이를 진압하는 책임은 지방관들의 몫이었다. 물론 증성(增城)현에서 종구품 여공상(黎紉湘)처럼 일부 지방관은 반란에 동참했다가 이 지역의 단련국에 체포된 경우도 보이긴 하지만,[28] 양광총독 섭명침과 광동순무 백귀(柏貴)를 정점으로 한 예하의 대다수 문무 지방관들은 육용(陸勇)과 수용(水勇)으로 편성된 관군을 거느리고 반란군에 점령된 현성을 수복하기 위한 대대적인 진압 작전에 나섰다.[29]

그런데 반란에 대한 지방관의 태도와 관련해서 주목해야할 점은 바로 반란 과정에서 '진송의 천지회 집단'이 정치적 목표로서 주장한 반청복명에 대한 지방관들의 인식과 평가이다. 다시 말해 지방관들은 도대체 어떠한 논리와 명분을 내세우며 이 반란을 진압했는가의 문제이다. 함풍

27 「統領各省總兵軍務糧餉大元帥等告示」(咸豐4), 『廣東洪兵起義史料』 上, 67쪽.

28 「廣州協外委馮國光各處打仗情形」(F.O.682/289-3), 『清末の秘密結社』(資料篇), 35-37쪽.

29 「兩廣總督葉名琛等奏報三路水陸各師堵剿獲勝情形摺」(1854.11.4.), 中國第一歷史檔案館 編, 『清政府鎮壓太平天國檔案史料』 16, 北京: 社會科學文獻出版社, 1994, 210-213쪽.

4년 한 지방관이 포고한 「토삼합회비격(討三合會匪檄)」이라는 격문은 이에 대한 좋은 해답을 제공해 주고 있는데, 먼저 천지회의 반청복명에 대하여 다음과 같이 공박하고 있다.

> 우리 청조에 이르러 황제는 덕(德)을 잃은 것이 없고 사민(士民)이 부양을 받아 은택을 입은 것이 2백여 년이나 되었으니, 아래로는 홀아비·과부·고아·자식이 없는 노인과 갓난아이·노인·불구자·병자에까지도 모두 은택을 입었다. 무릇 우리 소민(小民)들은 마땅히 비와 이슬이 만물을 적시는 것 같은 은택을 체득하여 생성되는 복을 모두 받아야 하지, 망령되게 하고 싶은 행동을 해서는 안 된다. 오늘날 무리를 모아 반란을 선도하는 자들은 걸핏하면 삼합회(三合會)에 미혹되어 반청복명(反淸復明)의 말을 일삼는다. 아아! 청조가 너희들에게 무엇을 저버렸는가? 명조는 너희들에게 어떠한 은덕을 주었는가? 너희들의 고조·증조가 청조의 과거(科擧)에 응시했던 사람들이었으니, 너희들 역시 은덕을 받아 청조의 인민이 되었을 뿐이다. 어찌 하필이면 삼합회에 들어가서 죄를 자처하고 있는가?[30]

이 격문의 내용은 앞서 '진송의 천지회 집단'의 고시에 보이는 '청조 망국설'과는 정반대의 내용으로 구성되어 있다. 이 지방관은 청조가 2백여 년에 이르는 동안 그 덕을 잃지 않았고 그 결과 홀아비에서 병자에 이르기까지 모든 인민들이 왕조의 은택을 하나같이 받고 있음을 지적하면서, 천지회가 주장하는 반청복명에 대하여 "청조가 너희들에게 무엇을 저버렸는가? 명조는 너희들에게 어떠한 은덕을 주었는가?"라고 오히려 반문하고 있다.

위 인용문 뒤로 계속 이어지는 격문의 내용에서는 천지회의 반란이

30 「討三合會匪檄」(咸豊4.), 『廣東洪兵起義史料』 上, 311쪽.

결코 성공할 수 없는 이유, 즉 이 반란이 진압되어야 하는 이유에 대하여 천지회가 갖고 있는 여섯 가지의 폐단을 다음과 같이 지적하고 있다. 첫째로 천지회에 입회할 때 무부(無父)를 서약하는 것에 대하여, 맹자의 말을 빌어서 무부와 무군(無君)을 주장하는 천지회를 금수와 같은 존재라고 지적하고 있다. 둘째로 천지회가 무리를 모아 배회(拜會)할 때에 그 이름을 회피하여 연극을 한다는 '주희(做戲)'라는 은어에 대해서는 '연극'〔戲〕이란 글자를 분해하면 허(虛)자와 과(戈)자가 되기 때문에 이러한 '허황된 무기'〔虛戈〕를 가진 천지회는 반청복명이라는 '실질적인 일'〔實事〕을 결코 이룰 수 없음을 비꼬고 있다. 이처럼 천지회가 배회를 진행하여 아무리 많은 회원을 모집해 창궐할지라도 이들은 결코 성공할 수 없다는 것이다.[31] 셋째로 천지회의 배회를 주관하는 자들이 강연사〔繈紗〕를 몸에 걸치고 있는 옷차림에 대하여, 이것은 온 몸을 새끼줄로 꼬아놓은 형상으로 마치 죄수가 교형(絞刑)에 처해진 꼴이라고 꼬집고 있다. 넷째로 천지회의 총회수가 가사(袈裟)를 입은 화상(和尙)이라는 점을 통해 불교에 입문한 자들은 이미 종사(宗祀)가 끊어져 후대를 이을 수 없는 사람들이라고 비판하고 있다. 다섯째로 『논어』에 의롭지 못한 재물은 오랫동안 향유할 수 없다는 말에 빗대어 천지회를 약탈을 일삼는 무리로 간주하고 있다. 마지막으로 천지회의 분파인 삼합회가 홍건(紅巾)을 머리에 쓰고 반란을 진행한 것에 대하여, 삼(三)은 목수(木數)이고 홍(紅)은 화상(火象)이니, 목(木)이 화(火)를 만나면 모두 소멸된다고 지적하면서, 특히 반란이 한창 진행 중인 함풍 4년 갑인년 윤7월은 추금(秋金)이 갑목(甲木)을 극(克)하는 시기로 이때에 액(厄)을 건드리게 되면 날마다 재앙이 일어난다고 강조하고 있다. 이는 음양오행설(陰陽五行說)에 입각하여 천지회의 자멸을 예견

31 이평수, 「天地會의 入會儀式: 演劇과의 關聯性을 中心으로」, 『明清史硏究』 21, 2004 (본서 제2부 제2장), 196쪽.

하고 있는 것이다.[32]

반란 자체가 왕조의 전복을 목표로 일어나고 그 일차적인 목표가 지역사회의 정치 중심지인 현성과 부성 나아가 성성의 점령이었다면, 반란의 과정에서 어떠한 정치적 명분이 수반된다고 하더라도 청조 국가권력을 대신해서 독무를 정점으로 각 지역사회를 통치하고 있는 지방관들의 입장에서는 이러한 도전 자체가 모반이자 반역이었다. 함풍 4년 천지회 반란의 경우도 이점에서 예외일 수 없었으니, 양광총독 섭명침을 점정으로 한 광동의 지방관들이 이 반란을 조사하고 기록한 모든 문서에서 '비적(匪賊)'·'비도(匪徒)'·'역비(逆匪)'·'홍비(紅匪)'·'홍비(洪匪)' 등이라 하여 모두 '비(匪)'로 기록하고 있다. 광동에서 천지회 반란이 진압된 이후 이 반란과 관련하여 저술을 남긴 지방관들도 예외는 아니었다. 그 대표적인 저술로서 후보포정사(候補布政司)의 직책으로 조주(潮州)의 천지회를 현장에서 진압한 진곤(陳坤)이 동치 10년(1871) 관방문서를 토대로 반란의 경과를 서술한 『월동초비기략(粵東剿匪紀略)』의 서론에서 이 반란을 "사마귀가 앞발로 수레를 막는 꼴"이라고 비꼬면서 "사형장에서 마땅히 죽어야 하는 이들 역비들이 운 좋게 도망가는 경우를 본 적이 없었다."[33]고 지적함으로써 반란에 대한 지방관의 전형적인 태도를 엿볼 수 있다.

그렇다면 이러한 지방관들과 보조를 맞추어 실질적으로 지역사회를 책임지고 있던 신사(紳士)의 입장은 어떠하였을까? 앞서 언급한 대로 '진송의 천지회 집단'을 진압하는 데 관군만큼이나 해당지역의 신사가 주동이 되어 결성한 단련(團練)과 공국(公局)이 큰 역할을 했고, 나아가 반란의 진압을 위해 각지에서 기금을 마련하여 관군의 군향(軍餉)을 조달하고 있었다는 점에서, 이들 신사의 천지회 반란에 대한 인식과 평가는 지방관의

32 「討三合會匪檄」(咸豊4.), 『廣東洪兵起義史料』 上, 311-312쪽.

33 (淸) 陳坤 編, 「序」, 『粵東剿匪紀略』, 『廣東洪兵起義史料』 中, 666쪽.

입장과 큰 차이는 없었을 것으로 예상된다. 게다가 천지회 반란군이 재정적 문제를 해결하기 위한 방편으로 실시했던 타단(打單)에서 그 주요 대상이 부유한 신사였으므로 이들은 더욱 그러한 입장에 설 수밖에 없었을 것이다.

이처럼 신사들의 천지회 반란에 대한 인식과 평가도 부정적이었을 것으로 예상되는데, 이러한 평가의 논리적 일단을 광주부 신회(新會)현에서 단련을 조직하여 반란의 진압에 앞장 선 함풍 연간 부생(附生) 진전란(陳展蘭)이 기록한 『강성침과기(岡城枕戈記)』에서 엿볼 수 있다. 이 책의 「발문(跋文)」에 의하면, 이전의 역사에서 발생한 진섭(陳涉)의 난과 방랍(方臘)의 난은 모두 가난한 인민들이 말세의 폭정을 견디다 못해 항거했다는 나름대로의 이유가 있었지만, 지금의 청조는 200여 년 동안 태평성세를 누려 오면서 인민들을 윤택하게 하고 사민들을 융성한 예(禮)로 봉양했기 때문에 하루아침에 발생한 천지회 반란의 경우 그 명분이 서지 못한다는 것이다.[34] 이러한 평가는 청조의 은택을 강조하고 있다는 점에서 앞서 「토삼합회비격」의 지방관의 것과 매우 유사하다.

특히 단련 등을 조직하여 반란의 진압에 앞장서 향촌의 보호에 힘쓴 신사들에 대해서는 이들의 사당(祠堂)과 비기(碑記)를 세워 기념하기도 하였다. 사당의 경우 남해(南海)현에서 함풍 5년(1855) 대력(大瀝) 등 4보(堡)의 신사들이 반란의 진압과정에서 전사한 신사 구국안(仇國安) 등 67명을 기념하기 위해서 건립한 충의사(忠義祠)가 대표적인 예이다.[35] 비기의 경우 반우(番禺)현에서 동국(東局)이라는 공국(公局)과 약(約)의 형태로 된 단련(團練)을 조직하여 이 지역의 천지회 반란을 진압한 신사 풍찬평(馮贊平)에 대하여 동치 원년(1862) 그의 아들과 신사들이 공평서원(公平書院)에 비

34 (淸) 陳展蘭 輯, 「跋文」, 『岡城枕戈記』, 『廣東洪兵起義史料』 中, 946쪽.
35 (同治) 『南海縣志』 卷5 「建置略·祠廟」 下, 8쪽.

기를 세워 그의 공적을 기리고 있을 뿐만 아니라 서원 안에는 총독과 지현 등이 쓴 '충신갑주(忠信甲胄)'·'의집일문(義集一門)'·'덕재향려(德在鄉閭)' 등의 현판이 걸려 있었다고 한다.[36]

그런데 신사들의 경우 천지회 반란에 대한 인식과 평가가 반란이 진압된 이후 그 심정을 읊조린 시가(詩歌)의 형태로도 적지 않게 표출되기도 하였다. 『광동홍병기의사료(廣東洪兵起義史料)』 하책의 「제7부분: 시가」에는 이와 관련된 총 66수의 시가를 싣고 있는데, 이 중 천지회 반란에 참여한 자가 지은 5수를 제외한 61수의 시가가 모두 신사들의 의해서 지어졌다. 이 61수의 시가에서 물론 반란에 대한 어떠한 평가 없이 천지회의 활동 모습을 단순히 묘사한 것을 제외한다면, 대부분 적(賊)과 비(匪)라는 용어를 이용하여 천지회를 부정적인 시각으로 묘사하고 있다. 특히 이 중에는 적과 비 등의 용어를 사용하지 않고 천지회 반란군을 지칭하기도 했는데, 예컨대 남해현인 제생(諸生) 채사요(蔡士堯)는 10만 개의 불나방 같은 존재로 '십만비아(十萬飛蛾)'라고 반란군을 비유하기도 했고,[37] 남해현인 제생 안훈(顏薰)은 '홍병십만(紅兵十萬)'이라 하여 반란군의 자칭을 그대로 사용하기도 하였다.[38] 또한 일부 시가에서는 적미(赤眉)의 난[39]이나 백련교(白蓮教)의 난[40] 등 이전의 사건을 거론하면서 천지회가 반역한 모습을 그려내기도 하였다. 이처럼 반란군을 표현하는 방법에서도 큰 어감의 차이가 있었다.

여기에서 눈길을 끌만한 점은 일부 시가에서 천지회 반란군보다 이를 진압했던 관군과 단련 등의 만행도 적지 않게 언급했다는 것이다. 몇

36 (清) 馬汝泉 撰, 「公平書院碑記」, 『廣東洪兵起義史料』 中, 864-865쪽.
37 (清) 蔡士堯, 「羊城紀事詩」, 『廣東洪兵起義史料』 下, 1781쪽.
38 (清) 顏薰, 「羊城紀事」, 『廣東洪兵起義史料』 下, 1783쪽.
39 (清) 李星輝, 「感事傷時」, 『從簡堂詩集』, 『廣東洪兵起義史料』 下, 1788쪽.
40 (清) 歐陽溟, 「六月十三日賊陷禪山」, 『海鶴巢詩抄』, 『廣東洪兵起義史料』 下, 1793쪽.

가지 사례를 보면, 남해현인 거인(擧人) 등상(鄧翔)은 향용(鄉勇)을 간민(奸民)으로 묘사하여 "간민이 적(賊)을 방어하는 마음을 예측하기 어렵다."고 할 정도로 향용들의 약탈 행위를 비판하였다.[41] 동관현인 세공(歲貢) 나가용(羅嘉蓉)의 경우 관부의 세금 징수와 관련해서 "적(賊)이 오면 울지 않고 적이 가면 우니, 공당(公堂)에 읍소해 보았자 관리는 호랑이와 같다."고 할 정도로 천지회 반란군보다 오히려 관부의 무거운 세금을 질타한 것도 보인다.[42] 게다가 남해현인 제생 이보유(李保孺)는 관군이 자신들의 군공을 올리기 위해 무고한 노인의 귀를 잘라 가는 것을 크게 탄식하며 읊조리기도 하였다.[43] 지방관이 반란의 진압에 대한 자신들의 공적을 과시하는 것에 비하면, 이처럼 일부 신사들은 오히려 천지회를 진압하는 향용과 관군의 피해와 만행에 대해서도 결코 간과하지 않고 지적했던 것이다.

3. 종족: '화복무문'

우선 조경(肇慶)부 학산(鶴山)현 맥촌(麥村)의 『맥씨족보(麥氏族譜)』를 보자. 이 족보는 세공(歲貢) 맥병균(麥秉鈞)이 동치 2년(1863)에 찬수한 것으로, 이 족보에 부기되어 있는 「기사논략(記事論略)」에서 함풍 4년 천지회 반란을 전론하고 있다. 맥병균에 대해서는 거의 알려진 것이 없지만, 「기사논략」에서 그는 반란군의 진압에 대응하기 위해서 "당시 총독과 순무가 각 현에 공국(公局)을 설립하라는 명령을 하달했기 때문에 공정한 신사를 선

41 (淸) 鄧翔, 「乙卯述感」, 『知不足齋詩草』, 『廣東洪兵起義史料』 下, 1785쪽.
42 (淸) 羅嘉蓉, 「記得」, 『雲根老屋詩抄』, 『廣東洪兵起義史料』 下, 1820쪽.
43 (淸) 李保孺, 「缺耳翁」, 『廣東洪兵起義史料』 下, 1787쪽.

택하여 그 명령을 위임했고, 적비(賊匪)들의 수범과 종범을 분별하여 압송하여 조사·처벌했다."고 하면서, "우리들은 오강(梧岡)에 공국을 설치했고, 객민(客民)들은 운양(雲陽)에 공국을 설치했는데, 홍비(洪匪) 약 백 여 명을 압송하여 처형했다."고 하였다.[44] 이러한 언급은 맥병균이 학산현 맥촌의 토착 세력으로 이 지역의 종족 집단에서 유력한 신사였음을 가늠케 하는 대목이다.

「기사논략」의 서두에서는 『맹자』의 '일치일란(一治一亂)'과 『주역』의 '적선여경(積善餘慶)'·'적악여앙(積惡餘殃)'의 말을 인용한 후에 "치란(治亂)이란 천지에서 명운의 보편적인 일이며, 화복(禍福)이란 고금을 막론하고 선악의 인과응보라는 점을 알 수 있으니, 이는 고대 성인들이 변하지 않고 주장했던 정론이었다."고 하였다. 또한 종족의 보존을 위해서는 뜻을 얻은 자든 그렇지 않은 자든 간에 "시의(時宜)에 순응하고 천명(天命)을 따라야 한다."고 지적하였다. 나아가 "만약 간사한 말에 속아서 몸이 비당(匪黨)에 빠져 대역(大逆)을 모의했다가 일단 일이 실패하게 되면 몸과 머리가 분열되고 집안은 멸망하여 더러운 오명을 천추에 남기게 될 터이니, 장차 후회해도 무슨 소용이 있겠는가?"라고 경고하였다.[45]

본론 부분은 함풍 4년 천지회 반란에 대하여 크게 네 부분으로 기술되어 있다. 첫째는 반란의 주체인 '홍비(洪匪)'인 천지회에 대한 설명이고, 둘째는 함풍 4~5년 천지회 반란의 과정이며, 셋째는 학산현을 비롯한 인근 현의 반란에 대한 대응이고, 마지막으로 반란 이후에 파생된 토객(土客) 갈등과 같은 지역사회의 문제이다. 이 중에서도 반란의 주체와 과정에 대하여 다음과 같이 설명하고 있다. 홍비란 삼합회(三合會)·첨지회(添地會)·삼점회(三點會)로 이들 모두가 홍씨(洪氏)를 쓰기 때문에 홍가(洪家)

44 (淸) 麥秉鈞 撰, 『鶴山麥氏族譜』, 『廣東洪兵起義史料』 中, 1017쪽.
45 (淸) 麥秉鈞 撰, 『鶴山麥氏族譜』, 『廣東洪兵起義史料』 中, 1014쪽.

라고 부른다. 이들 조직은 옹정 연간까지 거슬러 올라가는데, 도광 말엽·함풍 초엽에 이르러 홍비가 본격적으로 반란을 일으키기 시작하였다. 함풍 원년에 홍수전(洪秀全) 등이 광서에서 반란을 시작하여 이미 남경(南京)까지 함락한 상태이고, 급기야 함풍 4년 5월에 진개(陳開)가 불산(佛山)에서 반란을 시작한 이래로 학산현을 비롯하여 조경부 대부분의 현성이 이들 홍비의 수중으로 떨어졌다. 함풍 5년 초에 이르러 진개 등 반란군의 주력군이 불산을 버리고 광서로 이동한 이후에 비로소 반란군의 영향에서 벗어날 수 있었다는 것이다.[46]

이후 결론에 해당하는 부분에서는 천지회가 부주현을 점령하는 것이 순식간에 벌어졌는데, 이들이 진압되자 이것의 논공행상도 이에 못지않게 매우 신속하게 진행되었다고 당시의 정황을 비판하였다. 특히 이 반란에 대하여 홍비들의 행동은 "죄악으로 온통 가득차서 하늘이 노여워하고 사람들이 원망하고 있다."고 평가하면서 다음과 같이 언급하고 있다.

> 수덕자(修德者)는 창성하고 종역자(從逆者)는 멸망한다. 치란(治亂)은 무상(無常)하지만, (적선여경·적악여앙이라는) 인과응보는 한 번도 틀린 적이 없다. 우리 향(鄕)은 예(禮)를 받들고 의(義)를 헤아려 여러 차례 홍비(洪匪)의 난을 겪었지만, 사묘(社廟)는 예전 그대로이고 생활도 안락하니, 설사 천명이라고 말할지라도 어찌 인사(人事)가 아니겠는가? 『전(傳)』에서 "화복(禍福)은 (출입하는) 문이 없고〔화복무문(禍福無門)〕, 오직 사람 스스로 초래하는 것이다."라고 했으니, 세상에서 제멋대로 횡포부리고 반역을 참람하게 주모하는 것은 그 또한 스스로 자성해야 할 일이다. (일의) 본말을 상세히 진술하여 그것을 보첩(譜牒)에 작성하는 것은 장래를 경계하기 위함이다.[47]

46 (淸) 麥秉鈞 撰,『鶴山麥氏族譜』,『廣東洪兵起義史料』中, 1014-1023쪽.
47 (淸) 麥秉鈞 撰,『鶴山麥氏族譜』,『廣東洪兵起義史料』中, 1024쪽.

반란은 인사에 의해서 발생하며 그 처리 역시 인사에 의해서 이루어지기 때문에 치란이 아무리 무상해도 종족이 예를 받들고 의를 헤아린다면 그 사묘를 온전히 보존할 수 있다는 것이다. 결국 이번 천지회 반란을 족보에 기록하는 이유를 장래를 경계하기 위함이라고 지적한 이후에, "부디 후대의 자손들은 앞선 사람들의 유촉을 잊지 말고 뜻밖의 재물을 탐하지 말며 분수에 넘치는 자리를 도모하지 않는다면 (우리 종족은) 대대로 면면히 보존되어 번성할 것이니, 이 어찌 아름답고 또 훌륭하지 않겠는가?"[48]라는 맺음말로 후손들에게 당부하고 있다.

다음으로 광주(廣州)부 순덕(順德)현 늑류(勒流) 용안향(龍眼鄕)의 『양씨족보(梁氏族譜)』를 보자. 찬수자는 불명이지만, 함풍 7년(1857) 찬수된 이 족보의 「기사략(紀事略)」에서도 함풍 4년 천지회 반란을 기록하고 있다. 이 「기사략」의 주요 내용은 크게 세 부분으로 구분할 수 있는데, 먼저 함풍 4년 천지회 반란 이전의 상황을 묘사하면서 서론이 시작한다. 이에 따르면, 도광 연간부터 함풍 초년까지 약 10여 년 동안 삼합회(三合會)가 사방에서 조직되어 활동하면서 그 세력이 광서·광동·호남·호북·강서 등까지 미쳤고, 최근 광동의 경우 삼십 여개의 현성이 이들의 수중으로 떨어졌다고 강조하고 있다.[49]

본론 부분에 들어가서는 함풍 4~5년 순덕(順德)현에서 진행된 천지회 반란의 주모자들과 이를 진압한 관군·신사들의 정황을 기술하고 있다. 전자에 대해서는 이 지역 천지회 수령인 봉간향인(逢簡鄕人) 진길(陳吉)과 양즙(梁楫)이 이른바 '동의(東義)'라는 명목으로 집결했고, 또 다른 수령인 용안향인(龍眼鄕人) 여경(呂敬)과 황강향인(黃岡鄕人) 주승(周昇)이 '서의(西義)'라는 이름으로 결집했는데, 이들은 각각 수로와 육로에서 합세한 후 협공

48 (淸) 麥秉鈞 撰, 『鶴山麥氏族譜』, 『廣東洪兵起義史料』 中, 1024쪽.
49 (淸) 撰修者 不明, 『梁氏族譜』, 『廣東洪兵起義史料』 中, 877쪽.

하여 결국 함풍 4년 7월 8일(1854.8.1) 순덕현성을 점령하여 함풍 5년 3월 19일(1855.5.4)까지 이 지역에 장기간 군림했다고 기술하였다. 특히 천지회 수령 중의 하나인 유용향인(裕涌鄉人) 이의(李懿)는 자신들이 현성을 점령했을 때 "홍기(紅旗)가 처음 세워지자 용안향을 점령했네, 황월(黃鉞)이 먼저 소리를 내자 대량진(大良鎭)을 안정시켰네."라는 대련을 붙여 놓았다고 하면서, "순덕현에서 원수(元帥)라고 가칭하는 자들은 백여 명에 이르렀고, 이들은 머리에 홍건을 쓰고 대부분 명조(明朝)의 의관으로 고쳐 입었으며 머리를 모두 풀어헤쳤다."고 묘사하고 있다.[50]

후자의 상황에 대해서는 함풍 5년 3월 19일 현성을 수복하는 과정에서 관부와 신사들이 협력하여 각 지역에 동약국(東約局)·서약국(西約局)·남서국(南西局) 등의 단련이 창설되었다고 하면서, 이후 순덕현성의 소재지인 대량에 그것을 총괄하는 순덕단련총국(順德團練總局)이 설립되었다고 서술하고 있다. 이후 이들 단련에 의해 체포된 천지회 수령의 경우, 예컨대 "여경·여광휘(呂廣輝)·양렬(梁例) 등은 이들 3대 조상의 분묘에서 해골들이 파헤쳐졌으며, 사옥(祠屋)이 불태워진 것도 모두 십여 칸이었다."고 묘사하고 있다. 나아가 천지회 반란과 관련해서 자신의 향(鄉)에서 처형되거나 독약을 먹고 자진한 자가 132여 명이었고, 현 전체적으로는 1만 8천여 명이 사형에 처해졌으며, 성성으로 압송된 자도 수천 명이나 되었다고 설명하였다.[51] 이후 이어지는 마지막 문단에서 다음과 같이 언급하고 있다.

> 아아! 사람 마음 한 생각의 차이로 이러한 화환(禍患)을 초래했으니, 참으로 두렵도다. 우리 종족이 다시 본업과 고향에 안주하고 싶은 바가

50 (淸) 撰修者 不明, 『梁氏族譜』, 『廣東洪兵起義史料』 中, 877-878쪽.
51 (淸) 撰修者 不明, 『梁氏族譜』, 『廣東洪兵起義史料』 中, 878-879쪽.

없었던 것은 모두 조상의 음덕(蔭德) 때문일지어다. 불행하게도 우리들은 이러한 때에 태어나서 어려움과 재앙을 만났을 뿐이다. 사건을 반드시 기록하여 족보에 부기해 두는 것은 바로 후세에 전하여 경계하고자 함이다.[52]

위의 『양씨족보』에서는 『맥씨족보』만큼 천지회 반란을 크게 비난하는 내용은 찾아 볼 수 없지만, 양씨든 맥씨든 간에 종족의 보존과 발전이라는 측면에서 반란 자체의 참여를 부정하고 있는 종족의 입장을 확인할 수 있다. 이러한 점은 족보의 특성을 잘 반영하듯이 마지막 구절을 모두 후손들을 상대로 천지회와 같은 비당(匪黨)에 유혹되지 말 것을 경계하는 내용으로 마무리했던 것이다.

그도 그럴 것이 광주부 남해현 구강(九江)의 관성(關姓) 종족의 경우 반란이 진압된 이후 족인(族人) 1천 6·7백 명 중에 가담자 6·7백 명이 처형되었고,[53] 천지회의 회수 조춘림(曹春霖)의 고향인 아호(鴉湖) 일대의 조씨(曹氏) 일족도 7백여 명이 체포되었다.[54] '진송의 천지회 집단'의 주요 회수인 감선(甘先)의 경우 감제광(甘齊廣)이 동치 원년(1862) 수찬한 『감씨장방족보(甘氏長房族譜)』에 그 이름이 올라가 있는데, 이 족보에서는 감선을 비롯해 제18세조 9명 중에 감한빈(甘漢彬) 등 7명은 시신이 없기 때문에 죽은 자의 성명과 생년월일을 써 넣은 은패(銀牌)를 시신 대신 매장하는 이른바 '은패장(銀牌葬)'을 했다고 기록하고 있다.[55] 감선의 경우, 그가 화현(花縣)에서 체포되었을 때 지방관은 그의 심장과 간을 꺼내어 이전에 감선의 부하에게 죽임을 당한 관료의 사당에 그것을 놓고서 제사지냈다

52 (淸) 撰修者 不明, 『梁氏族譜』, 『廣東洪兵起義史料』 中, 879쪽.

53 (淸) 趙沅英, 「紅兵紀事」, 『近代史資料』 6, 1955-3, 138쪽.

54 (淸) 曹鳳貞 修, 「朝鳳公祠」, 『鴉湖曹氏族譜』, 『廣東洪兵起義史料』 中, 851쪽.

55 (淸) 甘齊廣 修, 『甘氏長房族譜』, 『廣東洪兵起義史料』 中, 849쪽.

고 한다.[56]

이밖에도 광주부 신회(新會)현 조련향(潮連鄕)의 『노씨족보(盧氏族譜)』에도 「홍건지란(紅巾之亂)」의 제목으로 천지회 반란을 기술하고 있는데, 이 족보는 노자준(盧子駿)이 선통 2년(1910)에 편수한 것이다. 이 「홍건지란」에서는 "우리 조련향은 비록 약간 약탈당한 것은 있지만, 오히려 외부의 회당(會黨)이 침입한 것이 없었기 때문에 다행히 재앙을 면할 수 있었다." 고 하면서, 후세들에게 당시의 형세가 매우 광폭하여 우리 조부와 부친이 큰 어려움을 겪었음을 알리려는 취지에서 그 전말을 기록한다고 하였다.[57] 이 역시 앞서의 『맥씨족보』나 『양씨족보』의 내용과 일맥상통하다. 그런데 노자준은 천지회를 표현하는 과정에서 비(匪)·적(賊) 대신에 모두 '회당(會黨)'·'당수(黨首)'·'당도(黨徒)'·'각당(各黨)'이란 용어를 사용했는데, 이는 아마도 선통 2년(1910)이라는 족보가 편찬된 시대적 상황에서 이해되어야 할 것이다.

4. 서양인: '견인견지'

도광 8년(1828) 광동 향산(香山)현 출신으로 도광 27년(1847) 미국으로 건너간 중국인 최초의 유학생 용굉(容閎)이 예일대를 졸업하고 귀국하여 광주(廣州)에 도착했을 때는 마침 천지회 반란이 본격적으로 진압되기 시작한 함풍 5년(1855) 여름이었다. 약 반세기가 지난 광서 27년(1901) 그가 남긴 영문 회고록에는 다음과 같은 언급이 있다.

56 「會黨消息」, 金毓黻·田餘慶 等編輯, 『太平天國史料』, 北京: 中華書局, 1955, 500쪽.
57 (淸) 盧子駿 撰, 『盧氏族譜』, 『廣東洪兵起義史料』 中, 997-1000쪽.

이 무렵 나는 형장에서 반마일 떨어진 곳에 살고 있었기 때문에 문득 호기심이 생겨 사형장의 광경을 한 번 가보기로 하였다. 그런데 막상 가 보았더니, 형장은 온통 피바다로 변하고 길가에는 목이 없는 시체가 땅바닥이 보이지 않을 만큼 널려져 있었다.[58]

여기에서 '호기심'의 발동이라는 측면에서 본다면, 함풍 4년 천지회 반란 당시 홍콩에 있던 일부 서양인들은 용굉만큼이나 더 큰 호기심을 가지고 있었다. 이들 중에서도 특히 스카스(Scarth)와 헌터(Hunter)의 경우, 함풍 4년 천지회 반란을 자신들의 중국 견문록에서 전론하고 있다.

영국인 스카스에 대해서는 알려진 것이 거의 없지만, 그는 도광 27년(1847) 중국에 입국하여 함풍 9년(1859) 영국으로 귀국했고, 이듬해 『중국에서의 12년』이란 제목으로 중국견문록을 출판하였다. 이 중에서 「제21장 삼합회(三合會)가 광주를 포위하여 공격함」의 부분에서 천지회 반란을 언급하고 있다. 스카스의 기술을 종합해 보면, 그는 함풍 4년 천지회 반란을 광동에서 진행된 일종의 '혁명'으로 간주했고, 그 배경으로 청조 내부의 부패는 물론이고 통치자들의 기만·탐욕·비겁함, 나아가 관료들의 태만과 나쁜 품행 등이 이러한 혁명을 더욱 촉진시켰다고 강조하였다. 그리고 혁명의 발단은 광주부 동관(東莞)현에서 지방 관리에 의해 삼합회의 형제가 억울하게 죽게 되자, 이 지역 삼합회의 수령인 하륙(何六)이 "슬픈 복수자"로 자칭하며 반란을 일으켰다는 것이다.[59]

원래 스카스는 천지회 반란군의 수급을 담는 대나무 소쿠리가 부족하여 관원들이 수급 대신에 반란자의 오른쪽 귀를 잘라 오라고 하는 소식

58 Yung Wing, *My Life in China and America*, New York: Henry Holt and Company, 1909(容閎 저, 권희철 역, 『西學東漸記』, 서울: 을유문화사, 1974, 63쪽).

59 John Scarth, *Twelve Years in China: The People, the Rebels, and the Mandarins*, p.230, pp.235-236, p.239.

을 듣고서, 이러한 소문의 진상을 직접 확인하기 위해서 몸소 전쟁터로 향하였다. 그는 몇 번이고 성성과 성성 밖의 포대에 올라가 망원경으로 전투장면을 목격하다가 천지회 반란군을 만나기 위해 접촉을 시도했지만 번번이 관군에 의해 좌절되었다. 또한 천지회 반란군이 불산(佛山)을 점령한 이후 모든 재물을 불태웠다는 소식을 듣고서는 이를 의심하여 직접 현장을 방문하고자 했으나, 이 역시 실현되지 못했다. 결국 "우리들은 영원히 우국지사들이 있는 곳으로 갈 수 없었다."고 토로하였다.[60]

이처럼 스카스가 우국지사들이라고 지칭하면서 그렇게 만나보고 싶어 했던 천지회 반란군은 대부분 사형장의 먼발치에서 목격할 수 있었고, 이를 통해서 그가 궁금했던 대량학살의 진실도 일정정도 확인할 수 있었다. 스카스의 기술에 따르면, "내가 광주의 사형장에 한번 가보았을 때 반란군의 수령과 약 60여 명의 부하들이 있었는데, 수령의 경우 산채로 몸 껍질을 도려내어 죽였으며", "나머지 사람들은 어떠한 간섭도 없이 처형되었다." 또한 "매일같이 대량으로 체포된 사람들이 광주로 보내져 참수되었는데, 내가 목격한 바로는 채 4분도 안되어 63명이 참수되었고", "하루 동안 수급을 대신해 잘려온 오른쪽 귀를 담은 상자 3개가 총독 앞으로 보내졌다." 이후 "광주 일대에서만 6개월 동안 7만 명이 살해되었고, 조경의 경우 광주보다도 훨씬 많이 참수되었으며, 다른 지역에서도 수천 명이 살해되었는데, 심지어 12명씩 묶어서 강물에 던져 익사시킨 경우도 수백 명이었다." 결국 "혁명이 발생한 이래로 1년 동안 광동성에서 100만 명이 넘게 사망했는데, 그중에 10만 명 이상이 광주의 사형장에서 참수되었다."는 참담한 상황을 전하고 있다.[61] 용굉의 표현을 빌리자

60 John Scarth, *Twelve Years in China: The People, the Rebels, and the Mandarins*, p.220, pp.221-223, p.229, pp.232-234.

61 John Scarth, *Twelve Years in China: The People, the Rebels, and the Mandarins*, p.228, pp.237-238.

면, 이러한 상황은 그야말로 "비단 금세기에서 유례가 없을뿐더러 설령 옛날 로마의 폭군이었던 네로나 프랑스 혁명 때의 참극에서도 볼 수 없었던 대량학살이었던 것"[62]이다.

스카스는 이러한 무자비한 대량학살 과정에서 행해진 관리와 관군의 만행에 대한 지적도 결코 잊지 않았다. 예컨대 광동의 인민들은 큰 공포에 떨고 있었는데, 이는 관군이 반란군과의 전투 중에서 만약 포로를 획득하지 못하면 선량한 인민들을 무작위로 잡아서 처형시켰기 때문이었다. 또한 반란군이 점령한 촌장을 관군이 다시 점령한 이후에는 보복의 차원에서 전부 불태워 버려 황량한 폐허로 변했고, 이러한 지역에서는 노인에서 어린아이에 이르기까지 저 흉악한 청군의 만행에 대하여 자기와 같은 외국 사람들을 보면 울분을 참지 못하고 성토했는데, 이들은 이미 양쪽 귀가 잘려나간 상태였다고 지적하고 있다. 결국 스카스는 광동의 혁명가들이 가져온 이러한 비극적인 상황 대신에 장래에는 도덕적·정치적 변혁이 요구된다고 하면서, 이러한 혁명이 광동과 같은 지역에서 곧 실현되기를 희망하기도 하였다.[63]

한편 도광 9년(1829) 광주로 들어와서 기창양행(旗昌洋行, Russell & Co.)에서 근무하기 시작하여 대주주가 되고 후일 헌터양행(亨特洋行, Messrs. Hunt and Co.)을 창설하기도 한 미국인 헌터는 광서 8년(1882) 『광주의 번귀록(番鬼錄)』과 광서 11년(1885) 『구중국(舊中國)의 잡기(雜記)』를 각각 출판하였다. 이 책들은 헌터가 아편전쟁을 전후한 시기 광주에서 체험한 여러 내용들을 수록한 견문록이라고 할 수 있는데, 이 중에 후자의 견문록에서 「남보(南步)의 반란」이란 제목으로 함풍 4년 천지회 반란을 전론

62 Yung Wing, 권희철 역, 『西學東漸記』, 63쪽.

63 John Scarth, *Twelve Years in China: The People, the Rebels, and the Mandarins*, p.227, p.230, p.235.

하고 있다. 여기에서 남보란 연당(燕塘)과 신조(新造)의 중간에 위치한 황포(黃埔) 부근의 진(鎭)으로서 '진송의 천지회 집단' 중에서 진현량·하륙 등이 반란의 근거지로 삼았던 곳 중의 하나였다.

그런데 헌터의 함풍 4년 천지회 반란에 대한 인식과 평가는 앞서 언급한 스카스의 것과는 사뭇 대조적이었다는 점에서 매우 흥미롭다. 「남보의 반란」의 서술은 그 시작부터가 홍수전(洪秀全)의 태평천국(太平天國)을 '미친 행위를 하는 광신자'의 '가장 공상적인 계획'으로 간주하고 있으니, 헌터가 이후 언급할 함풍 4년 천지회 반란은 물론이거니와 당시 중국에서 일어난 반란 자체에 대하여 매우 부정적인 시각을 갖고 있었음을 보여준다.[64]

헌터의 이러한 시각은 양광총독 섭명침(葉名琛)의 평가에서 극명하게 드러난다. 헌터는 섭명침의 천지회 반란군에 대한 학살을 양광총독이라는 직함에 의한 어쩔 수 없는 '합법적인 학살'이라고 지적한 반면, 남경에서 무수한 생명을 희생시킨 홍수전의 행위는 '신성함을 모독한 악당들'의 학살이라고 언급하였다. 나아가 헌터는 청군이 남보를 공격하는 과정에서 진행된 학살을 섭명침에게 가혹한 책임을 물어 그를 '잔학무도한 괴물'이라든가 '살인을 즐기는 악당'이라고 부를지언정, 사실상 이것은 '인민에게 공로가 있는 것'으로 평가했다는 점에서 잘 드러나 있다.[65]

헌터는 섭명침에 의한 합법적인 학살의 실상도 잘 제시하고 있다. 가령 한 관료의 말을 인용하여, "800명의 체포된 반란자가 하루 만에 형장에서 참수되었고, 여러 날 동안 계속되었다. 만약 하루에 3~4백 명을 처형할 경우에는 매우 적은 것이라고 여길 정도였다."고 전하고 있다. 또한 남보의 경우 천지회 반란군이 그 동쪽에서 최소한 2,500~3,000명이 죽었

64 William. C. Hunter, *Bits of Old China*, pp.82-84.

65 William. C. Hunter, *Bits of Old China*, p.89, p.105.

고, 서쪽에서도 대량으로 학살되었는데, 보고된 참수자만 수천 명이었고, 포로가 되어 광주로 이송되어 공개적으로 죽은 자는 수십 명에 불과하다고 언급하였다.[66]

헌터는 함풍 4년 천지회 반란과 홍수전의 태평천국이 어떠한 관계도 없다고 하면서, 천지회의 경우 1643년 만주인에 의해서 전복된 한족의 왕조인 명조를 회복하는 것을 선전하고 있지만, 실제로 그들이 한 짓은 결국 사람을 파견하여 도처에서 약탈하는 것이라고 일축하였다. 그런 헌터가 당시 남보를 방문하여 하륙(何六)과 몇몇 두목들을 만나서 차를 마치고 담배도 태우며 산보도 하면서 이들의 진영을 시찰하기도 하였다. 헌터에 의하면, 하륙 등 반란군 두목들은 모두 중국 고대 한족(漢族)의 복장을 했고 머리를 길게 늘여 뜨려 있었기 때문에 마치 만주인이 중국에 들어오기 이전의 모습과 같다고 하면서, 이들의 인상은 결코 험악하지 않고 모두 활기차고 영민하며 예의바르다고 묘사하였다.[67]

헌터의 이러한 남보 방문은 그의 상인적 기질에 의해서 발동했기에 가능하였다. 왜냐하면 헌터는 남보를 방문하기 이전에 경관(經官)이라 불린 양륜추(梁綸樞)[68]를 통해서 광동성 당국과 모종의 거래를 하고 있었기 때문이다. 그 거래란 광동성 당국이 3천 명 관군의 보조 하에서 누구라도 남보의 천지회 반란군을 제거하는 자에게는 현상금으로 25만 원(元)을 걸었는데, 양륜추는 남보에 천지회 반란군이 약탈한 장물이 가득히 쌓여

66 William. C. Hunter, *Bits of Old China*, p.88, p.104.

67 William. C. Hunter, *Bits of Old China*, p.88, pp.90-91.

68 양륜추(1790~1877)는 '천보(天寶)'라는 상호(商號)를 창립한 행상(行商) 양경국(梁經國, 1761~1837)의 셋째 아들로, 1827년 부친의 천보행(天寶行)을 계승하였다. 광주에서 외국 상인들은 양경국을 '양경관(梁經官)' 혹은 약칭하여 '경관(經官)'으로 불렀는데, 이러한 호칭이 그의 아들 양륜추에게도 그대로 이어졌다. 양륜추는 함풍 4년 천지회 반란이 일어나자 단용(團勇)을 조직하고 광동성 당국에 군향(軍餉)을 조달하는 등 반란의 진압에 적극적으로 나섰다.((民國)『番禺縣續志』卷19「人物·國朝」, 13-16쪽)

있고 그 중에도 시가 55만 원을 상회하는 약 2만 상자의 차엽(茶葉)을 노리고 있었던 것이다. 이리하여 양륜추는 당시 외국 군사들을 쉽게 고용할 수 있는 헌터와 상의했고, 이에 헌터는 남보를 정탐하기 위해 그곳을 방문했던 것이다. 이후 헌터는 '비공개적'인 원정대의 총사령관으로서 마카오의 드린컬(Drinker)을 광주로 불러 들여 그를 '공개적'인 수사제독(水師提督)으로 추천하여 본격적인 계획에 착수하였다. 중국인은 말할 것도 없이 영국인·미국인·인도인·아프리카인까지 동원하고 선박과 무기 등 만반의 준비를 갖추고 관군과 합동으로 남보의 천지회 반란군을 진압한다는 이른바 '남보의 진압계획'은 당시 미국공사 맥린(MacLean)의 요청에 의해서 중지되었다고 헌터는 상당한 아쉬움을 토로하였다.[69] 양륜추도 그렇거니와 헌터야말로 이익을 최우선으로 하는 상인의 한 단면을 적나라하게 보여주고 있다.

이밖에 일부 서양인의 저작에서도 함풍 4년 천지회 반란에 대한 간략한 언급이 이루어졌다. 영국인 아이털(Eitel)은 1862년 선교활동을 위해 홍콩과 광주로 파견 나왔기 때문에[70] 함풍 4년 천지회 반란을 직접 체험하지 못했다. 이후 중국의 정치·사회·문화·언어 등 여러 방면에 관심을 갖고 있었던 아이털은 1882년 출판한 『중국 안에서의 유럽: 1882년 이전 홍콩의 역사』에서 함풍 4년 천지회 반란을 언급하고 있다. 여기에서 아이털은 아편전쟁 이후 광동과 광서 등의 화남 지역에 삼합회와 같은 정치적 비밀결사가 대거 등장한 것은 이 시기가 "청조 관료의 부패통치가 가장 정점에 달했기 때문이었다."고 언급하였다. 또한 이들 삼합회의 유일한 정치적 목적은 "만주족을 몰아내서 한족의 왕조를 건설하는

69 William. C. Hunter, *Bits of Old China*, pp.89-90, p.92, pp.95-97.

70 中國社會科學院近代史硏究所飜譯室, 『近代來華外國人名辭典』, 北京: 中國社會科學出版社, 1981, 124-125쪽.

것"에 있었는데, 이는 "관료들과 관련이 없는 모든 중국인들의 개인적인 원망"이었고, 그 결과로 발생한 것이 바로 태평천국운동이었다고 지적하였다.[71] 이처럼 함풍 4년 천지회 반란을 태평천국운동의 일환으로 오인한 아이털은 태평천국의 반란군이 1854년 7월 광동의 불산(佛山)을 점령했고, 9월 주강(珠江)을 봉쇄한 채 광주성의 점령을 위해 사방에서 공격하기 시작했으며, 홍콩 인근의 해풍(海豊)현과 육풍(陸豊)현을 점령한 후에는 홍콩의 시장공급이 일시적으로 심각한 간섭을 받았다고 서술했던 것이다.[72]

한편 윌리엄스(Williams)도 1883년 자신의 1847년 저서인 『중국총론(中國總論)』의 수정증보판을 출판하는 과정에서 함풍 4년 천지회 반란을 추가하였다. 여기에서 윌리엄스는 천지회라는 용어를 쓰지 않는 대신 이를 '범죄 조직'으로 규정했고, 그 수령들을 '초조한 폭동의 지도자들'로 묘사하였다. 나아가 천지회를 태평천국과 엄격히 구별하여 "이들 범죄 조직은 자신들의 정책이든 계획이든 간에 태평천국과 어떠한 관련도 갖고 있지 않았으며, 심지어 일시적인 성공도 이룬 적이 없었다."고 평가하였다. 결국 태평천국이 남경을 점령했다는 소식을 듣고서 이러한 폭동의 지도자들이 절호의 기회가 찾아왔다고 생각하여 분파들을 소집하여 동관을 시작으로 반란을 일으켜 불산·순덕·삼수 등 광주부의 여러 지역을 순식간에 혼란의 무정부 상태로 몰아넣었다고 지적하였다.[73]

윌리엄스의 경우 반란군의 폭행과 이들의 처형 장면을 대비시킨 기술

71 Ernest J. Eitel, *Europe in China: The History of Hongkong from the Beginning to the Year 1882*, p.227.

72 Ernest J. Eitel, *Europe in China: The History of Hongkong from the Beginning to the Year 1882*, pp.302-303.

73 Samuel W. Williams, *The Middle Kingdom: A Survey of the Geography, Government, Literature, Social life, Arts, and History of the Chinese Empire and its Inhabitants*, pp.629-630.

은 주목할 만하다. 예컨대 불산을 점령한 반란군은 이 지역을 떠날 때 수많은 사람들을 광장으로 몰아놓고 대포를 발포해 살상하는 과정에서 주변의 가옥들이 모두 불에 탔는데, 불길이 이삼일 동안 지속되어 심지어 광주에서도 목격되었으며, 적어도 20만 정도가 희생되었다고 묘사하였다. 결국 이러한 반란군이 당국에 체포되면 각 현에서 광주로 보내져 모두 처형되었는데, 하루에 처형된 숫자가 무려 7~8백 명 정도가 되었다고 하면서, 1855년 한 해 동안 광주성 성문 근처에서 처형된 자가 8만 명에 이른다고 기술하였다. 결국 윌리엄스는 이 반란의 성격을 '소진'·'절망'·'공포' 등의 용어로 묘사하면서, 이 반란으로 인해서 광주성과 그 주변 일대의 사회가 거의 괴란 상태에 빠지게 되었다고 평가하였다. 그 결과 함풍 4년의 광동은 과거에 비해 캘리포니아·호주 등으로의 이민 행렬이 증가했고, 동시에 쿨리 무역도 더욱 성행했다고 지적하였다.[74]

74 Samuel W. Williams, *The Middle Kingdom: A Survey of the Geography, Government, Literature, Social life, Arts, and History of the Chinese Empire and its Inhabitants*, pp.631-632.

소결

문화대혁명 시기 유행했던 반란에는 이유가 있다는 '조반유리(造反有理)'라는 말은 이후 중국학계에서 전근대 중국 농민반란의 계급투쟁 정신이나 수호(水滸)·강호(江湖)의 의식세계를 설명하는 용어로 즐겨 차용되어 왔다.[75] 물론 이러한 차용에는 역사 발전의 긍정적인 측면이라는 단서가 붙기 마련이지만, 그렇지 않을 경우 역사 발전의 부정적 측면이 부각되어 역사상의 "반란에는 반드시 이유가 있었던 것은 아니다."[76]라고 하는 식으로 결국 반란의 정당성 내지는 합리성이 급격히 축소되어 버린다. 이러한 '조반유리'의 측면에서 본다면, 함풍 4년 천지회 반란의 경우 단순히 홍건을 쓴 반란자의 성격을 넘어 '홍병'이라고 하는 철저한 자기의식과 세계관을 가지고 있었다. 이점은 진송의 천지회 집단의 주요 회수들이 대내외적으로 포고한 각종 고시 속에서 구체적으로 녹아 있었다. 결국 진송의 천지회 집단의 입장에서 보면, 함풍 4년 자신들의 행동은 결코

75 郭大松·陳海宏 主編, 『五十年流行詞語(1949~1999)』, 濟南: 山東教育出版社, 1999, 150쪽; 王學泰, 『水滸·江湖: 理解中國社會的另一條線索』, 西安: 陝西人民出版社, 2011, 251-270쪽.

76 秦寶琦, 「"造反有理"辨正」, 劉平, 『文化與叛亂』, 北京: 商務印書館, 2002, 6-8쪽.

하찮은 비적들이 진행한 반란이 아니라 왕조의 수명을 다한 청조에서 고통으로 신음하는 인민들을 구제하기 위해 인의로 무장한 천지회 군대인 홍병이 일으킨 기의였음을 천명한 것이었으니, 이러한 천지회의 '조반유리'는 당시 격화된 사회경제적 상황과 더불어 반청복명이라는 자신들의 정치이념과 맞물려 있었던 것이다.

그런데 청조 국가권력을 대신에서 광동사회를 통치하고 있었던 양광총독을 정점으로 한 예하의 각 부주현 지방관들에게는 반란 자체가 통치권력에 도전하는 반역이었고, 특히나 천지회를 조직하는 것 자체가 청대 법률상 모반죄에 속했기 때문에 이들이 반란을 진압하는 것은 지극히 당연한 일이었다. 그러나 이처럼 지극히 당연한 일에 대한 증거들, 다시 말해 지방관들이 반란을 진압해야 하는 정당한 이유인 '진압유리(鎭壓有理)'의 입장을 대변하는 증거들을 사료들 속에서 찾아내기란 결코 쉬운 일이 아니다. 이러한 점에서 본다면, 당시 한 지방관이 남겨 놓은 「토삼합회격문」은 적어도 지방관들의 천지회에 대한 '진압유리'에 대한 논리를 잘 보여준다. 즉 청조는 아직 황제가 덕을 잃은 것이 없고 모든 사민들이 황제의 은택을 받고 있으니, 천지회가 반란을 일으킨 것은 전혀 설득력이 없다는 것이다. 이러한 지방관들의 천지회 반란에 대한 인식과 평가는 이들의 보조자로서 지역사회의 유지를 현장에서 책임지고 있었던 신사들의 그것과도 매우 유사하였다. 신회현 한 부생의 지적처럼 과거의 말세에 일어났던 많은 반란들은 나름대로의 이유가 있지만 200년 동안 태평성세를 누려온 청조에 대하여 천지회가 반란을 일으킨 것은 그 어떠한 명분도 서지 못한다는 것이다. 다만 일부 신사들의 경우 마치 예견된 천지회의 반란을 동조라도 하듯이 이들 반란군보다는 관군과 단련군의 폭력적 만행과 약탈을 직·간접적으로 들추어내기도 하였다.

이상의 반란자와 진압자의 입장과는 별개의 문제로 종족이라는 범주에서 함풍 4년의 반란을 들여다보면, 광동은 기본적으로 종족을 단위로 사회적 생활이 영위된 지역이었기 때문에 종족의 보존과 발전이라는 측면에서 그 인식과 평가가 이루어졌다. 함풍 4년 천지회 반란에 적극적으로 참여했던 종족들, 예컨대 남해현의 관씨 종족, 광주 북부 아호 일대의 조씨와 감씨 종족 등은 반란이 진압되는 과정을 전후로 광동성 당국으로부터 무차별적으로 참혹한 학살을 당했다. 결과적으로 학산현의 『맥씨족보』, 순덕현의 『양씨족보』, 신회현의 『노씨족보』 등의 사례에서 보이는 것처럼, 이들 종족들이 족보를 편찬하는 과정에서 종족의 보존과 발전을 위한 방편으로 급기야 함풍 4년 천지회 반란의 시말을 기록하게 되었던 것이다. 이러한 기록들은 '화복무문(禍福無門)'라는 성어의 의미가 함축하고 있듯이 결국 종족의 보존과 발전을 최우선으로 삼는 종족들이 족보의 편찬이나 편수라는 방법을 통해 장래에 이러한 대규모 반란에 결코 현혹되어서는 안 된다고 하는 경각심을 후손들에게 전달해주었던 것이다.

위와 같은 역사적 사건의 당사자들을 제외한다면, 이를 직간접적으로 경험하거나 혹은 기록을 남긴 외국인들의 경우 반란의 인식에서부터 평가에 이르기까지 다양한 인식과 평가를 보였다는 점에서 무척 흥미롭다. 영국인 스카스가 보기에 함풍 4년 천지회 반란은 몰락해 가는 이민족 왕조에 저항했던 우국지사들의 혁명이었지만, 미국인 헌터에게는 단순한 약탈자들의 반란에 불과하였다. 또한 영국인 아이털이 함풍 4년 천지회 반란과 태평천국운동을 혼동하였더라도 정치적 비밀결사로서 천지회의 반청복명이라는 정치이념을 정확히 파악했다고 한다면, 미국인 윌리엄스는 이 반란을 광동에 산재한 범죄 조직자들의 폭동 정도로 취급하였다. 또한 이들 외국인들은 모두 양광총독 섭명침의 명령에 의해서 자행된 대량학살의 실상을 잘 제시하였음에도 이에 대한 평가 역시 무척 상이하였다. 스카스는 자신이 우국지사들이라고 지칭한 천지회 반란군이 당한 대량학살의 실상을 제시하면서 이러한 비극적 상황에 대한 도덕적·정치적 변혁이 요구된다고 생각한 반면에, 헌터는 이러한 대량학살을 지방관들의 어쩔 수 없는 합법적인 학살이었다고 두둔했으며, 윌리엄스의 경우 반란자의 파괴와 진압자의 학살을 비교적 대등하게 서술하기도 하였다. 이처럼 서양인들의 인식과 평가는 그야말로 '견인견지(見仁見智)'의 상황을 잘 보여주고 있다.

요컨대 역사적 사건에 대한 평가는 분명히 후대 역사가들의 몫일 것이다. 그런데 역사가들의 평가는 역사가 자신의 관점에 따라 그 평가가 달라질 수 있을 뿐만 아니라 그들이 살고 있는 시대적 제약까지 동시에 받기 때문에 필연적으로 가변적인 가치를 지닐 수밖에 없다. 그러나 역사적 사건 속에 있던 동시대인들의 역사적 경험들은, 특히 그것이 반란이나 혁명과 같이 대량의 파괴와 학살이 뒤따르는 대규모 사건이었다면, 반란자이든 진압자이든 또 당사자이든 제삼자이든 나아가 그것이 성공하였든 실패하였든 간에 모두 불변의 고귀한 가치를 가지고 있다고 말할 수 있다.

제5부

천지회 외부활동의 세계: 재개와 혁명 활동

| 제 1 장 |

광서 연간 천지회의 활동 재개

1

19세기 말엽 광동(廣東) 지역 천지회의 활동 재개 문제가 논의의 중심으로 부각되는 이유는 바로 청대 광동 지역 천지회의 발전적 연속성이란 측면에서 볼 때, 그것이 손문(孫文) 등 초기 혁명파(革命派)의 활동을 이해하기 위한 전제적(前提的) 연구가 된다는 점에 있다. 그러나 이 문제에 대한 기존의 연구 성과는 부진한 편이어서 그 종합적인 연구는 말할 것도 없고, 천지회 활동의 재개 여부에 관한 문제에 있어서도 엇갈린 견해들이 존재하고 있다. 그 직접적인 이유로는 자료의 부족이라는 장애를 들 수 있지만, 태평천국운동(太平天國運動)과 함풍 4년(1854) 천지회 반란의 실패로 인해 천지회의 자발적 발전이 불가능했을 것이라는 연구자들의 인식이 자리 잡고 있기 때문이다.[1] 이러한 인식의 근저에는 무엇보다도 19세기 말엽 광동에 손문 등의 혁명파가 등장하고 이것이 후일 신해혁명(辛亥革命)으로 이어지는 과정에서 여기에 참여한 천지회 등의 회당(會黨) 세력을 혁명 세력의 '주역'이 아닌 '조역'으로 간주하여 이들의 역할을 지나치게 과소평가하는 편견이 짙게 깔려 있다.[2]

1 王天奬, 「十九世紀下半紀中國的秘密會社」, 『歷史硏究』 1963-2, 86쪽; 秦寶琦, 『洪門眞史』, 福州: 福建人民出版社, 2000, 312-331쪽; 莊吉發, 『淸代秘密會黨史硏究』, 臺北: 文史哲出版社, 1994, 284-316쪽.

2 이 편견은 대표적으로 진보기의 저서에서 엿볼 수 있는데, 그가 광서 연간 광동 지역

물론 이러한 시각과는 다르게 일부 연구에서는 태평천국운동과 함풍 4년 천지회 반란의 실패가 광동에서 천지회의 구성원과 영향력을 감소시키지 않았다거나,[3] 천지회를 중심으로 한 회당 세력을 더욱 발전시키는 데 오히려 중요한 영향을 미쳤다는 지적도 있다.[4] 이후 회당사만을 다룬 일부 전문적인 저서에서는 천지회를 중심으로 한 회당 세력이 광동 지역에서 동치 연간 후반에 잠시 침체를 거친 이후 광서 원년(1875)부터 그 활동이 재개되었다고 하면서 이에 대한 목록을 제시하기도 하였다.[5] 하지만 이러한 연구에서조차 19세기 말엽 광동 지역 천지회의 현황을 단순히 제시하는 데 그치고 있기 때문에 이 시기 광동 지역 천지회의 활동이 왜 쇠퇴하지 않고 재개되었는가, 재개되었다면 이들의 지역적 분포는 어떠했고 그 활동은 구체적으로 어떠했는가, 더 나아가 천지회가 이후 전개

천지회를 보는 시각은 다음과 같다. 함풍 4년 천지회 반란의 붕괴로 참혹한 진압을 당한 천지회는 19세기 말엽까지 광동에 비밀리에 유전되어 왔다. 이후 광동에 손문 등의 혁명파가 등장하자 이들은 혁명을 수행하기 위해서 천지회를 중심으로 한 회당 세력을 동원하여 무장봉기를 일으켰다는 점에서, 손문 등 혁명파의 영도가 없었다면 천지회의 자발적인 반항투쟁은 불가능했다는 것이다(秦寶琦, 『洪門眞史』, 312-331쪽). 이러한 내용은 천지회 등 회당사를 전문적으로 연구하는 연구자들이 아직도 손문정통사관(孫文正統史觀)의 그늘에서 벗어나지 못하고 있음을 보여주고 있다. 한편 국내의 유장근은 그의 저서에서 19세기 말엽 광동 지역 천지회에 대하여 "1888년경 의사인 정사량(鄭士良)과 재사(才士) 진소백(陳少白)이 등장하여 삼합회인(三合會人)으로 활동한 것을 제외하고 약 반세기 동안 '평온하게' 지내다가, 이번에는 자신들의 힘에 의해서가 아니라 외부에서 나타난 '혁명적'인 동맹회 세력과 접촉하면서 다시 현성을 공격하는 활동에 들어갔다."(유장근, 『근대 중국의 비밀결사』, 303쪽)고 지적함으로써 19세기 말엽 광동 지역 천지회 활동 재개의 문제에 대해서는 다소 회의적인 견해를 내놓았다.

3 Maurice Freedman, *Lineage Organization in the Southeastern China*, London: University of London, 1958, p.120.(김광억, 『東南部 中國의 宗族組織』, 서울: 일조각, 1996, 153쪽).

4 陳劍安, 「廣東會黨與辛亥革命」, 中南地區辛亥革命史研究會湖南省歷史學會 編, 『紀念辛亥革命七十周年青年學術討論會論文選』 上, 北京: 中華書局, 1983, 27쪽.

5 胡珠生, 『清代洪門史』, 沈陽: 遼寧人民出版社, 1996, 397-400쪽; 雷冬文, 『近代廣東會黨: 關於其在近代廣東社會變遷中的作用』, 廣州: 暨南大學出版社, 2004, 171-176쪽.

되는 손문 등 초기 혁명파의 활동과 어떻게 관련되어 있는가에 대한 답변을 충분히 설명하지 못하였다.

본장에서는 종래 엇갈리게 논의되어 왔던 19세기 말엽 광동 지역 천지회 활동 재개의 문제를 이들의 구체적인 활동과 관련지어 분석하는 데 초점을 두고자 한다. 먼저 광서 연간 양광총독(兩廣總督) 장지동(張之洞)의 주접을 통해 이 시기 천지회의 활동이 전반적으로 어떠한 특징을 보이고 있는가를 설명한다. 이 내용을 토대로 19세기 말엽 천지회 활동 재개의 배경을 이들의 활동이 가장 왕성한, 그리고 후일 손문 등 초기 혁명파의 활동 중심지인 광동의 광주(廣州)부와 혜주(惠州)부를 사례 검토의 지역으로 선정하여 사회경제적 입장에서 분석한다. 이후 이 시기 천지회의 다양한 활동을 도적(盜賊)·타단(打單)·토비(土匪)·객민(客民)·양비(洋匪)·계투(械鬪)라는 광동의 사회 구조적 문제와 결부시켜 고찰해 본다. 마지막으로 19세기 말엽 광동 지역 천지회의 현황을 종합하여 회명의 종류, 시간·지역별 분포, 조직 체계, 봉기의 규모와 성격, 활동양상 등의 측면을 분석하고자 한다.

이상과 같은 서술 과정을 통해서 19세기 말엽 광동 지역 천지회 연구의 미진한 부분을 보충할 수 있을 뿐만 아니라 이것이 손문 등 초기 혁명파의 활동을 이해하기 위한 전제적 연구가 된다는 점을 밝힐 수 있을 것이다. 결국 19세기 말엽 광동 지역 천지회 활동재개의 실상과 그 의미를 탐색해 보려는 것이 바로 본장가 추구하는 궁극적인 목표라 할 수 있겠다.

1. 천지회의 상황: '회→도→투→회·도'

천지회는 19세기 초·중엽 복건(福建)·광동(廣東)·광서(廣西) 등 화남(華南) 지역을 중심으로 활동하면서 제3의 사회조직[6]으로 정착할 만큼 정치·사회·문화적으로 상당한 영향력을 발휘하였다. 그러나 천지회의 활동이 가족·농촌·시장공동체 등의 기존질서를 중시하는 유가적 국가체제를 부정[7]했기 때문에 청조는 이들을 법률상 비(匪)의 범주로 분류했고,[8] 이런 이유로 천지회는 사료상 '회비(會匪)'라는 용어로 지칭되었다. 다시 말해서 천지회가 상호부조라는 순수한 목적의 결의형제(結義兄弟)에만 그치는 것이 아니라 중국 남부지역에서 공통적으로 발생한 도적(盜賊)·객민(客民)·양비(洋匪)·계투(械鬪) 등의 사회구조적 문제와 맞물리면서 일상적으로 불법적인 경제활동을 자행하고, 나아가 확대된 세력을 바탕으로 부주현성(府州縣城)을 공격하는 등의 봉기를 주도하는 선두에 나섰던 것이다.

이러한 상황은 함풍 4년 천지회 반란이 실패로 돌아간 이후에 재개한 19세기 말엽 광동 천지회의 활동에 변함없이 지속되었다. 광서 10~15년(1884~1889) 양광총독(兩廣總督)을 역임한 장지동(張之洞)은 광동의 사회구조적 문제를 파악하여 비(匪)에 대한 개념을 다음과 같이 지적하였다.

> 광동의 유민(莠民) 중에서 지방에 해(害)를 끼치는 것은 대략 세 종류가 있다. 첫째는 도겁(盜劫)이고, 둘째는 배회(拜會)이며, 셋째는 계투(械鬪)이다. 도(盜)는 약탈〔搶掠〕하는 것이오, 회(會)는 규당(糾黨)하는 것이오, 투(鬪)는 분살(焚殺)하는 것이다. 이 세 가지는 서로 연결되므로 통칭하

---

6 陳旭麓, 「秘密會黨與中國社會」, 中國會黨史研究會 編, 『會黨史研究』, 上海: 學林出版社, 1987, 23쪽.

7 任桂淳, 『淸史: 만주족이 통치한 중국』, 서울: 신서원, 2000, 57쪽.

8 (光緒) 『欽定大淸會典事例』 卷779, 上海: 上海古籍出版社, 1995, 552-559쪽.

> 여 비(匪)라고 부른다. 회가 많아지면 도가 되고, 도가 강해지면 투를 도우며, 투가 오래되면 회와 도를 부른다. 각각의 비는 그 가운데 개입한다.[9]

장지동은 광동의 비(匪)를 크게 도비(盜匪)·회비(會匪)·투비(鬪匪) 세 가지로 분류하여 이것들이 서로 출입함을 강조하고 있다. 물론 천지회의 활동이 순수한 배회에 그치지 않고 도겁이나 계투에 직접 관여한다는 것은 잘 알려진 사실이지만, 적어도 장지동은 이러한 집단들의 상관관계를 '회(會)→도(盜)→투(鬪)→회(會)·도(盜)'라는 순환의 구조로 파악하고 있었다. 좀 더 구체적으로 말하면, 배회를 통하여 천지회와 같은 회비가 결성되면 이들은 약탈 등의 도비 활동을 하게 되고, 이러한 집단과 다른 집단 간의 갈등이 증폭되면 서로 죽이는 계투까지 이르게 되는데, 이 과정에서 유리된 자들이 다른 회를 결성하여 다시 도비 활동을 한다는 악순환의 구조로 인식했던 것이다. 나아가 장지동은 이러한 비의 지역적 분포에 대하여 다음과 같이 지적하고 있다.

> 도(盜)는 광주(廣州)부 소속 연해의 각 현과 조경(肇慶)·소주(韶州)부의 강을 연한 각 현, 그리고 염주(廉州)·경주(瓊州)부의 바다와 접한 곳에 가장 많다. 회(會)는 혜주(惠州)부와 홍콩(香港)에 인접한 구룡사(九龍司) 등의 곳에 가장 많으며, 고주(高州)·염주(廉州)부에도 점차 만연되었다. 투(鬪)는 혜주·조주(潮州)·광주(廣州)부에 가장 많고, 염주·경주부가 그 다음이다.[10]

장지동은 19세기 말엽 광동에서 천지회가 주로 도시·시장과 상업적

9 「査辦匪鄉摺」(光緒11.12.27.), 苑書義 等主編, 『張之洞全集』 1, 石家莊: 河北人民出版社, 1998, 379쪽.

10 「査辦匪鄉摺」(光緒11.12.27.), 『張之洞全集』 1, 379-380쪽.

농업의 상품경제가 발달한 광주·불산(佛山)을 중심으로 한 주강(珠江) 삼각주 일대(=광동의 중심지역)보다는 상대적으로 열악한 사회경제적 상황에 처해 있는 혜주·고주·염주부 등의 전통적 농촌지역(=광동의 주변지역)에서 많이 활동하고 있음을 언급하고 있다. 이러한 지적은 19세기 초·중엽 광동에서의 천지회 활동이 중심지역에서 집중적으로 발생했던 상황과는 다른 지역적 양상을 보이고 있다는 점에서 주목할 만하다.[11]

그 원인은 앞서 보았던 광동 중심지역의 천지회 구성원이 함풍 4년 천지회 반란의 사후처리 과정에서 진행된 대량학살과 청향(淸鄕)에 의해서 상당한 타격을 받았다는 점에서 찾을 수 있을 것이다. 이러한 정황으로만 본다면, 19세기 말엽 광동에서 천지회의 활동이 중심지역에서 약화되고 주변지역에서 강화되었다고 말할 수 있지만, 그렇다고 해서 광동 중심지역의 천지회 활동이 침체되었다고 단언할 수 없다. 이 점을 밝히기 위해서는 도시·시장·상품경제의 발달을 특징으로 하는 광동 중심지역의 사회경제적 상황과 천지회의 활동을 관련시켜 고찰할 필요가 있다.

2. 천지회 활동 재개의 사회경제적 배경

1) 중심지역: 광주부의 사례

근대 중국에서 도시·시장·상품경제가 발달한 지역에서는 많은 재부와 이익이 발생했기 때문에 농촌의 실업자·토비(土匪)·병비(兵匪)·유민(流民)

11 예를 들어 가경 연간 광동 천지회 봉기를 정리한 채소경에 의하면, 전체 28건의 봉기 중에서 광주부에서 일어난 봉기 건수가 12건으로 약 43%를 차지하였다(蔡少卿, 「嘉慶道光時期中國會黨發展的特點」, 『中國近代會黨史硏究』, 北京: 中華書局, 1987, 144-146쪽의 표 참조).

등이 유입되면서 각종 회당(會黨)과 행방(行幫)의 세력이 신속하게 발전하였다.[12] 이러한 지역에서 천지회의 활동은 대부분 도시·시장·상품경제의 발달에 따라 발생되는 재부와 이익에 기생하는 성격을 갖는 경향성이 강하였다. 19세기 전반 광주부 일대의 천지회는 '도적적(盜賊的)인 요소'가 농후하고, 도시주변에 운집하여 아편·사염(私鹽)의 운송에 활약하는 등 대부분 '상인적(商人的)인 요소'가 강했다는 지적[13]은 이러한 점을 잘 말해 준다.

실제 통계적인 측면에서 보더라도, 가경·도광 연간(1796~1850) 천지회의 안건 중에서 신분이 정확하게 확인되는 천지회 회원 191명 가운데 소상인(小商人)이 32명이고 농업을 겸한 상인이 58명으로 회원 중에 상인의 비율이 약 47%에 해당하였다.[14] 특히 아편전쟁 이전 시기(1804~1838) 광서 천지회를 망라한 통계 자료에 의하면, 전체 150건 천지회의 조직사건에서 그 참여자의 직업을 알 수 있는 경우는 모두 77개의 조직이었는데, 이 중 상인의 경우가 25개 조직이었다.[15] 이처럼 천지회의 회원 중에 상인적 요소가 두드러지고 상인 계층이 많았던 이유 중의 하나는 당시 화남 지역에서도 광동의 중심지역에 거대한 상권(商圈)이 형성되었기 때문이다. 오구통상(五口通商) 이후 중국의 무역 중심지로서 도시경제가 발전한 상해의 경우도 소도회(小刀會)·쌍도회(雙刀會)·삼도회(三刀會) 등 천지회 계통의 결사가 활발하게 활동한 점이나,[16] 19세기 말엽 도시경제가 급속히 발전한 홍콩의 경우도 성인남자의 1/3 정도가 삼합회(三合會)에 가입할

12 蔡少卿, 「近代中國的秘密社會及其歷史演變」, 『中國近代會黨史研究』, 27쪽.

13 佐佐木正哉, 「咸豊四年廣東天地會の叛亂」, 近代中國硏究センタ彙報』 2, 1963-4, 1-3쪽.

14 戴逸 主編, 『簡明淸史』 2, 北京: 北京人民出版社, 1984, 59쪽.

15 박기수, 「淸 道光年間 廣西民衆蜂起의 硏究」, 성균관대 박사학위논문, 1991, 166-175쪽.

16 周育民·邵雍, 『中國幫會史』, 上海: 上海人民出版社, 1993, 187-193쪽.

정도로 상당한 천지회의 활동이 있었다는 점[17]은 그 반증일 것이다.

광동의 경우 아편전쟁의 결과 1850년대 중반을 전후로 무역의 중심지가 광주에서 상해로 이동하면서 이 지역의 경제가 침체되었지만,[18] 1870년대 이후 광주부 일대의 사회경제적 번영은 곧 회복되기 시작하였다. 광주부 일대 주강삼각주의 여러 현은 과기어당(果基魚塘)과 상기어당(桑基魚塘)이라는 다각적 농업방식을 이용하여 일찍이 종상(種桑)·양잠(養蠶)·양어(養魚)·과수(果樹) 등 상업적 농업의 상품작물의 재배가 발달하였다.[19] 특히 상기어당의 농업방식은 더욱 발전하게 되어 동치·광서 연간(1862~1908)을 거치면서 종상·양잠업 등이 이전의 규모와 정도를 더욱 능가하는 커다란 발전을 보였다.[20]

이러한 발전 배경의 국내외적 요인을 보면, 당시 서구의 프랑스와 같은 생사(生絲) 생산국은 심각한 잠병(蠶病)으로 생사의 생산량이 감소하여 시장에 생사를 공급할 수 없었고, 동치 8년(1869) 수에즈운하가 개통됨에 따라 유럽에서 아시아에 이르는 항로가 크게 단축되어 운송비가 낮아졌다.[21] 게다가 견직업(絹織業)이 발달한 미국에서는 대륙횡단철도의 개통에 의해서 중국의 생사를 직수입할 수 있었고, 중국 생사의 주요 생산지역인

---

17 William Stanton, *The Triad Society or Heaven and Earth Association*, Hongkong: Kelly & Walsh, 1900, pp.26-29.

18 嚴中平 主編,『中國近代經濟史: 1840~1894』, 北京: 北京人民出版社, 1989, 340-345쪽.

19 명 초에 낮은 곳을 파서 연못을 만들어 양어를 하고 연못 뚝에 과일나무를 심는 과기어당의 방식이 개발되었으나, 만력 연간(1573~1619) 이후 양잠업이 발전함에 따라 상기어당의 방식으로 바뀌기 시작하였다. 이는 과기어당의 방식에서 과일나무 대신 뽕나무를 심는 것이다. 뽕나무로 누에를 치고 양잠의 부산물인 누에똥이나 번데기를 물고기의 사료로 삼으며 연못에 쌓인 진흙을 퍼 올려 뽕나무에 거름을 주는 효율 높은 다각적 농업경영방식이다(朴基水, 「清代 廣東의 對外貿易과 廣東商人」, 『明清史研究』 9, 1998, 80쪽).

20 박기수, 「清代 廣東 廣州府의 經濟作物 栽培와 農村市場의 發展」, 『明清史研究』 13, 2000, 27쪽.

21 楊曉堂, 「明清時期珠江三角洲桑基魚塘的發展」, 『農史研究』 7, 1988, 100쪽.

절강 일대가 태평천국운동으로 인하여 대외수출이 곤란하게 된 사정도 있었다.[22] 이에 따라 광동 생사의 국제적 수요가 증가하여 생사의 판로가 확장되고, 생사의 가격상승 하에서 주강삼각주의 상잠업(桑蠶業)은 계속 발전하였다. 특히 주강삼각주의 종상(種桑)을 하는 농가에서는 10무(畝)만 있어도 치부할 수 있었으므로,[23] 화전(禾田)을 바꾸어 기당(基塘)을 설치하여 벼 재배 대신 뽕나무를 종식할 정도였다고 한다.[24] 이렇듯 19세기 말엽 광주부 일대에서 상업적 농업으로 인한 상품경제의 발달은 도시의 발달과 시장의 확대로 이어졌다.[25]

이처럼 19세기 말엽 광동 중심지역의 경제적 번영은 당시 배출되고 있었던 유민층(流民層)을 흡수하기에 좋은 조건이 되었다. 유민층은 전통사회의 사민(四民)에서 독립한 '불공(不工)·불농(不農)·불상(不商)·불사(不士)'의 사회집단이었는데, 이들이 19세기 말엽 도시와 상품경제가 발전한 지역으로 유입되면서 천지회 등 각종 비밀결사의 세력을 한층 강화시켰다.[26] 광동 중심지역에 이러한 유민층이 형성될 수 있었던 주요 배경으로는 유용(游勇)과 파산농민의 증가를 꼽을 수 있다.

우선 19세기 말엽 청조가 단행한 군대개편이나 청불·청일전쟁의 패배로 인한 군대의 해산은 각종 유용을 격증시켰는데, 광동의 경우도 예외는 아니었다. 예컨대 광서 11년(1885) 청불전쟁 당시 유영복(劉永福)이 이끈 흑기군(黑旗軍)의 패배로 그 잔당이 광동 지역으로 유입되었고,[27] 광서 20년(1894) 청일전쟁을 대비하기 위해 양광총독(兩廣總督) 이한장(李瀚章)이

22 鈴木智夫,『洋務運動の硏究』, 東京: 汲古書院, 1992, 421쪽.

23 李文治 編,『中國近代農業史資料』1, 北京: 三聯書店, 1957, 432쪽.

24 (民國)『順德縣志』卷1「輿地」, 20쪽.

25 朴基水,「淸代 廣東 廣州府의 經濟作物 栽培와 農村市場의 發展」, 4-5쪽.

26 周育民,「辛亥革命與游民社會」,『上海師範大學學報』1991-3, 41쪽.

27 「籌辦劉永福內徙情形摺」(光緖11.6.6.);「劉永福舊部別投別軍片」(光緖11.6.6.);「妥籌安置劉永福事宜摺」(光緖11.6.29.),『張之洞全集』1, 321-327쪽.

광범위하게 모병(募兵)을 했으나 전쟁의 패배 이후 이 중에 3/4은 해산되었다.[28] 그 결과 대부분 도적 집단으로 전락하는 유용의 증가로 대량의 유민층이 형성되었다.

다음으로 19세기 말엽 광동에서 부분적인 상품작물의 쇠퇴로 인해 생계가 곤란해진 인민들이 유민층 형성에 영향을 미쳤다. 이러한 상품작물의 예로는 차와 사탕수수 재배업 등을 들 수 있다. 차의 경우 1870·80년대 인도·실론·일본 등에서 대규모의 차 재배가 일어나면서 수출에 직접적인 영향을 미쳤다.[29] 이리하여 일부 지역에서는 차 재배가 실패하여 경작지를 팔아 분묘를 만들 정도였고, 생산된 차가 이전에 비해 1/100도 안되었기 때문에 시가지가 폐쇄되고 이미 재배를 포기하는 경우도 속출하였다.[30] 사탕수수의 경우도 1880년대 이후 서양의 설탕이 국내시장으로 유입되면서 그 재배가 상당한 타격을 받았다.[31] 이와 같이 서양 상품의 반입에 따라 광동에서 차와 사탕수수 재배업 등과 같이 일부 상품작물의 재배가 쇠퇴했고, 그 결과 생계가 곤란해진 파산농민들이 유민층으로 전락하는 경우가 많았다.

이상과 같이 각종 유용과 파산농민 등의 유민층이 1870·80년대 이후로 도시·시장·상품경제가 발전한 지역으로 유입된 사실을 상기한다면, 천지회의 세력도 이에 따라 회복된 것으로 보인다. 예컨대 광서 3년(1877) 순덕(順德)현에서 천지회의 타단(打單),[32] 광서 4년(1878) 남해(南海)현에서 화자회(花子會),[33] 광서 17년(1891) 순덕·신회(新會)현에서 천지회의 타

28 鄒魯, 「乙未廣州起義」, 中國史學會 主編, 『辛亥革命』 1, 上海: 上海人民出版社, 1957, 225쪽.

29 嚴中平 主編, 『中國近代經濟史: 1840~1894』, 1033-1038쪽.

30 李文治 編, 『中國近代農業史資料』 1, 452쪽.

31 李文治 編, 『中國近代農業史資料』 1, 453쪽, 527쪽.

32 『淸德宗實錄』 卷56, 光緖3年8月條, 768쪽.

33 莊吉發, 『淸代秘密會黨史硏究』, 296쪽.

단,[34] 광서 21년(1895) 광주부에서 삼점회(三點會),[35] 광서 25년(1899) 남해현에서 천지회의 타단[36] 등 천지회가 광동 중심지역에서 활동한 기록을 볼 수 있다. 비록 천지회의 구체적인 활동은 사료상의 제약으로 확인할 수 없지만, 19세기 말엽 천지회의 지속적인 활동은 광서 말년·선통 연간에 이르러 향산(香山)·동관(東莞)·순덕·남해현 등 광동의 중심지역을 또다시 천지회의 만연지역으로 만들어 놓았다.[37]

한편 명말청초로 거슬러 올라가는 시점부터 광동에 식량작물을 대표하는 미곡이 부족해지면서 광서의 미곡이 차츰 유입되기 시작하였다.[38] 가경 연간에 이르러서는 광서뿐만 아니라 강서 · 호남 · 대만의 미곡이 수입되었고, 급기야 양미(洋米)라 불리는 남양제국(南洋諸國)의 미곡도 수입될 정도였다.[39] 이처럼 광동에 미곡 등 식량작물의 부족을 초래한 주된 요인 중의 하나는 광동 농민이 식량작물 재배보다는 많은 이익이 남는 상품작물의 재배에 열중하여 식량재배의 면적이 줄었기 때문이다. 그런데 미곡 등 식량작물의 재배지역을 잠식해간 상품작물은 광동의 중심지역인 주강 삼각주 일대 넓은 사전(沙田) 지역에서 광범위하게 재배되고 있었던 반면, 이러한 지리적 혜택을 받지 못한 광동의 주변지역은 상품작물이 활발하게 재배되지 못하였다. 결국 지리환경의 차이가 광동의 주변지역보다는 중심지역으로 인구와 재부를 집중시키는 주요 요인

34 朱壽朋 編, 『光緒朝東華錄』 3, 光緒17年8月條, 北京: 中華書局, 1953, 2963쪽.

35 莊吉發, 『淸代秘密會黨史硏究』, 300쪽.

36 『淸德宗實錄』 卷499, 光緒25年8月條, 925-926쪽.

37 「署兩廣總督岑春煊等奏剿辦廣州府屬沙所黨衆詳細情形摺」(光緒31.7.4.); 「署兩廣總督岑春煊奏廣東歷年辦理淸鄉情形摺」(光緒32.5.28.); 「署兩廣總督袁樹勳奏廣東會黨日衆現擬辦理情形片」(宣統2.5.2.), 中國第一歷史檔案館·北京師範大學歷史系 編選, 『辛亥革命前十年間民變檔案史料』 下, 北京: 中華書局, 1985, 450-455쪽, 478-479쪽.

38 (淸) 屈大均, 『廣東新語』 卷14 「食語·穀」, 北京: 中華書局, 1985, 371쪽.

39 徐曉望, 「淸代前期廣東福建兩省的糧布消費問題」, 『中國社會經濟史硏究』 1989, 26쪽; 稻田淸一, 「西米東運考」, 『東方學』 71, 91쪽.

이 되었던 것이다.

이러한 상황은 1890년대 광동의 농촌인구밀도 통계에 잘 드러나 있는데, 중심지역의 농촌 인구밀도가 주변지역에 비해 적게는 약 0.5배에서 많게는 약 6배의 차이로 높게 분포하고 있다. 스키너(Skinner)의 표현을 빌리자면, 광동의 중심지역은 도시화가 가장 진전되어 집중화과정을 거의 완료한 결과 인구가 매우 조밀했지만, 그 주변지역은 조주(潮州)·혜주(惠州)·고주(高州)부가 도시화가 진행되는 집중화 과정에 돌입하여 인구가 꽤 조밀한 것을 제외하면 여전히 도시화가 되지 않거나 지연된 저개발의 지역으로 인구가 조밀하지 않은 것을 의미한다.[40] 이러한 지적은 광동의 주변지역이 중심지역보다 경제적 생산력과 효율성이 상당히 떨어지는 열악한 사회경제적 환경에 처해 있었음을 알려주고 있다. 따라서 광동의 주변지역에서 힘없고 가난하며 종족사회에서 멸시받았던 인민들은 기본적으로 상호부조의 역할을 수행하고 있는 천지회에 쉽게 매료될 수밖에 없었다. 그렇다면 이러한 지역 중에서도 19세기 말엽을 관통하여 천지회 활동의 중심지로 유독 혜주부가 부각될 수 있었던 열악한 사회경제적 환경은 구체적으로 어떠한 모습이었을까?

2) 주변지역: 혜주부의 사례

도서지역인 경주(瓊州)부를 제외하면 혜주(惠州)부가 광동의 부(府) 중에서 면적이 가장 넓지만, 산악 지형이 넓게 분포하고 있어 농업을 하는 데에

---

40 스키너는 1890년대 광동을 9개의 지역으로 구분하고 각 지역의 농촌인구밀도(km^2 당 인구수)를 계산했는데, 그 결과 중심부(356)·조주(261)·동부중심(213)·서부중심(187)·북서부(123)·서부주변(116)·북동객가지역(90)·북부객가(64)·해남(63)이었다. William Skinner, "Marketing and Social Structure in Rural China", *Journal of Asian Studies* 24-2, 1965, pp.207-208.

불리한 조건을 갖추고 있었다. 스키너의 지역구분에 의하면, 혜주부는 광동의 동부 중심 지역과 북동 객가(客家) 지역에 해당된다.[41] 전자는 귀선(歸善)·박라(博羅)·해풍(海豊)·육풍(陸豊)현과 대체로 일치하고, 후자는 영안(永安)·장녕(長寧)·용천(龍川)·화평(和平)·하원(河源)현과 연평(連平)주에 해당한다. 이러한 구분은 전지 면적을 통해서도 적용할 수 있는데, 확실히 동부 중심 지역이 북동 객가 지역보다 각 현마다 평균 약 3배 이상 넓은 것으로 나타난다.[42] 그렇다고 해서 동부 중심 지역이 농업이 발달한 선진지대라는 의미는 결코 아니다.

농업을 주로 하는 지역은 동강(東江)이 끝나는 곳에 위치한 귀선·박라현의 일부지역과 육풍·해풍현의 연해지역에 한정되었다. 북동 객가 지역의 중심지인 영안현 등의 지역뿐만 아니라 동부중심지역인 귀선·박라현 등에서도 청초부터 많은 인민들이 전지의 협소함 때문에 석연광업(錫鉛鑛業)에 종사했다는 점은 이러한 상황을 반영하고 있다.[43] 이외의 산악지대에서는 주로 전당(田塘)을 이용하여 농업을 했는데,[44] 겨우 자급자족할 정도였다. 게다가 혜주부에서는 상(桑)과 면화 재배는 거의 이루어지지 않았고,[45] 이밖에 차·사탕수수·낙화생·과수 등의 상품작물조차도 극히 일부지역에 국한되어 재배되었다.[46]

---

41 William Skinner, "Marketing and Social Structure in Rural China", pp.207-208.

42 (光緖)『惠州府志』卷15「經政·賦役」下, 8-41쪽에 의하면, 순치 14년(1657) 혜주부의 총 전지 면적은 약 39,854경(頃)인데, 동부중심지역의 평균 전지면적이 6,771경, 북동객가지역의 평균 전지 면적이 2,129경이다. 163년이 지난 가경 25년(1820) 혜주부의 총 전지 면적이 약 40,560경으로 거의 비슷하기 때문에(梁方仲 編著,『中國歷代戶口田地田賦統計』, 上海: 上海人民出版社, 1980, 408쪽), 청대 혜주부의 총 전지 면적의 수치는 대략 위의 수치와 큰 차이가 없는 것으로 판단된다.

43 中國人民大學淸史硏究室 編,『淸代的礦業』下, 北京: 中華書局, 1983, 607-619쪽.

44 王萍,「粵北粵東的地勢與農田水利」, 中央硏究院近代史硏究所 編,『近代中國農村經濟史論文集』, 臺北: 中央硏究員近代史硏究所, 1984, 564쪽.

45 周宏偉,『淸代兩廣農業地理』, 長沙: 湖南敎育出版社, 1998, 216쪽의 분포도.

결국 명말청초 이래로 광동에 심각한 미곡 부족의 현상이 발생하고 있는 상황에서 전지는 협소하고 상품작물의 재배조차 활발하게 이루어지지 않은 혜주부는 넓은 강역을 가지고 있었음에도 불구하고 경제적 생산력이나 효율성이 광동의 다른 지역보다 상대적으로 더 떨어지는 열악한 사회경제적 상황에 처해 있었다. 가경 연간 혜주부에서 발생한 천지회 조직의 원인이 대부분 빈고에 의한 것이었다는 점[47]은 상호부조의 성격을 가진 천지회가 열악한 사회경제적 상황에 처해 있는 혜주부의 인민들을 광범위하게 포섭하고 있었음을 말해주고 있다.

게다가 혜주부는 동부 중심 지역의 해비(海匪) 활동, 북동 객가 지역의 도비(盜匪) 활동, 토착민(土着民)과 객민(客民) 사의의 계투(械鬪), 유수호한(游手好漢) 등 무뢰의 활동 등 다양한 사회구조적 문제가 끊임없이 중첩된 곳으로, 이러한 요인들이 천지회의 활동을 더욱 촉진시키며 강화시키고 있었다. 그 결과 가경 7~8년(1802~3) 중국 대륙에서 최초의 대규모 천지회 봉기가 바로 혜주부에서 발생하였다.[48] 도광 연간에 이르러서는 1주 8현의 혜주부에서 1주 6현 곳곳마다 천지회 조직이 있었을 정도로 만연하여 이 지역의 가장 중요한 걱정거리로 천지회의 배회(拜會)가 지적되기도 하였다.[49] 이처럼 19세기 전반 광동에서 천지회의 주요 활동지역으로 혜주부가 광주부만큼 부상되었던 것이다.

가경·도광 연간 혜주부에서 천지회의 지속적인 활동으로 인해 함풍 4년(1854) 광주부 일대에서 천지회 반란이 일어났을 때 혜주부의 천지회 세력도 여기에 호응할 수 있었다. 그런데 혜주부의 반란 과정에서 나타

---

46 周宏偉, 『清代兩廣農業地理』, 202쪽, 208쪽, 224쪽, 231쪽, 238쪽의 분포도.

47 莊吉發, 『清代秘密會黨史研究』, 146-148쪽.

48 유장근, 『근대 중국의 지역사회와 국가권력』, 185-222쪽(유장근, 「19세기 초 中國東南部 지역의 天地會 動向: 1802년의 惠州反亂을 中心으로」, 『慶大史論』 2, 1986).

49 (清) 姚東之, 『伯山日記』(道光 戊甲年本), 서울대학교 중앙도서관 소장, 9쪽.

난 특징적인 것은 광주부의 천지회와는 달리 대량으로 체포되거나 처형된 기록을 찾아 볼 수 없다는 것이다. 예컨대 함풍 4년 천지회 반란의 사후처리 과정에서 체포된 천지회의 핵심구성원 536명 중에서 혜주부는 불과 5명으로 광주부의 418명과는 비교가 되지 않는다.[50] 이는 혜주부의 천지회가 반란의 중심부가 아닌 주변부에 위치하고, 나아가 광주부의 천지회와는 거의 연계 없이 독자적으로 반란을 도모했기 때문일 것이다.[51] 『혜주부지(惠州府志)』에는 동치 연간 천지회의 활동이나 봉기 사례를 찾아 볼 수 없지만,[52] 함풍 4년 천지회 반란에서 대량학살이 이루어지지 않은 혜주부의 천지회 세력은 계속 온존되고 있었을 뿐만 아니라 태평천국(太平天國)의 잔여 세력이 이 지역으로 잠입[53]하고 있었기 때문에 반란의 분위기는 여전히 지속되고 있었다.

이러한 상황 속에서 19세기 말엽 혜주부의 열악한 사회경제적 상황은 북동 객가 지역은 말할 것도 없고 동부 중심 지역에서도 개선되지 않고 오히려 악화되었다. 예컨대 광동의 동부 중심 지역 중의 하나인 해풍현은 낙화생(落花生)을 재배하여 동치 연간 이 현의 동북지역에서 사람들이 이 열매를 가지고 자유(榨油)하여 많은 이익을 남길 정도로 경제적 상황이

---

50 이평수, 「"陳松의 天地會 集團"과 咸豊 4年의 叛亂」, 『東洋史學硏究』 110, 2010(본서 제4부 제2장), 262쪽.

51 유장근, 『근대 중국의 비밀결사』, 269-270쪽.

52 (光緖) 『惠州府志』 卷18 「軍事」 下, 29-31쪽. 이것은 ① 함풍 4년 천지회 반란 실패의 간접적 영향, ② 함풍 연간 격화된 민중 봉기에 대응하여 지배층이 동치 연간 광동에 실시한 감부정책(減賦政策)의 영향, ③ 천지회 활동에 대한 지방관의 방임적 자세의 결과로 생각할 수 있다. 특히 ②의 경우 동치 6년(1867)부터 광동에 실시한 감부정책은 광주부에 매년 은(銀) 165,400량(兩) 정도, 혜주·조주·가응·조경·나정·소주·연주·불강 등에 매년 은 199,830량 정도였다(『淸穆宗實錄』 卷196, 同治6年2月條, 521-522쪽). ③의 경우 구체적인 사례는 도광 연간이긴 하지만 佐佐木正哉, 「咸豊四年廣東天地會の叛亂」, 3쪽을 참조.

53 (光緖) 『惠州府志』 卷18 「軍事」 下, 28-30쪽.

그나마 좋은 형편이었다.[54] 그러나 이러한 자유업(榨油業)도 광서 연간 서양의 석유가 널리 사용된 이후로 판로가 막히기 시작하여 농가는 물론 노동자·상인 모두가 피해를 입었다.[55] 마찬가지로 광동의 동부중심지역에 속하면서도 혜주부의 중심지역인 귀선현의 경우도 많은 인민들이 빈고한 생활로 인해 도시경제가 발전한 홍콩으로 진출하여 생계를 도모하였다.[56]

결국 혜주부의 동부 중심 지역은 당시 도시화가 진행되는 과정에서 인구밀도가 꽤 조밀하고 적당수의 도시를 포섭하고 있었지만, 이 지역의 열악한 사회경제적 환경은 빈곤한 인민들을 광주와 홍콩 등 인근의 도시 발달 지역으로 방출시키면서도, 이러한 기회조차 부여받지 못한 대다수 토착성이 강한 인민들을 이미 습속화되어버린 천지회의 결배 풍조로 내몰고 있었다. 양광총독 덕수(德壽)는 1880·90년대 혜주부의 상황에 대하여 다음과 같이 말하고 있다.

> 광동 혜주부의 민정은 강한(强悍)한데, 무리를 모아 배회하고〔취중배회(聚衆拜會)〕하고 계투(械鬪)하며 창로(搶擄, 약탈하고 사람을 인질로 삼는 짓)하는 것은 항상적인 일로 옛날이나 지금이나 변함이 없다. 근해의 귀선과 해풍현 등은 특히 양도(洋盜)와 염효(鹽梟)가 많아 패거리로 무리를 지어 있기가 매우 쉬웠던 까닭에, 이들이 움직이기만 하면 반란을 일으켰다. …… 이들을 진압하기 위해 관군을 파견하고 토벌하여 해산시켰으나, 아직까지도 그 뿌리를 완전히 뽑을 수가 없었다.[57]

---

54 周宏偉, 『淸代兩廣農業地理』, 203쪽.

55 「致總署」(光緖13.4.23.), 『張之洞全集』 12, 10220쪽.

56 彭全民, 「百年大義光勵后人」, 『深圳特區報』(廣東), 2000.10.8., 文化空間面.

57 「廣東巡撫兼兩廣總督德壽摺(光緖26.9.14.), 莊吉發, 『淸代天地會源流考』, 157쪽에서 재인용.

이처럼 19세기 말엽 혜주부에서는 배회하는 천지회의 활동, 계투·창로 등의 활동, 양도·염효 등 비도(匪徒)의 활동이 변함없이 그치지 않고 있었다. 그 결과 광서 원년(1875) 여득맹(余得萌)의 봉기를 선두로 하여 광서 8년(1882) 이사파칠(李沙婆七)의 봉기, 광서 10년(1884) 황아춘(黃亞春)의 삼점회 봉기, 광서 12년(1886) 삼합회 봉기, 광서 26년(1900) 이파담(李跛譚)의 봉기 등 대규모 천지회의 봉기가 끊임없이 일어나고 있었던 것이다.[58]

3. 천지회의 일상 활동

19세기 말엽 광동을 통치한 대관료들, 예컨대 양광총독(兩廣總督) 장지동(張之洞)의 눈에는 광동의 도비(盜匪) 활동이 다른 성에 비해 가장 많아 보였고,[59] 양광총독 담종린(譚鍾麟)이 보기에도 광동의 인민들은 모이면 도적이고 흩어지면 양민이었다.[60] 당시 광동은 마치 '도적의 소굴'처럼 묘사되고 있다. 이처럼 광동에서 끊임없이 일어나고 있던 도적 활동이 천지회의 활동과 무관하지 않다는 점은 "회비(會匪)가 많아지면 도비가 된다."고 하는 장지동의 언급이나, "대개 다른 성의 도(盜)는 재물을 약탈〔搶劫〕는 것에 불과하지만, 광동의 도는 대부분 회비에 속한다."라는 선통 연간 양광총독 원세훈(袁樹勳)의 지적을 통해서 확인할 수 있다.[61] 그러나

58 본장 〈표 1〉 19세기 말엽 광동 천지회의 현황 참조.

59 「請定盜案就地正法章程摺」(光緒11.12.1.), 『張之洞全集』 1, 372쪽.

60 「剿辦廣東土匪優獎出力員紳摺」, 『譚文勤公奏稿』 卷 17, 沈雲龍 主編, 『近代中國史料叢刊續編』 33, 臺北: 文海出版社, 1969, 1004쪽; 『光緒朝東華錄』 4, 光緒21年10月條, 3680쪽.

61 「署兩廣總督袁樹勳奏廣東會黨日衆現擬辦理情形片」(宣統2.5.2.), 『辛亥革命前十年間民變檔案史料』 下, 478쪽.

그 구체적인 실상을 제시하는 것은 그리 쉬운 일이 아니다.

19세기 말엽 광동에서 도적이 만연한 상황은 광서와 더불어 전국적으로 가장 유명하였다. 이러한 도적의 만연은 심한 빈부의 격차에 의해 더욱 조장되었는데, 심지어 생계를 유지할 수 없는 빈자가 기근과 추위로 죽는 것이 도적이 되어 체포되어 죽는 것과 같을 정도의 극단적인 상황이 발생하였다.[62] 이러한 상황을 좀 더 통계적으로 말하면, 광서 13년(1887) 한 해 동안 광주부의 남해현 78건·반우현 44건·순덕현 34건의 도안(盜案)이 발생했고, 이 중에 겨우 4건·5건·8건이 적발·처리되었다.[63]

이에 대하여, 장지동은 "이 세 현에서는 종전에 배도 돈도 힘도 없다는 구실로 도적을 제거할 수 없다고 했지만, 지금은 배도 돈도 힘도 있는데 털끝만큼 분발하지 않으니, 도적이 횡행하는 것을 앉아서 보고 있으면 정말 화가 나서 속이 끓어오를 지경이다."[64]라고 토로하고 있다. 관부의 미온한 대처가 도비 피해의 심각성을 조장하고 있음을 짐작케 하는 대목이다. 나아가 장지동은 이러한 도비의 구체적인 정황을 다음과 같이 묘사하고 있다.

> 광동의 도비는 무리를 규합하지 않은 것이 한 건도 없고, 무기를 갖지 않고 도적질하는 것도 한 건도 없는데, 갖고 있는 무기는 양창(洋槍)과 양포(洋炮)가 아닌 게 없다. 무기를 빼앗고 이들을 신문해 보면, 수차례 약탈을 하지 않은 자가 없으니, 해안·육지·본지(本地)·객지(客地)할 것 없이 무리를 모아서 약탈을 하고, 계투를 조장하여 흉악한 짓을 일삼는다. 이들은 회비·토비·투비(鬪匪)·양도(洋盜)·염효(鹽梟)와 서로 출입

62 「盜賊類·兩粵盜風之熾」, 徐珂 編撰, 『清稗類鈔』 11, 北京: 中華書局, 1986(1917 原刊), 5337쪽.

63 「札南海番禺順德三縣嚴飭捕盜」(光緒14.2.7.), 『張之洞全集』 4, 2555쪽.

64 「札南海番禺順德三縣嚴飭捕盜」(光緒14.2.7.), 『張之洞全集』 4, 2555쪽.

하고 있으니, 그 정황이 실로 일상적인 도적과는 매우 다르다. 예컨대 내하(內河)와 외해(外海)의 각 도적은 배를 타고 화포를 설치하여 큰 무리로 횡행하고 있으니, 약탈하고 사람을 죽이며 관의 체포에 저항한다. 광동의 정비(艇匪)를 단지 한 사람이 말을 타고 창을 들고 다니는 북쪽 성의 마적(馬賊)과 비교해 보면, 이들은 매우 흉폭하여 토비 중의 최고였다.[65]

위에서 언급하고 있는 도비는 단순한 절도와 약탈을 하는 무리가 아니었다. 적어도 당시 광동의 도비는 무리를 규합하여 집단을 만들고 나서 양창·양포 등의 각종 무기를 소지하고 집단적으로 약탈을 진행하는 무리였으므로, 장지동이 이들을 북쪽의 마적과는 비교할 수 없는 '토비의 최고'라고 칭했던 것으로 보인다. 이점은 장지동이 도안(盜案)의 주모자들을 도비 이외에도 토비·회비·유용·염효·투비·양비로 규정하여 이러한 무리들이 도안을 일으켰을 경우 현장에서 사형시키겠다는 장정(章程)을 황제에게 요청한 데에서도 잘 드러나 있다.[66]

결국 광동에서 일어난 도적 활동에는 천지회를 포함한 각종 비도들이 조직적·집단적으로 관여했고, 이러한 대규모 도안이 많이 발생하는 지역은 주로 사회경제적으로 번영한 지역이었다. 나아가 '회→도→투→회·도'라는 형태와 "광동의 도는 대부분 회비에 속한다."라는 앞서 양광총독의 지적들을 상기한다면, 이러한 도비 집단 자체가 천지회 조직이었거나 그러한 조직으로 전환될 가능성[67]은 매우 높았던 것으로 보인다.

---

65 「請定盜案就地正法章程摺」(光緒11.12.1.), 『張之洞全集』 1, 374쪽.

66 「請定盜案就地正法章程摺」(光緒11.12.1.), 『張之洞全集』 1, 372-375쪽.

67 도적이 천지회와 유사한 집단구조를 갖추고 있다는 점에서 천지회로 쉽게 변환될 가능성을 엿볼 수 있다고 생각한다. 비록 청초의 사례이긴 하지만, 『광동신어(廣東新語)』 권7 「영안제도(永安諸盜)」 252쪽에는 광동 혜주부 영안현에서의 도적 활동을 서술하면서 이들의 조직구조로서 대로(大老)·대총(大總)·이로(二老)·이총(二總)·선봉(先鋒)·금총(禽總)·서총(書總)·기총(旗總)·장간(長幹)이라는 명칭을 나열하고 그 역할

위와 같은 집단적·조직적 도안이 천지회 활동의 일반적인 불법경제 활동이라면, 좀 더 세력을 확대시켜 일정한 지역에 정착한 천지회의 경우 공개적으로 당명(黨名)을 설립하여 이른바 타단(打單)을 진행한다. 타단이란 이미 1830년경 광동 삼합회에 의해 시작된 것으로 부호에게 은이나 미곡을 납부하도록 강요하는 천지회의 대표적인 불법경제활동이다. 19세기 말엽 이러한 타단에 대한 구체적 실상은 홍콩(香港)·마카오(澳門) 등을 거점으로 활동한 삼합회(三合會) 집단에서 볼 수 있는데, 그 내용은 다음과 같다.

> 광동에는 원래 도비가 많은데, 특히 근해 지방이 심하다. 근년의 상황은 이전과 더욱 달라서 이에 대해 누차 주접을 올린 바가 있다. 이러한 도비는 대체로 홍콩과 마카오를 소굴로 삼아 각각 두목을 두고 당명을 세워 사방으로 사람을 파견하여 타단을 한다. 무릇 향진(鄕鎭)의 부상(富商)·외진 곳의 전요(磚窰)·사전업호(沙田業戶) 등은 모두 타단이 미치는 대상으로 정해진 시간에 거금〔巨資〕을 수취하는데, 이것을 '행수(行水)'라 한다. 이러한 거금은 양계(洋界)의 순역(巡役)에게 뇌물로 바치거나 무기〔炮械〕를 구비하며, 상해를 당하거나 죽은 동료들을 무휼(撫恤)하는 비용으로 사용하는데, 남는 것이 있으면 비로소 장물(贓物)을 나누어 갖는다. 이러한 근원은 매우 안정적이어서 패거리들이 매우 많고 때로는 다른 곳의 도적들과 연합하여 장물을 얻고서는 즉석에서 흩어지니, 무리를 짓기만 하면 바로 진압되는 자들과는 그 상황이 아주 다르다.[68]

을 상세히 묘사하고 있다. 이러한 조직구조를 천지회의 대가·이가·삼가·선봉·홍곤·초혜 등의 명칭과 그 역할을 비교해 볼 때, 도적과 천지회가 매우 유사한 집단구조를 갖추고 있었음을 알 수 있다.

68 「請定獲盜獎勵章程摺」(光緖15.8.22.), 『張之洞全集』 1, 698쪽.

위 상황은 장지동이 홍콩·마카오를 근거지로 삼아 주강의 하구 일대에서 활동한 증아걸(曾亞傑)·증로어전(曾鱸魚全)의 융의당(隆義黨), 이무(李畝)·이안(李安)의 연의당(聯義黨), 왕관(王觀)의 신륭의당(新隆義黨), 황유성(黃有成)의 연승당(聯勝黨) 등 삼합회의 활동을 기술한 것으로 각 지역마다 두목을 두고 당명을 세운다는 점에서 각 삼합회 집단들이 서로 결탁하는 관계였음을 알 수 있다. 이러한 결탁관계는 증아걸이 체포되자 증로어전이 융의당의 잔당을 거느리고 황유성의 연승당과 통합하여 새롭게 의승당(義勝黨)을 세웠다는 점에서도 확인된다.[69] 또한 이들이 정기적으로 주강 삼각주 일대의 부유한 현으로 잠입하여 부상·전요호·사전업호 등을 대상으로 대규모 타단을 시행할 때에도 이러한 모습을 볼 수 있다. 예컨대 융의당에서 분리되어 독자적인 세력을 넓히는 과정에서 여러 비도에게 '거괴(渠魁)'로 추대된 하아암(何亞菴, 혹은 何肥鞍)이 연의당에 입당하고 증로어전의 융의당과 합당을 추진한 이후 광동의 신회·향산현 등은 물론 광동 이외의 성으로까지 진출하여 타단으로 '행수'를 거둬들였다.[70] 이러한 행수는 위의 인용문처럼 무기의 구입과 회원 상호부조의 비용 등으로 충당되거나, 홍콩·마카오 등 양계의 순역에게 뇌물로 쓰이고 있다는 점에서 천지회가 양관(洋官)과 결탁하는 상황도 엿볼 수 있다.

천지회의 타단 활동은 광서 3년(1877) 순덕현,[71] 광서 15~17년(1889~91) 남해·순덕·향산현,[72] 광서 25년(1899) 광주[73] 등에서도 보이고 있다. 이한장(李瀚章)의 주접에 의하면, 광서 17년 1~5월 광주부의 여러 현에서

69 「請定獲盜獎勵章程摺」(光緒15.8.22.), 『張之洞全集』 1, 699쪽.

70 「兩廣總督李瀚章摺」(光緒18.9.8.), 中國第一歷史檔案館 編, 『光緒朝硃批奏摺』 118, 北京: 中華書局, 1996, 504-505쪽.

71 『淸德宗實錄』 卷56, 光緒3年8月條, 768쪽.

72 『光緒朝東華錄』 3, 光緒17年8月條, 2963쪽.

73 『淸德宗實錄』 卷499, 光緒25年8月條, 925-926쪽.

당명을 세우고 타단을 하여 행수를 징수한 천지회의 비범(匪犯) 176명을 체포했는데, 당시 이 지역의 종족들은 이러한 활동을 하는 천지회를 가리켜 '적비(積匪)'라 부르고 있다.[74] 이처럼 천지회의 타단 활동은 도시·시장·상품경제가 발전한 광동 중심지역에서 집중적으로 이루어졌던 것으로 생각되지만, 이와 동시에 열악한 사회경제적 상황에 처해 있는 광동 주변지역의 경우에서도 천지회를 장기간 존속시키는 주요한 재정적 기반으로 되었던 것으로 보인다. 이점은 광서 24~25년(1898~1899) 뇌주(雷州) 수계(遂溪)현에서 항불투쟁[75]이 일어났을 때 존재했던 삼점회(三點會)의 모습을 통해서 확인할 수 있는데, 그 내용은 다음과 같다.

> 삼점회는 항불 10년 전의 일이다. 당시 황략(黃略) 삼점회의 회수〔領導者〕는 왕여서(王如瑞)·왕강(王康)·왕영(王營)·왕재(王宰) 등이었고, 참가한 사람들은 수백 명이 있었다. (신분의) 등급을 나누지 않았으니, 돈이 있는 사람들은 입회하지 않았다. 입회할 때에는 백은(白銀) 1원(元) 5각(角)을 내어야만 하는데, 내지 않으면 입회할 수 없었다. 회원들은 일찍이 몇 차례의 삽혈을 진행하였다. …… 초기에는 매우 단결되어 일찍이 재주(財主)들에게 타단(打單)을 하였다. 얼마를 요구하면 재주는 바로 얼마를 주어야 했는데, 보통 400~1,000은원(銀元)이었다. 19세였던 나는 왕여서의 소개를 통해서 제2차 삽혈할 때에 가입했고, 내 동생도 한 번 참가한 적이 있었다. …… 이 삼점회는 조직이 불건전해져서 개별 회원들이 약탈을 하기도 했고, 동시에 삼점회의 회수들이 스스로 권력을 잡으려 했으니, 곧 머지않아 해산되었다.[76]

---

74 『光緒朝東華錄』 3, 光緒17年8月條, 2963-2964쪽.

75 이 항불투쟁에 대해서는 廣東遂溪人民抗法鬪爭調査工作組 編著, 「1898~1899年廣東遂溪人民反抗法帝國主義侵略廣州灣地區的鬪爭」, 『學術硏究』 1958-1 · 2; 阮應祺, 『湛江遂溪抗法鬪爭』, 廣州: 廣東人民出版社, 1982; 이평수, 「근대중국의 비밀결사를 통해 본 민족주의와 제국주의: '廣州灣 事件'(1898~1900년)을 중심으로」, 『東洋史學硏究』 123, 2013 참조.

위 회고록은 항불투쟁에 참여한 삼점회 회원 왕춘원(王春源, 89세)이 1957년 2월 7일에 구술한 내용이다. 이 내용에 의하면, 왕여서·왕강·왕영·왕재 등이 회수인 황략의 삼점회는 항불투쟁 10년 전인 광서 14년(1888) 무렵 조직되었고, 이후 회원을 확보하여 정기적으로 삽혈결맹을 통한 입회의식을 진행하면서 세력이 확대된 결과 수 백여 명이 참가한 조직으로 확대되었던 것이다. 왕춘원은 항불투쟁 시기를 전후하여 적어도 10년 이상 존속되어 온 황략에서 가장 유력한 결사였던 삼점회에 가담하였던 것이다.

특히 황략의 삼점회가 조직의 힘을 이용하여 일상생활의 경제적 곤란함을 해결하기 위한 수단으로 재주들에게 한 번에 400~1,000은원의 금전을 요구하는 공개적 강탈인 타단을 진행했다는 점에서 이러한 공개적 강탈이 지역에서 삼점회를 10년 이상을 유지할 수 있었던 주요한 재정적 기반으로 되었을 것이다. 이점은 항불투쟁에 참여한 또 다른 삼점회 회원이 "삼점회는 돈이 있는 사람들에게 자주 타단을 했는데, 돈이 있는 사람들이 만약 돈의 액수가 적힌 종이〔單〕대로 돈을 내지 않으면, 곧 그의 자녀들을 납치해 간다.[77]고 회고한 점을 통해서도 확인되고 있다. 위 회고록의 끝부분에 "이 삼점회는 조직이 불건전해져서 개별 회원들이 약탈을 진행하기도 하였다."고 언급하고 있는 것으로 보아, 황략 삼점회는 조직이 불건전해지기 이전에 일반 도적들과는 구별된 집단이었다. "삼점회의 목적은 보가(保家)에 있었고, 이 삼점회에 가입을 하게 되면 도적에 의한 약탈을 면할 수 있다."고 하면서, "삼점회 저들은 돈이 있는 사람들

76 「第二次訪問紀錄」(1957.2.7), 中國史學會廣州分會"1899年遂溪人民抗法鬪爭調查工作團, 「1898~1899年廣東遂溪人民的抗法帝國主義侵略廣州灣地域的鬪爭資料」 上, 『廣東歷史資料』 1959-1, 71-72쪽.

77 「華封圩抗法老人座談會紀錄」(1957.2.8.), 「1898~1899年廣東遂溪人民的抗法帝國主義侵略廣州灣地域的鬪爭資料」 上, 80쪽.

에게만 타단할 뿐이지, 길가에서 인민들의 재산을 약탈하는 도적과 토비와는 다르다."고 회고한 항불투쟁에 참여한 한 삼점회 회원의 회고[78]는 바로 이러한 사실을 잘 보여주고 있다.

이처럼 열악한 사회경제적 상황에 처해 있는 광동 주변지역의 천지회에서도 위의 뇌주 수계현의 삼점회처럼 타단이라는 공개적 강탈을 통해서 그 존속의 안정적 기반을 유지시킨 사례도 있지만, 열악한 사회경제적 환경은 광동 주변지역에서의 천지회 활동을 좀 더 유동적이고 토비적으로 만들었을 가능성도 존재한다. 이점은 광서 21~25년(1895~1899) 양광총독을 역임한 담종린(譚鍾麟)의 주접을 토대로 접근이 가능한데, 그 내용은 다음과 같다.

> 광동에는 원래 도풍(盜風)이 강하여 약탈〔搶劫〕 사건이 없을 때가 없다. 수십 명 혹은 백 수십 명의 사람들이 무기를 들고 노략질을 하며 사람을 잡아놓고 몸값을 강제로 요구하는데, 심지어 무리를 모아 결맹하여 기(旗)를 세우고 모역(謀逆)하기도 한다. 군사가 오면 흩어지고 가면 다시 일어나니, 이러한 일들이 자주 일어난다. 저 유명한 토비를 예로 들면 다음과 같다. 혜주 귀선현에는 당관사(唐觀士)·이아검(李亞檢)·화수(華壽)·낙아근(駱亞謹)·도관매(涂觀妹) 등이 있고, 영안현에는 황광성(黃狂城)·유금초(劉金招)·진운초(陳雲初)·진명휘(陳名輝) 등이 있다. 가응 장낙현에는 추남두사(鄒南斗四)·주이(周二)·추구(鄒九)·감아당(甘亞唐) 등이 있다. 고주 오천현에는 방라사미(龐癩渣尾)·방살인득(龐殺人得)·방배원(龐培沅) 등이 있다. 연평주에는 사발융(謝發瀧)·주아동(周亞棟) 등이 있다. 소주부에는 양당(梁堂) 등이 있다. 이러한 무리들은 당여(黨與)가 수백에 이르렀는데, 부르기만 하면 모여 무리를 이루어 향촌을

78 「華封圩抗法老人座談會紀錄」(1957.2.8.), 「1898~1899年廣東遂溪人民的抗法帝國主義侵略廣州灣地域的鬪爭資料」 上, 81쪽.

불사르고 약탈하니, 온갖 못된 짓은 다하고 다닌다. 이 중에서도 가장 흉폭하고 교활한 자는 방라사미로 육지에서 체포하려 하면 바다로 숨어버리고, 바다에서 체포하려면 산속으로 숨어버린다. 이들은 평소에 작은 은혜를 베풀기를 즐겨하여 약탈한 장물의 여유가 있으면 빈민에게 나누어 주었는데, 이르는 곳마다 모두 서로의 용모를 은닉하니, 그 종적을 찾을 수가 없다.[79]

담종린의 이러한 보고를 통해서 광동의 동부 주변지역인 혜주부 · 가응주와 북부 주변지역인 소주부, 그리고 서부 주변지역인 고주부 등에서의 토비 활동이 단순한 노략질에 그치는 것이 아니라 사람을 인질로 잡아 몸값을 요구하거나 심지어 결맹이라는 형식을 통해서 봉기로 나아가고 있음을 알 수 있다. 결국 말은 토비이지만, 그 실상은 '토착의 회비', 즉 천지회의 활동에 가까운 것이다. 위의 내용을 천지회의 활동과 관련해서 좀 더 구체적으로 살펴보면, 다음과 같다.

우선 사람을 잡아놓고 몸값을 요구하는 '노인륵속(擄人勒贖)'이란 방식은 천지회가 타단이란 방식과 더불어 진행한 대표적인 불법경제활동이다.[80] 위의 인용문에서는 혜주 귀선현의 당관사 등이 주기강(周其康)의 가속 11명을 인질로 잡거나 팽성(彭姓)의 종족 거주지를 공격하여 무기와 재물을 내도록 강요한 것을 말한다.[81] 다음으로 무리를 모아 결맹하여

---

79 「剿辦廣東土匪優獎出力員紳摺」, 『譚文勤公奏稿』 卷 17, 1003-1004쪽; 『光緒朝東華錄』 4, 光緒21年10月條, 3679-3680쪽.

80 광서 지역 천지회의 경우를 보면, '노인륵속'은 다음과 같이 진행되었다. 사람을 밀실에 가두어 두고 그의 집에 편지를 보내는데, 그 집안의 빈부에 따라서 석방금의 고하를 정하여 만약 석방금을 내려 하지 않고 관에 고발하면 인질은 살해된다. 이같이 인질을 빌미로 재물을 요구한 도광 연간 광서 지역 천지회의 봉기군이 적지 않았고, 인질의 대상은 부유한 부호 이외에도 서리와 신사, 심지어 관료도 포함되어 있었다(박기수, 「淸 道光年間 廣西民衆蜂起의 硏究」, 243쪽).

81 『光緒朝東華錄』 4, 光緒21年10月條, 3680쪽.

기를 세워 반역을 도모한다는 '수기모역(豎旗謀逆)'은 일반적으로 천지회가 조직단계에서 삽혈결맹을 한 이후 세력이 확대되어 홍기(紅旗) 등을 세워 봉기를 도모한 것을 말한다. 위의 인용문에서는 고주 오천현 방라사미의 집단이 세력이 창궐해지자 대기(大旗)와 영기(令旗)를 세우고 봉기를 도모한 것을 가리키는 것으로, 방라사미가 천지회의 당명(堂名)인 홍순(洪順)[82]을 사용하여 '홍순대왕(洪順大王)'을 자칭하고 있다는 점[83]에서 이들 토비가 천지회 집단일 가능성은 매우 크다. 이처럼 광동 대부분의 주변지역에서 천지회의 활동은 열악한 사회경제적 배경 하에서 유동적·토비적으로 진행되기도 하였다.

그런데 위의 집단 중에서도 혜주부 귀선·영안현과 가응주 장락현에서 활동한 집단들이 각기 연계한 상태에서 수천 명을 거느리고 봉기를 일으키게 된 주된 원인이 한재와 미가 상승에 있었다는 점이나 이들의 봉기시 구호가 '겁부제빈(劫富濟貧)'이었다는 점[84]은 열악한 사회경제적 환경이 이들을 천지회적 활동으로 내몰고 있음을 보여주고 있다. 지역적으로 혜주부와는 반대편에 위치한 고주부에서 방라사미의 활동에서 경우에 따라 빈민을 구제하고 있다는 점을 통해서 혜주부의 천지회 활동과 같은 맥락에서 이해할 수 있을 것이다. 하지만 이처럼 천지회가 겁부제

82 홍순이란 표현은 천지회가 중국 남부지역 5개 성에 각각의 지부를 설치했다는 이른바 오방제(五房制)에서 홍순당을 볼 수 있다. 여기에서 홍순당은 이방(二房)의 의미를 가지고 있고, 지역적으로는 광동을 의미한다(Gustave Schlegel, *Tian Ti Hui: The Hung League or Heaven-Earth-League: A Secret Society with the Chinese in China and India*, Vatavia: Lange & Co, 1866, p.234). 또한 천지회 계통의 회당 비밀결사는 일반적으로 천운(天運)이라는 연호를 자주 썼지만, 경우에 따라서는 홍순이란 연호도 사용되었다. 예컨대 태평천국시기 호남 회당 이명선(李明先)은 태평군에 호응하면서 광서의 동부 지역을 점령하고 홍순 원년이라 불렀다(郭廷以, 『太平天國史事日誌』 上, 上海: 上海書店, 1986, 260쪽).

83 『光緒朝東華錄』 4, 光緒21年10月條, 3680-3681쪽.

84 『光緒朝東華錄』 4, 光緒21年10月條, 3680쪽.

빈의 활동을 취한 사례는 많이 보이지 않는다.

한편 19세기 말엽 광동의 주변지역에서 천지회의 활동을 촉발시키고 규모를 확대시킨 요인으로는 무엇보다도 객민(客民)과 양비(洋匪)의 문제를 꼽을 수 있다. 우선 객민의 문제를 보면, 광동의 주변지역은 명청대에 걸쳐 한인 이주민인 객민이 토착원주민 사이를 점차 메워가면서 토객한이(土客漢夷)가 잡처하는 곳이었다. 따라서 원주민과 객민 사이의 갈등이 끊임없이 일어난 것은 말할 것도 없고, 시간적 선후 차이에 의한 객민과 객민 사이의 갈등도 첨예화되곤 하였다. 이러한 광동 변경으로의 이주현상은 19세기 말엽으로 갈수록 포화상태에 달하고 있었다.[85] 19세기 말엽 천지회와 객민의 관계에 대한 구체적인 사례로는 광동의 서부 주변지역인 뇌주·경주부에서 볼 수 있는데, 다음과 같다.

광서 7년(1881) 뇌주부에 안착한 객민이 경주부의 변경지역으로 도망가 천지회를 조직하여 만주(萬州)와 육수(陵水)·정안(定安)현에서 여족(黎族)과 결탁하여 인근의 향촌을 약탈하는 사건이 벌어지면서,[86] 적어도 광서 20년(1894)까지 이 지역은 회비(會匪)·토비(土匪)·객비(客匪)·여비(黎匪)의 각축장으로 변하였다.[87] 이 광서 7년의 사건에서 객민이 천지회를 조직한 구체적인 정황을 포착할 수 없지만, 뇌주부에 안착한 객민들 사이의 분규에서 도태된 일부 객민이 다시 경주부로 이동한 것이 그 발단이 된 것으로 추측된다. 이점은 광서 20년 이 지역에서 진압된 천지회의 조직에서 그 실마리를 찾을 수 있는데, 당시 양광총독 이한장은 다음과 같이 말하고 있다.

85 유장근, 『근대 중국의 지역사회와 국가권력』, 23-28쪽.

86 『清德宗實錄』 卷133, 光緒7年閏7月條, 926쪽.

87 「截擊瓊州客黎各匪摺」(光緒10.12.27.), 『張之洞全集』 1, 267-270쪽; 「兩廣總督李瀚章摺」(光緒20.12.22.), 『光緒朝硃批奏摺』 118, 633-634쪽.

太子少保頭品頂戴兩廣總督臣李瀚章跪
奏為拏獲會匪首夥各犯訊明懲辦籲懇
天恩准保出力員弁恭摺具陳仰祈
聖鑒事竊查瓊州府臨高縣與儋州澄邁接壤之處
向有客民聚居老客尚知守分新客往往為非
自光緒十二三年調兵勦撫以後雖不致强梁
如昔而伏莽潛滋在所難免臣嚴飭該管道府
州縣及標營防軍認真查拏不准少懈據臨高
縣知縣張延查有會匪潛匿稟經飭派瓊軍哨
弁儘先守備周繼昌會縣拏辦惟該匪等蹤迹
詭秘誘脅良民頗多既未便用兵圍捕致令玉
石俱焚尤不可驚之使逃轉致吞舟漏網該文
武等設法密訪輾轉諮詢始確知其姓名居址
賄綫指引出其不意分投掩捕先後拏獲拜會
首匪王德賢即王德顯一名及有名目之夥匪
林發利即林發棣黎雷文符大還李老吉林大
羣等五名起獲大飄布三張暨會中圖記並小
飄布板片等件訊據該匪等供認結拜兄弟會

又名老洪會創設香主先生大哥二哥三哥等
名目初以王雷武為香主未幾身故王德賢即
為香主林發利等各稱先生大哥等名散放飄
布糾人入會有簡錫岡等聽糾結拜現不知逃
往何處各等情查閱所獲大飄布內有周流天
下招集英雄不得攔阻字句並妄稱天運年號
除林大羣於訊供後病故外經臣核明批飭將
首夥五犯就地正法以昭炯戒一面飭縣出示
曉諭凡被誘脅入會者繳飄免究有飄不繳即
是甘心從賊定行拏辦共繳出飄布一百二十
餘件均係被匪脅從別無劣迹一併免其追問
以靖人心仍嚴拏簡錫岡等務期弋獲並隨時
彈壓訪查以弭後患據雷瓊道楊文駿稟請具
奏將出力員弁請獎前來臣查瓊客民半無恆
產孳生日衆良莠不齊而又近接黎山易於句
結實為地方隱患曾經調兵勦辦甫適數年該
匪王德賢等竟敢拜會放飄創立名目並敢編
造年號悖逆情形實堪髮指知縣張延哨弁周

〈자료 1〉 광서 20년 12월 22일 양광총독 이한장의 주접

* 출처 : 「兩廣總督李瀚章摺」(光緒20.12.22.), 『光緒朝硃批奏摺』 118, 633쪽.

> 경주부 임고(臨高)현은 담주(儋州)·징매(澄邁)현과 접경한 곳으로 본래 객민이 거주하는 지역인데, 노객(老客)은 오히려 분수를 알고 있었지만, 신객(新客)이 계속 잘못을 저질렀다. …… 경주부로 이주해온 객민은 대부분 항산(恒産)이 없었고, 인구는 나날이 증가하여 좋은 사람과 나쁜 사람이 섞여 있었다. 게다가 인근의 여산(黎山)에서 결탁하기 쉬우니, 실로 지방의 근심거리가 되었다. 일찍이 군대를 동원하여 초판(勦辦)한 지 이제 수년이 되었다.[88]

이 인용문에서 언급하고 있는 신객이 조직한 결사는 바로 향주(香主)·선생(先生)·대가(大哥)·이가(二哥)·삼가(三哥) 등의 위계질서를 갖추고 형제회(兄弟會)·노홍회(老洪會)로 불린 전형적인 천지회였다. 이미 정주한 노객이 있는 상태에서 새롭게 이주해온 신객이 수년 동안 마땅한 생업의 기회를 갖지 못한 점 등이 이들 신객으로 하여금 천지회를 조직하여 봉기의 길로 나서게 한 것이다.

이처럼 광동 주변지역에서 객민이 천지회를 직접 조직하여 활동한 반면, 양비는 천지회의 세력에 동조하여 이들의 활동을 확대시키는 역할을 하였다. 당시 광동 양비의 정황에 대해서 장지동은 "광동의 해안에는 원래 도적이 많은데, 염주·경주의 해안은 구두산(九頭山)을 소굴로 삼고, 성성의 육문(六門) 내외의 해안에서는 홍콩·마카오을 도피처로 삼는다."고 하면서, 흠렴방무제독(欽廉防務提督) 풍자재(馮子材)의 보고를 인용하여 "구두산의 도비 세력이 가장 창궐하다."고 하였다.[89] 이러한 양비 세력과 천지회의 구체적인 결탁 상황은 광서 17년(1891) "광동의 뇌주·경주는 모두 해역의 요충지로 도풍(盜風)이 평소에 강했는데, 배회결맹함에 자주 해도를 끌어들여 분략(焚掠)을 자행한다."는 이한장의 주접을 통해서 확인

88 「兩廣總督李瀚章摺」(光緒20.12.22.), 『光緒朝硃批奏摺』 118, 633쪽.
89 「剿捕洋匪摺」(光緒11.12.27.), 『張之洞全集』 1, 385쪽.

된다.[90] 이 주접에 의하면, 배회결맹한 것은 뇌주부 수계(遂溪)현 서해(西海) 지방에서 게춘정(揭春亭)을 대가로 하는 천지회였고, 여기에 동조한 세력으로는 수계현 강홍부(江紅埠)의 양비와 뇌주부 서문(徐聞)현 · 경주부 경산(瓊山)현 해협의 양비였다. 이밖에 노서산(老鼠山)의 적비(積匪)와 청륜산(青崙山) · 구두산(狗頭山)의 비도 등이 가세하면서 이 집단의 세력은 더욱 확대되었다.

마지막으로 광동의 종족 문제와 표리 관계를 이루면서 발전한 사회현상인 계투(械鬪)가 천지회의 활동과 밀접한 관계가 있었다. 적어도 19세기 중반까지 광동 전역으로 확산된 계투는 개인적인 원한이나 아주 사소한 문제에서 발단하지만, 그것을 해결하기 위해서는 당파 · 종족 · 토객 간의 문제로 확대되어 결국 무력을 쓴다는 점에서 많은 인명살상과 경제손실을 초래하였다. 19세기 말엽 이러한 계투의 상황은 광동 안찰사 우음림(于蔭霖)의 보고에 잘 나타나 있다.

> 광동의 민정은 강한(强悍)하여 매번 하찮은 원한과 전산(田山)의 사소한 일이 있을 때마다 관의 판결을 기다리지 않고 외비(外匪)를 고용하여 기일을 정해 계투를 벌인다. 계투를 주지하는 자는 대체로 족수(族首) · 족신(族紳) · 사장(祠長) 등의 불초자(不肖者)이다. 명목상으로는 두 종족이나 두 마을에서 서로 싸우는 것이지만, 실제로는 토비 · 염효 · 해도와 선창(線槍)을 전문적으로 사용하는 유수망명(游手亡命)의 무리를 일시 고용한다. 호소한 자는 수백 명 혹은 천여 명이며, 부회한 것은 수촌에서 수십 촌에 달한다. 서양무기를 수시로 구입할 수 있으니, 양포(洋炮) · 양창(洋槍) · 기치(旗幟) · 도계(刀械) 등 없는 게 없다.[91]

---

90 「兩廣總督李瀚章摺」(光緒17.8.10.), 『光緒朝硃批奏摺』 118, 308-310쪽.
91 「請嚴定械鬪專條摺」(光緒11.12.27.), 『張之洞全集』 1, 382쪽.

19세기 말엽 서양 근대 무기의 유입이 보편화되어 각 집단의 전투 능력이 배가된 상황에서 각 종족의 수장들은 수백 명 이상의 비도를 고용하여 수촌 이상에 걸쳐 계투를 진행하였다. 계투가 여전히 마치 '작은 전쟁'을 방불케 할 정도로 심각한 문제가 되고 있었다.

여기에서 특히 계투를 진행할 때 토비·염효·해도·유수 등의 집단을 고용한다는 점이 주목된다. 이 대목은 천지회 계통의 회비 집단도 계투에 직접 관여하고 있는 상황을 알려주는 것으로 "각 지역의 적비(積匪)가 결당하고 배회하여 계투를 조장하는 데 고용되니, 마음대로 약탈과 늑속(勒贖)을 한다."[92]는 장지동의 언급을 통해서 좀 더 명확하게 드러난다. 당시 광동에서 계투가 가장 심한 곳으로는 그 중심지역인 광주부의 반우(番禺)·동관(東莞)·증성(增城)·신녕(新寧)·신회(新會)현과 동부 주변지역인 혜주부의 귀선(歸善)·육풍(陸豊)·해풍(海豊)·박라(博羅)·장녕(長寧)·하원(河源)현, 그리고 조주(潮州)부의 조양(潮陽)·게양(揭陽)현이었다는 점[93]에서 이러한 지역의 천지회 활동이 계투의 문제와 불가분의 관계를 가지고 전개되고 있었음을 말해주고 있다.

4. 천지회 활동 재개의 특징

19세기 말엽 광동 지역 천지회의 활동은 도시·시장·상품경제가 발달한 광동의 중심지역뿐만 아니라 열악한 사회경제적 환경에 처해 있던 그 주변지역까지 확대되면서 불법적인 일상 활동은 물론 대규모 봉기까지

92 「請定盜案就地正法章程摺」(光緒11.12.1.), 『張之洞全集』 1, 373쪽.
93 「請嚴定械鬪專條摺(光緒11.12.27.」, 『張之洞全集』 1, 382쪽.

나아갔다. 19세기 말엽 광동 지역 천지회 회명의 종류, 시간·지역별 분포, 조직 체계, 봉기의 규모와 성격, 활동양상 등을 검토하기 위해서 그 현황을 〈표 1〉로 작성해 보았다.

〈표 1〉 19세기 말엽 광동 천지회의 현황

연도	회수	회명	지역		규모	활동	참고내용	근거자료
			부주	현청				
광서 1 (1875)	여득맹(余得萌)	역비(逆匪)	혜주(惠州)	귀선(歸善)	오영(五營)	규중기기(糾衆起旗) 모위불궤(謀爲不軌) 겁략촌장(劫掠村莊)	분천서표(焚天誓表)	ⓐ 1, 327쪽.
광서 2 (1876)	황십릉대(黃十陵大)	삼합회 빈궁회(貧窮會) 부모회(父母會)	고주(高州)	무명(茂名)	40	결배형제(結拜兄弟) 염전(斂錢)	목양성(木楊城) 대가(大哥), 이가(二哥) 서본(書本)	ⓐ 1, 325쪽.
광서 2 (1876)	여아상(余阿箱)	회비(會匪)	혜주	해풍(海豊)		협구규살(挾仇糾殺)		ⓑ 卷37, 536쪽.
광서 3 (1877)		천지회(天地會)	경주(瓊州)	능수(陵水) 정안(定安)				ⓖ, 296쪽.
광서 3 (1877)		도적	광주(廣州)	순덕(順德)	수백	결맹취당(結盟聚黨) 타단(打單)		ⓑ 卷56, 768쪽.
광서 4 (1878)		화자회(花子會)	광주	남해(南海)				ⓖ, 296쪽.
광서 6 (1880)	유천창곤(劉天倉棍)		조경(肇慶)	양춘(陽春)		취당배회(聚黨拜會)	삼합회 맹아	ⓗ 卷13, 22쪽.

연도	회수	회명	지역		규모	활동	참고내용	근거자료
			부주	현청				
광서 7 (1881)	정현창 (鄭顯昌)	천지회	경주	만주 (萬州) 능수 정안		결당요맹 (結黨要盟) 표겁향촌 (剽劫鄕村) 장관창살 (戕官搶殺) 구결자사 (句結滋事)	객민(客民) 여족(黎族)	ⓑ 卷133, 926쪽.
광서 7 (1881)		삼점회 (三點會)	가응 (嘉應)	장락 (長樂)				ⓖ, 297쪽.
광서 7 (1881)	전롱득 (田籠得)	비도 (匪道)	조주 (潮州)	게양 (揭陽)		결당배회 (結黨拜會) 규중기기		ⓐ 2, 1271쪽.
광서 8 (1882)	이사 파칠 (李沙 婆七)	회비	혜주	장녕 (長寧)		결맹배회 (結盟拜會) 잠모기사 (潛謀起事)		ⓐ 2, 1271쪽.
광서 8~9 (1882~ 1883)		첨지회 (添地會)	고주	전백 (電白)		취중배회 (聚衆拜會) 약기창란 (約期倡亂) 겁옥자사 (劫獄滋事)	광서까지 영향	ⓐ 2, 1519쪽. ⓖ, 297쪽.
광서 9 (1883)		삼점회	혜주	귀선				ⓖ, 쪽297.
광서 10 (1884)	황아춘 (黃阿春)	삼점회	혜주	귀선	수천	회비자사 (會匪滋事) 구결당여 (句結黨與)	백 수십 리의 세력 1,100명 체포 비선(匪船) 13척 포획	ⓑ 卷178, 486-487쪽. ⓑ 卷186, 602-603쪽. ⓖ, 297쪽.
광서 12 (1886)		삼합회 (三合會)	혜주 홍콩	귀선	3천		홍콩 구룡에서 400명의 삼합회 회원이 지원	ⓔ, p.180.

연도	회수	회명	지역		규모	활동	참고내용	근거자료
			부주	현청				
광서 14 (1888)	진사자전(陳獅子典)	삼합회	조경	양춘	심중(甚衆)	취당배회		ⓗ 卷13 22-23쪽.
광서 15~16 (1889~1890)	이무(李畝) 이안(李安)	삼합회	홍콩 마카오 주강 연해(珠江沿海)			배회결맹 입당(立黨) 타단(打單)	연의당(聯義黨)	ⓑ 卷283, 767쪽. ⓓ 卷26, 699쪽.
광서 15~16 (1889~1890)	왕관(王觀)	삼합회	홍콩 마카오 주강 연해(珠江沿海)			배회결맹 입당 타단	신륭의당(新隆義黨)	ⓑ 卷283, 767쪽. ⓓ 卷 26, 699쪽.
광서 15~16 (1889~1890)	황유성(黃有成)	삼합회	홍콩 마카오 주강 연해(珠江沿海)			배회결맹 입당 타단	연승당(聯勝黨)	ⓑ 卷283, 767쪽. ⓓ 卷26, 699쪽.
광서 15~16 (1889~1890)	증아걸(曾亞傑) 증로어전(曾鱸魚全)	삼합회	홍콩 마카오 주강 연해(珠江沿海)			타단	융의당(隆義黨)	ⓑ 卷283, 767쪽. ⓓ 卷26, 699쪽.
광서 15~16 (1889~1890)	진경정(陳敬亭		조경	양강(陽江)		유인입회(誘人入會) 규당사겁(糾黨肆劫)	광서 8년 고주 천지회의 여당	ⓘ 卷20, 206쪽.
광서 15~17 (1889~1891)			광주	순덕 신회(新會) 남해(南海)		노인륵속(擄人勒贖) 입당 타단	비범 176명 체포	ⓐ 3, 2963쪽.

연도	회수	회명	지역		규모	활동	참고내용	근거자료
			부주	현청				
광서 16~17 (1890~1891)	계춘정(揭春亭)	회비	뇌주(雷州)	수계(遂溪)		배회결맹 분겁촌사(焚劫村舍) 규중행겁(糾衆行劫)	대가, 이가, 홍곤(紅棍), 선생(先生), 초혜(草鞋) 삼십육관(三十六款) 양비(洋匪)·적비(積匪)의 호응	ⓐ 3, 2963-2965쪽. ⓒ, 308-310쪽
광서 18 (1892)	담운청(譚運青)	삼합회	조경	양강	10족(族) 수천	배회자사	세력창궐(勢力猖獗)	ⓒ, 612~613쪽. ⓑ 卷311 47쪽 ⓔ, p.180.
광서 19~20 (1893~1894)	유규매(劉叫妹)	삼점회 조공회(趙公會)	남웅(南雄)		수천	형제결배 솔중겁략(率衆劫掠) 개산당(開山堂)	성세심대(聲勢甚大) 강서 대유현(大庾縣) 약탈 강서 남안부성(南安府省) 공격 홍건(紅巾), 암호(暗號), 표포(標布) 유규매는 삼점회의 총두목	ⓒ, 634-638쪽, 653-654쪽.
광서 20~25 (1894~1899)		회비	경주	애주(崖州)		겁상선(劫商船) 약촌시(掠村市) 노인색재(擄人索財)	고주 오천과 경주 임고에서 활동	ⓚ 卷12 「海防·土寇」, 235쪽.
광서 21 (1895)	하괵순(何幗純)		고주 뇌주	석성(石城) 수계		결배형제	홍의당(洪義堂) 대가	ⓑ 卷362, 727쪽. ⓕ, 160쪽.

연도	회수	회명	지역		규모	활동	참고내용	근거자료
			부주	현청				
광서 21 (1895)	왕뇌무(王雷武) 왕덕현(王德賢)	형제회(兄弟會) 노홍회(老洪會)	뇌주 경주	해강(海康) 임고(臨高)		입당 개당(開黨)	객민 천운(天運) 표포 향주, 선생, 대가, 이가, 삼가	ⓒ, 633-634쪽 ⓕ, 160쪽.
광서 21 (1895)	방라사미(龐癩渣尾)	천지회	고주	오천(吳川)	만여 명	수기모역(樹旗謀逆)	홍순대왕(洪順大王) 간각위인(刊刻僞印) 포산요언(布散謠言)	ⓐ 4, 3680-3681쪽
광서 21 (1895)		삼점회	광주					ⓖ, 300쪽.
광서 21 (1895)	정사량(鄭士良)	삼합회	광주				홍콩삼합회 손문(孫文)	광주기의
광서 23 (1897)	유지초(劉芝草)	삼점회	고주 뇌주	석성 수계	천여 명	복구위명(復仇爲名) 창략군계(搶掠軍械) 장첩위시(張貼僞示)	143명 처형 대왕, 이왕, 삼왕, 군사, 원수, 장군	ⓑ 卷405, 294-295쪽. ⓒ, 678-679쪽.
광서 24 (1898)	주이(周二)	회비	조경	양춘				ⓗ 卷13, 23쪽.
광서 24~25 (1898~1899)		삼점회	뇌주	수계				항불투쟁
광서 25 (1899)	구신(區新)	토비(土匪)	광주	남해	천여 명	연맹배회(聯盟拜會) 타단		ⓑ 卷449, 925-926쪽.
광서 25 (1899)		삼합회	광주	동관(東莞)				항영투쟁
광서 26 (1900)	이파담(李跛譚)	회비	혜주	귀선		취중기사(聚衆起事)	적세익치(賊勢益熾)	ⓙ 卷36 8쪽.

연도	회수	회명	지역		규모	활동	참고내용	근거자료
			부주	현청				
광서 26 (1900)	정사량 (鄭士良)	삼합회	혜주				손문	혜주기의

〈참고내용〉 이 표는 연도를 기준으로 해서 회수·회명·봉기장소·규모·활동·참고내용의 순서로 작성하였다. 회수가 복수인 것은 기존의 회수가 죽게 되어 후임자가 계승한 것이거나 사료상 병칭되어 있는 경우인데, 최대 두 명의 회수만을 기록하였다. 회명이 복수인 경우는 독립된 천지회 결사가 연합한 것이거나 하나의 결사에 회명이 복수인 경우로 생각된다. 봉기지역이 복수인 경우에는 이들 지역에 걸쳐 활동한 것이다. 규모·활동·참고내용은 사료에서 주요 부분만을 발췌한 것이다. 이 표의 근거자료는 ⓐ『光緒朝東華錄』; ⓑ『淸德宗實錄』; ⓒ『光緒朝硃批奏摺』 118; ⓓ『張之洞全集』 1; ⓔ William Stanton, *The Triad Society or Heaven and Earth Association*; ⓕ 莊吉發, 『淸代天地會源流考』; ⓖ 莊吉發, 『淸代秘密會黨史硏究』; ⓗ (民國) 『陽春縣志』; ⓘ (民國) 『陽江縣志』; ⓙ (民國) 『東完縣志』; ⓚ (光緒) 『崖州志』이다. 이 밖에 근거자료에 표기된 항영투쟁과 항불투쟁은 魏建猷 主編, 『中國會黨史論著匯要』, 天津: 南開大學出版社, 1985, 246-248쪽을 참조한다.

비록 〈표 1〉이 19세기 말엽 광동 지역 천지회의 현황을 전부 망라했다고는 할 수 없지만, 이 시기 광동 지역 천지회의 여러 측면을 고찰하는 데에 큰 무리는 없을 것으로 생각된다. 이하 표를 통해서 확인되는 사실을 지적해 보면, 다음과 같다.

첫째, 19세기 말엽 광동 천지회의 회명을 살펴보면, 천지회·삼합회·삼점회·첨지회[94]·빈궁회·부모회·화자회·조공회·형제회·노홍회 등 모두 9~10개의 천지회 계통의 회명이 보인다. 이는 19세기 전반 광동에 보이는 천지회·삼합회·삼점회·첨제회·융흥회(隆興會)·와룡회(臥龍會)·공합의회(共合義會)·우두회(牛頭會)·쌍도회(雙刀會)·청흑회(靔黰㳌) 등 10개의 회명[95]과 거의 비슷한 수준으로 분포되었고, 특히 천지회 3건, 삼합회

94 청대 천지회의 이명(異名) 중에서는 첨지회(添地會)라는 명칭은 찾아 볼 수 없다. 광서 8~9년(1882~83) 고주를 중심으로 광서의 접경지역에서 활동한 첨지회라는 명칭은 중국어 발음상 'tiandihui'로 천지회 혹은 첨제회와 같기 때문에 이것을 잘못 기록한 것으로 보인다.

95 秦寶琦, 『淸前期天地會硏究』, 北京: 中國人民大學出版社, 1988, 169-179쪽; 莊吉發, 『淸代秘密會黨史硏究』, 107-109쪽.

11건, 삼점회 7건을 보이고 있다.

이처럼 회명의 종류가 많고 적음이 천지회의 활동과 어떠한 관계가 있는지 정확하게 밝힐 수 없지만, 19세기 말엽 천지회 글자 그대로의 회명을 제외하면 아편전쟁 이후로 성행하기 시작한 삼합회의 회명이 여전히 가장 많이 쓰였고, 삼점회라는 자주 사용되고 있음을 알 수 있다. 이점은 일찍이 청말 혁명파의 일원인 도성장(陶成章)이 지적한 바와 일치하고 있으니, 삼합회와 삼점회의 회명이 광동에서 가장 성행하였음을 보여주고 있다.[96] 특히 삼점회의 경우, 20세기 초 한 대관료의 눈에 "광동의 회비는 곧 삼점회"[97]일 정도로 천지회 계통의 결사를 대표하는 회명으로 자리 잡게 된다. 이밖에도 빈궁한 자들의 모임을 뜻하는 빈궁회, 부모의 장례와 같은 가정의 대사를 대비한다는 의미에서의 부모회, 거지들의 모임을 뜻하는 화자회, 결의형제를 강조하는 형제회 등은 회명의 의미로만 보아서 모두 상호부조적 성격을 강하게 갖고 있는 집단이었을 것으로 생각된다.

둘째, 19세기 말엽 광동 천지회의 활동과 봉기의 지역·시간별 현황을 살펴보기 위해 〈표 1〉에 의거해서 〈표 2〉를 작성하였다.

〈표 2〉의 Ⅰ와 Ⅱ시기에서 봉기의 횟수가 각각 7건과 10건으로 대폭적인 증가추세는 볼 수 없지만, 1870년대 중반 이후 천지회의 활동과 봉기가 계속적으로 진행되었음을 알 수 있다. 또한 Ⅰ시기에는 혜주·고주부에 봉기가 집중되었던 것이 Ⅱ시기에는 혜주·고주부를 포함하여 경주·조경·뇌주·남웅 등에서 고루 발생하고 있음을 알 수 있다. 이는 19세기 말엽 천지회의 활동과 봉기가 광동 전역으로 점차 확산되어 가는 상황을 의미하는 것이다.

96 陶成章, 「教會原流考」, 湯志鈞 編, 『陶成章集』, 北京: 中華書局, 1986, 424쪽.

97 「署兩廣總督袁樹勳奏廣東會黨日衆現擬辦理情形片」(宣統2.5.2.), 『辛亥革命前十年間民變檔案史料』 下, 478쪽.

〈표 2〉 19세기 말엽 광동 지역 천지회의 시간·지역별 분포 현황

연도 \ 부주		혜주(惠州)	고주(高州)	경주(瓊州)	광주(廣州)	조경(肇慶)	가응(嘉應)	조주(潮州)	뇌주(雷州)	남웅(南雄)
Ⅰ시기	1875	◉								
	1876	○	○							
Ⅰ시기	1877			○						
	1878				○					
	1880					○				
	1881			◉			○	◉		
	1882	◉	◉							
	1883	○								
	1884	◉								
	1886	◉								
Ⅱ시기	1888					○				
	1889				○	○				
	1890								◉	
	1891									
	1892					◉				
	1893									◉
	1894			○						
	1895		◉○	◐	○○				◐○	
	1897		◐						◐	
	1898								○	
	1899				○○	○				
	1900	◉◉								

〈참고내용〉 〈표 2〉는 〈표 1〉에 의거하여 연도를 기준으로 작성하되 혜주→남웅의 지역적 순서도 연도를 기준으로 천지회의 활동이나 봉기가 빠른 순서대로 작성하였다. Ⅰ와 Ⅱ의 시기구분은 1875~1900년 천지회 활동의 변화 추세를 살펴보기 위한 13년간의 편의상 구분이다. 이 표에서 ○는 천지회의 활동은 보이지만 봉기가 확인되지 않은 것을 의미하고, ◉는 천지회의 봉기가 일어난 것을 의미하며, ◐는 하나 이상의 지역에서 동시에 진행된 천지회의 봉기를 의미한다. 여기에서는 홍콩은 별도로 표기하지 않았는데, 홍콩에서의 천지회 활동과 규모는 본장의 후미에서 별도로 언급한 것을 참조한다.

〈지도 1〉 19세기 말엽 광동 천지회의 현황 분포도

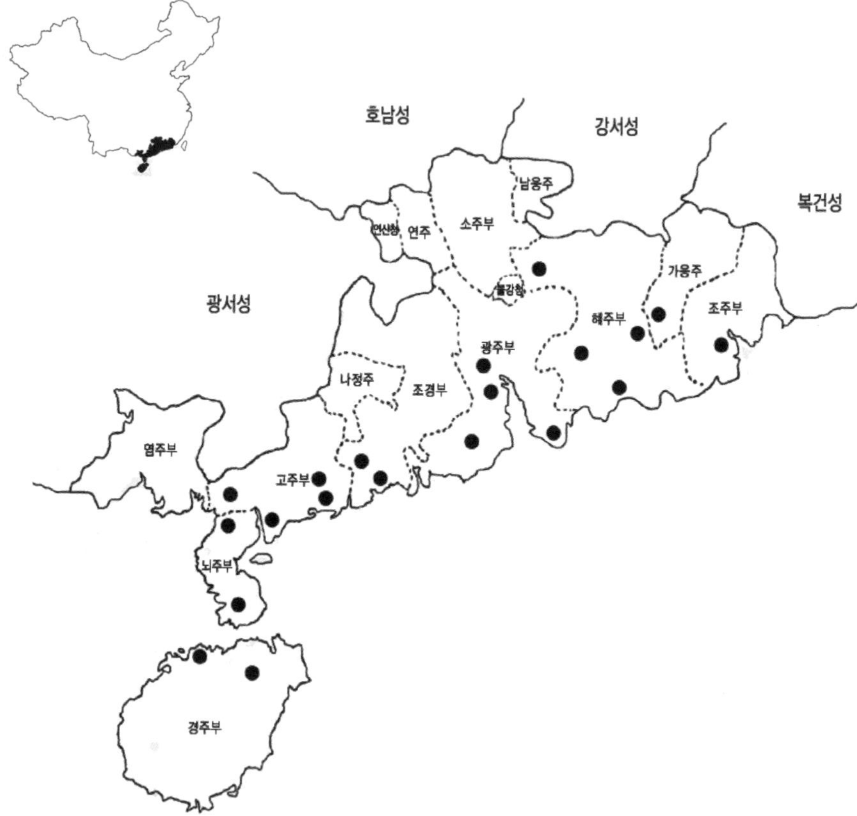

〈참고내용〉 이 지도는 〈표 1〉 19세기 말엽 광동 천지회의 현황을 토대로 작성한 것이다. 지도에서 ●는 천지회 등의 세력이 분포한 지역을 현 단위로 표시해 놓은 것이다.

이러한 상황은 1900년대 초 천지회의 상황으로 미루어 보면 확인할 수 있다. 예컨대 광서 29~31년(1903~1905) 양광총독 잠춘훤(岑春煊)은 영제(營制)를 개편하여 288명을 1영(營)으로 하고, 광동을 중(광주), 북(남웅·소주·연주), 남(경주·뇌주), 동(혜주·조주), 서(조경·양강·나정·고주·염주) 5로로 나누어 청향(淸鄕)을 진행하였다. 그 결과 중로에서 2,900여 명, 남·북로에서 각각 160여 명, 동로에서 1,400여 명, 서로에서 5,450여 명을 체포하여 처벌하였다. 체포된 이들은 모두 광동 각 지역에서 오랫동안 타단·약탈·노륵(擄勒)을 해 왔던 비도였고, 특히 중·동·서 3로에서 체포된 자들은 배회하여 모역했던 우두머리가 많았다.[98] 이처럼 타단·약탈〔搶劫〕·노륵·배회·역모를 특징으로 하는 천지회가 청향에 의해서 대규모로 적발된 상황은 19세기 말엽 광동 전역으로 천지회가 확산된 정황의 일면을 보여주는 것이다. 1902년 구구갑(歐榘甲)이 『신광동(新廣東)』을 저술하면서 천지회와 같은 비밀결사의 개조와 통합을 통해서 광동, 나아가 중국 전역을 독립시킬 수 있다고 주장한 것[99]도 이러한 상황의 반영일 것이다.

셋째, 19세기 말엽 광동 천지회의 조직체계이다. 〈표 1〉을 보면, 천지회의 기본적인 조직체계를 알려주는 것으로 광서 2년(1867) 삼합회에서 대가·이가와 광서16년(1890) 회비에서 대가·이가·홍곤·선생·초혜, 그리고 광서 21년(1895) 형제회에서 향주·선생·대가·이가·삼가 등의 명칭을 볼 수 있다. 이밖에 광서 23년(1897) 삼점회에서 대왕·이왕·삼왕·군사·원수·장군 등의 명칭도 보인다. 광동 천지회의 조직체계는 도광 연간을 전후하여 이미 완성 단계에 진입하고 있었는데, 대가·향주·선봉·홍곤·초혜 등 기본적인 위계질서의 명칭 외에도 아마(亞媽)·구부(舅父)·승상(升上)·백지편(白紙扁) 등의 직능별 세부적인 명칭도 있었다.[100] 평산주(平山周)에 의하면, 천지회의 조직체계는 위계질서가 높은 순서대로 대가〔대총리·원수〕·이가〔향주〕·삼가〔백편·선생〕·선봉·홍곤·초

98 「署兩廣總督岑春煊奏廣東歷年辦理清鄉情形摺」(光緒32.5.28.), 『辛亥革命前十年間民變檔案史料』 下, 453-455쪽.

99 太平洋客(歐榘甲), 『新廣東』, 張楠·王忍之 編,, 『辛亥革命前十年間時論選集』 1·上, 北京: 三聯書店, 1960, 306-308쪽.

100 (民國) 『東莞縣志』 卷34 「前事略」 6, 22쪽.

혜 등으로 구분하고 있는데,[101] 이러한 위계질서는 각 천지회마다 차이가 있었던 것으로 보인다. 앞서 언급한 형제회의 경우 위계 질서상 향주가 가장 높은 직책으로 되어 있고, 그 이하로 선생 · 대가 등이 있었던 것은 대표적인 예라 할 수 있다. 20세기 초에 이르러 광동 천지회는 기본적인 위계질서의 명칭인 대가·향주·선봉·홍곤·초혜 등을 계속 답습하면서도 동주(東主) · 철곤(鐵棍) · 금화(金花) · 쌍금화(雙金花)와 같은 새로운 명칭이 계속해서 나타났다.[102] 비록 19세기 말엽 광동 천지회의 조직체계는 사료상의 제약으로 그 전모를 자세히 알 수 없지만, 도광 연간 이후로 천지회의 조직체계가 전문화·직능화되었다는 점과 19세기 말엽에도 천지회의 활동이 여전히 지속되었다는 점, 그리고 20세기 초에도 이러한 조직체계가 계속적으로 유지되고 있었다는 점 등을 감안한다면, 19세기 말엽 광동 천지회의 조직체계도 전문화·직능화되었던 것으로 생각된다.

넷째, 19세기 말엽 광동 천지회 봉기의 규모이다. 〈표 1〉을 보면 광서 2년(1876) 고주 무명현 황십릉대의 삼합회처럼 40여 명 정도의 적은 규모도 보이지만, 이를 제외한 대부분의 봉기가 수백에서 수천에 이를 정도로 그 규모가 상당히 컸음을 알 수 있다. 예컨대 광서 10년(1884) 혜주 귀선현 임산 지역 황아춘의 삼점회 봉기는 가담한 회원이 수천 명 이상으로 그 세력은 백 수십 리에 이를 정도였고 관군에게 처형된 숫자만 해도 1,100여 명이 될 정도였으니, 가히 그 규모를 짐작할 수 있다. 광서 12년(1886) 혜주 귀선현 임산 지역 삼합회는 홍콩의 구룡에서 회집(會集)한 400명의 후원 하에 약 3,000여명 정도가 봉기에 참여하였다. 광서 19 · 20년

---

101 平山周, 『支那革命黨及秘密結社』, 東京: 長陵書林, 1980, 21쪽.

102 「署兩廣總督袁樹勳奏廣東會黨日衆現擬辦理情形片」(宣統2.5.2.), 『辛亥革命前十年間民變檔案史料』 下, 478-479쪽.

(1893·94) 소주 곡강현의 삼점회 회수 유규매는 인화현의 이궤폭·남웅주의 진승금과 결배한 이후 참여 인원이 수천 명으로 확대되면서 그 세력이 소주와 남웅주 뿐만 아니라 강서에까지 이르렀다. 봉기의 규모가 십족으로 표현된 광서 18년(1892) 조경 양강청 담운청의 삼합회 봉기는 참여한 회원이 수천 명을 헤아릴 정도였으므로, 그 규모가 오영으로 표현된 광서 원년(1875) 혜주 귀선현 여득맹의 봉기도 상당한 규모였을 것으로 생각된다.

다섯째, 19세기 말엽 광동 천지회 활동과 봉기의 원인·목적을 살펴보면, 겁부(劫富)라는 경제적 성격과 반관(反官)·반청(反淸)적인 정치적 성격이 혼재되어 있다. 우선 〈표 1〉을 보면 겁부의 성격을 가진 것으로는 사료상 무리를 모아 배회〔취중배회(聚衆拜會)〕한 이후 '겁략촌장'·'표겁향촌'·'내지창겁' 등의 표현대로 향촌을 약탈하는 경우이다. 예컨대 광서 3년(1877) 광주 순덕현 등을 비롯한 많은 천지회 집단에서 타단한 기록을 볼 수 있다. 특히 광서 21년(1895) 고주 오천현에서 방라사미가 홍순대왕으로 자칭하면서 향촌에서 약탈한 것을 빈민에게 나누어 준 것은 천지회가 겁부의 행위에서 제빈으로까지 나아간 사례이기도 하지만, 이처럼 천지회가 '겁부제빈(劫富濟貧)'의 행동을 취한 사례는 많이 보이지 않는다.

반면에 정치적 성격을 가진 봉기는 주로 사료상 '규중불궤'·'배회자사'·'약기창란' 등의 표현처럼 반관·반청적 활동을 한 경우이다. 예컨대 "을해 년에 반드시 대사를 성공시켜야 한다."라는 내용의 「분천서표(焚天書表)」를 찬한 광서 2년(1876) 여득맹의 봉기와 '주류천하초집부득란조(周流天下招集不得攔阻)'라 쓴 큰 표포(飄布)를 만들어 내걸고 '천운(天運)'이라는 연호를 사용한 광서 11년(1895) 형제회·노홍회 봉기는 반청적 성격을 잘 보이고 있다. 광서 12년(1886) 혜주에서 관리의 억압으로 인해 삼합회 봉기가 발생하자 이 지역의 삼합회 세력을 강화하기 위한 목적으로 칼과 권총으로 무장한 약 400여 명의 홍콩삼합회 회원이 참가한 것에서는 반관적 성격을 발견할 수 있다. 광서 19·20년(1893·94) 소주 곡강현의 삼점회는 소주와 남웅주 뿐만 아니라 강서의 남안부성을 공격할 정도로 반관·반청적 성격을 적나라하게 드러내고 있다. 따라서 19세기 말엽 광동 천지회의 경우 기본적으로 상호부조의 명목아래 겁부의 경제적 성격을 가지고 있었지만, 일부 세력이 확대된 천지회에서는 지역에 따라 반청복명을 지향하는 반관·반청적 성격을 강하게 나타나고 있었음을 알 수 있다.

마지막으로 19세기 말엽 광동 지역 천지회의 활동양상이다. 이 시기 천지회의 활동양상은 광동 내지에서 결배하고 내지에서 활동하는 것이 기본 형태였다. 그런데 1880년대 이후로 광동 밖의 외지에서 결배하고 광동의 내지로 돌아와 활동하는 형태가 활성화되고 있는데, 장지동은 "광주·혜주·조주의 비도는 홍콩·마카오를 소굴로 삼고, 염주·경주의 비도는 남월(越南)을 도피처로 여긴다."[103]라 언급하였다. 이와 같은 표현을 통해 광동에서 천지회의 활동이 광동 자체에만 국한되지 않고 있음을 알 수 있다. 광서 29~31년(1903~1905) 광동에 청향을 실시한 양광총독 잠춘훤은 광동에서 도풍(盜風)이 만연된 원인 중의 하나로 광동이 양계(洋界)와 가까워 비도가 도망가기가 쉽다고 하면서, 양계로 도망간 비도에 대하여 누차 양관(洋官)에게 문서를 보내 대신 체포해 달라고 할 정도로,[104] 광서 말년으로 갈수록 이러한 활동양상은 더욱 심해졌다. 즉 광동 천지회는 중국의 통치영역에서 벗어난 홍콩·마카오 등의 식민지나 월남과 같은 외국에서 결배한다. 이후 광동으로 들어와 봉기를 일으키

---

103 「査辦匪鄕摺」(光緖11.12.27.), 『張之洞全集』 1, 380쪽.

104 「署兩廣總督岑春煊奏廣東歷年辦理淸鄕情形摺」(光緖32.5.28.), 『辛亥革命前十年間民變檔案史料』 下, 455쪽.

고, 실패할 경우 다시 홍콩·마카오나 월남으로 도망간다. 이러한 점에서 광동 내지에서 결배하고 내지에서 봉기하는 경우보다 봉기가 실패할 경우 도망가기 쉬웠으므로, 참여한 구성원의 피해를 최소화할 수 있던 활동양상이었던 것으로 보인다. 예를 들어 광서 18년(1892) 조경 양강청에서 담운청의 삼합회 봉기가 발생했을 때, 이를 진압하는 관군이 광주의 향용을 양강청으로 파견하는 한편 일부 군대를 해안가 주변으로 보내 봉기자들이 도망가지 못하도록 조치했다는 데에서 이러한 측면을 엿볼 수 있다.

광동 지역 천지회의 이러한 활동양상 중에서 '혜주↔홍콩〔香港〕'간 천지회의 활동이 가장 두드러졌다. 혜주와 홍콩 두 지방의 천지회 활동이 연계된 것은 일찍이 함풍 4년(1854) 천지회 반란이 일어났을 때, 혜주의 천지회와 홍콩의 삼합회가 연합하여 구룡성(九龍城)을 함락시킨 예에서도 볼 수 있다.[105] 19세기 말엽의 경우 광서 10년(1884) 황금안(黃金鞍) 등은 홍콩에서 삼점회를 결배하고 규당(糾黨)하여 배를 타고 혜주의 평정(平政)·임산(稔山) 일대로 잠복하여 봉기를 일으켰다. 또한 광서 12년(1886) 혜주 임산 일대의 삼합회 봉기시 약 400명 정도의 인원이 홍콩삼합회에서 동원되었다. 이러한 활동형태가 출현한 것은 혜주 지역의 많은 인민들이 빈고한 생활로 인해 인접한 홍콩으로 진출하여 생계를 유지하는 일이 많아 홍콩의 삼합회와 밀접한 관련을 맺고 있었기 때문이다. 이에 따라 혜주 지역이 삼합회의 주요한 활동 거점이 되었는데,[106] 이는 아편전쟁 이후 19세기 말엽까지 홍콩에서 삼합회가 확대된 결과이기도 하였다.[107]

---

105 余繩武·劉存寬 主編, 『十九世紀的香港』, 北京: 中華書局, 1994, 423쪽.

106 彭全民, 「百年大義光勵后人」, 文化空間面.

107 홍콩삼합회는 중국 내지에서 기원하여 대체로 아편전쟁을 전후한 시기부터 활발한 활동을 전개하였다. 아편전쟁 이후 홍콩삼합회는 광동 지역 천지회의 활동에 적극적

으로 가담하여 반청복명의 주장을 전파했기 때문에 당시 홍콩총독 데이비스(Davis)는 이들을 "만청(滿淸)의 통치체제에 반대하는 애국단체"로 규정하기도 하였다. 1850년대 이후 홍콩의 계속적인 경제발전에 따라 삼합회는 더욱 발전하였다. 예를 들어 만안당(萬安黨)·복안사(福安社)·태평산체육회(太平山體育會)와 같은 홍문 조직이 있었고, 의흥공사(義興公司)과 같은 동향(同鄉) 조직이나 동자회(東字會)와 같은 쿨리〔고력(苦力)〕 조직으로도 발전하였다. 통계조사에 의하면, 광서 10년(1884) 홍콩의 전체 인구는 181,529명에 약 1~2만 정도가 삼합회 회원이었는데, 19세기 말엽에 이르러 홍콩의 성인남자의 1/3인 약 6만 정도가 삼합회 회원이 될 정도로 그 숫자가 증가하였다. 한편 광서 12년(1886) 홍콩삼합회 회원 5,000명에 대한 직업의 분포현황에 의하면, 쿨리 1,540명, 뱃사공 900명, 도붓장수 660명, 정미노동자 400명, 도박꾼 310명, 석공(石工) 300명, 석탄노동자 200명, 이발사 150명, 악당 120명, 재단사 100명, 운반노동자 100명, 객가 출신의 운반노동자와 이발사 100명, 구리세공업자 40명, 세탁업자 40명, 집관리인 40명이었다. 이러한 직업구성은 도박꾼이나 악당을 제외한 회원 대부분이 육체노동에 종사하여 겨우 생계유지를 할 정도의 하층 민중이었음을 보여주면서도, 도시경제가 발전한 홍콩의 지역상황을 그대로 반영하고 있다.(丘海雄·平萍,『香港黑社會』, 合肥: 安徽人民出版社, 1992, 8-9쪽; 余繩武·劉存寬 主編,『十九世紀的香港』, 348쪽, 423쪽; William Stanton, *The Triad Society or Heaven and Earth Association*, pp.26-29; Tsai Jung-Fang, *Hong Kong in Chinese History: Community and Social Unrest in the British Colony, 1842~1913*, New York: Columbia University Press, 1993, p.113.)

소결

광동에서 함풍 4년 천지회 반란의 붕괴 과정은 양광총독 섭명침을 정점으로 하여 각 관료·신사·족장 등에 의한 무자비한 대량학살로 이어졌다. 이 비극적인 대량학살은 19세기 전반 천지회 활동의 본거지인 광주와 불산을 중심으로 한 주강삼각주 일대에서 진행되었기 때문에 광동의 중심지역에서 천지회는 더 이상 재기불능의 상태에 처한 것처럼 보였다.

그러나 광서 연간에 이르러 광동의 중심지역은 아편전쟁 이후로 침체되었던 도시·시장·상품경제가 회복되어 발전하면서 천지회의 활동도 이와 더불어 재개되기 시작하였다. 특히 당시 각종 유용과 파산 농민을 중심으로 형성되고 있었던 유민층의 유입은 광동의 중심지역에서 되살아나고 있는 천지회의 활동에 더욱 박차를 가해 주었다. 비록 19세기 말엽 광동의 중심지역에서 천지회의 봉기가 보이지 않았더라도 도겁·타단·늑속 등과 관련된 천지회의 일상 활동이 지속적이고 대규모적으로 발생하고 있었다는 점은 천지회의 활동이 침체되지 않고 재개된 상황의 일면을 보여준다고 하겠다.

한편 광동 대부분의 주변지역은 중심지역보다 도시화가 되지 않거나 지연된 저개발지역으로 경제적 생산력과 효율성이 상당히 떨어지는 열악한 사회경제적 환경에 처해 있었다. 이러한 환경 속에서 힘없고 가난하며 종족사회에서 멸시받았던 이 지역의 인민들은 기본적으로 상호부조의 역할을 수행하고 있는 천지회에 쉽게 흡인될 수 있었다. 그 결과 광동 주변지역에서는 도겁·타단·늑속 등과 관련된 천지회의 일상 활동이 지속되었다. 여기에서 도겁이 천지회의 '도비적' 활동이라면, 타단·늑속은 천지회를 천지회답게 만드는 '토비적' 활동이라고 생각해도 큰 무리는 없을 것이다. 게다가 이러한 천지회의 일상 활동은 객민·양비·계투 등이라는 광동의 고질적인 사회구조적 문제와 결부되어 복잡한 양상으로 전개되면서 천지회를 여러 차례 대규모 봉기의 길로 나서게 하였다. 따라서 19세기 말엽 사료상 광동에서 보이는 도비·투비·해비·토비·향비·적비 등의 '○비' 혹은 비도·비향 등 '비○' 등의 집단은 그 자체가 천지회의 조직이었거나 그것과 밀접한 관련을 맺고 있었던 것이다.

특히 혜주부의 동부 중심지역은 도시화가 진행 중이어서 인구밀도가 꽤 조밀한 지역이었지만, 이러한 상황이 오히려 이 지역의 열악한 사회경제적 환경과 맞물리면서 빈고한 인민들을 끊임없이 천지회를 조직하는 풍조로 내몰고 있었다. 그 결과 함풍 4년 천지회 반란의 실패에도 불구하고 그 세력이 온존되고 있었던 혜주부는 광서 원년 귀선현에서 여득맹의 봉기가 발생한 이후로 19세기 말엽 광동에서 천지회 활동의 중심지로 부상하게 되었다.

19세기 말엽 광동 지역 천지회는 이전 시기와 마찬가지로 지속적으로 활발한 활동을 전개하고 있었다. 이 시기 천지회의 회명을 살펴보면 이전 시기와 마찬가지로 천지회·삼합회·삼점회라는 회명은 계속 존속했고, 이외의 다른 회명도 지속적으로 유지·생성되었다. 천지회의 활동과 봉기 횟수의 변화는 19세기 말엽으로 갈수록 점차 증가하는 추세였고, 봉기의 지역도 혜주·고주부를 중심으로 해서 점차 광동 전역으로 확산되었다. 봉기의 규모 또한 수백·수천 명이 참가할 정도로 상당히 확대되었으며, 조직의 체계도 계속해서 전문화되고 다양해졌다. 봉기의 성격은 기본적으로 겁부제빈의 경제적 성격을 가지고 있었지만, 경우에 따라서는 반관·반청적인 정치적 성격이 강하게 드러났다. 천지회의 활동 양상을 보면, 이 시기 광주·혜주 등의 천지회는 홍콩·마카오를 소굴로 삼고, 염주·경주의 천지회는 월남을 도피처로 삼았을 정도로 광동 밖의 외지에서 천지회를 조직하여 광동의 내지로 돌아와 활동하는 형태가 활발하게 나타났다.

요컨대 19세기 말엽 광동 지역 천지회의 활동은 결코 쇠퇴하지 않았고, 오히려 '동산재기(東山再起)'하였다. 이 말은 청말에 이르러 손문 등의 초기 혁명파가 출현함으로써 이들과 동시에 천지회가 갑작스럽게 국가에 대항하는 모습으로 다시 등장한 것이 아니었다는 사실을 말해준다. 환언하면 청대 광동에 천지회가 지속적으로 발전한 바탕 위에서 광주·혜주·홍콩 등을 중심으로 전개된 손문 등 초기 혁명파의 활동이 비로소 가능했다는 것이다. 따라서 19세기 말엽 광동 지역 천지회의 활동재개 문제는 청대 광동 지역 천지회의 발전적 연속성을 밝히는 데 매우 중요한 결절점(結節點)이었을 뿐만 아니라 손문 등 초기 혁명파의 활동을 가능하게 하였던 전제적(前提的) 조건이 되었던 것이다.

| 제 2 장 |

광서 연간 천지회와 흥중회의 무장기의

2

19세기 말엽 광동(廣東)에 형성된 혁명파(革命派) 집단은 손문(孫文)을 중심으로 한 사대구(四大寇)와 양구운(楊衢雲)을 중심으로 한 보인문사(輔仁文社)였다. 이 두 집단은 이후 홍콩흥중회로 통합되어 광주기의(廣州起義)와 혜주기의(惠州起義)를 추진했는데, 이 무장기의에서 주목할 만한 점은 천지회가 적극적으로 참여했다는 사실이다.

그런데 종래 이 무장기의를 바라보는 기본 시각은 손문의 초기 혁명활동과 이후 발생한 신해혁명(辛亥革命)과의 관계 때문에 손문과 흥중회의 역할만을 강조하는 소위 '정통론(正統論)'의 관점이 그 주류를 이루어 왔다. '손문정통사관(孫文正統史觀)' 혹은 '손문중심사관(孫文中心史觀)'으로 일컬어지는 이 정통론은 근대중국 혁명의 기원을 손문에 의한 하와이흥중회의 창립으로 규정하고 이후 신해혁명으로 이어지는 일련의 과정에서 손문의 제 역할을 강조하는 반면, 그 밖의 인물이나 단체의 역할은 상대적으로 낮게 평가하는 관점이다.[1] 이 관점에 입각하면 이 무장기의의 주체는 손문을 중심으로 한 흥중회〔혁명파〕이고, 천지회는 이들에 의해 혁명

1 김형종, 「辛亥革命의 展開」, 서울대학교동양사학연구실 편, 『講座中國史』 Ⅵ, 1989, 123쪽; 藤井昇三, 「孫文硏究の現狀と問題點」, 辛亥革命硏究會 編, 『中國近代史硏究入門』, 東京: 汲古書院, 1992, 204쪽.

실행을 위해서 동원된 객체일 수밖에 없다. 청조 통치의 타파를 위한 정권 탈취의 도구로 광동의 천지회〔회당〕를 규정하는 관점은 그 대표적인 예라 하겠다.[2]

이 정통론의 관점에 대하여 일찍부터 그 비판의 목소리가 제기되어 왔고, 여러 방면으로 이것의 편향성을 극복하려는 연구도 시도되었다.[3] 그러나 이러한 추세에도 불구하고 흥중회와 천지회가 결합하여 일으킨 광주·혜주기의를 분석하는 경우, 천지회가 기의군의 주요 세력으로서 중요한 역할을 담당했다고 지적하면서도, 여전히 이 무장기의의 기본구조나 주체문제 등에서는 정통론의 시각을 크게 벗어나지 못하고 있다고 생각된다. 따라서 본장에서는 이러한 정통론을 비판하기 위한 작업을 손문의 초기 혁명 활동과 관련된 광주·혜주기의라는 구체적 사건에 적용해 보고자 한다.

---

2 丁旭光, 「資産階級革命派與廣東會黨」, 『廣東社會科學』, 1988-1, 96쪽.

3 손문의 초기 혁명 활동과 관련해서 예를 들면, 근대 중국 최초의 혁명단체가 흥중회가 아닌 보인문사였다거나, 혹은 근대 중국 혁명의 기원을 손문의 하와이흥중회 결성에 앞서 결성된 손문·육호동(陸皓東)·정사량(鄭士良)·왕열(尢列)·양학령(楊鶴齡)·진소백(陳少白)·양구운(楊衢雲)·사찬태(謝讚泰) 등의 청년들에게서 찾는 연구가 그 대표적인 경우라 할 수 있다. 전자에 관해서는 Hsüeh Chun-tu(薛君度), "Sun Yat-sen, Yang Chü-yun, and the Early Revolution Movement in China", *Journal of Asian Studies* 19-3, 1960; Harold Z. Schiffrin, *Sun Yat-sen and the Origins of the Chinese Revolution, California*: University of California Press, 1968; 袁鴻林, 「興中會時期的孫楊兩派關係」, 中南地區辛亥革命史硏究會湖南省歷史學會 編, 『紀念辛亥革命七十週年靑年學術討論會論文選』 上, 北京: 中華書局, 1983, 후자에 관해서는 朱正生, 「也談孫中山與'興中會'」, 『近代史硏究』, 1993-4; 深町英夫, 「中國革命運動の起源」, 『近きに在りて』 27, 1995-5를 참조. 나아가 최근 국내에서도 천지회가 청말에 이르러 국가에 대항하는 모습을 다시 드러냈지만, 연구자들이 공화혁명(신해혁명)과의 관계 때문에 천지회의 역사 자체보다는 혁명세력의 보조자로서 더 관심을 집중해 왔다고 지적하면서, 지역사회의 시각에서 볼 때 천지회가 신해혁명의 보조세력이 아니라 청대 천지회 활동의 연장선상에서 이들의 역사를 이해해야 한다는 의견이 개진되었다〔유장근, 『근대 중국의 지역사회와 국가권력』, 서울: 신서원, 2004, 40쪽(유장근, 「淸代 兩廣의 지역사회와 국가권력」, 『大丘史學』 61, 2000)〕.

광주·혜주기의에 대한 기존의 연구 성과는 대부분 앞서 지적한 정통론의 시각에서 접근했기 때문에 손문의 정치적 지도력을 강조했고, 특히 양 집단이 결합할 수 있었던 기반을 흥중회의 서사(誓詞) 중 일부인 '구제달로(驅除韃虜), 회복중국(恢復中國)'과 천지회의 '반청복명(反淸復明)'이라는 반청사상(反淸思想)에서 찾고 있다.[4] 그러나 다음 몇 가지 이유에서 이 문제를 정통론에 대한 비판적 입장에서 재검토해야 한다고 생각한다. 하나는 광주·혜주기의는 손문의 초기 혁명 활동이나 흥중회의 혁명 활동을 이해하기 위한 수단으로만 연구되었다는 점이다. 다른 하나는 손문의 혁명사상이나 활동도 계속적으로 변화·발전되었을 것이므로 손문의 초기 혁명 활동을 손문 개인의 위대성으로만 귀결시킬 수 없다는 점이다. 마지막으로 사상적인 측면에서 천지회의 '반청복명' 중에서 반청사상만을 강조한 나머지 복명사상(復明思想)에 대해서는 거의 간과하고 있을 뿐만 아니라 무장기의의 현실적인 측면에서 천지회의 입장은 전혀 고려되지 않았다는 점이다.

청대 종족사회(宗族社會)가 발달한 광동에서 천지회는 하층 민중들에게 "종족을 대체하는 역할(role as a substitute clan)"이라는 사회적 기능을 수행했고, 나아가 광동의 사회경제적 조건이 악화되면 천지회는 이들을 대변

4 대표적으로 정세현, 「孫文의 初期結社統合 過程에 대하여」, 『淑大論文集』 10, 1970; 정세현, 「孫文의 惠州蜂起와 會黨」, 『淑大史論』 7, 1972; 陳劍安, 「同盟會以前的孫中山與會黨」, 中國會黨史研究會 編, 『會黨史研究』, 上海: 學林出版社, 1987; 丁旭光, 「資産階級革命派與廣東會黨」, 『廣東社會科學』, 1988-1; 橫山宏章, 「中國の共和革命運動と秘密結社」, 『法學研究』 37, 1986 등 참조. 이와는 다르게 아편전쟁 이후 천지회는 '반청복명'의 사상이 사라지고, 이후 신해혁명시기 천지회가 자발적으로 반제·반봉건의 임무를 수행하는 과정에서 손문 등 혁명파의 추수자(追隨者)가 되었다는 임증평의 견해가 있다(林增平, 「辛亥革命時期天地會的性質問題」, 『學術月刊』, 1962-2). 또한 당시 역량이 부족한 손문 등의 혁명파가 반제·반봉건의 이중적 임무수행을 위해 회당과 혁명적 동맹을 결성했는데, 이는 역사적 조류이자 혁명파 자신의 요구였다고 하는 채소경의 견해도 있다(蔡少卿, 「論辛亥革命與會黨的關係」, 『群衆論叢』, 1981-5). 그러나 이 두 견해는 논증이 결여된 단순논리에 의한 비약이라고 생각된다.

하는 집단으로 발전할 수 있는 '원초적 혁명가들(primitive revolutionaries)'이라는 정치적 기능도 수행하였다.[5] 이러한 상황에서 19세기 말엽 광동에 근대적 사상을 가진 손문 등의 혁명파가 등장하고, 이후 천지회를 중심으로 한 회당 세력이 이들의 혁명 활동인 광주·혜주기의에 대거 참여했다는 사실은 천지회라는 전통적인 집단과 흥중회라는 근대적인 집단이 결합하고 있었던 당시 광동 사회의 시대적 결과물은 아니었을까? 이러한 작업가설과 관련된 본장의 문제의식은 바로 이 무장기의에서 천지회와 흥중회가 어떠한 기반 하에 결합하여 혁명 활동을 수행했는가에 있다. 결국 이러한 문제제기가 이 무장기의의 기본구조나 주체문제와 밀접하게 관련되어 있음은 두말할 나위도 없다.

이러한 점들을 해명하기 위해서 본장에서는 손문과 정사량(鄭士良)에게 초점을 맞추어 논의를 이끌어 가고자 한다. 그 이유는 이 두 사람이 각각 흥중회와 천지회를 대표하는 인물일 뿐만 아니라 손문의 초기 혁명 활동과 천지회의 관계를 언급할 때에 그 출발점이 되고 있기 때문이다.[6] 아울러 기존 정통론의 비판적 시각이 주로 흥중회〔손문〕와 보인문사〔양구운〕의 관계나 근대중국에서 혁명의 기원에 초점이 맞추어져 있음을 고려한다면, 본고는 흥중회〔손문〕와 천지회〔정사량〕의 관계에 초점을 맞추고 있다는 점에서 그 차별성을 찾을 수 있을 것이다. 바로 이 점이 본장에서 제대로 부각된다면, 흥중회와 천지회가 서로 '대등한 합작'을 통해서 광주·혜주기의를 추진했음을 확인할 수 있을 것이다.

---

5 Fei-Ling Davis, *Primitive Revolutionaries of China: A study of secret societies in the nineteenth century*, London: Routledge & Kegan Paul, 1977, p.73, p.177.

6 劉聯珂, 『幫會三百年革命史』, 1941, 102쪽(濮文起·劉燕遠 編, 『中國會黨史料集成』 1, 北京: 北京圖書館出版社, 1999에 수록); 橫山宏章, 「中國の共和革命運動と秘密結社」, 『法學研究』 37, 1986, 135쪽.

1. 정사량과 손문의 관계

1) 정사량과 손문의 조우

정사량(1863~1901)은 혜주(惠州)부 귀선(歸善)현에서 태어났고, 손문(1866~1925)은 광주(廣州)부 향산(香山)현에서 태어났다. 이들의 출신지가 19세기 광동에서 천지회의 활동이 가장 왕성했던 지역이었다는 공통점을 생각해 본다면, 이 두 사람의 생애가 천지회와 밀접하게 관련될 운명이었다는 점을 쉽게 짐작할 수 있다.

이러한 점을 반영하듯이 정사량은 그의 조부와 부친이 염운사(鹽運使) 계사(稽查)에 종사하여 회당의 이목이 된 관계로 회당의 사람들을 잘 알고 있었고,[7] 손문은 어려서부터 그의 마을 부근에 설치된 삼합회(三合會)의 무관(武館)에서 이들의 훈련모습을 목격하기도 하였다.[8] 또한 정도의 차이는 있겠지만, 이 두 사람은 비슷한 시기에 서구식 교육을 받았고, 나아가 기독교에 특별한 관심을 보였다는 공통점도 있다.[9] 이와 같이 비슷한 환경에서 성장한 정사량과 손문은 1886년 광주의학교(廣州醫學校)에 입학하여 동학으로 서로 처음 대면하게 된다. 이 두 사람의 조우는 손문의 첫 번째 혁명동지가 정사량이었다는 점 이외에도,[10] 손문의 초기 혁명

---

7 『淸史』 卷549 「革命黨人列傳(三)·鄭士良」, 淸史編纂委員會 編, 臺北: 國防委員會, 1961, 6232쪽.

8 黃彦·李伯新, 「孫中山的家庭出身和早期事迹」, 中國人民政治協商會議廣東省委員會·文史資料硏究委員會·中山大學歷史系孫中山硏究室 合編, 『廣東文史資料』 25(『孫中山史料專輯』), 廣州: 廣東人民出版社, 1979, 282-283쪽.

9 陳錫祺 主編, 『孫中山年譜長編』 上, 北京: 中華書局, 1991, 24-42쪽; 馮自由, 「鄭士良事略」, 『革命逸史』 1, 北京: 中華書局, 1981, 24쪽; 馮自由, 「孫總理信奉耶穌教之經過」, 『革命逸史』 2, 10쪽.

10 「鄭士良誌」, 中國國民黨中央委員會黨史史料編纂委員會 編, 『革命人物誌』 7, 臺北: 中央物供應社, 276-277쪽.

활동과 회당과의 관계를 언급할 때 그 출발점이 된다는 점에서 매우 중요한 문제이다.

〈사진 1〉 광주의학교 시절 손문
* 출처 : 辛亥革命武昌起義記念館 編,『辛亥革命大寫眞』上, 武昌: 湖北美術出版社, 2001, 86쪽.

먼저 손문은 1885년 하와이에서 홍콩으로 돌아온 이후 이듬해 목사·법률가·군인 등의 직업에 대하여 심사숙고해 본 후 의학을 공부하기로 결심했고, 헤이거(Hager) 박사의 도움으로 광주의학교에 입학하게 된다.[11] 의학을 전공하게 된 이유에 대하여, 손문은 다음과 같이 회고하였다.

> 중국이 프랑스와의 전쟁에서 패배한 을유년(1885)에 나는 비로소 청조를 전복하고 민국을 창건할 뜻을 세웠다. 학당(學堂)은 이를 고취하는 곳이었고 의술은 세상에 발을 들여놓기 위한 방책이었으니, 10년 동안 변함이 없었다.[12]

이처럼 손문은 중국이 프랑스와의 전쟁에서 패배한 1885년 청조를 전복하고 민국을 창건할 뜻을 세웠다고 하면서, 이 뜻을 고취하기 위한 곳이 학교였고 그 방책으로 의술을 선택했다고 공언했다.[13] 그러나 시프

11 『孫中山年譜長編』上, 42쪽; Harold Z. Schiffrin, *Sun Yat-sen, Reluctant Revolutionary*, Boston: Little, Brown, 1980(민두기 역, 『孫文評傳』, 서울: 지식산업사, 1990, 27쪽).

12 「建國方略」(1917~1919), 廣東省社會科學院歷史硏究所·中國社會科學院近代史硏究所中華民國史硏究室·中山大學歷史系孫中山硏究室 合編, 『孫中山全集』 6, 北京: 中華書局, 1985, 229쪽.

13 「建國方略」(1917~1919), 『孫中山全集』 6, 229쪽.

린(Schiffrin)의 언급대로 그 진상은 의심스럽다.[14] 다만 이하에서 설명하는 것처럼, 광주와 홍콩의 의학교 재학 시절 손문이 의학공부에 전념하면서도 중국의 혁명에 관한 정치적 토론에 열중하고 있었던 것은 여러 기록을 통해서 확인된다.

한편 소시적부터 삼합회에 가입한 정사량이 광주의학교에 입학한 이유에 대해서는 그와 밀접한 관계를 가졌던 궁기도천(宮崎滔天, ⓐ)이나 손문(ⓑ)의 회고를 통해 그 일단에 접근할 수 있다. 그 내용은 다음과 같다.

〈사진 2〉 광주의학교 시절 정사량

* 출처 : 辛亥革命武昌起義記念館 編, 『辛亥革命大寫眞』 上, 86쪽.

> ⓐ (나 정사량은 일전에) 광주의학교에 입학하여 한 권의 책도 읽지 않고 시험에도 응하지 않았다. 다만 학교를 다녔던 것은 우리와 같은 구식의 머리가 아니라 누군가 (새로운) 지식을 가진 위인이 있다면, (이 사람을) 추대하여 (삼합회의) 두령으로 삼아 스스로 견마지로(犬馬之勞)를 다하고자 함이었으니, 그러한 인물을 물색하기 위하여 이 의학교에 들어왔던 것이다.[15]

---

14 Harold Z. Schiffrin, 민두기 역, 『孫文評傳』, 26쪽.

> ⓑ (나 손문은) 동학 중에 호를 필신(弼臣)이라 하는 정사량을 알게 되었다. 그는 사람됨이 호협상의(豪俠尙義)하고 넓은 교제를 했는데, 강호(江湖)의 사람들과 사귀고 있었으니 동학 중에 이와 비슷한 사람이 없었다. 나는 처음 보고 기이하게 생각했으나, 점차 가까이 사귀어 혁명을 말하게 되었다. 정사량은 한번 듣고 열복(悅服)했는데, 그는 일찍이 회당에 투신했다는 것과 훗날 유사시에 회당을 조직하여 나의 지휘를 받도록 하겠다는 것을 아울러 말했다.[16]

ⓐ는 신해혁명이 성공한 이후, 궁기도천이 손문의 혁명활동을 일본에 선전하기 위해 1912년에 출간한 『지나혁명군담(支那革命軍談)』에서 「정사량이 거사를 재촉한 일」이란 소제목으로 정사량을 회고한 내용이다. ⓑ는 손문이 1917~1919년에 「건국방략(建國方略)」을 저술했는데, 이 중에 제8장 유지경성(有志竟成)에서 1886년 광주의학교 시절 동학이었던 정사량에 대하여 회고한 내용이다.

그런데 이 인용문의 내용 중에서, 특히 "정사량이 광주의학교에 입학하여 한 권의 책도 읽지 않고 시험에도 응하지 않았다."거나 "정사량이 새로운 지식을 가진 위인을 추대하여 삼합회의 두령으로 삼아 스스로 견마지로를 다하고자 함이었다."라는 궁기도천의 회고와 "정사량이 나의 지휘를 받겠다."는 손문의 회고를 보면, 두 사람의 관계가 그 출발부터 정사량은 손문에게 종속되었음을 쉽게 알 수 있다. 그러나 필자는 궁기도천과 손문의 회고를 모두 신뢰할 수 없다고 생각하는데, 그 이유는 다음과 같다.

첫째, 정사량은 광주의학교에 입학하기 이전에 이미 광주의 예현학교(禮賢學校)에 입학하여 서구식 교양을 배운 적이 있었다. 또한 정사량은

---

15 宮崎滔天, 『支那革命軍談』, 高瀨魁介 編集, 東京: 明治出版社, 1912, 10쪽.

16 「建國方略」(1917~1919), 『孫中山全集』 6, 229쪽.

손문이 1887년 홍콩의 서의서원(西醫書院)으로 전학 간 이후에도 이 의학교에 계속 재학했을 뿐만 아니라 1888년 광주의학교를 그만두고 고향인 혜주로 돌아와서는 얼마 후 자신이 삼합회의 수령으로 추대되었다.[17] 이러한 사실로 미루어 보아, "정사량이 광주의학교에 입학하여 한 권의 책도 읽지 않고 시험에도 응하지 않았다."거나 "정사량이 새로운 지식을 가진 위인을 추대하여 삼합회의 두령으로 삼아 스스로 견마지로를 다하고자 함이었다."고 한 궁기도천의 회고는 사실과 다르다고 생각된다. 따라서 이 부분은 궁기도천이 정사량을 격하시키고, 상대적으로 손문을 격상시킴으로써 손문을 미화화기 위한 과장된 표현이라고 생각된다.

둘째, 정사량은 손문보다 나이가 세 살이나 더 많았는데, 유련가(劉聯珂)는 당시 손문이 정사량을 형님으로 삼았다고 하였다.[18] 또한 풍자유(馮自由)에 의하면, 소시적부터 삼합회에 가입한 정사량은 그 인물됨이 호협상의하여 당시에 상당한 인망을 받았다.[19] 이에 대하여, 보록(Borokh)은 정사량이 고향인 광동 귀선 지역에서 삼합회의 영향력 있는 인물이었으며, 심지어 광동·광서·동남아시아의 회당 회수와 접촉했다고 평가하였다.[20] 또한 왕이(王怡)의 지적에 따르면, 17·8세(1880·81)에 정사량은 일찍이 오호사해(五湖四海)에 이름을 드날렸는데, 각산각채(各山各寨)에서 삼합회의 정사량 혹은 정삼야(鄭三爺)라 하면 모르는 사람이 없고 잠을 자다 깨지 않는 사람이 없을 정도였다.[21] 이와 같이 당시 정사량의 위치를 고

---

17 『孫中山年譜長編』 上, 48쪽.

18 劉聯珂, 『幫會三百年革命史』, 102쪽.

19 馮自由, 『中國革命運動二十六年組織史』, 臺北: 商務印書館, 1948(民國叢書編輯委員會 編, 『民國叢書』 2-76, 上海上海書店, 1989), 4쪽.

20 Lilia Borokh, "Notes on the Early Role of Secret Societies in Sun Yat-sen's Republican Movement", Chesneaux, Jean, eds., *Popular Movements and Secret Societies in China 1840~1950*, California: Stanford University Press, 1972, p.136.

21 王怡, 『俠骨忠魂: 鄭士良傳』, 臺北: 近代中國出版社, 1983, 2쪽. 지금까지 정사량에

려할 때, 정사량이 손문에게 지휘를 받겠다고 할 정도의 종속된 위치는 아니었다. 따라서 손문이 정사량을 회고한 ⓑ부분은 손문 스스로가 자신을 미화하기 위한 과장된 표현이라고 생각된다.

마지막으로 위의 궁기도천이나 손문의 회고는 모두 신해혁명이 성공한 이후에 회고한 것이다. 이때에 손문의 위치는 중화민국(中華民國) 임시대총통(臨時大總統)을 역임할 정도로 중국혁명의 최고 지도자가 된 상황이었다. 따라서 이 시기 회당을 보는 손문의 시각은 혁명 운동을 처음 시작한 시기와는 다르게 변질되어 있었다.[22] 예를 들어 손문은 신해혁명 이후 비밀결사 구성원이 의(義)보다 이(利)에 움직여 쉽게 배반하는 등 "행동목적의 비정치성(非政治性)과 전근대적인 동기 부여" 등을 공박하여 신해혁명사에서 그 역할을 인정하는 것을 거부하였다.[23] 바로 정사량은 이러한 비밀결사 중에 하나였던 삼합회 출신이었다. 따라서 신해혁명 이후 궁기도천과 손문이 1886년 정사량의 일을 회고한 것에는 객관성이 떨어질 수밖에 없다.

이상의 내용을 비판적으로 정리해 보면, 광주의학교에서 동학으로 조

대하여 가장 상세하게 다루어진 것이 바로 왕이(王怡)의 이 책이다. 그러나 이 책은 대화체의 문체이자 전기문의 형태로 많은 부분에 작가의 상상력이 반영되어 있기 때문에 다소 신뢰성이 떨어진다. 따라서 필자가 여기에서 인용한 이 문장도 상당히 과장된 표현이라 생각되지만, 이 인용문을 통해 정사량이 당시 천지회에서 영향력을 발휘하고 있었던 인물이었다는 점은 생각할 수 있다.

22 손문의 회당에 대한 종합적인 평가는 신해혁명 이후에 이루어졌는데, 그 내용은 「建國方略」(1917~1919), 『孫中山全集』 6, 231-232쪽과 「三民主義」(1924), 『孫中山全集』 9, 211-213쪽에 수록되어 있다. 이에 대한 연구로는 정세현, 「孫文의 會黨觀」, 『近代中國民族運動史硏究』, 서울; 一志社, 1978, 317-323쪽; 橫山宏章, 「中國の共和革命運動と秘密結社」, 173-175쪽; Prasenjit Duara, *Rescuing History from the Nation: Questioning Narratives of Modern China*, Chicago: The University of Chicago Press, 1995(문명기·손승회 역, 『민족으로부터 역사를 구출하기: 근대 중국의 새로운 해석』, 서울: 삼인, 2004, 196-202쪽).

23 민두기, 「中國近代史에 있어서의 '亂民'」, 『大東文化硏究』 18, 1984, 267쪽.

우하게 된 손문과 정사량은 궁기도천이나 손문의 회고와 같이 첫 대면부터 정사량이 손문에게 종속된 관계가 아니었다. 광주의학교에 동학이었던 손문과 정사량은 혁명을 해야 한다는 의견이 서로 일치하여 동지가 되었고, 당시 삼합회에서 영향력을 발휘하고 있었던 정사량이 이후 혁명의 시기가 도래하게 되면, 회당을 조직하여 이 혁명에 참여하겠다고 손문에게 약속했을 정도에 지나지 않았을 것이다.

2) 손문의 혁명 활동 개시에서 정사량의 역할

손문이 광주의학교에 입학한 이유가 의학공부를 위한 현실적 문제와 반청혁명을 위한 혁명동지의 규합이라는 장래의 포부가 서로 교차되었음은 앞서 언급하였다. 이러한 손문의 의도는 1887년 홍콩의 서의서원으로 전학 간 이후에 더욱 명확하게 드러나는데, 소위 '사대구(四大寇)'라는 집단의 형성이 바로 그것이다. 사대구라는 것은 글자 그대로 '4인의 대도적'이라는 말로, 손문을 포함하여 양학령(楊鶴齡)·왕열(尢列)·진소백(陳少白)을 가리키는 말이다.[24] 진소백은 "이들 4인은 시간이 있으면 양학령의 집에 자주 모여 혁명을 얘기하였다. 그들은 홍수전(洪秀全)을 흠모했는데, 성공하게 되면 왕이 되고 실패하게 되면 도적〔寇〕이 된다고 생각했다. 4인의 뜻이 홍수전과 같은 것이었으니, 사대구로 자칭하였다."[25]고 회고하였다. 또한 손문 자신도 진소백·왕열·양학령 등과 홍콩에 상주하면서 조석으로 왕래했는데, 이들과 더불어 혁명을 말하지 않으면 즐거울 것이 없을 정도였다고 회고하였다.[26]

24 이들 4인의 결식 과정에 대해서는 馮自由,「興中會四大寇訂交始末」,『革命逸史』1, 8-9쪽.

25 陳少白,『興中會革命史要』, 許師愼 筆記, 臺北: 中央文物供應社, 1935, 62쪽.

26 「建國方略」(1917~1919),『孫中山全集』6, 229쪽.

〈사진 3〉 홍콩 서의서원 시절 사대구

* 출처 : 辛亥革命武昌起義記念館 編, 『辛亥革命大寫眞』 上, 87쪽. 좌측에서부터 양학령 · 손문 · 진소백 · 왕열임.

그러나 시프린(Schiffrin)은 "손문이 광주의학교를 졸업하고 홍콩의 서의서원으로 옮겨 4인의 대도적이라 불릴 정도로 정치적 토론에 열중했다고는 하나, 혁명적인 선동가적 행동은 여전히 유희에 불과하며 그의 당면과제는 의학공부였다."[27]고 평가하였다. 시프린의 견해대로 일면 이러한 측면도 있겠지만, 손문 자신이 이때의 상황을 '혁명의 언론시대〔談論時代〕' 라고 회고한 것[28]이나 사대구 집단의 구성원이 근대 중국혁명 기원의 중심인물로 발전하였음을 고려해 볼 때,[29] 적어도 사대구 집단에서 토론되고 있었던 중국의 혁명론을 단순한 행동의 유희라고 치부하는 것은 사대구 집단을 너무 과소평가해 버리는 것이라 생각된다. 사대구 집단이

27 Harold Z. *Schiffrin*, 민두기 역, 『孫文評傳』, 28쪽.

28 「建國方略」(1917~1919), 『孫中山全集』 6, 229쪽.

29 深町英夫, 「中國革命運動の起源」, 8쪽.

형성된 시기는 1890년경이었다.[30]

사대구 집단에 정사량도 가담하게 된다.[31] 특히 그가 삼합회의 수령이라는 신분으로 참여했다는 사실이 주목되는데, 이점은 아래 궁기도천의 회고를 통해서 확인된다.

> **정사량 :** 이 정도로 동지도 늘었고 해군에도 육군에도 상당히 손을 썼기 때문에 언제까지 (혁명의) 전도만 하고 있을 수는 없다. 우선 봉기를 일으켜야 하지 않겠는가?
>
> **손 문 :** 아직 부족한 것이 있다. 그것은 무엇보다도 혁명을 수행함에 있어 세상에서 말하는 소위 독서생(讀書生)을 혁명수행의 최선봉으로 삼을 수는 없고, 뭐라 해도 종래부터의 야만적인 혁명주의가 필요하다. 만약 삼합회를 수중에 넣지 못한다면 첫 출발부터 곤란하기 때문에 삼합회와 연락을 통할 필요가 있다.
>
> **정사량 :** (이 말을 듣고 활짝 웃으며) 그것은 벌써 이루어졌다.
>
> **손 문 :** 어찌하여 이루어졌단 말인가?
>
> **정사량 :** 사실 나는 삼합회 두목이다. (일전에) 광주의학교에 입학하여 한 권의 책도 읽지 않고 시험에도 응하지 않았다. 다만 학교를 다녔던 것은 우리와 같은 구식의 머리가 아니라 누군가 (새로운) 지식을 가진 위인이 있다면, (이 사람을) 추대하여 (삼합회의) 두령으로 삼아 스스로 견마지로를 다하고자 함이었으니, 그러한 인물을 물색하기 위하여 이 의학교에 들어왔던 것이다.
>
> **손 문 :** 흐음, 그랬단 말인가? 자, 그렇다면 이제 실행할 준비를 하자.

30 『孫中山年譜長編』 上, 51-52쪽.

31 「與宮崎寅藏的談話」(1911年以前), 『孫中山全集』 1, 584쪽. 정사량 이외에 사대구 대열에 가담한 사람으로 육호동(陸皓東)·관심언(關心焉)·왕맹금(王孟琴)·하륭간(何隆簡)·양내안(楊迺安) 등이 있다(馮自由, 『華僑革命開國革命』 1, 臺北: 商務印書館, 1946, 2쪽; 馮自由, 「興中會四大寇訂交始末」, 『革命逸史』 1, 8-9쪽.; 羅香林, 『國父之大學時代』, 臺北: 商務印書館, 1954, 29쪽).

그러나 우리 당이 기약한 바는 광동 한 성의 혁명도, 또 독립도 아니다. 중요한 것은 전 중국의 혁명 독립을 기도하는 것이다.[32]

궁기도천이 회고한 위의 손문과 정사량의 대화 내용 중에 그 일부가 과장되어 있음은 앞서 살펴보았다. 여기에서 이 대화가 이루어진 시점을 살펴보면, 궁기도천이 이 대화의 서두에 손문이 홍콩에서 학교 수업을 마치고 귀가하는 상황을 묘사하고 있으므로,[33] 이 대화가 이루어진 시기는 우선 손문이 홍콩 서의서원에 재학 중인 1887~1892년[34]임을 알 수 있다. 또한 정사량이 삼합회의 수령임을 손문이 인식했을 때가 사대구 집단이 형성된 1890년 이후의 일이다.[35] 결국 이 대화의 정확한 시점은 알 수 없지만, 대략 1890~1892년에 이루어졌음을 알 수 있다. 위의 대화를 통해 다음과 같은 두 가지 사실을 확인할 수 있다.

첫째, 정사량이 사대구 대열에 가담한 것은 혜주 일대 삼합회의 수령으로서 광동에서의 무장기의를 위한 원조자를 찾는 데 있었다. 이 점은 정사량과 손문에 관한 궁기도천의 또 다른 회고에서도 볼 수 있는데, 정사량은 손문에게 "나는 비록 삼합회 두목이지만, 근래에 생각하기를 신사상을 갖지 않은 사람은 대사에 성공할 수 없다고 생각하였다. 그런 까닭에 나는 이러한 사람을 찾고 있었는데, 내가 생각하기로 당신이 이러한 사람이었다."[36]고 하였다. 즉 정사량은 전통적인 천지회에 새로운 변화

32 宮崎滔天, 『支那革命軍談』, 9-10쪽.

33 宮崎滔天, 『支那革命軍談』, 9쪽.

34 『孫中山年譜長編』 上, 45-58쪽.

35 「與宮崎寅藏的談話」(1911年以前), 『孫中山全集』 1, 584쪽에서 손문은 정사량이 사대구 대열에 가담한 이후, 정사량과의 교재가 활발해지자 비로소 정사량이 삼합회의 두목임을 인식했다고 되어 있다.

36 「宮崎滔天談孫中山」, 『廣東文史資料』 25(『孫中山史料專輯』), 321쪽. 이 기록에 대하여, 채소경은 1885년의 일로 기록하고 있다(蔡少卿, 『中國近代會黨史硏究』, 297-298쪽). 그러나 앞서 살펴본 대로 손문이 정사량을 처음 만난 때는 광주의학교에서 1886

를 주고자 좀 더 진보적이고 새로운 사상을 가진 인물을 물색하고 있었고, 결과적으로 정사량에게 그러한 인물은 광주의학교 재학시절 동학으로 만나 잠시 중국의 혁명에 대하여 언급한 적이 있었던 손문이었다. 따라서 정사량은 손문과 같은 인물을 통해 자신이 속한 천지회에 새로운 변화를 주고자 했던 것으로 생각된다.

둘째, 1890년대 초 사대구 집단을 통해 중국의 혁명을 모색하고 있었던 손문의 입장에서는 혁명을 위한 가장 중요한 현실적인 기반으로 혁명의 선봉에 있어야 할 삼합회와의 연락을 통할 방법을 절실히 강구하고 있었다. 따라서 이때에 정사량이 삼합회 수령으로서 직접 회당을 동원할 수 있었던 사실을 인식한 손문의 입장에서는 자신이 구상하고 있었던 혁명론을 구체적으로 실천할 수 있는 조건을 얻은 셈이었다.

그런데 여기에서 주목해야 할 점은 손문이 홍콩 서의서원을 졸업한 이후 약방을 개설하면서 혁명실천의 움직임이 점차 표면적으로 나타나기 시작했다는 것이다. 이 점은 손문의 회고를 통해 알 수 있는데, 다음과 같다.

> 나는 (홍콩 서의서원을) 졸업한 이후 마카오과 광주에서 (약방을) 개업하여 세상에 발을 들여 놓았는데, 사실은 혁명운동을 개시한 것이었다. 정사량이 회당을 결납(結納)하고 방영(防營)을 연결하니, (혁명 운동의) 첫걸음은 이미 시작되었고, 그 기초가 대략 준비되었다.[37]

이 회고를 통해서 손문이 혁명운동을 시작하는데 기초가 된 것은 정사량이 당시 삼합회의 수령으로서 회당을 동원할 능력이 있었기 때문이었음을 알 수 있다. 이듬해인 1893년 손문은 약방 경영의 현실적인 문제

년의 일이므로, 1885년에 손문과 정사량은 결코 만날 수가 없다.

37 「建國方略」(1917~1919), 『孫中山全集』 6, 229쪽.

로 인해 광주로 이동하여 다시 동서약방(東西藥房)을 개설하였다.[38] 이때에도 손문을 중심으로 한 사대구의 핵심구성원들은 계속 만났고, 정사량도 여기에 계속 가담하였다. 이 당시 왕열은 광아서국(廣雅書局) 내의 광동여도국(廣東輿圖局)의 측회생(測繪生)으로 있었는데, 이 서국 내의 한 곳을 빌려 이들의 회의기관으로 삼았다.[39] 풍자유는 이 때의 한 장면을 다음과 같이 기술하였다.

> 이 (광아)서국 내 남원(南園)의 항풍헌(抗風軒)을 비밀 취회소로 삼았다. 손문(孫文)·왕열(尢列)·육호동(陸皓東)·위우금(魏友琴)·정사량·정규광(程奎光)·정벽광(程壁光) 등 여러 명이 자주 이곳에 모여 국사를 토론하였다. 손문이 먼저 '흥중회'를 창설하여 (혁명의) 진행기관으로 삼고, 그 종지(宗旨)를 "구제달로(驅除韃虜), 회복화하(恢復華夏)'로 삼자는 제의를 하자, 이것을 모두 찬성하였다.[40]

비록 여기에 가담한 회원이 별로 없고 혁명단체의 조직이 구체적으로 갖추어지지는 않았더라도 '흥중회'라는 회명이 이때에 처음으로 제창되었고, 그 종지로 '구제달로, 회복화하'가 제시되었음을 알 수 있다.

그렇다면 왜 이 시점에서 회명을 '흥중회'로, 종지를 '구제달로, 회복화하'로 하는 혁명단체를 조직하자는 제의가 가능했는가에 대해서 주목해야 한다. 이 문제에 대하여 심정영부(深町英夫)는 1995년 논문에서 손문을

38 손문이 마카오에서 광주로 이동한 이유는 다음과 같다. 마카오에서 손문의 의업이 성행하자 이 지역 포르투갈계 의업자들이 크게 시기하고 반발하여 외의(外醫)를 금지시키는 청원을 내고 방해하였다. 게다가 손문이 마카오에서 약방을 개업할 때, 당국의 허가를 받지 않았던 상태였다(「倫敦被難記」(1897年初), 『孫中山全集』 1, 50쪽; 馮自由, 「澳門華僑與革命運動」, 『革命逸史』 4, 73쪽).

39 馮自由, 『中華民國開國前革命史』 上, 良友印刷公司, 1928(民國叢書編纂委員會 編, 『民國叢書』 2-76, 上海: 上海書店, 1989), 3쪽.

40 馮自由, 『中華民國開國前革命史』 上, 3쪽. 이 내용은 馮自由, 「尢列史略」, 『革命逸史』 1, 26쪽에도 보인다.

포함한 참가자 자신의 증언이 전혀 없다고 강조하면서 다음 두 가지 가능성을 제기하였다. 첫째, 손문 등의 활동은 사대구의 '써클적 혁명언론'의 단계로부터 보인문사를 모방하여 '항상적 혁명언론'의 단계로 이행하는 것을 시도했을 가능성이다. 둘째, 이 시기 출신지인 혜주 부근에서 회당과의 연락에 노력하고 있었던 정사량이 이 회의에 참가하고 있었기 때문에, 특히 진보된 회당을 동원하는 무장기의의 혁명실천을 계획했을 가능성이다. 이후 그는 1999년의 논문에서 첫 번째 가능성에 대하여 초점을 두고 논지를 전개하였다.[41]

그러나 첫 번째 가능성의 경우, 우선 '써클적 혁명언론'이나 '항상적 혁명언론'이라는 용어의 정의가 애매모호하며, 나아가 당시 보인문사가 '항상적 혁명언론단체'로서 그 기능을 제대로 수행하고 있었는가에 대한 의문을 제기할 수 있다. 또한 손문의 회고에 따르면, 이 시기 손문의 혁명활동은 혁명의 언론시대가 아니라 이미 혁명의 개시단계였다. 게다가 앞서의 인용문에서도 살펴보았듯이, 손문은 혁명 실행의 구체적인 방법을 모색하기 위해서 혁명의 선봉에 있어야 할 삼합회와 연락을 통할 방법을 찾고 있었다. 이러한 상황을 종합해 볼 때, 이 시기 손문이 보인문사를 모방하여 항상적인 혁명언론단체로 이행하려고 했을 가능성은 희박하다. 따라서 필자는 두 번째 가능성의 경우가 좀 더 설득력이 있다고 생각되는데, 그 이유는 아래와 같다.

손문은 사대구의 집단을 통해 자신의 혁명론을 모색하고 있을 때, 구체적인 혁명실천을 위한 가장 중요한 문제로서 당시 광동에 광범위하게 분포했던 삼합회〔천지회〕 세력과 연락을 통할 방법을 강구하고 있었다.

---

41 深町英夫, 「中國革命運動の起源」, 9-12쪽; 深町英夫, 「廣東・ハワイ社會の政治化と興中會の成立: 中國革命運動の起源」, 『孫文と華僑』, 孫文生誕130周年國際學術討論會論文集, 東京: 汲古書院, 1999, 52-54쪽.

이 때 사대구 대열에 참여한 정사량이 삼합회의 두목임을 인식한 손문은 자신이 구상하고 있었던 혁명실천의 가능성을 얻은 셈이었다. 이후 손문은 홍콩 서의서원을 졸업하고 마카오에서 약방을 개업하면서 혁명운동을 개시했는데, 손문 자신이 회고했듯이 그 기초가 된 것은 바로 정사량에 의해서 가능하였다. 이는 결국 정사량이 삼합회의 두목으로서 회당을 동원할 능력이 있음을 인식한 손문이 혁명의 언론단계에서 혁명의 실행단계로 이행해 가는 가장 중요한 요인으로 작용하게 된다. 이점에 대하여 손문은 다음과 같이 회고하였다.

> 내(손문)가 홍콩의학교로 전입한지 채 1·2년이 못되어, 동학 중에 혁명동지인 왕열·진소백·양학령 3인을 얻었는데, … 사람들은 사대구라 불렀다. 당시 정사량〔鄭弼臣〕은 여전히 광주의학교에 재학하고 있었는데, 이 무렵 사대구 대열에 가담하였다. (이후 정사량과의) 교제가 더욱 활발하게 되자, 비로소 그가 삼합회의 두목 중에 한 사람임을 알았다. 이로 인해 중국 종래의 비밀결사에 관한 내용을 알게 되어, 내가 (혁명을) 실행하기 위한 참고자료를 얻는 데 크게 도움을 받았다. 이후 내가 (혁명의) 언론시대〔談論時代〕로부터 실행시대〔實行時代〕로 들어서게 된 동기는 정사량〔鄭君〕으로부터 받은 바가 매우 컸다.[42]

여기에서 손문은 정사량을 통해 중국 종래의 비밀결사에 관한 내용을 알게 되었을 뿐만 아니라 혁명의 언론단계에서 실행단계로 이행하는데 가장 결정적인 역할을 한 사람도 바로 정사량이라고 언급하고 있다. 결국 1893년에 광주의 광아서국 항풍헌에서 손문·육호동·정사량·왕열 등이 모였을 때, 회명을 '흥중회'로, 종지를 '구제달로, 회복화하'로 하는 혁명단체를 조직하자는 손문의 제의가 가능했던 것은 이 회의에 참가한

42 「與宮崎寅藏的談話」(1911年以前), 『孫中山全集』 1, 584쪽.

정사량이 삼합회의 두목으로서 회당을 동원할 수 있었던 사정이 있었기 때문이었다.

그런데 1894년 6월 말 손문은 갑작스럽게 방향을 선회한 듯 개혁론으로 가득 찬 상서(上書)를 당시 양무파(洋務派)의 거두인 이홍장(李鴻章)에게 제출한다. 이 상서는 인재등용·농업개발·산업진흥·신교육확대 등으로 요약되는 서구적 모델에 따른 개혁안이었다.[43] 그렇다고 해서 상서한 시점을 포함한 그 이전 손문의 사상을 개혁론이라고는 단정할 수는 없다.[44] 왜냐하면 적어도 이 무렵 손문의 사상체계에는 혁명론과 개혁론이 착종되어 있었기 때문이다. 한편으로 광주·홍콩의학교 재학시절 손문은 정사량·왕열 등의 삼합회 인사를 포함한 사대구 집단 동료들과의 교제를 통해 일정 부분 혁명사상을 형성해가고 있으면서도, 다른 한편으로 같은 시기 하계(何啓)·정조여(鄭藻如)·정관응(鄭觀應) 등의 개량적 인사들과도 교류하면서 일정 부분 개혁사상의 영향도 받고 있었던 것이다.[45] 따라서 손문이 이홍장에게 상서를 제출한 것은 혁명론과 개혁론의 착종현상에서 비롯된 자연스런 행동이었고, 결국 이 상서의 실패를 계기로 손문은 개혁론보다는 혁명론으로 그 방향을 선회하게 되었던 것이다.

1894년 6월 말 손문은 이홍장에게 보낸 상서가 실패하자, 이 해 11월에 하와이를 방문하여 이곳의 화교(華僑)를 중심으로 흥중회를 발족시켰다. 이리하여 손문에 의한 하와이흥중회의 창립은 종래 근대중국 최초의 혁명단체이고, '구제달로(驅除韃虜), 회복중국(恢復中國), 창립합중정부(創立合衆政府)'라는 서사가 도입되는 등 손문이 추진한 반청 혁명운동의 본격

43 「上李鴻章書」(1894. 6), 『孫中山全集』 1, 8-18쪽.

44 이에 대한 논의는 김형종, 「辛亥革命의 展開」, 125-126쪽 참조.

45 이 부분에서 손문이 개량적 인사들과 교제한 내용은 본고의 논지 전개상 특별히 언급하지 않았다. 이에 대한 자세한 내용은 Harold Z. Schiffrin, *Sun Yat-sen and the Origins of the Chinese Revolution* 의 「Ⅱ. Sun Yat-sen: Early Influences」 참조.

적인 출발점으로 보는 것이 통설이다.[46] 그러나 풍자유의 언급대로, 이미 1893년 광주의 광아서국 항풍헌에서 손문·육호동·정사량·왕열 등이 모였을 때 회명을 '흥중회'로, 종지를 '구제달로, 회복화하'로 정한 것을 고려한다면, 이 하와이흥중회의 창립은 이것의 연장선상에서 이루어진 것이라 할 수 있다. 또한 앞서 살펴본 대로 당시 삼합회의 수령인 정사량이 혁명운동을 위하여 회당을 동원할 수 있었던 상황이 전제되어 있었고, 게다가 이홍장에게 상서를 보내기 이전에 손문 자신이 이미 혁명활동을 개시했다고 회고한 점을 고려한다면, 손문이 하와이로 간 것은 주로 혁명의 구체적 실행을 위한 재정적인 측면을 확충하기 위한 것으로 보인다.[47]

하와이흥중회에 가입한 회원은 처음에 대략 20여 명이었는데 손문은 입회비와 혁명 후 10배의 금액으로 상환한다는 채권의 발행 등을 통해서

46 이상의 통설에 대하여 다양한 견해가 제기되었다. 우선 손문이 이홍장에게 제출한 상서에 대해서 손문이 언제 혁명론으로 바뀌었느냐는 문제와 결부되어 논란이 있다(馬慶忠 等, 「建國以來孫中山研究中幾個問題的概述」, 『近代史研究』, 1980-2). 또한 '구제달로, 회복중화, 창립합중정부'라는 서사가 문서화된 기록이 없기 때문에 후세의 사가들에 의해 추체험적으로 도입되었다는 의문도 제기되었다(Hsüeh Chun-tu, *Huang Hsing and Chinese Revolution*, California: Stanford University Press, 1961; 林增平, 「革命派改良派的離合與淸末民初政局」, 『近代史研究』, 1986-3). 또한 하와이흥중회 장정 자체도 명확한 혁명적 입장의 표명이 없어 이 단체를 혁명단체로 볼 수 없다거나 손문의 하와이흥중회 조직은 주로 재정적인 이유에서 조직된 것이라는 평가도 있다(林增平, 「孫中山民主革命思想的形成」, 『歷史研究』, 1987-1). 이상의 내용은 김형종, 「辛亥革命의 展開」, 125-126쪽을 참조. 특히 근년의 연구경향으로 미국의 주정생은 1894년 11월 손문이 하와이를 방문하여 흥중회를 건립했다는 것 자체를 완전히 부정하는 견해를 제시했는데, 그는 중국근대 최초의 혁명단체는 보인문사이고 이것이 1895년 홍콩에서 개조되어 홍콩흥중회가 건립되었다는 입장이다(朱正生, 「也談孫中山與'興中會'」). 또한 일본의 심정영부는 손문이 하와이를 방문하여 흥중회를 건립했다는 사실은 부정할 수 없다는 사실을 논증하면서 주정생의 논문을 반박하는 논문을 발표하였다(深町英夫, 「中國革命運動の起源」). 그러나 주정생과 심정영부 모두 중국 근대 혁명의 기원은 손문에 의한 하와이흥중회의 건립이 아니라 1890년대 사대구나 보인문사에 가담했던 손문·양구운·정사량 등의 청년들에게서 찾고 있다.

47 林增平, 「孫中山民主革命思想的形成」, 『歷史研究』, 1987-1, 14쪽; 深町英夫, 「中國革命運動の起源」, 8쪽.

홍콩 달러〔香港幣〕로 약 13,000원을 모았다. 모금된 자금을 가지고 홍콩으로 귀국한 손문은 흥중회의 조직적 기반을 확대하기 위하여 당시 양구운(楊衢雲)과 사찬태(謝纘泰)를 중심으로 한 보인문사(輔仁文社)와 연합했고, 마침내 1895년 2월 21일 이 두 집단은 홍콩흥중회로 통합되었다.[48] 이날 홍콩흥중회는 총 기관을 홍콩의 스타운톤(士丹頓, Staunton) 13호에 두고 그 이름을 '건형행(乾亨行)'이라 하였다. 황영상(黃詠商)을 임시 주석으로 개최된 창립총회에서 홍콩흥중회의 서사는 하와이흥중회의 서사인 '구제달로, 회복중국, 창립합중정부'를 그대로 채용했고, 그 장정도 9조에서 10조로 약간 수정되긴 했지만 내용상 거의 대동소이하였다.[49] 이 때 정사량은 여기에 참여하지 않았던 것으로 보이는데, 건형행이 설립되자 얼마 있지 않아 진소백이 마카오에 있던 정사량을 홍콩으로 데리고 왔고,[50] 이후 정사량은 홍콩흥중회에 가입하였다.[51]

2. 무장기의의 전개

1) 광주기의과 혜주기의

홍콩흥중회 성립 이후, 광주기의에 대한 본격적인 회의는 2월 17일과 20일에 걸쳐 진행되었다. 이 회의에서 나온 구체적인 내용을 정리하면 다

48 『孫中山年譜長編』 上, 78-81쪽; 특히 풍자유는 이 두 집단이 연합하게 된 원인에 대해서 그 지향하는 바가 같았고, 손문이 흥중회의 조직적 기반을 넓히기 위해 상호 연합이 가능했다고 보고 있다(馮自由, 『中華民國開國前革命史』 上, 7쪽).

49 『孫中山年譜長編』 上, 81쪽; 馮自由, 「興中會組織史」, 『革命逸史』 4, 4-9쪽.

50 陳少白, 『興中會革命史要』, 9쪽.

51 馮自由, 「興中會時期之革命同志」, 『革命逸史』 3, 33쪽.

음과 같다. 우선 손문·정사량·육호동·진소백·등음남(鄧蔭南) 등은 광주에 주둔하여 군무(軍務)를 담당하고, 황영상·양구운·사찬태 등은 홍콩에서 후방대응과 재정사무를 담당한다. 정예군 3,000명을 선발하여 홍콩에서 배를 타고 광주로 잠입해 거사를 일으킨다. 육호동이 건의한 청천백일기(靑天白日旗)를 만청의 황룡기(黃龍旗)를 대신해서 사용한다. 대외적으로 일본영사와 내통하여 일본 정부의 암묵적인 지지를 얻는다. 하계 박사가 선언문을 기초하고 차이나 메일(China Mail)의 기자인 리드(Reid)가 대외적으로 원조한다.[52]

이러한 전략 하에서 광주기의는 각자의 역할 분담에 의해 계획대로 진행되어 대략 4개월 이상의 준비과정을 거친 후 7월 8일에 완성되었다. 홍콩흥중회는 중양절(重陽節)인 9월 9일을 봉기의 기일로 정했고, 청조 당국의 감시를 피하기 위해 건형행을 폐쇄하는 조치도 취했다.[53] 이후 8월 22일에 이 계획이 성공한 이후 합중 정부의 대통령으로 취임한다는 내용으로 흥중회의 회장선거가 있었는데, 여기에서 양구운이 회장으로 당선되었다.[54] 이러한 일련의 과정에서 가장 중요한 것은 무엇보다도 무장기의를 일으키는 기의군의 결집이었다.

4개월 이상의 준비기간 동안 결집된 기의군의 현황에 대하여 김충급(金沖及)·호승무(胡繩武)의 연구에 의하면, 광주기의에서 기의군의 기본 대

52 馮自由, 「興中會組織史」, 『革命逸史』 4, 9쪽; Tse Tsan Tai, *The Chinese Republic: Secret History of the Revolution*, Hong Kong, 1924(謝讚泰 著, 江熙棠·馬頌明 譯, 「中華民國革命秘史」, 中國人民政治協商會議廣東省委員會文史資料硏究委員會 編, 『孫中山與辛亥革命史料專輯』, 廣州: 廣東人民出版社, 1981, 294-295쪽).

53 Tse Tsan Tai, 江熙棠·馬頌明 譯, 「中華民國革命秘史」, 295쪽; 馮自由, 「興中會組織史」, 『革命逸史』 4, 9쪽; 馮自由, 『中國革命運動二十六年組織史』, 19쪽.

54 『孫中山年譜長編』 上, 91쪽; Tse Tsan Tai, 謝讚泰 著, 江熙棠·馬頌明 譯, 「中華民國革命秘史」, 295쪽; 그러나 풍자유와 진소백은 이 회장 선거에서 손문이 당선되었지만, 이후 양구운에게 양보했다고 언급하였다(馮自由, 「興中會組織史」, 『革命逸史』 4, 9쪽; 陳少白, 『興中會革命史要』, 10쪽).

오는 회당을 중심으로 한 영용(營勇)·민단(民團)·녹림(綠林)이었다. 회당은 홍콩과 구룡지역에 있었던 구사(丘四)·주귀전(朱貴全)의 부대, 광주성 내의 주호(朱浩)·탕재(湯才) 등의 부대, 북강(北江)의 영덕(英德)·청원(淸遠) 일대에 있었던 양대포(梁大炮)의 부대 등이었다. 영용은 주로 청일전쟁 당시 모병되었다가 해산된 토병(土兵)인데, 예를 들면 광주에 주둔하고 있던 전투력이 비교적 강한 정전부(鄭全部)의 안용(安勇) 등이었다. 민단은 주로 삼원리(三元里)의 민단이었고, 녹림은 북강·향산·순덕 등지의 녹림이었다.[55] 이와 같이 회당을 중심으로 한 영용·민단·녹림의 결집은 무엇보다도 정사량과 양구운의 활동에 의해서 가능하였다. 이러한 사실은 다음의 기록을 통해서 확인할 수 있다.

> 광주 부근의 회당을 규합한 정사량은 양구운이 홍콩에서 규합한 무리들과 함께 광주에서 기일을 정해 거사하기로 하였다. (이에) 정사량은 사방으로 분주했는데, 동강·북강·서강 및 순덕·향산 일대의 회당을 규합하였다. 또한 (정사량은) 이기(李杞)·후애존(侯艾存)·양대포(梁大砲, 大炮梁) 모두를 지휘했고, 성방(省防)의 해군과 방영도 대부분 결납(結納)했으며, 삼원리의 단방(團防) 및 정전부(鄭全部)의 안용(安勇)까지도 연락을 통하였다.[56]

이 인용문에 의하면, 회당 세력을 결집하기 위해서 정사량의 활동한 범위가 비단 광주에만 그쳤던 것이 아니라 동강·북강·서강을 중심으로 주강 삼각주 일대 전역에 걸쳐 상당한 활동을 했음을 알 수 있다. 이러한 상황을 좀 더 구체적으로 살펴보면, 다음과 같다.

풍자유에 의하면, 정사량은 처음에 홍콩·구룡·신안(新安) 일대의 회

55 金沖及·胡繩武, 『辛亥革命史稿』 1, 上海: 上海人民出版社, 1980, 68-70쪽.
56 『淸史』 卷549 「革命黨人列傳(三)·鄭士良」, 6232쪽.

당 세력을 규합하기 시작했는데, 이후 양구운이 자진해서 이 지역의 회당 세력 규합에 참여하였다.[57] 이리하여 정사량은 광주 부근으로 이동하여 동강·북강·서강을 중심으로 회당 세력을 규합하게 되었고, 양구운은 홍콩·구룡 등의 지역을 중심으로 회당 세력을 규합하게 된 것임을 알 수 있다. 진소백은 홍콩〔香港〕에서 약 3,000명 정도의 삼합회 회원을 동원했다고 회고했는데,[58] 여기에서 이 홍콩삼합회는 앞서 언급한 광주기의의 주요 군사력인 3,000명의 정예병을 말하는 것으로 이들의 초기 연결에 정사량도 관련되어 있었음을 알 수 있다. 특히 광주 부근으로 이동한 정사량은 동강·북강·서강 및 순덕·향산 일대를 중심으로 회당을 규합하였다. 예를 들어 양대포는 북강의 영덕·청원·화현(花縣) 일대에서 활동한 저명한 회당 수령이었는데, 정사량은 그와 접촉하여 광주기의에 동원하였다.[59] 나아가 정사량은 성방의 해군과 방영을 결납했고, 삼원리의 단방 및 정전부의 안용까지도 연락을 통하였다. 따라서 광주기의에서 회당을 중심으로 한 기의군의 결집은 대부분 정사량과 양구운에 의해 이루어졌음을 알 수 있다.

이러한 정사량의 광범위한 회당 세력의 결집으로 인해, 기의군의 대략적인 진격로과 잡히게 된다. 그 결과 유유(劉裕)는 북강에서, 진금승(陳錦勝)은 순덕에서, 이기·후애존은 향산에서, 맥모(麥某, 佚名)는 광주의 용안동(龍眼洞)에서, 양구운은 홍콩에서, 오자재(吳子才)는 조산(潮汕) 방면에서 회당군을 통솔하여 광주로 공격하는 전략이 갖추어졌다.[60] 그런데 이러한 기의군 진군의 배치에서 가장 중요한 부대는 정사량과 양구운이 홍콩

57 馮自由, 「鄭士良事略」, 『革命逸史』 1, 24쪽.

58 陳少白, 『興中會革命史要』, 10쪽. 진소백은 삼점회라고 언급하고 있으나, 여기에서는 용어상의 통일을 기하기 위해 삼합회로 통일하여 기술한다.

59 馮自由, 『中國革命運動二十六年組織史』, 23쪽.

60 鄧慕韓, 「乙未廣州革命始末記」, 『十次起義史料』, 臺北: 中央文物供應社, 1974, 9쪽.

에서 동원하고 이후 양구운이 인솔할 3,000명의 홍콩삼합회였다. 이 삼합회의 역할에 대하여 시프린은 다음과 같이 언급하였다.

> 삼합회의 구성원들과 광동의 거친 바닷가 사람들로 이루어진 선봉대가 위장한 무기와 탄약을 가지고 홍콩에서 광주로 들어간다. 배를 타고 들어가는 이 부대의 임무는 정부 관청과 군대 본부의 급습이니, 이것은 관리와 장교들을 죽이거나 붙잡음으로써 성(省) 정부의 기능을 마비시키기 위한 것이었다. 이와 동시에 주위의 현(縣)으로부터 삼합회와 유적의 무리들이 몰려드는데, 이들은 청조의 충실한 보수적 군대들을 무력화시킬 작정이었다.[61]

이와 같이 홍콩에서 동원되는 삼합회의 주요 임무는 선봉대의 역할로 광주의 주요 기관을 급습하고, 이것을 신호로 기타 회당 세력이 주변에서 호응한다는 것이었다. 또한 이 삼합회 선봉대는 근대적 무기로 무장했는데, 특히 이들을 통해 무기와 탄약이 광주로 반입될 예정이었다. 결국 이 삼합회의 선봉대가 광주로 진입하여 급습하는 것의 여부가 광주기의의 성공여부에 관건이 되었던 것이다.

홍콩흥중회 결성 이후에 정사량을 연결고리로 천지회를 중심으로 한 회당 세력을 동원한다는 광주기의는 홍콩에서 무기를 분배하는 과정에서 발생한 양구운의 과오와 주상(朱湘, 홍중회 회원인 주기의 형)이란 자의 밀고에 의한 사전계획의 누설로 인해 실패하였다.[62] 그런데 광주기의 실패의 결과를 놓고 정사량은 이 계획의 실패 원인을 당시 흥중회의 회장이었던 양구운에 돌리고 있다. 이미 광주기의를 준비하는 과정에서 흥중회

---

61 Harold Z. *Schiffrin*, 민두기 역, 『孫文評傳』, 44쪽.

62 Harold Z. *Schiffrin*, 민두기 역, 『孫文評傳』, 44쪽; 鄒魯, 「乙未廣州起義」, 中國史學會 主編, 『辛亥革命』 1, 1957, 228쪽; 정세현, 「孫文의 初期結社統合 過程에 대하여」, 295쪽.

〈사진 1〉 광주기의 실패 이후의 좌측부터 진소백, 손문, 정사량
* 출처 : 辛亥革命武昌起義記念館 編, 『辛亥革命大寫眞』 上, 98쪽.

의 회장직을 놓고 손문과 양구운 사이에 논쟁이 있었고,[63] 이러한 상황에서 양구운이 홍콩에서 책임진 회당군 및 무기와 탄약을 적시에 파견하지 못하게 되자 광주기의가 실패로 돌아갔기 때문이다. 이에 격분한 정

63 『淸史』 卷549 「革命黨人列傳(三)·鄭士良」, 6232쪽; 馮自由, 「鄭士良事略」, 『革命逸史』 1, 24쪽.

사량은 양구운이 회장의 소임을 다하지 못하고 억지로 회장의 자리나 넘겨다 본 자이니 그를 격살하고자 주장했던 것이다.[64] 현실적으로 무장기의의 관건이 되는 무기 공급의 중요성은 다음의 혜주기의에 더 잘 나타나 있다.

광주기의 실패 이후 홍콩흥중회 자체는 완전히 붕괴하였다. 이에 대하여 손문은 "10여 년 동안 건립한 혁명기초가 완전히 소멸되었다."[65]고 회고할 정도였다. 그러나 이러한 상황은 손문이 소위 '런던피랍사건'을 거치고 일본으로 돌아온 이후 차츰 홍콩흥중회가 재건되면서 호전되었다. 우선 흥중회의 혁명기관지로서 '중국은 중국인의 중국'이라는 뜻으로 진소백에 의해 홍콩에서 『중국일보(中國日報)』가 창간되었다.[66] 또한 진소백과 필영년(畢永年) 등의 노력으로 광동의 천지회와 장강의 가로회(哥老會)의 일파와 기맥을 통해 흥한회(興漢會)를 창설했는데, 이 흥한회의 회장으로 손문이 추대되기도 하였다.[67] 게다가 이때까지 흥중회의 회장이었던 양구운으로부터 손문은 회장직을 넘겨받았다.[68]

흥중회에서 무장기의의 재차 시도, 즉 혜주기의에 대한 발상이 언제 시작되었는지 정확히 알 수 없다. 다만 일본외무성에 소장된 당안에

---

64 『淸史』 卷549 「革命黨人列傳(三)·鄭士良」, 6232쪽; 정세현, 「孫文의 初期結社統合過程에 대하여」, 296쪽.

65 「建國方略」(1917~1919), 『孫中山全集』 6, 233쪽.

66 馮自由, 「陳少白時代之中國日報」, 『革命逸史』 1, 66쪽.

67 1899년 필영년 등의 노력에 의해 홍콩흥중회는 광동 천지회와 장강 가로회를 연합하여 홍콩에서 흥한회를 창립했고, 손문이 회장으로 추대되었다. 광동 천지회뿐만 아니라 장강 가로회까지의 반청회당 세력을 홍콩흥중회가 통합했기 때문에, 흥한회의 창립은 흥중회에 비해 '확대·발전된 혁명기관'의 성격을 갖고 있다. 그러나 「필영년의 삭발기」라는 일화에 잘 나타나 있듯이, 장강 가로회의 회수들이 곧 배신함으로써 반청활동의 실질적인 효과는 거의 달성하지 못했다. 이에 대해서는 馮自由, 「畢永年削髮記」, 『革命逸史』 1, 73-76쪽; 정세현, 「興漢會成立考」, 『淑大史論』 5, 1972 참조.

68 陳少白 口述, 『興中會革命史要』, 35쪽; Tse Tsan Tai, 江熙棠·馬頌明 譯, 「中華民國革命秘史」, 305-306쪽.

1898년 12월에 정사량이 홍콩과 일본의 횡빈(橫濱)을 오가면서 손문과 접촉한 기록이 있는 것으로 보아,[69] 아마도 이 무렵부터 서서히 준비된 것으로 추정된다. 이후 1899년 아기날도(Aguinaldo)가 지도하는 필리핀 독립운동이 실패하자, 손문은 필리핀이 일본에서 구입하기로 했던 무기를 이번 기회에 차용할 수 있게 되었다.[70] 1900년 봄 궁기도천의 노력으로 중야덕차랑(中野德次郎)과 교섭하여 군자금 5천금을 획득했는데, 궁기도천은 이때에 손문이 무장기의의 재기를 결정했다고 회고하였다.[71] 이외에도 평산주(平山周) 등의 대륙낭인(大陸浪人)과 흥중회에 새롭게 가입한 회원들에 의해서 군자금이 모아졌다.

홍콩흥중회가 다시 무장기의를 준비하고 있을 때, 1900년 5월 화북(華北) 지역에서 의화단운동(義和團運動)이 발생하였다. 이를 기회로 영국·프랑스 등 8개국 연합군이 북경(北京)과 천진(天津)으로 진격해 왔고, 당시 광서제(光緖帝)가 서태후(西太后)와 함께 북경을 탈출하여 서안(西安)으로 도망가는 상황이 발생하였다.[72] 특히 일본은 이 해 7월 중국의 남부로 눈을 돌려 복건(福建)성의 하문(厦門)을 무력으로 점령하고자 하는 이른바 '하문사건(厦門事件)'이 발생하였다.[73] 이와 같은 당시 혼란한 국내정세는 홍콩흥중회가 재차 시도하려는 무장기의에 대한 성공 가능성을 제공해 주었다.

혜주기의의 전략이 구체적으로 논의된 시기는 1900년 5월 21일의 회의에서 비롯되었다. 이 회의에 광주기의의 주요 인물인 손문·정사량·

---

69 日本外務省檔案記錄 秘甲25〔明治32.(1899)1.17., 光緖24.(1898)12.4.〕,『孫中山年譜長編』上, 171쪽.

70 馮自由,「孫總理庚子協助非律濱獨立及購械失敗始末」,『革命逸史』4, 77-79쪽.

71 宮崎滔天,『三十三年落花夢』, 1902,『三十三年の夢』, 東京: 平凡社, 1967, 162쪽.

72 陳春生,「庚子惠州起義記」,『辛亥革命』1, 235쪽.

73 向山實夫,「厦門事件と惠州事件」,『國學院大學大學院紀要』6, 1974, 35쪽.

진소백·양구운·사찬태 등을 비롯하여 이후 흥중회에 새롭게 가입한 사견여(史堅如)·이기당(李紀堂) 등의 인물과 일본의 대륙낭인인 궁기도천(宮崎滔天)·평산주(平山周) 등이 참여하였다.[74] 이후 동년 6월 21·22일에 두 차례의 회의가 거듭되었는데, 여기에서 나온 결론은 다음과 같다. 정사량을 총사령관으로 혜주기의의 책임이 그에게 모두 위임되었고, 그 이하로 참모·재정·민정 등의 사무와 암살 계획에 대한 역할 분담이 이루어졌다.[75] 그리고 광주기의의 실패를 교훈 삼아, 이번 기의의 전략은 직접적으로 광주에서 봉기를 일으키는 것이 아니라 광주 인근의 연해지역을 시발점으로 해서 회당 동지들을 규합하고, 광주로 공격해 들어가는 전략이었다.[76]

정사량은 광주기의의 경우와 마찬가지로 천지회를 중심으로 한 회당세력을 적극적으로 규합하였다. 우선 정사량은 기의군의 혁명근거지를 신안현과 교계지역인 혜주 귀선현의 삼주전(三洲田)으로 정하였다.[77] 이후 정사량은 황복(黃福)·황요정(黃耀廷)·강공희(江公喜) 등의 회당 수령을 거느리고 홍콩에서 혜주로 들어왔다. 특히 진소백의 회고에 의하면, 황복은 광동의 삼합회 영수 중에서 가장 인망 있는 사람 중에 한 사람으로 정사량과는 친분이 두터웠던 터라 정사량이 제의한 무장기의의 계획을 받아들였다. 이에 황복이 명령하자 각지의 삼합회 회원은 이에 호응하지

---

74 馮自由,「孫總理庚子協助非律濱獨立及購械失敗始末」,『革命逸史』4, 79쪽; 馮自由,『中華民國開國前革命史』上, 90-91쪽.

75 宮崎滔天,『三十三年の夢』, 203쪽; 馮自由,『中華民國開國前革命史』上, 91쪽; 陳春生,「庚子惠州起義記」,『辛亥革命』1, 235쪽.

76 吳倫霓霞,「興中會時期(1894~1900)孫中山革命運動與香港關係」, 中國孫中山研究學會 編,『孫中山和他的時代』中, 北京: 中華書局, 1989, 918쪽.

77 陳春生,「庚子惠州起義記」,『辛亥革命』1, 236쪽. 이 삼주전을 근거지로 삼은 이유에 대해서는 흥중회의 총 기관이 홍콩에 있었고, 이 지역은 원래 비밀결사의 활동이 빈번한 지역으로 지형상 산림이 깊고 수풀이 우거져 관군이 많은 병사를 주둔시킬 수 없다는 지형상의 이점이 있었기 때문이다(金沖及·胡繩武,『辛亥革命史稿』1, 134쪽).

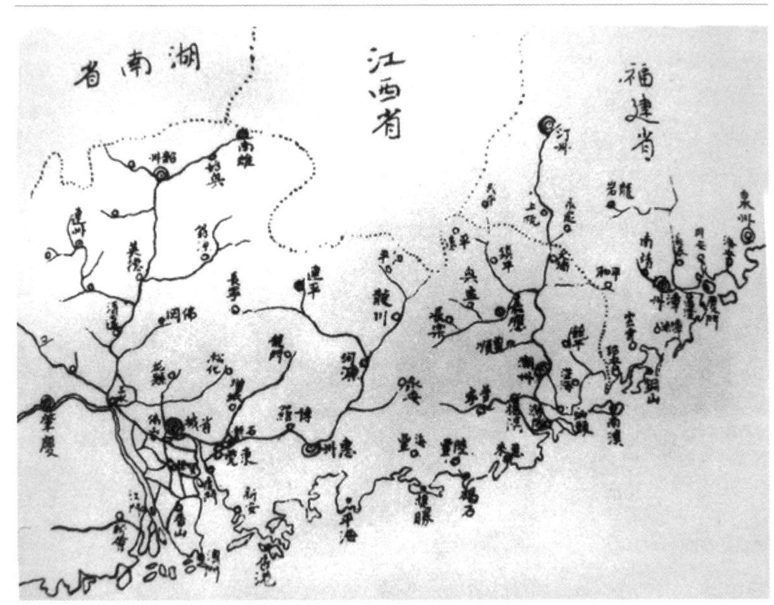

〈사진 5〉 혜주기의시 정사량이 그린 민월진군형세도

* 출처 : 辛亥革命武昌起義記念館 編, 『辛亥革命大寫眞』 上, 109쪽.

않은 자가 없었을 정도였다.[78] 정사량은 이 지역의 건아(健兒) 요경발(寥慶發) 등과 호걸(豪傑) 이식생(李植生) 등도 모두 규합했고, 삼주전 부근의 마란두촌(馬蘭頭村)의 유방(油房)에 모여 군사회의를 개최하였다.[79] 당시 정사량이 그린 민월진군형세도(閩粵進軍形勢圖)까지 있는 것으로 보아 상당히 조직적으로 계획되었음을 알 수 있다.

1900년 윤8월 13일 밤, 황복이 이끄는 결사대가 사만(沙灣)의 청군을 습격함으로써 전투가 개시되어 약 17일 동안 계속되었다.[80] 정사량과 황복 등 천지회의 회수를 중심으로 한 기의군의 조직은 30인을 일배(一

78 陳少白, 『興中會革命史要』, 47쪽.

79 『清史』 卷549 「革命黨人列傳(三) · 鄭士良」, 6149쪽.

80 『孫中山年譜長編』 上, 247-253쪽; 馮自由, 『中華民國開國前革命史』 上, 92-94쪽.

排), 300인을 일기(一旗), 3,000인을 일대(一隊)로 했으며, 기의 초기에는 약 삼대(三隊)인 9,000명 정도가 있었고, 이후 약 18,000여 명으로 증가하였다.[81] 이 당시 혜주기의군의 진군 과정 대하여 궁기도천의 회고(ⓐ)와 당시 신문(ⓑ)은 다음과 같이 기록하고 있다.

> ⓐ 정사량은 전군에 명령하여 추호도 민중을 범하지 말라고 하였다. 이런 까닭으로 기의군이 진격하는 곳에서는 향민들이 환호성을 지르고 도시락과 술을 주며 환영했으며, 여기에 가담하는 자가 수천인 이상이었다.[82]

> ⓑ (정사량의 봉기군은) 일체 약탈을 허용하지 않았다. 그 군대가 장차 이르고자 하면 먼저 사람을 파견하여 민심을 안정시키고, 부녀자와 어린아이를 죽이거나 마을을 분살하고 훼손하는 일이 없었다.[83]

이러한 모습을 통해 혜주기의군은 진정한 혁명의 길로 들어섰고, 아울러 이들을 지휘하는 정사량이 전통적인 천지회의 회수에서 벗어나 혁명가의 모습으로 전환되었음을 알 수 있다.

이 전투과정에서 정사량의 회당군은 손문에게 기대했던 무기 공급의 실현을 위해 공격의 진로를 광주에서 하문으로 이동하였다.[84] 그러나 손문이 필립핀 독립군에게 사용될 무기를 차용하여 인수하는 계획에 차질이 생기게 되어 무기를 공급할 수 없는 상황이 발생하였다. 이에 손문은 정사량에게 기의의 가부를 결정하라고 밀지(密旨)를 보냈다.[85] 무기

81 「京津拳匪亂事紀要之八」, 『萬國公報』 卷144, 上海: 華文書局 影印本, 1968, 213쪽.
82 宮崎滔天, 『三十三年の夢』, 227쪽.
83 「京津拳匪亂事紀要之九」, 『萬國公報』 卷145, 19쪽.
84 「給鄭士良的電令」(1900.10.上旬), 郝盛潮 主編, 『孫中山集外集補編』, 上海: 上海人民出版社, 1994, 15쪽.
85 「致鄭士良函」(1900.10.22), 陳旭麓·郝盛潮 主編, 『孫中山集外集』, 上海: 上海人民出

공급의 희망이 없어지자, 정사량이 이끈 약 20,000여 명의 기의군은 모두 강개격앙하여 분성이 산하를 진동시키는 가운데 군사회의를 열어 결국 해산하기로 했다. 그러나 정사량의 일부 주력군은 삼주전 대채(大寨)로 다시 몰려가 신안·호문(虎門)의 기의군과 합세하여 광주를 공격하고자 했으나 결국 무기가 떨어진 상태에 직면하여 회당군은 자진 해산하였다. 이후 정사량은 황복 등의 삼합회 회수를 이끌고 홍콩으로 피신하였다.[86]

그렇다면 당시 정사량의 기의군이 무기와 탄약을 얼마나 보유하고 있었기에 손문에게 그토록 무기 공급을 기대했던 것일까? 정사량이 삼주전을 근거지로 정했을 때에는 약 600여명의 봉기군과 300정의 총에 각 30발의 실탄이 있었다. 이후 각 전투에서 노획한 총과 탄약을 보면, 황복이 사만의 청군을 급습했을 때 40정의 총과 탄약 수상자, 그 후 담수(淡水)에서 청군 약 5·6천여 명과 교전하여 획득한 500~600여 정의 총과 실탄 수 만발이었다. 즉 혜주기의 동안 정사량의 기의군 전체가 가지고 있었던 무기는 소총이 약 1,000여정에 실탄 수 만발이었다. 이후 실탄은 진격하는 도중에 소모되었고 회당군은 더욱 늘어나는 상태였는데, 심지어 일부 기의군은 창을 들고 진격하기도 하였다. 진군 10일째 되는 날 대부분의 실탄이 소모되었다.[87]

이와 같이 정사량의 기의군은 인원은 풍부했으나 그보다 기의 성공의 관건이 되는 무기와 탄약이 상당히 부족한 상황이었다. 결국 손문을 통한 무기와 탄약의 공급이 없는 상황에서는 정사량의 기의군은 결코 성공

版社, 1990, 330쪽.

86 宮崎滔天, 『三十三年の夢』, 229쪽; 馮自由, 『中華民國開國前革命史』 上, 95-96쪽; 陳春生, 「庚子惠州起義記」, 『辛亥革命』 1, 241쪽.

87 혜주기의시 회당군의 무기 상황에 대해서는 馮自有, 『中華民國開國前革命史』 上, 92-94쪽; 陳春生, 「庚子惠州起義記」, 『辛亥革命』 1, 238-239쪽.

할 수 없었고, 이 기의군이 자진해서 해산하게 된 요인은 손문의 무기 공급에 대한 전략적 착오에서 비롯되었다. 정사량은 혜주기의가 실패한 이듬해 자기의 꿈을 제대로 실천하지 못한 채 청조 관리에 의해서 암살되고 만다.[88]

2) 기의의 기본구조와 주체 문제

하와이에서 흥중회의 입회비와 채권발행 등을 통해 자금을 모은 손문은 홍콩으로 귀국하여 사대구의 구성원들과 함께 흥중회의 조직기반을 확대하기 시작했고, 마침내 양구운·사찬태를 중심으로 한 보인문사와 연합하여 1895년 2월 21일 홍콩흥중회를 창립하였다. 이 해 흥중회에서는 광주를 점령하기 위해서 무장기의를 준비했지만, 이 기의는 일어나기 전에 발각되어 실패하였다. 이로부터 5년 후인 1900년 같은 목적으로 일으킨 혜주기의도 한 달이 못되어 실패하였다.

이 두 차례의 무장기의는 이후 손문이 추진한 혁명 활동의 측면에서 본다면, 외부로부터 무기와 인원 등을 공급받아 무장기의를 추진한다는 혁명 전략의 원형을 보여준다는 점에서 그 특징을 찾을 수 있다.[89] 또한

88 정사량의 죽음에 대해서는 다음과 같은 설이 있다. 우선 풍자유는 중풍(中風)으로 죽었거나 혹은 청 관리에게 독살되었음을 제시하고 있다(馮自由, 「鄭士良事略」, 『革命逸史』 1, 25쪽). 『청사』에서는 정사량이 대체로 광동의 천지회를 거의 좌지우지했으므로 청 관리의 암살 가능성을 제시하고 있다(『淸史』 卷549 「革命黨人列傳(三)·鄭士良」, 6233쪽). 왕이는 정사량은 독살되었고, 그 죽은 증상이 중풍과 비슷하다고 하였다(王怡, 『俠骨忠魂: 鄭士良傳』, 199-200쪽). 혁명인물지에서는 혜주기의 실패 이후 일본에서 다시 광동으로 들어 온 정사량이 청 관리에 매수된 한간(漢奸)에 의해 7월 14일에 독살된 것으로 기록하였다(「鄭士良誌」, 中國國民黨中央委員會黨史史料編纂委員會 編, 『革命人物誌』 7, 臺北: 中央物供應社, 1971, 283쪽). 당시 손문은 일본에서 이 소식을 듣고 몹시 슬퍼했다고 하며, 황사룡(黃士龍)을 특파하여 유족인 부인 종씨(鍾氏)와 아들 운초(雲初)를 돌보게 하였다.

1890년대 초 형성된 사대구와 보인문사가 흥중회로 통합되어 발생한 이 무장기의는 혁명의 언론단계에서 실행단계로 진입했다는 점에서 큰 의의가 있다. 그런데 이 무장기의의 계획은 손문 등을 중심으로 한 흥중회의 수뇌부에서 이루어졌지만, 이를 실천에 옮겼던 집단은 정사량 등의 천지회를 중심으로 한 회당 세력이었음을 염두에 둔다면, 무장기의의 기본구조는 다음과 같은 두 가지 특징을 가지고 있었다.

첫째, 흥중회가 추진한 무장기의의 준비·실행과정은 각 방면으로 역할분담이 이루어졌다. 이러한 역할분담은 크게 두 가지 방면으로 구분된다. 그 하나는 무장기의를 위한 자금확보·무기공급·대외교섭·후방지원·암살활동이고, 다른 하나는 무장기의를 직접 실천에 옮길 수 있는 봉기군의 결집과 이들에 대한 지휘통제이다. 전자는 주로 양구운·손문 등을 중심으로 한 흥중회의 수뇌부에 의해서 이루어졌지만, 후자는 주로 정사량 등을 중심으로 한 천지회의 회수와 기타 회당의 주요 인사에 의해서 이루어졌다.

둘째, 무장기의의 입안이 흥중회의 수뇌부에서 이루어졌기 때문에 천지회와 기타 회당의 인사들도 흥중회에 가입하는 형태였다. 그러나 이 경우 무장기의에 참여한 천지회와 기타 회당의 회원 모두가 흥중회에 가입한 것은 아니었다. 즉 천지회와 기타 회당에서 영향력을 행사하는 인사들만이 흥중회에 가입하고, 이후 이들의 명령과 규합에 의해 천지회를 중심으로 한 회당 세력이 결집되고 동원되었다.

이 두 가지 사실에 입각하면, 무장기의와 직접 관련된 구성원은 〈표 3〉과 같이 다음 세 집단으로 구분된다. 즉 무장기의를 입안·준비한 양구운·손문 등을 중심으로 한 흥중회의 수뇌부 인사(ⓐ집단), 천지회의 자격으로 흥중회에 가입한 정사량 등의 천지회 회수 및 기타 회당의 주요

89 김형종, 「辛亥革命의 展開」, 126쪽.

인사(ⓑ집단), 그리고 흥중회 회원으로 가입하지 않았지만 주로 ⓑ집단의 인사들에 의해서 무장기의에 동원된 천지회의 회원을 중심으로 한 회당 세력(ⓒ집단)이다.

〈표 3〉 무장기의의 참여집단·핵심구성원·역할

구분	ⓐ 집단	ⓑ 집단	ⓒ 집단
핵심 구성원	손문(孫文)···(회장) 양구운(楊衢雲)···(회장) 진소백(陳少白)···(참모) 사찬태(謝讚泰)···(참모) 이기당(李紀堂)··(참모) 사견여(史堅如)··(참모) 궁기도천(宮崎滔天)··(참모) 평산주(平山周)··(참모) 육호동(陸皓東)·(참모) 하계(何啓)·(참모) 리드((Reid))·(참모)	정사량(鄭士良)···(삼합회 회수) 양대포(梁大砲)·(도괴盜魁) 증첩부(曾捷夫)··(삼합회 회수) 증의경(曾儀卿)··(삼합회 유력자) 임해산(林海山)··(삼합회 회수) 주귀(朱貴)·(회당) 구사(丘四)·(회당) 주호(朱浩)·(회당) 탕재(湯才)·(회당) 황복(黃福)··(삼합회 회수)	천지회 및 기타 회당 세력
역할	자금확보, 무기공급, 대외교섭, 후방지원, 암살활동.	기의군의 결집 및 지휘통제	기의군 주세력

〈참고내용〉 위 표에 나열된 인물들은 「興中會會員人名事迹考」(『革命逸史』 4, 23-64쪽)에 의거해서 작성했는데, 특히 무장기의와 직접 관련된 인물만을 핵심구성원으로 선정하였다. 이 핵심구성원 중에서 ⓑ집단의 정사량은 ⓐ집단의 핵심구성원이 될 수 있으며, ⓐ집단의 손문·양구운·진소백은 ⓑ집단에 부분적으로 관련되어 있다. 그러나 이들의 주요 역할을 고려할 때, 정사량은 ⓑ집단, 손문·양구운·진소백은 ⓐ집단으로 표기하였다. 표에서 · 표시는 광주기의에만 참여한 인물, ·· 표시는 혜주기의에만 참여한 인물, ··· 표시는 광주·혜주기의에 모두 참여한 인물을 가리킨다. 다만 흥중회의 수뇌부 세력이 아닌 '일반 흥중회 회원'을 또 다른 한 집단으로 분류할 수 있는데, 이 집단은 흥중회에 가입만 했지 실제로 광주·혜주기의에 직접적으로 참여하지 않았기 때문에 본문의 서술과정에서 일반 흥중회 회원에 대한 언급은 생략하였다.

이상의 내용을 종합해 볼 때, 무장기의에 참여한 집단의 분류로부터 흥중회에서 추진된 무장기의의 기본구조는 정사량을 중심으로 한 ⓑ집단을 매개로 해서 ⓐ집단의 혁명 활동에 ⓒ집단이 동원된 형태였고, ⓐ

집단과 ⓑ집단 사이에서 이루어진 합작의 형태였음을 알 수 있다. 나아가 이 합작의 의미를 확대시킨다면, 이는 결국 천지회라는 전통적인 집단과 흥중회라는 근대적인 집단의 합작을 의미한다. 이러한 합작이 가능할 수 있었던 사상적·현실적 기반에 대해서는 후술할 터이지만, 특히 천지회의 자격으로 흥중회에게 가입한 ⓑ집단의 경우는 그 형태가 훗날 전개된 국공합작의 과정에서 공산당이 개인자격으로 국민당에 입당한 경우와 같은 것이었다.

한편 1895년 사대구와 보인문사가 홍콩흥중회로 통합되고 양구운이 회장으로 선출되었다. 이후 광주기의가 실패하고 흥중회는 완전히 붕괴되었다. 그러나 손문이 런던피랍사건을 거치고 일본으로 돌아온 이후 흥중회는 재건되기 시작하였다. 이러한 상황에서 손문은 흥한회의 회장으로 추대되었고, 게다가 양구운이 손문에게 흥중회의 회장직을 양위하였다. 이후 혜주기의가 발생하였다. 이러한 일련의 과정을 통해서 황언(黃彦)은 손문이 혜주기의 당시 흥중회의 참가자 중에서 최고 지도자가 되었고, 이러한 손문의 지위상승은 런던피랍사건을 통해 얻은 성망과 손문 자신의 비범함 덕분이었다고 언급하였다.[90]

외견상으로 보면 손문의 지위상승이 분명하게 있었던 것으로 보인다. 그러나 흥중회의 핵심구성원들은 동향이나 동학 등의 교제를 통하여 형성되었고, 흥중회가 시종 일관되게 사적·수평적 인간관계에 기초한 것이지 수직적·계층적 지도 관계로 충분히 조직된 것은 아니었다.[91] 이점은 광주기의와 혜주기의의 준비·전개과정이나 이것이 종료되었을 때 흥중회 지휘권의 취약함으로 나타나게 되는데, 다음 몇 가지 사실을 통해서

90 黃彦 著, 西村成雄 譯, 「反清革命期における孫中山の指揮者としての地位」, 孫文研究會 編集, 『孫中山研究日中國際學術討論會報告集』, 東京: 法律文化史, 1986, 118쪽.

91 深町英夫, 「廣東·ハワイ社會の政治化と興中會の成立: 中國革命運動の起源」, 61-62쪽.

확인할 수 있다.

첫째, 흥중회 지휘권의 취약함은 이미 손문의 사대구와 양구운의 보인문사가 통합되면서 흥중회의 회장선거시 회장직에 대한 각 집단 간의 논쟁과 태도에서도 여실히 나타났다.[92] 이것을 야택풍(野澤豊)은 흥중회에서의 "헤게모니 쟁탈을 위한 양파간의 암투"[93]라고 표현하였다.

둘째, 무장기의의 측면에서 보면 흥중회에 가입한 회원들이 무장기의의 전면에 서서 활동하는 것이 아니었다. 즉 정사량 등의 천지회 회수와 기타 회당의 주요 인사가 당시 천지회를 중심으로 한 회당 세력을 동원하려 했기 때문에, 이들에 대한 지휘권 문제 역시 흥중회의 회장이 장악할 수 없었다.

셋째, 사대구 핵심구성원의 하나였던 왕열은 광주기의가 실패로 돌아가자 홍콩에 회소를 둔 삼합회 단체인 중화당(中和黨)을 건립하는 등 독자적인 행보를 하였다.[94] 이 중화당은 결코 손문 등 혁명파의 단체에 병합되거나 흡수되지 않았고, 혁명단체와 비밀결사가 서로 영향을 미치면서 병존하였다.[95]

넷째, 보인문사의 핵심구성원이자 흥중회 회원이었던 사찬태는 1899년 11월 홍전복(洪全福)을 결식(結識)하여 당시 흥중회에서 준비하고 있던 혜주기의와는 별도로 광주를 점령하는 계획을 세웠다.[96] 이후 혜주기의가 실패하자, 이들은 1902년 독자적으로 대명순천국기의(大明順天國起義)

---

92 『淸史』 卷549 「革命黨人列傳(三)·鄭士良」, 6232쪽; 馮自由, 「鄭士良事略」, 『革命逸史』 1, 24쪽.

93 野澤豊, 『孫文と中國革命』, 東京: 岩波書店, 1966, 91쪽.

94 吳倫霓霞, 「興中會時期(1894~1900)孫中山革命運動與香港關係」, 『孫中山和他的時代』 中, 909쪽.

95 松本武彦, 「'辛亥革命と華僑'に關する前提的諸問題」, 野口鐵郎 編, 『中國史における亂の構圖』, 東京: 雄山閣出版, 1986, 373쪽.

96 Tse Tsan Tai, 江熙棠·馬頌明 譯, 「中華民國革命秘史」, 305쪽.

를 시도하였다.[97]

마지막으로 정사량은 흥한회 창립시 삼합회〔광동 천지회〕의 대표로 참가했는데,[98] 이 점은 비록 정사량이 손문과 밀접한 관계를 유지하고 있었더라도 정사량은 여전히 삼합회 수령의 입장에서 흥중회에 참여하고 있음을 의미하고 있다. 이와 같이 당시 양구운이나 손문이 흥중회의 회장직을 역임했지만, 결코 이들이 흥중회의 지도권을 완전히 장악하지 못했음을 알 수 있다.

특히 광주·혜주기의의 과정에서 기의군의 실질적인 군사지휘와 통제, 그리고 천지회의 동원은 모두 정사량을 중심으로 한 천지회의 회수 및 회당의 인사들에 의해 이루어졌다. 그 결과 실제로 무장기의를 주도하는 주체가 양구운이나 손문의 흥중회에서 정사량을 중심으로 한 천지회로 이동하게 되는데, 아래의 인용문은 이러한 점을 잘 말해 주고 있다.

> 흥중회는 혁명의 초창시기로 세력이 크지 않았다. 이때에 민족대의를 알아 그것을 위해 죽은 자는 대부분 홍문(洪門)의 사람이었다. 그런 까닭에 광주·혜주기의는 모두 회당의 거사였고, 그것을 주도한 사람은 정사량이었다. 처음에 정사량은 손문과 교제하여 회당을 거느리고 (혁명 활동에) 참여하길 원하였다. 이후 마침내 그것을 실천했으니, 끝내 청의 관리를 두렵게 하였다. 대개 광동 지역 대부분의 회당은 정사량이 좌지우지하였다. 정사량을 제거하지 않으면 청의 관리가 하루도 편치 않았으니, 정사량이 갑자기 죽은 것에 어찌 그 이유가 없으리오.[99]

97 이 봉기는 '홍전복기의(洪全福起義)'·'임진광주기의(壬辰廣州起義)'라고도 하는데, 이에 대한 대표적인 연구 성과로 鄭世鉉, 「洪全福 廣州起義의 籌劃과 挫折」, 『淑大史論』 9, 1976을 참조.

98 『孫中山年譜長編』 上, 188쪽.

99 『淸史』 卷549 「革命黨人列傳(三)·鄭士良」, 6233쪽.

이 글은 『청사(清史)』의 논자가 「혁명당인열전(革命黨人列傳)」 중에서 정사량에 대해 종합적으로 평론한 것으로, 광주·혜주기의가 모두 회당의 거사이고 이것의 주도자가 정사량이었음을 밝히고 있다. 따라서 이 인용문은 당시 양구운이나 손문이 흥중회의 회장이긴 했지만, 이들이 흥중회 회원이 아닌 천지회를 중심으로 한 회당 세력을 지도하지 못한 당연한 결과를 말해주고 있다. 그 이유는 앞서 지적한 대로 천지회의 자격으로 흥중회에 가입한 정사량 등의 천지회 회수 및 기타 회당의 주요 인사가 천지회를 중심으로 한 회당 세력을 지도했기 때문이다.

사실 이러한 측면은 실제로 무장기의가 일어난 혜주기의에서 확연히 드러난다. 혜주기의의 주체를 알려주는 대외선전용 포고문이 있다. 이 포고문의 작성자가 구체적으로 누구인지 분명하지는 않지만, 진소백이 몇몇 동지들과 함께 10월 5일(혹은 6일) 혜주 삼주전에 들어갔는데, 기의가 발발한 이후 기의군에서 이 포고문을 작성했다고 회고하였다.[100] 따라서 이 포고문은 당시 정사량의 기의군에서 독자적으로 작성되었음을 알 수 있다. 이 포고문은 다음과 같이 시작한다.

> 본회는 삼합회(三合會) 회당이다. 의흥회(義興會) 혹은 천지회(天地會)라고도 불린다. 의화단(義和團)과는 결코 서로 같은 길을 걷지 않는다. 본회의 회수와 부회수 등은 청조〔만주〕를 멸망시키고 새로운 군주를 다시 세워 중국을 부흥시키고자 한다. 본회의 동지는 그 수가 백만을 넘으며, 거의 이루 헤아릴 수가 없다. 이 뛰어난 재능을 가진 무리인 삼합회는 모두 호주·미국·태국·안남·싱가포르·남양 각지의 섬에 산거하고 있는데, 때를 기다려서 행동한다. 본회의 뜻은 흥화(興華)에 있다. 큰 성공을 이룬 즉시 마땅히 전국을 개명시키고 각 국가와 더불어 통상을 한다. 한번 전쟁이 일어나면, 진실로 백성들이 피할 수 없

100 陳少白, 『興中會革命史要』, 47-50쪽.

는 도탄에 빠지는 것을 잘 안다. 그러나 이 의병을 일으키지 않으면, 어찌 능히 중국을 보전할 수 있겠는가? 사책에 기록된 바, 300년 전의 충신의사가 미완성한 일을 본회가 계승하여 그것을 실행하려 한다. 엎드려 바라건대, 영국·미국·일본 각 대국은 본회의 의거를 돕기를 바란다. 혹은 이 일에 개입하지 말고, 어느 쪽도 편들지 않았으면 한다. 일찍이 1862년에 영국 정부가 고든(Gordon) 장군을 파견하여 만인(滿人)에게 효력을 발휘하였다. 고든 장군의 성공 이후에 이르러서도 도리어 만인에게 가혹한 대우를 받았으니, 비로소 후회막급 함을 알았다. 그 때 영국 각 정치가 또한 모두 고든의 이러한 행위를 크게 실산(失算)으로 여겼다. 전사(前事)는 후사(後事)의 스승이다. 바라건대, 본회는 각 대국이 그 때의 전철을 다시 밟지 않길 바란다. 이러한 점들을 배려하기 바란다.[101]

이 포고문의 내용은 다음과 같이 정리할 수 있다. 서두에서 혜주기의 군의 주체가 '부청멸양(扶清滅洋)'을 구호로 외친 의화단과 다른 삼합회·의흥회·천지회임을 밝혔다. 특히 의흥회라는 회명은 중국 본토가 아닌 해외 천지회의 계통인데, 복건인에 의한 결사는 의복회(義福會)를, 광동인에 의한 결사는 의흥회를 의미하는 것으로 19세기 후반에는 주로 동남아시아에서 결성되었다.[102] 또한 이 시기 홍콩 등의 식민지 도시에서도 동향 조직인 의흥공사(義興公司)와 같은 삼합회가 활발하게 활동하였다.[103] 결국 혜주기의 당시 동남아시아에서 활동한 황복 등의 천지회의 회수나 홍콩삼합회가 직접적으로 참여하고 있기 때문에 의흥회라는 회명을 삼합회와 천지회와 함께 서두에서 병칭한 것으로 보인다. 이들의 목적은

101 「會黨致函西報」, 『清議報』 62, 光緒26.9.11., 9쪽; 이 내용과 거의 비슷한 것이 「惠事略紀」, 『清議報』 64, 光緒26.10.1., 7쪽에 실려 있다.

102 俞雲波, 「海外天地會淺說」, 『會黨史研究』, 1987, 113쪽.

103 丘海雄·平萍, 『香港黑社會』, 合肥: 安徽人民出版社, 1992, 9쪽.

300년 전의 미완성된 일, 즉 '반청복명(反淸復明)'의 실현을 계승한 것으로 현 시점에서는 중국을 보존하고 중국을 구하는 의병임을 강조하고 있다. 그리고 기의가 성공한 이후에는 전국을 개명시키고 각국과 통상한다는 국가운영의 모습도 보이며, 대외적으로 1862년 고든(Gordon) 장군이 개입한 예를 들어 영국이나 미국 등 당시 세계 열강의 간섭을 거부하고 있다. 따라서 이 포고문의 내용을 통해 혜주기의가 천지회의 기의임을 분명히 밝히고 있음을 알 수 있다.

이점은 기의군이 사용한 깃발의 구호나 복장 등에서도 확인된다. 천지회가 광동에서 일으킨 봉기를 보면, 그들의 세계관이 대체로 당시 구호로 표현되어 있다. 실제로 무장기의가 발생한 혜주기의의 경우에도 이러한 세계관이 표출되고 있는데, 이때에 사용된 깃발에 '대진국(大秦國)'과 '일(日)과 월(月)'의 글자가 사용되었다.[104] 대진국에 대해서는 양구운이나 손문 등의 흥중회에서 지향하고 있는 국가체제의 기본모델인 합중정부와는 그 성격이 다른 것으로, 함풍 4년 광동 천지회 반란 이후 광서에서 건립된 대성국(大成國) 등과 같은 지방정권의 지향이라고 생각된다. 또한 진이 중국의 최초 통일국가로 상징되기 때문에 대진국이라는 용어는 청조라는 이민족 통치지배에 대한 일종의 민족주의의 표현으로 볼 수 있다. 이 뿐만 아니라 이것을 영역하면 'The Great China Imperial'로 되는데, 앞서 서술한 대외선전용 서찰이 있는 것으로 보아 구미제국에 새로운 국가에 대한 탄생을 알리는 성격으로도 이해할 수도 있다.

한편 일과 월의 글자는 합하면 '명(明)'이 되므로 이것이 주는 상징이 청조를 부정하는 것임을 고려할 때, 역시 새로운 국가의 탄생을 의미하고 있다. 횡산굉장(橫山宏章)에 의하면, 1895년 광주기의에서 이미 육호동이

104 「淸粤督德壽奏報惠州革命黨起事摺」(馮自由, 「庚子惠州三洲田革命軍實錄」, 『革命逸史』 5, 22쪽).

청천백일기를 제작했기 때문에 당시 사용된 기의군의 깃발을 이것으로 보고 있다.[105] 그러나 이 청천백일기에는 일과 월의 글자를 볼 수 없고, 천지회 자료인 소일산본에는 일과 월의 글자가 새겨진 깃발의 모양을 볼 수 있다.[106] 따라서 기의군의 깃발은 역시 전통적으로 천지회에서 사용한 일과 월이 새겨진 것임이 확실하다. 게다가 기의군의 복장을 살펴보면, 전통적으로 모두 홍건(紅巾)을 머리에 쓰고 백포(白布)로 몸을 휘감았는데,[107] 당시 이 혜주기의를 기억하는 사람들은 이들을 '홍두군(紅頭軍)'이라 부를 정도였다.[108]

3. 천지회와 흥중회의 합작

지금까지 손문과 정사량을 중심으로 한 서술과정을 통해 이들의 관계를 필두로 해서, 19세기 말엽 광동에서 발생한 광주기의와 혜주기의의 전개과정과 그것의 기본구조·주체문제를 살펴보았다. 이 과정에서 필자는 이 무장기의의 기본구조를 천지회라는 전통적인 집단과 흥중회라는 근대적인 집단의 합작이라고 규정했고, 그 배경이 된 인적기반에는 이 두 집단을 각각 대표하는 정사량과 손문이 자리 잡고 있었음을 확인하였다.

105 横山宏章, 「中國の共和革命運動と秘密結社」, 155쪽.

106 蕭一山 編, 『近代秘密社會史料』 卷1, 上海: 上海文藝出版社, 1991(1935년 影印本), 9쪽.

107 「淸粵督德壽奏報惠州革命黨起事摺」(馮自由, 「庚子惠州三洲田革命軍實錄」, 『革命逸史』 5, 22쪽).

108 張友仁, 「庚子惠州三洲田起義訪問錄」, 中國人民政治協商會議全國委員會文史資料研究委員會 編, 『辛亥革命回憶錄』 2, 北京: 文史資料出版社, 1981, 265쪽.

왕이(王怡)는 손문이 홍문의 사람이 아니기 때문에 천지회를 통일적으로 지휘할 수도 없었고, 이의(異議)가 발생할 수 있기 때문에 대사를 그르칠 수 있다고 언급하였다.[109] 이는 적어도 19세기 말엽 손문은 천지회에 가입하지 않은 상황이었으므로,[110] 손문 자신이 직접적으로 천지회를 동원할 수 없다는 것으로 이해된다. 여기에서 합작이라는 단어는 서로 다른 집단이 서로의 필요에 의해서 공통된 목적을 이루려고 할 때 사용되는 용어이기 때문에, 무엇보다도 그 공통된 목적이 있어야 합작이라는 개념이 성립할 수 있다. 그것은 바로 중국의 혁명이었다. 이하에서는 이러한 합작이 가능할 수 있었던 사상적·현실적 기반을 살펴보고자 한다.

1) 사상적 기반

(1) 천지회의 반청복명

반청(反淸)의 문제는 청대 민간에 존재했던 여러 비밀결사 중에서 비단 천지회만의 전유물은 아니었다. 왜냐하면 청대 화북 지역을 중심으로 활동한 백련교(白蓮敎) 등의 종교 비밀결사에서도 이러한 반청의 구호가 실제 사용되었기 때문이다. 이리하여 반청은 청조가 붕괴될 때까지 대부분의 종교 비밀결사나 회당 비밀결사에서 공통된 구호로 작용하였다.[111]

천지회의 경우 19세기 중엽에 이르러서는 반청의 구호가 당시 광동의 사회구조적 조건으로 말미암아 급기야 광동의 2개 부성과 30개 현성을

109 王怡, 『俠骨忠魂: 鄭士良傳』, 79쪽.

110 손문이 천지회 계통의 치공당(致公黨)에 가입한 것은 1903년 하와이에서이다. 손문은 종수양(鍾水養)의 소개로 천지회 계통인 치공당에 가입했고, 천지회에서 군직을 담당했던 홍곤(洪棍)의 직책이 주어졌다(『孫中山年譜長編』 上, 303쪽; 馮自由, 「孫總理癸卯遊美補述」, 『革命逸史』 2, 92쪽).

111 戴逸 主編, 『簡明淸史』 2, 北京: 北京人民出版社, 1984, 387-391쪽, 396-403쪽.

점령하는 등 광동 역사상 최대의 천지회 반란이라는 형태로 표출되기도 하였다.[112] 이후 19세기 말엽에 이르러 청조의 이민족 통치라는 기본조건에 계속된 대외전쟁의 패배와 정치·사회·경제 각 방면에서 서양 제국주의의 침략이 결부되면서, 천지회의 반청이라는 구호는 신해혁명에 의해 청조가 멸망할 때까지 더욱 설득력을 얻게 되었다.

그렇다면 문제는 복명(復明)의 의미를 어떻게 해석할 것인가? 복명의 의미는 글자 그대로 명조를 부흥시키는 것과 명조가 한족의 국가이기 때문에 넓은 의미에서 한족의 국가를 세우자는 것으로 해석할 수 있다. 전자의 경우는 천지회의 회수가 그 기원전설을 철저히 신봉하는 경우 혹은 그 자신이 명조의 후예임을 자임할 경우 나타날 수 있다고 생각된다. 그러나 청조가 성립한 이후 시간이 지나감에 따라 명조를 부흥한다는 복명의 관념은 사람들의 머리 속에서 점차 막연해져 갔다.[113] 이후 19세기 말엽이 되면 명조가 멸망한 시기와 약 250년 정도의 시간적 거리가 생기게 되어 명조를 부흥한다는 복명의 관념은 현실적으로는 불가능하게 된다. 이점은 태평천국운동(太平天國運動) 당시 천지회의 반청복명에 대한 홍수전(洪秀全)의 견해를 통해서 확인된다.

> 나는 비록 삼합회에 가입하지는 않았지만, 그 종지가 반청복명(反清復明)에 있다는 사실을 종종 들었다. 이러한 주장은 삼합회의 초창기인 강희 연간에는 틀리지 않았다. 그러나 지금 이미 200년이 지난 상황에서 우리들은 반청을 말할 수는 있지만, 재차 복명을 거론할 수는 없다. 어떻게 할 것인가를 막론하고 만약 우리들이 한족의 산하를 회복

112 이평수, 「"陳松의 天地會 集團"과 咸豊 4年의 叛亂」, 『東洋史學硏究』 110, 2010(본서 제4부 제2장) 참조.

113 丁孝智·張根福, 「對辛亥革命時期會黨二重作用的歷史考察」, 『西北師範學報』 1994-3, 17쪽.

하려면, 마땅히 새로운 왕조를 건설해야 한다. 만약 지금 명실(明室)을 회복한다는 것을 구호로 삼는다면, 어찌 민중의 마음에 호소할 수 있겠는가?[114]

이와 같이 홍수전도 천지회가 명조를 부흥시킨다는 복명의 관념이 강희 연간에는 가능했지만, 강희 연간 이후 약 200년이 지난 태평천국운동 당시에는 시대성이 떨어져 새로운 시대를 열 수 없다는 점을 강조하고 있다. 실제로 19세기 중엽 광동 천지회의 정권이 세워졌던 대성국(大成國) 등의 경우도 반청복명의 구호가 제시되었지만, 명조 자체를 부흥하는 운동은 결코 아니었다.

결국 현실적으로 불가능한 명조를 부흥한다는 복명의 관념은 명조 멸망과의 시간적 거리감으로 인해 명조 자체에 대한 부흥보다는 점차 한족 국가의 건설이라는 복명의 관념으로 전환되었다고 생각된다. 풍자유가 19세기 말에 활동한 삼합회의 수령인 정사량을 '반청복한(反淸復漢)'의 소유자라고 평가한 것[115]은 명조를 부흥한다는 복명에 대한 현실적 불가능을 표현하고, 한족 국가의 건설을 의미한 단적인 예로 볼 수 있다. 또한 혜주기의의 과정에서도 대진국(大秦國) 건립의 기치 아래 새로운 군주를 세워 중국을 부흥·보존하자는 표현[116]에서도 이러한 측면이 보인다. 따라서 천지회의 복명 개념은 처음에 명조를 재건한다는 것에서 점차 시간이 흐를수록 한족의 국가를 건설하는 의미인 '복한(復漢)'이나 '흥한(興漢)'의 관념으로 전환되었던 것이다.

114 T. Hamburg, *The Vission of Hung-Siu-tsuen and Origin of the Kwang-Si Insurrection*, Hong Kong, 1854, 簡又文 譯, 「太平天國起義記」, 楊家駱 主編, 『太平天國文獻彙編』 6, 臺北: 鼎文書局, 1974, 872쪽.

115 馮自由, 「鄭士良事略」, 『革命逸史』 1, 24쪽.

116 「會黨致函西報」, 『淸議報』 62, 光緖26.9.11., 9쪽; 「淸粤督德壽奏報惠州革命黨起事摺」(馮自由, 「庚子惠州三洲田革命軍實錄」, 『革命逸史』 5, 22쪽).

(2) 흥중회의 '구제달로, 회복중국'

하와이흥중회의 맹서에는 유명한 문구가 있는데, 바로 "구제달로, 회복중국, 창립합중정부"[117]이다. 우선 '구제달로'는 청조를 타도하자는 뜻이고, '회복중국'은 한족의 국가를 회복하자는 의미이다. 따라서 '구제달로, 회복중국'은 천지회의 '반청복명'과 같은 맥락에 속하는 것이다. 그 뒤의 '창립합중정부'만이 손문 등의 흥중회에서 제시한 또 다른 새로운 정치 강령이었다.

19세기 중엽 이후로 미국을 합중국이라 부르는 것이 사람들 대부분의 공통적 인식이었기 때문에 합중정부는 미국식 공화정부를 의미한다.[118] 19세기 말엽 손문도 비록 '공화정치'·'연방공화'를 언급하고는 있지만,[119] 이에 따른 국가구성에 대해서는 명확히 설명하고 있지 않다. 손문이 국가구성에 대한 명확한 관념을 체계화시킨 시기는 1903년부터 주장해 온 '구제달로(驅除韃虜), 회복중화(恢復中華), 건립민국(建立民國), 평균지권(平均地權)'이 1905년 중국동맹회(中國同盟會)의 공식강령으로 채택되는 무렵이다. 이후 평균지권을 포함한 민국건설·민족국가건설 등은 삼민주의(三民主義)로 체계화되었고, 이 3단계의 혁명방안은 그 뒤 일관되게 손문 평생의

---

117 「檀香山興中會盟書」(1894.11.24), 『孫中山全集』 1, 20쪽. 비록 이 맹서가 『단산화교』(鄭東夢 編, 『壇山華僑』, 壇香山: 壇香山華僑編印社, 1929)에 처음으로 실려 있기 때문에 이 맹서 자체를 후세의 사가들에 의해서 추체험적으로 도입되었다는 비판의 소지가 있다. 그러나 손문이 1896년 12월에 이미 조정〔淸朝〕을 타도하고 입헌정부로 대신한다고 하는 신념을 표명(「第一次廣州革命的起源」(1896.12), 『孫中山集外集』, 3-7쪽)하고 있기 때문에 이 맹서 자체를 완전히 부정할 수는 없다. 이러한 현상이 일어난 원인에 대하여, 김형종은 비밀조직에 의한 초기적 혁명운동이라는 상황과 혁명운동을 위한 정세변화에 부응하기 위한 손문〔흥중회〕의 구체적인 책략이었다고 보고 있다(김형종, 「淸末 革命派의 '反滿'革命論과 '五族共和'論」, 『中國現代史硏究』 12, 2001, 3쪽).

118 陳錫祺, 『同盟會成立前的孫中山』, 廣州: 廣東人民出版社, 1984, 35쪽.

119 「與宮崎寅藏平山周的談話」(1897.8), 『孫中山全集』 1, 172-174쪽.

혁명운동 방안이 되었다.[120]

이렇게 본다면 19세기 말엽 손문은 반청에 대한 분명한 목표를 갖고 있었지만, 새로 일어날 국가에 대한 구상을 명확하게 확립하지 못한 상태였다. 따라서 19세기 말엽 손문이 품고 있었던 사상의 근본은 주로 '구제달로, 회복중국'이라는 이민족 통치지배의 거부와 한족 국가의 회복이라는 민족주의적 입장이었다.

요컨대 천지회의 반청복명에서 청조를 타도하자는 반청이라는 관념은 구성원들의 사상적·정치적 목표였다. 또한 복명이라는 관념은 명조가 멸망한 시점으로부터 멀어질수록 명조를 부흥한다는 관념에서 한족의 국가를 세우자는 것으로 전환되었다. 이러한 천지회의 반청복명은 손문의 초기 혁명활동 과정에서 내세운 '구제달로, 회복중국'과 그 궤를 같이 하는 한족 중심의 민족주의를 표방한 것이었다. 이점이 바로 천지회와 흥중회가 연결될 수 있었던 사상적 기반이 되었다.

2) 현실적 기반

(1) 19세기 말엽 광동 천지회의 활동 재개[121]

함풍 4년(1854) 천지회 반란의 실패 이후 광동에서 천지회의 활동은 일시적으로 상당한 타격을 받게 되지만, 1870년대 중반을 전후하여 재기하게 된다. 우선 19세기 후반 광동의 천지회는 삼합회·삼점회의 명목으로 광서 연간에 들어가면서부터 혜주부를 중심으로 하여 광주·고주(高州)·경주(瓊州)·조경(肇慶)·조주(潮州)·뇌주(雷州)부와 가응(嘉應)·남웅(南雄)주에

120 林增平, 「孫中山民主革命思想的形成」, 21-27쪽; 민두기, 『중국의 共和革命』, 서울: 지식산업사, 1999, 63-66쪽.

121 이 부분에 대한 자세한 언급은 이평수, 「19世紀末 廣東地域 天地會의 活動再開」, 『中國史硏究』 46, 2007(본서 제5부 제1장) 참조.

서 그 활동과 봉기가 재개되었다. 특히 천지회의 봉기의 경우, 광서 원년(1875) 혜주 귀선(歸善)현 여득맹(余得萌)의 봉기를 시작으로 하여 광서 10년(1884) 혜주 귀선현 황아춘(黃阿春)의 삼점회 봉기, 광서 12년(1886) 혜주 귀선현 삼합회의 봉기, 광서 18년(1892) 조경부 양강(陽江)청 담운청(譚運靑)의 삼합회 봉기, 그리고 광서 19·20년(1893·94) 소주(韶州)부 곡강(曲江)현 유규매(劉岎妹)의 삼점회 봉기 등이 발생했는데, 그 참여 인원을 보면 적게는 수백에서 수천 명에 이를 정도였다.

이러한 19세기 말엽 천지회의 활동 재개의 상황은 광서 29~31년(1903~1905) 양광총독(兩廣總督) 잠춘훤(岑春煊)이 광동을 5로로 나누어 진행한 청향(淸鄕)을 통해서 타단(打單)·약탈〔搶劫〕·노륵(擄勒)한 천지회의 두목을 비롯한 회원들을 중로에서 2,900여 명, 남·북로에서 각각 160여 명, 동로에서 1,400여 명, 서로에서 5,450여 명을 체포하여 처벌했다는 점[122]에서 이 시기 광동 전역으로 천지회가 재차 확산되었음을 보여주고 있다. 특히 1902년 구구갑(歐榘甲)이 『신광동(新廣東)』을 저술하면서 천지회와 같은 비밀결사의 개조와 통합을 통해서 광동, 나아가 중국 전역을 독립시킬 수 있다고 주장한 것[123]도 이러한 상황의 반영하고 있는 것이다. 이러한 19세기 말엽 천지회의 활동 재개는 당시 광동에서 대두한 흥중회의 혁명파 세력과 합작할 수 있었던 전제조건으로서의 현실적 기반이 되었다.

122 「署兩廣總督岑春煊奏廣東歷年辦理淸鄕情形摺」(光緖32.5.28.), 中國第一歷史檔案館北京師範大學歷史系 編選, 『辛亥革命前十年間民變檔案史料』 下, 北京: 中華書局, 1985, 453-455쪽.

123 太平洋客(歐榘甲), 『新廣東』, 張楠·王忍之 編, 『辛亥革命前十年間時論選集』 1, 北京: 三聯書店, 1960, 306-308쪽.

(2) 천지회의 인력공급과 흥중회의 무기공급

아편전쟁·태평천국운동·염군봉기(捻軍蜂起) 등으로 대내외적인 위기감을 느낀 청조는 증국번(曾國藩)·이홍장(李鴻章)·좌종당(左宗棠) 등의 양무관료(洋務官僚)를 중심으로 서양의 과학기술을 채용하자는 소위 '양무운동(洋務運動)'을 추진하게 된다. 이로 인해 19세기 말엽에 강남제조국(江南製造局) 등 4대 병기공장을 중심으로 25개의 군수공장이 설립되었다. 그 결과 중국의 전통적인 병기가 근대적인 병기로 대체되기 시작하였다. 이 군수공장에서는 총기·실탄·대포 등의 병기류를 생산했는데, 특히 총기류의 경우 21곳에서 만들어져 공급되었다.[124]

광동의 경우도 이러한 신식 총기류 등의 근대적 무기를 상당량 보유한 것으로 보인다. 예를 들어 1900년 혜주기의가 한창 진행 중에 있을 때, 광서 지역에서 별개의 회당 봉기가 있었다. 이 때 광서의 지방관은 이 지역에 관군의 병력이 부족하고 무기가 변변치 못했기 때문에 양광총독에게 청하여 연발식 소총〔快利步槍〕 10만 정을 얻을 정도였으니, 광동의 신식무기 보유상황을 가히 짐작할 수 있다.[125]

이러한 상황에서 천지회에서 사용한 주요 무기는 대체로 칼이나 사슬과 같은 전근대적인 무기였다.[126] 가끔 봉기과정에서 청군으로부터 탈취해 소유한 근대적인 총은 몇 자루 안 되었고, 게다가 총은 있을지라도 실탄의 문제도 결부되어 있었다. 19세기 말엽 광동에서 천지회의 무장기의에서 무기가 차지하는 중요성에 대해서는 스탠튼(Stanton)이 기록한 삼합회 봉기에 잘 나타나 있는데, 다음과 같다.

124 王志光 主編, 『中國近代兵器工業』, 北京: 國防工業出版社, 1998, 25-90쪽, 428-429쪽.

125 「記粵省軍事」, 『淸議報』 62, 光緖26.9.11., 9쪽.

126 W. P. Morgan, *Triad Societies in Hong Kong*, Hongkong: The Government Printer, 1960, pp.74-75 사이에 수록된 무기사진 참조.

1886년 광동 혜주의 임산(稔山)에서 Chang King-chung과 Wong Pau-shik을 두목으로 한 약 3,000명 정도의 삼합회 봉기가 있었다. 이들은 주로 객가(客家)였는데, 봉기의 원인은 정부 관료의 억압에서 비롯되었다. 봉기 초기에는 몇몇 정부 관료들이 살해되기도 하였다. 이 봉기의 경우에는 400명 정도가 홍콩 출신으로 대부분 구룡(九龍)에서 모은 석공(石工)들이었다. 이 홍콩삼합회는 칼과 연발권총으로 무장했는데, 두목인 Ho Ye-mo와 Au Shai-chu의 명령을 받았다. 이들의 목적은 임산의 (삼합회) 군대를 강화시키는 것이었다. 그러나 귀선의 Hachung에 도달했을 때, 임산의 봉기군이 장군 Fang과 Cheng에 의해서 격파되었음을 알았다. 이리하여 이들은 싸워보지도 못하고 흩어졌다. 혜주의 봉기군은 무기가 열악했기 때문에, 결과적으로 이들의 봉기는 쉽게 진압되었던 것이다.[127]

위의 1886년 혜주 임산에서 발생한 삼합회의 봉기는 결국 근대적 무기의 활용 여부가 천지회의 무장봉기에서 일차적 관건이 되고 있음을 보여주는 대표적인 사례라 할 수 있다. 이러한 상황에서 전근대적인 무기로 무장한 천지회가 근대적 무기로 무장하여 이들을 진압하는 청군 혹은 지방의 단련·향용을 제압하기에는 상당한 어려움이 있었다. 그 때문에 19세기 말엽 전국에서 일어난 민변(民變)은 대부분 진압되었고, 천지회의 경우도 예외일 수는 없었다. 천지회에서 현실적으로 무장봉기의 성공여부를 결정짓는 것은 정치사상과 인적자원의 문제 못지않게 무기 공급의 문제였음을 알 수 있다.

따라서 광주·혜주기의에서 천지회가 흥중회로부터 근대적 무기를 제공받고, 이후 무장기의를 실천했다는 것은 이 무장기의가 천지회의 인력

127 William Stanton, *The Triad Society or Heaven and Earth Association*, Hongkong: Kelly & Walsh, 1900, p.23.

공급과 흥중회의 무기공급이라는 전제 하에서 추진되었음을 말해주고 있다. 이러한 무장기의의 일차적 수단이 맞아떨어지는 상호필요성은 천지회와 흥중회가 합작할 수 있었던 현실적 기반이 되었다.

(3) 광동 연해지역의 천지회 활동 형태

19세기 말엽 손문이 전개한 반청혁명의 진행상황을 살펴보면, 기본적으로 한 지역에 혁명근거지를 구축하여 그곳을 기반으로 청조를 타도하고자 하였다. 이 근거지를 손문은 광동으로 설정하였다. 그렇다면 당시 흥중회는 광동의 여러 지역 중에서도 왜 광주·혜주와 홍콩이라는 특정 지역을 혁명 활동의 근거지로 설정했던 것일까? 그 이유는 기본적으로 광주와 혜주가 각각 손문과 정사량의 출신지였다는 점과 광동에서 천지회의 활동이 가장 왕성했다는 점에 있고, 홍콩의 경우 조계(租界)의 형성이 반정부 언론의 요람이 되면서 혁명 활동의 안전지대를 제공해주고 있었다는 점에서 찾을 수 있다.

그런데 이 지역에서의 천지회 활동형태와 흥중회가 추진한 두 차례의 무장기의의 형태를 비교해 보면, 다음과 같은 주목할 만한 공통점이 발견된다. 광동의 내지에서 결배(結拜)하고 해당지역에서 활동하는 형태를 광동에서 천지회 활동의 기본 형태라고 한다면, 1880년대 이후로 광동 밖의 외지에서 결배하고 광동의 내지로 돌아와 활동하는 형태가 자주 발견된다. 즉 "광주·혜주·조주의 비도는 홍콩·마카오를 소굴로 삼고, 염주·경주의 비도는 월남(越南)을 도피처로 여긴다."[128]는 양광총독(兩廣總督) 장지동(張之洞)의 지적처럼, 광동에서 천지회의 활동이 광동 자체에만 국한되지 않았다. 이러한 활동형태는 1900년대에 이르러 더욱 심해졌는데, 양광총독 잠춘훤(岑春煊)은 광동이 양계(洋界)와 가까워 비도들이 도망

128 「查辦匪鄉摺」(光緒11.12.27.), 『張之洞全集』 1, 卷14, 380쪽.

가기가 쉽다고 하면서 양계로 도망간 비도들에 대하여 누차 양관(洋官)에게 문서를 보내 대신 체포해 달라고 요청할 정도였다.[129]

이러한 상황을 종합해 보면, 광동에서 천지회는 중국의 통치영역에서 벗어난 홍콩이나 마카오 등의 식민지 도시나 월남과 같은 외국에서 결배한다. 이후 이들은 광동으로 들어와 봉기를 일으키고, 실패할 경우 다시 홍콩·마카오나 월남으로 도망간다. 이러한 활동형태는 광동 내지에서 결배하고 그 지역에서 봉기하는 경우보다 봉기가 실패할 경우 도망가기 쉬웠으므로 참여한 구성원의 피해를 최소화 할 수 있었다. 특히 천지회의 이러한 활동형태 중에서 '홍콩↔혜주' 형태의 천지회 활동이 가장 두드러졌다. 그 원인은 혜주의 많은 인민들이 빈고한 생활로 인해 인접한 홍콩으로 진출하여 생계를 유지하는 일이 많았고, 홍콩삼합회와 밀접한 관련을 맺고 있었기 때문이다. 이에 따라 혜주가 삼합회의 주요한 활동거점으로 되었다.[130] 결국 광동 연해지역에서 발생한 천지회의 봉기 형태를 고려해 볼 때, 흥중회가 추진한 '광주↔홍콩' 형태의 광주기의와 '혜주↔홍콩' 형태의 혜주기의도 그 연장선상에 있었음을 알 수 있다. 이러한 일치성은 광동에서 천지회와 흥중회가 합작할 수 있었던 봉기방법상의 현실적 기반이 되었다.

(4) 흥중회의 회원구성과 입회의식

손문에게 가장 중요한 문제는 정사량과의 대화에서 스스로 밝혔듯이, 광동에 산만하게 분산되어 있는 천지회를 중심으로 한 회당 세력을 어떻게 규합하여 반청혁명의 세력으로 이용하는가에 있었다. 이 문제는 앞서 언

129 「署兩廣總督岑春煊奏廣東歷年辦理清鄉情形摺」(光緒32.5.28.), 『辛亥革命前十年間民變檔案史料』 下, 455쪽.

130 이평수, 「19世紀末 廣東地域 天地會의 活動再開」, 301-302쪽.

급한 대로, 정사량의 활동에 의해서 대부분 해결되었다. 이러한 측면은 흥중회의 회원구성이나 입회방식 등을 통해서도 확인할 수 있다.

첫째, 흥중회의 회원구성이다. '구제달로, 회복화하'를 종지로 하고 '흥중회'를 회명으로 하자는 제의가 나올 1893년 당시까지만 해도 천지회 출신으로는 정사량과 왕열뿐이었다.[131] 그러나 1895년 홍콩흥중회를 창설한 이후에 광동 천지회 출신이 큰 비중을 차지하게 되는데, 종래의 연구 성과를 종합하여 흥중회 회원의 구성분포를 보면 〈표 4〉로 정리할 수 있다.

〈표 4〉 흥중회 회원에서 회당 관련 인사의 비율

흥중회 회원 수	회당 인사 수	비률(%)	근거자료
279 (전체)	34	12	ⓐ, 15쪽.
325 (전체)	44	14	ⓑ, 199쪽.
42 (홍콩)	14	33	ⓒ, 39쪽.
35 (홍콩)	15	43	ⓓ, 77쪽.

〈근거자료〉 ⓐ 來新夏, 「反淸的秘密結社」, 『歷史教學』 1958-10; ⓑ 張玉法, 『淸季的革命團體』, 臺北: 中央硏究員近代史硏究所, 1975; ⓒ 陳劍安, 「廣東會黨與辛亥革命」, 中南地區辛亥革命史硏究會湖南省歷史學會 編, 『紀念辛亥革命七十周年靑年學術討論會論文選』 上, 北京: 中華書局, 1983; ⓓ 蔣政, 『國父革命與洪門會黨』, 臺北: 正中書局, 1981.

이 표를 보면, 흥중회 회원 중에 직접적으로 회당과 관련이 있는 인사가 많이 참가하고 있음을 알 수 있다. 즉 내신하(來新夏)와 장옥법(張玉法)

131 흥중회의 핵심구성원 중에 양구운·사찬태·진소백 등은 삼합회와 밀접한 관련을 맺고 있었다. 그러나 양구운·사찬태 등은 삼합회의 인사와 밀접한 관계를 유지했으나 천지회에 가입한 기록은 찾아 볼 수 없다. 또한 진소백은 혁명 세력의 규합을 위해 의도적으로 홍콩삼합회에 가입하여 백선(白扇)으로 추대되었으므로 본 출신이 천지회는 아니었다.

의 분석은 흥중회에 가입한 전체회원을 대상으로, 진검안(陳劍安)과 장정(蔣政)의 분석은 홍콩흥중회에 가입한 회원만을 대상으로 삼고 있다. 흥중회 전체의 회원구성비율에서는 회당의 인사가 약 12~14%정도로 적게 구성되어 있지만, 손문이 광동를 근거지로 삼기 위해 창설한 홍콩흥중회에 한해서 본다면 약 33~43%로 그 비중이 크게 나타나고 있다.

따라서 흥중회의 서사 중에 '구제달로, 회복중국'은 천지회의 구호인 '반청복명'과 일맥상통하는 것으로 손문과 천지회를 사상적으로 연결시켜 주는 중요한 역할을 했을 뿐만 아니라 이 강령을 흥중회의 종지로 전면에 부각시킴으로써 천지회의 인사를 흥중회에 적극 가입시키는 현실적 기반이 되기도 하였다. 결국 손문이 홍콩흥중회를 창설할 때, 천지회를 반청혁명에 이용하려는 의도에서 천지회와 직접적으로 관련이 있는 인사들을 큰 비중으로 홍콩흥중회로 끌어 들었던 것으로 보인다.

둘째, 흥중회의 입회의식과 규제(規制)이다. 손문은 흥중회를 창립하기 이전에 정사량·왕열 등의 천지회 인사와 교제한 덕택으로 회당에 대한 인식이 깊어졌다. 이러한 측면은 흥중회의 입회의식과 규제에 잘 반영되어 있다. 즉 입당을 할 때 반드시 회원에게 선서를 한 점, 기회원의 소개를 통해 입당한 점, 비밀수화나 암호를 통해 회원을 연결한 점, 문서에 천운이라는 연호를 사용한 점이나,[132] 회원들에게 충(忠)·의(義) 및 일심일덕(一心一德)을 강조한 점,[133] 입회자에게 은 5원의 입회비를 걷은 점[134] 등은 모두 천지회의 영향이다. 이러한 점을 고려해 볼 때, 흥중회는 천지회의 제도를 상당부분 수용하여 천지회 및 기타 회당의 주요 인사들을 수용했음을 알 수 있다.

132 蔣政,『國父革命與洪門會黨』, 85-94쪽.

133 「香港興中會章程」,『孫中山全集』1, 22쪽.

134 「檀香山興中會章程」,『孫中山全集』1, 19쪽.

이상과 같이 흥중회의 회원 구성에서 회당 관련 인사의 비율, 흥중회의 입회의식과 규제 등에서 천지회의 제도를 수용한 것은 무엇보다도 광동 천지회를 중심으로 회당 세력을 결집하기 위한 흥중회의 전략적 착상이었다. 이러한 점 역시 두 집단이 합작할 수 있었던 현실적 기반이 되었다.

소결

천지회가 광주기의와 혜주기의에 참여할 수 있었던 계기는 바로 손문과 정사량의 인적 기반에서 비롯되었다. 이 두 사람은 1886년 광주의학교에서 동학으로 처음 대면했고, 정사량은 당시 손문의 혁명론에 동조하여 동지가 되었다. 1890년에 이르러 손문은 홍콩에서 사대구라는 집단을 통해 자신의 혁명론을 적극적으로 모색하기 시작하였다. 이 때 이 대열에 정사량이 삼합회의 수령이라는 신분으로 가담하게 되는데, 이는 손문이 당시 구상하고 있었던 혁명론에 실천가능성을 제공한 셈이 되었다. 그 결과 1893년 손문은 사대구의 핵심 구성원들과 함께 광주의 항풍헌에서 회명을 '흥중회'로, 그 종지를 '구제달로, 회복화하'로 내세우며 혁명단체의 설립에 대한 구체적인 윤곽을 잡아갔다.

그 이듬해 하와이로 건너간 손문은 1894년 11월 마침내 '구제달로, 회복중국, 창립합중정부'를 종지로 하는 하와이흥중회를 창립하였다. 홍콩으로 돌아온 손문은 1895년 1월 흥중회의 조직적 기반을 확대하기 위하여 양구운·사찬태를 중심으로 한 보인문사와 연합하여 동년 2월에 홍콩흥중회를 결성하였다. 이후 손문은 동년 10월에 광주기의를, 그로부터 약 5년 후인 1900년 10월 혜주기의를 각각 추진하게 된다. 이처럼 손문이 혁명단체를 조직하여 무장기의를 전개할 수 있었던 배경에는 손문을 혁명의 '언론단계'로부터 '실행단계'로 들어서게 한 정사량이라는 삼합회의 수령이 광동에서 천지회를 중심으로 한 회당 세력을 동원할 수 있었던 사정이 자리 잡고 있었기 때문에 가능하였다.

이 광주기의와 혜주기의의 경우, 한편에서는 양구운·손문 등을 중심으로 한 흥중회의 수뇌부에 의해서 무장기의를 위한 자금확보·무기공급·대외교섭·후방지원·암살활동이 이루어졌고, 다른 한편에서는 정사량 등을 중심으로 한 천지회와 기타 회당의 주요 인사에 의해서 무장기의를 실천에 옮길 수 있는 천지회를 중심으로 한 기의군의 결집과 이들에 대한 지휘통제가 진행되었다. 따라서 이들 무장기의의 기본구조는 손문과 정사량의 인적 기반 하에서 정사량을 중심으로 한 천지회와 기타 회당 세력의 주요 인사를 매개로 하여 흥중회와 천지회가 합작한 형태였던 것이다.

여기에서 합작의 기반을 보면, 그 사상적 기반에는 공통된 반청 이념이 자리 잡고 있었다. 흥중회의 서사 중의 '구제달로, 회복중국'과 천지회의 '반청복명'이 사상적인 측면에서 서로 합치되었다. 특히 반청복명에서 복명은 말 그대로 하면 명조를 재건한다는 의미이지만, 19세기 말엽에 이르면 현실적으로 불가능한 일이 되었기 때문에 명조와 같은 한족의 국가를 재건하자는 의미로 전환되었다. 또한 현실적 기반에는 19세기 말엽 천지회의 활동 재개를 전제조건으로 해서, 천지회의 인력공급과 흥중회의 무기공급이라는 무장기의의 일차적 수단을 상호 의존하는 측면이 있었다. 천지회의 경우, 양무운동을 계기로 청조가 근대적 무기를 생산하기 시작하면서 당시 각 지역 천지회의 봉기에서는 이러한 근대적 무기의 사용 여부가 봉기 성공의 관건이 된 상황이 자리 잡고 있었다. 아울러 흥중회는 입회의식이나 규제 방면에서 천지회의 제도를 상당 부분 수용했고, 그 종지 중에서도 '구제달로, 회복중국'을 전면에 부각시킴으로써 천지회의 인사를 흥중회에 적극 가입하도록 유도하였다. 특히 무장기의의 활동의 형태를 통해서 광주기의와 혜주기의는 19세기 말엽 광동에서 천지회의 활동 형태로 두드러지게 나타난 혜주↔홍콩이라는 연계 활동의 연장선상에서 이루어졌던 것이다.

주목할 점은 광주기의에서부터 표면화된 양구운·손문의 흥중회에 대한 취약한 지휘권으로 인해 무장기의가 실제로 일어난 혜주기의에서는 기의의 실질적인 군사지휘와 기의군의 통제, 그리고 천지회를 중심으로 한 회당의 동원은 모두 정사량을 중심으로 한 천지회의 회수들에 의해서 이루어졌다. 그 결과 무장기의를 주도하는 실질적인 주체 역시 양구운·손문 등의 흥중회에서 정사량을 중심으로 한 천지회의 회수로 바뀌게 된다. 이러한 측면은 혜주기의 당시 기의군에 의해서 천지회의 명의로 독자적으로 대외선전 포고문을 작성한 점이나 그 내용에서는 흥중회의 국가체제 기본방향인 합중정부의 건립과는 성격이 다른 대진국으로의 지향, 그리고 진군 과정에서 기의군이 사용한 전통적인 천지회의 구호·암호·복장·깃발 등의 여러 측면에서 확인되었다. 이러한 현상 역시 이들 무장기의가 천지회와 흥중회의 합작을 통해서 발생했음을 반영하고 있는 것이다.

요컨대 19세기 말엽 광주·혜주·홍콩에서 전개된 혁명 활동은 광동의 민간사회에서 장기간 성장한 천지회와 이제 막 설립된 흥중회의 상호작용에 의해서 이루어졌던 것이다. 환언하면 청대 광동에서 천지회가 장기간 동안 발전한 바탕 위에서 19세기 말엽 광주·혜주·홍콩을 중심으로 새롭게 출현한 손문의 초기 혁명 활동이 비로소 가능했던 것이다. 이는 또한 이들 무장기의가 천지회라는 전통적인 집단과 흥중회라는 근대적인 집단이 결합하고 있었던 당시 광동 사회의 시대적 결과물이기도 하였다. 이후 20세기 초에 이르러 신해혁명에 의해 청조가 붕괴될 때까지 이와 유사한 형태의 무장기의가 광동은 물론이거니와 광서·절강·호남·

사천 등의 화남·화중 지역을 중심으로 여러 차례 발생하게 된다. 양자 간의 결합정도나 이해관계는 각 지역의 역사적 상황에 따라 상이하겠지만, 신해혁명시기 발생한 여러 무장기의를 분석하는 경우 적어도 혁명파의 관점에서 일방적으로 접근되어서는 안 될 것이다.

| 결 론 |

청대 천지회는 어떠한 비밀결사였는가?

본서에서는 천지회를 구성하는 세 가지의 세계, 즉 기원전설의 세계, 내부형성의 세계, 외부활동의 세계를 천지회의 역사상을 복원하기 위한 결사의 공간으로 설정하였다. 이러한 공간이 서로 어떻게 연결되어 있었는지를 파악하기 위해서는 그 구체적인 방법으로서 각각의 공간에서 탄생하여 그것을 매개했던 결사의 정체성 문제에 주목해 볼 필요가 있다.

정체성의 사전적 의미는 "변하지 아니하는 존재의 본질을 깨닫는 성질 또는 그 성질을 가진 독립적 존재, 즉 아이덴티티(identity)"라고 정의되는데,[1] 특히 국가나 민족을 비롯하여 특정한 집단이나 결사의 경우와 관련하여 주목되는 점은 그것이 '단수의 대문자 정체성(Identity)'이기보다는 '복수의 소문자 정체성(identities)'으로 구성되어 있다는 것이다.[2] 천지회라

---

1 https://stdict.korean.go.kr (검색어: 정체성)

2 손강(孫江)은 1895~1955년에 이르는 긴 시간에서 이른바 '탈구축의 혁명사 서술'을 목표로 중국혁명사에 대한 사회사적 연구의 전환을 혁명과 비밀결사의 관계라는 각도로부터 출발한 저서를 발표했는데, 그는 여기에서 '단수의 대문자 혁명'(Revolution)과 '단수의 대문자 비밀결사'(Secret Society) 및 '복수의 소문자' 혁명(revolutions)과 '복수의 소문자 비밀결사'(secret societies)라는 용어를 사용하였다.(孫江, 『近代中國の革命と秘密結社: 中國革命の社會史的硏究(1895~1955)』, 東京: 汲古書院, 2007, 7-14쪽, 62-65쪽). 이러한 개념을 차용하여 여기에서는 천지회의 역사상을 설명하기 위해서 '단수의 대문자 정체성(Identity)'과 '복수의 소문자 정체성(identities)'이라는 용어를 만들어냈다.

는 결사의 정체성 문제와 관련하여 구체적으로 말하자면, 강희파와 건륭파로 대별되는 기존의 연구에서는 각각 반청복명(反淸復明)의 천지회와 상호부조(相互扶助)의 천지회라는 단수의 대문자 정체성을 가진 천지회의 역사상을 학계에 출현시켜 놓았다고 말할 수 있다. 가령 강희파를 대표하는 혁치청(赫治淸)과 호주생(胡珠生)의 견해를 종합해 보면, 천지회는 청초의 만한(滿漢) 민족모순으로 인해 반청복명을 종지로 출현하고 활동한 정치적 결사였다.[3] 이에 반해 건륭파를 대표하는 채소경(蔡少卿)과 진보기(秦寶琦)의 경우를 보면, 천지회는 회원들 사이의 상호부조를 진행하기 위해서 탄생하고 활동한 사회경제적 결사였다.[4] 이처럼 두 학파 간의 세부적인 결론은 서로 다르지만, 강희파는 반청복명의 천지회, 건륭파는 상호부조의 천지회라는 단수의 대문자 정체성을 가진 결사로 규정했다는 점에서 공통점을 갖는다. 따라서 기존의 전통적인 시각인 단수의 대문자 정체성을 가진 천지회의 역사상을 해체하고, 그 대신 복수의 소문자 정체성을 가진 천지회의 역사상으로 환원시켜야만 '청대 천지회는 어떠한 비밀결사였는가'라는 화두에 대한 최종적인 해답을 내놓을 수 있을 것이다.

상호부조의 정체성: 허구적 가문으로서의 천지회

혈연(血緣)·혼인(婚姻)·사제(師弟)·지연(地緣) 등의 각종 관계를 통해서 중국 역사상 민간사회에 존재했던 수많은 정치형·경제형·군사형·문화생

3 赫治淸, 『天地會起源硏究』, 北京: 中國社會科學院出版社, 1996, 320쪽; 胡珠生, 『淸代洪門史』, 沈陽: 遼寧人民出版社, 1996, 1-2쪽.

4 蔡少卿, 『中國近代會黨史硏究』, 北京: 中華書局, 1987, 61-63쪽; 秦寶琦, 『淸前期天地會硏究』, 北京: 中國人民大學出版社, 1988, 1-5쪽.

활형의 결사는 그 구성원·목적·활동의 형태를 제각기 달리했을지라도 기본적으로 구성원들의 상호부조를 위해서 성립되었다.[5] 의형제(義兄弟)의 관계를 통해서 조직되는 회당(會黨)이라는 비밀결사 역시 이점에 있어서는 마찬가지였다. 특히 청대 민간사회에서는 『삼국지연의(三國志演義)』와 『수호전(水滸傳)』의 문화유산을 물려받아 이른바 삽혈결맹(歃血結盟)으로써 의형제의 관계를 생성하는 비밀결사가 대량으로 출현하였다. 청조 국가권력은 처음에 이러한 결사를 "회(會)를 결성하고 당(黨)을 심는다[결회수당(結會樹黨)]"는 표현으로 기록했는데, 여기에서 회당이라는 말이 연원한다. 청초 복건(福建)에서 출현한 철편회(鐵鞭會)·부모회(父母會)·도원회(桃園會)·자룡회(子龍會)·일전회(一錢會)와 같은 회당이 그 시초가 된다.[6] 이들 청초의 회당은 회원들 사이의 상호부조를 기본적인 목표로 했기 때문에 향촌에서 사소한 분쟁이 발생하게 되면 무력을 동원하여 해결하고자 시도하였다. 그러나 이들의 행동에는 적어도 청조 국가권력에 도전할 만한 어떠한 사상적·이론적 근거가 존재하지 않았다.

청 중엽에 이르러 건륭 26년(1761) 복건에서 천지회(天地會)라는 회당이 역사의 무대에 본격적으로 등장하여 활동하기 시작하였다. 적어도 건륭 51년 11월(1787년 1월) 복건 대만(臺灣)부에서 임상문(林爽文)의 천지회 반란이 일어나기 이전까지 청조 국가권력은 천지회의 존재를 인식하지 못했으니, 천지회는 이 기간 비밀스럽게 활동하고 있었던 셈이다. 의형제 집단으로서 천지회도 기본적으로 회원들 간의 상호부조를 위해 여러 가지 활동을 진행하였다. 가령 천지회는 주요 구성원이 하층 인민들이었기 때문에 혼인·장례와 같은 가정의 대사나 질병·사고와 같은 불의의 일 혹은 사기·모욕과 같은 개인적 원한처럼, 어려운 일이 있으면 회원들이

5 陳寶良, 『中國的社與會』, 杭州: 浙江人民出版社, 1996, 13-19쪽, 446쪽.
6 莊吉發, 『清代秘密會黨史研究』, 臺北: 文史哲出版社, 1994, 50-51쪽.

서로 도와준다는 상호부조의 활동을 수행하였다. 그러나 이러한 상호부조의 활동은 천지회가 조직된 이후에 이루어진 실천적 행동이었다는 점에서 결사 자체가 보유한 상호부조의 정체성과 구별되어야 한다. 따라서 그 실천적 행위보다도 더 중요하게 지적해야 할 점은 천지회가 상호부조의 정체성을 갖기 위해서 만들어낸 형식과 내용이 이전 시대나 동시대의 다른 결사에서 전혀 찾아 볼 수 없는 독특한 형식과 내용으로 점철되었다는 것이다.

여기에서 천지회의 독특한 형식과 내용은 결사의 기원전설의 세계와 내부형성의 세계를 통해 창출된 홍문(洪門)이라는 허구적 가문에 기반을 두고 있다. 천지회는 광동(廣東)을 중심으로 중국의 남부 지역에 성행한 종족조직(宗族組織)을 모방했음에도 프리드만(Freedman)의 지적[7]과 같이 그것을 넘어서 하나의 가문을 형성하였다. 이 때문에 천지회의 구성원들은 삽혈맹서(歃血盟誓)라는 전통적인 방법을 통해서 각자의 서로 다른 성(姓)을 모두 동일한 성으로 바꾸어야만 했다. 여기에서 천지회에 가입한 회원들이 홍문이라는 가문으로 탄생되는 과정의 제1 원칙은 바로 "천(天)을 숭배하여 부(父)로 삼고 지(地)를 숭배하여 모(母)로 삼으며 홍(洪)자를 숭배하여 자신들의 성(姓)으로 삼는다."는 것이다.[8] 다시 말하면 천지회의 출현은 단순한 회당의 출현이 아니라 홍(洪)을 의성(義姓)으로 하는 일가인 홍가(洪家), 즉 홍문이라는 허구적 가문의 탄생이었던 것이다. 그 결과 홍문에 가입한 회원들에게는 그 구성원임을 확인시켜주는 각종 암호와 은어가 배타적으로 공유되기 시작했고, 나아가 가문의 질서를 유지

7 Maurice Freedman, *Lineage Organization in the Southeastern China*, London: University of London, 1958, p.121.(김광억 역, 『東南部 中國의 宗族組織』, 서울: 일조각, 1996, 154쪽).

8 이평수, 「清 嘉慶年間 天地會의 會員募集과 結社의 擴大·擴散: 廣東地域 天地會의 事例檢討를 中心으로」, 『史林』 21, 2004, 155쪽.(본서 제2부 제1장)

하기 위해서 「오계(五戒)」·「십대조율(十大條律)」·「삼십육서(三十六誓)」 등의 각종 규정들도 동시에 수반되기 시작하였다. 당연히 홍문이라는 가문이 발전해 가면서 은어와 암호를 비롯한 각종 규정들도 더욱 복잡하게 생성되어 갔던 것이다.

특히 홍문의 기원은 이른바 '서로고사(西魯故事)'로 알려진 결사의 기원전설의 세계에서 배태되었다. 현존하는 최고(最古)의 판본에 보이는 결사의 창립 이야기를 정리해 보면, 강희 연간(1662~1722)에 서로라는 이민족의 침략을 격퇴하여 큰 공을 세운 소림사(少林寺)가 청조에게 배신을 당하여 대부분 몰살되지만, 여기에서 살아남은 다섯 명의 소림사 승려, 즉 소림오승(少林五僧)이 주홍영(朱洪英: 명 황실의 후손)과 만운룡〔萬雲龍: 장림사(長林寺)의 개조승(開祖僧)〕등과 함께 청나라에 복수하기 위하여 반청복명(反淸復明)의 종지를 내걸고 홍가(洪家), 즉 천지회를 창립했다는 것이다. 이 이야기가 바로 홍문의 내부에서 전해 내려오는 가문의 창립과 관련된 기원전설이다. 따라서 홍문이라는 가문은 이러한 결사의 기원전설에서 배태되었기 때문에 가문의 창립자인 소림오승을 오조(五祖)로 승격시키고, 이들 오조를 비롯하여 주홍영과 만운룡 등을 자신들의 조상으로 숭배하기 시작했던 것이다. 게다가 홍문의 기원전설이 충성과 배신이라는 구조로 되어 있을 뿐만 아니라 결사 자체가 의형제 집단이라는 점에서 홍문은 『삼국지연의』와 『수호전』에 보이는 '영웅충의(英雄忠義)'의 관념을 매우 중시하였다.

그 결과 천지회의 구성원 중에서 문자의 사용 능력을 구비한 사람들은 결사의 기원전설의 세계와 내부형성의 세계에서 창출된 홍문이라는 가문의 질서와 내력을 창립 이야기, 시구(詩句), 도기(圖記), 문답(問答) 등의 다양한 형태로 읊조리면서 기념했던 것이다. 이러한 홍문의 독특한 형식과 내용은 결사의 내부에서 유전되어온 문서인 회부(會簿)에 상세히 기록되어 있으니, 회부란 말하자면 홍문의 족보였던 셈이다. 전체적으로 조감해 본다면, 천지회가 보유한 상호부조의 정체성은 이처럼 형제애를 바탕으로 한 홍문이라는 허구적 가문의 질서 속에서 구축되었던 것이다.

한편 유장근의 지적처럼 명의 멸망 이유를 문인결사의 횡행에서 찾은 청조는 애초부터 민간에서 조직되는 결사 자체를 국법에 명문화하여 철저히 금지했고, 이러한 국법을 내화한 종족의 규율 역시 개인이나 집단을 사(邪)와 정(正)으로 대별했으므로 민간에서 생성된 결사는 당연히 전자인 사(邪)의 범주에 포함되었던 것이다.[9] 이 때문에 천지회는 지역사회에서 결코 공인될 수 없었던 결사였다. 그 결과 천지회가 만들어낸 홍문의 형식과 내용은 외부에 대한 비밀을 전제로 결사가 진행한 일종의 모임인 입회의식을 통해서 창출되는 목양성(木楊城)의 세계에서 구현되었다. 목양성으로 들어가기 위한 과관의식(過關儀式)은 현실 세계를 벗어나 이상 세계로 들어가는 일종의 통과의례였고, 목양성에 진입하고 나서야 비일상적이면서도 엄숙한 삽혈맹서의 장치를 통해서 진정한 천지회의 회원으로 탈바꿈되었다. 이러한 재탄생의 과정을 통하여 회원들은 목양성의 제단에서 종교적 구원을 희구하기도 하였다. 단순히 의식의 종교적 측면을 부각시킨다면, 목양성은 셰노(Chesneaux)의 지적처럼 일종의 불교적 낙원(the Buddhist paradise)을 상징한다고 말할 수 있겠지만,[10] 홍문이라는 가문 자체가 허구적 종족공동체였기 때문에 목양성 역시 현실에서 유리된 이념적 지향의 세계였을 뿐이다.

따라서 천지회와 같은 결사는 오운비(Ownby)의 주장처럼 기존 사회질서(정주사회 혹은 정통사회) 내부의 변두리에 존재한 것[11]이 아니라 결사의 정

9 유장근, 『근대 중국의 지역사회와 국가권력』, 서울: 신서원, 2004, 39쪽(유장근, 「淸代 兩廣의 지역사회와 국가권력」, 『大丘史學』 61, 2000).

10 Jean Chesneaux, *Secret Societies in China: in the Nineteenth and Twentieth Centuries*, Ann Arbor: the University of Michigan Press, 1971, p.17.

11 David Ownby, "Chinese Hui and the Early Modern Social Order: Evidence from

치적 측면을 강조하지 않더라도 그것의 외부에 위치한 허구적 종족공동체였던 것이다. 이처럼 기존의 사회 질서를 모방·초월하여 그 외부에서 탄생한 천지회가 그 내부로의 진입을 시도하여 각종 활동을 전개했기 때문에 이들의 존재와 활동은 지역사회에서 불가피한 마찰을 불러 일으켰고, 이 과정에서 국가권력이 개입하게 된다.

여기에서 천지회의 종족적 기능을 강조하면 데이비스(Davis)의 견해대로 천지회는 의지할 데 없는 하층 인민들에게 '종족을 대체하는 역할(role as a substitute clan)'[12]을 수행하였다. 그리고 종족사회의 질서나 국가권력에 대한 도전·저항의 측면으로 접근하면 쿤(Kuhn)·포레(Faure)의 말대로 천지회는 합법적 '정통(othodox)'이 아닌 불법적 '이단(heterodox)'의 조직체[13]이었음과 동시에 이스트만(Eastman)의 지적처럼 천지회는 기존 유교체제 속의 인간관계와는 합치하지 않는 "반체제 문화의 윤리(the morality of a counterculture)"[14]를 가지고 있었다. 특히 천지회가 발전한 광동의 경우 강희 연간을 고비로 청대 후기로 갈수록 종족이 지역사회에서 차지하는 위상과 역할이 더욱 높아지고 강화되었다는 박기수의 지적[15]을 주목

Eighteenth Century Southeast China", David Ownby & Mary Somers Heidhues eds., *'Secret Societies' Reconsidered: Perspectives on the Social History of Early Modern South*, New York: Armonk, 1993, p.56.

12 Fei-Ling Davis, *Primitive Revolutionaries of China: A Study of Secret Societies in the Nineteenth Century*, London: Routledge & Kegan Paul, 1977, p.73.

13 Philip A. Kuhn, *Rebellion and its Enemies in Late Imperial China: Militarization and Social Structure, 1796~1864*, Cambridge: Harvard University Press, 1970, pp.165-175; David Faure, "The Heaven and Earth Society in the Nineteenth Century: An Interpretation", Liu Kwang-ching & Shek, Richard eds., *Heterodoxy in Late Imperial China*, 2004, pp.384-386.

14 Lloyd E. Eastman, *Family, Fields and Ancestors: Constancy in China's Social and Economic History, 1550~1949*, Oxford University Press, 1988, p.223.(이승휘 역, 『중국사회의 지속과 변화』, 서울: 돌베개, 1999, 299쪽).

15 박기수, 「明淸 시기 廣東에서의 국가권력·宗族의 위상」, 구태훈·박기수, 『전통사회의 사회질서와 경제발전: 17~19세기 일본과 중국』, 서울: 선인, 2007, 234쪽.

해 본다면, 건륭 26년(1761) 이후로 종족사회에서 이탈한 하층 인민들이 홍문이라는 허구적 종족공동체로 대거 편입되어 활동한 사실은 종족을 중심으로 전개된 기존 사회질서의 지배문화에 대응하여 새롭게 출현한 하위문화의 생성과 정착을 보여준다고 하겠다.

반청복명의 정체성: 천지회의 정치이념과 실천

천지회가 역사의 무대에 등장한 이후로 마치 중세 유럽을 강타한 페스트의 감염 속도처럼 광동(廣東)을 중심으로 화남(華南)의 각 지역사회로 조직의 급속한 확대와 공간적 확산을 거듭해 갔다.[16] 그리고 그만큼 결사의 반청복명이라는 정치이념도 강화되기 시작하였다. 왜냐하면 기원전설의 세계에서 홍문의 창립과 관련하여 탄생한 반청복명이라는 정치이념이 급기야 결사의 최초 결회(結會) 단계에서부터 이후 회원들을 모집하고 입회의식을 진행하는 결사의 내부형성 세계로 진입하면서 반청복명의 정체성을 구축하게 되었기 때문이다.

가령 결사의 기원전설 이야기에서 파생된 시구(詩句), 가본(歌本), 표문(表文), 맹서(盟誓), 화첩(花帖) 등에서 반청복명의 내용은 어김없이 발견되고 있다. 또한 기원전설의 이야기를 희곡으로 삼아 '연극적 공연(a theatrical performance)' 혹은 '연극의 형태(a form of theater)'로 진행된 결사의 입회의식에서는 무대장치를 비롯한 암호화된 각종 개별 의식들도 결사의 반청복명이라는 정치이념을 직간접적으로 역설하였다.[17] 따라서 천지

16 이평수, 「清 嘉慶年間 天地會의 會員募集과 結社의 擴大·擴散: 廣東地域 天地會의 事例檢討를 中心으로」, 136-150쪽.

회가 기원전설의 세계와 내부형성의 세계에서 홍문이라는 허구적 가문에 기반을 둔 상호부조의 정체성을 생성해 냄과 동시에 반청복명의 정체성도 창출했다는 점에서 결사의 도전성·저항성·반항성이라는 정치적 성격을 추가시켰던 것이다. 이러한 측면은 결과적으로 결사의 모습을 더욱 비밀스럽게 촉진시켰으니, 천지회는 외부에 의해 노출되는 순간 그만큼 국가권력의 탄압과 감시를 받게 되었던 것이다.

진보기(秦寶琦)와 메레이(Murray) 등 여러 학자들의 견해처럼 천지회의 기원전설은 실제의 역사에서 발생한 사실로서 간주할 수 없다.[18] 그리고 산전현(山田賢)이 지적한 대로 그것은 원형으로서 현존 최고(最古)의 기원전설이 역사의 무대에 등장하고, 이후 무수한 천지회의 구성원들에 의해 계속해서 등장인물과 이야기가 팽창해 나갔다.[19] 그렇다 하더라도 기원전설의 경우 그것의 내용이 사실이냐 허구이냐의 문제가 결사의 정체성을 형성하는 결정적인 기준이 되지 않는다는 점이다. 여기에서 흥미로운 점은 천지회의 구성원들은 물론이거니와 이들을 탄압하는 일부 관료들[20] 조차도 이러한 결사의 기원전설을 마치 실제 역사에 존재했던 사실처럼 믿고 있었다는 것이다. 나아가 이러한 현상은 19세기 말엽 등장하여 20

---

17 이평수, 「天地會의 入會儀式: 演劇과의 關聯性을 中心으로」, 『明淸史硏究』 21, 2004, 201-214쪽(본서 제2부 제2장); 이평수, 「天地會 入會儀式의 節次와 暗號化: 19世紀末葉 싱가포르 天地會의 事例 檢討를 中心으로」, 『明淸史硏究』 23, 2005, 314-338쪽. (본서 제2부 제3장)

18 Dian H. Murray, *The Origins of the Tiandihui: the Chinese Triads in Legend and History*, California: Stanford University Press, 1994.

19 山田賢, 『中國の秘密結社』, 東京: 講談社, 1998, 68쪽.

20 예컨대 호광도(湖廣道) 감찰어사 풍찬훈(馮贊勛)은 천지회의 기원전설에 등장하는 결사의 창립자인 소림오승(少林五僧)이 만든 오방제(五房制)에 대하여 사실처럼 믿고 있다. 이에 대해서는 「湖廣道監察御史馮贊勛奏請緝拿廣東等省會黨摺」(道光11.5.4.), 中國人民大學淸史硏究所·中國第一歷史檔案館 合編, 『天地會』 6, 北京: 中國人民大學出版社, 1987, 518-519쪽.

세기 초엽 천지회 등의 회당 세력과 함께 신해혁명(辛亥革命)을 전개해 나간 손문(孫文),[21] 도성장(陶成章),[22] 장병린(章炳麟),[23] 담인봉(譚人鳳)[24] 등과 같은 혁명파 인사들에게 천지회의 기원전설은 더욱 미화되거나 심지어 확고한 신념으로까지 굳어지게 된다.

나이강(羅爾綱)은 『수호전』에 보이는 영웅충의 관념의 유산이야말로 천지회로 하여금 청조라는 이민족의 억압으로부터 명조를 회복하는 데 관여하게 되었던 이데올로기였다고 강조하였다.[25] 이러한 지적은 두아라(Duara)의 언급대로 역사의 다양한 해석 중의 하나일지도 모른다.[26] 하지만 명 중엽 이후로 민간사회에 널리 유통되기 시작한 통속소설의 내용은 대개 출판물을 통해서 식자층에게 전달되었고, 특히 농촌에서 영신새회(迎新賽會)의 활동, 도시에서 희극업(戲劇業)의 흥기, 각 지역에서 정기시장의 발전에 따른 각종 연극의 공연을 통해서 하층 인민들에게 광범위하게 전파[27]되었기 때문에 그 영향력은 매우 컸다. 따라서 『수호전』을 비롯하여 『삼국지연의』와 『설당(說唐)』 계통 등의 통속소설에서 강조하고 있는 '영웅충의'의 관념은 천지회의 반청복명이라는 정체성에 대하여 그 정

---

21 「建國方略」(1917~1919), 廣東省社會科學院歷史硏究所·中國社會科學院近代史硏究所中華民國史硏究室·中山大學歷史系孫中山硏究室 合編, 『孫中山全集』 6, 北京: 中華書局, 1985, 231-232쪽.

22 陶成章, 「敎會原流考」, 『陶成章集』, 北京: 中華書局, 1986, 415-416쪽.

23 章炳麟, 「敍」, 平山周, 「支那革命黨及秘密結社」, 『日本及日本人』 569, 1911(平山周, 『支那革命黨及秘密結社』, 東京: 長陵書林, 1980, 1쪽).

24 「社團改進會章程草案」, 石芳勤 編, 『譚人鳳集』, 長沙: 湖南人民出版社, 2008, 77-78쪽.

25 羅爾綱, 「水滸傳與天地會」, 羅爾綱 編著, 『天地會文獻錄』, 香港: 實用書局, 1942, 78-79쪽.

26 Prasenjit Duara, *Rescuing History from the Nation: Questioning Narratives of Modern China*, Chicago: The University of Chicago Press, 1995(문명기·손승회 역, 『민족으로부터 역사를 구출하기: 근대 중국의 새로운 해석』, 서울: 삼인, 2004, 178-180쪽).

27 王學泰, 『游民文化與中國社會』 下, 北京: 同心出版社, 2007 增修版, 420-448쪽.

당성을 부여하는 중요한 이데올로기적 기능을 수행했음은 분명해 보인다. 상전양(相田洋)의 견해대로 청대 연극과 민중운동의 관계에서 이른바 조반극(造反劇)을 대표하는 것이 바로 『수호전』이었거니와,[28] "대개 홍문을 조직하는 자들이 중국 하층사회의 인심을 획득하기 위해서 『삼국지연의』·『수호전』·『설당』의 내용을 철저히 습득하고 이해해야 한다."고 언급한 도성장의 지적[29]은 이러한 사실을 잘 대변해 준다.

더군다나 건륭 중·말엽(1761~1795) 이제 막 역사의 무대에 등장한 천지회가 반청복명의 정체성을 가지고 활동을 개시했다는 점을 간과해서는 안 된다. 사료적 근거가 비록 충분치 못하더라도, 이 시기 천지회는 '주성(朱姓)·이성(李姓)→마구룡(馬九龍)→만화상(萬和尙)'으로 이어지는 결사의 창립 계보를 만들기도 했고, 삽혈맹서를 진행할 때에는 '명주(明主)'의 관념을 제시하기도 했으며, 봉기의 과정에서는 반청복명의 구호를 제출하기도 하였다. 특히 가경 연간(1796~1820) 이후로 광동에서 천지회가 급속히 성장하는 과정과 발맞추어 반청복명의 정체성은 기원전설의 각색과 변천은 물론 입회의식의 정형화 과정을 통해서 더욱 강화되기 시작했으니, 결사의 기원전설과 의식은 반청복명이라는 정치이념을 더욱 효과적으로 주입시키기 위한 방향으로 진행되어 나갔던 것이다. 이러한 방향성은 아편전쟁의 결과나 태평천국운동의 전개 과정에서 드러난 청조의 무기력함과 이에 따른 제국 행정체계의 급속한 이완을 통해서 더욱 촉진되었다. 급기야 19세기 말엽 손문의 초기 혁명 활동인 흥중회(興中會)의 창립과 이에 따른 일련의 무장기의의 전개에 있어서도 천지회의 반청복명이라는 정체성은 결사를 혁명파가 진행한 민주혁명의 궤도로 올려

28 相田洋, 「清代における演劇と民衆運動」, 『木村正雄先生退官記念東洋史論集』, 東京: 汲古書院, 1976, 407쪽. 그 구체적인 분석은 相田洋, 「水滸傳の世界: 中國民衆の觀念的世界」, 『歷史學硏究』 394, 1973을 참조.

29 陶成章, 「敎會原流考」, 『陶成章集』, 423쪽.

놓게 만들었던 것이다. 결국 정도의 차이를 감안하더라도 천지회 기원전설의 세계와 내부형성의 세계는 천지회가 시종일관 반청복명의 정체성을 지향하도록 구현시키는 구심점으로 기능하고 있었던 것이다.

따라서 천지회의 반청복명이라는 정치적 사명과 목적에 대한 구성원들의 믿음이 결사로 하여금 기존의 국가권력이나 사회질서에 대한 저항과 봉기로 나아가게 하는 데 중요한 역할을 했고 심지어 결사의 존재를 정당화시켰다는 테르 하르(Ter Haar)의 언급[30]이나, 천지회와 같은 중국의 비밀결사가 전통적·자발적인 반란과 조직화된 혁명 사이의 간극을 메꿔오는 등 이미 사회적 혁명가(socially revolutionary)로 활동하고 있었기 때문에 이들을 홉스봄(Hobsbawm)식의 '원초적 반란자들(primitive rebels)'이 아니라 '원초적 혁명가들(primitive revolutionaries)'로 간주해야 한다는 데이비스(Davis)의 견해[31]는 일면 타당성을 갖는다. 이러한 지적은 천지회가 종종 수기기사(竪旗起事)의 형태로 현성(縣城)과 부성(府城), 나아가 성성(省城)을 공격하는 등 국가권력에 심각하게 도전하는 활동을 감행한 모습 속에서 반청복명의 정체성을 그대로 드러내었다는 점을 통해서 확인할 수 있다.

그러한 예는 다음과 같은 것들이 있었다. 건륭 26년(1761) '정개(鄭開)의 천지회 집단'은 소규모적이긴 하지만 각각 송조와 명조의 후손을 자칭해가며 결사의 최초 봉기라 할 수 있는 건륭 33년(1768) 노무(盧茂)의 천지회 봉기와 건륭 35년(1770) 이소민(李少敏)의 천지회 봉기를 의도적·계획적으로 감행하였다. 건륭 51년(1786) 대만 임상문(林爽文)의 천지회 반란은 계투(械鬪), 관부의 탄압, 탐관오리의 문제 등이 복합적 원인으로 작용한 것이었지만, 그 여당인 진광애(陳光愛)와 진주전(陳周全)의 천지회

30 Barend J. Ter Haar, *Ritual and Mythology of the Chinese Triads: Creating an Identity*, Leiden · Boston · Köln: Brill, 1998, p.222.

31 Fei-Ling Davis, *Primitive Revolutionaries of China: A Study of Secret Societies in the Nineteenth Century*, p.174, pp.176-177.

반란 역시 의도적·계획적인 측면에서는 예외가 아니었다.[32] 대륙에서 진행된 최초의 대규모 봉기로 평가받는 진란극사(陳爛屐四)의 천지회 봉기도 결사의 세력이 확대되고 무기·군사력·근거지가 확보되자 봉기를 주된 목표로 일어난 것이며, 관부의 탄압은 그 하나의 빌미였지 그것 자체가 봉기의 근본적인 동기로 작용한 것은 아니었다.[33] 천지회 역사상 최대의 반란으로 기록된 함풍 4년(1854) 천지회 반란은 진송(陳松)을 총회수로 하는 '진송의 천지회 집단'이 광동 지역사회에 결사의 만연화가 극점에 도달한 상황에서 기원전설의 예언에 기초하여 반청복명의 전단을 뿌리고 그러한 격문을 공포하는 등 애초부터 광주성의 전복을 위해서 결사의 회수들과 수많은 회원들을 집결하였다.[34] 광서 21년(1895) 광주기의(廣州起義)와 광서 26년(1900) 혜주기의(惠州起義) 역시 걸출한 천지회의 수령이자 흥중회의 핵심 멤버였던 정사량(鄭士良)을 구심점으로 집결한 천지회가 흥중회와 함께 처음부터 광주성을 전복하기 위해서 진행되었다.[35] 이상과 같은 사례는 천지회가 당시의 정치적·사회경제적 배경을 바탕으로 기원전설의 세계와 내부형성의 세계에서 생성된 반청복명의 정체성을 외부활동의 세계에서 실천하기 위해서 주체적으로 일으킨 사건들이었거나, 적어도 그것을 외부활동의 세계로 자발적으로 표출했던 사건들이었다.

---

32 이평수, 「淸 乾隆 中末葉 天地會의 出現과 實相」, 『東洋史學硏究』 126, 2014, 296-303쪽.(본서 제3부 제1장)

33 유장근, 『근대 중국의 지역사회와 국가권력』, 208쪽(유장근, 「19세기 초 中國東南部 지역의 天地會 動向: 1802년의 惠州反亂을 中心으로」, 『慶大史論』 2, 1986).

34 이평수, 「豫言과 叛亂: 咸豐 4年 天地會 反亂의 政治的 背景」, 『歷史學報』 224, 2014, 231-258쪽.(본서 제4부 제1장)

35 이평수, 「19世紀末 廣東地域의 革命活動: 廣東天地會와 興中會의 合作이라는 觀點에서」, 『東洋史學硏究』 81, 2003, 91-113쪽.(본서 제5부 제2장)

생존수단의 정체성: 천지회를 지탱하는 동력

천지회의 구성원들은 대부분 종족사회에서 소외된 하층 인민들로 구성되어 있었다. 따라서 이들은 무엇보다도 자신들의 눈앞에 닥친 경제적 빈곤 상황을 해결하기 위해서 상호부조의 정체성을 기반으로 결사의 무력을 이용하여 불법적인 경제활동에 종사하기 시작하였다. 이는 천지회가 조직되는 또 다른 중요한 이유 중의 하나가 바로 구성원들이 일상생활을 유지하기 위한 생존의 문제와 직결되고 있음을 보여준다. 그 결과 천지회가 외부활동의 세계로 진입하면서 반청복명의 정체성은 대부분의 경우 실천되기 어려웠던 것이며, 그 대신 결사의 주요 활동 무대인 광동을 중심으로 화남의 인문지리 환경에 적응해가면서 다양한 불법적인 경제활동을 전개해 나갔던 것이다.

사료에서 창겁(搶劫)·창절(搶竊)·창탈(搶奪)·행겁(行劫)·표겁(剽劫) 등으로 기록된 '단순 약탈형'은 천지회가 말 그대로 은전(銀錢) 뿐만 아니라 재물이 될 수 있는 물건 및 농작물·목초·가축 등을 비롯하여 심지어 사람까지 강제로 약탈하는 것이다. 도광 연간(1821~1850)을 전후로 천지회가 각 지역사회에서 세력을 크게 확장하자, 이제는 도시와 농촌에서 창겁 등의 단순 약탈을 진행하는 것 이외에도 돈의 액수나 곡물의 양이 적힌 종이를 징수 대상자에게 발급한다는 의미의 타단(打單)·타량(打糧)이라는 '공개 약탈형'의 모습으로 진화해 갔다. 이러한 공개 약탈형은 천지회로 하여금 각 지역사회에서 존속시킨 주요한 재정적 기반이 되었음과 동시에 진욱록(陳旭麓)의 지적대로 '제3의 사회조직'[36]으로 일컬어질 정도로 군림한 상황을 보여주는 대목이다.

---

36 陳旭麓,「秘密會黨與中國社會」, 中國會黨史硏究會 編,『會黨史硏究』, 上海: 學林出版社, 1987, 23쪽.

특히 광동 등 화남의 연해지역은 이곳의 지리적 특성으로 인해 해적들이 자주 출몰하는 지역이었다. 이에 따라 이러한 지역에서는 해적 활동을 하는 '해적형' 천지회가 활동했고, 경우에 따라서는 기존의 해적 집단 자체가 천지회로 전환되기도 하였다. 지리적으로 그 반대편의 내지에서는, 특히 성(省)과 성(省)의 교계 지역에서는 내지의 수로 교통망을 이용하여 경제적으로 상당한 이익을 챙길 수 있는 사염(私鹽)을 비롯하여 사전(私錢)·아편(鴉片) 등의 '상품 밀매형' 천지회도 대거 활동하였다. 게다가 중국 남부지역에서 유행한 악습 중의 하나인 계투(械鬪)에도 천지회가 불법적인 경제 이익을 매개로 한편으로 결사의 무력을 제공하기도 했고, 다른 한편으로 계투에 대응하기 위해서 천지회가 조직되기도 했으니, 이로써 '계투형' 천지회도 출현하였다.[37]

특히 시기적으로 봤을 때, 함풍 4년 천지회 반란이 실패한 이후 양광총독 섭명침(葉明琛)을 정점으로 각 지역사회의 관료·신사·족장 등 지배층의 천지회에 대한 사후처리는 매우 강경하였다. 당시 반란군의 처형 현장을 목격한 용굉(容閎)은 옛날 로마에서 폭정을 일삼은 네로나 프랑스 혁명 시기의 비극에서도 볼 수 없었던 대학살이었다는 심경을 토로하였다.[38] 미국인 헌터(Hunter)도 자신이 경험한 광주에서의 일을 양광총독 섭명침에 의한 합법적인 대학살이라고 규정하였다.[39] 또한 영국 출신 스카스(Scarth)의 목격에 의하면, 천지회 회수의 경우 몸 껍질을 도려내어 죽였을 뿐만 아니라 광동에서만 1년 동안 무려 100만 명 이상이 사망했다는 기록을 남기고 있다.[40] 이러한 대학살의 여파로 천지회의 활동은

37 이평수, 「清 中期 天地會의 活動 類型 硏究」, 『明淸史硏究』 35, 2011, 376-406.(본서 제3부 제2장)

38 Yung Wing, *My Life in China and America*, New York: Henry Holt and Company, 1909(容閎 저, 권희철 역, 『西學東漸記』, 서울: 을유문화사, 1974, 64-65쪽).

39 William. C. Hunter, *Bits of Old China*, London: Kegan Paul, 1885, p.89.

상당한 타격을 받게 되면서 한동안 침체기에 들어가게 된다.[41]

일부 학자들은 함풍 4년 천지회 반란의 실패로 인해 천지회는 더이상 자발적 발전이 불가능했을 것이라고 주장했지만,[42] 이는 불완전한 사료 때문에 흔히 범할 수 있는 오류로서 사실과 다르다. 천지회는 광서 연간(1875~1908)에 이르러 오히려 생존수단의 정체성이 부각된 약탈형·해적형·상품 밀매형·계투형 등의 활동을 모두 회복했고, 더군다나 이러한 활동이 광동의 고질적인 사회구조적 문제와 결부되면서 이전 시기보다 훨씬 복잡한 양상으로 전개되었다. 특히 천지회가 홍콩·마카오를 자신들의 근거지로 삼거나 월남(越南)을 도피처로 삼았을 정도로 청조 국가권력의 통제가 미치지 못하는 외지에서 천지회를 조직하여 중국 남부지역으로 되돌아와 활동하는 형태가 빈번하게 나타나기 시작하였다. 이러한 천지회의 활동 형태는 손문의 초기 혁명 활동 과정에서 그대로 재현되었다. 따라서 광서 연간 천지회의 활동은 결코 쇠퇴하지 않았으며 오히려 동산재기(東山再起)했던 것이다.[43]

이상과 같은 천지회의 활동을 통해서는 기원전설의 세계와 내부형성의 세계에서 생성된 결사의 반청복명이라는 정체성을 더이상 찾아 볼 수가 없다. 사실상 천지회의 이러한 정체성의 괴리 현상은 천지회가 조직된 이후에 구성원들이 일상생활을 유지해가기 위한 생존의 문제로서

40 John Scarth, *Twelve Years in China: The People, the Rebels and the Mandarins*, Edinburgh: Edmonston and Douglas, 1860, pp.220-240.

41 이평수, 「"陳松의 天地會 集團"과 咸豊 4年의 叛亂」, 『東洋史學硏究』 110, 2010, 257-265쪽.(본서 제4부 제2장)

42 王天奬, 「十九世紀下半紀中國的秘密會社」, 『歷史硏究』 1963-2, 86쪽; 秦寶琦, 『洪門眞史』, 福州: 福建人民出版社, 2000, 312-331쪽; 莊吉發, 『淸代秘密會黨史硏究』, 284-316쪽.

43 이평수, 「19世紀末 廣東地域 天地會의 活動再開」, 『中國史硏究』 46, 2007, 282-303쪽.(본서 제5부 제1장)

결사의 또 다른 성격인 생존수단의 정체성이 외부활동의 세계에서 부여되었기 때문이다. 다시 말하면 대부분의 천지회가 불법적인 경제 활동을 치중할 수밖에 없었던 이유는 바로 외부활동의 세계에서 생존수단의 정체성이 반청복명의 정체성을 압도해버렸기 때문이다.

여기에서 약탈 등의 불법적인 경제활동에 몰두하고 있었던, 다시 말해 생존수단의 정체성이 부각된 천지회의 경우 그 범죄적인 성격을 결코 면치 못할 것이다. 동시대에 천지회와 경쟁 관계에 있었던 배상제회(拜上帝會)의 회원들은 "천지회〔三點會〕의 회원들은 도처에서 남의 집을 턴다."[44]라고 말할 정도였다. 물론 이러한 불법 활동을 홉스봄(Hobsbawm)이 규정한 '사회적 비적〔Social Bandit: 의적(義賊) 혹은 녹림(綠林)〕'[45]의 테두리 안으로 위치지울 수 있다면, 적어도 이에 대한 면죄부를 받을 수 있을지도 모르겠다. 이럴 경우 셰노(Chesneaux)의 언급대로 천지회는 『수호전』에 보이는 겁부제빈(劫富濟貧)의 사상을 바탕으로 부상·지주·관리 등 재력 있는 자들을 공격의 목표로 설정하여 국가의 정의보다도 한층 더 높은 정의에 기초해야 한다.[46]

---

44 廣西省太平天國文史調查團, 『太平天國起義調查報告』, 北京: 三聯書店, 1956, 84쪽.

45 E. J. Hobsbawm, *Primitive Rebels: Studies in Archaic Forms of Social Movement in the 19th and 20th Centuries*, New York: W. W. Norton, 1959, "Ⅱ. The social bandit"(진철승 역, 『원초적 반란』, 청주: 온누리, 1984, 「제2장 사회적 비적」); E. J. Hobsbawm, *Bandits*, London: Weidenfeld & Nicolson, 1965(황의방 역, 『義賊의 社會史』, 서울: 한길사, 1978, 9-27쪽)에 의하면, "사회적 비적이란 영주와 국가에 의해서 범죄자로 간주되고 있는 농민무법자이지만, 농민사회 가운데 머물며 사람들에 의해서 영웅·전사(戰士)·복수자·정의를 위해 싸우는 사람 또는 해방의 지도자로까지 생각되고, 어느 경우에든 칭찬하고 원조하며 지지해 주어야 할 사람으로 생각되고 있다." 그리고 그가 구체적으로 검토한 세 가지 사회적 비적의 사례는 첫째로 신사강도(noble robber) 또는 로빈 후드(Robin Hood)형이고, 둘째로 원초적인 저항 전투자나 게릴라 부대로서의 하이더크(haiducks)이며, 셋째로 테러를 일으키는 복수자(avenger)였다.

46 Jean Chesneaux, *Secret Societies in China: in the Nineteenth and Twentieth Centuries*, p.61.

하지만 생존수단의 정체성이 부각된 천지회의 경우, 사실상 겁부(劫富)는 늘 실천했지만 제빈(濟貧)은 잘 보이지 않고 있다는 점에서 이미 한계를 드러내고 만다. 천지회의 봉기에서도 겁부제빈의 구호가 그다지 잘 발견되지 않는 것은 이러한 관점에 더욱 무게를 실어준다. 특히 제빈의 실천이라는 점에서 본다면, 채소경 등은 광서 지역에 시행한 천지회의 미반주(米飯主) 제도에서 빈민이나 파산 노동자에게 의식과 재물을 제공해 주었다고는 하는 견해를 내놓았다.[47] 그러나 박기수가 지적한 것처럼 다른 지방 부호의 재물을 약탈한 뒤 노획물을 분배하고 즉시 흩어져 은신한다는 미반주의 제빈 방법에서 그 대상인 빈(貧)이 사실상 미반주와 그 일당 자신들이었기 때문에 형태상으로는 제빈이지만 실제상으로는 제빈이 아니었던 것이다.[48] 청말민초 하남(河南)의 토비(土匪)를 전문적으로 연구한 페리(Perry)의 연구[49]나 손승회의 저서[50]에서 토비 중에서는 지역사회로부터 '좋은 토비'·'지역의 영웅'·'녹림' 등의 칭호를 받는 사례를 종종 발견할 수 있지만, 천지회의 경우 이러한 칭호를 받은 사례를 좀처럼 찾아보기 힘들다는 점에서 더욱 그러하다. 그럼에도 불구하고 천지회가 기원전설의 세계와 내부형성의 세계에서 오조를 시조로 하는 홍문(洪門)이라는 이름 하에 상호부조의 정체성과 반청복명의 정체성을 보유하고 있었다는 점은 당시 광범위하게 존재했던 일반 도적 집단과 토비 집단, 그리고 기타 범죄 집단과 구별되는 중요한 준거가 됨에는 의심의 여지가 없다.

---

47 蔡少卿, 「論太平天國與天地會的關係」, 『中國近代會黨史研究』, 159-160쪽; 유장근, 『근대 중국의 비밀결사』, 서울: 고려원, 1996, 72쪽.

48 박기수, 「清 道光年間 廣西民衆蜂起의 硏究」, 성균관대 박사학위논문, 1991, 271-272쪽.

49 Elizabeth J. Perry, "Social Banditry: The Case of Bai Lang a Chinese Brigand", *Modern China*, vol.9 no.3, 1983.

50 손승회, 『근대 중국의 토비 세계: 하남의 토비·홍창회·군벌을 중심으로』, 파주: 창비, 2008.

복수의 소문자 정체성과 천지회

지금까지의 논의를 통해서 강희파의 주장대로 반청복명의 천지회와 건륭파의 입장처럼 상호부조의 천지회로 양분하여 어느 한쪽의 대문자 단수의 정체성을 강조하는 기존의 연구는 천지회의 역사상을 수립하는 데 결코 성공할 수 없음을 보여주고 있다. 왜냐하면 천지회는 상호부조의 정체성, 반청복명의 정체성, 생존수단의 정체성이라는 사회적·정치적·경제적 성격의 복수의 소문자 정체성으로 구성된 결사로서 출발하고 활동했기 때문이다.

이러한 결사의 정체성으로 말미암아 천지회는 다음과 같은 두 가지의 다소 상반된 결과를 초래하였다. 하나는 천지회가 청대 민간사회에서 다른 회당들과 다르게 소멸되지 않고 끈질긴 생명력을 가지고 조직의 성립과 와해를 반복해가면서 끊임없이 존속해 갈 수 있었던 것이다. 다른 하나는 결사의 복수의 소문자 정체성이 각 지역에서 독립적·분산적으로 존속한 천지회의 역량을 결집하여 수직적·수평적 연결을 통한 광범위한 반청 투쟁을 도모할 수 없게 만들었던 결사 자체의 한계로 작용했던 것이다.

특히 봉기나 반란의 형태로 진행되어 반청복명의 정체성을 실천했던 천지회의 경우에도 사실 결사의 최초 조직화 과정에서는 상호부조의 정체성, 반청복명의 정체성, 생존수단의 정체성이라는 복수의 소문자 정체성을 동시에 가지고 출발하였다. 여기에서 천지회가 봉기나 반란으로 나아갔던 이유는 그것의 빌미가 어떠한 작용을 했든 간에 '중화의 제왕을 꿈꾸는 반역자'[51]적인 기질을 가진 일부 회수들이 결사에 내재한 상호부

51 小林一美, 「中華帝王を夢想する叛逆者たち一中國における帝王革命幻想(ユートピア)の歴史と磁場一」, 小林一美・岡島千幸 編, 『ユートピアへの想像力と運動: 歴史とユー

조의 정체성을 바탕으로 조직의 세력을 확대하는 과정에서 생존수단의 정체성을 뛰어넘어 반청복명의 정체성을 실천해 옮겼기 때문이다. 따라서 천지회의 반청복명이라는 구호의 출현에 대하여, 종래에 관핍민반(官逼民反)이라는 미명 아래 비밀결사에 대한 국가의 개입과 탄압에서 찾고서 이것이 천지회의 반정부적 경향성을 강화시키는 계기를 제공해 주었다거나, 19세기 말엽 혁명파가 등장함에 따라 이들이 천지회를 반청(反淸)으로의 편향을 조장시켰다는 식의 논리[52]로만 일괄하여 설명할 수 없는 것이다. 환언하면 관핍민반이라는 요소는 반청복명이라는 구호 출현의 부분집합이기 때문에 관핍민반이라는 요소의 여집합을 구성하는 천지회의 '주체성' 혹은 '자발성'의 부분을 결코 소홀히 하거나 사장시켜서는 안 된다는 것이다. 나아가 19세기 말엽 천지회와 혁명파가 진행한 무장기의의 경우 아직 '미성숙한 혁명파'가 천지회를 온전히 지도했다기보다는 오히려 천지회가 미성숙한 혁명파로 하여금 무장봉기를 수행할 수 있도록 전제조건을 만들었다고 보아야 할 것이다.[53]

トピア思想の研究』, 東京: 御茶の水書房, 2001, 52쪽, 118-119쪽. 이 논문은 주로 1949년 이후 공산주의 정권에 반역하는 회도문(會道門)과 진명천자(眞命天子)들에 관한 것이지만, 그 역사적 맥락을 추적하는 과정에서 소림일미(小林一美)는 중국 민중의 정치적·종교적 문화의 구조가 제왕(帝王)·왕권(王權)을 중심으로 하는 관념 세계를 주축으로 전개되어 왔다고 하면서, 청 중기 이후로 발전한 사회의 각 단체·조직에서 비교적 종교적인 계보와 전통에 구속되지 않은 것으로 대도회(大刀會)·소도회(小刀會)·의화권(義和拳)·천지회(天地會) 등의 사회적 결사도 증식하여 우후죽순처럼 성장해 갔다고 하였다. 이러한 지적은 천지회의 맹서에 보이는 명주(明主)의 관념이나 봉기 과정에서 보이는 왕의 호칭과 국명의 제창과 일맥상통한다는 점에서, 반청복명의 정체성을 실천에 옮긴 천지회의 회수들에게는 소림일미(小林一美)가 언급한 제왕·왕권을 중심으로 하는 관념 세계가 충분히 녹아 있었을 것으로 생각된다.

52 박상수, 『중국혁명과 비밀결사』, 서울: 심산, 2006, 56-58쪽.

53 19세기 말 20세기 초 천지회와 혁명파의 무장봉기에 대한 구체적인 분석은 이평수, 「19世紀末 廣東地域의 革命活動: 廣東天地會와 興中會의 合作이라는 觀點에서」; 이평수, 「20세기 초 중국의 공화혁명과 비밀결사: 동맹회와 천지회의 무장기의를 중심으로」, 『中國近現代史硏究』 54, 2012 참조.

요컨대 건륭 26년 역사의 무대에 등장한 천지회가 19세기 백 년을 관통하면서 광동을 중심으로 화남 지역에서 분산적·독립적으로 조직의 설립과 와해를 반복해 갔기 때문에 각각의 천지회마다 공유하고 있었던 복수의 소문자 정체성(즉 상호부조의 정체성, 반청복명의 정체성, 생존수단의 정체성)은 결사를 구성하는 세 가지의 공간(즉 기원전설의 세계, 내부형성의 세계, 외부활동의 세계)에서 그 조화와 괴리의 정도가 다르게 나타났던 것이다. 따라서 이러한 조화와 괴리의 길항관계(拮抗關係), 다시 말해서 천지회를 구성하고 있는 세 가지의 세계와 그 각각의 공간에서 탄생하여 그것을 매개했던 복수의 소문자 정체성을 제대로 간파하는 것이야말로 천지회의 역사상을 수립할 수 있는 가장 중요한 척도였던 것이다. 이러한 청대 천지회의 본질적 모습은 20세기에 들어와 신해혁명으로 인해 청조가 멸망하고 민국이 성립함으로써 반청복명의 정체성이 사실상 유명무실하게 되면서 그것은 더 이상 실천의 목표가 아니라 전통의 계승이라는 새로운 단계로 진입하게 되는 것이다.

참고문헌

• 자료

1. 미간행 자료

서울대학교 중앙도서관 소장, (淸) 姚柬之, 『伯山日記』(道光 戊甲年本).
北京大學圖書館 所藏, (淸) 黎攀鏐, 『詒蔭堂奏議』(光緖 18年本).
北京大學圖書館 所藏, (淸) 姚啓聖, 『優畏軒文告』 8·9(康熙年間本).
北京大學圖書館 所藏, (淸) 張堉春 修, (淸) 陳治昌 纂, 『廉州府志』(道光 13年本).
臺北國立故宮博物院 所藏, 「廣東巡撫圖薩布奏摺」(乾隆53.12.2.) 附片 「供單」(陳丕), 軍機處檔摺件 編號 038231.
臺北國立故宮博物院 所藏, 「沅陵縣盤獲之逆書」(嘉慶22.8.1.), 軍機處檔摺件 編號 052755.
東京大學圖書館 所藏, F.O.228/173. Enclosure in Robertson's Despatch no.143(December 27, 1854), Morrison's Report(December 19, 1854). 〔Great Britain Foreign Office, *Embassy and consular archives, China: Correspondence series* 1 (London: Public Record Office, 1970), Macro Film Reels no.173.〕

2. 당안·사료집

『雍正硃批諭旨』 10, 臺北: 文源書局, 1965.
故宮博物院明淸檔案部 編, 『李煦奏摺』, 北京: 中華書局, 1976.
廣東文物展覽會 編輯, 『廣東文物』 下, 香港: 中國文化協進會, 1941.
廣東省文史硏究館·中山大學歷史系 合編, 『廣東洪兵起義史料』 上·中·下, 廣州: 廣東人民出版社, 1996.
廣東省社會科學院歷史研究所·中國社會科學院近代史研究所中華民國史研究室·中山大學歷史系孫中山硏究室 合編, 『孫中山全集』 6, 北京: 中華書局, 1985.
廣西省太平天國文史調查團,『太平天國起義調查報告』, 北京: 三聯書店, 1956.
國立故宮博物院 編輯,『宮中檔雍正朝奏摺』5, 9, 11, 14, 15, 17, 19, 臺北: 國立故宮博物院, 1979.
臺灣中央研究員歷史研究所 編,『明淸史料』丁編·戊編, 北京: 中華書局, 1987.
中國國民黨中央委員會黨史史料編纂委員會 編,『革命人物誌』7, 臺北: 中央物供應社, 1971.
中國國民黨中央委員會黨史委員會 編,『十次起義史料』(『革命文獻』67), 臺北: 中央文物供應社, 1974.
中國近代史資料叢刊編委會 編,『太平天國』2, 上海: 上海書店, 2000年.
中國史學會 主編,『辛亥革命』1-7, 上海: 上海人民出版社, 1957.
中國史學會廣州分會"1899年遂溪人民抗法鬪爭調查工作團,「1898~1899年廣東遂溪人民的抗法帝國主義侵略廣州灣地域的鬪爭資料」上,『廣東歷史資料』1959-1.
中國社會科學院歷史研究所淸史研究室 編,『淸史資料』1, 北京: 中華書局, 1980.
中國人民大學歷史系·中國第一歷史檔案館 合編,『淸代農民戰爭史資料選編』1·下, 北京: 中國人民大學出版社, 1984.
中國人民大學淸史研究所·檔案系中國政治制度史教研室 合編,『康雍乾時期城鄉人民反抗鬪爭資料』下, 北京: 中華書局, 1979.
中國人民大學淸史研究所·中國第一歷史檔案館 合編,『天地會』1~7, 北京: 中國人民大學出版社, 1980~1988.
中國人民大學淸史研究室 編,『淸代的礦業』下, 北京: 中華書局, 1983.
中國人民政治協商會議廣東省委員會·文史資料研究委員會·中山大學歷史系孫中山研究室 合編,『廣東文史資料』25(『孫中山史料專輯』), 廣州: 廣東人民出版社, 1979.
中國人民政治協商會議廣東省委員會文史資料研究委員會 編,『孫中山與辛亥革命史料專輯』, 廣州: 廣東人民出版社, 1981.
中國人民政治協商會議全國委員會文史資料研究委員會 編,『辛亥革命回憶錄』2, 北京: 文史資料出版社, 1981.
中國第一歷史檔案館·北京師範大學歷史系 編選,『辛亥革命前十年間民變檔案史料』下, 北京: 中華書局, 1985.
中國第一歷史檔案館 編,『光緒朝硃批奏摺』118, 北京: 中華書局, 1996.
中國第一歷史檔案館 編,『雍正朝漢文硃批奏摺彙編諭旨』17, 上海: 江蘇古籍出版社, 1991.
中國第一歷史檔案館 編,『清政府鎮壓太平天國檔案史料』1-26, 北京: 社會科學文獻出版社, 1992-2001.
華南師範大學歷史系調查資料·鍾珍維 整理,「陳開在佛山地區起義情況的調查」, 陳周棠 主編,『廣東地區太平天國史料選編』, 1986.

金毓黻·田餘慶 等編輯,『太平天國史料』, 北京: 中華書局, 1955.
羅炤,「天地會探源」1~139,『中華工商時報』727~886, 1994.10.19.~1995.4.26.
羅爾綱 編著,『天地會文獻錄』, 香港: 實用書局, 1942.
戴魏光 編著,『洪門史』, 1947(濮文起·劉燕遠 編,『中國會黨史料集成』1, 1999에 수록).
無谷·劉志學 編,『少林寺資料集』, 北京: 書目文獻出版社, 1982.
濮文起·劉燕遠 編,『中國會黨史料集成』1-3, 北京: 北京圖書館出版社, 1999.
謝國楨 編,『清初農民起義資料輯錄』, 上海: 新知識出版社, 1956.
徐珂 編撰,『清稗類鈔』8·11, 北京: 中華書局, 1986(1917 原刊).
蕭一山 編,『近代秘密社會史料』, 上海: 上海文藝出版社, 1991(1935년 影印本).
楊家駱 主編,『太平天國文獻彙編』6, 臺北: 鼎文書局, 1974.
黎靑 主編,『清代秘密結社檔案輯印』1~10, 河北: 中國言實出版社, 1999.
苑書義 等主編,『張之洞全集』1·4·12, 石家莊: 河北人民出版社, 1998.
劉聯珂,『幫會三百年革命史』, 1941(濮文起·劉燕遠 編,『中國會黨史料集成』1, 1999에 수록).
庾裕良·陳仁華 等編,『廣西會黨資料彙編』, 南寧: 廣西人民出版社, 1989.
劉子揚·張莉 編著,『清廷查辦秘密社會案』1~40, 北京: 線裝書局, 2006.
李文治 編,『中國近代農業史資料』1, 北京: 三聯書店, 1957.
張楠·王忍之 編,『辛亥革命前十年間時論選集』1·上, 北京: 三聯書店, 1960.
佐佐木正哉 編,『清末の秘密結社』(資料篇), 東京: 近代中國研究委員會, 1967.
朱琳,『洪門志』, 1930(濮文起·劉燕遠 編,『中國會黨史料集成』1, 1999에 수록)
陳旭麓·郝盛潮 主編,『孫中山集外集』, 上海: 上海人民出版社, 1990.
陳周棠 主編,『廣東地區太平天國史料選編』, 廣州: 廣東人民出版社, 1986.
郝盛潮 主編,『孫中山集外集補編』, 上海: 上海人民出版社, 1994.
洪順堂 編,『蘸瓢屶錦囊傳』, 1892刊板, 1906重修, 臺灣: 古亭書屋, 1975.
黃朝中·劉耀荃 主編,『廣東瑤族歷史資料』上, 南寧: 廣西民族出版社, 1984.

3. 정전류·문집·기타

『光緒朝東華錄』 1~4, 朱壽朋 編, 北京: 中華書局, 1953.

『大淸律例根源』, 上海: 上海辭書出版社, 2012.

『大淸律例』, 田濤·鄭泰 校點, 北京: 法律出版社, 1999.

『東華續錄』, 道光年間本, 續修四庫全書編纂委員會 編, 『續修四庫全書』, 上海: 上海古籍出版社, 1995.

『萬國公報』, 上海: 華文書局 影印本, 1968.

『明史』, 北京: 中華書局本.

『晉書』 北京: 中華書局本.

『淸高宗實錄』, 北京: 中華書局本.

『淸德宗實錄』, 北京: 中華書局本.

『淸史稿』, 北京: 中華書局本.

『淸史列傳』, 王鍾翰 點校, 北京: 中華書局, 1987.

『淸史』, 淸史編纂委員會 編, 臺北: 國防委員會, 1961.

『淸宣宗實錄』, 北京: 中華書局本.

『淸議報』, 北京: 中華書局 影印本, 1991,

『淸仁宗實錄』, 北京: 中華書局本.

『春秋左傳正義』, 嘉慶 20年 阮元刻本.

『漢書』, 北京: 中華書局本.

『皇朝經世文編』, (淸)賀長齡·魏源 等編, 北京: 中華書局, 1992.

『後漢書』, 北京: 中華書局本.

『欽定大淸會典事例』, 光緖 12年本, 續修四庫全書編纂委員會 編, 『續修四庫全書』 史部·政書類 798-814, 上海: 上海古籍出版社, 1995.

『欽定平定臺灣紀略』, 乾隆 年間本, 臺北: 臺灣銀行經濟硏究室, 1961.

(淸) 唐甄, 『潛書校釋』, 黃敦兵 校釋, 長沙: 岳麓書社, 2011.

(淸) 甘齊廣 修, 『甘氏長房族譜』, 同治 元年本, 『廣東洪兵起義史料』 中, 1996.

(淸) 江日昇, 『臺灣外誌』, 劉文泰 等點校, 濟南: 齊魯書社, 2004.

(淸) 歐陽溟, 『海鶴巢詩抄』, 咸豐 11年本, 『廣東洪兵起義史料』 下, 1996.

(淸) 屈大均, 『廣東新語』, 北京: 中華書局, 1985.

(淸) 盧子駿 撰, 『盧氏族譜』, 宣統 2年本, 『廣東洪兵起義史料』 中, 1996.

(淸) 鄧翔, 『知不足齋詩草』, 咸豐 10年本, 『廣東洪兵起義史料』 下, 1996.

(淸) 羅嘉蓉,『雲根老屋詩抄』, 光緒 14年本,『廣東洪兵起義史料』下, 1996.
(淸) 馬汝泉 撰,「公平書院碑記」, 同治 初年本,『廣東洪兵起義史料』中, 1996.
(淸) 麥秉鈞 撰,『鶴山麥氏族譜』, 同治 2年本,『廣東洪兵起義史料』中, 1996.
(淸) 顔薰,「羊城紀事」, 光緒 2年本,『廣東洪兵起義史料』下, 1996.
(淸) 楊英,『先王實錄』, 陳碧笙 校注, 福州: 福建人民出版社, 1981.
(淸) 汪志伊,「敬陳治化漳泉風俗疏」,『皇朝經世文編』, 北京: 中華書局, 1992.
(淸) 魏源,「嘉慶東南靖海記」,『聖武記』, 北京: 中華書局, 1984.
(淸) 李保孺,「缺耳翁」, 同治 9年本,『廣東洪兵起義史料』下, 1996.
(淸) 李星輝,『從簡堂詩集』,『廣東洪兵起義史料』下, 1996.
(淸) 曹鳳貞 修,『鴉湖曹氏族譜』,『廣東洪兵起義史料』中, 1996.
(淸) 趙沅英,「紅兵紀事」,『近代史資料』6, 1955-3.
(淸) 趙執信,『趙執信全集』, 趙蔚芝·劉聿鑫 校點, 濟南: 齊魯學社, 1993.
(淸) 曾望顔,「曾望顔瀝陳廣東禍亂之由奏稿」, 金毓黻·田餘慶 等編輯,『太平天國史料』, 北京: 中華書局, 1955.
(淸) 陳坤 編,『粵東剿匪紀略』, 同治 10年本,『廣東洪兵起義史料』中, 1996.
(淸) 陳展蘭 輯,『岡城枕戈記』, 咸豐 年間本,『廣東洪兵起義史料』中, 1996.
(淸) 陳鴻·陳邦賢,『熙朝莆靖小記』, 中國社會科學院歷史研究所淸史研究室 編,『淸史資料』1, 1980.
(淸) 撰修者 不明,『梁氏族譜』, 咸豐 7年本,『廣東洪兵起義史料』中, 1996.
(淸) 蔡士堯,「羊城紀事詩」, 咸豐 年間本,『廣東洪兵起義史料』下, 1996.
(淸) 海外散人,『榕城紀聞』, 中國社會科學院歷史研究所淸史研究室 編,『淸史資料』1, 1980.

郭廷以,『太平天國史事日誌』上, 上海: 上海書店, 1986.
宮崎滔天,『三十三年落花夢』, 1902,『三十三年の夢』, 東京: 平凡社, 1967.
宮崎滔天,『支那革命軍談』, 高瀨魁介 編集, 東京: 明治出版社, 1912.
駱秉章,『駱文忠公奏議』, 沈雲龍 主編,『近代中國史料叢刊』7, 臺北: 文海出版社, 1966.
譚鍾麟,『譚文勤公奏稿』, 沈雲龍 主編,『近代中國史料叢刊續編』33, 臺北: 文海出版社, 1969.
陶成章,「敎會原流考」,『陶成章集』, 1986.
鄧慕韓,「乙未廣州革命始末記」,『十次起義史料』, 臺北: 中央文物供應社, 1974.
麥嘯霞,『廣東戲劇史略』, 廣州: 廣東省廣州市戲曲改革委員會, 1940, 廣東文物展

覽會 編輯,『廣東文物』下, 1941.
石芳勤 編,『譚人鳳集』, 長沙: 湖南人民出版社, 2008.
辛亥革命武昌起義記念館 編,『辛亥革命大寫眞』上, 武昌: 湖北美術出版社, 2001.
梁方仲 編著,『中國歷代戶口田地田賦統計』, 上海: 上海人民出版社, 1980.
連橫,『臺灣通史』, 南京: 華東師範大學出版社, 2006.
連橫,『臺灣通史』, 商務印書館, 1985(初版: 1920-1921)
永尾龍造,『支那民俗誌』, 支那民俗誌刊行會, 1940.
章炳麟,「敍」, 平山周,「支那革命黨及秘密結社」,『日本及日本人』569, 1911.
張友仁,「庚子惠州三洲田起義訪問錄」, 中國人民政治協商會議全國委員會文史資料研究委員會 編,『辛亥革命回憶錄』2, 1981.
鄭東夢 編,『壇山華僑』, 壇香山: 壇香山華僑編印社, 1929.
陳錫祺 主編,『孫中山年譜長編』上, 北京: 中華書局, 1991.
陳少白,『興中會革命史要』, 許師愼 筆記, 臺北: 中央文物供應社, 1935.
陳春生,「庚子惠州起義記」, 中國史學會 主編,『辛亥革命』1, 1957.
鄒魯,「乙未廣州起義」, 中國史學會 主編,『辛亥革命』1, 1957.
湯志鈞 編,『陶成章集』, 北京: 中華書局, 1986.
太平洋客(歐榘甲),『新廣東』, 張楠·王忍之 編,『辛亥革命前十年間時論選集』1·上, 1960.
平山周(古研氏),「中國秘密會黨記」,『東方雜誌』8, 1912-10.
平山周,「支那革命黨及秘密結社」,『日本及日本人』569, 1911.
平山周,『中國秘密社會史』, 北京: 商務印書館, 2011(上海: 商務印書館, 1912 原刊).
平山周,『支那革命黨及秘密結社』, 東京: 長陵書林, 1980.
馮自由,『中國革命運動二十六年組織史』, 臺北: 商務印書館, 1948(民國叢書編輯委員會 編,『民國叢書』2-76, 上海上海書店, 1989).
馮自由,『中華民國開國前革命史』上, 良友印刷公司, 1928(民國叢書編纂委員會 編,『民國叢書』2-76, 上海: 上海書店, 1989).
馮自由,『革命逸史』1~6, 北京: 中華書局, 1981.
馮自由,『華僑革命開國革命』1, 臺北: 商務印書館, 1946.
華光晉 主編,『中國古錢目錄』下, 長沙: 湖南人民出版社, 1998.

4. 지방지

『嘉應州志』, 光绪 24年本, 上海: 上海書店, 2003.

『揭陽縣續志』, 光緒 年間本, 上海: 上海書店, 2003.

『高要縣志』, 宣統 年間本, 上海: 上海書店, 2003.

『廣州府志』, 光緒 5年本, 上海: 上海書店, 2003.

『南海縣志』, 宣統 3年本, 上海: 上海書店, 2003.

『雷州府志』, 嘉慶 16年本, 上海: 上海書店, 2003.

『儋縣志』, 民國 25年本, 上海: 上海書店, 2001.

『德慶州志』, 光緒 25年本, 上海: 上海書店, 2003.

『東莞縣志』, 民國 16年本, 上海: 上海書店, 2003.

『茂名縣志』, 光緒 14年本, 上海: 上海書店, 2003.

『番禺縣續志』, 宣統 年間本, 上海: 上海書店, 2003.

『番禺縣志』, 同治 10年本, 上海: 上海書店, 2003.

『四會縣志』, 光緒 22年本, 上海: 上海書店, 2003.

『邵武府志』, 光緒 26年本, 上海: 上海書店, 2003.

『韶州府志』, 同治 3年本, 上海: 上海書店, 2003.

『遂溪縣志』, 道光 21年本, 上海: 上海書店, 2003.

『順德縣志』, 民國 18年本, 上海: 上海書店, 2003.

『始興縣志』, 民國 15年本, 上海: 上海書店, 2003.

『信宜縣志』, 光緒 17年本, 上海: 上海書店, 2003.

『陽江縣志』, 民國 14年本, 上海: 上海書店, 2003.

『陽山縣志』, 民國 27年本, 上海: 上海書店, 2003.

『定安縣志』, 光緒 年間本, 上海: 上海書店, 2003.

『潮陽縣志』, 光緒 10年本, 上海: 上海書店, 2003.

『潮州志』, 民國 38年本, 上海: 上海書店, 2003.

『增城縣志』, 民國 10年本, 上海: 上海書店, 2003.

『澄邁縣志』, 光緒 年間本, 上海: 上海書店, 2003.

『泉州府志』, 乾隆 年間本, 上海: 上海書店, 2000.

『清遠縣志』, 民國 26年本, 上海: 上海書店, 2003.

『豊順縣志』, 民國 32年本, 上海: 上海書店, 2003.

『河源縣志』, 同治 13年本, 上海: 上海書店, 2003.

『海陽縣志』, 光緒 16年本, 上海: 上海書店, 2003.

『海豊縣續志』, 同治 年間本, 上海: 上海書店, 2003.
『海豊縣志續編』, 同治 年間本, 上海: 上海書店, 2003.
『香山縣志』, 光緒 5年本, 上海: 上海書店, 2003.
『惠州府志』, 光緒 3年本, 上海: 上海書店, 2003.
『和平縣志』, 民國 32年本, 上海: 上海書店, 2003.
『花縣志』, 民國 13年本, 上海: 上海書店, 2003.
『興寧縣志』, 咸豊 年間本, 上海: 上海書店, 2003.

『南海縣志』, 同治 11年本, 臺北: 成文出版社, 1967.
『臺灣縣志』, 嘉慶 12年本, 臺北: 臺灣銀行經濟研究室, 1962.
『東山縣志』, 民國 稿本, 福建省東山縣地方志編纂委員會整理, 1987.
『佛山忠義鄉志』, 民國 15年本, 南京: 江蘇古籍出版社, 1992.
『崖州志』, 光緒 26年本, 廣州: 廣東人民出版社, 1988.
『鬱林州志』, 光緒 20年本, 臺北: 成文出版社, 1967.
『彰化縣志』, 道光 10年本, 彰化縣文獻委員會出版社, 1978.
『淸遠縣志』, 光緒 6年本, 臺北: 成文出版社, 1967.

5. 영문 자료

Bolton, Kingsley & Hutton, Christopher eds., *Triad Societies: Western Accounts of the History, Sociology and Linguistics of Chinese Secret Societies* Ⅰ, New York: Routledge, 2000.

Davis, John Francis, *The Chinese: A General Description of the Empire of China and Its Inhabitants* Ⅱ, London: Charles Knight & Co, 1836.

Eitel, E. J., *Europe in China: The History of Hongkong to the Year 1882*, Hongkong: Kelly & Walsh, 1895.

Gützlaff, Charles, "On the Secret Triad Society of China, Chiefly from Papers Belonging the Society Found at Hong Kong", *Journal of the Royal Asiatic Society of Great Britain and Ireland* VIII, 1846.

Hamburg, T., *The Vission of Hung-Siu-tsuen and Origin of the Kwang-Si Insurrection*, Hong Kong, 1854(簡又文 譯, 「太平天國起義記」, 楊家駱 主編, 『太平天國文獻彙編』 6, 1974).

Hoffmann, Johann Joseph, "Bijdragen tot de kennis der geheime genootschappen van de Chinezen, bepaaldelijk het T'iên-ti-hoei", *Bijdragen tot de Taal-, Land-, en Volkenkunde van Neêrlandsch-Indië*, vol. Ⅱ no.3, 1854.

Hunter, William. C., *Bits of Old China*, London: Kegan Paul, 1885(瀋正邦 譯·章文欽 校,『舊中國雜記』, 廣州: 廣東人民出版社, 2000).

Milne, William, "Some Account of a Secret Association in China, Entitled the Triad Society", *Transactions of the Royal Asiatic Society of Great Britain and Ireland* Ⅰ, 1826-2.

Pickering, W. A., "Chinese Secret Societies and Their Origin", *Journal of the Straits Branch of the Royal Asiatic Society* 1, 1878.

Pickering, W. A., "Chinese Secret Societies: Part Ⅱ", *Journal of the Straits Branch of the Royal Asiatic Society* 3, 1879.

R. I., "Notices of Modern China: Plots Formed by Religious Associations, Insurrection, Banditti, Piracy, Feuds, etc", *Chinese Repository* vol.4, 1835~36.

Scarth, John, *Twelve Years in China: The People, the Rebels and the Mandarins*, Edinburgh: Edmonston and Douglas, 1860.

Schlegel, Gustave, *Tian Ti Hui: The Hung League or Heaven-Earth-League: A Secret Society with the Chinese in China and India*, Vatavia: Lange & Co, 1866.

Stanton, William, "The Triad Society or Heaven and Earth Association", *The China Review* XXI-XXII, 1894·95.

Stanton, William, *The Triad Society or Heaven and Earth Association*, Hongkong: Kelly & Walsh, 1900.

Tse Tsan Tai, *The Chinese Republic: Secret History of the Revolution*, Hong Kong, 1924(謝讚泰 著, 江熙棠·馬頌明 譯,「中華民國革命秘史」, 中國人民政治協商會議廣東省委員會文史資料研究委員會 編,『孫中山與辛亥革命史料專輯』, 1981).

Ward, J. S. M. & Stirling, W. G., *The Hung Society or The Society of Heaven and Earth* Vol. Ⅰ, London: The Baskerville Press, 1925.

Williams, Samuel W., *The Middle Kingdom: A Survey of the Geography, Goverment, Literature, Social life, Arts and History of Chinese Empire and its Inhabitants*, New York: Ch.Scribner's Sons, 1883.

Williams, Samuel Wells, "Oath Taken by Members of the Triad Society and Notices of Its Origin", *Chinese Repository* XVIII, 1849-6.

Yung Wing, *My Life in China and America*, New York: Henry Holt and Company, 1909(容閎 저, 권희철 역, 『西學東漸記』, 서울: 을유문화사, 1974).

Yvan, Callery et, translated by John Oxenford, *History of the Insurrection in China; with Notices of the Christianity, Creed and Proclamations of the Insurgents*, London: Smith Elder & Co., 1853(徐建竹 譯, 『太平天國初期紀事』, 上海, 上海古籍出版社, 1982).

• 단행본

1. 한국

서울대학교동양사학연구실 편, 『講座中國史』 Ⅵ, 서울: 지식산업사, 1989.

정년기념사학논총위원회 편, 『溪村 閔丙河 敎授 停年紀念史學論叢』, 서울: 停年紀念史學論叢委員會, 1988.

구태훈·박기수, 『전통사회의 사회질서와 경제발전: 17~19세기 일본과 중국』, 서울: 선인, 2007.

김문경, 『삼국지의 영광』, 서울: 사계절, 2002.

민두기, 『중국의 共和革命』, 서울: 지식산업사, 1999.

박상수, 『중국혁명과 비밀결사』, 서울: 심산, 2006.

손승회, 『근대 중국의 토비 세계: 하남의 토비·홍창회·군벌을 중심으로』, 파주: 창비, 2008.

유장근, 『근대 중국의 비밀결사』, 서울: 고려원, 1996.

유장근, 『근대 중국의 지역사회와 국가권력』, 서울: 신서원, 2004.

이은자, 『중국 민간종교결사, 전통과 현대의 만남』, 서울: 책세상, 2005.

임계순, 『淸史: 만주족이 통치한 중국』, 서울: 신서원, 2000.

조 훈, 『중국 기독교사』, 서울: 그리심, 2004.

조한욱, 『문화로 보면 역사가 달라진다』, 서울: 책세상, 2000.

2. 중국

居閱時·瞿明安 主編,『中國象徵文化』, 上海: 上海人民出版社, 2001.

郭大松·陳海宏 主編,『五十年流行詞語(1949~1999)』, 濟南: 山東教育出版社, 1999.

戴逸 主編,『簡明清史』 2, 北京: 北京人民出版社, 1984.

茅海建,『天朝的崩壞: 鴉片戰爭再研究』, 北京: 三聯書店, 2005(1995 제1판)

鳳凰衛星 編著,『世紀大講堂』 20, 沈陽: 遼寧教育出版社, 2010.

社會問題研究叢書編輯委員會 編,『會黨·教派與民間信仰: 第二屆中國秘密社會史國際學術研討會論文集』, 北京: 知識產權出版社, 2012.

嚴中平 主編,『中國近代經濟史: 1840~1894』, 北京: 北京人民出版社, 1989.

餘繩武·劉存寬 主編,『十九世紀的香港』, 北京: 中華書局, 1994.

王志光 主編,『中國近代兵器工業』, 北京: 國防工業出版社, 1998.

魏建猷 主編,『中國會黨史論著匯要』, 天津: 南開大學出版社, 1985.

中國社會科學院近代史研究所飜譯室,『近代來華外國人名辭典』, 北京: 中國社會科學出版社, 1981.

中國社會科學院近代史研究所政治史研究室 編,『清代滿漢關係研究』, 北京, 社會科學文獻出版社. 2011.

中國孫中山研究學會 編,『孫中山和他的時代』 中, 北京: 中華書局, 1989.

中國會黨史研究會 編,『會黨史研究』, 上海: 學林出版社, 1987.

中國會黨史研究會·南京大學學衡研究院 主編,『"近代中國的社與會"學術研討會論文集』, 南京, 2018.12.7.~12.8.

中南地區辛亥革命史研究會湖南省歷史學會 編,『紀念辛亥革命七十周年青年學術討論會論文選』 上, 北京: 中華書局, 1983.

中央研究院近代史研究所 編,『近代中國區域史研討會論文集』 上, 臺北: 中央研究院近代史研究所, 1986.

中央研究院近代史研究所 編,『近代中國農村經濟史論文集』, 臺北: 中央研究員近代史研究所, 1984.

蔡少卿 主編,『中國秘密社會概觀』, 南京: 江蘇人民出版社, 1998.

太平天國研究會 編,『太平天國與近代中國』, 廣州: 廣東人民出版社, 1993.

簡又文,『太平天國全史』 上·中·下, 香港: 猛進書屋, 1962.

郭靖宇 導演, 黃海波 등 主演,『將軍』 第2集, 중국, 2010.

邱格屛,『世外無桃源: 東南亞華人秘密會黨』, 北京: 三聯書店, 2003.

歐陽恩良,『形異神同: 中國秘密社會兩大系統比較硏究』, 貴陽: 貴州人民出版社, 2004.

歐陽恩良 · 潮龍起,『中國秘密社會』 4, 福州: 福建人民出版社, 2002.

丘海雄 · 平萍,『香港黑社會』, 合肥: 安徽人民出版社, 1992.

金沖及 · 胡繩武,『辛亥革命史稿』 1, 上海: 上海人民出版社, 1980.

羅香林,『國父之大學時代』, 臺北: 商務印書館, 1954.

雷冬文,「近代廣東會黨史硏究」, 南京大學 博士學位論文, 2000.

雷冬文,『近代廣東會黨: 關於其在近代廣東社會變遷中的作用』, 廣州: 暨南大學出版社, 2004.

譚棣華,『清代珠江三角洲的沙田』, 廣州: 廣東人民出版社, 1993.

賴亞生,『神秘的鬼魂世界』, 北京: 人民中國出版社, 1993.

謝一彪,『浙江近代會黨史』, 北京: 中國社會科學出版社, 2013.

邵雍,『近代江南秘密社會』, 上海: 上海人民出版社, 2013.

蕭一山,『清代通史』 1, 上海: 華東師範大學出版社, 2005.

梁嘉彬,『廣東十三行考』, 廣州: 廣東人民出版社, 1999.

餘繩武 · 劉存寬 主編,『十九世紀的香港』, 北京: 中華書局, 1994.

連立昌,『福建秘密社會』, 福州: 福建人民出版社, 1989.

溫雄飛,『南洋華僑通史』, 商務印書館, 1929, 民國叢書編輯委員會 編,『民國叢書』 3-22, 上海: 上海書店, 1989.

阮應祺,『湛江遂溪抗法鬪爭』, 廣州: 廣東人民出版社, 1982.

王怡,『俠骨忠魂: 鄭士良傳』, 臺北: 近代中國出版社, 1983.

王學泰,『水滸 · 江湖: 理解中國社會的另一條線索』, 西安: 陝西人民出版社, 2011.

王學泰,『游民文化與中國社會』 下, 北京: 同心出版社, 2007.

劉傅海,『追剿黑社會』, 廣州: 南方日報出版社, 2004.

劉平,『文化與叛亂: 以清代秘密社會爲視角』, 北京: 商務印書館, 2002.

劉平,『被遺忘的戰爭: 咸豐同治年間廣東土客械鬪硏究』, 北京: 商務印書館, 2003.

陸寶千,『論晚清兩廣的天地會政權』, 臺北: 中央硏究院近代史硏究所, 1975.

尹恩子,「兩湖地區哥老會硏究」, 南京大學 博士學位論文, 2002.

李國榮 · 林偉森 主編,『清代廣州十三行紀略』, 廣州: 廣東人民出版社, 2006.

莊吉發,『清代臺灣會黨史硏究』, 臺北: 南天書局, 1999.

莊吉發,『清代秘密會黨史硏究』, 臺北: 文史哲出版社, 1994.

莊吉發,『清代天地會源流考』, 臺北: 國立故宮博物院, 1981.

張玉法,『清季的革命團體』, 臺北: 中央研究員近代史研究所, 1975.
蔣政,『國父革命與洪門會黨』, 臺北: 正中書局, 1981.
周宏偉,『清代兩廣農業地理』, 長沙: 湖南教育出版社, 1998.
周育民 · 邵雍,『中國幫會史』, 上海: 上海人民出版社, 1993.
朱俊强,「廣西天地會研究」, 南京大學 博士學位論文, 1996.
朱俊强,『秘密結社與社會控制: 廣西天地會研究(1794~1921)』, 桂林: 廣西師範大學出版社, 2000.
朱俊强,『秘密結社與社會統制: 廣西天地會研究』, 桂林: 廣西師範大學出版社, 2000.
秦寶琦,『中國秘密社會新論』(秦寶琦自選集), 福州: 福建人民出版社, 2006.
秦寶琦,『中國地下社會』(晚淸秘密社會卷), 北京: 學苑出版社, 2005.
秦寶琦,『中國地下社會』(淸前期秘密社會卷), 北京: 學苑出版社, 2004.
秦寶琦,『中國洪門史』, 福州: 福建人民出版社, 2012.
秦寶琦,『淸末民初秘密社會的蛻變』, 北京: 中國人民大學出版社, 2004.
秦寶琦,『淸前期天地會研究』, 北京: 中國人民大學出版社, 1988.
秦寶琦,『洪門眞史』, 福州: 福建人民出版社, 2000.
秦寶琦 · 孟超,『秘密結社與淸代社會』, 天津: 天津古籍出版社, 2008.
陳寶良,『中國的社與會』, 杭州: 浙江人民出版社, 1996.
陳錫祺,『同盟會成立前的孫中山』, 廣州: 廣東人民出版社, 1984.
蔡少卿,『中國近代會黨史研究』, 北京: 中華書局, 1987.
蔡少卿,『中國秘密社會』, 杭州: 浙江人民出版社, 1989.
彭先國,『湖南近代秘密社會研究』, 長沙: 岳麓書社, 2001.
赫治淸,『幽暗的力量: 古代秘密結社』, 臺北: 萬卷樓, 1999.
赫治淸,『天地會起源研究』, 北京: 中國社會科學院出版社, 1996.
赫治淸 · 吳兆淸,『中國幫會史』, 臺北: 文津出版社, 1996.
胡珠生,『淸代洪門史』, 沈陽: 遼寧人民出版社, 1996.
黃珍吾,『華僑與中國革命』, 臺北, 國防研究院. 1963.

3. 일본

大塚歷史學會 編,『東アジア近代史の研究』, 東京: 御茶の水書房, 1967.
森正夫 等編,『明淸時代史の基本問題』, 東京: 汲古書院, 1997.
孫文研究會 編,『孫中山研究日中國際學術討論會報告集』, 東京: 法律文化史,

1986.
神奈川大學人文學研究所 編,『秘密社會と國家』, 東京: 勁草書房, 1995.
辛亥革命研究會 編,『中國近代史研究入門』, 東京: 汲古書院, 1992.
野口鐵郎 編,『中國史における亂の構圖』, 東京: 雄山閣出版, 1986.
酒井忠夫 外著,『道教: 道教とは何か』 1, 東京: 平河出版社, 1983(최준식 옮김,『道教란 무엇인가』, 서울: 민족사, 1990).
酒井忠夫 編,『東南アジアの華人と文化摩擦』, 東京: 巖南堂書店, 1983.

鈴木智夫,『洋務運動の研究』, 東京: 汲古書院, 1992.
山田賢,『中國の秘密結社』, 東京: 講談社, 1998.
石橋崇雄,『大淸帝國』, 東京: 講談社, 2000.
小林一美,『淸朝末期の戰亂』, 東京: 新人物往來社, 1992.
孫江,『近代中國の革命と秘密結社: 中國革命の社會史的研究(1895~1955)』, 東京: 汲古書院, 2007.
野澤豊,『孫文と中國革命』, 東京: 岩波書店, 1966.
有澤玲,『秘密結社の事典』, 東京: 柏書房, 1998.
仁井田陞,『中國の農村家族』, 東京: 東京大學出版會, 1966.
佐佐木正哉,『淸末の秘密結社: 前篇天地會の成立』, 東京: 巖南堂書店, 1970.
酒井忠夫,『中國民衆と秘密結社』, 東京: 吉川弘文館, 1991.
酒井忠夫,『中國幇會史の研究』(紅幇篇), 東京: 國書刊行會, 1998.

4. 구미

Blythe, Wilfred, *The Impact of Chinese Secret Societies in Malaya: A Historical Study*, London: Oxford University Press, 1969.
Booth, Martin, *The Dragon Syndicates: the Global Phenomenon of the Triads*, New York: Carroll & Graf, 2001.
Booth, Martin, *The Triads: The Chinese Criminal Fraternity*, London: Grafton Books, 1990.
Chatman, Seymour, *Story and Discourse: Narrative Structure in Fiction and Film*, Ithaca and London: Cornell University Press, 1980(한용환 옮김,『이야기와 담론: 영화와 소설의 서사구조』, 서울: 푸른사상사, 2006).
Chesneaux, Jean, eds., *Popular Movements and Secret Societies in China 1840~*

1950, California: Stanford University Press, 1972.

Chesneaux, Jean, *Secret Societies in China: in the Nineteenth and Twentieth Centuries*, Ann Arbor: the University of Michigan Press, 1971.

Comber, Leon, *Chinese Secret Societies in Malaya: A Survey of the Triad Society from 1800 to 1900*, New York: the Association for Asian Studies, 1959.

Davis, Fei-Ling, *Primitive Revolutionaries of China: A Study of Secret Societies in the Nineteenth Century*, London: Routledge & Kegan Paul, 1977.

Duara, Prasenjit, *Rescuing History from the Nation: Questioning Narratives of Modern China*, Chicago: The University of Chicago Press, 1995(문명기·손승회 역, 『민족으로부터 역사를 구출하기: 근대 중국의 새로운 해석』, 서울: 삼인, 2004).

Eastman, Lloyd E., *Family, Fields and Ancestors: Constancy in China's Social and Economic History, 1550~1949*, Oxford University Press, 1988(이승휘 역, 『중국사회의 지속과 변화』, 서울: 돌베개, 1999).

Freedman, Maurice, *Lineage Organization in the Southeastern China*, London: University of London, 1958(김광억 역, 『東南部 中國의 宗族組織』, 서울: 일조각, 1996).

Grant, Carolyn & Wakeman, Frederic eds., *Conflict and Control in Late Imperial China*, California: University of California Press, 1975.

Hobsbawm, E. J., *Bandits*, London: Weidenfeld & Nicolson, 1965(황의방 역, 『義賊의 社會史』, 서울: 한길사, 1978).

Hobsbawm, E. J., *Primitive Rebels: Studies in Archaic Forms of Social Movement in the 19th and 20th Centuries*, New York: W. W. Norton, 1959(진철승 역, 『원초적 반란』, 청주: 온누리, 1984).

Hsüeh Chun-tu, *Huang Hsing and Chinese Revolution*, California: Stanford University Press, 1961.

Kuhn, Philip A., *Rebellion and its Enemies in Late Imperial China: Militarization and Social Structure, 1796~1864*, Cambridge: Harvard University Press, 1970.

Liu Kwang-ching & Shek, Richard eds., *Heterodoxy in Late Imperial China*, Honolulu: University of Hawaii Press, 2004.

Mak Lau Fong, *The Sociology of Secret Societies: a Study of Chinese Secret Societies in Singapore and Peninsular Malaysia*, New York: Oxford

University Press, 1981.

Morgan, W. P., *Triad Societies in Hong Kong*, Hongkong: The Government Printer, 1960.

Murray, Dian H., *Pirates of the South China Coast*, 1790~1810, Stanford University Press, 1987(이영옥 옮김, 『그들의 바다: 남부 중국의 해적, 1790~1810』, 서울: 심산, 2003).

Murray, Dian H., *The Origins of the Tiandihui: the Chinese Triads in Legend and History*, California: Stanford University Press, 1994.

Naquin, Susan & Rawski, Evelyn S., *Chinese Society in the Eighteenth Century*, New Heaven: Yale University Press, 1987(정철웅 옮김, 『18세기 중국사회』, 서울: 신서원, 1998).

Ownby, David & Heidhues, Mary Somers eds., *'Secret Societies' Reconsidered: Perspectives on the Social History of Early Modern South*, New York: Armonk, 1993.

Ownby, David, *Brotherhoods and Secret Societies in Early and Mid-Qing China: the Formation of a Tradition*, California: Stanford University Press, 1996.

Schiffrin, Harold Z., *Sun Yat-sen and the Origins of the Chinese Revolution, California*: University of California Press, 1968.

Schiffrin, Harold Z., Sun Yat-sen, Reluctant Revolutionary, Boston: Little, Brown, 1980(민두기 역, 『孫文評傳』, 서울: 지식산업사, 1990).

Ssu-yü, Teng, *Protest and Crime in China: A Bibliography of Secret Association, Popular Uprisings, Peasant Rebellions*, New York: Garland Publishing, 1981.

Ter Haar, Barend J., *Ritual and Mythology of the Chinese Triads: Creating an Identity*, Leiden · Boston · Köln: Brill, 1998.

Tsai Jung-Fang, *Hong Kong in Chinese History: Community and Social Unrest in the British Colony, 1842~1913*, New York: Columbia University Press, 1993.

Twitchett, Denis & Fairbank, John K., eds., *The Cambridge History of China: Late Ch'ing 1800-1911*, vol.10 Part I, Cambridge: Cambridge University Press, 1978(김한식 · 김종건 역, 『캠브리지 중국사』 10-상, 서울: 새물결, 2007).

Williams, C. A. S., *Chinese Symbolism & Art Motifs: An Alphabetical Compendium of Antique Legends and Beliefs, as Reflected in the Manners and Customs of the Chinese*, Boston: Tuttle Publishing, 2004, first tittle edition, 1974(이용찬 외 역, 『환상적인 중국문화』, 안양: 평단문화사, 1985).

Wong, J. Y., *Yeh Ming-ch'en Viceroy of Liang Kuang 1852~8*, New York: Cambridge University Press, 1976.

Yang, C. K., *Religion in Chinese Society: A Study of Contemporary Social Functions of Religion and Some of Their Historical Factors*, Berkeley: University of California Press, 1961(중국명저독회 옮김, 『중국사회 속의 종교』, 경기: 글을읽다, 2011).

• 논문

1. 한국

https://stdict.korean.go.kr (검색어: 정체성)

고동주, 「天地會의 起源硏究에 대한 一考察」, 경희대학교 석사학위논문, 1988.

고동주, 「淸前期 天地會 硏究」, 경희대학교 박사학위논문, 2001.

고동주, 「初期天地會의 成立背景」, 『東洋學硏究』 7, 2001.

김형종, 「辛亥革命의 展開」, 서울대학교동양사학연구실 편, 『講座中國史』 VI, 1989.

김형종, 「淸末 革命派의 '反滿'革命論과 '五族共和'論」, 『中國現代史硏究』 12, 2001.

민두기, 「中國近代史에 있어서의 '亂民'」, 『大東文化硏究』 18, 1984.

박기수, 「乾隆·嘉慶·道光年間 廣西의 客民과 客家」, 『明淸史硏究』 4, 1995.

박기수, 「明淸 시기 廣東에서의 국가권력·宗族의 위상」, 구태훈·박기수, 『전통사회의 사회질서와 경제발전: 17~19세기 일본과 중국』, 2007.

박기수, 「書評: 『近代中國의 秘密結社』(兪長根, 1996)」, 『中國現代史硏究』 2, 1996.

박기수, 「淸 道光年間 廣西民衆蜂起의 硏究」, 성균관대 박사학위논문, 1991.

박기수, 「淸 道光年間(1821~1850)의 廣西民衆蜂起」, 정년기념사학논총위원회 編, 『溪村 閔丙河 敎授 停年紀念史學論叢』, 1988.
박기수, 「淸代 廣東 廣州府의 經濟作物 栽培와 農村市場의 發展」, 『明淸史硏究』 13, 2000.
박기수, 「淸代 廣東의 對外貿易과 廣東商人」, 『明淸史硏究』 9, 1998.
박기수, 「淸代 佛山의 手工業·商業 發展과 市鎭의 擴大」, 『東洋史學硏究』 69, 2000.
박기수, 「최근 中國에서의 明淸時代 地域史硏究: 淸代 廣東地域 經濟史硏究를 中心으로」, 『中國學報』 39, 1999.
박기수, 「太平天國 이전(1830~1850) 廣西民衆蜂起」, 『東洋史學硏究』 31, 1989.
박상수, 「중국 근현대의 국가, 사회 그리고 비밀결사」, 『아세아연구』 46, 2003.
송정수, 「淸 中期 이후 '反淸復明' 의식의 傳承과 屈折」, 『東洋史學硏究』 108, 2009.
원정식, 「淸 中期 閩南의 械鬪 盛行과 그 背景」, 『東洋史學硏究』 56, 1996.
원정식, 「淸代 福建社會 硏究: 淸 前·中期 閩南社會의 變化와 宗族活動」, 서울대학교 박사학위논문, 1996.
유장근, 「19세기 초 中國東南部 지역의 天地會 動向: 1802년의 惠州反亂을 中心으로」, 『慶大史論』 2, 1986(유장근, 『근대 중국의 지역사회와 국가권력』, 2004).
유장근, 「兩廣地域의 自然과 人文環境」, 『中國硏究』 1-3, 1993.
유장근, 「中國 近現代 秘密結社 硏究의 現況과 課題」, 『史學論叢』, 공주: 滄海朴秉國敎授停年紀念委員會, 1994.
유장근, 「天地會의 起源에 관한 硏究史的 檢討」, 『慶大史論』 4·5, 1990(유장근, 『근대 중국의 지역사회와 국가권력』, 2004)
유장근, 「淸代 兩廣의 지역사회와 국가권력」, 『大丘史學』 61, 2000.(유장근, 『근대 중국의 지역사회와 국가권력』, 2004)
유장근, 「淸末民初 廣東社會의 金蘭會」, 『東洋史學硏究』 52, 1995(유장근, 『근대 중국의 지역사회와 국가권력』, 2004)
이은자, 「中國 秘密結社의 歷史와 現在」, 『中國學報』 53, 2006.
이평수, 「"陳松의 天地會 集團"과 咸豊 4年의 叛亂」, 『東洋史學硏究』 110, 2010.
이평수, 「19世紀末 廣東地域 天地會의 活動再開」, 『中國史硏究』 46, 2007.
이평수, 「19世紀末 廣東地域의 革命活動: 廣東天地會와 興中會의 合作이라는 觀點에서」, 『東洋史學硏究』 81, 2003.

이평수, 「20세기 초 중국의 공화혁명과 비밀결사: 동맹회와 천지회의 무장기의를 중심으로」『中國近現代史研究』 54, 2012.
이평수, 「근대중국의 비밀결사를 통해 본 민족주의와 제국주의: '廣州灣 事件'(1898~1900년)을 중심으로」, 『東洋史學研究』 123, 2013.
이평수, 「書評: 『그들의 바다: 남부 중국의 해적, 1790~1810』(Dian H. Murray 著, 이영옥 옮김, 2003)」, 『中國現代史研究』 23, 2004.
이평수, 「豫言과 叛亂: 咸豊 4年 天地會 反亂의 政治的 背景」, 『歷史學報』 224, 2014.
이평수, 「天地會 起源傳說의 解剖: 姚大羔本起源傳說의 분석을 중심으로」, 『東洋史學會 秋季 學術發表會 發表要旨』, 2008.
이평수, 「天地會 入會儀式의 節次와 暗號化: 19世紀 末葉 싱가포르 天地會의 事例 檢討를 中心으로」, 『明淸史研究』 23, 2005.
이평수, 「天地會의 入會儀式: 演劇과의 關聯性을 中心으로」, 『明淸史研究』 21, 2004.
이평수, 「淸 嘉慶年間 天地會의 會員募集과 結社의 擴大 · 擴散: 廣東地域 天地會의 事例檢討를 中心으로」, 『史林』 21, 2004.
이평수, 「淸 乾隆 中末葉 天地會의 出現과 實相」, 『東洋史學研究』 126, 2014.
이평수, 「淸 中期 天地會의 活動 類型 研究」, 『明淸史研究』 35, 2011.
이평수, 「淸代 天地會 起源傳說 板本 現況과 特徵: 결사 창립의 시간·장소의 비교를 겸론하여」, 『中國史研究』 89, 2014.
이평수, 「淸代 天地會 起源傳說의 脚色과 變遷: 인물과 이야기의 비교를 중심으로」, 『明淸史研究』 41, 2014.
이평수, 「淸代 天地會 起源傳說의 解剖: 「姚大羔本」起源傳說의 분석을 중심으로」, 『中國學報』 60, 2009.
이평수, 「청대 천지회는 어떠한 비밀결사였는가: 연구현황과 과제탐색」, 『中國近現代史研究』 41, 2009.
이평수, 「淸末民初 洪門史를 보는 시각과 전망」, 『정치·사회·경제·문화로 본 역사의 다면성』, "2013년 수선사학회 추계 학술대회", 경기, 대진대학교, 2013.11.2.
이평수, 「淸末民初 洪門史를 보는 시각과 전망」, 『東洋史學研究』 163, 2023.
정세현, 「孫文의 初期結社統合 過程에 대하여」, 『淑大論文集』 10, 1970.
정세현, 「孫文의 惠州蜂起와 會黨」, 『淑大史論』 7, 1972.
정세현, 「洪全福 廣州起義의 籌劃과 挫折」, 『淑大史論』 9, 1976.

정세현,「興漢會成立考」,『淑大史論』 5, 1972.

2. 중국

http://www.baidu.com (검색어: 陳近南)
孔祥濤,「歷史與神話: 天地會西魯故事由來及天地會起源」,『清史研究』 2005-3.
廣東遂溪人民抗法鬪爭調查工作組 編著,「1898~1899年廣東遂溪人民反抗法帝國主義侵略廣州灣地區的鬪爭」,『學術研究』 1958-1·2.
羅炤,「鄭成功與天地會」,『中國史研究』 1997-4.
羅爾綱,「水滸傳與天地會」, 羅爾綱 編著,『天地會文獻錄』, 1942.
諾維科夫(B.M.Новиков),「試論'天地會'秘密社團的組織性質」,『復旦學報』 1986-6.
魯衛東,「"中國近代社會與秘密結社史國際學術硏討會"綜述」,『學術月刊』 2005-4.
雷冬文,「嘉慶年間天地會在廣東復興的社會根源」,『廣東社會科學』 2001-1.
戴玄之,「天地會與道教」,『南洋大學學報』 6, 1972.
戴玄之,「天地會的源流」,『大陸雜誌』 36-11, 1968.
駱寶善,「重說廣東天地會起義其間中外反動勢力之勾結」,『學術硏究』 2001-11.
駱寶善,「太平天國時期的廣東天地會起義述略」 上,『中山大學學報』 1981-4.
駱寶善,「太平天國時期的廣東天地會起義述略」 下,『中山大學學報』 1982-1.
來新夏,「反淸的秘密結社」,『歷史教學』 1958-10.
林建秀,「鄭成功與洪門天地會之創立」,『福建史志』 2017-6.
林增平,「孫中山民主革命思想的形成」,『歷史硏究』, 1987-1.
林增平,「辛亥革命時期天地會的性質問題」,『學術月刊』, 1962-2.
林增平,「革命派改良派的離合與淸末民初政局」,『近代史硏究』, 1986-3.
林志傑,「1854年廣東洪兵圍攻廣州之役考辯」,『學術硏究』 2000-6.
馬慶忠 等,「建國以來孫中山硏究中幾個問題的概述」,『近代史硏究』, 1980-2.
萬晴川,「『說唐全傳』與天地會」,『淮陽師範學院學報』 2007-5.
孟曉峰·高西成, 「解讀天地會會簿中的木立斗世、 結萬和洪花亭, 『淸史論叢』 2020-1.
方群達,「提喜的俗家籍貫與世系考」,'第1屆中國近代秘密結社史國際學術討論會' 提出論文, 南京, 1993年 6月.
徐舸,「試論淸末廣西天地會起義的內部組織及特徵」,『學術論壇』 1990-3.
徐曉望,「淸代前期廣東福建兩省的糧布消費問題」,『中國社會經濟史硏究』 1989.
盛芳·李益傑, 「論太平天國時期粵東天地會起義的特點和歷史作用」, 『韓山師範學院學報』 1997-3.
蕭一山, 「天地會起源考」, 蕭一山 編, 『近代秘密社會史料』, 1991.
楊進·陳穗華, 「上大洋網票選心水"雲山八景"」, 『廣州日報』, 2007.9.21.
楊曉堂, 「明清時期珠江三角洲桑基魚塘的發展」, 『農史硏究』 7, 1988.
吳倫霓霞, 「興中會時期(1894~1900)孫中山革命運動與香港關係」, 中國孫中山硏究學會 編, 『孫中山和他的時代』 中, 1989.
王慶成, 「英國發現太平天國新史料及其價値」, 『近代史硏究』 1980-3.
王驥洲, 「天地會儀式行爲的文化社會學解釋」, 『齊魯師範學院學報』 2014-5.
王天獎, 「十九世紀下半紀中國的秘密會社」, 『歷史硏究』 1963-2.
王萍, 「粵北粵東的地勢與農田水利」, 中央硏究院近代史硏究所 編, 『近代中國農村經濟史論文集』,1984.
王學泰, 「天地會'西魯'神話之析」, 『文史知識』 1997.
袁鴻林, 「興中會時期的孫楊兩派關係」, 中南地區辛亥革命史硏究會湖南省歷史學會 編, 『紀念辛亥革命七十週年青年學術討論會論文選』 上, 1983.
兪雲波, 「海外天地會淺說」, 中國會黨史硏究會 編, 『會黨史硏究』, 1987.
劉鑫全, 「千古第一檄文: 「呂相絶秦」」, 『文史知識』 1994-2.
李恭忠, 「江湖: 底層群體的生存體驗和社會構圖: 以姚大羔會簿爲中心的考察」, 『江蘇社會科學』 2010-6.
李恭忠, 「蒙冤敍事與下層抗爭: 天地會起源傳說新論」, 『南京大學學報』 53, 2016-5.
李恭忠, 「辛亥前後的"洪門民族主義"論說」, 『近代史硏究』 2016-6.
李恭忠, 「他者的眼光: 19世紀西方人的天地會硏究發微」, 『江蘇社會科學』 2015-6.
李恭忠, 「行走在政治與學術之間: 中國秘密社會史硏究的百年歷程及其展望」, 『河北學刊』 25-3, 2005.
李鵬年, 「故宮明清檔案部所存主要檔案述略」, 『清代檔案史料叢編』 3, 1979.
李平秀, 「清末革命團體與秘密會黨: 以同盟會武裝起義爲主」, 『近代史硏究』 2015-1.
李平秀, 「天地會的入會儀式和戲劇」, 『清史論叢』 2008.
李平秀, 「預言與叛亂: 咸豊四年"陳松天地會集團"叛亂的政治性背景」, 第二屆中國秘密社會史國際學術硏討會提出論文, 山東濟南, 2009.8.16.~8.19.
李平秀, 「從天地會看清代民間社會的滿漢關係」, 中國社會科學院近代史硏究所政治史硏究室 編, 『清代滿漢關係硏究』, 北京: 社會科學文獻出版社, 2011.
莊吉發, 「清代社會經濟變遷與秘密會黨的發展: 臺灣·廣西·雲貴地區的比較硏究」, 中央硏究院近代史硏究所 編, 『近代中國區域史硏討會論文集』 上, 1986.

莊吉發,「清代前期(1644~1795)閩粵地區的異姓結拜與秘密會黨的活動」,『歷史學報』 22, 1994.
莊吉發,「清初天地會與林爽文之役」,『大陸雜誌』 41-12, 1970.
莊吉發,「太平天國起事前的天地會」,『食貨』 8-12, 1979.
張莉,「清前期的會黨」, 蔡少卿 主編,『中國秘密社會概觀』, 1998.
張銀行,「天地會與福建武術發展研究: 區域社會的視角」,『揚州大學學報』 24, 2020-4.
張長水,「天地會創始人道宗身世行踪稽考」,『福建文博』 2010-3.
程大力·郭裔·王小兵,「南小林·天地會與閩·粵·川武術淵源」,『中華武術研究』 1, 2012-1.
鄭永華,「廣東洪兵圍攻廣州軍事輿圖考釋之三: 關於平洲的輿圖及其檔案」,『中國歷史地理論叢』, 2008-4.
鄭永華,「廣東洪兵圍攻廣州軍事輿圖初考: 英國國家檔案館所藏兩廣洪兵起事輿圖考釋之一」,『淸史研究』, 2006-1.
鄭永華,「省河之南的鏖戰: 英國國家檔案館所藏兩廣洪兵起事輿圖考釋之二」,『學術研究』 2007-7.
丁旭光,「資產階級革命派與廣東會黨」,『廣東社會科學』, 1988-1.
丁孝智·張根福,「對辛亥革命時期會黨二重作用的歷史考察」,『西北師範學報』 1994-3.
趙立人,「一八五四年廣東三合會起義史實辨析」, 太平天國研究會 編,『太平天國與近代中國』, 1993.
趙樹岡,「文本·儀式與認同: 19世紀星馬華人秘密社會組織研究」,『世界民族』 2013-1.
周新國,「天地會與淸代通俗文化」,『江海學刊』, 1987-6.
周偉良,「明淸時期少林武術活動的歷史流變」,『體育文化導刊』 2004-1.
周育民,「辛亥革命與游民社會」,『上海師範大學學報』 1991-3.
周育民,「壬辰瑤變、會黨與地方官府: 以張錫謙『平瑤日記』爲中心」,『史林』 2021-4.
周育民,「風雨八十載: 魏建猷先生傳略」, 魏建猷,『秘密結社與社會經濟』, 上海: 上海書店, 2007.
朱正生,「也談孫中山與'興中會'」,『近代史研究』, 1993-4.
曾五岳,「天地會'西魯傳說'探幽」,『東南文化』 1992-2.
曾五岳,「天地會源於福建漳州考」,『東南文化』 1991-5.

曾五岳,「天地會創始人及起會年代考證」,『東南文化』 1993-1.
曾五岳,「天地會創始人道宗禪師新考」,『東南文化』 106, 1994-6.
陳劍安,「廣東會黨與辛亥革命」, 中南地區辛亥革命史研究會湖南省歷史學會 編, 『紀念辛亥革命七十周年青年學術討論會論文選』 上, 1983.
陳劍安,「同盟會以前的孫中山與會黨」, 中國會黨史研究會 編,『會黨史研究』, 1987.
秦寶琦,「'萬五道宗創立天地會說'之我見」,『清史研究』 1997-4.
秦寶琦,「"造反有理"辨正」, 劉平,『文化與叛亂』, 北京: 商務印書館, 2002.
秦寶琦,「"香花僧秘典", "萬五達宗", "西魯故事"與天地會起源」,『清史研究』 2007-3.
秦寶琦,「中國地下社會300年」, 鳳凰衛星 編著,『世紀大講堂』 20, 沈陽: 遼寧教育出版社, 2010.
秦寶琦,「天地會起源新論」,『歷史檔案』 2007-3.
秦寶琦,「天地會『會簿』中'西魯故事'新解」,『學術月刊』, 2007-7.
秦寶琦,「清代秘密社會研究中的檔案使用和田野考查」,『歷史檔案』 2005-3.
陳旭麓,「秘密會黨與中國社會」, 中國會黨史研究會 編,『會黨史研究』, 1987.
蔡克驕,「論『古來寺贊集』的史料價値」,『會黨·教派與民間信仰: 第二届中國秘密社會史國際學術硏討會論文集』, 2012.
蔡少卿,「嘉慶道光時期中國會黨發展的特點」,『中國近代會黨史研究』, 1987.
蔡少卿,「關於天地會的起源問題」,『中國近代會黨史研究』, 1987.
蔡少卿,「近代中國的秘密會社及其歷史演變」,『中國近代會黨史研究』, 1987.
蔡少卿,「論辛亥革命與會黨的關係」,『群衆論叢』, 1981-5.
蔡少卿·彭邦富,「當代中國黑社會問題初探」, 蔡少卿 主編,『中國秘密社會概觀』, 南京: 江蘇人民出版社, 1998.
彭全民,「百年大義光勵后人」,『深圳特區報』(廣東), 2000年10月8日 文化空間面.
何正淸,「天地會與道教·白蓮教」,『貴陽師院學報』 1984-4.
何正淸,「天地會的歃血盟誓與結拜兄弟歷史淵源」,『貴州師大學報』 1985-4.
赫治淸,「「天地會盟書誓詞」辨正」,『淸史研究通信』 1985-1.
胡珠生,「天地會起源初探: 兼評蔡少卿同志「關於天地會的起源問題」」,『歷史學』 4, 1979.
胡珠生,「洪門會書的綜合研究」,『淸史論叢』 1993.
胡珠生,「『香花僧秘典』和天地會起源」, 社會問題研究叢書編輯委員會 編,『會黨·教派與民間信仰: 第二届中國秘密社會史國際學術硏討會論文集』, 2012.
黃彦·李伯新,「孫中山的家庭出身和早期事迹」, 中國人民政治協商會議廣東省委員會·文史資料研究委員會·中山大學歷史系孫中山研究室 合編,『廣東文史資料』25(『孫中山史料專輯』), 1979.
黃廷柱,「十九世紀中葉的廣東天地會」,『學術研究』1963-1.

3. 일본

宮崎市定,「清代の胥吏と幕友: 特に雍正朝を中心として」,『東洋史研究』 16-4, 1958.
渡邊惇,「十九世紀植民地マラヤにおける華人社會と會館·會黨」, 酒井忠夫 編,『東南アジアの華人と文化摩擦』, 1983.
稻田清一,「西米東運考」,『東方學』71, 1986.
藤井昇三,「孫文研究の現狀と問題點」, 辛亥革命研究會 編,『中國近代史研究入門』, 1992.
並木賴壽,「秘密結社國際シンポジウムに參加して」,『中國研究月報』544, 1993-6.
幷木賴壽,「洪門の掟: 天地會の儀式·規約·儀禮」,『しにか』(特輯: 中國の秘密結社) 6, 1995-9.
相田洋,「水滸傳の世界: 中國民衆の觀念的世界」,『歷史學研究』394, 1973.
相田洋,「清代における演劇と民衆運動」,『木村正雄先生退官記念東洋史論集』, 東京: 汲古書院, 1976.
西川喜久子,「順德團練國の成立」,『東洋文化研究所紀要』105, 1988.
西川喜久子,「清代珠江下流流域の沙田について」,『東洋學報』63-1·2, 1981.
小林一美,「中華帝王を夢想する叛逆者たち: 中國における帝王革命幻想(ユートピア)の歷史と磁場一」, 小林一美·岡島千幸 編,『ユートピアへの想像力と運動: 歷史とユートピア思想の研究』, 東京: 御茶の水書房, 2001.
孫江,「最近の中國における近代社會史研究」,『中國: 社會と文化』9, 1994.
孫江,「'九龍山'秘密結社についての一考察」,『中國研究月報』553, 1994.
孫江,「清末民初期における民間秘密結社と政治との關係」, 神奈川大學人文學研究所 編,『秘密社會と國家』, 1995.
孫江,「辛亥革命期における'革命'と秘密結社」,『中國研究月報』645, 2001.
松本武彦,「'辛亥革命と華僑'に關する前提的諸問題」, 野口鐵郎 編,『中國史における亂の構圖』, 1986.
松本浩一,「道教と宗教儀禮」, 酒井忠夫 外著,『道教: 道教とは何か』1, 東京: 平河

出版社, 1983, 최준식 옮김, 「도교와 종교의례」, 『道教란 무엇인가』, 1990.
深町英夫, 「廣東・ハワイ社會の政治化と興中會の成立: 中國革命運動の起源」, 『孫文と華僑』, 孫文生誕130周年國際學術討論會論文集, 東京: 汲古書院, 1999.
深町英夫, 「中國革命運動の起源」, 『近きに在りて』 27, 1995-5.
野口鐵郎, 「秘密結社研究を振り返つて一現状と課題一」, 森正夫 等編, 『明清時代史の基本問題』, 1997.
仁井田陞, 「中國の同族部落の械闘」, 『中國の農村家族』, 1966.
前田勝太郎, 「清代の廣東における農民闘爭の基盤」, 『東洋學報』 51-4, 1969-3.
田仲一成, 「粵東天地會の組織と演劇」, 『東洋文化研究所紀要』 111, 1990.
田中正美, 「鴉片戰爭時期の抵抗派の成立過程」, 大塚歴史學會 編, 『東アジア近代史の研究』, 1967.
佐佐木正哉, 「順德縣鄉紳と東海十六沙」, 『近代中國研究』 3, 1958.
佐佐木正哉, 「天地會成立の背景」, 『明治大學人文科學研究所紀要』 7, 1969.
佐佐木正哉, 「咸豊四年廣東天地會の叛亂」, 『近代中國研究センタ彙報』 2, 1963-4.
酒井忠夫, 「臺灣閩粵社會の械闘と天地會の成立」, 『中國幫會史の研究』(紅幇篇), 1998.
酒井忠夫, 「幫の民衆の意識」, 『東洋史研究』 31-2, 1972.
酒井忠夫, 「天地會の西漸と白蓮教運動」, 酒井忠夫, 『中國幫會史の研究』(紅幇篇), 1998.
酒井忠夫, 「青幫・紅幫の思想と行動」, 『傳統と現代』 2-9, 1971.
向山寛夫, 「厦門事件と惠州事件」, 『國學院大學大學院紀要』 6, 1974.
黃彦 著, 西村成雄 譯, 「反清革命期における孫中山の指揮者としての地位」, 孫文研究會 編 『孫中山研究日中國際學術討論會報告集』, 1986.
橫山宏章, 「中國の共和革命運動と秘密結社」, 『法學研究』 37, 1986.

4. 구미

Antony, Robert J., "Brotherhoods, Secret Societies, and the Law in Qing-Dynasty China", Ownby, David & Heidhues, M. Somers eds., *'Secret Societies' Reconsidered: Perspectives on the Social History of Early Modern South*, 1993.

Antony, Robert J., "The Problem of Banditry and Bandit Suppression in Kwangtung, South China, 1780~1840", *Criminal Justice History* 11, 1990.

Bolton, Kingsley & Hutton, Christopher, "Western Writing on Chinese Secret Societies and 'Triads'", Bolton, Kingsley & Hutton, Christophere ds., Triad Societies Ⅰ, 2000.

Bolton, Kingsley & Hutton, Christopher, "Bad and Banned Language: Triad Secret Societies, the Censorship of the Cantonese Vernacular, and Colonial Language Policy in Hong Kong", *Language in Society* 24, 1995.

Borokh, Lilia, "Notes on the Early Role of Secret Societies in Sun Yat-sen's Republican Movement", Chesneaux, Jean, eds., *Popular Movements and Secret Societies in China 1840~1950*, 1972.

Chesneaux, Jean., "Secret Societies in China's Historical Evolution", Jean Chesneaux eds., *Popular Movements and Secret Societies in China 1840~1950*, 1972.

Ownby, David, "Chinese Hui and the Early Modern Social Order: Evidence from Eighteenth Century Southeast China", David Ownby & Mary Somers Heidhues eds., *'Secret Societies' Reconsidered: Perspectives on the Social History of Early Modern South*, 1993.

Ownby, David, "The Heaven and Earth Society as Popular Religion", *The Journal of Asian Studies* 50-4, 1995.

Faure, David, "The Heaven and Earth Society in the Nineteenth Century: An Interpretation", Liu Kwang-ching & Shek, Richard eds., *Heterodoxy in Late Imperial China*, 2004.

Hsu Wen-hiung, "The Triads and Their Ideology up to the Early Nineteenth Century: A Brief History", Liu Kwang-ching & Shek, Richard eds., *Heterodoxy in Late Imperial China*, 2004.

Hsüeh Chun-tu(薛君度), "Sun Yat-sen, Yang Chü-yun, and the Early Revolution Movement in China", *Journal of Asian Studies* 19-3, 1960.

Jones, Susan M., & Kuhn, Philip A., "Dynastic Decline and Roots of Rebellion", Twitchett, Denis & Fairbank, John K., eds., *The Cambridge History of China: Late Ch'ing 1800-1911*, vol.10 Part I, 1978(김한식 · 김종건 역,

「왕조의 쇠퇴와 동란의 근원」, 『캠브리지 중국사』 10-상, 2007).

Lamley, Harry, "Hsieh-tou: The Pathology of Violence in Southeastern China", *Ching-Shih Wen-Ti* Ⅲ, 1997-7.

Perry, Elizabeth J., "Social Banditry: The Case of Bai Lang a Chinese Brigand", *Modern China*, vol.9 no.3, 1983.

Skinner, William, "Marketing and Social Structure in Rural China", *Journal of Asian Studies* 24-2, 1965.

Ter Haar, Barend J., "Messianism and the Heaven and Earth Society: Approaches to Heaven and earth Society Texts", David Ownby & Mary Somers Heidhues eds., *'Secret Societies' Reconsidered: Perspectives on the Social History of Early Modern South*, 1993.

Wakeman, Frederic E., "Rebellion and Revolution: The Study of Popular Movements in Chinese History", *Journal of Asian Studies* Vol.36, no.2, 1977(오금성 옮김, 『중국 민중 운동사 연구동향』, 서울: 한울, 1984).

Wakeman, Frederic E., "The Secret Societies of Kwangtung 1800~1856", Jean Chesneaux eds., *Popular Movements and Secret Societies in China 1840~1950*, 1972.

Yang, C. K., "Some Preliminary Statistical Patterns of Mass Action in Nineteenth Century China", Grant, Carolyn & Wakeman, Frederic eds., *Conflict and Control in Late Imperial China*, 1975.

찾아보기

가

나

다

라

마

바

사

아

자

차

타

파

하

후기

불사조가 된다면

이평수 (1992)

오월의 피 울음 속에
살아가는 젊은 그대들이여
간악한 시간의 흐름 속에
잠잠히 스쳐가는 바람에도
웃을 수 있도록
그대들의 설움에 시퍼런 칼을 심어주오.

그대들처럼 하나의 바위가 되어
죽음의 죽음을 위한
검은 옷단장을 준비하고
꿋꿋이 자라온 명륜당 은행나무처럼
노오란 낙엽을 흘리며
삶을 위해 노래 부르게 하오.

꿈에서라도
검은 연기 속에 내 삶을 태우지만
꺼져가는 가난한 연기 속에
타오르는 검은 불사조가 된다면
도시의 차가운 쓰레기를 휩쓸어
드높은 창공의 늪으로 훨훨 날려 보내리오.

나는 1992년 성균관대 불사조 사학과에 입학했다. 권두시는 입학한 후 얼마 되지 않은 5월에 지금은 사라져서 볼 수 없는 금잔디 광장의 조개탑, 그것이 어렴풋이 보이는 광장의 동쪽 한 모퉁이의 계단에 앉아서 대학 생활의 첫 느낌을 쓴 것이다. 그리고 2학년 때인 1993년 가을 사학과의 학생회장 선거가 있었는데, 이 시는 당시 학생회장 후보로 나온 한 동기의 학생회장 선거용 홍보 책자 권두시로 실렸다. 이후 이 시에서 몇 개의 단어를 수정한 것으로 기억한다. 이 무렵 군대 문제를 해결하기 위해 나는 R.O.T.C.를 선택했다. 1994년 3학년 개강 무렵 학과에 중국사 교수님이 새로 부임했다는 얘기를 전해 들었다. 그 해 1학기 동양근대사 수업을 수강한 것을 계기로 박기수 지도교수님과 학문적 인연의 기나긴 여정이 시작되었다.

대학원 석사과정에 입학했을 때 가장 큰 고민은 누구에게나 그렇듯이 학위논문의 주제를 설정하는 것에 있을 것이다. 군대를 제대한 이후 1998년 2학기에 성균관대 사학과 대학원 석사과정 첫 학기를 마쳤을 때 지도교수님도 나에게 같은 질문을 던지셨다. 학부 졸업논문을 손문(孫文)의 삼민주의(三民主義)로 제출했음을 잘 알고 있는 지도교수님은 아마도 손문과 관련된 주제로 석사학위논문의 방향을 설정했으면 하는 바람이 었을 것이다. 이해 겨울방학 때 나는 학교 정문 근처의 비디오 대여점에 가서 무심코 중국 역사와 관련된 가장 재미있는 영화가 어떤 것이 있는

지를 물었다. 대여점 형이 아무런 주저 없이 빌려준 것이 바로 영화 녹정기(鹿鼎記)였다. 다소 우스꽝스럽게 들리겠지만, 이 영화를 시청한 것이 바로 내가 천지회(天地會)를 원류로 하는 홍문(洪門)을 학술적으로 연구하게 된 계기였다.

당시 그렇게 재미있게 본 영화 녹정기, 하지만 그 속에 녹아 있는 천지회라는 비밀결사를 학술적으로 연구한다는 것은 중국의 청대사와 근대사를 마치 고대사와 중세사를 연구를 하는 것처럼 심술궂은 마법을 부리곤 했다. 즉 사료가 매우 제한적이었다. 석사학위논문의 주제인 청말(清末) 천지회와 흥중회(興中會)의 무장기의만 보더라도 근대사 영역임에도 불구하고 의외로 사료 자체가 많지 않았고, 더군다나 대부분의 사료가 손문중심사관(孫文中心史觀)으로 왜곡되어 있었기 때문에 이러한 사료들을 어떻게 해체하여 서술해야만 역사적 사실에 한 걸음 더 다가설 수 있을까라는 자신 없는 의문도 들었다. 이러한 문제들은 사료의 치밀한 해석에 근거하여 천지회의 회수인 정사량(鄭士良)과 흥중회의 총리인 손문과의 관계를 잘 파헤쳐 보라는 지도교수님의 혜안 있는 지적 덕택으로 순차적으로 해결되었다.

계속해서 2002년 박사과정에 진학해서는 석사학위논문을 기준으로 그 이후의 20세기 민국시대(民國時代)로 넘어갈 것인지, 아니면 17~18세기의 청대(清代)로 거슬러 올라갈 것인지에 대한 깊은 고민에 빠지기도 했다. 그러나 그것도 잠시였다. 당시 지도교수님이 청대 광동(廣東)의 사회경제사를 본격적으로 연구하고 있었기 때문에 나 역시 자연스럽게 청대 광동의 천지회를 전면적으로 연구하기로 결심했다. 비밀결사라는 꼬리표가 붙어서 그런지, 특히 청대 천지회를 종합적으로 연구할 경우 가장 기본적인 두 가지의 사료, 즉 천지회 구성원들 사이에서 오랫동안 유전해 온 자료인 회부(會簿)와 청 정부가 천지회를 대응하는 과정에서 생성한 자료인 당안(檔案)이 마치 물과 불처럼 서로 양립할 수 없는 모순적인 관계에 놓여 있었다. 특히 이러한 상황은 천지회의 기원과 성격 문제와 관련해서 중국 역사학계의 학자들을 이른바 '강희파(康熙派)'와 '건륭파(乾隆派)'로 양분하게 만들어 놓았을 정도였다. 역시 사료가 매우 제한적이었음을 다시금 실감했다.

사료의 제한이라는 난관을 극복하고 청대 천지회를 종합적으로 연구하기 위해서는 회부와 당안이라는 기존의 사료 이외에도 이것을 일정하게 상호 보완해 줄 수 있는 다양한 사료들이 절실히 필요했다. 이러한 사료들의 접근에도 지도교수님으로부터 큰 도움을 받았다. 운이 좋게도 이 무렵 미국에서 19세기 천지회와 관련된 자료가 *Triad Societies: Western Accounts of the History, Sociology and Linguistics of Chinese Secret Societies* vol. Ⅰ~Ⅵ로 출판됐는데, 영어·불어·독일어 등의 각종 자료를 원본 그대로 수록된 이 값비싼 자료를 지도교수님의 도움으로 학교 도서

관에서 볼 수 있게 되었다. 이 자료 덕택으로 박사학위논문에서 기원전설의 판본 비교와 입회의식의 복원을 본격적으로 착수할 수 있었다.

그런데 이 사료와는 비교가 안 될 정도의 엄청난 양의 자료, 즉 중국지방지집성(中國地方志集成) 중에서 수십 권에 이르는 광동 지방지 전체가 지도교수님의 요청에 의해 학교 도서관에 비치되었다. 지방지에는 당안 자료에 담을 수 없는 또 다른 천지회의 구체적인 이야기가 기록되어 있었다. 이 지방지 자료는 박사학위논문에서 18~19세기에 이르는 천지회의 다양한 활동을 복원하는 데에 당안 자료만큼이나 매우 중요한 역할을 했다. 이 방대한 자료 속에서 천지회와 관련된 사료들을 찾았던 그때의 모습은 학교 중앙도서관 지하 2층 서고에 고스라니 간직되어 있다.

2004년 가을 무렵 성균관대 동아시아학술원 BK21 교육연구단에서 나는 장기 연수생으로 선발되었다. 지도교수님의 주선으로 2005년 가을부터 2006년 여름까지 중국사회과학원(中國社會科學院) 역사연구소(歷史研究所) 청사연구실(清史硏究室)에 방문학자로 머물렀다. 이곳 청사연구실에서 근무하는 강희파의 거두인 혁치청(赫治清) 교수님과 인연을 맺은 후 거의 한 달에 한두 번씩은 교류했기 때문에 박사학위논문을 작성하는 과정에서 중국 비밀결사 전반에 대한 여러 가지 학술적인 도움을 받았고, 아울러 중국 비밀결사 국제학술토론회에서 논문을 발표할 기회도 얻을 수 있었다. 또한 같은 청사연구실의 양해영(楊海英) · 주창영(朱昌榮) 교수님으로부터는 장기간의 중국 체류 기간 동안 생활상의 실질적인 도움을 받았다.

2006년 가을 무렵 나는 성균관대 사학과 BK21 교육연구단에서 다시 장기 연수생으로 선발되었다. 이리하여 2007년 가을부터 2008년 여름까지 북경대학(北京大學) 역사학과에 고급진수생(高級進修生)으로 방문했고, 저 유명한 모해건(茅海建) 교수님 밑에서 중국근대사 전반을 통찰하는 데 큰 학술적인 도움을 받았다. 그리고 수십 명에 이르는 그의 탁월한 제자들과 폭넓게 교유할 수 있는 기회도 얻게 되었다.

특히 북경대학 도서관에서 그동안 접근할 수 없었던 각종 청대 사료의 원본과 중국지방지집성에 누락된 지방지 희귀본을 비롯하여 기존에 출판됐지만 소장처가 확인이 되지 않아 볼 수 없었던 각종 사료집과 신문·문사자료까지 아주 손쉽게 볼 수 있었다. 이로써 박사학위논문에서 18~19세기 천지회의 역사를 복원하는 데 마지막 한걸음에 다가설 수 있었다. 2008년 나는 박사학위논문 심사로 인해 중국과 한국을 몇 차례 오가면서 이해 여름 지도교수님과 학문적 인연의 기나긴 여정에서의 가장 큰 선물인 박사학위논문의 취득을 마침내 이루어냈다.

본서가 나오기까지의 그렇게 긴 시간 동안 나는 많은 선생님들과 학문적 동료들, 그리고 지인들에게 너무나도 큰 신세를 졌다. 성균관대 사학과의 학부·석사·박사 전 과정을 지도해주시면서 학문의 열정과 인생의 즐거움을 언제나 북돋아 주신 박기수 지도교수님께 가장 먼저 감사드린다. 박사학위논문의 심사과정에서 여러 가지 좋은 지적과 많은 격려를 해 주신 구태훈 교수님과 하원수 교수님을 비롯하여 김형종 교수님과 고 유장근 교수님께도 감사드린다. 석박사 대학원 시절 옆에만 있어도 또 그저 보기만 해도 큰 힘이 되었던 이경룡·김경호·구수미·김성규·김지훈·김종식·홍성화·김정식 등의 선배님들께도 감사드린다. 성균관대 동아시아학술원 BK 4층의 연구실과 문과대학 사학과 BK 504연구실에서 서로 힘이 되면서 즐겁게 공부했던 동양사 분과의 권택규·김병진·김인태·김선민·김종성·김진·노태정·류승규·박용주·박태란·오세욱·이설영·정보름·정재균·주새봄·황현 등 일일이 열거할 수 없는 많은 후배들에게도 감사드린다.

두 차례의 중국 연수 시절에 인연을 맺은 혁치청·양해영·주창영·모해건 교수님을 비롯한 중국사회과학원 역사연구소와 북경대학 역사학과의 여러 교수님들께도 감사드린다. 그 시절 북경에서 긴 시간을 동고동락한 동생 김현수, 힘들 때마다 일상의 즐거움을 함께 한 한명진·이중원 선배님과 이유표 후배, 그리고 표준 중국어를 잘 가르쳐준 오도구 지구촌 학원의 소소연(蘇小娟) 선생님께도 감사드린다. 2015년 가을, 전임교수로 부임한 이래로 청주에서 너무나도 행복한 교수 생활을 영위하게 해 주신 충북대 사학과의 김정화·신영우·오광호·임병덕·윤진·고 박걸순·김영관·임형수·이찬행 교수님을 비롯하여 전상미 조교와 사랑스런 학생들, 그리고 충북대 인문대학의 국문·영문·철학·고미·독문·프문·러문·중문 각 학과의 여러 교수님들과 행정실 직원 선생님들께도 감사드린다. 나의 학문의 길에 언제나 한결같은 응원과 지지를 보내주었던 고형석·윤억헌·이창복·황철서 등의 친구들에게도 감사드린다. 끝으로 나의 연구를 이처럼 멋진 책으로 출판해 주신 성균관대학교 출판부의 현상철 선생님을 비롯한 여러 선생님께도 다시 한 번 감사드린다.

2022년 무더위가 끝나갈 무렵, 나는 모교인 성균관대 불사조 사학과로 불현듯 되돌아왔다. 학과의 한영화·박재우·조성산·임경석·오제연·하원수·최자명·이상동·김민철·유정애 교수님들 모두가 애정 어린 마음으로 나의 부임을 진심으로 축하해 주었다. 그저 감사한 마음뿐이다. 이제 곧 출판될 이 한 권의 책이 학문적 인연의 새로운 여정을 위해 한없는 사랑을 주고 싶은 성균관대 사학과의 후배 학생들에게 한 줄기의 빛이 되길 바라면서, 다시 찾아 온 5월의 어느 날 퇴계인문관의 조그만 연구실에서 1992년 그 시절의 불사조가 된다면을 다시 한 번 읊조려 본다. "오월의 피 울음 속에 살아가는 젊은 그대들이여, 간악한 시간의 흐름 속에 잠잠히 스쳐가는 바람에도 웃을 수 있도록 …… ".

2025년 5월

퇴계인문관 연구실에서, 이평수

총서 知의회랑 arcade of knowledge 을 기획하며

대학은 지식 생산의 보고입니다. 세상에 바로 쓰이지 않더라도 언젠가는 반드시 인류에 필요할 지식을 생산하고 축적하며 발전시키는 일을 끊임없이 해나갑니다. 오랫동안 대학에서 생산한 지식은 책이란 매체에 담겨 세상의 지성을 이끌어왔습니다. 그 책들은 콘텐츠를 저장하고 유통시키며 활용하게 만드는 매체의 차원을 넘어, 인간의 비판적 사유 능력과 풍부한 감수성을 자극하는 촉매의 역할을 충실히 해왔습니다.

이와 같은 '책을 읽는다'는 것은 단순히 지식과 정보를 습득하는 데 멈추지 않고, 시대와 현실을 응시하고 성찰하면서 다시 그 너머를 사유하고 상상함을 의미합니다. 그러므로 '세상의 밑그림'을 그리는 책무를 지닌 대학에서 책을 펴내는 것은 결코 가벼이 여겨선 안 될 일입니다.

이제 우리는 다양한 방식으로 존재하는 지식과 정보, 그리고 사유와 전망을 담은 책을 엮어 현존하는 삶의 질서와 가치를 새롭게 디자인하고자 합니다. 과거를 풍요롭게 재구성하고 미래를 창의적으로 기획하는 작업이 다채롭게 펼쳐질 것입니다.

대학의 심장부에 해당하는 도서관이 예부터 우주의 축소판이라 여겨져 왔듯이, 그곳에 체계적으로 배치된 다양한 책들이야말로 이른바 학문의 우주를 구성하는 성좌와 다름없습니다. 우리는 그 빛이 의미 없이 사그라들지 않기를, 여전히 어둡고 빈 서가를 차곡차곡 채워가기를 기대합니다.

앎을 쉽게 소비하는 시대를 살고 있지만, 다양한 앎을 되새김함으로써 학문의 회랑에서 거듭나는 지식의 필요성에 우리는 공감합니다. 정보의 홍수와 유행 속에서도 퇴색하지 않을 참된 지식이야말로 인간이 가야 할 길에 불을 밝혀줄 수 있기 때문입니다. 앞으로 대학이란 무엇을 하는 곳이며, 왜 세상에 남아 있어야 하는 곳인지 끊임없이 되물으며, 새로운 지의 총화를 위한 백년 사업을 시작하겠습니다.

총서 '知의회랑' 기획위원

안대회 · 김성돈 · 변혁 · 윤비 · 오제연 · 원병묵

총서 知의회랑 arcade of knowledge 총목록

001 기업 처벌과 미래의 형법: 기업도 형법의 주체가 될 수 있는가
김성돈 지음 ○ 2018년 세종도서 학술부문

002 표상의 언어에서 추론의 언어로: 언어표현이 의미하는 것은 무엇인가
이병덕 지음 ○ 2018년 대한민국학술원 우수학술도서

003 동양 예술미학 산책: 동아시아 문인들이 꿈꾼 미의 세계
조민환 지음

004 한국 영화에 재현된 가족 그리고 사회: 〈미몽〉에서 〈고령화 가족〉까지
강성률 지음 ○ 2018년 세종도서 학술부문·2019년 인재저술상 수상도서

005 개인적 자유에서 사회적 자유로: 어떤 자유, 누구를 위한 자유인가
김비환 지음 ○ 2019년 대한민국학술원 우수학술도서

006 시민종교의 탄생: 식민성과 전쟁의 상흔
강인철 지음 ○ 2019년 세종도서 학술부문

007 경합하는 시민종교들: 대한민국의 종교학
강인철 지음 ○ 2019년 대한민국학술원 우수학술도서·제1회 용봉최재석학술상 수상도서

008 식민지 문역: 검열/이중출판시장/피식민자의 문장
한기형 지음 ○ 2019년 세종도서 학술부문·제11회 임화문학예술상 수상도서

009 제러미 벤담과 현대: 공리주의의 설계자가 꿈꾼 자유와 정의 그리고 행복
강준호 지음 ○ 2020년 대한민국학술원 우수학술도서

010 세계관 전쟁: 근대 중국에서 과학신앙과 전통주의 논쟁
이용주 지음 ○ 2020년 세종도서 학술부문

011 빌리 브란트와 김대중: 아웃사이더에서 휴머니스트로
최영태 지음

012 충절의 아이콘, 백이와 숙제: 서사와 이미지 변용의 계보학
김민호 지음 ○ 2021년 세종도서 학술부문

013 중국인의 오브제: 답삿길에서 옛사람들의 눈과 마음을 읽는다
전호태 지음

014 고구려 벽화고분의 과거와 현재: 한국 역사문화예술 연구의 관문, 고구려 벽화고분들과 만나다
전호태 지음

015 동양의 광기와 예술: 동아시아 문인들의 자유와 창조의 미학
조민환 지음 ○ 2021년 세종도서 학술부문

016 조선 불교사상사: 유교의 시대를 가로지른 불교적 사유의 지형
김용태 지음 ○ 2021년 대한민국학술원 우수학술도서·제12회 원효학술상 수상도서

017 수용소와 음악: 일본 포로수용소, 아우슈비츠, 테레지엔슈타트의 음악
이경분 지음 ○ 2021년 세종도서 학술부문·제62회 한국출판문화상 최종 후보작(학술저술)

018 임진왜란: 2년 전쟁 12년 논쟁
김영진 지음 ○ 2021년 세종도서 학술부문·조선일보 선정 올해의 책10

019 한국의 여신들: 페미니즘의 신화적 근원
김화경 지음 ○ 2022년 대한민국학술원 우수학술도서

020 시인의 발견, 윤동주
정우택 지음 ○ 2022년 세종도서 학술부문

021 고대 한국의 풍경: 옛사람들의 삶의 무늬를 찾아서
전호태 지음 ○ 2022년 세종도서 교양부문

022 과거제도 형성사: 황제와 사인들의 줄다리기
하원수 지음 ○ 2022년 대한민국학술원 우수학술도서

023 동남아시아 도시들의 진화: 인간과 문화를 품은, 바닷길 열두 개의 거점들
한광야 지음 ○ 2022년 대한민국학술원 우수학술도서

024 감정의 귀환: 아리스토텔레스의 감정론 연구
한석환 지음 ○ 2022년 대한민국학술원 우수학술도서

025 학문이 서로 돕는다는 것: 현상학적 학문이론과 일반체계이론의 이중주
박승억 지음 ○ 2022년 세종도서 학술부문

026 로마 공화정 중기의 호민관: 공화 정치의 조정자
김경현 지음 ○ 2022년 세종도서 학술부문

027 문화 상징으로서의 인용음악: 현대음악의 상호텍스트성 미학
오희숙 지음 ○ 2023년 세종도서 학술부문

028 음악과 과학: 피타고라스에서 뉴턴까지
원준식 지음

029 일제 사진엽서, 시와 이미지의 문화정치학
최현식 지음 ○ 2023년 대한민국학술원 우수학술도서

030 중국사상과 죽음 이데올로기: 나는 존재하는가
정진배 지음 ○ 2023년 세종도서 학술부문

031 조선조 서예미학: 서예는 마음의 그림이다
조민환 지음

032 청대 중국의 경기변동과 시장: 전제국가의 협치와 경제성장
홍성화 지음 ○ 2023년 대한민국학술원 우수학술도서

총서 知의회랑 arcade of knowledge 총목록

033 반구대 이야기: 새김에서 기억으로
전호태 지음 ○ 2023년 세종도서 교양부문

034 증오를 품은 이를 위한 변명: 증오의 사회학, 그 첫 번째
엄한진 지음 ○ 2023년 대한민국학술원 우수학술도서

035 전쟁자본주의의 시간: 한국의 베트남전쟁 담론과 재현의 역사
김주현 지음 ○ 2024년 대한민국학술원 우수학술도서·교육부 학술연구지원사업 우수성과 50선

036 민중, 저항하는 주체: 민중의 개념사, 이론
강인철 지음 ○ 2024년 대한민국학술원 우수학술도서

037 민중, 시대와 역사 속에서: 민중의 개념사, 통사
강인철 지음

038 문학이 정의를 말하다: 동아시아 고전 속 법과 범죄 이야기
박소현 지음 ○ 2024년 대한민국학술원 우수학술도서

039 중세 서유럽의 흑사병: 사상 최악의 감염병과 인간의 일상
이상동 지음 ○ 2024년 대한민국학술원 우수학술도서

040 일제 사진엽서, 식민지 조선을 노래하다
최현식 지음 ○ 2024년 세종도서 학술부문

041 한국 시화사
안대회 지음 ○ 2024년 대한민국학술원 우수학술도서

042 30년의 위기: 탈단극 시대 미국과 세계
차태서 지음 ○ 2024년 대한민국학술원 우수학술도서

043 근대를 살다: 한국 근대의 인물과 사상
김경일 지음

044 민중은 이야기한다: 20세기 한국 민중 서사
김경일 지음

045 광장의 문학: 격변기 한국이 읽은 러시아, 해방에서 개방까지
김진영 지음

046 포크 모더니티의 언어들: 민속의 전회를 위한 분석 코드들
이영배 지음

047 닫힌 텍스트, 갇힌 여성들: 계몽의 시대, 여성 담론과 여성교육
김경남 지음

048 지식과 조선: 사회를 읽는다
진재교 지음

049 도시마을의 진화: 참여를 통해 조화를 모색하는 공동체 공간의 재구성
한광야 지음

050 제국의 저항자들: 청대 중국의 비밀결사 천지회의 세계, 탄생에서 성장까지
이평수 지음

출간 예정

블랙 아메리카 이영효
전쟁과 양심, 양심적 병역거부 1 강인철
거대한 전환, 양심적 병역거부 2 강인철
사대부가의 편지들 신현 외/하영휘 외
아시아의 고려, 중화의 조선 이종찬
김태준, 식민지 국학 이용범
조선 노장철학사 조민환
한국의 사회계층 장상수
조상을 위한 기도 심일종
고대 로마 종교사 최혜영
성균관과 문묘 현판의 사회사 이천승
한국 아동잡지사 장정희
서양 중세 제국 사상사 윤 비
일제 강점기 황도유학 신정근
'트랜스Trans'의 한 연구 변 혁
위계와 증오 엄한진
조선 땅의 프로필 박정애
예정된 전쟁, 병자호란 김영진
북한 직업 사회사 김화순
제국 일본의 해체와 동아시아 영화 함충범
J. S. 밀과 현대사회의 쟁점 강준호
문학적 장면들, 고소설의 사회사 김수연
제주형 지역공동체의 미래 배수호
식민지 학병의 감수성 손혜숙
제국의 시선으로 본 동아시아 소수민족 문혜진
루쉰, 수치와 유머의 역사 이보경
남북한 공통-시 읽기 최현식
피식민자의 계몽주의 한기형
국가처벌과 미래의 형법 김성돈
제국과 도시 기계형
플라톤의 『테아이테토스』 연구 정준영
출토자료를 통해 본 고구려의 한자문화 권인한

지은이 이평수

성균관대학교 사학과를 졸업하고, 동 대학원에서 「청대 비밀결사 천지회 연구」로 첫 번째 박사학위를 받았다. 이후 중국의 베이징대학 역사학과에서 「청말민초 홍문의 변천과 변형淸末民初洪門的演變與轉型」으로 두 번째 박사학위를 받았다. 서울대학교 동아문화연구소 박사후과정, 중국사회과학원 근대사연구소 박사후과정, 성균관대학교 동아시아학술원 HK연구교수를 거쳐 2015년부터 충북대학교 사학과 교수로 재직했다. 2022년부터는 성균관대학교 사학과 교수로 재직 중이다. 명청사학회·중국근현대사학회·중국사학회·한국중국학회에서 각각 총무이사를 역임했다.

그간 청대 천지회天地會를 원류로 하는 홍문洪門이라는 비밀결사 연구에 천착해왔다. 최근에는 민국시대民國時代로 그 영역을 확장해 근대 중국 정치 엘리트들의 비밀결사 인식과 담론에 관한 연구를 진행 중이다. 앞으로도 여러 비밀결사들을 매개로 청대 이후 근대 중국을 이해하는 다양한 시각을 모색해갈 계획이다.

주요 연구 성과로 한국학계에서는 「청말민초 담인봉의 비밀결사 인식과 담론」, 「남경득승도와 태평천국」 등의 논문을 발표했고, 중국학계에서는 「청말 혁명단체와 비밀회당: 동맹회의 무장기의를 중심으로淸末革命團體和秘密會黨: 以同盟會武裝起義爲主」, 「청대·민국초기 홍문 창건의 '오조' 이미지 형상淸代至民初洪門創建"五祖"之形塑」 등의 논문을 발표했다. 『동아시아사의 순간들』, 『열린 동아시아, 인문한국의 비전』 등의 저서를 함께 썼다.

知의회랑
arcade of knowledge
050

제국의 저항자들

청대 중국의 비밀결사 천지회의 세계, 탄생에서 성장까지

1판 1쇄 인쇄 2025년 5월 10일
1판 1쇄 발행 2025년 5월 21일

지 은 이 이평수
펴 낸 이 유지범
책임편집 현상철
편 집 신철호·구남희
마 케 팅 박정수·김지현

펴 낸 곳 성균관대학교출판부
등 록 1975년 5월 21일 제1975-9호
주 소 03063 서울특별시 종로구 성균관로 25-2
전 화 02)760-1253~4 팩스 02)762-7452
홈페이지 http://press.skku.edu

ISBN 979-11-5550-669-1 93910

값 44,000원